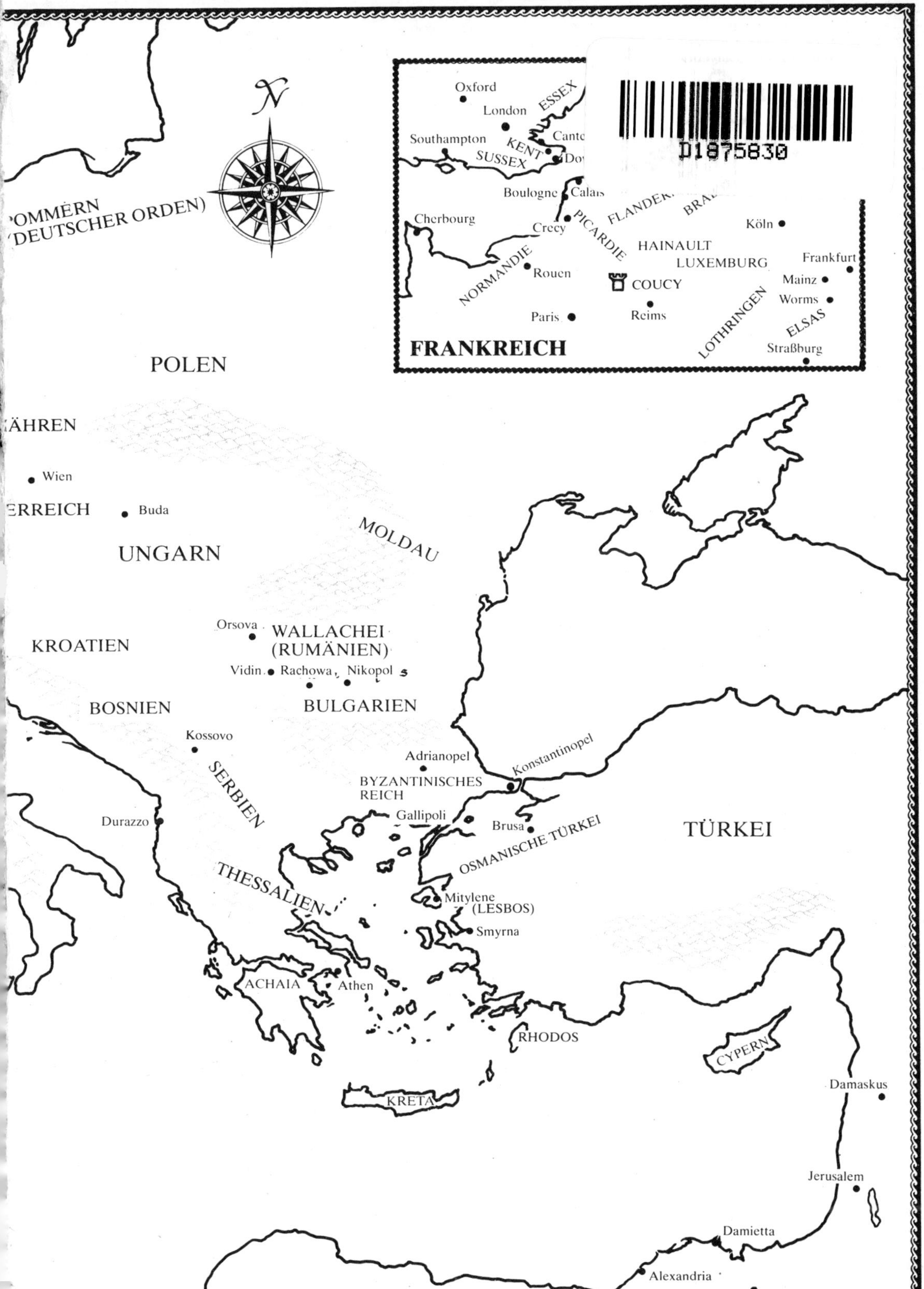
FRANKREICH
Oxford
London
ESSEX
Southampton
KENT
Canto
SUSSEX
Dov
Boulogne
Calais
FLANDER
BRA
Cherbourg
Crecy
PICARDIE
Köln
HAINAULT
Frankfurt
LUXEMBURG
NORMANDIE
Rouen
COUCY
Mainz
Worms
Paris
Reims
LOTHRINGEN
ELSAS
Straßburg
POMMERN
(DEUTSCHER ORDEN)
POLEN
ÄHREN
Wien
ERREICH
Buda
UNGARN
MOLDAU
Orsova
WALLACHEI
(RUMÄNIEN)
KROATIEN
Vidin
Rachowa
Nikopol
BOSNIEN
BULGARIEN
Kossovo
SERBIEN
Adrianopel
Konstantinopel
BYZANTINISCHES
REICH
Durazzo
Gallipoli
Brusa
OSMANISCHE TÜRKEI
TÜRKEI
THESSALIEN
Mitylene
(LESBOS)
Smyrna
ACHAIA
Athen
RHODOS
CYPERN
KRETA
Damaskus
Jerusalem
Damietta
Alexandria
Kairo

Barbara W. Tuchman

Der ferne Spiegel

Barbara W. Tuchman

Der ferne Spiegel

Das dramatische 14. Jahrhundert

claassen

Der Titel der bei Alfred A. Knopf Inc., New York, 1978
erschienenen Originalausgabe lautet:
A Distant Mirror – The Calamitous 14th Century

Leicht gekürzte Ausgabe
Übersetzung:
Ulrich Leschak, Malte Friedrich

Sonderausgabe 1987

Gesetzt aus der Times
Satz: Bauer + Bökeler, Denkendorf
Druck und Bindearbeiten: Mainpresse Richterdruck Würzburg
Printed in Germany
ISBN 3 546 49186 6

»Denn der Mensch ist ewig der gleiche, und nichts verliert die Natur,
obwohl alles sich ändert.«

John Dryden
(»On the Characters in the Canterbury Tales«)

Inhalt

Vorwort
Die Zeit, der Held, die Risiken

Das Buch ist entstanden, weil ich herausfinden wollte, welche Einflüsse das verheerendste Ereignis der überlieferten Geschichte auf unsere Gesellschaft gehabt hat – ich meine den Schwarzen Tod, der in der Zeit von 1348 bis 1350 schätzungsweise ein Drittel der zwischen Island und Indien lebenden Bevölkerung hinweggerafft hat. Angesichts der Möglichkeiten unserer Zeit ist der Grund für mein Interesse offensichtlich. Das Ergebnis meiner Nachforschungen ist schwer zu fassen, denn das 14. Jahrhundert war so vielen »fremden und übermächtigen Gefahren und Widrigkeiten ausgesetzt« (in den Worten eines Zeitgenossen), daß sich seine Wirren nicht auf einen einheitlichen Ursprung zurückverfolgen lassen. Nicht nur die vier Reiter aus der Vision des heiligen Johannes haben ihre Spuren hinterlassen, es sind sieben geworden: Seuche, Krieg, Steuern, Räuberei, Mißwirtschaft, Aufruhr und Kirchenschisma haben das Jahrhundert geprägt. Bis auf die Seuche selbst entstammte all dies einer Zeit, die vor dem Schwarzen Tod lag, und es dauerte an, als die Seuche vorüber war.

Obwohl meine eingangs gestellte Frage ihrer Antwort auswich, blieb das Interesse an dieser Zeit eine Herausforderung für mich: eine gewalttätige, gequälte, verwirrte, leidende und zerfallende Zeit, ein Zeitalter, in dem, wie viele glaubten, Satan triumphierte – aber auch, wie mir scheint, für uns, in einer Zeit ähnlicher Unordnung, eine trostreiche Zeit.

Wenn unser letztes Jahrzehnt oder die letzten beiden eine Zeit erlöschender Gewißheiten und ungewöhnlicher Unruhe war, dann ist es beruhigend zu wissen, daß die Menschheit schon Schlimmeres durchlebt hat.

Eigenartigerweise hat sich schon zu Anfang unseres Jahrhunderts ein anderer Historiker diesen »phänomenalen Parallelen« zugewandt. In den Nachwehen des Schwarzen Todes und des Ersten Weltkrieges fand er die gleichen Mißlichkeiten: wirtschaftliches Chaos, soziale Unruhe, steigende Preise, Profitsucht, Niedergang der Moral, geringe Produktivität, industrielle Trägheit, frenetischer Vergnügungswahn, Verschwendungssucht, Luxus, Ausschweifung, soziale und religiöse Hysterie, Habgier, Geiz und Mißwirtschaft. »Die Geschichte wiederholt sich nicht«, sagte Voltaire, »aber immer tut es der Mensch.« Für Thukydides war, wie wir wissen, dieses Prinzip die Grundlage seiner historischen Arbeiten.

In der schlichten Zusammenfassung des Schweizer Historikers J. C. L. S.

de Sismondi war das 14. Jahrhundert »keine Zeit für Menschlichkeit«. Bis vor kurzem weckte das 14. Jahrhundert bei den Historikern wenig Interesse. Sie ließen es außer acht, weil es nicht in ihr Bild vom beständigen Fortschritt der Menschengattung paßte. Aber nach den Erfahrungen des schrecklichen 20. Jahrhunderts empfinden wir ein größeres Mitgefühl für dieses zerrissene Zeitalter, dessen Ordnung unter dem Druck ungünstiger und gewalttätiger Verhältnisse zusammenbrach. Mit schmerzlichem Blick erkennen wir alle Anzeichen einer »Zeit der Qual, in der es kein Gefühl einer gesicherten Zukunft gibt«.

Der zeitliche Abstand von sechshundert Jahren läßt das Typische des menschlichen Charakters hervortreten. Im Mittelalter herrschten Lebensbedingungen, die von den unsrigen derartig verschieden sind, daß man fast von einer fremden Zivilisation sprechen kann. Infolgedessen erscheinen uns die Eigenschaften, die wir in dieser fremdartigen Umgebung als vertraut wiedererkennen, als unveränderliche menschliche Natur. Wenn man darauf besteht, Lehren aus der Geschichte ziehen zu wollen, dann sind sie hier zu finden. Während er sich den Fängen der Gestapo zu entziehen versuchte, schrieb der französische Mediävist Edouard Perroy in seinem Buch über den Hundertjährigen Krieg: »Bestimmte Reaktionen auf das Schicksal, bestimmte Verhaltensweisen erhellen sich wechselseitig.«

Die fünfzig Jahre nach dem Schwarzen Tod sind der Kern dessen, was ich einen zusammenhängenden historischen Zeitabschnitt nennen möchte. Er hat von 1350 bis 1400 gedauert, vielleicht einige Jahre länger. Um den Gegenstand einzuengen und mein Thema in den Griff zu bekommen, habe ich das Leben einer authentischen Person zum Medium meiner Untersuchung gemacht. Neben dem menschlichen Interesse hat dies den Vorteil, daß ich näher an der Realität bleibe. So bin ich nämlich gezwungen, den konkreten Umständen und Abschnitten einer mittelalterlichen Lebensgeschichte zu folgen, mag dies Leben führen, wohin es will, und es führt, so meine ich, zu einer getreuen Schilderung der Zeit, als wenn ich ihr meinen eigenen Plan aufgezwungen hätte.

Es handelt sich dabei weder um die Lebensgeschichte eines Königs noch einer Königin, weil alle solche Hoheiten in sich schon außergewöhnlich sind und, das sei nur nebenbei bemerkt, weil sie schon zu abgegriffen wirken. Es geht aber auch nicht um einen einfachen Zeitgenossen, weil diese alltäglichen Lebensgeschichten nicht so umfassend sein können, wie ich es wollte. Ich habe auch keinen Klerikalen oder Heiligen ausgewählt, weil sie sich außerhalb der Grenzen meines Verständnisses bewegen. Auch habe ich Frauen gemieden, da jede mittelalterliche Frauengestalt, deren Leben in einer angemessenen Form überliefert ist, atypisch wäre.

Die Wahl ist nun eingeschränkt auf die Gruppe der Männer des zweiten Standes – auf den Adel –, und sie ist schließlich auf Enguerrand de Coucy VII.

gefallen, den letzten einer großen Dynastie und »den erfahrensten und klügsten aller Ritter Frankreichs«. Sein Leben (1340 bis 1397) deckt sich mit dem Zeitabschnitt, dem meine Untersuchung gilt. Außerdem scheint er wie für meinen Plan vorbestimmt, angefangen von dem Tod seiner Mutter in der Zeit während der Seuche bis hin zu seinem sehr passenden eigenen Tod in der kulminierenden Katastrophe des Jahrhunderts.

Durch seine Hochzeit mit der ältesten Tochter des Königs von England war er beiden kriegführenden Nationen verpflichtet. Das erweiterte den Spielraum und die Interessen seiner Karriere. Er spielte in jedem Drama der Welt seiner Zeit eine Rolle, durchweg eine Hauptrolle, und er hatte zudem den Weitblick, der Schutzherr des größten Geschichtsschreibers seiner Zeit zu werden: Jean Froissart, und so kommt es, daß mehr über ihn bekannt ist, als es sonst der Fall gewesen wäre. Allerdings existiert kein authentisches Porträt von Enguerrand Coucy VII. Andererseits gibt es auch einen Vorteil, der diesen Mangel vielleicht auszugleichen vermag: Bis auf einen einzigen Artikel aus dem Jahre 1939 ist über Enguerrand in englischer Sprache nichts veröffentlicht worden, und es gibt auch keine verläßliche Biographie im Französischen außer einer Doktorarbeit von 1890, die jedoch nur im Manuskript existiert. Ich finde meinen Weg gern selbst.

Ich muß den Leser bitten, Geduld aufzubringen, bis er die Bekanntschaft von de Coucy macht, weil dieser nur vor dem Hintergrund und den Geschehnissen seiner Zeit zu verstehen ist, und die füllen die ersten sechs Kapitel. Enguerrand hinterläßt erst im Alter von achtzehn Jahren seine erste Spur in der Geschichte, und das geschieht hier nicht vor Kapitel 7.

Ich komme nun zu den Risiken meiner Unternehmung. Zum ersten gibt es in bezug auf Zahlen, Daten und Fakten nur unsichere und widersprüchliche Informationen. Einigen mögen Daten überflüssig und pedantisch erscheinen, aber sie sind deshalb wesentlich, weil sie die Reihenfolge der Ereignisse bestimmen und so zu einem Verständnis von Ursache und Wirkung führen. Unglücklicherweise ist es aber sehr schwierig, eine mittelalterliche Chronologie festzulegen. Man ging nämlich davon aus, daß das Jahr Ostern beginnt, und da das irgendwann zwischen dem 22. März und dem 22. April sein konnte, bevorzugte man in der Regel als festes Datum den 25. März. Der Wechsel zur modernen Zeitrechnung wurde erst im 16. Jahrhundert vollzogen und nicht vor dem 18. Jahrhundert überall berücksichtigt. Im 14. Jahrhundert war es also einem fortlaufenden Entwirrspiel überlassen, in welches Jahr die Ereignisse von Januar, Februar und März fielen. Erschwert wurde die Zeitrechnung außerdem durch den Gebrauch des königlichen Jahres (beginnend mit der Thronbesteigung des regierenden Monarchen) in den offiziellen englischen Dokumenten und durch den Gebrauch des päpstlichen Jahres in bestimmten anderen Fällen. Zudem vermerkten die Chronisten ein bestimmtes Ereignis nicht unter dem Monatsdatum, sondern nach dem religiösen Kalender. Sie sprachen zum Beispiel von »Zwei Tage vor der Geburt der Jungfrau« oder vom »Montag nach Dreikönige« oder vom »Geburtstag des heiligen Johannes des Täufers« oder von »Der dritte Sonntag der Fastenzeit«. Dadurch wurden aber nicht nur die Historiker verwirrt, sondern auch die Zeitgenossen des 14. Jahrhunderts selbst, die selten oder nie in einem Datum für ein bestimmtes Ereignis übereinstimmen.

Zahlen sind auch deshalb so bedeutungsvoll, weil sie anzeigen, in welchem Maß die Bevölkerung in ein bestimmtes Ereignis verwickelt war. Die ständigen Übertreibungen der mittelalterlichen Zahlenangaben – für Armeen z. B. – haben, wenn sie für bare Münze genommen wurden, in der Vergangenheit zu dem Mißverständnis geführt, den mittelalterlichen Krieg analog zum modernen Krieg zu sehen, der ihm in Mitteln, Zweck oder Methode sehr fern ist. Es muß vielmehr vorausgesetzt werden, daß mittelalterliche Zahlenangaben über Heerstärken, Gefallenenziffern, Seuchentote, revolutionäre Horden, Prozessionen und andere große Gruppen regelmäßig um mehrere hundert Prozent zu hoch liegen. Dies rührt daher, daß die mittelalterlichen Geschichtsschreiber die Zahlen nicht als Fakten, sondern als literarische Stilmittel auffaßten, die den Leser verblüffen oder erschrecken sollten. Der Gebrauch römischer Ziffern führte ebenso zu einem Mangel an Präzision wie die mittelalterliche Vorliebe für runde Zahlen. Die Angaben wurden späterhin unkritisch von einer Historikergeneration an die nächste weitergereicht. Erst seit dem letzten Jahrhundert haben Wissenschaftler begonnen, die alten Dokumente noch einmal zu überprüfen. So haben sie zum Beispiel die wahre Stärke eines Expeditionskorps erst anhand der Aufzeichnungen des Zahlmeisters feststellen können. Aber Meinungsverschiedenheiten gibt es immer noch. So setzt J. C. Russell die französische Bevölkerung vor der Pest mit 21 Millionen an, Ferdinand Lot mit 15 oder 16 Millionen und Edouard Perroy mit bescheidenen 10 bis 11 Millionen. Von der Größenordnung der Bevölkerungszahl hängt aber die Erforschung alles anderen ab: Steuern, Lebenserwartung, Handel und Landwirtschaft, Hungersnot oder Wohlstand, und da weichen die Zahlenangaben heutiger Autoritäten um bis zu hundert Prozent voneinander ab. Zahlenangaben von Chronisten, die offensichtlich verzerrt sind, erscheinen in meinem Text deshalb in Anführungszeichen.

Diskrepanzen bei scheinbar gesicherten Fakten stammen häufig aus Fehlern mündlicher Überlieferung oder sind der späteren Mißdeutung handschriftlicher Manuskripte zuzuschreiben. So zum Beispiel, als die Dame de Coucy von einem sonst sehr gewissenhaften Historiker des 19. Jahrhunderts fälschlicherweise für de Coucys zweite Frau gehalten wurde, was eine Zeitlang zu meiner heillosen Verwirrung beitrug. Der Graf von Auxerre wurde verschiedentlich von englischen Geschichtsschreibern als Aunser, Aussure, Soussiere, Usur, Waucerre und von den Grandes Chroniques Frankreichs als Sancerre, ein völlig anderer Zeitgenosse, vorgestellt. Da nimmt es nicht länger wunder, daß ich den Namen Canolles für eine Variante von Arnaut de Cercole, den berüchtigten Räuberhauptmann, hielt, aber nur um herauszufinden, daß es eine Variante von Knowles oder Knollys war, einem englischen, allerdings ebenso berüchtigten Hauptmann. Obwohl dies Kleinigkeiten sind, können solche Schwierigkeiten einen zur Verzweiflung bringen.

Isabeau von Bayern, Königin von Frankreich, wird von einem Historiker als hochgewachsen und blond beschrieben und von einem anderen als »kleine, lebhafte, dunkelhaarige Frau«. Der türkische Sultan Bajasid, den seine Zeitgenossen kühn nannten, unternehmungslustig und kriegshungrig und der wegen seiner blitzartigen Überfälle »Donnerschlag« genannt wurde, wird von einem modernen ungarischen Autoren als »verweichlicht, sinnlich, zaudernd und unentschlossen« beschrieben.

Man kann also getrost davon ausgehen, daß jede Feststellung über das Mittelalter mit einer gegenteiligen oder zumindest andersartigen Behauptung einhergeht. Die Frauen waren in der Überzahl, weil die Männer im Krieg getötet wurden; die Männer waren in der Überzahl, weil die Frauen im Kindbett starben. Die einfachen Leute waren mit der Bibel vertraut, nein, sie waren es nicht. Die Adligen waren von der Besteuerung ausgenommen; sie zahlten Steuern wie jeder andere auch. Die französischen Bauern waren verdreckt und stanken und lebten von Brot und Zwiebeln; die französischen Bauern aßen Schweinefleisch, Wild und Geflügel und nahmen im dörflichen Badehaus gern regelmäßig ihr Bad. Diese Liste könnte ins Unendliche fortgesetzt werden.

Widersprüche aber sind ein Teil des Lebens und können nicht nur auf unterschiedliche Erkenntnisse zurückgeführt werden. Deshalb möchte ich den Leser bitten, Widersprüche zu erwarten und keine Einförmigkeit. Kein gesellschaftlicher Teilbereich, keine Gewohnheit, keine Bewegung und keine Entwicklung ist frei von Gegenströmungen. Hungernde Bauern in Hütten lebten neben wohlhabenden Bauern, die in Federbetten schliefen. Kinder wurden vernachlässigt und geliebt. Ritter sprachen von Ehre und wurden zu Räubern. Mitten im Massensterben und Elend existierten Extravaganz und Luxus. Kein Zeitalter ist ordentlich und einfarbig, und keines ist aus bunterem Stoff als das Mittelalter.

Es ist außerdem zu berücksichtigen, daß die Farben, in denen das Mittelalter geschildert wird, mit dem Betrachter wechseln. In den letzten sechshundert Jahren haben sich sowohl die Vorurteile als auch der Blickwinkel – und damit die Auswahl des Stoffes – der Historiker beträchtlich geändert. Nach dem 14. Jahrhundert war Geschichte in den nächsten dreihundert Jahren praktisch die Aufzeichnung von Stammbäumen der Adelshäuser, die Abbildung dynastischer Linien und verwandtschaftlicher Verflechtungen, getragen von der damaligen Überzeugung, daß Adlige auserwählte Menschen sind. Diese von einer enormen antiquarischen Forschung erfüllten Arbeiten geben uns aber weit mehr als nur familiengeschichtliche Informationen. Ein Beispiel ist Anselms Erwähnung eines Herzogs der Gascogne, der 100 Pfund für den Unterhalt der von ihm entjungferten Bauernmädchen hinterließ.

Erst die Französische Revolution bezeichnet die große Wende, nach der die Historiker den gemeinen Mann als den eigentlichen Helden der Weltgeschichte ansahen, den Armen als an sich gut, Adlige und Könige als Ungeheuer an Ungerechtigkeit. Simon de Luce war mit seiner Geschichte der Bauernaufstände einer von diesen Historikern, tendenziös in seinen Texten, aber einzigartig in seiner Forschungsarbeit und unschätzbar wegen seiner Dokumente. Die großen Historiker des 19. und 20. Jahrhunderts, die die Quellen ausgruben und veröffentlichten, die Chroniken ergänzten und herausgaben, die Mengen von Predigten, Abhandlungen, Briefen und anderen Primärquellen lasen und exzerpierten, haben dann den Boden bereitet, auf dem wir Nachgeborene stehen. Ihr Werk wird heute vervollständigt und ergänzt von den modernen Mediävisten der Ära nach Marc Bloch, die einen mehr soziologischen Zugang zum Mittelalter fanden und sich vorwiegend mit den nachweisbaren Fakten des täglichen Lebens beschäftigten. So wurde z. B. die Anzahl der an eine Diözese verkauften Hostien als Maßstab praktizierter Religiosität angesehen.

Ich stehe mit meinem Buch in der Schuld all dieser Gruppen, angefangen bei den ursprünglichen Gesichtsschreibern. Ich weiß, daß es heute unter den Mediävisten als unmodisch gilt, sich auf die alten Chroniken zu beziehen; um aber ein Gefühl für die Zeit und ihre Gewohnheiten zu bekommen, halte ich sie für unverzichtbar. – Außerdem, sie erzählen Geschichte, und das will ich auch tun.

Trotz diesem Informationsüberfluß gibt es überall da noch Lücken, wo das Problem nicht in widersprüchlicher, sondern in gar keiner Information besteht. Um diese Lücken zu überbrücken, muß man auf Erklärungen zurückgreifen, die lediglich wahrscheinlich sind oder auch nur dem gesunden Menschenverstand entsprechen. Das ist der Grund für die Anhäufung der Worte »wahrscheinlich« und »vermutlich« in meinem Text. Ärgerlich, aber aufgrund des Mangels an dokumentierter Gewißheit unvermeidlich.

Eine noch größere Gefahr stellt aber wohl die »Übermacht des Negativen« dar, die mir in der Natur der überlieferten Geschichte zu liegen scheint. Von jeher bleibt in der Überlieferung vor allem die Erinnerung an das Unglück lebendig, an den Schrecken, die Armut, den Kampf und den Schaden. Das ist in der Geschichte so ähnlich wie in der Zeitung. Das Normale macht keine Schlagzeilen. Geschichte besteht aus Dokumenten, die überleben, und die stützen sich schwer auf Krise und Unglück, auf Verbrechen und Verfehlung, denn diese Dinge sind das Thema des dokumentarischen Verfahrens, der Gerichtsakten, Verträge, Denunziationen, der literarischen Satiren und päpstlichen Bullen. Kein Papst hat je eine Bulle veröffentlicht, um seiner Zufriedenheit Ausdruck zu verleihen. Eines der besten Beispiele für die »Übermacht des Negativen« ist der religiöse Reformer Nicolaus von Clamanges, der in seinen Klagen über unwürdige und verweltlichte Prälaten im Jahre 1401 schrieb, daß er in seinem Eifer für Reformen nicht über die guten Kleriker sprechen wolle, weil sie »neben den perversen Menschen nicht zählen«.

Das Unglück und der Schrecken können aber wohl kaum so weit verbreitet gewesen sein, wie es nach der Überlieferung scheinen mag. Nur die Tatsache ihrer Überlieferung läßt sie so allgegenwärtig erscheinen. Dabei ist anzunehmen, daß sie zeitlich und räumlich nur sporadisch auftraten. Die Beharrungskräfte des Normalen sind eben doch größer als die Wirkung von Störungen, wie wir aus unserer Zeit wissen. Nach der täglichen Zeitungslektüre erwartet man, sich in einer Welt von Streiks, Verbrechen, Machtmißbrauch, Stromausfällen, Wasserrohrbrüchen, entgleisten Zügen, geschlossenen Schulen, Straßenräubern, Drogenabhängigen, Neonazis und Sexualverbrechern wiederzufinden. Tatsächlich aber ist es so, daß man an glücklichen Tagen immer noch abends nach Hause kommen kann, ohne mehr als einem oder zweien solcher Dinge ausgesetzt gewesen zu sein. Das hat mich dazu gebracht, das »Tuchmansche Gesetz« zu formulieren: Allein die Tatsache der Berichterstattung vervielfältigt die äußerliche Bedeutung irgendeines bedauerlichen Ereignisses um das Fünf- bis Zehnfache (oder um irgendeine Zahl, die der Leser einsetzen mag).

Die Schwierigkeit, sich gänzlich in die Geistes- und Gefühlswelt des Mittelalters hineinzuversetzen, ist das letzte und größte Hindernis. Die entscheidende Barriere ist, wie ich glaube, die christliche Religion, wie sie damals war. Sie war zugleich Nährboden und Gesetz des Lebens, allgegenwärtig, wahrhaft zwingend. Ihr nachdrückliches Prinzip, daß das Leben der Seele im Jenseits dem Hier und Jetzt, dem materiellen Leben auf der Erde, überlegen sei, wird von der heutigen Welt nicht geteilt, egal wie fromm einige moderne Christen auch sein mögen. Der Zusammenbruch dieses Prinzips und seine Verdrängung durch den Glauben an den Wert des Individuums und ein tätiges Leben, in dessen Mittelpunkt nicht unbedingt ein Gott steht, schufen die moderne Welt und beendeten das Mittelalter.

Das Problem wird noch weiter verwirrt dadurch, daß die mittelalterliche Gesellschaft, ihrer Absage an das weltliche Leben zum Trotz, diesem nicht wirklich entsagte – und niemand weniger als die Kirche selbst. Viele versuchten es, einige schafften es, aber die Mehrheit der Menschheit ist für Entsagung nicht geschaffen. Es hat kaum eine Zeit gegeben, in der dem Geld und dem Besitz mehr Beachtung geschenkt worden wäre als im 14. Jahrhundert, und die Lust am Fleische war dieselbe wie die anderer Zeiten. Der ökonomische und der sinnliche Mensch sind ununterdrückbar.

Die Kluft zwischen dem herrschenden Prinzip der christlichen Lehre und dem Alltagsleben ist das grundlegende Dilemma des Mittelalters. Es ist auch das Problem, das sich wie ein roter Faden durch Gibbons Geschichtsschreibung zieht und das er mit einer feinen, bösartigen Leichtigkeit behandelte. Bei jeder sich bietenden Gelegenheit spielte er genüßlich den Gegensatz zwischen dem, was ihm als die Heuchelei des christlichen Ideals erschien, und dem natürlichen Alltagsleben der Zeit aus. Ich glaube jedoch bei aller sonstigen Wertschätzung des Gelehrten, daß Gibbons Methode dem Problem nicht gerecht wird. Der Mensch selbst war der Schöpfer dieses unmöglichen Ideals und versuchte, es aufrechtzuerhalten, ja nach ihm zu leben – mehr als ein Jahrtausend lang. Darum muß es einem tiefen Bedürfnis entsprechen, jedenfalls einem fundamentalerem, als es Gibbons aufklärerisches Denken zulassen und seine elegante Ironie bewältigen konnte. Aber, obwohl ich die Gegenwärtigkeit dieses Ideals erkenne, erfordert es eine größere Religiosität als die meine, sich damit identifizieren zu können.

Das Rittertum, die grundlegende politische Idee der herrschenden Klasse, hinterließ eine ebenso große Kluft zwischen Ideal und Wirklichkeit wie die Religion. Das Ideal war die Vision einer Ordnung, die durch die Kriegerklasse aufrechterhalten wurde und in der Tafelrunde, der vollkommenen Form der Natur, ihr Sinnbild fand. Die Ritter König Artus' zogen für das Recht gegen Drachen, Hexenmeister und Bösewichter, sie brachten Ordnung in eine verwirrte Welt. So sollten auch ihre lebenden Gegenstücke der Verteidigung des Glaubens dienen, der Gerechtigkeit, der Erlösung der Unterdrückten. In Wirklichkeit aber waren sie selbst die Unterdrücker, und im 14. Jahrhundert waren die Gewalttätigkeit und Gesetzlosigkeit der »Männer des Schwertes« eine Hauptquelle der Unordnung. Wenn die Kluft zwischen dem Ideal und der Realität zu groß wird, bricht das System zusammen. Legenden und Geschichten spiegeln dieses Thema. Im Artusroman zerbricht die Tafelrunde von innen her. Das Schwert kehrt in den See zurück, die Geschichte beginnt von neuem. Der Mensch, gewalttätig, zerstörerisch, gierig und schwach, klammert sich an seine Vision der Ordnung und beginnt seine Suche von neuem.

Eine Anmerkung zum Geld

Die mittelalterlichen Währungen leiten sich ursprünglich von der *libra* (livre, pound oder Pfund) ab, einem Pfund reinen Silbers, aus dem 240 Silberpfennige geschlagen wurden. Später wurde der Schilling oder Sous (im Wert von zwölf Pfennigen) dem eingeordnet, wobei wiederum 20 Schillinge oder Sous ein Pfund ausmachten. Der Florin, Dukat, Franc (im Plural hier immer »Franken«, Anm. der Übers.), Livre, Écu, Mark und das englische Pfund waren alle theoretisch mehr oder minder soviel wert wie das ursprüngliche Pfund, obwohl im Laufe der Zeit ihr Gewicht und Goldanteil variierten. Dem Standard am nächsten kam eine Münze, die 3,5 Gramm Gold enthielt und in Florenz geschlagen wurde (der Florin). Dem entsprach der Dukat von Venedig. Wenn das Wort »Gold«- vor der Bezeichnung einer Münze auftaucht, wie in Goldfranc, Goldécu, Goldmouton etc., heißt das, daß es sich um Hartgeld handelte. Wenn die Währungsbezeichnung allein erscheint oder in Frankreich das Livre (hier immer Pfund, Anm. der Übers.) in einer seiner verschiedenen Formen – *parisis, tournois, bordelaise,* jeweils mit leichten Wertunterschieden –, handelt es sich bei der fraglichen Währung um Rechnungseinheiten, die nur auf dem Papier standen.

Nach diesem kurzen Blick auf die Komplikationen des Problems ist der Nichtspezialist, glaube ich, gut beraten, sich über diese Dinge keine Sorgen zu machen, denn die Bezeichnungen der Münzen und Währungen bedeuten ohnedies lediglich in Hinsicht auf ihre Kaufkraft etwas. Wenn ich die Bezahlung für den Unterhalt von Soldaten, die Löhne der Arbeiter, den Preis eines Pferdes oder eines Pflugs, die Lebenshaltungskosten einer bürgerlichen Familie erwähne, versuche ich ab und zu, die Zahlen auf reale Werte zu beziehen. Ich habe es nicht unternommen, verschiedene Währungen durch eine einzige auszudrücken, denn der Wert schwankte unablässig ebenso wie der Silber- und Goldanteil der Münzen. Darüber hinaus differierten Hartgeld und Geld als Rechnungseinheit auf dem Papier, auch wenn sie die gleiche Bezeichnung trugen. Ich habe deshalb in jedem Fall die Währung übernommen, die in den Dokumenten der Chronisten auftaucht, und möchte dem Leser nahelegen, diese Summenbezeichnungen ganz unproblematisch auf die grundlegende Einheit des Pfundes zu beziehen.

Kapitel 1
»Ich bin der Sire de Coucy«: Das Geschlecht

Von der Spitze eines Hügels in der Picardie überragte die fünftürmige Burg von Coucy achtunggebietend den nördlichen Zugang nach Paris. Ob als Hüter oder Herausforderer der Monarchie, darüber war man sich in der Hauptstadt nicht im klaren. In der Mitte der Burg erhob sich ein mächtiger Rundturm auf die doppelte Höhe der vier Ecktürme. Das war der *donjon*. Der Turm war die zentrale Befestigung der Anlage, der größte in Europa, der stärkste, der je im Mittelalter oder danach erbaut wurde. Dreißig Meter im Durchmesser, sechzig Meter hoch, konnte er während einer Belagerung tausend Leute beherbergen. Der Bergfried überschattete und beschützte die Burg zu seinen Füßen, die zusammengedrängten Dächer der Stadt, den Glockenturm der Kirche und die dreißig Wachtürme der Wehrmauer, die den gesamten Komplex umschloß. Reisende aus allen Richtungen konnten diesen Beweis freiherrlicher Macht sehen, und sie empfanden schon Meilen entfernt die Ehrfurcht, die den Reisenden im Land der Ungläubigen beim ersten Anblick der Pyramiden ergriff.

Von ihrer eigenen Größe überzeugt, hatten seine Bewohner das Innere des Bergfrieds in einem Maßstab ausgeführt, der den des normalen Sterblichen überstieg. Die Treppenstufen waren vierzig Zentimeter hoch, die Fenstersitze über einen Meter vom Boden, als ob sie für ein Geschlecht von Riesen bestimmt gewesen wären. Die Fensterstürze von zwei Kubikmetern Rauminhalt waren nicht weniger heroisch. Mehr als hundert Jahre hatte das Geschlecht, das sich in diesen Dimensionen widerspiegelte, seine Neigung zum Exzeß der Welt gezeigt. Ehrgeizig, gefährlich, häufig grausam, hatten sich die Coucys auf einem beherrschenden Hügelvorsprung niedergelassen. Von ihrer Burg aus kontrollierten sie den Durchgang vom Tal der Aillette zum größeren der Oise. Von hier aus hatten sie Könige herausgefordert und Kirchen geplündert, waren zu Kreuzzügen aufgebrochen, auf denen sie ihr Leben lassen mußten, hier hatten sie die Strafen für die Verbrechen, die sie begangen hatten, verbüßt. Sie wurden besiegt und exkommuniziert, aber sie vermehrten ihr Land, heirateten in die königliche Familie ein und nährten den Stolz, der »Coucy à la merveille!« zu seinem Schlachtruf wählte. Sie zählten zu den vier großen Baronien Frankreichs, sie verachteten Adelstitel und gaben sich ein Motto von schlichter Arroganz:

Roi ne suis,
Ne prince, ne duc, ne comte aussi;
Je suis le sire de Coucy.
(Nicht König bin ich,
Nicht Prinz noch Herzog noch Graf,
Der Herr von Coucy bin ich.)

1223 begonnen, stand die Burg in derselben architektonischen Tradition wie die großen Kathedralen, deren Ursprung ebenfalls in Frankreichs Norden zu finden ist. Vier der größten wurden in derselben Zeit wie die Burg der Coucys erbaut, in Laon, Reims, Amiens und Beauvais, allesamt im Umkreis von fünfzig Kilometern von Coucy. Dauerte es normalerweise fünzig bis einhundertfünfzig Jahre, eine Kathedrale fertigzustellen, so wurden die umfangreichen Bauarbeiten in Coucy samt Bergfried, Befestigungsanlagen und unterirdischen Verbindungstunneln in dem erstaunlich kurzen Zeitraum von sieben Jahren unter dem unbeugsamen Willen eines einzigen Mannes, Enguerrand III. de Coucy, vollendet.

Die Fläche des Burgkomplexes betrug etwa zwei Morgen. Ihre vier Ecktürme, jeder von ihnen etwa dreißig Meter hoch und gut zwanzig Meter im Durchmesser, wurden zusammen mit den drei Außenmauern direkt an den Rand des Burghügels gebaut. Der einzige Zugang zu diesem Komplex war ein Wehrtor in der inneren Mauer. Es lag nahe dem Bergfried und wurde von zwei Wachtürmen geschützt, von Wassergraben und Fallgitter. Dieses Tor führte auf den »Place d'armes« hinaus, ein Gelände von etwa sechs Morgen, das Stallungen, Wirtschaftsgebäude, einen Turnierplatz und Weideflächen für die Pferde der Ritter beherbergte. Dahinter, wo sich der Hügel wie ein Schwalbenschwanz ausweitete, lag die Stadt mit ihren Häusern und der breittürmigen Kirche. Drei Wehrtore in der äußeren Befestigungsmauer, die den gesamten Hügel umgab, gaben den Weg in die Außenwelt frei. Auf der Südseite fiel der Hügel nach Soissons in einem steilen, leicht zu verteidigenden Abhang ab, auf der Nordseite, wo das Gelände in das Plateau von Laon auslief, versperrte ein breiter Wassergraben den Weg.

Innerhalb der sechs bis zehn Meter dicken Mauern verband ein spiralenförmiges Treppenhaus die drei Stockwerke des Bergfrieds. Ein offenes Loch oder »Auge« im Dach des Turms, das in jeder Etage sein Gegenstück hatte, spendete spärliche Beleuchtung, im Innern herrschte immer das Halbdunkel. Die Löcher in den Deckengewölben erlaubten es auch, Waffen und Verpflegung von Stockwerk zu Stockwerk zu hieven, ohne den beschwerlichen Weg über die Treppen machen zu müssen. Auf demselben Weg konnten mündliche Kommandos an die gesamte Besatzung erteilt werden. 1200 bis 1500 Bewaffnete konnten hören, was von der mittleren Plattform aus gerufen wurde. Der Bergfried hatte Küchen, die, wie ein beeindruckter Zeitgenosse sagte,

»Kaiser Neros würdig« waren. Auf dem Dach gab es einen Regenwasserfischteich, im Keller war eine Quelle; Backöfen, Lagerräume und große Feuerstellen mit Rauchabzug und Latrinen gab es in jedem Stockwerk. Unterirdische Gewölbegänge führten zu jedem Teil der Anlage, zum offenen Hof genauso wie zu den geheimen Ausgängen außerhalb der Befestigungsanlagen, durch die die belagerte Festung versorgt werden konnte. Von der Spitze des Turms konnte ein Beobachter die gesamte Gegend bis zum dreißig Kilometer entfernten Wald von Compiègne einsehen, wodurch Coucy auch gegen Überraschungsangriffe gesichert war. Diese Festung war sowohl in der Planung als auch in der Ausführung die perfekteste militärische Bastion des mittelalterlichen Europas, und sie hatte die kühnsten Ausmaße.

Ein durchgängiges Prinzip formte die Burg: Verteidigungsanlage statt Wohnsitz. Als Befestigung war sie ein Symbol mittelalterlichen Lebens, so beherrschend wie das Kreuz. In dem gewaltigen, alles andere als romantischen Bilderbogen des mittelalterlichen Lebens, dem Rosenroman, stellt die Burg der Rose die letzte Bastion dar, die genommen werden muß, um das Ziel der sexuellen Sehnsucht zu erreichen. In der Wirklichkeit zeugten die Befestigungsanlagen von der Gewalttätigkeit, die die mittelalterliche Geschichte prägte. Der architektonische Vorläufer der Burg, die römische Villa, war unbefestigt gewesen, vertraute dem römischen Recht und den Legionen, die ihr Schutzwall waren. Nach dem Zusammenbruch des Römischen Reichs entstand die mittelalterliche Gesellschaft als ein Komplex einander widerstreitender Teile, der keiner effektiven weltlichen Zentralmacht unterworfen war. Als organisatorisches Prinzip bot sich nur die Kirche an, und dies war der Grund ihres Erfolgs, denn die Gesellschaft kann die Anarchie nicht ertragen.

Aus dieser Turbulenz heraus begann sich eine zentrale weltliche Macht in Gestalt der Monarchie zu bilden, aber sie geriet, sobald sie wirksam wurde, auf der einen Seite mit der Kirche in Konflikt und auf der anderen Seite mit den Freiherren. Gleichzeitig entwickelte das Bürgertum der Städte seine eigene Ordnung und verkaufte seine Unterstützung an Barone, Bischöfe oder Könige als Gegenleistung für die Gewährung von Stadtrechten. Indem sie die Freiheit des Handels garantierten, kennzeichnen diese Bullen städtischer Rechte den Aufstieg des urbanen dritten Standes. Das politische Gleichgewicht zwischen den rivalisierenden Gruppen war unstabil, weil der König keine bewaffneten Kräfte zu seiner ständigen Verfügung hatte. Er konnte lediglich auf die feudale Verpflichtung seiner Vasallen zurückgreifen, ihm begrenzte militärische Dienste zu leisten, die später durch bezahlte Söldner verstärkt wurden. Die Herrschaft war noch persönlich, leitete sich aus dem Lehen und dem Gefolgschaftsschwur her. Nicht die Beziehung zwischen Bürger und Staat, sondern die zwischen Lehnsmann und Herr war die geltende politische Verbindlichkeit. Der Staat lag noch in den Geburtswehen.

Durch seine günstige Lage im Mittelpunkt der Picardie war der Besitz Coucy, wie die Krone selbst anerkannte, »einer der Schlüssel zum Königreich«. Von Flandern im Norden bis zum Ärmelkanal und den Grenzen der Normandie stellte die Picardie den Hauptzugang zum nördlichen Frankreich dar. Ihre Flüsse führten sowohl nach Süden in die Seine als nach Norden in den Ärmelkanal. Ihr fruchtbarer Boden machte sie zum wichtigsten Ackerbaugebiet Frankreichs mit Weiden und Weizenfeldern, mit Waldungen und schöngelegenen, wohlhabenden Dörfern. Die Rodung, der erste Schritt zur Zivilisation, hatte mit den Römern begonnen. Zu Beginn des 14. Jahrhunderts bot die Picardie einer viertel Million Haushalten oder mehr als zwei Millionen Menschen Lebensraum, was sie neben Toulouse zur einzigen Provinz Frankreichs machte, die im Mittelalter bevölkerungsreicher war als heute. Die Bevölkerung war selbstbewußt und freiheitsliebend, ihre Städte waren die ersten, die Gemeinderechte erwarben.

In der Grauzone zwischen Legende und überlieferter Geschichte war das Gut Coucy ursprünglich wohl ein Grundbesitz der Kirche, mit dem wahrscheinlich St. Remigius, der erste Bischof von Reims, von Chlodwig, dem ersten christlichen Frankenkönig, belehnt worden war. Das soll um das Jahr 500 geschehen sein. Nach seinem Übertritt zum Christentum hatte nämlich Chlodwig das Gebiet von Coucy seinem Täufer, dem Bischof der neuen Diözese von Reims, geschenkt. Er vollzog im kleinen, was Kaiser Konstantin mit seiner Schenkung getan hatte. Mit der Konstantinischen Schenkung war die Kirche sowohl staatlich etabliert als auch tödlich belastet. Wie William Langland schrieb:

Als die Großzügigkeit Konstantins der hl. Kirche Unterhalt gab,
Durch Ländereien und Lehen, mit Herren und Dienern,
Da hörten die Römer hoch im Himmel einen Engel weinen,
»Dieser Tag der kirchlichen Schenkung hat Gift getrunken,
und alle, die Petrus' Macht gewinnen, sind vergiftet auf immer.«

Dieser Konflikt zwischen dem Streben nach göttlicher Gnade und der Versuchung der weltlichen Macht sollte zum zentralen Problem des Mittelalters werden. Der kirchliche Anspruch auf geistige Führung konnte niemals vor allen Gläubigen erfolgreich vertreten werden, wenn die kirchliche Macht auf weltliche Güter gegründet war. Je mehr Reichtümer die Kirche ansammelte, desto sichtbarer und störender wurde dieser Bruch, er konnte nie überbrückt werden, er weitete sich vielmehr aus und bestärkte Zweifel und Abweichung in jedem Jahrhundert.

In den frühesten lateinischen Dokumenten wurde Coucy »codicianum« oder »codiacum« genannt, was wahrscheinlich auf das Wort »codex, codicis« zurückzuführen ist, ein geschälter Baumstamm, wie er von den Galliern zum Bau von Palisaden benutzt wurde. Vier Jahrhunderte lang blieb dieser Ort im Schatten der geschichtlichen Ereignisse, bis dann im Jahre 910 oder 920 Hervé, Erzbischof von Reims, die erste primitive Befestigung auf dem Hügel erbaute, um die Invasion der Normannen in das Tal der Oise einzudämmen. Siedler, die hinter den bischöflichen Mauern Zuflucht suchten, gründeten die obere Stadt, die als Coucy-le-Château bekannt wurde, im Unterschied zu Coucy-la-Ville. In diesen wilden Zeiten war das Gebiet ein ständig umkämpftes Pfand zwischen Erzbischöfen, Baronen und Königen, die alle gleichermaßen kriegerisch waren. Der Kampf gegen die Invasoren, Mauren im Süden und Normannen im Norden, hatte ein Volk von hartgesottenen Kämpfern hervorgebracht, die untereinander ebenso streitlustig wie verteidigungsbereit gegen Außenseiter waren. 975 übergab Oderich, Erzbischof von Reims, das Lehen an einen Mann, der sich Graf von Eudes nannte und der erste Herr von Coucy wurde. Von dieser Person ist nichts bekannt, außer daß sie ihren Nachkommen einen Zug von ungewöhnlicher Stärke und Wildheit vererbte.

Die erste nennenswerte urkundliche Erwähnung des Geschlechts der Coucys war eher religiöser als kriegerischer Art. Es handelte sich um die Gründung der Benediktinerabtei von Nogent am Fuß des Hügels durch Aubry de Coucy im Jahre 1059. Diese Stiftung überschritt das übliche Maß des Dankes für geistliche Fürsprache bei weitem, sollte wohl die Bedeutung des Spenders unterstreichen und die Rettung seiner Seele erkaufen. Ob die anfänglichen Einkünfte der Abtei nun mager waren, wie der Abt Guibert klagte, oder nicht – das Kloster blühte auf und überlebte das aufstrebende Geschlecht der Coucys, das es durch ständige Spenden zunächst am Leben hielt.

Aubrys Nachfolger, Enguerrand I., war ein skandalumwitterter Mann, der nach Abt Guibert von einer Leidenschaft für Frauen besessen war (der Abt selbst war Opfer seiner unterdrückten Sexualität, wie er in den *Confessiones* enthüllte). Enguerrand erreichte mit Hilfe eines willfährigen Bischofs, der sein Vetter war, die Scheidung von seiner ersten Frau Adèle de Marle wegen Ehebruchs. Er war einer gewissen Sybil verfallen, der Frau eines Freiherrn aus Lothringen, die er heiratete, während deren Mann im Krieg war und sie selbst nach einer dritten Liaison schwanger war. Von Sybil de Marle sagte man, daß sie eine Frau von liederlicher Moral war.

In dieser unheiligen Familiensituation wuchs der »rasende Wolf«, Sohn der tugendhaften Adèle, auf (so wenigstens nannte ihn ein anderer berühmter Abt, Suger von St. Denis), Thomas de Marle, der berüchtigste und wildeste der Coucys. Er haßte seinen Vater bitter, weil dieser die Vaterschaft in Zweifel gezogen hatte. Er nahm an dem endlosen Kampf teil, den der ehemalige Mann seiner Mutter Adèle gegen Enguerrand I. begonnen hatte. Diese Privatkriege wurden von den Rittern mit wilder Kampfeslust geführt, sie kannten nur eine einzige Strategie: den Feind dadurch zu bezwingen, daß man so viele Untertanen wie möglich entweder tötete oder verstümmelte, die Ernte vernichtete und Weinberge, Werkzeuge, Scheunen und anderen Besitz zerstörte, um die Einkünfte aus dem Lande zu reduzieren. Aus diesem Grund war die Bauernschaft das Hauptopfer der kriegführenden Parteien. Abt Guibert behauptete, daß in dem »unsinnigen Krieg« Enguerrands gegen den Lothringer den Gefangenen die Augen ausgestochen und die Füße abgeschlagen worden waren. Diese Privatfehden waren der Fluch Europas, und vielleicht sind die Kreuzzüge unbewußt auch deshalb erfunden worden, um ihnen ein Ende zu setzen und den Aggressionen ein anderes Ventil zu öffnen. Im Jahre 1095 folgten sowohl Enguerrand I. als auch sein Sohn Thomas dem großen Aufruf zum Ersten Kreuzzug zur Verteidigung des Heiligen Grabes und trugen ihren Haß aufeinander nach Jerusalem und zurück, ohne jede Verminderung. Das Familienwappen der Coucys leitet sich aus einem Heldenstück dieses Kreuzzugs ab, wobei unklar ist, ob der Ausführende Enguerrand oder Thomas war. Einer von ihnen wurde von Mohammedanern überfallen, als er und seine fünf Begleiter schon die Rüstung abgelegt hatten. Der Betreffende warf seinen Purpurmantel ab und zerriß ihn in sechs Streifen, die als Banner im Kampfgewühl dienten. So ausgerüstet fielen die Männer über die Feinde her und vernichteten sie. Zum Gedenken an diese Tat wurde ein Wappenschild entworfen, das sechs horizontale Streifen trug, rot auf weißem Feld.

Im Jahre 1116 konnte Thomas als Erbe seiner Mutter die Gebiete von Marle und La Fère dem Besitz der Coucys anschließen. Ungezähmt setzte er seine Fehden und Räubereien fort, bekämpfte Kirche, Stadt und König gleichermaßen, wobei ihm »der Teufel half«, wie Abt Suger klagte. Er raubte die Pfründe von Mönchsklöstern, folterte Gefangene (laut Überlieferung hängte er Männer an den Hoden auf, bis diese durch das Gewicht des Körpers abrissen), durchschnitt persönlich die Kehlen von dreißig aufständischen Stadtbürgern, verwandelte seine Burgen in »Drachennester und Räuberhöhlen« und wurde von der Kirche exkommuniziert, die ihm in Abwesenheit die Ritterwürde absprach und beschloß, daß dieser Bannspruch allwöchentlich in den Sonntagsgottesdiensten jeder Gemeinde der Picardie verlesen werden mußte. König Ludwig VI. stellte eine Streitmacht gegen Thomas zusammen, und es gelang ihm, geraubte Schlösser und Ländereien zurückzuerobern. Am Ende seines Lebens war auch Thomas gegen jene Hoffnung auf Erlösung und Furcht vor der Hölle nicht gefeit, die der Kirche durch die Jahrhunderte so viele reiche Erbschaften eingebracht hat. Er hinterließ der Abtei von Nogent eine großzügige Schenkung, gründete die nahe gelegene Abtei von Prémontré und starb 1130 im Bett. Er war dreimal verheiratet gewesen, und Abt Guibert hielt ihn für »den verderbtesten Menschen seiner Generation«.

Was einen Mann wie Thomas de Marle formte, war nicht unbedingt Veranlagung oder Vaterhaß, der in jeder Generation auftreten kann, sondern die Gewöhnung an eine Gewalttätigkeit, die sich ausbreiten konnte, weil es kein wirksames Organ der Kontrolle gab.

Erst im 12. und 13. Jahrhundert entwickelte sich eine solche Zentralgewalt, während sich die soziale Energie und die künstlerischen Talente Europas auf einen der größten Entwicklungsschübe der Zivilisationsgeschichte vorbereiteten. Ausgehend vom Handel, fand in den Künsten, der Wissenschaft, der Architektur, der Technik, den Banken und im Kreditwesen in den Städten und Universitäten ein Aufschwung statt, der neue Horizonte aufzeigte und das alltägliche Leben veränderte. Diese zweihundert Jahre waren das Hochmittelalter, das den Kompaß und das Uhrwerk einführte, das Spinnrad und den mechanischen Webstuhl, Wind- und Wassermühlen. Es war die Zeit, in der Marco Polo nach China reiste und Thomas von Aquin mit der scholastischen Ordnung der Wissenschaften begann, in der in Paris, Bologna, Padua und Neapel Universitäten gegründet wurden, in Oxford und Cambridge, in Salamanca und Valladolid, in Montpellier und Toulouse, in der Giotto menschliche Gefühle malte, Roger Bacon sich auf die experimentelle Wissenschaft warf und Dante seinen großen Entwurf menschlichen Schicksals in der Umgangssprache seiner Zeit schrieb. Es war die Zeit, in der die Religiosität sich sowohl in den Predigten des heiligen Franziskus wie auch in der Grausamkeit der Inquisition ausdrückte, in der der Kreuzzug gegen die Albigenser im Namen des rechten Glaubens den Süden Frankreichs in Blut tränkte, während die Kathedralen Bogen um Bogen gegen den Himmel strebten, Triumphe von Kreativität, Technologie und Glauben.

Sie wurden nicht mit Sklavenarbeit erbaut. Obwohl eine begrenzte Leibeigenschaft bestand, waren die Rechte und Pflichten der Leibeigenen durch Gewohnheitsrecht und Tradition geschützt, und die Arbeit der mittelalterlichen Gesellschaft wurde, anders als in der Antike, von ihren eigenen Mitgliedern ausgeführt.

In Coucy folgte nach dem Tod von Thomas eine sechzigjährige Periode respektablerer Herrschaft unter seinem Sohn Enguerrand II. und seinem Enkel Raoul I., die zu ihrem Vorteil mit der Krone zusammenarbeiteten. Beide folgten den Aufrufen zu den Kreuzzügen des 12. Jahrhunderts und verloren jeweils im Heiligen Land ihr Leben. Vielleicht aus finanziellen Schwierigkeiten heraus verkaufte die Witwe Raouls I. 1197 Coucy-le-Château die Gemeinderechte für 140 Pfund.

Eine solche Demokratisierung war weniger ein Schritt auf dem Weg einer ständigen Liberalisierung, wie es die Historiker des 19. Jahrhunderts gerne gesehen hätten, als vielmehr ein zufälliges Nebenprodukt der adligen Leidenschaft, Krieg zu führen. Da er sich selbst und seine Gefolgschaft mit teuren Waffen, Rüstungen und Pferden ausstatten mußte, kam der Kreuzritter, wenn er überlebte, gewöhnlich ärmer nach Hause, als er aufbrach. Kam er nicht zurück, hinterließ er nicht selten ein geschmälertes Besitztum, da die Kreuzzüge außer dem ersten weder siegreich noch gewinnbringend waren. Die einzige

Möglichkeit, das auszugleichen – da Landverkauf undenkbar war –, war der Verkauf von städtischen Rechten oder die Verwandlung von Dienstverpflichtungen und Frondiensten in Pacht. In der aufblühenden Wirtschaft des 12. und 13. Jahrhunderts brachten die Profite aus Handel und Ackerbau den Bürgern und Bauern die Mittel, um Freiheiten und Rechte durch Kauf zu erwerben.

In Enguerrand III., genannt der Große, Erbauer der neuen Burg und des Hauptturms, tauchte die Maßlosigkeit der Coucys wieder auf. Von 1191 bis 1242 ließ er Burgen und Befestigungsanlagen auf sechs seiner Güter neben Coucy erbauen, einschließlich dem von St. Gobain, das fast so groß wie Coucy war. Er nahm an dem Gemetzel des Albigenserkreuzzugs teil und an jedem anderen Feldzug, der ihm nur irgendwie erreichbar war. Wie sein Großvater Thomas kämpfte er auch gegen die Diözese von Reims, eine Auseinandersetzung, die aus einem Streit über feudale Rechte erwuchs. Er wurde angeklagt, die Ländereien der Diözese geplündert, die Bäume gefällt, ihre Dörfer besetzt, sich gewaltsam Zugang zur Kathedrale verschafft, den Dekan in Ketten gelegt und die Geistlichkeit an den Bettelstab gebracht zu haben.

Als der Erzbischof von Reims 1216 Beistand beim Papst erflehte, wurde Enguerrand III. ebenfalls exkommuniziert, und den Priestern wurde befohlen, die Gottesdienste abzubrechen, wenn Enguerrand auftauchte. Eine Person unter dem Bann war von den Sakramenten ausgeschlossen und zur Hölle verdammt, bis sie ihre Taten bereute und von ihnen losgesprochen wurde. In schwerwiegenden Fällen konnte nur der Bischof und in einigen Fällen sogar nur der Papst den Bann aufheben. Während er in Kraft war, mußte der örtliche Priester den Fluch zwei- oder dreimal jährlich vor der Gemeinde im Namen des Vaters, des Sohnes, des Heiligen Geistes, aller Apostel und im Namen aller Heiligen aussprechen; dabei sollte die Totenglocke ertönen, die Kerzen mußten gelöscht werden, Kreuz und Meßbuch auf dem Boden liegen. Eigentlich sollte der Schuldige von allen sozialen Beziehungen isoliert werden, aber die Unannehmlichkeiten für alle Beteiligten waren so groß, daß sich die Nachbarn entweder darauf verlegten, sein Haus mit Steinen zu bewerfen, um ihn zur Reue zu bewegen, oder den Bann zu ignorieren. Im Falle Enguerrands III. war die Einstellung der Gottesdienste ein schrecklicher Urteilsspruch für die Gemeinden. Schließlich machte Enguerrand 1219 seinen Frieden mit der Kirche, nachdem er Buße getan hatte. Das aber milderte nicht seinen weltlichen Machtanspruch; er baute weiter seine mächtige Burg aus, die ihren Schatten bis nach Paris warf.

Die Eile, mit der er den Bau vorantrieb, ging auf die Erwartung zurück, einen Feldzug gegen den minderjährigen König Ludwig IX. zu führen, den später Ludwig den Heiligen. Enguerrand führte eine Liga von Baronen gegen die Krone und hegte nicht zuletzt, wie einige sagten, eigene Ambitionen auf den Thron. Durch seine Mutter, Alix de Dreux, die von Philipp I. abstammte, hatte er königliches Blut in den Adern. Der Hauptturm seiner Burg sollte den königlichen Turm des Louvre überragen als Zeichen seines Trotzes und seines Anspruchs. Aber die Mutter des Infanten widerstand der Bedrohung, obwohl der Herr von Coucy eine Kraft blieb, mit der gerechnet werden mußte. Durch Heiraten häufte dieser weiterhin Reichtümer und internationales Ansehen an. Seine erste und seine dritte Frau stammten aus benachbarten Adelsfamilien und brachten zusätzliches Eigentum in der Picardie in die Ehe. Seine zweite Frau war Mathilde von Sachsen, Tochter von Heinrich dem Löwen, Herzog von Sachsen, sie war Enkelin Heinrichs II. von England und Eleonores von Aquitanien, Nichte von Richard Löwenherz und Schwester Ottos von Sachsen, des späteren Kaisers des Heiligen Römischen Reiches. Enguerrands Tochter aus einer dieser Ehen heiratete Alexander II., König von Schottland.

Bei der Erbauung von Coucy beschäftigte Enguerrand etwa achthundert Steinmetzen, unzählige Ochsengespanne, um die Steine vom Steinbruch zum Bauplatz zu ziehen, und ungefähr achthundert weitere Handwerker, so z. B. Schreiner, Dachdecker, Schmiede, Anstreicher und Tischler. Über dem Tor zum Hauptturm wurde eine Reliefskulptur von einem mit einem Löwen kämpfenden Ritter ohne Rüstung angebracht, ein Symbol ritterlichen Muts. Eingelassene Kamine in den Wänden der Burg gehörten überall zur Ausstattung. Im Gegensatz zu einem einfachen Rauchabzug im Dach stellten diese Kamine einen technischen Fortschritt des 11. Jahrhunderts dar, der es durch die Beheizung einzelner Zimmer ermöglichte, daß sich die Herrschaften aus der Gemeinschaft zurückzogen, die sich in der Haupthalle um das offene Feuer versammelte, sie trennten die Herren von der Gefolgschaft. Die Erfindung erhöhte die Bequemlichkeit, allerdings auf Kosten der sozialen Gemeinschaft. In einem versteckten Winkel des zweiten Stockwerks lag ein kleiner Raum mit einem eigenen Kamin, vielleicht ein Boudoir für die Dame des Hauses. Von hier aus hatte sie einen weiten Blick über das Tal mit seinen Glokkentürmen, die die Dörfer und ihre Baumgruppen überragten, und sie konnte die Leute auf der aufsteigenden Straße kommen und gehen sehen. Abgesehen von diesem winzigen Zimmer lagen alle Räume der Familie Coucy in dem Teil der Burg, der von außen am schwierigsten zu erreichen war.

Im Jahre 1206 erwarben die Bürger von Amiens, der stolzen und florierenden Hauptstadt der Picardie, die schon auf eine hundertjährige Stadtgeschichte zurückblicken konnte, einen Teil des Kopfes von Johannes dem Täufer. Um dieser Reliquie einen würdigen Aufbewahrungsort zu geben, beschlossen sie, die mächtigste Kirche Frankreichs zu bauen, »höher als alle Heiligen, höher als alle Könige«. Um 1220 waren die Mittel gesammelt, und das erhabene Gewölbe der Kathedrale strebte gen Himmel. In derselben Zeit erbaute Enguerrand III. neben dem Hauptturm auch eine Kapelle, die größer war als die Heilige Kapelle, die Ludwig der Heilige ein paar Jahre später in Paris bauen sollte. Sie war reich geschmückt mit Malereien und Schnitzwerk, mit prachtvollen Gewölben und goldenen Verzierungen. Ihr Prunkstück aber waren die Glasmalereien der Fenster, die so schön waren, daß der größte Sammler des folgenden Jahrhunderts, Johann, Herzog von Berry, sie für 12 000 Goldécus zu erwerben trachtete.

Enguerrand war jetzt Feudalherr von St. Gobain, von Assis, von Marle, von La Fère, von Folembray, von Montmirail, von Oisy, von Crèvecœur, von La Ferté-Aucoul und La Ferté-Gauche, Großherzog von Meaux und Burgvogt von Cambrai. Vor langer Zeit schon, 1095, hatte die Krone die Lehenshoheit über Coucy von der Kirche übernommen, und nur dem König schuldete der Burgherr Treue. Während des 12. und 13. Jahrhunderts prägten der Burgherr von Coucy und der Bischof von Laon ihre eigenen Münzen. Nach der Zahl der Ritter, die die königlichen Vasallen im Kriegsfall dem König stellen mußten, war Coucy zu dieser Zeit die größte Baronie Frankreichs und rangierte unmittelbar nach den großen Herzogtümern und Grafschaften, die bis auf die Gefolgschaft, die sie dem französischen König leisten mußten, praktisch unabhängige Fürstentümer waren. Nach einem Dokument von 1216 mußte Coucy 30 Ritter stellen im Vergleich zu 34, die das Herzogtum Anjou aufbringen mußte, und den 36 bzw. 47 Rittern des Herzogs der Bretagne und des Grafen von Flandern.

Enguerrand III. starb 1242 ungefähr sechzigjährig, als sein eigenes Schwert ihn bei einem schweren Sturz vom Pferd durchbohrte. Sein ältester Sohn und Nachfolger, Raoul II., starb kurz darauf während jenes unglücklichen Kreuzzugs des heiligen Ludwig in Ägypten. An seine Stelle trat sein Bruder Enguerrand IV., eine Art mittelalterlicher Caligula, der durch eines seiner Verbrechen zum Veranlasser eines großen Fortschritts in der Sozialgesetzgebung seiner Zeit wurde.

Als er in seinen Wäldern einmal drei junge Edelleute aus Laon aufgriff, die zwar mit Pfeil und Bogen ausgerüstet waren, aber keine Hunde hatten, um größerem Wild nachzustellen, ließ Enguerrand sie ohne weiteres Verhör und ohne Prozeß sofort aufhängen. Da aber König Ludwig IX. ein Herrscher war, dessen Amtsführung seiner Frömmigkeit entsprach, war es nicht länger selbstverständlich, daß solche Delikte ungesühnt blieben. Der König ließ Enguerrand festnehmen, nicht standesgemäß von Adligen, sondern von den »Sergeanten« des Gerichts wie einen gewöhnlichen Verbrecher. Er wurde im Louvre eingekerkert, allerdings aufgrund seines hohen Rangs nicht in Ketten gelegt.

Bei seiner Verhandlung wurde Enguerrand von den größten Fürsten des Reiches begleitet, dem König von Navarra, dem Herzog von Burgund, den Grafen von Bar und Soissons und vielen anderen, die in dem Vorgang einen Angriff auf ihre Vorrechte sahen. Enguerrand weigerte sich, sich der Untersuchung zu unterwerfen, da sie seine Ehre, seinen Stand und seine adlige Abstammung verletze. Er forderte einen Urteilsspruch durch die Fürsten seines

Ranges und verlangte ein Gottesurteil durch Zweikampf. Ludwig IX. wies diesen Anspruch fest zurück und bestand darauf, daß der Zweikampf in Fällen, die Arme, Kirchenleute oder »Personen, die unser Mitleid verdienen«, betreffen, nicht die richtige Verfahrensweise sei. Enguerrand wurde verurteilt, und obwohl der König ursprünglich das Todesurteil anstrebte, ließ er sich von den Fürsten überreden, darauf zu verzichten. Enguerrand wurde schließlich dazu verurteilt, eine Strafe von 12000 Pfund zu bezahlen, die teils dazu diente, Messen für die ewige Seligkeit der Gehängten lesen zu lassen und teils nach Akkon geschickt wurde, um der Verteidigung des Heiligen Landes förderlich zu sein. Damit war ein Kapitel Rechtsgeschichte geschrieben worden, das später bei der Heiligsprechung Ludwigs IX. als Begründung herangezogen werden sollte.

Der Reichtum der Coucys versetzte Enguerrand IV. in den Stand königlicher Gnade zurück, als er König Ludwig 1265 15000 Pfund lieh, um zu kaufen, was man für das wahre Kreuz hielt. Abgesehen davon setzte er seinen gewalttätigen Lebenswandel in das 14. Jahrhundert hinein fort und starb im hohen Alter von 75 Jahren im Jahre 1311, ohne Nachkommen, aber nicht ohne eine fromme Stiftung. Er hinterließ dem Leprosarium von Coucy-la-Ville »in alle Ewigkeit« jährlich 20 Sous (ein Pfund), damit die Insassen »jedes Jahr für uns und unsere Sünden beten«. Zwanzig Sous waren zu der damaligen Zeit die tägliche Entlohnung für einen Ritter oder vier Bogenschützen oder die zwanzigtägige Miete für einen Ochsenkarren oder ein doppeltes Jahresentgelt für einen bezahlten Bauern. So darf angenommen werden, daß es auch eine stattliche Anzahl von Gebeten bedeutete, wenn auch vielleicht nicht genug für eine Seele wie die Enguerrands IV. Als dieser unbetrauerte Fürst starb, hinterließ er, obwohl zweimal verheiratet, keine Erben, und der Titel ging an die Nachkommen seiner Schwester Alix, die mit dem Graf von Guînes verheiratet war. Ihr ältester Sohn erbte Land und Titel der Guînes, während ihr zweiter Sohn Enguerrand V. der Herr von Coucy wurde. Am Hof von Alexander von Schottland, seinem Großonkel, aufgezogen, heiratete er Catherine Lindsay von Baliol, eine Nichte des Königs, und herrschte zehn Jahre. In schneller Folge kamen nach ihm sein Sohn Guillaume und sein Enkel Enguerrand VI., der den Besitz 1335 erbte und fünf Jahre später Vater von Enguerrand VII. werden sollte, dem letzten der Coucys und dem Helden dieses Buches. Durch weitere Heiraten mit mächtigen Familien aus Nordfrankreich und Flandern schufen die Coucys sich weitere starke und einflußreiche Verbindungen und erwarben Ländereien, Geldquellen und einen Wald von Bannern. Sie konnten zwölf Wappen vorweisen: Boisgency, Hainault, Dreux, Sachsen, Montmirail, Roucy, Baliol, Ponthieu, Châtillon, St. Pol, Geldern und Flandern.

Die Coucys hielten in ihrem Stolz hof wie große Fürsten. Sie hielten Gericht nach Art des Königs und unterhielten ihr Haus mit denselben Bediensteten wie der König: ein Waffenmeister, ein Hofmarschall, ein Jagdaufseher und

Falkner, ein Stallmeister, ein Förster, ein Küchenchef oder Oberkoch, ein Bäckermeister, ein Meister der Vorratskeller, der Fruchtlagerung (einschließlich Gewürze, Fackeln und Kerzen für die Beleuchtung) und ein Meister des Mobiliars (außerdem verantwortlich für die Teppiche und das Hoflager auf Reisen). Ein Feudalherr dieses Ranges beschäftigte gewöhnlich auch noch einen oder mehrere Ärzte, Friseure, Priester, Maler, Musiker, Sänger, Sekretäre und Schreiber, einen Astrologen, einen Hofnarren und einen Zwerg, daneben Pagen und Edelleute. Ein verdienter Lehnsmann arbeitete als Haushofmeister, als Châtelain oder Garde de Château, er leitete das gesamte Anwesen. Fünfzig Ritter, ihre Knappen, Begleiter und Diener bildeten in Coucy zusammen eine ständige Besatzung von fünfhundert Leuten.

Äußere Pracht war als Statuszeichen unentbehrlich, und das bedeutete eine große Gefolgschaft in der Livree des Fürsten, aufwendige Feste, Turniere, Jagden, Lustbarkeiten und vor allem großzügige Geschenke und eine verschwenderische Hofhaltung, die, weil das Gefolge davon lebte, als die meistbewunderten Attribute eines Adligen galten.

Der Adelsstand war den Rittern von Geburt und Abstammung zu eigen, aber er mußte durch ein »edles Leben« bestätigt werden, und das hieß ein Leben für das Schwert. Ein Adliger stammte von adligen Eltern, Großeltern und Vorfahren ab, die sich bis zu den ersten Rittersleuten zurückverfolgen ließen. In Wirklichkeit waren die Abstammungslinien aber nicht so deutlich und die Standeszugehörigkeit weniger gesichert und eher fließend. Das eine sichere Kriterium war die Funktion – und das war der Gebrauch von Waffen. Das war die dem zweiten der drei von Gott geschaffenen Stände zukommende Funktion. Alle drei Stände hatten eine feste Aufgabe zum Wohle des Ganzen. Der Kirchenmann sollte für alle Menschen beten, der Ritter für sie kämpfen, und die einfachen Menschen sollten arbeiten, damit sie alle zu essen hatten.

Da sie Gott am nächsten standen, rangierten die Geistlichen auf der obersten Stufe. Sie waren in zwei Hierarchien geteilt, die klösterliche und die weltliche, was für die letzteren bedeutete, daß sie ihre Aufgaben unter den Laien wahrzunehmen hatte. An der Spitze beider Hierarchien standen die Prälaten – Äbte, Bischöfe und Erzbischöfe, das geistliche Gegenstück zu den weltlichen Fürsten. Ein Prälat und ein armer, ungebildeter Priester, der von Almosen lebte, hatten nur wenig gemeinsam. Der dritte Stand war noch weniger homogen, da er sowohl Dienstleistende und Arbeiter als auch die Gesamtheit der städtischen Würdenträger umfaßte, die Rechtsanwälte und Ärzte, die Zunfthandwerker, die Tagelöhner und Bauern. Nichtsdestoweniger bestand der Adel darauf, alle Nichtadligen als Gemeine zusammenzuwerfen. Ein Adliger vom Hofe des letzten Herzoges von Burgund schrieb, daß »die Städte, Handelsleute und Handwerker« nicht lange beschrieben werden müßten, da »ihnen wegen ihres dienenden Rangs keine großen Attribute zukommen«.

Die Aufgabe des Adelsstandes war theoretisch nicht das Kämpfen um des

Kämpfens willen, sondern die Verteidigung der anderen beiden Stände und die Aufrechterhaltung von Recht und Ordnung. Der Adlige sollte das Volk vor Unterdrückung schützen, die Tyrannei bekämpfen und der Tugend huldigen, das hieß, die höheren Ideale der Menschheit verwirklichen, zu denen die schmutzigen unwissenden Bauern von ihren christlichen Zeitgenossen – im Gegensatz zum Begründer des Christentums – nicht für befähigt gehalten wurden.

Ein Mann von Adel liebte sein Schwert als Symbol seiner Identität. »Keiner von uns hat einen Vater, der zu Hause starb«, deklamierte ein Ritter des 13. Jahrhunderts in seinem *chanson de geste*, »alle starben sie in der Schlacht des kalten Stahls.«

Der Pferderücken war der Platz des Ritters, ein erhöhter Sitz, der ihn über die übrigen Menschen stellte. In jeder Sprache außer der englischen (»knight«) bedeutet das Wort Ritter einen Mann auf dem Pferderücken. »Ein tapferer Mann auf einem guten Pferd«, so hieß es, »erreicht in einem einstündigen Kampf mehr, als zehn oder hundert Fußsoldaten könnten.« Der »Destrier«, das Schlachtroß, wurde gezüchtet, »schnell, wild, stark und treu« zu sein, und wurde nur im Kampf geritten. Während der Reise ritt der Ritter sein Reitpferd, auch mit großer Sorgfalt gezüchtet, aber von ruhigerem Temperament, während der Knappe das Schlachtroß mit der rechten Hand führte; daher stammt auch sein Name, »Destrier« von *dexter*, rechts. Im Militärdienst wurden der Ritter und sein Pferd als untrennbar angesehen, denn ohne Pferd war der Ritter nur ein Mann.

Die Schlacht war sein Entzücken. »Wenn ich schon einen Fuß im Paradies hätte«, verkündete Lohengrin, der Held eines *chanson de geste*, »zöge ich ihn zurück, um zu kämpfen.« Der fahrende Sänger Bertrand de Born, selbst adlig, wird noch deutlicher:

Mein Herz ist glückerfüllt, wenn ich sehe,
Wie stolze Burgen belagert werden, Palisaden fallen und überwunden werden,
Wenn Vasallen erschlagen auf dem Boden liegen,
Wenn die Pferde der Toten ziellos kreisen.
Und wenn dann der Kampf beginnt, darf jeder edle Mann
Nur an das eine denken, an splitternde Arme und Schädel.
Es ist besser zu sterben als besiegt zu leben.
Ich sag euch, es gibt keine größere Lust, als von beiden Seiten den Ruf
»Voran! Voran!« zu hören und das Wiehern der reiterlosen Hengste.
Und das Stöhnen »Zu Hilfe! Zu Hilfe!«
Und wenn ich sie dann fallen sehe,
Große und Kleine in Gräben und in das Gras,
Und die Toten, von Speeren durchbohrt!

Ihr Herren, verpfändet Haus und Hof, eure Burgen und Städte,
Aber laßt nicht ab vom Kampf!

Dante schildert Bertrand in der Hölle, wie er seinen abgetrennten Kopf als Laterne vor sich herträgt.

Aus seinem Grundbesitz und seiner Zinsherrschaft leitete der Adlige sein Recht ab, über alle Gemeinen seines Gebiets mit Ausnahme der Geistlichkeit und der Kaufleute freier Städte zu herrschen. Die Autorität der »großen Herren« reichte bis zur höchsten Gerichtsbarkeit über Leben und Tod, während die Macht der einfachen Ritter nur bis zu Gefängnis-, Prügel- und Geldstrafen ging. Die Grundlage und Rechtfertigung dieser Verhältnisse bestand in der Schutzherrschaft, die sich in dem Schwur des Herrn an seine Untertanen ausdrückte. Dieser war theoretisch ebenso bindend wie der Treueschwur der Untertanen selbst, ihr Schwur galt »nur, solange der Fürst den seinen hielt«. Die politischen Verhältnisse des Mittelalters waren im Idealfall ein Vertrag wechselseitiger Abhängigkeit, der für Dienst und Treue Schutz, Gerechtigkeit und Ordnung vorsah. Und wie der Bauer Naturalien und Arbeitskraft schuldete, so war der Fürst zu Hofdiensten bei seinem Oberherrn verpflichtet, als Berater im Frieden und als Kämpfer im Krieg. In allen Fällen war der Landbesitz der Bezugspunkt, und der Treueschwur war für beide Seiten verbindlich, Könige eingeschlossen.

Nicht alle Adligen waren große Herren wie die Coucys. Aber ein armer Ritter, der nur ein kleines Lehen und ein knochiges Pferd besaß, pflegte denselben Kult, wenn auch nicht diesselben Interessen wie ein Landesherr. Der gesamte Adel Frankreichs umfaßte an die 200 000 Personen in 40 000 bis 50 000 Familien, die ungefähr ein Prozent der Bevölkerung ausmachten. Die Abstufung reichte von den großen Herzogtümern mit einem Ertrag von mehr als 10 000 Pfund jährlich über die kleineren Burgherren mit ein oder zwei Vasallen und einem Einkommen von unter 500 Pfund bis zu den armen Rittern, die niemandes Herr waren und nur ein Haus und ein paar Felder hatten wie ein Kleinbauer.

Ein Knappe gehörte zwar von Geburt an dem Adelsstand an, ob er nun Ritter wurde oder nicht, aber dennoch wurden die Gerichte des öfteren angerufen, um festzustellen, welche Aufgaben ein Edelmann versehen konnte, ohne seinen Adelsstand zu verlieren. Konnte er zum Beispiel Wein von seinem Weinberg verkaufen? Das war eine delikate Frage, da die Könige den ihren regelmäßig verkauften. In einem 1393 zur Entscheidung dieser Frage vorgebrachten Fall entschied die königliche Verordnung höchst zweideutig, daß es »für einen Adligen nicht standesgemäß sei, eine Weinstube zu betreiben«. Einem anderen Urteil zufolge konnte ein Adliger Handel treiben, ohne seinen Stand zu verlieren. Söhne von adligen Vätern waren bekannt, »die davon leben und gelebt haben, Stoffe, Getreide, Wein und andere Handelswaren zu vertreiben, oder als Krämer, Kürschner, Schuhmacher oder Schneider ihr Auskommen gefunden haben«, aber dergleichen Aktivitäten wird sie zweifellos ihre Privilegien als Adlige gekostet haben.

Der Kern dieses Problems wurde von Honoré Bonet verdeutlicht, einem Geistlichen des 14. Jahrhunderts, der in seinem *Baum der Schlachten* den tapferen Versuch unternahm, den Sittenkodex militärischen Verhaltens festzulegen. Der Grund für die Beschränkung kaufmännischer Unternehmungen liege darin, so schrieb er, daß »der Ritter durch das Streben nach Reichtum keinen Grund finden soll, seinen Waffendienst zu vernachlässigen«.

Solche Definitionsfragen wurden dem Geburtsadel in dem Maße wichtiger, wie ihr Status durch die Erhebung von Außenseitern in den Adel verwässert wurde. Die Krone hatte nämlich in der Gewährung von Stadtrechten und in der Belehnung von Gemeinen mit Ländereien eine lukrative Einnahmequelle entdeckt. Die Geadelten waren zumeist erfolgreiche Männer, die die Geldbedürfnisse des Königs befriedigten, oder sie waren Rechtsanwälte oder Notare, die dem König zunächst bei seinen zahlreichen Finanz- und Regierungsgeschäften auf den unterschiedlichsten Ebenen geholfen hatten.

Als die Regierungsgeschäfte immer komplexer wurden, entstand so nach und nach eine Gruppe von Berufsbeamten und Ministern der Krone. Männer dieser Gruppe wurden in den Dienstadel erhoben im Unterschied zum Schwertadel und wurden von den alten Adelsfamilien als Emporkömmlinge verachtet.

Dadurch wurde das heraldische Wappen als äußeres Zeichen, daß schon die Vorfahren das Recht hatten, Waffen zu tragen, zu einem Gegenstand fast kultischer Verehrung. Bei Turnieren wurde das Tragen des Wappens als Beweis adliger Abstammung erforderlich; für einige Turniere mußten es sogar vier sein. Da der Dienstadel anwuchs, steigerte sich der Snobismus des Geburtsadels – bis hin zu dem Tag im 15. Jahrhundert, als ein Ritter in die Turnierschranken ritt, dem nicht weniger als 32 Wappen nachgetragen wurden.

Als das 14. Jahrhundert anbrach, war Frankreich der führende Feudalstaat. Seine Überlegenheit in den Formen der Ritterlichkeit, in den Wissenschaften und in der Gottesfürchtigkeit seiner Bevölkerung wurde allgemein anerkannt, und als mächtigster Verfechter der Kirche wurde sein Monarch »der christlichste aller Könige« genannt. Seine Untertanen begriffen sich als das auserwählte Volk Gottes, durch das er seinen Willen auf Erden ausdrückte. Der klassische französische Bericht vom Ersten Kreuzzug wurde dementsprechend auch *Gesta Dei per Francos* genannt (Gotteswerke der Franzosen). Gottes Gunst wurde 1297 bestätigt, als der französische König Ludwig IX., Feldherr zweier Kreuzzüge, ein Vierteljahrhundert nach seinem Tode heiliggesprochen wurde.

»Der Ruhm der französischen Ritter«, schrieb Giraldus Cambrensis im 12.

Jahrhundert, »erfüllt die Welt«. Frankreich war das Land der »vollkommenen Ritterlichkeit«, in das die unzivilisierten deutschen Adligen kamen, um an den Höfen der französischen Fürsten Benehmen und Geschmack zu erlernen. Ritter und Fürsten aus ganz Europa trafen sich am königlichen Hof, um die Turniere, Festlichkeiten und auch die amourösen Abenteuer selbst zu erleben. Wer dort wohnte, hatte, dem blinden König Johannes von Böhmen zufolge, der den französischen Hof seinem eigenem vorzog, »den ritterlichsten Aufenthaltsort der Welt« gewählt. Die Franzosen, so schrieb der berühmte spanische Ritter Don Pero Niño, »sind großzügig und freigebig«. Sie wissen Fremde ehrenhaft zu behandeln, sie preisen große Taten, sie reden höflich und liebenswürdig, »sie sind fröhlich und suchen das Vergnügen. Sie sind Diener der Liebe, Männer wie Frauen, und sie sind stolz darauf«.

Als Folge der normannischen Eroberungen und der Kreuzzüge wurde Französisch vom Adel als zweite Muttersprache gesprochen, so vor allem in England, in Flandern, im Königreich von Neapel und in Sizilien. Es wurde von den flämischen Großkaufleuten als Handelssprache benutzt, diente in den Resten des Königreichs von Jerusalem als Gerichtssprache und wurde von Gelehrten und Dichtern anderer Länder benutzt. Marco Polo diktierte seine *Reisen* französisch, der heilige Franziskus sang französische Lieder, und ausländische Sänger gestalteten ihre Heldenlieder nach dem französischen *chanson de geste.* Ein venezianischer Gelehrter übersetzte eine lateinische Urkunde aus der Stadtgeschichte eher ins Französische als ins Italienische, »weil die französische Sprache in der ganzen Welt gesprochen wird und schöner zu schreiben und zu hören ist als jede andere«.

Die Architektur der gotischen Kathedralen wurde der »französische Stil« genannt, ein französischer Architekt wurde eingeladen, um die London Bridge zu entwerfen. Venedig importierte französische Puppen, die nach der letzten Mode gekleidet waren, um mit der französischen Mode Schritt zu halten. Kostbare Elfenbeinschnitzereien fanden ihren Weg aus Frankreich bis an die Grenzen der christlichen Welt. An erster Stelle mehrte die Universität von Paris den Ruhm der französischen Hauptstadt, sie übertraf alle anderen im Ruhm ihrer Lehrer und im Ansehen ihrer Lehre der Theologie und Philosophie, obwohl diese bereits in den Doktrinen der Scholastik erstarrte. Zu Beginn des 14. Jahrhunderts überschritt ihr Lehrkörper bereits die Zahl 500, und die Studenten, die aus allen Ländern Europas heranströmten, waren kaum noch zu zählen. Paris war ein Magnet für große Köpfe. Thomas von Aquin lehrte dort im 13. Jahrhundert wie auch sein deutscher Lehrer Albertus Magnus und sein philosophischer Gegner Duns Scotus aus Schottland. Im nächsten Jahrhundert trafen sich dort die großen politischen Denker Marsilius von Padua und der Engländer Wilhelm von Ockham. Paris war wegen seiner Universität das »Athen Europas«, in dem sich, so sagte man, die Göttin der Weisheit niederließ, nachdem sie Griechenland und Rom verlassen hatte.

Ihre aus dem Jahre 1200 stammende Charta der Rechte war der größte Stolz der Universität. Von der staatlichen Kontrolle ausgenommen, trat die Universität der Kirche ebenso hochmütig gegenüber wie der Krone und lag in ununterbrochenem Konflikt mit Bischof und Papst. »Ihr Pariser Meister an euren Schreibpulten scheint zu denken, daß die Welt von euren Überlegungen regiert wird«, tobte der päpstliche Legat Benedetto Gaëtani, der bald schon als Bonifatius VIII. Papst werden sollte, »aber uns ist die Welt anvertraut worden, nicht euch.« Weit entfernt, hiervon überzeugt zu sein, betrachtete sich die Universität als eine Autorität in theologischen Fragen, die dem Papst ebenbürtig war, gestand aber dem Stellvertreter Gottes auf Erden zu, neben ihr »eines der beiden Lichter der Welt« zu sein.

In diesem begünstigten Land der westlichen Welt war das Erbe der Coucys 1335 ebenso reich wie alt. Das von den Wassern der Aillette befruchtete Land der Coucys wurde das »goldene Tal« genannt, denn seine Reichtümer an Holz, Wein, Weizen und Fisch schienen unerschöpflich. Der großartige Wald von St. Gobain bestand aus mehr als 3000 Hektar von Eichen, Buchen, Eschen, Birken, Weiden, Erlen, Espen und Kiefern. Er war ein Jagdparadies, in ihm gab es Damwild, Wölfe, Reiher, Wildschweine und viele Vogelarten. Das jährliche Einkommen eines Besitzes von der Größe Coucys muß in der Nähe von 5000 oder 6000 Pfund gelegen haben. Steuern, Pachtzinsen und andere feudale Verpflichtungen, die mehr und mehr mit Geld beglichen wurden, Brückenzölle und Gebühren für die Benutzung der Mühlen, Weinpressen, Backöfen und anderer Einrichtungen des Landesherrn trugen dazu bei.

Alles, was dieses Reich seit den antiken Palisaden von Codiacum geformt hatte, war in der großen Löwenplattform vor dem Burgtor symbolisiert, an dem die Vasallen erschienen, um ihre Ehrerbietung zu bekunden und ihre Pacht zu zahlen. Die Plattform ruhte auf drei liegenden Löwen, von denen einer ein Kind fraß, ein anderer einen Hund, zwischen ihnen lag ruhend ein dritter. Auf der Plattform saß ein vierter Löwe in aller Majestät, die dem Bildhauer zu Gebote stand.

Dreimal im Jahr, Ostern, Pfingsten und Weihnachten, kam der Abt von Nogent, um dem Herrn von Coucy für das Land, das den Mönchen ursprünglich von Aubry de Coucy geschenkt worden war, zu huldigen. Das Ritual dieser Zeremonie war ebenso detailliert und abstrus wie das der Königskrönung in Reims.

Der Gesandte des Bischofs ritt während dieser Zeremonie ein braunes Pferd (oder anderen Urkunden zufolge ein Palomino), dessen Schwanz und Ohren gestutzt worden waren, es trug ein Pfluggeschirr. Der Gesandte führte eine Peitsche bei sich, eine Säschale mit Weizen und einen Korb mit 120 sichelförmigen Pasteten aus Weizenmehl, die mit geminztem Kalbfleisch gefüllt und in siedendem Öl gebacken worden waren. Dem Reiter folgte ein Hund mit ebenfalls gestutztem Schwanz und gestutzten Ohren, eine Pastete um den Hals gebunden. Der Mann umritt ein steinernes Kreuz vor dem Burgtor dreimal und ließ dabei jeweils einmal seine Peitsche knallen. Dann stieg er ab und kniete vor der Löwenplattform nieder. Wenn jedes Detail der Zeremonie und ihrer Ausstattung gestimmt hatte, durfte er alsdann die Plattform besteigen, küßte den Löwen und hinterließ die Pasteten und zwölf zusätzliche Brotlaibe mit drei Krügen Wein als Zeichen seiner Huldigung. Der Herr von Coucy nahm ein Drittel der Gaben und verteilte den Rest unter den versammelten Beamten und Stadtherren. Danach drückte er dem Huldigungsschreiben ein Siegel auf, das einen ziegenfüßigen Abt mit seiner Mitra zeigte.

Heidnisch, barbarisch, feudal, christlich, waren dies Ablagerungen einer dunklen Vergangenheit, war dies die mittelalterliche Gesellschaft – und die vielschichtige Erbschaft des westlichen Menschen.

Kapitel 2
Zum Unglück geboren: Das Jahrhundert

Als der letzte der Coucys geboren wurde, hatte sein Land eine beherrschende Stellung in Europa, aber sein Jahrhundert war schon in Schwierigkeiten. Winterliche Kälte legte sich auf den Beginn des 14. Jahrhunderts wie ein Hinweis auf kommendes Elend. Zweimal, 1303 und 1306/07, fror die Ostsee zu. Jahre mit der Jahreszeit ungemäßen Kälteeinbrüchen folgten, mit Stürmen und starken Regenfällen; der Wasserspiegel des Kaspischen Meers stieg an. Die Zeitgenossen konnten nicht wissen, daß es die Auswirkungen der »kleinen Eiszeit« waren, die ein Vorrücken der polaren und alpinen Gletscher verursacht hatte und die bis etwa 1700 andauerte. Sie wußten auch nicht, daß wegen der Klimaänderung Verbindungen nach Grönland allmählich abbrachen, daß die Siedlungen der Normannen dort ausgelöscht worden waren, daß der Weizenanbau in Island nicht mehr möglich war und auch in Skandinavien zurückgedrängt wurde. Aber sie konnten die Kälte spüren und voller Furcht ihre Folgen feststellen: eine kürzere Reifezeit für das Getreide.

Das aber hatte katastrophale Folgen, weil im letzten Jahrhundert das Anwachsen der Bevölkerungsdichte in ein kritisches Verhältnis zu den landwirtschaftlichen Produktionsmöglichkeiten getreten war. Mit den vorhandenen Methoden und Werkzeugen der Zeit war die Rodung landwirtschaftlich nutzbaren Lands bis an seine Grenzen vorangetrieben worden. Ohne fachgerechte Bewässerung und ohne Düngemittel konnte die Ernte nicht vergrößert werden, noch konnte schlechter Boden fruchtbar gemacht werden. Der Handel hatte nicht die Mittel, größere Mengen Getreide anders als auf dem Wasserweg aus den Überflußgebieten ins Land zu transportieren. Städte und Gemeinden des Landesinneren lebten von der örtlichen Versorgung; wenn diese versiegte, begann der Hunger.

Nach den unaufhörlichen Regenfällen von 1315, die mit der biblischen Sintflut verglichen wurden, gab es Mißernten in ganz Europa, und »Hungersnot«, der dunkle Reiter der Apokalypse, wurde zu einer vertrauten Erscheinung. Der vorangegangene Anstieg der Bevölkerung hatte die landwirtschaftlichen Produktionskapazitäten bereits überschritten, hatte schon stellenweise Unterernährung hervorgerufen, was die Bevölkerung noch anfälliger für Hunger und Krankheiten machte. Berichte von Leuten, die ihre eigenen Kinder aßen, breiteten sich aus, von Armen in Polen, die sich von den Körpern der Gehenkten ernährten, die sie von den Galgen schnitten. Eine Ansteckungswelle der Ruhr lief in diesen Jahren durch Europa. Örtliche Hungersnöte flakkerten auch noch nach der großen Katastrophe von 1315/16 immer wieder auf.

Menschliche Taten lassen das 14. Jahrhundert nicht weniger als klimatische Veränderungen als zum Unglück geboren erscheinen. In den ersten zwanzig Jahren folgten vier düstere Ereignisse einander auf den Fersen: der Angriff des französischen Königs auf den Papst, der Umzug der Päpste nach Avignon, die Vernichtung des Templerordens und der Aufstand der »Pastoureaux«, der armen Bauern Frankreichs. Das schicksalhafteste dieser Ereignisse war der Angriff auf Bonifatius VIII. durch Männer des französischen Königs Philipp IV., der der Schöne genannt wurde. Der Streit, der dem vorausgegangen war – weltliche gegen päpstliche Autorität –, entstand, als Philipp Steuern auf kirchliche Güter erhob, ohne die Zustimmung des Papstes einzuholen. Als Antwort darauf erließ Bonifatius VIII. die Bannbulle *Clericos Laicos* von 1296. Darin verbot er den Angehörigen der Kirche, in irgendeiner Form Steuern an irgendeinen weltlichen Herrscher zu zahlen. In der wachsenden Bereitschaft der Prälaten, sich eher mit ihrem König zu verbünden als dem Heiligen Stuhl zu gehorchen, erkannte der Papst eine Gefahr für seinen universellen Herrschaftsanspruch als Stellvertreter Gottes auf Erden. Trotz massiver Angriffe Philipps des Schönen gegen ihn bekräftigte Bonifatius in einer zweiten Bulle von 1302, *Unam sanctam,* den absolutesten Anspruch auf päpstliche Oberhoheit, der je geschrieben wurde. »Für die Erlösung der Menschheit ist es unerläßlich, daß jedes menschliche Geschöpf dem römischen Pontifex maximus untertan sei.«

Daraufhin rief Philipp IV. ein Konzil zusammen, das den Papst wegen Ketzerei, Blasphemie, Mord, Sodomie, Simonie und Hexerei (einschließlich des Verkehrs mit einem Geist oder Dämonen) und der Verletzung der Fastenzeit richten sollte. Zur selben Zeit entwarf der Papst eine Bulle, um den König zu exkommunizieren, was Philipp mit Waffengewalt beantwortete. Am 7. September 1303 nahmen die Truppen des Königs mit Hilfe antipapistischer italienischer Einheiten den 86jährigen Papst in seinem Sommersitz in Anagni bei Rom gefangen. Sie taten dies, um der Exkommunikation zuvorzukommen und den Papst mit Gewalt vor das Konzil zu bringen. Nach dreitägigen Tumulten befreiten die Einwohner von Anagni den Papst, aber der Schock der unerhörten Tat war tödlich, Bonifatius starb nach Monatsfrist.

Der Angriff auf den Heiligen Stuhl brachte die Gläubigen keineswegs an die Seite des Papstes, und diese Tatsache allein war ein Maß der Veränderung. Der Wind war umgeschlagen, und die Weltherrschaft der Kirche, der Traum des Mittelalters, war längst überlebt, als Bonifatius sie einklagte. Eine indirekte Folge des »Verbrechens von Anagni« war die Übersiedlung des Papsttums nach Avignon, und in dieser »Babylonischen Gefangenschaft« begann der moralische Verfall.

Die Verlegung der Papstresidenz wurde durchgeführt, als unter Philipp dem Schönen ein französischer Kardinal zum Papst Klemens V. gewählt wurde. Er zog nicht nach Rom, um sein Amt anzutreten, weil er befürchtete, daß die Italiener mit ihm ähnlich verfahren würden wie die Franzosen mit Bonifatius VIII., aber die Italiener sagten, er bliebe, weil er eine französische Konkubine habe, die schöne Herzogin von Périgord, Tochter des Grafen von Foix. 1309 ließ er sich in Avignon an der Rhonemündung nieder. Das lag zwar im französischen Einflußbereich, gehörte offiziell aber nicht zu Frankreich, da die Provence ein Lehen des Königreichs von Neapel und Sizilien war.

In den nächsten Jahren wurde Avignon unter sechs französischen Päpsten praktisch ein weltlicher Staat, der aufwendigen Pomp trieb, große kulturelle Anziehungskraft ausübte und einer uneingeschränkten Simonie – dem Ämterkauf – huldigte. Geschwächt durch seinen Auszug aus Rom, versuchte das Papsttum, in weltlichen Dingen Ansehen und Macht zu erringen. Es konzentrierte sich auf jede Möglichkeit, die ertragreich zu sein versprach. Neben dem regulären Einkommen aus Zinsen und Pachtgeldern bestritt der Papst seine Ausgaben durch den Verkauf von allem und jedem, was die Kirche zu bieten hatte. Jedes Amt, jede Ernennung, jede Absprache über Vorrechte, jedes Ausnahmerecht, jede Nachfolgeregelung oder Garantie, jede Gnade, jede Lossprechung und Absolution, jeder Kardinalshut und jede Reliquie wurden verkauft. Zusätzlich nahm der Heilige Stuhl einen Teil von allen freiwilligen Geschenken, Vermächtnissen und Meßopfern, die auf dem Altar dargebracht wurden. Der Papst erhielt den Peterspfennig von England und anderen Königreichen. In Festjahren wurden Sonderabsolutionen erteilt und verkauft, und weiterhin wurden Steuern für Kreuzzüge erhoben, die zwar ausgerufen wurden, aber kaum je auch wirklich stattfanden. Die große Aufbruchstimmung war vergessen, und Begeisterung für den Heiligen Krieg drückte sich nur noch in Lippenbekenntnissen aus.

Kirchliche Pfründen in Gestalt von siebenhundert bischöflichen Diözesen und Hunderttausende niedriger Ämter wurden zu einer schier unerschöpflichen Einkommensquelle des Heiligen Stuhls. Mehr und mehr unterwarfen die Päpste die Vergabe dieser Ämter ihrer Kontrolle und unterliefen damit das Prinzip der Wahl. Da die vom Papst Ernannten der Diözese oftmals völlig fremd waren, kam es zu einer breiten Ablehnung dieser Praxis innerhalb der Kirche selbst. Wenn dennoch einmal eine Bischofswahl abgehalten wurde, beanspruchte der Papst eine Gebühr für seine Bestätigung. Um eine zur Verfügung stehende Pfründe zu erlangen, bestach ein Abt die Kurie und bezahlte ein Drittel von seinem ersten Jahreseinkommen als Gebühr für seine Ernennung. Er wußte, daß sein gesamter persönlicher Besitz nach seinem Tod an den Papst fiel und alle noch ausstehenden Schulden von seinem Nachfolger bezahlt werden mußten.

Exkommunikation und Verdammung waren die härtesten Maßnahmen, über die die Kirche verfügte. Sie waren als Strafe für Ketzerei und schreckliche Verbrechen vorgesehen, dienten aber nun, »da diese Strafen den Menschen von der Gemeinschaft der Gläubigen trennten und dem Satan überantworteten«, dazu, säumige Zahler auszupressen. In einem Fall wurde einem Bischof ein christliches Begräbnis verweigert, bis seine Erben sich bereit erklärten, für seine Schulden aufzukommen. Das war eine Beleidigung der gesamten Gemeinde, die mitansehen mußte, wie ihr Bischof ohne Begräbnis und ohne Hoffnung auf Erlösung dalag. Der Mißbrauch geistlicher Macht für solche Zwecke brachte aber die Exkommunikation bald in Mißkredit und setzte das Ansehen der kirchlichen Führer herab. Priester, die nicht lesen konnten oder sich wegen mangelnder Ausbildung durch die Liturgie stotterten, waren keine Seltenheit. Es ist überliefert, daß ein Bischof von Durham, der Lateinisch weder verstehen noch aussprechen konnte, 1318 während seiner eigenen Bischofsweihe über das Wort »Metropolitanus« stolperte und schließlich murmelte: »Nehmen wir das Wort als gelesen.« Später, als er selbst Priester weihte, stieß er auf das Wort »aenigmate« und fluchte in ehrlicher Wut: »Beim heiligen Ludwig, das war kein anständiger Mann, der dieses Wort geschrieben hat.« Diese unwürdigen Kirchenmänner verbreiteten eine tiefe Unzufriedenheit, da in ihre Hände die Seelen der Menschen gelegt waren und sie als Mittler zwischen Gott und den Menschen galten. Als er über die »unwürdigen und unwissenden« Männer schrieb, die jedes Amt, das sie wollten, von der Kurie kaufen konnten, drückte der Geschichtsschreiber Heinrich von Herford die Unzufriedenheit in den bezeichnenden Worten aus: »Seht ... die Gefahr für die, die jenen anvertraut sind, und zittert!«

Da die kirchlichen Sakramente nur noch nach ihrem Geldwert beurteilt wurden, versickerte ihr religiöser Gehalt. Theoretisch konnte die Vergebung der Sünden nur durch Reue erreicht werden, aber was bedeutete schon eine Bußwallfahrt nach Rom oder Jerusalem, wenn der Sünder die Kosten dieser Reise ausrechnen und in Form eines Ablaßhandels abgelten konnte?

Die Päpste – Nachfolger, wie Petrarca sagte, der »armen Fischer von Galiläa« – waren nun »schwer von Gold und in Purpur gekleidet«. Johannes XXII., ein Papst mit der Midasgabe, der von 1316 bis 1334 regierte, kaufte 40 Kleidungsstücke aus Goldbrokat für seinen persönlichen Gebrauch in Damaskus ein. Das kostete 1276 Goldflorin, aber mehr noch gab er für Pelze aus einschließlich eines nerzbesetzten Kissens. Die Kleiderkosten seines Gefolges lagen bei etwa 7000 bis 8000 Goldflorin im Jahr.

Seine Nachfolger Benedikt XII. und Klemens VI. bauten nach und nach den prächtigen Papstpalast von Avignon aus, eine riesige, unharmonische Ansammlung von Dächern und Türmen ohne zusammenhängenden Entwurf. Der Palast war im Stil einer Burg angelegt mit Innenhöfen und Befestigungsanlagen und vier Meter dicken Wehrmauern. Das Bauwerk besaß fremdartige pyramidenförmige Kamine, die über den Küchen aufragten, es gab Bankettsäle und Gärten, Schatzkammern und Schreibstuben, eine Kapelle mit Rosettenfenstern, ein beheiztes Dampfbad und ein Tor auf den öffentlichen Platz hinaus, wo sich die Gläubigen versammeln konnten, um den Papst auf seinem weißen Esel ausreiten zu sehen. Hier bewegten sich die majestätischen Kardinäle mit ihren roten Kardinalshüten, »reich, unnahbar und raubgierig«, wie Petrarca schrieb. Sie wetteiferten in der Pracht und Herrlichkeit ihrer Gewänder. Einer benötigte zehn Pferdeställe, ein anderer mietete 51 Häuser an, um sein Gefolge unterzubringen.

»Ich lebe im Babylon des Westens«, schrieb Petrarca in den vierziger Jahren des 14. Jahrhunderts. Die Prälaten feiern »hemmungslose Feste« und reiten schneeweiße Pferde »mit goldenen Satteldecken, sie werden mit Gold gefüttert, und wenn Gott, der Herr, diesem sklavischen Luxus nicht Einhalt gebietet, werden sie bald auch goldene Hufeisen tragen«. Obwohl Petrarca selbst so etwas wie ein entgleister Geistlicher war, hatte er Teil an der klerikalen Eigenart, alles, was nicht vollkommen war, mit doppelter Strenge zu verurteilen. Avignon war für ihn »jene ekelhafte Stadt«. Ob der Grund dafür die Korruption oder der Schmutz in den engen, überfüllten Gassen war, bleibt ungewiß. Die Stadt, vollgestopft mit Händlern, Handwerkern, Botschaftern, Abenteurern, Astrologen, Dieben, Prostituierten und nicht weniger als 43 italienischen Bankhäusern (im Jahre 1327), verfügte bei weitem nicht über ein so wirkungsvolles Abwässersystem wie der Papstpalast. Der besaß einen Turm, dessen untere Stockwerke nur Latrinen enthielten. Diese waren mit steinernen Sitzen ausgerüstet und wurden in eine unterirdische Grube entleert, die mit Wasser aus den Küchenabflüssen und einem zu diesem Zweck umgeleiteten Fluß ausgespült wurde. In der Stadt aber war der Gestank so groß, daß der Botschafter von Aragon in Ohnmacht fiel und Petrarca ins nahe gelegene Vaucluse zog, um sein »Leben zu verlängern«.

Da Avignon leichter als Rom zu erreichen war, zog es Besucher aus ganz Europa an, und der damit verbundene Geldzufluß erleichterte die Bezahlung von Künstlern, Schriftstellern und Studenten, Rechtsanwälten und Medizinern, Sängern und Dichtern. War Avignon auch korrupt, so war es zugleich eine Hochburg des Mäzenatentums. Jedermann verfluchte Avignon, und jedermann ging dort hin. Die heilige Birgitta, eine verwitwete schwedische Edeldame, die in Rom lebte und die Sünden der Zeit beredt beklagte, nannte die päpstliche Residenz »ein Feld des Stolzes, der Habgier, Selbstherrlichkeit und Korruption«. Aber zur Korruption gehören immer zwei, und wenn der Papst sündigte, dann tat er es nicht allein. In einer Welt ständiger politischer Umbrüche und bei dem unablässigen Geldhunger der Herrscher brauchten Papst und Könige einander und arrangierten sich. Sie handelten mit Ländereien, Thronen, Soldaten, Bündnissen und Krediten. Es wurde zu einer regulären Methode, Aushebungen für einen Kreuzzug anzukündigen, was dem König erlaubte, Steuern auf kirchliche Einkünfte zu erheben; nach einiger

Zeit betrachtete er das dann als sein gutes Recht. Die einfachen Kirchenleute eiferten den Kirchenfürsten nach. Wenn die Prälaten in reicher Kleidung einherkamen, verloren auch die kleineren Würdenträger die Lust an ihren dunklen Röcken. Die Beschwerden häuften sich wie die des Erzbischofs von Canterbury im Jahre 1342, der beklagte, daß sich die Geistlichkeit wie Laien kleidete mit rot und grün karierten Mänteln, »eng anliegend«, und mit besonders weiten Ärmeln, die Pelz- und Seidenbesätze aufwiesen, mit Hüten und Stolas von »erstaunlicher Länge«, mit spitzen und geflochtetenen Schuhen und juwelenbesetzen Gürteln mit goldenen Taschen. Schlimmer noch, sie mißachteten die Tonsur, trugen Bärte und entgegen den kanonischen Regeln lange Haare »zum tiefen Entsetzen des Volkes«. Einige hielten sich Narren, Hunde und Falken, einige reisten mit Ehrengarde im Land umher. Die Simonie blieb auch nicht auf die hohen Ämter beschränkt. Kauften die Bischöfe Pfründen zum Preis eines Jahresertrages, so gaben sie die Kosten nach unten weiter, so daß die Korruption sich durch die Hierarchie ausbreitete, vom Prior zu den Priestern über die Mönche bis hin zu den Bettelmönchen und den Ablaßhändlern. Auf dieser Ebene begegnete dann der Materialismus der Kirche den einfachen Leuten, und seine krasseste Form war der Ablaßhandel.

Angeblich im Auftrag der Kirche verkauften die Ablaßhändler Vergebung für alle Sünden von der Völlerei bis zum Mord, hoben gegen Geld jeden Eid auf vom Keuschheitsgelübde bis zum Fastenschwur, erließen jede Buße zu einem bestimmten Preis, von dem sie das meiste in ihre Tasche steckten. Wenn sie beauftragt waren, Geld für einen Kreuzzug einzuziehen, so nahmen sie nach Aussage von Villani von den Armen an Stelle des Geldes auch »Leinen und Wollstoffe, Möbel, Getreide oder Futtermittel, betrogen die Leute, die glaubten, dem Kreuz zu opfern«. Die Ablaßhändler gingen mit der Erlösung hausieren, sie nutzten die Bedürfnisse und die Leichtgläubigkeit der Leute aus.

Die bestallte Geistlichkeit verachtete den Ablaßhändler, weil er das Sakrament der Buße entwürdigte und die Seelen der Menschen mit wirkungslosen Ritualen betrog und sich in das Reich der Kirche drängte. An Festtagen sammelte er Geldopfer, er veranstaltete Begräbnisse und andere Zeremonien, deren Gebühren der jeweiligen Pfarre hätten zufließen sollen. Aber das System erlaubte ihm seine Tätigkeit, weil es an seinen Profiten teilhatte.

Die Mönche und Wanderprediger waren als Verführer von Frauen bekannt. Sie handelten mit Pelzen und Gürteln für Mädchen und Frauen und mit kleinen Schoßhunden, »um sich bei ihnen einzuschmeicheln«.

In Boccaccios Erzählungen oder in den *Fabliaux* Frankreichs, in der gesamten populären Literatur der Zeit ist das kirchliche Zölibat nicht mehr als ein Witz. Eine Geschichte der Zeit beginnt ganz selbstverständlich: »Ein Priester lag im Bett mit der Dame eines Ritters.« In einer anderen heißt es: »Der Priester und seine Frau gingen zu Bett.« In dem Nonnenkloster, in dem Piers

Plowman als Koch diente, war Schwester Pernell »das Mädchen des Priesters«, die »ihm zur Kirschblüte ein Kind gebar«. Boccaccios verdorbene Mönche wurden ausnahmslos unter eindeutigen Umständen erwischt. In der Realität aber war ihre Sündhaftigkeit nicht lustig, sondern bedrohlich, denn wie sollten sie die Seelen retten, wenn sie selbst der Heiligkeit so fern waren? Dieses Gefühl des Volkes, betrogen und verraten zu werden, erklärt, warum die Bettelmönche so oft das Ziel offener Angriffe wurden, manchmal sogar von Tätlichkeiten. Ein Dokument von 1327 hält den Grund in aller Schlichtheit fest: »Sie benahmen sich nicht, wie Mönche sich benehmen sollten.«

Dem Idealbild des heiligen Franziskus folgend, sollten sie durch die Welt ziehen, um Gutes zu tun, barfuß sollten sie die Armen und Ausgestoßenen aufsuchen, um den Geringsten die Liebe Christi zu bringen, sollten um ihren Unterhalt bitten, aber niemals Geld verlangen. In paradoxer Weise zog gerade der Orden, den Franziskus auf die Ablehnung des Besitzes gegründet hatte, einen Überfluß von Gaben und Geschenken der Reichen auf sich, weil seine Reinheit eine besonders wirkungsvolle Fürbitte im Himmel zu sichern schien. Angesichts des Todes hüllten sich Ritter und Edeldamen in die Tracht der Franziskaner, weil sie glaubten, daß sie nicht in die Hölle müßten, wenn sie in ihr stürben und begraben würden.

Der Franziskanerorden erwarb Ländereien und Reichtümer, erbaute Kirchen und Klöster und entwickelte seine eigene Hierarchie – alles im Gegensatz zu den Absichten seines Gründers. Dabei hatte der heilige Franziskus diese Entwicklung vorausgesehen. Als ihn ein Novize um ein Psalmbuch bat, hatte er geantwortet: »Wenn du ein Psalmbuch hast, wirst du ein Brevier haben wollen, und wenn du ein Brevier hast, wirst du wie ein großer Prälat auf einem Thron sitzen wollen, und du wirst zu deinem Bruder sagen: ›Bruder, bring mir mein Brevier.‹«

Einige Mönchsorden ließen ein Taschengeld zu und verliehen Geld gegen Zinsen. In einigen Klöstern waren vier Liter Bier täglich erlaubt, die Mönche aßen Fleisch, trugen Pelze und juwelengeschmückte Gewänder. Sie hielten sich Diener, die in reichen Klöstern zahlreicher als die Mönche selbst waren. Da sie sich der Gunst der Reichen sicher waren, predigten die Franziskaner für sie und dienten ihnen als Ratgeber und Kapläne. Einige wanderten immer noch barfuß unter den Armen und wurden von ihnen verehrt, aber die meisten trugen gute Lederstiefel und wurden nicht geliebt.

Sie beschwindelten die Leute, wie es die Ablaßhändler taten, verkauften Reliquien, die es nur in ihrer Phantasie gab. Cipolla, ein Bettelmönch aus den Geschichten Boccaccios, verkaufte eine der Federn des Erzengels Gabriel, die jener, wie er sagte, verloren hatte, als er im Zimmer der Heiligen Jungfrau die frohe Botschaft verkündet hatte. Das war eine Satire, die der Wirklichkeit der Bettelmönche, die Stücke des Dornbusches verkauften, aus dem Gott zu Moses sprach, kaum etwa voraushatte. Manche verkauften Auszüge aus einem

»Heiligen Buch der Tugenden«, das angeblich im Himmel vom Orden des heiligen Franziskus geführt wurde. Wyclif antwortete, als er gefragt wurde, wofür diese Pergamente gut seien: »Man kann Senftöpfe damit verschließen.« Die Bettelmönche blieben ein Element des täglichen Lebens, verspottet und verehrt und gefürchtet, weil sie vielleicht trotz allem den Schlüssel zur Erlösung haben könnten.

Die Satiren und Klagen haben die Zeiten überdauert, weil sie niedergeschrieben worden sind. Sie hinterlassen das Bild von einer Kirche, die durch Käuflichkeit und Heuchelei so zerrüttet war, daß sie vor der völligen Auflösung zu stehen schien. Aber eine Institution, die die gesamte Kultur beherrschte und so tief in der Gesellschaft verwurzelt war, löst sich nicht einfach auf. Das Christentum war der Nährboden des mittelalterlichen Lebens: Selbst das Kochbuch riet, ein Ei so lange zu kochen, »wie man braucht, um ein Miserere aufzusagen«. Das Christentum regelte Geburt, Heirat und Tod, das Geschlechtsleben, das Essen, die Gesetze und die Medizin, es war das Thema der Philosophie und der gesamten Gelehrsamkeit. Die Zugehörigkeit zur Kirche war keine Frage der freien Wahl; sie war Zwang und ohne Alternative. Das gab ihr eine Macht über die Menschen, die nicht einfach abzuwerfen war.

Als Teil des täglichen Lebens war die Kirche dem Gespött preisgegeben, aber im Grunde unverletzbar. Beim alljährlichen Fest der Narren, das um die Weihnachtszeit stattfand, gab es keinen Ritus und kein Gebot, das nicht Gegenstand von Witzen geworden wäre, egal, wie heilig es war. Ein Dominus Festi oder König der Narren wurde von der niederen Geistlichkeit gewählt und gekrönt, von den Pfarrern, den Subdechanten, den Vikaren und Kirchenmeistern. Alle waren sie ungebildet, unterbezahlt und undiszipliniert. An ihrem Festtag aber kehrten sie das Oberste zuunterst. Sie weihten ihren König zum Papst, Bischof oder Abt der Narren. Sie schoren ihm unter obszönen Reden den Kopf und machten anzügliche Gesten. Sie kleideten ihn mit Gewändern, deren Innenseiten nach außen gekehrt waren, spielten Würfel auf dem Altar, aßen schwarze Puddings und Würste, während eine Messe zelebriert wurde, die nur aus unsinnigem Gestammel bestand. Dazu schwangen sie Weihrauchfässer aus alten Schuhen, denen ein »schrecklicher Gestank« entwich. Während sie die Zeremonien des Gottesdienstes höhnend imitierten, trugen sie Tiermasken und waren als Frauen oder Sänger verkleidet, sie sangen obszöne Lieder im Chor, sie heulten und schrien, während der »Papst« eine verballhornte Segensformel vorlas. Auf seine Aufforderung hin, ihm zu folgen, zogen sie ungestüm von der Kirche in die Stadt. Sie führten ihren »König« in einer Karre mit sich, von wo aus er scherzhafte Bußen in die Menge schrie. Sein Gefolge zischte, gackerte, spottete und gestikulierte dazu. Sie brachten die Anwesenden mit »ungebührlichen Vorführungen« zum Lachen und ließen Büttenredner mit seltsamen Predigten auftreten. Nackte Männer zogen Mistkarren und warfen deren Inhalt unter die Umstehenden. Saufereien und Tänze begleiteten die Prozession. Das Ganze war eine Verspottung der allzu bekannten, langweiligen und bedeutungslosen Rituale, ein »Ausbruch des Barbaren unter dem Priesterrock«.

Im täglichen Leben war die Kirche der Tröster, Schützer und Arzt. Die Heilige Jungfrau und die Gemeinschaft der Heiligen boten Zuflucht vor Verfolgung und Schutz gegen Übeltäter und Feinde, die überall lauerten. Handwerkszünfte, Städte und Berufe hatten genauso ihre eigenen Schutzheiligen wie jeder einzelne Mensch. Die Bogenschützen beteten zu St. Sebastian, der ein Opfer der Pfeile geworden war; die Bäcker verehrten St. Honorius, der einen silbernen Ofenschieber und drei Brotlaibe in seinem Banner führt; die Seeleute glaubten an St. Nikolaus, der drei Kinder aus der See gerettet hatte; die Reisenden hatten den St. Christopherus, der das Jesuskind auf seinen Schultern trug; mildtätige Bruderschaften wählten gewöhnlich den heiligen Martin zu ihrem Schutzheiligen, da er die Hälfte seines Mantels einem armen Manne gegeben hatte; unverheiratete Mädchen schworen auf die heilige Katharina, die sehr schön gewesen sein soll. Der Schutzpatron war ein ständiger Begleiter auf dem Lebensweg, er heilte kleine Wunden, milderte das Elend und wirkte in Notfällen sogar Wunder. Sein Bildnis wurde auf Prozessionen vorangetragen, es schmückte die Eingänge zu Stadthallen und Kapellen und wurde als Medaillon am Hut seiner Schutzbefohlenen getragen.

Vor allen anderen aber war die Jungfrau Maria die ewig gnadenvolle, immer zuverlässige Quelle des Trostes, voller Mitleid mit den menschlichen Schwächen. Sie kümmerte sich nicht um Gesetze und Richter, sie half jedem in Not, sie war inmitten aller Ungerechtigkeiten, Verletzungen und sinnlosen Gewalttätigkeiten die einzig unfehlbare Gestalt. Sie befreite die Gefangenen aus dem Verlies und belebte die Hungernden mit Milch aus ihren eigenen Brüsten. Wenn eine Bauersfrau ihr an einem Dorn erblindetes Kind zur Kirche von St. Denis trug, niederkniete und ein Ave-Maria aufsagte, das Kreuz über dem Kind schlug und es mit einer Reliquie segnete – einem Nagel aus dem Kreuz des Erlösers –, »fiel sofort«, so berichtet der Geschichtsschreiber, »der Dorn heraus, die Entzündung verschwand, und die Mutter kehrte glücklich mit dem geheilten Kind nach Hause zurück«.

Auch ein grausamer Mörder fand ihr Gehör. Unabhängig davon, welches Verbrechen jemand begangen hatte, ob alle Welt die Hand gegen ihn hob oder nicht, der Weg zur Jungfrau Maria war nie versperrt. In den *Miracles de Notre-Dame*, einem Zyklus populärer Stücke, der in den Städten aufgeführt wurde, errettet die Jungfrau jeden, der reumütig die Hand nach ihr ausstreckt. Eine Frau, die des Inzestes mit ihrem Schwiegersohn angeklagt ist, hat Mörder gekauft, ihn umbringen zu lassen, und soll, überführt, auf dem Scheiterhaufen verbrannt werden. Sie betet zur Heiligen Jungfrau, die prompt erscheint und dem Feuer befiehlt, nicht zu brennen. Die Magistratsherren, überzeugt, daß ein Wunder geschehen ist, befreien die Verurteilte, die ihr Hab und Gut an die Armen verschenkt und ins Kloster geht. Der Glaubensakt in Form des Gebets zählte allein. Nicht Gerechtigkeit erwartete man von der Kirche, sondern Vergebung.

Aber die Kirche tröstete nicht nur, sie gab auch Antworten. Seit fast tausend Jahren schon war die Kirche die Institution, die dem Leben in einer widersprüchlichen Welt Sinn und Bedeutung gab. Sie bestätigte, daß das irdische Leben des Menschen nichts anderes als eine Exilstation auf dem Wege zur ewigen Seligkeit war, zum neuen Jerusalem, zu unserer »anderen Heimat«. Das Leben war nichts anderes, schrieb Petrarca an seinen Bruder, als »eine schwere und entbehrungsreiche Reise zu der ewigen Heimat, die wir suchen, oder sollten wir die Erlösung verfehlen, eine ebenso freudlose Reise in den ewigen Tod«. Die Kirche versprach Erlösung, die nur durch ihre Rituale erreicht werden konnte, nur durch den Beistand und die Hilfe der geweihten Priester. »Extra ecclesiam nulla salus.« Außerhalb der Kirche gibt es kein Heil, das war die Losung.

Die Alternative zur Erlösung war Hölle und ewige Qual, wie sie sehr realistisch von der Kunst der Zeit dargestellt wurden. In der Hölle hingen die Verdammten mit ihren Zungen an Feuerbäumen, die Unbußfertigen schmorten in Feueröfen, und die Ungläubigen erstickten in stinkendem Rauch. Die Bösen fielen in das schwarze Wasser eines Abgrunds bis zu einer Tiefe, die ihren Sünden entsprach, die Unzüchtigen bis zu den Nasenlöchern, die Grausamen bis an die Augenbrauen. Einige wurden von monströsen Fischen verschlungen, andere von Dämonen zerfressen, wieder andere von Schlangen gequält, von Feuer, Eis oder vom Anblick von Früchten, die außerhalb der Reichweite der Dürstenden hingen. Die Menschen in der Hölle waren nackt, namenlos und vergessen. Kein Wunder, daß alle Welt auf Erlösung hoffte und der Tag des Jüngsten Gerichts in aller Köpfen gegenwärtig war. Über den Türen der Kathedralen war zur eindringlichen Erinnerung dargestellt, wie die zahlreichen Sünder, von den Teufeln gefesselt, zu flammenden Kesseln geführt wurden und wie die wenigen Auserwählten von Engeln in die entgegengesetzte Richtung geleitet wurden.

Im Mittelalter bezweifelte niemand, daß die Mehrheit der Menschen auf ewig verdammt sein würde. »Salvandorum paucitas, damnandorum multitudo« (wenige gerettet, viele verdammt), war das strenge Prinzip von Augustinus bis hin zu den Aquinensern. Noah und seine Familie wurden als Maßstab genommen, um die Zahl der Erretteten zu versinnbildlichen. Gewöhnlich wurde von einem unter tausend oder gar zehntausend gesprochen. Egal, wie wenige auserwählt sein würden, die Kirche gab allen Hoffnung. Ungläubige waren auf immer von der Erlösung ausgeschlossen, nicht aber die Sünder. Die Sünde war ein unausweichlicher Bestandteil des Lebens, aber sie konnte, so oft es nötig war, durch Buße und Absolution abgewaschen werden. »Kehr um, kehr um, du sündige Seele«, so sprach ein Lollhardenprediger, »denn Gott kennt deine Missetaten und wird dich doch nicht verlassen. Wende dich mir zu, so spricht der Herr, ich werde dich aufnehmen und dich zur Gnade führen.«

Die Kirche gab dem Leben derer Weihen und Würden, die von beidem wenig hatten. Sie war die Quelle von Schönheit und Kunst, zu der jeder Zugang hatte, an der viele mitwirkten. Die Kirche förderte auch die Sorge um die Hilflosen der Gesellschaft, die Armen und Kranken, die Waisen und Krüppel, die Leprakranken, die Blinden und Irren. Sie bestärkte die Gläubigen darin, Almosen zu geben, damit sie sich einen Platz im Himmel erwürben.

Trotz allem erhob sich der Sturm der Unzufriedenheit. Päpstliche Steuereintreiber wurden angegriffen und geschlagen, sogar Bischöfe waren nicht mehr sicher. In einem Ausbruch antiklerikaler Wut köpfte 1326 eine Londoner Volksmenge den Bischof und warf den Körper nackt auf die Straße. 1338 verbündeten sich zwei »Kirchenrektoren« mit zwei Rittern und »einer großen Menge Landvolk«, um den Bischof von Konstanz anzugreifen. Sie verwundeten einige aus seinem Gefolge schwer und warfen ihn ins Gefängnis. In Italien erstarkten die Fraticelli, eine Abspaltung des Franziskanerordens, die zum Armutsgelübde zurückkehrten und mit ihrem Vorbild zu einer Gefahr für die etablierte Kirche wurden. Die Fraticelli oder »spirituellen Franziskaner« erinnerten daran, daß Christus ohne jeden Besitz gelebt habe, und predigten, daß Armut die einzige Möglichkeit einer wahren »Christusnachfolge« sei.

Die Bewegung der »armen« Orden erwuchs aus der Grundlage der christlichen Lehre: der Ablehnung der materiellen Welt, der Gedanke, der den Bruch mit der Antike herbeigeführt hatte. Er besagte, daß das Heil einzig bei Gott zu suchen sei und daß das Erdenleben vergänglich sei, daß die Welt unabänderlich böse und die Erlösung nur durch den Verzicht auf irdische Genüsse, Reichtümer und Ehren zu gewinnen sei. Geld war von Übel, Schönheit eitel, und beides war vergänglich. Ehrgeiz war Stolz, Besitzstreben war Habsucht, Sehnsucht nach dem Fleisch war Lust, nach Wissen und Schönheit Hoffart. Da all diese Dinge den Menschen davon ablenkten, sein Seelenheil zu suchen, seien sie Sünde. Das christliche Ideal war asketisch, es bedeutete die Selbstverleugnung des sinnlichen Menschen. So wurde das Leben unter der Herrschaft der Kirche zu einem ständigen Kampf gegen die Sinnlichkeit, in deren Gestalt die Sünde zu einem Begleiter des Menschen wurde.

Den Weg zu Gott glaubten verschiedene mystische Sekten dadurch zu finden, daß sie den weltlichen Versuchungen völlig entsagten und sich von der Fessel irdischen Besitzes befreiten. Angesichts ihres eigenen Reichtums kam die Kirche nicht umhin, diese Sekten als ketzerisch zu verdammen. Die Fraticelli zum Beispiel beharrten auf dem christlichen Ideal absoluter Armut und waren dem Papst bald ein Dorn im Auge. Im Jahre 1315 verdammte er ihre Lehre als »falsche und schädliche« Ketzerei. Als der Bettelorden seinen Zielen aber nicht abschwor, wurden seine Mitglieder summarisch exkommuniziert. Eine Gruppe von 27 besonders hartnäckigen Anhängern der spirituellen Franziskaner wurde der Inquisition übergeben; vier von ihnen wurden 1318 in Marseille auf dem Scheiterhaufen verbrannt.

Nicht nur religiösen, auch weltlichen Herausforderungen seiner Macht hatte der Papst zu begegnen. Sein Recht auf die Kaiserkrönung wurde bezweifelt und sein Einfluß auf die staatlichen Regierungen kritisiert. Marsilius von Padua hatte 1324 die Souveränität des Staates in seinem Buch *Defensor Pacis* behauptet. Der Papst versuchte dem mit Exkommunikation zu begegnen. Nach Marsilius verwies Johannes XXII. den englischen Franziskaner Wilhelm von Ockham, der wegen seiner Argumentationskraft der »unbesiegbare Doktor« genannt wurde, aus der Kirche. Unter dem Begriff des »Nominalismus« hatte Ockham eine Philosophie entwickelt, die die Tür zu einer intuitiven Erkenntnis der wirklichen Welt aufstieß. In gewissem Sinne war er ein Anwalt geistiger Freiheit, und der Papst erkannte die Gefahren, die darin für die Kirche lagen, und exkommunizierte ihn. Als Erwiderung darauf klagte Ockham den Papst in einer Streitschrift als Urheber von siebzig Irrtümern und sieben Ketzereien an.

Als sich die Unzufriedenheit der Kirche mit der wirtschaftlichen Not im Gefolge der Hungersnöte verband, entstand in Frankreich unter den Bauern eine hysterische Massenbewegung, die man die Pastorellen nannte, nach »pastor«, der Hirte, da die Unruhen unter den Hirten begonnen hatten. Obwohl die Bauern weniger entwurzelt waren als die städtischen Armen, fühlten auch sie sich von ihren Herren unterdrückt und kämpften gegen die beständigen Versuche, ihnen durch das eine oder andere Mittel noch mehr von ihren Erträgen oder von ihrer Arbeitskraft abzupressen. In verschiedenen Berichten lassen sich bis 1250 Gerichtsprozesse zurückverfolgen, die beweisen, daß sich die Bauern organisiert geweigert haben, die Felder ihrer Herren zu pflügen, deren Getreide zu dreschen, ihr Heu zu wenden oder in ihren Mühlen zu mahlen. Trotz Geld- und Prügelstrafen waren sie jahrelang standhaft und verweigerten den Dienst. Sie schlossen sich zu Gruppen zusammen, die den örtlichen Büttel angriffen oder einen »Bruder« aus dem Gefängnis befreiten.

Schon lange hatte die Unterdrückung der Bauern durch die Landbesitzer das Gewissen der Zeit gequält, und warnende Stimmen hatten sich erhoben. »Ihr Adligen seid wie hungrige Wölfe«, schrieb Jakob von Vitry, Verfasser von Predigten und moralischen Fabeln im 13. Jahrhundert. »Darum sollt ihr in der Hölle heulen, . . . die ihr eure Untergebenen mißhandelt und die ihr von dem Blut und dem Schweiß der Armen lebt.« Wieviel ein Bauer auch in einem Jahr erarbeitet, »der Ritter, der Adlige verschlingt es in einer Stunde«. Er erhebt illegale Abgaben und Steuern. Jakob von Vitry warnte die Großen, die Niedrigen nicht zu verachten oder ihren Haß zu wecken, denn, »da sie uns helfen können, können sie uns auch schaden. Ihr wißt, daß viele Leibeigene ihre Herren getötet und ihre Häuser verbrannt haben.«

Eine in der Zeit der Hungersnöte verbreitete Prophezeiung sagte voraus, daß die Armen sich gegen die Mächtigen erheben würden, um die Kirche und ein ungenanntes großes Königreich zu zerstören. Nach dem Blutvergießen würde dann unter dem Zeichen des Kreuzes ein neues Zeitalter anbrechen. Mit vagen Gerüchten von einem neuen Kreuzzug vermischt, wurde diese Legende von einem entlaufenen Mönch und einem exkommunizierten Priester unter den Armen verbreitet. »Unerwartet und plötzlich wie ein Sturm« trieb diese Nachricht die Armen und Heimatlosen Frankreichs nach Süden, wo sie sich zur vermeintlichen Reise ins Heilige Land einschiffen wollten. Sie sammelten Anhänger und Waffen auf dem Weg, sie stürmten Burgen und Abteien, verbrannten Rathäuser, öffneten die Gefängnisse und warfen sich, als sie die Südküste erreicht hatten, mit vereinigter Kraft auf die Juden.

Die Juden waren seit langem wegen der hohen Schulden verhaßt, die die Bauern bei ihnen machen mußten, um Werkzeuge oder Pflüge kaufen zu können. Die Bauern hatten geglaubt, daß ihre Schulden nach der Judenvertreibung durch König Philipp erloschen waren. Dessen Sohn Ludwig X. hatte die Juden jedoch zurück ins Land geholt, nachdem sie ihm einen Zweidrittelanteil an ihren verloren geglaubten Schuldsummen abgetreten hatten. Das verschärfte die Erbitterung der Landbevölkerung, und die Pastorellen griffen die Juden von Bordeaux bis Albi mit begeisterter Unterstützung des Volkes auf und verschonten niemandes Leben. Obwohl der König befohlen hatte, daß die Juden zu schützen seien, konnten die örtlichen Verwaltungen die Gewalttaten nicht verhindern, schlossen sich zum Teil sogar den Pastorellen an. Daß die Juden »unheilig« seien, war ein tiefverwurzelter Glaube, den die Kirche ermutigte. Abneigung gegen Juden wurde so ein Zeichen der Frömmigkeit. Allen voran schritt Ludwig der Heilige. Wenn die Juden unheilig waren, dann war es Christenpflicht, sie auszuplündern und umzubringen. Auch die Leprakranken wurden zur Zielscheibe der Aufständischen, da sie glaubten, daß diese sich in einem schrecklichen Komplott mit den Juden verbündet hatten, um die Brunnen zu vergiften. Ihre Verfolgung wurde durch königlichen Erlaß 1321 legalisiert.

Die Pastorellen bedrohten Avignon, griffen Priester an und raubten Kircheneigentum. Die Privilegierten lebten in Furcht und Schrecken, wo immer die wilden Haufen auftauchten. Von Papst Johannes XXII. exkommuniziert, wurde ihrem Treiben schließlich Einhalt geboten, da er jedem unter Androhung der Todesstrafe verbot, ihnen Verpflegung zukommen zu lassen, und die Anwendung staatlicher Gewalt gegen sie sanktionierte. So endete die Pastorellenbewegung, wie jeder Ausbruch der Armen im Mittelalter früher oder später endete – Leichen hingen an den Bäumen.

Zum großen Unglück dieses Jahrhunderts trug kein einzelner Faktor mehr bei als das beständige Mißverhältnis zwischen dem Anwachsen des Staates und den Mitteln zu seiner Finanzierung. Auf der einen Seite entwickelte sich ein zentralistisches Regierungssystem, aber auf der anderen Seite basierte die Besteuerung immer noch auf dem Konzept, daß Steuern eine Notstandsmaßnahme waren, die überdies der Zustimmung der Betroffenen bedurfte. Nachdem er jede andere Einkommensquelle erschöpft hatte, wandte Philipp der Schöne sich 1307 in der sensationellsten Episode seiner Herrschaft gegen den Templerorden. Das Ergebnis war, wie seine Zeitgenossen glaubten, ein Fluch, der sich auf das ganze Land legte. Und das, was die Menschen glauben, wird zu einem Element ihrer Geschichte.

Kaum ein Sturz konnte spektakulärer und vollkommener sein als der Untergang dieses arroganten Ritterordens. Einstmals als bewaffneter Arm der Kirche zur Verteidigung des Heiligen Lands ins Leben gerufen, war das asketische Armutsideal des Templerordens durch immense Reichtümer und internationale Machtpolitk verdrängt worden. Frei von jeder Besteuerung, waren die Templer zu den Bankiers des Heiligen Stuhls geworden, zu Geldverleihern, die niedrigere Zinssätze als die lombardischen Bankiers oder die Juden anboten. Mildtätigkeit wurde ihnen nicht nachgesagt, und sie unterhielten auch keine Krankenhäuser wie die Johanniter. Die Templer hatten ihr Hauptquartier im »Temple« eingerichtet, einer mächtigen Festung in Paris, die als die größte Schatzkammer Nordeuropas angesehen wurde und als Zentrum des zweitausend Mitglieder starken Ordens galt.

Nicht nur ihr Geld, sondern auch ihre Existenz als eine praktisch autonome Enklave luden zu ihrer Zerschlagung geradezu ein. Den Anlaß zum Angriff gab schließlich ihr zwielichtiger Ruf, der auf die geheimen Zeremonien des Ordens zurückging. Mit der Gewalt und Blitzartigkeit eines Tigersprungs brachte König Philipp den »Temple« von Paris in seine Gewalt und ließ noch in derselben Nacht alle Templer in Frankreich festnehmen. Um die Beschlagnahme des Ordenseigentums zu rechtfertigen, beschworen die Anwälte des Königs jeden dunklen Aberglauben, jede Hexengeschichte und jede Teufelsangst des mittelalterlichen Vorstellungsvermögens herauf. Von gekauften Zeugen wurden die Templer der Grausamkeit, der Götzenverehrung und der Leugnung der Sakramente angeklagt; man warf ihnen vor, ihre Seelen dem Teufel verkauft und ihn in Gestalt einer riesigen Katze angebetet zu haben. Sodomie untereinander und Verkehr mit Dämonen ergänzten die Anklage. Die Aufnahmeriten des Ordens sollten die Schändung Christi, Gottes und der Heiligen Jungfrau eingeschlossen haben, wobei die Templer laut Anklage auf das Kreuz urinierten, darauf herumtrampelten und ihrem Prior den »Kuß der Schande« auf Mund, Penis und Gesäß gaben. Um sich Mut zu diesen Praktiken zu machen, so sagte man, tranken sie einen Saft, der aus der Totenasche verstorbener Mitglieder und unehelicher Kinder der Templer gewonnen war.

Magie und Hexerei galten im mittelalterlichen Leben als Realitäten, aber der Gebrauch, den Philipp während des siebenjährigen Melodrams der Templerprozesse davon machte, gab diesem Glauben eine schreckliche Aktualität. Von nun an wurde die Anklage der Schwarzen Magie ein beliebtes Mittel, um Gegner zu Fall zu bringen. Auch die Inquisition scheute davor nicht zurück, wenn es galt, Ketzer zu verurteilen, vorzugsweise dann, wenn ein lohnender Besitz zu beschlagnahmen war. In den nächsten 35 Jahren verfolgte die Inquisition allein in Toulouse und Carcassonne tausend Personen unter dieser Anklage und verbrannte sechshundert. Die französische Justiz wurde korrumpiert, und die Grundlage für die Hexenprozesse der folgenden Jahrhunderte war geschaffen.

Philipp zwang den ersten Papst von Avignon, Klemens V., die Templerprozesse zu autorisieren, und mit dieser Macht ausgestattet, ließ er die Templer foltern. Die mittelalterliche Gerichtsbarkeit verurteilte kaum jemand ohne ordentliches Verfahren oder ohne Beweis, aber Beweise bestanden fast ausschließlich aus Geständnissen des Angeklagten und nicht aus Tatsachen, und Geständnisse wurden fast ausnahmslos durch die Folter erwirkt. Die Templer, von denen viele alte Männer waren, kamen auf die Streckbank, ihnen wurden Daumenschrauben angelegt, sie mußten hungern, sie wurden mit Gewichten behangen, bis die Gelenke auskugelten, Zähne und Fingernägel wurden einzeln herausgerissen, ihnen wurden die Knochen mit dem Keil gebrochen oder die Füße im Feuer verbrannt. In den Pausen wurde immer wieder »die Frage« gestellt, bis sie geständig waren oder starben. 36 starben unter der Folter, andere begingen Selbstmord. Durch die Folter gebrochen, gestanden der Großmeister, Jacques de Molay, und 122 weitere, auf das Kreuz gespuckt zu haben oder andere Verbrechen, die ihnen von den Inquisitoren in den Mund gelegt worden waren. »Er hätte auch gestanden, daß er Gott selbst erschlagen habe, wenn sie ihn das gefragt hätten«, kommentierte ein Chronist.

Der Prozeß zog sich so lange hin, weil Papst, Inquisition und König juristische Haarspaltereien betrieben, während die Angeklagten hungernd in Ketten lagen und immer wieder von neuem aus ihren Verliesen geschleppt wurden, um neue Fragen zu beantworten und weitere Erniedrigungen zu erleiden. 67 von ihnen, die den Mut gefunden hatten, ihre Geständnisse zu widerrufen, wurden lebendig als rückfällige Ketzer verbrannt. Nach langen, vergeblichen Verzögerungen durch Klemens V. wurde der Templerorden in Frankreich, England, Schottland, Aragonien, Kastilien, Portugal, Deutschland und im Königreich Neapel durch das Konzil von Vienne, 1311/12, endgültig verboten. Offiziell wurde ihr Eigentum dem Johanniterorden übertragen, aber allein schon die Tatsache, daß Philipp der Schöne in Wien zur Rechten des Papstes saß, läßt darauf schließen, daß er nicht leer ausging. Und tatsächlich zahlte ihm der Johanniterorden später eine immense Summe, die Philipp zu einer alten Schuld der Templer ihm gegenüber erklärte.

Aber auch das war noch nicht das Ende. Im März 1314 wurde der Großmeister, der der Freund des Königs und Pate seiner Tochter gewesen war, mit seinem Vertreter auf ein Gerüst geführt, das auf dem Platz vor Notre-Dame errichtet worden war, um vor der versammelten Menge der Adligen, der Geistlichkeit und des Volkes sein Geständnis zu wiederholen. Anschließend sollten sie durch päpstliche Legaten zu lebenslanger Gefangenschaft verurteilt werden. Statt dessen erklärten sie mit lauter Stimme ihre Schuldlosigkeit und die des Ordens. Um seine endgültige Rechtfertigung betrogen, befahl der König, beide Männer auf dem Scheiterhaufen zu verbrennen. Als die Flammen am nächsten Tag das Reisig entzündeten, wiederholte Jacques de Molay seine Unschuldsbehauptung und rief aus, daß Gott selbst sein Rächer sein werde. Aufgrund einer späteren Überlieferung soll er den König und seine Nachkommenschaft bis in die dreizehnte Generation verflucht haben, und mit seinen letzten Worten soll er gesagt haben, daß er Papst und König innerhalb des nächsten Jahres vor dem Richterstuhl Gottes treffen werde. Tatsächlich starb Papst Klemens V. im folgenden Monat, sieben Monate später folgte ihm Philipp der Schöne ins Grab, der im Alter von 46 Jahren ohne sichtbaren Anlaß starb. Die Legende vom Fluch der Templer wurde weitergetragen und diente dazu, die rätselhaften Ereignisse der Folgezeit zu erklären. Ein Gehirnschlag wird heute für Philipps Todesursache gehalten, aber für die Zeitgenossen war es unzweifelhaft der Fluch der Templer, der mit dem Rauch des Scheiterhaufens in die rote Glut der untergehenden Sonne gestiegen war.

Wie um den Fluch der Templer zu erfüllen, welkte die Dynastie der Kapetinger in dem seltsamen, sich dreifach wiederholenden Schicksal der Söhne Philipps dahin. Ludwig X., Philipp V. und Karl IV. starben in rascher Folge, ohne daß einer von ihnen länger als sechs Jahre regiert hätte, im Alter von 27, 28 beziehungsweise 33 Jahren. Keiner von ihnen hinterließ einen männlichen Nachkommen, obwohl sie zusammen sechs Frauen hatten; Jeanne, die vierjährige Tochter des ältesten Bruders, wurde zugunsten ihres Onkels übergangen, der als König Philipp V. gekrönt wurde. Danach rief er eine Versammlung aus Honoratioren der drei Stände und der Universität von Paris zusammen, die sein Recht auf die Krone bestätigten und festlegten, daß »keine Frau den Thron von Frankreich besteigen« dürfe. Damit war das folgenschwere Salische »Gesetz« geboren, das der weiblichen Thronfolge einen Riegel vorschob, den es bis dahin nicht gegeben hatte.

Der Tod des letzten der drei Brüder ließ die Thronfolge offen, was zum – bisher – längsten Krieg der westlichen Geschichte führte. Es gab drei Prätendenten, einen Enkel und zwei Neffen Philipp des Schönen. Der Enkel war der sechzehnjährige Eduard III. von England, Sohn von Philipps Tochter Isabella, die Eduard II. geheiratet hatte. Von ihr wurde behauptet, daß sie und ihr Liebhaber mit den Mördern ihres Mannes, des Königs, im geheimen Einverständnis gestanden habe. Außerdem sollte sie einen schädlichen Einfluß auf ihren Sohn gehabt haben. Dessen entschlossen vorgetragener Anspruch auf direkte Erbfolge fand aber in Frankreich kein Gehör, nicht weil sein Anspruch von einer Frau herstammte, sondern weil diese Frau in Frankreich gefürchtet und unbeliebt war, und außerdem wollte niemand den englischen König auf dem französischen Thron.

Die anderen beiden Anwärter waren Söhne eines Bruders beziehungsweise eines Halbbruders Philipps des Schönen; es waren Philipp von Valois und Philipp von Evreux. Der eine, ein Mann von 35 Jahren, Sohn eines glanzvollen Vaters und Hof und Adel Frankreichs wohlbekannt, war der sehr viel beliebtere der beiden und wurde von den Landesherren und Fürsten Frankreichs ohne Gegenstimmen zum König gekrönt. Als Philipp VI. begann er die Linie derer von Valois. Seine beiden Widersacher nahmen die Wahl in aller Form an. Eduard kam selbst, um seine Hände in die von Philipp VI. zu legen, wozu ihn seine Lehnspflicht als Herzog von Aquitanien verpflichtete. Philipp von Evreux wurde mit dem Königreich von Navarra entschädigt und zusätzlich mit der übergangenen Johanna verheiratet.

Obwohl Philipp VI. einen aufwendigen Hofstaat unterhielt, war er nicht als königlicher Nachfolger erzogen worden und ließ einiges von einem wahrhaft königlichen Charakter missen. Er schien sich außerdem seines Anspruchs auf die Krone nicht ganz sicher zu sein, was wohl auch kaum durch die Redensarten seiner Zeitgenossen überspielt werden konnte, die ihn »le roi trouvé« nannten, den »gefundenen König« – als ob sie ihn im Schilf entdeckt hätten. Vielleicht waren es auch die ungeklärten Rechtsansprüche seiner beiden Nichten, die ihm Sorge bereiteten. Er wurde von seiner Frau beherrscht, der »bösen, lahmen Königin« Johanna von Burgund, einer bösartigen Frau, die, obwohl sie eine Förderin der Künste und der Wissenschaften war, weder geliebt noch geachtet wurde. Philipp war so fromm wie sein Ururgroßvater, Ludwig der Heilige, dem er aber in Intelligenz und Willenskraft um vieles nachstand. Ihn faszinierte die alles bestimmende Frage nach der seligmachenden Anschauung Gottes: Bekamen die Seelen der Gesegneten sofort nach ihrer Ankunft im Himmel das Antlitz Gottes zu Gesicht, oder mußten sie bis zum Tage des Jüngsten Gerichts darauf warten?

Diese Frage war deshalb von entscheidender Bedeutung, weil die Fürsprache der Heiligen ja nur dann möglich war, wenn sie sich Gott nähern durften. Der Volksglaube verließ sich darauf, daß die Heiligen bei Opfern an ihren Reliquienschreinen imstande waren, von ihrer Fürsprachemöglichkeit bei dem Allmächtigen Gebrauch zu machen. Zweimal versammelte Philipp VI. die Theologen, um dieses Problem in seiner Gegenwart zu diskutieren. Er »geriet in mächtigen Zorn«, als der päpstliche Gesandte die Zweifel des Heiligen Stuhls unterbreitete. »Der König erteilte ihm einen heftigen Verweis und drohte, ihn wie einen Albigenser zu verbrennen, wenn er seine Behauptung nicht zurücknähme, und sagte weiter, wenn der Papst tatsächlich derartige Ansichten hege, würde er ihn als einen Ketzer betrachten.« Tief besorgt schrieb Philipp an Johannes XXII., daß seine Zweifel an der seligmachenden Anschauung Gottes den Glauben an die Fürsprache der Gottesmutter und der Heiligen zerstörten. Zum Glück für Philipps Seelenfrieden entschied eine päpstliche Kommission nach sorgfältigen Nachforschungen, daß die Heiligen wirklich vor das Angesicht Gottes treten durften.

Philipps Regierungszeit nahm einen guten Anfang, und das Köngreich kam zu Wohlstand. Die Nachwirkungen der Hungersnöte und Seuchen verebbten, die schlechten Omina wurden vergessen, und das fortwährend streitsüchtige Flandern war durch einen Feldzug im ersten Amtsjahr Philipps wieder unter französische Kontrolle gebracht worden. Die Beziehungen der Krone zu den großen Provinzen Flandern, Burgund, Bretagne und im Süden Armagnac und Foix waren gesichert. Nur Aquitanien, das die englischen Könige als Lehen der Krone Frankreichs hielten, war eine beständige Quelle schwelender Konflikte. Hier stießen die englischen Expansionsversuche mit dem französischen Interesse an Wiedereingliederung des Lehens zusammen.

Als der Konflikt sich zuspitzte, führten diese Umstände zu einer Verbindung der Coucys mit einem anderen regierenden Herrscherhaus, den österreichischen Habsburgern, und zwar durch eine Eheschließung. Aus dieser Ehe sollte später Enguerrand VII. hervorgehen. Sie wurde von Philipp VI. selbst gestiftet, als er Verbündete für den kommenden Kampf gegen England suchte. 1337 hatte Philipp Aquitanien als beschlagnahmt erklärt, woraufhin sich Eduard III. »Rechtmäßiger König von Frankreich« nannte und den Krieg vorzubereiten begann. Eduards erneuerter Anspruch auf den französischen Thron war weniger ein Kriegsgrund als ein Vorwand, die endlosen Auseinandersetzungen über die Souveränität von Aquitanien kriegerisch zu klären. Als die englischen Truppen in Flandern landeten, um sich auf den Angriff vorzubereiten, suchten beide Parteien in den Niederlanden und jenseits des Rheins fieberhaft nach Verbündeten.

König Philipp war aber nicht nur bemüht, Verbündete zu finden, er war auch um die Loyalität der strategisch wichtigen Baronie Coucy besorgt. Als reiche Belohnung verheiratete er Enguerrand VI. mit Katharina von Österreich, Tochter des Herzogs Leopold I., Enkelin mütterlicherseits von Amadeus V., Graf von Savoyen. Das Haus Savoyen regierte damals ein selbständiges Gebiet, das sich von Frankreich bis Italien quer über die Alpen hinwegzog und außerdem der Mittelpunkt eines fürstlichen Verwandtschaftsgeflechts war, das sämtliche Königshäuser auch über Europa hinaus miteinander verband. Eine der sieben Tanten Katharinas war die Gemahlin von Andronikos III., Palaiologos, dem Kaiser von Byzanz.

Um die finanziellen Bedingungen der Habsburg-Coucy-Verbindung zu klären, bedurfte es zweier Verträge zwischen dem König von Frankreich und dem Herzog von Österreich. Diese wurden 1337 und 1338 geschlossen. Herzog Leopold gab seiner Tochter eine Aussteuer von 40 000 Pfund, und König Ludwig vermachte ihr und ihren Kindern eine jährliche Zuwendung von 2000 Pfund. Enguerrand schenkte er 10 000 Pfund und versprach ihm weitere 10 000, um ihn von seinen Schulden zu befreien. Enguerrand seinerseits versprach, 6000 Pfund auf seine Frau zu überschreiben, und, worauf es dem König im Grunde ankam, seine und seiner Vasallen Gefolgschaft in der Verteidigung des Reiches gegen Eduard von England.

Zu Beginn schien der Krieg keine ernsthafte Kraftprobe zwischen England und Frankreich zu werden, da Frankreich die führende Macht in Europa war, deren militärischer Ruhm in seinen eigenen Augen und auch nach Ansicht anderer Länder den Englands bei weitem übertraf. Außerdem war Frankreich mit seinen 21 Millionen Menschen fünfmal so bevölkerungsstark wie England mit seinen wenig mehr als vier Millionen Menschen. Dennoch, der Besitz von Aquitanien und das Bündnis mit Flandern gaben Eduard zwei Brückenköpfe an den Grenzen Frankreichs, die seiner dreisten Herausforderung an »Philipp von Valois, der sich König von Frankreich nennt!«, mehr als nur verbalen Nachdruck verliehen. Keiner der beiden Gegner konnte wissen, daß sie in einen Krieg zogen, der sie beide überleben sollte, der ein Eigenleben entwickeln würde, der Verhandlungen, Waffenstillständen und Verträgen trotzen und sich noch in das Leben ihrer Söhne schleppen sollte, in das Leben ihrer Enkel und Großenkel, ja bis in das der Nachkommen der fünften Generation, ein Konflikt, der beide Seiten an den Rand der Zerstörung bringen und sich auf ganz Europa ausdehnen sollte: der Hundertjährige Krieg, die letzte große Plage des ausgehenden Mittelalters.

Enguerrand VI. hatte gerade noch Zeit, ein Kind zu zeugen, da er 1339 schon zum Kriegsdienst gerufen wurde. Im Norden rückten die Engländer von Flandern her vor und belagerten mit einer Abteilung von 1500 Reisigen die Burg von Oisy, die den Coucys gehörte. Enguerrands Vasall in Oisy aber verteidigte sich so grimmig, daß sich die Engländer zurückziehen mußten, obwohl ihr Anführer Sir John Chandos war, der sich als der fähigste militärische Führer auf englischer Seite erweisen sollte. Als Rache für diese Niederlage brannte er daraufhin drei andere Städte und kleinere Burgen nieder, die im Machtbereich der Coucys lagen. In der Zwischenzeit hatte sich Enguerrand mit den königlichen Verbänden vereinigt, die zur Verteidigung von Tournai an der flämischen Grenze standen, und 1340, während sich der ziemlich energielose Feldzug in die Länge zog, wurde sein Sohn geboren, der siebente Enguerrand und der letzte.

Kapitel 3
Jugend und Rittertum

Obwohl er seinen Eltern als erstgeborener Sohn und Erbe zweifellos kostbar war, wurde Enguerrand VII. in seiner Kindheit sicher nicht die Liebe und Zärtlichkeit zuteil, die wir heute bei der Fürsorge für ein Baby voraussetzen. Von allen Eigenheiten, in denen sich das Mittelalter von der heutigen Zeit unterscheidet, ist keine so auffallend wie das fehlende Interesse an Kindern. In künstlerischen, literarischen und dokumentarischen Überlieferungen ist kaum einmal von Kinderliebe die Rede. Das Christuskind ist natürlich häufig abgebildet worden, gewöhnlich in den Armen seiner Mutter, aber bis zur Mitte des 14. Jahrhunderts hält sie es im allgemeinen sehr steif von ihrem Körper weg und wirkt selbst dann distanziert, wenn sie es stillt. Ansonsten liegt der Gottessohn alleine auf dem Boden, entweder gewickelt oder einfach nackt und unbedeckt, und eine ernste Mutter schaut geistesabwesend auf ihn herab. Ihre Trennung von dem Kind sollte dessen Göttlichkeit andeuten. Wenn die Mutter des Mittelalters wärmere, innigere Gefühle für ihr Kind besaß, so wurde das jedenfalls kaum in der Kunst ausgedrückt, denn die Darstellung der Mutterschaft war künstlerisch besetzt durch die Jungfrau Maria.

In der Literatur war die Hauptrolle der Kinder, zu sterben, meist zu ertrinken, zu ersticken oder auf Geheiß eines abergläubischen Königs im Wald ausgesetzt zu werden. Frauen wurden selten als Mütter dargestellt. Sie erscheinen in den Volksstücken als leichtsinnig und lüstern, als Heilige und Märtyrerinnen in den Dramen oder als die unerreichbaren Gestalten der leidenschaftlichen, unerlaubten Liebe der Romanzen. Nur in ganz wenigen Fällen taucht die Mutterliebe als Thema auf, wie auf einem Steinrelief, das Eltern darstellt, wie sie ihr Kind laufen lehren, oder eine Bauernmutter, die ihr Kind kämmt oder entlaust, während sein Kopf in ihrem Schoß liegt. Eine elegante Mutter des 14. Jahrhunderts ist abgebildet worden, die ihrem Kind auf vier Nadeln ein Leibchen strickt, ein Hinweis auf die »Schönheit der Kindheit« ist aus einer Heiligenvita erhalten, und in der *Ancren Riwle* des 12. Jahrhunderts können wir über eine Bauernmutter lesen, die mit ihrem Kind Verstecken spielt und die, als das Kind weinend nach ihr rief, »mit ausgestreckten Armen auf es zusprang, es umarmte und küßte und ihm die Tränen trocknete«. Diese wenigen Einzelfälle machen aber den Mangel nur noch deutlicher.

Mittelalterliche Abbildungen zeigen Gestalten in jeder anderen menschlichen Verrichtung – in der Liebe und im Sterben, schlafend und essend, im Bett und im Bad, betend, jagend, tanzend, pflügend, spielend, handelnd, reisend, lesend und schreibend – aber so selten zusammen mit Kindern, daß sich die Frage: warum nicht? geradezu aufdrängt. Man glaubt, daß die Mutterliebe wie der Geschlechtstrieb so tief im Wesen des Menschen verwurzelt ist, daß sie geschichtlichen Schwankungen nicht unterworfen ist. Aber vielleicht war sie unter den ungünstigen Bedingungen jener Zeit doch stark herabgesetzt. Vielleicht hat es an der hohen Kindersterblichkeit gelegen (eins oder zwei von drei Kindern starb), daß die Liebesmühen um ein Kind so wenig lohnend erschienen. Vielleicht haben aber auch die häufigen Schwangerschaften zu der Interesselosigkeit beigetragen. Ein Kind starb, ein neues wurde geboren und nahm seinen Platz ein.

Begüterte Adels- und Bürgerfamilien hatten mehr Kinder als die Armen, da sie jung heirateten und ihre Frauen nur kurze Zeit unfruchtbar waren, weil sie Ammen beschäftigten. Sie brachten auch mehr durch, manchmal erreichten sechs bis zehn Kinder das Erwachsenenalter. Guillaume de Coucy, der Großvater Enguerrands VII., zog fünf Söhne und fünf Töchter groß. Sein Sohn Raoul hatte acht Kinder, die überlebten. Neun von zwölf Kindern, die Königin Philippa Eduard III. von England geschenkt hatte, überstanden die schwierigen frühen Jahre. Es ist geschätzt worden, daß die Durchschnittsfrau von zwanzig zwölf fruchtbare Jahre vor sich hatte, in denen sie mit einem durchschnittlichen Abstand von dreißig Monaten jeweils eine Lebendgeburt erwarten konnte. Die Abstände sind deshalb so groß, weil in den Zwischenzeiten mit Totgeburten, Fehlgeburten und Stillzeiten zu rechnen war. Ausgehend von diesen Zahlen kann man etwa fünf Lebendgeburten pro Familie annehmen, von denen insgesamt die Hälfte überlebte.

Wie alles andere läßt sich Kindheit nicht verallgemeinern. Liebe und Zärtlichkeit und Wärme gab es auch damals. Philipp von Navarra schrieb im 13. Jahrhundert, daß Gott in seiner Gnade den Kindern drei Gaben gegeben habe. Erstens die Person, die sie an ihrer Brust genährt hat, zu erkennen und zu lieben, zweitens »denen, die mit ihnen spielen, Freude und Liebe entgegenzubringen«, und drittens Liebe und Zärtlichkeit bei denen zu erwecken, die sie erziehen, wovon das letzte das wichtigste ist, denn »ohne dies sind sie schmutzig und lästig in ihrer Kindheit und so launisch und ungezogen, daß es sich kaum lohnt, sie aufzuziehen«. Philipp war ganz für eine strenge Erziehung, denn »wenige Kinder sterben an zu großer Strenge, viele aber daran, daß ihnen zuviel erlaubt war«.

Bücher über Kindererziehung gab es kaum. Es gab Bücher – das heißt gebundene Manuskripte – über höfische Etikette, Haushaltsführung, Benimmregeln, Hausmittel und fremde Sprachen. Der Leser wurde darüber belehrt, wie er seine Hände waschen und seine Fingernägel vor dem Essen säubern sollte, man konnte erfahren, daß man bei Mundgeruch Fenchel und Anis essen sollte, daß man nicht auf den Boden spucken, bei Tisch nicht mit dem

Messer in den Zähnen stochern durfte und weder Hände noch Nase am Tischtuch abzuwischen hatte. Eine Frau konnte lernen, wie man Tinte, Rattengift oder Sand für ein Uhrglas macht oder wie man Gewürzwein ansetzt, das bevorzugte Getränk des Mittelalters. Man konnte Ratschläge über die Aufzucht von Ziervögeln finden und wie man sie zum Brüten bringt, wie man sich Empfehlungsschreiben über Dienstboten besorgt und sich davon überzeugen kann, daß sie die Kerze auf ihrem Zimmer ausdrücken oder ausblasen und nicht mit ihrem Hemd auslöschen. Man wurde informiert, wie man Erbsen zieht und Rosen züchtet, wie man das Haus fliegenfrei halten kann und wie man Fettflecken mit Hühnerfedern entfernt, die vorher in heißes Wasser getunkt worden sind. Die Ehefrauen konnten nachlesen, wie sie ihren Gemahl mit einem rauchlosen Feuer im Winter und einem flohfreien Bett im Sommer beglücken konnten. Junge, unverheiratete Frauen wurden beraten, wie zu fasten und Almosen zu geben ist, daß man beim Klang der Morgenglocke das Morgengebet spricht und sich dann erst wieder hinlegt. Ihnen wurde gesagt, wie man mit Würde und Bescheidenheit in der Öffentlichkeit aufzutreten hat, ohne »mit unruhigen Blicken und nach vorne gestrecktem Kopf wie ein fliehender Hirsch nach allen Seiten zu schauen, als ob sie ein entflohenes Pferd suchen würden«. Frauen konnten sich über Gutsverwaltung, Haushaltsführung, sogar über die Verteidigungsmöglichkeiten bei einer Belagerung und über die Feudalgesetze aufklären lassen, damit sie den Besitz gut verwalteten, wenn der Mann im Krieg war.

Aber so sehr sie auch suchen mochten, sie fanden nur wenige Bücher, in denen stand, wie man Kinder stillt, wickelt, badet, entwöhnt, ernährt und pflegt, und das, obwohl diese Fragen für die Erhaltung der Art sicher wichtiger waren als das Wissen darum, wie man Ziervögel züchtet oder Ehemänner verwöhnt. Wenn das Stillen überhaupt einmal erwähnt wurde, hielt man es meistenteils für empfehlenswert, so Bartholomäus von England, ein Enzyklopädist des 13. Jahrhunderts, in seinem Buch *Von der Natur der Dinge* wegen des Gefühlswertes. Während des Stillens »liebt die Mutter ihr Kind sehr zärtlich, sie umarmt und küßt es, pflegt es und kümmert sich sehr besorgt um es«. Aldobrandino, ein zeitgenössischer Arzt, der in Frankreich praktizierte, empfahl häufiges Baden und Umziehen, tägliches Waschen und eine Entwöhnung mit Brei, der aus Brot, Milch und Honig gemacht werden sollte. Er trat für genügende Freizeit ein und für eine gewaltfreie Schulerziehung mit ausreichender Zeit für Schlaf und Zerstreuung. Wie weit aber diese humanen Methoden verwirklicht worden sind, können wir nicht sagen.

Im großen und ganzen scheinen die Kinder in den ersten fünf oder sechs Jahren ohne große Fürsorge sich selbst überlassen worden zu sein; entweder sie starben oder sie überlebten. Welche psychologischen Auswirkungen das auf den Charakter der Menschen und möglicherweise auf die Geschichte hatte, kann man nur ahnen. Vielleicht erklärt die emotionale Kahlheit einer mittelalterlichen Kindheit die Gefühllosigkeit des mittelalterlichen Menschen dem Leben und dem Leiden anderer gegenüber.

Dennoch: es gab Spielsachen für die Kinder. Sie hatten Puppen und Puppenkutschen, vor die Mäuse gespannt wurden, sie hatten Holzritter und Waffen, kleine Tiere aus gebranntem Ton, Windmühlen, Bälle, Federballschläger und Federbälle, Stelzen, Wippen und Karussells. Kleine Jungen waren wie kleine Jungen zu allen Zeiten, »sie lebten gedankenlos und ohne Sorgen«, so hat es uns wenigstens Bartholomäus von England überliefert. »Sie wollten nur spielen, fürchteten keine Gefahr mehr als die Prügel, waren immer hungrig und aßen so viel, daß ihnen übel wurde. Sie wollten alles, was sie sahen, weinten genauso schnell, wie sie lachten, widersetzten sich ihren Müttern, wenn sie gewaschen oder gekämmt werden sollten, und konnten kaum so schnell gewaschen werden, wie sie sich schmutzig machten.« Mädchen benahmen sich laut Bartholomäus besser und wurden von ihren Müttern mehr geliebt. Wenn die Kinder erst einmal sieben Jahre alt geworden waren, begann man sie zu beachten, und sie fingen an, das Leben kleiner Erwachsener zu führen. Das Kindische, das im Verhalten des mittelalterlichen Menschen in seiner Impulsivität, seiner mangelnden Selbstkontrolle so deutlich war, mag einfach dadurch zu erklären sein, daß ein so großer Teil der mittelalterlichen Gesellschaft wirklich sehr jung war. Man nimmt an, daß etwa die Hälfte der Bevölkerung unter einundzwanzig war und vielleicht ein Drittel unter vierzehn.

Ein Junge adliger Abkunft blieb etwa bis zu seinem siebten Lebensjahr in der Obhut der Frauen, die ihm Benehmen beibrachten und ihn lesen und schreiben lehrten. Bezeichnenderweise wurde die heilige Anna, die Schutzpatronin der Mütter, gewöhnlich dargestellt, wie sie ihrem Kind, der Jungfrau Maria, beibringt, aus einem Buch zu lesen. Im Alter zwischen acht und vierzehn Jahren wurden die Jungen als Pagen auf die Burg eines benachbarten Ritters geschickt, so wie die Söhne der Gemeinen als Lehrlinge oder Diener in einer befreundeten Familie aufgenommen wurden. Einem Herrn zu dienen wurde nicht als erniedrigend angesehen. Es war völlig normal, daß ein Page oder ein erwachsener Knappe dem Herrn beim Baden half, für seine Kleider sorgte, ihn bei Tisch bediente und dennoch dessen adligen Status teilte. Als Gegenleistung für diese unbezahlte Arbeit kümmerte sich der Herr um die Ausbildung der Adelskinder. Sie lernten zu reiten, zu kämpfen und zu jagen, was die drei körperlichen Hauptbeschäftigungen adligen Lebens waren. Sie lernten auch, Schach und Backgammon zu spielen, zu singen, zu tanzen, zu musizieren, zu komponieren, und andere romantische Fertigkeiten. Der Burgkaplan oder ein benachbarter Abt kümmerten sich um die religiöse Erziehung der Knaben, die sie auch im Lesen und Schreiben weiterbildeten und denen sie möglicherweise darüber hinaus auch noch einen Teil der Grundschulausbildung zukommen ließen, die die nichtadligen Kinder absolvierten. Mit vierzehn oder fünfzehn, wenn sie zum Knappen ernannt wurden, intensivierte sich die Kampfschulung der Adelssöhne. Sie lernten, die schwingende Strohpuppe, die als Zielscheibe diente, mit der Lanze aufzuspießen, das Schwert zu handhaben und eine Menge anderer tödlicher Waffen zu beherrschen; sie lernten die ritterliche Heraldik kennen und die Gesetze des Zweikampfs. Als Knappe führten sie das Schlachtroß ihres Herrn und hielten es, wenn dieser zu Fuß kämpfte. Sie halfen dem Seneschall bei seiner Arbeit, verwahrten die Schlüssel, führten vertrauliche Kurierdienste aus und beaufsichtigten das Geld und andere Wertgegenstände auf Reisen. Für Buchwissen blieb in diesem Programm wenig Zeit, obwohl ein junger Adliger je nach Neigung Bekanntschaft mit ein wenig Geometrie, Jurisprudenz, Rhetorik und in einigen Fällen auch Latein machen konnte.

Frauen von adligem Stand genossen gewöhnlich eine bessere Schulbildung als die Männer, denn obwohl die Mädchen nicht wie die Knaben im Alter von sieben Jahren das elterliche Haus verließen, wurde ihre Unterrichtung von der Kirche ermutigt, damit sie in Glaubensdingen vorbereitet waren, falls die Eltern sie – mit angemessener Mitgift – in ein Nonnenkloster schickten. Neben dem Lesen und Schreiben des Französischen und Lateinischen wurden sie in der Kunst des Musizierens, in der Astronomie und in den Grundbegriffen der Medizin und der Ersten Hilfe unterwiesen.

Der Letzte der Coucys erblickte das Licht einer Welt, in der die Bewegung noch durch die Geschwindigkeit von Mensch oder Pferd bestimmt war, in der Nachrichten und öffentliche Verlautbarungen durch die menschliche Stimme verbreitet wurden und in der für die meisten Menschen das Licht des Tages mit der untergehenden Sonne endete. Mit der Abenddämmerung wurden Hörner geblasen oder Glocken geläutet, die den Zapfenstreich oder das »Feuer aus!« verkündeten. Danach war die Weiterarbeit verboten, da die Handwerker bei dem schlechten Licht nicht mehr zuverlässig arbeiten konnten. Die Reichen konnten den Tag durch Fackeln oder Kerzen verlängern, aber für die anderen war die Nacht so dunkel, wie die Natur sie machte, und Stille umgab einen Reisenden bei Nacht. »Vögel, wilde Tiere und Menschen legten sich still zur Ruhe«, schrieb Boccaccio. »Die ungefallenen Blätter ruhten in den Bäumen, und die feuchte Luft stand in mildem Frieden. Nur die Sterne leuchteten, den Weg zu erhellen.«

Blumen bedeckten die Felder und den Boden des Waldes und waren ein geliebtes Element des täglichen Lebens. Wilde Blumen und Gartenblumen wurden in die Hauben der Adligen und ihrer Frauen geflochten, bei Festmählern auf den Boden und die Tische gestreut, auf die Straße, wenn der König kam. Affen waren verbreitete Schoßtiere. Bettler waren überall: die meisten blind, verkrüppelt, krank oder verwachsen, oder sie gaben sich den Anschein, es zu sein. Die Beinlosen schleppten sich mit Hilfe von Holzblöcken fort, die an ihre Hände gebunden waren. Frauen wurden als Versuchung des Teufels angesehen, während gleichzeitig der Marienkult eine Frau zum zentralen Gegenstand von Liebe und Verehrung machte. Doktoren wurden bewundert und Rechtsanwälte in aller Regel gehaßt und gemieden. Der Dampf war noch nicht nutzbar gemacht, die Syphilis noch nicht eingeschleppt, die Lepra existierte noch, und das Schießpulver wurde in seiner frühen Form genutzt, wenn auch noch ohne militärische Wirkung. Kartoffeln, Tee, Kaffee und Tabak waren unbekannt, heißer Gewürzwein das Lieblingsgetränk derer, die es sich leisten konnten; die anderen tranken Bier, Ale oder Apfelmost.

Die Männer außer den Geistlichen hatten den Rock abgelegt und sich für enganliegende Hosenbeine entschieden; in der Regel waren sie rasiert, wenn auch Kinn- und Schnauzbärte mit der Mode kamen und gingen. Ritter und Höflinge hatten eine Mode langer spitzer Schuhe angenommen, die man »poulaines« nannte und die oft an die Wade gebunden werden mußten, damit ihr Träger in ihnen gehen konnte. Dazu trug man sehr kurze Hemdjacken, die nach der Klage eines Chronisten das Gesäß nicht verhüllten und auch »andere Körperteile, die versteckt sein sollten«, was den Spott des Volkes erregte. Die Frauen benutzten Kosmetika, färbten sich die Haare und zupften sie aus, um die Stirn zu erhöhen. Sie zupften auch ihre Augenbrauen aus, obwohl sie sich mit diesen Eingriffen der Sünde der Eitelkeit schuldig machten.

Das Schicksalsrad, das die Mächtigen niederwarf und (seltener) die Armen emportrug, war das herrschende Symbol einer unsicheren Zeit. Moralischer oder materieller Fortschritt des Menschen oder der Gesellschaft war etwas, womit man in diesem vorbestimmten Erdenleben nicht rechnete. Der einzelne mochte sich zwar durch eigene Anstrengung Tugenden aneignen, aber ein grundsätzlicher Fortschritt würde, so meinte man, erst bei der Wiederkehr Christi und dem Anbruch eines neuen Zeitalters eintreten.

Die Tageszeit, der Jahreskalender und die Geschichte wurden entsprechend den kirchlichen Festtagen berechnet. Die Erschaffung der Welt wurde auf das Jahr 4484 vor der Gründung Roms datiert, und die moderne Geschichte begann mit der Geburt des Herrn. Geschichtliche Ereignisse wurden seitdem entsprechend päpstlicher Regierungszeiten bestimmt, beginnend mit der Regentschaft des heiligen Petrus, die auf die Jahre 42–67 nach Christi Geburt gelegt wurde. Das kirchliche Jahr begann im März, dem Monat, wie Chaucer sagte, »in dem die Welt begann, als Gott erschuf den Mann«. Offiziell begann das Jahr Ostern, da das aber ein bewegliches Fest war, fiel der Jahresbeginn in eine Zeitspanne von dreißig Tagen, und die historische Überlieferung wurde ungenau. Die Stunden des Tages wurden nach den vorgeschriebenen Gebeten benannt. Die Morgenliturgie lag um Mitternacht, die Laudes, ein Lobgebet, verrichtete man um drei Uhr morgens, die Primes begrüßten den neuen Tag im ersten Morgenlicht ungefähr um sechs Uhr, Vespergebete fanden gegen achtzehn Uhr statt und die Komplet zur Schlafenszeit. Die Berechnung der Zeit richtete sich nach dem Lauf der Sonne und der Sterne, den natürlichen Zeitmessern, die jedermann kannte und sorgfältig beobachtete. Als Enguerrand VII. geboren wurde, kam gerade die mechanische Uhr auf, die zuerst auf den Kirchtürmen installiert wurde und in den Häusern der Reichen zu finden war. Sie brachte die Präzision, die wissenschaftliche Untersuchungen möglich machen sollte.

Ansonsten lebten die Menschen in enger Nachbarschaft mit dem Unerklärlichen. Die flackernden Lichter des Sumpfgases konnten nur Feen oder Elfen sein. Leuchtkäfer waren die Seelen ungetauft verstorbener Kinder. In den Erschütterungen und Erdrissen, die ein Erdbeben mit sich brachte, waren übernatürliche Kräfte genauso am Werk wie in den Blitzen, die Bäume entzündeten. Stürme waren Vorzeichen, Tod durch Herz- oder Schlaganfall war das Werk böser Geister. Die Magie war ein immer präsentes Element dieser Welt. Geister, Kobolde, Gnomen und Feen berührten und formten das Leben der Menschen. Heidnischer Aberglaube und heidnische Riten waren unter dem Landvolk genauso verbreitet wie die kirchlichen Sakramente. Der Einfluß der Planeten vermochte zu erklären, was ansonsten rätselhaft blieb. Die Astronomie war die Königin der Wissenschaften und die Gestirne nach Gott die größten Lenker aller Dinge.

Die Alchimie, die Suche nach dem Stein der Weisen, der unedle Metalle zu Gold zu machen versprach, war die beliebteste angewandte Wissenschaft der Zeit. Am Ende des Regenbogens lag das Allheilmittel für Krankheiten ebenso wie ein Lebenselixier. Wissensdurstige Geister trieben mit Beobachtungen und Experimenten die Naturwissenschaften voran. Ein Wissenschaftler aus Oxford führte sieben Jahre lang (von 1337 bis 1344) Wetterbeobachtungen durch und entdeckte, daß man ein herannahendes Regenwetter daran erkennen konnte, daß die Kirchenglocken auf eine weitere Entfernung zu hören waren. Depressionen und Angst wurden als Krankheiten erkannt, obwohl die Kirche darauf bestand, daß die Symptome der Depression, Niedergeschlagenheit, Verzweiflung, Melancholie und Lethargie, göttliche Strafen für die Sünde der »accidia«, des Müßiggangs, waren. Die Landvermessung mit Hilfe der Trigonometrie kam auf, und auch die Höhenmessung mit einfachen Peilverfahren wurde entwickelt. Seit der Jahrhundertwende waren Brillen verbreitet, die den Menschen auch im Alter noch das Lesen erlaubten und die Schaffenszeit der Wissenschaftler um vieles verlängerten. Die aufkommende Papierproduktion bot ein Material an, das billiger als Pergament und in größeren Mengen zu haben war, wodurch literarische Arbeiten leichter kopiert und weiter verbreitet werden konnten.

Die einzigen Energiequellen waren die menschliche Kraft und die Zugtiere, daneben gab es nur noch die Antriebswellen, die von Wind- und Wasserkraft in Bewegung gehalten wurden. Sie betrieben Mühlen in Gerbereien und Wäschereien, Sägewerken, Ölpressen und in Eisengießereien; Mühlsteine zerkleinerten das Malz in Bierbrauereien und mischten den Papierbrei; sie wurden bei der Farbmischung eingesetzt und an Walkmaschinen angeschlossen, die bei der Fertigstellung von Tüchern und Stoffen vonnöten waren, sie versorgten die Blasebälge der Essen mit Luft, setzten die Hammerwerke der Gießereien in Gang und ließen die Schleifsteine der Waffenschmiede kreisen. Diese Mühlen hatten die Eisenwerkzeuge derartig vermehrt, daß man schon Waldland abzuholzen begann, um die Schmiedeherde mit Brennholz zu versorgen. Sie hatten die menschlichen Möglichkeiten derartig erweitert, daß Papst Zölestin III. in den neunziger Jahren des 12. Jahrhunderts entschied, daß die Windmühlen den Zehnten zu entrichten hatten. Außerdem hatten die mit Menschenkraft arbeitenden Maschinen wie die Töpferscheibe, die Bohrleier, das Spinnrad und der Räderpflug die Produktionsmöglichkeiten erstaunlich in die Höhe schnellen lassen.

Das Reisen, »die Mutter der Erfahrung«, brachte die Neuigkeiten der Welt in die Burgen und Dörfer, die Städte und die ländlichen Gebiete. Die zerfurchten Straßen, die immer entweder zu staubig oder zu schlammig waren, trugen einen endlosen Strom von Pilgern und Hausierern, von Kaufleuten samt Tragtierkolonnen, Bürgern und reisenden Bischöfen, Steuereintreibern, reisenden Gelehrten, Jongleuren und Predigern ebenso wie Boten und Kurieren, die die Städte in einem Kommunikationsnetz miteinander verbanden. Mächtige Adelsherren wie die Coucys oder Bankiers, Prälaten, Äbte, Gerichtsherren, Könige und ihre Ratgeber hatten ihre eigenen Boten. Um die Mitte des Jahrhunderts beschäftigte der englische König zwölf Boten, die ihm ständig zur Verfügung standen und ihn auf allen seinen Reisen begleiteten. Der größeren Majestät Frankreichs entsprechend hielt sich der französische König ungefähr hundert Meldeboten, ein durchschnittlicher Feudalherr zwei oder drei.

Eine durchschnittliche Tagesreise zu Pferd bedeutete fünfzig oder sechzig Kilometer, was aber vom Zustand des Reiseweges abhing. Für eine Reise quer durch Frankreich von Flandern nach Navarra brauchte man etwa zwanzig bis zweiundzwanzig Tage, die Ost-West-Durchquerung von der Küste der Bretagne bis nach Lyon an der Rhone wurde mit sechzehn Tagereisen angesetzt.

Italienreisende nahmen meistens den Weg über den Paß Mt. Cenis, der von Chambéry in Savoyen nach Turin führte. Da der Paß aber von November bis Mai verschneit war, bedeutete das, fünf bis sieben Tagereisen für die Alpenüberquerung einzuplanen. Um auf dieser Strecke von Paris nach Neapel zu reisen, brauchte man fünf Wochen. Eine Reise von London nach Lyon dauerte achtzehn Tage, von Canterbury nach Rom etwa dreißig Tage. Das hing nicht zuletzt mit der Kanalüberquerung zusammen, die immer unberechenbar, oft gefährlich und manchmal tödlich war. Sie konnte zwischen drei und dreißig Tagen beanspruchen. Von dem Ritter Sir Hervé de Léon ist überliefert, daß er fünfzehn Tage von einem Sturm auf See festgehalten wurde und nicht nur sein Pferd verlor, sondern auch so zerschlagen und geschwächt wieder das Land erreichte, daß »er nie wieder richtig gesund wurde«.

Obwohl die Takelage verbessert worden war und das neue, freibewegliche Ruder bessere Manövrierfähigkeiten bot, waren die Schiffe, von großen Galeeren mit vielen Ruderern einmal abgesehen, den Launen des Wetters ausgeliefert. Da andererseits aber Seekarten und Hafenverzeichnisse bekannt waren und der Kompaß auch Navigation auf offener See erlaubte, begann man, größere Schiffe zu bauen. Diese konnten über 500 Tonnen Fracht aufnehmen und es riskieren, den Ozean zu überqueren. Transporte großer Warenmengen waren mit flachen Schiffen auf Flüssen und Kanälen weitaus billiger zu bewerkstelligen als mit den schwerfälligen Packtierkolonnen, auch wenn der jeweilige Landesherr an jeder erdenklichen Stelle Zölle erhob. Auf den vielbefahrenen Flüssen Seine und Garonne gab es etwa alle zehn oder zwölf Kilometer eine Zollstelle.

Frachtwagen und zweirädrige Bauernkarren wurden nur für kurze Transportwege benutzt, da die vorhandenen Straßen im Winter für Fahrzeuge aller Art unpassierbar waren und es kein zufriedenstellendes Verbundsystem von Wegen, Straßen und Brücken gab. Aus diesen Gründen blieben die Maultierkarawanen das bevorzugte Transportmittel der Zeit. Vierrädrige Planwagen, die von drei oder vier Pferden gezogen wurden, blieben den Damen oder Kranken vorbehalten. Frauen saßen damals noch in weiten Röcken rittlings zu Pferde, aber noch vor der Jahrhundertwende begann der Damensattel sich durchzusetzen. Für einen Ritter war es undenkbar, in einem Wagen zu fahren, es verstieß gegen die Prinzipien der Ritterlichkeit, genauso, wie er unter keinen Umständen eine Stute ritt.

Mit Einbruch der Nacht beendete man seine Tagereise, und die Adligen unter den Reisenden nahmen in einem nahe gelegenen Kloster oder in einer Burg Zuflucht, wo man sie gerne begrüßte, die gewöhnlichen Fußreisenden samt Pilgern wurden in einem vor dem Tor gelegenen Gästehaus untergebracht und verpflegt. Sie waren zu einer einmaligen Übernachtung in jedem Kloster berechtigt und konnten nur dann abgewiesen werden, wenn sie um eine zweite Übernachtung baten. Es gab Gasthäuser für Händler und andere Reisende, aber meistens waren sie überfüllt, verkommen und voller Flöhe; in jedem Raum standen mehrere Betten, und jeweils zwei Reisende lagen in einem Bett, drei gar in Deutschland, wie der Dichter Deschamps angewidert berichtete, der im Auftrag des französischen Königs dorthin reiste. Weiterhin beschwerte er sich, daß weder Bett- noch Tischtücher frisch waren, der Gastwirt keine Auswahl an Speisen anbot und man im ganzen Reich nichts anderes als Bier trinken konnte. Flöhe, Ratten und Mäuse waren überall, und die Bewohner von Böhmen lebten wie die Schweine – so Deschamps.

Trotz all dieser Widerwärtigkeiten und Strapazen, trotz des enormen Zeitaufwandes reisten die Leute erstaunlich viel – von Paris nach Florenz, von

Flandern nach Ungarn, von London nach Prag, von Böhmen nach Kastilien; sie überquerten Meere, Berge und Flüsse, sie zogen nach China wie Marco Polo oder dreimal nach Jerusalem wie Chaucers Wife of Bath.

Worin bestand das geistige Rüstzeug der Adelsschicht, aus der Enguerrand stammte? Lange vor Kolumbus wußten sie, daß die Erde eine Kugel ist. Dieses Wissen war auf die Beschäftigung mit den Bahnen der Sterne zurückzuführen, die nur verständlich wurden, wenn man diese Annahme zugrunde legte. Der Geistliche Gautier de Metz sagte in seiner *Image du Monde* (Der Weltkreis) in einem anschaulichen Bild, daß der Mensch um die Erde wandern könne wie eine Fliege um einen Apfel. Ihm zufolge war die Erde so weit von den Sternen entfernt, daß ein Stein, der von dorther fiele, mehr als hundert Jahre brauchen würde, um auf der Erde anzukommen.

Bildlich stellten sich die Menschen jener Zeit das Universum in den Armen Gottes dar und setzten den Menschen in sein Zentrum. Es war bekannt, daß der Mond ein Trabant der Erde war, daß er keine eigene Lichtstrahlung besaß und daß die Sonnenfinsternis dadurch entstand, daß der Mond sich zwischen Erde und Sonne schob. Man wußte, daß Regen von der Erde stammende Feuchtigkeit war, die durch Verdunstung aufstieg, sich zu Wolken verdichtete und als Niederschlag auf die Erde zurückkehrte, und auch, daß der Zeitabstand zwischen Donner und Blitz etwas über die Entfernung des Gewitters aussagte.

Ferne Länder wie Indien und Persien wurden durch einen Nebelschleier aus Märchen gesehen, die nur manchmal ein Körnchen Wahrheit enthielten. Man erfuhr von Wäldern, die so hoch waren, daß sie den Himmel berührten, man hörte von gehörnten Zwergenmenschen, die in Herden lebten und in sieben Jahren erwachsen waren, von Brahmanen, die sich selbst verbrannten, von Menschen mit Hundeköpfen und sechs Zehen, von einäugigen Zyklopen mit nur einem einzigen Fuß, die schnell wie der Wind liefen, von Einhörnern, die man nur fangen konnte, wenn sie im Schoß einer Jungfrau ruhten, von Amazonen, die Tränen von Silber weinten, von Panthern, die mit ihren Krallen den Kaiserschnitt beherrschten, von Bäumen, auf denen Wolle wuchs, von hundert Meter langen Schlangen, die kostbare Edelsteine als Augen hatten, und von Schlangen, die Musik so sehr liebten, daß sie aus Vorsicht mit ihrem Schwanz ihr Ohr verstopften.

Auch der Garten Eden hatte eine irdische Existenz, die oft sogar auf Landkarten erschien. Er lag im fernen Osten, und man glaubte, daß er von der übrigen Welt durch einen Gebirgszug, durch ein Meer oder durch eine Feuerwand getrennt sei. Im irdischen Paradies vermutete man alle möglichen Arten von Bäumen und Blumen in betörenden Farben und mit nie verfliegenden Düften, die heilende Wirkung hatten. Kein Wind noch Regen, keine Hitze und keine Kälte störten den paradiesischen Frieden; nicht Krankheit, nicht Verfall, weder Tod noch Leid hatten Zutritt. Die Bergesspitze, auf der man das Paradies vermutete, war so hoch, daß sie die Umlaufbahn des Mondes berührte – aber hier begann der wissenschaftliche Verstand, sich zu regen: Das sei unmöglich, verkündete im *Polychronicon* ein Autor wissenschaftlicher Traktate, da es eine Verfinsterung der Erde bedeuten würde.

Trotz aller Erklärungsversuche waren die Erde und ihre Erscheinungen voller Geheimnisse: Was passiert mit dem Feuer, wenn es verlischt? Warum gibt es unter den Menschen verschiedene Hautfarben? Warum bräunt die Sonne menschliche Haut, wenn sie doch Leinentücher bleicht? Wie hält sich die schwere Erde schwebend in der Luft? Wie wandern die Seelen gen Himmel? Wo befindet sich die Seele? Welches ist der Grund für Geisteskrankheiten? Der mittelalterliche Mensch fühlte sich von Rätseln umgeben, aber da es Gott gab, war er bereit anzuerkennen, daß der Mensch nicht alles über die Natur der Dinge wissen konnte, »sie sind so, wie es Gott gefällt«.

Das aber brachte die eine, unaufhörliche Frage nicht zum Schweigen: Warum erlaubt Gott das Böse, die Krankheit und die Armut? Warum hat Er den Menschen nicht zur Sünde unfähig gemacht? Warum hat Er dem Menschen nicht das Paradies gelassen? Die nie vollständig zufriedenstellende Antwort hieß, daß Gott dem Teufel seine Macht schuldete. Nach der Lehre des heiligen Augustinus, der Quelle aller Autorität, waren alle Menschen durch die Erbsünde dem Teufel ausgeliefert; daher die Notwendigkeit der Kirche und der Erlösung.

Auf diesseitigere Fragen fand man Antwort im Buch des Sidra, der angeblich ein Nachkomme Noahs gewesen war und dem Gott die Gabe der Allwissenheit gegeben hatte. Seine Lehren waren von Gelehrten in Toledo zusammengetragen worden. Welche Sprache hört ein Taubstummer in seinem Herzen? Antwort: Die Sprache Adams, Hebräisch. Was ist schlimmer, Mord, Raub oder Überfall? Antwort: Keins von diesen, Sodomie ist das Schlimmste. Werden die Kriege jemals enden? Nein, nicht bevor die Erde zum Paradies geworden ist. Der Ursprung des Krieges lag nämlich laut Honoré Bonet im Krieg Luzifers gegen Gott, »und daher ist es nicht verwunderlich, wenn es Kriege auf dieser Welt gibt, da sie zuerst im Himmel stattfanden«.

Die Erziehung, an der Enguerrand teilgehabt haben könnte, basierte auf den »sieben freien Künsten«: Grammatik, die Grundlage aller Wissenschaften; Logik, die das Wahre vom Falschen unterscheidet; Rhetorik, die Quelle des Rechts; Arithmetik, die Grundlage der Ordnung, denn »ohne Zahlen gäbe es nichts«; Geometrie, die Wissenschaft der Vermessung; Astronomie, die edelste der Wissenschaften, weil sie mit Religion und Theologie in Verbindung stand; schließlich die Musik. Die Medizin, obwohl keine der freien Künste, war der Musik analog, weil beide sich mit der Harmonie des menschlichen Körpers beschäftigten.

Die Geschichte war begrenzt und spielte sich in einem verhältnismäßig kurzen Zeitraum ab. Sie begann mit der Schöpfung und würde in einer absehbaren Zukunft mit der Wiederkehr Christi enden, in der die Hoffnung der gequälten Menschheit lag. Während dieser Zeitspanne gab es für die Menschheit weder sozialen noch moralischen Fortschritt, da sein Ziel das Jenseits war, nicht die Verbesserung des Diesseits. In dieser Welt war der Mensch zu einem beständigen Kampf gegen sich selbst verurteilt, in dem er individuelle Fortschritte oder sogar einen Sieg über sich selbst erreichen konnte, aber eine kollektive Verbesserung war nur durch die endliche Vereinigung mit Gott zu erhoffen.

Der durchschnittliche Laie gewann seine Bildung nur mit den Ohren, durch öffentliche Vorträge, Mysterienspiele und den Vortrag von belehrenden Balladen und Geschichten. Während Enguerrands Lebzeiten kam aber als Bildungsquelle vermehrt die Lektüre auf, was mit der größeren Verbreitung von Manuskripten zusammenhing. Allgemeinbildende Bücher aus dem 13. Jahrhundert, die französisch geschrieben (oder aus dem Lateinischen übersetzt) wurden, waren die literarischen Quellen, die jedermann zugänglich waren. Im 14. Jahrhundert verlegten sich die gebildeten Schichten auf eine andere Lektüre, so zum Beispiel auf die Bibel, Romane, Tierbücher, Satiren, astronomische Bücher, erdkundliche Bücher und auf verschiedene Themen wie politische Geschichte, Kirchengeschichte, Rhetorik, Rechtsgeschichte, Medizin, Alchimie, Falkenjagd, Turnierkunst, Musik und andere. Die Allegorie war die bestimmende Stilform. Von jedem Ereignis des Alten Testaments glaubte man, daß es auf eine Entsprechung der damaligen Zeit verwies. Jede Erscheinung der Natur enthüllte eine verborgene Bedeutung der christlichen Lehre. Allegorische Figuren wie die Gier, die Vernunft, die Höflichkeit, die Liebe, der falsche Schein, das Gute, die Freude und das Böse bevölkerten die Geschichten und die politischen Abhandlungen.

Geschichten von großen Helden, von Brutus und König Arthur, von der »großen Fehde« Griechenlands mit Troja, von Alexander und Julius Cäsar, von Karl dem Großen und Roland, die gegen die Sarazenen kämpften, und davon, wie Tristan und Isolde sich liebten und wie sie sündigten, das waren die Lieblingsthemen des Adels. Was derbere Themen nicht ausschloß. Die *Fabliaux,* die lästerlichen und schlüpfrigen Geschichten des Alltags, wurden in den Kneipen ebenso wie in den Hallen der Adelshäuser erzählt.

Aristoteles lieferte die Basis für die politische Philosophie, Ptolomäus für die Naturphilosophie, Hippokrates und Galen für die Medizin. In zunehmendem Maße fanden auch zeitgenössische Schriftsteller ihr Publikum. Zu Dantes Lebzeiten bereits wurden seine Verse von den Schmieden und Eseltreibern gesungen. Das Anwachsen des Lesehungers veranlaßte die Signoria von Florenz, auf Anfrage der Bürger im Laufe des Jahres Vorträge zum Werk Dantes anzubieten und dafür sogar die Summe von 100 Goldflorin aufzubringen, um den Vorleser zu bezahlen, der seinen Vortrag täglich, außer an Festtagen, zu halten hatte. Für diese Aufgabe wurde Boccaccio verpflichtet, der die erste Dantebiographie geschrieben hatte und eine vollständige Abschrift der *Göttlichen Komödie* von eigener Hand Petrarca zum Geschenk gemacht hatte.

Um die Jahrhundertwende wurden in einem italienischen biographischen Lexikon die längsten Artikel Cäsar und Hannibal gewidmet, zwei Seiten waren für Dante reserviert und jeweils eine für Archimedes, Aristoteles, König Arthur und den Hunnenkönig Attila, zweieinhalb Spalten beschäftigten sich mit Petrarca, eine mit Boccaccio, kürzere Erwähnung fanden Giotto und Cimabue, drei Zeilen wiesen auf Marco Polo hin.

Der normale Lebensweg endete für Enguerrand abrupt im Alter von sieben Jahren, als sein Vater im Krieg gegen die Engländer in der Zeit der Schlacht von Crécy 1346 fiel – ob in dieser Schlacht selbst oder in einer anderen Begegnung, ist ungewiß.

Wenn nun ein Lehen, das dem König eine bedeutende Anzahl von Soldaten schuldete, in die Hände einer Witwe oder eines minderjährigen Erben fiel, warf das die Frage der Herrschaft auf, und das um so mehr, da das Königreich sich bereits im Krieg befand. Als Verwalter der Baronie der Coucys für die Zeit von Enguerrands Minderjährigkeit bestellte der König seinen obersten Ratsherrn Jean de Nesles, Herr von Offémont, ein Mitglied des alten Adels, und eine andere Persönlichkeit aus dem engeren Kreis seiner Ratgeber, Matthieu de Roye, Herr von Aunoy und Führer der Bogenschützen Frankreichs, ein Amt, welches das Kommando über alle Bogenschützen und die Infanterie umfaßte. Beide waren Adelsherren der Picardie, die nicht weit von Coucy ihre Besitzungen hatten. Enguerrands Onkel Jean de Coucy, Herr von Havraincourt, wurde sein Beschützer, Lehrmeister und Ratgeber. Seine Mutter, Katharina von Österreich, durch den Tod ihres Mannes schutzlos und verwundbar, schloß schnell Abkommen mit den zahlreichen Brüdern und Schwestern ihres Mannes, die das Besitztum zu seinen Lebzeiten gemeinsam gehalten hatten. Sie bestätigte deren Besitz an Burgen und Rittergütern, und Enguerrand, der keine Brüder und Schwestern hatte, wurde als Erbe des Hauptbesitzes bestätigt, der die Besitzungen von Coucy, Marle, La Fère, Boissy-en-Brie, Oisy-en-Cambrésis und deren Städte und Niederlassungen umfaßte.

1348 oder 1349 heiratete Enguerrands Mutter erneut; vermutlich aufgrund einer Wahl, die sie oder ihre Familie getroffen hatte, wurde sie mit Konrad von Magdeburg verbunden, den man auch Hardeck nannte. Die Ehe blieb kinderlos. Innerhalb eines Jahres starben sie und ihr Mann, Opfer jener großen Katastrophe, die Europa traf und Enguerrand als Waisen zurückließ.

Katharina soll zu ihren Lebzeiten mit großer Sorgfalt auf die Erziehung ihres Sohnes geachtet haben. Sie wünschte, daß er sich »in den Künsten, in der Literatur und in den seinem Stand entsprechenden Wissenschaften« hervortun sollte, und häufig soll sie ihn an die »Tugenden und das hohe Ansehen seiner Vorfahren« erinnert haben. Da diese Bekundungen aus einer Chronik des 16. Jahrhunderts über Enguerrand de Coucy stammen, sind sie vielleicht nur eine konventionelle Floskel, aber andererseits könnten sie auch wahr sein. Wie andere mittelalterliche Kindheiten ist die von Enguerrand ein unbeschriebenes Blatt. Nichts ist von ihm bekannt, bis er im Alter von achtzehn Jahren 1358 unvermittelt die Bühne der Geschichte betritt.

Über das Rittertum, die Kultur, in der er aufwuchs, ist dagegen viel bekannt. Das Rittertum war mehr als ein bloßer Verhaltenskodex für Liebe und Krieg, es war ein moralisches System, welches das gesamte Leben der Adligen bestimmte. Es entwickelte sich in der Zeit der großen Kreuzzüge des 12. Jahrhunderts und zielte darauf, die religiösen Antriebe des Menschen mit den kriegerischen zu vereinigen und den kämpfenden Menschen mit der christlichen Lehre in Einklang zu bringen. Da die Lebensweise eines Ritters mit der christlichen Lehre ebensowenig übereinstimmte wie die der Händler, mußte die Kirche eine moralische Fassade finden, die es einerseits der Kirche erlaubte, die Krieger mit ruhigem Gewissen zu tolerieren, andererseits den Kriegern ermöglichte, ihren Wertvorstellungen ohne Gewissensbisse zu dienen. Mit Hilfe gelehrter Benediktiner wurde eine Doktrin entwickelt, die den Schwertarm des Ritters theoretisch in den Dienst der Gerechtigkeit, der Frömmigkeit, der Kirche, der Witwen und Waisen, der Unterdrückten stellte. Die Ritterschaft wurde im Namen der Dreifaltigkeit nach einer Zeremonie der Läuterung, Beichte und Kommunion verliehen.

Gewöhnlich wurde eine Reliquie in das Heft des Schwertes eingelassen, damit der Rittereid, der mit dem Schwert in der Hand gesprochen wurde, im Himmel gehört wurde. Ramon Lull, ein berühmter Verherrlicher des Rittertums, konnte infolgedessen behaupten, daß »Gott und das Rittertum in Einklang miteinander sind«.

Aber genau wie das Kaufmannstum konnte auch das Rittertum von der Kirche nicht im Zaum gehalten werden. Es brach aus den abgesegneten Bahnen aus und entwickelte seine eigenen Gesetze. Die Tapferkeit, jene Mischung aus Mut, Stärke und Geschicklichkeit, die einen »chevalier preux« ausmachte, war das Wichtigste. Ehre und Treue, zusammen mit der Höflichkeit, der Verhaltensweise, die später Ritterlichkeit genannt wurde, waren die Ideale, die hohe Minne aber der Geist des Rittertums. Die hohe Minne verpflichtete ihren Anhänger zu einer chronisch amourösen Verfassung, was im Grunde darauf zielte, den Umgangston zu verbessern, den Ritter höflich, galant und heiter zu machen. Die Großzügigkeit war eine notwendige Ergänzung. Geschenke und Gastfreundlichkeit waren die Kennzeichen eines wirklichen Herrn und hatten den praktischen Sinn, andere Ritter dazu zu bringen, unter dem Banner und dem Wohlwollen eines großen Adelsherrn zu kämpfen. Troubadoure und Chronisten, die von dieser Großzügigkeit lebten, machten sie zur Haupttugend des Ritters, was zu unsinnigen Extravaganzen und leichtfertiger Verschuldung führte.

Tapferkeit war kein leeres Wort, denn in ihrer Funktion als Kämpfer brauchten die Ritter Härte und Ausdauer. Mit einer dreißig Kilo wiegenden Rüstung auf dem Pferderücken oder zu Fuß zu kämpfen, mit dem Gegner bei vollem Galopp zusammenzustoßen, während man eine fast sechs Meter lange Lanze im Arm hielt, mit Schwert und Streitaxt Hiebe auszutauschen, die einen Schädel spalten oder ein Glied abtrennen konnten, ein halbes Leben im Sattel zu verbringen, bei jedem Wetter und häufig tagelang, das war nicht die Arbeit eines Schwächlings. Härte und Furcht waren Teil dieses Lebens. »Ritter im Krieg müssen unablässig ihre Furcht hinunterschlucken«, schrieb der Freund und Biograph von Don Pero Niño, »dem unbesiegten Ritter« des späten 14. Jahrhunderts. »Sie setzen sich jeder Gefahr aus. Sie weihen ihre Körper der Erfahrung des Lebens im Tod. Schimmeliges Brot und Zwieback, gebratenes oder auch rohes Fleisch, den einen Tag genug zu essen, den anderen Tag nichts, wenig Wein oder gar keinen, Wasser aus dem Tümpel oder aus dem Faß, schlechte Unterkünfte, eine Zuflucht aus Zweigen oder Zelten, ein schlechtes Bett, wenig Schlaf unter dem Gewicht der Rüstung, mit Eisen beladen, der Feind einen Bogenschuß entfernt. ›Achtung! Wer da? Zu den Waffen! Zu den Waffen!‹ Mit der ersten Morgendämmerung ein Alarm, gegen Abend die Trompete. ›Auf die Pferde! Auf die Pferde! Aufstellung! Aufstellung!‹ Als Späher und als Posten sind sie Tag und Nacht wach, sie kämpfen ohne Deckung als Vorhut und Spähtrupp, Wache auf Wache, Pflicht auf Pflicht. ›Da kommen sie! Da! Es sind viele – nein, doch nicht so viele – hierher – dorthin – kommt hier herüber – schlagt sie dort – Achtung – Achtung – sie kommen verletzt zurück, sie haben Gefangene – nein, doch nicht – vorwärts – vorwärts! Gebt keinen Zoll auf! Vorwärts.‹ Das ist ihr Beruf.«

Entsetzliche Wunden waren Teil des Berufes. In einer Schlacht wurde Don Pero Niño von einem Pfeil getroffen, der »Kehle und Genick zusammenknüpfte«, aber er kämpfte weiter. »Mehrere Lanzenstümpfe steckten in seinem Schild, was ihn stark behinderte.« Der Bolzen einer Armbrust »durchbohrte sehr schmerzhaft seine Nasenflügel, was ihn benommen machte, aber nicht lange«. Er drängte vorwärts und mußte zahlreiche Schwerthiebe auf Schultern und Kopf ertragen, die »manchmal den Bolzen trafen, der in seiner Nase steckte, was ihm große Schmerzen bereitete«. Als die Schlacht durch beiderseitige Erschöpfung endete, war Don Pero Niños Schild »in Stücke gehauen, sein Schwert gezahnt wie eine Säge und blutrot gefärbt . . ., seine Rüstung an verschiedenen Stellen von Lanzen durchstoßen, die in sein Fleisch eingedrungen waren und ihn bluten ließen, obwohl der Panzer sehr stark war«. Tapferkeit war nicht billig zu erkaufen.

Die Treue war die höchste Tugend des Ritters. Ihre besondere Bedeutung leitete sich aus einer Zeit her, als noch der Lehnseid zwischen Herr und Vasall die einzige Grundlage der Herrschaftsordnung war. Ein Ritter, der seinen Eid brach, wurde des Verrats angeklagt, da er die gesamte Ritterschaft verraten hatte. Das Konzept der Treue schloß aber bestimmte Niederträchtigkeiten und Hinterlistigkeiten nicht aus, solange der Ritterschwur nicht direkt gebrochen wurde. Verschaffte sich zum Beispiel eine Gruppe bewaffneter Ritter Zutritt zu einer Stadt, indem sie sich als Verbündete ausgaben, um dann über die Einwohner herzufallen, so war das kein Bruch der ritterlichen Ehre, da die Ritter den Bürgern ja keinen Eid geschworen hatten. Der Kampf war die einzige Beschäftigung, die dem Tatendrang des Adligen entgegenkam, in der er sich austoben konnte. Er war sein Ersatz für Arbeit. Die Freizeit wurde größtenteils mit der Jagd verbracht, mit Schachspielen, Backgammon und Würfeln, mit Tänzen, Gesängen, Zeremonien und anderen Unterhaltungen. An langen Winterabenden hörte man schier endlosen Versdichtungen zu. Das Schwert bot dem arbeitslosen Adligen die Möglichkeit einer gezielten Tätigkeit, es konnte ihm Ruhm verschaffen, Ansehen und, wenn er Glück hatte, auch materiellen Gewinn. Wenn kein echter Konflikt greifbar war, zog er zu Turnieren, die die aufregendste, teuerste, ruinöseste und beliebteste Aktivität des Adligen war – und paradoxerweise auch die seiner wahren militärischen Funktion schädlichste. Der Turnierkampf konzentrierte sein Geschick und sein Interesse auf eine zunehmend formalisierte Kampfform und ließ ihm wenig Zeit, über die Strategie und Taktik der wirklichen Schlacht nachzudenken.

Die Turnierkämpfe sind in Frankreich entstanden und wurden von daher überall als »französischer Kampf« (conflictus Gallicus) bekannt. Zu Beginn wurden sie ohne Regeln und Teilnehmerlisten abgehalten. Erst später wurde dieser Zusammenstoß von Gegnern, der aus der Lust am Kampf geboren war, in geregeltere Bahnen gelenkt. Es entwickelten sich hauptsächlich zwei Formen des Turnierkampfes, zum einen der Zweikampf und zum anderen das Handgemenge zwischen zwei Gruppen mit bis zu vierzig Teilnehmern auf jeder Seite, entweder *à plaisance* mit stumpfen Waffen oder *à outrance* ohne Einschränkungen, wobei die Teilnehmer schwer verletzt und häufig sogar getötet werden konnten. Die Turniere verbreiteten sich, als die wichtigste Beschäftigung des Adligen seltener wurde. Unter der erweiterten Herrschaft des Königshauses sah sich die Ritterschaft in immer geringerem Maße vor die Notwendigkeit gestellt, ihr Land zu verteidigen. Zusätzlich nahm eine Klasse berufsmäßiger Minister und Ratgeber ihren Platz bei Hofe ein. Je weniger der Ritter zu tun hatte, desto mehr Energie verwandte er auf die Turnierspiele, bei denen seine alte Rolle künstlich wiederbelebt wurde.

Ein solches Turnier dauerte vielleicht eine Woche und bei großen Anlässen zwei. Der Eröffnungstag wurde damit verbracht, die Teilnehmer einzuschätzen und zu setzen; danach folgten Tage, die den Zweikämpfen und den Handgemengen vorbehalten waren, und schließlich, nach einem Ruhetag, fand das große Finale statt. Alle Tage gab es große Gastmähler und Feste. Die Turniere waren die größten sportlichen Ereignisse der damaligen Zeit und zogen große Mengen bürgerlicher Zuschauer an, vom reichen Kaufmann über einfache Handwerker bis zu Händlern und Imbißverkäufern, Prostituierten und Taschendieben. Gewöhnlich nahmen an solchen Anlässen bis zu hundert Ritter teil, jeder begleitet von zwei berittenen Knappen, einem Waffenschmied und sechs livrierten Dienern.

Der Ritter hatte sich selbstverständlich selbst mit der bemalten oder gar vergoldeten Rüstung und dem Helm mit wehendem Helmbusch auszustatten, was zwischen 25 und 50 Pfund kostete, und mit einem Schlachtroß im Wert von 25 bis 100 Pfund, dazu kamen ein Reitpferd, Banner und schöne Kleidung. Konnten diese Ausgaben einen Ritter schnell bankrott machen, so bestand auch die Möglichkeit, daß er sich bereicherte, denn der Verlierer eines Zweikampfs mußte ein Lösegeld zahlen und verlor Pferd und Rüstung an den Sieger, der ihm dies alles zurückverkaufen konnte. Zwar wurde Gewinnsucht nicht als ritterliche Tugend angesehen, aber sie war Teil dieser Turniere.

Wegen ihrer Extravaganzen und Gewalttätigkeiten wurden die Turniere von Päpsten und Königen fortwährend verurteilt, weil sie selbst durch sie finanzielle Einbußen erlitten. Vergeblich. Als die Dominikaner sie als heidnische Zirkusspiele verurteilten, hörte niemand zu. Als der gefürchtete heilige Bernhard donnerte, daß jeder, der in einem Turnier getötet würde, zur Hölle fahre, predigte er dies eine Mal tauben Ohren. Der Turniertod wurde von der Kirche offiziell als Selbstmord angesehen, was einer Todsünde gleichkam und zusätzlich die grundlose Gefährdung von Familie und Gefolge bedeutete; aber auch Exkommunikationsdrohungen blieben wirkungslos. Obwohl Ludwig der Heilige die Turniere verdammte und Philipp der Schöne sie verbot, konnte ihnen auf Dauer nichts Einhalt gebieten oder ihre Anziehungskraft vermindern.

Kostbar gekleidete Zuschauer saßen auf der Tribüne, Fahnen und Bänder flatterten im Wind, die Kämpfer paradierten bei Trompetenschall und ließen ihre mit goldenem Zaumzeug geschmückten Pferde tänzeln und schnauben. Der Glanz der Rüstungen und der Schilde, die Gunstbezeigungen der Damen für ihre Favoriten, die Verbeugungen der Wappenherolde vor dem Fürsten, der die Regeln verlas, und das Geschrei des Gefolges, das seinen Herrn feierte, waren die Erfüllung des Adelsstolzes, sein Entzücken an seiner eigenen Großartigkeit.

Waren die Turniere die Theaterbühne des Ritterstandes, so war die hohe Minne sein Traumland. Die hohe Minne galt als Liebe um ihrer selbst willen. Sie war eine romantische Liebe, eine wahre Liebe, eine körperliche Liebe ohne Bezug auf Besitz oder Familie und zielte daher immer auf die Frau eines anderen Mannes, da nur eine solche unerlaubte Verbindung keinen anderen Inhalt als die Liebe selbst haben konnte. (Liebesbeziehungen zu Jungfrauen waren praktisch unmöglich, da dies gefährliche Probleme aufgeworfen hätte – und außerdem sprangen die Jungfrauen von Geblüt gewöhnlich aus der Kindheit direkt in die Ehe, so daß kaum Zeit für Liebesabenteuer blieb!) Die Tatsache, daß die hohe Minne die verbotene Liebe idealisierte, fügte dem unübersichtlichen Regelwerk, nach dem der mittelalterliche Mensch sein Leben ausrichtete, eine weitere Komplikation hinzu. In der Fassung, die das Rittertum dem Problem gab, waren Romanzen außerehelich, weil Liebe in der Ehe als irrelevant betrachtet, sogar entmutigt wurde, da die Ehe allein dynastischen Interessen diente.

Zu ihrer Rechtfertigung sagte man der hohen Minne nach, daß sie den Mann adelte, daß sie ihn in jeder Hinsicht verbesserte. Sie mahnte ihn, ein Beispiel an Güte abzugeben und das Äußerste zu tun, um seine Ehre zu wahren und die Dame seines Herzens vor aller Unbill zu schützen. Auf einer niedrigeren Ebene sollte sie ihn dazu bringen, die Zähne zu putzen und die Nägel sauberzuhalten, sich schön zu kleiden, seine Unterhaltung geistreich und amüsant, sein Benehmen höflich zu machen, Grobheit und Arroganz zu zügeln und niemals in Anwesenheit von Damen zu streiten. Vor allem aber sollte die hohe Minne ihn mutiger und tapferer machen. Das war die Grundvoraussetzung: Die Liebe inspirierte ihn zu Heldentaten. Er wurde, wie Froissart formulierte, »zwei Männer wert«. Diese Auffassung erhöhte das Ansehen der Frauen, weniger um ihrer selbst willen als durch ihre Rolle als Inspiration männlicher Größe. Das war dennoch eine gesellschaftlich höhere Funktion, als lediglich Sexualobjekt, Mutter und Erzieherin zu sein oder – durch Heirat und Mitgift – eine bloße Vermittlerin von Besitz.

Die ritterliche Liebesaffäre bewegte sich durch die Stadien der Anbetung, der leidenschaftlichen Liebeserklärung, tugendhaften Zurückweisung von seiten der Dame, der erneuten Werbung mit Schwüren ewiger Treue, der Seufzer der Todeserwartung wegen unerfüllter Sehnsucht, der heroischen Taten, die das Herz der Dame gewannen, des Vollzugs der geheimen Liebe, wiederum gefolgt von endlosen Abenteuern, bis zum tragischen Ende.

Das bekannteste der romantischen Versepen und wohl auch eines der letzten war der *Châtelain de Coucy,* das etwa zur Zeit von Enguerrands VII. Geburt geschrieben wurde, als das *chanson de geste* am Aussterben war. Der Held war nicht der Herr von Coucy, sondern ein *châtelain* der Burg namens Renault, der einem Dichter des 12. Jahrhunderts nachempfunden war.

In der Legende verliebt er sich leidenschaftlich in eine Dame de Fayel und wird durch endlose Manöver des Ehemannes dieser Dame in den Dritten Kreuzzug gelockt. Allein das nimmt 8266 Verszeilen ein. Mit Ruhm bedeckt, wird er von einem vergifteten Pfeil schließlich tödlich verwundet und verfaßt sein letztes Lied und einen Abschiedsbrief, die zusammen mit seinem einbalsamierten Herzen und einer ihrer Locken der Dame de Fayel nach seinem Tod geschickt werden sollen. Der eifersüchtige Ehemann läßt aber den treuen Boten ergreifen und das Herz braten und seiner Frau vorsetzen. Nachdem sie erfahren hat, was sie gegessen hat, schwört sie, daß sie nach so edler Speise niemals mehr essen wird, und stirbt, worauf ihr Mann sich selbst zu einer lebenslangen Pilgerfahrt verdammt, um Buße für seine Tat zu tun.

»Melancholisch, amourös und barbarisch« waren diese Lieder, die die ehebrecherische Liebe als die einzig wahre Liebe feierten, obwohl Ehebruch in der Wirklichkeit derselben Gesellschaft als Verbrechen angesehen wurde und als Sünde. Wenn der Ehebruch entdeckt wurde, entehrte er die Dame und befleckte den Namen des Ehemannes. Es galt als selbstverständlich, daß er das Recht hatte, beide, die untreue Frau und ihren Liebhaber, zu töten. In diesem Kodex paßt nichts zusammen. Die doch vermeintlich sittlich erhöhende und gefeierte Liebe ist auf Sünde gegründet und beschwört gerade die Ehrlosigkeit herauf, die sie dem Manne nehmen sollte. Die hohe Minne war ein noch unentwirrbareres Durcheinander moralischer Grundsätze als die Erhebung von Zinsen. Sie blieb künstlich, eine literarische Konvention, eher phantastisch als real (wie heute die Pornographie), sie existierte mehr als Gesprächsgegenstand denn als Realität.

Die Wirklichkeit war normaler. Wie von La Tour Landry überliefert, waren seine amourösen Ritterbrüder alles andere als treu, ehrlich und höflich. Er erzählt, wie er und seine Freunde als junge Männer auf ihren Reisen um die Gunst der Damen warben. War die eine nicht zu bewegen, versuchten sie es bei der nächsten. Sie betrogen die Damen mit schönen Worten und Schmeicheleien und schworen falsche Eide, »denn überall, wo es nur ging, wollten sie ihr Vergnügen haben«. Manche Edeldame fiel den »faulen und großen falschen Eiden, die Männer Frauen schwören«, zum Opfer. La Tour Landry berichtet, daß drei Damen, die ihre Ansichten über ihre Liebhaber austauschten, entdeckten, daß Jean le Maingre der Favorit aller drei war, mit jeder geschlafen und jeder geschworen hatte, daß er nur sie liebte. Als sie ihn zur Rede stellten, war er um eine Ausrede nicht verlegen, »denn zu der Zeit, als ich mit jeder von euch sprach, liebte ich nur die, zu der ich sprach, und meinte es wahrhaftig so«.

La Tour Landry selbst, ein in vielen Feldzügen erprobter Ritter, erwies sich als sehr häuslicher Mann, der am liebsten in seinem Garten saß und im April dem Gesang der Drossel lauschte und in seinen Büchern las. Ganz im Gegensatz zur ritterlichen Minneauffassung liebte er seine Frau, »die Blume alles Schönen und Guten«. »Ich erfreute mich so sehr an ihr, daß ich, so gut ich konnte, Liebeslieder, Balladen, Rondeaus und diverse neue Dinge für sie schrieb.« Er hält nicht viel vom Lieblingsthema des Rittertums, daß die hohe Minne den Ritter zu größerer Tapferkeit inspirierte, denn obwohl sie sagen, sie tun es für die Damen, »denken sie in Wahrheit nur an sich und ihre Ehre«. Auch die Liebe um der Liebe willen, *par amours,* billigt er nicht, da sie die Ursache vieler Verbrechen ist. Als Beispiel zitiert er den *Châtelain de Coucy*.

Ein aufsehenerregender Skandal der Zeit, die Vergewaltigung der Gräfin von Salisbury durch Eduard III., macht deutlich, daß die hohe Minne das am wenigsten verwirklichte Ideal des Rittertums war. Froissart, der an den Ritterstand glaubte wie Ludwig der Heilige an die Heilige Dreifaltigkeit, säuberte die Geschichte angeblich nach sehr sorgfältigen Untersuchungen, in Wirklichkeit wohl eher aus Respekt vor seiner geliebten ersten Patronin, Philippa von Hainault, Eduards Königin. Er berichtet lediglich, daß der König »von einem Liebesfunken im Herz« getroffen wurde, als er nach einer Schlacht in Schottland 1342 das Schloß von Salisbury besuchte und die schöne Gräfin sah. Als sie ihn abwies, begründete Eduard vor sich selbst, warum er seine sündige Leidenschaft nicht aufgeben konnte. Seine Worte, mit beträchtlicher historischer Freiheit überliefert, sind eine hervorragende Zusammenfassung der ritterlichen Theorie über die Rolle der Liebe: »Wenn er aber nicht verzichten, sondern weiterlieben würde, so würde das für ihn gut sein, für sein Königreich, für seine Ritter und Knappen, denn er würde zufriedener sein, lebenslustiger und kriegerischer; er würde mehr Zweikämpfe und Turniere abhalten, mehr Feste feiern als je zuvor. Er würde in seinen Kriegen fähiger und stärker sein, freundlicher und vertrauensvoller seinen Freunden gegenüber und härter gegen seine Feinde.«

Johann dem Schönen zufolge, der, bevor er in ein Kloster eintrat und Chronist wurde, selbst ein Ritter mit wenigen Illusionen gewesen war, ging diese Angelegenheit ganz anders vonstatten. Nachdem der König den Grafen von Salisbury wie Uria in die Bretagne geschickt hatte, besuchte er noch einmal die Gräfin und vergewaltigte sie wie ein Verbrecher: »Er hielt ihr den Mund mit solcher Gewalt zu, daß sie nur einen oder zwei Schreie ausstoßen konnte . . . Schließlich ließ er sie ohnmächtig zurück, aus Nase, Mund und anderen Stellen blutend.« Eduard kehrte verstört durch das, was er getan hatte, nach London zurück, und jene gute Dame »wurde nie mehr glücklich oder froh, so schwer war ihr das Herz geworden«. Als ihr Gatte zurückkehrte, wollte sie nicht mehr bei ihm liegen, und gefragt, warum nicht, erzählte sie ihm, was geschehen war, »und saß weinend auf dem Bett neben ihm«. Der Graf von Salisbury bedachte die große Freundschaft, die ihn mit dem König verbunden hatte, und erklärte seiner Frau, daß er nicht länger in England leben könne. Er zog zu Hofe und sagte sich in Anwesenheit der Fürsten von seinen Besitztümern los, hinterließ nur seiner Frau ein lebenslanges Auskommen, trat vor den König und sagte ihm ins Gesicht: »Du hast mich verbrecherisch entehrt und mich in den Schmutz geworfen.« Danach verließ er das Land zur Trauer des Adels, und »der König wurde von allen verurteilt«.

Wenn die Fiktion des Rittertums auch das äußerliche Verhalten zeitweise formte, so konnte es doch genausowenig wie andere Modelle, die der Mensch entwarf, die menschliche Natur verändern. Joinvilles Bericht von 1249 über die Kreuzritter in Damiette zeigt die Ritter Ludwigs des Heiligen tief in Gewalttätigkeit, Gotteslästerung und Ausschweifung verstrickt. Bei ihren alljährlichen Überfällen auf die litauischen Heiden veranstalteten Ritter des Deutschen Ordens Bauernjagden als sportliches Vergnügen. Dennoch, auch wenn der ritterliche Ehrenkodex nichts anderes als eine dünne Zivilisationsschicht über Gewalt, Gier und Sinneslust gewesen ist, so war er doch ein Ideal wie das Christentum auch, ein Ideal, dessen Erfüllung – wie immer – die Kraft des Menschen überstieg.

Kapitel 4
Krieg

Der erste Feldzug Eduards III. in Frankreich, durch den Waffenstillstand von 1342 zum Stillstand gekommen, hatte keine strategischen Ergebnisse erbracht, wenn man von der Seeschlacht vor Sluis, dem Hafen von Brügge, absieht. Hier in der Scheldemündung, wo im Schutz vorgelagerter Inseln ein weiter natürlicher Hafen lag, hatten die Franzosen 200 Schiffe versammelt, die sie von so weither wie Genua und der Levante zusammengezogen hatten, um eine Invasion Englands vorzubereiten. Die Schlacht endete mit einem englischen Sieg, der die französische Flotte zerstörte und England zunächst die Vorherrschaft im Kanal gab. Die Schlacht war durch eine militärische Neuerung gewonnen worden, die zur Nemesis Frankreichs werden sollte.

Das war der »Longbow«, der lange Bogen, der von den Walisern übernommen worden war und unter Eduard I. zum Gebrauch im Kampf gegen die Schotten im Hochland weiterentwickelt worden war. Mit einer Reichweite von bis zu 250 Metern und einer Feuergeschwindigkeit von zehn bis zwölf Pfeilen in der Minute bedeutete dieser Bogen gegenüber der Armbrust mit einer Feuergeschwindigkeit von zwei Bolzen in der Minute einen revolutionären militärischen Kraftzuwachs. Der Pfeil war fast einen Meter lang und galt bis zu Entfernungen von 160 Metern als zuverlässig. War auf weite Entfernungen die Durchschlagskraft des Langbogens auch geringer als die der Armbrustbolzen, so demoralisierte der fürchterliche Pfeilhagel doch jeden Gegner. Als Eduard zum Kampf gegen Frankreich rüstete, brauchte er zum Ausgleich für die zahlenmäßige Unterlegenheit einen waffentechnischen Vorsprung. 1337 hatte er unter Androhung der Todesstrafe jeden Sport außer dem Bogenschießen verboten und all den Handwerkern die Schulden erlassen, die sich mit der Herstellung der Bogen (aus Eibe) und der Pfeile befaßten.

Noch eine andere neue Waffe kam zu dieser Zeit auf, die Kanone, aber sie setzte sich nur sehr langsam durch; sie war zunächst sehr viel unwirksamer als der Langbogen. Um 1325 war der »Ribaud« oder »Pot de fer« erfunden worden, wie die Franzosen diese neue Waffe nannten. Es handelte sich um ein kleines Eisenrohr, das mehr die Gestalt einer Flasche besaß und einen Eisenbolzen abfeuerte, der mit einer dreieckigen Spitze versehen war. Als ein französischer Stoßtrupp 1338 Southampton plünderte und niederbrannte, fiel ihm solch ein »Rimbaud« in die Hände, dazu ein gutes Kilo Schießpulver und 48 Bolzen. Im darauffolgenden Jahr produzierten die Franzosen eine fahrbare Plattform mit den entsprechenden Röhren, deren Zündlöcher nebeneinander lagen und die so in Salven abzufeuern waren. Aber sie erwiesen sich als zu klein, um ein Geschoß mit genügender Durchschlagskraft auf den Weg zu bringen. Es ist überliefert, daß die Engländer etwas Ähnliches bei Crécy benutzt haben, jedoch ohne nennenswerten Erfolg. Auf jeden Fall kamen bei der Belagerung von Calais die ersten Feuerwaffen zum Einsatz. Aber auch hier erwiesen sie sich als machtlos gegen die Befestigungsmauern der Stadt. Später, als sie aus Bronze gegossen wurden, konnten sie wirkungsvoll gegen Brücken, Stadt- und Burgtore eingesetzt werden, aber Steinwände widerstanden ihnen noch für weitere hundert Jahre. Schwierigkeiten mit dem Nachladen, dem Feststoßen des Pulvers, dem Einführen der Geschosse und der optimalen Ausnutzung des Explosionsdrucks vereitelten bis ins 14. Jahrhundert einen effektiven Einsatz dieser Waffe.

Unter dem persönlichen Kommando von Eduard dominierten die Bogenschützen in der Schlacht von Sluis die englischen Angriffswaffen. Je zwei Schiffe mit Bogenschützen wurden von einem Schiff mit normal bewaffneten Soldaten begleitet, zusätzliche Schiffe mit Verstärkung wurden für den Notfall bereitgehalten. Nicht die seemännische Überlegenheit, sondern die Kampfkraft der Soldaten und Bogenschützen an Bord war in jener Ära entscheidend. Sie operierten von 100- bis 300-Tonnen-Koggen aus, die mit ihren erhöhten Decks und Schießständen für den Einsatz von Bogenschützen konstruiert waren. Der Schlachtverlauf war »wild und ungestüm«, berichtet Froissart, »denn Seeschlachten werden erbarmungsloser und entschlossener geführt, weil es keine Rückzugs- oder Fluchtmöglichkeiten gibt«. Unter dem Pfeilhagel der Bogenschützen wurden die Franzosen unter Deck getrieben und erlitten, verfolgt von Glücklosigkeit und Verwirrung, eine vollkommene Niederlage.

Niemand wagte, Philipp VI. den Ausgang der Schlacht zu berichten, bis sein Hofnarr vor ihn gestellt wurde und rief: »Oh, diese englischen Feiglinge! Was für Feiglinge die Engländer doch sind!« Als er nach dem Warum gefragt wurde, antwortete er: »Sie sind nicht über Bord gesprungen wie unsere tapferen Landsleute!« Der König verstand das anscheinend. Die Fische tranken so viel französisches Blut, sagte man nach der Schlacht, daß sie französisch gesprochen hätten, wenn Gott ihnen die Gabe der Rede verliehen hätte.

Trotzdem führte der englische Sieg zunächst nicht weiter, Eduard hatte einfach nicht genug Truppen, diesen Seesieg zu Lande auszunutzen. Seine Alliierten aus den Niederlanden, die er teuer eingekauft hatte, zogen sich allmählich vom Kampfgeschehen zurück, da sie kein wirkliches Interesse an seinem Kriegsziel hatten. Sogar der Schwiegervater Eduards, Herzog Wilhelm von Hainault, kehrte in die für ihn näherliegende Bindung an Frankreich zurück. Mit unzureichenden Kräften und bankrotten Staatsfinanzen war Eduard III. gezwungen, das Vermittlungsangebot des Papstes zu akzeptieren. Er zog sich zurück, aber nur *pour mieux sauter* (um besser zu springen).

Worum kämpfte er wirklich? Was war der wahre Grund für einen Krieg, der sich, alles menschliche Vorstellungsvermögen übersteigend, bis ins nächste Jahrhundert hineinziehen sollte? Wie bei den meisten Kriegen handelte es sich um eine brisante Mischung aus politischen, ökonomischen und psychologischen Gründen. Eduard wollte die endgültige Unabhängigkeit der Gascogne und Aquitaniens erreichen, jener westlichen Ecke Frankreichs, die Eleonore von Aquitanien in die Ehe mit Heinrich II., einem Vorfahren Eduards, eingebracht hatte. Trotzdem behielt der französische König die Oberherrschaft über dieses Gebiet, und die Einwohner konnten sich unter der Formel *superioritas et resortum* an ihren französischen Oberherrn wenden. Da es als mehr als sicher galt, daß dessen Entscheidungen zu ihren Gunsten gegen die Engländer ausfielen, machten die Einwohner von ihrem Recht häufig Gebrauch. Aus diesem Grunde war die Situation eine endlose Quelle von Konflikten. Für die Engländer war dieses *superioritas et resortum* psychologisch und politisch untragbar.

Der Zustand traf die Engländer um so mehr, als Aquitanien für ihre Wirtschaft von besonderer Bedeutung war. Mit seinen fruchtbaren Tälern und seinem Netz von schiffbaren Flüssen, die alle in den Hafen von Bordeaux führten, war es das größte Weinexportgebiet der bekannten Welt. England importierte von dorther Wein und andere Güter und exportierte im Gegenzug Wolle und Stoffe, dabei fielen sowohl nennenswerte Handelssteuern in Frankreich als auch in England an. Zwischen Bordeaux und Flandern gab es ähnlich gewinnbringende Handelsverbindungen, die den Neid Zentralfrankreichs hervorriefen. Außerdem war dieser englische Brückenkopf für die französische Monarchie untragbar. In den letzten zweihundert Jahren hatte jeder französische König mit Kriegen, Beschlagnahmungen und Verträgen versucht, Aquitanien zurückzugewinnen. Der Streit war alt und tief und bedeutete Krieg so sicher, »wie Funken aufwärts fliegen«.

Eduard III. war fünfzehn Jahre alt, als er 1327 den Thron bestieg, 25, als er sich zum Krieg gegen Frankreich einschiffte, und 34, als er es 1346 zum zweitenmal versuchte. Er war gut gebaut, kraftvoll, hatte langes blondes Haar, trug Schnauz- und Kinnbart, war voller Energie, tatendurstig und königlich eitel, elegant und launisch, und nichts an menschlicher Bösartigkeit war ihm fremd. Unter den erbarmungslosen Machtkämpfen, die zu der Ermordung der Vertrauten seines Vaters führten, war er aufgewachsen. Er hatte die Absetzung und Ermordung seines Vaters miterlebt und den Sturz und die Hinrichtung Mortimers, des Liebhabers seiner Mutter, der die Macht ergriffen hatte; aber er schien, soweit die Geschichtsschreibung weiß, von diesen Schrecken seiner Jugend unberührt. Er verstand etwas von praktischer Politik, ohne ein großer Herrscher zu sein. In keiner Hinsicht überragte er seine Zeit, aber er glänzte in jenen Qualitäten, die seine Zeit an einem König bewunderte: Er liebte die Vergnügung, die Schlacht, den Ruhm, Jagden und Turniere und nicht zuletzt ein extravagantes Auftreten. Eine Beschreibung seines Charakters nennt »jungenhaften Charme« und eine gewisse »jugendliche Launenhaftigkeit«, was andeutet, daß er die charakteristische mittelalterliche Jugendhaftigkeit und Unreife teilte.

Als Eduard den Anspruch anmeldete, der rechtmäßige König von Frankreich zu sein, wußte niemand, wie ernst er das meinte, aber als taktische Maßnahme war dies von unvergleichlichem Wert, da es ihm den Anschein gab, eine gerechte Sache zu vertreten. Ein »gerechter Krieg« ist zwar in allen Zeiten ein gesuchter Vorwand, aber im Mittelalter war er praktisch eine Notwendigkeit, da nur so die feudalen Verpflichtungen an Geld und Soldaten einzuklagen waren. Der »gerechte Krieg« war auch wesentlich, um Gott auf seine Seite zu ziehen, denn Krieg wurde grundsätzlich als Anrufung Gottes und seines Schiedsgerichtes gesehen. Ein gerechter Krieg konnte im öffentlichen Interesse geführt werden, wenn es eine »gerechte Sache« gab, die gegen eine »Ungerechtigkeit« des Feindes in Form eines Verbrechens oder Rechtsbruchs zu vertreten war. Nach den Lehren des unumgänglichen Thomas von Aquin gab es noch eine dritte Bedingung: die gerechten Absichten des Angreifers, aber wie diese zu überprüfen seien, sagte der große Ausleger nicht. Wichtiger noch als die Hilfe Gottes war das »Recht auf Beute«, in der Praxis das Recht auf Plünderung, das mit einem »gerechten Krieg« verbunden war. Dies beruhte auf der Theorie, daß ein ungerechter Feind kein Recht auf Besitz hatte, und so wurde die Beute als Belohnung für den Einsatz des Lebens für eine gute Sache angesehen.

Der Anspruch Eduards auf die französische Krone wurde nun zur willkommenen Entschuldigung für jeden Untertan Frankreichs, der sich von Eduard als Verbündeter gewinnen ließ. Wenn er und nicht Philipp der rechtmäßige König von Frankreich war, dann konnte ihm jeder Vasall seine Gefolgschaft legal übertragen, ohne sein Treuegelöbnis zu brechen. Gefolgschaft wurde im 14. Jahrhundert immer noch einer Person geleistet, nicht einer Nation, und die mächtigen Feudalherren fühlten sich frei, über ihre Bündnisse fast autonom zu entscheiden. Die Harcourts der Normandie, der Herzog und andere Herren der Bretagne gingen bedenkenlos zu Eduard über. Der von seiner Mutter hergeleitete Anspruch Eduards brachte ihm den entscheidenden Vorteil, ohne den das ganze Unternehmen unmöglich gewesen wäre: Unterstützung in Frankreich. Er brauchte sich den Weg in das Land nicht freizukämpfen. Sowohl in der Normandie als auch in der Bretagne blieb dieser Zustand für die nächsten vierzig Jahre erhalten, und in Calais, das nach der Schlacht von Crécy eingenommen worden war, sollte er das Mittelalter überdauern.

In der Bretagne konzentrierte sich der Krieg auf eine endlose Fehde zwischen zwei Aspiranten auf den Herzogsthron, die jeweils einen Teil der Bevölkerung hinter sich hatten. Eine Seite wurde von Frankreich, die andere von

England unterstützt. Dadurch stand die bretonische Seeküste englischen Schiffen offen, englische Garnisonen standen auf bretonischem Boden, und bretonische Adlige stellten sich offen auf die Seite König Eduards. Die Bretagne war das Schottland Frankreichs, unberechenbar, keltisch, unzugänglich, von jeher widerborstig. Die Bretonen benutzten die Engländer in ihren Auseinandersetzungen mit der Monarchie wie die Schotten die Franzosen in den ihren.

An ihrer felsigen Küste »trafen sich zwei Feinde, das Land und die See, der Mensch und die Natur, in einem ewigen Kampf«, wie Michelet es beschrieben hat. Stürme werfen 15, 20, ja 25 Meter hohe Wellen an die Küste, deren Gischt hoch wie ein Kirchturm fliegt. »Die Natur ist schroff hier, und das ist auch der Mensch, und sie scheinen sich zu verstehen.«

Die Rivalen um das Herzogtum waren zwei unnachgiebige Extremisten, ein Mann und eine Frau. 1341 war der letzte Herzog gestorben. Er hinterließ einen Halbbruder, Johann Graf von Montfort, und eine Nichte, Jeanne de Penthièvre, als rivalisierende Erben. Montfort war der Verbündete Englands, während Jeannes Anspruch von ihrem Mann Karl von Blois verfochten wurde – ein Neffe Philipps VI. und der französische Kandidat für den Herzogsthron.

Von Kind an dem Studium von Büchern ergeben, hatte sich Karl zu einem Asketen von übertriebener Frömmigkeit entwickelt, der durch die Kasteiung des Fleisches spirituelle Reinheit zu erreichen meinte. Wie Thomas à Becket trug er ungewaschene Kleider voller Läuse, legte Kieselsteine in seine Schuhe, schlief vor dem Bett seiner Frau auf Stroh, und nach seinem Tod fand man ein grobes Hemd aus Roßhaar unter seiner Rüstung, dessen Schnüre so eng um seinen Körper gebunden waren, daß die Knoten ins Fleisch schnitten. Durch solche Praktiken drückte ein Frommer sein Streben nach Heiligkeit aus, seine Verachtung des Diesseits, Selbsterniedrigung und Demut, obwohl er sich selbst oft genug übertriebenen Stolzes über diese Exzesse schuldig fand. Karl beichtete jeden Abend, damit er nicht als Sünder zu Bett gehen mußte. Er war Vater eines Bastards, Jean de Blois, aber fleischliche Sünden mußten nicht gescheut, nur bereut werden. Er behandelte die Niedrigen mit Ehrerbietung, den Klagen der Armen antwortete er mit Gerechtigkeit und Güte, und er verzichtete auf zu schwere Besteuerung. Sein Ruf der Heiligkeit war so verbreitet, daß die Leute seinen Pfad mit Stroh und Tüchern bedeckten, als er barfuß durch den Schnee zu einem bretonischen Reliquienschrein pilgern wollte. Aber er nahm einen anderen Weg, und seine Füße bluteten so stark, daß er wochenlang nicht gehen konnte. Seine Gottergebenheit tat der grimmigen Verfolgung seiner Ziele indessen keinen Abbruch. Er bestärkte seinen Anspruch auf das Herzogtum an den Stadtmauern von Nantes, indem er seine Belagerungsmaschinen die Köpfe von dreißig gefangenen Kämpfern Montforts in die Stadt schleudern ließ. Seine erfolgreiche Belagerung von Quimper schloß er mit einem Massaker ab, dem zweitausend Einwohner aller Altersgruppen und beider Geschlechter zum Opfer fielen. Nach dem damaligen Kriegsrecht konnten die Belagerten Bedingungen stellen, wenn sie sich ergaben; wenn sie das aber nicht taten und die Belagerung bis zu ihrem bitteren Ende durchfochten, so konnten sie keine Gnade erwarten, und deshalb empfand Karl vermutlich keine Hemmungen. Als er bei dieser Belagerung vor der Flut gewarnt wurde, die seine Angriffsaufstellung bedrohte, war er nicht zu bewegen, seine Pläne zu ändern. »Hat nicht Gott die Gewalt über die Wasser?« sagte er. Als seine Männer die Stadt einnahmen, bevor die Flut sie vom Land abschneiden konnte, wurde das vom Volk als ein Wunder angesehen, das durch Karls Gebete bewirkt worden war.

Als Karl schließlich den Grafen Montfort selbst gefangennahm und ihn als Gefangenen Philipps VI. nach Paris schickte, wurde Montforts Sache von dessen bemerkenswerter Frau »mit dem Mut eines Mannes und dem Herz eines Löwen« weiterverfochten. Sie ritt von Stadt zu Stadt und sammelte die zerfallene Anhängerschaft ihres Mannes für ihren dreijährigen Sohn, angeblich mit den Worten: »Ha, Seigneurs, klagt nicht um meinen Herrn, den ihr verloren habt, er war nur ein einziger Mann.« Dazu versprach sie, ihren gesamten Reichtum an die Sache zu setzen. Sie stattete Garnisonen mit Vorräten aus und verstärkte sie, sie organisierte den Widerstand, »bezahlte großzügig und gab uneingeschränkt«, saß Ratsversammlungen vor, führte eine geschickte Diplomatie und gab ihrem Anliegen in gewandten und beredten Briefen Ausdruck. Als Karl von Blois Hennebont belagerte, führte sie selbst in voller Rüstung auf einem Schlachtroß den Verteidigungskampf in den Straßen an. Inmitten des feindlichen Pfeilhagels trieb sie ihre Männer an und befahl den Frauen, ihre Röcke abzuschneiden, damit sie besser Steine und Pechtöpfe tragen könnten, um sie über die Stadtmauern auf die Köpfe der Feinde zu schleudern. Während einer Kampfpause wagte sie mit einer Gruppe ihrer Ritter einen Ausfall durch ein geheimes Tor, umging das feindliche Lager und fiel ihm in den Rücken; sie vernichtete die Hälfte der feindlichen Kräfte und schlug so die Belagerung ab. Sie entwarf Finten und Kriegslisten, ließ den Feind ihr Schwert sogar in Seeschlachten fühlen. Auch als ihr Mann verkleidet aus dem Louvre entfliehen konnte, nur um bei seiner Ankunft in der Bretagne zu sterben, setzte sie den Kampf – nun für ihren Sohn – unbeirrt fort.

Nachdem Karl von Blois 1346 von englischen Truppen gefangengenommen worden war und in einem englischen Kerker verschwand, wurde auch seine Sache von seiner nicht weniger unversöhnlichen Frau, der verkrüppelten Jeanne de Penthièvre, aufgenommen. Der erbarmungslose Krieg ging weiter. Seine beiden Protagonisten wurden von Schicksalen getroffen, die der Zeit, in der sie lebten, angemessen waren: Wahnsinn und Heiligsprechung. Die Schicksalsschläge und Intrigen, die Entbehrungen und zerschlagenen Hoffnungen überwältigten schließlich die tapfere Gräfin von Montfort, die irrsinnig wurde und nach England ging, während sich Eduard zum Anwalt ihres Sohnes machte. Eingeschlossen und vergessen lebte sie noch dreißig Jahre in der Burg von Tickhill.

Nach einer neunjährigen Gefangenschaft gewann Karl von Blois gegen eine Lösegeldsumme, die verschiedentlich mit 350000, 400000 oder 700000 Écus angegeben wurde, seine Freiheit zurück. Obwohl er selbst endlich zu Kompromissen bereit war, hinderte seine Frau ihn daran, auf seinen Anspruch zu verzichten. Er begann den Kampf von neuem und starb schließlich auf dem Schlachtfeld. Er wurde heiliggesprochen, was aber von Papst Gregor XI. auf Betreiben des jüngeren Johann von Montfort zurückgenommen wurde, da dieser befürchtete, als Besieger eines Heiligen von der bretonischen Bevölkerung als Thronräuber angesehen zu werden.

Während in der Bretagne ruhmreiche Feldzüge und große Taten verrichtet wurden, tobte in Flandern ein Kampf ganz anderer Art.

Der Handel und die Geographie machten Flandern zu einem entscheidenden Pfand der englisch-französischen Rivalität. Seine Städte waren die führenden Handelszentren Europas. Italienische Handelsbanken und Geldverleiher hatten dort ihre nordeuropäischen Hauptniederlassungen eingerichtet, was ein sicheres Zeichen für lukrative Geschäfte war.

Das Bürgertum erfreute sich eines Reichtums, der schon Königin Johanna, die Ehefrau Philipps des Schönen, erstaunt hatte: »Ich dachte, ich sei die einzige Königin in diesem Land«, sagte sie, »aber hier finde ich noch sechshundert andere.«

Obwohl ein Lehen der französischen Krone, war Flandern England durch den Textilhandel verbunden wie die Gascogne durch den Wein. »Alle Völker der Welt«, so schrieb stolz Matthäus von Westminster, »werden von englischer Wolle gewärmt, die von flandrischen Arbeitern zu Stoff verarbeitet wird.« In Qualität und Farbe einschließlich der schweren Stoffe für den Alltagsbedarf war Flandern in Europa konkurrenzlos. Die flandrischen Erzeugnisse wurden bis in den Orient verkauft und verschafften dem Land einen wirtschaftlichen Erfolg, der es aber zugleich für die Risiken einer wirtschaftlichen Monokultur anfällig machten. In diesem Umstand lag die Quelle der Wirren und Aufstände der letzten hundert Jahre, und England und Frankreich fanden hier auch den Ansatzpunkt für den Kampf um die Kontrolle dieses Gebietes.

Der Graf von Flandern, Ludwig von Nevers, und die flämischen Adligen waren profranzösisch, während die Handelsherren und die Arbeiterschaft aus Eigeninteresse, wenn nicht gar aus Gefühlsgründen England zuneigten. Die feudale, natürliche Verbundenheit mit Frankreich behielt die Oberhand. Flämische Stoffe und französischer Wein wurden über die Grenzen hinweg ausgetauscht, der flämische Hof war dem französischen Muster nachempfunden, der Adel war verwandtschaftlich verbunden, französische Prälaten verwalteten hohe Ämter in Flandern, der Gebrauch der französischen Sprache war weit verbreitet, flämische Studenten besuchten Schulen und Universitäten in Laon, Reims und Paris. Philipp VI. versuchte, durch verstärkten politischen Druck Flandern von England zu isolieren. Dagegen erhoben sich die Industriestädte unter der Führung von Gent und setzten Jakob von Artevelde an ihre Spitze, eine der dynamischsten bürgerlichen Gestalten im 14. Jahrhundert. Er war ein ehrgeiziger Kaufmann aus jener Klasse, die nur darauf wartete, die politische Macht von den Adelsgeschlechtern zu übernehmen, was ihn nicht hinderte, selbst nach der Adelung zu streben. Seine zwei Söhne nannten sich *Messire* und *Chevalier,* und der ältere Sohn und eine Tochter hatten in Adelsfamilien eingeheiratet. Nachdem er sich an die Spitze der Aufständischen gestellt hatte, schlug Artevelde die gräflichen Truppen vernichtend und zwang den Grafen 1339, nach Frankreich zu fliehen, womit ihm die Kontrolle über das ganze Land zufiel.

In der Zwischenzeit übte Eduard, der der Garant für die Belieferung der flämischen Manufakturen mit Wolle war, Druck auf die Flamen aus, um ein Bündnis zu erreichen, das ihm in Flandern einen Brückenkopf für den Angriff auf Frankreich sichern sollte. Die flämischen Textilproduzenten waren für das englische Bündnisangebot, und Artevelde verschrieb sich ihrer Sache. Das Hindernis der französischen Oberhoheit über Flandern wurde hinfällig, sobald Eduard den Titel »König von Frankreich« annahm. Im Namen der französischen Krone unterschrieb Eduard nach dem Sieg von Sluis 1340 einen Vertrag mit Artevelde, aber dieser Kunstgriff war zu durchsichtig und hielt nur lange genug, um Eduard ein Sprungbrett zu geben, bevor Artevelde durch seinen Ehrgeiz ruiniert wurde.

Artevelde war ein Mann von brutaler Tatkraft, der einmal einen flämischen Ritter, mit dem er geteilter Meinung war, vor den Augen des Königs von England mit einem Faustschlag niedergestreckt hatte. Neben der Tatsache, daß er flämische Gelder zur Finanzierung des englischen Krieges benutzte, verletzte er das flämische Ehrgefühl. Er schlug vor, daß der älteste Sohn des Königs, Eduard, der Prinz von Wales, der später als der Schwarze Prinz bekannt wurde, den ältesten Sohn des Grafen von Flandern, Ludwig von Male, als Erben und Regenten von Flandern ersetzen sollte. Das war zuviel für die guten flämischen Städte. Das Erbrecht ihres natürlichen Herrn zugunsten eines englischen Prinzen aufzuheben, verkündeten sie Artevelde mit Festigkeit, sei »eine Angelegenheit, der sie sicherlich nie zustimmen könnten«. Überdies hatte sie der Papst unter dem Druck Philipps VI. schon wegen Verrats an ihrem Herrn exkommuniziert, was großes Unbehagen auslöste und Schaden für die flandrischen Betriebe anrichtete. Ressentiments gegen Artevelde kamen auf, verbunden mit dem Verdacht, daß er Gelder zu seinem eigenen Vorteil unterschlagen hatte.

»Bald erhob sich ein Gemurmel gegen Jakob«, aber als er durch Gent ritt,

»vertraute er so sehr auf seine Größe, daß er dachte, sie bald ganz niedergeworfen zu haben.« Eine erzürnte Menge folgte ihm zu seinem Haus und forderte Rechenschaft über alle flandrischen Gelder. Daraufhin begann er sich zu fürchten und ließ, sobald er sein Haus betreten hatte, Tore, Türen und Fenster vor der schreienden Menge schließen. Schließlich trat er »mit großer Demut« ans Fenster, verteidigte seine neunjährige Regentschaft und versprach für den folgenden Tag einen vollständigen Rechenschaftsbericht, wenn die Menge sich zerstreute. »Aber alle schrien mit einer Stimme: ›Komm zu uns herunter, predige nicht von so hoch und gib uns Rechenschaft über den großen Schatz von Flandern!‹« In Schrecken schloß Artevelde das Fenster und versuchte, durch einen Hintereingang in eine nahe gelegene Kirche zu entkommen, aber der Mob von vierhundert Menschen brach die Türen auf, ergriff und erschlug ihn auf der Stelle. So riß im Juli 1345 das Schicksalsrad den großen Herrn von Flandern in die Tiefe.

Kurz darauf eilten Abgesandte der flämischen Städte nach England, um König Eduard zu beruhigen, der über dieses Ereignis sehr erzürnt war. Sie versicherten ihn ihrer Bündnistreue und schlugen ihm einen Weg vor, der es ihm erlaubte, mit seinem Geschlecht das flandrische Lehen zu beerben, ohne daß er den rechtmäßigen Herrn enteignen mußte. Eduards älteste Tochter Isabella, damals dreizehnjährig, sollte den ältesten Sohn des Grafen von Flandern, den vierzehnjährigen Ludwig, heiraten, »so daß Flandern sich für immer in der Linie deiner Nachkommen befindet«. Eduard war von der Idee sehr angetan, der zukünftige Bräutigam aus Loyalitätsgründen gegenüber der französischen Krone dagegen weniger. Als Eduard ihn zwei Jahre später zur Heirat zwingen wollte, floh der junge Graf und hinterließ eine unverheiratete Prinzessin. Das hatte einen indirekten, aber entscheidenden Einfluß auf das Leben Enguerrands de Coucy.

Den Zeitgenossen erschien die Macht des englischen Königs, verglichen mit der des französischen, als verschwindend; Villani sprach von »il piccolo re d'Inghilterra« (dem kleinen englischen König). Es ist zweifelhaft, ob er wirklich beabsichtigte, Frankreich zu erobern. Mittelalterliche Kriege in Europa zielten weniger auf strategische Eroberungen als auf die Übernahme von dynastischen Rechten. Es ging darum, so viel Schaden im feindlichen Land anzurichten, daß der Sturz des Gegners unvermeidlich wurde. Wahrscheinlich hat Eduard so etwas angestrebt, und das schien aufgrund seiner Basis in Aquitanien und seines Brückenkopfes in Flandern auch nicht aussichtslos.

Die erste ergebnislose Phase des Krieges war aber so kostspielig gewesen, daß sie Eduards Bankrott bedeutet hätte, wenn er selbst die Kosten hätte tragen müssen; statt dessen wälzte er sie auf andere ab. Er hatte den Krieg durch Kredite finanziert, die von den großen florentinischen Bankiers Bardi und Peruzzi aufgebracht worden waren. Nach Villani schuldete er den Bardi etwa

600000 bis 900000 Goldflorin und noch einmal zwei Drittel der Summe den Peruzzi, denen er als Sicherheit das erwartete Aufkommen aus der Wollsteuer überschrieben hatte. Als die zu wenig einbrachte und Eduard nicht zahlen konnte, brachen die beiden Bankhäuser 1343 und 1344 zusammen und zogen noch ein drittes, die Acciaiuoli, mit in den Ruin.

Kapital verschwand aus Italien, Geschäfte und Werkstätten schlossen, Lohnzahlungen und Käufe hörten abrupt auf. Als durch den bösen Zufall, der das 14. Jahrhundert überall zu verfolgen schien, der ökonomischen Katastrophe 1347 die Hungersnot folgte und dann die Pest, mußte dies den unglücklichen Menschen erscheinen, als habe sich der Zorn Gottes über ihren Häuptern entladen.

Nachdem der erste Feldzug gegen Frankreich ihn praktisch ruiniert hatte, wäre es für Eduard unmöglich gewesen, einen zweiten zu unternehmen, ohne die Zustimmung der drei im Parlament vertretenen Stände einzuholen. Das Problem war Geld. Die Eintreibung der Mittel für die Kriegsfinanzierung bedeutete für die mittelalterliche Gesellschaft aber eine größere Katastrophe als die Zerstörungen des Krieges selbst. Die entscheidende Tatsache dabei war, daß die mittelalterliche Ökonomie sich zusehends in eine Geldwirtschaft verwandelt hatte. Die Streitkräfte bestanden nun nicht mehr vorwiegend aus feudalen Gefolgsleuten, die aufgrund des Lehnseides vierzig Tage dienten, um dann wieder nach Hause zu ziehen; es handelte sich jetzt um Truppen, die gegen Sold dienten. Die zusätzlichen Kosten einer bezahlten Armee überschritten häufig die Mittel des Landesherrn. Der noch unstrukturierte Staat hatte keine tragbare Form gefunden, seine Kriegslust zu finanzieren. Wenn er sich übernahm, griff der Herrscher auf Anleihen bei Bankiers, Geschäftsleuten und Städten zurück, ohne die Sicherheit zu haben, die geliehenen Summen auch zurückzahlen zu können. Oder er wandte die noch zerstörerischeren Maßnahmen willkürlicher Besteuerung und der Münzverschlechterung an.

Vor allem mußte der Krieg durch Plünderungen selbst zu seiner Finanzierung beitragen. Beute und Lösegeld waren nicht als zusätzlicher Gewinn angesehen, sondern als die einzige Möglichkeit, den rückständigen Sold auszuzahlen und die Einschreibung neuer Soldaten voranzutreiben. Die Lösegelderpressung wurde ein regelrechtes Geschäft. Da die Könige kaum in der Lage waren, genügende finanzielle Mittel im voraus bereitzustellen, und die Steuereintreibung nur sehr schleppend voran ging, mußten die Truppen im Feld immer mit unregelmäßiger Bezahlung rechnen. So trat die Plünderung an die Stelle des Zahlmeisters. Michelet sagt, daß der ritterliche Krieg wie die ritterliche Liebe in der gesamten Epoche »double et louche« war (ein provokativer Ausdruck, der »zweideutig und scheel« oder auch »zweifelhaft« oder »dunkel« im Sinne von unehrenhaft bedeuten konnte). Das Ziel war das eine und die Praxis etwas anderes. Die Ritter gingen in den Krieg, um Ruhm und Ehre zu suchen; in der Praxis aber suchten sie den Gewinn.

1344 wurden die drei Stände des englischen Parlaments von Eduard über einen Bruch des Waffenstillstands durch den französischen König informiert und »um ihre Meinung gebeten«. Der Ratschlag der Lords und der Bürger war, den »Krieg entweder durch eine Entscheidungsschlacht oder durch einen ehrenhaften Frieden« zu beenden und sich nicht durch Briefe oder Forderungen des Papstes oder sonst jemandes aufhalten zu lassen, sondern »durch die Kraft des Schwertes denselben zu einem Ende zu bringen«. Die Bürger und die Geistlichkeit stimmten für Subsidien an die Krone, und 1345 ermächtigte das Parlament den König, alle Landeigentümer zum persönlichen Waffendienst heranzuziehen oder von ihnen den finanziellen Gegenwert für einen Ersatz einzutreiben.

Schiffe mußten beschlagnahmt werden, um Männer und Pferde und Verpflegung transportieren zu können. Sie trugen auch Mahlsteine und Backöfen, Waffenschmiede mit ihren Essen und das Material für die Pfeile der Bogenschützen. Die meisten Schiffe waren klein, im Durchschnitt 30 bis 50 Tonnen, mit einem Mast, der ein rechteckiges Segel führte. Wenige Schiffe erreichten eine Kapazität von 200 Tonnen. Ein mittelgroßes Schiff trug hundert bis zweihundert Menschen und an die achtzig bis hundert Pferde.

Im Juli 1346 war der König zu seinem zweiten Versuch bereit. Er wurde von seinem fünfzehnjährigen Sohn Eduard, dem Prinzen von Wales, begleitet, als er mit viertausend Reisigen, zehntausend Bogenschützen und einer Anzahl irischer und walisischer Fußsoldaten zur Normandie auslief. (Eine andere Streitmacht war schon früher auf die längere Reise nach Bordeaux geschickt worden und hatte dort bereits entlang der Grenze von Aquitanien französische Kräfte in Kämpfe verwickelt.) Unter der Führung von Gottfried von Harcourt, der aus Frankreich verbannt worden war, landete das königliche Expeditionskorps auf der Halbinsel Cotentin, von deren unbefestigten, wohlhabenden Städten sich Harcourt leichte Beute erhoffte. Obwohl Eduard »nichts mehr als Waffentaten ersehnte«, war er – Theorie und Praxis – offensichtlich erfreut über Harcourts Versprechen, daß er in der Normandie nicht mit Widerstand zu rechnen habe, weil der Herzog der Normandie und seine Ritter schon in die Kämpfe mit den Engländern in Aquitanien verwickelt waren und die Bevölkerung an Krieg nicht gewöhnt sei.

Die Normandie erwies sich als so fruchtbar, daß die Engländer keine Nachschubsorgen hatten, und die Bevölkerung als so unkriegerisch, daß sie ausnahmslos die Flucht ergriff und »ihre Häuser und Scheunen voller Lebensmittel und Korn« zurückließ, »weil sie nicht wußten, wie sie etwas retten sollten, und auch nicht wußten, wie man einen Krieg führt«. Die Bevölkerung der reichen, unbefestigten Stadt Caen verteidigte sich mit Hilfe einer Rittertruppe unter dem Grafen von Eu energisch, aber die Engländer mit ihrem gut funktionierenden Nachschub siegten. Der Graf von Eu wurde gefangengenommen und mit vielen anderen Gefangenen und Wagen voller Beute zurück nach England geschickt, um dort bis zur Zahlung einer erheblichen Lösegeldsumme festgehalten zu werden, ein Vorgang, der tragische Konsequenzen haben sollte. »Brennend, plündernd und verwüstend« zogen die Engländer von Stadt zu Stadt und erbeuteten Teppiche, Juwelen, Handelsware und Viehbestand, nahmen Männer und Frauen gefangen.

Die Plünderung der Normandie durch eine Armee des Königs von England war ein Beispiel für alles, was noch folgen sollte. In drei Kampfgruppen oder »Schlachten« organisiert, »überrannten, plünderten und raubten sie ohne Gnade«. Sie fanden so viel Beute, daß »sie nur noch kleine Tagesmärsche zurücklegten und zwischen Mittag und drei Uhr schon ihre Quartiere bezogen«. Die Soldaten »legten dem König oder seinen Offizieren keinerlei Rechenschaft darüber ab, was sie sich aneigneten; sie behielten es für sich«. Während sie auf dem einen Seineufer auf Paris zu zogen, folgte ihnen König Philipp auf der anderen Seite und traf in Paris ein, als Eduard Poissy erreichte, dreißig Kilometer westlich der Stadt.

König Eduards Armee plünderte und verbrannte die Dörfer der Umgebung. »Die Flammen vor ihren Toren schlugen die Bewohner mit ungläubigem Entsetzen«, schrieb Jean de Venette, »und ich, der ich dieses geschrieben habe, sah all diese Taten, denn sie konnten von Paris aus von jedem gesehen werden, wenn er nur den nächsten Turm bestieg.«

Philipp VI. hatte inzwischen den *Arrière-ban* oder die Generalmobilmachung ausrufen lassen. Sie ging von dem Prinzip aus, daß alle Untertanen mit ihrem Leben »für die Verteidigung des Vaterlandes und der Krone« einzustehen hatten, und sollte nur angewandt werden, wenn die Adligen nicht stark genug waren, den Feind allein zurückzuschlagen. Der Aufruf wurde durch »öffentliche Kundtuung« verbreitet, das heißt durch umherziehende Herolde, die die königlichen Verlautbarungen auf Marktplätzen und Dorfplätzen verkündeten. Besondere Briefe gingen an Städte und Abteien, um auf die herkömmlichen Subsidien hinzuweisen. Zur damaligen Zeit leisteten einige Städte ihre Pflichten immer noch durch eilig zusammengestellte Fußsoldaten ab, die untrainiert und weitgehend nutzlos waren. Andere bevorzugten Geldzahlungen, die die Rekrutierung wirksamerer Kampfeinheiten erlaubten.

Nichtadlige militärische Einheiten wurden durch Städte und Landbezirke, nach der Anzahl der Haushalte und dem relativen Wohlstand der Gemeinde bemessen, aufgestellt. In einigen Gebieten wurden je hundert Haushalte verpflichtet, einen Fußsoldaten ein Jahr zu unterhalten. In ärmeren Bezirken konnte diese Verpflichtung auf 200 oder 300 Haushalte verteilt werden. Auf diese Art und Weise war aber kein großes Heer aufzustellen.

1337 stellte zum Beispiel die Stadt Rouen ganze 200 Männer, Narbonne 150 Bogenschützen, Nîmes 95 Reisige. Im Lichte dieser Zahlen schrumpfen die strammen Angaben der Chronisten von Zehntausenden auf eine bescheidenere Wirklichkeit zusammen. Das Aufkommen an wehrfähigen Männern mußte für jede Stadt, jede Region, jedes Lehnsgut und für jedes besondere Gebiet nach anderen Maßstäben berechnet werden, war unterschiedlich befristet und an unterschiedliche Vorrechte und Pflichten gebunden. Das bedeutete aber endlose Auseinandersetzungen. Herren von Herzogtümern und Grafschaften oder von großen Baronien wie die der Coucys bezahlten ihre Leute durch einen eigenen Schatzmeister, obwohl diese Kosten im Falle eines lang andauernden Krieges durch den König erstattet werden mußten.

Die Ritter und Knappen des Adelsstandes erhielten wie die einfachen Leute ein festes Entgelt. Eine fortwährende Schwierigkeit bestand darin, zu überprüfen, ob der Regent auch die Streitkräfte wirklich zur Verfügung hatte, für die er bezahlte. Zu diesem Zweck wurde von Zeit zu Zeit ein *Montre* oder Appell verfügt. Gewöhnlich fand das monatlich statt, und königliche Prüfer begutachteten, ob nicht ein Diener als Herr angegeben worden war, ob nicht die gesunden Pferde nach der Musterung durch hinfällige Mähren ersetzt worden waren und auch, ob die Bezahlung in harter Münze geleistet wurde. In einer so strukturlosen Armee gab es keine Befehlshierarchie. Außer dem König, der die Armee persönlich führte, gab es als ständigen Befehlshaber noch den »Constable«, eine Art administrativer Verantwortlicher, und zwei Marschälle von unbestimmter Funktion. Alle weiteren militärischen Entscheidungen scheinen durch Ratsversammlungen der Gruppenführer gefällt worden zu sein.

Durch das Anlegen der Rüstungen mit all ihren Schnallen und Riemen war die Schlacht notwendigerweise eine mehr oder minder vorarrangierte Auseinandersetzung, die durch die Logik aufeinander zurückender unbeweglicher Verbände bestimmt wurde. Der Plattenpanzer, eine Erfindung des frühen 14. Jahrhunderts, ersetzte mehr und mehr das Kettenhemd, das vom Geschoß einer Armbrust durchschlagen werden konnte. Wechselte auch der Stil der Rüstungen von einem Jahrzehnt zum nächsten, bestand die Grundform doch aus einem Brustpanzer, einem Rock aus verbundenen Eisenreifen und den Arm- und Schulterstücken, alles über einem Kettenhemd und einer gepolsterten Ledertunika getragen. Über den Panzer streifte man ein ärmelloses Wams, das das Wappen trug und so den Ritter kenntlich machte. Kettenwerk bedeckte den Nacken, die Ellbogen und und die anderen Gelenke; Handschuhe aus beweglichen Panzerplättchen schützten die Hände. Der Helm, der früher offen gewesen war, hatte nun ein zusätzliches Visier. Diese sieben bis elf Pfund Eisen umschlossen seinen Träger wie ein dunkles und stickiges Gefängnis. Um ihn für das große Gewicht der Rüstung zu entschädigen, trug der Ritter einen nur kleinen Schild, der ihm wenigstens etwas Bewegungsfreiheit ließ.

»Ein schrecklicher Wurm in einem eisernen Kokon« wurde der Ritter in einem anonymen Gedicht genannt. Er saß in einem sich hoch über dem Pferderücken erhebenden Sattel und hatte die Füße in so langen Steigbügeln, daß er praktisch stand und zu beiden Seiten gewaltig ausholende Hiebe mit einer seiner zahlreichen Waffen austeilen konnte. Er begann den Zweikampf mit der Lanze, um den Gegner vom Pferd zu werfen. An seinem Gürtel hingen ein beidhändig zu führendes Schwert und ein langer Dolch. Zusätzlich verfügte er über ein Langschwert, das man wie eine Lanze handhaben konnte und das entweder an seinem Sattel befestigt war oder von einem Knappen getragen wurde, eine Streitaxt, die hinter ihrer geschwungenen Schneide einen Sporn trug. Eine schwere Keule mit geschärften Kanten war die Lieblingswaffe von streitbaren Äbten und Bischöfen, womit sie das Verbot für Geistliche, »das Schwert zu ziehen«, zu umgehen glaubten. Das Schlachtroß, das diese Last tragen mußte, war selbst auch durch Nasen-, Brust- und Rumpfpanzerung geschützt und mit einer Schabracke bedeckt, die auf seine Beine herabfiel. Wenn das Pferd gefällt wurde, war es dem Ritter im Durcheinander von Rüstung, Schild, Waffen und Sporen kaum möglich, sich zu erheben, bevor er gefangengenommen wurde.

Die Kampftaktik auf dem Kontinent bestand einfach im Kavallerieangriff der Ritter, dem ein Handgemenge zu Fuß folgte, das manchmal durch Bogenschützen oder Infanterie unterstützt wurde, beides Waffengattungen, die von den Rittern verachtet wurden. In den schottischen Kriegen hatte die englische Armee jedoch herausgefunden, daß eine disziplinierte Kampfgruppe von Bogenschützen eine berittene Angriffswelle dadurch aufhalten konnte, daß sie den Rittern die Pferde unter dem Körper wegschossen. Eine wirklich nützliche Entdeckung wie diese ist in der Lage, selbst die Klassenverachtung zu überwinden. In dem ständigen Austausch zwischen England und Frankreich hätten die Franzosen den Gebrauch des Langbogens eigentlich kennenlernen müssen. Es ist ihnen aber nie gelungen, ihn zu ihrem eigenen Vorteil einzusetzen, da die französischen Ritter nicht bereit waren, eine kampfentscheidende Aufgabe an nichtadlige Kämpfer abzutreten, obwohl die Normannen England einst durch jenen entscheidenden Schuß erobert hatten, mit dem ein normannischer Bogenschütze Harald ins Auge traf.

Die Franzosen setzten zwar auch Armbrustschützen ein, ließen aber nicht zu, daß durch ihre Geschosse der Kampfkraft der Ritter die Wucht genommen wurde. Die Ritterschaft bestand auf der Tradition, daß der Kampf der Krieger ein Zweikampf zu sein hatte; Geschosse, die den Kampf auf Distanz erlaubten, wurden verachtet. Der erste Bogenschütze war nach einem Lied des 12. Jahrhunderts »ein Feigling, der sich nicht an seinen Feind heranwagte«. Ging es jedoch um die Bekämpfung von Gemeinen wie 1328 bei Cassel, gaben die Franzosen ihren Armbrustschützen den strategischen Spielraum, der diesen Sieg begründete.

Die Armbrust bestand aus Holz, Stahl und einer Sehne. Der Schütze spannte sie mit seinem Fuß unter Zuhilfenahme eines Steigeisens, eines Hakens oder eines Spanngriffs an seinem Gürtel. Seltener wurden auch regelrechte Flaschenzüge eingesetzt. Einmal gespannt, feuerte die Armbrust einen Bolzen mit erheblicher Durchschlagskraft ab. Aber sie war nur kompliziert zu spannen, besaß nur eine geringe Feuergeschwindigkeit und war sehr schwierig zu transportieren. Der Schütze trug etwa fünfzig Bolzen im Kampfeinsatz bei sich, aber sein Marschgepäck mußte auf Wagen verladen werden. Durch relativ umständliche Handhabung war die Armbrust daher eher für den stationären Einsatz bei Belagerungen geeignet als für die offene Feldschlacht. Eine geschlossene Staffel angreifender Ritter konnte die Stellungen der Armbrustschützen gewöhnlich überrennen, wenn sie bereit war, einige Verluste hinzunehmen. Obwohl die mechanische Kraft der Armbrust bei ihrer Erfindung einen so großen Schrecken auslöste, daß sie 1139 von der Kirche verboten wurde, blieb sie zweihundert Jahre in Gebrauch, ohne die gepanzerte Vorherrschaft der Ritter zu erschüttern.

Durch Rüstung und Ritterstolz gestärkt, fühlte sich der Adlige unverwundbar und unüberwindlich; voller Verachtung sah er auf den Fußsoldaten herab. Er glaubte, daß auf die Gemeinen, die vom Ritterstand ausgeschlossen waren, im Krieg niemals Verlaß sei. Sicher, als Diener, Transportarbeiter, Nachschublieferanten und Straßenbauer waren sie zu gebrauchen, aber als Soldaten im Lederwams, mit Langspieß und Hellebarde bewaffnet, waren sie schlicht ein Hindernis und würden im harten Kampf »dahinschmelzen wie Schnee in der Sonne«. Das war nicht einfach Überheblichkeit der Ritterschaft, sondern die Folge fehlender Ausbildung der Gemeinen. Das Mittelalter hatte keine Kampftruppe, die der römischen Legion entsprach. Die Städte besaßen zwar ausgebildete Wacheinheiten, neigten aber dazu, nur hergelaufene Freiwillige zur Vaterlandsverteidigung in den Kampf zu schicken. Auch die Äbte kannten gewinnbringendere Beschäftigungen für ihre Bauern, als sie einem militärischen Drill zu unterziehen. In jeder Epoche ist der Unterschied zwischen einer Armee und einem Haufen Bewaffneter militärischer Drill. Der wurde den Fußsoldaten, die durch den *Arrière-ban* einberufen wurden, nicht zuteil. Sie wurden als nutzlos verachtet, und sie waren nutzlos, weil sie verachtet wurden.

Am 26. August 1346 trafen bei Crécy in der Picardie, dreißig Kilometer vor der Küste, die englische und die französische Armee aufeinander. Wie jener Zusammenprall in einem anderen August war die Schlacht der Beginn einer Ära wachsender Gewalt und zusammenbrechender Ordnung. Dieses Zusammentreffen war nicht geplant. Als er von der großen Streitmacht hörte, die der französische König um sich versammelte, zeigte Eduard wenig Lust zu einer Konfrontation, zumindest solange der Rückzug nicht gesichert war. Er wandte sich von Paris ab, marschierte nordwestlich auf die Kanalküste zu, wahrscheinlich war sein Ziel Flandern, wo seine Schiffe lagen. Wenn das sein Vorhaben war, dann war es kaum geeignet, ihn zum König von Frankreich zu machen. Die französische Armee holte indessen in Eilmärschen die Engländer ein, bevor sie die Küste erreichten. Eduard, der erkannte, daß er zur Schlacht gezwungen war, ließ seine Armee auf einem breiten Hügelrücken nahe Crécy günstige Verteidigungsstellungen beziehen. Die französischen Ritter waren so zuversichtlich, daß sie schon vor Beginn der Schlacht darüber sprachen, wen sie gefangennehmen wollten und wen sie von den Turnieren her unter den Engländern kannten. Nur König Philipp war unentschlossen. »Sorgenvoll und ängstlich« schien er eine neue verborgene Gefahr oder einen weiteren Verrat zu befürchten, nachdem er den Abfall der Bretagne und Harcourts Überlaufen zu den Engländern hatte erleben müssen.

Da seine Truppen in der Nacht vor der Schlacht weit vom Schlachtfeld entfernt gelagert hatten, erreichten sie die Stellungen der Engländer nicht vor vier Uhr nachmittags. Der Feind hatte die Sonne im Rücken, die die Franzosen blendete. Die Armbrustschützen waren nach dem langen Tagesmarsch müde und unzufrieden, die Sehnen der Armbrüste waren durch einen plötzlichen Wolkenbruch naß geworden. Die englischen Bogenschützen dagegen hatten die Sehnen abgenommen und unter ihren Helmen vor der Nässe bewahrt. Was dann auf französischer Seite folgte, war ein Chaos aus gedankenlosem Draufgängertum, Pech, Fehlern, Disziplinlosigkeit und der chronischen ritterlichen Schwäche für spektakuläre Taten, für Tapferkeit ohne Rücksicht auf sinnvolle Taktik oder militärische Organisation.

In letzter Minute ließ sich Philipp von seinen Ratgebern überzeugen, das Treffen auf den nächsten Tag zu verschieben, und befahl der Vorhut umzukehren, aber seine Befehle wurden nicht befolgt. Ohne den Armbrustschützen die Möglichkeit zu geben, die englischen Reihen zu schwächen, stürmten die französischen Ritter bergauf gegen den Feind. Noch außerhalb der eigenen Reichweite wurden die französischen Armbrustschützen von den Engländern mit einem derartigen Pfeilhagel überschüttet, daß sie ihre Armbrüste fallen ließen und zurückwichen. Der König, dessen Gesichtsfarbe wechselte, als er die Engländer sah, »weil er sie haßte«, verlor die Kontrolle über die Situation. Als er seine Armbrustschützen flüchten sah, schrie entweder er oder sein Bruder, der Graf von Alençon: »Macht die Halunken nieder, die uns im Weg sind!«, und die Ritter schlugen »in Hast und Unordnung« auf die Armbrustschützen ein, um sich einen Weg freizuhauen. Aus dieser schrecklichen Verwirrung in den eigenen Reihen heraus warfen sich die Franzosen in Angriff um Angriff gegen den Feind, aber die disziplinierten Reihen der englischen Langbogenschützen hielten stand, gefestigt durch die lange Übung, die diese Waffe erforderte, und säten mit ihren Geschossen Tod und Verwirrung unter den Angreifern. Die englischen Ritter gingen zu Fuß vor, vor ihnen die Bogenschützen und neben ihnen die Spießträger und die mörderischen Waliser, die mit langen Messern unter den Gestürzten umhergingen und ihnen ein Ende machten. Der Prinz von Wales stand an der Spitze einer Kampfgruppe, während König Eduard von einer Windmühle auf dem Hügel aus das Kommando und den Überblick behielt. Über die Abenddämmerung hinaus und in die Nacht hinein setzte sich das Kampfgewühl fort, bis König Philipp nach einer Verwundung von dem Grafen von Hainault weggeführt wurde, der sagte: »Sire, verliert Euer Leben nicht leichtsinnig.« Er ergriff den Zügel seines Pferdes und führte den König vom Schlachtfeld. Mit nur fünf Begleitern ritt der König durch die Nacht zu einer nahe gelegenen Burg, deren Vogt fragte, wer er sei. »Öffnet Euer Tor schnell«, soll der König gesagt haben, »hier steht das Schicksal Frankreichs.«

Um die viertausend Männer der französischen Armee lagen tot auf dem Schlachtfeld, unter ihnen vielleicht Enguerrand de Coucy VI. Unter den Gefallenen waren die vornehmsten Namen Frankreichs und dessen Verbündeter: der Graf von Alençon, des Königs Bruder, Graf Ludwig von Nevers von Flandern, die Grafen von St. Pol und Sancerre, der Herzog von Lothringen, der König von Mallorca und der Ruhmvollste von allen, König Johann der Blinde von Böhmen, dessen Wappen aus drei Straußenfedern mit dem Motto »Ich dien« vom Prinz von Wales erbeutet worden war, der es von da an seinem Titel hinzufügte. Karl von Böhmen, des blinden Königs Sohn und weniger draufgängerisch als sein Vater, hatte das Unheil kommen sehen und entkam.

Es war kein Mangel an Tapferkeit, der die französischen Ritter und ihre Verbündeten scheitern ließ. Sie kämpften so heldenmütig wie die Engländer, denn die Ritter aller Länder glichen einander. Der Vorteil der Engländer lag in der Verbindung der nichtadligen Verbände – den walisischen Messerkämpfern, den Spießträgern und vor allem den geübten Bauern, die den Langbogen führten – mit der Kampfweise des Ritters. Solange die eine Seite in diesem Kampf den Vorteil einer solchen Taktik nutzte und die andere nicht, sollte das Kriegsglück einseitig bleiben.

Die Verfolgung eines geschlagenen Feindes fand sich nicht im mittelalterlichen Kriegslexikon. Eduard war offensichtlich selbst über seinen Sieg so erstaunt, daß er an Verfolgung überhaupt nicht dachte. Fasziniert von der Beute ihres Sieges, verbrachten die Engländer den nächsten Tag damit, die Toten zu identifizieren und zu zählen. Sie sorgten für standesgemäße Begräbnisse der Adligen und schätzten die Höhe der Lösegelder für die Gefangenen. Danach scheint Eduard trotz seinem Anspruch, König von Frankreich zu sein, jedes Interesse an Philipp, der in Amiens Zuflucht gesucht hatte, verloren zu haben. Die Engländer marschierten an der Küste entlang, um Calais anzugreifen, den Dover gegenüberliegenden Hafen an der engsten Stelle des Ärmelkanals. Hier sahen sie sich einer zähen Verteidigung gegenüber und gruben sich für eine Belagerung ein, die über ein Jahr dauern sollte.

Die Niederlage der französischen Ritterschaft und des angeblich mächtigsten Herrschers Europas zog eine Kette von Reaktionen nach sich, die erst mit der Zeit in vollem Umfang deutlich wurden. Obwohl die französische Monarchie nicht vernichtet oder auch nur zu Zugeständnissen gezwungen war, kam ein allgemeines Mißtrauen gegen die königliche Regierung auf. Dies bekam der König vor allem zu spüren, als er erneut auf Sondersteuern zurückgriff. Der Glaube an die Fähigkeiten des Adels, seine gesellschaftlichen Aufgaben zu erfüllen, war erschüttert und sollte sich nicht wieder erholen.

Während er Calais belagerte, hoffte Eduard noch immer, sein Bündnis mit Flandern durch die Heirat seiner Tochter mit dem Grafen Ludwig von Male von Flandern zu untermauern. Der Tod des Vaters des jungen Grafen – Ludwig von Nevers war auf dem Schlachtfeld von Crécy gefallen – hatte das Haupthindernis beseitigt. Der fünfzehnjährige Ludwig war aber am französischen Hof aufgewachsen und wollte der Verbindung »mit der, deren Vater den meinen erschlug«, nicht zustimmen, »selbst wenn sie ihm das halbe englische Königreich eingebracht hätte«. Als die Flamen sahen, daß ihr Fürst »zu französisch und übel beraten« war, steckten sie ihn in ein »ritterliches Gefängnis«, in dem er bleiben sollte, bis er ihrem Ansinnen zustimmte. Nach einigen Monaten war ihm die Gefangenschaft so lästig, daß er dem Plan zustimmte. Wieder auf freiem Fuß, durfte er zur Falkenjagd ausreiten, aber er wurde so streng bewacht, »daß er ohne Wissen seiner Wächter nicht einmal pissen konnte«.

Im frühen März des Jahres 1347 kamen der englische König und die Königin mit ihrer Tochter Isabella von Calais nach Flandern herauf. Unter großen Zeremonien wurde die Verlobung gefeiert, der Heiratsvertrag aufgesetzt und die Hochzeit für die erste Aprilwoche anberaumt. Ludwig ging weiterhin der Falknerei nach und gab vor, mit der Heirat sehr zufrieden zu sein, so daß die Flamen in ihrer Aufmerksamkeit nachließen. Aber sie mißdeuteten die äußerliche Gelassenheit ihres Herrn, »denn sein inneres Gemüt war ganz französisch«.

In der Woche vor seiner Hochzeit ritt er mit seinem Falkner wie gewöhnlich aus. Mit dem Ruf »Hoi, hoi!« warf er seinen Falken nach einem Reiher, folgte seinem Flug und »gab dann plötzlich seinem Pferd die Sporen und galoppierte davon«. Er hielt nicht an, bis er in Frankreich war, und schloß sich dort König Philipp an, dem er erzählte, »mit welch großer List« er der englischen Heirat entkommen war. Der König war hocherfreut und bereitete in aller Eile Ludwigs Hochzeit mit Margarete von Brabant vor, der Tochter des Herzogs von Brabant, Flandern benachbart und ein enger Verbündeter der französischen Krone. Das war eine schwere Beleidigung für das englische Königshaus und zweifellos noch schwerer für die fünfzehnjährige Braut. Ihre Enttäuschung wird auch kaum durch ein Lied besänftigt worden sein, das überall in Frankreich gesungen wurde: *»J'ay failli à celui à qui je estoie donnée par amour.«* (Den, dem ich durch Liebe gegeben war, hab' ich verloren.) Viele Jahre später rächte sie sich an einem anderen Bräutigam, den sie nun ihrerseits fast vor der Kirchentüre sitzenließ. Vielleicht waren es diese gescheiterten Verlobungen, die sie Geschmack an der Unabhängigkeit finden ließen, oder sie hatte wirklich einen eigensinnigen Charakter, auf jeden Fall war Isabella von England noch unverheiratet, als sie dreizehn Jahre später Enguerrand de Coucy VII. traf.

Die Einnahme von Calais einige Monate nach dem flämischen Hochzeitsfiasko war das einzige große Ergebnis des Feldzuges. Philipp hatte eine Entsatzarmee aufgestellt, war aber unverrichteterdinge umgekehrt, weil es ihm nach den Verlusten von Crécy an Geld und Soldaten mangelte. Von allem Nachschub abgeschnitten, hatten die Bürger von Calais ausgehalten. Sie hatten angefangen, Mäuse und Ratten, ja sogar Exkremente zu essen, während sie auf den Entsatz warteten, der niemals kam. Schließlich zwang der Hunger sie zur Übergabe. Barhäuptig ritt der verwundete Stadthauptmann Jean de Vienne durch das Stadttor auf die Engländer zu. Er hatte sein Schwert zum Zeichen seiner Unterwerfung verkehrt herum in der Hand und übergab die Schlüssel der Stadt. Hinter ihm gingen barfüßig sechs der reichsten Bürger der Stadt mit Stricken um den Hals zum Zeichen, daß die Sieger sie nach Belieben hängen könnten. In dieser dunklen Stunde wurde unter den Blicken der hohläugigen und verzweifelten Stadtbewohner eine heilige französische Sache geboren: Calais zurückzugewinnen.

Durch die lange Belagerung erzürnt, die sich entgegen mittelalterlicher Gewohnheit durch den Winter hingezogen hatte, wollte Eduard die sechs Bürger hängen lassen, hätte nicht Königin Philippa um Gnade für sie gebeten. Der von August 1346 bis August 1347 dauernde Kampf um Calais hatte die Truppen entkräftet und die Reserven aufgezehrt. Proviant, Pferde, Waffen und Verstärkung mußten aus England geholt werden, wo die Beschlagnahmung von Getreide und Vieh wirtschaftliche Härten heraufbeschwor und die Übernahme von Handelsschiffen den Wollexport ruinierte und das Steueraufkommen senkte. Es ist geschätzt worden, daß in den Feldzug Crécy-Calais eine Gesamtzahl von sechzig- bis achtzigtausend Männern verwickelt war. Diese Anstrengungen drohten die englischen Kräfte zu überfordern, und so konnte Eduard den Sieg nicht ausnutzen. Der neue Brückenkopf in Frankreich hatte keine Folgen außer einem Waffenstillstand, der bis April 1351 hielt.

Wenn kriegführende Parteien im Laufe des Krieges zu nüchterner Analyse fähig wären, was sie meistens nicht sind, hätten den Engländern die ersten zehn Jahre des Konflikts deutlich machen müssen, wie trügerisch ihre Erfolge waren. Sie hatten eine Seeschlacht und eine Feldschlacht ruhmvoll gewonnen, hatten einen sicheren Brückenkopf an der Küste gewonnen und waren dennoch weit davon entfernt, Frankreich oder seine Krone zu erobern. Aber der Geschmack an Kriegsbeute, Kostbarkeiten, reichlich fließenden Lösegeldern und der Ruhm von Crécy hatte die englischen Gemüter erregt. Der Glanz der englischen Triumphe wurde von Herolden öffentlich ausgerufen. Ihrerseits waren die Franzosen nicht bereit, Ruhe zu geben, bis sie das Ziel erreichten, das der französische Dichter Eustache Deschamps vierzig Jahre später zum Refrain eines Liedes machte: »Kein Frieden, bis Calais wieder unser ist.« Crécy und Calais garantierten, daß der Krieg weiterging – aber nicht sofort, denn 1347 stand Europa am Rand der tödlichsten Katastrophe der überlieferten Geschichte.

Kapitel 5
»Das ist das Ende der Welt«: Der Schwarze Tod

Zwei Monate nach dem Fall von Calais liefen im Oktober 1347 zwei genuesische Handelsschiffe mit toten und sterbenden Männern an den Rudern in den Hafen des sizilianischen Messina ein. Sie kamen aus dem Schwarzmeerhafen Kaffa (heute Feodosia) auf der Krim, wo die Genuesen eine Handelsniederlassung unterhielten. Die erkrankten Seeleute hatten fremdartige Schwellungen von der Größe eines Hühnereis in den Achselhöhlen und in den Leisten. Die Schwellungen näßten von Blut und Eiter und wichen Geschwüren und schwarzen Flecken, die sich über die ganze Haut ausbreiteten. Die Kranken litten schwere Schmerzen und starben schnell, fünf Tage nach den ersten Anzeichen der Krankheit. Als die Seuche sich ausbreitete, traten andere Symptome wie Blutspucken und hohes Fieber an die Stelle der Schwellungen und Lymphdrüsenverdickungen. Die Opfer husteten und schwitzten schwer und starben noch schneller, manchmal in weniger als drei Tagen, in seltenen Fällen innerhalb von 24 Stunden. Bei beiden Erscheinungsformen der Seuche rochen alle Körperausscheidungen, Atem, Schweiß, Blut aus Lungen und Schwellungen, Urin und blutschwarze Exkremente, faul. Verzweiflung und Hoffnungslosigkeit begleiteten die physischen Symptome, und noch bevor ein Kranker starb, »war ihm der Tod ins Gesicht geschrieben«.

Die Krankheit war die Beulenpest und trat in zwei Arten auf: die eine infizierte die Blutbahnen, brachte die Beulen und Lymphdrüsenschwellungen hervor und wurde durch einfachen Körperkontakt übertragen. Die zweite infizierte die Lungen und verbreitete sich über Atemansteckung. Das Aufkommen beider Krankheiten zur gleichen Zeit erzeugte eine hohe Sterblichkeitsrate und erhöhte die Geschwindigkeit ihrer Ausbreitung. Die Krankheit war so lebensgefährlich, daß man von Leuten hörte, die gesund zu Bett gingen und starben, bevor sie erwachten. Es soll Fälle von Ärzten gegeben haben, die sich am Krankenbett ansteckten und vor dem Patienten starben. Die Ansteckungsgefahr war so groß, daß dem französischen Arzt Simon de Covino es schien, als könne eine kranke Person »die ganze Welt infizieren«. Die Bösartigkeit der Seuche erschien um so schrecklicher, als die Opfer keine Vorbeugung und kein Mittel gegen sie kannten.

Das körperliche Leiden und der Anschein eines bösen Geheimnisses wurden in einem walisischen Klagelied ausgedrückt. Es sah »den Tod in unsere Mitte treten wie schwarzen Rauch, eine Seuche, die die Jungen hinwegrafft, ein wurzelloses Gespenst, das kein Mitleid mit der Schönheit kennt. Wehe mir! Eine Beule wächst unter meinem Arm, sie schwärt, ist schrecklich ... ein schmerzender böser Knopf, der brennt wie glühende Kohle ... ein kummervolles Ding, aschgrau.« Wenn es aufbricht, ist es häßlich wie der »Samen schwarzer Erbsen, wie kleine, spröde Stückchen Kohle, der frühe Schmuck des Schwarzen Todes, schwarz wie die Asche der Weidenrinde, eine schwarze Pest, groß wie eine Halfpennymünze, wie kleine schwarze Beeren ...«.

Gerüchte über eine schreckliche Seuche, die aus China stammen sollte, waren schon 1346 in Europa aufgetaucht. Angeblich hatte sie sich von Zentralasien über Indien und Persien, Syrien, Ägypten und ganz Kleinasien ausgebreitet, bis sie 1346 Europa erreichte. Die Gerüchte sprachen von einem verheerenden Zoll an Toten, ganz Indien sollte entvölkert worden sein, ganze Landstriche mit Leichen bedeckt, in anderen blieb niemand am Leben. Papst Klemens VI. errechnete in Avignon, daß insgesamt 23 840 000 Menschen ums Leben gekommen waren. Da es aber kein Bewußtsein von der Ansteckungsgefahr einer solchen Seuche gab, war Europa nicht eher ernstlich beunruhigt, als die ersten verseuchten Schiffe die Pest nach Messina und aus der Levante nach Genua und Venedig brachten.

Bis zum Januar 1348 hatte sich die Seuche über Marseille in Frankreich und über Tunis in Nordafrika ausgebreitet. Schiffe trugen sie die Küsten und Flüsse entlang. Zur gleichen Zeit wütete sie in Rom und Florenz samt deren Hinterland in Italien. Zwischen Juni und August befiel sie Bordeaux, Lyon und Paris, tobte in Burgund und in der Normandie, überquerte den Kanal von der Normandie aus und setzte sich in Südengland fest. Von Italien aus überschritt sie im selben Sommer die Alpen, gelangte in die Schweiz und reichte ostwärts bis Ungarn.

In jedem Landstrich schlug die Seuche innerhalb von vier oder sechs Monaten zu und verschwand dann. Sie hielt sich nur in größeren Städten länger, wo sie in der dichten Bevölkerung im Winter abklang, aber nur, um im Frühjahr wieder aufzuflammen und weitere sechs Monate zu wüten.

In Paris brach sie 1349 erneut aus, verbreitete sich in der Picardie, in Flandern und in den Niederlanden, von England nach Schottland und Irland genauso wie nach Norwegen. Von dort war die Geschichte von einem Schiff bekanntgeworden, das mit einer Ladung Wolle und einer toten Mannschaft an Bord vor der Küste umhergetrieben war, bis es nahe Bergen schließlich auf Grund lief. Von dort aus eroberte die Seuche Schweden, Dänemark, Preußen, Island und sogar Grönland. Nur ein kleiner Landstreifen in Böhmen blieb seltsamerweise ebenso verschont wie Rußland bis 1351. Obwohl die Sterblichkeitsrate in den einzelnen Gebieten unterschiedlich hoch war – in manchen Gegenden starben ein Fünftel, in anderen neun Zehntel der Bevölkerung –, haben sich die modernsten demographischen Schätzwerte um dieselbe Zahl eingependelt, die von Froissart mit den beiläufigen Worten »Ein Drittel der Welt starb« bezeichnet wurde. Seine Angabe war weniger eine geniale Schätzung als eine Übernahme aus der Offenbarung des heiligen Johannes, der von einer ähnlichen Katastrophe gesprochen hatte. Die Offenbarung des Johannes war in der mittelalterlichen Welt der beliebteste Führer durch die wirren Geschicke der Menschheit.

Ein Drittel Europas hätte 20 Millionen Tote bedeutet. Niemand weiß bis heute, wie viele wirklich gestorben sind. Zeitgenössische Schätzungen können nur als Ausdruck des Schreckens gewertet werden, nicht als exakte Zählung. Im übervölkerten Avignon sollen täglich 400 gestorben sein; 7 000 Häuser, die der Tod geleert hatte, wurden geschlossen. Auf einem einzigen Friedhof sollen in sechs Wochen 11 000 Leichen bestattet worden sein; es wird überliefert, daß die Hälfte der Stadtbewohner starb. Unter ihnen befanden sich neun Kardinäle und 70 geringere kirchliche Würdenträger. Die ununterbrochen vorbeiziehenden Leichenwagen beflügelten die Phantasie der Chronisten, die die Gesamtzahl der Toten in Avignon auf 62 000 und sogar auf 120 000 veranschlagten, obwohl die Bevölkerung die Grenze von 50 000 nie überschritten hatte.

Als die Friedhöfe überfüllt waren, begann man in Avignon, die Leichen in die Rhone zu werfen, bis man schließlich zu Massenbestattungen in großen Gruben überging. Überall starben die Kranken schneller, als die Gesunden sie begraben konnten. Die Leichname wurden vor die Häuser geworfen, und das erste Licht des Morgens enthüllte neue Leichenberge in den Straßen. In Florenz sammelte die Compagnia della Misericordia die Toten ein. Die Mitglieder dieser 1244 gegründeten Vereinigung waren in rote Gewänder gekleidet, sie trugen rote Hüte und eine rote Gesichtsmaske, die nur die Augen frei ließ. Konnten auch sie die Zahl der Todesopfer nicht mehr bewältigen, so lagen die Leichen tagelang stinkend in den Straßen. Bald waren auch keine Särge mehr zu bekommen, und die sterblichen Überreste der Menschen wurden nur noch in Massengräber geschleift, in denen sie zum Teil von den Familienmitgliedern selbst so notdürftig verscharrt wurden, »daß Hunde die Leichen hervorzogen und auffraßen«.

Unter dem Eindruck der sich häufenden Todesfälle und der Furcht vor Ansteckung starben die Menschen ohne Letzte Ölung und wurden ohne Gebet begraben, eine Aussicht, die die letzten Stunden der Kranken verdüsterte. In England erlaubte ein Bischof auch Laien, die Beichte zu hören, und wenn »kein Mann zugegen war, dann eben eine Frau«, und wenn kein Priester erreichbar war, dann »mußte die Kraft des Glaubens helfen«. Papst Klemens VI. sah sich gezwungen, für alle Seuchenopfer eine Generalabsolution zu erteilen, weil die meisten ohne kirchlichen Beistand ins Grab gesunken waren. »Und keine Totenglocke ertönte«, schrieb der Chronist von Siena, »niemand wurde beweint, weil alle den Tod erwarteten ... Die Menschen sagten und glaubten: ›Das ist das Ende der Welt.‹«

Das Pestjahr 1349 forderte in Paris täglich 800 Opfer, in Pisa 500 und in Wien 500 bis 600. In Paris starben 50 000, die Hälfte der Einwohnerschaft, in Florenz, geschwächt durch die Hungersnot von 1347, vier Fünftel der Bürger, in Venedig zwei Drittel, ähnlich wie in den kleineren Städten Hamburg und Bremen. Die verkehrsreichen Städte wurden schneller befallen als Dörfer, dennoch war im Falle der Infektion die Todesrate gleich hoch. Ganze Dörfer verschwanden von der Landkarte.

In abgeschlossenen Lebensräumen wie Klöstern und Gefängnissen bedeutete der erste Seuchentote in aller Regel die Vernichtung aller, wie in den Franziskanerklöstern von Carcassonne und Marseille, wo alle Mönche starben. Von 140 Dominikanern in Montpellier überlebten nur sieben. Petrarcas Bruder Gherardo, ein Kartäusermönch, beerdigte, einen nach dem anderen, 34 seiner Klosterbrüder und auch noch den Prior. Nachdem nur noch er und sein Hund übriggeblieben waren, machte er sich auf die Suche nach einem Zufluchtsort. Angesichts täglich zunehmender Pestopfer rätselten die Überlebenden, ob Gott die Luft mit der Krankheit verseucht hatte, um die menschliche Rasse auszulöschen. Im irischen Kilkenny blieb der Bettelmönch John Clyn allein unter den toten Brüdern zurück. Er schrieb eine Chronik dessen, was geschehen war, damit »nicht wichtige Dinge mit der Zeit verschwinden und der Vorstellung unserer Nachkommen fremd bleiben«. Er glaubte, daß »die ganze Welt, so wie sie war, in der Hand des Bösen lag«. Während er selbst auf den Tod wartete, schrieb er: »Ich hinterlasse Pergament, um die Arbeit fortzusetzen, und wenn nur ein einziger Nachkomme Adams diese Pest überlebt, soll er die Arbeit weiterführen, die ich begann.« Bruder John, so notierte eine unbekannte Hand, starb an der Pest, aber er entrann dem Vergessen.

Die größten Städte Europas waren Florenz und Paris. Sie hatten eine Einwohnerzahl, die wie die von Venedig und Genua 100 000 überschritt. Mehr als 50 000 Bürger zählten in der nächsten Gruppe Gent und Brügge in Flandern, Mailand, Bologna, Rom, Neapel, Palermo und Köln. Mit 20 000 bis 50 000 Bewohnern bildeten Bordeaux, Toulouse, Montpellier, Marseille und Lyon zusammen mit den spanischen Städten Barcelona, Sevilla und Toledo eine dritte Gruppe. Sie wurde durch die italienischen Städte Siena und Pisa ergänzt sowie durch die Hansestädte des Kaiserreiches. London beheimatete weniger als 50 00 Einwohner und war mit York die einzige englische Stadt, deren Bevölkerungszahl 10 000 überschritt. Die Pest wütete in allen Städten und forderte ihren Tribut, der bei einem oder zwei Drittel der Bürgerschaft lag. Italien traf die Seuche wohl am schwersten. Nach den florentinischen Bankkrächen, den Fehlernten und den Arbeiteraufständen von 1346/1347 hatte die Erhebung unter Cola di Rienzi Rom in Anarchie gestürzt. Die Seuche war der Gipfelpunkt einer Kette von Katastrophen. Als ob die Welt sich wirklich in der Hand des Bösen befunden hätte, erschütterte ein fürchterlicher Erdstoß im Januar 1348, als die Pest auftauchte, das europäische Festland. Er hinterließ einen breiten Pfad der Vernichtung von Neapel bis Venedig. Häuser brachen in sich zusammen, Kirchtürme stürzten um, Dörfer wurden dem Erdboden gleichgemacht, die Ausläufer des Bebens reichten bis nach Deutschland und Griechenland. Durch die ständig neuen Schrecken wurde das menschliche Empfinden so abgestumpft, daß ein Chronist zusammenfassend schrieb: »Und die Menschen in dieser Zeit sterben ohne Trauer, und sie heiraten ohne Freude.« In Siena, wo mehr als die Hälfte der Bevölkerung der Pest zum Opfer fiel, wurden die Arbeiten an der größten Kathedrale der Welt eingestellt. Es gab keine Arbeiter mehr und keine Baumeister, »nur Melancholie und Kummer«. Der Rumpf des Querschiffs zeugt noch heute vom Schwung der Todessense. Der Chronist von Siena, Agnolo di Tura, berichtet von der Angst vor Ansteckung, die jeden anderen Instinkt lähmte. »Väter verließen ihre Kinder, Frauen ihre Männer, ein Bruder den anderen, denn die Pest schien mit Blicken und Atem übertragbar. So starben sie. Niemand war zu finden, der die Toten begrub, nicht für Geld und nicht für Freundschaft . . . Und ich, Agnolo di Tura, genannt der Fette, habe meine fünf Kinder mit meinen eigenen Händen begraben, und viele taten es mir nach.«

Es gab viele Echos dieser Klage der Unmenschlichkeit, nur wenige versuchten, dem zu steuern: Diese Seuche animierte nicht zu nachbarschaftlicher Hilfe. Der häßliche Tod einigte nicht, er ließ nur eins entstehen, den Wunsch, dem Unheil zu entkommen. »Ratsherren und Anwälte widersetzten sich dem Wunsch der Sterbenden, die Testamente aufzunehmen, und – was noch schlimmer war – selbst die Priester kamen nicht, um die Beichte zu hören«, schrieb ein Franziskaner aus Piazza in Sizilien. Ein Schreiber des Erzbischofs von Canterbury berichtete dasselbe von englischen Priestern, »die, von Todesangst getrieben, vor den ihnen Anvertrauten flohen«. In ganz Europa, von Schottland bis Rußland, kamen Geschichten von Eltern auf, die ihre Kinder im Stich ließen, und von Kindern, die ihre Eltern verließen. »Die Pest ließ die Herzen der Menschen gefrieren«, schrieb Boccaccio in seinem berühmten Bericht über die Pest in Florenz, der die Einleitung zum *Decameron* bildet. »Jeder wich dem anderen aus . . . Blutsverwandte wandten sich ab, der Bruder verließ den Bruder, auch Männer ihre Frauen, und, was kaum zu glauben ist, Väter und Mütter überließen ihre kranken Kinder dem grausamen Schicksal, unversorgt, einsam, als ob sie Fremde gewesen wären.« Das 14. Jahrhundert ist für seine Übertreibungen und seinen literarischen Pessimismus bekannt, aber auch der päpstliche Arzt, Guy de Chauliac, ein nüchterner, gewissenhafter Beobachter, berichtet dasselbe. »Kein Vater besuchte seinen Sohn, kein Sohn seinen Vater. Die Wohltätigkeit war tot.«

Als die Pest im Juli 1348 nach Nordfrankreich kam, setzte sie sich zuerst in der Normandie fest und ließ, aufgehalten durch den Winter, der Picardie einen trügerischen Aufschub bis zum nächsten Sommer. Von den Kirchtürmen der Normandie wehten zum Zeichen der Trauer und der Warnung schwarze

Fahnen. Und »die Sterblichkeit in der Normandie zu dieser Zeit war so groß«, schrieb ein Bruder der Abtei Fourcarment, »daß man sich in der Picardie darüber lustig machte«. Dasselbe unnachbarschaftliche Verhalten zeigten die Schotten, als sie nur noch ein Winter von der englischen Pestwelle trennte. Begeistert, als sie hörten, daß die Seuche die »Südlichen« heimsuchte, stellten sie ein Invasionsheer zusammen »und lachten über ihre Feinde«. Bevor sie aufbrechen konnten, fiel der grimmige Tod auch über sie her, zerstreute das Heer in Tod und Panik, und die, die flohen, verbreiteten die Seuche im Land.

Im Sommer 1349 erreichte die Pest die Burg der Coucys. Sie tötete Enguerrands Mutter Katharina und ihren neuen Mann. Ob ihr neunjähriger Sohn der Seuche nur durch einen Zufall entkam oder ob er mit einem seiner Leibwächter ein anderes Domizil aufgesucht hatte, ist nicht überliefert. Im nahe gelegenen Amiens begannen die Gerbereiarbeiter, angespornt durch die immensen Verluste an Arbeitskräften, höhere Löhne zu fordern. Anderswo konnte man die Dorfbewohner beobachten, wie sie zu den Klängen von Trommeln und Trompeten tanzten; gefragt warum, antworteten sie, daß sie glaubten, sie könnten die Seuche »durch ihre Fröhlichkeit fernhalten. Darum tanzten sie.« Weiter nördlich in Tournai an der Grenze zu Flandern verfaßte Gilles li Muisis, Abt des Klosters St. Martin, einen der lebendigsten Berichte über das unaufhaltsame Vorrücken der Epidemie. Die Totenglocken läuteten Tag und Nacht, berichtet er, denn die Glöckner wollten ihr Geschäft verrichten, solange es ging. Die Stadt war mit den Stimmen der Trauer erfüllt, und auf ihr lastete die Furcht. Daraufhin verboten die städtischen Behörden, Schwarz zu tragen, die Totenglocken zu läuten, und beschränkten den Trauerzug auf höchstens zwei Leidtragende. Diese Verbote wurden von den meisten Städten später übernommen. Siena setzte sogar eine Strafe auf das Tragen von Trauerkleidung aus, wenn es sich nicht um eine Witwe handelte.

Die Flucht war das letzte Mittel derer, die es sich leisten konnten. Die Reichen flohen auf ihre Landsitze wie Boccaccios junge Patrizier von Florenz, die sich auf ein Landgut zurückzogen, das »fern aller Straßen« mit »Bächen von kühlem Wasser und Kellern voll seltenem Wein« ausgestattet war. Die Armen der Städte starben in ihren Behausungen, und »nur der Gestank ihrer verwesenden Körper machte die Nachbarn auf ihren Tod aufmerksam«. Daß die Armen von der Seuche härter betroffen waren als die Reichen, wurde sowohl im Süden als auch im Norden klar erkannt. Der schottische Chronist John of Fordun behauptete schlichtweg, daß die Pest »vor allem die einfachen Leute und die Armen befällt, weniger die großen Herren«. Dieselbe Beobachtung machte Simon de Covino in Montpellier. Er schrieb es der Armut und den härteren Lebensumständen zu, daß die Armen für die Krankheit anfälliger waren. Aber das war nur die halbe Wahrheit. Der beengte Lebensraum und der Mangel an hygienischen Einrichtungen waren die unerkannte andere Hälfte. Außerdem war festzustellen, daß verhältnismäßig mehr junge als alte Menschen starben. Simon de Covino verglich das Verschwinden der Jugend mit dem Welken der Blumen auf den Feldern.

In den ländlichen Gebieten fielen Bauern tot auf der Straße um, sie starben auf den Feldern und in ihren Häusern. Die Überlebenden verfielen mit wachsender Hilflosigkeit in Apathie. Sie schnitten das Getreide nicht mehr und ließen das Vieh unversorgt in den Ställen. Ochsen und Esel, Schafe und Ziegen, Hühner und Schweine liefen frei herum, und auch sie verfielen nach dörflichen Berichten der Pest. Die englischen Schafe, Träger der wertvollen Wolle, starben im ganzen Land. Der Chronist Henry Knighton, Stiftsherr der Abtei von Leicester, berichtet von fünftausend toten Schafen in einem einzigen Feld. »Ihre Körper von der Pest so verdorben, daß kein wildes Tier und kein Vogel sie anrührte«, und sie verbreiteten einen entsetzlichen Gestank. In den österreischischen Alpen kamen die Wölfe zu Tal, um Schafe zu reißen, und »wandten sich, wie durch ein unsichtbares Zeichen gewarnt, um und flohen zurück in die Wildnis«. Im fernen Dalmatien fielen jedoch Wölfe in eine verseuchte Stadt ein und griffen die Überlebenden an. Aus Mangel an Schäfern verendeten frei umherziehende Herden in Hecken und Gräben. Katzen und Hunde blieben nicht verschont.

Der Mangel an Arbeitskräften verdüsterte die Zukunft, denn das 14. Jahrhundert war ganz auf die jährliche Ernte angewiesen, zum einen für die Versorgung mit Lebensmitteln, zum anderen für das Saatgut des nächsten Jahres. »Es waren so wenige Diener und Arbeiter übrig«, schrieb Knigthon, »daß niemand wußte, wo er Hilfe bekommen sollte.« Das Gefühl einer zerstörten Zukunft verbreitete eine Art Wahnsinn der Hoffnungslosigkeit. Ein bayrischer Chronist aus Neuburg an der Donau überliefert, daß »Männer und Frauen wie verrückt umherwanderten« und das Vieh vernachlässigten, »weil niemand sich um die Zukunft sorgen wollte«. Die Felder wurden nicht mehr bestellt, im Frühjahr nicht gesät. Mit der schrecklichen Energie der Natur kroch die Wildnis über große Teile gerodeten Landes, Deiche verfielen, und Salzwasser säuerte die tiefgelegenen Weideflächen. Mit so wenigen verbleibenden Arbeitskräften, die das Werk von Jahrhunderten wiederherstellen sollten, ergaben sich nach Walsinghams Worten die Menschen in die Einsicht, »daß die Welt nicht mehr so reich wie vorher werden könne«.

Obwohl die Sterblichkeitsrate unter den anonymen Armen höher war, starben auch die Großen. König Alfons XI. von Kastilien war der einzige regierende Monarch, der der Pest zum Opfer fiel, aber sein Nachbar, König Peter von Aragon, verlor seine Frau, Königin Leonora, seine Tochter Marie und eine Nichte innerhalb von sechs Monaten. Johannes Kantakuzenos, Kaiser von Byzanz, verlor seinen Sohn. In Frankreich starben die lahme Königin Johanna und ihre Schwiegertochter Bonne von Luxemburg, die Frau des Dauphin, im Jahre 1349, zur gleichen Zeit also wie Enguerrands Mutter. Königin Johanna von Navarra, Tochter Ludwigs X., war ein weiteres Opfer. Johanna, die Tochter Eduards III., starb auf dem Weg zu ihrem zukünftigen Ehemann, Peter von Kastilien, in Bordeaux. Frauen scheinen anfälliger gewesen zu sein als Männer, vielleicht weil sie häuslicher waren und damit mehr unter den Flöhen litten. Sowohl Boccaccios Geliebte Fiammetta, uneheliche Tochter des Königs von Neapel, als auch die Geliebte – ob real oder fiktiv – von Petrarca, Laura, starben. An uns in der Zukunft gewandt, rief Petrarca aus: »O glückliche Spätgeborene, die ihr solch abgrundtiefen Kummer nicht erfahren werdet und die ihr unsere Zeugnisse als Fabeln lesen werdet!«

In Florenz starb der große Historiker Giovanni Villani inmitten eines unvollendeten Satzes im Alter von 68 Jahren. ». . . e dure questo pistolenza fino a . . .« (. . . während der Pest endete . . .) Die Meistermaler von Siena, Ambrogio und Pietro Lorenzetti, werden seit 1348 namentlich nicht mehr erwähnt. Wahrscheinlich sind sie ebenso wie Andrea Pisano, Architekt und Bildhauer aus Florenz, der Pest zum Opfer gefallen. In England verschwinden Wilhelm von Ockham und der Mystiker Richard Rolle von Hampole aus den geschichtlichen Aufzeichnungen nach 1349. Francisco Datini, ein Kaufmann aus Prato, verlor sowohl seine Eltern als auch zwei Säuglinge. Seltsame Häufungen von Todesfällen rafften alle Zunftmeister der Londoner Schneider hinweg, alle sechs Meister der Hutmacher und vier Meister der Goldschmiede starben bis Juli 1350. Sir John Pulteney, Meister der Stoffhändlergilde und viermaliger Bürgermeister von London, fiel ebenso der Pest anheim wie Sir John Montgomery, Gouverneur von Calais. Aufgrund ihres Berufes war die Sterblichkeit unter den Doktoren und der Geistlichkeit natürlich besonders hoch. Von vierundzwanzig venezianischen Ärzten sollen zwanzig während der Pest ihr Leben gelassen haben, obwohl einige von ihnen nach anderen Quellen geflohen sein oder sich in ihren Häusern eingeschlossen haben sollen. Laut Berichten von Simon de Covino soll in Montpellier, Sitz der führenden medizinischen Akademie des Mittelalters, trotz der großen Anzahl von Ärzten »kaum einer seinem Schicksal entkommen sein«. Guy de Chauliac von Avignon gab zu, daß er seine ärztliche Visite nur aus Furcht vor der Schande durchgeführt habe, aber »ich lebte in ständiger Angst«. Er behauptete, sich angesteckt zu haben, aber sich durch Selbstbehandlung geheilt zu haben; wenn das stimmt, dann war er einer der wenigen, die genasen.

Die Sterblichkeitsrate unter den Geistlichen variierte mit ihrem Rang. Obwohl der Tribut von einem Drittel, den die Pest von den Kardinälen forderte, dem Durchschnittsmaß entsprach, ist das nur durch ihre Konzentration im päpstlichen Palast in Avignon zu erklären. In England starben in seltsamer, fast unheimlicher Folge der Erzbischof von Canterbury, John Stratford, sein designierter Nachfolger und der nächste Amtsanwärter innerhalb eines Jahres von August 1348 bis Juli 1349. Trotz solcher merkwürdigen Zufälle hatten die Prälaten doch eine größere Überlebenschance als der niedere Klerus. Unter den Bischöfen starb einer von zwanzig. Die Zahl der Todesfälle unter den

Priestern entsprach dagegen dem Bevölkerungsdurchschnitt, obwohl sich viele der schrecklichen Pflicht, den Sterbenden beizustehen, entzogen. Regierungsbeamte, deren Ableben das allgemeine Chaos noch verschlimmerte, blieben nicht häufiger als der Durchschnitt vom Seuchentod verschont. In Siena starben vier von neun Mitgliedern der regierenden Oligarchie, in Frankreich lichtete die Pest die Reihen der königlichen Notare um ein Drittel. In Bristol starben 15 von 52 Stadtratsmitgliedern. Das Eintreiben von Steuern war so eingeschränkt, daß König Philipp VI. nur über einen Bruchteil des Steueraufkommens verfügen konnte, das die Stände ihm im Winter 1347/1348 genehmigt hatten.

Gesetzlosigkeit und Sittenverfall begleiteten die Pest, wie sie es schon in Athen 430 v. Chr. getan hatten, als die Menschen sich Thukydides zufolge in Ausschweifungen gegenseitig übertrafen: »Denn die Besitzenden wurden nach ihrem plötzlichen Tod sofort von den Besitzlosen beerbt, welche glaubten, daß Leben und Reichtum gleichermaßen vergänglich seien, und die sich daher entschlossen, sich zu vergnügen, solange sie konnten!« Menschliches Verhalten ist zeitlos. Als der heilige Johannes die Vision der Pest in seiner Offenbarung beschrieb, wußte er aus Erfahrung oder einer tiefen Menschheitserinnerung heraus, daß die Überlebenden »das Werk ihrer Hände nicht bereuten . . . Sie bereuten nicht ihre Morde noch ihre Hexereien noch ihre Unzucht noch ihre Diebstähle«.

Die Unwissenheit über die Ursache der Seuche steigerte das Gefühl des Schreckens. Von den wirklichen Überträgern, den Ratten und Flöhen, hatten die Menschen keine Ahnung, vielleicht weil sie ihnen so vertraut waren. Obwohl die Flöhe ein lästiger Teil jedes Haushalts waren, werden sie in keiner Schrift über die Pest erwähnt und Ratten nur beiläufig, obwohl die Folklore sie im allgemeinen mit der Pest in Verbindung brachte. Die Legende des Rattenfängers enstand bei einem Ausbruch der Seuche im Jahre 1284. Der Pestbazillus, *Pasturella pestis,* blieb aber für weitere fünfhundert Jahre unentdeckt. Er lebte abwechselnd im Verdauungssystem des Flohs und der Blutbahn der Ratte, die das Wirtstier des schmarotzenden Flohs war. Auf den Menschen wurde der Bazillus, insbesondere der Beulenpest, durch den Biß eines Flohs oder einer Ratte übertragen. Er verbreitete sich durch den Wandertrieb der *Rattus rattus,* der kleinen, schwarzen, mittelalterlichen Ratte, die sowohl auf Schiffen als auch an Land lebte, und der größeren braunen Wanderratte. Was den Bazillus virulent machte, ist unbekannt. Man glaubt aber jetzt, daß das Entstehungsgebiet der Seuche Zentralasien und nicht China war und daß sie sich von dort über die Karawanenrouten verbreitete.

Das Schreckgespenst hatte keinen Namen. Nur in späteren Berichten der Schwarze Tod genannt, wurde es während der ersten Epidemie nur als Pestilenz oder das Große Sterben bekannt. Gerüchte, die aus Asien nach Europa drangen, erzählten von schrecklichen Wirbelstürmen und »Feuerwänden«, die von Hagelstürmen begleitet wurden, »in denen fast jedermann erschlagen wurde«. Auch von »Feuerregen« war die Rede, die Menschen, Tiere, Steine, Bäume, Dörfer und Städte verbrannten. In einer anderen Version ist von einem »faul riechenden Wind« die Rede, der die Krankheit nach Europa trug und jetzt, »wie einige vermuten, von der Küste herbläst«. Den Beobachtern der damaligen Zeit war der geistige Sprung von diesen Geschichten zu den Schiffen und den Ratten nicht möglich, da keinerlei Vorstellung von der Tier- oder Insektenübertragung existierte.

Das Erdbeben wurde für den Auslöser der Katastrophe gehalten, weil es schweflige und faul riechende Dämpfe des Erdinnern freigesetzt hatte. Es wurde auch als Hinweis auf einen titanischen Kampf der Planeten aufgefaßt, der die Wasser ansteigen und verdunsten ließ, bis die Fische in Massen starben und die Luft vergifteten. Alle diese Erklärungsversuche hatten den Faktor der vergifteten Luft gemein, der Nebel und giftigen Dämpfe, die auf natürliche oder vorgestellte Ursachen wie abgestandene Seen, unheilvolle Planetenkonstellationen, die Hand des Bösen oder den Zorn Gottes zurückgeführt wurden. Das mittelalterliche Denken blieb in der Theorie astraler Einflüsse befangen, betonte die Rolle der Luft in der Verbreitung der Seuche und übersah mangelnde Hygiene oder tierische Krankheitsträger. Die Existenz zweier Übertragungsformen verwischte die Spur, dies um so mehr, als der Floh bis zu einem Monat unabhängig von der Ratte leben konnte und, wenn er infiziertes Blut eines Menschen aufnahm, die Krankheit weitertrug, ohne sich erneut bei der Ratte zu infizieren. Da gleichzeitig die andere Form der Seuche auftrat, die die Atemwege befiel und tatsächlich durch die Luft verbreitet wurde, wurde das Rätsel noch verwirrender.

Im Oktober 1348 bat Philipp VI. die medizinische Fakultät der Universität von Paris um einen Bericht über das Unheil, das das Überleben der menschlichen Rasse zu bedrohen schien. Mit gründlicher These, Antithese und Beweisführung machten die Ärzte eine Dreierkonstellation aus Saturn, Jupiter und Mars verantwortlich, die am 20. März 1345 in einen 40-Grad-Winkel zu Aquarius getreten sei. Zudem, so erklärten sie, sei aber auch mit Momenten zu rechnen, »deren Ursachen selbst den feinsten Geistern verborgen blieben«. Das Urteil der Pariser Gelehrten wurde als offizielle Begründung für die Seuche anerkannt. Sie wurde zitiert, von Schreibern abgeschrieben, ins Ausland getragen, aus dem Lateinischen in viele Landessprachen übersetzt und galt sogar bei den arabischen Ärzten in Granada und Córdoba als die wissenschaftliche, wenn auch nicht allgemeinverständliche Erklärung. Das düstere Interesse an diesen Fragen förderte den Gebrauch der Landessprachen. Zumindest in der Hinsicht spendete der Tod auch Leben.

Für das Volk aber konnte es nur eine Erklärung geben, der Zorn Gottes. Die Planetenbahnen mochten die studierten Gelehrten befriedigen, den Durchschnittsmenschen stand Gott näher. Eine solche Geißel der Menschheit, die so schonungslos und unbarmherzig ihre Opfer forderte, konnte nur als göttliche Strafe für menschliche Sünden aufgefaßt werden. Sie mochte gar Gottes endgültige Enttäuschung über seine Geschöpfe ausdrücken. Villani verglich die Seuche mit der Sintflut und glaubte, daß er von »der Ausrottung der Menschengattung berichtete«. Versuche, den göttlichen Zorn zu besänftigen, nahmen die verschiedensten Formen an. Der Stadtrat von Rouen ordnete an, daß alles, was göttlichen Zorn auf die Stadt herabziehen könnte, verboten war, Spielen, Fluchen und Trinken. Weiter verbreitet waren die Bußprozessionen, die vom Papst zunächst autorisiert wurden, aber nur dazu führten, die Seuche noch weiter zu verbreiten, da an Märschen von bis zu drei Tagen Dauer manchmal zweitausend Büßer teilnahmen.

Barfuß, mit Sacktuch bekleidet, die Häupter mit Asche bestreut, weinend, betend und mit zerrauften Haaren, Kerzen und Reliquien tragend, manchmal den Henkerstrick um den Hals gelegt oder sich ohne Unterlaß geißelnd, so zogen die Büßer in endlosen Prozessionen durch die Straßen. Sie erflehten die Gnade der Jungfrau und die Fürsprache der Heiligen. In einer anschaulichen Illustration für die *Très Riches Heures* des Herzogs von Berry ist der Papst bei einer Bußwallfahrt zu sehen, von vier Kardinälen begleitet, von Kopf bis Fuß in scharlachroten Gewändern. Er hebt beide Hände, um den Engel auf der Spitze der Burg St. Angelo um Gnade anzuflehen, während sich weißgekleidete Priester, die Fahnen und Reliquien in goldenen Kästen tragen, umwenden und einen der ihren anblicken, der, von der Pest geschlagen, mit angstverzerrtem Gesicht zu Boden sinkt. Hinten bricht ein graugekleideter Mönch neben einem anderen Opfer, das schon auf dem Boden liegt, zusammen. Die Stadtbevölkerung schaut entsetzt zu. (Genaugenommen zeigt die Illustration eine Prozession des sechsten Jahrhunderts anläßlich einer Seuche zur Zeit Papst Gregors des Großen; aber der mittelalterliche Künstler unterschied nicht zwischen Gegenwart und Vergangenheit und zeigte das Ereignis so, wie es sich im 14. Jahrhundert zugetragen hätte.) Als deutlich wurde, daß die Prozessionen eine Quelle der Ansteckung waren, sah sich Papst Klemens VI. gezwungen, sie zu verbieten.

In Messina, wo die Seuche zuerst aufgetreten war, baten die Stadtbewohner den Erzbischof des benachbarten Catania, ihnen die Reliquien der heiligen Agatha zu leihen. Als die Catanier sich weigerten, die Reliquien herauszugeben, tauchte der Erzbischof sie in Weihwasser und brachte das Wasser selbst nach Messina, wo er es in einer Prozession unter Gebeten und Litaneien durch die Straßen trug. Das Dämonische, das sich den mittelalterlichen Kosmos mit Gott teilte, erschien in mannigfacher Gestalt: »Ein schwarzer Hund mit einem blanken Schwert in den Pfoten erschien unter ihnen, er knirschte mit den

Zähnen, stürzte auf sie zu und zerbrach all die silbernen Gefäße, Lampen und Kerzenleuchter der Altäre und warf sie hin und her ... So wurde das Volk von Messina, das diese entsetzliche Erscheinung sah, von heilloser Furcht ergriffen.«

Das offenbare Fehlen einer irdischen Ursache gab der Seuche einen übernatürlichen und geheimnisvollen Anschein. Die Skandinavier glaubten, daß eine Pestjungfer dem Mund des Toten als kleine blaue Flamme entsprang und durch die Luft flog, um das nächstliegende Haus zu infizieren. In Litauen glaubte man, daß die Pestjungfrau rote Tücher in Fenster und Türen flattern ließ, um die Pest einzulassen. Ein tapferer Mann hat der Legende zufolge mit gezogenem Schwert an seinem Fenster gewartet, bis er die Hand mit dem wehenden Tuch entdeckte, um sie abzuschlagen. Er selbst starb an dieser Tat, bewahrte aber sein Dorf vor der Pest, und das Tuch wurde lange als Reliquie in der örtlichen Kirche verehrt.

Jenseits allen Aberglaubens und aller Dämonen enthüllte sich aber letztlich die Hand Gottes. Im September 1348 verkündete der Papst in einer Bulle, daß »Gott die Menschheit mit der Seuche geschlagen hat«. Für Kaiser Johannes Kantakuzenos war es offensichtlich, daß eine Krankheit von solchem Schrekken, Gestank und solchen Qualen, die ihre Opfer noch vor dem Tod in elende Verzweiflung stürzte, keinen »natürlichen« Ursprung haben konnte, »eine Züchtigung des Himmels« sein mußte.

Die breite Übernahme dieser Sicht schuf ein weitverbreitetes Schuldbewußtsein, denn wenn die Seuche eine Strafe war, dann mußten schreckliche Sünden sie hervorgerufen haben. Welche Sünden lagen dem 14. Jahrhundert auf dem Gewissen? Vor allem Gier, die Sünde der Habsucht, gefolgt von Wucher, Weltlichkeit, Ehebruch, Gotteslästerung, Heuchelei, Luxus und Irrlehre. Als Giovanni Villani versuchte, die Lawine des Unheils, die über Florenz hereingebrochen war, zu erklären, kam er zu dem Ergebnis, daß die Sünden der Habgier und des Wuchers, die die Armen drückten, für die Heimsuchung verantwortlich seien.

Oftmals schon hatten verschiedene Schriftsteller ihren Zorn und ihr Mitleid über die Lebensbedingungen der Armen, vor allem das Los der Bauern zu Kriegszeiten, ausgedrückt, Verhältnisse, die sicherlich das Gewissen des Jahrhunderts belasteten. Allem Schuldbewußtsein zugrunde lag die Realität des täglichen mittelalterlichen Lebens, in dem kaum eine Handlung oder ein Gedanke nicht den kirchlichen Geboten widersprach, sei es auf sexuellem, kommerziellem oder militärischem Gebiet. Die Folge war ein unterirdischer See von Schuld, den die Pest nun an die Oberfläche brachte.

Medizinische Versuche, es mit der Seuche aufzunehmen, fruchteten wenig. Es gab kein Gegenmittel und keine Vorbeugung. Da die Ärzte die Seuche nicht bekämpfen konnten, versuchten sie, sie zumindest zu zügeln, hauptsächlich durch das Verbrennen aromatischer Substanzen. Der Führer der Christenheit Papst Klemens VI. wurde auf ungeklärte Art und Weise durch dieses Mittel vor einer Ansteckung bewahrt. Der päpstliche Leibarzt, Guy de Chauliac, ordnete an, daß der Papst auch in der Hitze des sommerlichen Avignon zwischen zwei großen Feuern zu sitzen habe, die in seinen Gemächern entzündet worden waren. Diese Roßkur half zwar, aber zweifellos nur deshalb, weil sie offenbar die Flöhe fernhielt und auch weil der Papst, auf Anraten de Chauliacs, seine Räume nicht verließ. Vielleicht haben die Jagdszenen, Gärten und andere weltliche Freuden abbildenden Wandmalereien die päpstliche Qual gemildert. Klemens VI. liebte verschwenderischen Glanz und die »sinnlichen Laster«, aber er war auch ein Mann der Wissenschaft, ein Mäzen der Künstler und der Gelehrten, und er regte nun selbst die Sezierung von Pestopfern an, »damit die Ursprünge der Seuche erkannt werden könnten«. Viele Leichenöffnungen wurden sowohl in Avignon als auch in Florenz vorgenommen, wo die städtischen Behörden Prämien für die Freigabe von Leichen für ärztliche Untersuchungen zahlten.

Die ärztlichen Heilmittel reichten in dieser Zeit von erwiesenermaßen wirksamen Arzneien bis hin zu Wundermitteln, ohne daß ein besonderer Unterschied zwischen den beiden gemacht worden wäre.

Den Ärzten fehlte es nicht an operativer Geschicklichkeit. Sie konnten gebrochene Knochen richten, Zähne ziehen, Blasensteine entfernen, mit einer Silbernadel sogar den grauen Star beseitigen und zerstörte Gesichtshaut durch Transplantation vom Arm ersetzen. Sie hatten Epilepsie und Apoplexie als Gehirnkrämpfe erkannt. Urinproben und Pulsmessung zählten zu den bekannten diagnostischen Verfahren; die Ärzte wußten, welche Substanzen als Abführmittel und welche als harntreibendes Mittel zu verwenden waren, sie verordneten Bruchbänder, eine Mischung aus Öl, Essig und Schwefel gegen Zahnschmerzen und zerstoßene Pfingstrosenwurzeln mit Rosenöl gegen Kopfschmerzen.

Bei Krankheitsbildern, die ihre Kenntnisse überschritten, fielen sie auf das Übernatürliche zurück oder auf komplizierte Mischungen aus alkalischen, pflanzlichen und tierischen Substanzen. Das Widerliche galt ebenso wie das Teure als besonders wirksam. Gegen Bandwürmer wurde die Kopfhaut mit Knabenurin gewaschen, bei Gicht sollte ein Heilpflaster von Ziegenmist mit Rosmarin und Honig helfen. Erleichterung des Patienten war das Ziel – die Heilung blieb Gott überlassen – und psychologische Suggestion die Methode. Um Pockennarben zu verhindern, wurde der Erkrankte in rote Tücher gewikkelt und in ein rot verhangenes Bett gelegt. Wenn die Chirurgie keine Hilfe brachte, wurde auf die Hilfe der Heiligen Jungfrau und die Reliquien der Heiligen zurückgegriffen.

Die purpurnen oder roten Gewänder mit den pelzgesäumten Kapuzen verwiesen auf den hohen Rang der Doktoren. Sie waren von den Aufwandsgesetzen ausgenommen und trugen silbern verzierte Gürtel, kostbare Handschuhe und nach Petrarcas ärgerlichem Bericht auch goldene Sporen, wenn sie, begleitet von einem Diener, den Kranken ihre Visite abstatteten. Auch ihre Frauen durften mit ihren Kleidern einen größeren Aufwand treiben als ihre Geschlechtsgenossinnen, vielleicht mit Rücksicht auf das hohe Einkommen, das ein Arzt erzielen konnte. Nicht alle waren studierte Gelehrte. Boccaccios Arzt Simon war ein Proktologe und ließ einen Nachttopf über seine Türe malen, um sein Spezialgebiet zu kennzeichnen.

Der heilige Rochus, der 1327 gestorben war und von dem man glaubte, daß er mit besonderen Heilkräften ausgestattet sei, gehörte zu den meistbeschworenen Schutzheiligen während der Zeit der Pest. Wie der heilige Franziskus hatte er in jungen Jahren ein reiches Erbe angetreten und es unter die Armen verteilt. Als er von einer Pilgerreise nach Rom zurückkehrte und unterwegs auf eine Epidemie stieß, blieb er dort, um den Erkrankten zu helfen. Nachdem er sich selbst angesteckt hatte, zog er sich in die Wälder zurück und bereitete sich allein auf den Tod vor. Ein Hund brachte ihm jeden Tag sein Brot. »In dieser traurigen Zeit, als die Menschen so hart und die Zeiten so düster waren«, sagt die Legende, »schrieben die Menschen das Mitleid den Tieren zu.« Rochus erholte sich und erschien, in Lumpen gekleidet, wie ein Bettler in der Stadt, wo man ihn für einen Spion hielt und in den Kerker warf. Dort starb er. Aber er hinterließ in seiner Todeszelle ein seltsames Licht. Diese Begebenheit verbreitete sich schnell, und seine Heiligsprechung wurde beschlossen. Seitdem glaubten die Menschen, daß Gott jeden heilte, der ihn im Namen des heiligen Rochus anrief. Als aber selbst diese Fürsprache versagte, galt als erwiesen, daß die Menschen so verrucht geworden seien, daß Gott ihr Ende wirklich beschlossen hatte. In den Worten Langlands: »Gott ist taub in dieser Zeit, er erhört uns nicht, und Gebete können die Gewalt der Pest nicht brechen.«

In entsetzlicher Umkehrung wurden Rochus und andere Heilige dann als die Verantwortlichen für den Ausbruch der Pest betrachtet, als die Werkzeuge des Zorns Gottes. »Im Jahre des Herrn 1348, zur Zeit des großen Sterbens«, so schrieb der Rechtsgelehrte Bartolus von Sassoferrato, »war die Unbarmherzigkeit Gottes größer als die der Menschen.« Aber er täuschte sich.

Die Unbarmherzigkeit der Menschen erwies sich an den Juden. Aufgrund der Anklage, daß sie die Brunnen vergifteten, »um die gesamte Christenheit zu töten und die ganze Welt zu beherrschen«, folgten 1348 Lynchmorde den ersten Pesttoten auf den Fersen. Die ersten Übergriffe geschahen in Narbonne und Carcassonne, wo Juden aus ihren Häusern gezerrt und auf Scheiterhaufen geworfen wurden. Obwohl die Pest als Strafe Gottes verstanden wurde, suchten die Überlebenden in ihrem Elend nach einem menschlichen Missetäter, über dem sie den Zorn entladen konnten, der gegen Gott nicht zu richten war. Als der ewige Fremde war der Jude das naheliegende Ziel. Er war der

Außenseiter, der sich durch freie Wahl von der Gemeinschaft der Christenheit abgesondert hatte, den zu hassen die Christen seit Jahrhunderten gelernt hatten, der als Urheber allen Übels gegen die christliche Welt betrachtet wurde. Er lebte in einer geschlossenen Gemeinschaft in bestimmten Straßen und Vierteln. Der Jude war ein handfestes Angriffsziel, das zudem reiche Beute versprach. Die Anklage der Brunnenvergiftung ging bis auf die Pest von Athen in der Antike zurück, als den Spartanern dieses Verbrechen zur Last gelegt wurde. Als die Pest nun den Kontinent eroberte, wurden die Anklagen gegen die Juden sofort wieder erhoben.

. . . Flüsse und Quellen,
die sauber und klar war'n,
sie haben sie überall vergiftet . . .,

schrieb der französische Hofdichter Guillaume de Machaut.

Die Feindschaft gegen die Juden hatte uralte Wurzeln. Sie waren zum Ziel öffentlichen Hasses geworden, weil die frühchristliche Kirche sie dazu gemacht hatte, als sie sich von der Tradition des Judaismus abzusetzen versuchte. Da die Juden sich hartnäckig weigerten, Christus als den Messias, den Erlöser, anzuerkennen, auch das Neue Testament ablehnten und an den alten Gesetzen Moses' festhielten, waren sie eine Gefahr für die junge christliche Kirche, ein Unruheherd, der von der christlichen Gemeinde ferngehalten werden mußte. Das war der Hintergrund der kirchlichen Edikte des 4. Jahrhunderts, die den Juden seiner Bürgerrechte beraubten, sobald sie Staatsreligion geworden waren. Die Trennung war aber keine Einbahnstraße, da für die Juden das Christentum zuerst eine Dissidentensekte war, dann als eine Renegatenreligion betrachtet wurde, mit der sie keinerlei Beziehung wollten.

Die Theorie, die Emotionen und die Rechtfertigungen des Antisemitismus stammen aus jener Zeit, aus den kanonischen Gesetzen der Konzilien des 4. Jahrhunderts. Der heilige Johannes Chrysostomos, Patriarch von Antiochia, bezeichnete die Juden in seinen Tiraden als Christusmörder; nach dem Urteil des heiligen Augustinus waren die Juden »Verfemte«, weil sie die Erlösung durch Jesus Christus nicht anerkannten. Die Zerstreuung der Juden in alle Welt wurde als Strafe für ihre Ungläubigkeit aufgefaßt.

Die Phase tätlicher Angriffe begann mit der Zeit der ersten Kreuzzüge, als alle inneren Auseinandersetzungen Europas zu einem Speer gegen die Ungläubigen zusammengeschweißt wurden. In Übereinstimmung mit der Theorie, daß die »Ungläubigen zu Hause« genauso vernichtet werden müßten, kennzeichnete eine Spur der Verwüstung jüdischer Siedlungen den Zug der Kreuzritter nach Palästina. Die Eroberung des Heiligen Grabes durch die Mohammedaner wurde auf »die Sündhaftigkeit der Juden zurückgeführt«, und der Kampfruf »Hep! Hep!«, der dem verlorenen Jerusalem galt *(Hiero-*

solyma est Perdita), wurde zum Mordgeschrei. Was der Mensch haßt, das fürchtet er; die Juden wurden als Unholde dargestellt, die mit zerstörerischem Haß auf die Menschheit erfüllt waren. Die Frage, ob die Juden bestimmte Menschenrechte genössen, da Gott alle Menschen, auch die Ungläubigen, gleich geschaffen habe, wurde von verschiedenen Denkern verschieden beantwortet. Nach der offiziellen Lehre gestand ihnen die Kirche einige Rechte zu: Juden sollten nicht ohne Gerichtsverfahren verurteilt werden, ihre Synagogen und Friedhöfe durften nicht geschändet und ihr Eigentum ihnen nicht straflos genommen werden. In der Praxis bedeutete das wenig, da die Juden als Ungläubige keine Anklagen gegen Mitglieder der christlichen Gemeinschaft vorbringen durften und die Aussage eines Juden gegen die eines Christen nichts galt. Ihr gesetzlicher Status war der von Leibeigenen des Königs, ohne daß jener allerdings die entsprechenden Schutzgarantien übernehmen mußte. Die Doktrin, daß die Juden als Strafe für ihren Mord an Jesus Christus auf ewig zur Sklaverei verdammt waren, wurde von Papst Innozenz III. 1205 verkündet. Mit erbarmungsloser Logik führte Thomas von Aquin diesen Gedanken weiter und schloß, daß »die Kirche über jüdisches Eigentum verfügen könne, da die Juden Sklaven der Kirche sind«. Gesetzlich, politisch und physisch waren die Juden schutzlos.

Sie erhielten sich ihren Platz in der Gesellschaft, da sie als Geldverleiher bei der ständigen Geldnot der Könige eine wesentliche Funktion innehatten. Sie waren durch die Gilden aus allen handwerklichen Berufen und vom Handel ausgeschlossen und so zu Bagatellgeschäften und dem Geldverleih gezwungen, obwohl ihnen offiziell Geschäfte mit Christen verboten waren. Aber immer beugt sich die Theorie der Praxis, und so wurden die Juden für die Christen zu einem Weg, ihren selbstauferlegten Bann gegen die Zinswirtschaft zu umgehen.

Da die Juden ohnehin verdammt waren, durften sie ihre Geschäfte zu Zinssätzen bis zu 20 Prozent abwickeln, wovon der königliche Schatzmeister den Hauptanteil beanspruchte. Der Gewinn für die Krone war real eine Form indirekter Besteuerung; als deren sichtbare Eintreiber zogen die Juden zusätzlich den öffentlichen Haß auf sich. Sie lebten in einer völligen Abhängigkeit vom Schutz des Königs, ständig bedroht durch Beschlagnahmung, Vertreibung und die Unwägbarkeiten der königlichen Gunst. Adlige und Prälaten folgten dem königlichen Beispiel, vertrauten den Juden größere Geldsummen zum Zweck von Zinsgeschäften an, strichen den Löwenanteil des Profits ein und überließen ihre Agenten dem Zorn des Volkes. Für das Volk waren die Juden nicht nur die Christusmörder, sondern raubgierige, erbarmungslose Ungeheuer, die die aufkommende Macht des Geldes verkörperten, die die Traditionen zerstörte und alte Bindungen auflöste. Als der Handel im 12. und 13. Jahrhundert aufblühte und den Geldumlauf erhöhte, nahm der Einfluß der Juden entsprechend ab, weil sie nun weniger gebraucht wurden. Sie besaßen nicht die immensen Geldsummen, über die die oberitalienischen Bankiers wie die Bardis in Florenz gebieten konnten. In ihrem wachsenden Geldbedarf wandten sich Könige und Fürsten um Kredite an die Lombarden und die reichen Kaufleute und vernachlässigten zunehmend die Schutzgarantien für die Juden. Wenn sie Bargeld benötigten, beschlossen sie sogar eine Judenvertreibung, beschlagnahmten deren Eigentum und beseitigten damit zugleich ihre eigenen Schulden. Zur gleichen Zeit – die Inquisition hielt im 13. Jahrhundert ihren Einzug in Europa – wuchs die religiöse Intoleranz, die sich in der Anklage, daß die Juden Ritualmorde an Christen begingen, äußerte. Die Juden wurden gezwungen, ein Abzeichen zu tragen. Im 12. Jahrhundert war der Glaube aufgekommen, daß die Juden rituelle Christenmorde durchführten und Schwarze Messen abhielten, in denen die Hostie geschändet wurde. Die angeblichen Morde wurden als zwanghafte Wiederholungen der Kreuzigung Christi gedeutet. Von volkstümlichen Predigern verbreitet, entwickelte sich eine Blutmythologie, die wahrscheinlich das christliche Ritual, das Blut des Messias zu trinken, spiegelte. Man glaubte, daß Juden Christenkinder entführten, um deren Blut aus den verschiedensten verwerflichen Gründen zu trinken. Obwohl diese Auffassung von Rabbis, Kaiser und Papst erbittert bekämpft wurde, ergriff die Verleumdungsgeschichte die Volksseele, am nachhaltigsten in Deutschland, wo im 12. Jahrhundert auch die Auffassung von den »Brunnenvergiftern« Fuß gefaßt hatte. Diese blutrünstige Verleumdung diente auch als Fabel für Chaucers Erzählung von einem kindlichen Märtyrer, die von der Äbtissin erzählt wird. Aufgrund der Legende vom Bluttrinken wurden unzählige Juden angeklagt, verurteilt und schließlich auf dem Scheiterhaufen verbrannt.

Unter der eifernden Frömmigkeit Ludwigs des Heiligen, dessen Lebensziel es war, dem Ruhm der christlichen Religion zu dienen, wurde das Leben der Juden in Frankreich mehr und mehr eingeengt. 1240 fand unter seiner Herrschaft der berühmte Prozeß gegen den Talmud wegen Häresie und Blasphemie statt, der, wie von vornherein feststand, mit einem Schuldspruch endete, woraufhin 24 Wagenladungen talmudischer Schriften in Paris verbrannt wurden.

Im Laufe des Jahrhunderts vervielfachten sich die Dekrete, durch die die Kirche die Juden von der christlichen Gesellschaft fernzuhalten suchte. Das geläufige Argument dafür war, daß der Kontakt mit Juden zum Unglauben führe. Juden durften keine Christen als Diener anstellen, sie durften Christen nicht ärztlich behandeln, Mischehen waren verboten, sie durften kein Mehl, kein Brot, keinen Wein, kein Öl, keine Schuhe und keine Kleidungsstücke an Christen verkaufen. Den Juden war es nicht erlaubt, Handel zu treiben, Synagogen zu bauen oder Land zu besitzen. Die Gildensatzungen schlossen sie von den Berufen der Weber, Schmiede, Bergleute, Schneider, Schuhmacher, Goldschmiede, Müller und Schreiner aus. Um ihre Sonderstellung zu kennzeichnen, verfügte Innozenz III. 1215, daß sie ein Abzeichen tragen mußten; gewöhnlich war es ein runder Flicken aus gelbem Filz, das, wie man sagte, ein Geldstück darstellte. Manchmal war es auch grün oder rot-weiß und wurde von beiden Geschlechtern vom siebten, manchmal vom vierzehnten Lebensjahr an getragen. In seinem Kampf gegen alle Ketzerei und Irrlehre verordnete das 13. Jahrhundert dasselbe Zeichen Mohammedanern und überführten Ketzern und aufgrund irgendeiner doktrinären Spitzfindigkeit auch Prostituierten. Später wurde die Stigmatisierung durch einen spitzen Hut erweitert, der einem Tierhorn ähnelte und nach Volksmeinung den Teufel darstellen sollte.

Die Vertreibungen und Verfolgungen hatten ein stets gleichbleibendes Moment – die Beschlagnahmung jüdischen Eigentums. Wie der Chronist William von Newburgh schrieb, war das Massaker von 1190 in York weniger das Werk religiöser Eiferer als eine Tat von entschlossenen und habgierigen Männern, »die dem Geschäft ihrer Besitzgier nachgingen«. Das Motiv bei den durch Städte oder Könige veranlaßten offiziellen Vertreibungen war dasselbe. Wenn die Juden dann langsam in Dörfer, Marktflecken und vor allem die Städte zurückkehrten, fuhren sie fort, ihren Geldverleih und Gelegenheitshandel zu betreiben. Sie arbeiteten als Pfandleiher oder auch als Totengräber und lebten eng zusammen in einem geschlossenen Judenviertel, um sich gegenseitig schützen zu können. In der Provence waren sie mit dem Wissen, das sie von den Arabern übernommen hatten, oft auch Gelehrte und gesuchte Ärzte. Aber die kraftvolle Lebhaftigkeit ihrer früheren Gemeinden verschwand. In einer unruhigen Zeit lebten sie ständig am Rande der Gewalttätigkeit und der Vertreibung, und ihnen war klar, daß die christliche Kirche jederzeit »zu einem gerechten Krieg« gegen sie als Feinde des Christentums aufrufen konnte.

Im Grauen der Pest war es einfach, der jüdischen Bösartigkeit Brunnenvergiftungen anzulasten. Im Jahre 1348 verbot Papst Klemens VI. in einer Bulle, Juden ohne Gerichtsverfahren zu töten, auszuplündern oder gewaltsam zu bekehren, was die Übergriffe in Avignon und im Kirchenstaat eindämmte, im Norden aber ignoriert wurde. In den meisten Gegenden versuchten die städtischen Behörden zunächst, die Juden zu schützen, aber schließlich mußten sie sich dem Volkswillen beugen, nicht ohne selbst ein Auge auf das jüdische Eigentum geworfen zu haben.

In Savoyen, wo die ersten offiziellen Prozesse im September 1348 begannen, wurde jüdisches Eigentum schon beschlagnahmt, als die Angeklagten noch im Gefängnis auf das Verfahren warteten. Unter der Folter wurden mit den üblichen mittelalterlichen Verhörmethoden Geständnisse erpreßt, die schließlich das Bild von einer internationalen jüdischen Verschwörung bestätigten, die von Spanien ausging. Aus Toledo sollten geheime Boten Gift in kleinen Paketen und »engen, zugenähten Ledertaschen« überbracht haben.

Die Boten hatten angeblich Anweisung von den Rabbinern, das Gift in Brunnen und Quellen zu träufeln, und sie sollten sich mit ihren Glaubensgenossen auf geheimen Versammlungen getroffen haben. In aller Form schuldig gesprochen, wurden die Angeklagten zum Tode verurteilt. Elf Juden übergab man bei lebendigem Leibe dem Feuer, die restlichen Angeklagten mußten sich gegen eine monatliche Buße von 160 Florin für die nächsten sechs Jahre die Erlaubnis erkaufen, in Savoyen bleiben zu dürfen.

Die Geständnisse von Savoyen verbreiteten sich per Brief von Stadt zu Stadt und bildeten die Basis für eine Welle von Anschuldigungen und Angriffen im Elsaß, in der Schweiz und in Deutschland. Auf einem Treffen von Würdenträgern elsässischer Städte versuchte die Oligarchie von Straßburg, die Anklagen zu widerlegen, aber sie wurde von der Mehrheit überstimmt, die Vergeltung und Vertreibung forderte. Diese Verfolgungen während der Zeit des Schwarzen Todes waren also nicht immer spontane Ausbrüche der Volkswut, sondern häufig lange im voraus abgestimmte Maßnahmen.

Im September 1348 versuchte Papst Klemens VI. erneut, mit einer Bulle der Judenhysterie entgegenzutreten. Er erklärte, daß diejenigen, die die Seuche den Juden anlasten wollten, von »jenem Lügner, dem Teufel, verführt seien« und daß die Anklage der Brunnenvergiftung und die damit verbundenen Massaker »schreckliche Dinge« seien. Er führte aus, daß »aufgrund des unerklärlichen Ratschlusses Gottes« alle Menschen einschließlich der Juden mit der Pest geschlagen seien, daß sie auch Gegenden befallen habe, in denen keine Juden lebten, und daß sie ansonsten genauso Opfer der Seuche würden wie alle anderen auch. Er stellte fest, daß die Anklage deshalb »keinerlei Plausibilität« besitze. Er nötigte die Geistlichkeit, die Juden unter ihren Schutz zu stellen, wie er es selbst in Avignon tat, aber seine Stimme wurde im Lärmen des aufgebrachten Volkes kaum gehört.

Am 9. Januar 1349 wurde in Basel die ganze jüdische Gemeinde von einigen hundert Köpfen in einem eigens für diesen Zweck aufgestellten Holzhaus auf einer Rheininsel verbrannt, und ein Dekret wurde erlassen, daß es für die nächsten zweihundert Jahre keinem Juden mehr erlaubt sein sollte, sich in Basel niederzulassen. In Straßburg wurde der Stadtrat, der sich der Judenverfolgung widersetzte, mit den Stimmen der Zünfte abgesetzt. Ein neuer wurde gewählt, der mit dem Volkswillen übereinstimmte. Im Februar 1349, noch bevor die Pest die Stadt erreichte, wurden die Juden von Straßburg, etwa zweitausend, auf den Friedhof geführt und mit Ausnahme derer, die sich konvertieren ließen, an Pfählen verbrannt.

Inzwischen hatte sich noch eine andere Stimme gegen die Juden erhoben. Die Flagellanten waren aufgetaucht. In verzweifelter Anrufung der Gnade Gottes verbreitete die Bewegung sich in einem plötzlichen Fieber mit der gleichen grimmigen Ansteckungskraft über Europa wie die Pest selbst. Das Flagellantentum sollte Reue ausdrücken und die Sünden aller Menschen sühnen.

Als Form der Buße, die Gott bewegen sollte, Sünde zu vergeben, gab es die Selbstgeißelung schon lange vor den Pestjahren. Die Flagellanten aber sahen sich selbst als Erlöser, die durch die Wiederholung der Geißelung Christi an ihrem eigenen Körper für die Missetaten der Menschen büßten.

Organisierte Gruppen von zwei- bis dreihundert Menschen – einige Chronisten sprechen sogar von bis zu tausend – zogen von Stadt zu Stadt, nackt bis zum Gürtel, und geißelten sich mit Lederpeitschen, die an den Enden Metallspitzen hatten, bis das Blut floß. Sie riefen Christus und die Heilige Jungfrau laut um Gnade an, flehten zu Gott: »Verschone uns!«, während die Stadtbewohner am Straßenrand standen und in das allgemeine Weinen und Wehklagen einstimmten. Diese Gruppen veranstalteten dreimal täglich regelrechte Aufführungen, zwei öffentliche auf dem Kirchplatz und eine dritte ohne Publikum. Sie wurden von einem Laienmeister geführt, dem sie Gehorsam gelobt hatten, sie durften sich nicht baden noch rasieren, sie durften ihre Kleider nicht wechseln, nicht in Betten schlafen und ohne Erlaubnis ihres Meisters nicht mit Frauen sprechen oder verkehren. Offensichtlich ist diese Erlaubnis verschiedentlich gewährt worden, da die Flagellanten später wegen Orgien angeklagt wurden, in denen das Auspeitschen mit Sex verbunden war. Frauen durften die Gruppen nur in getrennten Zügen begleiten, die meistens den Schluß einer solchen Bußprozession bildeten. Wenn eine Frau oder ein Priester in den Kreis der Büßer trat, war die Buße wertlos geworden und mußte wiederholt werden. Die Bewegung war im wesentlichen antiklerikal und bedeutete eine Herausforderung der Geistlichkeit, da die Flagellanten sich selbst zum Mittler zwischen Gott und der ganzen Menschheit ernannten.

Von ihrem Ursprung in den deutschen Staaten überschwemmte die neue Bewegung die Niederlande bis Flandern und ergriff die Picardie bis Reims. Hunderte von Gruppen durchkreuzten das Land und betraten jede Woche neue Städte. Sie reizten die ohnehin überspannten Gefühle der Menschen noch weiter auf, sie beteten Litaneien und sangen Klagelieder, sie verkündeten, daß alle Welt »der ewigen Verdammnis« anheimfiele, wenn sie es nicht verhinderten. Die Stadtleute grüßten sie mit Ehrfurcht und Kirchengeläut, brachten sie in ihren Häusern unter und brachten Kinder zu ihnen, die sie heilen und – zumindest in einem Fall – von den Toten erwecken sollten. Man tauchte Tücher in das Blut der Flagellanten, preßte sie an die Stirn und verehrte sie als Reliquien. Viele Menschen schlossen sich der Bewegung an, darunter Ritter, Adelsdamen, Geistliche, Nonnen und Kinder. Bald wanderten die Flagellantenzüge unter prachtvollen Samtbannern in Purpur und Gold durch das Land.

Sie wurden immer überheblicher und nahmen offen gegen die Kirche Stellung. Ihre Meister beanspruchten das Recht, die Beichte zu hören und Absolution zu erteilen und Bußen aufzuerlegen, was den Priestern nicht nur ihre Einkommensquelle nahm, sondern auch die kirchliche Autorität im Kern herausforderte. Priester, die sich den Amtsanmaßungen in den Weg stellten, wurden unter Beteiligung der Bevölkerung gesteinigt.

Die Gegner der Flagellanten wurden als Skorpione und Antichristen verfolgt. In einigen Fällen ergriffen die Flagellanten unter Führung von abgefallenen Priestern oder fanatischen Dissidenten Besitz von Kirchen, unterbrachen die Gottesdienste, verhöhnten die Eucharistie, plünderten die Altäre aus und gaben vor, die Kraft zu haben, böse Geister zu vertreiben und die Toten aufzuerwecken. Die Bewegung, die als ein Versuch begonnen hatte, durch selbstauferlegte Qualen die Welt vor dem Untergang zu retten, wurde vom Machthunger infiziert und versuchte nun, die Kirche zu übernehmen.

Die besitzende Klasse begann, die Flagellanten als umstürzlerische, revolutionäre Elemente zu fürchten. Kaiser Karl IV. bat den Papst, das Flagellantentum zu unterdrücken, und sein Wunsch wurde von der majestätischen Autorität der Universität von Paris unterstützt. Zu einer Zeit, da die Welt vor dem Untergang zu stehen schien, war es aber keine einfache Entscheidung, gegen die Flagellanten vorzugehen, die immerhin behaupteten, daß sie unter dem Einfluß des göttlichen Willens handelten. Einige der Kardinäle in Avignon waren gegen repressive Maßnahmen. Die Selbstquäler hatten inzwischen ein passenderes Opfer gefunden. In jeder Stadt, in die sie einzogen, eilten die Flagellanten unverzüglich in die Judenviertel. Ihnen folgte der städtische Pöbel, nach Rache an »den Brunnenvergiftern« schreiend. In Freiburg, Augsburg, Nürnberg, München, Königsberg, Regensburg und anderen Städten wurden die Juden mit einer Gründlichkeit abgeschlachtet, die nach der endgültigen Lösung des Judenproblems zu trachten schien. Im März 1349 verbrannten sich in Worms die vierhundert Mitglieder der jüdischen Gemeinde, einer alten Tradition folgend, in ihren eigenen Häusern, um nicht dem Feind in die Hände zu fallen. Die größere Gemeinde von Frankfurt am Main ging denselben Weg im Juli des Jahres, wobei ein Teil der Stadt in Flammen aufging. In Köln wiederholte der Rat der Stadt die Auffassung des Papstes, daß die Juden wie alle anderen an der Pest stürben, aber die Flagellanten versammelten den Pöbel »derer, die nichts zu verlieren hatten«, und fegten jeden Einwand beiseite. In Mainz dagegen, der größten jüdischen Gemeinde Europas, griffen die Juden endlich zur Selbstverteidigung. Mit vorher herangeschafften Waffen töteten sie zweihundert des Pöbels, eine Tat, die aber nur einen noch wilderen Angriff der Stadtbevölkerung als Rache für den Tod von Christen auslöste. Die Juden kämpften, bis sie überwältigt wurden, zogen sich dann in ihre Häuser zurück und setzten sie in Brand. Am 24. August 1349 sollen sechstausend von ihnen in Mainz ums Leben gekommen sein. Von dreitausend jüdischen Einwohnern soll in Erfurt keiner überlebt haben.

Vollständigkeit ist in der Geschichte selten, und die jüdischen Chronisten werden an der mittelalterlichen Sucht nach der großen Zahl Anteil gehabt haben. Gewöhnlich rettete sich eine gewisse Anzahl der Verfolgten durch Konvertierung, Flüchtlinge fanden Schutz bei Ruprecht I. von der Pfalz und anderen Fürsten. Herzog Albrecht II. von Österreich, Großonkel von Enguerrand VII., war einer der wenigen Landesherren, die die Juden mit ausreichenden Maßnahmen gegen Übergriffe der Volkswut schützten. Die letzten Pogrome fanden in Antwerpen und Brüssel statt, wo im Dezember 1349 die gesamte jüdische Gemeinde ausgerottet wurde. Als die Pest vorüber war, gab es nur noch wenige Juden in Deutschland oder den Niederlanden.

Inzwischen hatten Staat und Kirche beschlossen, das Risiko auf sich zu nehmen, die Flagellanten zu unterdrücken. Magistrate befahlen, die Stadttore zu schließen, wenn sich die Züge näherten. Klemens VI. rief im Oktober in einer Bulle zur Auflösung und Festnahme der Flagellanten auf; die Universität von Paris sprach ihnen die göttliche Legitimation ab. Philipp VI. stellte prompt die öffentliche Selbstgeißelung unter Todesstrafe; örtliche Landesherren verfolgten nun ihrerseits die Flagellanten als »Meister der Irrlehre«, nahmen sie gefangen, hängten und köpften sie. Die Büßerzüge lösten sich auf, und ihre Mitglieder flohen, »sie verschwanden so plötzlich, wie sie gekommen waren«, schrieb Heinrich von Herford, »wie Nachtgespenster oder dunkle Phantome«. Hier und da konnten sich einzelne Gruppen halten, endgültig unterdrückt war die Bewegung erst 1357.

Wie heimatlose Geister sickerten die Juden aus Osteuropa zurück, wohin sie die Verfolgungen getrieben hatten. In Erfurt tauchten 1354 zwei jüdische Besucher auf, die drei Jahre später mit Unterstützung anderer erneut eine Ansiedlung begründeten. 1356 zählte die Gemeinde bereits wieder 86 steuerpflichtige Haushalte und eine zusätzliche Anzahl ärmerer, die unter dem steuerpflichtigen Einkommen lagen. Hier wie überall lebten sie nun wieder in geschwächten und ängstlichen Gemeinden, unter schlechteren Bedingungen und größerer Isolation als vorher. Brunnenvergiftung und die Massaker hatten den bösartigen Juden zu einem Stereotyp gemacht. Aber Juden waren nützlich, und deshalb erlaubten viele Städte ihre Rückkehr, erlegten ihnen aber neuerliche Beschränkungen auf. Kontakte, die die Juden früher als Gelehrte, Ärzte oder Finanziers zu den Christen pflegen konnten, waren nun unmöglich. Die mittelalterliche Blüte des europäischen Judentums war vorüber. Die Mauern des Gettos waren, wenn nicht real, so doch sozial, gezogen.

Wie waren die Lebensbedingungen nach der Seuche? Erschöpft von Tod und Trauer und den morbiden Exzessen von Furcht und Haß, hätten die Menschen eigentlich tiefe Wirkungen zeigen müssen, aber radikale Umschwünge waren vorerst nicht zu beobachten. Das Normale ist zählebig. Der soziale Wandel sollte unterschwellig und allmählich eintreten; unmittelbare Wirkungen gab es, aber sie waren sehr uneinheitlich. Simon de Covino glaubte, daß die Seuche einen schlimmen Effekt auf Moral und Sitten ausgeübt habe und »die Tugend in der ganzen Welt herabgesetzt sei«. Gilles li Muisis dagegen behauptete, daß die öffentliche Moral verbessert worden sei, weil viele Leute, die früher in wilder Ehe gelebt hatten, nun (aufgrund städtischer Verordnungen) heirateten und weil das Fluchen und Spielen derartig zurückgegangen sei, daß die Hersteller von Würfelspielen ihre Produktion auf Rosenkränze umgestellt hätten.

Zweifellos stieg die Heiratsrate an, wenn auch nicht der Liebe wegen. So viele Abenteurer nutzten die Notlage von Waisen aus, indem sie sie nur um ihres Erbes willen heirateten, daß die Oligarchie von Siena den weiblichen Waisen verbot, ohne Zustimmung ihrer Verwandtschaft zu heiraten. In England beklagte Piers Plowman die »vielen Paare, die seit der Pest nur aus Gründen der Habgier und gegen ihre Gefühle« geheiratet hätten, woraus, wie er schreibt, folgte, daß sie »in Schuld und Kummer . . ., Eifersucht, Freudlosigkeit und Streit« lebten – ohne Kindersegen. Es scheint den Moralisten Piers befriedigt zu haben, daß diese Ehen unfruchtbar blieben. Ganz anders urteilte Jean de Venette, der sagte, daß die nach der Pest geschlossenen Ehen viele Zwillings-, manchmal sogar Drillingsgeburten hervorbrachten und nur wenige Frauen unfruchtbar waren. Vielleicht spiegelte er damit aber auch nur die verzweifelte Hoffnung wider, daß die Natur den Verlust wieder wettmachen würde, und tatsächlich heirateten unmittelbar nach der Pest unverhältnismäßig viele Männer und Frauen.

Ganz im Gegensatz zu den in Rosenkränze verwandelten Würfeln wurden die Menschen nicht besser, wenn man auch erwartete, wie Villani schrieb, daß die Erfahrung des göttlichen Zorns aus ihnen »bessere, demütigere, tugendhaftere und katholischere Menschen« machen würde. Statt dessen »vergaßen sie die Vergangenheit, als ob es sie niemals gegeben hätte, und ergaben sich einem schamloseren und unordentlicheren Leben als je zuvor«. Durch den Überfluß an Handelsgütern, dem zu wenige Verbraucher gegenüberstanden, fielen die Preise zunächst, und die Überlebenden gaben sich einer Orgie der Verschwendungssucht hin. Die Armen zogen in die leeren Häuser, schliefen in Betten und aßen von Silbertellern. Die Bauern eigneten sich herrenlose Werkzeuge und Tiere an, übernahmen sogar Weinpressen, Schmieden und Mühlen, die keinen Eigentümer mehr hatten.

Das soziale Verhalten wurde rücksichtsloser und gefühlloser wie oft nach Zeiten der Gewalt und des Leidens. Man schrieb die Schuld daran Emporkömmlingen und Neureichen zu, die aus den unteren sozialen Schichten nach oben drängten. Im Jahre 1349 erneuerte Siena seine Gesetze zur Aufwandsbeschränkung, da viele Menschen durch ihr Äußeres den Anschein eines höheren sozialen Status erweckten, als ihnen nach Geburt oder Beruf zukam. Im ganzen gesehen läßt sich aber nach der Prüfung der Steuerregister sagen, daß die sozialen Proportionen der Bevölkerung sich nicht verändert hatten, obwohl sie zur Hälfte der Seuche zum Opfer fiel.

Die unmittelbarste und sichtbarste Folge des Schwarzen Todes war natürlich die verringerte Bevölkerung, die durch Kriege, Raubzüge und neue Ausbrüche der Seuche bis zum Ende des 14. Jahrhunderts sogar noch weiter abnahm. Die Pest lag in der Gestalt ihres Bazillus wie ein Fluch über dem Jahrhundert. Sie sollte noch sechsmal in den nächsten sechzig Jahren an den verschiedensten Orten in unterschiedlichen Intervallen von zehn bis fünfzehn Jahren ausbrechen. Nachdem die Anfälligen ausgelöscht worden waren, zog die Pest sich, in ihrer letzten Phase von einer erhöhten Kindersterblichkeit begleitet, schließlich zurück. Sie hinterließ in Europa eine Bevölkerung, die 1380 um etwa 40 Prozent reduziert war und gegen Ende des Jahrhunderts beinahe um 50 Prozent. Die südfranzösische Stadt Béziers, die 1304 14000 Einwohner hatte, zählte hundert Jahre später nur noch 4000. Der Fischerhafen Jonquières nahe Marseille, der einst 354 steuerpflichtige Haushalte gemeldet hatte, war nun auf 135 geschrumpft. Die blühenden Städte Carcassonne und Montpellier waren nur noch Schatten ihrer früheren Wohlhabenheit, genauso Rouen, Arras, Laon und Reims im Norden. Das schwindende Steueraufkommen veranlaßte die Landesherren, die Steuerlast zu erhöhen, was zu einem Unwillen führte, der sich in den kommenden Jahrzehnten wiederholt in Aufständen Luft machen sollte.

Als der Schwarze Tod die Produktion verlangsamte, wurden Waren knapp, und die Preise schossen hoch. In Frankreich stieg der Weizenpreis 1350 um das Vierfache. Zur selben Zeit brachte die Knappheit an Arbeitskräften den schwerwiegendsten sozialen Einbruch, den die Pest verursachte: eine abgestimmte Forderung nach höheren Löhnen. Bauern entdeckten genau wie Handwerker, Tagelöhner und Priester den sozialen Hebel des stark reduzierten Arbeiterangebots. Schon ein Jahr nach der Pest hatten die Textilarbeiter von St. Omer (in Nordfrankreich nahe Amiens) drei aufeinanderfolgende Lohnforderungen durchgesetzt. In vielen Gilden streikten Handwerker für höhere Löhne und kürzere Arbeitszeit. In einer Zeit, da soziale Bedingungen als unabänderlich galten, waren diese Aktivitäten geradezu revolutionär.

Die Antwort der Regierenden hieß sofortige Unterdrückung. Um die Löhne auf dem Niveau der Zeit vor der Pest zu halten, gab die englische Krone 1349 eine Verordnung heraus, die bestimmte, daß jedermann für den Lohn von 1347 zu arbeiten habe. Auf Arbeitsverweigerung wurden Strafen ausgesetzt, genauso auf den Wechsel des Arbeitsplatzes für bessere Bezahlung und ebenso auf höhere Lohnangebote der Arbeitgeber. Da diese Verordnungen verkündet wurden, als das Parlament nicht tagte, wurden sie als die »Arbeiterstatuten« 1351 erneuert. Sie verurteilten nicht nur die Arbeiter, die um höhere Löhne nachsuchten, sondern vor allem die, »die lieber in Muße betteln, als ihr Brot mit Arbeit zu verdienen«. Die Untätigkeit des Arbeiters wurde als Verbrechen gegen die Gesellschaft angesehen, denn das mittelalterliche System basierte auf seiner Verpflichtung zur Arbeit. So waren die »Arbeiterstatuten« nicht einfach ein reaktionärer Traum, sondern ein Versuch, das System aufrechtzuerhalten. Sie sahen vor, daß jeder Gesunde unter sechzig Jahren und ohne ausreichendes eigenes Einkommen für jeden, der ihn benötigte, zu arbeiten hatte, daß keine Almosen an arbeitsfähige Bettler verteilt werden durften und daß jeder umherziehende Leibeigene zur Arbeit für denjenigen gezwungen war, der ihn beanspruchte. Diese Gesetzgebung der »Arbeiterstatuten« diente bis ins 20. Jahrhundert hinein als Grundlage für die »Konspirations«-Gesetze gegen die Arbeiterschaft in dem langen Kampf um die gewerkschaftliche Organisation.

Ein realistischeres Statut in Frankreich begrenzte den Anstieg der Löhne auf 30 Prozent. Die Preise wurden eingefroren und die Profite der Zwischenhändler reguliert. Um die Produktion zu erhöhen, wurden die Gilden angewiesen, ihre Beschränkungen für die Lehrlingsausbildung zu lockern und die Ausbildungszeit bis zur Meisterprüfung zu verkürzen.

Wie wiederholte Neufassungen dieser Gesetze zeigen, waren sie in beiden Ländern trotz ständig erhöhter Strafen nicht durchzusetzen. Das englische Parlament zitierte 1352 Gesetzesübertretungen, nach denen Arbeiter Löhne forderten und auch bekamen, die um das Zwei- bis Dreifache über den Vor-Pest-Löhnen lagen. Widerspenstige Arbeiter kamen in den Fußblock. Geldstrafen wurden 1360 durch Gefängnisstrafen ersetzt und flüchtige Arbeiter zu Vogelfreien erklärt. Wenn man sie fangen konnte, sollten ihnen auf der Stirn ein F für »flüchtig« (möglicherweise auch für »Falschheit«) eingebrannt werden. Zweimal noch wurden 1360 neue Gesetze verabschiedet, die den Widerstand verstärkten, der sich in dem großen Ausbruch von 1381 entlud.

Das weitverbreitete Gefühl der Sündhaftigkeit, das die Pest hervorgerufen hatte, wurde durch eine Generalabsolution erleichtert, die das Jubiläumsjahr 1350 all denjenigen bot, die eine Pilgerfahrt nach Rom unternahmen. Das Jubiläum war ursprünglich von Bonifatius VIII. im Jahre 1300 begründet worden und sollte allen reumütigen Sündern, die die Beichte abgelegt hatten, ohne weitere Buße die Lossprechung von ihren Sünden erteilen – das heißt, wenn sie eine Reise nach Rom bestreiten konnten. Bonifatius hatte das Jubiläumsjahr als ein hundertjähriges Ereignis vorgesehen, aber das erste hatte einen so überwältigenden Erfolg gehabt – im Laufe des Jahres sollen in Rom 2 Millionen Besucher gezählt worden sein –, daß die Stadt, verarmt durch die Verlegung des Papsthofes nach Avignon, Papst Klemens VI. bat, die Intervalle auf fünzig Jahre zu verkürzen. Der Papst der schönen Wandteppiche handelte nach dem menschenfreundlichen Prinzip, »daß ein Priester seine Untertanen glücklich machen soll«. Er entsprach Roms Bitte in einer Bulle des Jahres 1343.

In derselben für die Kirche bedeutenden Bulle formulierte Klemens VI. die Theorie des Sündenerlasses und legte dessen fatale Gleichsetzung mit Geld fest. Das Blutopfer Christi, so führte er aus, zusammen mit dem gesammelten

Verdienst, das die Jungfrau und die Heiligen erworben hatten, war zu einem unerschöpflichen Schatz an Vergebung geworden. Indem die Gläubigen nun bestimmte Summen an die Kirche bezahlten, konnten sie einen Anteil an diesem Schatz des Verdienstes erwerben. Was die Kirche an Einkommen durch diese Konstruktion gewann, verlor sie schließlich durch den Verfall ihres Ansehens wieder.

Im Jahre 1350 füllten Pilger die Straßen nach Rom. Sie kampierten in der Nacht um offene Feuer. Täglich sollen fünftausend Menschen die Stadt verlassen oder betreten haben. Sie brachten Geld in die Kassen der Haushalte, die ihnen Unterkunft und Verpflegung boten. Ohne ihren Pontifex maximus war die Ewige Stadt mittellos. Die drei Hauptbasiliken lagen in Ruinen, San Paolo war durch das Erdbeben umgestürzt, der Lateranpalast war halb verfallen. Unrat und Trümmer füllten die Straßen, die sieben Hügel lagen still und verlassen da, Ziegen fraßen das Unkraut in den Höfen verlassener Konvente. Der Anblick von abgedeckten Kirchen, dem Regen und Wind schutzlos ausgesetzt, konnte, klagte Petrarca, »ein steinernes Herz erweichen«. Nichtsdestoweniger gab es ein reiches Angebot an Reliquien berühmter Heiliger, und Kardinal Anibaldo Ceccano, der Legat für das Jubiläum, hatte ein ungeheures Programm an Absolutionen und Nachlässen für die reumütigen Massen bereitgestellt. Villani zufolge, der ein besonderes Interesse für Zahlen gehabt hat, hielt sich um die Fastenzeit des Jahres 1350 eine Million Menschen in Rom auf. Dieses enorme Aufgebot deutete entweder auf eine ungewöhnliche Unbedenklichkeit und Energie so kurz nach der Pest hin oder auf ein großes Bedürfnis nach Absolution.

Die Kirche ging reicher, aber unpopulärer aus der Pestzeit hervor. Viele Pestkranke hinterließen in der Angst vor dem plötzlichen Tod ihren Besitz der Kirche – und in der Summe wurde das zu einer Flut von Gütern für die religiösen Institutionen. St. Germain l'Auxerrois in Paris erhielt 49 Erbschaften in neun Monaten, verglichen mit 78 in den vorhergehenden acht Jahren zusammen. Schon im Oktober 1348 unterbrach der Stadtrat von Siena seine jährlichen Zuwendungen an kirchliche Institutionen für zwei Jahre, weil diese durch Vermächtnisse »so immens reich und wahrhaftig fett geworden« waren. In Florenz erhielt die religiöse Gesellschaft von Or San Michele 350 000 Florin, die zu Almosen für die Armen bestimmt waren; aber die Oberen der Gesellschaft wurden angeklagt, das Geld mit der Begründung für ihre eigenen Zwecke mißbraucht zu haben, daß die wirklich Bedürftigen und Armen während der Pest gestorben seien.

Während die Kirche Gelder anhäufte, vermehrten sich die tätlichen Angriffe auf Geistliche. Diese wurden teilweise durch die Flagellanten ausgelöst, teilweise gingen sie auf die Weigerungen von Priestern zurück, während der Seuche ihre Pflicht zu erfüllen. Daß sie starben wie jeder andere auch, wurde ihnen zweifellos vergeben, aber daß sie Christen in Zeiten der Not ohne geistlichen Beistand sterben ließen und daß sie unter diesen schweren Umständen mehr für ihre Dienste verlangten, nahm man ihnen tödlich übel. Sogar während der Festlichkeiten des Jubiläumsjahres verhöhnte das Volk von Rom den päpstlichen Kardinallegaten. Während einer Prozession schoß ein Heckenschütze auf ihn, und er kam bleich und zitternd mit einem Pfeil durch den Hut nach Hause zurück. Danach ritt er nur noch mit einem Helm unter seinem Hut und einem Panzer unter seinem Mantel aus und reiste sobald als möglich nach Neapel ab. Auf dem Wege dorthin starb er – vom Wein vergiftet, wie man sagte.

Die Pest intensivierte die Unzufriedenheit mit der Kirche zu einer Zeit, als die Menschen ein großes Bedürfnis nach geistlichem Beistand empfanden. Die schreckliche Prüfung, die Gott ihnen auferlegt hatte, mußte irgendeine Bedeutung haben. Wenn sie die Menschen vom sündhaften Lebenswandel abbringen sollte, dann hatte sie versagt. Die Menschen waren »verderbter als zuvor«, sie waren habgieriger, raffsüchtiger, schamloser und feindseliger, und dies war nirgendwo deutlicher als in der Kirche selbst. Klemens VI., selber alles andere als ein Mann der Frömmigkeit, war immerhin von der Pest erschüttert genug, sich in einem Wutausbruch gegen seine Prälaten zu wenden, als die ihn 1351 wieder einmal baten, die Bettelorden zu verbieten. Und wenn er es täte, antwortete der Papst, »was könnt ihr den Menschen predigen? Demut? Ihr seid der Stolz selbst, aufgeblasen, pompös und verschwenderisch. Armut? Ihr seid so habgierig, daß alle Reichtümer der Welt euch nicht zufriedenstellen könnten. Keuschheit? Davon wollen wir schweigen, denn Gott weiß, was jeder von euch tut und wie viele von euch ihre Lust befriedigen.« Mit dieser traurigen Meinung von seinen »Brüdern im Herrn« starb das Oberhaupt der Kirche ein Jahr später.

»Wenn die, die den Ehrentitel Hirte tragen, die Rolle der Wölfe spielen«, sagte Lothar von Sachsen, »wächst die Ketzerei im Garten der Kirche.« Wenn auch die meisten Menschen weiter im alten Trott dahinlebten, so gab die wachsende Unzufriedenheit mit der Kirche doch der Ketzerei und dem Sektenwesen Auftrieb. Viele begannen, Gott bei den mystischen Sekten und in all den Reformbewegungen zu suchen, die letztlich das Reich der katholischen Einheit auseinanderbrechen sollten.

Die Überlebenden der Pest, die sich selbst weder vernichtet noch moralisch verbessert wiederfanden, konnten keinen göttlichen Zweck in den Leiden, die sie durchgemacht hatten, entdecken. Gottes Absichten waren immer geheimnisvoll gewesen, aber diese Geißel war zu grauenhaft, als daß sie hätte ohne Fragen akzeptiert werden können. Wenn ein derartiges Unheil, das tödlichste, das die Menschheit kannte, nur göttliche Willkür oder vielleicht überhaupt nicht Gottes Werk war, dann war die Welt in ihren Grundfesten erschüttert. Die Geister, die sich diesen kritischen Fragen öffneten, konnten nie mehr zum

Verstummen gebracht werden. Wenn die Menschen sich erst einmal die Möglichkeit der Veränderung in einer festen Ordnung vorstellen konnten, war auch das Ende eines Zeitalters bedingungsloser Unterwerfung in Sicht; die Wendung zum individuellen Bewußtsein stand vor der Tür. Insofern mag der Schwarze Tod der unerkannte Geburtshelfer des modernen Menschen gewesen sein.

Zunächst hinterließ er Vorahnungen, Spannungen und Düsterkeit. Er beschleunigte den Austausch von ländlichen Arbeitskräften und begann so, alte Bande zu lösen. Er vertiefte die Kluft zwischen Armen und Reichen und steigerte die gesellschaftlichen Gegensätze. Solche großen und qualvollen Erschütterungen sind nur zu ertragen, wenn sich an ihrem Ende eine bessere Welt abzeichnet. Wenn dies nicht der Fall ist wie nach jener anderen großen Katastrophe von 1914/18, ist die Desillusionierung tief, und die Menschen verfallen dem Selbstzweifel und der Selbstverachtung. Der Schwarze Tod erzeugte eine ähnliche existentielle Hoffnungslosigkeit wie der Erste Weltkrieg, obwohl es im Mittelalter fünfzig Jahre dauerte, bis sich die psychischen Nachwirkungen voll entwickelten. Dies waren die rund fünzig Jahre der Jugend und des Erwachsenenlebens von Enguerrand de Coucy VII.

Aus den Pestjahren ging auch jene seltsame Darstellung des Todes hervor, die sich in den Wandmalereien des Campo Santo von Pisa fand. Die Gestalt ist nicht der übliche Knochenmann, sondern eine schwarz gekleidete alte Frau mit wehenden Haaren und wilden Augen, die eine breitschneidige mörderische Sichel in Händen trägt. An ihren Füßen hat sie Krallen statt der Zehen. Das Wandgemälde stellt den Triumph des Todes dar und wurde 1350 von Francesco Traini als Teil einer Serie gemalt, die Darstellungen des Jüngsten Gerichts und der Höllenqualen einschloß. Eine thematisch ähnliche Arbeit, die zur selben Zeit von Trainis Meister Andrea Orcagna in der Kirche Santa Croce in Florenz gemalt wurde, ging bis auf Fragmente verloren. Zusammen deuten die beiden Gemälde auf den Beginn einer intensiven und allgegenwärtigen Beschäftigung mit dem Tod hin: Noch ist sie nicht der Kult, zu dem sie bis zum Ende des Jahrhunderts werden sollte, aber dessen Anfang.

Gewöhnlich wurde der Tod als Skelett mit Stundenglas und Sense dargestellt, das in ein weißes Leichentuch gehüllt oder in nackter Knochigkeit über die Ironie des menschlichen Schicksals grinst, deren Symbol es ist: Alle Menschen vom Bettler zum Kaiser, von der Dirne zur Königin, vom zerlumpten Mönch zum Papst müssen zu Asche werden. Egal wie arm oder mächtig, alles ist eitel vor dem Gleichmacher Tod. Das Vergängliche ist nichts; was zählt, ist das Leben der Seele nach dem Tod.

In Trainis Fresko stößt der Tod durch die Luft auf eine Gruppe sorgloser, junger und schöner Edelleute und Damen herab, die sich wie Modelle von Boccaccios Märchenerzählern in einem Orangenhain mit Büchern und Musik vergnügen. Eine Schriftrolle warnt, daß »weder Weisheit noch Reichtum noch Adel noch Tapferkeit« sie vor den Schlägen des Todes schützen kann. »Sie haben sich mehr an den weltlichen als den göttlichen Dingen erfreut.« In einem Berg von Leichen in der Nähe liegen gekrönte Häupter, ein Papst mit der Tiara, ein Ritter zusammen mit den Körpern der Armen, während Engel und Teufel am Himmel um die kleinen nackten Figuren, die ihre Seelen darstellen, kämpfen. Eine elende Gruppe von Leprakranken, Bettlern und Krüppeln mit einem, dem die Nase weggefressen ist, anderen ohne Beine oder blind, einem, der seinen Armstumpf anstelle der Hand flehend erhebt, bittet den Tod um Erlösung. Auf einem Berg sieht man Eremiten, die ein beschauliches religiöses Leben führen; sie erwarten den Tod in Frieden.

Darunter trifft in einer Szene ungewöhnlicher Kraft eine berittene Jagdgesellschaft von Fürsten und eleganten Damen mit plötzlichem Schrecken auf drei offene Särge mit Leichen in den unterschiedlichen Stadien der Verwesung. Eine ist noch bekleidet, eine halb verfallen, eine schon ein Skelett. Schlangen kriechen über die Gebeine. Diese Szene illustriert »Die drei Lebenden und die drei Toten«, eine Legende des 13. Jahrhunderts, in der drei verwesende Leichen drei Edelleuten warnend zurufen: »Was ihr seid, waren wir. Was wir sind, werdet ihr sein.« In Trainis Fresko bleibt ein Pferd, den Gestank in den geblähten Nüstern, mit gestrecktem Hals steif stehen, und der Reiter preßt sich ein Tuch gegen die Nase. Die Jagdhunde weichen verschreckt knurrend zurück.

Die Gruppe von lebenslustigen schönen Männern und Frauen in ihren Seidenkleidern, Locken und modischen Hüten starrt entsetzt auf das, was auch aus ihnen einmal werden wird.

Kapitel 6
Die Schlacht von Poitiers

Kaum der Pest entkommen, stürzte sich Frankreich in ein militärisches Debakel, das mit seiner Vielzahl zerstörerischer Folgeerscheinungen einen bestimmenden Einfluß auch auf das Leben Enguerrands de Coucy haben sollte. Den äußeren Anlaß dafür bot England, aber der wirkliche Grund lag in der unbändigen Selbstherrlichkeit der Fürstenschicht, von der sich ein König leiten ließ, der ein Genie des politischen Ungeschicks war.

Johann II., der seinem Vater König Philipp VI. im August 1350 auf den Thron folgte, hätte Machiavelli als Vorbild für seinen Antifürsten dienen können. Unpolitisch und ungestüm, ohne Weisheit und Glück in seinen Entscheidungen war er offensichtlich unfähig, die Folgen seiner Handlungen im voraus abzuschätzen. Obwohl er im Kampf selbst tapfer war, konnte man ihn keinesfalls einen großen Feldherrn nennen. Ohne böse Absicht trieb er den Vertrauensschwund in seine Person bis zur Revolte und verlor sein halbes Königreich, geriet selbst in Gefangenschaft und ließ Frankreich führungslos in seiner dunkelsten Stunde dieses Zeitalters zurück. Mit überraschender Milde hatten ihm seine Untertanen den Namen Jean le Bon (Johann der Gute) gegeben, wohl eher um seine Naivität und Sorglosigkeit zum Ausdruck zu bringen als seine Güte. Vielleicht bezogen sie sich aber auch auf seine Ritterlichkeit und Großzügigkeit den Armen gegenüber. Er soll einmal einem Dienstmädchen, dem die königlichen Jagdhunde die Milchkrüge umgestoßen hatten, seine Geldbörse geschenkt haben. Er bestieg den Thron mit der erklärten Absicht, die Niederlagen seines Vaters im vorausgehenden Jahrzehnt wettzumachen.

Schon am ersten Tag seiner Herrschaft forderte er die mächtigsten Fürsten seines Reiches auf, sich für seinen Ruf bereitzuhalten, »wenn die Zeit kommen sollte«. Der Waffenstillstand nach dem Fall von Calais, der während der Pestzeit erneuert worden war, lief im April 1351 aus. Da Johann aber eine leere Schatzkammer hatte, konnte er keine Armee unter Sold halten und mußte so erst einmal seine Finanzen sanieren. Ihm war nicht verborgen geblieben, daß Frankreich aus den Fehlern von Crécy und Calais lernen mußte, und so bemühte er sich eifrig um bestimmte Ideen zur militärischen Reform.

Drei Monate nach seiner Thronbesteigung war seine erste Amtshandlung jedoch, den Constable von Frankreich, den Grafen von Eu und sechzehnten Grafen von Guînes, einen Vetter von Enguerrand VII., hinrichten zu lassen.

Der Graf war ein einflußreicher Mann und »so höflich und liebenswert in jeder Hinsicht, daß er von großen Herren, Rittern, Damen und Jungfrauen geliebt und bewundert wurde«. Nachdem der Graf von Eu aber 1345 bei Caen von den Engländern gefangengenommen worden war, war er nicht in der Lage gewesen, das Lösegeld aufzubringen, das König Eduard festgesetzt hatte. Das war nicht verwunderlich, denn Eduard hielt sich bei wichtigen Geiseln nicht an das Prinzip des Rittertums, daß ein Lösegeld nicht so hoch angesetzt werden durfte, daß es den Ritter ruinierte oder ein Jahreseinkommen überschritt. Nach vierjähriger Gefangenschaft hatte der Graf von Eu nun seine Freiheit zurückgewonnen, angeblich um den Preis, dem englischen König die strategisch wichtige Burg und Grafschaft von Guînes in der Nähe von Calais abzutreten. Aufgrund dieses Verdachts ließ Johann ihn nach seiner Rückkehr ohne Verhandlung enthaupten. Schweigend hatte der König den Fürbitten der Freunde des Grafen zugehört und als Antwort geschworen, »nicht wieder zu schlafen, solange der Graf von Guînes lebt«. Einer anderen Version zufolge soll der König unter Tränen geantwortet haben: »Ihr sollt seinen Körper haben und ich seinen Kopf.«

Johann hätte sich den französischen Adel kaum gründlicher entfremden können als durch die Hinrichtung eines Edlen von des Grafen Rang. Wenn der Graf wirklich verräterisch gehandelt hatte, indem er seinen an Calais angrenzenden Besitz an die Engländer übergab, hätte der französische König allen Anlaß gehabt, seine Gründe für das Urteil genau zu erklären, aber Johann war zu halsstarrig oder zu willkürlich, um die Wichtigkeit der öffentlichen Meinung zu erkennen.

Sein nächster Schritt verschlimmerte die Angelegenheit noch. Er gab das Amt des Constable an seinen Favoriten Karl von Spanien, dem man nachsagte, daß er dem König in »unehrenhafter Zuneigung« verbunden sei. Ihm auch schrieb man die Urheberschaft am königlichen Mord am Grafen von Eu zu, weil er dessen Amt begehrte. So verwandelte Johann zu einer Zeit, als er allen Grund hatte, die separatistischen Tendenzen der Fürstenhäuser zu fürchten, die Trauer des Adels in Zorn. Die Episode war ein zerstörerischer Beginn seiner Herrschaft in einer Zeit, da sie der Einheit am meisten bedurfte.

Aber schon Johanns Vater war »ung bien hastif homs« (ein sehr ungeduldiger Mann) gewesen, und die Vetternehen der letzten Jahrhunderte waren für die Valois nicht ohne Folgen geblieben. Johann übernahm von seinem Vater die Zweifel an der Legitimität seiner Herrschaft genauso wie dessen ständige (nicht unbegründete) Angst vor Verrat. Von seiner Mutter, der lahmen Königin, hatte er die Rachsucht geerbt. Denn trotz ihrer Frömmigkeit und ihrer guten Werke wurde sie »eine grausame Herrin« genannt, »denn wen sie haßte, der war ohne Gnade tot«. Ihr schrieb man auch zu, ihren Gatten zu der Tat getrieben zu haben, die seine Zeitgenossen so entsetzte – die Hinrichtung von fünfzehn bretonischen Rittern, die seine Gefangenen waren.

In den Feldzügen der 1340er Jahre hatte Johann die Engländer in Aiguillon vier Monate lang vergeblich belagert. Den Überlieferungen zufolge hatte er sich jedem Rat verschlossen und war »schwer zu bewegen, wenn er sich eine Meinung gebildet hatte«. Sein bemerkenswertestes Talent muß die Fähigkeit gewesen sein, seine Habgier zu befriedigen. Er hatte Freude am Luxus, war ein Kenner auf dem Gebiet der Kunst, aber sicher nicht auf dem der Ministerauswahl. Er hatte von seinem Vater eine Anzahl zwielichtiger Persönlichkeiten übernommen, die weder fähig noch ehrlich waren, von den Adligen wegen ihrer bürgerlichen Abstammung verachtet und von den Bürgern wegen ihrer Habsucht und Bestechlichkeit gehaßt wurden. Simon de Buci, Robert de Lorris und Jean Poilevain wurden alle drei als Minister des Königs wegen Willkür beziehungsweise Unterschlagung und Betrug angeklagt und mußten vom König begnadigt werden. Männer wie diese brachten die königliche Regierung zunehmend in öffentlichen Mißkredit.

Johanns erster größerer Verwaltungsakt war ein ernsthafter Versuch, die militärische Organisation zu straffen. Es war nicht mehr zu übersehen, daß das Recht der Barone, sich selbständig aus einem Feldzug zurückzuziehen, die Kampfkraft bei größeren Unternehmen lähmte. Die zur Hälfte aus feudalen Vasallen und zur Hälfte aus gedungenen Söldnern bestehende mittelalterliche Armee, die noch keine nationale Streitmacht war, war zu stark von den fürstlichen Privatinteressen abhängig, um ein verläßliches Verteidigungsinstrument zu sein. Die königliche Verordnung vom April 1351 war ein Versuch, die Prinzipien von Befehl und Gehorsam einzuführen, soweit es das Selbstverständnis des Rittertums erlaubte.

Dem entsprach eine Bestimmung, die darauf zielte, den entscheidenden Unsicherheitsfaktor der mittelalterlichen Schlacht zu beseitigen: das Recht auf eigenständigen Rückzug. Die neue Verordnung forderte, daß jeder im Heer einem Hauptmann unterstellt würde, und verlangte von allen Soldaten einen Eid, »die Kompanie ihres Hauptmanns nicht zu verlassen«, ohne einen ausdrücklichen Befehl zu haben. Einen Hinweis darauf, wie wenig sich ein Kommandeur auf seine Truppen verlassen konnte, gibt eine weitere Regelung, die auch von den Hauptleuten der Kompanien verlangte, ihren Bataillonsbefehlshaber darüber zu informieren, ob sie an einer Schlacht teilnehmen würden oder auch nicht.

Am wichtigsten war dem König die Idee, seine Streitkräfte durch die Gründung eines Ritterordens zu festigen. Wie der kurz zuvor von Eduard ins Leben gerufene Hosenbandorden war auch sein Orden den Rittern von König Artus' Tafelrunde nachempfunden. Johanns Orden vom Stern sollte mit den englischen Hosenbandrittern rivalisieren, das französische Prestige aufbessern und den uneinigen Adel in Treue zum Hause Valois zusammenschweißen.

Mit all ihren Riten, Schwüren und Paraden waren die Ritterorden im wesentlichen ein Mittel der Monarchie, sich eine zuverlässige Hausmacht zu schaffen. Dies sollte das Hosenband symbolisieren, ein Band, das die Ordensritter untereinander und sie alle mit dem König, dem Oberhaupt des Ordens, verknüpfte. 1344 mit großem Aufwand angekündigt, sollte der Hosenbandorden ursprünglich dreihundert erprobte Ritter umfassen, angefangen bei den Vornehmsten des Königreichs. Als er fünf Jahre später in aller Form gegründet wurde, war er auf einen exklusiven Zirkel von 26 Rittern reduziert, die sich unter die Schutzherrschaft des heiligen Georg stellten. Ihre Farben waren Blau und Gold. Bezeichnend war, daß die Statuten eine Klausel enthielten, daß kein Mitglied ohne Erlaubnis des Königs das Reich verlassen durfte. Das Tragen des Hosenbandes am Knie sollte nach den Worten des Ordenschronisten »Ermahnung und Erinnerung sein, daß die Ritter nicht kleinmütig (indem sie das Schlachtfeld fliehen) den Ruhm und die Tapferkeit verraten, die in Treue und Edelmut besteht«. Sogar die alten Ritter kannten Furcht und Flucht.

Da es Johanns Ziel war, möglichst viele Adlige zu sammeln, legte er weniger Wert auf Exklusivität, und er öffnete seinen Orden vom Stern für fünfhundert Mitglieder. Gegründet »zur Ehre Gottes und unserer lieben Frau, zur Erhöhung der Ritterschaft und der Vermehrung des Ruhms«, sollte sich der Orden einmal im Jahr zu einem zeremoniellen Bankett versammeln, auf dem die Wappenschilde aller Mitglieder ausgestellt wurden. Die Ordensritter sollten eine weiße Tunika tragen, einen roten oder weißen Umhang mit einem goldenen Stern, einen roten Hut, einen bestimmten Emaillering, eine schwarze Kniehose und vergoldete Schuhe. Der Orden führte ein rotes Banner, das mit Sternen bedeckt war und ein Bild der Gottesmutter trug.

Auf dem jährlichen Bankett berichteten die Ritter unter einem Eid der Wahrhaftigkeit »alle Abenteuer, die ruhmreichen und die schändlichen, die ihnen im Laufe des Jahres widerfahren waren«, und diese wurden von Schreibern in einem Buch niedergelegt. Der Orden wählte die drei Fürsten, Bannerträger und Ritter, die die größten Kriegstaten des Jahres aufwiesen, »denn keine Waffentat im Frieden soll berücksichtigt werden«. Damit sollten die Privatfehden von den durch den Herrscher erklärten Kriegen unterschieden werden. Bezeichnend für das Anliegen des Königs war, daß der Schwur, nicht zu fliehen, hier in strenger Form und deutlicher als in den Statuten des Hosenbandordens wieder auftauchte: Ein Ritter des Ordens vom Stern mußte schwören, niemals weiter als vier *arpents* (etwa 500 Meter) zurückzuweichen, sondern sich »eher töten oder gefangennehmen zu lassen«.

Die Absichten, die hinter den Orden standen, waren praktisch, aber die Form war schon nostalgisch. Seit den Legenden von den Waffentaten der Tafelrunde König Artus' aus dem 6. Jahrhundert (wenn es sie überhaupt je gegeben hat) hatte sich die Kriegführung erheblich geändert. Die Legenden hatten das Rittertum als Ordnungsprinzip einer Kriegerkaste geformt, »ohne die die

Welt in Verwirrung fiele«. Aber die Suche nach dem Gral war kein adäquater Leitfaden für eine realistische Kriegstaktik.

Der höchste Ausdruck ritterlichen Kriegshandwerks war in zeitgenössischen Augen die berühmte Schlacht »combat des trente« von 1351. Sie war eine Episode der lang andauernden englisch-französichen Auseinandersetzungen in der Bretagne und begann mit einer Herausforderung zum Zweikampf von Robert de Beaumanoir an seinen englandfreundlichen Landsmann, den Bretonen Bramborough. Als die Gefolgsleute dieser Ritter inständig darum baten, an dem Kampf teilnehmen zu dürfen, wurde ein Treffen von je dreißig Rittern auf beiden Seiten vereinbart. Die Bedingungen des Kampfes wurden bestimmt, das Schlachtfeld ausgewählt, und nachdem die Teilnehmer zur Messe gegangen waren und Höflichkeiten ausgetauscht hatten, begann der Kampf. Mit Schwertern, Bärenspießen, Dolchen und Äxten wurde gefochten, bis vier Ritter auf französischer und zwei auf englischer Seite erschlagen waren und eine Pause ausgerufen wurde. Blutend und erschöpft verlangte Beaumanoir nach einem Getränk und gab damit seinem Gegner Anlaß zur berühmtesten Antwort dieser Ära: »Trink dein Blut, Beaumanoir, und dein Durst wird vergehen!« Das Gefecht wurde wiederaufgenommen, und die Ritter kämpften, bis die französische Seite die Oberhand gewonnen hatte und keiner der Überlebenden mehr unverwundet war. Bramborough und acht seiner Mitstreiter fielen, die übrigen gingen in Gefangenschaft und wurden als Geiseln festgehalten.

In der breiten Diskussion, die der Waffengang auslöste, »hielten einige ihn für eine sehr erbärmliche Sache und andere für ein Heldenstück«. Die Bewunderer waren in der Überzahl. Das Treffen wurde in Versen, auf Bildern und Wandteppichen gefeiert, ein Denkmal wurde auf dem Schlachtfeld errichtet. Mehr als zwanzig Jahre später traf Froissart an der Tafel König Karls V. einen vernarbten Überlebenden dieser Schlacht; er wurde vor allen anderen geehrt. Er erzählte dem immer neugierigen Chronisten, daß er die große Gunst, die der König ihm schenkte, der Tatsache verdankte, daß er einer von jenen dreißig gewesen war. Ruhm und Ehre dieses Waffenganges spiegelten die nostalgische Vision des Ritters, wie eine Schlacht zu sein hatte. Mochte er auch eine Kriegführung der Plünderungen und Verwüstungen praktizieren, er träumte doch von der edlen Größe eines Sir Lancelot.

Während die Ritter des Ordens vom Stern sich vergnügten, eroberten die Engländer die Festung von Guînes, deren Hauptmann mit seinen Freunden die Ordensgründung feierte. Zu ihrem eigenen Verhängnis hielten sich einige Ordensritter später an ihren Schwur, nicht zu fliehen. Marschall Guy de Nesle geriet mit einer Streitmacht französischer Ritter 1352 in einen englischen Hinterhalt bei Mauron in der Bretagne. Er und seine Männer hätten fliehen und sich damit retten können, aber sie fühlten sich an ihren Eid gebunden und zogen sich nicht zurück. Obwohl sie umstellt waren, versuchten sie nicht auszubrechen, sondern hielten stand und kämpften, bis alle getötet oder gefangengenommen waren. Die Toten lagen so dicht übereinander auf dem Schlachtfeld, daß die Leiche von Guy de Nesle erst zwei Tage später entdeckt wurde. Sieben französische Bannerherren und achtzig oder neunzig Ritter ließen ihr Leben. Zusammen mit den Gefangenen riß dieser Verlust so große Lücken in die Reihen des Ordens, »daß die großen Unglücksfälle und Mißgeschicke, die noch folgen sollten, den Ruin der edlen Gesellschaft bedeuteten«.

In Frankreichs Unglück sah ein junger Man von zwanzig Jahren, Karl, König von Navarra und Enkel Ludwigs X., seine Chance. Ob er wirklich die französische Krone anstrebte oder Rache für persönlich erlittenes Unrecht suchte oder wie Jago die Verwirrung um ihrer selbst willen liebte, ist ein Rätsel, das in einem der undurchschaubarsten Charaktere des 14. Jahrhunderts verborgen geblieben ist. Er war ein kleiner, schlanker Mann mit glänzenden Augen, beredt, launisch, intelligent, charmant, gewalttätig, verschlagen wie ein Fuchs, ehrgeizig wie Luzifer und wahrhaft »verrückt, böse und gefährlich«. Mit verführerischer Eloquenz konnte er seine Ritter ebenso überreden wie die Massen aufhetzen. Er erlaubte sich dieselben ungezügelten Gemütsausbrüche wie Johann und andere Herrscher, aber im Gegensatz zu Johann war er ein subtiler, kühner Intrigant, absolut ohne Skrupel, aber zugleich so sprunghaft und unzuverlässig, daß er seine eigenen Pläne untergrub. Als Karl der Böse ist er in die Geschichte eingegangen.

Durch seine Mutter, eine Tochter Ludwigs X., stammte Karl von Navarra in direkterer Linie von den letzten Kapetingern ab als Johann II., aber seine Eltern hatten jeden Anspruch auf die Krone abgetreten, als sie Philipp VI. als rechtmäßigen König von Frankreich anerkannt hatten. Dafür waren sie mit dem Königreich von Navarra entschädigt worden. Das kleine Reich in den Pyrenäen bot ihrem Sohn wenig Einflußmöglichkeiten, aber als Graf von Evreux hielt er ein großes Lehen in der Normandie, das ihm Macht verlieh und ihm als Ausgangsbasis für seine Operationen diente.

Eifersucht und Haß auf Karl von Spanien, den neuen Constable, trieben ihn zur Tat. In einem unüberlegten Gunsterweis hatte der König seinen Favoriten Karl von Spanien mit der Grafschaft von Angoulême belehnt, die traditionell dem Hause Navarra gehörte. Johann versuchte, Karl von Navarra durch die Verlobung mit seiner achtjährigen Tochter zu beschwichtigen, verschlimmerte die Angelegenheit aber nur noch, indem er die Aussteuer seiner Tochter einbehielt. So konnte er kein Freund seines neuen Schwiegersohnes werden.

Karl von Navarra versuchte, den König über Karl von Spanien zu treffen. Kein Freund von Halbheiten, ließ er ihn einfach ermorden – nicht ohne den Hintergedanken, daß er durch die Tat die vielen Adligen, die sein Opfer ebenfalls haßten, auf seine Seite ziehen konnte. Er machte sich selbst aber nicht die Hände schmutzig.

Sein Bruder, Philipp von Navarra, erledigte diese Aufgabe mit einer Gruppe von Helfershelfern, zu denen auch Johann von Harcourt, zwei weitere Brüder Harcourt und andere führende Adlige aus der Normandie gehörten.

Im Januar 1354 nutzten sie die Gelegenheit, als der Constable die Normandie besuchte, brachen in sein Zimmer ein, in dem er nach mittelalterlichem Brauch nackt schlief, und zogen ihn mit im Fackelschein blinkenden, gezogenen Schwertern aus dem Bett. Er warf sich mit gefalteten Händen vor Philipp auf die Knie und bat um Gnade. Er wollte sich »mit Gold freikaufen, sein neues Land zurückgeben, nach Übersee gehen und niemals zurückkehren«. Der Graf von Harcourt bat Philipp, Mitleid zu haben, aber der junge Mann, von der Wut und dem Haß seines Bruders verblendet, hörte nicht auf ihn. Seine Männer fielen über Karl »so wild und schrecklich« her, daß sein Körper von achtzig Schwertstößen durchbohrt wurde. Sie galoppierten zu dem wartenden Karl von Navarra zurück und riefen ihm zu: »Es ist getan. Es ist getan!« »Was ist getan?« fragte er, um die Form zu wahren, und sie antworteten: »Der Constable ist tot!« Die Kühnheit dieses Schlags, der den dem König nächststehenden Mann traf, machte Karl von Navarra zu einem unübergehbaren Machtfaktor des Königreiches. Johann erklärte seinen Besitz in der Normandie für beschlagnahmt, aber das mußte er militärisch erst einmal durchsetzen.

Karls Zeitgenossen haben diesen Mord im allgemeinen seinen Rachegefühlen und seinem Haß zugeschrieben, aber war es Leidenschaft oder Berechnung? Hemmungslosigkeit war charakteristisch für die Herrscher der Zeit, und es scheint, als seien in diesen Jahren bizarre Ausbrüche von Gewalttätigkeit häufiger geworden, vielleicht in der Folge des Schwarzen Todes und dem Gefühl der Unsicherheit des Lebens. So entluden sich im Jahre 1354 die periodischen Spannungen zwischen Bürgertum und Universität in Oxford in einem wilden Gefecht, in dem die Parteien mit Dolchen, Schwertern, ja sogar Pfeil und Bogen aufeinander losgingen. Der Kampf endete mit einem Massaker unter den Studenten und der Schließung der Universität. Erst nachdem der König Schutzmaßnahmen für die Freiheit der Universität ergriff, konnte sie wieder geöffnet werden. Als in Italien Francesco Ordelaffi, der Tyrann von Forlì, berüchtigt wegen seiner *subitezza,* seines Jähzorns, 1358 mit letzten Kräften den Widerstandskampf gegen die päpstlichen Truppen führte, wagte sein Sohn, ihn zu bitten, den sinnlosen Kampf abzubrechen. »Du bist entweder ein Bastard oder ein Wechselbalg!« schrie der erzürnte Vater und zog, als sein Sohn sich abwandte, den Dolch »und stach ihn in den Rücken, so daß er noch vor Mitternacht starb«. In einem ähnlichen Ausbruch rasender Wut tötete der Herzog von Foix, der mit einer Schwester Karls von Navarra verheiratet war, seinen einzigen legitimen Sohn.

Seit langem schon hatte man sich in diesem Zeitalter an die Gewalt gewöhnt. Im 10. Jahrhundert war ein »Gottesfrieden –Treuga Dei« vereinbart worden, um der Sehnsucht nach Frieden entgegenzukommen. Dieser Gottesfrieden galt für alle Festtage, Sonntage und Ostern. In dieser Zeit durften Arbeiter, Bauern, Händler, Handwerker und sogar Tiere nicht von den Männern des Schwertes angegriffen werden. Alle öffentlichen und religiösen Häuser galten an diesen Tagen als Asyl. So wenigstens die Theorie. In der Praxis war der Gottesfrieden wie andere Gebote der Kirche ein zu grobmaschiges Netz, um die Instinkte der Menschen zurückzuhalten.

Die Leichenbeschauer Englands mußten wesentlich öfter Totschlag als Unfall zur Todesursache erklären, und meistens gelang es den Schuldigen, der Strafe durch Bestechung oder gute Verbindungen zu entgehen. Die Literatur der Zeit spiegelte die Gewalttätigkeit des Lebens wider. Eine der Geschichten, die La Tour Landry zur Aufklärung seiner Töchter schrieb, erzählt von einer Frau, die mit einem Mönch durchbrannte und von ihren Brüdern mit ihm zusammen im Bett gefaßt wurde. »Sie nahmen ein Messer und schnitten dem Mönch die Hoden ab, warfen sie ihr ins Gesicht und zwangen sie, sie zu essen. Danach nähten sie die Frau und den Mönch mit schweren Steinen in einen Sack und ertränkten beide in einem Fluß.« Eine andere Geschichte erzählt von einem Ehemann, der seine Frau zurückholte, die nach einem Ehestreit in das Haus ihrer Eltern geflohen war. Auf dem Heimweg war er gezwungen, in einer Stadt zu übernachten. Dort wurde seine Frau »von einer großen Horde junger Leute, die wild von Lüsternheit waren«, angegriffen und vergewaltigt. Sie starb aus Kummer und Scham. Ihr Mann schnitt daraufhin ihren Körper in zwölf Teile und schickte die mit einem Begleitbrief an die Freunde seiner Frau, um sie zur Rache an den Vergewaltigern aufzustacheln. Die Freunde der Frau versammelten sich mit ihrem gesamten Gefolge, griffen die Stadt, in der die Vergewaltigung geschehen war, an und erschlugen alle Einwohner.

Die Gewalt war nicht auf Individuen beschränkt. Die Folter war von der Kirche autorisiert und wurde regelmäßig von der Inquisition benutzt, um Ketzereien aufzudecken. Die zivile Gerichtsbarkeit belegte als schuldig überführte Angeklagte mit Strafen wie Handabhacken, Ohrenabschneiden, sie ließ ihre Opfer verhungern, verbrennen, häuten und in Stücke reißen. Es war eine alltägliche Sache, Verbrecher gegeißelt, gestreckt und am Schindanger erhängt zu sehen. Man sah abgeschlagene Köpfe und gevierteilte Körper, die auf Stangen über der Stadtmauer zur Schau gestellt wurden. In jeder Kirche gab es die Bilder von Heiligen, die die verschiedensten grausamen Martyrien erlitten hatten – durch Pfeile, Speere, Feuer, Dornen –, alles war in Blut getaucht. Blut und Grausamkeit waren ein allgegenwärtiges Element der christlichen Kunst, sogar ein zentrales, denn Christus wurde zum Erlöser und die Heiligen heilig nur dadurch, daß sie unter den Händen ihrer Mitmenschen Gewalt erlitten hatten.

Auf den Dörfern vergnügten sich die Bewohner bei Wettkämpfen, in denen sie mit auf den Rücken gebundenen Händen eine angenagelte Katze durch

Kopfstöße töten mußten, wobei sie Gefahr liefen, daß ihnen das Tier in seiner Panik die Wangen aufriß oder die Augen auskratzte. Ein anderes Spiel bestand darin, daß ein Schwein unter Keulenschlägen und dem Lachen der Zuschauer durch ein Gehege getrieben wurde, bis es leblos zusammenbrach. Die Menschen des Mittelalters waren an physische Leiden und Verletzungen gewöhnt, und sie wurden durch die Darstellung von Gewalt und Schmerz nicht abgestoßen, sondern genossen sie vielmehr. Die Bürger von Mons kauften ihrer Nachbarstadt einen zum Tode Verurteilten ab, damit sie das Vergnügen hatten, seiner Vierteilung zusehen zu können. Es mag sein, daß die wenig zärtliche mittelalterliche Kindheit Erwachsene hervorbrachte, die andere Menschen ebensowenig achteten, wie sie selbst in den formenden ersten Jahren geachtet worden waren.

Nach seinem unerhörten Anschlag wurde Karl von Navarra zum Mittelpunkt einer Adelsgruppe, die bereit war, sich an einer Protestbewegung gegen das regierende Haus der Valois zu beteiligen. Der alte Widerspruch zwischen der Krone und den Baronen war durch Philipps und Johanns Aktionen gegen die des Verrats verdächtigten Adligen und durch die militärischen Demütigungen seit Crécy neu belebt worden. Die Landbesitzer, die unter der Bauernflucht und zurückgehenden Einkünften litten, machten für viele ihrer Mißgeschicke die Krone verantwortlich. Sie wandten sich gegen den finanziellen Druck, der vom König und seinen verachteten Ministern ausging, und strebten nach umfassenden Reformen und größerer politischer Selbständigkeit. Von seiner Basis in der Normandie aus konnte sich Karl zum Zentrum einer Widerstandsgruppe machen und begann, seine Absichten lauthals in die Welt zu krähen.

»Gott weiß, daß ich es war, der mit Gottes Hilfe Karl von Spanien umgebracht hat«, schrieb er in einem Brief an Papst Innozenz VI. Er erklärte den Mord am französischen Oberbefehlshaber zu einer gerechten und unabweisbaren Antwort auf die königlichen Übergriffe, drückte seine Verehrung für den Heiligen Stuhl aus und erkundigte sich nach dem päpstlichen Wohlbefinden. Karl war bereit, die Engländer zu unterstützen, wenn sie ihm in dem Kampf um seine Besitzungen in der Normandie halfen, und zu diesem Zweck brauchte er den Papst als Vermittler. In einem Brief an König Eduard schrieb er, daß er mit der Hilfe seiner Burg und seiner Soldaten in der Normandie König Johann so schaden könnte, daß »er sich niemals wieder erholen würde«. Gleichzeitig bat er um Unterstützung durch englische Truppen aus der Bretagne.

Das ganze Jahr 1354 hindurch schwankte die Zukunft des Jahrhunderts zwischen Krieg und Frieden. Papst Innozenz VI., der alt und kränklich war, versuchte dringend, eine Beilegung des Konflikts zu erreichen, weil er den Lärm der Ungläubigen vor den Toren hörte. 1353 hatten die Türken Gallipoli genommen, den Schlüssel zum Hellespont, und damit den Fuß auf europäischen Boden gesetzt. Gegen diese Bedrohung wollte er die christlichen Energien vereinen, was nicht möglich war, wenn England und Frankreich ihren Krieg wiederaufnahmen.

Unter dem Druck des Papstes und ihrer leeren Kassen waren Eduard und Johann in Verhandlungen um einen dauernden Frieden eingetreten, den keiner von beiden wirklich wollte. Der englische König hatte den Kredit aufgezehrt, den ihm sein Volk für einen Krieg eingeräumt hatte, der weder auf diplomatischem noch auf kämpferischem Wege zu beendigen zu sein schien. Der dritte Stand fand, daß die Kosten die Beute weit überstiegen. 1352 hatte das Parlament die Macht des Königs zur Aushebung von Soldaten eingeschränkt. Als der Lord Chamberlain im April 1354 das Unterhaus fragte, »ob sie einem Vertrag über den endgültigen Frieden zustimmen« würden, riefen die Mitglieder einmütig: »Aye! Aye!«

Auf seiner Seite befürchtete Johann eine Übereinkunft zwischen Karl von Navarra und König Eduard. Die »wohlunterrichteten Kreise« des Mittelalters sprachen nur noch von dem Verrat seines Schwiegersohns. Zudem hatte der König keinerlei Aussicht auf Truppen und Steuerhilfe aus der Normandie. Unter diesen Umständen sah er sich gezwungen, seinen Zorn herunterzuschlucken, die Beschlagnahmung der Güter Karls von Navarra rückgängig zu machen, ihn zu begnadigen und zu einer Versöhnungszeremonie nach Paris einzuladen. Karl kam, denn nie im Leben konnte er verlockenden Angeboten widerstehen. Vielleicht kam er auch, weil er sich – er war erst zweiundzwanzig – seiner Sache doch nicht so sicher war, wie er es in Wort und Tat verkündet hatte. Mit Umarmungen, Treueschwüren und durchdachten Formeln ging dieser Scheinfrieden im März 1354 über die Bühne. Die Gefühle der beiden Kontrahenten mag sich jeder selbst ausmalen.

Das Jahr stand zögernd am Rand des Friedens. Der Krieg war durch einen Friedensschluß mit gewaltigen Vorteilen für England fast beendet, als Frankreich sich im letzten Augenblick aufbäumte und den Vertrag ablehnte. Das einzige Ergebnis dreijähriger Verhandlungen und des päpstlichen Friedenseifers war eine Verlängerung des Waffenstillstands um ein Jahr. Noch einmal nahm Karl von Navarra die Gespräche mit Eduard auf und vereinbarte eine Vereinigung der Streitkräfte beider in Cherbourg, von wo aus sie den Feldzug beginnen wollten. Die Hoffnungen Innozenz' VI. wurden unter den Trümmern des Friedensvertrages begraben. Als der Papst Eduard vorwarf, mit Karl von Navarra gegen den französischen König zu konspirieren, log Eduard so leichthin wie die Herrscher späterer Zeiten: »Ich spreche die Wahrheit und schwöre es beim Herzen Gottes.« Er wies die Anklage »beim Wort eines Königs« zurück. Der Text der Korrespondenz mit Karl von Navarra ist überliefert.

In seiner Eile, den Krieg neu zu beginnen, versandte Eduard an die Erzbischöfe von Canterbury und York Briefe, in denen er die französische Perfidie und seine Rechtschaffenheit bekundete. Die Briefe wurden von königlichen Herolden öffentlich verlesen, und von den Kanzeln im Lande wurde das französische Unrecht in Eduards Version verbreitet. Eduard verstand die Rolle der Öffentlichkeitsarbeit. Auf dem einen oder anderen Wege gelang es ihm auch, die nötigen Finanzmittel aufzutreiben und die Zustimmung des Parlaments zu erlangen. Während des Sommers 1355 zog er Flotten und Truppen an der Küste zusammen. Als der geltende Waffenstillstandsvertrag zur Sommersonnenwende auslief und nicht erneuert wurde, standen zwei Expeditionsarmeen zum Übersetzen nach Frankreich bereit. Die eine sollte unter Eduard, dem Schwarzen Prinzen, nach Bordeaux aufbrechen, die andere unter der Führung des Herzogs von Lancaster in die Normandie, um sich dort mit Karl von Navarra zu vereinigen.

Mit Hilfe günstiger Winde gelangte Prinz Eduard in drei oder vier Tagen an die französische Küste nahe Bordeaux. Er befehligte eintausend Ritter, Knappen und andere Waffenträger, zweitausend Bogenschützen und eine große Anzahl walisischer Fußsoldaten. Jetzt 24 Jahre alt, muskulös, mit einem vollen Schnurrbart, war der Erbe König Eduards ein harter und hochmütiger Fürst, der als »die Blume der Ritterschaft« unsterblichen Ruhm erlangen sollte. Sein Ruf blieb unversehrt, da er das Glück hatte, zu sterben, bevor er von der Verantwortung der Krone befleckt werden konnte. Die Franzosen aber sahen ihn als »in seiner Art grausam« und als den »stolzesten Mann, den je ein Weib gebar«. Der Zweck dieses Überfalls, der den Prinzen 250 Meilen weit bis nach Narbonne und im Oktober/November 1355 wieder zurück nach Bordeaux führen sollte, war nicht Eroberung, sondern Verwüstung und Plünderung. Niemals zuvor hatte das »berühmte, schöne und reiche« Land von Armagnac eine solche Zerstörung erlitten wie in diesen zwei Monaten. Die Verheerung war aber nicht ohne Absicht; wie Terrorismus in jedem Zeitalter sollte sie die Menschen bestrafen und sie abschrecken, sich mit dem Feind zu verbinden. Da die Bewohner von Aquitanien sich wieder mit der französischen Krone arrangiert hatten, wurden sie von England als Rebellen angesehen, und der Schwarze Prinz sah es als seine Pflicht an, sie zu züchtigen. Eine solche Politik mußte Feindseligkeiten in dem Land provozieren, das die englische Krone für sich gewinnen wollte, aber der Prinz besaß nicht mehr und nicht weniger Weitblick als die meisten militärischen Führer und sah nicht in die Zukunft. Mit der Verstärkung durch seine Verbündeten aus der Gascogne hatte er eine Streitmacht von 1500 Lanzen (jeweils ein Ritter mit zwei Helfern), 2000 Bogenschützen und 3000 Fußsoldaten zusammengebracht. Er wollte einen Beweis englischer Macht liefern und dem Landadel zeigen, wo seine Interessen besser aufgehoben waren. Er verminderte die französischen Kriegsreserven, indem er einer Region schweren Schaden zufügte, die dem König von Frankreich reiche Steuern brachte. Plünderungen sorgten für Sold und Beute zugleich.

Das Heer des Schwarzen Prinzen kehrte, mit Teppichen, Wandbehängen, Juwelen und anderer Beute beladen, wenn auch nicht mit Ruhm bedeckt, ins Winterquartier nach Bordeaux zurück. Wo war Tapferkeit, wo war Mut, wo waren die Heldentaten, die der Stolz des Kriegers waren? Raub und Mord an unbewaffneten Zivilisten forderten weder Mut noch Kraft, und sie hatten nichts mit den ritterlichen Tugenden der Tafelrunde und des Hosenbandordens zu tun. Der Prinz selbst, sein engster Verbündeter aus der Gascogne, der Hauptmann de Buch, sein bester Freund und Berater, Sir John Chandos, die Grafen von Warwick und Salisbury und mindestens drei weitere Ritter des englischen Heeres waren Mitglieder des Hosenbandordens. Ob sie, wenn sie sich nach den täglichen Blutbädern zur Ruhe legten, irgendeinen Widerspruch zwischen dem Ideal und der Praxis empfanden, weiß niemand. Sie hinterließen keine Anzeichen dafür. Um sein Recht zu strafen zu betonen, wies der Prinz zweimal große Entschädigungszahlungen von Städten zurück, die sich von den Plünderungen freikaufen wollten. Seine Briefe drücken nur das Gefühl zufriedener Pflichterfüllung aus. Sein Raubzug hatte sein Heer bereichert, die französischen Einkünfte reduziert und jedem wankelmütigen Gasconen bewiesen, daß der Dienst unter der englischen Fahne lohnte. Aber sogar Froissart, der unkritische Bewunderer des Rittertums, schrieb: »Es war ein bedauerliches Ereignis . . .« Während der Krieg sich hinzog, vergiftete die Gewöhnung der Soldaten an Grausamkeit und Zerstörung die zweite Hälfte des 14. Jahrhunderts.

Die für die Normandie bestimmten englischen Einheiten wurden durch widrige Winde und den plötzlichen Abfall von Karl von Navarra bis Ende Oktober aufgehalten. Es war fast zu spät für einen Feldzug im Norden. Der Befehlshaber dieser Truppen, Heinrich, Herzog von Lancaster, genannt der »Soldatenvater«, war der erfahrenste Kriegsherr Englands und hatte mit seinen 45 Jahren nicht eine Schlacht versäumt. Er war Veteran der schottischen Kriege, hatte bei Sluis, Calais und in allen Feldzügen gegen Frankreich gekämpft. Wenn sein Land nicht Krieg führte, hatte er in alter Rittertradition sein Schwert ins Ausland getragen. Er hatte sich dem König von Kastilien in seinem Kreuzzug gegen die Mauren in Algeciras angeschlossen, war nach Preußen gereist, um den Deutschen Ritterorden bei einem seiner alljährlichen »Kreuzzüge« zu begleiten, die das Christentum in das heidnische Litauen tragen sollten.

Lancaster war ebenso religiös wie kämpferisch. Er schrieb ein Buch auf französisch (immer noch die Sprache des englischen Hofes), in dem in allegorischer Form die Wunden seiner Seele – das heißt seine Sünden – Christus, dem göttlichen Arzt, dargebracht werden. Jeder Körperteil wies eine allegorische Wunde auf, und jedes Heilmittel entsprach einem religiösen Symbol. Dabei entpuppte sich dieser hohe Herr des 14. Jahrhunderts als ein Mann, der die

Eleganz seiner spitzen Schuhe im Steigbügel bewunderte und bei Turnieren seine Beine streckte, um die Damen zu beeindrucken. Er kritisierte sich aber auch selbst, weil er sich vor dem Gestank der Armen und Kranken ekelte und weil er mit allen Mitteln versuchte, aus seinen Lehen Geld und Besitz herauszupressen.

Bei der Invasion Frankreichs von 1355 schloß sich König Eduard Lancaster an. Sie segelten nach Calais statt dem ursprünglich geplanten Cherbourg und landeten am 2. November 1355. Sie sammelten ihre Streitmacht von dreitausend Reisigen, zweitausend berittenen Bogenschützen und vielleicht ebenso vielen Fußsoldaten und brachen auf, um die Schlacht mit dem König von Frankreich zu suchen. Zunächst aber verwüsteten sie auf ihrem Marsch den Pas de Calais, Artois und die Picardie.

Der König von Frankreich hatte »feierlich und öffentlich« den *Arrière-ban*, den allgemeinen Aufruf an alle Männer zwischen achtzehn und sechzig, proklamiert. Vielleicht wegen der spärlichen Antwort auf diesen Ruf war er während des Sommers des öfteren in Paris und allen wichtigen Städten des Königreiches wiederholt worden – »besonders in der Picardie«. Da größtenteils Männer von zweifelhafter militärischer Tauglichkeit geschickt wurden, war es dem König lieber, die Entschädigungszahlungen einzuziehen als die gestellten Männer in sein Heer eingliedern zu müssen. Er versuchte deshalb, bestimmte Kriterien für die körperliche Eignung festzusetzen, und schickte alle nach Hause, die ihnen nicht entsprachen. Das Aussortieren und die Zusammenstellung eines schlagkräftigen Heeres kostete Zeit, und aufgrund der weitverbreiteten Unzufriedenheit mit dem König hatten es viele Adlige nicht eilig, zum Heer zu stoßen. Die Armee, die Johann im November nach Norden gegen die Engländer führte, war unvollständig.

Enguerrand de Coucy VII., fünfzehn Jahre alt, war in dieser Armee. Es ist nicht überliefert, was er tat, nur, daß er sich im Bataillon von Moreau de Fiennes befand, der eine Gruppe von »Baronen der Picardie« anführte und später Marschall von Frankreich werden sollte. Enguerrand war in guter Gesellschaft: Matthieu de Roye, Enguerrands Vormund, war der Befehlshaber der Armbrustschützen, Geoffroy de Charny war als »der vollkommene Ritter« bekannt, und auch Marschall Arnould d'Audrehem war kein Unbekannter. Zu dem Bataillon gehörten die Bürger von Paris, Rouen und Amiens.

Der Feldzug, der Enguerrands erste Kriegserfahrung war, bot wenig Stoff für heroische Legenden. Die französische Heerschar stand vom 5. bis 7. November in Amiens und zog dann nordwärts nach St. Omer, wo sie am 11. des Monats eintraf. Sie ließ die Engländer links liegen, die zur gleichen Zeit südwärts nach Hesdin marschierten. Die Armeen beschnüffelten und umkreisten einander, wechselseitig forderten sich die Könige zum Kampf – »Mann gegen Mann oder Streitmacht gegen Streitmacht«, so lautete die Herausforderung König Johanns –, die der Herausgeforderte mit ornamentalem Wortreichtum ablehnte. Weder Johann noch Eduard waren wirklich entschlossen, die Schlacht aufzunehmen. Johanns zentrale militärische Absicht war es, die Engländer durch Ausplünderung des eigenen Landes vom Nachschub abzuschneiden. Das ging zu Lasten der örtlichen Bevölkerung, die nun einem Winter ohne Vorräte entgegensah und die ihre Kriegerklasse nicht als Beschützer, sondern als Zerstörer erlebte.

Johanns Politik der verbrannten Erde zwang die Engländer, sich wegen ihrer Nachschubschwierigkeiten wieder an die Küste zurückzuziehen. Vier Tage lang hatten sie außer Wasser keine anderen Getränke, was in einem Zeitalter, da Wein oder Bier ein fester Bestandteil der Mahlzeiten war, wie ein Notstand erschien. Außerdem war es den Franzosen mit Geld und Briefen gelungen, die Schotten zu einigen Grenzverletzungen gegen England zu bewegen. Diese neue Bedrohung und die Aussicht auf einen Winter ohne Alkohol veranlaßten Eduard und Lancaster schließlich, sich wieder nach England einzuschiffen und den Feldzug nach nicht mehr als zehn Tagen abzubrechen.

König Johann stand nun vor der Notwendigkeit, sich von der Ständeversammlung eine Subvention bewilligen zu lassen, damit er seine Truppen bezahlen konnte. Für Dezember hatte der König eine Versammlung der Stände des nördlichen Frankreichs (Langue d'oïl) nach Paris einberufen. Da aufgrund der Steuerfreiheit für Adel und Kirche der dritte Stand den größten Teil der Steuern zahlte, hatte er auch die Entscheidungsgewalt über die Höhe der Abgaben. Die Bürgerlichen nutzten diesen Umstand als Hebel zur Durchsetzung von Reformen und Privilegien, was die Monarchie bei jedem dieser Hilfsersuchen in eine schwierige Lage brachte.

Das Angebot, das die Stände 1355 machten, zeigte den Reichtum Frankreichs und die Loyalität, die immer noch unter aller Unzufriedenheit verborgen war – aber es deckte auch ein tiefes Mißtrauen gegenüber der königlichen Regierung auf. Die Stände erklärten sich bereit, 30000 Reisige ein Jahr lang bei geschätzten Kosten von 5 Millionen Pfund zu bezahlen – die aber nur unter der Bedingung, daß der Fonds nicht vom königlichen Schatzmeister verwaltet würde, sondern von einem Komitee der Stände, das die Truppen direkt entlohnte. Das Geld sollte durch eine Besteuerung aller Stände und eine Salzsteuer aufgebracht werden, die Steuerquoten sollten im folgenden Jahr erhöht werden, wenn sie zur Eintreibung der genannten Summe nicht ausreichten. Die neuen Quoten bedeuteten eine Steuer von 4 Prozent auf das Einkommen der Reichen, 5 Prozent auf das der Mittelklasse und 10 Prozent auf die niedrigsten steuerpflichtigen Einkommen. Ein Ergebnis dieser Besteuerung war ein Aufstand der »Kleinen gegen die Großen« in der Textilindustriestadt Arras in der nördlichen Picardie. Er wurde zwar schnell niedergeworfen, aber er war ein erstes Signal kommenden Unheils.

Unterdessen sorgte das unermüdliche Ränkespiel Karls von Navarra für neuen Zündstoff. Er versuchte, den achtzehnjährigen Thronfolger Karl gegen seinen Vater, den König, aufzuhetzen und zugleich die normannischen Landesherren zur Verweigerung ihrer Steuerzahlungen an den französischen König zu bewegen.

Im April 1356 hatte der französische Dauphin Karl in seiner Eigenschaft als Herzog der Normandie Karl von Navarra und die führenden Adligen der Normandie nach Rouen zu einem Festmahl geladen. Plötzlich wurden während des Banketts die Türen aufgestoßen, und der König stürmte im Helm an der Spitze seines Gefolges in den Saal. Sein Marschall d'Audrehem rief mit gezogenem Schwert: »Keiner bewegt sich, oder er ist ein toter Mann!« Der König erklärte Karl von Navarra für verhaftet und nannte ihn einen »Verräter«. Daraufhin zog ein Knappe Karls von Navarra, Colin Doublel, seinen Dolch und drohte in einem unerhörten Akt des Majestätsverbrechens (*lèse majesté*), ihn dem König in die Brust zu stoßen. Unerschrocken befahl Johann seinen Wachen, »diesen Jungen und seinen Herrn« zu ergreifen. Er selbst packte Johann von Harcourt so hart, daß dessen Wams von der Schulter bis zum Gürtel aufriß, und klagte ihn und die anderen aus Navarras Gefolge, die Karl von Spanien ermordet hatten, des Verrats an. Entsetzt bat der Dauphin seinen Vater, ihn nicht dadurch zu entehren, daß er das Gastrecht verletzte. »Du weißt nicht, was ich weiß«, sagte der König. Karl von Navarra flehte um Gnade, behauptete, das Opfer falscher Anschuldigungen zu sein, aber der König verhaftete ihn mit seinem Gefolge, während die restlichen Gäste flohen, »wobei sie in ihrem Schrecken über Mauern kletterten . . .«.

Am nächsten Morgen wurden Johann von Harcourt, Colin Doublel und zwei weitere normannische Herren in zwei Karren, dem schändlichen Fahrzeug der Verurteilten, zum Galgen gebracht. In voller Rüstung, als erwartete er einen Angriff, begleitete der König den Zug. Offenbar nervös geworden, ließ er plötzlich anhalten und befahl, die Gefangenen auf der Stelle zu enthaupten. Er erlaubte auch keinen geistlichen Beistand; als Verräter mußten sie sterben, ohne gebeichtet zu haben. Ein Ersatzhenker wurde hastig herbeigeholt, der sechs Hiebe brauchte, um Harcourts Kopf vom Körper zu trennen. Danach wurden die vier Körper zum Galgenhügel transportiert, wo sie in Ketten aufgehängt wurden. Die Köpfe stellte man, auf Lanzen aufgespießt, für die nächsten zwei Jahre zur Schau. Karl von Navarra ging als Gefangener ins Pariser Châtelet, und seine Besitztümer wurden erneut von der Krone beschlagnahmt.

Johanns unüberlegter Zugriff blieb nicht ohne Folgen. Johann von Harcourt hatte drei Brüder und neun Kinder (eine seiner Töchter war mit Raoul de Coucy, einem Onkel Enguerrands VII., verheiratet), die alle in bedeutende Familien Nordfrankreichs eingeheiratet hatten. Der König hatte es geschafft, die weiten Verbindungen seines Opfers gegen sich aufzubringen, ohne seinen eigentlichen Feind, Karl von Navarra, endgültig zu vernichten. Auf den Gefangenen im Châtelet richtete sich viel Sympathie, und es wurden sogar populäre Lieder zu seinen Ehren komponiert. Der Vorfall von Rouen hatte genau das bewirkt, was der König hatte vermeiden wollen – die Normandie wandte sich wieder England zu. Der Bruder von Johann von Harcourt, Gottfried, derselbe, der Eduard III. zehn Jahre zuvor in die Normandie geführt hatte, und der Bruder Karls, Philipp von Navarra, wandten sich mit Hilfeersuchen an die Engländer. Als die englischen Verbände im Juli 1356 in Cherbourg landeten, schworen die beiden Eduard III. als König von Frankreich die Treue. Unter Führung des Herzogs von Lancaster zogen die Engländer von Cherbourg in die Bretagne, während gleichzeitig der Schwarze Prinz von Bordeaux aus zu einem neuen Feldzug nach Norden ins Herz Frankreichs aufbrach. Die Ereignisse bewegten sich auf den Zusammenstoß von Poitiers zu.

Mit achttausend Mann, die sich aus Engländern, Gasconen und Verstärkungen aus dem Mutterland rekrutierten, marschierte der Prinz nach Norden. Sein Ziel war es, sich mit Lancaster im Norden zu vereinigen und auf dem Weg dorthin Städte und Festungen zu vermeiden und nur zu rauben und zu plündern. Etwa am 3. September erreichte der Prinz die Loire und wandte sich, da sämtliche Brücken zerstört waren, nach Westen in Richtung Tours, wo er davon unterrichtet wurde, daß eine große französische Armee sich auf ihn zubewegte. Boten brachten ihm die Nachricht, daß Lancaster die Normandie verlassen hatte und nun eilig die Vereinigung der beiden englischen Armeen anstrebte. Aber die Loire lag zwischen ihnen, und das Land war voller französischer Einheiten. Seine Männer waren müde und mit Beute beladen. Vier Tage lang zögerte er und verspielte damit seinen Vorsprung, dann wandte er sich wieder nach Süden, um der Schlacht auszuweichen, und versuchte, sein Beutegut sicher nach Bordeaux zurückzubringen.

Im Norden hatte sich Johann zunächst gegen Lancaster gewandt und zeitweise seinen Weg blockiert, um dann der Bedrohung aus dem Süden zu begegnen. Er hatte in seinem Aufruf alle Streitkräfte nach Chartres beordert. Durch die Ankunft des Feindes an der Loire alarmiert, waren die Adligen allen Vorbehalten zum Trotz dem Ruf des Königs gefolgt. Sie kamen aus der Auvergne, Berry, Burgund, Lothringen, Hainault, Artois, Vermandois, der Picardie, Bretagne und Normandie. »Kein Ritter und kein Knappe blieb zu Hause«, schrieben die Chronisten, »die Blüte Frankreichs war versammelt.«

Den König begleiteten seine vier Söhne. Gautier de Brienne, der den Titel »Herzog von Athen« nach einem erloschenen Herzogtum trug, das während eines Kreuzzuges gegründet worden war, war der neue Constable. Zwei Marschälle Frankreichs, 26 Herzöge und Grafen, 334 Bannerherren und beinahe alle anderen Grundherren und Ritter gehörten zu der Heerschar. Es war die größte französische Armee des Jahrhunderts – »ein großes Wunder«, schrieb ein englischer Chronist, »noch nie sah man dergleichen Adel in Waffen«. Die wirkliche Stärke dieses Heeres ist endlos diskutiert worden – die Chronisten setzten sie je nach individueller Unbedenklichkeit auf bis zu achtzigtausend Mann an –, heute geht man von einer Zahl von sechzehntausend aus, also etwa doppelt soviel, wie der Schwarze Prinz zur Verfügung hatte.

Aber es war eine zusammenhanglose Armee. Die großen Herren kamen später als verabredet, jeder mit einem Gefolge von fünfzig, hundert oder hundertfünfzig Mann unter seiner eigenen Fahne, mit seinem eigenen Troß und Gold- und Silberschätzen, die im Notfall Bargeld ersetzen sollten. Die Bestimmungen der »königlichen Verordnung« von 1351 hatten, was die Disziplin und Ordnung anging, wenig Ergebnisse gebracht. Ein neuer Streit über Steuern hatte die Bürger verstimmt und die Städte veranlaßt, ihre Kontingente zurückzuziehen. Froissart hat eine andere Version: Er schreibt, daß Johann die bürgerlichen Einheiten beim Überschreiten der Loire entließ und zurückschickte, »was Wahnsinn in ihm und seinen Ratgebern war«. König Johann war zuversichtlich, mit der gesammelten Macht Frankreichs den Schwarzen Prinzen nach Aquitanien, sogar zurück nach England treiben zu können. Zwischen dem 8. und 13. September überquerte die französische Armee bei Orléans die Loire und stieß nach Süden vor. Am 12. September war der Schwarze Prinz in Montbazon, fünf Meilen südlich von Tours, wo ihn die päpstlichen Gesandten trafen, die seit Beginn des Jahres versuchten, die beiden Parteien zu Friedensverhandlungen zu bewegen. Neben ermahnenden Schreiben an die beiden Könige und führende Fürsten der beiden Nationen hatte der Papst zwei Kardinäle entsandt, um die Kriegshandlungen zum Stehen zu bringen.

Von einem der beiden, Kardinal Talleyrand, erfuhr Prinz Eduard, daß der französische König damit rechnete, ihn einzuholen, und sich für den 14. September auf die offene Feldschlacht vorbereitete. Obwohl der Schwarze Prinz alles andere als versessen darauf war, gegen die unverbrauchten und überlegenen Kräfte der Franzosen die Schlacht zu riskieren, wies er das Angebot Talleyrands zurück, einen Waffenstillstand auszuhandeln, wohl weil er glaubte, sich dem Feind entziehen zu können. Die Franzosen versuchten in Eilmärschen, die Engländer bei Poitiers in der Flanke zu umgehen und ihren Rückzug zu vereiteln, indem sie ihnen den Weg nach Bordeaux verlegten. Vier weitere Tage marschierten die beiden Heere hintereinander her, ohne daß es zu einem Schlagabtausch gekommen wäre. Die Engländer waren den Franzosen kaum zwölf Meilen voraus, und diese verkürzten den Abstand Stück um Stück.

Am 17. September sichtete eine französische Gruppe eine englische Aufklärungseinheit nahe dem Gut La Chaboterie, drei Meilen westlich von Poitiers. Der Anführer der französischen Gruppe war Raoul de Coucy, Sire de Montmirail, Onkel Enguerrands VII. und als einer der tapfersten Ritter seiner Zeit bekannt. Auf eigene Initiative ging er im Galopp zum Angriff über. Ob Enguerrand bei ihm oder im Hauptheer war, ist nicht überliefert.

In dem Zusammenprall, der nun folgte, drang Raoul so weit in die feindlichen Reihen vor, daß selbst der Bannerträger des Schwarzen Prinzen in Gefahr geriet. Unter der Wucht des französischen Ansturms wankten die anglo-gasconischen Einheiten, erholten sich dann aber und überwältigten unerklärlicherweise, obwohl sie zahlenmäßig unterlegen waren, die französischen Angreifer. Viele von ihnen fielen, und Raoul selbst wurde gefangengenommen. Wie vieles andere, das während der Schlacht von Poitiers geschah, ist auch der Ausgang des Gefechts bei La Chaboterie nur schwer zu erklären.

Da die Engländer und Gasconen Gefangene, die reiche Lösegelder versprachen, machen wollten, verfolgten sie die Franzosen so hartnäckig, daß sie sich weit vom Schlachtfeld entfernten. So war der Prinz gezwungen, haltzumachen, um seine Kräfte zu sammeln. Er befahl, das Nachtlager aufzuschlagen, obwohl seine Soldaten schwer unter Wassermangel litten.

Am nächsten Morgen, Sonntag, dem 18. September, als die müden englischen Verbände den Rückmarsch wiederaufnahmen, sahen ihre Kundschafter von einer Hügelkuppe aus das Schimmern von Rüstungen und das Flattern von tausend Bannern. Es war das französische Heer. Der Prinz sah, daß die Schlacht nun unausweichlich war, und zog seine Truppen auf die günstigsten Positionen zusammen, die ihm das Gelände bot. Er stellte sein Heer auf einer bewaldeten Anhöhe auf, die an Weinberge und Hecken grenzte und an deren Fuß ein Fluß sich durch sumpfiges Grasland schlängelte. Auf der anderen Seite des Flusses lag ein breites Feld, das von einem schmalen Weg durchquert wurde. Dieser Ort lag ungefähr zwei Meilen südöstlich von Poitiers.

In seiner Siegesgewißheit ließ sich König Johann von Kardinal Talleyrand zurückhalten, der mit einer großen Gruppe von Geistlichen eintraf und bat, den sonntäglichen »Gottesfrieden« einzuhalten und ihm zugleich die Möglichkeit zu geben, zu vermitteln. Im Kriegsrat, der in dem scharlachroten Seidenzelt des Königs stattfand, drangen der Marschall d'Audrehem und die anderen kampflustigen Heerführer auf sofortigen Angriff, auch weil sie sich der Gefahr bewußt waren, von Lancaster im Rücken angegriffen zu werden. Gegen ihren Rat stimmte der König in einem fatalen Entschluß der Bitte des Kardinals um Aufschub zu. Ein Vorschlag Geoffrey de Charnys, hundert Ritter beider Seiten den Kampf austragen zu lassen, wurde abgelehnt, weil das vermeintlich zu viele von Kampf, Ruhm und Beute ausgeschlossen hätte. Wäre es zur sofortigen Schlacht gekommen oder hätte man Charnys Vorschlag angenommen, wäre der Ausgang vielleicht ein anderer gewesen.

Talleyrand eilte ins Lager des Schwarzen Prinzen und fand ihn sehr zugänglich für jede Art friedlicher Einigung, die ihm Beute und Ehre ließ. Eduard bot an, alle Gefangenen ohne Lösegeldzahlung wieder auf freien Fuß zu setzen, er wollte die von ihm besetzten Gebiete räumen und sich zu einem siebenjährigen Waffenstillstand verpflichten. Der *Chronique des Quatre Premiers Valois* zufolge war er sogar bereit, Calais und Guînes zurückzugeben, obwohl ihm sicherlich die Machtbefugnis dazu fehlte. Seine außergewöhnlichen Zugeständnisse zeigen aber, daß der Prinz wußte, in welch verzweifelter Lage er sich befand. Ihm war klar, daß die Franzosen ihn aushungern konnten, wenn sie sich entschlossen, ihn zu umzingeln und zu belagern. Oder aber er wollte nur Zeit gewinnen, wohl wissend, daß die Franzosen eine so ruhmlose Lösung ablehnen würden, um seine Bogenschützen in Stellung bringen zu können. Seine Männer waren während dieses Tages der Verhandlungen intensiv damit beschäftigt, Gräben zu ziehen und Palisaden aufzubauen.

König Johann war bereit, Eduards Vorschläge zu überdenken. Talleyrand und seine Begleiter eilten auf ihren Maultieren zwischen dem englischen und dem französischen Lager hin und her, und die berühmtesten Ritter des Prinzen kamen unter freiem Geleit, um selbst zu verhandeln. In der Arroganz seiner Siegesgewißheit nahm Johann die Vorschläge schließlich unter der Bedingung an, daß der Prinz selbst und hundert seiner Ritter sich als Gefangene des Königs ergäben. Diese Demütigung lehnte der Prinz entschlossen ab. Außerdem hatte er seine Stellungen im Wald und an den Hecken inzwischen beträchtlich verstärkt. Während Talleyrand Johann noch bat, um der Liebe Jesu willen zumindest einer Waffenruhe bis Weihnachten zuzustimmen, ging der Tag der Verhandlungen vorüber. Der französische Kriegsrat trat wieder zusammen, um einen Angriffsplan zu fassen.

Marschall Clermont riet zu einer Blockade der englischen Truppen. Das war genau die Taktik, die der Prinz fürchtete. Man sollte nicht die Torheit begehen, die Engländer in ihrer starken Stellung anzugreifen, sagte Clermont, sondern sie vielmehr umzingeln, bis ihnen die Vorräte ausgingen und »sie die Stellungen verlassen« müßten. Dies war der naheliegende und vernünftige Kurs, aber das Diktat der Ritterehre verbot ihn. Mit Hohn und grimmigem Widerspruch lehnte Marschall d'Audrehem Clermonts Vorschlag ab. Drei Ritter, die die englischen Linien ausgekundschaftet hatten, berichteten, daß der einzige Zugang zu den feindlichen Stellungen so schmal sei, daß nur vier Männer nebeneinander hindurchreiten könnten. Auf Anraten von Sir William Douglas, einem im Kampf gegen die Engländer erprobten Schotten, der nun Berater des französischen Königs war, wurde beschlossen, daß die Hauptstreitmacht zu Fuß angreifen sollte. Um aber nicht ganz auf die Vorteile des Kavallerieangriffs verzichten zu müssen, sollte der erste Einbruch in die Linien der englischen Bogenschützen einer Eliteeinheit von dreihundert Rittern auf den schnellsten und stärksten Schlachtrössern vorbehalten werden. Alle drei Befehlshaber, der Constable und die beiden Marschälle, wurden in unglaublicher Bedenkenlosigkeit dieser Truppe zugeordnet.

Bei Sonnenaufgang am Montag, dem 19. September, stellte sich das französische Heer mit Waffenlärm und Trompetenschall hinter der berittenen Speerspitze in den üblichen drei Bataillonen auf. Die Bataillone standen hintereinander, wahrscheinlich, um verschiedene Angriffswellen vorzutragen, was aber verhinderte, daß sie einander an den Flanken unterstützen konnten.

An der Spitze des ersten Bataillons stand der neunzehnjährige Thronfolger, zumindest nominell – es war seine erste Schlacht. Philipp von Orléans, Bruder des Königs, zweiundzwanzigjährig und ebenfalls völlig unerfahren, führte das zweite Bataillon, und das dritte stand unter dem Kommando des Königs selbst. Er wurde von einer neunzehnköpfigen Leibwache begleitet, die genau wie er eine schwarze Rüstung und einen weißen, mit Lilien besetzten Umhang trug. Dies war eine kluge, wenn auch wenig ritterliche Vorsichtsmaßnahme, denn der Feind tat natürlich sein Äußerstes, um den König gefangenzunehmen.

»Absitzen! Absitzen!« befahl König Johann und »stieg selbst als erster ab«. Es ist gesagt worden, daß er sich zu diesem Schritt entschlossen habe, um die Fluchtmöglichkeiten seiner uneinigen Truppen einzuschränken. Moderne Kritiker – denn die Diskussion setzte sich fort – haben den Entschluß eine »selbstmörderische Dummheit« genannt, andere haben ihn als die einzig vernünftige und mögliche Taktik angesehen, da wegen der vielen Hecken, Gräben und Sümpfe die Reiterei nicht geschlossen eingesetzt werden konnte.

Die Ritter saßen ab, entfernten die Sporen, schnitten die langen Spitzen ihrer Schuhe ab und verkürzten ihre Lanzen auf eineinhalb Meter. Die »Oriflamme«, das spaltzüngige, scharlachrote Banner der französischen Könige, wurde Geoffrey de Charny, »dem vollkommenen Ritter«, übergeben. »Ihr habt die Engländer verflucht«, rief der König seinen versammelten Rittern zu, »und wolltet eure Schwerter mit den ihren kreuzen. Da stehen sie vor euch! Erinnert euch an das Unrecht, das sie euch zufügten, und rächt euch für die Verluste und Leiden, die sie Frankreich zugefügt haben! Ich verspreche euch, wir werden mit ihnen kämpfen, und Gott sei mit uns!«

Der Schwarze Prinz stellte zwei Bataillone in die erste Linie und eines dahinter, die Bogenschützen in Abständen auf die drei verteilt. Die vier Grafen – von Warwick und Oxford, Suffolk und Salisbury – kommandierten die beiden vorderen Bataillone, der Prinz und Chandos das zurückgezogene und eine Reserve von vierhundert Reitern. Die Engländer hatten nicht nur die bessere Position, sie waren vor allem das homogenere, besser organisierte Heer mit der Erfahrung von zwei Feldzügen hinter sich. Für Expeditionen ins feindliche Ausland waren die Engländer zu gründlicher Planung und guter Ausbildung der Truppen gezwungen.

Aber selbst jetzt noch, vielleicht auch weil seine Berater gegensätzlicher Meinung waren, versuchte der Schwarze Prinz, nach Süden über die Straße nach Bordeaux zu entkommen. »Denn an jenem Tag«, so schrieb Chandos Herald später, »wünschte er den Kampf nicht, sondern wollte, das sage ich ehrlich, mit allen Mitteln die Schlacht ganz vermeiden.« Die Rückzugsbewegung eines Teils des zuerst abrückenden Trosses wurde aber durch die im Wind flatternden Wimpel der Vorhut verraten. Marschall d'Audrehem sah sie zuerst und rief: »Ha! Verfolgt sie! Greift an, ehe die Engländer uns verloren sind!« Der nüchternere Clermont riet nach wie vor zur Umzingelung, was zu einem wütenden Streit zwischen den beiden Marschällen am Rand der Schlacht führte. D'Audrehem verdächtigte seinen Kameraden, »Furcht vor dem Anblick der Engländer zu haben«, und Clermont antwortete ihm mit einer angemessenen Beleidigung: »Ha, *Maréchal,* Ihr seid nicht so kühn, als daß Euer Roß nicht seine Nase im Arsch meines Rosses wiederfinden wird.« In dieser Uneinigkeit blies die berittene Speerspitze der französischen Armee zum Angriff. Der Schwarze Prinz sah die Vorbereitungen der Attacke und stoppte den begonnenen Rückzug. In einer feurigen Rede rief er seine Ritter auf, für den Anspruch ihres Königs auf die französische Krone zu kämpfen, für die Ehre des Sieges, für reiche Beute und unvergänglichen Ruhm. Er ermahnte sie, Gott zu vertrauen und den Befehlen zu gehorchen. Die Reiter d'Audrehems wurden von den Bogenschützen der Engländer eingedeckt und festgenagelt, während Clermont zusammen mit dem Constable von einem Pfeilhagel zurückgeschlagen wurde, der so dicht war, daß er den Himmel verfinsterte. Aus ihren von Fußsoldaten und abgesessenen Rittern geschützten Stellungen heraus zielten die Langbogenschützen auf ausdrücklichen Befehl des Grafen von Warwick auf die nicht gepanzerten Rümpfe der Pferde. Reihenweise brachen die Tiere unter ihren Reitern zusammen oder bäumten sich auf und richteten »unter ihren eigenen Herren ein großes Massaker an«. Es war eine Wiederholung der Panik von Crécy. Die gestürzten Ritter konnten weder ihre Pferde noch sich selbst wiederaufrichten. In dem nachfolgenden Handgemenge, unter dem Schlachtgeschrei und den Trompetensignalen, dem Brüllen der Verwundeten und dem Wiehern der verletzten Pferde, fielen Clermont und der Constable, wurde d'Audrehem gefangengenommen und der größte Teil der ausgesuchten Ritter getötet.

Schon rückte das Bataillon des Thronfolgers zu Fuß vor, in das Chaos hinein. In der ersten Linie war Karl zusammen mit seinen Brüdern, dem siebzehnjährigen Ludwig und dem sechzehnjährigen Johann. Behindert von den reiterlosen Pferden, nahm das Bataillon den Kampf Mann gegen Mann auf, kämpfte entschlossen mit den kurzen Lanzen, mit Streitaxt und Schwert. Aber die Soldaten hatten keinen kampferprobten Führer mehr, unter dem Kommando eines dem Chaos gegenüber hilflosen Knaben fielen sie zurück. Feindliches Triumphgeschrei begrüßte die Eroberung des Banners des Dauphins. Auf Befehl des Königs, der seine Söhne retten wollte, oder, wie später gesagt wurde, auf Anordnung der vier fürstlichen Beschützer des Thronfolgers zog sich der größere Teil des Bataillons vom Schlachtfeld zurück. Dabei brachen die zurückströmenden Männer in die Schlachtordnung des nachdrängenden Bataillons ein. Statt mit frischen Truppen den Druck auf die hartbedrängten Engländer zu erneuern, was vielleicht die Wende gebracht hätte, ließ sich das Bataillon des Herzogs von Orléans von der Panik anstecken, floh, ohne auch nur einen Schlag geführt zu haben, zu seinen wartenden Pferden zurück und galoppierte in die Stadt. »Vorwärts!« befahl der König angesichts dieser Katastrophe. Mit fliegender »Oriflamme« marschierten er und sein jüngster Sohn, der vierzehnjährige Philipp, der spätere Herzog von Burgund, mit dem größten der drei Bataillone, die Ritter ungelenk in ihren eisernen »Kokons«, ins Kampfgetümmel. »O weh! Wir sind verloren!« schrie ein englischer Ritter, als er sie kommen sah. »Du lügst, elender Feigling«, grollte der Schwarze Prinz, »es ist Blasphemie, zu sagen, daß ich, solange ich lebe, geschlagen werde.« Beide Seiten stürzten sich mit der Wildheit der Verzweiflung in den Kampf. Nun, da die Köcher der Bogenschützen leer waren, stand die Schlacht noch einmal auf des Messers Schneide. In der Pause vor dem neuen französischen Angriff hatten einige Bogenschützen ihre Pfeile aus den Körpern der Toten und Verwundeten gezogen, andere waren dazu übergegangen, mit Messern und Steinschleudern zu kämpfen. Wäre die dritte französische Angriffswelle beritten gewesen, so hätte sie möglicherweise die Schlacht zu ihren Gunsten entscheiden können.

Die Schlacht ging in die siebente Stunde. Eine unübersehbare formationslose Masse von Kämpfern schlug aufeinander ein. Nur der Prinz und Chandos mit ihren Reserven behielten von ihrem Kommandostand auf dem Hügel aus den Überblick. Auf die wehende »Oriflamme« weisend, riet Chandos dem Prinzen, die königliche Einheit anzugreifen: »Sein Ehrgefühl wird es ihm nicht erlauben zu fliehen, er wird in unsere Hände fallen, und der Sieg ist unser.« Der Prinz befahl seinem französischen Verbündeten, dem Hauptmann de Buch, mit einer kleinen berittenen Streitmacht im Rücken der französischen Verbände anzugreifen, während er selbst die berittene Reserve und die Unverwundeten seines Bataillons zu einem Frontalangriff sammelte. Dies erwies sich als das schlachtentscheidende Manöver. »Ihr Herren, blickt auf mich! Mit Gottes Gnade denkt an den Angriff! Vorwärts im Namen Gottes und des heiligen Georg!« Die Trompeten erschollen, und ihr Echo wurde von den Stadtmauern des nahe gelegenen Poitiers zurückgeworfen, »so daß man glaubte, die Hügel hätten nach den Tälern gerufen und es hätte im Himmel gedonnert«. Der englische Angriff, zum größten Teil beritten, brach in die Einheit des französischen Königs ein wie »der wilde Keiler von Cornwall«. Die Schlacht erreichte ihren Höhepunkt, und keiner »war so unerschütterlich«, schrieb Chandos Herald, »daß sein Herz nicht erschrocken wäre«. »Aufgepaßt, Vater, zur Rechten! Achtung, zur Linken!« schrie Philipp unter den Schlägen der Feinde. Die Ritter verbissen sich in erbitterte Zweikämpfe – »jeder dachte an seine Ehre«. Unter dem Frontalangriff des Prinzen und mit den Reitern des Hauptmanns de Buch im Rücken kämpften die Franzosen in wilder Verzweiflung. Aus vielen Wunden blutend, wurde Geoffrey de Charny niedergeschlagen und getötet, die »Oriflamme« noch in den Händen. Die Garde des Königs, die ihn wie ein mächtiger Keil umgab, wankte unter dem Ansturm. »Einige, denen die Bäuche aufgeschlitzt worden waren, traten auf ihre eigenen Gedärme, andere spuckten ihre ausgeschlagenen Zähne aus, einigen, die noch standen, wurde der Arm abgeschlagen. Die Sterbenden rollten im fremden Blut, die Gefallenen stöhnten, und die stolzen Geister, die ihre reglosen Körper verließen, seufzten schrecklich.« Unter der fliegenden Streitaxt des Königs häuften sich die Erschlagenen. Er hatte seinen Helm verloren und blutete aus zwei Wunden im Gesicht. »Ergebt Euch! Ergebt Euch!« schrien verschiedene Stimmen, »oder Ihr seid ein toter Mann!« Inmitten heiserer Schreie und wilden Kampfgetümmels schlug sich ein exilierter Franzose, Denis de Morbecque, wegen Mordes verbannt und nun in englischen Diensten, zum König durch und rief: »Sire, ich bin ein Ritter von Artois. Ergebt Euch mir, und ich bringe Euch zum Prinzen von Wales.« König Johann reichte ihm seinen Handschuh und ergab sich.

Nach dem Verlust des Königs löste sich das restliche französische Heer auf. Die, die konnten, flohen in die Mauern des nahe gelegenen Poitiers, um der Gefangennahme zu entkommen, wild verfolgt von Engländern und Gasconen, deren Beutegier die Erschöpfung besiegte. Noch unter den Stadtmauern von Poitiers versuchten sie, Gefangene zu machen. Einige der Franzosen drehten den Spieß um und nahmen ihre Verfolger gefangen.

Die Niederlage beraubte Frankreich der Führung. Außer dem König waren der Constable, beide Marschälle und der Träger der »Oriflamme« entweder gefallen oder in Gefangenschaft geraten. Die Sieger hatten einen Erzbischof, dreizehn Grafen, fünf Vicomtes, einundzwanzig Barone und Bannerherren und zweitausend Ritter, Knappen und Reisige gefangengenommen. Zu viele, um sie mitzuführen. Die meisten wurden mit der Verpflichtung entlassen, bis Weihnachten ihr Lösegeld nach Bordeaux zu bringen.

Die Zahl der Getöteten betrug viele Tausend, allein 2426 entfielen auf den Adel. Daß diese Zahl der der Gefangenen entsprach oder sie noch überstieg, deutet auf die Härte des Kampfes, aber zum Unglück Frankreichs machten die, die geflohen waren, einen größeren Eindruck auf die Franzosen als die, die gekämpft und ihr Leben gelassen hatten. Die *Grande Chronique* bekennt offenherzig, daß Bataillone »schändlich und feige geflohen sind«, und die *Chronique Normande* schließt düster, »daß die Opfer dieser Schlacht nicht so groß waren wie die Schande«.

Das war die ruinöse Hinterlassenschaft von Poitiers. Von den Stadtmauern konnten die Bürger beobachten, wie die Kämpfer unrühmlich zurückwichen und hektisch flohen, und ihre Berichte verbreiteten sich in Frankreich. Der Rückzug des Bataillons des Herzogs von Orléans, der schließlich die Niederlage auslöste, ist kaum anders zu erklären, als daß die Unzufriedenheit mit dem König die Adligen kampfesunwillig gemacht hatte. Es gab sicherlich viele, die auf eine Niederlage des Königs hofften, und es bedurfte sicher nur weniger Schreie, um eine Panik auszulösen. Aber was auch immer der Grund gewesen sein mag, das Ergebnis war ein tiefes Mißtrauen des Volkes gegen den Adelsstand und eine schwere Erschütterung des Glaubens an die Struktur der mittelalterlichen Gesellschaft.

Der Widerwille des Volkes zeigte sich sehr schnell, als die Adligen zurückkehrten und versuchten, die von ihnen geforderten Lösegeldsummen einzutreiben. Sie wurden »von den Gemeinen so gehaßt und verachtet«, berichtet Froissart, daß es ihnen oftmals schwerfiel, Zutritt zu den Städten und sogar zu ihren eigenen Besitztümern zu erhalten. Bauern eines Dorfes in der Normandie, das dem Sire de Ferté-Fresnel gehörte, riefen, als sie ihren Herren nur in Begleitung eines Knappen und eines Dieners, aber ohne sein Schwert vorbeireiten sahen: »Dies ist einer der Verräter, die vor dem Feind geflohen sind«, stürzten sich auf die drei Reiter, zerrten ihren Herrn vom Pferd und verprügelten ihn. Einige Tage später kehrte er, nun besser bewaffnet, zurück, um Rache zu nehmen, und tötete dabei einen Dorfbewohner. Obwohl dieser kleine Ausbruch schnell erstickt war: Er bedeutete nichts Gutes. Viele Adlige sahen sich bei ihrer Rückkehr Spott und Feindseligkeiten gegenüber und hatten Mühe, die traditionelle Hilfe der Bevölkerung beim Aufbringen von Lösegeldern zu erreichen. Um die nötigen Mittel herbeizuschaffen, waren viele gezwungen, ihr Mobiliar zu verkaufen oder ihre Leibeigenen gegen Bezahlung freizulassen. Eine erhebliche Anzahl von finanziell ruinierten Rittern war so ein Nebenprodukt der Schlacht von Poitiers.

Der Schrei »Verräter« war nicht nur eine lokale Erscheinung, sondern der hilflose Erklärungsversuch eines ganzen Volkes für das Unerklärliche. Es war die ewige Anklage der Verschwörung, eine mittelalterliche Dolchstoßlegende. Wie sonst hätten der mächtige König Frankreichs und die Heerscharen der französischen Ritterschaft von einer Handvoll »Bogenschützen und Straßenräuber« besiegt werden können, wenn nicht durch Verrat? Ein zeitgenössischer Spottvers, der »Die Klage über die Schlacht von Poitiers« genannt wurde, behauptete ausdrücklich:

> Der sehr große Verrat, den sie lange verbargen,
> wurde in jener Heerschar aufs klarste enthüllt.

Die »Klage« hatte für König Johann II. nur Lob, da er bis zuletzt neben seinem jungen Sohn gekämpft hatte. In der Volksmeinung wurde er zum Helden. Wie unfähig er als König und Heerführer auch immer gewesen sein mochte, seine persönliche Tapferkeit überstrahlte alles und wies Frankreich einen Weg, seine Ehre zurückzugewinnen.

Nachdem die Bürger von Poitiers die Leichen vor den Toren der Stadt begraben hatten, verordnete der Bürgermeister Trauer um den gefangenen König und verbot jede Feier oder Festlichkeit. In Languedoc untersagten die Generalstände für ein Jahr – solange der König nicht zurückgekehrt war –, Gold oder Silber, Perlen oder Festkleider zu tragen. Der Thronfolger und seine Brüder wurden nicht in die allgemeine Anklage des Adels einbezogen, obwohl sie mit ihrem jüngeren Bruder Philipp zu ihrem Nachteil verglichen wurden. Karl wurde bei seiner Rückkehr nach Paris »ehrenvoll vom Volk begrüßt, voller Kummer über die Gefangennahme seines Vaters, des Königs«. Sie glaubten, so überliefert Jean de Venette, daß er irgendwie den Vater befreien würde, um so »das ganze Land Frankreich zu retten«.

Warum diese Flucht? Warum diese Niederlage? Villani in Italien erschien das außerordentliche Ereignis »unglaublich«. Von einer Reise zurückgekehrt und in Mailand über den Stand der Dinge informiert, war Petrarca nicht weniger erstaunt. Sogar die Engländer selbst hielten ihren Sieg für ein Wunder. Militärisch gesehen war die zahlenmäßige Überlegenheit der französischen Streitmacht durch eine unfähige Führung neutralisiert worden. Die zweitausend genuesischen Armbrustschützen kamen einigen Überlieferungen zufolge überhaupt nicht zum Einsatz, aber es gibt auch Quellen, die das Gegenteil behaupten. Die Ineffektivität der französischen Bogenschützen im Vergleich zu den englischen während des gesamten Jahrhunderts ist ein Rätsel. Dörfer und Städte in Frankreich hielten sich Einheiten von Bogenschützen, die noch durch zusätzliche Privilegien angespornt wurden, und die Männer von Beauvaisis in der Nachbarschaft der Picardie betrachteten sich als die besten Bogenschützen der Welt. Aber sie waren nie für eine effektive Zusammenarbeit mit den Rittern und ihrem Gefolge ausgebildet worden, weil das französische Rittertum es hochmütig ablehnte, seine beherrschende Rolle auf dem Schlachtfeld mit Gemeinen zu teilen.

Auf der anderen Seite war der Ausgang der Schlacht ein Triumph der englischen Generalität, deren Können Erschöpfung und zahlenmäßige Unterlegenheit aufwog. Der Schwarze Prinz konnte Befehle geben, die auch befolgt wurden, und aufgrund seiner Führungsqualitäten konnte er sich auf seine Bataillonskommandeure verlassen und dadurch den Schlachtverlauf kontrollieren. Stets hielt er sich da auf, von wo er das Geschehen überblicken und die Truppenbewegungen dirigieren konnte, ihm dienten erfahrene und abgehärtete Soldaten, und er hatte zwei Grundbedingungen jedes Sieges auf seiner Seite: keine Rückzugsmöglichkeit und ein Wille, der seine Männer zum Letzten trieb. Als Befehlshaber war der Schwarze Prinz in den Worten Froissarts »mutig und grausam wie ein Löwe«.

Von den Anstrengungen der Schlacht erschöpft und darauf bedacht, seine königliche Geisel aus der Reichweite jedes Befreiungsversuches zu bringen, machte der Schwarze Prinz keinen weiteren Versuch, sich mit den Truppen Lancasters zu vereinigen. Er wandte sich vielmehr sofort nach Süden gen Bordeaux, einen gewaltigen Troß mit Beute hinter sich. Nachdem die französischen Adligen nach der Niederlage vom Dauphin entlassen worden waren, zerstreuten sie sich schnell, um ihren eigenen Besitz zu schützen. Niemand raffte sich zu einem Befreiungsversuch auf dem langen Marsch der Engländer nach Bordeaux auf. Die Kardinäle folgten dem Prinzen, um erneut Friedensverhandlungen in Gang zu bringen. Während noch über die Bedingungen für einen Waffenstillstand verhandelt wurde, waren Gasconen und Engländer schon damit beschäftigt, darüber zu streiten, wer wen gefangengenommen hatte und für welchen Preis die Gefangenen freigelassen werden sollten. Dabei gab es viel böses Blut zwischen den Verbündeten; bald waren Beschwerden darüber zu hören, daß die Bogenschützen zu viele getötet hätten, die auch für ein Lösegeld hätten verkauft werden können. Als der Prinz beschloß, seinen königlichen Gefangenen nach England zu bringen, beanspruchten die Gasconen erzürnt einen Anteil an seinem Lösegeld und mußten durch die Zahlung von 100 000 Florin beschwichtigt werden, nachdem sie ein erstes Angebot von 60 000 Florin verschmäht hatten. Mit dem französischen König in ihren Händen waren die Engländer in der Lage, den Franzosen erdrückende Bedingungen zu diktieren. Aber obwohl die französischen Unterhändler selbst Gefangene waren und der Dauphin zu Hause mit den Ereignissen in Paris ausgelastet war, schreckten die Franzosen vor den harten englischen Forderungen zurück. Der Winter verging, ohne daß eine andere Vereinbarung getroffen worden wäre als ein erneuter zweijähriger Waffenstillstandsvertrag. Im Mai 1357, sieben Monate nach der Schlacht, brach der Schwarze Prinz mit König Johann und seinem Sohn nach London auf, während in Paris der dritte Stand in den Nachwehen der Niederlage nach der Macht griff.

Kapitel 7
Das enthauptete Frankreich: Die Erhebung des Bürgers und die Jacquerie

Seit langem erbittert über die Anarchie der königlichen Finanzen und die Bestechlichkeit der Minister, versuchte der dritte Stand in Paris, angesichts der Enthauptung der Monarchie eine Form konstitutioneller Kontrolle durchzusetzen. Eine Generalversammlung der Stände, die einberufen wurde, um neue Mittel für die Verteidigung zu bewilligen, bot die Gelegenheit dazu. Sobald die achthundert Delegierten im Oktober in Paris versammelt waren, mußte der unerfahrene Dauphin, beschämt und verängstigt durch die Niederlage bei Poitiers, einen Bericht über den unrühmlichen Schlachtausgang geben und die Stände um Hilfsgelder bitten, um den König auszulösen und das Königreich zu verteidigen. Die Bürgerlichen, die Hauptgläubiger des Staates und an Zahl die Hälfte der Versammelten, hörten dem Kanzler des Königs, Pierre de la Forêt, der das Anliegen unterstützte, kühl zu. Zunächst wählten sie ein ständiges Komitee von achtzig Mitgliedern, in dem auch Adel und Klerus vertreten waren, und schickten dann die anderen Ständevertreter mit Dank nach Hause. Dann trat das Komitee der achtzig mit seinen Forderungen vor den Dauphin. Sie baten darum, ihn privat sprechen zu dürfen, denn sie glaubten, daß er ohne seine Ratgeber einfacher einzuschüchtern sein würde.

Die führende Gestalt unter ihnen, die der Motor der kommenden Erhebung werden sollte, war der Vorsteher der Kaufleute, Etienne Marcel, ein reicher Tuchhändler, dessen Amt dem eines Bürgermeisters von Paris ebenbürtig war. Marcel war der Sprecher der Stände gewesen, als sie 1355 ihr Mißtrauen gegenüber der königlichen Regierung öffentlich ausdrückten. Er vertrat die mächtigen Handelsmagnaten des dritten Standes, die Manufakturbesitzer und Geschäftsleute der mittelalterlichen Gesellschaft, die in den letzten zweihundert Jahren einen Einfluß, wenn auch nicht einen Status, erreicht hatten, der dem der Prälaten und des Hochadels vergleichbar war.

Die erste Forderung, die er im Namen der Stände vortrug, war die Entlassung von sieben Ratgebern des Königs, deren Bestechlichkeit berüchtigt war. Ihr Eigentum sollte beschlagnahmt werden, und ihnen selbst sollte die Ausübung öffentlicher Ämter für immer verwehrt bleiben. An ihre Stelle sollte ein »Rat der achtundzwanzig« treten, der sich aus zwölf Adligen, zwölf Bürgern und vier Geistlichen zusammensetzte und durch die Stände ernannt wurde. Erst nach Einlösung dieser Forderungen waren die Stände bereit, bestimmten Steuern zur Finanzierung des Krieges zuzustimmen. Eine letzte Bedingung, die sie besser nicht gestellt hätten, war, Karl von Navarra aus dem Gefängnis zu entlassen. Die Stände wollten ihn aus zwei Gründen befreien, einmal, weil er mit seinem politischen Potential Druck auf den Thronfolger ausüben konnte, und zum anderen hatte er einen Verbündeten unter ihnen, einen Intriganten wie er selbst und die graue Eminenz der Reformbewegung. Dies war Robert le Coq, Bischof von Laon, ein Geistlicher bürgerlicher Herkunft und von »gefährlicher« Beredsamkeit. Er hatte es durch Rechtskundigkeit bis zum Advokaten des Königs gebracht und war unter Johann II. sogar Mitglied des königlichen Rates geworden. Er besaß eine für die damalige Zeit umfangreiche Bibliothek von 76 Bänden, von denen 48 von zivilem und kanonischem Recht handelten – was sein Interesse an Regierungsproblemen widerspiegelte. Sieben Bände waren Sammlungen von Predigten, an denen er sich rhetorisch schulte. Er wollte Kanzler werden und haßte den König, weil der ihm dieses Amt nicht gab, und er haßte den amtierenden Kanzler, weil er es innehatte.

Der Dauphin Karl, so schwächlich er schien, besaß unter seinem kränklichen Äußeren einen harten Kern an Widerstandskraft und Intelligenz, die ihm unter diesen widrigen Umständen zu Hilfe kamen. Obwohl zu dieser Zeit noch nicht krank, war er blaß und dünn, hatte schmale, scharfe Augen, dünne Lippen, eine lange spitze Nase und einen unproportionierten Körper. Seine äußere Erscheinung war alles andere als die eines Lebemannes, und doch mußte er die beiden Bastarde, die man ihm zuschrieb, im Alter von fünfzehn oder sechzehn Jahren gezeugt haben. Zum Krieg hatte er ebensowenig Begabung wie Lust, statt dessen widmete er sich geistiger Arbeit, was für die Herrschaft nützlich war, wenn auch ganz untypisch für einen Valois. Tatsächlich gab es auch Klatsch über seine Mutter (die sechzehn Jahre alt gewesen war, als sie den dreizehnjährigen Johann heiratete), Gerüchte, die andeuteten, daß ihr ältester Sohn gar kein Valois war. Sicher ist, daß er Johann nicht im geringsten ähnelte.

Ihm fiel in dem Chaos, das Poitiers hinterlassen hatte, die Aufgabe zu, die Interessen der Krone zu verteidigen. Auf Anraten der väterlichen Minister wies er die Forderungen der Stände zurück und erklärte sie für entlassen. Als zusätzliche Vorsichtsmaßnahme verließ er Paris. Das Komitee lehnte die Entlassung der Stände ab und versammelte sich am Tag nach seiner Abreise im November 1356, um eine flammende Ansprache Robert le Coqs zu hören, der die königliche Mißwirtschaft anprangerte und tiefgreifende Reformen forderte: »Schande über jeden, der jetzt zurückweicht«, rief er aus, »denn niemals war die Zeit so günstig wie heute!«

Damit war das Vorhaben, die Monarchie in ihrer Macht zu begrenzen, offen ausgesprochen. Schon kurz nach dieser Herausforderung aber wurde deutlich, daß sich die Stände selbst nicht einig waren. Die oberste Schicht des dritten Standes, die aus Händlern, Manufakturbesitzern, Rechtsanwälten,

Beamten und Hoflieferanten bestand, hatte mit der Arbeiterklasse nicht mehr gemeinsam, als daß beide nicht zum Adel gehörten. Diese soziale Schranke zu überschreiten war das Ziel jedes bürgerlichen Magnaten. Während er nach Adelstitel und Landbesitz strebte, ahmte er die Adligen in Kleidung, Verhalten und Wertvorstellungen nach. Hatte er sein Ziel erreicht, teilte er auch das adlige Vorrecht der Steuerfreiheit, keine geringe Vergünstigung.

Zwischen den bürgerlichen Hofbeamten und den Kaufleuten wie Etienne Marcel wiederum gab es ebenfalls wenige Gemeinsamkeiten, obwohl beide Gruppen an kapitalistischen Unternehmen beteiligt waren. Als der Kapitalismus durch die Banken und deren Kreditvergabe in der Staatswirtschaft an Bedeutung gewann, verlor er auch seine Anrüchigkeit. Die Theorie einer nicht auf Erwerb gerichteten Gesellschaft war längst brüchig geworden, und die Akkumulation von Mehrwert wurde nicht länger moralisch verurteilt. In der zeitgenössischen Satire *Renart le Contrefait* erfreuen sich die reichen Bürger eines sehr angenehmen Lebens: »Sie führen das Leben eines Adligen, tragen herrliche Gewänder, besitzen Jagdfalken und edle Pferde. Wenn die Vasallen aber in den Krieg ziehen, bleiben sie in ihren Betten; wenn die Vasallen in der Schlacht fallen, machen sie Picknick am Flußufer.«

Die führenden Bürger der Stadt wählten nun den Vorsteher der Kaufleute, Etienne Marcel, zum Oberhaupt der Stadtverwaltung, und er und seine Magistratskollegen übernahmen alle öffentlichen Aufgaben. Er befehligte auch die Polizei, die sich traditionell aus der Bürgerschaft rekrutierte. Marcels Amtssitz war das Châtelet, das gleichzeitig als Stadtgefängnis diente und am rechten Seineufer direkt an der Grand Pont lag, die als einzige Brücke auf die Ile-de-la-Cité führte.

Die Stadt, die Marcel damals zu regieren hatte, erstreckte sich etwa von den heutigen Grands Boulevards auf dem rechten Seineufer bis zum Jardin du Luxembourg auf dem linken und in Ost-West-Richtung von der Bastille bis zu den Tuilerien. Alles, was außerhalb dieses Gebietes lag, war *Faubourg*, das Land. Das Zentrum von Paris war die Ile-de-la-Cité inmitten der beiden Seinearme, wo sich die Kathedrale Notre-Dame, das Hôtel Dieu (das öffentliche Krankenhaus) und der königliche Palast, der von Ludwig dem Heiligen erbaut worden war, befanden. Das rechte Flußufer, dessen Bebauung die alten Stadtgrenzen überschritten hatte, war die Seite des Handels, der Industrie, der großen Märkte und vornehmen Wohnsitze. Das linke Seineufer war weniger besiedelt und wurde von der Universität beherrscht. Einer Steuerübersicht aus dem Jahre 1292 zufolge hatte die Stadt damals 352 Straßen, elf große Kreuzungen, zehn Plätze, fünfzehn Kirchen und 15 000 Steuerzahler. Fünfzig Jahre später, zu den Zeiten Marcels, betrug die Gesamtbevölkerung nach der Pest etwa 75 000 Einwohner.

Die Hauptstraßen waren gepflastert und breit genug, um zwei Gefährte gleichzeitig passieren zu lassen, der Rest der Straßen war eng, schlammig und übelriechend mit einem in der Mitte fließenden Abflußkanal. Für den Durchschnittsbürger war der normale Müllabladeplatz die Straßenmitte, und in den Unterschichtsvierteln lagen vor jeder Haustür Haufen von Unrat. Die Hausbesitzer hatten eigentlich die Pflicht, die Abfälle zu den Sammelgruben zu schaffen, und wurden durch Verordnungen immer wieder ermahnt, die Straße vor ihrem Haus sauberzuhalten.

Verkehrsstauungen verstopften die schmalen Straßen, wenn schwerbepackte Maultiere auf Träger trafen, die gebückt unter ihren Tragen mit Holz oder Holzkohle gingen. Die Schilder von Gasthäusern behinderten den Verkehr, denn sie hatten wie auch die Ladenschilder gigantische Ausmaße, weil man glaubte, damit die Käufer anlocken zu können, und weil es den Geschäftsinhabern verboten war, etwaige Kunden anzurufen, bis diese den benachbarten Laden verlassen hatten. Ein Zahnzieher machte durch einen Zahn in der Größe eines Lehnstuhls auf sich aufmerksam, ein Handschuhmacher mit einem Handschuh, an dem jeder Finger groß genug war, um ein Baby zu wärmen.

Die im Wind klappernden Ladenschilder wetteiferten im Lärm mit den Rufen der Straßenverkäufer, den Schreien der Maultiertreiber, dem Hufklappern der Pferde und den Stimmen der öffentlichen Ausrufer. Paris beschäftigte sechs Hauptausrufer, die vom Vorsteher ernannt wurden, jeder von ihnen hatte einige Assistenten, die zu den Kreuzungen und Plätzen der verschiedenen Viertel ausschwärmten, um ihre Nachrichten unter das Volk zu bringen. Offizielle Verlautbarungen wie über Steuerbestimmungen, Messen, Märkte und Festlichkeiten, aber auch privatere Angelegenheiten wie Hausverkäufe, vermißte Kinder, Heiraten, Beerdigungen, Geburten und Taufen wurden von ihnen ausgerufen. Wenn der Wein des Königs auf den Markt kam, gaben die Ausrufer auch das bekannt, und die Wirte mußten ihre Weinstuben schließen, damit jedermann zuerst den Wein des Königs kaufte.

Als Hauptstadt mit einer großen Universität beherbergte Paris eine turbulente Horde von Studenten aus ganz Europa. Sie waren privilegiert und nicht der örtlichen Gerichtsbarkeit unterstellt, sondern direkt dem König, was bedeutete, daß ihre Verbrechen und Verstöße meist straflos blieben. Sie lebten im Elend, zahlten hohe Miete für schmutzige Zimmer in schlechten Vierteln. Sie saßen auf hohen Hockern in kalten Hörsälen, die nur von zwei Kerzen erhellt waren. Die Studenten hatten einen schlechten Ruf. Klagen wegen ihrer ausschweifenden Lebensweise, wegen Vergewaltigung, Raub und »anderer Exzesse, die Gott zuwider sind«, häuften sich.

Obwohl Oxford als Zentrum intellektuellen Lebens wachsende Geltung genoß, war die Universität von Paris immer noch theologischer Schiedsrichter von Europa, und die Bibliotheken ihrer verschiedenen Fakultäten erhöhten ihren Ruhm. Hinzu kamen die großartige Bibliothek von Notre-Dame und nicht weniger als 28 Buchhändler, die offenen Buchstände nicht eingeschlossen. Hier gab es »überfließende Quellen von Büchern«, schrieb ein hingerissener Besucher aus England, »welch ein mächtiger Strom an Vergnügen erfreute unser Herz, als wir Paris besuchten, das Paradies der Welt«.

Sonntags ruhte die Arbeit. Jedermann ging in die Kirche, und danach versammelten sich die einfachen Leute in den Weinhäusern, während die Bürgerfamilien in den *Faubourgs* spazierengingen. Hier standen die Häuser weniger dicht gedrängt und ließen für kleine Vorgärten Platz. Die Häuser selbst waren in dem neuen urbanen Stil gebaut, sie waren schmal und hoch. Die *Hôtels* der Adligen und der großen Kaufleute waren als Zugeständnis an den alten Baustil der Burgen noch von Mauern und Türmen umgeben.

Das Innere dieser Häuser war eher spärlich möbliert. Betten, die zugleich als Sitzmöbel dienten, waren das wichtigste Element. Der größte Luxus des Mittelstands waren die »französischen« Wandkamine, massive offene Feuerstellen, die neben dem Herd in der Küche und der Bettpfanne die einzige Wärmequelle darstellten. In bezug auf Heizung und sanitäre Einrichtung hätte das Jahrhundert seine technischen Möglichkeiten besser nutzen können, aber der Mensch ist irrational in seinen Gewohnheiten, auch wenn sie dem Komfort entgegenstehen. Pelzdecken, fellgefütterte Jacken, dicke Unterkleidung und Gewänder ersetzten Öfen und Kamine.

Die Fußböden wurden im Sommer mit duftenden Kräutern bestreut und im Winter mit Stroh, das in reichen Häusern öfter, in den armen nur einmal im Jahr gewechselt wurde. Im Laufe der Zeit wurde es dreckig, war schließlich voller Flöhe, Abfall und Hundekot. Die Diener wohnten im Haus und hatten selbst in großen Häusern keine eigenen Zimmer oder Kammern, sie schliefen, wo sie konnten. Private Räume gab es nicht, was die Gereiztheit der Menschen gesteigert haben mag. Ob das die Verführung der Frauen erleichterte oder erschwerte, ist eine offene Frage. Die beiden Studenten in Chaucers *Erzählung des Vogts* konnten die Gunst der Müllerin und ihrer Tochter ungehindert genießen, weil sie mit der ganzen Familie des Müllers in einem Zimmer schliefen. Auch in größeren Häusern schliefen die Gäste mit dem Gastgeber und seiner Frau in einem Raum.

Diesen dritten Stand vom ärmsten Arbeiter bis zum reichsten Kaufmann versuchte der Vorsteher Marcel in seinem Kampf gegen den Dauphin zu mobilisieren. Er drohte mit Streiks und Gewalt. Als der Thronfolger versuchte, durch eine erneute Münzverschlechterung Geld aufzubringen, und dadurch den Volkszorn auf sich zog, »rief der Vorsteher alle Gilden und Zünfte der gesamten Stadt auf, die Arbeit einzustellen und sich zu bewaffnen«. Der Dauphin war gezwungen, seine Edikte zurückzunehmen. Da er keine Geldmittel mehr hatte, blieb ihm nichts anderes übrig, als nach Paris zurückzukehren und die Stände erneut einzuberufen.

Bei dieser Sitzung, die einen Monat von Februar bis März 1357 dauerte, wurden alle geforderten Reformen schriftlich in der »Großen Verfügung« von 61 Artikeln vorgelegt – der Magna Charta des dritten Standes. Die Verfügung war französisch und nicht lateinisch abgefaßt, wie um zu bekräftigen, daß sich hier eine neue Stimme erhob. In ihr wurde das Idealbild einer »guten Regierung« entworfen, und es schien, als solle Lorenzettis wunderbare Vision in Erfüllung gehen, die er ein paar Jahre vorher in Siena gemalt hatte. Das Gemälde zeigt eine Stadt, in der wohlgekleidete Bürger friedlich ihren Geschäften nachgehen und bewaffnete Reiter ihnen in Achtung und Wohlwollen begegnen. In einer Zeit der Wirren versuchte die »Große Verfügung«, eine solche Ordnung und Sittlichkeit zu etablieren.

Die Verfasser hatten keine grundsätzliche Neuordnung des Regierungssystems entworfen, sondern nur versucht, der bestehenden Mißwirtschaft Abhilfe zu schaffen. Dabei hatten sich drei grundsätzliche politische Forderungen ergeben. Die Krone durfte erstens keine Steuern ohne die Zustimmung der Stände erheben, zweitens sollten sich die Generalstände in regelmäßigen Abständen nach ihrem eigenen Gutdünken versammeln dürfen, und schließlich sollte ein »Großer Rat der Sechsunddreißig« – zwölf aus jedem Stand – von der Ständeversammlung gewählt werden, um die Krone zu beraten.

Die Säuberung unter König Johanns Räten wurde bestätigt, und die Mitglieder des neuen Großen Rates »wurden beschworen, nicht die Gewohnheiten ihrer Vorgänger anzunehmen und spät zur Arbeit zu erscheinen und nur wenig zu arbeiten«. Jeder Regierungsbeamte war verpflichtet, bei »Sonnenaufgang an der Arbeit zu sein«. Sie sollten gut bezahlt werden, aber ihren Lohn verlieren, wenn sie nicht pünktlich ihren Aufgaben nachkämen. Es sollte von nun an keine Währungsänderung mehr vorgenommen werden, ohne daß die Stände ihre Zustimmung gaben, die Ausgaben des Königshauses sollten beschränkt werden, im Parlament sollten Rechtsfragen beschleunigt behandelt werden, Beamten sollte es verboten werden, zwei Ämter gleichzeitig innezuhaben oder zusätzlich Handel zu treiben; eine Einberufung zum Waffendienst sollte nur noch unter ganz bestimmten Bedingungen möglich sein, Adlige durften das Land nicht ohne besondere Erlaubnis verlassen, und Privatfehden wurden streng untersagt. Die Fürsorge für die Armen sollte erheblich erweitert werden, Vermögen sollte nur noch unter gesetzlich geregelten Bedingungen beschlagnahmt werden dürfen. Das Recht der Dorfbewohner, sich gegen Räuberei und Gewalt zu bewaffnen, wurde bestätigt. Schließlich entschied die Ständeversammlung noch, daß eine Zusatzsteuer erhoben werden sollte, die es ermöglichte, dreißigtausend Soldaten ein Jahr lang zu bezahlen, aber die Gelder sollten nicht von der Krone, sondern von den Ständen verwaltet werden.

Unwillig und zaudernd verweigerte der Dauphin seine Unterschrift, bis er sich schließlich durch Marcel einschüchtern ließ, der jeden Tag größere Volksmengen auf die Straße brachte, die »Zu den Waffen!« riefen. Unter diesem Druck leistete der Dauphin schließlich als »Regent« seine Unterschrift, ein Titel, den ihm die Stände aufgedrängt hatten, damit er im Namen der Monarchie sprechen konnte. Der neugegründete »Rat der Sechsunddreißig« nahm seine Geschäfte auf, während die entlassenen Mitglieder des alten Rats nach Bordeaux eilten, um König Johann zu informieren. Kurz bevor er nach London gebracht wurde, erklärte der König die Unterschrift seines Sohnes und die ganze Verordnung für nichtig.

Während des Sommers des Jahres 1357 waren weder der Dauphin noch der neue Rat in der Lage, effektiv zu regieren. Beide suchten die Unterstützung der Provinzen. Auf einer königlichen Inspektionsreise durch das Land, die beweisen sollte, daß die Monarchie noch Macht ausübte, hatte Karl in dieser Hinsicht mehr Erfolg als Marcel. Als die Stände sich im April 1358 erneut versammelten, waren nur wenige Adlige anwesend. Es war deutlich, daß der Adel gegen die »Große Verfügung« war und der Ständeversammlung seine Unterstützung entzog. Die Reformbewegung war damit in tiefen Schwierigkeiten. Außerhalb von Paris erreichte der Zusammenbruch aller Autorität das Ausmaß einer Katastrophe.

Katalysator dieser Entwicklung war das Brigantentum. Die Kriegszüge der letzten fünfzehn Jahre hatten räuberische Militäreinheiten hinterlassen, die »Kompanien«, »die Unheil über den Busen der Erde schreiben« und zur Plage dieser Epoche wurden. Es waren zusammengewürfelte Haufen aus Engländern, Gasconen und Walisern, die nach der Schlacht von Poitiers aus der Armee des Schwarzen Prinzen entlassen worden waren. Sie hatten in den Feldzügen des Prinzen Geschmack an der Leichtigkeit gefunden, mit der durch Raub und Plünderung Beute gemacht werden konnte. Zusammen mit deutschen Söldnern und französischen Abenteurern hatten sie sich in Gruppen von zwanzig oder fünfzig Männern um einen Anführer gesammelt und zogen nach Norden, um in dem Gebiet zwischen der Seine und der Loire, zwischen Paris und der Küste zu operieren. Nach dem Waffenstillstand von Bordeaux kamen noch die Truppen Philipps von Navarra und Überbleibsel der Streitmacht des Herzogs von Lancaster hinzu. Der Refrain der Chroniken *arser et piller* (brennend und plündernd) folgt ihrer Spur durch das Jahrhundert.

Die Abwesenheit des Königs und der Tod so vieler Adliger erleichterte ihnen die blutige Arbeit. In dem Jahr nach dem Waffenstillstand schwollen sie an, vereinigten, organisierten und verbreiteten sie sich. Sie eroberten Burgen und nutzten sie als Ausgangsbasis, um Reisenden ein Wegegeld abpressen und die Gegend ausräubern zu können. Reichen Dörfern verlangten sie Lösegeld ab, die armen brannten sie nieder. Sie raubten Klöster und Abteien aus, plünderten die Scheunen der Bauern, töteten und folterten die, die ihre Güter versteckten oder Lösegelder verweigerten, und verschonten auch Geistliche und Alte nicht. Sie vergewaltigten Jungfrauen, Nonnen und Mütter, entführten Frauen und zwangen Männer in ihre Dienste. Hemmungsloser geworden, gingen sie dazu über, willkürlich Ernte und Gerät zu verbrennen, Gärten und Weinberge zu zerstören und so das zu vernichten, wovon sie lebten. Diese Ausschreitungen sind nur als ein Fieber dieser Zeit oder als Übertreibung der Chronisten erklärlich.

Solche Horden hatte es seit dem 12. Jahrhundert gegeben. Sie waren am verbreitetsten in Italien, wo die Adligen urbaner als anderswo waren und den Waffendienst zunehmend Söldnern überlassen hatten. Unter der Führung von berufsmäßigen Hauptleuten wuchsen diese Kompanien manchmal zu regelrechten Armeen von zwei- bis dreitausend Leuten heran, die sich aus Exilierten, Gesetzlosen, landlosen und bankrotten Abenteurern, aus Deutschen, Burgundern, Italienern, Katalanen, Flamen, Franzosen und Schweizern zusammensetzten. In der Mitte des Jahrhunderts war der herausragende Hauptmann in Italien ein abgefallener Prior der Ritter des heiligen Johannes mit Namen Fra Monreale. Er unterhielt einen eigenen Rat, Sekretäre, Buchhalter, Feldrichter und einen Henker, er forderte und bekam 150 000 Goldflorin von Venedig für einen Feldzug gegen Mailand. In einem einzigen Jahr, 1353, preßte er Rimini 50 000, Florenz 25 000 und Pisa und Siena je 16 000 Goldflorin ab. Der Revolutionär Cola di Rienzi, der ihm seinen Reichtum abnehmen wollte, lud ihn nach Rom ein. Als Monreale in seiner Selbstüberschätzung allein kam, wurde er ergriffen, vor ein Gericht gestellt und als Räuber hingerichtet. Prächtig in einem braunen, mit Gold verzierten Samtmantel betrat er das Schafott und ließ seinen Leibarzt die Axt des Henkers anleiten. Bis zuletzt zeigte er sich ohne Reue und bestand auf seinem Recht, »sich mit dem Schwert einen Weg durch eine falsche und elende Welt zu schlagen«.

Der sozial zerstörerischste Aspekt der Kompanien war, daß sie, da es keine regulären Armeen gab, ein Bedürfnis erfüllten und so nach und nach akzeptiert wurden. Als Philipp VI. erfuhr, wie gekonnt ein Hauptmann, der einfach unter dem Namen Bacon bekannt war, eine Burg überrascht und erobert hatte, kaufte er dessen Dienste für 20 000 Kronen und machte ihn zu seinem »Waffenmeister«. Ein anderer namens Croquart, der als »armer Page« in den bretonischen Kriegen begann, stieg durch seine Tapferkeit zu einem Hauptmann der Kompanien auf; sein militärischer Ruf war so groß, daß er auserwählt wurde, auf englischer Seite am berühmten Kampf der dreißig teilzunehmen. König Johann bot ihm danach die Erhebung in den Ritterstand an, eine reiche Frau und eine jährliche Zahlung von 2000 Pfund, wenn er in seine Dienste eintreten würde. Croquart zog die Unabhängigkeit vor und lehnte ab.

Eher Briganten als Söldner, zogen die Kompanien in Frankreich zunächst fast durchweg englische, bald aber auch französische Ritter an, die nach den Lösegeldzahlungen von Poitiers ruiniert waren und nun an der Verwüstung des eigenen Landes teilnahmen. Ritter aus dem niederen Adel, jüngere Söhne und Bastarde liefen als Führer zu den Briganten über und fanden in ihrer Gesellschaft ein Auskommen, eine Aufstiegsmöglichkeit und ein Ventil für die ruhelose Aggression, die einst von den Kreuzzügen aufgefangen worden war.

Der berüchtigste der französischen Briganten war Arnaut de Cervole, ein Adliger aus Périgord, der wegen eines früheren kirchlichen Lehens von den Seinen der »Erzpriester« genannt wurde. Bei Poitiers verwundet und gefangengenommen, kam er durch ein Lösegeld frei und schwang sich nach seiner Rückkehr nach Frankreich in den anarchischen ersten Monaten des Jahres 1357 zum Hauptmann einer Kompanie auf, die sich freimütig *Società dell'Acquisito* nannte. In Zusammenarbeit mit einem Adligen der Provence, Raimond des Baux, entwickelte sich die Bande zu einem Heer von zweitausend Mann und der »Erzpriester« zu einem der größten Missetäter seiner Zeit. Während einer seiner Streifzüge durch die Provence fühlte sich Papst Innozenz VI. in Avignon so unsicher, daß er mit ihm im vorhinein um Immunität verhandelte. Cervole wurde in den Papstpalast geladen und »mit einem Zuvorkommen begrüßt, als ob er der Sohn des Königs von Frankreich wäre«. Nach mehreren Diners mit dem Papst und den Kardinälen wurden ihm alle Sünden vergeben und die Summe von 40000 Écus bezahlt, damit er die Gegend verließ.

In der Anarchie der Zeit nach Poitiers waren Ritter und Briganten nicht mehr voneinander zu unterscheiden, was dem Ritterstand zusätzlichen Volkszorn zuzog, nicht aber Mißbilligung untereinander. Der »junge, kühne und amouröse« Eustache de Aubrecicourt, ein Ritter aus Hainault und Begleiter des Schwarzen Prinzen bei Poitiers, wurde mit solchem Elan und materiellem Erfolg Brigant, daß sich die verwitwete Gräfin von Kent, eine Nichte der Königin von England, in ihn verliebte. Sie sandte ihm Pferde, Geschenke und leidenschaftliche Liebesbriefe, die ihn zu immer kühneren, wenn auch kaum ritterlicheren Taten anspornten. Er hielt die ganze Champagne und einen Teil der Picardie in seinem erbarmungslosen Griff, bis er gefangengenommen wurde, als sich die französischen Ritter der Gegend endlich zur Verteidigung zusammengeschlossen hatten. Genauso geldgierig wie er ließen sie ihn aber für ein Lösegeld von 22000 Goldfranken wieder frei, so daß er unmittelbar darauf seinen Krieg erneuern konnte. Als Befehlshaber von zweitausend Freibeutern eröffnete er einen Handel mit eroberten Burgen, die er an ihre rechtmäßigen Besitzer teuer zurückverkaufte. Weder den Rittern des 14. Jahrhunderts noch der Gräfin Isabella von Kent scheint sein Rauben, Plündern und Morden unehrenhaft vorgekommen zu sein, denn sie heiratete ihren inzwischen reichen Helden im Jahre 1360.

Aufgrund der französischen Beschwerden, daß die englischen Kompanien den Waffenstillstand fortgesetzt verletzten, befahl ihnen König Eduard, sich aufzulösen, aber dieser Befehl war so wenig ernst gemeint, wie er ernst genommen wurde. Da die Friedensverhandlungen noch nicht abgeschlossen waren,

1. Coucy-le-Château, wie es im 14. Jahrhundert ausgesehen hätte.
Von einem Stich des 16. Jahrhunderts.

2. Die verlassene Burg in späterer Zeit.
Aus Du Sommerards *Les Arts au Moyen Age, 1838-46*

3. Das Rad des Schicksals.
Aus einem Manuskript des 14.
Jahrhunderts des Rosenromans.

4. COUCYS SIEGEL

Aufrechtstehende Gestalt, 1369

Schild mit den Wappen von Österreich
in einem Feld von Kronen (ohne Datierung)

Schild mit einem Leoparden von England, 1386

5. Chaucers
Knappe.
Aus dem
Ellesmere
Manuskript,
ca. 1410.

6. Eine Kutsche
aus dem
14. Jahrhundert
(dahinter drei
Reiter mit
Judenhüten).
Aus einer
illustrierten
Bibel.

7. Ansicht von Paris. Aus Froissarts *Chroniken*, ca. 1460.

8. Ein Dorf mit Bäumen. *Aus dem Buch des Bartholomäus von England über die Natur der Dinge,* Manuskript von ca. 1410.

9. Karl von Navarra. Aus einem Fenster der Kathedrale von Evreux.

10. Johann II. Porträt, das seinem Hofmaler Girard d'Orléans zugeschrieben wird.

11. Der Schwarze Prinz. Grabfigur in der Canterbury Cathedral.

12. Englische Bogenschützen üben mit dem Langbogen. Aus dem Luttrell Psalter, spätes 13. Jahrhundert.

13. Ansicht von London. Aus *Gedichte des Charles d'Orléans,* frühes 15. Jahrhundert.

14. Das Jüngste Gericht, die Erwählten und die Verdammten. Kathedrale von Bourges, Westportal.

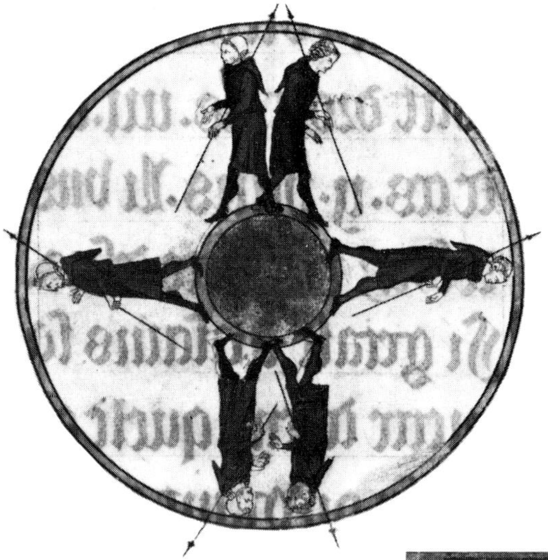

15. Die Welt als Kugel. Aus *L'image du Monde* von Gautier de Metz, ein Manuskript aus dem 14. Jahrhundert.

16. Die Erziehung des Kindes. Aus Avis au Roys, ein Handbuch der Erziehung für französische Könige und Prinzen, Mitte des 14. Jahrhunderts.

17. Plünderung und Verbrennung einer Stadt. Aus Froissarts *Chroniken*, ca. 1460.

18. Ein Charivari. Aus Roman de Fauvel, ein Manuskript aus dem frühen 14. Jahrhundert.

kam der Druck, den die Briganten auf Frankreich ausübten, dem englischen König entgegen. Karl von Navarra war nicht weniger abgeneigt, weiteren Streit zu entfachen. Obwohl er noch immer im Gefängnis saß, hatte er Helfer, darunter seinen Bruder Philipp, die seine Belange betrieben. Wo sich die Truppen aus Navarra mit den englischen verbanden, waren die Verwüstungen am schlimmsten, bewußt, wie nicht wenige glaubten, als ein Mittel, Karls Freilassung zu erzwingen.

Zur Abwehr der Kompanien verwandelten die Dorfbewohner ihre steinernen Kirchen in Festungen, indem sie sie mit Gräben umgaben, die Glockentürme mit Wächtern besetzten und Steine bereitlegten, um sie auf die Angreifer hinunterwerfen zu können. »Die Kirchenglocken riefen die Menschen nicht mehr auf, Gott zu preisen, sondern Schutz vor dem Feind zu suchen.« Bauernfamilien, die nicht in Reichweite einer befestigten Kirche lebten, verbrachten die Nächte mit ihrem Vieh auf den zahlreichen Inseln der Loire oder auf einem Boot in der Mitte des Flusses. In der Picardie suchten sie in Höhlen Zuflucht, die noch aus der Zeit der Normannenkriege stammten. Ausgestattet mit einer Quelle und einigen Luftlöchern, boten die Höhlen zwanzig bis dreißig Personen samt ihrem Vieh Schutz.

Bei Anbruch des Tages prüften die Wächter vom Kirchturm aus, ob die Banditen abgezogen waren und die Bauern auf ihre Felder zurückkehren konnten. Viele Familien zogen mit ihrem Besitz vom Land in die befestigten Städte, Mönche und Nonnen verließen ihre Klöster, Straßen und Wege waren unsicher, überall entstanden Räuberbanden, das ganze Land war voller Feinde. »Was soll ich noch sagen?« schreibt Jean de Venette in seinem Katalog des Elends. »Von da an befiel das französische Volk unendlicher Schaden, Unheil und Gefahr, weil es keine gute Regierung gab und keine wirkungsvolle Verteidigung.« Jean de Venette, ein Karmeliterprior und Oberhaupt des Ordens in den 1360er Jahren, war auf seiten des dritten Standes, als er seine Chronik schrieb. Er klagte den Regenten an, kein »Heilmittel anzuwenden«, und warf den Adligen vor, »alle anderen zu verachten und zu hassen und nicht an den wechselseitigen Nutzen von Herr und Gemeinen zu denken«.

Nach Venette trugen die Adligen auch die Schuld daran, daß die Generalstände in sich zerfallen waren und daher die selbstgestellten Aufgaben nicht erfüllten. »Von dieser Zeit an geriet das Königreich aus den Fugen, und der Staat war vernichtet ... Das ganze Land Frankreich begann, Verwirrung und Trauer anzulegen wie ein Gewand, weil es keinen Beschützer hatte.« Kummer und Zorn erfüllten auch eine lateinisch geschriebene Polemik, die »Der tragische Bericht vom elenden Zustand des französischen Königreiches« genannt wurde und von einem unbekannten Benediktinermönch verfaßt war. Beschämt über das einstmals stolze Frankreich, das seinen König im Herzen des Landes gefangennehmen und davonführen ließ, ohne einzugreifen, stellte er die kritische Frage nach der militärischen Disziplin. »Wo habt ihr die Kriegskunst gelernt? Wer waren eure Lehrer? Wo habt ihr eure Lehrzeit verbracht?« fragte er die Ritter. »War es, als ihr unter dem Banner der Venus gekämpft habt, als ihr Süße wie Milch eingesaugt habt, dem Vergnügen ergeben ...«, und so weiter, bis er plötzlich mit der praktischen Frage schließt: »Kann die Kriegskunst in den Spielen und Jagden erlernt werden, mit denen ihr eure Jugend verbringt?«

Der Mönch hat auch harte Worte für die einfachen Leute, »deren Gott ihr Bauch ist und die Sklaven ihrer Weiber sind«, und für die Geistlichkeit, der er die schlimmste Beschimpfung zukommen läßt. Die Männer der Kirche versinken in Luxus, Völlerei, Pomp, Ehrgeiz, Zwietracht, Neid, Gier und Streitsucht und in Säcken von Silber und Gold. Die Tugenden sterben, die Laster triumphieren, die Ehrlichkeit verschwindet, das Mitleid erstickt, die Habsucht verbreitet sich, das Chaos obsiegt, und die Ordnung verschwindet.

War das nun nur eine der traditionellen mönchischen Tiraden gegen diese Welt, oder zeigte sich hier ein tiefer Pessimismus, der die zweite Hälfte des Jahrhunderts zu verdunkeln beginnt?

Eine Freilassung König Johanns war noch immer nicht in Sicht. Eduard behandelte seinen königlichen Gefangenen mit aller Ehrerbietung, aber er war entschlossen, aus seinem Triumph das größtmögliche Kapital zu schlagen und Frankreich jeden Fetzen Land und jeden Franken abzupressen, den es für seinen König hergeben würde. Der große König Frankreichs, gefangen auf dem Schlachtfeld von Poitiers, war ein wahrhaft ungewöhnliches Unterpfand. Der Einzug des französischen Königs als Gefangener des Schwarzen Prinzen in London wurde zum Anlaß einer der größten Feiern, die England je gesehen hatte. Die Neugier des Volkes war so groß, daß der Zug mehrere Stunden brauchte, um die Stadt auf dem Weg zum Westminsterpalast zu durchqueren. Im Zentrum des Interesses stand König Johann, »der wie ein Diakon oder Schreiber ganz in Schwarz gekleidet« auf einem weißen Pferd neben dem Schwarzen Prinzen einherritt. An den Häusern hingen erbeutete Schilde und Teppiche, und das Kopfsteinpflaster war mit Rosenblättern bestreut, als die Prozession sich an phantasievollen Prunkbildern vorbeibewegte, die eine Leidenschaft der Zeit waren. In zwölf vergoldeten Käfigen hatten Londons Goldschmiede zwölf junge Mädchen die Straße entlang aufgestellt, die mit Gold und Silber verzierte Blumen auf die Reiter warfen.

Die Sensation eines so edlen Gefangenen erhöhte den ritterlichen Rang des englischen Hofes. Weihnachten und Neujahr wurden mit besonderem Aufwand und einem glänzenden Turnier bei Nacht im Schein von Fackeln begangen. König Johann war im Savoypalast untergebracht, dem neuen Wohnsitz des Herzogs von Lancaster. Er war frei, Besuch aus Frankreich zu empfangen und alle Annehmlichkeiten höfischen Lebens zu genießen, mußte sich allerdings eine Wache gefallen lassen. Languedoc sandte eine Delegation von Bürgern und Adligen, die 10000 Goldflorin und die Versicherung überbrachten, daß ihr Hab und Gut Seiner Majestät zur Verfügung ständen. Sogar Laon und Amiens schickten Geld. Die Mystik des Königtums wirkte stark in den Untertanen – stärker als die Verantwortung der Krone in diesem König.

In jener dunklen Stunde Frankreichs finden sich in Johanns Buchführung Ausgaben für Pferde, Hunde, Jagdfalken, ein Schachspiel, eine Orgel, eine Harfe, eine Uhr, ein rehbraunes Reitpferd, Wildbret und Walfleisch aus Brügge, teure Kleidung für seinen Sohn Philipp und seinen Lieblingsnarren, der verschiedene hermelinbesetzte und goldgeschmückte Hüte erhielt. Johann unterhielt einen Astrologen, einen »Sängerkönig« samt Orchester, inszenierte Hahnenkämpfe, ließ Bücher kostbar binden und verkaufte Wein und Pferde, die er von der Languedoc als Geschenk erhalten hatte. Der Erfolg dieses Unternehmens verleitete ihn dazu, mehr von beidem aus Toulouse zu importieren und einen schwunghaften Handel in Gang zu bringen. Als Jules Michelet, Frankreichs lebhaftester, wenn auch nicht objektivster Historiker, fünfhundert Jahre später die Abrechnungen des Königs aus dieser Zeit las, sagte er, sie machten ihn krank. Die Verhandlungen um das Lösegeld des Königs und einen langfristigen Friedensvertrag scheiterten an Eduards maßlosen Forderungen. Er verlangte die Abtretung Aquitaniens, Calais' und aller früheren Besitztümer der Plantagenets in Frankreich, dazu die unvorstellbare Summe von 3 Millionen Écus als Lösegeld für Johann. Als Gegenleistung wollte er seinen Anspruch auf die französische Königskrone aufgeben. Unter dem Druck der päpstlichen Legaten schleppten sich die Verhandlungen dahin, eine demütigende Qual für die französischen Unterhändler. Die einzige Möglichkeit, die sie nicht in Erwägung zogen, war die, den König nicht freizukaufen und nach Hause zu gehen, denn das hätte bedeutet, daß es keinen Friedensvertrag gab – und das geschlagene Frankreich brauchte nichts dringender als den Frieden. Vor allem aber war der König ein unverzichtbarer Ordnungsfaktor. Seit den Tagen Ludwigs des Heiligen, der mit königlicher Autorität die Privatfehden unterdrückt, dem Recht Nachdruck verliehen und die Steuern gleichmäßig verteilt hatte, war die Krone in der öffentlichen Meinung identisch mit Sicherheit und Ordnung. Alle Rückfälle seiner Nachfolger hatten nicht vermocht, das Königtum in Verruf zu bringen, und Johann, sein unwürdiger Repräsentant, wurde herbeigesehnt, als ob er der heilige Ludwig selbst wäre.

Die französischen Provinzen, die glaubten, daß ihre letzte Hoffnung im Kampf gegen die großen Kompanien die Macht des Königs sei, wollten die Monarchie um keinen Preis schwächen. Im August 1357 fühlte sich der Dauphin stark genug, die Räte in ihr Amt zurückzuholen und Marcel wissen zu lassen, daß er von nun an gewillt sei, ohne Mitsprache des »Rates der Sechsunddreißig« zu regieren. Marcel, zum Äußersten getrieben, verband sich daraufhin mit einem Mann, dessen Ziele seinen Absichten völlig zuwiderliefen.

Direkt aus dem Gefängnis in Cambrai trat Karl von Navarra in das Chaos des November 1357. Hinter seiner Befreiung standen Marcel und Robert le Coq. Navarra sollte einen Gegenkönig im Kampf gegen die Valois abgeben. In »grandioser Begleitung« von Adligen aus der Picardie und der Normandie zog er in die Hauptstadt ein. Unter ihnen war »Monseigneur de Coussi«. Enguerrand hatte mit seinen siebzehn Jahren den Treueeid seiner Vasallen entgegengenommen und war jetzt der anerkannte Herr von Coucy. Wahrscheinlich teilte er die Unmutsgefühle der Adligen aus dem Norden Frankreichs gegen die Valois und war so unter die Anhängerschaft von Karl von Navarra geraten. Sein bemerkenswertes politisches Gespür, das er sein ganzes Leben hindurch unter Beweis stellen sollte, hielt ihn allerdings davon ab, sich längere Zeit an Karl von Navarra zu binden.

Mit wunderbarer Beredtheit hielt Karl eine »mit viel Gift gewürzte« Ansprache vor einer großen Menge von Pariser Bürgern, in der er seinen Anspruch auf die französische Königskrone erwähnte, aber nicht betonte. Er sagte lediglich, daß sein Anspruch besser begründet sei als der König Eduards. Diese Herausforderung zwang den Dauphin, nach Paris zu kommen und eine Versammlung der Stände einzuberufen. Nachdem er in kürzester Zeit »zweitausend« Reisige im Louvre versammelt hatte, wandte auch er sich an das Volk. Er sandte Boten durch die Stadt, um die Bürger zu versammeln, und hielt am 11. Januar 1358 vom Rücken seines Pferdes eine Ansprache, die die Volksgunst im Handumdrehen zu seinen Gunsten umschlagen ließ. Ein Stellvertreter Marcels, der seine Stimme gegen den Königssohn erhob, wurde niedergeschrien.

Die Menschen dieser Zeit waren für das gesprochene Wort außerordentlich empfänglich, und jeder Marc Anton konnte die leichte Erregbarkeit der Zuhörerschaft ausnutzen. Man hörte damals stundenlang im Freien die Predigten großer Kirchenmänner an und betrachtete sie als eine Art populärer Unterhaltung.

Vom Erfolg des Dauphins aufgeschreckt, griff Marcel auf nackte Gewalt ganz im Stil des Karl von Navarra zurück. Anlaß war der Tod des Bürgers Perrin Marc, der den Schatzmeister des Dauphin ermordet hatte und vom Marschall des Hofes gewaltsam aus dem Asyl in einer Kirche geholt und erhängt wurde. Marcel versammelte dreitausend Handwerker und Händler, die bewaffnet waren und die rotblauen Mützen der Volkspartei trugen, und marschierte an ihrer Spitze zum Königspalast. Auf der Straße begegneten sie Regnaut d'Acy, einem königlichen Rat, begrüßten ihn mit dem Ruf »Tod!« und erschlugen ihn auf der Stelle.

Als sie den Palast erreichten, suchte Marcel mit einem Teil seiner Begleiter den König in seinem Zimmer auf, wo sie, während Marcel vorgab, den Prinzen zu schützen, die beiden Marschälle des Dauphins vor dessen Augen erschlugen. Der eine von ihnen war Jean de Clermont, ein Sohn des bei Poitiers getöteten Marschalls, der andere war Jean de Conflans, Sire de Dampierre, ein früherer Abgeordneter der Stände, der die Reformpartei verlassen hatte und zum Dauphin übergelaufen war. Jede bebilderte Chronik der Zeit zeigt die Szene: Finster dreinschauende Männer mit gezückten Schwertern, der erschrockene Dauphin, der auf seinem Bett kauert, die blutigen Leichen der Marschälle zu seinen Füßen.

Die Leichen wurden in den Palasthof geschleppt und dort zur Schau gestellt, während Marcel zur Place de Grêve eilte, wo er von einem Fenster aus eine Ansprache an das Volk hielt, das er aufforderte, seine Tat zu sanktionieren. Es sei zum Wohle des Königreiches geschehen, sagte er, um die »falschen, verderbten und verräterischen Ritter« zu entfernen. Mit einstimmigem Jubelgeschrei begrüßte der Mob den Anschlag und versprach dem Vorsteher Gefolgschaft »auf Leben und Tod«. Sofort kehrte Marcel zum Palast zurück, um dem Dauphin jene ewige Rechtfertigung zu präsentieren: sein Vorgehen sei der »Wille des Volkes«. Um seine Einigkeit mit dem Volk zu demonstrieren, solle der Prinz die Tat gutheißen und allen Beteiligten Straffreiheit zusichern. »Bekümmert und erschüttert« erkannte der Prinz die Warnung, die die Leichen im Hof seines Palastes beredt ausdrückten. Er bat den Vorsteher, dem Volk von Paris zu sagen, daß es sein Freund sein möge, wie er Freund des Volkes sein wolle, und empfing aus Marcels Händen roten und blauen Stoff, um daraus für sich und seine Offiziere Mützen in den Farben der Volkspartei machen zu lassen.

Der schreckliche Anschlag, der im Grunde auf ihn selbst zielte, sollte den Dauphin so weit einschüchtern, daß er der Herrschaft des Rats der Stände zustimmte. Statt dessen härtete er den Willen unter der trügerischen Schwäche, die der Prinz nach außen zeigte. Aber alles, was er zunächst tun konnte, war, seine Familie in die Sicherheit der nahe gelegenen Festung Meaux an der Marne zu schicken und selbst seinen Wohnsitz nach Senlis zu verlegen. Nun, da Gewalt gegen die Krone und gegen den Adel in Gestalt der beiden Marschälle angewendet worden war, weitete sich der Konflikt von einer politischen Auseinandersetzung in einen offenen Kampf aus. Die Ausgangslage aber war entscheidend verändert: Der Mord an den beiden Marschällen kostete Marcel auch die letzte Unterstützung der Reformen von seiten des Adels. Die Tat überzeugte die Adligen, daß ihre Interessen bei der Krone lagen.

Im Mai 1358 löste eine Maßnahme des Thronfolger-Regenten den blutigen Bauernaufstand aus, der unter dem Namen Jacquerie bekannt geworden ist. Enguerrand de Coucy, nun achtzehn Jahre, spielte dabei eine aktive und prominente Rolle. In der Absicht, Marcel durch eine Blockade von Paris zu treffen, wies der Regent die Adligen, deren Ländereien an den Flüssen lagen, an, ihre Burgen mit Vorräten zu versehen und zu verstärken. Einer Überlieferung zufolge beschlagnahmten sie zu diesem Zweck das Eigentum der Bauern und provozierten so den Aufstand. Nach einem anderen Chronisten stiftete Marcel die »Jacques«, wie die Bauern genannt wurden, zum Aufruhr an, indem er ihnen sagte, der Befehl des Dauphins sei gegen sie gerichtet und nur das Vorspiel für neue Unterdrückung und Plünderung. Aber die »Jacques« selbst hatten Gründe genug.

Wer war dieser Bauer, der wie ein gebeugter Atlas die drei Stände der mittelalterlichen Welt auf seinem Rücken trug und der nun Schrecken in die Reihen der Herrschenden trug? Stupsnasig und rauh im einfachen langen Kittel mit Gürtel zeigen ihn Steinreliefs und Buchillustrationen, die die zwölf Monate des Jahres darstellen, wie er mit einem Leinensack über der Schulter die Saat ausbringt, wie er in der Hitze des Sommers in offener Bluse und Strohhut mit der Sense das Heu mäht, wie er zwischen seinen Knien die Schafe schert, die Trauben in einem Holzfaß mit bloßen Füßen zerquetscht, die Schweine im Forst hütet, in Hut und Schaffellmantel winters das Holz für das Feuer holt und sich im Februar am Feuer seiner niedrigen Hütte wärmt. An seiner Seite auf dem Feld bindet die Bauersfrau die Garben. Sie trägt einen langen Rock aufgesteckt im Gürtel, um sich freier bewegen zu können, und ein Kopftuch anstelle des Hutes.

Wie jede andere gesellschaftliche Gruppe war auch die der Bauern sehr uneinheitlich. Ökonomisch gesehen reichte ihr Stand vom halbwilden Armen bis zum Eigner von Feldern und Federbetten, der genug Geld anhäufte, um seinen Sohn auf die Universität zu schicken. *Villein* oder *Vilain* war die geläufige Bezeichnung für den Bauern, die im Laufe der Zeit eine geringschätzige Bedeutung angenommen hatte. Weder Sklave noch völlig frei, gehörte der *Villein* zum Besitz seines Herrn. Er war verpflichtet, Pacht zu zahlen oder Dienste zu leisten, wofür er als Gegenleistung Schutz und Gerechtigkeit beanspruchen konnte. Ein Leibeigener war jemand, der im Sinne eines persönlichen Abhängigkeitsverhältnisses einem bestimmten Herrn von Geburt an gehörte. Damit auch die Kinder dem Herrn gehörten, war es einem solchen Mann durch das Gesetz der *formariage* verboten, eine Frau von außerhalb der Domäne seines Herrn zu nehmen. Starb er kinderlos, so fielen sein Haus, Werkzeuge und alle anderen Besitztümer wieder an den Herrn zurück, weil sie formal nur als Leihgaben des Herrn galten. Ursprünglich schuldete der Leibeigene seiner Herrschaft neben den landwirtschaftlichen Arbeiten Dienstleistungen aller Art, die auf dem Gut anfielen: Straßen- und Brückenbau, Schmiedearbeiten, Feuerholzbeschaffung, Wäsche, Spinnerei- und Webereiarbeiten. Aber viele dieser Aufgaben wurden seit dem 14. Jahrhundert durch Lohnarbeiter verrichtet, und der Bedarf der Burg wurde zum großen Teil durch Einkäufe in der Stadt und bei Händlern gedeckt, so daß ein großer Teil der Bauern auf der Basis von Pachtzahlungen die Felder bewirtschaftete und zusätzlich eine bestimmte Anzahl von Tagen im Jahr auf den Feldern des Gutsherrn zu arbeiten hatte.

Neben der Haushaltssteuer hatte der Bauer den Kirchenzehnten, Beiträge zu Lösegeldern für seinen Herren, für die ritterliche Ausbildung des Herrensohnes und die Mitgift der Tochter zu entrichten. Er mußte Gebühren für alles zahlen, was er benutzte: für die herrschaftliche Mühle, den Backofen, die Apfelmostpresse und natürlich auch für das herrschaftliche Gericht. Im Todesfall schuldete er seinem Herrn den Hauptfall, die Übergabe seines kostbarsten Besitzes an den Herrn.

Seine landwirtschaftliche Arbeit verrichtete er unter Bedingungen, die den Herrn bevorteilten, dessen Felder gepflügt, gesät, abgeerntet und vor Sturm geschützt wurden, bevor der Bauer sich seinen eigenen widmen konnte. Er mußte sein Vieh zum Weiden über die Felder des Herrn treiben, damit der Dung der Tiere dem Herrn zugute kam. All diese Voraussetzungen und Abgaben sicherten dem Besitzer den Löwenanteil am Mehrwert der Landarbeit. Dieses System wurde von der Kirche gestützt, deren natürliche Interessen sie eher an die Seite der Starken als der Schwachen trieb. Sie lehrte, daß Nachlässigkeit im Dienst des Gutsherrn und Ungehorsam in der Hölle bestraft würden und daß Säumigkeit bei der Zahlung des Zehnten die Seele in Gefahr brächte. Der Priester übte ständig Druck aus, um den Zehnten in Naturalien einzutreiben: Korn, Eier, ein Huhn oder ein Schwein, was, wie er sagte, eine Steuer war, die der Bauer Gott schuldete. Das alltägliche Leben überwachte der Büttel des Gutsherrn, dessen Amtsanmaßungen und Erpressungen eine Quelle ständiger Beschwerden waren. Der Büttel hatte fast unbegrenzte Macht über die Bauern, an denen er sich häufig rücksichtslos bereicherte.

Der Besitz eines Pfluges, der 10 bis 12 Pfund kostete, und eines Arbeitspferds, für das man 8 bis 10 Pfund zahlen mußte, machte den Unterschied zwischen einem wohlhabenden Bauern und einem, der gerade überleben konnte. Diejenigen, die sich keinen Pflug leisten konnten, mieteten einen oder brachen die Erde mit Hacke und Spaten um. Vielleicht 75 bis 80 Prozent der Bauern lagen unter dieser »Pfluggrenze«. Von diesen besaß etwa die Hälfte ein paar Morgen Land und führte ein einigermaßen gesichertes Leben, während die andere Hälfte immer am Rande des Existenzminimums lebte; sie bestellten kleine Parzellen, deren Ertrag sie durch bezahlte Arbeit für den Herrn oder für reichere Nachbarn aufzubessern versuchten. Die ärmsten 10 Prozent lebten im Elend von Brot, Zwiebeln und ein paar Früchten, schliefen auf Strohsäcken in einer unmöblierten Hütte, die als Rauchabzug nur ein Loch im Dach hatte. Sie hatten nicht einmal den Status von Leibeigenen, sie waren das neue ländliche Proletariat, das die Umstellung des alten herrschaftlichen Systems auf frühkapitalistische Formen erzeugte.

Ein wie großer Teil der Bauern wohlhabend und wie viele arm waren, ist nur über die Güter einzuschätzen, die sie ihren Nachkommen vererbten, und da die Ärmsten nichts zu vererben hatten, bleiben sie stumm. Schwieriger als bei jeder anderen Klasse ist bei den Bauern das berühmte Ziel des Historikers zu erreichen: *zu sagen, wie es wirklich war.* Jeder Aussage über die Bauern steht eine gegenüber, die das Gegenteil behauptet. Es ist gesagt worden, daß »Baden in den unteren Klassen selbstverständlich war ... Sogar kleine Dörfer hatten Badehäuser.« Andererseits klagten die französischen Zeitgenossen unablässig, der Bauer sei dreckig und stinke. Die englischen Chronisten sind sich einig, daß es dem englischen Bauern besser gehe als dem französischen, und sie erwähnen häufig, daß die französische Landbevölkerung kein Fleisch zu essen habe; in anderen Chroniken heißt es, der Bauer ernähre sich von Schweinefleisch und Geflügel, von Eiern, Fisch, Käse, Bohnen, Erbsen, Zwiebeln, Knoblauch und Früchten, von Roggenbrot und Honig, er trinke Bier und Apfelwein.

Für das Elend dagegen, in dem zumindest die Masse der französischen Bauern dieser Zeit lebte, spricht die Erzählung *Merlin Merlot,* in der ein Bauer ausruft: »Mein Gott, was soll aus mir werden? Ich habe nie auch nur einen Ruhetag. Erholung und Ruhe werden mir wohl auf ewig fremd bleiben ... Die Geburtsstunde des *Villein* ist hart; wenn er geboren wird, wird das Leid mit ihm geboren.« Seine Kinder hungern und strecken ihm ihre bittenden Hände entgegen, während sein Weib ihn als schlechten Ernährer beschimpft. »Ich bin wie ein durchnäßter Hahn im Regen, mit hängendem Kopf und heruntergekommen, ein geschlagener Hund.«

Schwer trug der Bauer an der Verachtung, mit der ihm die anderen Klassen begegneten. Auch die Erzählungen und Balladen der Zeit beschreiben ihn fast ausnahmslos als aggressiv, unverschämt, gierig, mürrisch, mißtrauisch, häßlich, dumm und immer unzufrieden. So wird die Anekdote überliefert, daß die Seele eines Bauern im Paradies keinen Platz fand, weil die Engel sie wegen ihres Gestanks nicht begleiten mochten. Die Adligen brauchten die Bezeichnungen Jacques oder Jacques Bonhomme, weil der Bauer zu Kriegszeiten im Kampf nichts weiter als einen dickgefütterten Kittel trug, der *»jacque«* genannt wurde. Sie betrachteten ihn als ein Wesen von unedlen Instinkten, dem nicht zu trauen war. Ein Sprichwort sagte: »Schlag einen Bauern, und er wird dich segnen, segne einen Bauern, und er wird dich schlagen!«

Zumindest der ritterlichen Theorie nach sollte der Besteller der Erde von Plünderungen und gewaltsamen Übergriffen verschont bleiben. Aber nirgendwo spottete die mittelalterliche Realität der Theorie mehr als in diesem Bereich. Die Verpflichtung zur Ritterlichkeit galt nur innerhalb der eigenen Schicht. Die Überlieferungen erzählen von Bauern, die gekreuzigt, geröstet, hinter Pferden hergeschleift wurden. Es gab Prediger, die auf das Los des Bauern hinwiesen und anerkannten, daß er zum Wohle aller arbeitete und von seinen Aufgaben oft überfordert war. Sie riefen den Adel zu mehr Mitleid und Achtung auf, aber auch sie konnten dem Opfer nicht mehr als Geduld, Gehorsam und Ergebenheit anraten.

1358 erreichte das Elend der Bauern seinen Höhepunkt. Die Briganten beraubten sie ihres Saatgutes, ihres Viehs, ihrer Wagen und ihrer Werkzeuge und Pflüge, um Waffen daraus zu schmieden. Trotzdem bestand der Adel weiterhin auf den vereinbarten Abgaben, Steuern und zusätzlichen Beiträgen zu den hohen Lösegeldzahlungen und »unternahm dennoch kaum etwas, um die Vasallen vor Angriffen zu schützen«. Die einfachen Leute »stöhnten«, schrieb Jean de Venette, »wenn sie sahen, wie die Gelder, die sie mühsam zu Kriegszwecken aufgebracht hatten, in Unterhaltung und Luxus verschwendet wurden«. Zugleich hatten die Bauern seit den Niederlagen von Crécy und Poitiers viel von ihrer Furcht vor den Rittern verloren. Vor allem aber sah der Bauer die Austauschbarkeit von Ritter und Brigant. Wenn ein Adliger die Lösegeldforderung einer Kompanie nicht erfüllen konnte, diente er häufig ein oder zwei Jahre in den Reihen der Gesetzlosen: »So leicht war es, aus einem Herren einen Räuber zu machen.« Kein Revolutionsplan, sondern der reine Haß entzündete den Bauernaufstand, die Jacquerie.

Am 28. Mai 1358 hielten einige Bauern nach der Vesper in dem Dorf St. Leu nahe Senlis eine Protestversammlung auf dem Kirchhof ab. Sie gaben den Adligen die Schuld an ihrem Elend und an der Gefangennahme des Königs, »die alle Herzen bekümmerte«. Was hatten die Ritter und ihre Männer unternommen, um ihn zu befreien? Wozu waren sie gut außer zur Unterdrückung armer Bauern? »Sie haben das Königreich beschämt und geschändet, es wäre gut, wenn sie alle vernichtet würden.« Die Zuhörer schrien: »Das ist die Wahrheit. Das ist die Wahrheit! Wehe dem, der zögert!«

Ohne weitere Beratung und ohne Waffen außer den Knüppeln und Messern, die einige bei sich hatten, stürzte sich eine Gruppe von etwa hundert Bauern in einem wilden Angriff auf das nächstgelegene Herrenhaus; sie brachen ein, töteten den Ritter, seine Frau und seine Kinder und brannten das Gebäude nieder. Danach, so schreibt Froissart, dessen Darstellung der Jacquerie sehr wahrscheinlich auf den Erzählungen von Adligen und Geistlichen beruht, »zogen sie zu einer starken Burg weiter, banden den Ritter an einen Pfahl und vergewaltigten seine Frau und Tochter vor seinen Augen. Sie töteten die Frau, die schwanger war, danach seine Tochter, dann alle Kinder und zuletzt den Ritter selbst und verbrannten und zerstörten die Burg.« Andere Quellen berichten von vier Rittern und fünf Knappen, die in dieser Nacht starben. Im Handumdrehen breitete sich der Aufstand aus und fand jeden Tag neue Anhänger. Sie kamen mit Sicheln, Heugabeln, Hackmessern und allem, woraus man eine Waffe herstellen konnte. Bald waren es Tausende – schließlich, so sagte man, hunderttausend –, die das Tal der Oise, die Ile de France, Teile der Picardie und der Champagne überschwemmten. Sie wüteten »auch im ganzen Besitz der Coucys, wo sie große Greuel begingen«. Als der Aufstand vorüber war, waren mehr als »hundert« Burgen und Herrenhäuser in den Gebieten von Coucy und Valois, der Diözesen Laon, Soissons und Senlis und mehr als »sechzig« in den Bezirken von Beauvais und Amiens geplündert und verbrannt.

Ohne organisierte Selbstverteidigung flohen die Adligen mit ihren Familien zunächst in befestigte Städte und überließen den Bauern ihr Land und ihre Häuser. Die Jacques brandschatzten und mordeten »ohne Gnade wie wütende Hunde«. Sicherlich, sagt Froissart, »haben Christen oder gar Sarazenen noch nie solche Greueltaten begangen wie diese verderbten Menschen, Verbrechen, die kaum ein Mensch auszudenken oder anzusehen wagt«. Das Beispiel, das er zitiert, stammt aus der älteren Chronik des Jean le Bel und erzählt von einem Ritter, den die Jacques »vor den Augen seiner Frau und seiner Kinder töteten und auf einem Spieß rösteten. Nachdem sich dann zehn oder zwölf von ihnen an der Frau vergangen hatten, zwangen sie sie, einiges von dem Fleisch ihres Mannes zu essen, und töteten sie dann.« In den späteren Berichten immer wieder aufgegriffen, wurde diese eine Geschichte zur Hauptstütze der Greuelgeschichten über den Aufstand. In den registrierten Anklagen nach den Ereignissen war nur noch die Rede von dreißig Toten (unter denen sich kein gerösteter Ritter befand).

Die »Jacques« hatten sich mehr auf Räuberei und Plünderung geworfen als auf Mord. Eine Gruppe war direkt in den Geflügelhof gelaufen, hatte so viele Hühner wie möglich gefangen, Karpfen aus dem Teich gefischt, Wein aus den Kellern geholt und auf Kosten des Herrn ein großes Fest gefeiert. In Bezirken, in denen der Haß auf die Geistlichkeit dem auf den Adel glich, führten die Jacques auch Krieg gegen die Kirche. Die Mönche zitterten in ihren Klöstern, die Säkularkleriker flohen in die Städte.

In der Person des Guillaume Karle oder Cale wuchs den Jacques ein Führer zu. Er wird als starker, gutaussehender Picarde beschrieben, der eine natürliche Beredsamkeit besessen haben soll und Kriegserfahrung hatte, was die Jacques brauchten. Er richtete einen Kriegsrat ein, der unter einem offiziellen Siegel Befehle aussandte, Anführer ernannte und jeder Zehnergruppe einen Vormann zuteilte. Cales Männer schmiedeten Sicheln und Sensen zu Schwertern um und nähten provisorische Rüstungen aus hartem Leder zusammen. »Montjoie!« wählte Cale zu seinem Schlachtruf, und die Banner waren mit Lilien besetzt, um deutlich zu machen, daß sich der Aufstand gegen den Adel, nicht gegen den König richtete. Cales Hoffnung war es, in seinem Kampf gegen den Adel die Städte als Bundesgenossen zu gewinnen. Tatsächlich waren sich die beiden Bewegungen, die bäuerliche und die bürgerliche, in der Stoßrichtung gegen den Adel einig. Nur wenige Städte des Nordens »waren nicht gegen die vornehmen Herren«, schreibt der Mönch von St. Denis, der *Die Chronik über die Regierungszeit von Johann II. und Karl V.* verfaßte, aber viele von ihnen fürchteten und verachteten die Jacques. Die kleineren Bürger sahen aber in dem Bauernaufstand einen allgemeinen Krieg der einfachen Leute gegen den Adel und die Geistlichkeit. Städte wie Senlis und Beauvais, in denen die rot-blaue Volkspartei dominierte, sympathisierten mit den Jacques und versorgten sie mit Nachschub und öffneten ihnen die Stadttore. Viele Bürger schlossen sich den Bauern an. In Beauvais wurden einige Adlige, die die Bauern als Gefangene in die Stadt geschickt hatten, mit Zustimmung des Bürgermeisters und des Magistrats hingerichtet. Amiens veranstaltete Gerichtsverfahren, in denen Adlige des Gebiets in Abwesenheit zum Tode verurteilt wurden.

Andere Städte wie Compiègne weigerten sich, die Adligen, die in ihren Mauern Zuflucht gesucht hatten, an die Bauern auszuliefern. Den späteren Gnadenerlassen nach zu urteilen, haben sich einzelne Bürger, Schlachter, Wagenmacher, Offiziere, sogar Priester an den Beutezügen der Jacques beteiligt. Sogar Männer des Adels erscheinen in den Listen der Begnadigten, aber ob sie aus Überzeugung, Beutegier oder Abenteuerlust mit den Bauern gekämpft haben, ist ungewiß. Ritter, Knappen oder auch Schreiber, die angeklagt waren, Gruppen von aufständischen Bauern angeführt zu haben, beriefen sich häufig darauf, von ihnen in ihre Dienste gepreßt worden zu sein, was auch richtig gewesen sein mag, weil die Bauern unter dem Mangel an militärischen Führern sehr litten.

Als sich die Wut der Bauern mehr und mehr gegen alle Landbesitzer entlud, gaben die Jacques auf die Frage, warum sie das taten, die Antwort, »daß sie es nicht wüßten, aber andere das gleiche tun gesehen hätten und glaubten, so den Adel und die Besitzenden der ganzen Welt ausrotten zu können, so daß es keine mehr gäbe«. Ob die Bauern nun wirklich eine Welt ohne Adlige ins Auge gefaßt hatten oder nicht, der Landadel glaubte es und spürte den heißen Atem des Todes im Nacken. Von dem Schrecken gepackt, den die Masse ausstrahlt, wenn sie sich der Autorität entzieht, riefen die Adligen die Ritter von Flandern, Hainault und Brabant um Hilfe an.

In einem für Marcel kritischen Moment schien ihm das Wüten der Jacquerie eine weitere Waffe zu bieten. Diese Waffe war zweischneidig, denn als er sie in einem verhängnisvollen Entschluß ergriff, verlor er die Unterstützung der besitzenden Klasse. Auf seine Anstiftung hin wurden die Landgüter der verhaßten königlichen Räte zum Ziel einer Bande von Jacques, die von zwei Kaufleuten aus Paris befehligt wurden. Die Besitzungen des königlichen Kämmerers, Pierre d'Orgement, und jener unermüdlichen Gauner Simon de Buci und Robert de Lorris wurden geplündert und zerstört. Eine Gruppe von Bauern und Bürgern stellte Robert de Lorris in seinem Schloß von Ermenonville, einem der vielen Geschenke, das der Eigentümer königlicher Gunst verdankte. Sie zwangen ihn, auf den Knien dem Adel abzuschwören und der Gemeinde von Paris Treue zu geloben.

Durch Mord und Vernichtung um seinen Ruf gebracht, versuchte Marcel, den Tiger zu reiten. Das nächste Ziel der aus Paris gesteuerten Bande wurde die königliche Familie in Meaux. Die Jacques marschierten die Marne entlang und hatten unterwegs so viel Zulauf, daß der Haufe, der Meaux am 9. Juni »mit dem Willen, Böses zu tun«, erreichte, »neuntausend« Personen zählte. Der Bürgermeister und die Magistraten von Meaux, die dem Dauphin die Treue geschworen und ihm gelobt hatten, sich gegen jede »Entehrung« seiner Familie zur Wehr zu setzen, wichen vor den Invasoren zurück. Entweder aus Furcht oder aus Sympathie mit den Jacques öffneten sie die Stadttore und setzten Tische mit Servietten und Brot, Fleisch und Wein an die Straßen. Bald darauf ergoß sich die schreckenerregende Horde in die Straßen der Stadt und erfüllten sie mit »wildem Geschrei«, während Frau, Schwester und Tochter des Dauphins mit dreihundert anderen Damen in der Festung zitterten, denn sie wurden von einer nur kleinen Gruppe von Rittern bewacht.

In diesem Moment galoppierte die fahrende Ritterschaft in Gestalt jenes glänzenden Freundespaars, des Hauptmanns de Buch und Gaston Phoebus, Graf von Foix, zur Hilfe. Obwohl der eine England und der andere Frankreich die Treue geschworen hatte, ritten sie gemeinsam von einem »Kreuzzug« in Preußen nach Hause zurück. Keiner von beiden war ein Freund der Valois, aber Damen in Not waren jedem Ritter heilig, und diese beiden aus dem Süden hatten keinen Anteil an der Lähmung, die den Adel aus dem Norden angesichts des Aufstands der Bauern befallen hatte. Zudem war keiner von beiden in die schändliche Niederlage von Poitiers verwickelt gewesen. Als sie von der Lage in Meaux hörten, eilten sie mit einer Mannschaft von 40 Lanzen (120 Männern) zur Rettung. Sie erreichten die Burg von Meaux am selben Tag, an dem die Jacques in die Stadt einzogen. Die Festung, die auf einer schmalen Landzunge zwischen dem Fluß und dem Kanal lag, war nur durch eine Brücke mit der Stadt verbunden.

An der Spitze von 25 Rittern in glänzenden Rüstungen unter goldenen und blauen Wimpeln, die Sterne und Lilien und liegende Löwen zeigten, ritten der Hauptmann und der Graf auf die Brücke, um sie abzuriegeln. Trotz der Enge, in der sie ihre überlegene Zahl nicht entfalten konnten, entschlossen sich die Jacques unklugerweise zum Kampf. Vom Pferderücken aus kämpfend, schlugen die Ritter ihre Gegner zurück, ritten sie nieder, drängten sie in den Fluß, stürmten über die Brücke und richteten ein Blutbad an. Nach kurzem erbittertem Handgemenge schraken »die kleinen, dunklen, schlechtbewaffneten Vilains« vor den Lanzen und Äxten der gepanzerten Ritter zurück und wurden in ihrer Panik abgeschlachtet. Die Ritter griffen an, teilten fürchterliche Schläge aus und töteten die Bauern wie die Tiere, bis Erschöpfung ihrem Gemetzel Einhalt gebot. Nach den unmöglichen Zahlen der Chronisten sollen »mehrere tausend« erschlagen worden sein, was aber auch noch in der Übertreibung einen schrecklichen Blutzoll andeutet. Versprengte des Haufens von Meaux wurden in den folgenden Tagen noch gejagt und umgebracht. Die Ritter hatten nur geringe Verluste erlitten, einer war von einem Pfeil ins Auge getroffen worden. Ihr Zorn, der noch zu wachsen schien, je mehr ihm geopfert wurde, entlud sich in einem Racheakt auf die Stadt, die sie in Brand setzten und plünderten. Häuser und sogar Kirchen wurden ausgeraubt, der Bürgermeister gehängt, viele der Bürger umgebracht, andere ins Gefängnis gesetzt oder in ihren Häusern verbrannt. Meaux brannte zwei Wochen lang, wurde später wegen Majestätsverbrechen *(lèse majesté)* verurteilt und verlor alle Stadtrechte.

Meaux war der Wendepunkt. Der Sieg der Ritter ermutigte die Adligen zum Kampf, und sie begannen, das Land um Meaux zu verwüsten, wobei sie, sagt Jean de Venette, Frankreich mehr Schaden zufügten als die Engländer. Von nun an war die Niederwerfung des Bauernaufstandes nur noch eine Frage der Zeit und in ihrer Folge auch der Sturz von Marcel.

Karl von Navarra leitete den Feldzug gegen die Jacques in der Picardie und der Umgebung von Beauvais. Er war dazu durch die Adligen seiner Partei gedrängt worden. Sie hatten ihm erklärt, »daß, wenn die, die die Jacques genannt werden, noch länger so verführen, der Landadel vernichtet und alles zerstört würde«. Als einer der großen Adligen der Welt dürfte er nicht zulassen, daß der Adel so vermindert würde. Er wußte, daß er die Krone oder die Macht, die er anstrebte, nur mit Hilfe des Adels erreichen konnte, und ließ sich überreden. Mit einer Streitmacht von mehreren hundert Männern, die auch den »Baron de Coussi« einschloß, marschierte er nach Clermont, wo sich die Jacques unter Guillaume Cale gesammelt hatten. Cale befahl seiner Armee von einigen tausend vernünftigerweise, sich auf Paris zurückzuziehen, um dort mit Hilfe und Unterstützung der Stadt zu kämpfen, aber die Jacques waren kampflustig und verweigerten den Gehorsam. Daraufhin ließ sie Cale in den traditionellen drei Bataillonen Aufstellung nehmen. Zwei Bataillone, von Bogenschützen und Armbrustschützen angeführt, wurden hinter die Troßwagen zurückgezogen, das dritte, sechshundert schlecht berittene und schlecht bewaffnete Kavalleristen, stand für den Notfall in Reserve.

Mit zerrissenen Fahnen und wildem Schlachtgeschrei erwarteten die Bauern den Feind. Überrascht von dieser Art organisierten Widerstands, nahm Karl von Navarra zu Hinterlist und Verrat Zuflucht. Er lud Cale zu Verhandlungen in sein Lager, der angesichts dieser Einladung durch einen König, und sei es auch nur von Navarra, offensichtlich von seinem gesunden Menschenverstand im Stich gelassen wurde. Er betrachtete sich selbst als Kriegsteilnehmer, auf den die Gesetze des Rittertums anzuwenden waren, und ging ohne Leibwache zu den Verhandlungen, woraufhin ihn sein königlicher Gegner festnehmen und in Ketten legen ließ. Die Gefangennahme ihres Führers durch so leichten und verächtlichen Verrat nahm den Jacques jede Zuversicht und jeden Widerstandswillen. Als die adlige Streitmacht angriff, gingen die Bauern unter wie ihre Bundesgenossen in Meaux und erlitten ein ähnliches Blutbad. Nur wenige, die sich in den Wäldern versteckten, entkamen den Schwertern der verfolgenden Ritter. Die umliegenden Dörfer lieferten Flüchtige an den Adel aus. Insgesamt fielen den Kämpfen in dieser Region »dreitausend« Bauern zum Opfer, unter ihnen dreihundert, die in einem Kloster verbrannt wurden, in das sie sich geflüchtet hatten. Und um seinen Sieg vollständig zu machen, ließ Karl von Navarra Guillaume Cale köpfen, angeblich, nachdem er ihn in grausamem Hohn mit einem glühenden Eisenring zum König der Jacques gekrönt hatte.

Als der erbarmungslose Unterdrückungsfeldzug gegen die Bauern nach Norden schwappte, trat Enguerrand de Coucy als sein neuer Führer in Erscheinung, da sein Besitz im Zentrum des Sturms lag. Froissart berichtet, daß sich die Jacques nie wieder sammeln konnten, weil »der junge Sire de Coucy eine große Anzahl Edelmänner um sich versammelt hatte, die ihnen, wo immer sie sie fanden, ohne Gnade und Nachsicht ein Ende machten«. Daß ein so junger Mann die Führung übernehmen konnte, spricht für einen starken Charakter, aber mehr ist in dieser Episode nicht über Enguerrand zu erfahren. Auch die *Chronique Normande* und andere Berichte erwähnen ihn als unerbittlichen Bauernjäger. Alles, was wir über den Enguerrand dieser Zeit wissen, faßt Père Denifle, die historische Autorität des 19. Jahrhunderts, zusammen: »Es war vor allem Enguerrand VII., der junge Seigneur de Coucy, der an der Spitze der Adligen seiner Baronie die Ausrottung der Jacques vollendete.«

An dem Blut von Meaux erstarkt, bereitete der Adel der Region dem Aufstand der Bauern zwischen Seine und Marne ein schmähliches Ende. »Sie warfen sich auf kleine Marktflecken und Dörfer, zündeten sie an und verfolgten die verängstigten Bauern in ihre Häuser, über die Felder, Weinberge und durch die Wälder, um sie elend hinzuschlachten.« Bis zum 24. Juni 1358 waren »zwanzigtausend« Jacques getötet, und das Land war in eine Wüstenei verwandelt.

Der vergebliche Aufstand war vorüber; er hatte trotz des großen Schattens, den er auf das Land warf, nur vier Wochen gedauert, wovon zwei schon auf die Niederschlagung entfielen. Nichts war gewonnen, nichts hatte sich geändert, viele waren gestorben. Wie jede Erhebung des Jahrhunderts war auch diese gescheitert, sobald die Herrschenden entschlossen zurückschlugen mit dem Gewicht des Stahls und der Überlegenheit des Mannes auf dem Pferderücken. Ohne jeden Gedanken an die Folgen ließen die Landbesitzer, die nach dem Schwarzen Tod schon unter dem Mangel an Arbeitskräften litten, ihrer Rachgier die Zügel schießen – gegen ihr eigenes Interesse.

Im darauffolgenden Monat erreichten die Auseinandersetzungen in Paris ihren Höhepunkt und ihr Ende. Seit dem Tag von Poitiers hatte Marcel die Stadtmauern verstärken, Gräben ausheben, die Tore sichern und neue Verteidigungsanlagen bauen lassen. Die befestigte Hauptstadt war der Schlüssel zur Macht. Marcel, von dem einzigen Gedanken beherrscht, den Regenten zu entmachten, bot Karl von Navarra die Stadt an. Der aalglatte Navarra verhandelte mit beiden Seiten und hielt Kontakt zu englischen und navarresischen Truppen außerhalb der Stadtmauern.

Auf einer Massenveranstaltung, die Marcel für ihn auf der Place de Grève organisiert hatte, sagte Karl der Menge, »daß er König von Frankreich geworden wäre, wenn seine Mutter ein Mann gewesen wäre«. Organisierte Gruppen riefen: »Navarra! Navarra!« Während die Mehrheit, schockiert von dem Treuebruch, schwieg, wurde Navarra durch Akklamation zum Hauptmann von Paris gewählt. Daß er ein Amt aus den Händen der Volkspartei annahm, entfremdete ihm viele seiner adligen Anhänger, denn sie wollten sich nicht »gegen den Adel« stellen. Wahrscheinlich fiel zu dieser Zeit Enguerrand de Coucy von der navarresischen Partei ab, denn kurze Zeit danach trat er als deren Gegner auf.

Marcels Rückhalt zerging wie Schnee in der Frühjahrssonne. Sein stillschweigendes Einvernehmen mit den Jacques hatte viele der »guten Städte« verängstigt und, schlimmer noch, ihm den Unmut der Pariser Besitzbürger eingetragen. In dem Chaos der Erhebung war der Handel zum Erliegen gekommen, und in ihrer verzweifelten Suche nach Autorität wandten sie sich wieder dem Regenten zu. Die Stadt Paris zerfiel in verschiedene, sich gegenseitig bekämpfende Fraktionen: Eine wollte bis zum Ende mit Marcel kämpfen, eine andere wollte Navarra absetzen, eine weitere dem Regenten die Stadt übergeben; alle waren getrieben vom Haß gegen die englischen Kompanien, die erbarmungslos die Vorstädte verwüsteten. Die schwindende Unterstützung zwang Marcel, sich bewaffnete Hilfe in die Stadt zu holen. In dieser Lage unternahm er einen Schritt, der die öffentliche Meinung vollends gegen ihn kehrte. Am 22. Juli erlaubte er Navarra, eine Abteilung englischer Reiter in die Mauern zu bringen. Wütende bewaffnete Bürger stürzten sich aber mit einer solchen Erbitterung auf sie, daß sie zu ihrem eigenen Schutz im Louvre eingesperrt werden mußten.

Mittlerweile befürchteten aber auch die wohlhabenden Bürger, daß alle Bewohner von Paris gleichermaßen Strafe und Plünderung unterworfen würden, wenn der Regent die Stadt einnahm. Da es aber unmöglich war, Marcel zur Übergabe der Stadt zu bewegen, beschlossen sie, ihn aus dem Weg zu räumen, denn es sei »besser zu töten als getötet zu werden«. Es ist auch möglich, daß sie Gerüchten von einem Verrat des Vorstehers Glauben schenkten.

Marcels Stunde schlug am 31. Juli, als er am Stadttor von St. Denis erschien und den Wachen befahl, die Schlüssel an die Offiziere Navarras zu übergeben. Die Wachen wiesen dieses Ansinnen zurück und schrien: »Verrat!« Waffen blitzten auf, und ein offensichtlich vorbereiteter Textilkaufmann entrollte das königliche Banner, bestieg sein Pferd und ließ den königlichen Schlachtruf »Montjoie – St. Denis!« ertönen. Das Volk wiederholte den Schrei, Zusammenstöße und verworrene Alarmrufe waren die Folge. Kurz darauf tauchte Marcel am anderen Ende der Stadt am Tor von St. Antoine auf, wo er wiederum die Schlüssel verlangte. Sie wurden ihm verweigert, die Wachen von St. Antoine stürzten sich auf den Vorsteher, und als das Durcheinander sich beruhigt hatte und die blutigen Waffen wieder in ihren Scheiden steckten, lag die Leiche von Etienne Marcel zertrampelt auf der Straße.

Zwei seiner Begleiter wurden ebenfalls getötet, andere wurden entkleidet, geschlagen und nackt an der Stadtmauer zurückgelassen. »Danach eilte das Volk von dannen, um andere zu finden, die es ebenso behandeln wollte.« Viele der Anhänger Marcels wurden ermordet und nackt auf die Straße geworfen. Während Karl von Navarra nach St. Denis entkam, übernahm die royalistische Anhängerschaft die Kontrolle der Stadt. Am 2. August 1358 öffnete sie dem Regenten die Tore.

Er sprach sofort einen Gnadenerlaß für alle Pariser Bürger aus, mit Ausnahme enger Verbündeter Marcels und Karls von Navarra, die entweder hingerichtet oder verbannt wurden. Die Volkspartei war aber noch stark genug, um wütende Demonstrationen zu organisieren, als mehr und mehr Anhänger Marcels festgenommen wurden. Die Lage in der Stadt war undurchsichtig und gefährlich. Am 10. August verkündete der Regent eine Generalamnestie und befahl den Bauern und Adligen, sich zu versöhnen, damit das Land bestellt und die Ernte eingebracht werden konnte. Die Ausrottung der Jacques machte sich wirtschaftlich bemerkbar.

Mit dem Tode Marcels war die Reformbewegung gescheitert; das Aufblitzen der »Gerechten Regierung« war nur ein Wetterleuchten geblieben. Nach Artevelde und Rienzi war Marcel der dritte Anführer einer bürgerlichen Erhebung innerhalb von zwölf Jahren, der von den eigenen Anhängern getötet worden war. Das Volk von Frankreich war noch nicht reif für den Versuch, die Macht der Monarchie zu begrenzen. Alle seine Schwierigkeiten – die überhöhten Steuern, die ungerechte Regierung, die Geldentwertung, die militärischen Niederlagen, das Brigantentum und den ganzen schlechten Zustand des Königreiches – lasteten sie schlechten Ratgebern und den schurkischen Adligen an, nicht dem König – der tapfer in Poitiers gekämpft hatte –, nicht einmal dem Thronfolger. Aus Marcels Tod erwuchs keine politische Bewegung. Das Recht der Stände, sich nach eigenem Gutdünken zu versammeln, ging verloren, die Große Verfügung wurde zum größten Teil, wenn auch nicht völlig, außer Kraft gesetzt. Die Krone steuerte auf die Epoche des königlichen Absolutismus zu, die die Geschichte für sie bereithielt.

Obwohl der Regent Paris hielt, war er von Feinden umgeben. Von St. Denis aus verkündete Karl von Navarra offenen Widerstand und erneuerte sein Bündnis mit England. »Grausam und schändlich« wüteten die navarresischen und englischen Kompanien weiterhin im Land. Einzelne Gruppen von Adligen bekämpften sie, überall brachen Privatkriege und lokale Fehden aus, Burgen wurden belagert und Dörfer verbrannt. Mitten in diesen Wirren »hütete der junge Sire de Coucy seine Burg und sein Land mit Umsicht« – und mit der Hilfe zweier gefürchteter Krieger. Der eine war sein früherer Vormund Matthieu de Roye, der einmal eine ganze Kompanie von dreihundert Engländern besiegte und gefangennahm. Der andere war der Gouverneur des Coucy-Besitzes, »ein harter und tapferer Ritter« mit Namen Chanoine de Robersart, »der von den Engländern wie kein anderer gefürchtet wurde, weil er sie viele Male verjagte«. Enguerrand selbst zerstörte die Burg des Bischofs Robert le Coq, der Laon in das Lager von Karl von Navarra zu ziehen versuchte. Einzelheiten sind nicht überliefert bis auf die Tatsache, daß »der Herr von Coucy diesen Bischof nicht liebte«. Ansonsten gelang es Enguerrand, mit seinen bezahlten Reisigen die Briganten aus seinem Land herauszuhalten, obwohl sie die benachbarte Burg des Grafen von Roussi erobern konnten und in seinem Land »großen Mangel« erzeugten. Über unbestellte Felder und niedergebrannte Dörfer wandelte der Hungertod durch Frankreich.

Kapitel 8
Geisel in England

Diese ganze Zeit hindurch waren alle Versuche in London, einen dauerhaften Friedensvertrag abzuschließen, fehlgeschlagen. Als die Franzosen sich weigerten, das Verhandlungsergebnis von 1358 anzunehmen, antwortete Eduard mit noch weitergehenden Forderungen. Weil der alte Waffenstillstandsvertrag aber im März 1359 auszulaufen drohte, gab König Johann schließlich nach und opferte für seine Freilassung sein halbes Königreich. Im Vertrag von London verzichtete er praktisch auf das gesamte westliche Frankreich von den Pyrenäen bis nach Calais und stimmte der erneut erhöhten, katastrophalen Lösegeldsumme von 4 Millionen Goldécus zu. Sie sollte in festgesetzten Raten bezahlt werden, und vierzig Geiseln des Hochadels sollten für die Zahlung garantieren, unter ihnen Enguerrand de Coucy. Sollte es Widerstand in den abgetretenen Gebieten geben, war es Eduard gestattet, Truppen nach Frankreich zu schicken, die vom König von Frankreich zu bezahlen waren.

So verzweifelt sich das Königreich Frankreich nach dem Frieden sehnte: Scham und Zorn waren die Reaktion auf diese Bedingungen. In den schweren Jahren nach Poitiers war der Dauphin, von den Umständen zur Reife gezwungen, zu einem besseren Regenten geworden, als es sein Vater je gewesen war. Weder er noch sein Rat waren gewillt, dem zuzustimmen, was der König von Frankreich ausgehandelt hatte. Angesichts der trostlosen Alternative, entweder den Vertrag anzuerkennen oder sich der Gefahr eines neuen Krieges auszusetzen, berief er die Generalversammlung der Stände ein. »Die weisesten und erfahrensten Männer« sollten, ausgestattet mit allen Vollmachten, die Gemeinden vertreten. In dieser dunklen Stunde, einer der dunkelsten in der französischen Geschichte, waren sich die wenigen Delegierten, die die gefährliche Reise nach Paris auf sich nahmen, des Ernstes der Lage bewußt. Als der Text der Londoner Verträge verlesen worden war, überlegten sie nur kurz und gaben dem Dauphin eine einmütige Antwort. »Sie erklärten, daß der Vertrag unerträglich und eine Beleidigung des gesamten französischen Volkes sei, und daher ordneten sie an, England den Krieg zu erklären.«

Eduard reagierte darauf mit einer enormen Kriegsanstrengung, die seinen Sieg über Frankreich vollständig machen sollte. Zunächst bezeichnete er die französische »Treulosigkeit« als den Grund des neuen Waffengangs, um so die Bedingungen für einen »gerechten Krieg« zu erfüllen, was den Bischöfen erlaubte, zum Zwecke leichterer Truppenrekrutierung Ablässe zu gewähren.

Entschlossen, ein Expeditionsheer zusammenzustellen, dem es an nichts fehlen sollte, verbrachte er den ganzen Sommer damit, die technischen Vorbereitungen zu treffen. Ein gigantischer Geleitzug von eintausendeinhundert Schiffen, die elf- bis zwölftausend Männer und über dreitausend Pferde an Bord hatten (in Calais erwartete sie noch einmal eine ebenso große Streitmacht), wurde zusammengestellt und mit allem ausgestattet, was man im Feindesland brauchte, angefangen bei tausend Karren über Hufeisen, Pfeile, Rüstungen und Kochutensilien bis hin zu dreißig Falken für die Jagd.

Als sich der König mit seinen vier ältesten Söhnen einschiffte, war es Ende Oktober, und ein Winterfeldzug stand dem Heer bevor. Alle militärische Erfahrung einschließlich seiner eigenen sprach dafür, daß das für ein Expeditionskorps im Ausland das Verhängnis bedeutete, aber der Schwung großer Vorbereitungen ist schwer aufzufangen, und die vielen englischen Garnisonen in Frankreich machten Eduard Hoffnung auf einen schnellen Sieg. England war auf dem Höhepunkt seiner Macht. Der dynamische König hatte die besten Kriegsleute seiner Zeit angezogen – Chandos, Knollys, Sir Walter Manny, Sir Hugh Calveley, den Hauptmann de Buch und nicht zuletzt den Schwarzen Prinzen. Der Erfolg schien greifbar nahe.

1359 brachen die Engländer von Calais aus nach Reims auf, wo Eduard sich zum König von Frankreich krönen lassen wollte. Mit einem schier unübersehbaren Troß, der fast zehn Kilometer lang gewesen sein soll, durchquerten sie in drei Marschkolonnen die Picardie, um sich leichter aus dem Land ernähren zu können. Aber trotz dieser Vorsichtsmaßnahme waren Vorräte knapp in dem von den Kompanien verwüsteten Land. Pferde verhungerten, das Marschtempo wurde schleppend, und es regnete tagaus, tagein. Die Marschleistung sank auf 15 Kilometer täglich. Schlimmer noch, Eduards Ziel, die Franzosen in offener Feldschlacht zu treffen, erwies sich als illusionär. Keine glänzende Heerschar trat den Engländern entgegen. Sie marschierten durch ein bewußt erzeugtes Vakuum: Die Franzosen konzentrierten ihre Verteidigung auf feste Städte und Burgen, die einem Angriff widerstehen konnten.

Das Vermeiden der offenen Schlacht, die Strategie, die Frankreich retten sollte, war wie die meisten militärischen Neuerungen aus der Not geboren. Der Mann, der erkannte, was die Situation erforderte, war der Regent, ein Herrscher, der der Notwendigkeit gehorchte, nicht den Illusionen des Ruhms.

Sein feindlicher Schwager aus Navarra hatte sich in einer neuen plötzlichen Sinnesänderung gegen die Allianz mit Eduard entschieden und nach einer weiteren großartigen Versöhnungsfeier versprochen, »ein guter Freund des Königs, des Regenten und des Reiches« zu sein. Das Volk glaubte an eine Eingebung Gottes, aber Karl von Navarra konnte ohne Intrigen nicht leben, und schon wenige Monate später war er in ein neues Komplott gegen den Thronfolger verwickelt.

In der ersten Dezemberwoche erreichte Eduard Reims. Wahrscheinlich hatte er angenommen, daß die Stadt ihm die Tore öffnen würde. Aber Reims hatte seine Stadtmauern verstärkt und zwang die Engländer zur Belagerung. Alles, was dem Feind dienen konnte, war von den Franzosen zerstört, alle Häuser waren abgebrannt worden. Vor den Toren von Reims sah Eduard das Kloster St. Thierry, das er zu seinem Hauptquartier bestimmt hatte, vor seinen Augen niederbrennen. Ohne Nachschub, unter Kälte und Hunger leidend, sahen sich die Engländer nach vierzig Tagen gezwungen, die Belagerung aufzuheben. Sie wandten sich nach Süden, marschierten in das reiche Burgund, wo sie ganze Landstriche verwüsteten, bis König Eduard sich mit 200 000 Goldmoutons vom Herzog von Burgund, Philipp von Rouvre, abfinden ließ.

Als er sich erneut nach Paris in Marsch setzte, hörte er unter Wutausbrüchen Nachrichten von einem kühnen französischen Kommandounternehmen gegen Winchelsea an der Südküste von England. Das Ziel des Unternehmens war es, König Johann zu befreien, um Frankreich das ruinöse Lösegeld zu ersparen. Außerdem sollten die Engländer gezwungen werden, zum Schutz des Mutterlandes Truppen aus Frankreich abzuziehen.

Gerüchte von dem Unternehmen, die nach England getragen worden waren, hatten dazu geführt, daß der französische König am 1. März 1360 von Lincolnshire in eine näher bei London gelegene Burg verlegt wurde und schließlich im Tower leben mußte. Die Franzosen landeten aufgrund falscher Informationen am 15. März an der Südküste. Sie nahmen Winchelsea ohne Schwierigkeiten und stürzten sich, ohne den Versuch zu unternehmen, einen Brückenkopf zu bilden, mit der üblichen Gewalttätigkeit in das Geschäft der Plünderung, Vergewaltigung und Zerstörung. Während Alarmschreie durch die umliegenden Gebiete hallten, plünderten die Franzosen die benachbarte Stadt Rye und trafen dabei auf eine hastig zusammengestellte Abteilung von 1200 englischen Soldaten, die sie in die Flucht schlugen. Da sie aber weitere Gegenmaßnahmen befürchteten, beschlossen sie entgegen ihrem ursprünglichen Plan, nach 48stündiger Invasion umzukehren, und schifften sich im Licht der brennenden Stadt wieder ein.

Die Nachricht, daß »der Feind durchs Land ritt und mordete, brandschatzte und zerstörte« und daß Schlimmeres zu befürchten sei, »wenn man sich nicht augenblicklich dem Feind mannhaft entgegenstellte«, erfüllte England mit Panik. Obwohl sich diese Befürchtung als übertrieben herausstellte, hinterließ die Aktion eine ständige Angst vor Invasion, die zukünftigen Angriffen auf Frankreich gewisse Einschränkungen auferlegte. Ansonsten war der Überfall, mit viel Mut geplant und wenig Geschick ausgeführt, kaum ein Erfolg. Er provozierte Eduard zu noch härteren Maßnahmen in Frankreich, zeigte ihm allerdings auch, daß England ebenso verwundbar war wie Frankreich.

Anfang April schlossen die Engländer Paris ein und sandten Herolde aus, die die Franzosen zur offenen Schlacht forderten. Aber der Dauphin verbot jede Antwort und vertraute auf die Befestigungsanlagen, die Marcel erst kürzlich hatte verstärken lassen. Nachdem er eine Woche lang alles außerhalb der Stadtmauern verwüstet hatte, um die Franzosen zu provozieren, wandte sich Eduard von der Stadt ab, irritiert wie vor Reims, aber noch nicht bereit, aufzugeben. Er zog nach Chartres und nicht zurück zur Küste. Während der letzten zwei Monate waren päpstliche Legaten zwischen den Engländern und den Franzosen hin und her gependelt, um die durch Eduards Unnachgiebigkeit blockierten Friedensverhandlungen wieder in Gang zu bringen. Der Dauphin selbst hatte Gesandte mit Friedensvorschlägen geschickt. In der Erkenntnis, »daß das Königreich die große Verwirrung und Verarmung«, die die Engländer anrichteten, »nicht lange ertragen konnte, da die Pacht der Grundherren und der Kirchen in allen Teilen fast völlig verlorenging«, boten er und sein Rat eine Einigung auf der Basis von 1358 an, bevor Eduard seine Forderungen erhöht hatte. Der Herzog von Lancaster empfahl Eduard, anzunehmen, denn ein Ausschlagen des Angebots würde bedeuten, daß er »für den Rest seiner Tage« Krieg führen müßte und vielleicht »in einem Tag das verlöre, was uns zu gewinnen zwanzig Jahre gekostet hat«.

Der Zorn der Himmel bekräftigte die Worte des Herzogs. Am Montag, dem 13. April, einem »üblen, dunklen Tag« mit Nebel und bitterer Kälte, traf ein Hagelschlag die kampierenden Engländer mit der Naturgewalt eines Orkans. Männer und Tiere starben unter den enormen Hagelkörnern, Zelte wurden vom Sturm fortgerissen, der Troß quälte sich durch Schlamm und Morast, und viele starben an der schrecklichen Kälte, »weshalb der Tag bis heute von vielen Menschen ›Schwarzer Montag‹ genannt wird«. In einer halben Stunde wurde Eduards Armee so hart getroffen, wie es durch menschliche Hand nicht hätte geschehen können – das Unwetter mußte eine Warnung des Himmels sein. Der Schwarze Montag war der Gipfelpunkt aller Fährnisse und Schwächen des sechsmonatigen Feldzugs – der Verwundbarkeit der englischen Streitmacht, des Ausbleibens der Entscheidungsschlacht und der Unfähigkeit, eine befestigte Stadt zu nehmen. Er bestätigte die vage dämmernde Erkenntnis, die in Lancasters Worten schon aufblitzte, daß Frankreich nicht durch Plünderung und Verwüstung zu erobern war, auch nicht durch die Belagerung einer Stadt nach der anderen, einer Burg nach der anderen. Auf lange Sicht war es genau dies, was den Krieg dazu verurteilte, sich durch ein ganzes Jahrhundert zu schleppen – die Tatsache, daß ohne einen Zufallstreffer wie die Gefangennahme des französischen Königs in Poitiers mittelalterliche Armeen nicht die Mittel hatten, ein entscheidendes Ergebnis zu erreichen, schon gar nicht die bedingungslose Kapitulation eines ganzen Landes.

Der himmlischen Warnung und Lancasters Ratschlag folgend, beauftragte Eduard Gesandte, mit Frankreich erneut um revidierte Friedensbedingungen zu unterhandeln. Sie trafen sich in dem kleinen Dorf Brétigny, vielleicht fünf

Kilometer von Chartres entfernt, wo der zwanzigjährige Krieg zu einem Ende gebracht wurde – wie es damals schien.

Der am 8. Mai 1360 unterzeichnete Vertrag von Brétigny war ein unübersichtliches Netzwerk rechtlicher und territorialer Regelungen, das detailliert in neununddreißig Artikeln, fünf zusätzlichen Briefen und der ewig vieldeutigen Rhetorik der Rechtsgelehrten abgefaßt war. Im wesentlichen lief es auf eine Rückkehr zu der ursprünglichen Einigung von 1358 hinaus. Die Lösegeldsumme für König Johann war auf 3 Millionen Goldécus reduziert worden, und Eduard gab seine zusätzlichen Gebietsansprüche auf, was seinen Feldzug deutlich als Fehlschlag und Verschwendung brandmarkte. Aber es blieb bei der Abtretung von Calais und Aquitanien und der Übergabe anderer Gebiete – Städte, Häfen und Burgen zwischen Calais und den Pyrenäen – an England. Die Abtretungen summierten sich zu einem Drittel Frankreichs. Es war der größte Gebietsgewinn, der bis zu dieser Zeit in Westeuropa überliefert war. Als Gegenleistung gab Eduard seinen Anspruch auf alle nicht in dem Vertrag genannten Gebiete auf und verzichtete auf die französische Königskrone.

Um die Erfüllung der Verpflichtungen zu gewährleisten, wurde die Forderung auf die vierzig Größten des Königreiches als Geiseln Englands erneuert, und Enguerrand de Coucy war wieder dabei. Als Herr des wichtigsten Bollwerks in Nordfrankreich, das sich als ein Zentrum des Widerstandes gegen die Engländer erwiesen hatte, wurde er bewußt ausgewählt, weil die Engländer glaubten, daß der Frieden eher eingehalten würde, wenn solche Männer Geiseln waren.

Die Gruppe wurde von den vier »Lilien«, den königlichen Prinzen, angeführt. Die beiden Söhne des Königs, Ludwig und Johann (die späteren Herzöge von Anjou und von Berry); sein Bruder, der Herzog von Orléans; der Schwager des Thronfolgers, Ludwig II., Herzog von Bourbon, und die Grafen von Artois, Eu, Longueville, Alençon, Blois, St. Pol, Harcourt, Grandpré, Braisne und andere edle Herren und berühmte Ritter – unter ihnen Matthieu de Roye, der Vormund Coucys – standen auf der Liste. König Johann sollte nach Calais gebracht werden, bis 600 000 Écus seines Lösegeldes angezahlt waren und eine vorläufige Übergabe der Ländereien stattgefunden hatte. Er sollte dann mit zehn seiner Mitgefangenen von Poitiers freigelassen werden und gegen 40 bürgerliche Geiseln ausgetauscht werden. Der dritte Stand nämlich war die eigentliche Geldquelle. Die Bürger sollten jeweils zu zweit aus achtzehn der größten Städte Frankreichs kommen, Paris stellte vier. Danach sollten die Städte und Burgen übergeben werden und der Restbetrag der Lösegeldsumme in sechs Raten zu je 400 000 Écus im Abstand von sechs Monaten bezahlt werden, woraufhin im selben Abstand jeweils ein Fünftel der Geiseln entlassen werden würde.

Der Vertrag von Brétigny »wurde zum großen Kummer und Zorn des Königreiches von Frankreich zu leicht hingegeben«, schrieb der anonyme Chronist der *Quatre Valois*, von dem wir nur wissen, daß er Bürger von Rouen war. Festungen und gute Städte wurden aufgegeben, klagte er, die »nicht leicht hätten erobert werden können«. Das war sicher wahr, aber die Rechtfertigung des Vertrags war die Notwendigkeit, den König zu befreien.

Die Anstrengungen, das Lösegeld aufzubringen, erreichten ein Extrem. Städte, Landbezirke und Adelsdomänen veranlagten sich selbst, darunter auch das Haus Coucy mit 27 500 Franken. Jedermann mußte zahlen, und als es nicht ausreichte, griff man wieder einmal auf die Juden zurück, die sich gegen eine Entschädigungszahlung von zwanzig Florin wieder in ihren alten Heimatgebieten ansiedeln durften.

Schließlich verkaufte Johann selbst seine elfjährige Tochter Isabella für 600 000 Goldflorin an die reiche, berüchtigte milanesische Familie Visconti, die sie mit einem neunjährigen Sohn verheiraten wollte. Die Verbindung des Königs von Frankreich mit einem italienischen Emporkömmling und Tyrannen war ein fast so großes Wunder wie die französische Niederlage von Poitiers. Die Hochzeit sollte im Juli stattfinden, mußte aber verschoben werden, als die Prinzessin an einem Fieber erkrankte. Welche Angst muß dieses Krankenbett umgeben haben, von dem so viel Gold abhing!

Die aufwendige Zeremonie, mit der die Visconti nach der Genesung der Prinzessin die Hochzeit feierten – bezahlt von den Untertanen –, unterstrich nur, was weithin als Erniedrigung Frankreichs angesehen wurde. »Wer hätte sich das je vorstellen können«, schrieb Villani in Betrachtung der Erhabenheit der französischen Krone, »daß der Träger dieser Krone in solches Ungemach geraten sollte, daß er gezwungen ist, sein eigenes Fleisch auf einer Auktion zu versteigern?« Das Schicksal der Königstochter schien ihm »wahrlich ein Anzeichen des unglücklichen Zustands der Menschen« zu sein.

Seit Juli wartete inzwischen König Johann mit seinem Sohn Philipp unter englischer Aufsicht in Calais. Philipp wurde seit einem Bankett mit dem englischen König Philipp der Kühne genannt. Er verdiente sich den Beinamen, als er im Verlauf des Essens aufsprang, dem englischen Butler ins Gesicht schlug und ihn anschrie: »Wo hast du gelernt, den König von England vor dem König von Frankreich zu bedienen, wenn sie an einem Tisch sitzen?« »Wahrlich, Cousin«, sagte König Eduard, »Ihr seid Philipp der Kühne.«

Am 24. Oktober 1360 erreichte endlich die erste Rate von 400 000 Écus die Engländer in Calais. Sie war hauptsächlich im nördlichen Frankreich zusammengetragen worden. Das Gold der Visconti war dagegen in so komplizierten Geschäften angelegt, daß es wahrscheinlich nicht dazu beigetragen hat. Obwohl weniger als ursprünglich vereinbart, wurden die 400 000 akzeptiert, und der Friedensvertrag wurde mit geringfügigen Änderungen formell als der Vertrag von Calais ratifiziert. Das Dokument trug auch die Unterschrift von Enguerrand de Coucy als einer der wichtigsten Geiseln. Gemeinsam schworen die beiden Könige, den Frieden nach den ausgehandelten Bedingungen einzuhalten, und Johann kehrte nach vierjähriger Gefangenschaft in sein verwüstetes Land zurück.

Vier Tage nach seiner Befreiung segelten die Geiseln unter der Obhut Eduards und seiner Söhne nach England. Einige von ihnen sollten zehn Jahre dort bleiben, andere nur zwei oder drei, einige auch in der Gefangenschaft sterben. Enguerrands Schicksal war einzigartig – er wurde der Schwiegersohn des Königs von England.

Die geschichtliche Unsterblichkeit segelte mit ihm über den Kanal. Ein junger Sekretär bürgerlicher Herkunft aus Valenciennes in Hainault reiste nach England, um Königin Philippa, die aus seiner Heimat stammte, eine Chronik vorzulegen, die er von der Schlacht bei Poitiers geschrieben hatte. Damit wollte er sie als seine Schutzpatronin gewinnen. Sein Name war Jean Froissart, damals 22 oder 23 Jahre alt. Seine Aufzeichnungen gefielen der Königin, und mit ihrer Unterstützung begann er, das Material für eine Chronik zu sammeln, die ihn zum Herodot seines Zeitalters machen sollte. Er war ein Bewunderer des Rittertums und schrieb in der Absicht, »die ehrenvollen und edlen Abenteuer und Waffentaten der Kriege zwischen England und Frankreich gewissenhaft aufzuzeichnen und dem Gedächtnis der Nachwelt zu erhalten«. Innerhalb dieser Grenzen gibt es keine umfassendere und lebendigere Chronik jener Zeit. Für das »Gedächtnis der Nachwelt« reiten die Edlen der Zeit durch diese Chronik, glänzend, raffgierig, tapfer und grausam.

Der Konvoi, der die Geiseln nach England hinüberbrachte, trug eine ungewöhnliche Konzentration der Hauptdarsteller jener Zeit. Unter ihnen war ein weiterer Beobachter, der Unsterblichkeit schenken konnte. Die ganze Menschheit war das Thema Geoffrey Chaucers und die Gesellschaft des 14. Jahrhunderts sein Schauplatz. Im Alter von zwanzig Jahren – er war im selben Jahr wie Enguerrand geboren – hatte er die englische Armee im Gefolge von Lionel, Herzog von Clarence, dem zweitältesten Sohn des Königs, begleitet. Während einer Versorgungsexpedition vor Reims war er von den Franzosen gefangengenommen und von König Eduard für 16 Pfund freigekauft worden, was im Vergleich zu den 2 Pfund, die für die Auslösung eines Bogenschützen zu zahlen waren, noch ein verhältnismäßig guter Preis war. Es gibt zwar keine Belege für Chaucers Anwesenheit auf dem Schiff, aber da der Herzog von Clarence mit den Geiseln segelte, ist anzunehmen, daß Chaucer als Mann seines Gefolges ihn begleitete.

Einige Zeit später sollte Enguerrand Chaucer treffen und kennenlernen und auch zum Freund und Schirmherren Froissarts werden, obwohl nichts darauf hinweist, daß sich die drei jungen Männer während der Schiffsreise begegneten. Aber einige Zeit später, während er eifrig nach Stoff für seine Chronik Ausschau hielt, fiel Froissart sein späterer Patron auf. Bei einem Fest am englischen Hof beobachtete er, »daß der junge Lord de Coucy mit seinen Liedern und Tänzen glänzte, wann immer er an der Reihe war. Er stand sowohl bei den Franzosen als auch bei den Engländern in hoher Gunst, denn alles, was er tat, tat er gut und mit Eleganz, und alle priesen ihn um die freundliche Art, mit der er jedermann entgegentrat.« In den Talenten, die ein eleganter Edelmann an den Tag legen sollte, war Enguerrand offensichtlich ein vollkommener Darsteller, der Aufmerksamkeit auf sich zog.

Von Enguerrand de Coucy gibt es kein Porträt. Das ist kaum verwunderlich, da die Kunst der Porträtmalerei noch nicht verbreitet war, nur Mitglieder königlicher Familien wurden gemalt. Aber es gibt zwei Hinweise auf das Aussehen von Enguerrand: Der eine deutet darauf hin, daß er groß und kräftig war, denn so wird seine Gestalt in einer Chronik seiner letzten Schlacht beschrieben; der andere legt nahe, daß er dunkel und im Alter vielleicht auch düster war, denn so erscheint er auf einem Porträt, das mehr als zweihundert Jahre nach seinem Tod gemalt wurde. Da das Porträt von einem Zölestinerkloster, das Enguerrand gegründet hatte, in Auftrag gegeben worden war, mögen dem Künstler einige überlieferte Andeutungen über sein Aussehen vorgelegt worden sein, aber andererseits kann das Gesicht in dem Porträt durchaus auch bloße Phantasie sein.

Angeführt von den vier »Lilien« Anjou, Berry, Orléans und Bourbon, brachten die Geiseln in ihren bunten, seidenen Gewändern kaum weniger Glanz an den Hof von England als die Gefangenen von Poitiers, an deren Stelle sie traten. Sie mußten in England auf eigene Kosten leben – sicherlich nicht billig wie im Falle des Herzogs von Orléans, der sechzehn Diener und ein Gefolge von über sechzig Köpfen mit sich führte. Ritterlich behandelt und mit Festen und Banketten gut unterhalten, konnten sich die Geiseln in England frei bewegen, sie jagten, tanzten und flirteten. Die französische und englische Ritterschaft waren stolz auf ihren höflichen Umgang miteinander – was ihrer Gier nach Lösegeldern keinen Abbruch tat –, ganz im Gegensatz zu den deutschen Rittern, die – nach Froissarts empörter Darstellung – ihre Gefangenen »wie Diebe in Eisen und Ketten legten, um ein höheres Lösegeld zu erpressen«.

Coucy wird sich in England kaum als Fremder gefühlt haben. Seine Familie besaß dort Ländereien, die sie von seiner Urgroßmutter Catherine de Baliol geerbt hatte. Sie waren allerdings während des Krieges von König Eduard beschlagnahmt worden.

Die Engländer und Franzosen wie die Engländer und Amerikaner in späteren Tagen hatten eine gemeinsame Kultur und unter den Adligen auch eine gemeinsame Sprache – ein Erbe der normannischen Eroberung. Etwa zu der Zeit, als die Geiseln nach England kamen, begann der Gebrauch des Französischen in der englischen Oberschicht der Landessprache der Gemeinen zu weichen. Vor dem Schwarzen Tod war Französisch die Sprache des Hofes, des Parlaments und der Gerichte gewesen. König Eduard selbst sprach wahrscheinlich nicht fließend Englisch. Französisch war sogar die Unterrichtssprache in den Schulen, sehr zur Empörung des englischen Bürgertums, dessen Kinder nach einer Klageschrift von 1340 »gezwungen werden, ihre eigene Sprache aufzugeben, ein Vorgang, der in keinem anderen Land bekannt ist«. Als viele der geistlichen Lehrer in den Schulen der Pest zum Opfer fielen, begannen die Kinder in den Grundschulen, ihre Lektionen auf englisch zu lernen – was, wie John von Trevisa schrieb, Vor- und Nachteile hatte: Sie lernten schneller als vorher, meinte er, aber, da sie nun kein Französisch mehr könnten, wären sie im Nachteil, »wenn sie die See überquerten und in fremden Ländern reisten«.

Aufgrund seiner Insellage und der früheren Entwicklung der Macht des Parlaments war England in seiner politischen Struktur weitaus homogener und gefestigter als Frankreich. Das englische Nationalgefühl wurde durch ein wachsendes Ressentiment gegen den Papst noch intensiviert. Die Gefangennahme zweier Könige, Johanns von Frankreich und Davids von Schottland, die Triumphe auf den Schlachtfeldern und die territorialen Gewinne auf dem Festland gaben den Engländern das Gefühl, nach Wilhelm dem Eroberer endlich den Spieß umgedreht zu haben. Aber unter dem Stolz, dem Ruhm und dem Profit durch die Lösegelder begannen auch an England die Kriegsfolgen zu nagen.

Die Plünderer Frankreichs brachten ihre räuberischen Gewohnheiten nach Hause mit. Viele Soldaten der Kompanien und des Invasionsheers waren von vornherein kriminelle Elemente gewesen, die nur, weil ihnen die Begnadigung versprochen worden war, gedient hatten. Andere wurden erst in Frankreich zu Gesetzlosen und Gewalttätern. Nach England zurückgekehrt, bildeten sie auch hier bald neue Kompanien nach dem Muster derer, die sie in Frankreich zurückgelassen hatten. »Kriegerisch ausgerüstet« raubten sie Reisende aus, nahmen Gefangene, verlangten Lösegelder von Dörfern, mordeten und verstümmelten und verbreiteten Schrecken. Ein Erlaß von 1362 gebot den Gerichten, Informationen zu sammeln über »all jene, die Räuber und Plünderer im Ausland gewesen sind und die nun zurückgekommen sind und nicht mehr wie früher arbeiten wollen«.

Im Frühjahr 1361, zwölf Jahre nach dem Verschwinden des Schwarzen Todes, tauchten die gefürchteten dunklen Schwellungen in Frankreich und England wieder auf und brachten »eine große Ernte des schnellen Todes«. Ein frühes Opfer war Johanns Frau, die Königin von Frankreich, die im September 1360 noch vor Ausbruch der neuen Epidemie starb. Die *Pestis Secunda,* manchmal auch »das Große Sterben der Kinder« genannt, forderte einen besonders hohen Zoll unter den Jungen, die den ersten Ausbruch nicht erlebt hatten und daher nicht immun waren. Der Tod der Jungen in der zweiten Pestwelle hielt die Erholung der Bevölkerungsstruktur auf, gab dem Zeitalter ein unheimliches Gefühl des Verfalls. In ihrem verzweifelten Bedürfnis, sich fortzupflanzen, so berichtet das *Polychronicon,* »nahmen die Frauen von England jeden erreichbaren Ehemann, Fremde ebenso wie Kranke und Schwachsinnige, und vereinigten sich ohne Scham auch mit solchen, die unter ihnen standen«.

Die Todesrate war nicht ganz so hoch wie beim ersten Auftreten der Seuche. In Paris starben siebzig bis achtzig Menschen am Tag. In Argenteuil dagegen, nur wenige Meilen entfernt am Zusammenfluß von Oise und Seine, wurde die Zahl der Haushalte von 1700 auf 50 reduziert. Flandern und die Picardie wurden schwer getroffen, Avignon litt wie nie zuvor. Durch seine verstopften unhygienischen Viertel raste die Seuche wie ein Feuer durch Stroh. Zwischen März und Juli 1360 starben angeblich »17 000«.

Obwohl weniger tödlich, wurde die zweite Pest als eine noch größere Katastrophe empfunden. Die bloße Tatsache der Rückkehr der Seuche ließ die Menschen von nun an in der ständigen Furcht vor neuen Ausbrüchen leben. Die Briganten und die Pest waren der Fluch der Epoche, zu jeder Zeit konnte sich das Phantom, »das sich wie schwarzer Rauch in unserer Mitte erhebt«, oder die gepanzerten Reiter wieder zeigen, mit Tod und Ruin im Gefolge. Eine Atmosphäre drohenden Unheils lastete auf der zweiten Jahrhunderthälfte, ein Gefühl, das sich in Prophezeiungen des Untergangs und der Apokalypse ausdrückte.

Das berühmteste dieser Schreckensgemälde war die »Tribulation« von Jean de la Roquetaillade, einem Franziskanermönch, der in Avignon im Kerker saß, weil er gegen die korrupten Prälaten und Fürsten gepredigt hatte. Wie Jean de Venette stand er auf der Seite der Unterdrückten und wandte sich gegen die Mächtigen der Welt und der Kirche. 1356, im Jahr der Schlacht von Poitiers, prophezeite er von seiner Zelle aus, daß Frankreich fallen werde und die Christenheit von großen Plagen heimgesucht werden würde. Tyrannei und Brigantentum würden herrschen, die Geringen gegen die Großen aufstehen, die »von den Gemeinen grausam erschlagen« werden würden, viele Frauen würden »entehrt und verwitwet«, und »ihr Hochmut und ihr Luxus werden welken«; Sarazenen und Tataren würden die Königreiche der lateinischen Welt überfallen; Herrscher und Völker, voller Zorn über den Luxus und den Stolz der Geistlichkeit, würden sich vereinigen, um der Kirche ihr Eigentum zu nehmen. Edle und Fürsten würden niedergeworfen werden und unglaubliche Qualen erleiden; der Antichrist würde erscheinen und falsche Lehren verbreiten; Stürme, Fluten und Seuchen würden fast alle Menschen, alle Sünder, hinwegfegen und den Weg bereiten für die Erneuerung der Welt.

Dies war ein realer Ausdruck des Empfindens jener Zeit. Wie die meisten düsteren Propheten des Mittelalters aber war für Roquetaillade das Debakel nur ein Vorspiel zu einer besseren Welt. In seiner Vision wurde die Kirche durch ihre Leiden, durch Reue und Armut geläutert, schließlich wiederhergestellt, und ein großer Reformer wurde Papst. Der König von Frankreich wurde gegen alle Tradition zum Heiligen Römischen Kaiser gewählt und regierte als der heiligste Monarch aller Zeiten. Zusammen mit dem Papst vertrieb er die Sarazenen und Tataren aus Europa, bekehrte alle Mohammedaner, Juden und andere Heiden, eroberte die Welt im Namen der einen Kirche und begründete vor seinem Tod eine tausendjährige Friedensherrschaft bis zum Tag des Jüngsten Gerichts und dem Ende der Welt.

Die Geiseln wurden von der Seuche nicht verschont. Adlige wie der Graf Guy von St. Pol und Bürgerliche, die Geiseln aus Paris und Rouen, fielen ihr gleichermaßen zum Opfer. Der große Herzog von Lancaster, der reichste Mann Englands, war nicht gefeit; auch er starb an der Pest und hinterließ Titel und Reichtum seinem Schwiegersohn, dem dritten Sohn König Eduards, Johann von Gaunt. Es ist nicht überliefert, ob den Geiseln ein ständiger Wohnsitz auf dem Lande erlaubt wurde, um der Londoner Pestwelle zu entkommen. Ihre Aussichten freizukommen waren alles andere als günstig. Sie hingen von der Regelmäßigkeit der Lösegeldzahlungen für den König ab. Die aber waren schon ins Stocken geraten. Die Seuche machte es äußerst schwierig, das Geld aufzubringen. Das Land war durch die Brigantenzüge verwüstet.

Dem entsetzten Petrarca, den Galeazzo Visconti nach Frankreich geschickt hatte, um König Johann zu seiner Befreiung zu gratulieren, erschien Frankreich »wie ein Trümmerhaufen«. Petrarca war ein unermüdlicher Nörgler, der jede seiner Klagen ins Extrem trieb, sei es nun über die Unfähigkeit der Ärzte, den Gestank Avignons oder die Dekadenz des Heiligen Stuhls. Aber auch wenn man seine Übertreibungen berücksichtigt, ist sein Bericht von dem Frankreich, wie er es im Januar 1361 sah, tragisch genug. »Überall war Einsamkeit, Trostlosigkeit und Elend; die Felder sind verlassen, die Häuser in Ruinen und leer außer in den festen Städten; überall sieht man die tödlichen Spuren der Engländer, die schrecklichen Wunden, die ihre Schwerter geschlagen haben.« Im königlichen Paris, »durch Zerstörung bis an die Tore geschändet . . . fließt selbst die Seine traurig dahin, als fühle sie die Trauer des Landes, und weint aus Furcht um das Schicksal Frankreichs«.

Petrarca übergab als Geschenk Galeazzos zwei Ringe an Johann. Einer trug einen riesigen Rubin, der andere war der Ring, der Johann in der Schlacht von Poitiers vom Finger gerissen worden war und den Galeazzo auf irgendwelchen dunklen Wegen zurückgekauft hatte. Danach verlas Petrarca vor dem Hof eine lateinische Rede über den biblischen Text von Manasses Rückkehr aus Babylon, angereichert mit einigen Bemerkungen über die Wechselhaftigkeit des Glücks, wie bewiesen durch Johanns wunderbare Erlösung aus der Gefangenschaft. Der König und der Prinz, schrieb Petrarca später in seiner umfangreichen Korrespondenz, »hefteten ihre Augen auf mich«. Besonders deutlich empfand er das Interesse des Dauphins, »eines jungen Mannes von leidenschaftlicher Intelligenz«.

Persönliches Unglück neben dem des Landes hatte den Dauphin getroffen. Im Oktober 1360 waren seine dreijährige Tochter Jeanne und ihre kleine Schwester Bonne, seine einzigen Kinder, innerhalb zweier Wochen gestorben, ob an der Seuche, ist nicht überliefert. Bei dem Doppelbegräbnis sah man den Dauphin »so kummervoll wie nie zuvor«. Er selbst litt unter einer Krankheit, die sein Haar und seine Nägel ausfallen ließ und ihn »trocken wie einen Stock« machte. Der Klatsch des Hofes führte sein Leiden auf Gift zurück, mit dem Karl von Navarra ihn angeblich hatte beseitigen wollen. Das ist möglich, denn die Symptome sind die einer Arsenvergiftung. Der König von Navarra hatte sich neuerdings wieder gegen das französische Königshaus gewandt. Im Dezember 1359 hatte er einen Staatsstreich geplant. Bewaffnete sollten durch mehrere Tore gleichzeitig in Paris eindringen, den Dauphin und seinen Rat umbringen und sich dann auf strategische Positionen der Stadt zurückziehen, bevor die Pariser sich sammeln konnten. Seine eigentlichen Absichten blieben wie immer geheimnisvoll. Der Anschlag wurde dem Dauphin hinterbracht, der alle Beziehungen zu Karl abbrach. Dessen Truppen nahmen daraufhin ihre Feldzüge gegen die Landbevölkerung wieder auf.

Nicht nur die Zahlung des Lösegelds, auch die Erfüllung der territorialen Forderungen war eine Bedingung für die Freilassung der Geiseln. Aber zu leichtherzig, wie die Chroniken sagen, waren die Länder und Städte in Brétigny den Engländern überschrieben worden, ohne zu berücksichtigen, daß die Papiere für Menschen standen. Diese Menschen aber waren nach zwei Jahrzehnten Krieg nicht mehr dieselben. Die Bürger der Küstenstadt La Rochelle flehten den König an, sie nicht aufzugeben; sie wollten lieber jedes Jahr die Hälfte ihres Einkommens an Steuern zahlen als unter englischer Herrschaft leben. »Wir mögen uns den Engländern mit unseren Lippen unterwerfen«, sagten sie, »aber mit unseren Herzen niemals.« Weinend klagten die Einwohner von Cahors, daß der König sie zu Waisen gemacht habe. Enguerrand Ringois von Abbeville, der Befehlshaber des Überfalls auf Winchelsea in England, sprach durch seine Handlungen. Als Bürger einer den Engländern überschriebenen Stadt weigerte er sich unversöhnlich, dem König von England den Treueid zu schwören. Er wurde nach England verschleppt, in einen Kerker geworfen und schließlich auf die Klippen von Dover gestellt, wo man ihm die Wahl ließ, entweder den Eid zu schwören oder unten auf den Felsen im Schaum der Wellen zu sterben. Ringois warf sich in die See. Wie Papst Bonifatius' Forderung auf Vormachtstellung des Heiligen Stuhls waren die Bedingungen von Brétigny undurchführbar – von der Zeit überholt. Es war zu spät, ganze Provinzen Frankreichs wie einfache Lehen abzutreten; von den Herrschenden unbemerkt, hatten die Einwohner begonnen, sich als französisch zu empfinden. Zwischen dem Vollzug einer historischen Entwicklung und ihrer Anerkennung durch die Herrschenden klafft immer eine Lücke, eine Zeit voller Fallen und Gefahren.

Den Unwägbarkeiten einer solchen Situation war das Schicksal der Geiseln ausgeliefert. Als die Lösegeldzahlungen für König Johann ins Stocken gerieten und die Abtretung der Territorien zunehmend Unruhen auslöste, war kein Ende ihres Exils mehr in Sicht. Ihre Situation wurde noch komplizierter, als König Johann in einer erschreckenden Sinneswandlung freiwillig in die englische Gefangenschaft zurückkehrte. Die Gründe dieses seltsamen Monarchen, für den sein Land so viel geopfert hatte, sind sechshundert Jahre später nicht leicht verständlich; nur die Folge der Ereignisse ist in Umrissen deutlich.

Als er auf den Thron zurückgelangt war, erwies sich Johanns erster Versuch, in seinem Land Ordnung zu schaffen, als ein Poitiers im Kleinen. Um die »Große Kompanie« von Briganten, die Zentralfrankreich überrannte, zu unterdrücken, hatte er einen aus den Reihen der Briganten angeheuert, den »Erzpriester« Arnaut de Cervole, und ihm zur Unterstützung eine kleine königliche Armee von zweihundert Rittern und vierhundert Bogenschützen unter dem Grafen von Tancarville an die Seite gestellt. Dieser tapfere Ritter, dem die Niederlage von Poitiers die Lust zur bedingungslosen Offensive keineswegs genommen hatte, befahl gegen den Rat von Arnaut de Cervole einen Angriff auf Brignais, eine Höhe in der Nähe von Lyon, die von der Kompanie gehalten wurde. Die Briganten setzten eine Lawine von Steinen gegen die königliche Heerschar frei, die die Pferde umriß und die Helme und Rüstungen der Ritter zerschlug, was den Angriff auf ähnliche Art zum Stehen brachte, wie es die englischen Bogenschützen bei Poitiers getan hatten. Zu Fuß aber erwiesen sich die Briganten als überlegen, gewannen die Schlacht und nahmen den Grafen von Tancarville gefangen. Ansonsten nutzten die Räuber den Sieg nur insofern aus, als sie weiter räuberten. Lyon kaufte Artillerie, verstärkte die Mauern und hielt nachts eine starke Wache mit Laternen unter Waffen; das Land um die Stadt litt wie zuvor.

Die Reaktion des Königs auf die Niederlage von Brignais war eine Reise nach Avignon, wo er fast ein Jahr bleiben sollte. Mitten in dem militärischen Chaos und allen nur denkbaren Leiden seines Volkes beabsichtigte er, in Avignon den Kreuzzug wiederzubeleben, der zwanzig Jahre früher durch den anglo-französischen Krieg unterbrochen worden war. Obwohl er weder fähig war, sein Land zu schützen, noch sein Lösegeld aufzubringen oder die fünfzig oder sechzig Geiseln auszulösen, die für ihn ins Exil gegangen waren, empfand er es als seine dringlichste Aufgabe, seines Vaters unerfülltes Gelöbnis, das Kreuz aufzunehmen, einzulösen. Froissart unterstellt ihm das realistische Motiv, durch den Kreuzzug das Brigantentum aus seinem Königreich herausziehen zu wollen, aber er fügt seltsamerweise hinzu, daß Johann »seine Absicht und sein Ziel für sich behielt«.

Vielleicht empfand Johann tatsächlich den Kreuzzug als angemessene Tätigkeit für den »allerchristlichen König«; vielleicht sah er in ihm eine Möglichkeit, seine Demütigungen vergessen zu machen; vielleicht aber überstiegen auch die Probleme Frankreichs seine Fähigkeiten, so daß er eine Entschuldigung suchte, um ihnen entfliehen zu können.

Der Kreuzzug war zugleich das höchste Ziel des ernsten und frommen Papstes Innozenz VI., der aus diesem Grunde so hartnäckig versucht hatte, zwischen Frankreich und England Frieden zu stiften. Erschöpft von zehn Jahren des Streites und der Uneinigkeit, des Kampfes gegen die Weltlichkeit der Prälaten, gegen die Briganten und die Pest, starb Innozenz VI. im September 1362. Sein Nachfolger Urban V., wie Innozenz ein Franzose, nahm die Sache des Kreuzzugs auf, aktiv unterstützt vom titulären König von Jerusalem, Peter von Lusignan, der zugleich König von Zypern war und nach Avignon gekommen war, um den Kreuzzug zu betreiben.

Die Könige von Zypern und Frankreich verbrachten den Winter und Frühling in Avignon damit, die Möglichkeiten eines Kreuzzugs mit dem Papst zu besprechen. Am Karfreitag wurde er schließlich offiziell verkündet. Johann wurde zum Generalhauptmann des Kreuzzugs ernannt. Das war zugleich der Höhepunkt des ganzen Unternehmens. König Eduard von England, bei einem Besuch des Königs von Zypern in London aufgefordert, das Kreuz zu nehmen, entschuldigte sich »höflich und sehr weise«, und als er auch an anderen Höfen in Europa wenig Interesse wecken konnte, war der König von Zypern gezwungen, die Idee eines Kreuzzugs fürs erste fahrenzulassen.

Nach dem Fehlschlag seiner Pläne in Avignon blieb Johann nun nichts anderes, als sich der unerfreulichen Lage in Frankreich zu stellen. Er ritt ohne Eile durch sein leidgeprüftes Reich; im Juli 1363 erreichte er Paris. Dort mußte er feststellen, daß der Herzog von Anjou seine Freigabe auf Ehrenwort mißbraucht hatte und verschwunden war. Noch kurz bevor der Herzog als Geisel nach England gegangen war, hatte er geheiratet, war nun nach Boulogne gereist, um seine Frau zu treffen, in die er sehr verliebt gewesen sein soll, und weigerte sich, nach Calais zurückzugehen. Johann sah diese Handlungsweise seines Sohnes als einen »Bruch des Lehnseides« und eine Befleckung der Ehre der Krone an. Dies zusammen mit den rückständigen Lösegeldzahlungen, der Vereitelung des Geiselaustausches, dem er bereits zugestimmt hatte, und den Schwierigkeiten mit den Abtretungen brachte seine persönliche Ehre in Verruf und ließ ihm, so behauptete er, nur eine Möglichkeit: freiwillig in die Gefangenschaft zurückzukehren.

Sogar für das 14. Jahrhundert war diese Argumentation, die jedem politischen Realitätssinn spottete, extrem. Der Rat, die Prälaten und Barone Frankreichs, »sprachen in tiefer Sorge dagegen« und erklärten, daß dieser Plan »eine große Torheit« sei, aber Johann blieb bei seiner Entscheidung und sagte, »wenn auch Treue und Ehre von der ganzen Welt verbannt sein sollten, sie immer noch in den Herzen und Worten der Fürsten zu finden seien«. Eine Woche nach Weihnachten brach er auf und überquerte den Kanal mitten im Winter.

Seine Abreise verblüffte die Zeitgenossen. Jean de Venette, der weder Könige noch Adlige liebte, behauptete, daß der König *»causa joci«* (um des Vergnügens willen) zurückgegangen sei. Historiker haben viele Erklärungen angeboten: Er sei zurückgekehrt, um einen neuen Krieg zu vermeiden; er habe durch ein persönliches Gespräch Eduard bewegen wollen, das Lösegeld zu verringern, oder er habe ihn überreden wollen, Karl von Navarra zur Ordnung zu rufen. Wenn das seine Gründe waren, so wurde keines dieser Ziele erreicht. Wenn es die Ehre war, die ihn zurückbrachte, wie stand es um seine Verantwortung als König? Schuldete er seinem Reich nichts, das einen Herrscher brauchte; den Bürgern nichts, denen man den letzten Pfennig abpreßte, um sein Lösegeld zu bezahlen; und schuldete er schließlich dem Andenken Ringois' von Abbeville nichts, der von den Klippen von Dover gesprungen war? Wer kann sagen, was Johann zu seiner Rückkehr bewog? Vielleicht war es kein mittelalterlicher Grund, sondern die Tragödie eines Menschen, der erkannt hatte, daß er der Aufgabe, für die er geboren war, nicht gewachsen war, und der sich in die erzwungene Passivität der Gefangenschaft flüchtete.

Im Januar 1364 landete er in London, wurde mit verschwenderischem Aufwand begrüßt, erkrankte im März an einem »unbekannten Leiden« und starb im April im Alter von 45 Jahren. Eduard sorgte für einen prächtigen Beerdigungsgottesdienst in der St.-Pauls-Kathedrale, in dessen Verlauf viertausend Fackeln, jede vier Meter lang, und dreitausend Kerzen, jede zehn Pfund schwer, verbraucht wurden. Sein Leichnam wurde nach Frankreich überführt und in der königlichen Basilika von St. Denis beigesetzt. König Johann hatte die ewige Passivität des Grabes gefunden.

Immer noch fehlte eine Million Florin an seinem Lösegeld, und die Geiseln blieben in Gefangenschaft. Einige nutzten das freie Geleit, das ihnen von Zeit zu Zeit gewährt wurde, und kehrten trotz wiederholter Aufrufe nicht zurück. Andere kauften sich mit Teilen ihres Landes frei. Wieder andere verschwanden einfach auf die eine oder andere Weise. Der jüngere Bruder des Herzogs von Anjou, Johann, Herzog von Berry, erfand so viele Ausreden, warum er noch in Frankreich bleiben müsse, daß er sich Freiheit und Ehre erhielt. Matthieu de Roye dagegen, der wahrscheinlich wegen seines Rufes als großer Kriegsmann besonders scharf bewacht wurde, war noch nach zwölf Jahren Geisel. Enguerrand de Coucy sollte 1365 unter besonderen Bedingungen freikommen.

Kapitel 9
Enguerrand und Isabella

Isabella von England, zweites Kind und älteste Tochter von König Eduard und Königin Philippa, war das Lieblingskind ihres Vaters, dessen Heiratsdiplomatie für sie schon fünfmal fehlgeschlagen war. Seit dem letzten vergeblichen Anlauf, sie zu verheiraten, als sie neunzehn war, hatte sie völlig unabhängig gelebt, eine verwöhnte, eigensinnige und wild extravagante Prinzessin, die 1365 33 Jahre alt wurde, als sie den acht Jahre jüngeren Enguerrand de Coucy traf.

Die ersten drei Königskinder – Eduard, Isabella und Johanna – führten zusammen einen eigenen Haushalt. Sie hatten eigene Geistliche, Musiker, einen adligen Erzieher und eine Erzieherin, drei Kammerzofen für Isabella und zwei für Johanna, einen Stab von Schildknappen, Butlern, Aufsehern, Mundschenken, Köchen, Kammerdienern, Wasserträgern, Kerzenträgern, Türstehern und Stallknechten. Das Essen wurde auf Silber gereicht, sie schliefen auf seidenbespannten Polsterbetten, trugen mit Pelzen besetzte rote und graue Gewänder mit goldenen Knöpfen und silbernen Ornamenten. Ihre Garderobe wurde zu Staatsfesten, Weihnachten, Ostern und Allerheiligen, wenn alle, die es sich leisten konnten, neue Kleider trugen, aufgefüllt. Wenn Isabella und Johanna auf ihren Wallachen von London nach Westminster ritten, führten Pagen die Pferde am Zügel, neben ihnen gingen ihre Almosengeber, die Almosen an die Armen verteilten. Als sie im Alter von neun und zehn Jahren an einem Turnier teilnahmen, waren achtzehn Gewandmacher neun Tage damit beschäftigt, unter der Aufsicht des königlichen Waffenmeisters die Kleidung der Prinzessinnen mit 11 Unzen Blattgold zu verzieren. Das materielle Leben des 14. Jahrhunderts hat durch die eifrige Buchführung überlebt, die noch die kleinsten Ausgaben gewissenhaft auf Pergamentrollen festhielt.

Als Isabella zwölf Jahre alt war, drückte der König ihre begünstigte Stellung durch sieben Hofdamen aus, während er Johanna nur drei zugestand. Von den sieben wird berichtet, daß sie während der Zeit der Pest 1349 mit ihrer Herrin zu einem Turnier in Canterbury mit Masken erschienen seien, die sie offenbar vor Ansteckung schützen sollten. Diese Vorsichtsmaßnahme half zumindest in einem Fall nichts, denn 1349 starb Isabellas Lieblingshofdame, die Lady de Throxford.

Seltsam unbeeindruckt von der Seuche, feierte der Hof 1349 mit großem Zeremoniell die jährliche Zusammenkunft des Hosenbandordens in Anwesenheit der Königin, der Prinzessin Isabella und von dreihundert Hofdamen. Die »Ladies of the Garter« trugen dieselben Gewänder wie die Ritter, blau und silbern verziert und mit dem eingestickten Motto des Ordens. Die Kosten trug die königliche Schatzkammer.

Schon als sie erst drei Jahre alt war, hatte der König Isabellas Heirat mit Pedro, dem Sohn des Königs von Kastilien, betrieben, aber die Verhandlungen scheiterten, vielleicht zu Isabellas Glück, denn ihr Ausersehener gewann später düsteren Ruhm als Peter der Grausame. An ihrer Stelle wurde Johanna zur Braut des kastilischen Prinzen bestimmt, aber sie starb auf dem Weg zu ihrem Bräutigam in Bordeaux an der Pest. Eine zweite Partie für Isabella war der Sohn des Herzogs von Brabant, aber der Abschluß der Verhandlungen wurde verzögert, weil die beiden blutsverwandt waren, und noch während der Papst über einen Dispens nachdachte, wurde sie mit dem zögernden Ludwig von Flandern verlobt, erreichte dieses Mal auch fast den Altar, als er sie in jenem berüchtigten Skandal sitzenließ. Zwei Jahre später scheiterte ein Versuch Eduards, sie mit Karl IV. von Böhmen zu verheiraten, dem gewählten, aber noch nicht gekrönten Kaiser, der Witwer war.

Dann kam die Zeit von Isabellas Vergeltung. 1351 – sie war neunzehn – kündigte der König ihre bevorstehende Heirat mit Bérard d'Albret an, dem Sohn von Bernard-Ezi, Sire d'Albret, einem großen Baron der Gascogne und Eduards Gouverneur dort. Ob das die Wahl des Königs oder seiner Tochter war, ist unbekannt. Die d'Albrets waren zwar keine Herrscherfamilie, aber ein weitverzweigter, machtvoller Klan, den Eduard an England binden wollte. Im Jahr der Verlobung setzte er für Bernard-Ezi eine Pension von 1000 Pfund aus als Belohnung für dessen Standhaftigkeit gegen »die Drohungen und Schmeicheleien« des Königs von Frankreich.

Auch wenn die Verbindung mit einem d'Albret für die älteste Tochter des englischen Königs nicht gerade ein diplomatischer Triumph war, sie war ein wichtiger Schritt zu einer Zeit, als Eduard alles tat, um seine Kontrolle über Aquitanien zu festigen. Gleichzeitig aber schien der König merkwürdig unwillig, seine Tochter ziehen zu lassen, er beschrieb sie als »unsere liebe älteste Tochter, die wir mit besonderer Zuneigung geliebt haben«. Er fügte dem Heiratsvertrag eine ungewöhnliche Klausel an – fast eine Aufforderung an sie, es sich noch einmal zu überlegen –, die vorsah, daß im Falle eines Scheiterns der Heirat die Mitgift nicht an ihn, sondern an Isabella selbst zurückfiel.

Um die Prinzessin nach Bordeaux zu bringen, ließ Eduard durch einen königlichen Offizier fünf Schiffe beschlagnahmen, die traditionelle, sehr direkte Methode, ohne Umstände an Fahrzeuge zu kommen. Die Schiffe wurden mit der überaus reichen, kostbaren Ausstattung der Prinzessin beladen, ihr Gefolge von Rittern und Hofdamen stand bereit, aber noch im Hafen entschied sich Isabella gegen die Heirat und kehrte um. War es ein Bedürfnis, jemanden so sitzenzulassen, wie sie sitzengelassen worden war? Oder ein innerer Widerstand, sich auf eine im Grunde nicht ganz standesgemäße Ehe einzulassen? Oder vielleicht die Erinnerung an den Tod ihrer Schwester auf deren Hochzeitsreise nach Bordeaux? Oder war die ganze Affäre nur ein Mittel, um an Geld und eine neue Ausstattung zu kommen?

Gerüchten zufolge war Bérard d'Albret durch die Absage der Braut so verletzt, daß er zugunsten seines jüngeren Bruders auf sein Erbe verzichtete und die Kutte eines Franziskanermönchs anlegte. Nach einer anderen Überlieferung aber scheint er eine Dame von St. Bazeille geheiratet zu haben, ein Lehen des französischen Königs empfangen und ein seltsames Wappen, das den Midaskopf, getragen von zwei Löwen, zeigte, übernommen zu haben, ein Symbol, das auf ganz andere Interessen als das Armutsideal der Franziskaner hinweist.

Keineswegs empört über Isabellas Eigenwilligkeit, überschüttete König Eduard seine Tochter mit Lehen und Geldzuwendungen, Schlössern, Burgen, Klöstern, Gütern und Geschenken, vor allem kostbaren Juwelen. Ihre Verschwendungssucht aber übertraf all seine Großzügigkeit. Sie kaufte auf Kredit, verpfändete ihre Juwelen, bezahlte ihre Diener nicht. Mit Gleichmut beglich der König ihre Schulden und setzte ihr 1358, als sie 26 war, eine weitere jährliche Pension von 1000 Pfund aus.

Wann während seines fünfjährigen Englandaufenthalts Isabella sich für Enguerrand de Coucy zu interessieren begann, ist nirgendwo festgehalten, aber der Chronist Ranulph Higden schreibt mit großem Nachdruck, »daß sie die Verlobung nur aus Liebe wünschte«. Vielleicht hatte sie sich wirklich nach den vielen Jahren lediger Unabhängigkeit verliebt, vielleicht aber kam sie auch nur einem Wunsch ihres Vaters nach und war nebenbei erfreut, als er ihr vorschlug, den jungen, attraktiven, reichen französischen Adligen von alter Abstammung und großem Landbesitz zu heiraten. Eduard war jedenfalls deutlich angetan von dieser Partie seiner ältesten Tochter und mag durchaus ihr Urheber gewesen sein. Die Verbindung versprach ihm neuen Rückhalt in Frankreich, und natürlich wünschte er, das Hinterland von Calais in den Händen eines England geneigten Mannes zu sehen, womit zugleich im Fall eines neuen Konflikts mit Frankreich ein starker Gegner ausgeschaltet war. Eduard betrieb damals immer noch die Politik, um große französische Adelshäuser zu werben, zumal es immer wieder Schwierigkeiten bei den Abtretungen französischer Territorien an die englische Krone gab. Ob er Enguerrand nun auf seine Seite ziehen wollte oder ob er Zuneigung zu ihm gefaßt hatte, jedenfalls waren Coucy schon 1363 die Ländereien in Yorkshire, Lancaster, Westmoreland und Cumberland, die er von seiner Urgroßmutter geerbt hatte, zurückerstattet worden.

Was Enguerrand für seine Braut empfand, ist unbekannt. Da sein französischer Herrscher und sein zukünftiger Schwiegervater aber nun Frieden geschlossen hatten, bestand für ihn kein Loyalitätskonflikt mehr. Die Kameradschaft des Rittertums verband den Adel immer noch über die Grenzen hinweg und wurde sofort wiederbelebt, wenn die zeitweise Feindschaft im Krieg beendet war. Die materiellen Vorteile der Heirat waren offensichtlich. Enguerrand würde aus seiner Gefangenschaft entlassen und Geld und Einfluß dazugewinnen. Wie er aber über seine zukünftige Frau dachte, die nicht ohne weiteres in das Bild einer jungfräulichen Demoiselle und ergebenen Ehefrau paßte, war eine andere Frage.

Isabellas Leben einer unabhängigen Frau an einem Hof von der damaligen amourösen Freizügigkeit kann kaum behütet oder unschuldig genannt werden. Die Damen des Hofes waren nicht sonderlich zurückhaltend. Johanna, die verwitwete Gräfin von Holland, die 1361 der Schwarze Prinz heiratete, wurde als die »schönste Lady im ganzen Königreich von England« angesehen und auch als »die amouröseste«. Sie trug gewagte und extravagante Kleider, die denen der »Räuberliebchen des Languedoc« nachempfunden waren. Auf Turnieren tauchten zur Empörung des Volkes häufig Gruppen fragwürdiger Damen auf, »die nicht die besten, aber die hübschesten und teuersten des Reiches« waren und sich »in ausgesuchte, wunderbare männliche Kostüme« kleideten, »als seien sie Teil des Rittergefolges«. Sie trugen die geteilten, zweifarbigen Blusen der Ritter, ritten edle Pferde und stellten sich in einer »skurrilen Lüsternheit« zur Schau, »die weder Gott fürchtete noch vor der Verachtung der Menge errötete«.

Merkwürdigerweise wurde kaum eine weibliche Verfehlung strenger verurteilt als das Zupfen der Augenbrauen und des Haaransatzes, um die Stirn zu erhöhen. Aus irgendeinem Grunde wurde diese Gewohnheit als besonders unmoralisch verurteilt, vielleicht, weil sie eine Korrektur der göttlichen Schöpfung war. Man glaubte, daß diese Unsitte im Fegefeuer von Dämonen »mit glühenden Ahlen und Nadeln« bestraft würde, die jene in jedes Loch stießen, aus dem ein Haar gerissen worden war.

Wie Jean de Meung es satirisch durch den Mund der Duenna im Rosenroman ausgedrückt hat, waren die Sorgen einer Dame des 13. und 14. Jahrhunderts nicht unbedingt Sorgen, die es nur im Mittelalter gab. Wenn ihr Rücken und ihr Busen ansehnlich waren, sollte sie ein Dekolleté tragen, riet die Duenna; um ihrem Gesicht Farbe zu geben, sollte sie Schminke benutzen, aber nur heimlich, damit ihr Liebhaber nichts davon bemerke; wenn sie feststellte, daß sie einen schlechten Atem hatte, sollte sie nicht zu dicht an andere herantreten, während sie sprach; sie sollte hübsch lächeln und graziös weinen; zierlich essen und trinken und darauf achten, sich nicht zu betrinken oder bei Tisch einzuschlafen. In die Kirche, zu Hochzeiten und zu Gesellschaften sollte sie nur in ihren besten Kleidern gehen, um sich sehen zu lassen und bekannt zu werden, dabei sollte sie ihr Kleid leicht anheben, um ihre zierlichen Füße zu zeigen, und ihren Mantel wie einen Pfauenschwanz öffnen, um die schönen Formen darunter zu enthüllen. Sie sollte ihre Netze nach allen Männern auswerfen, um zumindest einen zu fangen, und wenn sie mehrere gewönne, sollte sie darauf achten, daß sie sich nicht träfen. Sie sollte niemals einen armen Mann lieben, weil sie von ihm nichts bekommen konnte und vielleicht sogar in Versuchung geriete, ihm etwas zu geben. Sie sollte auch keinen Fremden lieben, da er ein untreues Vagabundenherz haben könnte, es sei denn, er böte ihr Geld oder Juwelen an. Sie sollte immer vorgeben, daß nur die Liebe ihr Herz regiere, aber zugleich alle Geschenke annehmen und ihn zu weiteren an ihre Diener, Mädchen, Schwestern oder Mutter animieren, denn viele Hände können mehr Beute sammeln.

Sicher hat der Autor die Rolle des Geldes übertrieben, aber Satire ist die übertreibende Darbietung eines wahren Kerns. In Isabellas Fall war Geld sicher von erheblicher Bedeutung. Man sagte ihr nach, daß sie fortwährend zwei oder drei Goldschmiede, sieben oder acht Stickerinnen, zwei oder drei Messerschmiede und zwei oder drei Kürschner allein für ihre Bedürfnisse beschäftigte. Wenn Isabella bis zum Alter von 33 Jahren irgendwelche Liebesaffären hatte, so sind sie nicht in den überlieferten Klatsch gedrungen, aber nach den Sitten der Zeit zu urteilen, hatte sie welche. Das siebzehnjährige Mädchen aus dem Hochadel, das den ältlichen, gichtigen Guillaume de Machaut verführte nur um des Ruhmes willen, diesen gefeierten Dichter und Musiker als Geliebten besessen zu haben, soll Agnes von Navarra gewesen sein, eine Schwester Karls des Schlechten. Wer immer sie auch war, sie bestand darauf, daß Machaut ihre Affäre in Liedern und Gedichten und in einem langen, sinnlichen und kompromittierenden Epos verbreitete, das er *Livre du Voir Dit* (Eine wahre Geschichte) nannte. Sie neckte und küßte den verwirrten Poeten und gab ihm den kleinen, goldenen Schlüssel zu ihrer *Clavette,* dem Keuschheitsgürtel, der ihren »kostbaren Schatz« behütete. Wie er später entdeckte, hatte das Mädchen den alten Mann die ganze Zeit zum Narren gehalten und ihren jungen Freundeskreis mit Berichten über den Fortgang der Affäre unterhalten.

Mittelalterliche Jungen und Mädchen wurden mit fünfzehn oder sechzehn Jahren erwachsen. Hochzeiten fanden gewöhnlich im Alter von vierzehn Jahren statt, es sei denn, es handelte sich um eine hochgestellte Persönlichkeit, die schon im Jugend- oder gar Kindesalter verheiratet worden war. Ein anderes junges Mädchen, die fünfzehnjährige Heldin aus Deschamps Gedicht *»Suis-je belle?«* – offensichtlich der Gestalt der Agnes von Navarra nachempfunden –, besaß ebenfalls den Schlüssel zu ihrem »Schatz«, aber das war wahrscheinlich eher ein literarisches Echo als eine alltägliche Tatsache. Die Verbreitung des Keuschheitsgürtels im Mittelalter war wahrscheinlich sehr gering, er war wohl eher eine literarische Vorstellung als ein wirklich existierender Gebrauchsgegenstand. Man nimmt an, daß der Keuschheitsgürtel während der Kreuzzüge mit anderen Luxusgütern nach Europa importiert worden ist. Es existieren zwar einige mittelalterliche Modelle, aber jede nichtliterarische

Überlieferung – wie z. B. Erwähnung in Gerichtsverfahren – fehlt bis in die Zeit der Renaissance. Als Mittel groben männlichen Besitzdenkens hat der Keuschheitsgürtel die mittelalterlichen Frauen weitaus weniger als ihre Nachfolgerinnen gequält.

Deschamps' sinnenfreudiges Mädchen beschreibt ihre Reize Strophe um Strophe – ein süßer roter Mund, grüne Augen, zierliche geschwungene Augenbrauen, ein rundes Kinn, eine weiße Kehle, feste, hohe Brüste, wohlgeformte Schenkel und Beine, schöne Hüften und einen schönen »cul de Paris« –, und jeder Strophe folgte der Refrain: *»Suis-je, suis-je, suis-je belle?«* (Bin ich – bin ich – bin ich nicht schön?) Das war die Geliebte eines männlichen Tagtraums, aber Agnes und Boccaccios Fiammetta waren durchaus wirklich, obwohl sie uns – wie fast alle Frauengestalten des Mittelalters – nur durch die Feder von Männern überliefert sind. Eine Schilderung durch Geschlechtsgenossinnen fehlt fast völlig. Nur die gepeinigte Héloïse des 12. Jahrhunderts und die feministische Christine de Pisan im späten 14. Jahrhundert sprechen zu uns, und beide sind sehr bitter, was aber vielleicht einen falschen Eindruck erweckt. In Individuen wie in Nationen schweigt die Zufriedenheit, und das verschiebt die Gewichte der historischen Überlieferung.

Da es so etwas wie eine Privatsphäre im mittelalterlichen Leben nicht gab, war wahrscheinlich nur wenig oder gar nichts vor den unverheirateten Mädchen zu verbergen, adlig oder nichtadlig. Daß der Chevalier de La Tour Landry seine Erzählungen über die Sinnlichkeit wirklich zur moralischen Erziehung seiner mutterlosen Töchter geschrieben hat, braucht man ihm nicht unbedingt zu glauben, aber interessant ist, daß er diese Entschuldigung benutzt hat. Sein Buch befaßt sich auch mit Lüsternheit, Unzucht und Vergewaltigung, mit Beispielen aus der Geschichte der Töchter Lots, des Inzests des Tamar und von zeitgemäßeren Begebenheiten wie der Dame, die einen Knappen liebte und, um mit ihm zusammen sein zu können, ihrem Mann erzählte, daß sie verschiedene Pilgerfahrten gelobt habe, damit er sie gehen ließe, wie sie wollte. Einer anderen Dame sagt ein Ritter, daß, wenn sie weise und gut sein wolle, sie »nicht zu nächtlicher Stunde ohne Kerze und in der Dunkelheit die Zimmer der Männer betreten solle, um sie zu küssen und mit ihnen im Bett zu kosen«. Offenbar war das Leben auf den Burgen sehr frei. Damen und Ritter blieben lange auf und »lachten, tanzten und sangen und machten solch einen Lärm, daß sie auch den Donner nicht mehr gehört hätten«, und »als einer der Männer seine Hand unter die Kleider einer Dame schob«, wurde ihm von dem wütenden Ehemann der Arm gebrochen.

Die Unterhaltung bestand nicht nur aus dem Vortrag erhabener epischer Gedichte über den ritterlichen Ehebruch. Die derben, komischen *Fabliaux*, in kurzen Reimpaaren geschrieben und meist satirisch und obszön, oft grausam und grotesk, wurden zur Erheiterung erzählt wie die schmutzigen Witze anderer Zeitalter. Oft waren sie von den Hofdichtern als Parodie auf die ritterlichen Romanzen verfaßt, Sex war darin eher ein vulgärer Witz als ein edles, erhebendes Gefühl, und ihr Vortrag war sehr beliebt in Stadt und Land, in Burg und Taverne und wahrscheinlich auch im Kloster.

Es ist gut möglich, daß Isabella die Erzählungen von Jean de Condé gehört hat, einem Dichter vom heimischen Hof ihrer Mutter in Hainault. Sein Stil wird durch eine Geschichte illustriert, in der an einem Hof bei einem Fest vor einem Turnier eine Art »Wahrheitsspiel« wiedergegeben wird. Ein Ritter, von der Königin gefragt, ob er Kinder gezeugt habe, ist gezwungen zuzugeben, daß er keine hat, »und in der Tat sah er auch nicht so aus, als ob er seine Geliebte erfreuen könnte, wenn sie nackt in seinen Armen lag. Sein Bart war wenig mehr als die paar Flusen, die Damen an bestimmten Körperstellen haben.« Die Königin antwortet ihm dann, daß sie sein Wort nicht bezweifelt, denn »wo kein Heu ist, ist auch keine Heugabel«. Nun fragt der Ritter seinerseits: »Meine Dame, antwortet mir ohne Trug, habt ihr Haare zwischen den Beinen?« Und als sie antwortet: »Nicht eines!«, murmelt er: »Das glaub' ich gern, denn wo Schlag auf Schlag erfolgt, da wächst kein Gras!«

Die Grundkonstellation der *Fabliaux* ist, daß dem Mann Hörner aufgesetzt werden, wobei auch einmal ein unsympathischer Liebhaber an die Stelle des Ehemannes treten kann. Während die Ehemänner und Liebhaber in diesen Geschichten sehr unterschiedlich sind – von sympathisch bis widerlich –, sind die Frauen ohne Ausnahme Betrügerinnen: untreu, skrupellos, streitsüchtig, lüstern und schamlos, wenn auch nur selten dies alles auf einmal. Trotz ihrer realistischen Gestalten sind die *Fabliaux* dem Leben des Mittelalters nicht näher als die Romanzen, aber ihre Frauenfeindlichkeit spiegelte eine allgemeine Haltung wider, die ihren Tenor von der Kirche übernommen hatte.

Die Frau war die Rivalin der Kirche, die Versucherin, die Ablenkung, das Hindernis auf dem Weg zur Heiligkeit, der Lockvogel des Teufels. In dem *Speculum* von Vincent de Beauvais, dem größten der Enzyklopädisten des 13. Jahrhunderts und Lieblingsautor Ludwigs des Heiligen, war die Frau »die Verwirrung des Mannes, ein unersättliches Biest, unablässige Angst, fortwährender Krieg, täglicher Ruin, ein Haus des Sturms« und schließlich – der Schlüssel des Ganzen – »ein Hindernis der Gottergebenheit«. Vincent war ein Dominikaner jener harten Art, die die Inquisition züchtete, was seine Pyramide der Übertreibung erklären mag, aber auch weniger fanatische Prediger blieben nicht weit hinter diesem Urteil zurück. Auf der einen Seite klagten sie die Frauen an, Sklavinnen der Eitelkeit und Putzsucht zu sein und die Männer »zur Lüsternheit zu reizen«; auf der anderen Seite, zu beschäftigt mit dem Haushalt und den Kindern zu sein, zu erdgebunden, um ausreichend der göttlichen Belange zu gedenken.

Theologie war Männerarbeit, die Erbsünde wurde auf die Frau zurückgeführt. Hatte nicht eine Frau das Unheil über Adam gebracht? Von allen Ideen der Menschheit hat die Gleichsetzung von Sex und Sünde das größte Unglück verursacht. Im Buch Genesis war die Erbsünde der Ungehorsam gegen Gott in der Suche nach dem Wissen um Gut und Böse, und in dieser Form war die Geschichte des Sündenfalls eine Erklärung dafür, daß des Menschen Schicksal Mühe und Arbeit war. In der christlichen Theologie, die vor allem durch Paulus entworfen wurde, verstrickte der Sündenfall die Menschheit in ewige Schuld, von der allein Christus Erlösung versprach. Der sexuelle Kontext dieser Schuld wurde zum größten Teil vom heiligen Augustinus formuliert, der das christliche Dogma in einen klaren Gegensatz zum mächtigsten Trieb des Menschen brachte. Paradoxerweise wurde aus der Leugnung dieses Triebes eine Quelle der Macht für die Kirche, die als einzige Instanz wachend und überlegen über dem Dilemma stand, in das die Lehre ihre Mitglieder gestürzt hatte.

»Weh mir, weh mir, daß Liebe ewig Sünde ist!« rief die Frau von Bath aus. Welche Jahrhunderte von Angst und Schuld liegen in dieser kurzen Klage – wenn auch die Dame selbst sich durch das, was sie beklagte, nicht sehr einschränken ließ. Tatsächlich blieb es ihr überlassen, das deutlichste Preislied auf die körperliche Liebe in diesem Jahrhundert zu schreiben. Mehr als in einigen späteren Jahrhunderten wurde die weibliche Sexualität im Mittelalter anerkannt, und die ehelichen Pflichten galten als wechselseitig. Die Theologen beugten sich dem Wort des Paulus: »Der Mann soll dem Weib die Pflicht erfüllen wie auch das Weib dem Manne.« Aber sie bestanden darauf, daß das Ziel Fortpflanzung, nicht Vergnügen sein müsse.

Die Liebe und den Fortpflanzungstrieb voneinander zu scheiden, so als könnte man ein flammendes Schwert zwischen die beiden legen, war ein weiteres tollkühnes Gebot, das sich gegen alle menschliche Gewohnheit stellte. Aber das Christentum war nie eine Kunst des Möglichen. Es entsprach den Prinzipien des heiligen Augustinus, daß Gott und die Natur die körperliche Vereinigung von Mann und Frau mit Lust verbunden hatten, »um den Menschen zu dieser Handlung zu bewegen«, damit er für die Erhaltung der Art sorge und zur höheren Ehre Gottes beitrage. Den Geschlechtsakt aber allein um des Vergnügens willen zu vollziehen und nicht zu dem Zweck, den die Natur in ihn gelegt hatte, war, so entschied Augustinus, eine Sünde wider die Natur und damit gegen Gott, den Ordner der Natur. Der Zölibat und die Jungfräulichkeit blieben bevorzugt, da nur sie die uneingeschränkte Liebe zu Gott, »dem Bräutigam der Seele«, erlaubten.

Der Kampf mit der Fleischeslust ließ viele unberührt, andere wurden ihr ganzes Leben lang davon gequält. Aucassin hätte unbeeindruckt sogar die Hölle dem Paradies vorgezogen, »wenn ich nur Nicolette, meine süße Geliebte, bei mir haben darf«. Auch die Entstehung des Rosenromans, dieser monumentalen Liebesbibel, die im Laufe des 13. Jahrhunderts in zwei Teilen im Abstand von fünfzig Jahren geschrieben wurde, blieb davon unberührt. Von einem Autor im höfischen Stil begonnen, wurde der Rosenroman von einem anderen in zynisch-weltlicher Manier enorm erweitert. Wenn nach 21 780 Zeilen die komplizierte Allegorie endlich ihr Ende findet, gewinnt der Liebhaber seine Rose, wobei sehr offen dargestellt wird, wie er die Knospe öffnet, die Blütenblätter auseinanderschiebt, ein »wenig Samen in ihrer Mitte verschüttet« und »den Kelch bis in seine innersten Tiefen erforscht«.

Auf der anderen Seite war Petrarca nach zwanzigjährigem literarischem Geseufze um Laura, währenddessen er zwei uneheliche Söhne zeugte, schon in seinen Vierzigern, »da meine Kraft ungebrochen und meine Leidenschaften noch stark«, soweit, daß er die schlechten Gewohnheiten seines glühenden Temperaments, die er »vom Grunde seiner Seele verabscheute«, abwerfen konnte. Nach diesem »Sieg« über sein Fleisch war er zwar immer noch »ernsten und häufigen Versuchungen« unterworfen, aber er lernte, alle seine Verfehlungen zu beichten, siebenmal am Tag zu beten und »mehr als den Teufel die Gemeinschaft mit den Frauen zu fürchten, ohne die ich einst nicht leben zu können glaubte«. Er brauchte sich nur zu erinnern, so schrieb er an seinen Bruder, den Mönch, »was die Frau wirklich ist«, um das Verlangen zu vertreiben und seinen gewöhnlichen Gleichmut wiederzuerlangen. »Was die Frau wirklich ist« bezog sich auf die kirchliche Lehre, daß Schönheit bei Frauen trügerisch sei und Falschheit und körperliche Verderbtheit maskiere. »Wo auch immer sich ein schönes Gesicht zeigt«, warnten die Prediger, »lauert viel Schmutz unter der Haut.«

Die Garstigkeit der Frau wurde im allgemeinen erst gegen Ende des Lebens erkannt, wenn ein Mann sich Sorgen über die Hölle machte und die sexuellen Bedürfnisse ohnehin zu schwinden begannen. Die Lehre selbst verstrickte sich in eine endlose Kette von Widersprüchen. Wenn das Sakrament der Ehe heilig war, wie konnte dann das sexuelle Vergnügen in der Ehe sündhaft sein? Wenn Genuß eine läßliche Sünde war, ab wann wurde er Lüsternheit oder unmäßiges Verlangen, was eine Todsünde war?

War eine Schwangerschaft unverheirateter Frauen, obwohl sie der Fortpflanzung diente, sündhafter als ehelicher Geschlechtsverkehr, der dem Vergnügen diente? War eine keusche oder jungfräuliche Ehe gottesfürchtiger als ein normales Eheleben? Wie war der Beischlaf während der Schwangerschaft oder nach den Wechseljahren zu bewerten, wenn Fortpflanzung nicht beabsichtigt sein konnte? Was war, wenn ein Mann, von einer anderen Frau versucht, mit der seinen schlief, um sich »abzureagieren«: das heißt was, wenn man eine Sünde beging, um die andere zu vermeiden? Was, wenn ein Ritter an einem Kreuzzug teilnahm und seine Frau allein ließ, was der Fortpflanzung widersprach, war das eine Sünde in den Augen der Kirche? Dies waren Fragen, die die Dialektiker wohl mehr beschäftigte als die Durchschnittsmenschen.

Wie die Habgier widersetzte sich die Sexualität doktrinärer Regelung. Nur ein Prinzip war unerschütterlich: Alles, was »der Ordnung der Natur« widersprach, war Sünde. Der alles umfassende Ausdruck war »Sodomie«, was nicht nur Homosexualität bezeichnete, sondern jedweden Verkehr in »unrechter« Stellung oder in »unrechter« Art. Auch die Sünde des Onan und Selbstbefriedigung oder Verkehr mit Tieren fielen unter diesen Begriff. Alles war Sodomie, eine Perversion der Natur, eine Rebellion gegen Gott und zählte damit zu den »schlimmsten der Sünden« in der Kategorie der Lüsternheit.

Die Ehe war die Beziehung zwischen den Geschlechtern, der das meiste Interesse galt. Das dominierende Thema war die Frage: »Wer ist der Herr im Haus?« Der Ménagier von Paris schreibt in seinem Handbuch von Ratschlägen für seine fünfzehnjährige Ehefrau, daß das Weib den Geboten ihres Mannes gehorchen und mehr auf sein als auf ihr Wohlergehen achten solle, »denn sein Vergnügen soll vor dem deinigen stehen«. Sie soll nicht arrogant, vorlaut oder streitsüchtig sein, vor allem nicht in der Öffentlichkeit, denn »es ist ein Gebot Gottes, daß die Frau dem Manne untertan sei . . ., und durch Folgsamkeit gewinnt eine weise Frau die Liebe ihres Mannes und bekommt am Ende, was sie will«. Sie soll ihn klug und vorsichtig beraten und vor Dummheiten schützen, aber sie soll nie klagen und keifen, »denn das Herz eines Mannes erträgt es nur schwer, von einer Frau beherrscht und gelenkt zu werden«.

Beispiele für das schreckliche Schicksal, das nörgelnde und kritische Frauen traf, werden sowohl vom Ménagier als auch von La Tour Landry zitiert, der von einem Ehemann erzählt, dessen Frau ihn in der Öffentlichkeit hart kritisierte, woraufhin er »so ärgerlich wurde, daß er sie mit der Faust zu Boden schlug«, sie dann ins Gesicht trat und ihr die Nase brach, so daß sie auf immer entstellt war und »vor Scham nicht ihr Gesicht zeigen mochte«. Aber das geschah ihr nur recht, »denn sie hatte eine zu üble und grobe Sprache gegen ihren Mann gebraucht«.

Gehorsam und Folgsamkeit der Frauen wurden so sehr betont, daß man annehmen könnte, das Gegenteil sei das Geläufige gewesen. Im Mittelalter wurde Zorn mit Frauen assoziiert, und in der allegorischen Darstellung war die Sünde des Zorns eine Frau, die auf einem Keiler ritt, während alle anderen Laster als Männer personifiziert sind. Wenn die verbreitetste Sicht der Frau im Mittelalter die einer schimpfenden Xanthippe war, so vielleicht deshalb, weil das Schelten ihre einzige Möglichkeit war, sich gegen die männliche Überlegenheit zur Wehr zu setzen. Daß die Frau dem Manne untertan sei, war biblisch und wurde – wie alles mögliche andere – von Thomas von Aquin noch einmal bekräftigt und erklärt. Zur guten Ordnung der Familie gehöre, so argumentierte er, daß einige von anderen, »die weiser sind als sie selbst«, beherrscht werden; deshalb wurde die Frau, deren »Charakter und Körperkräfte« weniger ausgebildet sind als die des Mannes, »ihm durch die Natur unterstellt, weil in ihm der Verstand regiert«. Der Vater, entschied er, sollte mehr als die Mutter geliebt werden, und ihm gegenüber bestand auch eine größere Verpflichtung, weil er »aktiven« Anteil an der Empfängnis hatte, wohingegen die Mutter nur eine »passive und materielle« Rolle spielte. Aus dem Orakel seines Zölibats heraus gab Thomas zwar zu, daß mütterliche Fürsorge und Ernährung erforderlich sind, um ein Kind großzuziehen, aber noch wichtiger erschien ihm der Vater »als Führer und Vormund, unter dem sich das Kind in äußerlichen und innerlichen Tugenden entwickelt«. Daß die Frauen im Zeitalter dieses Thomas von Aquin widerspenstig wurden, war kaum überraschend.

Honoré Bonet erörterte die Frage, ob eine Königin einen Ritter verurteilen dürfe, wenn sie das Reich in Abwesenheit des Königs regierte. Nein, antwortete er, »es ist klar, daß der Mann viel edler als die Frau ist und von größerer Tugend«, so daß eine Frau nicht über einen Mann urteilen kann, denn »ein Untertan kann seinen Herrn nicht verurteilen«. Wie die Königin unter diesen Umständen das Reich regieren sollte, wird nicht erklärt.

Die Apotheose weiblicher Unterwerfung war die geduldige Griselda, deren ehelicher Gehorsam von ihrem Ehemann grausamen Prüfungen unterworfen wurde. Ihre Geschichte war für männliche Autoren so interessant, daß sie in der Mitte des 14. Jahrhunderts viermal erzählt wurde, zunächst von Boccaccio, dann lateinisch von Petrarca, im Englischen von Chaucer und im Französischen von dem Ménagier. Ohne Klage erduldet Griselda es, daß ihr ein Kind nach dem anderen weggenommen und, wie ihr Gatte ihr sagt, getötet wird, schließlich wird auch sie verstoßen, bis alles als eine Prüfung enthüllt wird und sie sich mit Freuden erneut mit dem hassenswerten Erfinder ihrer Qualen vereinigt. Liebe in der Ehe war ein ersehntes Ziel, auch wenn die Ideale der Minnelieder etwas anderes verkündeten, aber man ging davon aus, daß dieses Ziel erst nach und nicht vor der Heirat zu erreichen war. Es war die Aufgabe der Frau, sich die männliche Liebe zu verdienen und »in dieser Welt den Frieden zu finden, der in der Ehe liegen kann«. So mußte die Frau stets aufmerksam, fürsorglich, liebenswert, ausgeglichen, geduldig und zufrieden erscheinen. Alle weisen Ratschläge des Ménagiers können auf einen einzigen zurückgeführt werden: »Man kann einen Mann durch nichts leichter bezaubern, als ihm zu geben, was ihn erfreut.« Wenn der dritte Stand, dem der Ménagier angehörte, mehr Wert auf die Liebe in der Ehe legte als der Adel, dann sicher deshalb, weil die größere Nähe von Mann und Frau in einem bürgerlichen Haushalt liebevollen Umgang miteinander erstrebenswert machte. In England konnte man durch eheliche Harmonie den »Dunmow Flitch« gewinnen – eine Speckseite, die jedem Paar geschenkt wurde, das nach Dunmow in Essex kam und schwören konnte, daß es während des ganzen letzten Jahres nicht gestritten hatte, die Ehe nicht bereute und sie erneut schließen würde, wenn es die Möglichkeit dazu hätte.

Während der Kult der hohen Minne das Ansehen der edlen Frau heben sollte, hatte die inbrünstige Anbetung der Jungfrau Maria nur wenig Wirkung auf den Status der Frau. Die Frauen wurden aufgrund ihrer angeblichen Klatschsucht, Koketterie, Sentimentalität und Treuelosigkeit kritisiert. Man warf ihnen vor, daß sie in der Kirche schwätzten, sich bei jeder Gelegenheit mit Weihwasser bespritzten und auf alles, nur nicht auf die Predigt achteten. Nonnen sagte man nach, daß sie melancholisch und gereizt seien »wie Hunde, die zu lange angekettet waren«. Die Nonnenklöster waren für viele eine Zuflucht vor der Welt, für andere löste sich hier ein Schicksal ein, das ihre Familien über sie verhängt hatten, aber nur wenige hatten aus religiöser Berufung den Schleier genommen, und das konnten sich ohnehin nur die leisten, die mit reichlicher Aussteuer hierherkamen.

Es läßt sich durch die Steuerlisten feststellen, daß die Frauensterblichkeit im Lebensalter zwischen zwanzig und vierzig Jahren wesentlich über der der Männer lag. Das lag wahrscheinlich an den Schwangerschaftsrisiken und größerer Anfälligkeit für Krankheiten. Nach vierzig normalisierte sich die Sterblichkeitsrate. Die Frauen konnten, einmal verwitwet, selbst entscheiden, ob sie erneut heiraten wollten oder nicht.

Im täglichen Leben wurde adligen wie nichtadligen Frauen die Gleichberechtigung in der Funktion, wenn auch nicht im Status, durch die Umstände aufgedrängt. Bauersfrauen konnten ebensogut einen Pachthof bewirtschaften und die dazugehörigen Dienste für den Feudalherrn leisten wie Männer, nur daß sie für dieselbe Arbeit schlechter bezahlt wurden. In den Zünften hatten Frauen das Monopol in bestimmten Bereichen, vor allen Dingen in der Spinnerei und manchmal auch in einigen Lebensmittelbranchen. Bestimmte Handwerke schlossen Frauen aus, es sei denn, es handelte sich um Frauen oder Töchter von Zunftmitgliedern; in anderen arbeiteten Männer und Frauen gleichberechtigt. Die Führung eines großen Bürgerhaushalts – auch des Landbesitzes und Geschäftshauses, wenn der Mann nicht da war – neben den Mutterpflichten erlaubte der Hausfrau alles andere als Müßiggang. Sie beaufsichtigte das Nähen, Weben, Brauen, die Kerzenherstellung, den Markteinkauf, die Almosenvergabe, sie leitete die Dienstleute im Haus und außer Haus an, übte ein wenig auch einfachere ärztliche Funktionen aus, führte Buch und vielleicht noch ein getrenntes Geschäft als *femme sole*.

Die Frauen des 14. Jahrhunderts hatten eine wirkungsvolle weibliche Fürsprecherin in Christine de Pisan, die, soweit wir wissen, die einzige Frau im Mittelalter war, die sich ihren Lebensunterhalt mit der Feder verdiente. 1364 geboren, war sie die Tochter des Thomas von Pisano, eines Arztes und Astrologen mit Doktorwürden der Universität von Bologna, der 1365 von Karl V. nach Paris gerufen wurde. Christine wurde von ihrem Vater in Latein, Philosophie und anderen Wissenszweigen unterrichtet, die für eine weibliche Erziehung zur damaligen Zeit recht ungewöhnlich waren. Mit fünfzehn Jahren heiratete sie Etienne Castel aus der Picardie, einen der königlichen Sekretäre. Zehn Jahre später stand sie dann allein mit drei Kindern, da ihr Mann »in der Blüte seiner Jahre« und ihr Vater kurz nacheinander gestorben waren. Ohne Verwandte und ohne Einkommen zurückgelassen, sah sie sich gezwungen, ihren Lebensunterhalt mit dem Schreiben zu verdienen. Sie begann mit Lyrik, drückte in Balladen und in Rondeaux das Glück ihres Ehelebens und die Trauer ihrer Witwenzeit aus. Die Form war konventionell, aber der Ton überraschend persönlich.

Keiner kennt die Qualen, die mein armes
  Herz erträgt,
Um meinen Schmerz zu verbergen, da ich
  kein Mitleid finde.
Je weniger Mitgefühl in Freunden,
  desto mehr Grund für Tränen.
Also klage ich nicht über meinen Jammer und
  meine Trauer.
Sondern lache, wo ich lieber weinen wollte,
Und lasse meine Lieder ohne Reim und Rhythmus,
Um mein Herz zu verbergen.

Der klagende Ton (oder auch mehr Mitleid, als Christine in ihren Schriften zugab) öffnete die Geldbörsen des Adels, der sich schon aus Statusgründen gern in der Rolle als Schutzpatron der Kunst sah, und ermöglichte es Christine, Studien für eine Flut von didaktischen Werken zu betreiben. Kein Thema schreckte sie ab: sie schrieb einen dicken Band über die Kriegskunst, der auf dem römischen Klassiker *De re militari* von Vegetius beruhte, einen mythologischen Roman, eine Abhandlung über die Erziehung von Frauen und eine Biographie Karls V., die immer noch als wichtiges und originäres Werk gilt. Am eindrucksvollsten aber ist sie, wo sie über ihr eigenes Geschlecht schreibt, wie in *La Cité des Dames,* einer Darstellung berühmter historischer Frauengestalten. Obwohl das Werk eine Übersetzung von Boccaccios *De claris mulieribus* ist, macht es sich Christine im Prolog zu eigen, wenn sie voller Scham und Kummer fragt, warum Männer »den Frauen so einmütig Boshaftigkeit unterstellen« und warum »wir schlechter sein sollen als die Männer, da wir doch auch von Gott geschaffen sind«. In einer blendenden Vision erscheinen daraufhin drei gekrönte Frauengestalten, Gerechtigkeit, Treue und Nächstenliebe, um ihr zu sagen, daß die Ansichten der Philosophen keine Glaubensartikel seien, »sondern die Nebel des Irrtums und des Selbstbetrugs«. Sie nennen die großen Frauengestalten der Geschichte: Ceres, die Begründerin der Landwirtschaft; Arachne, die Erfinderin des Spinnens und Webens; und verschiedene Heldinnen der homerischen Legenden, des Alten Testaments und der christlichen Märtyrologie. Zu Ende des Jahrhunderts fragt Christine in einem leidenschaftlichen Aufschrei in ihrem *Brief an den Gott der Liebe,* warum die Frauen, die früher in Frankreich so geschätzt und geehrt wurden, nun angegriffen und beleidigt würden, und dies nicht nur von den Unwissenden und Niedrigen, sondern auch vom Adel und der Geistlichkeit. Der Brief ist eine direkte Antwort auf die bösartige Satire auf die Frauen in Jean de Meungs Fortsetzung des Rosenromans, dem populärsten Buch dieses Zeitalters. De Meung, ein Berufsschriftsteller mit einem Magistergrad der Pariser Universität, war der Jonathan Swift seiner Zeit. Seine Satiren geißelten die künstlichen Konventionen der Religion, Philosophie und besonders des Rittertums und der hohen Minne. De Meungs Helden sind die Natur und die natürlichen Gefühle; Verstellung, Heuchelei und (erzwungene) Enthaltsamkeit und Keuschheit seine Bösewichter, die er gerne als Bettelmönche darstellte. Wie der Geistliche, der die Frauen wegen der geheimen Wünsche der Männer anklagt, wie der Polizist, der die Hure, aber nicht ihren Kunden verhaftet, so macht de Meung als Mann die Frauen für die Abkehr der Menschheit von ihren Idealen verantwortlich. Weil die höfische Minne eine falsche Glorifizierung der Frau war, ließ er die Frauen Falschheit und Heuchelei verkörpern. Intrigant, geschminkt, käuflich und hemmungslos waren de Meungs Frauengestalten und damit die einfache Umkehr der ebenfalls männlichen Phantasievorstellung von der hohen Minne. Christine betonte, daß es Männer waren,die beide Arten der Bücher, die Romanzen und die Satiren, schrieben. Ihr Protest löste einen vielbeachteten Streit zwischen den Fürsprechern und Kritikern de Meungs aus. Es war eine der großen intellektuellen Debatten der Zeit der Jahrhundertwende.

Im Alter von 54 Jahren zog Christine sich aus Trauer über den Zustand Frankreichs in ein Nonnenkloster zurück. Sie lebte noch elf Jahre und widmete diese Zeit der Dichtung eines Epos über die Frauengestalt, die für die Nachwelt alle anderen jener Zeit überragte – Jeanne d'Arc.

Am 27. Juli 1365 heirateten Enguerrand de Coucy und Isabella von England in großer Festlichkeit und Pracht. Die besten Spielleute des Reiches spielten zu dieser Gelegenheit auf. Die Braut glänzte in den Juwelen, die sie als Brautgeschenk von ihrem Vater, ihrer Mutter und ihren Brüdern bekommen hatte und die nach den Aufzeichnungen des königlichen Haushalts 2370 Pfund, 13 Schillinge und 4 Pennies wert waren. Das Hochzeitsgeschenk des Königs für Enguerrand war nicht weniger wertvoll: Er wurde ohne Lösegeld aus seiner Geiselhaft entlassen.

Vier Monate später erhielt das Paar die Erlaubnis des Königs, nach Frankreich zurückzukehren. Offenbar wurde die Erlaubnis nur mit einigem Zögern gegeben, da der entsprechende Brief sich auf die wiederholten Bitten Enguerrands bezieht, »nach Frankreich zu gehen, um Eure Besitztümer, Ländereien und Güter zu besuchen«. Da Isabella bereits schwanger war, versprach der

König zusätzlich, daß alle Kinder, männliche und weibliche, englischen Besitz erben könnten und als Engländer betrachtet würden, »ganz so, als wären sie im Königreich geboren«.

Unter dem traditionellen Läuten der Kirchenglocken, an denen kräftig gezogen wurde, damit die Heiligen die Wehen erleichterten, wurde auf Coucy im April 1366 eine Tochter geboren und auf den Namen Marie getauft. Schon vor Ablauf eines Monats eilte Isabella mit Mann und Kind nach England zurück. Eine Dame von hohem Rang reiste damals in einem vierrädrigen Wagen mit gepolsterten Sitzen, umgeben von ihrer Haushaltsausstattung, Bettleinen, Kochtöpfen, Krügen, Geschirr, Kleidung und Teppichen. Diener eilten zu jeder Station voraus und bereiteten die Zimmer vor, hingen Wandteppiche und Bettvorhänge auf. Selbst bei solchen Erleichterungen aber scheint es ein Anzeichen von einer eigenartigen und rücksichtslosen Ungeduld oder eines verzweifelten Heimwehs, daß Isabella sich und das Neugeborene der Kanalüberquerung und der holprigen Landreise aussetzte. Die ganze Zeit ihrer Ehe hindurch schlug Isabella in Coucy-le-Château keine Wurzeln und eilte immer sofort an den Hof ihres Vaters zurück, sobald ihr Gatte zu irgendeiner Expedition aufbrach. Vielleicht war sie in der großen Burg auf dem Hügel unglücklich, oder sie fühlte sich in Frankreich nicht zu Hause, oder – was wahrscheinlicher ist – sie konnte ohne den Glanz des Königshofes, ohne die Umgebung ihrer Jugend, nicht leben.

Eduards Entschlossenheit, Coucy so eng wie möglich an England zu binden, zeigte sich erneut, sobald Enguerrand und seine Frau wieder in England waren. Am 11. Mai 1366 verkündete der Kanzler in Anwesenheit Eduards Adel und Bürgertum im Parlament, »daß der König seine Tochter Isabella mit dem Lord de Coucy verheiratet hat, der in England und anderswo schönes Besitztum sein eigen nennt; und da der König so eng mit ihm verbündet ist, erscheint es dem König angebracht, daß er seinen Namen und seine Ehre vermehre, indem er ihn zum Earl erhebe. Und dafür bitte er, ihm Rat und Zustimmung zu geben.« Die Stände stimmten dem Verlangen zu, und Enguerrand wurde mit dem vakanten Earltum von Bedford beliehen. Von da an erscheint er als Ingelram, Earl von Bedford, in den englischen Archiven. Um die Ehrung vollständig zu machen, wurde er in den »Order of the Garter« (den Hosenbandorden) aufgenommen.

Durch Enguerrands neuen Titel vermehrte sich Isabellas jährliches Einkommen um noch einmal 200 Pfund, die aber prompt im Schlund ihrer hemmungslosen Einkaufswut verschwanden. Sie war offenbar verschwendungssüchtig, denn innerhalb weniger Monate nach ihrer Rückkehr zahlte der König 130 Pfund und 15 Schillinge, um ihre Schulden bei den Händlern zu decken – sie hatte Seide und Samt gekauft, Goldstoffe, Zierbänder und Leinentuche –, und noch einmal 60 Pfund, um ein juwelenbesetztes Diadem auszulösen, das sie verpfändet hatte.

Kurz vor Ostern 1367 wurde die zweite Tochter Coucys geboren und nach ihrer Großmutter, der Königin, Philippa genannt. Das Neugeborene bekam von seinen königlichen Großeltern ein 24teiliges schöngeschmiedetes Silberservice mit sechs Schalen, sechs Pokalen, vier Wasserkannen, vier Platten, Salzstreuern und Löffeln, das 239 Pfund gekostet hatte. Um sein Glück vollkommen zu machen, erhielt Enguerrand noch einen dem englischen gleichwertigen französischen Adelstitel, auch dies veranlaßt durch seinen nicht uneigennützigen Schwiegervater. Ein Nachbar Enguerrands in Frankreich, Geisel wie er, war bis dahin trotz seiner einflußreichen Familie nicht in der Lage gewesen, sich freizukaufen. Es war Guy von Blois und Châtillon, Graf von Soissons und Neffe von Philipp VI. und Karl von Blois aus der Bretagne. Als Preis für seine Freilassung einigte man sich nun auf eine Regelung, unter der er mit Zustimmung König Karls von Frankreich seine Grafschaft Soissons an Eduard abtrat, der sie wiederum an Coucy weitergab und dafür Isabellas Mitgift von 4000 Pfund einbehielt. Die beiden großen Besitztümer Coucy und Soissons, die einen beträchtlichen Teil der Picardie ausmachten, waren nun vereint in der Hand des Schwiegersohns des Königs von England. Mit einem territorialen Titel hatte Enguerrand die einst stolze Titellosigkeit der Herren von Coucy aufgegeben und kehrte als Graf von Soissons mit seiner Frau und seinen Töchtern im Juli 1367 nach Frankreich zurück.

Kapitel 10
Die Söhne des Frevels

In den sieben Jahren, die Coucy in England verbrachte, war das Chaos, daß die Kompanien der Briganten über das Land brachten, zu einem bedeutenden Faktor der europäischen politischen Situation geworden. Die Briganten breiteten sich in Frankreich, in Savoyen, in der Lombardei und den päpstlichen Staaten aus. Weit entfernt davon, ein vorübergehendes Phänomen zu sein, waren die Kompanien zu einer Lebensweise geworden, zu einem Teil der Gesellschaft, der von den Herrschern selbst dann noch benutzt wurde, als sie längst um die Ausrottung des Brigantentums kämpften. Sie fraßen die Gesellschaft von innen her an wie Erysichthon, der von Demeter, nachdem er die Bäume ihres Hains zerstört hatte, mit unersättlichem Appetit geschlagen wurde und sich schließlich selbst verschlang.

Ihre Disziplin und ihre Organisation machten die Kompanien wirkungsvoller als die Ritterheere, die das Prinzip von Befehl und Gehorsam nicht kannten. Das Leben durch das Schwert wurde zum Selbstzweck; die Atmosphäre des 14. Jahrhunderts war vergiftet durch den brutalen Triumph der Gesetzlosen. Dem hilflosen Volk erschienen die Kompanien wie eine biblische Plage, die den Sternen oder Gottes Zorn zugeschrieben wurde.

In Frankreich wurden sie *écorcheurs* (Häuter) genannt oder *routiers* (Wegelagerer), in Italien *condottieri,* abgeleitet aus der *condotta,* dem Vertrag, der die Bedingungen des Dienstes des Söldners festlegte. Sie erpreßten systematisch Geld von unbefestigten Städten in der Form der *appatis,* eines erzwungenen Tributs, der Schonung erkaufte. Die Kompanien stellten Notare, Anwälte und Bankiers in ihre Dienste, um ihre Interessen wahrzunehmen, sie beschäftigten Schreiber, Schmiede, Gerber, Schlachter, Ärzte, Priester, Schneider, Wäscherinnen, Prostituierte. Sie wurden zu einem Teil der sozialen Struktur. Als Burgund 1364 von dem »Erzpriester« Arnaut de Cervole besetzt wurde, behandelte ihn der junge Herzog Philipp mit hohem Respekt, nannte ihn Berater und Freund, übergab ihm eine Burg und mehrere adlige Geiseln als Sicherheit, bis er 2500 Goldfranken aufbringen konnte, um sich freizukaufen. Um die Summe zahlen zu können, griff Philipp zu dem bewährten Mittel erhöhter Steuern, die wiederum die Erbitterung des Volkes gegen die Herrschenden steigerten.

Der Haß des Volkes schrieb den Kompanien jede Greueltat zu vom Verzehr von Fleisch in der Fastenzeit bis zur Vergewaltigung schwangerer Frauen, was angeblich den Tod von ungeborenen und ungetauften Kindern verursachte. Drei Viertel von Frankreich waren ihr Jagdgrund, vor allem Burgund, die Normandie, die Champagne und Languedoc. Befestigte Städte konnten Widerstand leisten, aber das Land war den Briganten ausgeliefert und wurde immer wieder verwüstet. Eine Vagabundenbevölkerung entstand aus verarmten Bauern, arbeitslosen Handwerkern und Priestern ohne Gemeinden.

Die Kompanien verschonten auch die Kirchen nicht. »Unberührt von der Furcht Gottes«, schrieb Innozenz VI. in einem Hirtenbrief von 1360, »brechen die Söhne des Frevels in Kirchen ein, stehlen Bücher, Kreuze, Reliquien und Abendmahlgeschirr und machen sie zu ihrer Beute.« Kirchen, in denen Blut vergossen worden war, galten als geschändet und durften nicht zum Gottesdienst benutzt werden, bevor sie nicht in einem langen bürokratischen Prozeß als gereinigt erklärt waren. Dessenungeachtet mußte die Gemeinde die Abgaben an den Papst weiterhin zahlen, was die Priester oft in den Ruin trieb, sie dazu brachte, ihre Gemeinden zu verlassen und sich nicht selten den Verbrechern anzuschließen. »Seht, wie bedenklich es ist«, trauerte Innozenz im selben Hirtenbrief, »wenn die, denen die Gnade Gottes anvertraut ist . . . an Raub und Schändung teilhaben und selbst am Vergießen des Blutes.«

Nur ein Pfeiler der mittelalterlichen Ordnung blieb unerschüttert: die Notwendigkeit der Absolution. Die Furcht davor, ohne Freisprechung von den Sünden zu sterben, saß so tief, daß Geister als die Seelen angesehen wurden, die zurückgekehrt waren, um Absolution zu erbitten. Die Kompanien erzwangen deshalb häufig ihre Freisprechung mit Gewalt, raubten sie, als wäre sie ein Sack Gold. Innozenz' Nachfolger, Urban V., gab 1364 zwei Exkommunikationsbullen gegen die Briganten heraus, *Cogit Nos* und *Miserabilis Nonullorum,* die beide darauf zielten, jede Unterstützung der Kompanien zu unterbinden, und versprachen, daß jeder, der im Kampf gegen sie fiel, von seinen Sünden freigesprochen war. Der Bann mag die Briganten verstört haben, einschüchtern konnte er sie nicht.

Der berühmteste Berufssoldat unter den Briganten war Sir John Hawkwood, dem Coucy später einmal in der Schlacht entgegentreten sollte und dessen Name zum erstenmal als Führer einer der Kompanien auftauchte, die 1361 Avignon belagerten. Sein Werdegang war typisch für viele der Brigantenführer. Als zweiter Sohn eines kleinen Grundherrn verließ er seine Heimat, als sein älterer Bruder das Gutshaus und das Land erbte. Er schloß sich der englischen Armee in Frankreich an und kämpfte noch in den 1350er Jahren »als ein armer Ritter, der außer seinen Sporen nichts gewonnen hatte«. Nach dem Vertrag von Brétigny schloß er sich einer Kompanie der *Tard-Venus* (der »später gekommenen« Kompanien) an. Zu der Zeit war er 35. Als er sich durch päpstliches Gold bewegen ließ, Avignon zu verschonen, befehligte er die »Weiße Kompanie«, eine Streitmacht von 3500 Reitern und 2000 Fußsoldaten, deren weiße Banner, weiße Waffenröcke und hochpolierte

Brustpanzer ihnen den Namen gaben. Als sie in der Lombardei auftauchten, verbreiteten sie durch ihre Grausamkeit und Hemmungslosigkeit Schrecken: »Nichts war entsetzlicher, als den Namen dieser Engländer zu hören.« Sie erwarben sich den Ruf, *perfidi e scelleratissimi* (heimtückisch und überaus böse) zu sein, obwohl zugegeben wurde, daß »sie ihre Opfer nicht verstümmelten und rösteten wie die Ungarn«.

Von verschiedenen italienischen Stadtstaaten, die ihre ständigen Privatfehden untereinander ausfochten, wurde Hawkwood angeheuert und konnte bald die höchsten Preise fordern. Er war ebenso rücksichtslos – aus dieser Zeit stammt das Sprichwort: »Ein italisierter Engländer ist der inkarnierte Teufel« – wie geschäftstüchtig, verlor keine Zeit mit der herkömmlichen Räuberei, sondern stellte seine Kompanie den jeweils zahlungskräftigsten Fürsten oder Städten zur Verfügung. Er kämpfte für Pisa gegen Florenz und umgekehrt, für den Papst gegen die Visconti und umgekehrt, wobei er, als er die Dienste der Visconti verließ, ihnen korrekterweise die Burgen zurückgab, die er mit seiner Kompanie für sie erobert und besetzt hatte. Der Krieg war für Hawkwood ein Geschäft, er machte nur eine Ausnahme: Gegen den König von England wollte er nicht kämpfen. Als er nach 35 Jahren in Italien starb, ruhmbedeckt und reich, wurde er im Dom von Florenz begraben; Ucellos Reiterfresko über der Tür erinnert an ihn.

In Italien wurden die Kompanien praktisch als offizielle Armeen in den regionalen Kriegen eingesetzt. In Frankreich wüteten sie ohne Kontrolle. Die einzige wirkungsvolle Gegenkraft wäre eine stehende Armee gewesen, ein Gedanke, der jenseits des Vorstellungsvermögens der Zeit und der Finanzkraft des Staates lag. Die einzige wirkungsvolle Strategie gegen die Kompanien war, sie zu bezahlen, damit sie woanders hingingen. Da der König von Ungarn um Hilfe gegen die Türken rief, wurde vom Papst, dem Kaiser und dem König von Frankreich ein gemeinsamer Versuch unternommen, die Plage durch einen Kreuzzug aus dem Land zu schaffen.

Der Mann, den der frühere Dauphin und Regent, jetzt König Karl V., mit der Führung des Kreuzzugsheeres beauftragte, war ein seltsamer neuer Hauptmann, so rauh wie sein bretonischer Name, den die Franzosen zunächst De Clequin, Kaisquin oder Clesquy schrieben, bis sein wachsender Ruhm ihn als Bertrand Du Guesclin festlegte. Plattnasig, dunkelhäutig, kurz und schwer, »gab es zwischen Rennes und Dinant keinen häßlicheren Mann«. So beginnt Cuveliers Versepos, das einen französischen Helden schaffen sollte, der es mit dem von Chandos Herald besungenen Schwarzen Prinzen aufnehmen konnte. Seine Eltern waren verarmte Adlige. Der rauhe Sohn, unverdorben durch die Formalitäten von Turnieren, lernte das Kriegshandwerk in den Guerillakämpfen der Bretagne im Dienst von Karl von Blois. Er wurde zu einem Meister des Überfalls und der Kriegslist, des Gebrauchs von Spionen und Geheimboten, er bestach Feinde mit Geld und

Wein, er folterte und tötete Gefangene, und er schreckte auch vor Überraschungsangriffen nach heilig beschworenem Waffenstillstand nicht zurück. Er war ebenso furchtlos wie skrupellos, ein großer Krieger, aber immer bereit, sein Ziel auch durch List, Intrige und Taktik zu erreichen; er war hart, verschlagen und bedenkenlos, ein *écorcheur*.

Obwohl Karl V. selbst kein Krieger war, besaß er eine kriegerische Entschlossenheit. All die Jahre seit dem Vertrag von Brétigny hindurch war sein einziges, unausgesprochenes, alles bestimmendes Ziel das Festhalten der Territorien, deren Abtretung an England sein Reich verstümmelt hätte. Da er kein Bedürfnis verspürte, seine Heerschar in der Schlacht selbst anzuführen, brauchte er einen militärischen Führer und fand ihn in diesem »Wildschwein in Eisen«, dem ersten Befehlshaber auf französischer Seite, der dem Schwarzen Prinzen oder Sir John Chandos ebenbürtig war.

1364, im ersten Herrschaftsjahr von Karl V., führte Du Guesclin die Franzosen in einen Sieg und in eine Niederlage in zwei historischen Schlachten. Der erste Zusammenstoß war die Schlacht von Cocherel in der Normandie mit der Armee Karls von Navarra. Die beiden Heere waren klein, aber das Ergebnis war bedeutend, denn es führte zu der Beseitigung der ständigen Bedrohung von Paris durch Navarra. Dessen Vetter, der berühmte Hauptmann de Buch, wurde in diesem Treffen gefangengenommen, aber von Karl V. in der Hoffnung, ihn auf seine Seite zu ziehen, ohne Lösegeld bald wieder freigelassen. Die zweite Schlacht fünf Monate später bei Auray an der felsigen Küste der Bretagne entschied den Krieg in diesem Land. Karl von Blois, der französische Kandidat für den Herzogsthron, fiel, und Du Guesclin wurde gefangengenommen. Damit gelangte der englische Kandidat, Johann von Montfort, an die Macht, obwohl die Bretagne nach den Bedingungen des Vertrages von Brétigny französisches Lehen blieb. Karl V. gelang es, diese Niederlage zu seinem Vorteil zu nutzen. Durch eine enorme Pension überzeugte er Blois' Witwe, ihre Ansprüche aufzugeben, beendete damit den bretonischen Krieg, der die französischen Kräfte unablässig gebunden hatte. Karl V. zog es immer vor, nicht zu kämpfen, wo er kaufen konnte.

Du Guesclin, nachdem er freigekauft worden war, fiel keineswegs in Ungnade. Sein nächster Kriegsschauplatz war Spanien, wohin sich die anglofranzösische Auseinandersetzung nach dem Ende der Kampfhandlungen in der Bretagne verlagert hatte. Peter der Grausame, König von Kastilien, hatte durch seine Härte einen Aufstand heraufbeschworen, der darauf zielte, seinen illegitimen Bruder Heinrich II. von Trastamara, den ältesten von zehn Bastarden seines Vaters, zum König zu machen. Der Streit beeinflußte das Gleichgewicht der Kräfte in Languedoc, in Aquitanien und in Navarra. Da Peter von den Engländern unterstützt wurde und außerdem angeblich seine Frau, eine Schwester der Königin von Frankreich, ermordet hatte und da Heinrich der Protegé der Franzosen war, die hofften, einen Verbündeten auf einen wichtigen Thron zu bringen, zog die Auseinandersetzung die alten Feinde in ihren Strudel. Darüber hinaus war Peter ein Feind des Papstes, der ihn exkommuniziert hatte, weil Peter sich geweigert hatte, nach Avignon zu kommen, um sich Anklagen gegen seine Bösartigkeit zu stellen.

Der spanische Krieg hatte noch mehr zu bieten: Unter dem Deckmantel eines Kreuzzugs gegen die Mauren von Granada konnte er als ideales Ventil und vielleicht zugleich als Grab für die Kompanien von Frankreich dienen. Du Guesclin als der vom König ernannte Anführer des Feldzugs hatte 25 Hauptleute der gefährlichsten Kompanien überredet, ihm nach Spanien zu folgen. Hoher Sold war ihnen versprochen, aber die Männer der Kompanien hatten nicht die Absicht, die Pyrenäen zu überqueren, ohne vorher bare Münze gesehen zu haben. Die Art, in der das Geld herangeschafft wurde – mit offensichtlichem Genuß in Cuveliers Versepos wiedergegeben –, ist ein Mikrokosmos des 14. Jahrhunderts, obwohl von Cuvelier gesagt worden ist, daß »die Tyrannei des Reims ihm wenig Raum für Genauigkeit ließ«.

Die Kompanien marschierten statt nach Spanien auf Avignon und lagerten in Sichtweite des päpstlichen Palastes an der Rhone bei Villeneuve. Dorthin schickte Papst Urban V. einen zitternden Kardinal, um ihnen sagen zu lassen, »daß Ich, der Ich die Macht Gottes und aller Heiligen, der Engel und Erzengel habe, die ganze Kompanie exkommunizieren werde, wenn ihr nicht ohne Verzögerung weiterzieht«. Von Du Guesclin und dem »gelehrten, weisen und umsichtigen Ritter« Marschall d'Audrehem höflich empfangen, wurde der Kardinal gefragt, ob er Geld mitgebracht habe; er antwortete taktvoll, daß er ausgesandt sei, um ihre Absichten auf Avignon zu erfahren.

»Herr«, antwortete d'Audrehem, »Ihr seht vor Euch Männer, die seit zehn Jahren viele böse Taten im Königreich Frankreich auf sich geladen haben und die nun auf dem Weg nach Granada sind, um Krieg gegen die Ungläubigen zu führen«, und deren Führer sie dorthin leiteten, »auf daß sie nicht mehr nach Frankreich zurückkehren.« Bevor sie das Land verließen, seien sie gekommen, um um Absolution zu bitten, also möge der Heilige Vater »uns von unseren Sünden lossprechen und uns die Bestrafung für die schlimmen und schweren Verbrechen, die wir alle seit der Kindheit begangen haben, erlassen, und außerdem möge er uns für unsere Reise mit 200 000 Franken ausstatten«.

»Bleich geworden« antwortete der Kardinal, daß er sie, obwohl sie viele an Zahl seien, der Absolution, nicht aber des Geldes versichern könne. »Herr«, warf Du Guesclin ein, »wir müssen all das haben, worum der Marschall gebeten hat, denn ich sage Euch, hier sind viele, die wenig auf die Absolution geben; sie hätten lieber das Geld.« Er fügte hinzu, daß »wir sie in ein Land führen, wo sie rechtens plündern können, ohne christlichen Menschen Schaden zuzufügen«, und betonte, daß er für seine Männer nicht garantieren könne, wenn ihre Forderungen nicht erfüllt würden, und je länger sie warten müßten, desto schlimmer sei dies für Villeneuve.

Der Kardinal hastete über die Brücke zurück und sagte dem Papst zuerst, daß die Kompanien um Absolution bäten und daß er ihre Beichte überbrächte. »Sie haben . . . alles Böse, was man tun und mehr, als man berichten kann, begangen; also bitten sie um Gnade und die Vergebung Gottes und vollen Ablaß durch Euch.«

»Das sollen sie haben«, sagte der Papst, ohne zu zögern, »unter der Bedingung, daß sie darauf das Land verlassen.« Dann unterbreitete ihm der Kardinal die zusätzliche Forderung von 200000 Franken. Von seinem Fenster aus konnte Urban V. die Bewaffneten der Kompanien sehen, wie sie Vieh, Geflügel, gutes weißes Brot und alles, was sie tragen konnten, wegschleppten. Er berief eine Ratsversammlung ein, um zu entscheiden, wie das Geld aufgetrieben werden konnte. Man beschloß eine Zusatzsteuer für die Bürger von Avignon, »auf daß der Schatz Gottes nicht vermindert werde«. Als das Geld durch den Bürgervorsteher von Avignon Du Guesclin überbracht wurde, daneben auch die unterzeichnete und versiegelte Generalabsolution, fragte Du Guesclin, ob die Summe aus der päpstlichen Schatzkammer stamme. Als ihm gesagt wurde, daß sie von der Gemeinde von Avignon zusammengetragen worden sei, verfluchte er »sehr unehrerbietig« den Geiz der Heiligen Kirche und schwor, nicht einen Pfennig anzunehmen, es sei denn, er stamme von der Kirche; das Steuergeld aber verlangte er an das Volk zurückzugeben, das es aufgebracht hatte. »Herr«, sagte der Bürgervorsteher, »Gott gebe Euch ein glückliches Leben; das arme Volk wird voller Freude sein.« Das Geld wurde tatsächlich zurückgegeben und durch 200000 Franken aus der päpstlichen Schatzkammer ersetzt, wofür sich der Papst umgehend durch einen zusätzlichen Zehnten, der der französischen Geistlichkeit auferlegt wurde, entschädigte.

Was Cuveliers Epos für Du Guesclin tat, versuchte Chandos Herald weiterhin für den Schwarzen Prinzen zu tun: er verherrlichte dessen Herrschaft in Aquitanien als »sieben Jahre der Freude, des Friedens und der Zufriedenheit«, was den Tatsachen in jeder Hinsicht spottete. Die Arroganz und Extravaganz des Prinzen erzeugten in seinen gasconischen Untertanen einen mühsam unterdrückten Grimm und eine neue Hinwendung zu Frankreich. Voll der Ideale der Großzügigkeit und mit der Gleichgültigkeit eines adligen Bankrotteurs gegenüber den Forderungen einer ausgewogenen Wirtschaft schloß er die Lücken in seinem Haushalt mit immer neuen Steuern, die ihn in dem Volk verhaßt machten, das er doch für England gewinnen sollte. »Seit Gott geboren ward, ist niemals ein Haus so gastfrei und prächtig geführt worden.« Er unterhielt »mehr als achtzig Ritter und vollends viermal so viele Knappen« – etwa vierhundert Leute – und hatte selbst ein enormes Gefolge von Knappen, Pagen, Dienern, Schreibern, Jägern und Falknern. Er hielt große Feste und Bankette ab, wobei er selbst sich nur von einem Ritter mit goldenen Sporen bedienen ließ. Seine Frau, die schöne Johanna, übertraf ihre Schwägerin Isabella noch in ihren luxuriösen Kleidern, ihren Pelzen, Juwelen, ihrem Gold und Email. »Großzügigkeit, hohe Ziele, Menschenverstand, Mäßigung, Rechtschaffenheit, Vernunft, Gerechtigkeit und Zurückhaltung« charakterisierten nach dem begeisterten Bericht von Chandos Herald die Herrschaft des Prinzen. Außer den ersten beiden besaß der Prinz keine dieser Eigenschaften.

Du Guesclins Krieger zogen nach Spanien, wo sie mit solcher Wirkung und solchem Grimm in die Kämpfe eingriffen, daß Peter floh und Heinrich zum König gekrönt wurde. Die Kompanien, von deren Soldaten zu wenige ihr Grab in Spanien gefunden hatten, kehrten bald nach Frankreich zurück. Englands Interesse aber sorgte dafür, daß der Krieg damit nicht zu Ende war. Peter rief den Schwarzen Prinzen um Hilfe an, der, immer begierig, Ruhm und Ehre im Feld zu sammeln, die Sache des Spaniers aufnahm. Er sah sich überdies durch eine franko-kastilische Allianz bedroht, die mit Hilfe der starken spanischen Flotte die Verbindungen zwischen Aquitanien und England bedrohte und die permanente englische Angst vor einer Invasion nährte. Die Finanzierung des Feldzuges war wie immer der kritische Punkt. Peter schwor, alle Kosten zurückzuzahlen, sobald er den Thron zurückgewonnen habe, und der Schwarze Prinz, obwohl seine Berater dagegen waren, einem von so vielen bösen Taten befleckten Mann zu vertrauen, weigerte sich, auf den Kampf zu verzichten. Du Guesclin und seine französischen Kompanien eilten wiederum Heinrich zu Hilfe, und so wurde der Krieg 1367 weitergeführt, diesesmal mit umgekehrtem Ausgang.

In der Schlacht von Najera im April 1367 erfochten die Engländer einen Sieg, der in den mittelalterlichen Annalen hoch eingeschätzt wurde. Die Franzosen erlitten eine weitere jener Niederlagen, die nicht nur ihren Ruhm, sondern ihre militärische Überlegenheit überhaupt untergruben. Heinrich war von Du Guesclin und Marschall d'Audrehem geraten worden, die offene Feldschlacht nicht zu wagen, da er dem Schwarzen Prinzen und »den besten Kriegsmännern auf der Erde« gegenüberstehe. Statt dessen wollten sie seinen Nachschub abschneiden und »ihn ohne einen Schwertstreich aushungern« – derselbe Rat, der vor Poitiers gegeben und ignoriert worden war. Aus verschiedenen Gründen – Gelände, Wetter, der Stolz des spanischen Gefolges – war der Ratschlag nicht durchzusetzen, und die Schlacht wurde zu einer Katastrophe. Heinrich von Trastamara floh, Peter wurde wieder eingesetzt und Bertrand Du Guesclin ein zweites Mal gefangengenommen. Obwohl er eigentlich dazu neigte, ihn festzuhalten, ließ sich der Schwarze Prinz von Bertrands höhnischer Bemerkung, »er habe Angst«, ihn freizulassen, beeindrukken und stimmte einer Auslösung gegen den stolzen Preis von 100 000 Franken zu.

Für Frankreich hatte auch diese Niederlage einen Vorteil: Nur zerschlagene Häuflein der Kompanien kehrten in die Heimat zurück. Eine weitere Erleichterung von der Brigantenplage brachte der Tod der Banditenführer

Seguin de Badefol und des »Erzpriesters« – der erste wurde von Karl von Navarra bei einem Festessen vergiftet, damit er ihm den Sold nicht zu zahlen brauchte, und der zweite wurde von seinen eigenen Leuten erschlagen. Die Atempause war aber auch nur von kurzer Dauer. Als Peter, wie vorausgesehen, seine Schulden nicht bezahlen konnte, schickte der Schwarze Prinz seine wütenden, aufrührerischen anglo-gasconischen Truppen nach Frankreich und »ermutigte sie unter der Hand«, sich dort durch Plünderungen zu entschädigen. In kleinen Gruppen, aber tapfer und kriegserprobt, zogen sie in die Champagne und die Picardie, »wo sie so viel Schaden anrichteten und so viel Böses taten, daß sie große Unruhe stifteten«.

Für den Prinzen wurde der Lorbeer des Siegs bald bitter; Najera war der Höhepunkt, auf den ihn das Schicksalsrad trug, von nun an ging es bergab. Sein Stolz stieß die Gasconen ab, denn »für ihn war ein Ritter keinen Knopf wert noch ein Bürger oder die Frau eines Bürgers noch das gemeine Volk«. Als er die Last von Peters Schulden in Form von Haushaltssteuern 1367/68 auf das Volk von Aquitanien abzuwälzen versuchte, rebellierten die gasconischen Adligen und eröffneten Verhandlungen mit Karl V. um die Rückkehr in eine französische Allianz. Damit hatte der französische König einen Grund und ein Mittel in der Hand, den Vertrag von Brétigny ungültig zu machen.

Kapitel 11
Das vergoldete Leichentuch

Das war das Frankreich, in das Coucy 1367 zurückkehrte. Aus seinen Maßnahmen im folgenden Jahr spricht, daß auch sein Land unter dem Arbeitskräftemangel litt, der die Grundherren seit dem Schwarzen Tod überall plagte. Die Picardie, von Beginn an Korridor englischer Invasionen, hatte nicht nur unter den durchziehenden Armeen, sondern auch unter der Jacquerie und den Verwüstungen durch die navarresischen Truppen gelitten. Überdies waren viele Bauern in das benachbarte Hainault und über die Maas geflüchtet, um den Steuererhöhungen nach den französischen Niederlagen zu entgehen.

Um Arbeitskräfte im Land zu halten, befreite Coucy die Leibeigenen oder unfreien Bauern und Dorfbewohner seiner Besitzungen. Aus »Haß auf die Leibeigenschaft«, erkannte er in einem Erlaß an, hatten die Bauern das Land verlassen, »um außerhalb unseres Besitzes zu leben, an bestimmten Orten, wo sie sich ohne unsere Erlaubnis selbst zu Freien erklärten«. (Ein Leibeigener, dem es gelang, das Land und den Machtbereich seines Herrn zu verlassen, und der ein Jahr woanders siedelte, galt als frei.) Mit Ausnahme eines Freibriefs für den Ort Coucy-le-Château von 1197 hatte es vorher auf Coucys Land keine Befreiung von der Leibeigenschaft gegeben, vielleicht aufgrund der Wohlhabenheit des Besitzes. Coucys Freibrief von 1368 kam spät, denn schon vor dem Schwarzen Tod waren die freien Bauern gegenüber den Leibeigenen in Frankreich in der Mehrheit. Die Abschaffung der Leibeigenschaft ging weniger auf moralische Gründe als auf finanzielle Überlegungen zurück, denn nur ein freies Bauerntum konnte mit Pacht belegt werden und versprach ein höheres Steueraufkommen. Bezahlte Arbeit durch Pächter war zwar teurer als die unbezahlten Dienste der Leibeigenen, aber diese Ausgaben wurden durch Pachteinnahmen mehr als aufgewogen. Außerdem brauchten Pachtbauern während der Arbeiten für den Herrn nicht verpflegt zu werden, was ebenfalls eine finanzielle Belastung gewesen war.

Im allgemeinen hatten die Grundherren, vor allem die kleineren mit weniger einträglichen Besitzungen, ökonomisch unter den Katastrophen der letzten zwanzig Jahre mehr gelitten als die Bauernschaft. Arbeitskräfte, die während der Seuche starben, konnten nicht ersetzt werden, da freie Bauern nicht in Leibeigene zurückverwandelt werden durften. Mühlen, Scheunen, Brauereien, Getreidespeicher mußten auf Kosten der Besitzer wiederhergestellt werden. Die Kosten für Lösegelder und das Leben als Gefangener im Laufe von zwei Jahrzehnten meist verlorener Schlachten erschöpften die Reserven, auch wenn die Lasten meist den Städten, Dörfern und Bauern aufgebürdet wurden. Coucy selbst, den das Glück immer begünstigte, war von dieser Last verschont geblieben. Das Lösegeld war ihm erlassen worden, und im Juni 1368 ließ ihm der französische König 1000 Franken überbringen, um ihn für seine Ausgaben als Geisel in England zu entschädigen. Auch Karl V. umwarb den Herrn von Coucy und Soissons.

Wenn auch die Bindungen zwischen dem Herrn und seinen Untertanen durch die Umstellung der Leibeigenschaft auf die finanzielle Grundlage des Pachtbauerntums geschwächt wurden, so erlaubten die Einkünfte der Pacht den begüterteren Adligen ein aufwendigeres Leben und vor allem mehr Bewegungsfreiheit. Sie brauchten nun nicht mehr unbedingt auf ihren Besitzungen zu leben. Große *Hôtels* (Stadtschlösser) entstanden in Paris, auf das sich das Interesse des Adels zunehmend konzentrierte. Attraktiver Mittelpunkt des städtischen Lebens wurde die neue Residenz des Königs, St. Pol, ein Gebäudekomplex, der zu einem weitläufigen Palast umgebaut worden war. Er lag am östlichen Rand der Stadt in der Nähe der heutigen Place de la Bastille. Zwölf Säulengänge verbanden die Gebäude und Höfe, es gab sieben Gärten; Skulpturen schmückten die Wege, Löwen wurden in einer Menagerie gehalten und Nachtigallen und Tauben in einem Vogelhaus.

Karl V. herrschte in einer Zeit des Chaos, aber auch zu solchen Zeiten gibt es immer unberührte Gegenden voller Schönheit und Frieden, Musik und Tänze, Liebe und Arbeit. Während Rauchwolken bei Tag und der Schein der Flammen bei Nacht Zerstörung und Krieg anzeigen, ist der Himmel über dem Nachbarland klar; während die Schreie gefolterter Gefangener an einem Ort durch die Straßen gellen, zählen im nächsten Bankiers ihre Münzen, und Bauern pflügen hinter friedvollen Ochsen ihre Felder. Chaos in einer Epoche trifft nicht alle Menschen die ganze Zeit, und der Verfall, den die Zerstörung nach sich zieht, setzt sich nur langsam durch.

Auf Coucys gesellschaftlicher Ebene führten Männer und Frauen ein luxuriöses Leben, jagten und unterhielten sich durch große Gesellschaften. Besonders beliebt war die Beizjagd, viele trugen ihren Lieblingsfalken unter der Haube ständig auf dem Handgelenk, auch im Haus, in der Kirche oder bei Festen. Wenn es nach dem Abendmahl kein Konzert oder Theaterstück gab, unterhielten sich die Gäste mit Gesprächen oder Liedern. In einem Gesellschaftsspiel schrieben die Teilnehmer mehr oder minder höfliche Verse auf kleine Pergamentrollen, die dann ausgetauscht wurden und vom Empfänger laut vorgelesen werden mußten, was angeblich Aufschlüsse über seinen Charakter zuließ.

Reiche Herren ließen ausgetüftelte »Narreteien« anlegen. Graf Robert von Artois hatte im Garten seines Schlosses von Hesdin Statuen, die Spaziergänger überraschend mit Wasser bespuckten, wenn sie an ihnen vorübergingen;

eine verborgene Falltür öffnete sich und ließ den Gast in ein Federbett fallen; in manchem Zimmer regnete Wasser oder Schnee auf den Gast, wenn er die Tür öffnete, oder Donner erklang; Wassersprüher benetzten nichtsahnende Damen »von unten«. Als das Schloß in den Besitz Philipps von Burgund überging, stellte er einen Kunsthandwerker ein, um die Vorrichtungen in Ordnung zu halten.

In der Picardie wurde im Juli und August das Schwanenfest gefeiert, in dem alle drei Stände zusammenkamen, die jungen Schwäne zu jagen, die noch nicht fliegen konnten. Angeführt von der Geistlichkeit, gefolgt vom Adel, den Bürgern und den Gemeinen, fuhr man in Booten auf die Teiche, Flüsse und Seen hinaus, begleitet von Musikern und bei Nacht von Fackelträgern. Den Teilnehmern war verboten, die Tiere zu töten – es war ein bloßes Vergnügen, an dem alle teilnehmen durften und das mehrere Tage dauerte.

Da das Leben kollektiv war, gab es in den Häusern von Adel, Bürgertum und Bauernschaft ein intensives gesellschaftliches Leben. Zwei Mahlzeiten am Tag waren für alle Stände das Normale, Mittagessen gegen zehn Uhr vormittags und Abendessen bei Sonnenuntergang. Das Frühstück war unbekannt, außer vielleicht in Form eines Stücks trockenen Brotes und eines Glases Wein, aber auch das galt bereits als Luxus. Prächtige Kleidung war auch durch immer wieder erneuerte Luxusgesetze, die sich besonders gegen die langen spitzen Schuhe richteten, nicht zu unterdrücken. Das Schuhwerk wurde vor den Zehen häufig ausgestopft, damit die Spitzen nach oben zeigten, manchmal wurden sie auch mit Gold- oder Silberkettchen am Knie festgebunden. Diese *poulaines* verursachten einen trippelnden Gang, der Belustigung erregte und Vorwürfe der Dekadenz auf den Träger zog. Aber die Oberklasse hing hartnäckig an dieser Extravaganz, die Schuhe wurden manchmal sogar aus Samt genäht und mit Perlen oder Gold verziert, und sie wurden in für jeden Fuß unterschiedlichen Farben getragen. Die Jagdmäntel der Damen waren mit Glocken besetzt, und Glocken hingen auch an vielen Gürteln, die ein wichtiger Teil der Kleidung waren, da sie eine Menge Ausrüstung zu tragen hatten: den Geldbeutel, die Schlüssel, das Gebetbuch, den Rosenkranz, eine Reliquie, Handschuhe, die Parfümdose, eine Schere und Nähzeug. Die Unterwäsche bestand aus einem Unterhemd und einer Unterhose aus feinem Leinen; Pelz- und Fellmäntel gehörten zu jedermanns Garderobe.

In der Kirche verließen die Adligen häufig die Messe, sobald sie vorüber war, »ohne auch noch ein Paternoster in den Kirchenmauern zu sagen«. Frömmere führten einen tragbaren Altar auf Reisen mit sich und verteilten Almosen, die ihnen ihre Beichtväter als Buße auferlegt hatten; die Almosen lagen aber im allgemeinen weit unter dem Aufwand für Kleidung oder die Jagd. In den Gottesdiensten mischte sich häufig das Sakrale mit dem Profanen. Wenn die Messe für Herrscher zelebriert wurde – beschwerte sich ein Bischof –, hielten sie oft gleichzeitig Audienz »und beschäftigten sich mit anderen Dingen und achteten nicht auf den Gottesdienst und die Gebete«. Das Sakrament des Abendmahls, in dem der Christ an Fleisch und Blut Christi teilhatte und so Gnade erlangte, galt als der zentrale Ritus des Christentums und als Voraussetzung für die Erlösung. Umwölkt von der Metaphysik der Transsubstantiation, wurde das Abendmahl in seiner Bedeutung von den Laien kaum erfaßt, man glaubte einfach an die magische Kraft der heiligen Oblate. Wenn man sie auf die Kohlköpfe im Garten legte, sollte sie schädliche Insekten abwehren, und in einen Bienenkorb gelegt, um den Schwarm zu beruhigen, soll sie einmal fromme Bienen dazu gebracht haben, eine ganze Kathedrale aus Wachs mit Bögen, Fenstern, Glockenturm und Altar zu bauen, auf den die Bienen dann die heilige Oblate legten.

Aller Frömmigkeit zum Trotz wurden Beichte und Kommunion, die eigentlich jeden Sonn- und Feiertag wahrgenommen werden sollten, im Durchschnitt kaum mehr als einmal im Jahr zu Ostern beansprucht. Als ein Ritter niederen Adels gefragt wurde, warum er nicht zur Messe ginge, da sie doch für sein Seelenheil so wichtig sei, antwortete er: »Wahrhaftig, ich wußte dies nicht; nein, ich glaubte, die Priester hielten die Messe wegen der Kollekte.« Es ist geschätzt worden, daß zum Beispiel in Nordfrankreich etwa 10 Prozent der Bevölkerung fromme, praktizierende Christen waren, 10 Prozent gleichgültig und der Rest irgendwo zwischen regelmäßigem Kirchgang und seltenem Erscheinen pendelte.

Im Moment des Todes aber gingen die Menschen des Mittelalters kein Risiko ein: Sie beichteten, zahlten Wiedergutmachungen, beauftragten den Geistlichen mit Gebeten für ihre Seele und beraubten sogar häufig ihre Familien durch Schenkungen an Klöster, Kapellen, Einsiedler und die Finanzierung einer Pilgerfahrt durch einen Stellvertreter.

Nach der Darstellung seiner Biographin Christine de Pisan, der Tochter des Astrologen Thomas von Pisano, war König Karl V. ein Mann von fanatischer Frömmigkeit. Er schlug ein Kreuz, sobald er erwachte, und seine ersten Worte galten dem Gebet. Sobald er gekämmt und gekleidet war, brachte man ihm sein Brevier, und er ging um acht Uhr morgens zur Messe in seine Kapelle. Dann hielt er Audienz für »alle Art Volk, reich und arm, Damen und Jungfrauen, Witwen und andere«. An bestimmten Tagen saß er dem Kronrat vor und besprach Staatsangelegenheiten. Er lebte bewußt in einer »majestätischen Ordnung«, um die feierliche Würde der Krone zu unterstreichen. Nach dem Mittagsmahl ließ er Spielleute musizieren, »um das Gemüt zu erfreuen«, und empfing dann zwei Stunden lang Botschafter, Fürsten und Ritter, häufig in solchen Massen, daß »man sich in seinen großen Hallen kaum umdrehen konnte«. Er hörte sich Berichte von Schlachten und Abenteuern und Nachrichten aus anderen Ländern an, unterzeichnete Briefe und Dokumente, erteilte Aufträge, vergab und empfing Geschenke. Nach einer Ruhestunde verbrachte er einige Zeit mit der Königin und seinen Kindern – ein Sohn und Erbe war 1368 geboren worden und danach ein zweiter Sohn und zwei Töchter –, besuchte seine Gärten im Sommer, las und studierte im Winter, redete mit seinen engsten Freunden bis zum Abendessen und zog sich nach den Abendunterhaltungen zurück. Er fastete an einem Tag der Woche und las die Bibel jedes Jahr einmal durch.

Wer immer auch sein wahrer Vater gewesen sein mag – Karl V. teilte in vollem Maße die Leidenschaft der Valois für Besitz und Luxus. Er war bereits dabei, Vincennes zu einem Sommerpalast umbauen zu lassen, und sollte bald darauf noch drei oder vier weitere Schlösser in Auftrag geben. Er beschäftigte den berühmten Koch Taillevent, der gerösteten Schwan und Pfauen anrichtete, die mit all ihren Federn wiederhergestellt worden waren mitsamt vergoldetem Schnabel und in einer passenden Miniaturlandschaft liegend, die aus Zuckerwerk gemacht war. Karl sammelte wertvolle Stücke und juwelenbesetzte Reliquien, darunter eine Windel Christi und eine Flasche mit der Milch der Heiligen Jungfrau, die Dornenkrone und Splitter des wahren Kreuzes. Zur Zeit seines Todes besaß er, sagte man, 47 juwelenbesetzte Goldkronen und 63 vollständige Sätze Meßgeschirr einschließlich kostbarer liturgischer Bücher und Goldkruzifixe.

Der König war 1368 dreißig Jahre alt, zwei Jahre älter als Enguerrand de Coucy, bleich, dünn und ernst. Er hatte eine lange gebogene Nase, scharfblikkende Augen, dünne aufeinandergepreßte Lippen, rotblondes Haar. Seine Gefühle waren immer kontrolliert, er behielt seine Gedanken und Ziele für sich, was ihm den Vorwurf, listig und verschlossen zu sein, eintrug. Er hatte sich von schweren Migräneanfällen, Zahnschmerzen, Darmstörungen und anderen Krankheiten erholt, die ihn während seiner Herrschaft befallen hatten, aber er litt immer noch unter einer Erkrankung – vielleicht Gicht – der rechten Hand oder des rechten Arms, der einen geheimnisvollen Abszeß trug – wahrscheinlich von einer Tuberkulose, von seinen Zeitgenossen aber auf den Giftanschlag Karls von Navarra zurückgeführt. Ein gelehrter Arzt aus Prag, den ihm sein Onkel, der Kaiser, gesandt hatte, behandelte ihn gegen das Gift, sagte ihm aber, daß, wann immer der Abszeß aufhörte zu nässen, Karl nach fünfzehn Tagen sterben würde, was ihm aber ausreichend Zeit ließe, seine Angelegenheiten zu ordnen und sich um sein Seelenheil zu kümmern. Da überrascht es nicht, daß der König ständig in einem Gefühl der Dringlichkeit lebte.

Auch Karls drei Brüder waren von einer unzähmbaren Besitzgier: Ludwig von Anjou, der älteste der drei, richtete sie auf Geld und ein Königreich; Johann von Berry auf Kunstwerke; Philipp von Burgund auf Macht. Groß, robust und blond wie sein Vater war Ludwig von Anjou eigenwillig, eitel und von unersättlichem Ehrgeiz getrieben. Der sinnliche und vergnügungsüchtige Johann von Berry war ein unermüdlicher Sammler, dessen eckiges, ordinäres, stupsnasiges Gesicht in komischem Gegensatz zu seiner Liebe zur Kunst stand. Philipp hatte Johanns grobe, schwere Züge, war aber intelligenter und von überheblichem Stolz. Jeder der drei stellte seine Interessen über die des Reiches, und alle drei waren von verschwenderischer Großzügigkeit, um ihr Prestige zu erhöhen. Jeder ließ durch seine Patronage ein in seiner Art unübertroffenes Kunstwerk entstehen: die Wandteppichreihe der Apokalypse in Ludwigs, die *Très Riches Heures* und *Belles Heures* in Johanns und die Skulpturen des Brunnens Mose und der Trauernden von Claus Sluter in Philipps Fall.

Selten wohl hat sich fürstliche Pracht ungehemmter entfaltet als bei zwei Anlässen der Jahre 1368 und 1369, an denen auch Coucy teilnahm. Sein Schwager Lionel, der Herzog von Clarence, ein Witwer von 29 Jahren, kam im April 1368 nach Paris. Er war auf der Reise nach Mailand, wo er Violante Visconti, die dreizehnjährige Tochter von Galeazzo Visconti, heiraten sollte. Begleitet von einem Gefolge von 457 Personen und 1280 Pferden (die zusätzlichen Tiere trugen wahrscheinlich die Geschenke), wurde er in einer Zimmerflucht einquartiert, die für ihn im Louvre neu hergerichtet worden war. Seine Schwester, die Dame de Coucy, und Enguerrand kamen nach Paris, um ihn zu begrüßen und um an den Festlichkeiten und Ehrungen teilzunehmen, mit denen der König und seine Brüder in den folgenden zwei Tagen ihren früheren Feind überwältigten.

Ein weiterer auffallender Gast war Enguerrands Vetter (und der Onkel der Braut) Amadeus VI. von Savoyen, der »der grüne Graf« genannt wurde, weil er in seiner Jugend auf Turnieren immer in grüner Rüstung auftrat, mit grünen Federn am Helm, grüner Satteldecke und gefolgt von elf Rittern, die alle ganz in Grün gekleidet waren. Amadeus ließ sich in Sachen Prunk von niemandem übertreffen. Einmal in Paris, ging der »grüne Graf« auf einen Einkaufsbummel und hinterließ Aufträge für Juwelenhalsketten, Tafelmesser, Stiefel, Schuhe, Helmbüsche, Sporen und Strohhüte. Er schenkte dem König eine Miniaturkapelle aus Rubinen und Perlen, die 1000 Florin wert war.

Festessen, Tänze und Spiele in St. Pol und im Louvre füllten die Tage von Lionels Besuch. Der Herzog von Burgund gab ein Bankett, das ihn 1556 Pfund kostete. Als der Herzog von Clarence Paris verließ, präsentierte ihm der König Geschenke im Wert von geschätzten »20000« Florin. Diese maßlosen Schenksitten zielten darauf, den Status des großzügigen Gebers zu erhöhen, der Empfänger seinerzeits konnte die Geschenke verpfänden und auf die Weise schnell an Bargeld kommen.

Aber der Gipfel des Pomps wartete in Mailand. Eine Tochter des französischen Königs für seinen Sohn und nun einen Sohn des Königs von England für seine Tochter gekauft zu haben, war ein doppelter Triumph für Galeazzo Visconti und ein weiteres Wunder in der Geschichte der berüchtigten »Vipern« von Mailand – so genannt nach ihrem Familienwappen, das eine Schlange zeigt, die einen Menschen, angeblich einen Sarazenen, verschlingt.

Zwei Visconti herrschten gemeinsam über die Lombardei – Galeazzo und sein noch gefürchteterer Bruder Bernabó. Mordlust, Grausamkeit, Habgier und eine fast manische Sexualität waren die beherrschenden Züge der Familie, die die Lombardei mal fähig und effektiv, mal in wilder Despotie beherrschte. Lucchino, der Vorgänger der Brüder, war von seiner Frau ermordet worden, die sich nach einer bemerkenswerten Orgie, auf der sie mehrere Liebhaber, darunter den Dogen von Venedig und ihren Neffen Galeazzo, gleichzeitig unterhielt, entschieden hatte, ihren Gatten zu beseitigen, um derselben Absicht von seiner Seite gegen sie zuvorzukommen. Die Ausschweifungen von Matteo, dem älteren Bruder von Galeazzo und Bernabó, erreichten ein Maß, das die Herrschaft der Visconti gefährdete. Er wurde von seinen Brüdern 1355 beiseite geschafft und starb angeblich »wie ein Hund ohne Beichte«.

Krieg gegen den Papst – sie hatten dem Heiligen Stuhl Bologna und andere Lehen entrissen – war die Hauptbeschäftigung der Visconti. Als er im Laufe des Krieges vom Papst exkommuniziert wurde, zwang Bernabó den Legaten, der die Exkommunikationsbulle überbrachte, sie einschließlich Seidenband und Bleisiegel aufzuessen. Angeblich ließ er einmal aus bloßer Bösartigkeit gegen die Kirche vier Nonnen und einen Mönch in einem eisernen Käfig rösten.

Gierig, hinterlistig, grausam und wild, tobsüchtig und mit einem makabren Sinn für Humor, war Bernabó der Inbegriff des zügellosen Aristokraten. Wenn einer seiner fünfhundert Jagdhunde in schlechter Verfassung war, ließ er den Aufseher hängen, mit Wilderern machte er genauso wenig Umstände. Die *Quaresima,* ein Vierzig-Tage-Folterprogramm, das die Brüder angeblich bei ihrer Thronbesteigung als Warnung wie einen Erlaß herausgaben, war ein so grauenvoller Katalog, daß man hofft, er möge nur zur Abschreckung gedient haben und niemals wirklich angewandt worden sein. In seinen privaten Gewohnheiten war Bernabó »in einem erstaunlichen Grad dem Laster der Wollust ergeben, so daß sein Haushalt eher dem Harem eines Sultans glich als dem Haus eines christlichen Fürsten«. Seine Frau Regina, von der man sagte, daß sie die einzige war, die sich ihm in seinen Wutanfällen nähern durfte, gebar ihm siebzehn Kinder, die Anzahl seiner unehelichen Nachkommen war noch größer. Wenn Bernabó durch die Straßen ritt, waren alle Bürger gehalten, das Knie zu beugen; er pflegte häufig zu sagen, er sei Gott auf Erden, Papst und Kaiser in seinen Landen.

Bernabó regierte in Mailand, sein Bruder Galeazzo in der alten Stadt Pavia, zwanzig Meilen entfernt. Mehr als hundert Türme, die die Straßen von Pavia verdunkelten, zeugten von den unablässigen Fehden zwischen den italienischen Städten. Galeazzos große quadratische Burg war in die Nordmauer der Stadt hineingebaut, sie war umgeben von weiten Gärten und blickte auf eine fruchtbare Landschaft hinaus. Von dem Chronisten Corio wurde sie mit patriotischem Stolz als »der erste Palast der Welt« bezeichnet, und ein späterer

Bewunderer nannte sie »die schönste Wohnstätte in Europa«. Die Burg war aus rosarotem Ziegel, gebrannt aus lombardischem Lehm, erbaut und besaß hundert Fenster, die einen prächtigen Innenhof umrahmten. Petrarca, mit dem sich der Hof der Visconti acht Jahre lang schmückte, beschrieb die Krone von Türmen, die »sich bis in die Wolken erhoben«; von ihnen aus konnte man »in der einen Himmelsrichtung bis zu den schneebedeckten Kämmen der Alpen blicken und in der anderen bis zu den waldigen Apenninen«.

Galeazzo war ein weniger melodramatischer Tyrann als sein Bruder. Er war nüchtern in seinem Lebenswandel und verehrte seine Frau, die »gute und sanfte« Blanche von Savoyen. Sein goldrotes Haar trug er lang in Zöpfen »oder ließ es manchmal lose oder in einem seidenen Netz oder mit Blumen geschmückt auf die Schultern fallen«. Er litt schwer an der Gicht – der »Krankheit der Reichen«, wie sie vom Grafen von Flandern genannt wurde, der auch eines ihrer Opfer war.

Die Hochzeit des Lionel von England und der Violante Visconti sollte in Mailand gefeiert werden, der führenden Stadt der Lombardei und binnenländischen Rivalin von Venedig und Genua. Als Handelszentrum südlich der Alpen hatte Mailand seit eintausend Jahren Norditalien dominiert. Zu seinen wunderbaren Sehenswürdigkeiten, berichtete ein Mönch des vorausgehenden Jahrhunderts, gehörten sechstausend Trinkwasserbrunnen, dreihundert öffentliche Öfen, zehn Hospitäler – das größte konnte tausend Patienten, zwei je Bett, aufnehmen –, eintausendfünfhundert Rechtsgelehrte, vierzig Schreiber, zehntausend Mönche aller Orden und hundert Waffenschmiede, die die berühmten Mailänder Rüstungen herstellten. In der Mitte des 14. Jahrhunderts beklagten Chronisten das Schwinden der guten alten Zeit und die dekadenten Sitten. Männer wurden in den Schriften dafür gerügt, daß sie extravagante Kleidung, vor allem die sehr engen Gewänder »nach spanischer Manier«, trügen, gewaltige Sporen wie die Tataren anlegten und sich nach französischer Mode mit Perlen schmückten. Den Frauen warf man ihre künstlichen Locken und Kleider vor, die die Brüste bloß ließen. Mailand hatte so viele Prostituierte, sagte man, daß Bernabó sie besteuern ließ, um mit den Einkünften die Stadtmauern instand zu halten.

Als er in Mailand ankam, wurde Lionel neben seinem eigenen Gefolge von eintausendfünfhundert Söldnern der Weißen Kompanie geleitet, die aus den Diensten des Papstes in die der Visconti übergewechselt war. Achtzig gleichgekleidete Damen in goldverzierten scharlachroten Gewändern mit weißen Ärmeln und goldenen Gürteln und sechzig Ritter und Pagen, ebenfalls gleichgekleidet, ritten ihm im Gefolge von Galeazzo entgegen, um ihn zu begrüßen. Zusätzlich zur Aussteuer seiner Tochter, die so umfangreich war, daß zwei Jahre lang um sie verhandelt wurde, zahlte Galeazzo im Monat 10000 Florin, und das fünfeinhalb Monate lang, für den Unterhalt des Bräutigams und seines Gefolges.

Das gewaltige Hochzeitsessen, im Freien eingenommen, da es im Juni stattfand, verschlug allen Chronisten die Sprache. Die Absicht hinter dem Pomp war, die »Großzügigikeit des Herzogs Galeazzo und seiner Seele, die volle Befriedigung, die er an dieser Partie fand, und den Überfluß seiner Schatzkammern« zu manifestieren. Dreißig Gänge Fleisch und Fisch wechselten mit der Vorführung der Geschenke nach jedem Gang. Unter der Leitung des Bruders der Braut, Gian Galeazzo des Jüngeren, der zu der Zeit siebzehn war und Vater einer zweijährigen Tochter, wurden die Geschenke dem Rang entsprechend unter Lionels Gefolgschaft verteilt. Sie bestanden aus wertvollen Kettenhemden, prachtvollen Helmen, Rüstungen für Pferde, Übermänteln, die mit Juwelen besetzt waren, Windhunden mit Samthalsbändern, Falken, die Silberglöckchen um den Hals trugen, Flaschen wertvollen Weins, purpurnen und goldenen Stoffen und Mänteln, besetzt mit Hermelin und Perlen, 76 Pferden, darunter sechs mächtigen Kriegsrossen in rotem Samt und mit Goldrosetten, sechs grimmigen Kriegshunden (die manchmal mit brennenden Pechtiegeln auf dem Rücken gegen den Feind geschickt wurden) und zwölf fetten Ochsen.

Alles Fleisch und aller Fisch wurden vergoldet aufgetragen; es gab Ferkel mit Krebsen, Hasen mit Hecht, ein ganzes Kalb mit Forellen, Rebhühner und Fasanen mit nochmals Forellen, Enten und Reiher mit Karpfen, Rindfleisch und Kapaune mit Stör, Kalbfleisch und Kapaune mit Karpfen in Zitronensoße, Rindfleischpastete und Käse mit Aalpastete, Fleischaspik und Fischaspik, geröstete Jungziege, Pfauen mit Kohl, französische Bohnen und sauer eingelegte Ochsenzunge, süße Dickmilch und Käse, schließlich Kirschen und andere Früchte. Was übrigblieb, sagte man, hätte gereicht, um tausend Mann zu füttern. Unter den Teilnehmern des Festmahls waren Petrarca, ein geehrter Gast weit oben an der Tafel, und Froissart und Chaucer, wobei es unwahrscheinlich ist, daß diese beiden jungen Unbekannten dem berühmten italienischen Dichter vorgestellt wurden.

Niemals ist das Schicksalsrad härter herumgeschlagen; niemals ist Prahlerei so gesühnt worden. Noch in Italien starb Lionel vier Monate später an einem undiagnostizierten »Fieber«, was natürlich den Verdacht der Vergiftung weckte, aber da der Tod des Herzogs von Clarence die einflußreiche Allianz zerstörte, die Galeazzo unter so enormen Kosten gesucht hatte, ist der Grund wohl eher in der vergoldeten Speise in der Hitze des lombardischen Sommers zu vermuten. Violantes Schicksal war nicht besser. Sie wurde wenig später mit einem halbverrückten Sadisten verheiratet, dem siebzehnjährigen Marquis von Montferrat, der es liebte, jugendliche Diener mit den bloßen Händen zu erdrosseln. Nach dessen Ermordung heiratete sie einen Vetter, einen von Bernabós Söhnen, der ein gewalttätiges Ende unter den Händen ihres Bruders fand. Als dreifache Witwe starb sie im Alter von 31 Jahren.

Zwölf Monate nach der Visconti-Hochzeit nahm Enguerrand de Coucy als

Gesandter des Königs an einer Heirat von größerer politischer Tragweite und nicht geringerem Glanz teil. Um die Braut hatten zwei Könige gestritten, Karl V. für seinen Bruder Philipp von Burgund und König Eduard, der sie mit seinem Sohn Edmund vermählen wollte. Sie war Margarete von Flandern, die Tochter und Erbin von Ludwig von Male, jenes Grafen von Flandern, der einst Isabella sitzengelassen hatte. Eduard hatte sich um diese vielversprechende Dame fünf Jahre lang bemüht und war so weit gegangen, ihrem Vater Calais und 170 000 Pfund zu versprechen. Aber da die beiden Hauptbeteiligten im vierten Grade blutsverwandt waren – was kaum zwei Personen königlicher Abstammung in Europa nicht waren –, bedurfte die Heirat eines päpstlichen Dispenses. Entschlossen, England und Flandern auseinanderzuhalten, machte sich Karl V. seinen Einfluß auf den französischen Papst zunutze. Urban V. verweigerte Edmund und Margarete den Dispens, gestand ihn aber nach einer Schamfrist Philipp und Margarete zu, die genauso eng miteinander verwandt waren. Der König von England war ausmanövriert. Die Vereinigung von Burgund und Flandern war für Frankreich ein politischer Triumph, aber sie schuf einen Staat, der sich gegen Frankreich stellen und England in der dunkelsten Stunde dieses Krieges im nächsten Jahrhundert Genugtuung verschaffen sollte.

Um Margaretes Leidenschaft für Juwelen zu befriedigen, ließ der Herzog von Burgund aus ganz Europa Edelsteine kommen und kaufte als wertvollstes Stück der Kollektion Enguerrand de Coucy ein Perlenkollier für 11 000 Livres ab.

Drei enorme Schatztruhen mit wertvollen Geschenken reisten Philipp zur Hochzeit nach Gent voraus. Durch Geschenke und Feste für Adel und Bürger, durch Prozessionen und Turniere, durch den Glanz seines Gefolges und seines Auftretens versuchte der Herzog mit allen Mitteln, die Flamen zu beeindrucken und auf die französische Seite zu ziehen. Prachtentfaltung war für Philipp Politik, Teil des Aufbaus eines Staates durch sein Prestige. Er selbst war immer großartig gekleidet, trug einen Hut mit Pfauen- und Fasanenfedern und Federn »des Vogels von Indien«. Er liebte körperliche Anstrengungen, verbrachte Tage und Nächte bei der Jagd, schlief oft im Freien, war ein energischer Tennisspieler und der wohl ruheloseste Reisende seiner Zeit. Er wechselte seinen Aufenthalt bis zu einhundertmal im Jahr. Viele seiner Reisen waren Pilgerfahrten, auf denen er einen tragbaren Reliquienaltar mitführte. Er besuchte die Messe fast so eifrig wie der König, meditierte auch allein wie der König in einer Privatkapelle und ließ es an wirkungsvollen religiösen Opfergaben nicht fehlen. Nach seiner Hochzeit schenkte er der Statue der Jungfrau im Dom von Tournai einen Mantel aus Goldstoff, dem in glänzenden Farben sein Wappen und das seiner Frau aufgestickt waren.

Der Adel des ganzen Landes ritt in strahlenden Farben, glockenbehängt und auf reichgeschmückten Pferden in Gent ein, um an der Hochzeit teilzunehmen. »Vor allen«, berichtet Froissart, »war der gute Sire de Coucy da, der bei dem Fest den größten Eindruck machte und besser als alle anderen wußte, wie man sich zu benehmen hat; und deshalb hat ihn der König gesandt.« Steinchen für Steinchen setzte sich das Mosaik zu einer auffallenden Gestalt zusammen, zu einem Mann, der in Auftreten und Erscheinung seine Adelsgenossen überragte.

Die Summen, die die Reichen bei Gelegenheiten wie diesen verschwendeten, muten in einer Epoche wiederholter Katastrophen unerklärlich an, sowohl was das Motiv solchen Prunks als auch was die Herkunft der Mittel betrifft. Woher, mitten in Ruin und Verfall und unter verringerten Steuereinnahmen aus entvölkerten Besitzungen und Städten, kam das Geld, das den Luxus möglich machte? Einerseits war das Münzgeld in den Zeiten der Pest härter als das menschliche Leben; es verschwand nicht, und wenn es von Briganten geraubt wurde, kam es auch auf diese Weise wieder in Umlauf. Da die Bevölkerung reduziert war, erhöhte sich der Anteil einzelner am Geldaufkommen. Wahrscheinlich war auch die Produktivkraft trotz der gewaltigen Todesrate der Seuche nur wenig eingeschränkt, da ein so großer Anteil der Bevölkerung am Anfang des Jahrhunderts überschüssig gewesen war. Für die überlebenden Reichen mag die Seuche sogar einen Anstieg ihres Reichtums und der verfügbaren Dienerschaft gebracht haben.

Prachtentfaltung, die dazu diente, den Ruf des Herrschers zu steigern und die Bewunderung und Ehrfurcht der Bevölkerung zu erregen, war eine traditionelle Eigenart der Fürsten. Aber nun in der zweiten Hälfte des 14. Jahrhunderts wuchs sie ins Extrem, so als sollte der Pomp der Unsicherheit des Lebens in dieser Zeit trotzen. Auffällige Verschwendung wurde zu einem hektischen Exzeß, sie war wie ein vergoldetes Leichentuch über dem Schwarzen Tod und über verlorenen Schlachten, eine verzweifelte Sehnsucht, sich selbst sein Glück in einer Zeit wachsenden Unglücks zu beweisen.

Das Gefühl, in einer vom Unheil geschlagenen Zeit zu leben, drückte sich in der Kunst auch dadurch aus, daß die menschlichen Gefühle in individueller Betonung dargestellt wurden. Die Heilige Jungfrau blickte mit größerer Trauer auf das Schicksal ihres Sohnes; in dem Altarbild von Narbonne, das zu dieser Zeit entstand, fällt sie ohnmächtig in die Arme ihrer Begleitung. In einer anderen Version, gemalt vom Meister von Rohan, konzentriert sich das verständnislose Leiden der Menschheit im Antlitz des Apostels Johannes, der die in Ohnmacht fallende Mutter am Fuß des Kreuzes stützt und kummervolle Augen gen Himmel wendet, als wollte er fragen: »Wie konntest Du dies geschehen lassen?«

Boccaccio spürte die heraufziehenden Schatten und wandte sich von dem launigen, lebensvollen *Decameron* ab und einer bitteren Satire auf die Frauen, *Il Corbaccio* (Die Krähe), zu. Hier erscheint die Frau, das Entzücken seiner früheren Erzählungen, als eine gierige Harpyie, die nur auf Kleider und Liebhaber aus ist, in ihrer Lüsternheit auch bereit, sich mit einem Diener oder einem schwarzen Äthiopier einzulassen. Nach der *Krähe* schrieb er über ein weiteres deprimierendes Thema: den Fall großer Gestalten der Weltgeschichte, die durch Stolz und Wahn Glück und Glanz verloren und im Elend endeten.

»So sind die Zeiten, mein Freund, in die wir gefallen sind«, stimmte Petrarca 1366 in einem Brief an Boccaccio zu. Die Erde, schrieb er, »ist vielleicht von wahren Menschen entblößt, aber sie war nie von Lastern und den Geschöpfen des Lasters dichter bevölkert«.

Der Pessimismus war dem Mittelalter ein geläufiger Ton, denn der Mensch galt als zum Unheil geboren und der Erlösung bedürftig, aber dieser Ton wurde jetzt, in der zweiten Jahrhunderthälfte, dringlicher, und die Spekulationen über das Kommen des Antichrist wurden intensiver. Vermehrt sprachen Menschen, die die Zeichen der Zeit deuteten, von der Ankunft »letzter Dinge«. Das Ende wurde in Furcht und auch in Hoffnung erwartet, denn der Antichrist würde schließlich bei Armageddon besiegt, und sein Untergang leitete ein neues Zeitalter ein, die Herrschaft Christi.

Kapitel 12
Doppelallianz

Als die Spannungen zwischen Frankreich und England sich verschärften und die beiden Länder auf eine Wiedereröffnung des Krieges zutrieben, war Coucy durch seine englische Heirat in einem unlösbaren Dilemma gefangen. Weder konnte er die Waffen gegen seinen Schwiegervater, dem er überdies Lehnstreue für seine englischen Besitzungen schuldete, erheben, noch konnte er andererseits seinen natürlichen Lehnsherren, den König von Frankreich, bekämpfen.

König Karl V. verfolgte kompromißlos die Möglichkeit, die ihm die Zuwendung des gasconischen Adels zur französischen Krone bot. Aquitanien wurde zwar vom Schwarzen Prinzen regiert, war aber nominell nach wie vor französisches Lehen. In aller Sorgfalt bereitete Karl die Wiederaufnahme des Kampfes vor, ließ sich von berühmten Rechtsgelehrten aus Bologna, Montpellier, Toulouse und Orléans ein umständliches Gutachten anfertigen, das – kaum überraschend – ihm recht gab. Mit dem Gesetz im Rücken rief der König den Schwarzen Prinzen nach Paris, wo er sich den Beschwerden gegen seine Herrschaft stellen sollte. Der Prinz blickte die Boten des Königs »grimmig« an und antwortete, daß er mit Freuden kommen würde, »aber ich versichere Euch, ich werde mit dem Helm auf dem Kopf und in Begleitung von sechzigtausend Männern kommen«. Daraufhin erklärte ihn Karl prompt zu einem unloyalen Vasallen und den Vertrag von Brétigny für nichtig. Im Mai 1369 wurde England der Krieg erklärt.

In dieser Situation waren Fürsten, die Lehen beider Könige hielten, »in ihrer Seele tief bekümmert . . . und ganz besonders der Herr von Coucy, denn es berührte ihn sehr«. Nach Bonet sollte ein Landesherr, der zwei Lehnsherren, die miteinander im Streit lagen, Treue und Gefolgschaft schuldete, seinen Dienst bei dem ableisten, dem er zuerst den Treueeid geschworen hatte, und dem anderen einen Stellvertreter schicken – eine scharfsinnige, aber teure Lösung. Coucy konnte von König Eduard nicht gezwungen werden, gegen seinen natürlichen Lehnsherren zu kämpfen, aber es war klar, daß seine Besitzungen als Earl von Bedford und vielleicht auch Isabellas Güter beschlagnahmt werden würden, wenn er auf der Seite Frankreichs in den Konflikt eingriff.

Coucy entschloß sich zunächst, Frankreich zu verlassen und sich um eine lange vernachlässigte Erbschaft seiner Mutter im Elsaß zu kümmern, die ihm seine Vettern Albrecht III. und Leopold III., die Herzöge von Österreich, vorenthielten. Mit einer kleinen Streitmacht von Rittern und einer Truppe aus picardischen, bretonischen und normannischen Reisigen betrat Coucy im September 1369 das Elsaß, das zum Kaiserreich gehörte. Etwa zur gleichen Zeit kehrte Isabella mit ihren Töchtern nach England zurück, entweder um ihre Einkünfte dort zu schützen oder weil ihre Mutter in Schloß Windsor im Sterben lag, vielleicht auch aus beiden Gründen. Der Tod der guten Königin Philippa im August 1369 hatte zumindest aus der Sicht der Historiker eine wichtige Folge: Froissart ging nach Frankreich und zu französischen Schirmherren zurück – Coucy war einer von ihnen –, und seine Chronik wurde nun aus französischer Perspektive geschrieben.

Im Elsaß hatte Coucy die Waffenhilfe des Grafen von Montbéliard gegen die Habsburger Herzöge für 21 000 Franken eingekauft. In einem Manifest an die Städte Straßburg und Kolmar versicherte Coucy, daß er keine feindlichen Absichten gegen sie hege, sondern nur seinen Erbschaftsfall darlegen wolle. Was danach geschah, bleibt im Zwielicht widerstreitender historischer Evidenz; klar ist nur, daß das Unternehmen scheiterte. Einige Chronisten schreiben, daß die Herzöge von Österreich einen mächtigen Feind Montbéliards mobilisierten, der dessen Kräfte band, andere, daß Coucy durch eine dringliche Botschaft Karls V. am 30. September 1369 nach Frankreich zurückgerufen worden sei, um am Krieg gegen England teilzunehmen. Offensichtlich gelang es ihm, den König davon zu überzeugen, daß er neutral bleiben müsse, denn zu diesem Zeitpunkt verschwindet er von der Bühne, und die beiden folgenden Jahre sind leere Seiten in seiner Geschichte, es gibt nur einen einzigen Hinweis auf ihn.

Der stammt aus Prag, wo er offensichtlich ein juristisches Dokument unterzeichnete. Es ist mit dem 14. Januar 1370 datiert und überschreibt seinem Seneschall, Chanoine de Robersart, eine Rente von 40 Mark Sterling aus seinen englischen Einkünften. Eine Reise nach Prag erscheint logisch, da Coucy den dort residierenden Kaiser in seiner Erbschaftssache aufgesucht haben mag. Froissart schrieb später, daß Coucy seine Rechte »oftmals« beim Kaiser eingeklagt habe, der ihm in der Sache zugestimmt, aber seine Unfähigkeit eingestanden habe, »jene von Österreich zu zügeln, denn sie waren stark in seinem Reich mit vielen guten Soldaten«.

Nach einer 22monatigen dokumentarischen Lücke weist der nächste Beleg nach Savoyen, wo er von November 1371 an auf der Seite des »grünen Grafen«, seines Vetters, gegen den unerschöpflichen Vorrat an Feinden dieses Edelmannes focht. 1372/73 kämpften beide zusammen in den Diensten des Papstes gegen die Visconti.

Seit dem Untergang des Römischen Reiches war Italien ein machtloses Land, dessen kultureller Reichtum im Gegensatz zu seinem politischen Chaos stand.

Italiens Städte standen in einer hohen Blüte der Kunst und des Kommerzes, die Landwirtschaft war fortgeschrittener als irgendwo sonst, die Banken hatten enormes Kapital akkumuliert und besaßen praktisch das Finanzmonopol in Europa, aber die unablässigen Fraktionskämpfe und der zerstörerische Konflikt zwischen Papst und Reich, zwischen Guelfen und Ghibellinen, trieben Italien in seiner Sehnsucht nach Ordnung einem Zeitalter der Despoten in die Arme. Stadtstaaten, die einst die Geburtsstätte republikanischer Selbständigkeit gewesen waren, unterwarfen sich den Can Grandes, den Malatestas, den Visconti, die ohne Titel, aber kraftvoll regierten. In seiner Servilität vor Tyrannen – Ausnahmen waren nur Venedig mit seiner unabhängigen Oligarchie und Florenz mit der Signoria – wurde Italien von Dante mal mit einem Sklaven, mal mit einem Bordell verglichen. Kein Volk redete mehr über die Einheit und die Nation und war weiter von beidem entfernt.

Aufgrund dieser Verhältnisse fanden fremde *condottieri* ein reiches Betätigungsfeld in Italien. Frei von jeder Loyalität entfesselten und führten sie Kriege lediglich zu ihrem eigenen Nutzen, verlängerten sie, solange es ging, während die unglückliche Bevölkerung die Folgen zu tragen hatte. Kaufleute und Pilger waren gezwungen, mit bewaffneten Wachen zu reisen. Stadttore schlossen sich bei Nacht. Der Abt eines Klosters in der Nähe von Siena sah sich gezwungen, »aus Furcht vor den Kompanien« zwei- oder dreimal im Jahr den ganzen Besitz des Klosters hinter feste Stadtmauern zu bringen.

Aber auch wenn die Straßen das Reich der Gesetzlosen sind und Überfälle zum Alltag gehören, ist das normale Leben unvergänglich wie Unkraut. Die großen maritimen Republiken Venedig und Genua brachten Europa mit ihren Frachtschiffen den Reichtum des Ostens, das unsichtbare Netzwerk der Banken summte vor Geschäftigkeit, die Weber von Florenz, die Waffenschmiede von Mailand, die Glasbläser von Venedig und die Kunsthandwerker der Toskana gingen unter den roten Ziegeldächern ihrer Häuser unbeirrt ihrer Tätigkeit nach.

Das Zentrum der italienischen Politik in der Mitte des 14. Jahrhunderts war der verzweifelte Versuch des avignonesischen Papsttums, seine weltliche Basis, die päpstlichen Staaten, unter Kontrolle zu halten. Diesen Gürtel von Staaten in Mittelitalien vom Ausland her zu regieren war im Grunde unmöglich. Die Anstrengungen des Papstes, den Besitz des Heiligen Stuhls zusammenzuhalten, brachten eine ganze Serie von erbitterten Kriegen über das Land; Blutvergießen und Massaker, ausbeuterische Besteuerung, fremde, verhaßte Gouverneure und eine ständig wachsende Feindseligkeit gegen das Papsttum in seinem Heimatland waren die Folge.

In dem Versuch, die päpstlichen Staaten zurückzuerobern, mußte der Heilige Stuhl unvermeidlich mit der Expansion Mailands unter den Visconti in Konflikt geraten. Die Visconti hatten 1350 Bologna, ein päpstliches Lehen, unter ihre Kontrolle gebracht, und sie drohten, die dominierende Kraft in Italien zu werden. Als es der päpstlichen Streitmacht gelang, Bologna zurückzuerobern, zwang Bernabó Visconti in einem Anfall epischen Zorns einen Priester, den kirchlichen Bannfluch gegen den Papst von einem Turm herab zu verkünden. Er weigerte sich von nun an, die päpstliche Autorität in irgendeiner Form anzuerkennen, beschlagnahmte kirchliches Eigentum, zwang den Erzbischof von Mailand, vor ihm niederzuknien, verbot seinen Untertanen, den Zehnten zu zahlen, Vergebung zu erbitten oder in irgendeiner anderen Weise mit der Kurie zu verkehren, er zerriß Botschaften des Papstes an ihn und trampelte auf ihnen herum. Als er eine Vorladung nach Avignon ignorierte, wo er sich der Anklage der Ausschweifung, der Grausamkeit und des »diabolischen Hasses« auf die Kirche stellen sollte, exkommunizierte ihn Urban V. als Ketzer und rief die Christenheit in einer jener fruchtlosen Gesten des 14. Jahrhunderts zum Kreuzzug gegen ihn auf. Die Italiener, die das avignonesische Papsttum wegen seiner Weltlichkeit haßten und in Urban nicht mehr als ein französisches Werkzeug sahen, beachteten den Aufruf nicht.

Papst Urban V. stammte aus der adligen Familie de Grimoard aus Languedoc. Er war ein Mann von ehrlicher Frömmigkeit, ein ehemaliger Benediktiner, der sich ernstlich bemühte, dem Heiligen Stuhl Glaubwürdigkeit und Ansehen zurückzugeben. Er hob die Anforderungen der Priesterausbildung an, ergriff strenge Maßnahmen gegen Simonie und Sittenverfall in der Geistlichkeit, verbot das Tragen von spitzen Schuhen in der Kurie und machte sich durch seine Reformbemühungen beim Kardinalskollegium unbeliebt. Er selbst war nicht Kardinal gewesen, sondern wurde als einfacher Abt von St. Victor in Marseille zum Papst gewählt. Seine Erhöhung an den Ansprüchen höherrangiger Kirchenfürsten vorbei war nur möglich gewesen, weil die Kardinäle, unter ihnen der ehrgeizige Talleyrand de Périgord, sich nicht auf einen der ihrigen einigen konnten, aber die Öffentlichkeit sah in seiner überraschenden Ernennung das Wirken Gottes. Nach Petrarca, der hier wieder einmal sein Lieblingsthema verfolgte, hatte allein der Heilige Geist Männer wie die Kardinäle dazu bringen können, ihre Eifersüchteleien und Egoismen zu unterdrücken und einen Außenseiter zu wählen, der, wie Petrarca glaubte, das Papsttum nach Rom zurückbringen würde.

Dies zu tun beabsichtigte Urban auch, sobald er das weltliche Erbe des heiligen Petrus wieder fest im Griff haben würde. Unter den Frommen in aller Welt war die Sehnsucht nach einer Rückkehr des Papstes nach Rom zugleich die Sehnsucht nach einer Läuterung der Kirche. Der Papst mag dieses Gefühl geteilt haben, zugleich aber erkannte er auch, daß die Rückkehr der einzige Weg war, die weltliche Grundlage des Heiligen Stuhls zu erhalten, und er wußte auch, daß es notwendig war, das zu beenden, was ganz Europa als die französische Beherrschung des Papsttums ansah. Es war klar, daß je länger der Papst in Avignon blieb, desto schwächer würde seine Autorität und desto geringer sein Ansehen in Italien und England sein. Gegen die wütenden Proteste der Kardinäle und den Widerstand des französischen Königs entschloß sich Urban zur Rückführung des Papsttums nach Rom.

Bernabó war nicht der einzige Feind der Priester in Italien. Francesco Ordelaffi, der Despot von Forlì, reagierte auf seine Exkommunikation mit der Verbrennung von Strohpuppen, die wie Kardinäle gekleidet waren, auf dem Marktplatz. Sogar Florenz, obwohl mit dem Papsttum verbündet, war an sich antiklerikal und antipapistisch. Der Florentiner Chronist Franco Sacchetti entschuldigte die bösartige Verstümmelung eines Priesters durch Ordelaffi damit, daß der Despot nicht aus Habgier gehandelt habe und daß es für die Gesellschaft nicht schlecht wäre, wenn alle Priester so behandelt würden.

In England sagte ein Sprichwort: »Der Papst ist französisch geworden und Jesus ein Engländer.« Ressentiments gegen den Papst wuchsen in England, angeheizt durch die Besetzung englischer Kirchenämter mit Ausländern, was zur Folge hatte, daß viel englisches Geld außer Landes floß. Die wachsende geistige Unabhängigkeit vom Papsttum war bereits eine, wenn auch unbewußte, Entwicklung auf die Kirche von England zu.

Im April 1367 setzte Urban den großen Umzug durch. Unter dem Wutgeheul der Kardinäle, die nach einer Chronik laut ausriefen: » O böser Papst! O gottloser Bruder! Wohin verschleppt er seine Söhne?«, segelte er von Marseille aus nach Rom. Nur fünf aus dem Kardinalskollegium begleiteten ihn, die anderen waren nicht bereit, den Luxus von Avignon gegen die Unsicherheit und den Verfall in Rom einzutauschen. Der größere Teil des gewaltigen Verwaltungsapparates der Kirche blieb zunächst in Avignon.

Urban landete zuerst bei Livorno, wo ihm Giovanni Agnello, der Doge von Pisa, begleitet von Sir John Hawkwood und tausend seiner Reisigen in ihren glitzernden Panzern, entgegentrat. Der Papst erschrak bei dem Anblick und weigerte sich, an Land zu gehen. Es war kein günstiges Omen für die Rückkehr in die Ewige Stadt.

Der böse Geist des 14. Jahrhunderts beherrschte auch diese Reise. Erst als er eine Armee gesammelt hatte und von bedeutenden Adligen Italiens begleitet wurde, war es dem Heiligen Vater möglich, die Hauptstadt der Christenheit zu betreten, die sich in einem traurigen Zustand darbot. Ohne die belebende Wirkung des Papsttums, ohne eigenständigen Handel war sie in Armut und chronischer Unordnung versunken; die Bevölkerung war von über 50 000 vor dem Schwarzen Tod auf 20 000 zurückgegangen; klassische Monumente, von Erdbeben zerstört und dem Verfall überlassen, dienten nur noch als Steinbrüche; Vieh wurde in den verlassenen Kirchen gehalten, die Straßen waren voller Unrat. Rom hatte keine Dichter wie Dante oder Petrarca, keine Universität wie Paris oder Bologna, keine blühenden Malerschulen. Seine Mauern beherbergten nur eine bedeutende Heilige, Birgitta von Schweden, die freundlich und sanft mit allen Kreaturen umging, aber eine leidenschaftliche Anklägerin der Korruption der Kirchenhierarchie war.

Nicht lange hielt es Urban in Rom. Aufgerieben von einem neuen Aufstand in den päpstlichen Staaten, bedroht durch eine Massierung mailändischer Truppen in der Toskana, niedergeschlagen und desillusioniert, schlich er 1370 nach Avignon zurück. Im verlassenen Rom sagte Birgitta von Schweden seinen baldigen Tod voraus, da er die Mutter der Kirche verraten habe. Innerhalb zweier Monate starb er wie König Johann an einer nicht genannten Krankheit. Vielleicht hieß sie Verzweiflung.

Die Kardinäle glaubten sicherzugehen, als sie einen Franzosen aus einer großen Freiherrenfamilie, den früheren Kardinal Pierre Roger de Beaufort, zum neuen Papst wählten. Papst Gregor XI. war ein frommer und bescheidener Priester, 41 Jahre alt. Er litt an einer Krankheit, die ihm »viel Schmerz auferlegte«. Er würde, glaubten die Kardinäle, keinen Hang zu den Gefahren von Rom entwickeln. Gregor XI. war ein Neffe des großen Klemens VI., der ihn noch selbst im Alter von neunzehn Jahren zum Kardinal ernannt hatte. Gregor XI. hatte nichts von der Autorität seines Onkels, seiner Umgebung erschien er blaß und wenig willensstark. Aber die Kardinäle hatten die formende Kraft des höchsten Amtes unterschätzt.

Sobald er inthronisiert war, beugte sich Gregor wie sein Vorgänger der Notwendigkeit – sowohl in religiöser als auch politischer Hinsicht –, Avignon zu verlassen und das Papsttum in seine Heimat zurückzuverlegen. Gregor war ein zögernder, unentschlossener Mann, und er hätte wahrscheinlich ein ruhiges Leben vorgezogen, aber als oberster Hirte hatte er das Gefühl, eine Mission erfüllen zu müssen. Er konnte indessen nicht nach Italien umziehen, solange die Visconti nicht in ihre Grenzen verwiesen waren. Zu diesem Zweck hatte schon Urban V. eine Päpstliche Liga organisiert, auf die Gregor XI. nun zurückgreifen konnte. Als Bernabó Visconti 1371 weitere Lehen des Heiligen Stuhls besetzte, war Gregor zum Handeln gezwungen.

Im gleichen Jahr zog Amadeus von Savoyen, der »grüne Graf«, in den Piëmont, wo sein Land an das Mailands stieß, um eine lokale Fehde mit einem seiner Vasallen zu Ende zu führen. In seiner Begleitung befand sich sein Vetter Enguerrand de Coucy, den er zum Generalleutnant von Piëmont ernannte.

Coucy überquerte mit etwa tausend Reisigen irgendwann zwischen November und März im Winter des Jahres 1371/72 die schneebedeckten Alpen. Im Gegensatz zum 20. Jahrhundert waren im Mittelalter die Pässe im Winter nicht geschlossen und wurden von Reisenden mit Hilfe savoyischer Bergführer überschritten. Die Menschen jener Zeit ließen sich von körperlichen Härten nicht so leicht abschrecken wie ihre an Komfort gewöhnten Nachkommen. Die Reisenden trugen Schneebrillen oder Hüte und Kapuzen, die wie Masken das Gesicht bedeckten.

Von ihrem transalpinen Horst aus kontrollierten die Grafen von Savoyen sehr wirkungsvoll die Pässe. Der »grüne Graf« Amadeus VI. war ein willensstarker, unternehmungslustiger Fürst, dessen Vater der Bruder von Coucys

Großmutter mütterlicherseits gewesen war. Auch Amadeus bediente sich der Kompanien, obwohl er sie verachtete. Für seinen Feldzug gegen den Marquis von Saluzzo im Jahre 1371 engagierte er den gefürchteten, brutalen Anachino Baumgarten mit seiner deutsch-ungarischen Kompanie von sechstausend Reisigen und dreihundert Bogenschützen. Angesichts dieser Bedrohung wandte sich Saluzzo mit der Bitte um Hilfe an Bernabó Visconti, der ihm Verstärkung schickte.

Auf diese Situation stieß Coucy, als er als Führer der savoyischen Truppen in den Piëmont kam. Offensichtlich erfahren in der Kunst der Verwüstung und Plünderung, fiel Coucy über Saluzzos Ländereien her und schickte Boten an Amadeus mit der Bitte um Verstärkung, damit er das Geschäft der Zerstörung noch gründlicher besorgen konnte. Diese Taktik, die darauf zielte, den Feind zur Kapitulation zu zwingen, zeigte schnell Wirkung. Coucys Eroberung dreier Städte und die Belagerung einer vierten provozierte einen Gegenangriff von seiten Bernabós. Daraufhin schloß sich Amadeus der Päpstlichen Liga an, obwohl seine Schwester Blanche mit Galeazzo Visconti verheiratet war. Der Papst ernannte Amadeus zum Generalhauptmann der Ligastreitkräfte in der westlichen Lombardei.

In dem folgenden Kampf verfingen sich die teilnehmenden Parteien in einem Netz von Allianzen und Beziehungen, die für sie wichtig waren, für die Nachwelt aber wenig interessant sind. Die Kriegführenden wechselten unablässig die Allianzen, die ganze Auseinandersetzung hatte einen merkwürdig substanzlosen Charakter, ein spielerisches Moment wie eine komplizierte Schachpartie. Der Krieg war gezeichnet durch den Gebrauch von Söldnertruppen, die ohne jede Loyalität die Seiten noch unbedenklicher wechselten als ihre Auftraggeber. Sir John Hawkwood, der zunächst unter Bernabó gestritten hatte, verließ ihn und ging zur Liga über. Der Marquis von Montferrat, schwer belagert von Galeazzo, heiratete kurze Zeit danach dessen Tochter, die Witwe Violante. Amadeus VI. und Galeazzo, widerwillige, durch beiderseitige Liebe zu Blanche verbundene Feinde, fühlten sich beide mehr durch Bernabó bedroht als durch einander und kamen zu einem geheimen Einverständnis. Der Krieg, in dem sich Coucy in den nächsten zwei Jahren in der Lombardei herumschlug, war eine Schlangengrube von zuckenden, verknäulten Leibern.

Bei Asti fand sich Coucy 1372 Sir John Hawkwoods Weißer Kompanie gegenüber, die zu der Zeit noch im Sold der Visconti stand. Jeder einzelne von Hawkwoods Männern wurde von einem oder zwei Pagen bedient, der, wie Villani schreibt, vor allem die Aufgabe hatte, den Brustpanzer glänzend zu halten, »so daß er wie ein Spiegel blendete und so einen besonders erschrekkenden Anblick bot«. In der Schlacht wurden die Pferde von den Pagen gehalten, während die Reiter in einer kompakten Gruppe um eine von zwei Mann gehaltene Lanze herum zu Fuß kämpften. »Mit langsamen Schritten und fürchterlichen Schreien rückten sie gegen den Feind vor, und es war sehr schwer, sie aufzubrechen oder zu teilen.« Aber, fügte Villani hinzu, sie waren besser bei nächtlichen Überfällen auf Dörfer als in der offenen Feldschlacht, und wenn sie dennoch siegten, »war es eher der Feigheit unserer Männer« zuzuschreiben als dem Mut oder der Tapferkeit der Kompanie.

Von der Gicht gequält und ohnedies alles andere als kriegerisch, hatte Galeazzo seinen 21jährigen Sohn zum nominellen Kommandeur der Belagerung von Asti ernannt. Der junge Gian Galeazzo war groß, hatte die rotblonden Haare und die Schönheit seines Vaters, wird aber besonders wegen seiner intellektuellen Fähigkeiten von den Chronisten gepriesen. Er wurde von zwei Ratgebern begleitet, die darauf zu sehen hatten, daß er dem Feind nicht in die Hände fiele, was, wie seine Eltern bemerkten, »im Krieg häufig geschieht«. In ihrem Pflichteifer hinderten die beiden Ratgeber Hawkwood daran, die savoyischen Truppen frontal anzugreifen, woraufhin er die Zelte abbrach und das Lager verließ. So konnten die Savoyer ohne Schwertstreich Asti entsetzen. Als Bernabó zur Strafe Hawkwoods Sold halbierte, lief der zu den päpstlichen Truppen über. Kurz danach wechselte Baumgarten, der savoyische Söldnerführer, seinerseits die Seite und stellte seine Truppe in den Dienst der Visconti.

Für die savoyische Armee öffnete der Entsatz von Asti, der allerdings alles andere als ein glänzender Sieg gewesen war, den Weg nach Mailand. Coucys Rolle in Asti, obwohl in keiner Chronik überliefert, muß seinen Namen bekanntgemacht haben, denn der Papst ermächtigte sofort seinen Legaten, den Kardinal von St. Eustache, »mit Enguerrand, dem Herrn von Coucy, zu Verträgen, Allianzen und Absprachen im Auftrag der Kirche zu kommen«. Absicht des Papstes war es, Coucy das Kommando der päpstlichen Truppen zu übertragen, die der Kardinal in die Lombardei führte. Eine erste Zahlung von 5893 Florin wurde durch eine Bank in Florenz an ihn übermittelt und »auf die Hand gezahlt« mit der Bedingung, daß Coucy, sollte er sich nicht an die Bedingungen des Vertrages mit dem Kardinal halten, der päpstlichen Schatzkammer 6000 Florin zurückzuzahlen hätte. Aus der Zahlung ergibt sich, daß Coucy etwa tausend Reiter, dazu berittene Bogenschützen und Fußsoldaten zur Verfügung standen.

Im Dezember 1372 ernannte der Papst Coucy in aller Form zum Generalhauptmann der päpstlichen Kompanie, die in der Lombardei gegen »die Söhne der Verdammnis« Krieg führte. Die Ernennung spiegelt Gregors Ungeduld über Amadeus' Zögern wider, der Mailand von Westen her angreifen sollte, aber immer noch im Piëmont war, wo er sein Land gegen Viscontitruppen verteidigte. Coucys Aufgabe war es, sich mit Hawkwood zu vereinigen, der, nun im Sold des Papstes, auf Bologna zurückgewichen und dann wieder nach Westen aufgebrochen war, um die erhoffte Einschließung von Mailand ins Werk zu setzen. Coucy sollte mit ihm marschieren, bis sich beide Heere mit dem Amadeus' trafen, was den Ring um Mailand schließen sollte.

Im Februar 1373 marschierte Amadeus schließlich in Mailänder Territorium ein, nachdem er mit Galeazzo einen Neutralitätspakt geschlossen hatte. Deutlich hatte dabei der Einfluß seiner Schwester Blanche im Hintergrund gewirkt und die unglückliche Familiensituation – die Verwüstung der Ländereien ihres Gatten durch ihren Bruder – beendet. In dem Vertrag verpflichtete sich Amadeus, Galeazzos Land zu verschonen, solange dieser sich jeder militärischen Hilfe für seinen Bruder Bernabó enthielt. Damit schied Galeazzo mitten im Krieg aus den Kampfhandlungen aus, und Amadeus hatte die Hände frei, Bernabó anzugreifen.

Im Laufe des Januar 1373 hatte sich Coucy irgendwo östlich von Parma mit Hawkwood vereinigt und zog mit ihm gemeinsam gegen Mailand. Am 26. Februar, als sie sich ihrem Ziel näherten, instruierte der Papst in einer verblüffenden Kehrtwendung Coucy, den Brüdern Visconti freies Geleit nach Avignon zuzusichern.

Gregor XI. hatte sich von einem Verhandlungsangebot der Visconti einfangen lassen, das nichts anderes als ein Mittel Bernabós war, Zeit für die Sammlung seiner Kräfte zu gewinnen. Während er sich noch über die scheinbar bevorstehende Unterwerfung seiner Feinde freute, schrieb der Papst an Coucy, dankte ihm für »sein tapferes und kraftvolles Handeln im Interesse der Kirche in Italien« und lobte jene in dieser Zeit wenig verbreitete Eigenschaft, seine »ungeteilte Loyalität«. Zwei Tage später, nachdem er entdeckt hatte, daß er von den Visconti betrogen worden war, drückte der Papst seinen Schmerz und sein Erstaunen aus, daß Coucy sich »mit Friedensangeboten der Feinde der Kirche« überhaupt befaßt habe. Er befahl ihm, weitere Vorschläge dieser Art nicht zu beachten, sondern seine Mission zu Ende zu führen, da der Papst fest entschlossen sei, »niemals zu verhandeln«. In Briefen an alle seine Feldhauptleute rief Gregor zu energischem Handeln auf, damit die Vereinigung der Heere verwirklicht würde.

Coucy und Hawkwood überquerten den Po im April und erreichten Montichiari, ein Bergdorf etwa vierzig Meilen östlich von Mailand. Zu dieser Zeit hatte Amadeus Mailand im Norden umgangen und stand nur noch fünfzig Meilen von Coucy und Hawkwood entfernt. Hier ließ er haltmachen, offenbar um eine Verteidigungsstellung gegen eine anrückende Streitmacht von tausend Lanzen (etwa dreitausend Reisige) unter dem Befehl von Bernabós Schwiegersohn, dem Herzog von Bayern, anzulegen.

In der Zange zwischen den beiden päpstlichen Armeen, hatte Bernabó durch Deiche den Oglio aufstauen lassen, um durch die Öffnung von Schleusen die Ebene überfluten zu können und so dem Feind den Weg zu verlegen. Er hatte Galeazzo aufgefordert, ihm Verstärkungen zu schicken, um der drohenden Einkreisung begegnen zu können und »in gutem Ernst« dem Sire de Coucy und Giovanni Acuto, wie Hawkwood in Italien genannt wurde, entgegenzutreten. Galeazzo war zwar vertraglich gehindert, seinen Schwager aus

Savoyen zu bekämpfen, fühlte sich aber frei, sich gegen den anderen Arm der päpstlichen Macht, gegen Coucy und Hawkwood, zu wenden. Er schickte Bernabó eine aus Lombarden und aus Baumgartens Söldnern zusammengesetzte Streitmacht unter Führung seines Sohnes, die mehr als tausend Lanzen neben Bogenschützen und vielen Fußsoldaten zählte. Gian Galeazzo, der genaue Informationen über die Stärke und die Marschrichtung des Feindes besaß, rückte in dem Bewußtsein seiner numerisch überlegenen Kräfte zuversichtlich vor.

In Montichiari verfügten Coucy und Hawkwood lediglich über sechshundert Lanzen und siebenhundert Bogenschützen neben einer hastig angeheuerten Gruppe von *provisionati* oder Bauerninfanterie. Als er erkannte, daß der Feind weit überlegen war, soll Coucy angeblich den Feldherrnstab an Hawkwood übergeben haben, da dieser mehr Erfahrung in italienischer Kriegführung besaß; aber der Verlauf der Schlacht deutet eher auf eine andere Version – daß nämlich er selbst mit jener *furia francesca*, für die seine Landsleute berühmt waren, den Angriff führte. Als die Truppen zusammenprallten, entstand »ein solches Handgemenge, daß es erstaunlich anzusehen war«. Unter schweren Verlusten zurückgeschlagen, wäre Coucy überwältigt worden, wenn nicht Hawkwood nach Froissarts Bericht »mit fünfhundert Reitern zur Hilfe geeilt wäre, und dies allein deshalb, weil Coucy der Mann der Tochter des englischen Königs war, aus keinem anderen Grund«. Es gelang den beiden, ihre Truppen auf eine Anhöhe zurückzunehmen, während Viscontis Söldner im Glauben, die Schlacht sei gewonnen, in der üblichen wilden Beutelust ausschwärmten. Männer der Kompanien waren immer äußerst schwer zu kontrollieren. Gian Galeazzo war unerfahren, und Baumgarten selbst scheint nicht anwesend gewesen zu sein. In den Chroniken über die Schlacht ist sein Name nicht erwähnt.

Coucy und Hawkwood ergriffen entschlossen die günstige Gelegenheit, stellten ihre Truppen neu auf und galoppierten den Hügel hinunter auf Gian Galeazzo zu. In dem Handgemenge stürzte dieser vom Pferd, Lanze und Helm wurden ihm zerschlagen, und nur die Tapferkeit seiner mailändischen Soldaten, die seine Flucht deckten, rettete ihn. Seine Truppe wurde überwältigt, bevor die Söldner auf das Schlachtfeld zurückkehren konnten. In einem Überraschungssieg, der im kleinen ebenso erstaunlich war wie der von Poitiers, triumphierten die unterlegenen päpstlichen Kräfte, die die Viscontibanner erbeuteten und zweihundert Gefangene machten, darunter dreißig Ritter des lombardischen Hochadels, die reiche Lösegeldzahlungen versprachen. Der Papst nannte den Sieg ein Wunder, und Berichte über die Schlacht, die sich schnell in Frankreich verbreiteten, machten Coucys Namen berühmt. In der kleinen Welt seiner Zeit war Ruhm leicht zu gewinnen; wichtiger war, was er lernte. Coucy erlaubte sich niemals wieder jenen bedingungslosen Angriff, den die französische Ritterschaft im ganzen so liebte.

In militärischer Hinsicht hatte die Schlacht von Montichiari nur wenig Durchschlagskraft. Sie führte zu keiner Vereinigung mit den savoyischen Kräften, da die Truppen von Coucy und Hawkwood, ausgeblutet und geschwächt, es für zu gefährlich hielten, einen Durchbruch zu versuchen, und sich auf Bologna zurückzogen – zum lebhaften Mißvergnügen des Papstes. Er plädierte unermüdlich für die Vereinigung der beiden Heere, um Bernabó, »diesen Sohn des Belial«, zu vernichten. Er versprach Hawkwood, daß die stockenden Soldzahlungen bald eintreffen würden, lobte Coucy um seine »Treue, seine vorsichtige Klugheit, seine bemerkenswerte Ehrlichkeit und wohlbekannte Umsicht«. Im Juni 1373 erneuerte er Coucys Titel als Generalhauptmann, da »die Erfahrung Eure große Entschlossenheit und Voraussicht« erwiesen habe. Hawkwood indessen, dessen Söldner das Rückgrat der Truppe waren, war nicht der Mann, der ohne Sold kämpfte, und seine unbezahlten Soldaten wurden zunehmend rebellisch. Auf ihrem Marsch durch Mantua plünderten sie die Bürger dieser Stadt so gewalttätig aus, das sich der Herrscher von Mantua mit Klagen an den Papst wandte, der seinerseits Coucy bat, die »Kräfte der Kirche« zu zügeln. Die Gefahr, wenn nicht gar die Ironie, Briganten einzusetzen, um die päpstliche Autorität wiederherzustellen, wurde deutlich.

Dem Grafen von Savoyen gelang es schließlich, in einem tapferen Kampf aus seiner eingeschlossenen Verteidigungsstellung auszubrechen und sich mit seinen Truppen nach Bologna durchzuschlagen. Von hier aus marschierten die nun endlich vereinigten Heere im Juli wieder nach Westen. In Modena erregten die Söldner durch ihr Verhalten wiederum den Zorn der Bürger, den zu beschwichtigen der Papst Coucy fast unter Tränen bat, da Modena zur Päpstlichen Liga gehörte. Im August 1373 belagerten die päpstlichen Truppen Piacenza, aber ihre Entschlossenheit ließ deutlich nach, als Amadeus VI. erkrankte. Von diesem Zeitpunkt an fiel die Offensive unter schweren Regenfällen, über die Ufer gestiegenen Flüssen und ständigen Nadelstichen durch Bernabós Truppen auseinander.

Als Generalhauptmann eines nun tief entmutigten und desorganisierten Heeres sah Coucy nur noch wenig Zukunft in dem päpstlichen Feldzug. Mit der Begründung, er müsse sich um Frau und Kinder und seine Angelegenheiten in Frankreich kümmern, erbat er vom Papst seine Entlassung, die dieser ihm im Januar 1374 mit vielen Dankbezeigungen freundlich gewährte. Wenn man bedenkt, daß Coucy die Sache des Papstes einfach im Stich ließ, ist diese Freundlichkeit verdächtig und könnte auf einen schweren Bargeldmangel des Papstes hinweisen, der anscheinend nicht in der Lage war, Coucy zu bezahlen. Tatsächlich erhielt er die versprochenen Summen erst viele Jahre später aus der päpstlichen Schatzkammer.

Seine Abreise mag auch durch einen erneuten Ausbruch des Schwarzen Tods in Italien und Südfrankreich beschleunigt worden sein. Unter der Geißel der Pest sank Gregors Kriegsanstrengung in sich zusammen. Durch seine Krankheit entmutigt, schloß Amadeus einen Separatfrieden mit Galeazzo und gab die Interessen des Papstes auf, sobald er seine eigene Sache im Piëmont gesichert wußte. Galeazzo seinerseits, der die destruktive Politik seines Bruders fürchtete, war ebenso bereit, sich von Bernabó zu trennen. Bernabó war angeblich so wutentbrannt über die Versöhnung Galeazzos mit Amadeus, daß er versuchte, seine Schwägerin Blanche ermorden zu lassen. Gezwungen, mit dem Papst vorläufig Frieden zu schließen, sicherte er sich günstige Bedingungen, indem er die päpstlichen Gesandten bestach. Nichts war in diesem Krieg erreicht worden, weil niemand außer dem Papst – der seinen Willen nicht durchsetzen konnte – für eine wirklich fundamentale Sache gestritten hatte; und der Krieg ist ein zu unangenehmes und teures Geschäft, als daß man ihn lange ohne wirklichen Anlaß weiterführen könnte.

Gian Galeazzo, der nun zum zweiten Male eine Niederlage erlebt hatte, übernahm nie wieder das Kommando einer Truppe im Feld. Er wurde ein befähigter Staatsmann, der das Reich der Visconti auf den Gipfel seiner Macht führen sollte. Er verlor seine Frau und einen kleinen Sohn durch Krankheit und blieb ein melancholischer Mann, bedrückt vielleicht auch durch die Unmöglichkeit, ohne Falschheit und Gewalttätigkeit zu regieren. Sein ältester Sohn starb mit zehn Jahren, der zweite mit dreizehn, ihm blieb nur eine angebetete Tochter, auf die ein trauriges Schicksal wartete.

Beim dritten Auftreten der Pest gelang es, die Ansteckung wirkungsvoller unter Kontrolle zu halten, obwohl die Ursachen nach wie vor undurchschaut blieben. Als die Pest in Mailand wütete, befahl Bernabó, jedes Opfer aus der Stadt zu schaffen, auch Kranke, die auf den Feldern außerhalb der Stadt sich selbst überlassen wurden. Jeder, der einen Pestkranken pflegte, kam für zehn Tage in strenge Quarantäne; die Priester mußten ihre Gemeindemitglieder auf Symptome der Krankheit hin überprüfen und die Fälle einer besonderen Kommission melden. Taten sie es nicht, drohte ihnen die Todesstrafe; jeder, der die Pest in die Stadt trug, wude zum Tode verurteilt, und sein Vermögen wurde eingezogen. Venedig ließ keine Schiffe mehr in den Hafen, die der Pest verdächtig schienen, aber da Floh und Ratte noch nicht als Überträger erkannt waren, fruchteten die Vorsichtsmaßnahmen wenig, obwohl sie in die richtige Richtung wiesen. In Piacenza, wo Coucy den Krieg aufgegeben hatte, starb die Hälfte der Einwohner, und in Pisa, wo die Seuche zwei volle Jahre anhielt, soll sie vier Fünftel der Kinder ausgelöscht haben. Der berühmteste Tote des Jahres 1374 war Petrarca, der im Alter von siebzig starb, nicht an der Pest, sondern friedlich in seinem Lehnstuhl, Kopf und Arme auf einen Stoß Bücher gelegt. Sein alter Freund Boccaccio, bitter und krank, folgte ihm ein Jahr später.

Im Rheinland entstand – nicht im Zusammenhang mit der Pest – eine neue

Hysterie in Form des Tanzwahns. Es ist nicht überliefert, ob er aus dem Elend und der Obdachlosigkeit infolge einer großen Überflutung des Rheins im Frühjahr des Jahres 1374 entstand oder ob es sich um ein spontanes Symptom einer verstörten Zeit handelte. Die Teilnehmer waren überzeugt, daß sie von Dämonen besessen waren. Sie bildeten Kreise in den Straßen und Kirchen, tanzten stundenlang mit Sprüngen und Schreien, riefen die Dämonen an, sie nicht länger zu quälen, oder schrien ihre Visionen von Christus oder der Heiligen Jungfrau hinaus. Wenn sie erschöpft waren, fielen sie zu Boden, rollten stöhnend und zuckend umher, als seien sie in den Fängen böser Geister. Als die Manie sich über Holland und Flandern ausbreitete, schmückten sich die Tänzer mit Blumengirlanden und zogen wie einst die Flagellanten in Prozessionen von Ort zu Ort. Es waren hauptsächlich die Armen – Bauern, Handwerker, Diener und Bettler –, die daran teilnahmen, darunter ein großer Anteil an Frauen, besonders unverheiratete. Sexuelle Ausschweifungen folgten häufig den Tänzen, aber die dominierende Beschäftigung war die Austreibung des Teufels. In den Qualen dieser Zeit empfanden die Menschen das Wirken des Teufels als besonders deutlich, und in ihren Köpfen deutete nichts mehr auf seine dämonische Präsenz als das Tragen von spitzen Schuhen, die in den Predigten der Zeit so oft als Zeichen der Eitelkeit verdammt worden waren. Diese unnatürliche Mode hatte etwas leicht Irrsinniges an sich, das nun in den einfachen Gemütern als Ausdruck teuflischen Wirkens erschien.

Feindschaft gegen die offizielle Kirche war ein Zug der Tänzer wie ehemals der Flagellanten. In ihrem Eifer, einen Kollektivwahn, der sie bedrohte, zu unterdrücken, führten die Priester so viele Exorzismen durch, wie sie nur konnten. Prozessionen und Messen wurden für die unter dem Wahn Leidenden abgehalten. Die Hysterie schwand noch innerhalb desselben Jahres wieder, brach aber hin wieder in den nächsten zwei Jahrhunderten neu auf. Was immer ihre Ursache gewesen sein mag, sie deutet auf die wachsende Macht des Irrationalen, die auch der Papst registrierte. Im August 1374 kündigte er das Recht der Inquisition an, in Hexenprozesse einzugreifen, die bisher unter dem Zivilrecht abgehalten worden waren. Da Hexerei und Zauberei aber nur mit Hilfe von Dämonen möglich waren, argumentierte Gregor XI., fielen sie unter die Rechtsprechungsgewalt der Kirche.

Als Coucy in seine Heimat zurückkehrte, fand er ein Frankreich vor, daß zum erstenmal in dreißig Jahren den Krieg gegen England zu seinen Gunsten entscheiden zu können schien. Das Land hatte jetzt einen König, der, wenn auch kein Feldherr, ein festes Kriegsziel vor Augen hatte: die Wiedergewinnung der abgetretenen Territorien. Während Coucys Abwesenheit hatte England die meisten dieser Gebiete wieder verloren und darüber hinaus auch seine drei größten Soldaten: Sir John Chandos, den Hauptmann de Buch und den Schwarzen Prinzen. Wenn Coucy nicht durch seine englische Heirat zur Neutralität gezwungen gewesen wäre, hätte er durchaus die führende Rolle auf französischer Seite übernehmen können, die nun mit Du Guesclin besetzt war. Karl V., dessen Politik es nach wie vor war, sich der Unterstützung der mächtigen Barone zu versichern, machte besondere Anstrengungen, Coucy erneut an sich zu binden. Der Titel des Sire de Coucy war nach Aussage von Zeitgenossen genauso »angesehen wie der des Königs oder eines Fürsten«.

Sobald Enguerrand zurückgekehrt war, wurde er direkt zum König gerufen, der ein Festmahl für ihn gab und ihn nach den Neuigkeiten über den päpstlichen Krieg ausfragte. Von Paris aus reiste Enguerrand nach Hause, um endlich seine Frau wiederzusehen, »und wenn sie ein großes Wiedersehen feierten, so gab es dafür Grund genug«, nahm Froissart an, »denn sie hatten einander sehr lange nicht gesehen«. Im November 1374 wurde Coucy eine neue bemerkenswerte Ehre zuteil: Karl V. ernannte ihn zum Marschall von Frankreich. Die Insignien des Amtes wurden von einem Ritter unter dem königlichen Banner nach Coucy gebracht. Noch immer unter dem Druck seiner doppelten Bündnispflicht, glaubte Coucy den Marschallstab ablehnen zu müssen. Nichtsdestoweniger setzte ihm der König eine jährliche Pension von 6000 Franken aus, eine erste Zahlung von 1000 Franken traf noch im November ein.

Coucys hartnäckige Neutralität und seine Entscheidung, nicht an dem Krieg teilzunehmen, sondern Frankreich zu verlassen, schadete seinem Ruf in keiner Weise, im Gegenteil: Sein Verhalten galt als Vorbild der Ehrenhaftigkeit auf beiden Seiten und schützte seine Länder vor englischen Angriffen. Als Knollys Kompanie 1370 die Picardie heimsuchte, »wurde das Land des Herrn von Coucy in Frieden gelassen, auch gab es keinen Mann und keine Frau, die auch nur um einen Penny erleichtert wurden, wenn sie sagten, daß sie dem Herrn von Coucy gehörten«. Wenn sie beraubt wurden, bevor ihre Zugehörigkeit festgestellt werden konnte, wurde ihnen ihr Besitz zurückerstattet. Ein französischer Ritter, der Chevalier de Chin, nutzte dies auf recht unritterliche Weise aus, indem er unter einem Coucy-Banner in ein grimmiges Gefecht in der Picardie ritt. Er verursachte große Verwunderung unter den Engländern, die sagten: »Wie kommt es, daß der Lord Coucy Männer gegen uns schickt, da er doch unser Freund sein sollte?« Aber das Vertrauen in seine Ehre war so groß, daß sie von sich aus das Banner als Fälschung bezeichneten und darauf verzichteten, Rache gegen Coucys Ländereien zu nehmen »und dort zu brennen oder Schaden anzurichten«.

Es war König Karls sorgfältig entworfene Strategie, einer Entscheidungsschlacht auszuweichen und durch militärische Nadelstiche Druck auf den Feind auszuüben, dies in konzentrierter Form vor allem in Aquitanien. Um Kastilien wieder an die Seite Frankreichs zu bringen, schickte er Du Guesclin 1369 erneut nach Spanien – mit spektakulärem Erfolg. In einer »herrlich großen und erbitterten Schlacht«, wie Froissart schreibt, kämpften die Halbbrüder Heinrich II. von Taramastra und König Peter der Grausame mit ihren Streitäxten gegeneinander, »und jeder rief seinen Schlachtruf«. Schließlich wurde Peter überwältigt und gefangengenommen. Froissart zieht grundsätzlich die ritterliche Version vor, aber nach einem spanischen und möglicherweise besser informierten Chronisten war die Gefangennahme eine weniger ruhmvolle Angelegenheit. In einer Burg eingeschlossen, bot Peter Du Guesclin sechs Lehen und 200 000 Golddublonen an, wenn er ihm freies Geleit gewährte. Du Guesclin gab vor, einverstanden zu sein; Peter verließ heimlich die Burg, wurde von seiner französischen Begleitung festgenommen und Heinrich übergeben. Als er seinem Halbbruder gegenüberstand, »legte Peter die Hand an sein Messer und hätte ihn ohne Gnade getötet«, wenn nicht ein geistesgegenwärtiger Franzose ihn am Bein gepackt und umgeworfen hätte, worauf Heinrich ihn mit einem Dolchstoß tötete – und sich so die Königskrone wieder sicherte.

Für Frankreich bedeutete dies eine unschätzbare Verstärkung durch die kastilische Seemacht und für England neue Furcht vor einer Invasion. Danach traf die Engländer ein Unglück nach dem anderen. Der Schwarze Prinz wurde durch eine ansteckende Ruhr, die sich unter den Gasconen und Engländern ausbreitete, außer Gefecht gesetzt. Dieser Krankheit folgte mit grausamer Ironie die Wassersucht; mit geschwollenen Gliedern war der Schwarze Prinz »durch die Krankheit so niedergedrückt, daß er kaum auf dem Pferde sitzen konnte«, und als er schwerer und schwächer wurde, konnte er nicht mehr aufsitzen und war ans Bett gefesselt. Für den Inbegriff des kriegerischen Ritters, für diesen Mann der Tat und des Stolzes war die demütigende Krankheit im Alter von 38 Jahren unerträglich, dies um so mehr, als die Lage in Aquitanien zusehends schwieriger wurde. Der Prinz verfiel der Übellaunigkeit und der Wut. Noch bevor diese ihren tragischen Gipfel erreichten, erhob sich das nächste Unheil.

Unter dem Einfluß eines erwachenden Nationalgefühls gehorchten viele französische Adlige den Aufforderungen der Krone, kleine Kompanien von zwanzig, fünfzig oder hundert Reisigen zu bilden, um Städte und Burgen in den abgetretenen Gebieten zurückzuerobern. In einem solchen Gefecht stieß im Frühjahr des Jahres 1370 Sir John Chandos, der englische Seneschall dieser Region, mit einer Truppe von etwa dreihundert Mann bei Lussac auf einer hochgewölbten Brücke der Vienne mit einer französischen Streitmacht zusammen. Er saß ab, um zu Fuß zu kämpfen, und betrat die Brücke, um dem Feind entgegenzugehen, »das Banner vor ihm und seine Truppe hinter ihm, den Schild mit seinem Wappen am Arm und das Schwert in der Hand«. Auf dem taufeuchten Pflaster des frühen Morgens rutschte er aus und stürzte, ein Schwerthieb traf ihn von der Seite seines blinden Auges her, so daß er ihn nicht hatte kommen sehen. Das Schwert drang zwischen Nase und Stirn ein, denn aus irgendeinem unerklärlichen Grund hatte er sein Visier nicht geschlossen. Mit ingrimmiger Wut schlugen seine Leute die Feinde zurück, um sofort nach der Schlacht mit mittelalterlicher Gefühlsoffenheit in Tränen auszubrechen. Sie sammelten sich um ihren bewußtlosen Führer, »weinten jämmerlich ... rangen die Hände und rissen an ihren Haaren« und riefen: »Ah, Sir John Chandos, Blume der Ritterschaft, unglücklich geschmiedet das Eisen, das Euch verwundet hat und Euch den Anschein des Todes gibt.«

Chandos starb am nächsten Tag, ohne das Bewußtsein wiederzuerlangen, und die Engländer in Aquitanien sagten, »sie hätten alles auf jener Seite der See verloren«. Als Taktiker und Urheber der englischen Siege bei Crécy, Poitiers und Najera war Chandos der größte Feldhauptmann seiner Seite, wenn nicht beider Seiten. Auch wenn die Franzosen über den Verlust des Feindes jubelten, gab es einige »sehr edle und tapfere Ritter« unter ihnen, die Chandos' Tod für ein Unglück hielten – und dies aus einem interessanten Grund. Chandos, sagten diese, »war so weise und erfindungsreich« und stand dem König von England so nahe, daß er ein Mittel gefunden hätte, »durch das der Friede zwischen den Königreichen von England und Frankreich hätte erreicht werden können«. Selbst die Ritterschaft kannte die Sehnsucht nach Frieden.

Einige Monate später unternahm der Schwarze Prinz seine letzte Kriegstat. Seine Länder glitten ihm aus den Händen, angenagt von den Kompanien unter dem Herzog von Anjou, dem energischen Leutnant des Königs im Languedoc, und von anderen Einheiten unter Du Guesclin. Im August 1370 gewann Karls vorsichtige Schritt-um-Schritt-Politik Limoges zurück, dessen Bischof, obwohl er dem Schwarzen Prinzen Gefolgschaft geschworen hatte, sich von dem Herzog von Berry, dem Leutnant für Zentralfrankreich, kaufen ließ. Gegen den Preis von zehn Jahren Steuerfreiheit waren auch der Magistrat und die Bürger der Stadt gern bereit, die Seite zu wechseln. Limoges hißte das Lilienbanner über seinen Toren, und nach einer feierlichen Übergabezeremonie verließ der Herzog von Berry die Stadt. Eine kleine Garnison von hundert Lanzen ließ er in ihren Mauern zurück, zuwenig, um das, was folgen sollte, abzuwenden.

Erzürnt durch den »Verrat«, schwor der Schwarze Prinz, daß die Stadt dies teuer bezahlen werde, und beschloß, ein Exempel zu statuieren, das weitere Lossagungen verhindern würde. Von der Bahre aus führte er eine starke Streitmacht gegen die Stadt, zwei seiner Brüder und die Elite seiner Ritter begleiteten ihn. Bergleute gruben Tunnel unter die Stadtmauern, die zunächst mit Pfählen abgestützt wurden. Schlug man die Stützen heraus, stürzten ganze Teile der Mauer plötzlich ein. Die Angreifer strömten durch die Bruchstellen in die Stadt, besetzten die Ausgänge und Tore und begannen auf Befehl ein erbarmungsloses Massaker unter den Einwohnern ohne Rücksicht auf Alter oder Geschlecht. Schreiend vor Schrecken fielen Menschen vor der Bahre des Schwarzen Prinzen auf die Knie, bettelten um Gnade, aber »er war so wutentbrannt, daß er sie nicht beachtete«, und sie wurden ein Opfer des Schwerts. Trotz seines Befehls, niemanden zu schonen, wurden einige bedeutende Persönlichkeiten gefangengenommen, um Lösegelder zu erpressen, darunter der Bischof, den der Prinz »wild und grausam« ansah und schwor, ihm den Kopf abzuschneiden. Durch einen Handel mit dem Bruder des Prinzen, Johann von Gaunt, entkam der Bischof indessen und trug seine schreckliche Geschichte nach Avignon.

Die Ritter, die diesem Blutbad zusahen oder an ihm teilhatten, unterschieden sich in nichts von jenen, die so bewegt um Chandos geweint hatten. Die Kehrseite der oberflächlichen Emotionalität des 14. Jahrhunderts war eine allgemeine Gefühllosigkeit dem Anblick von Schmerz und Tod gegenüber. Chandos wurde betrauert, weil er einer der ihren war, während die Opfer von Limoges nicht zur Ritterschaft zählten. Im übrigen war das Leben nicht wertvoll, denn was war der Leib denn anderes als Aas und der Aufenthalt auf Erden anderes als eine Station auf dem Weg ins ewige Leben?

Limoges wurde nach der Sitte der Zeit geplündert und niedergebrannt, seine Mauern wurden geschleift. Obwohl die blutgetränkte Geschichte der Stadt zweifellos die Opposition gegen die Engländer einschüchterte, nährte sie auf lange Sicht auch den Haß der Franzosen auf die Besetzer, den fünfzig Jahre später Jeanne d'Arc personifizieren sollte.

Die Karriere eines Helden endete mit der Rache an Limoges. Zu krank, um noch weiter zu herrschen, übergab der Schwarze Prinz die Regierung von Aquitanien an seinen Bruder Johann von Gaunt und verließ Bordeaux im Januar 1371. Er sollte nie zurückkehren. Mit seiner Frau und seinem Sohn Richard kehrte er nach Hause zurück und führte noch sechs Jahre lang das Leben eines hilflosen Invaliden. Da Frankreich nun die Initiative ergriffen hatte, beschränkten die englischen Heerführer sich auf defensive Maßnahmen. Das Ziel von Sir Robert Knollys wildem Raubzug durch Nordfrankreich im Jahre 1370 war es, soviel Schaden und Verwüstung wie möglich anzurichten, um die französischen Kriegsanstrengungen zu schwächen und französische Truppen von Aquitanien fernzuhalten. Seine Truppen waren nicht in der Lage, befestigte Städte oder Burgen zu erobern, aber sie konnten Dörfer niederbrennen und Felder verwüsten. Da es ihnen nicht gelang, die Franzosen zur offenen Schlacht zu provozieren, wurden Knollys Ritter unruhig und undiszipliniert, dennoch stellten sie für Paris eine Bedrohung dar, die dazu führte, daß König Karl V. Du Guesclin nach Paris rief und ihn zum Constable ernannte.

Bertrand Du Guesclin war bereits viermal vom Feind gefangengenommen worden, und das verweist eigentlich auf einen entweder bedenkenlosen oder unfähigen Krieger, aber der neue Constable war im Gegenteil vorsichtig und gerissen. Er glaubte fest an eine Ermüdungsstrategie, die das feindliche Heer durch Entbehrungen schließlich zur Aufgabe zwingen sollte, und aus diesem Grund fiel Karls Wahl auf ihn. Seine erste Maßnahme als Constable war ein persönlicher Pakt mit einem gefürchteten Landsmann, dem einäugigen Bretonen Olivier de Clisson, genannt »der Schlachter«, weil er in der Schlacht seinen Feinden häufig Arme und Beine abschlug. Seine bretonische Kompanie verfolgte und störte Knollys Heer, und als sich dieses durch den Abfall unzufriedener Ritter teilte, schlug sie Knollys Resttruppen an der unteren Loire. Du Guesclins Einheiten zogen durchs Land und bissen hier und dort zu, bestachen und kauften auch englische Hauptleute, die zu stark erschienen, um sie zu besiegen, und befreiten so Stück um Stück die abgetretenen Territorien.

Ein entscheidender Vorteil wurde im Juni 1372 von den Kastiliern auf See erfochten, als sie einen englischen Konvoi vor La Rochelle vernichteten. Die englischen Schiffe sollten Männer und Pferde bringen, um die Truppen in Aquitanien zu verstärken, und – was kritischer war – 20000 Pfund Sold, angeblich genug, um dreitausend Reiter ein Jahr lang zu bezahlen. Durch seine Spione von dem englischen Konvoi unterrichtet, rief Karl V. König Heinrich II. von Taramastra auf, seiner Bündnispflicht nachzukommen. Die kastilischen Galeonen von etwa 200 Tonnen wurden von 180 Rudern angetrieben, an denen freie Männer, nicht etwa angekettete Verbrecher saßen. Sie waren sehr viel wendiger als die englischen Rahsegler, die nicht kreuzen, sondern nur vor dem Wind segeln konnten. Die kastilischen Schiffe rammten die Engländer, besprühten die englische Takelage und die Decks mit Öl, das sie dann mit Pfeilen in Brand schossen. Von Mastkörben aus, die sehr viel höher lagen als auf den englischen Kauffahrteischiffen, warfen sie Steine auf die englischen Bogenschützen. In einer zwei Tage dauernden Seeschlacht wurden die englischen Schiffe verbrannt, in die Flucht getrieben oder versenkt. Auch das Fahrzeug, das den Sold trug, sank auf den Grund des Meeres.

Der Verlust des Geldes schwächte Englands Stellung in Aquitanien schwer. Die kastilische Seehoheit gefährdete die Verbindungen zwischen London und Bordeaux und – was schlimmer war – öffnete den Franzosen den Weg zu Überfällen an der englischen Küste. Diese Absicht bestimmte König Karls Plan, in Rouen Werften und einen Seehafen aufzubauen, aus dem auch die größten Schiffe mit dem Tidenhub die Seine hinunter auslaufen konnten. König Eduard, inzwischen sechzig Jahre, zog es vor, nach Frankreich zu gehen, statt den Angriff in England abzuwarten. Er entschloß sich, »mit solcher Macht hinüberzufahren, daß er die Schlacht mit ganz Frankreich suchen könnte«.

Er ließ mit den üblichen Maßnahmen der Beschlagnahmung von Kauffahrteischiffen samt Kapitänen und Mannschaften eine Flotte zusammenstellen, nahm den kranken Schwarzen Prinzen und Johann von Gaunt mit sich und segelte mit einer großen Streitmacht Ende August 1372 los. Aber er wurde vom Wetter besiegt – ungünstige Winde, die neun Wochen lang anhielten, warfen die Flotte immer wieder zurück oder zwangen sie in Häfen, so daß es schließlich zu spät wurde, noch vor dem Winter die Überfahrt zu riskieren.

Auf Kosten enormer Ausgaben für Lebensmittel und Ausrüstung, für Sold und Unterhalt war der König gezwungen, das Unternehmen aufzugeben.

Die Technologie des Mittelalters schuf Wunder an Architektur, sie fand die Mechanik des Webstuhls und eine Getriebewelle, die die Kraft des Windes in die Drehung eines schweren Mühlsteines umsetzte, aber sie schaffte es nicht, das Vorsegel, das Besansegel und den seitlich beweglichen Großbaum zu entwickeln, der es erlaubt hätte, die Segel der Windrichtung anzupassen. Durch solche Zufälle des menschlichen Geistes werden Krieg, Handel und Geschichte geformt.

Das maritime Fiasko führte indirekt zum tragischen Schicksal von Englands drittem großem Soldaten, dem Hauptmann de Buch. Während Eduards Flotte vor der Küste auseinandergetrieben wurde, eroberten die Franzosen La Rochelle und sein Hinterland, und im Verlauf dieser Kämpfe wurde der Hauptmann gefangengenommen. Er fiel bei Nacht einer franko-kastilischen Expeditionstruppe in die Hände. Obwohl er machtvollen Widerstand leistete, wurde er im Schein der Fackeln überwältigt. Im Gegensatz zur ritterlichen Tradition ließ Karl V. ihn in Paris ins Gefängnis werfen, ohne ihm das Privileg der Auslösung zuzugestehen. Das Schicksal des Hauptmanns de Buch wurde zum Wunder und Schrecken der gesamten Ritterschaft.

Karl V. war der politische Zweck wichtiger als der Kult des Rittertums. Des Hauptmanns Verrat nach der Schlacht von Cocherel 1364, als er zunächst auf die französische Seite übertrat und dann wieder zu den Engländern zurückging, hatte Karl nie vergeben. Das Herz des Hauptmanns de Buch gehörte seinem alten Waffengefährten, dem Schwarzen Prinzen, und als die Feindseligkeiten zwischen Frankreich und England 1369 wieder aufflammten, erklärte er seine Lehnspflicht dem französischen König gegenüber für nichtig, gab seine Besitzungen an die Krone zurück und schloß sich den Engländern an. Karl war jetzt entschlossen, ihm keine Möglichkeit mehr zu geben, in den Krieg zurückzukehren.

Obwohl König Eduard anbot, drei oder vier französische Gefangene mit Lösegeldern, die 100 000 Franken wert waren, gegen den Hauptmann auszutauschen, lehnte Karl es ab, den furchtlosen Gasconen auslösen zu lassen, der doch immerhin der Retter von Karls Frau und Familie bei Meaux war. Während der Hauptmann im Kerker schmachtete, bestürmten französische Adlige den König immer wieder, einen tapferen Ritter nicht im Gefängnis sterben zu lassen, aber Karl sagte, der Hauptmann sei ein so starker Krieger, daß er frei, in den Kampf zurückzukehren, viele französische Städte und Burgen zurückerobern würde. Deshalb wolle er ihn nur freilassen, wenn er »französisch würde«, was der Hauptmann ablehnte. Als ein weiteres Mal eine Abordnung von Rittern, diesmal unter der Führung von Coucy, dem König eine Petition zugunsten des Hauptmanns übergab, überlegte Karl eine kurze Zeit und fragte dann, was er tun solle. Coucy antwortete: »Sire, wenn Ihr ihn auffordertet zu schwören, nie wieder die Waffen gegen die Franzosen zu erheben, könntet Ihr ihn freigeben, und es wäre zu Eurer Ehre.«

»Wir werden es tun, wenn er zustimmt«, sagte der König, aber der abgemagerte und geschwächte de Buch antwortete, »er werde niemals einen solchen Eid ablegen, stürbe er auch im Gefängnis«. In dem Bewußtsein, nie wieder sein Schwert, sein Pferd oder die Freiheit wiederzusehen, verfiel der Hauptmann der Schwermut, wollte nichts mehr essen oder trinken, sank langsam in die Umnachtung und starb im Jahre 1376 nach vier Jahren Gefangenschaft.

Nach Eduards gescheiterter Expedition unternahmen die Engländer noch einmal den Versuch einer Invasion. Eine neue Armee, die wahrscheinlich vier- oder fünftausend Mann stark war (trotz der »zehntausend« und »fünfzehntausend« der Chronisten), wurde aufgestellt. Geführt von Johann von Gaunt, dem jungen Herzog von Lancaster, überquerte die Armee den Ärmelkanal auf dem Weg nach Calais im Frühsommer 1373 mit dem Auftrag, nach Aquitanien zu marschieren und die englischen Truppen dort zu entsetzen. Es wurde der längste und seltsamste Marsch des ganzen Krieges.

Obwohl er behauptete, die offene Feldschlacht suchen zu wollen, in der die Engländer noch immer gesiegt hatten, nahm der Herzog von Lancaster nicht die direkte Route nach Süden, auf der er den Truppen Du Guesclins begegnet wäre, sondern schlug einen enormen Bogen um Paris herum. Es war ein lang hingezogener Beute- und Verwüstungsfeldzug durch die Champagne und Burgund, über das Zentralmassiv der Auvergne und schließlich, nach fünf Monaten und fast 1000 Meilen, durch Aquitanien. Vielleicht war es das Ziel dieses berühmten Marsches, möglichst großen Schaden anzurichten, unter Umständen mit der zusätzlichen Absicht, die Franzosen daran zu hindern, eine Invasion Englands vorzubereiten. Vielleicht aber suchte Johann von Gaunt auch einfach mehr Raum für ritterliche Abenteuer und zugleich die Plünderungen, die notwendig waren, um seine Armee zu bezahlen und zu unterhalten.

Die Armee, die wie gewöhnlich in drei Säulen marschierte, um sich besser aus dem Land ernähren zu können, schaffte etwa acht oder neun Meilen am Tag und richtete willkürliche Verwüstungen im Lande an, um die französischen Ritter zur Schlacht zu reizen. Das schlug fehl, denn Karl V. hatte seiner Armee streng verboten, sich zum Kampf zu stellen, und die Bevölkerung suchte zum größten Teil Schutz in den befestigten Städten. Johann von Gaunts Marsch erstreckte sich bis in die Kälte und den Regen des Herbstes; der Nachschub stockte, Pferde verhungerten und starben, Unannehmlichkeiten verwandelten sich allmählich in Härten und Härten in Entbehrungen. Die Männer des Herzogs von Burgund, die der englischen Streitmacht auf den Fersen folgten, griffen Nachzügler auf, örtlicher Widerstand kostete Verluste, im Süden legte Du Guesclin Hinterhalte. Der November fand das Heer auf der sturmgepeitschten Hochebene der Auvergne, Ritter ohne Reitpferde trotteten zu Fuß dahin, viele legten ihre verrosteten Rüstungen ab, andere bettelten um Brot, als sie Aquitanien endlich erreichten. Die erschöpfte und ausgezehrte Armee, die um die Weihnachtszeit nach Bordeaux hineinstolperte, hatte alle Pferde und die Hälfte ihrer Soldaten verloren. Zusammen mit den gasconischen Truppen waren die Engländer immer noch stark genug, um Aquitanien zu halten, die englische Besitzung, die nun auf ihre alten Grenzen zurückgeschrumpft war, aber es waren nicht mehr genug Soldaten, um zurückzugewinnen, was inzwischen verlorengegangen war. In der Zeit bis 1374 war der Vertrag von Brétigny nicht nur *de jure*, sondern auch *de facto* null und nichtig geworden. Außer Calais kontrollierte England nun nicht mehr als vor der Schlacht von Crécy. Auch militärische Überlegenheit konnte einen Feind nicht besiegen, der sich nicht zur Schlacht stellte. Im August 1374 erklärte sich König Eduard bereit, einen Waffenstillstand zu schließen.

Die Zeit war für beide Seiten reif. Karl V., der seinen Verstand gebraucht hatte, und Du Guesclin mit seiner unorthodoxen Taktik hatten sich verbunden und eine Strategie entworfen, die auf der Anerkennung der Realitäten beruhte – und die direkte Antithese des ehrenvollen Kampfes war, dem zentralen Prinzip des Rittertums. Während die zeitgenössischen Chronisten versuchten, aus Du Guesclin den »zehntbesten« und den »vollkommenen« Ritter zu machen, und während Karls Biographin Christine de Pisan ihn für alles außer seinen wirklichen Leistungen pries, waren es in Wahrheit die nichtritterlichen Eigenschaften dieser beiden eigensinnigen, hartnäckigen Gestalten, die Frankreich aus dem Ruin herausführten. Karl V. hatte sein Kriegsziel erreicht, aber um den Preis eines verwüsteten und erschöpften Reiches. Nach einigen taktischen Ausflüchten schickte er Gesandte zu den Friedensverhandlungen in Brügge.

Kapitel 13
Coucys Krieg

Es gab keinen Friedensvertrag in Brügge, denn die Engländer waren entschlossen, ihre alten Besitzungen in Frankreich zu behalten, während Karl ebenso fest entschlossen war, die Souveränität über Aquitanien zurückzugewinnen, die in Brétigny abgetreten worden war. Seine Rechtsgelehrten versuchten, die Ungültigkeit jener Abtretung nachzuweisen, da sie den heiligen Eid der Gefolgstreue verletzt habe; daher hätten sich der Schwarze Prinz und der König von England der Rebellion schuldig gemacht wie einst Luzifer gegen Gott. Das befriedigte Karls lebenslanges Bedürfnis nach Legalität, aber es beeindruckte die Engländer nicht im geringsten. Um das völlige Scheitern der Unterhandlungen zu verhindern, die mit großer Pracht von den Herzögen von Burgund und Lancaster ausgerichtet worden waren (Burgund erhielt 5000 Franken im Monat Entschädigung von der Krone), einigte man sich auf einen einjährigen Waffenstillstand und einen Neubeginn der Verhandlungen im November.

Durch den Waffenstillstand arbeitslos geworden, kehrten die Kompanien in Frankreich zu ihrem alten Geschäft der Plünderung zurück. Mehr als ein Jahr vorher, im Januar 1374, hatte die Krone durch einen umfassenden Erlaß versucht, die Briganten unter Kontrolle zu bringen. Der Erlaß stellte die Kompanien zu einem bestimmten Sold in den Dienst der Regierung, gab ihnen von der Krone ernannte Hauptleute, die schwören mußten, der Plünderei zu entsagen, und die für ihre Männer unter Androhung schwerer Strafen verantwortlich waren. Es war ein sorgfältig ausgedachter Versuch, aber die Kompanien waren zu sehr ein Teil des militärischen Systems, als daß sie so leicht zu entwurzeln oder zu zähmen gewesen wären. Das Brigantentum wütete weiter.

»Tief bekümmert« über diese Situation, suchte der König die Hilfe seiner Ratgeber. Sie »besannen sich auf den Sire de Coucy«. Er sollte der neue Rattenfänger sein, der die Briganten aus Frankreich hinaus in einen neuen Krieg führen konnte – in seinen.

Coucys Streitigkeiten mit den Herzögen von Österreich und seine Entschlossenheit, sie zu einem Ende zu bringen, waren wohlbekannt. In dieser Sache konnte er Frankreich dienen, ohne seine Bindungen an England zu verletzen. Bureau de la Rivière und Jean le Mercier, der Kämmerer und der Schatzmeister des Königs, unterbreiteten ihm den Vorschlag. Wenn er die Kompanien von etwa 25 Hauptleuten aus allen Gegenden Frankreichs in seinen Dienst nähme, um sie gegen die Habsburger zu führen, würde der König 60 000 Pfund für die Kosten des Feldzugs bereitstellen. Vor allem sollte er die schlachterprobten Bretonen, die Gefolgsleute von Du Guesclin und Clisson, aufnehmen, die seit dem Ende des Kriegs schreckliche Verheerungen angerichtet hatten.

Coucy hatte in der Lombardei genug Erfahrungen mit Söldnern gesammelt, um ihn die Gefahren und Unwägbarkeiten eines solchen Kommandos zu lehren, auch wenn es ihm außerordentliche Hilfen für seine persönlichen Pläne einbrachte. Er war jetzt 35, reich genug, um in dem Jahr dem Herzog von Berry Geld zu leihen, aber nicht reich genug, aus eigener Kraft einen ganzen Feldzug gegen die Habsburger zu finanzieren. Er erklärte sich bereit, das große Aufräumen zu übernehmen.

Unter den Rittern und Briganten, die nun unter Coucys Fahnen strömten, war auch der berühmte und immer geschäftige Krieger Owen von Wales, dessen Vater König Eduard hatte hinrichten lassen und der am Hofe Philipps VI. aufgewachsen war. 1375 kam der in vielen Schlachten erprobte Owen gerade von der erfolgreichen Belagerung von St. Sauveur-le-Vicomte an der Küste der Normandie, wo zum erstenmal Kanonen in wirkungsvoller Weise eingesetzt worden waren. Vierzig »Maschinen«, große und kleine, die Eisen-, Leder- und Steinkugeln abschießen konnten, hatten zwar die Mauern nicht zerstören können, die Verteidiger aber so unter Druck gehalten, daß sie kapituliert hatten. »Die Maschinen deckten sie so ein, daß sie es nicht wagten, die Türme zu verlassen und in die Stadt zu gehen.« Sogar in einen Turm war eine Kugel eingedrungen und mehrere Male zwischen den Wänden im Zimmer eines verwundeten englischen Hauptmanns hin- und hergesprungen, »als wäre der Donner selbst in seinen Raum geraten«, und hatte ihn davon überzeugt, daß seine letzte Stunde gekommen wäre.

Die Unternehmung wurde zu einem Magnet für ruhelose Schwerter, sogar hundert Ritter des Deutschen Ordens ließen ihren preußischen Sport des Bauernjagens im Stich, um zu Coucy zu kommen. Die Tinte auf dem Waffenstillstandsvertrag von Brügge war kaum trocken, als englische Ritter zum Treffpunkt aufbrachen, angezogen von der Tatsache, daß ein Schwiegersohn des englischen Königs den Feldzug anführte. Gutbewaffnet, auf schönen Pferden mit silbernen Zügeln, mit glänzenden Brustpanzern und Helmen und prächtigen, langen Mänteln, warfen die englischen Ritter, angeblich »sechstausend«, den Schatten ihres furchterregenden Rufes auf Coucys ganzes Heer, so daß der Feind es bald summarisch als »die Engländer« bezeichnete.

Die Gesamtzahl von Coucys Aufgebot blieb vage, aber eindrucksvoll, denn sie rief ehrfürchtige Angaben von vierzig-, fünfzigtausend, ja sogar hunderttausend hervor. Schätzungen, die sich an der Zahl der Hauptleute orientieren, konmen auf etwa zehntausend, vergleichbar der Armee, die Du Guesclin nach Spanien führte. Eine elsässische Chronik nennt sechzehntausend Ritter

»in Helmen und Kapuzen«. Die spitzen Helme und kuttenartigen Kapuzen aus schwerem Stoff, die gegen die Kälte getragen wurden, finden sich in den Berichten aller Beobachter. *Gügler* genannt (nach dem schwyzerdeutschen Ausdruck für Spitze oder Kutte), gaben die Kapuzen dem »Güglerkrieg« seinen Namen.

Vor seinem Aufbruch sorgte Coucy in großer Manier für die Zukunft seiner Seele, falls er fallen sollte. Er bezahlte zwei Messen »jeden Tag und für immer« in der Abtei Nogent-sous-Coucy für sich selbst, seine Vorfahren und seine Nachfolger. Seine Instruktionen, wie die meisten dieser Art, waren präzise und sehr spezifiziert, nichts wurde dem Zufall überlassen. Die Gebete sollten vor dem Bild der Notre Dame in der Kapelle gesprochen werden, an dem Ort, der bereits zur Begräbnisstätte für Coucy und seine Frau bestimmt war. Er gab den Mönchen von Nogent das exklusive Recht am Fischfang im Fluß Ailette im Bereich zwischen der Rue de Brasse und der Brücke St. Mard.

Während seine vereinigte Streitmacht bereits ins Elsaß eingefallen war und das Land sechs Wochen lang im Oktober und November ausplünderte, hatte Coucy sein Kommando immer noch nicht angetreten. Diese Verzögerung ist eines der vielen Rätsel dieses seltsamen Winterkriegs. Verlegte er seine Ankunft bewußt, um die Chance zu erhöhen, daß der Winter die Kompanien hart traf und ihre Zahl verminderte? Die Tatsache, daß auch Du Guesclin 1365 seinen Marsch über die Pyrenäen erst im Dezember antrat, deutet auf ein Verhaltensmuster. Andererseits war Coucy deutlich entschlossen, tatsächlich Krieg gegen den Vetter seiner Mutter, Leopold, zu führen und seine Armee nicht einfach im Bergschnee des Jura untergehen zu lassen.

Im späten September hatte er dem kaiserlichen Vogt im Elsaß, dem Herzog von Brabant, geschrieben, daß er beabsichtigte, den Breisgau, Sundgau und den kleinen Bezirk Pfort zu beanspruchen, und hatte die Versicherung erhalten, daß keine kaiserlichen Maßnahmen gegen seinen Versuch, sich Gerechtigkeit zu verschaffen, zu erwarten wären. Um seinen Feldzug zu einem gerechten Krieg zu erklären und sich von einem bloßen Hauptmann von Söldnern abzuheben, schrieb Coucy auch an die Städte Straßburg und Kolmar, sicherte ihnen zu, daß er sie nicht bedrohte, erklärte seinen Anspruch gegen den Habsburger und ermahnte sie, keine Furcht zu zeigen, sondern seine gerechten Forderungen zu unterstützen. Das rief keine Antwort hervor, da unter den Stadtmauern seine Söldner bereits ihre Greueltaten verrichteten.

Wenn der Aufschrei des Entsetzens in den örtlichen Chroniken als Evidenz gelten kann, hat es im Elsaß nie ein schlimmeres Massaker gegeben. Vierzig Dörfer im Sundgau wurden ausgeraubt und zerstört, hundert Einwohner von Wattwiller ohne Gnade umgebracht, Männer und Frauen ergriffen, um den Briganten zu dienen, die Franziskanerabtei von Thann bis auf die Grundmauern niedergebrannt, das Kloster von Schönensteinbach so verwüstet, daß es aufgegeben werden mußte und seine Felder erst zwanzig Jahre später wieder bebaut wurden. Die Kompanien erpreßten den üblichen Tribut, den die Reichen in Geld, Pferden, schönen Stoffen, die Armen in Schuhen, Hufeisen und Nägeln zahlten. Wenn sie nach dem Ziel des Feldzugs gefragt wurden, antworteten einige Hauptleute angeblich, daß sie »um 60000 Florins, sechzig Streithengste und sechzig Goldgewänder« gekommen wären. Der Bischof und der Magistrat von Straßburg zahlten 3000 Florins, um die Stadt vom Angriff freizukaufen.

Am Beginn des Feldzugs hatten die Hauptleute in Coucys Sold noch versucht, die Disziplin aufrechtzuerhalten, und einige hängten jeden Tag Schuldige, um die Unordnung zu ersticken. Aber unter Männern, die an gesetzlose Gewalttätigkeit gewöhnt waren, konnten auch gewalttätige Strafen die Gewalt nicht kontrollieren.

Angesichts der Invasion übernahm Leopold die gleiche Strategie wie Karl V.: Er befahl den Elsässern, alles zu zerstören, was dem Feind helfen, ihn schützen oder ernähren konnte, und sich mit ihrem Hab und Gut in die Städte und festen Burgen zurückzuziehen. Wie Karl befahl er die Befestigung von Städten, die Zerstörung von anderen, die nicht zu verteidigen waren, und das Verbrennen von entfernteren Dörfern. Auf dem Papier sind solche Befehle leicht zu geben; in der Praxis ist es kaum vorstellbar, daß ein Bauer die Frucht seiner Arbeit, das Getreide, das ihn im nächsten Jahr ernähren sollte, zerstört hätte. Es ist schwer abzuschätzen, in welchem Ausmaß diese Befehle tatsächlich ausgeführt wurden.

Da er nicht ausreichend Kräfte hatte, um sich Coucys Streitmacht offen entgegenzustellen, zog sich Leopold in die Festung von Breisach auf der anderen Seite des Rheins zurück und verließ sich auf den Widerstand der streitbaren Schweizer. Er selbst hatte schmerzlich erfahren müssen, wie es um die Kampfkraft seiner Schweizer Untertanen bestellt war.

Ob authentisch oder legendär – Wilhelm Tells trotziger Widerstand gegen den österreichischen Vogt Geßler am Beginn des Jahrhunderts symbolisiert den Kampf gegen die Tyrannei der Habsburger. Noch zwei weitere Male im Laufe des Jahrhunderts hatten die Schweizer der Habsburger Kavallerie demütigende Niederlagen zugefügt. Bei Morgarten und Laupen in den Jahren 1315 und 1339 hatten die Siege des Mannes auf der Erde über den aufgesessenen Ritter Kriegsgeschichte gemacht. Bei Morgarten im Waldkanton von Schwyz hatten die Schweizer den Rittern bei einem Gebirgspaß aufgelauert, von oben Steine und Baumstämme auf sie stürzen lassen und waren dann in das Chaos hinuntergestiegen, um die Ritter abzuschlachten »wie Schafe in den Hürden«. Sie kannten keine Gnade, denn sie erwarteten keine Lösegelder, und sie siegten, weil sie, nicht der Feind, das Schlachtfeld gewählt hatten. Die Ritter entschuldigten die Niederlagen mit dem ungünstigen Gelände, und tatsächlich wurde der Nachteil für die Reiterei in den Bergen zu einem Element – ebenso wichtig wie der trotzige Geist der Kantone – in der schließlichen Erzwingung der Schweizer Unabhängigkeit.

Bei Laupen an einem offenen Hügel konnte kein Terrain die Niederlage wegerklären. Dort ging die Stadtstreitmacht von Bern auf einer Anhöhe in Stellung und zwang so die Habsburger Ritter, in ansteigendem Gelände zu kämpfen. Die Berner, verstärkt durch Bergbauern aus den Waldkantonen, bildeten in dem Gefecht eine Igelphalanx, die, obwohl sie von den Rittern eingeschlossen wurde, standhielt und nicht durchbrochen werden konnte. Während die Schweizer ihre Feinde in ein blutiges Handgemenge verwickelten, in dem sie ihnen mit ihren Hellebarden – einer Verbindung von Axt und Spieß – schreckliche Wunden zufügten, fiel ihre Reserve den Adligen in den Rücken und überwältigte sie. Siebzig Helme und 27 Adelsbanner wurden von den Schweizern erbeutet. Obwohl diese Schlachten nun schon eine Generation zurücklagen, hatten die Gügler allen Grund, sie als Warnung ernst zu nehmen.

Die Schweizer reagierten kaum auf Leopolds Aufruf, das Land gegen Coucy zu verteidigen. Sie haßten die Habsburger mehr, als sie die Invasoren fürchteten. Die drei Waldkantone im Zentrum des Landes weigerten sich völlig, irgend etwas zu unternehmen. Angeführt vom Kanton Schwyz, dem kühnsten der drei, der der zukünftigen Nation den Namen geben sollte, sagten sie, daß sie kein Interesse hätten, sich für Leopolds Verteidigungskrieg zu opfern, da der Sire de Coucy ihnen niemals etwas angetan habe. Sie würden »Zuschauer in diesem Krieg« bleiben, es sei denn, sie sähen sich gezwungen, gegen den Sieger zu kämpfen, wenn er seine Ansprüche zu weit auslege. Zürich indessen ebenso wie Bern, Luzern und Solothurn erklärten sich bereit, den Aargau zu verteidigen, jene Region, die dem Elsaß benachbart war und die sie als ihren »Korridor« ansahen.

In der Zeit um den 11. November traf Coucy mit 1500 Mann im Elsaß ein, um das Kommando zu übernehmen. Inzwischen war die Gegend gründlich verwüstet, so daß nun – der Winter stand vor der Tür – kaum noch Lebensmittel aufzutreiben waren. Zu diesem kritischen Zeitpunkt erscheint in der Überlieferung eine Verzerrung der Ereignisse, die um so unerklärlicher ist, als sie von Froissart herrührt, der doch viel von Coucys Geschichte aus dessen eigenem Mund hörte. Nach Froissart beriefen meuternde Hauptleute einen Kriegsrat ein und klagten Coucy an, sie betrogen zu haben. »Was ist dies?« riefen sie. »Ist dies das Herzogtum Österreich? Der Sire de Coucy hat uns gesagt, es sei eines der fettesten Länder der Welt, und wir finden es arm vor. Er hat uns schäbig betrogen. Gingen wir über den Rhein, so würde keiner von uns lebend zurückkehren, denn unsere Feinde, die Deutschen, sind Männer ohne Erbarmen. Laßt uns nach Frankreich zurückkehren, und verflucht sei, wer weiter vorrückt.«

Coucy sprach beschwichtigend auf sie ein: »Ihr Herren, Ihr habt mein Geld genommen und mein Gold, für das ich bei dem König von Frankreich tief in der Schuld stehe, und Ihr seid durch Eid und Treue verpflichtet, Euch ehrenvoll in diesem Unternehmen zu verhalten. Tut Ihr dies nicht, so bin ich der entehrteste Mann in der Welt.« Aber die Kompanien weigerten sich aufzubrechen, sie murrten, der Rhein sei zu breit, um ohne Schiffe überquert zu werden, und überdies kenne niemand die Straßen auf der anderen Seite: »Niemand sollte Krieger aus einem guten Land hinausführen, wie Ihr es getan habt.«

Der Rhein, der bei Basel einen rechten Winkel beschreibt, brauchte in Wirklichkeit nicht überquert zu werden, um den Aargau zu erreichen, aber er hatte im Bewußtsein der Söldner eine unbestimmte mythische Qualität, die einer Grenze. Nach Froissarts Version war Coucy über die Meuterei »sehr melancholisch« und ging mit sich selbst als »einem weisen und weitsichtigen Ritter« zu Rate. Er rechnete mit der Möglichkeit, daß die Söldner ihn an den Herzog von Österreich verkauften, um zu ihrem Sold zu kommen, und »wenn er den Deutschen ausgeliefert würde, wäre er für immer gefangen«. Mit nur zwei Begleitern brach er heimlich und »in Verkleidung« auf und war bereits zwei Tagereisen entfernt, bevor irgend jemand außer seinen engsten Beratern wußte, daß er fort war. Als er Frankreich erreichte, waren der König und seine Brüder »sehr erstaunt, ihn zu sehen, denn sie dachten, er sei in Österreich, und glaubten zuerst, drei Geister zu erblicken«. Coucy hatte keine Schwierigkeiten, die Affäre aufzuklären, »denn er war ein redegewandter Mann und hatte eine wahre Entschuldigung«. Er erzählte dem König und den Herzögen alles, was geschehen war, »damit sie sähen, daß er im Recht war und die Kompanien die Schuld trugen«.

Die Tatsache, daß nichts von all diesem wirklich geschah, illustriert die Problematik mittelalterlicher Chroniken für die Geschichtsschreibung. Coucy und die Kompanien rückten in Wirklichkeit in den Aargau ein; sie verließen das Elsaß am 25. November und marschierten nach Basel, wo sie drei Tage lang um die Stadt herumzogen, um ihre Stärke zu demonstrieren und wahrscheinlich auch, um jeden Widerstand gegen ihr Vorrücken über den Jura zu entmutigen. Der Bischof von Basel gab ihnen freies Durchgangsrecht, angeblich aus Haß auf Bern.

Aus der Nähe erwies sich die purpurne Dunkelheit des Jura als Kiefernwälder, die die niedrigeren Hügelketten bedeckten. Coucys Truppen ritten in ihren Kapuzen einen Strom entlang, der ihnen entgegen, nach Frankreich, floß, überschritten die Hügelketten, die Pässe bei Hauenstein und Balsthal, stiegen in die Täler hinab und raubten die Bergdörfer aus, bis sie an die Aare kamen, einen breiten Zufluß des Rheins, der die Grenze zum Aargau markierte. Sie trafen kaum auf Widerstand, denn die Grundherren des Landes flohen vor den Invasoren und suchten bei Leopold Schutz. Coucys Truppen eroberten Burgen und die alte hölzerne Brücke bei Olten.

Dringlich von Leopold aufgerufen, waren die Berner ausgerückt, um dem

Feind entgegenzutreten, aber als sie sahen, daß der Adel seine Territorien im Stich ließ, wandten sie sich angewidert um und marschierten wieder nach Hause. Der ganze Aargau gab in tiefer Furcht das Land und die Dörfer auf und flüchtete in die Städte, die Gügler konnten sich im Lande frei bewegen. Erzürnt über den Ungehorsam der Berner, verwüstete Leopold rücksichtslos das Land vor dem vorrückenden Feind. Seine Leute verbrannten die Felder, fällten Bäume und hinterließen eine solche Welle des Elends, daß kleine Dörfer den Winter kaum überleben konnten und die Bewohner Wölfe bekämpfen mußten, die aus den Wäldern kamen. Das verbitterte Volk verspottete die Österreicher, die »jenseits des Rheins sicher wie in einer Truhe lagen«. Sie klagten den Grafen Rudoph von Nidau und andere Adelsherren an, diesem Strom, der die Kantone verheeren würde, die Schleusen geöffnet zu haben.

Coucys Reiter lasen auf, was sie finden konnten. In drei Gruppen aufgeteilt, verbreiteten sie sich weiter und weiter in den Aargau hinein, getrieben von Hunger und Beutelust. Coucy richtete in der Abtei von St. Urban sein Hauptquartier ein, wo er nach den Aufzeichnungen des Klosters achtzehn Tage blieb. Die wichtigeren Städte des Aargaus hatte er zu Pfändern für den ihm verweigerten Anteil des Erbes seiner Mutter erklärt. Wäre er in der Lage gewesen, diese Städte einzunehmen, hätte er seine persönlichen Ziele vielleicht erreichen können, aber die weite Zerstreuung seiner Kräfte und die Widerstandskraft der Stadtmauern gegen Belagerungen verhinderte das. Er konnte auch nicht mehr erreichen als vorher Eduard in Frankreich. Selbst die kleine Stadt Büren im Tal der Aare wies eine Belagerung ab, die er selbst führte. Den Herrn von Büren allerdings, den Grafen von Nidau, traf hier die Strafe für seine Doppelzüngigkeit, als er zum Fenster hinaussah und von einem Pfeil getötet wurde.

In der bitteren Kälte des Dezembers drangen die Kompanien, in kleine Gruppen aufgeteilt, um die Verpflegung aus dem Lande zu erleichtern, bis an die Grenzen von Zürich und Luzern vor. Ihre Ausdünnung machte sie gerade zu einer Zeit verwundbar, als sich aufgrund ihrer Greueltaten der Schweizer Widerstandswille erhob. In Schwyz, nahe dem Sempacher See, sammelte eine auf ihre alten Privilegien stolze, gehärtete Bauernschaft eine Kampfgruppe von mehreren hundert Mann. Durch dieses Beispiel ermutigt, verließen die jungen Männer von Luzern – gegen den Befehl des Magistrats – die Stadt und schlossen sich zusammen mit Abordnungen anderer Städte den Bauern an. Am 19. Dezember kreiste die Gruppe, nun etwa sechshundert Mann stark, die kleine Stadt Buttisholz ein, in der sich ein Korps von »sechstausend« Güglern einquartiert hatte. Die Schweizer griffen an, erschlugen dreihundert und verbrannten andere bei lebendigem Leibe in einer Kirche, in der sie Zuflucht gesucht hatten. Im Triumph ritten die Männer von Schwyz mit ihren Trophäen in die Berge zurück. Auf dem Gefechtsplatz wurde später ein Denkmal aufgestellt, das an die »Niederlage der Gügler« erinnerte.

Bern, die Stadt des Bären, wurde durch die Nachricht von dem Sieg angespornt. Innerhalb von sechs Tagen wurde eine Streitmacht von Bernern und Bürgern benachbarter Städte aufgestellt. Am Heiligen Abend überraschte diese Truppe eine Kompanie von Bretonen bei Ins und schlug weitere dreihundert Gügler tot, offenbar mit wenig Verlusten, denn die Berner waren schon am nächsten Abend wieder bereit auszurücken.

Ihr Ziel war dieses Mal die Abtei von Fraubrunnen, wo kein geringerer Feind als Owen von Wales sich mit einer großen Kompanie einquartiert hatte. Unter dem Bärenbanner marschierten die Bürger durch die kalte Nacht des 26. Dezember und schlossen die Abtei noch vor Morgengrauen ein. Mit lautem Schlachtgeschrei und flammenden Fackeln setzten sie die Gebäude in Brand, fielen über die schlafenden »Engländer« her und erschlugen viele, noch bevor sie erwachten. Der Rest raffte die Waffen auf und verteidigte sich verzweifelt: Klostergänge, in denen sonst feierliche Ruhe geherrscht hatte, hallten wider von den Schreien und dem Klang der Waffen, die Feinde kämpften »Stich für Stich und Schlag für Schlag«, Rauch und Flammen erfüllten jedes Gebäude der Abtei, Owen schwang sein Schwert mit »wilder Wut«, der Berner Anführer, Hannes Rieder, fiel, aber seine Männer schlugen die Gügler in die Flucht. »Und die, die flohen, wurden erschlagen, und die, die blieben, wurden verbrannt.« Owen entkam, aber achthundert seiner Leute waren tot. Auch die Schweizer erlitten schwere Verluste, aber die Überlebenden kehrten ruhmbedeckt nach Bern zurück. Unter den erbeuteten Bannern, die noch heute in der Stadt ausgestellt sind, ist auch ein rot-weißes, fleckig und zerrissen, angeblich das Banner von Coucy. War er in Fraubrunnen? Seine Teilnahme an dem Kampf ist nirgends überliefert, aber nicht unmöglich.

Bern erließ eine jährliche Almosenverteilung aus Dankbarkeit für den Sieg; Lieder und Chroniken feierten den Kampf gegen die gefürchteten Kompanien, die die Christenheit schon so lange plagten. Balladen erzählen von »dem Ritter von Cussin, der kam, um Burgen und Städte zu nehmen« mit »40 000 Lanzen in spitzen Hüten«, wie er »dachte, daß das Land sein eigen sei, und seine Verwandten aus England mitbrachte, um ihm in allem zu helfen«. Der Bär von Bern aber schlug ihn zurück, und »in England und Frankreich weinten die Witwen alle und riefen: Wehe, gegen Bern soll niemals wieder jemand ziehen«.

Ein neues Selbstbewußtsein spricht aus diesen Kriegsliedern. Die Gefechte in Buttisholz, Ins und Fraubrunnen in der Weihnachtswoche 1375 waren, obwohl sie die Gügler nicht endgültig ausschalteten, in ihrer Symbolkraft bedeutender als in ihrem militärischem Gewicht. Sie gaben dem Widerstand der Schweizer gegen Habsburg neue Kraft, trieben sie voran und auf jene entscheidende Schlacht bei Sempach zu, in der elf Jahre später Leopold fiel und der Griff Habsburgs praktisch gebrochen wurde, auch wenn es noch ein Jahrhundert dauerte, bis die Unabhängigkeit des Bundes wirklich erfochten war.

Nach Fraubrunnen sah sich Coucy gezwungen, nach Frankreich zurückzukehren. Da Leopold der Entscheidungsschlacht auswich, konnte er sein Erbe nicht zurückgewinnen noch die Kompanien länger in einem verbrannten und erschöpften Land halten, noch dazu im Winter. Die Moral der Kompanien war durch die schweren Niederlagen auf einem Tiefpunkt. Wie Eduard, wie Lancaster, wie jeder Invasor seiner Zeit hatte er sich darauf verlassen, aus dem Lande leben zu können, und war wie seine Vorgänger gescheitert. Die düsteren Wiederholungen der Geschichte waren selten deutlicher als im Gügler-Krieg.

Der Rückzug durch das Elsaß im Januar war voll der bittersten Entbehrungen. Männer brachen vor Hunger und Kälte am Straßenrand zusammen oder desertierten, verhungernde Pferde wurden liegen gelassen, Zaumzeug und Rüstungen weggeworfen. Wer noch Kraft besaß, plünderte weiter. Städte schlossen ihre Tore vor den anrückenden Banden, fügten ihnen in einem Fall mit Hilfe der Heiligen Jungfrau sogar eine weitere demütigende Niederlage zu. Die Bürger von Altkirch, entschlossen, ihre Stadt von den Mauern herab gegen die Gügler zu verteidigen, sahen, wie sich der Nachthimmel durch das vielfarbige Licht einer Aurora borealis erhellte. Überzeugt, daß ihre Schutzpatronin, die Heilige Jungfrau, dies zum Zeichen ihrer Hilfe an den Himmel gesetzt habe, wagten die ermutigten Bürger einen Ausfall und schlugen die Gügler in die Flucht.

Bei Wattwiller, nur einen Tagesritt von Leopolds Burg in Breisach entfernt, wurde am 13. Januar ein Vertrag unterzeichnet, in dem die Herzöge von Österreich Coucy das Lehen des toten Grafen von Nidau abtraten einschließlich der Stadt Büren. Coucy verzichtete seinerseits auf alle anderen Ansprüche. Ob seine Armee selbst auf dem Rückzug noch für bedrohlich genug gehalten wurde, um diese Einigung erzwingen zu können, oder ob die Bestimmungen des Vertrags früher ausgehandelt worden waren, um ihn zum Rückzug zu bewegen, ist nicht überliefert. Jedenfalls kehrte Coucy nicht mit leeren Händen heim. Die Kompanien schleppten sich den Januar und Februar hindurch nach Frankreich zurück. Es war Coucy gelungen, sie fast sechs Monate lang außer Landes zu halten, länger als Du Guesclin mit seinem spanischen Feldzug von 1365.

König Karl V. beauftragte Coucy im Februar prompt damit, gegen seine ehemaligen Kampfgenossen zu ziehen, die inzwischen wieder die Champagne unsicher machten. Coucy und Marschall Sancerre bekamen jeder zweihundert Reiter, um im Sold des Königs »gegen einige Kompanien zu ziehen, die gerade von den deutschen Grenzen zurückgekehrt waren«. Offensichtlich hatten sie Erfolg. Im März tauchten die bretonischen Kompanien an der Rhone auf und wurden im Mai vom Papst für den wiederaufgeflammten Krieg in Italien angeheuert.

Die englisch-französische Friedenskonferenz in Brügge trat im Dezember 1375 wieder zusammen. Herzöge, Kardinäle, der Constable Du Guesclin und andere berühmte Persönlichkeiten versammelten sich und verbrachten die Tage mit legalistischen Streitigkeiten, großen Auftritten, Turnieren, Festen und Banketten. Der Disput über die Territorien war noch komplizierter geworden, weil Karl V. forderte, daß Eduard für die Kriegsschäden Reparationen zahlen sollte. Wieder kam es zu keiner Einigung, nur der Waffenstillstand wurde um ein weiteres Jahr verlängert. Karl wandte sich noch einmal um Hilfe an Coucy, denn er wünschte einen »guten Frieden«, und Coucys Verbindungen mit England machten ihn »sehr geeignet, den Frieden zwischen den beiden Königen auszuhandeln«.

Während Coucys Feldzug gegen Österreich war die ruhelose Isabella wie gewöhnlich nach England gereist. Nach den verschiedenen Geschenken zu urteilen, den Geldzuwendungen und Subsidien, mit denen Eduard sie überhäufte, war der Zauber, den sie auf ihn ausübte, noch immer ungebrochen. In seiner Senilität war er überdies dem Charme einer schönen und vulgären Mätresse erlegen, Alice Perrers mit Namen, der er die Gewänder und Juwelen der verstorbenen Königin schenkte und die mit einem Triumphwagen durch London paradierte und sich selbst den Titel »Lady of the Sun« verliehen hatte. Bei einem früheren Besuch hatte Isabella sich geweigert, neben diesem zweifelhaften Ersatz ihrer Mutter bei Hof zu wohnen, aber jetzt wurden ihre Skrupel durch töchterliche Zuneigung oder auch die Erwartung väterlicher Großzügigkeit überwunden.

Zum Jahreswechsel schenkte Eduard Isabella die vollständige Ausstattung einer Kapelle und zwei Sättel, einen aus rotem Samt, bestickt mit goldenen Veilchen, und einen, der mit Sonnen aus Gold und Kupfer geschmückt war. Sie jagte in Windsor, übte sich mit zwölf Hofdamen im Bogenschießen mit schön gearbeiteten Bogen, die ein Geschenk des Königs waren, und kehrte zweifellos mit einigem Bedauern im Januar 1376 nach Frankreich zurück, als Coucy aus dem Aargau heimkam. Schon im April wollte sie wieder nach England aufbrechen. In diesem Monat bat Coucy den König von Frankreich um Erlaubnis, England mit seiner Frau besuchen zu dürfen.

Seit seiner Rückkehr aus dem Aargau hatten Coucys Freunde ihn zu überzeugen versucht, daß er nun ganz »französisch« werden solle. Nach Froissart argumentierten sie, daß er damit nicht notwendigerweise seine englischen Besitzungen aufs Spiel setzte, weil der König von England nicht erwarten konnte, daß er seine weit bedeutenderen Ländereien in Frankreich aufgäbe, besonders da er »nach Namen, Blut, Wappen und Herkommen« französisch sei. Da er wußte, daß der französische König ihn hochschätzte, und da er der Krone dankbar war, daß sie seinen österreichischen Feldzug finanziert hatte, und zweifellos auch, weil er nicht den Wunsch hatte, im Falle eines neuen Krieges wiederum eine schwierige und erzwungene Neutralität beachten zu müssen, war Coucy einer Entscheidung sehr nahe. Aber vorher hoffte er offensichtlich, die Frage seiner englischen Ländereien und Einkünfte bei seinem bevorstehenden Besuch in England zu klären. Seine englische Frau, deren Anhänglichkeit an ihre Heimat ungeschwächt war, hätte sich sicherlich energisch gegen eine Abwendung von ihrem Land gewehrt. Nichtsdestoweniger scheint ihr Gatte seine Entscheidung im geheimen bereits getroffen zu haben, als er eine neue Aufgabe übernahm.

»Und da er sah, daß Coucy als einer der weisesten und vorsichtigsten Adligen betrachtet wurde . . . über dessen Güte und Loyalität es keinen Zweifel gab, ließ der König ihm sagen: ›Sire de Coucy, es ist die Absicht des Königs und seines Rates, daß Ihr zu Uns in Frankreich gehören möget und Uns in den Verhandlungen mit den Engländern helfen und beraten möget. Daher bitten Wir Euch, daß Ihr Eure Reise weise und heimlich unternehmt, wie Ihr es wohl vermögt, und daß Ihr von dem König von England entdeckt, zu welchen Bedingungen Frieden zwischen ihnen und uns gemacht werden kann.‹ Und so eilte er zum Aufbruch.«

Kapitel 14
England in Aufruhr

Coucy kam in England im April 1376 an, gerade als die allgemeine Unzufriedenheit sich im ersten Mißtrauensantrag des Parlaments gegen Minister der Krone äußerte. In jener historischen Sitzung, die »das Gute Parlament« genannt wurde, mußte die Monarchie erkennen, daß sie das Vertrauen des Volkes durch eine Politik verloren hatte, die den Krieg weder gewinnen noch beenden konnte.

Das Scheitern der Friedensverhandlungen von Brügge hatte den öffentlichen Unwillen gegen korrupte königliche Beamte, einen unergiebigen Krieg, militärische Ineffizienz und die Verschwendung oder Unterschlagung von Steuergeldern auf den Siedepunkt gebracht. Dies waren dieselben Mißstände, die zwanzig Jahre vorher die Herausforderung der französischen Krone durch den dritten Stand provoziert hatten. Sie wurden auch aus einem ähnlichen Anlaß besonders bemerkbar, denn die englische Krone brauchte neue Steuergelder, um sich auf das voraussichtliche Ende des Waffenstillstandes in einem Jahr vorzubereiten. Das Parlament war für April einberufen worden, und während sich die Mitglieder versammelten, »hallte London von großem Volksgemurmel wider«.

Sire und Dame de Coucy, die »mit Entzücken« bei Hofe begrüßt worden waren, fanden sich im Zentrum eines Sturms der Volkswut, die die königliche Familie bedrohte und sich vor allem auf Isabellas Bruder, Johann von Gaunt, den Herzog von Lancaster, konzentrierte. Nach der Erkrankung seines Bruders und aufgrund der Senilität des Königs war er die Schlüsselfigur der königlichen Regierung und wurde jetzt für alles, was schiefgegangen war, verantwortlich gemacht.

Das Unterhaus des »Guten Parlaments« setzte sich aus 74 Landedelleuten der Grafschaften und 60 Abgeordneten der Städte zusammen. Mit Unterstützung des Oberhauses forderten sie die Ahndung und Wiedergutmachung von 164 Rechtsverletzungen, ehe sie neuen Subventionen für die Krone zustimmen wollten. Ihre wichtigste Forderung war die Entlassung korrupter Minister und die Verbannung der Mätresse des Königs, die als korrupt und zugleich als Hexe galt. Zusätzlich wurde eine jährliche Parlamentssitzung verlangt, die Abgeordneten sollten in Zukunft gewählt und nicht mehr ernannt werden, und eine lange Liste von Maßnahmen gegen willkürliche Praktiken und schlechte Regierung sollte verwirklicht werden. Zwei der gewichtigsten

Beschwerden waren nicht direkt gegen die Regierung, sondern gegen die Mißbräuche einer ausländischen Kirchenhierarchie und gegen eine aufsässige, ungehorsame Arbeiterschaft gerichtet. Diese beiden Streitpunkte hatten große Bedeutung: Der eine führte zum schließlichen Bruch mit Rom, der andere sehr viel früher zum Bauernaufstand.

Das tüchtige und triumphierende England, das Coucy nach Poitiers kennengelernt hatte, war in tiefem Mißmut versunken. Der Stolz auf die Eroberungen und der Reichtum der Lösegelder hatten sich aufgelöst wie Rauch; Energie und Selbstvertrauen waren in Streitereien und Ausschweifungen versickert, das erweiterte Reich war wieder zusammengeschrumpft, englische Flotten waren schändlich vom Kanal verjagt worden, die kriegerischen Schotten an den Grenzen – Eduard hatte mit ihnen noch länger als mit den Franzosen kämpfen müssen – waren so ungezähmt wie je. Die Helden Englands – Heinrich von Lancaster, Chandos, der Schwarze Prinz – waren tot oder lagen im Sterben; an die Stelle der guten Königin war eine Metze getreten, von der man glaubte, sie habe den König dadurch bezaubert, daß sie ihm mit Hilfe eines Priesters, der in der Schwarzen Magie bewandert war, seine Potenz zurückgegeben hatte. Der einst strahlende Eduard, der von der Windmühle aus auf den Sieg von Crécy hinuntergeblickt hatte, war nun ein närrisch verliebter alter Mann, »der nicht mehr Verstand hatte als ein achtjähriger Junge«. Die hohe Zeit der Erfolge lag hinter den Engländern, und jede neue Niederlage mußte mit Handelskrisen und neuer Besteuerung bezahlt werden. Eine fünfzigjährige Herrscherzeit ununterbrochener Kriege näherte sich ihrem Ende, und im Volk wuchs das Gefühl, daß es eine Zeit der verschwendeten Kraft und der Mißwirtschaft gewesen war.

England war nun auch von der Gesetzlosigkeit angesteckt, die der Krieg auf dem Kontinent heraufbeschworen hatte. Soldaten, die ohne die Früchte, aber mit der Gewohnheit von Raub und Plünderung heimkehrten, bildeten kleine Räuberbanden oder dienten Rittern und Grundherren, die zurückkehrten und ihre Ländereien durch den Schwarzen Tod verarmt vorfanden. Von der Plünderung Caens bei Eduards erster Landung bis zum Feldzug Coucys in den Aargau hatte sich eine ganze Generation daran gewöhnt, vom Raub zu leben, und fiel auch zu Hause leicht in diese Gewohnheit zurück. Nach einer Parlamentsbeschwerde ritten Kompanien von Soldaten und Bogenschützen »in verschiedenen Teilen Englands in großen Gruppen umher« und ergriffen Besitz von Herrenhäusern und Ländereien, schändeten Frauen und Mädchen und führten sie mit sich, »prügeln und verstümmeln und erschlagen die Leute, um ihre Frauen und ihr Gut an sich zu bringen«, hielten andere gefangen, um Lösegeld zu erpressen, und erschienen »manchmal bewaffnet in Gerichtsversammlungen in so großer Zahl, daß sie den Richter in Angst versetzen, so daß er sein Amt nicht kühn versieht«.

Die Gesetzlosigkeit unter den freien Bauern war gewachsen, da ihr Anspruch auf höhere Löhne im Gefolge der Entvölkerung des Landes sie ständig in Konflikte mit dem Gesetz trieb. In einer Welt, die an die Unveränderlichkeit gesellschaftlicher Bedingungen glaubte, erzwang das Arbeiterstatut in blinder Verneinung der Realitäten von Angebot und Nachfrage Löhne wie in den Zeiten vor der Pest. Da die Bestimmungen des Statutes, die den Wechsel des Arbeitsplatzes aufgrund besserer Bezahlung verboten, nicht durchzusetzen waren, wurden die Strafen ständig erhöht. Arbeiter, die das Statut übertraten, aber nicht gefangen werden konnten, wurden zu Gesetzlosen erklärt – und dadurch erst zu Verbrechern gemacht. Freie Bauern gewöhnten sich an ein nomadisches Leben, sie verließen ihren festen Wohnsitz, damit das Statut auf sie nicht mehr anwendbar war, wanderten von Ort zu Ort, suchten Arbeit gegen gute Bezahlung, wo immer sie angeboten wurde, und stahlen und bettelten, wenn sie keine fanden. Sie hatten jedes soziale Band zerrissen, lebten in jener klassischen Feindschaft gegen die behördliche Macht, die Robin Hood in seinem Kampf gegen den Sheriff von Nottingham symbolisierte.

In dieser Zeit wurde die Legende von Robin Hood beim einfachen Volk populär, wenn auch nicht bei den Grundherren und den soliden Kaufleuten des Unterhauses. Diese beklagten bitter, daß Diener und Arbeiter »aus großer Böswilligkeit« ihren Arbeitsplatz verließen, »wenn ihre Herren sie tadeln oder ihnen Bezahlung nach dem Statut anbieten. Dann führen sie ein böses Leben und berauben die Armen der Dörfer in Gruppen von zweien und dreien zusammen.«

Um die freien Bauern auf dem Land zu halten, boten die Grundherren viele Konzessionen an, und die Städte hießen die wandernden Handwerker willkommen, um die Lücken, die die Pest geschlagen hatte, zu füllen. Nach Langlands Chronik wurden sie dadurch unabhängig, aufsässig und anspruchsvoll. »Sie halten es für unter ihrer Würde, einen Tag altes Gemüse zu speisen, Pfennigbier ist ihnen nicht gut genug und ein Stück Speck auch nicht«, frisch gebratenes Fleisch oder guter Fisch mußte es sein. Sie schlossen sich zusammen und erlernten die Taktik des Streiks, sammelten Geld für »gegenseitige Verteidigung« und »bildeten Konföderationen, auf daß jeder dem anderen half, mit starker Hand den Grundherren zu widerstehen«. Da wuchs eine zur Revolte gegen die Unterdrückung gerüstete Generation heran.

Die Wiederkehr des Schwarzen Todes im Jahr 1374/75 in derselben Epidemie, die Coucy veranlaßt hatte, die Lombardei zu verlassen, traf wiederum viele Haushalte und reduzierte das Steueraufkommen. Die wiederholten Ausbrüche der Seuche begannen sich in ihrer kumulativen Todesrate auf den Bevölkerungsrückgang ebenso wie auf die sich verdüsternde Atmosphäre des Jahrhunderts auszuwirken. In der Wahlsteuer von 1379 ist von sechs Dörfern in Gloucestershire überhaupt keine Zahlung überliefert, und noch sechs Jahrhunderte später standen fünf kleine Kirchen, nur eine Tagesreise auseinander, in verlassenem Schweigen im Zentrum von Dörfern, die im 14. Jahrhundert aufgegeben worden waren. Wie immer aber war die Todesrate sehr unterschiedlich, und es gab keinen Mangel an landhungrigen Zweit- und Drittgeborenen, armen Verwandten und landlosen Pachtbauern, die bereit waren, verwaistes Land zu übernehmen und es zu bebauen.

Neben die soziale trat die religiöse Unruhe, die ihre Stimme in dem Oxforder Theologen und Prediger John Wyclif fand. Durch das Teleskop der Geschichte gesehen, war er der bedeutendste Engländer seiner Zeit. Der Materialismus der Kirche und die Weltlichkeit ihrer Würdenträger wurden überall in Europa beklagt, aber die Kritik war nirgendwo schärfer als in England, wo der Eingriff des ausländischen Papsttums in englische Angelegenheiten die meisten Ressentiments weckte. Wie auch andernorts in Europa gab es eine tiefe Sehnsucht, die Kirche aus ihrer Verweltlichung zu lösen und den Weg zu Gott von all dem Geld, den Honoraren, Donationen und Ablaßzahlungen zu befreien. In Wyclif begegneten einander der politische und der spirituelle Zug des englischen Protestantismus und wurden zu einer Philosophie und einem Programm verschmolzen.

Mit seinen 36 Jahren lehrte Wyclif Theologie am Balliol College. Seine ausdrucksstarken Predigten gewannen ihm die Aufmerksamkeit der Öffentlichkeit und bestärkten den weitverbreiteten Antiklerikalismus. In der Streitfrage weltliche gegen geistliche Macht führte er die gefährlichen Gedanken des Marsilius von Padua und Wilhelm von Ockham fort und wurde so zum Hauptvertreter des englischen Kampfes gegen die Suprematie des päpstlichen Gesetzes über die Rechtsprechung des Königs sowie gegen die Zahlung von Steuern an das Papsttum. Als Kaplan des Königs in den 1360ern formulierte er Gedanken über das Verhältnis von Kirche und Staat, die der Regierung sehr entgegenkamen. 1374 diente er als Gesandter des Königs in dessen Versuch, zu einer Einigung mit dem Papst zu kommen.

In dem Jahr, als Coucy nach England kam, nagelte Wyclif, metaphorisch gesprochen, seine These in Form einer Abhandlung an die Kirchentür. Es war *De Civili Dominio (Über die weltliche Macht)*, die nichts Geringeres als die Enteignung aller weltlichen Besitzungen der Kirche und den Ausschluß der Geistlichkeit von der weltlichen Regierung vorschlug. Alle Macht, argumentierte er, war von Gott verliehen, und in irdischen Dingen gehörte sie den weltlichen Instanzen allein. In logischer Stringenz und mit herber Polemik, die es liebte, von den »stinkenden Orden« der Mönche und den »gehörnten Ungeheuern« der Kirchenhierarchie zu sprechen, führten ihn seine Theorien bald zu der radikalen These, daß das Priestertum nicht mehr als notwendiger Vermittler zwischen Menschheit und Gott anerkannt werden sollte.

Wyclifs besondere Leistung war es, das nationale Interesse und zugleich populäre, weitverbreitete Meinungen auszudrücken. Seit Jahrzehnten führte das Parlament bittere Beschwerde über das Volkseinkommen, das England durch ausländische Herren reicher Kirchengüter wie den hochmütigen Kardinal Talleyrand de Périgord entzogen wurde. Die Summen waren angeblich doppelt so hoch wie das Steueraufkommen für die Krone, und ein Drittel des Königreiches, schätzte man, gehörte der Kirche. Die Immunität der Geistlichkeit gegen das Zivilrecht, die es für einen Laien unmöglich machte, einen Geistlichen zu belangen, war ein weiterer Grund des Antiklerikalismus. Vor allem aber galt der Zorn des Volkes der Unzulänglichkeit der Priester. Wenn ein Priester von seiner Diözese die Erlaubnis, sich eine Konkubine zu halten, kaufen konnte, wie sollte er eher Zugang zu Gott haben als ein einfacher Sünder? Die Lüsternheit der Priester war so groß, daß einem Mann, der einen Ehebruch beichtete, nicht erlaubt war, den Namen der Frau zu nennen, damit der Priester ihre Schwachheit nicht selbst ausnutzen konnte.

Die Korruptheit, wenn auch nicht die Lüsternheit, des Gemeindepriesters war gewöhnlich eine Folge der Tatsache, daß er unterbezahlt war, was ihn zwang, die kirchlichen Diensthandlungen zu verkaufen; selbst das Abendmahl konnte dem Kommunikanten vorenthalten werden, wenn er keine Spende anbot – ein Hohn auf das Ritual. Frivolität und Weltlichkeit wurde den Priestern in einem kirchlichen Ermahnungsschreiben von 1367 vorgeworfen; darin hieß es, sie trügen kurze, enge Wämser mit langen pelz- oder seidengefütterten Ärmeln, kostbare Ringe und Gürtel, bestickte Börsen, Messer, die Schwertern ähnelten, farbige Stiefel und sogar jenes Teufelswerk, die langen, gekrümmten, spitzen Schuhe.

Als Wyclif solche unheiligen Priester schmähte und nachzuweisen suchte, daß das Priestertum zur Erlösung nicht wesentlich war, zielte dieser Schlag gegen die Grundlagen der Kirche und ihrer Deutung der Rolle Christi. Er steuerte unerbittlich auf die ketzerische Leugnung der Transsubstantiation zu, denn ohne transzendente Macht konnte es dem Priester nicht möglich sein, Brot und Wein in den wahren Körper und das Blut Christi zu verwandeln. Von da aus gesehen, folgte der Rest logisch: die Nichtnotwendigkeit des Papstes, die Ablehnung der Exkommunikation, der Beichte, der Pilgerfahrten, der Reliquienverehrung und der Heiligen, der Ablässe und käuflichen Absolutionen. All dies sollte von Wyclifs Besen beiseite gefegt werden.

Als Ersatz bot er die Bibel in englischer Sprache an. Sie war von seinen Jüngern übersetzt worden, auf daß das Volk die Religion ohne den Priester und sein bedeutungsloses lateinisches Kauderwelsch verstehen möge. Keine andere Handlung eines religiösen Reformators sollte tiefer in die tausendjährige Machtstellung der Kirche eingreifen, aber ihre Wirkung lag noch einige Jahre in der Zukunft. In den siebziger Jahren des Jahrhunderts wurde die Reformbewegung vorbereitet durch die »Lollharden«, ein Name, der von den flämischen Mystikern abgeleitet war und ursprünglich »Murmler« bedeutete. Diese sektiererische Bewegung breitete sich zunächst im einfachen Volk und unter der niederen Geistlichkeit aus, sprang dann aber auch auf Ritter und einige mächtige Adlige über, die der Griff der Geistlichkeit nach weltlicher Macht erbitterte. Der Graf von Salisbury ließ alle Standbilder von Heiligen in seiner Kapelle beseitigen und verdiente sich damit den Titel eines »Verächters von Bildern, eines Verhöhners von Sakramenten«, und es gab andere, die die »behüteten Ritter« genannt wurden, weil sie sich weigerten, den Hut zu ziehen, wenn Reliquien durch die Straßen getragen wurden.

Wyclifs Ideen und die Bedürfnisse der Krone paßten zusammen wie Schwert und Scheide. Das erklärt die seltsame Allianz, die ihn zum Protegé des Johann von Gaunt machte. Seine Theorie der Enteignung, die postulierte, daß Adlige Ländereien zurückfordern dürften, die ihre Vorfahren der Kirche hinterlassen hatten, gaben Johann von Gaunts Absicht, das reiche geistliche Establishment auszuplündern, theologische Substanz. Denn was Heinrich VIII. anderthalb Jahrhunderte später erfolgreich abschloß, plante Johann von Gaunt schon 1376. Inzwischen dienten die territorialen Verluste in Frankreich, für die der geistliche Kanzler, William von Wykeham, Bischof von Winchester, verantwortlich gemacht wurde, zum Anlaß, ihn und die anderen Geistlichen im Kronrat aus der Regierung zu verbannen. Die Lords des Parlaments entschieden 1371, daß niemand außer Laien, »die für Missetaten vor dem Gericht des Königs zur Verantwortung gezogen werden können«, von nun an die Ämter des Kanzlers, Schatzmeisters und Mitglieds des Kronrates bekleiden konnten.

Am zunehmenden Verfall der englischen Macht in den französischen Territorien konnte diese Reform allerdings nichts ändern. Kaufleute und der Landadel waren keinesfalls glücklich darüber, daß das Geld, das ihnen in Gestalt von Steuern abgepreßt worden war, von den »schrecklichen und unglaublichen Ausgaben« des Herzogs von Lancaster und seines Gefolges in Brügge verschlungen wurde. Die Gesandten verbrachten ihre Zeit nach den Worten des kritischen Mönches Thomas Walsingham von St. Alban mit »wilden Festen ... Gelagen und Tänzen« zu einem Preis von 20000 Pfund. Die Loyalität des Volkes wurde durch die Kriegskosten auf eine harte Probe gestellt, der Handel durch Beschlagnahmen immer wieder gestört, Lösegeldzahlungen flossen nicht mehr in goldenen Strömen ins Land, Sondersteuern, Reparationen und Aushebungen lagen schwer auf der Ökonomie. Auch England wurde nun durch den Krieg ärmer, nicht reicher.

Als das Parlament 1376 zusammentrat, sammelte sich das Unterhaus, das praktisch nur als eine Ad-hoc-Körperschaft zur Zustimmung zu Steuern galt, um politisch zu handeln. Zunächst suchte es sich durch Verbindung mit den Lords zu verstärken, die das ständige Parlament repräsentierten und eine starke Fraktion besaßen, die gegen den Herzog von Lancaster opponierte und sich auf die Auseinandersetzung mit ihm vorbereitete. Die Lords bildeten einen zwölfköpfigen Rat, der aus vier Bischöfen, vier Grafen und vier Freiherren bestand, um mit dem Unterhaus gemeinsame Aktionen zu beschließen. Der Führer dieser Gruppe war Coucys früherer Bewacher, der junge Graf von March, der mit Philippa verheiratet war, einer Tochter von Lancasters älterem Bruder, dem verstorbenen Herzog von Clarence. Sie war die dritte in der Thronfolge nach dem im Sterben liegenden Schwarzen Prinzen und dessen neunjährigem Sohn Richard. Ihr Gatte glaubte deshalb, den Herzog von Lancaster fürchten zu müssen, dem dunkle Absichten auf den Thron nachgesagt wurden.

Lancaster hatte tatsächlich ein Auge auf eine Krone geworfen, aber es war die Krone Kastiliens, da er die Tochter des ermordeten Pedro geheiratet hatte. Er stilisierte sich bereits als König von Kastilien – oder Monsieur d'Espagne – und hatte wahrscheinlich keine ernsthaften Absichten, die Rechte seines Neffen auf die englische Krone zu usurpieren; was er anstrebte, war, den Krieg mit Frankreich zu beenden, damit er die englischen Kräfte freibekam, um den Thron von Kastilien zu erobern. Als Präsident des königlichen Rates war er der Kopf der Regierung; er kontrollierte seinen Vater, den König, durch ein Bündnis mit Alice Perrers und galt selbst als Libertin, da er sich ebenfalls eine Mätresse, Katherine Swynford, hielt, die er später heiratete und mit der er die Linie der Tudors begründete.

Das Aufsehen, das das Zusammentreten des Parlaments beim Volk erregte, wurde durch die Ankunft des Prinzen von Wales noch erhöht, der sich nach Westminster tragen ließ, um an der Sitzung teilzunehmen. Die Absicht, die ihn dazu trieb, noch im Schatten des Todes das Parlament aufzusuchen, war, von den Lords und dem Unterhaus die Versicherung zu bekommen, daß sie die Rechte seines Sohnes auf die Krone anerkennen würden – das Volk aber glaubte, daß er gekommen sei, um das Unterhaus gegen seinen Bruder zu unterstützen, dessen Ehrgeiz er angeblich fürchtete. In Wirklichkeit machte es die Arroganz des Schwarzen Prinzen sehr unwahrscheinlich, daß er sich mit dem Unterhaus verbünden würde, aber was zählt, sind weniger die Tatsachen als das, was die Öffentlichkeit für die Tatsachen hält. Weil die Oppositionellen im Parlament glaubten, der Prinz stehe auf ihrer Seite, schöpften sie Selbstsicherheit und Kraft aus seiner Anwesenheit.

Die tumultuarische Versammlung fand in Westminster statt; das Unterhaus trat im Kapitelhaus der Abtei zusammen und die Lords im Weißen Zimmer des nahe gelegenen Palastes. Als Graf von Bedford hätte Coucy seinen Platz unter den Lords einnehmen können, aber nichts weist darauf hin, daß er es tat.

Das Unterhaus ging sofort in die Offensive und wählte zum erstenmal in seiner Geschichte einen »Speaker«, Sir Peter de la Mare, der nicht zufällig der Seneschall des Grafen von March war. Kritische Momente bringen häufig Männer hervor, die ihnen gewachsen sind; Sir Peter erwies sich als ein mutiger, ausdauernder Mann und – in den parteiischen Worten Walsinghams – als ein »von Gott inspirierter Geist«. Im Namen des ganzen Hauses erhob er die

Anklage der Mißwirtschaft gegen zwei der königlichen Minister, den Kammerherrn Lord Latimer und Sir Richard Lyons, einen reichen Kaufmann und Mitglied des königlichen Rates, der die Beziehungen der Krone mit den Gewerbetreibenden des Reiches regelte. Eine dritte Anklage wurde gegen Alice Perrers erhoben, die, so sagte man, »jährlich bis zu 3000 Pfund aus den Truhen des Königs erhält. Das Königreich würde aus ihrer Beseitigung großen Nutzen ziehen.«

Latimer war ein Mann des Hochadels und Ritter des Hosenbandordens, ein Veteran von Crécy, Auray und von Lancasters langem Marsch. Ihm und Lyons warf der Speaker vor, immense Vermögen durch Intrigen und Fälschungen angehäuft zu haben, darunter die Annahme von 20000 Pfund als Rückzahlung des Königs für einen Kredit von 20000 Mark, obwohl die Mark ein Drittel weniger wert war als das Pfund.

Ein Unterhausmitglied nach dem anderen sprach von einer Art Pult in der Mitte des Raums aus und fügte der Anklage seine Beschwerden und Vorwürfe hinzu. Die Räte des Königs, sagten sie, seien an der Verarmung des Volkes reich geworden; sie hätten den König betrogen und seine Einkünfte verschwendet, was zu immer neuen Sondersteuern führte. Das Volk sei zu arm und zu schwach, um noch weitere Besteuerung zu ertragen. Das Parlament solle statt dessen darüber diskutieren, wie der König den Krieg aus eigenen Reserven finanzieren könnte.

Erzürnt durch die Anmaßung jener, die er »diese kleinen Heckenritter« nannte, drohte Lancaster in kleinem Kreis, »sie so zu erschrecken, daß sie mich nie wieder reizen werden«. Er wurde von einem Berater gewarnt, daß das Unterhaus »das Wohlwollen des Prinzen, Eures Bruders«, habe und die Unterstützung der Londoner, die nicht zulassen würden, daß den Mitgliedern etwas zustieße. Darauf entschloß sich der Herzog abzuwarten und besuchte in so höflicher Form das Unterhaus, daß die Mitglieder ihn voller Erstaunen anstarrten; aber sie ließen sich nicht davon abbringen, die Klagen gegen Latimer und Lyons weiterzuverfolgen. Sie riefen zwei ehemalige Schatzmeister als Zeugen auf, forderten, die staatlichen Bücher einzusehen, und führten die Beweiserhebung in der Form eines ordentlichen Gerichts durch. Als alle Aussagen gehört waren, rief das Unterhaus wie mit einer Stimme: »Lord Herzog, nun könnt Ihr sehen und hören, daß Lord Latimer und Sir Richard Lyons zu ihrem eigenen Vorteil falsch gehandelt haben, wofür wir ihre Absetzung und Bestrafung fordern.«

Als Latimer fragte, durch wen und unter welcher Autorität er angeklagt sei, gab ihm Sir Peter de la Mare die historische Antwort, daß das Unterhaus als Körperschaft der Anklagevertreter sei. Mit einem Schlag schuf er damit das konstitutionelle Instrument des »Impeachment« und der Abwahl von Ministern. Lyons glaubte, den Prozeß dadurch verhindern zu können, daß er dem Schwarzen Prinzen ein Schmiergeld in Höhe von 1000 Pfund, in einem Faß

Stör verborgen, zusandte. Der Prinz schickte das Faß zurück, aber der König nahm eine ähnlich hohe Bestechungssumme mit bequemem Zynismus und dem Scherz an, daß er nur sein Eigentum zurückerhalte.

Das Parlament befand die Anschuldigungen als bewiesen. Die beiden angeklagten Minister und vier Untergebene, darunter Latimers Schwiegersohn, Lord Nevill, wurden verurteilt, aus ihren Ämtern entlassen und zu Geld- und Gefängnisstrafen verurteilt. Latimer allerdings wurde kurz darauf gegen Kaution wieder freigelassen. Sogar Alice Perrers wurde verurteilt, und der König mußte in schweigendem Elend ihre Verbannung vom Hofe hinnehmen.

Gerade als das Parlament den Höhepunkt seiner legislativen Leistung erreichte, traf den Schwarzen Prinzen ein schwerer Krankheitsanfall, der noch durch die Ruhr kompliziert wurde. Er war so geschwächt, daß er in Ohnmacht fiel und für tot gehalten wurde. Seine Gemächer füllten sich mit Doktoren und Chirurgen, mit dem Weinen und Stöhnen seines Gefolges und den Abschiedsbesuchen der königlichen Familie. Seine Schwester Isabella und Coucy traten trauernd an sein Bett. Der König kam inmitten »großer Klagen«, und »niemand konnte bei dem trostlosen Anblick eines Königs, der sich für immer von seinem Sohn verabschiedete, die Tränen zurückhalten«. Der Prinz war das fünfte seiner erwachsenen Kinder, das er überlebte.

Die Türen des Sterbezimmers standen weit offen, so daß alte Waffengefährten und alle, die ihm gedient hatten, ihn in seiner letzten Stunde sehen konnten, und »alle seufzten von Herzen und weinten sehr zärtlich«, und er sagte jedem, der zu ihm kam: »Ich empfehle Euch meinen Sohn, der sehr jung und klein ist, und bitte Euch, wie Ihr mir gedient habt, ihm treu zu dienen.« Er bat den König und Lancaster, einen Eid zu schwören, seinen Sohn zu unterstützen, was sie ohne Rückhalt taten. Auch die Grafen, Barone und Ritter schworen diesen Eid, und »da war ein großer Lärm von Klagen und Seufzen, von lautem Weinen und Trauern«.

Am Tag vor seinem Ende wurde der Letzte Wille des Schwarzen Prinzen vollständig aufgesetzt. Obwohl der Tod nur als die Befreiung der Seele aus dem Gefängnis des Körpers galt, wurde er von außerordentlich genauen Vorkehrungen für Hinterlassenschaft, Begräbnis und Grabstein begleitet, als schärfe die Angst vor dem, was nun kommen sollte, den Widerwillen, diese Welt zu verlassen. Die Instruktionen des Prinzen waren selbst für diese Zeit ungewöhnlich detailliert: Seine Schlafgemachausstattung einschließlich der Bettvorhänge, auf denen die Taten des Saladin in reicher Stickerei dargestellt waren, gingen an seinen Sohn, seine Kriegsrosse wurden nach genauen Weisungen verteilt, seine Beerdigungsprozession war bis zur letzten Fanfare festgelegt, seine Grabfigur in Auftrag gegeben, es sollte ihn in seltsamer Ambivalenz »voll gepanzert im Stolz der Schlacht ... das Gesicht demütig und den Leopardenhelm unter dem Haupt« zeigen.

Die Bischöfe an seinem Lager drängten den Sterbenden, Gott und alle, gegen die er gesündigt hatte, um Vergebung zu bitten. In einem letzten Aufflammen seiner Arroganz weigerte er sich, legte dann aber, als das Ende bevorstand, die Hände zusammen und bat Gott und die Menschen um Gnade. Aber er war unfähig, diese Demut aufrechtzuerhalten. Als Sir Richard Stury, ein Ritter, der durch das Gute Parlament aus dem königlichen Haushalt verbannt worden war und offensichtlich zu irgendeinem Zeitpunkt den Zorn des Prinzen auf sich gezogen hatte, an sein Bett trat, um »Frieden mit ihm zu machen«, sagte der Prinz bitter: »Kommt, Richard, kommt und seht an, was Ihr lange zu sehen gewünscht habt.« Als Stury seinen guten Willen beteuerte, antwortete der Prinz: »Gott entgelte Euch nach Eurem Verdienst. Laßt mich allein, ich will Euer Gesicht nicht mehr sehen.« Von seinen Beichtvätern angefleht, nicht ohne jenem zu vergeben zu sterben, blieb er still und murmelte erst unter weiteren Ermahnungen: »Ich werde es tun.« Einige Stunden später, am 8. Juni 1376, starb er im Alter von 46 Jahren.

Zwischen einem tatterigen König und einem kindlichen Thronfolger alleingelassen, mit dem verhaßten Regenten Lancaster an der Macht, überließ sich die Nation einer Trauer, die durch Furcht vor der Zukunft intensiviert wurde. Die französischen Siege zur See hatten die Angst vor einer Invasion belebt, und die Engländer fühlten sich ihres Beschützers beraubt, »denn solange er lebte«, schrieb Walsingham, »fürchteten sie keinen Feind, so wie sie in seiner Gegenwart keine Schlacht scheuten«. Ein lebender, gesunder Prinz hätte die militärischen Schwierigkeiten, die unter dem Kindkönig entstanden, abwenden können, nicht aber die sozialen Unruhen. Walsingham betrauerte »den vorzeitigen, zu eiligen Tod«, aber der Schwarze Prinz mag im Grund nicht vor der Zeit gestorben sein, denn im Gegensatz zu seinem Vater verschied er, als die Welt noch das Bild des Helden in ihm erblickte. Die Zeit der Siege über Frankreich aber war vorbei. Froissart nannte ihn »die Blume der Ritterschaft der ganzen Welt«, und der Chronist der *Quatre Premiers Valois* erkannte ihn an als »einen der größten Ritter auf Erden, berühmt vor allen Männern«. Karl V. ließ für seinen verstorbenen Feind ein Requiem in der Sainte Chapelle lesen, an dem er und der ganze französische Hochadel teilnahmen.

Der Tod des Prinzen markierte den Wendepunkt zugunsten Johanns von Gaunt, des Herzogs von Lancaster. Noch in den letzten Tagen seiner Sitzung proklamierte das Parlament den jungen Richard als Thronfolger. Es war eine gegen Johann von Gaunt gerichtete Vorsichtsmaßnahme. Dann ging das Parlament nach einer Sitzung von 74 Tagen, der längsten bis dahin überhaupt, auseinander. Seine spektakulären Leistungen wurden in dem Augenblick weggewischt, als die Mitglieder sich über das Land verstreuten, denn es gab keine permanente Organisation oder eigenständige Behörde, die den Willen des Unterhauses hätte repräsentieren können. Seine Reformen waren nicht in Statuten umgewandelt worden und wurden durch die Regierung, die nun die uneingeschränkte Macht wiedergewann, in der Praxis für nichtig erklärt.

Durch Gunsterweise oder Drohungen zog Lancaster die Lords, die gegen ihn opponiert hatten, auf seine Seite. Nur der Graf von March entzog sich ihm und wurde gezwungen, als Marschall zurückzutreten. Seinen Platz nahm sein früherer Verbündeter Sir Henry Percy ein, der zu dem Herzog von Lancaster übergelaufen war.

Die Lords besaßen im Grunde keine politischen Prinzipien, und das war der Schlüssel zu dem Zusammenbruch. Johann von Gaunt erklärte die gesamte parlamentarische Sitzung als ungültig, setzte Lord Latimer und sein Gefolge wieder ein, entließ den neuen Rat und rief den alten zurück, ließ Sir Peter de la Mare festnehmen und ohne Gerichtsverhandlung ins Gefängnis werfen und verbannte den Bischof William von Wykeham vom Hof, als der es wagte, zu protestieren. Als er auch noch Alice Perrers zurückholte und diese ihre Macht über den König erneuerte, waren die Bischöfe, die sich mit dem Unterhaus verbunden hatten, »wie Hunde, die nicht bellen können«.

Außer dem »Impeachment« hinterließ die Arbeit des Guten Parlaments kaum eine konstitutionelle Spur. Trotz allem: Dadurch, daß es den Willen der Mittelklasse so kraftvoll vertreten hatte, war die kurze Stunde des Unterhauses zu einer politischen Lektion geworden, die im Volk Wurzeln schlug.

Coucy, der Zeuge der Unruhen in England geworden war, kehrte im Sommer oder Herbst 1376 nach Frankreich zurück. Da sein Besuch in die Zeit der Krise fiel, ist es unwahrscheinlich, daß er eine klare Aussage über die Bedingungen, die England zur Beendigung des Krieges akzeptieren würde, mitbrachte, aber er konnte seinem König sicherlich von einer zerrissenen und verletzlichen englischen Nation berichten. Froissart sagt, er habe Karl V. geraten, nicht auf das Ende des Waffenstillstands zu warten, sondern schon jetzt eine Invasion Englands vorzubereiten, denn »die Engländer sind niemals so schwach oder so leicht zu besiegen wie zu Hause«.

Noch bevor Coucy England verließ, wurde König Eduard sehr krank, und »all seine Ärzte verzweifelten und wußten nicht, wie sie ihn behandeln sollten und welche Medizin er brauchte«. Obwohl er sich bald erholte, war deutlich, daß sich seine Herrschaft ihrem Ende zuneigte und damit auch die Stunde von Coucys Entscheidung gekommen war. Ob Isabella mit ihm nach Frankreich zurückging oder bei ihrem dahinsiechenden Vater blieb, ist nicht überliefert. Aus Respekt für seinen Schwiegervater erklärte sich Coucy noch immer nicht öffentlich für Frankreich, aber sofort nach seiner Heimkehr übernahm er eine diplomatische Mission an den Hof des Grafen von Flandern, die sich deutlich gegen englische Interessen richtete. Coucy war jetzt auch Mitglied des königlichen Rates und wurde aufgrund seiner Umsicht und Diplomatie von Karl V. sehr geschätzt. Seine Tochter und Erbin Marie trat zu dieser Zeit in den Haushalt der Königin ein, die ihre Erziehung übernahm, zusammen mit der des Dauphins und seiner Brüder und Schwestern. Die Archive zeigen, daß Coucy im April 1377 2000 Franken zu Lasten seiner Pension überwiesen wurden, damit er mehrere seiner Burgen mit Armbrüsten ausrüsten konnte, um vorbereitet zu sein, falls der Krieg wieder ausbrechen sollte.

Karl V. versuchte nach wie vor, dieses Unheil zu verhindern, und entsandte wiederum Coucy, neue Verhandlungen mit England aufzunehmen, dieses Mal ohne die königlichen Herzöge, um sich die Kosten ihrer aufwendigen Anwesenheit zu ersparen. Während der nächsten sechs Monate trafen sich die Delegationen in Boulogne, Calais und in der Mitte zwischen diesen beiden Städten in Montreuil. Die englische Gesandtschaft setzte sich aus Männern zusammen, die Coucy sehr wahrscheinlich kannte, entweder von seinem letzten Besuch oder von früheren Begegnungen. Unter ihnen war der Vormund des Thronfolgers, Sir Guichard d'Angle, ein kühner, vielbewunderter Gascone, der den Schwarzen Prinzen auf vielen seiner Feldzüge begleitet hatte; außerdem Sir Richard Stury, dem Lancaster sein Amt zurückgegeben hatte; Lord Thomas Percy, ein Veteran der französischen Kriege und Bruder von Sir Henry Percy; der Graf von Salisbury und schließlich ein treuer Diener des Hofes, der zu Lancasters Umgebung zählte, Geoffrey Chaucer.

Die langen Verhandlungen von 1377 schulten Coucy in allen Dreh- und Angelpunkten der englisch-französischen Beziehungen – Angebote und Gegenangebote und komplizierte Wechselgeschäfte, in die Schottland, Kastilien, Calais, eine neue Dynastie für Aquitanien unter einem Sohn Eduards III., der sich dann von England lossagen sollte, einbezogen wurden. Wie immer, seit der Krieg begonnen hatte, trugen die Legaten des Papstes ihre intensiven Meditationen bei. Obwohl die Franzosen die bessere Ausgangsposition innehatten, konnten die Engländer nicht dazu gebracht werden, in ihrer Schwäche und Unentschlossenheit einen Kompromiß anzunehmen, nicht einmal die von den Franzosen ins Gespräch gebrachte Heirat des Prinzen Richard und der siebenjährigen Tochter König Karls, Marie.

Die erste Verhandlungsrunde ging zu Ende, ohne Fortschritte erzielt zu haben. Einen Monat später trat man wieder zusammen. Zweimal wurde der Waffenstillstand, der offiziell am 1. April auslief, erneuert, um die Verhandlungen am Leben zu erhalten. Die Gesandten stritten erbittert in langen Arbeitssitzungen. Welche Rolle spielte Coucy dabei, welche Chaucer? Ihre Beiträge sind verloren; es gab keine Aufzeichnungen, weil die Diskussionen, besonders die um die Heirat, geheim waren.

Die Franzosen machten viele Vorschläge einschließlich der offiziellen Übergabe von zwölf Städten in Aquitanien (die England bereits hielt), wenn Eduard bereit war, Calais und alles, was er in der Picardie erobert hatte, zurückzugeben; entweder das, sagten sie, »oder sonst nichts«. Die Engländer lehnten hartnäckig ab, da sie davon ausgingen, daß ein Brückenkopf im Norden Frankreichs ihnen die Rückkehr und die Wiedergewinnung dessen, was sie verloren hatten, erlauben würde.

Noch während der Verhandlungen spitzte sich die Situation in England erneut zu. Lancaster hatte die Unzufriedenheit unterdrückt, aber keineswegs beschwichtigt. Zwar stimmte ein neues Parlament, das er in der Mehrheit mit seinen Anhängern besetzt hatte, gehorsam seinen Anträgen auf Subsidien zu, aber die Bischöfe waren nicht so zugänglich, und Wyclif wurde zum Hauptziel ihres Aufbegehrens. Noch hatte er seine Angriffe auf das Priestertum nicht veröffentlicht, aber seine Schriften zur weltlichen Herrschaft und zur Enteignung der Kirche waren ketzerisch genug. Obwohl sein Ruf nach Reformen in der Geistlichkeit und sein Antipapismus unter den Klerikalen auch Unterstützung fanden, war die Kirche nicht bereit, passiv auf die Enteignung zu warten. Erzbischof Sudbury und der Bischof Courtenay von London riefen Wyclif vor eine Konvokation, um sich für seine ketzerischen Predigten zu verantworten. Der immer wieder aufbrechende Kampf von Jahrhunderten zwischen der Krone und der Kirche äußerte sich nun im Februar des Jahres 1377 in einem lärmenden Spektakel in der St.-Paul's-Kathedrale.

Lancaster hoffte, die Bischöfe durch Laientheologen diskreditieren zu können. Er beauftragte vier Professoren der Theologie mit Wyclifs Verteidigung und besuchte selbst mit dem Marschall, Sir Henry Percy, und dem bewaffneten Gefolge der beiden die Anhörung in der Kathedrale. Eine große Menge aufgeregter Bürger, die durch Gerüchte erzürnt waren, daß Lancaster der Stadt das traditionelle Recht, die Ordnung aufrechtzuerhalten, nehmen und es dem Marschall übertragen wollte, füllten St. Paul's. Bischof Courtenay war in London beliebt, der Herzog nicht. Der Zorn der Bürger erhöhte sich noch, als die Wachen Leute beiseite stießen, um für den Herzog und den Marschall Platz zu machen. Dem folgte ein lautstarker Streit, als Courtenay sich weigerte, Wyclif auf Aufforderung des Herzogs einen Stuhl zuzugestehen. Der junge und energische Bischof, selbst Sohn eines Grafen und ein Nachkomme Eduards I., war weit davon entfernt, sich in seiner eigenen Diözese Befehle geben zu lassen.

»Ich werde Euch beugen, Euch und all die anderen Bischöfe«, knurrte Lancaster. In der Zuschauermenge entstand Unruhe, Drohungen wurden Lancaster zugeschrien, der seinerseits drohte, die Störer festnehmen zu lassen. Courtenay sagte ihm, wenn er das in der Kathedrale täte, werde er ihn exkommunizieren. »Noch einmal so etwas«, hörte man den Herzog murmeln, »und ich werde Euch an den Haaren aus der Kirche schleifen lassen.« Die Wut der Menge schlug über ihnen zusammen, und der Herzog und der Marschall hielten es für klüger, sich zurückzuziehen. Wyclif hatte noch nicht einmal gesprochen. Lancaster war es gelungen, das Verfahren wie geplant zu unterbrechen, aber zu einem hohen Preis: Die öffentliche Meinung in London kehrte sich zunehmend gegen ihn, nicht gegen die Bischöfe.

London kochte, und als sich die Nachricht verbreitete, daß Percy einen Bürger hatte verhaften lassen, weil der den Herzog beleidigt hatte, sammelte sich ein Mob in Lynchstimmung vor dem Savoy-Palast. Auf dem Wege dorthin schlug eine Gruppe einen Priester tot, der schlecht über Peter de la Mare gesprochen hatte. Lancaster und Percy, die im Savoy über einem Austernessen saßen, wurden gewarnt und flohen in einem Boot die Themse hinunter. Sie suchten in den heiligen Hallen der Prinzessin von Wales Zuflucht, wohin sie niemand zu verfolgen wagen würde. Inzwischen war Bischof Courtenay, der eine Katastrophe fürchtete, für die ihm die Schuld aufgeladen werden würde, zum Savoy geeilt. Es gelang ihm, die Menge zu beruhigen.

Nach seiner demütigenden Flucht forderte Lancaster eine formelle Entschuldigung der Stadt. Die Prinzessin bat die Bürger, sich ihr zuliebe mit dem Herzog zu versöhnen; die Souveränität des Königs wurde beschworen; die Behörden von London erreichten die Freilassung von Peter de la Mare als Gegenleistung für ihre Entschuldigung; die Geistlichkeit gewann die Ämter des Kanzlers und Schatzmeisters zurück. Die Affäre aber hatte die Gräben zwischen den Fraktionen vertieft und den Staat weiter auseinandergerissen.

In der Aufregung in der St.-Paul's-Kathedrale war Wyclifs Sache gar nicht zur Sprache gekommen. Die englischen Kirchenfürsten, hin und her gerissen zwischen ihren klerikalen Interessen und ihrem Nationalgefühl, mögen bereit gewesen sein, die Angelegenheit ruhen zu lassen, nicht aber der Papst. Im Mai gab Gregor XI. fünf Bullen heraus, die an den englischen Episkopat, den König und die Universität Oxford gerichtet waren, Wyclifs Irrtümer verdammten und seine Festnahme forderten. Jede Diskussion seiner ketzerischen Lehren sollte unterdrückt, und alle, die sie unterstützten, sollten aus dem Amt gejagt werden. So kam ein explosiver religiöser Streit zu den anderen Auseinandersetzungen hinzu. Das neue Parlament war betont antipapistisch; der König, der von Falken und von der Jagd faselte, statt sich um die dringenden Bedürfnisse seiner Seele zu kümmern, lag im Sterben. Während England unruhig auf den Thronwechsel wartete, hielten die Bischöfe das Verfahren gegen Wyclif zurück.

In Frankreich trafen sich die Unterhändler zu einem letzten Gespräch im Mai in der uralten Burg von Montreuil. Die Kanzler beider Länder nahmen teil: Pierre d'Orgement für Frankreich und der Bischof von St. David für England. Friedensbedingungen wurden ausführlich in einer offenen Sitzung diskutiert, die Karl V. gewollt hatte, damit sein letztes Angebot formell unterbreitet und klar beantwortet werden konnte. Diese Antwort bekam er nicht. Sein Angebot war großzügig, soweit es Lehen an englische Herren betraf, aber fest in der Verweigerung jeder englischen Souveränität über irgendeinen Teil Frankreichs einschließlich von Calais. Die Engländer verhüllten ihre Ablehnung in ausweichenden Stellungnahmen, sie behaupteten, nicht die Ermächtigung zu besitzen, ohne Absprache mit dem König zu entscheiden. Wie die darauf folgenden Ereignisse bewiesen, müssen die Franzosen zu diesem Zeitpunkt begonnen haben, sich auf kriegerische Handlungen vorzubereiten. Während die Verhandlungen langsam versandeten, starb die kleine Prinzessin Marie in Paris, was die Heiratspläne mit Prinz Richard vereitelte. Die Gesandten gingen auseinander, ohne sich auf Ort und Zeit einer neuen Runde geeinigt zu haben und ohne Verlängerung des Waffenstillstands.

Als die englischen Unterhändler die Heimat erreichten, war König Eduard tot. Er starb am 23. Juni, dem vorletzten Tag des Waffenstillstands. Das Jubiläumsjahr seiner Herrschaft war fast unbemerkt verstrichen, und sein Tod verursachte nur geringes Aufsehen. Die Parasiten der Macht verließen ihn noch vor dem Ende, darunter auch Alice Perrers, von der man sagte, sie habe ihm noch die Ringe von den Fingern gestreift, bevor sie ging. Ein zehnjähriges Kind bestieg den Thron und leitete die Zeit der Zwietracht ein, die ihren zerstörerischen Schatten über das nächste Jahrhundert legen sollte und Langlands biblische Warnung bestätigte: »Wehe dem Land, dessen König ein Jüngling ist.«

Isabella de Coucy wurde im April von Kurieren »wegen sehr dringlicher Geschäfte« aus Frankreich herbeigerufen und war an der Seite ihres Vaters, als er starb. Kurz vor dem Ende schickte sie Kuriere mit Nachrichten und »wichtigen Fragen« an Coucy. Am 26. Juni, noch vor der Beerdigung ihres Vaters, bat sie um Erlaubnis, nach Frankreich zurückzukehren, offensichtlich in dringenden Angelegenheiten.

Coucys Problem war nicht einfach die Frage nach seinerZugehörigkeit; seine Lage wurde durch die englischen Besitzungen und Einkünfte, durch Verwandtschaftsbindungen, die zu jener Zeit enorm wichtig waren, und durch den Mitgliedseid der Ritter des Hosenbandordens erschwert. Es war nicht leicht, Treue, Verwandtschaft und Mitgliedschaft aufzugeben. Offensichtlich war es Coucy unmöglich, in der Politik Frankreichs eine große Rolle zu spielen, wenn er seine Neutralität aufrechterhielt. Er mußte nicht nur Partei ergreifen, er wollte es auch. Das Nationalgefühl war in den Jahren der französischen Erholung angewachsen. Dichter verherrlichten die vielen Städte der Picardie, der Normandie und Aquitaniens, die Karl zurückerobert hatte. »Nicht Roland, nicht Arthur noch Oliver«, ruft der Ritter in dem *Songe du Vergier* aus, einer politischen Allegorie des Jahres 1376, »hat jemals solche Waffentaten verrichtet wie Du durch Deine Weisheit, Deine Macht und Deine Gebete« (und, könnte man hinzufügen, durch Dein Geld). »Als Du den Thron bestiegst, reichten die Hörner und der Stolz Deiner Feinde bis an die Himmel. Mit Gottes Hilfe hast Du ihre Hörner gebrochen und sie tief gedemütigt.«

Durch die polarisierende Wirkung des Krieges entwickelte sich ein Gefühl für die französische Nationalität. In einem Dialog zwischen einem englischen und einem französischen Soldaten, der 1370 von dem späteren Kardinal Pierre d'Ailly geschrieben wurde, erklärt der Engländer, daß zumindest die

Normandie England gehören müßte. »Schweigt«, ruft daraufhin der Franzose, »das ist nicht wahr. Ihr könnt nichts auf dieser Seite der See halten außer durch Tyrannei; die See ist und bleibt eure Grenze.« Das war eine neue Idee. Lehnstreue und dynastische Verbindungen waren noch immer die Form der Loyalität, aber das Land wurde zu ihrem Bestimmungsgrund. Ein französischer Adliger wie Harcourt hätte nicht mehr ohne Schuldgefühl die Engländer bei einem Überfall auf sein eigenes Land anführen können. Und auch Coucy konnte nicht länger mit einem Bein in England und einem in Frankreich stehen.

Zwei Monate nach dem Tod König Eduards richtete Coucy eine formelle Verzichterklärung auf »alles, was ich von Euch in Treue und Lehnspflicht halte«, an Richard II. Die Botschaft trug das Datum des 26. August 1377 und wurde Richard von verschiedenen Rittern übergeben, die Coucy ausgesandt hatte, damit sie zum Zeugen seiner Handlung wurden. Der Brief kündigte die »Allianz« auf, die ihn mit »meinem hochgeehrten Herren und Vater, dem kürzlich gestorbenen König (dem Gott gnädig sein möge)«, verbunden hatte. Coucy fuhr fort:

> Nun, da es geschehen ist, daß der Krieg sich erhoben hat zwischen meinem natürlichen und souveränen Herren auf der einen und Euch auf der anderen Seite, was ich mehr betrauere als alles andere auf der Welt und wollte, es könnte vermieden werden, hat mein Herr befohlen und mich verpflichtet, ihm zu dienen und meine Pflicht zu tun, wie ich es muß; dem, wie Ihr wohl wißt, ich gehorchen muß; also werde ich ihm nach meinen besten Kräften dienen, wie es sein sollte.
>
> Weshalb, geehrter und mächtiger Herr, ich Euch mit dem Obengesagten bekannt mache, damit niemand in irgendeiner Art und Weise etwas gegen mich sprechen oder sagen möge oder gegen meine Ehre, und ich gebe Euch alles zurück, was ich von Euch in Lehnstreue halte.
>
> Und gleichfalls, hochgeehrter Sire, hat es meinem geehrten Herrn und Vater gefallen, mich in den hohen, edlen Hosenbandorden aufzunehmen; also möge es Eurer edlen und mächtigen Hoheit gefallen, wen immer Ihr möchtet an meine Stelle zu setzen und mich hierin zu entschuldigen.

Die Doppelallianz war zerbrochen. Dadurch, daß er ein »guter und wahrer Franzose« geworden war, hatte Coucy sich für eine Nationalität entschieden, auch wenn der Begriff selbst noch nicht existierte. Nur eines war bemerkenswert an dieser Entscheidung: daß er sich nicht nur von seinem englischen Besitz und seiner englischen Lehnstreue, sondern auch von seiner Frau trennte. Es ist im allgemeinen gesagt worden, daß er sich verpflichtet fühlte, sich von ihr zu trennen, um für seine Entscheidung frei zu sein, aber das wäre nur dann eine notwendige Voraussetzung gewesen, wenn Isabella sich geweigert hätte, sich mit dem Verlust ihrer englischen Ländereien abzufinden. Die Aufkündigung der Allianz zog die Beschlagnahme der Besitzungen nach sich. Alles, was wir von Isabella wissen, deutet darauf hin, daß dies der bestimmende Faktor war. Ihre zwanghafte Extravaganz, ihre neurotische Abhängigkeit von ihrem Zuhause und der nachsichtigen Liebe ihres Vaters, ihre Fremdheit und Unsicherheit in Frankreich – dies alles läßt vermuten, daß die Trennung zunächst ihre Entscheidung war, ob nun mit der Zustimmung oder gegen den Willen ihres Gatten.

Keine Chronik verrät, was Coucy für seine eitle, verwöhnte, selbstsüchtige, eigenwillige Frau empfand – ob Liebe, Haß oder Gleichgültigkeit. Nach dem, was von ihrem Temperament bekannt ist, zählte sie nicht zu den wenigen liebenswürdigen Plantagenets. Auf jeden Fall kehrte sie mit ihrer jüngeren Tochter Philippa nach England zurück und blieb dort. Alle Besitzungen ihres Gatten in England, »Herrenhäuser, Dörfer, Domänen, Städte, Ländereien, Tiere und bewegliches Hab und Gut«, fielen an die Krone und wurden einer Treuhänderschaft für Isabella übergeben, der der Erzbischof von York, zwei Bischöfe und vier andere Beauftragte angehörten. Da Frauen in England vom Recht auf Besitz nicht ausgeschlossen waren, weist diese Konstruktion auf das Mißtrauen ihrer Brüder gegenüber ihrer Verschwendungssucht hin. Die Bedingungen der Treuhänderschaft sahen vor, daß ihr die Einkünfte des Besitzes ausgezahlt wurden, »solange sie in England blieb«.

Die Franzosen nahmen die Kampfhandlungen sofort auf, als der Waffenstillstand auslief. Unterstützt von der spanischen Flotte, führten sie eine ganze Serie von Überfällen an Englands Südküste durch, noch bevor sie von Eduards Tod erfuhren. In einem Versuch, während der Übergangszeit den Tod geheimzuhalten, hatten die Engländer »alle Reisenden, die das Königreich verlassen wollten, festgehalten und niemand außer Landes gelassen«.

Unter dem Kommando von Admiral Jean de Vienne landeten die Franzosen und Spanier am 29. Juni bei Rye und richteten dort ein vierundzwanzigstündiges wildes Massaker an – sie brannten und mordeten und entführten Mädchen auf die Schiffe, alles in bewußter Nachahmung der Grausamkeit, mit der die Engländer in französischen Städten gehaust hatten.

Ohne auf wirksamen Widerstand zu treffen, segelten die Franzosen die Südküste hinunter und griffen Folkestone, Portsmouth, Weymouth, Plymouth und Dartmouth an. Sie marschierten zehn Meilen ins Land hinein, um Lewes niederzubrennen, wo sie eine kleine Streitmacht von zweihundert Verteidigern unter der Führung eines Priors und zweier Ritter auseinandertrieben und niedermetzelten. Dann segelten sie nach Frankreich zurück, nur um einen Monat später zurückzukehren und die Isle of Wight vor Southampton zu verwüsten. Die alte Furcht der Engländer, die noch auf den atavistischen Schrecken zurückging, den einst dänische Räuber und normannische Eroberer verbreitet hatten, gewann neue schreckliche Gestalt.

Die Schwäche der englischen Verteidigung ging nicht auf ein falsches Gefühl der Sicherheit zurück. Diese waren dieselben Städte, die von den Franzosen schon in früheren Expeditionen überfallen worden waren. Darüber hinaus war in den vorausgehenden sechs Monaten durch königliche Dekrete die Gefahr einer französischen Invasion in den düstersten Farben geschildert worden, aber in der Unordnung der englischen Krise waren nur wenige Verteidigungsmaßnahmen ergriffen worden. Als die Invasoren kamen, spornte überdies das Schicksal der Städte die Verteidigungsanstrengungen des Adels nicht besonders an. Sir John Arundel, ein Ritter, der später zweifelhafte Berühmtheit erlangen sollte, verteidigte Hampton mit Erfolg mit einer Truppe von vierhundert Lanzen, aber erst, nachdem die Bürger seiner Forderung nach einer hohen Bezahlung in harter Münze entsprochen hatten.

Als Lancasters Burg von Pevensey, die an der Küste von Sussex lag, in Gefahr geriet, soll der Herzog nach Berichten des ihm feindlich gesinnten Walsingham zynisch gesagt haben: »Laßt die Franzosen sie abbrennen, ich bin reich genug, sie wieder aufzubauen.« Die Bemerkung klingt erfunden und strahlt dieselbe Adelsfeindlichkeit aus, die schon jenem anderen klerikalen Chronisten, Jean de Venette, zu eigen war – und aus dem gleichen Grund: das Versagen der Ritter, Land und Leute gegen den Feind zu verteidigen. Es war kein Zufall, daß aus diesen überfallenen Grafschaften – Kent und Sussex – der Bauernaufstand hervorging.

Kapitel 15
Der Kaiser in Paris

Das spektakulärste, wenn auch nicht das bedeutendste Ereignis des Jahrzehnts in Frankreich war der Pariser Besuch des Kaisers des Heiligen Römischen Reiches, Karls IV., vom Dezember 1377 bis zum Januar 1378. Coucy war erneut aufgerufen, wie bei der Hochzeit des Herzogs von Burgund, teilzunehmen und durch seine gesellschaftliche Grazie und Eleganz der Eskorte des Besuchers Glanz zu verleihen. In dem Juwelenglanz der majestätischen Prachtentfaltung kam Karls V. Herrschaftszeit an ihren Gipfelpunkt. Die Öffentlichkeit von Paris war beeindruckt und befriedigt von den prachtvollen Zeremonien, und der Propagandawert der Veranstaltung für das Prestige der Valois war den unschätzbaren Kosten wahrscheinlich gleichwertig.

Obwohl mit Karl V. ein Valois bereits in der dritten Generation auf dem Thron saß, war der König wohl nicht ganz frei von Zweifeln an der Legitimität seines Titels, dies um so mehr, als seine Abstammung nach wie vor nicht unumstritten war. Aus solchen persönlichen, aber auch aus staatlichen Gründen galten seine ständigen Anstrengungen der Steigerung des Ansehens der Krone. In politischer Hinsicht strebte er mit der Einladung an den Kaiser die Isolation Englands an, aber er wollte auch territoriale Fragen und dynastische Verbindungen mit seinem Onkel, Kaiser Karl IV., klären. Die Verwandtschaft war ihm wichtig, auch wenn er wußte, daß sein Onkel ein kühler und im Ernstfall unzuverlässiger Rechner war. Vor allem aber gab ihm der Besuch Gelegenheit für jene grandiose öffentliche Darbietung, die dem mittelalterlichen Herrschertum so wichtig war.

In der Theorie übte der Heilige Römische Kaiser eine weltliche Macht aus, die der geistlichen Herrschaft des Papstes über die ganze Gemeinde der Christenheit entsprach. Obwohl einige Relikte des kaiserlichen Ansehens noch überlebt hatten, waren Titel und Theorie von der geschichtlichen Wirklichkeit weit entfernt. Die Souveränität des Kaisers in Italien war nur noch Fassade; im Westen: Holland, Hainault und Luxemburg, war sie im Schwinden, und im Osten wich sie vor der wachsenden nationalen Selbständigkeit von Böhmen, Ungarn und Polen allmählich zurück. Kern des Reiches war eine buntscheckige Föderation von deutschen Fürstentümern, Herzogtümern, Städten und Diözesen unter wechselnden Herrschaftshäusern. Habsburger und Luxemburger, Hohenstaufer, Hohenzollern und Wittelsbacher überzogen einander mit endlosen Fehden; der Ritter lebte vom Raub am Kaufmann; jede

Stadt glaubte, ihre Wohlhabenheit hinge vom Ruin ihrer Rivalin ab; innerhalb der Städte kämpften Kaufleute und Handwerkszünfte um die Macht; eine ausgebeutete Bauernschaft lebte in schwelendem Zorn, der periodisch in die Flammen des Aufstands umschlug. Das Kaiserreich hatte keinen politischen Zusammenhalt, keine gemeinsamen Gesetze, keine Hauptstadt, keine gemeinsamen Finanzen und keine gemeinsamen Beamten. Es war der Überrest einer toten Idee.

Kaiser Karl IV. war klug genug zu wissen, daß das Reich, dessen titulärer Herrscher er war, nicht das Reich Karls des Großen war. Seine Sorge galt dem Königreich Böhmen, dessen Expansion und kulturelle Entwicklung er mit solcher Energie vorantrieb, daß ihm der Beiname »Vater Seines Landes« gegeben wurde. Er selbst repräsentierte jene nationalen Tendenzen, die seinen kaiserlichen Titel obsolet machten.

Während Paris sich auf den Empfang des Kaisers vorbereitete, trat Coucy aktiv in den Krieg gegen England ein, nicht in seiner Heimat, der Picardie, sondern in Languedoc im Kampf gegen die Gasconen. Dort schloß er sich dem Herzog von Anjou, dem Gouverneur von Languedoc, an, der wie Lancaster vom Ehrgeiz nach einer Krone getrieben war. In seinem Gefolge geriet Coucy in den schicksalhaften Kampf Anjous um das Königtum von Neapel.

Nach zwei Monaten von Belagerungen und Gefechten in der Gascogne kehrte Coucy nach Paris zurück, um in der Eskorte des Kaisers zu dienen. Die Delegation, die Karl IV. bis Cambrai entgegenreiten sollte, schloß neben Coucy zwei der Räte des Königs ein, Rivière und Mercier, daneben eine große Zahl von Rittern. Am 22. Dezember traf die glänzende Gruppe von etwa dreihundert den Gast eine Meile vor Cambrai. Der Kaiser trug einen grauen Winterpelz und ritt ein graues Pferd, er wurde begleitet von seinem ältesten Sohn Wenzel, dem König von Böhmen. In der Stadt angekommen, stieg er mit einiger Schwierigkeit – er litt an der Gicht – vom Pferd und begleitete den Bischof zum Gebet in die Kirche.

Da sich die Gicht des Kaisers während der Reise verschlimmerte, erlebte er den Einzug nach Paris nicht auf dem schwarzen Streitroß, das ihm der französische König hatte schenken wollen, sondern in der Sänfte der Königin. Die Garde des Vorstehers von Paris und zweitausend Kaufleute, Magistratsbeamte und Bürger, alle zu Pferd und gleich gekleidet in Weiß und Violett, erwarteten ihn, um ihn zum Treffen mit dem König zu geleiten. Gicht oder nicht Gicht, diese Zeremonie mußte er zu Pferd über sich ergehen lassen. Er wurde in den Sattel gehoben und nahm neben seinem Sohn die Parade ab, die sich vom alten Palast auf der Ile de la Cité her an ihm vorbeischob. Seit einer Generation hatte es in Paris keine solche Prozession mehr gegeben. Mit großer Umsicht war dafür gesorgt worden, daß trotz der großen Zuschauermengen jeder das Schauspiel sehen konnte. Wachen mit langen Holzstäben und Schwertern standen an jeder Kreuzung des Marschweges, und die Menschen wurden von Ausrufern schon einen Tag vorher aufgefordert, die Rue St. Denis nicht zu überqueren. Straßenschranken wurden aufgebaut, und Sergeanten gaben genaue Anweisungen, wann Fußgänger und Reiter die Straßen überqueren durften und wann nicht.

An der Spitze der Parade ritt der Marschall Sancerre mit seiner Wache, von denen jeder zwei Schwerter und einen Hut mit hohen Rüschen trug; ihnen folgten die Trompeter des Königs mit leuchtend bunten Wimpeln an den Trompeten. Die vier Herzöge von Berry, Burgund, Bourbon und von Bar – Gatte der Schwester des Königs und zukünftiger Schwiegervater von Marie de Coucy – ritten in Zweierpaaren hintereinander, gefolgt von zwölf Grafen, darunter Coucy als Graf von Soissons, und einer langen Reihe von Prälaten, Adligen, Richtern, Räten und Beamten des königlichen Haushalts, jede Gruppe nach Rang und Funktion gleich gekleidet.

Zuletzt kam der magere, langnasige König. Er ritt einen Schimmel und trug einen pelzgefütterten scharlachroten Umhang und einen über der Stirn spitz zulaufenden Hut »nach der alten Mode«. Der Zug war so lang, daß er eine halbe Stunde brauchte, um den Palast überhaupt zu verlassen, und noch länger dauerte es, bis die beiden Herrscher einander zu Gesicht bekamen. Beide zogen die Hüte, als sie einander gegenüberstanden. In aller Vorsicht, um nicht die schmerzenden Beine seines Onkels zu streifen, ritt Karl V. zwischen den Kaiser und Wenzel, und so bewegten sie sich zu dritt nebeneinander durch die Stadt zum Palast.

In einem goldverzierten Stuhl in jenem Innenhof, auf den einst der Vorsteher Marcel die Leichen der ermordeten Marschälle hinausgeworfen hatte, hörte der Kaiser eine Willkommensadresse seines Gastgebers an, legte dann im Inneren des Gebäudes Hut und Mantel ab und »sprach mit dem König in großer Freundschaft und Entzücken über dieses Treffen«. Die folgenden Tage waren erfüllt von Banketten, Konferenzen, Übergaben von Geschenken, darunter wertvolle Gaben der Kunstschmiede von Paris, Besichtigungen der Reliquien in der Sainte-Chapelle, die so reich geschmückt und erleuchtet war, daß sie jedem als »wunderbarer Anblick« erschien. Zwischendurch kamen die Herrscher zu privaten Unterredungen zusammen, darunter eine von drei Stunden, »bei der nicht einmal der Kanzler anwesend war«, wie der Chronist des Kanzlers vermerkte, »und was sie sagten, weiß niemand«.

Die Staatsessen zogen alle Register des 14. Jahrhunderts, um die Gäste zu entzücken, zu erstaunen und vollzustopfen. Es standen so viele Fackelträger zwischen den Säulen des Saals, »daß man so gut sehen konnte wie im Tageslicht«. So viele Gänge und Gerichte wurden aufgetragen, daß sie dieses eine Mal »nicht gezählt werden konnten«, zu viele auf jeden Fall für den kränkelnden Ehrengast. Der König hatte bereits auf einen von jeweils zehn Gängen verzichtet, um die Zeit, die der Kaiser an der Tafel sitzen mußte, zu verkürzen, aber dennoch mußte der Gast von etwa dreißig Gerichten kosten, darunter geröstete Kapaune, Rebhühner, Hasenzibet, Fleisch- und Fischaspik, Lerchenpastete, Rissoles aus Rindermark, schwarzer Pudding und Würste, gewürzter Reis, Zwischengerichte von Schwan, Pfau, Rohrdommel und Reiher, Wildpasteten und Singvögel, Süß- und Salzwasserfisch mit Süßwasserheringssauce »in der Farbe von Pfirsichblüten«, weißer Lauch mit gebratenem Regenpfeifer, Ente mit Schweineinnereien, gefülltes Ferkel, Aal, geschmorte Bohnen – und als Nachspeise Fruchtwaffeln, Birnen, Konfekt, Mispelfrucht, Nüsse und gewürzter Wein.

Zum Höhepunkt des Banketts gingen alle achthundert Gäste in den Saal des Parlaments hinüber, wo ihnen in einem großen Spektakel die Eroberung Jerusalems im Ersten Kreuzzug vorgespielt wurde. Es war ein Triumph der großen Bühnenkunst des 14. Jahrhunderts. Die Bühnenbildner bauten ganze Seen auf, in denen Galeeren ruderten, Löwen traten auf, und Blumen erblühten auf Wiesen, eine täuschend echt erscheinende Burg verbrannte in der Ferne. Auf einem Bankett, das zu Coucys Zeit ein gewisser Vidame de Chartres gab, öffnete sich die himmelblau bemalte Decke, und die Speisen sanken an Schienen aus den Wolken auf die Tafel herab. Ein künstlicher Sturm, der eine halbe Stunde andauerte, untermalte das Dessert und ließ einen Regen von parfümiertem Wasser und Hagel aus gesüßten Fleischstückchen auf die Gäste niedergehen.

In den Mysterienspielen, die für das Volk gegeben wurden, bemühten sich die Bühnenbildner um einen exakten Realismus. Ein System von Gewichten und Drahtverbindungen ließ Jesus aus dem Grab auferstehen und hob ihn in die Wolken. Engel und Teufel erschienen und verschwanden wie durch Magie in Falltüren; die Hölle öffnete und schloß ihr monströses Maul, und Noahs Flut überschwemmte die Bühne, während steingefüllte Fässer in den Kulissen das Geräusch des Donners nachahmten. Wenn Johannes der Täufer enthauptet wurde, ließ sich der Darsteller so blitzartig durch eine Falltür fallen und wurde ebenso schnell durch eine nachgestellte, kopflos blutige Leiche ersetzt, daß das Publikum vor Entsetzen aufschrie. Schauspieler, die Jesus darstellten, hingen manchmal Verse zitierend drei Stunden am Kreuz.

Wie kein anderes Medium spiegelte die Bühne das mittelalterliche Leben wider. Das Drama, das sich aus liturgischen Darstellungen vor den Kirchentüren entwickelt hatte, wurde bald von Schauspielergesellschaften aufgenommen, die auf fahrbaren Plattformen bei Paraden und Prozessionen gastierten. Die Gesellschaften reisten mit ihren Stücken von Stadt zu Stadt und zogen alle Schichten der Gesellschaft an – Bauern und Bürger, Mönche und Studenten, Ritter und Damen. Bei einer größeren Aufführung wurde die Bevölkerung einen Tag vorher von Ausrufern informiert. Die Themen waren religiös, aber die Formen der Darstellung ausgesprochen weltlich, auf Unterhaltung ausgerichtet. Jedes Mysterium der christlichen Überlieferung wurde physisch und konkret dargestellt und in die Formen des Alltagslebens gegossen – respektlos, blutig und unflätig. Die Hirten, die bei Nacht Wache hielten, wurden als Viehdiebe dargestellt, das Pathos der Opferung des Isaak bis zum letzten ausgequetscht, als beliebtes komisches Versatzstück diente der Esel, dessen Kot, der unter dem gehobenen Schwanz hervor auf die Bretter fiel, auch dann beim Publikum Freudengeheul auslöste, wenn der Esel Jesus nach Jerusalem hineintrug.

Sex und Sadismus wurden in der Vergewaltigung der Dina ausgespielt, in der Darstellung des nackten, betrunkenen Noah, der Sünden der Sodomiter und den vielen Spielarten blutigen Märtyrertods. Folterszenen in krassem Realismus waren feste theatralische Elemente, als hätte eine gewalttätige Zeit den Genuß der Gewalt hervorgebracht. Nero, der seiner Mutter den Bauch aufschlitzte, um nachzusehen, woher er gekommen war, wurde mit der Hilfe tierischer Eingeweide in blutrünstigem Detail ausgespielt. Schadenfreude hat es nicht nur im Mittelalter gegeben, aber es herrschte in dieser Zeit sicher eine besonders düstere Spielart dieser Haltung vor, vielleicht hervorgebracht durch die Pest und die ihr folgenden Katastrophen.

Sündige Leidenschaften, treulose Gatten, die Qualen des Kindbetts, schwache Nonnen und schwangere Äbtissinnen, ehebrüchige Königinnen, grausame Morde an Kindern – das waren die Stoffe der Spektakel. Mitglieder aller Gesellschaftsschichten – stolze Kardinäle und elende Bettler, der Vogt und die Frau des Schlachters, Juden, Wirte, aufrührerische Studenten, Ritter, Holzschnitzer, Hebammen und Dorfnarren – stellten das Personal. Die Heilige Jungfrau vergibt ihnen allen, selbst der Mutter eines Papstes, die so hochmütig war, daß sie sich für größer hielt als die Mutter Gottes selbst. Nach angemessener Bestrafung wird auch ihr Gnade gewährt.

Gott trat in den Spielen in weißem Gewand und mit vergoldeter Perücke auf, die Engel hatten vergoldete Flügel, Herodes einen schwarzen Bart und einen Sarazenenmantel, Teufel und Dämonen trugen grauenvolle Masken, Hörner, hatten gespaltene Schwänze und härene Anzüge. Oft liefen sie durchs Publikum, um die Zuschauer zu kneifen und zu erschrecken.

Die Apokalypse, immer im Bewußtsein der Zeit, wurde in einem Spiel vom Jüngsten Tag dargestellt. Der Antichrist erscheint in der ihm zugewiesenen Zeit, traditionell auf dreieinhalb Jahre vor dem Jüngsten Tag festgelegt. Sohn des Satans und einer Frau von Babylon und wohlinstruiert in allen Künsten der Dämonie, gewinnt er solche Macht, daß Könige und Kardinäle sich ihm unterwerfen, bis er bei Armageddon im Triumph des Guten über das Böse überwältigt wird. Die Erlösten werden von den Verdammten getrennt, und die Engel entleeren die Krüge des göttlichen Zorns über die Menschen.

Die Belagerung von Jerusalem, die dem Kaiser vorgespielt wurde, brach mit dem bis dahin üblichen Themenkreis und präsentierte zum erstenmal die Wiedergabe eines historischen Ereignisses. Ihre technische Virtuosität und der Schwung der dargestellten Schlacht waren atemberaubend. Das Schiff der Kreuzfahrer, vollständig mit Mast, Segel und fliegenden Bannern, wurde den Saal hinuntergeschoben und bewegte sich »so leicht und sanft«, als führe es tatsächlich auf dem Wasser. Ritter, die exakt die Wappen führten, die ihre Vorfahren nach Jerusalem getragen hatten, ergossen sich aus dem Schiff heraus, um die nachgebauten Befestigungen Jerusalems anzugreifen. Von einem gemalten moslemischen Minarett sang ein Muezzin das klagende arabische Gebet. Sarazenen mit Turbanen auf den Köpfen zückten tückische Krummsäbel, Kreuzfahrer wurden von den Sturmleitern heruntergeworfen – die Zuschauer waren hingerissen und durch die Schönheit und Dramatik der Szene für einen neuen Kreuzzug eingestimmt – was tatsächlich auch eine Absicht der Aufführung war. Der führende Propagandist eines neuen Kreuzzugs, Philippe de Mézières, war ein vom König sehr bewunderter Mann, der zum Mitglied des Thronrats und zum Erzieher des Dauphins ernannt worden war.

Der nächste Tag brachte ein neues Wunder. Ein extra für diese Gelegenheit gebautes Schiff, das wie eine Residenz mit Sälen, Kammern, Kaminen und einem königlichen Bett ausgestattet war, trug die höfische Gesellschaft den Fluß hinunter zum neuen Louvre-Palast. Der Kaiser war sichtlich beeindruckt. Karl V. zeigte ihm die Umbauten, durch die er die alte Festung in einen »wahrhaft königlichen Palast« umgewandelt hatte. Nach dem Essen wurden die Fakultätsmitglieder der Universität dem Kaiser vorgestellt, der eine formelle Ansprache des Universitätskanzlers auf Latein beantwortete.

Karls eigentliche Absicht, die Rechtfertigung seiner Sache gegen England, wurde am folgenden Tag in einer Staatsversammlung, an der fünfzig Köpfe des kaiserlichen Gefolges und etwa ebenso viele führende französische Persönlichkeiten teilnahmen, verwirklicht. Der Chronist schreibt, der König sei »durch die Lügen, die die Engländer in Deutschland verbreiteten«, zu einer Richtigstellung veranlaßt worden, aber im Grunde war Karl wohl ständig auf der Suche nach rechtlicher Absicherung. Er breitete vor seinem Onkel, den er vielleicht als eine Art Vaterfigur ansah, die Konzessionen aus, die er um des Friedens willen angeboten hatte, und bat ihn zu urteilen, ob sie ausreichend gewesen seien.

Karl V. sprach zwei Stunden lang, er führte den Konflikt durch die Jahrhunderte auf seine Wurzeln zurück, von Eleanore von Aquitanien bis zum Vertrag von Brétigny, und legte die komplizierten legalistischen Fragen dar, durch die der Vertrag für nichtig erklärt worden und der Krieg 1369 erneut ausgebrochen war. Wenn die Rede eine *tour de force* legaler und historischer Argumentation war, so wurde die Antwort des Kaisers zu einem Meisterstück der kunstvollen Formulierung. Er sprach von Treue und Verwandtschaft, der Tiefe seiner und seines Sohnes Verehrung für den König, erklärte sich für berechtigt, als Verteidiger der Ehre des Königs angesehen zu werden, glaubte tatsächlich, daß man von einer »Allianz« zwischen ihnen beiden sprechen konnte. Dennoch, bei genauerer Untersuchung wird die Substanz seiner Ansprache eher schattenhaft. Wenn schließlich die Rede – und der gesamte Besuch – auch keine Allianz hervorbrachte, so war vielleicht die imposante verbale Wirkung bereits ein befriedigendes Ergebnis für Karl von Frankreich.

Der Kaiser reiste über Reims zurück und wurde von Coucy bis an die Grenze des Königreichs geleitet. Er starb kurze Zeit später, im November 1378 – ein Tod, der unter Umständen durch die zeremoniellen Anstrengungen in Frankreich beschleunigt worden war.

Der denkwürdige Besuch, wenn auch ohne praktische Wirkung, ehrte und erhöhte die französische Krone. Auch wenn die Macht des Königtums undefiniert und die Befugnisse des Kronrats unklar waren, Karls Bewußtsein seiner Rolle war unerschütterlich: Der Wille des Königs allein entschied über das Schicksal des Königtums. Aber der Herrscher stand nicht über dem Gesetz; es war vielmehr seine Pflicht, dem Gesetz Geltung zu verschaffen, denn Gott versagte den Tyrannen Eingang ins Paradies. In der Theorie leitete der König seine Legitimation aus der Zustimmung der Regierten her, wie Johann Gerson, der große Theologe, dem Nachfolger Karls darlegen sollte. Karl wußte nur zu genau, daß der Kult der Monarchie Voraussetzung für die Zustimmung der Untertanen war, und er gab diesem Kult bewußt jeden denkbaren Glanz. Karl V. war zugleich der erste Herrscher, der bewies, daß die Herrschaft »aus den Kabinetten heraus« ausgeübt werden konnte und nicht auf die persönliche Führung auf dem Schlachtfeld angewiesen war.

Auch im strahlenden Zenit von 1378 war Frankreich nicht frei von Schwierigkeiten. Krieg herrschte wieder in der Bretagne und in der Normandie; Karl von Navarra, nach zwanzig Jahren noch immer giftig wie je, hatte sich wiederum in einer gefährlichen Allianz mit den Engländern verbunden. Ketzerei und Hexerei breiteten sich aus, Ausdruck von Bedürfnissen, die die Kirche unbefriedigt ließ.

Trotz ihrer immer beherrschenden Stellung gab es niemals eine Zeit, in der die Kirche sich nicht irgendeiner Form des Abweichlertums zu erwehren gehabt hätte. In dem unheilbeladenen 14. Jahrhundert, als Gott den Menschen feindlich gesonnen schien oder zumindest verborgen hinter der kirchlichen Besitzgier, war die Sehnsucht nach Gottesnähe größer denn je, und zugleich waren seine Vertreter weniger denn je geeignet, sie zu befriedigen. Eine Kirche, die sich vorrangig damit befaßte, in der Lombardei Krieg zu führen, ihre Einkünfte in Avignon zu zählen und um ihre weltliche Macht zu kämpfen, war den geistlichen Bedürfnissen der Völker sehr fern. Die Ordensbewegungen waren der letzte Versuch einer Reform von innen gewesen, und als auch sie der Versuchung des Reichtums und der Macht erlagen, suchten die Sucher nach spiritueller Tröstung diese zunehmend außerhalb der Kirche in den mystischen Sekten.

Die Anhänger der Sekten waren nicht die einzigen, die sich in dieser apokalyptischen Zeit irrationalen Konzepten verschrieben. Unter dem Eindruck böser und unerklärlicher Ereignisse wandten sich viele überreizte Köpfe der Magie und dem Übernatürlichen zu. Der Inquisitor von Frankreich wandte sich 1374 mit der Frage, ob er die Zauberei verfolgen solle, an den Papst, und Gregor XI. autorisierte ihn, Zauberer und Hexen energisch zu bekämpfen. Seit dem frühen 14. Jahrhundert hatte sich das Papsttum in immer schärferer Form gegen den wachsenden Einfluß der Magie gestellt, besonders unter der aktivistischen Herrschaft Johannes' XXII. In einer Reihe von Bullen in den 1320er Jahren hatte Papst Johannes die Zauberer mit Ketzern gleichgesetzt und ihre Bestrafung autorisiert, weil sie »einen Pakt mit der Hölle« geschlossen hätten. Er befahl, ihre Bücher über magische Praktiken beschlagnahmen und verbrennen zu lassen. Trotz seiner Anweisungen gab es nur wenige Fälle von Verfolgung bis zur zweiten Hälfte des Jahrhunderts, als die Zauberei und ihre Verbindungen zur Dämonologie verschärft bekämpft und unterdrückt wurden. 1366 verabschiedete das Konzil von Chartres einen Erlaß, der vorsah, daß ein Bannfluch gegen die Zauberer jeden Sonntag von jeder Gemeindekanzel verkündet werden sollte.

Die Dämonologie und die Schwarzen Künste waren das Gegenteil von Ketzerei, nicht frommer als die Kirche, sondern jeder Frömmigkeit fern, Versuche, Verbindung mit dem Teufel, nicht Gott, aufzunehmen. In die Riten Eingeweihte beteten Luzifer an, von dem erwartet wurde, daß er zusammen mit den anderen gefallenen Engeln den Himmel zurückerobern würde, während der Erzengel Michael und sein Gefolge ihren Platz in der Hölle einnehmen würden. Ein Pakt mit dem Teufel bot Vergnügen ohne Buße, Genuß der Sexualität, des Reichtums und die Erfüllung irdischen Ehrgeizes. Wenn der Preis ewiges Höllenfeuer war, so war das etwas, was viele ohnedies nach dem Jüngsten Gericht für sich erwarteten. Die Dämonologie war ein altes, unausrottbares menschliches Phänomen, aber insoweit sie eine alternative Antwort bot, wurde sie von der Kirche als gefährlich angesehen.

Das eigentliche Problem war, zwischen diabolischen und rechtmäßigen magischen Kräften zu unterscheiden. Angesehene Zauberer behaupteten, daß ihre Wachspuppen dadurch Macht gewännen, daß die getauft und exorziert waren, daß ihre Mysterien durch das Zelebrieren der Messe geheiligt würden, daß Gott beschworen wurde, um den Gehorsam der Dämonen zu erzwingen – daß tatsächlich Gott ihre Kunst begünstigte, was durch ihre Erfolge bewiesen sei. Die Zauberei bot ihre Heilmittel in allen Fällen an, und sei es nur zur Läuterung eines untreuen Liebhabers oder zur Kurierung einer kranken Kuh. Erst als der Horizont des 14. Jahrhundert sich verdunkelte, wurden Magie und Hexerei allgemein als ein Pakt mit dem Satan angesehen.

Frauen wandten sich der Hexerei aus dem gleichen Grunde zu, der sie in den Mystizismus trieb. In Paris wurde 1390 eine Frau vor Gericht gestellt, weil sie sich angeblich an dem Liebhaber, der sie sitzenließ, gerächt hatte, indem sie ihm durch die magischen Kräfte einer anderen Frau die Potenz nahm. Beide Frauen wurden auf dem Scheiterhaufen verbrannt. Im folgenden Jahr wurden zwei weitere Frauen der Anklage der *maleficiam* oder Missetat überführt. Da Geständnisse in Hexenprozessen durch die Folter erpreßt wurden, spiegeln die Anklagepunkte meist eher die diabolischen Vorstellungen der Verfolger als die der Verfolgten wider. Weil überdies die Angeklagten häufig Fanatiker, Verrückte oder gestörte Menschen waren, übernahmen sie auch bereitwillig die Vorstellungen, die ihnen nahegelegt wurden. Sie gaben zu, mit den Dämonen verkehrt und aus Lust oder Rache einen Pakt mit dem Teufel geschlossen zu haben. Sie beichteten diabolische Riten und Flüge durch die Nacht, Kopulationen mit dem Teufel in Gestalt einer riesigen schwarzen Katze oder Ziege mit glühenden Augen oder eines gewaltigen Mannes mit schwarzer Haut, einem enormen Phallus und Augen wie brennenden Kohlen. Der Teufel wurde als heidnischer Satyr geschildert mit Hörnern und Hufen, spitzen Zähnen und Klauen, schwefligem Gestank und manchmal auch mit Eselohren. Der Volksmythos entwickelte sich mindestens ebensosehr aus den Vorstellungen der Verfolger wie aus den Halluzinationen der Angeklagten, und zusammen legten die beiden Parteien die Grundlage für das Wüten gegen die Hexerei, das im nächsten Jahrhundert ausbrechen sollte.

Die klare Stimme des gesunden Menschenverstandes sprach aus Nicolas Oresme, dem königlichen Berater der Philosophie, der sowohl die Astrologie als auch die Hexerei verachtete. Obwohl ein Bischof, war Oresme ein naturwissenschaftlicher Kopf, ein Mathematiker und Astronom, überdies der Übersetzer von Aristoteles' *Politik* und *Ethik*. Eines seiner Bücher begann mit den Worten: »Die Erde ist rund wie ein Ball«, und er postulierte auch die Rotation der Erde. Er bestritt die magischen Kräfte der Zauberer und leugnete, daß sie in der Lage seien, Dämonen zu beschwören, obwohl er die Existenz der Dämonen selbst nicht ausschloß. Nicht alle Dinge, schrieb er, seien durch natürliche Vorgänge zu erklären; einige Wunder oder unerklärliche Schicksalswendungen mußten das Werk von Engeln oder Dämonen sein, aber er zog es vor, nach natürlichen und rationalen Ursachen zu suchen. Magier, betonte er, benutzten gewöhnlich Hilfsmittel, um Illusionen zu begünstigen – Dunkelheit, Spiegel, Drogen oder Gase und Dämpfe, die Visionen wecken konnten. Die Grundlage von visuellen Täuschungen war ein anomaler Gemütszustand, der durch Fasten oder erschreckende Phänomene hervorgerufen werden konnte. Als ein Mann, der seiner Zeit weit voraus war, wies Oresme darauf hin, daß die Quelle von Visionen und Dämonen die Krankheit der Melancholie sein konnte. Er betonte auch, daß die Evidenz für das Wirken der Hexerei von Geständnissen unter der Folter abgeleitet war und daß viele Wunder von der Geistlichkeit vorgetäuscht würden, um die Kollekte in ihren Kirchen zu erhöhen.

Die Rolle Oresmes am Hofe beweist die Schwäche jeder Verallgemeinerung. Er wurde von demselben König hoch geschätzt, in dessen Diensten der Astrologe Thomas von Pisano Wachspuppen herstellte, um die Engländer zu vernichten.

Der wissenschaftliche Geist konnte das weitverbreitete Gefühl, daß die Zeit unter einem schlechten Stern stand, nicht vertreiben. Als das Jahrhundert in sein letztes Viertel trat, wurde die Realität von Dämonen und Hexen zu einem allgemeinen Glaubenssatz. Die theologische Fakultät der Universität von Paris erklärte in einem feierlichen Konklave am Ende des Jahrhunderts, daß uralte Irrtümer und Mißstände, die fast schon vergessen gewesen waren, mit neuer Kraft auferstanden seien und die Gesellschaft vergifteten. Die Professoren entwarfen ein Thesenpapier von achtundzwanzig Artikeln, in dem sie nicht die Wirksamkeit der Schwarzen Magie, wohl aber deren Legitimität bestritten. Mit nicht weniger Nachdruck wandten sie sich gegen die Ungläubigkeit jener, die die Realität und die Macht der Dämonen bezweifelten.

Das Unorthodoxe machte wie immer unverhältnismäßig viel Lärm. Ketzerei und Hexerei, obwohl von wachsender Bedeutung, waren nicht die Norm. Die wirkliche Gefahr für die Kirche kam im Jahre 1378 von innen.

1. Der vierte Reiter der Apokalypse (Offenbarung 6:8). Illustration von Jean Colombe für die *Très Riches Heures* des Herzogs von Berry, ca. 1470.

2. Der Triumph des Todes. Ausschnitt aus einem Fresko von Francesco Traini im Camposanto, Pisa. Ca. 1350.

3. Bestattung der Seuchenopfer. Aus den Annalen des Gilles li Muisis.

4. Bußprozession während der Pest, angeführt vom Papst (dargestellt im Rom des 14. Jahrhunderts, obwohl es die Pest des 6. Jahrhunderts unter Gregor dem Großen illustrieren soll). Von Pol de Limbourg für die *Très Riches Heures* des Herzogs von Berry, ca. 1410.

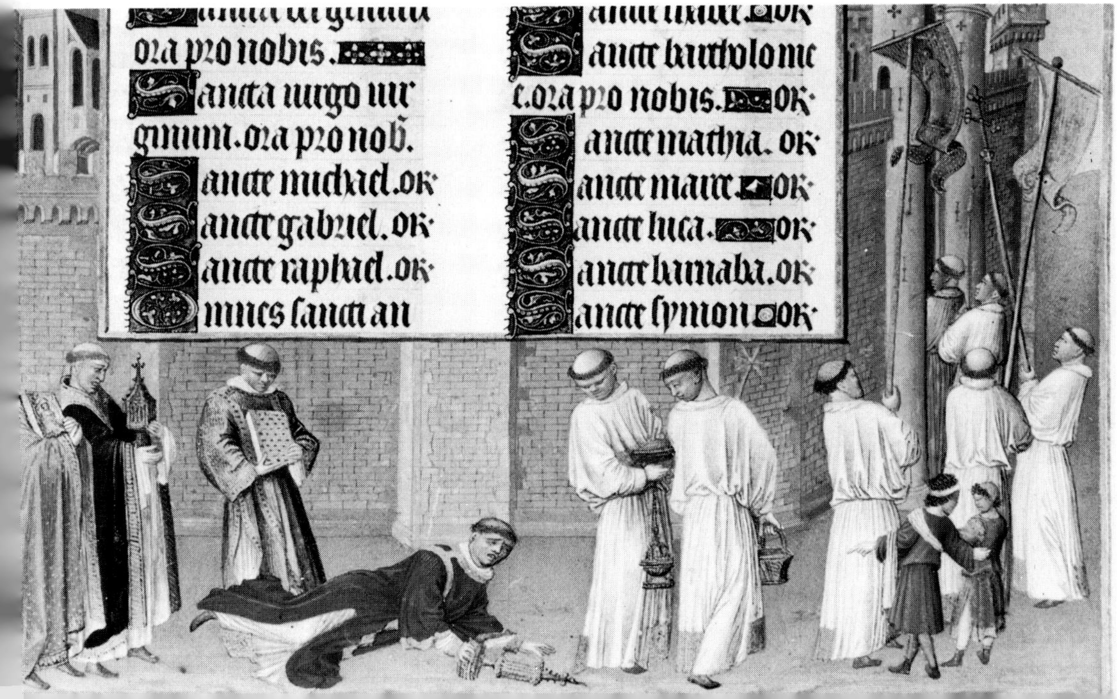

5. Ein Kardinal. Ausschnitt aus den Neun Stunden Gobelins, französisch, spätes 14. Jahrhundert.

6. Ritter. Die Siegel des Amadeus V. von Savoyen (rechts) und Ludwig I., Herzog von Anjou.

DIE DREI STÄNDE

7. Bauern. Die Arbeiten der zwölf Monate. Manuskript von Crescenzi li Rustican, ca. 1460.

8. Das Massaker an den Jacques auf der Brücke von Meaux. Aus Froissarts *Chroniken*, ca. 1460.

9. Die Ermordung der Marschälle. Aus den *Grandes Chroniques*, ca. 1375.

10. Der Kriegshund, eingesetzt gegen berittene Briganten oder Reisige. Aus dem Manuskript *Tractatus de Pauli Sanctini Ducensis de re militari et machinis bellis*, 14. Jahrhundert.

11. Die Schlacht von Sluis. Aus Froissarts *Chroniken*, ca. 1460.

12. Das verwaiste Rom.

13. Florenz im 15. Jahrhundert.

14. Der päpstliche Palast von Avignon, wie er im 14. Jahrhundert ausgesehen hätte.
Stich von Israel Sylvestre, ca. 1650.

15. MÜNZEN DES 14. JAHRHUNDERTS

Pavillon d'or Philipps VI.

Rom, Münze Papst Johannes' XXII.

Ange d'or Philipps VI.

Florin, ca. 1300, beide Seiten

Franc Johanns II., beide Seiten

Mouton d'or Johanns II.

Englischer Noble, Herrschaft Eduards III.

Écu d'or Karls VI.

16. Eine sienesische Armee von 1363, dargestellt in der Gegend, wo Coucys Feldzug zwanzig Jahre später stattfand. Fresko von Lippo Vanni, 1373, in der Sala del Mappamondo, Palazzo Pubblico, Siena.

lamorosa

DER SCHWEIZER FELDZUG

17./18. Die Gügler dringen unter den Bannern Coucys und Englands (rechts) in die Schweiz ein. Die Schlacht bei Fraubrunnen (unten) mit der Fahne von Bern (der Bär). Beides aus der *Berner Chronik*, ca. 1400.

19. Sir John Hawkwood. Fresko von Paolo Uccello im Dom von Florenz.

20. Pierre de Luxembourg mit einem Kardinalshut. Porträt, ca. 1400.

21. Die Verbrennung der Juden. Aus Gilles li Muisis, *Antiquitates Flandriae*, 14. Jahrhundert.

22. Ein Jude mit dem kreisförmigen Abzeichen. Ausschnitt aus einem Fresko von St. Helenas Entdekkung des Wahren Kreuzes im Dom von Tarragona.

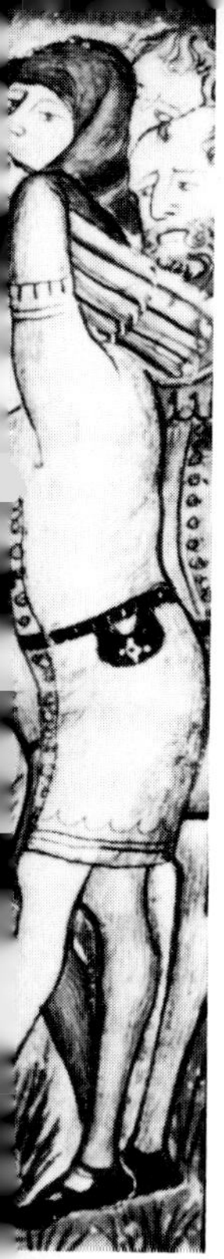

23. Christine de Pisan. Aus einem Manuskript ihrer *Werke*, Bd. *Poésies*, ca. 1405.

24./25. Johann von Berry (oben), Standbild in der Kathedrale von Bourges, und Philipp von Burgund (rechts). Skulptur von Claus Sluter in der Champmol, Dijon.

26. Karl V. nimmt die Übersetzung von Aristoteles' *Ethik* des Nicolas Oresme entgegen. Aus *Les éthiques d'Aristote*, Version von 1372.

27. Papst Urban VI. Relief auf der Rückseite seines Sarkophags in der vatikanischen Grotte, Rom. Datiert 1389.

28. Klemens VII. Fragment eines Bildnisses in Avignon.

Kapitel 16
Das päpstliche Schisma

In Italien war der Krieg um die Herrschaft in den päpstlichen Staaten 1375 erneut ausgebrochen. Während der kurzen Zeit des Friedens war der Haß der Italiener auf die Söldner des Papsttums und die französischen Legaten nicht abgeklungen, sondern gewachsen. Die Stellvertreter des französischen Papstes herrschten mit der Verachtung kolonialer Gouverneure für die Eingeborenen. Als der Neffe des Abtes von Montmayeur, des päpstlichen Legaten in Perugia, sich durch die Begierde zur Frau eines perugischen Edelmannes dazu verleiten ließ, in ihr Zimmer einzubrechen, um sie sich mit Gewalt gefügig zu machen, stürzte die Dame, als sie durch das Fenster in das benachbarte Haus fliehen wollte, auf die Straße und starb. Einer Delegation wutentbrannter Bürger, die die Bestrafung seines Neffen forderten, antwortete der Abt gleichgültig: »*Quoi donc!* [Was denn!] Habt ihr angenommen, alle Franzosen seien Eunuchen?« Die Geschichte verbreitete sich von Stadt zu Stadt und ließ die Wut anschwellen, zu deren Vollstrecker Florenz sich berufen fühlte.

Die Florentiner empfanden die Existenz eines starken päpstlichen Staates an ihren Grenzen als Bedrohung, eine Angst, die noch durch eine Invasion Hawkwoods in die Toskana intensiviert wurde. Gezwungen, ihn zu dem unglaublichen Preis von 130000 Florins abzufinden, glaubten die Florentiner, daß er vom Papst zu diesem Angriff ermutigt worden sei. Der Antipapismus durchdrang nun die florentinische Politik in den Formen der andauernden Fehde von Guelfen und Ghibellinen.

Bis dahin hatte der Haß des Volkes auf die papistische Partei, die von den Guelfen repräsentiert wurde, noch nicht zu bewaffneten Auseinandersetzungen mit der Kirche geführt. Als aber während einer Hungersnot in den Jahren 1374 und 1375 die päpstlichen Legaten den Export von Getreide aus den Kirchenstaaten nach Florenz untersagten, kam es zu offenen Kriegshandlungen. Unter der Losung *Libertas,* die in goldenen Lettern in ein rotes Banner gewebt war, organisierte Florenz einen Aufstand der päpstlichen Staaten und gründete eine Liga gegen das Papsttum, der Mailand, Bologna, Perugia, Pisa, Lucca, Genua und verschiedene kleine Potentaten beitraten, die territoriale Ansprüche an die Kirchenstaaten hatten.

Einem Chronisten schien es, »als stünden diese Zeiten im Zeichen eines Planeten, der Streit und Unfrieden hervorbringt«. In einem Augustinerkloster in der Nähe von Siena, berichtete er, »ermordeten die Mönche ihren Prior mit dem Messer«, und in einer benachbarten Abtei wurden nach inneren Streitigkeiten und Kämpfen »sechs Brüder hinausgewiesen«. »Auch unter Verwandten war es nicht besser . . . Die ganze Welt war in Kämpfe verstrickt. In Siena gab es niemanden, der sein Wort hielt, das Volk stritt mit seinen Führern und stimmte niemandem zu, und die ganze Welt war wahrlich ein Tal der Schatten.«

Die Revolte brachte den Mann in den Vordergrund, der zum Katalysator einer neuen Katastrophe werden sollte. Robert von Genf, der Legat des Papstes in Italien, war ein Kardinal von 34 Jahren, der vor keiner Gewalttat zurückschreckte, um die Kontrolle über die Patrimonie des Papstes zurückzugewinnen. Als Bruder des Grafen von Genf, Nachkomme Ludwigs VII. und Vetter Karls V. teilte er die Hemmungslosigkeit, die für so viele Fürsten seiner Zeit charakteristisch war. Er war lahm und schielte und wurde entweder als untersetzt und fett oder als wohlgeformt und schön beschrieben, je nach Parteizugehörigkeit des Chronisten in dem kommenden Schisma. Imponierend und autokratisch im Auftreten, mit tiefer Stimme, redegewandt und kultiviert, fließend in verschiedenen Sprachen, war er ein raffinierter Führer, der seine Männer zu behandeln wußte.

Um die päpstlichen Staaten zurückzuerobern, überredete er Gregor XI., die Bretonen, die berüchtigsten der Kompanien, anzuheuern, auch um sie der Umgebung von Avignon fernzuhalten. Sie überschritten die Alpen, marschierten im Mai 1376 in die Lombardei ein und begannen mit von dem Kardinalslegaten geweihten Schwertern in Italien Schrecken zu verbreiten. Es gelang ihnen indessen nicht, den Eckstein der päpstlichen Staaten, Bologna, einzunehmen, und sie erlitten im Kampf mit den Florentinern zum Zorn ihres Auftraggebers mehrere Niederlagen. In der rasenden Wut eines gescheiterten Eroberers entschloß sich der Kardinal Robert, ein Exempel zu statuieren, und fand die Gelegenheit dazu in Cesena, einer Stadt nahe der Ostküste zwischen Ravenna und Rimini. Als die Bretonen, die dort einquartiert waren, Lebensmittel ohne Bezahlung requirierten, provozierten sie einen bewaffneten Aufstand der Bürger. Der Kardinal Robert schwor den Cesenern bei seinem Kardinalshut Milde zu, wenn sie die Waffen niederlegten. Er gewann ihr Vertrauen, als er fünfzig Geiseln forderte, sie bekam, aber sofort als Zeichen seines guten Willens wieder freiließ. Dann rief er seine Söldner, darunter auch Hawkwood, aus einer nahe gelegenen Stadt zusammen und befahl ein allgemeines Massaker, um »Gerechtigkeit zu üben«. Als er dabei auf den Widerspruch seiner eigenen Leute stieß, rief er *»Sangue et sangue«* (Blut und nochmals Blut) und bestand auf seinem Befehl.

Seine Männer gehorchten schließlich. Drei Tage und drei Nächte lang, während die Stadttore geschlossen blieben, schlachteten die Soldaten alles ab, was sich bewegte. »Alle Plätze der Stadt lagen voller Leichen.« In dem Versuch, zu entkommen, ertranken Hunderte in den Gräben vor den Mauern, von unbarmherzigen Schwertern immer wieder in das Wasser zurückgetrieben, Frauen wurden vergewaltigt, Kinder gefangengenommen, um Lösegeld zu erpressen, Plünderei folgte dem Morden, Kunstwerke wurden zerstört, »und was sie nicht forttragen konnten, verbrannten, verdarben oder verwüsteten sie«. Die Zahl der Toten lag zwischen zweitausendfünfhundert und fünftausend. Aus der geplünderten Stadt flohen achttausend nach Rimini und bettelten dort um Almosen. Noch eine Generation später erschreckte der große Prediger Bernhard von Siena seine Zuhörerschaft mit dieser Geschichte des Grauens.

»Um nicht ganz und gar der Schande zu verfallen«, wie man sagte, schickte Hawkwood eintausend Frauen in die Sicherheit von Rimini und ermöglichte einigen Männern die Flucht. Man berichtete auch von ihm, daß er den Lösungsvorschlag Salomos in die Tat umgesetzt habe, indem er eine Nonne, um die zwei Soldaten stritten, in zwei Stücke gehauen habe. Im ganzen aber hatte er mehr Geschmack an Geld als am Töten und verließ kurz nach dem Massaker von Cesena die päpstliche Partei, die schlecht zahlte, um profitablere Arbeit im Sold von Florenz und Mailand zu verrichten. Um sich die Dienste des großen Söldners für immer zu sichern, gab Bernabó Visconti ihm eine seiner unehelichen Töchter zur Frau mit einer Aussteuer von 10 000 Florins. Die politischen Möglichkeiten eines Fürsten mit 36 Kindern waren weitreichend.

In seinen letzten zwei Jahrzehnten lebte Hawkwood in Reichtum als geachteter Mann; die Signoria ernannte ihn zum Hauptmann von Florenz und bezahlte ihn für seine Dienste, andere Städte Mittelitaliens dafür, daß er sie verschonte. Er hinterließ Italien das Beispiel eines erfolgreichen Gewalttäters, das andere *condottieri* inspirierte – Jacopo del Verme, Malatesta, Colleoni, Sforza – Italiener, die nun die ausländischen Hauptleute ersetzten.

Robert von Genf, der für Italien der »Mann des Blutes« und »der Schlachter von Cesena« hieß, machte nie den Versuch, seine Aktion zu entschuldigen. Soweit es ihn betraf, waren die Bürger Rebellen wie die von Limoges für den Schwarzen Prinzen. Sein Rückgriff auf den Terror, der ganz Italien erschütterte, war dem Ansehen der Kirche nicht sehr hilfreich. »Die Menschen glauben nicht mehr an den Papst oder die Kardinäle«, schrieb ein Chronist aus Bologna über das Massaker, »denn diese Dinge erdrücken den Glauben.«

Inzwischen hatte der Papst Florenz exkommuniziert und forderte die anderen Städte auf, sich auf Kosten der vogelfreien Stadt zu bereichern. Ihre Handelskarawanen durften ergriffen, Schulden brauchten nicht entrichtet zu werden, und Handelspartner waren nicht länger verpflichtet, die Verträge einzuhalten. Florenz schlug zurück, indem es das kirchliche Eigentum einzog und die örtliche Geistlichkeit zwang, die Kirchen trotz des Banns offenzuhalten. Das Volk war so aufgebracht, daß das Komitee der acht, das die Stadt führte, die »Acht Heiligen« genannt und der Krieg mit dem Papsttum in Italien als der Krieg der Acht Heiligen bekannt wurde.

Aber beide Seiten waren nicht in der Lage, den Krieg lange aufrechtzuerhalten. Der Bannfluch hatte nicht nur drastische Folgen für die Wirtschaft von Florenz, er spaltete auch die Liga. Die vielfachen Rivalitäten der italienischen Städte über längere Zeit zu unterdrücken, um eine Einheit zu schaffen, war nicht möglich. Ebenso unmöglich war es für das Papsttum, von Avignon aus die Kontrolle über die päpstlichen Staaten aufrechtzuerhalten. Eine neue Gefahr für den Papst drohte, als Florenz versuchte, Rom in die Liga zu ziehen. Es war für Gregor XI. ebenso unübersehbar wie für seinen Vorgänger, daß die politische Notwendigkeit das Papsttum in seine Heimat Rom zurückrief. Eine mahnende Stimme an seinem Ellbogen fügte diesem Ruf ihre moralische Kraft hinzu.

Seit Juni 1376 hielt sich Katharina von Siena in Avignon auf und ermahnte den Papst unablässig, als Zeichen für die Reform der Kirche nach Rom zurückzukehren. Schon im Alter von 29 Jahren hatte sie ein Gefolge, das sie glühend verehrte; ihre Visionen und Trancezustände wurden ehrfürchtig bewundert. Sie behauptete, in einem Ekstasezustand nach dem Abendmahl die Stigmata der fünf Wunden Christi an den Händen, Füßen und am Herzen empfangen zu haben. Während diese nur ihr selbst sichtbar blieben, wuchs ihr Ruf in Florenz derart an, daß die Stadt sie als Gesandte zu Verhandlungen mit dem Papst um eine Aufhebung des Banns schickte. Katharina selbst aber sah ihre Mission weit umfassender, sie wollte zum Apostel der Menschheit werden und die Läuterung und Erneuerung der Kirche ins Werk setzen. Ihre Autorität leitete sie aus der Stimme Gottes ab, die, wie sie beanspruchte, direkt zu ihr sprach und deren Aussagen sie in den *Dialogen,* die sie ihrem Sekretärsjünger diktierte, festhielt: »Gegeben persönlich von Gott dem Vater, der zum Geist der glorreichsten und heiligsten Jungfrau, Katharina von Siena, spricht ... während sie in Trance liegt und wahrhaftig hört, was Gott in ihr gesprochen hat.«

Die Ekstasen der mystischen Einheit waren für Katharina ebenso real wie für viele andere Frauen, die der Ehe auswichen, indem sie sich einem religiösen Leben verschrieben. Christus bezeugte ihre Verlobung mit ihr, schrieb Katharina, »nicht mit einem silbernen Ring, sondern mit einem Ring seines heiligen Fleisches, denn als er beschnitten wurde, nahm man genau einen solchen Ring seinem heiligen Körper ab«. Eine Dominikanerschwester lehrte sie lesen, als sie zwanzig war, und Katharina las immer wieder das Hohe Lied Salomos und wiederholte in ihren Gebeten den Seufzer der Braut: »Möge er mich küssen mit einem Kuß seines Mundes.« Sie wurde belohnt, als Christus ihr erschien und ihr einen Kuß schenkte, der »sie mit unsagbarer Süße erfüllte«. Nach langen Gebeten um den »vollkommenen Glauben« nahm Jesus sie zur Braut, und die beiden wurden in einer Zeremonie vereinigt, die die heilige Mutter Gottes vollzog und an der der heilige Johannes, der heilige Paulus und der heilige Dominikus bei untermalender Musik von Davids Harfe teilnahmen.

Als ein drittgradiges oder nicht an den Konvent gebundenes Mitglied des Dominikanerordens warf sich Katharina auf die Pflege der leidenden Menschheit, suchte die Gefangenen in den Kerkern auf, die Armen und die Kranken, kümmerte sich um die Seuchenopfer von 1374. Zwei ihrer Pflegekinder, acht ihrer Nichten und Neffen starben in dieser Epidemie. In einem extremen Moment der Hingabe saugte sie mit den Lippen den Eiter aus einem Krebsgeschwür eines Krankenhauspatienten, so als wollte sie den direkten Kontakt mit den Wunden Christi, den die Mystiker als die Quelle spiritueller Erfahrung feierten, nachvollziehen.

Nach den Worten des deutschen Mystikers Johannes Tauler, der ein Zeitgenosse Katharinas war, sollte der Gläubige »seinen Mund an die Wunden des Gekreuzigten drücken«. Das Blut, das aus diesen Wunden floß, den Wunden der Dornen, der Geißelung, wurde für die religiösen Eiferer zur Besessenheit. Es war gleichbedeutend mit der Erlösung, dieses Blut zu trinken, die Seele mit ihm zu waschen. Tauler verharrte in Gedanken so lange und so ausführlich bei diesem Gegenstand, daß er schließlich glaubte, er sei beim Leiden Christi zugegen gewesen. Er berechnete die Zahl der Geißelschläge und glaubte zu wissen, daß Jesus so fest an eine Säule gebunden gewesen war, daß das Blut unter seinen Fingernägeln herausgedrückt wurde; daß er zunächst auf den Rücken und dann auf die Brust geschlagen wurde, bis er nur noch eine einzige Wunde war. Die heilige Birgitta sah in ihren Offenbarungen seine blutigen Fußabdrücke und daß, als ihm die Dornenkrone aufs Haupt gedrückt wurde, »seine Augen, seine Ohren, sein Bart voller Blut waren; sein Kinn war ausgerenkt, sein Mund offen, seine Zunge angeschwollen vor Blut. Sein Bauch war so weit eingezogen, daß er das Rückgrat berührte, so als hätte er keine Eingeweide mehr.« Katharina selbst sprach kaum jemals von Christus, ihrem Bräutigam, ohne das Blut zu erwähnen – »das Blut des Lamms«, »die Schlüssel des Blutes«, »das mit ewiger Göttlichkeit erfüllte Blut«, »ich trinke das Herzblut Jesu«. Blut war in jedem Satz; Blut und süß ihre Lieblingswörter.

Ihr Einfluß auf die Großen der Welt entsprang ihrer absoluten Gewißheit, daß der Wille Gottes und ihr Wille eins seien. »Tut Gottes Willen und meinen!« befahl sie Karl V. in einem Brief, in dem sie ihn zum Kreuzzug aufforderte. Und dem Papst schrieb sie in gleichem Ton: »Ich verlange . . ., daß Ihr aufbrecht, die Heiden zu bekämpfen!« Neben der Reform der Kirche war »die heilige, süße Kreuzfahrt« ihr größtes, unablässig wiederholtes Anliegen. Während Katharina für Frieden im Abendland plädierte (»Wehe, wehe, wehe, Friede, Friede, um Gottes willen . . .«), flehte sie alle Mächtigen nicht weniger eindringlich an, die Ungläubigen mit Krieg zu überziehen. »Seid ein Mann, Vater, erhebt Euch! . . . Keine Nachlässigkeiten!« stachelte sie den

Papst an. Auch Hawkwood ermahnte sie, sich gegen die Feinde Christi zu wenden, statt Italien in Elend und Ruin zu stürzen. In einem Brief, der an »Messer Giovanni condottiere« adressiert war, schrieb sie: »Daher bitte ich Euch süß, da Ihr Euer Entzücken an Krieg und Kampf findet, führt keinen Krieg mehr gegen Christen, denn das beleidigt Gott.« Statt dessen, sagte sie ihm, sollte er gegen die Türken ziehen, damit »Ihr nicht länger ein Knecht und Soldat des Teufels, sondern ein männlicher und wahrer Ritter werdet«.

All das Leiden unter den »wütenden Wölfen« ihrer Zeit und die ganze Sehnsucht nach kirchlicher Reform sprach aus ihren Briefen. Ihre Appelle trugen sicher dazu bei, Gregor XI. die Kraft zu geben, dem Druck des französischen Königs zu widerstehen und sich gegen die Kardinäle durchzusetzen, die in Avignon bleiben wollten. Karl V. sagte, daß »Rom sei, wo immer der Papst sich gerade aufhielte«, und entsandte seine Brüder, die Herzöge von Anjou und Burgund, um den Papst zum Verbleib in Avignon zu überreden. Zugleich sprachen sich die Kardinäle dagegen aus, in einem historischen Augenblick nach Rom zu gehen, in dem die Könige von Frankreich und England, die »so lange in einem Krieg zerfallen waren, der die Welt zerstört«, Friedensverhandlungen führten, die der Hilfe der Kirche bedurften. Gregor blieb ungerührt. Trotz dunkler Vorahnungen glaubte er fest daran, daß nur seine Gegenwart Rom dem Papsttum erhalten würde, und als die Ewige Stadt ihre Unterwerfung versprach, falls er zurückkehren sollte, konnte er den Umzug nicht länger hinausschieben.

Entgegen allen Hoffnungen, die sich an seine französische Abstammung und seine schlechte Gesundheit geklammert hatten, reiste er im September 1376 trotz eines schrecklichen Sturms mit seinen Schiffen ab. Noch im letzten Augenblick hatte sich sein greiser Vater, der Graf Guillaume de Beaufort, in der ungehemmten Emotionalität des Mittelalters vor seinem Sohn auf den Boden geworfen, um ihn anzuflehen zu bleiben. Gregor trat über seinen Vater hinweg und zitierte wenig liebevoll aus den Psalmen: »Es steht geschrieben, daß ihr auf die Natter treten und den Basilisken niedertreten sollt.«

Durch die Unsicherheit der Gegend um Rom zu vielen Umwegen gezwungen, erreichte er die Ewige Stadt erst im Januar 1377 und starb bereits fünfzehn Monate später, im März 1378. In der Zwischenzeit hatte er sich ebenso erfolglos wie sein Vorgänger, Urban V., an dem Chaos der italienischen Politik abgearbeitet. Von Schwierigkeiten zermürbt, hatte er den ständigen Forderungen der Kardinäle, nach Avignon zurückzukehren, angeblich noch vor seinem Tode zugestimmt, aber dann, da er den kommenden Tod spürte, das Ende in Rom abgewartet, damit die Wahl des neuen Papstes dort stattfände, wo sie hingehörte. Seine achtbaren Intentionen beschleunigten aber jene Krise, die die mittelalterliche Kirche hoffnungslos schädigen sollte.

Das Schisma hatte mit dem Dogma oder religiösen Streitfragen nichts zu tun. Sechzehn Kardinäle waren in Rom für das Konklave zusammengekommen, ein Spanier, vier Italiener und elf Franzosen, die auf zwei einander befehdende Fraktionen verteilt waren, die Limousins und die Gallikaner. Da keine der beiden Parteiungen bereit war, den Kandidaten der anderen zu akzeptieren, entstand ein hektisches Gerangel um die Stimmen, in dem Robert von Genf, der Führer der Gallikaner, schon vor dem Tod Gregors aktiv wurde. Als sich zeigte, daß für niemanden unter den versammelten Kardinälen eine Zweidrittelmehrheit zustande kam, suchte man nach einem Außenseiter, einem Kompromißkandidaten, der von beiden Parteien akzeptiert werden konnte. Man glaubte ihn in Bartolomeo Prignano, dem Erzbischof von Bari, gefunden zu haben, einem Neapolitaner niedriger Geburt, klein, kräftig, dunkel, pflichtgetreu und anscheinend sehr bescheiden. Obwohl er als ein scharfer Gegner der Korruption und der Simonie bekannt war und das auffahrende Temperament des Süditalieners besaß, gingen die Kardinäle davon aus, daß er als ein Mann geringeren gesellschaftlichen Standes von ihnen leicht zu leiten sein würde – vor allem in der Frage der ersehnten Rückkehr nach Avignon.

Sofort nach Gregors Tod entsandten die Bürger Roms, die nun endlich die Chance sahen, die Herrschaft der französischen Päpste zu beenden, eine Deputation vornehmer Bürger in den Vatikan, um die Wahl »eines verdienten Mannes italienischer Nation« anzumahnen. Dem Kollegium gehörten zwei Römer an, aber Kardinal Tebaldeschi, »ein guter heiliger Mann«, war alt und schwach, und Kardinal Orsini wurde als zu jung und unerfahren angesehen. Überdies wurden beide von ihren Kollegen, eben weil sie Römer waren, als Papst nicht gewünscht.

Den französischen Kardinälen war klar, daß unter diesen Umständen Auseinandersetzungen nicht zu vermeiden waren, und sie ließen ihre Haushalte einschließlich ihres Geldes, ihrer Juwelen, Bücher und auch Waffen zusammen mit der päpstlichen Schatzkammer in die Engelsburg schaffen. Die Stadt Rom forderten sie auf, Sicherheitsmaßnahmen zu ergreifen, um sie gegen öffentliche Unordnung, Beleidigungen und Gewalt zu schützen. Um sicherzugehen, trug der Kardinal Robert von Genf ein Kettenhemd, und der Spanier Pedro de Luna diktierte seinen Letzten Willen. Da die Kardinäle sich nicht darauf verpflichten ließen, einen Römer zum Papst zu wählen, verbreiteten sich Gerüchte, daß ein von den Franzosen beherrschter Papst die Rückkehr nach Avignon bedeutete. In der Stadt brachen Unruhen aus, und drohende Volksmengen sammelten sich, als die Kardinäle, umgeben von »vielen starken Soldaten und kriegerischen Edelleuten«, in den Vatikan gingen, um am Konklave teilzunehmen. Unter den Fenstern heulte das Volk: *»Romano lo volemo!* (Wir wollen einen Römer!)« Die gespenstische Vision des Todes von Cola di Rienzi und Jakob van Artevelde, beide vom Mob gelyncht, muß den Kardinälen vor Augen gestanden haben.

In Todesangst ersannen sie eine List, kleideten den zitternden alten Kardinal Tebaldeschi unter seinen lauten Protesten in die Mitra und den Vespermantel und stellten ihn auf dem Thron zur Schau – lange genug, um seinen Kollegen die Flucht aus dem Vatikan in befestigte Burgen außerhalb der Stadt zu erlauben. Während die Glocken von St. Peter durch das Getümmel und die Zusammenstöße erklangen, verbreitete sich die Nachricht vom Täuschungsmanöver wie ein Lauffeuer in der Stadt. In neuen Sprechchören rief das Volk »Tod den Kardinälen«, Schwerter wurden gezogen, und Banden von Betrunkenen brachen in die Keller des Vatikans ein.

Am nächsten Tag, dem 9. April, verkündeten die Kardinäle die Wahl des Erzbischofs von Bari zum Papst Urban VI. und begleiteten ihn unter schwerer Bewachung durch die »wütenden Gesichter« der Menge hindurch auf dem traditionellen Ritt in den Lateranpalast. Die Nachricht von der Wahl und der Inthronisation wurde den sechs Kardinälen, die noch in Avignon verblieben waren, übermittelt – ohne irgendeinen Hinweis auf Umstände, die diese Wahl hätten irregulär erscheinen lassen. Im Gegenteil, in den ersten Wochen nach der Wahl nahmen die Kardinäle Urbans Pontifikat als gegeben hin und überschütteten ihn mit den üblichen Petitionen mit der Bitte um Benefizien und Beförderung ihrer Verwandten.

Die päpstliche Macht, die ihn über die hochgeborenen Kardinäle setzte, stieg Urban VI. sofort zu Kopfe. Aus einem demütigen, unauffälligen Geistlichen, der nicht im geringsten mit dieser Wahl gerechnet hatte, wurde über Nacht eine unversöhnliche Geißel der Simonie, weniger aus religiösem Eifer denn aus schlichtem Haß und Eifersucht auf Privilegien jeder Art. Er schalt die Kardinäle öffentlich wegen ihrer häufigen Abwesenheit, ihres Luxuslebens, ihrer Ausschweifungen und verbot ihnen, mehrfache Benefizien zu halten oder zu verkaufen, untersagte ihnen, Pensionen, Geldgeschenke und andere Gunsterweise aus weltlichen Quellen anzunehmen, wies den päpstlichen Schatzmeister an, ihnen nicht weiterhin die Hälfte der Einkünfte ihrer Benefizien auszuzahlen, sondern diese Gelder für die Instandsetzung der Kirchen von Rom zu benutzen. Schlimmer noch, er befahl den Kirchenfürsten, ihre Mahlzeiten auf einen Gang zu beschränken.

Er beschimpfte sie ohne Takt und Würde, sein Gesicht rot und seine Stimme heiser vor Wut. Er unterbrach sie mit groben Beleidigungen und Ausrufen wie »Müll!« und »Haltet den Mund!«. Er nannte Kardinal Orsini einen *sotus* (Schwachsinnigen) und drohte, den Kardinal von Limoges zu schlagen, wurde aber im letzten Augenblick von Robert von Genf unter dem Ausruf »Heiliger Vater, Heiliger Vater, was tut Ihr?« zurückgerissen. Er klagte den Kardinal von Amiens an, bei den Friedensverhandlungen zwischen England und Frankreich Geld von beiden Seiten angenommen und den Konflikt verlängert zu haben, um seine Börse zu füllen, worauf dieser Kardinal sich erhob und mit »unbeschreiblichem Hochmut Seine Heiligkeit einen Lügner nannte«.

Von seinem Bedürfnis nach Selbstbestätigung fortgerissen, mischte sich Urban in die weltlichen Affären von Neapel ein, verkündete, das Königreich sei schlecht regiert, weil es von einer Frau, der Königin Johanna, beherrscht wurde, und drohte, sie in ein Nonnenkloster zu sperren, weil sie für Neapel als einem Lehen des Papstes keinen Tribut zahlte. Dieser sinnlose Streit, den er mit giftiger Erbitterung verfolgte, wurde zur Ausgangsbasis seiner Feinde.

Die Gefühle der Männer, die Urban erhoben hatten, können wohl kaum angemessen beschrieben werden. Einige meinten, daß das Fieber der Macht den Papst *furiosus et melancholicus* gemacht habe – kurz: verrückt. Wutausbrüche und Beleidigungen hätten sie vielleicht hingenommen, aber nicht den Eingriff in ihre Einkünfte und Privilegien. Als Urban sich glatt weigerte, nach Avignon zurückzukehren, war die Krise da. Die Kardinäle einigten sich auf die fatale Politik einer Absetzung des Papstes. Da es kein Mittel gab, einen Papst wegen mangelnder Eignung seines Amtes zu entheben, faßten sie den Plan, die Wahl als ungültig zu erklären, da sie unter dem Zwang drohender Volksgewalt gestanden habe. Ohne Frage war Urban im Zeichen des Terrors gewählt worden, aber ebenso eindeutig war es, daß die Kardinäle sich lange vorher auf diesen Kandidaten geeinigt hatten.

Die ersten Andeutungen, daß es sich um eine ungültige Wahl gehandelt habe, gingen im Juli 1378 um, und die Kardinäle sammelten durch den Herzog von Fondi, einen Adligen des Königreichs Neapel, militärische Unterstützung. Die Römer und ihre Truppen stellten sich hinter Urban, der durch seine Entscheidung, nicht nach Avignon zurückzugehen, ihre Unterstützung gewonnen hatte. Er verstärkte seine Position durch einen Friedensvertrag mit Florenz und hob zum Jubel des Volkes den Bann gegen die Stadt auf. Sein Botschafter, der mit einem Olivenzweig in Florenz einzog, machte das Papsttum zumindest dieses eine Mal dort populär. Die Kampflinien wurden immer deutlicher. Im Schutz einer Söldnertruppe von Bretonen unter Sylvestre Budes, der mit Coucy in der Schweiz gewesen war, verließen die Kardinäle Rom und zogen in die päpstliche Sommerresidenz Anagni. Dort gaben sie am 9. August eine »Erklärung an die ganze Christenheit« ab, in der sie die Ungültigkeit von Urbans Wahl proklamierten, weil sie in »Todesfurcht« und im Lärm von »aufrührerischen und schrecklichen Stimmen« vonstatten gegangen sei. Nachdem sie den Heiligen Stuhl für unbesetzt erklärt hatten, verwarfen sie schon im vorhinein das Schiedsgericht eines ökumenischen Konzils mit der Begründung, daß nur ein Papst ein Konzil einberufen konnte. In einem weiteren Manifest verfluchten sie Urban als »Antichrist, Teufel, Renegaten, Tyrannen, Betrüger und durch Gewalt Gewählten«.

Die Verstoßung eines Papstes war eine so schicksalhafte Handlung, daß es kaum möglich ist, sich vorzustellen, daß die Kardinäle mit einem Schisma rechneten. Vielmehr handelten sie wohl in dem Glauben, daß sie durch ihren geschlossenen Auszug aus der Kurie den Papst zur Abdankung zwingen oder ihn im schlimmsten Fall mit Gewalt absetzen konnten. In einer ersten Kraftprobe hatte ihr militärischer Arm, Budes' Kompanie, bereits eine Streitmacht von römischen Gefolgsleuten des Papstes in einem Gefecht im Juli besiegt.

Zunächst versuchten die Kardinäle sich der Unterstützung durch Karl V. zu versichern. Alle Informationen, die dem König von Frankreich zugänglich waren, sprachen gegen Urban VI. und sein politisches Interesse ohne Zweifel ebenfalls. Er rief einen Rat von Prälaten und Doktoren des Rechts und der Theologie zusammen, der am 11. September die Abgesandten der Kardinäle anhörte. Nach zwei Tagen gründlicher Überlegungen legte der Rat dem König nahe, sich einer überstürzten Entscheidung zu enthalten, da der Fall »so hoch, gefährlich und zweifelhaft« sei. Wenn das ein Ausweichmanöver war, so war es doch auch ratsame Vorsicht, die Karl allerdings beiseite schob. Obwohl er nicht offen Stellung nahm, deuten spätere Entwicklungen darauf hin, daß er den Gesandten der Kardinäle seine Unterstützung zugesichert haben muß – der bedeutendste Fehler seiner politischen Laufbahn.

Nach weiteren legalistischen Vorbereitungen und einem Versuch, die Zustimmung der Universität von Paris zu gewinnen, der erfolglos blieb, zogen die Kardinäle nach Fondi im Königreich Neapel und wählten im Konklave des 20. September einen Papst aus ihrer Mitte. Da es ihnen vor allem darum ging, einen entschlossenen und tatkräftigen Mann an ihre Spitze zu stellen, trafen sie eine unglaubliche Wahl. Der Mann, der als Klemens VII. gewählt, inthronisiert und gekrönt wurde – dies alles an einem Tag –, war Robert von Genf, der »Schlachter von Cesena«.

Die Wahl eines Gegenpapstes mußte polarisierend wirken, und es hätte sicher im Interesse des Papsttums gelegen, einen Mann zu wählen, der den Italienern so akzeptabel wie möglich war. Einen Mann zu wählen, der in ganz Italien gefürchtet und verhaßt war, deutet auf eine Arroganz der Macht, die nicht weniger wahnsinnig war als das Benehmen Urbans. Vielleicht war das 14. Jahrhundert zu dieser Zeit einer Art kollektiven Wahnsinns verfallen. Wenn ein aufgeklärtes Eigeninteresse das Kriterium geistiger Gesundheit ist, dann war nach dem Urteil von Michelet »keine Epoche ihrer Natur nach wahnsinniger« als diese. Von Franzosen beherrscht, war das Kardinalskollegium den Gefühlen der Italiener gegenüber gleichgültig und fühlte sich von der Beschneidung seiner Einkünfte so bedroht, daß selbst die italienischen Kardinäle dieser Wahl stillschweigend zustimmten. Dies war das Endprodukt des päpstlichen Exils von Avignon. Nur ein tiefer Materialismus und Zynismus konnte einen Mann wie Robert von Genf auf den Stuhl Petri bringen. Die Klagen der Reformer hätten nicht vollkommener gerechtfertigt werden können.

»O unselige Männer!« schrie Katharina von Siena auf, »Ihr, die Ihr Euch an der Brust der Kirche nähren solltet, die Ihr wie Blumen in ihrem Garten sein solltet, süß duftend, die Ihr die Pfeiler sein solltet, den Vertreter Christi zu stützen, die Lampen zur Erleuchtung der Welt und zur Verbreitung des Glaubens ... Ihr, die Ihr Engel auf Erden wart, Ihr habt Euch den Wegen des Teufels zugewandt ... Weshalb? Das Gift der Eigensucht zerstört die Welt.« Wenn ihre reiche Metaphorik auch gemischt war, so war ihre Ausdrucksweise ein Maßstab ihrer Ehrfurcht vor den Großen der Kirche und der Tiefe ihrer Enttäuschung. Mit dem gesunden Menschenverstand, der so oft aus ihren verbalen Rhapsodien hervorbrach, glaubte Katharina keinen Moment an das Argument der Kardinäle, sie hätten Urban VI. unter Zwang gewählt.

Weit entfernt davon, zurückzutreten, ernannte Urban innerhalb einer Woche ein völlig neues Kardinalskollegium und heuerte eine Söldnerkompanie unter einem der ersten italienischen *condottieri,* Alberigo da Barbiano, an. »Jetzt ist die Zeit für neue Märtyrer«, ermutigte ihn Katharina. »Ihr seid der erste, der sein Blut gegeben hat; wie groß ist die Frucht, die Ihr empfangen sollt!« Sie sollte anfangs recht behalten. In einer Schlacht gegen die Truppen seines Rivalen siegte Barbianos Kompanie. Sie eroberte die Engelsburg zurück und nahm die beiden feindlichen Hauptleute gefangen. Klemens VII. mußte fliehen und suchte Zuflucht bei Johanna von Neapel. Die Bevölkerung dort war aber so feindselig, daß unter den Rufen: »Tod dem Antichrist! Tod Klemens und seinen Kardinälen! Tod der Königin, wenn sie sie schützt!«, Unruhen ausbrachen und er gezwungen war, das Land zu verlassen. Da es für ihn in Italien keine Sicherheit mehr gab, kehrte er mit seinen Kardinälen im April 1379 nach Avignon zurück.

Ein Papst und ein Kardinalskollegium in Rom und ein anderer Papst samt Kollegium in Avignon – das Schisma war zu schrecklicher Wirklichkeit geworden. Es war die vierte Geißel – nach Krieg, Seuche und den Briganten – eines gequälten Jahrhunderts. Seit der Wahl von Fondi war jeder Herrscher gezwungen, sich für eine der beiden Seiten zu entscheiden, oft mit der Folge, daß er mit der Geistlichkeit zerfiel oder die Geistlichkeit mit dem Volk. Karl V. erkannte im November 1378 Klemens offiziell an und gab eine Proklamation heraus, die es jedem, Geistlichen wie Laien, verbot, Urban VI. zu gehorchen. Er wies eine Schlichtung durch ein Konzil zurück, die die Universität von Paris angeregt hatte, weil er keine Lösung zulassen wollte, die den französischen Interessen zuwiderlief. Die Universität, tief betroffen, mußte sich fügen.

England blieb – in Opposition zu Frankreich und einem französischen Papst – Urban treu; Schottland ergriff natürlich daraufhin für Klemens Partei. Flandern, obwohl ein Lehen der französischen Krone, blieb urbanistisch, vor allem, weil der Graf von Flandern eine proenglische Politik verfolgte. Kaiser Karl IV. starb rechtzeitig, so daß ihm die Entscheidung erspart blieb, aber sein Sohn und Nachfolger Wenzel erklärte sich für Urban und zog den größten Teil des Kaiserreiches mit sich. Diese Entscheidung des neuen Kaisers, der sich Ungarn, Polen und Skandinavien anschlossen, war eine bittere Enttäuschung für Karl V., der geglaubt hatte, durch sein Vorbild andere Herrscher beeinflussen zu können, was Urban isoliert und vielleicht zur Abdankung bewegt hätte.

Urbans Handlungen nach der Verstoßung durch die alten Kardinäle wurden noch wilder, irrationaler und unkontrollierter als vorher. Er exkommunizierte Johanna von Neapel, weil sie Klemens unterstützt hatte, und erklärte sie zugunsten eines ihrer vielen thronhungrigen Verwandten, Karl von Durazzo, für abgesetzt. Dadurch stürzte Urban das Papsttum in einen erbarmungslosen Konflikt. Er stritt mit Katharina von Siena über diesen Punkt, und als sie an selbstauferlegten Entbehrungen kurze Zeit später starb, verlor er die wärmste und ausdrucksstärkste Stimme, die für ihn gesprochen hatte. Er verschwendete Zeit und viel Energie auf die Förderung eines Taugenichts von einem Neffen, Francesco Prignano, und als Karl von Durazzo sich weigerte, dem Neffen bestimmte Vergünstigungen einzuräumen, ergriff Urban sogar die Waffen gegen ihn. Daraufhin von Karls Truppen belagert, erstieg Urban jeden Tag viermal die Außenmauer, um die Belagerer zu exkommunizieren. Wenn er nicht schon vorher verrückt gewesen war, so hatte ihn die Herausforderung der Kardinäle nun ganz um den Verstand gebracht.

In zunehmendem Maße durch Urbans Wildheit und Rachsucht abgestoßen, liefen zwei von seinen Kardinälen zu Klemens über, aber die Mehrheit glaubte, bei Urban bleiben zu müssen, da die einzige Alternative die Unterwerfung unter den französischen Papst war. Sechs von ihnen planten, den verrückt gewordenen Papst in eine Art geheimer Schutzhaft zu nehmen und die Kirche durch einen Regentschaftsrat zu führen, aber Urban erfuhr von der Verschwörung und ließ die sechs verhaften. Während sie gefoltert wurden, um ihnen Geständnisse abzupressen, soll Urban nach dem Bericht eines Beobachters unter den Fenstern der Folterkammer auf und ab gegangen sein und laut aus seinem Brevier gelesen haben, während er den Schreien der Opfer zuhörte. Fünf der Kardinäle wurden später als Verschwörer hingerichtet. Der sechste, ein englischer Kardinal, überlebte aufgrund der Fürsprache Richards II. und wurde so zum Zeugen der Ereignisse. Im Laufe der Jahre wurde Urban zu einer ebenso verhaßten und verachteten Gestalt wie sein Rivale. In einer Zeit, in der zwei solche Männer die Führung der Heiligen Kirche beanspruchten, schien es, als habe Gott guten Grund, sein Haus auf Erden aufzugeben.

Unter all den »seltsamen Übeln und Widrigkeiten«, die das Jahrhundert überschatteten, war die Wirkung des Schismas auf die Öffentlichkeit wohl am tiefgreifendsten. Wenn jeweils ein Papst die Anhänger des anderen exkommunizierte, wer konnte da noch der Erlösung sicher sein? Jeder Christ mußte die Verdammung durch den einen oder anderen Papst fürchten, und es gab keine Möglichkeit festzustellen, wer der echte Vertreter Gottes war. In umstrittenen Regionen gab es zwei Bischöfe, von denen jeder die Messe las und das Ritual des anderen zum Sakrileg erklärte. Derselbe Mönchsorden konnte in zwei verschiedenen Ländern verschiedene Päpste haben, in den Klöstern und Abteien tobte der Streit. Wenn wie zum Beispiel in Flandern politische und ökonomische Gründe dazu führten, daß eine Stadt sich mit den Franzosen und damit Klemens verband, verließen treue Urbanisten ihre Häuser, Geschäfte und Zünfte, um in eine Diözese des »wahren« Glaubens zu ziehen.

Obwohl keine religiösen Streitigkeiten das Schisma hervorgerufen hatten, nahmen die Auseinandersetzungen schnell die Züge des Hasses an, die spätere Religionskriege charakterisierten. Für Honoré Bonet in Frankreich war Urban der fallende Stern, dem der Schlüssel zu dem »bodenlosen Abgrund« in den Visionen der Apokalypse des heiligen Johannes verliehen war. Der »Rauch eines großen Schmelzofens«, der aus der Grube stieg und die Sonne verdunkelte, war das Schisma, das seinen Schatten auf das Papsttum warf. Die »Heuschrecken und Skorpione« waren die »verräterischen Römer«, die das Konklave terrorisiert und die falsche Wahl erzwungen hatten.

Da die päpstlichen Einkünfte jeweils halbiert waren, hatte das Schisma katastrophale finanzielle Auswirkungen. Um jeden der beiden Päpste vor dem Bankrott zu retten, wurde die Simonie verstärkt, wurden Benefizien und Vergünstigungen noch schamloser verkauft als vorher, die Preise für geistliche Handlungen aller Art stiegen ebenso wie die Steuern für jedes Dokument, das die Kurien ausstellten. Der Ablaßverkauf, Keim der Reformation, wurde zu einer finanziellen Notwendigkeit. Statt der versprochenen Reformen vermehrten sich die Mißbräuche, die den Glauben weiter untergruben. »Überall wurde der Dienst Gottes vernachlässigt, die Frömmigkeit der Gläubigen sank, das Reich wurde allen Geldes beraubt, und die Geistlichen wanderten umher, überwältigt vom Elend.«

Die Legaten der Päpste bemühten sich nicht länger um Frieden zwischen Frankreich und England, sondern traten offen für die eine oder andere Seite ein, da jeder der Kirchenfürsten militärische Unterstützung suchte, um den Rivalen zu vernichten. Ihre gegenseitigen Beschimpfungen und ihr unerbaulicher Kampf um den Körper der Kirche war ein für das Christentum entwürdigendes Schauspiel. Die Kirche wurde hierhin und dorthin gezerrt, trauerte der Mönch von St. Denis, »wie eine Hure auf einer Orgie«. Sie wurde »Gegenstand der Satire und des Gelächters aller Völker der Welt, und sie erfanden jeden Tag neue Spottverse auf sie«.

Mehr als jeder andere Herrscher war Karl V. für das Schisma verantwortlich, denn nur durch die Unterstützung Frankreichs konnte Klemens überhaupt Fuß fassen. Der erkannte diese Schuld an, indem er dem König ein Drittel der kirchlichen Einkünfte in Frankreich überließ. Alles in allem verdunkelte Karls Entscheidung für Klemens die Leistungen, die er für den Wiederaufstieg Frankreichs erbracht hatte. In dem einzigen Gedanken, die französische Beherrschung des Papsttums wiederzugewinnen, hatte er geglaubt, einen Kandidaten durchsetzen zu können. Obwohl er den Beinamen »der

Weise« trug, war auch er nicht immun gegen jene Krankheit der Herrschenden: die Überschätzung ihrer Macht, Ereignisse zu kontrollieren.

Niemand war ein eifrigerer Klementist als der Bruder des Königs, der Herzog von Anjou. Sobald er von Klemens' Wahl erfuhr, ließ er sie in den Straßen von Toulouse verkünden, in der Kathedrale eine Messe lesen und ein Tedeum in allen Kirchen von Languedoc singen. Als Klemens' Armee in Italien von Urbans Truppen geschlagen wurde, wandte sich der französische Papst an den Herzog und bat ihn um militärische Hilfe. Dessen Soldforderung war ein Königreich.

Nach einem Vertrag zwischen den beiden, der in der Bulle vom 17. April 1379 bestätigt wurde, sollte der Herzog von Anjou die päpstlichen Staaten in Italien erobern und den größeren Teil von ihnen (mit der Ausnahme von Rom und Neapel) in einem Königreich Adria (nach dem Adriatischen Meer) zusammenfassen. Dieses Königreich sollte Ferrara, Bologna, Ravenna, die Romagna, die Mark Ancona und das Herzogtum von Spoleto umfassen. Es sollte ein Lehen des Heiligen Stuhls sein und jährlich 40 000 Franken Abgaben zahlen. Dem Herzog wurde eine Frist von zwei Jahren eingeräumt, um Geld und Truppen zu sammeln, aber falls er diese Frist um mehr als zwei Monate überschritte, ohne eine Expedition nach Italien geführt oder einen »fähigen General« entsandt zu haben, sollte der Vertrag verfallen.

Adria war ein Königreich in den Wolken. Wenn in all ihren Schlachten die päpstlichen Truppen daran gescheitert waren, die Kontrolle über die Patrimonie des Heiligen Stuhls zurückzugewinnen, gab es keinen Grund anzunehmen, daß einem französischen Fürsten dieses gelingen könnte. Aber eine Überschätzung ihrer Macht hatte die französische Politik in zunehmendem Maße ergriffen; Nüchternheit und Realismus waren ihr abhanden gekommen. Zunächst war die Hilfe des Herzogs von Anjou in Italien dringend erwünscht, um die Königin Johanna auf dem Thron von Neapel zu halten, Klemens' einzigem Brückenkopf dort. Um das Interesse des Herzogs zu schärfen, wurde Anjou – ein entfernter Vetter der kinderlosen Königin – zu ihrem Erben ernannt. Neapel lockte, und das Schicksal des Herzogs lag nun in Italien, wohin er Coucy bald mitziehen sollte.

Um nun, da die königliche Politik Klemens verpflichtet war, die französische Öffentlichkeit hinter dem Papst von Avignon zu sammeln, veranstaltete Karl V. im April und Mai 1379 eine Reihe von großen Versammlungen in Paris, um Würdenträgern und Bürgern der Stadt die Ungültigkeit der Wahl Urbans nahezubringen. Die Universität von Paris allerdings war mit der königlichen Entscheidung für Klemens nicht zu versöhnen. Die Doktoren der Theologie, weniger berührt von den Kompromissen weltlicher Politik, beugten sich dem königlichen Willen nicht so leicht wie die Bischöfe. Für sie war die Nachfolge Petri eine ernste Angelegenheit. Unter hartem Druck der Krone akzeptierten sie formal Klemens am 30. Mai, aber die Zustimmung war mürrisch, nicht einstimmig, ein Vorläufer kommenden Unheils. Nach dem Tod Karls V., zwei Jahre später, verabschiedeten alle vier Fakultäten eine Entschließung, die zu einem Konzil aufrief, um dem Schisma ein Ende zu setzen. Obwohl ihre Autorität nicht definiert war, hatte es im Laufe der Kirchengeschichte fünfzehn solche Konzile bereits gegeben, meist wenn wichtige Fragen der Lehre zur Debatte standen. Der Aufruf der Universität wurde von dem Theologen Jean Rousse dem Herzog von Anjou, der nun Regent war, übergeben. Als einschüchterndes Exempel und um jede Diskussion im Keim zu ersticken, ließ der Herzog Rousse verhaften und im Châtelet festsetzen. Diese Beleidigung der Geistlichkeit und der Universität verursachte einen Skandal, der auch dann nicht zu beschwichtigen war, als Rousse gegen das Versprechen, jeden Gedanken an ein Konzil aufzugeben, wieder freigelassen wurde.

Erschreckt und tief betroffen flohen prominente Doktoren der Theologie nach Rom, um sich Urban anzuschließen. Studenten und Fakultätsmitglieder aus urbanistischen Ländern, die nicht an der klementistisch beherrschten Universität bleiben wollten, wechselten in andere Universitäten in Italien, im Kaiserreich oder nach Oxford über. »Die Sonne der Wissenschaft«, sagte ein scheidender Doktor, »geht unter.« Tatsächlich begann zu dieserZeit der Verfall der Universität von Paris.

In England brachte das Schisma Wyclif an den Wendepunkt, der zum Protestantismus führte. Zuerst begrüßte er Urban als Reformer der Kirche, aber als die finanziellen Mißgriffe beider Päpste immer eklatanter wurden, betrachtete er schließlich beide als Antichristen und das Schisma als das natürliche Ende eines korrumpierten Papsttums. Seit dem Augenblick, glaubte er, als die Kirche zum erstenmal die Vergebung der Sünden gegen Bezahlung anbot, war nichts als Böses die Folge gewesen. Da er in der Situation des Schismas mehr denn je an einer Reform verzweifelte, kam er 1379 zu einer radikalen Lösung: Die Kirche war unfähig, sich selbst zu reformieren, daher mußte sie unter eine weltliche Aufsicht gestellt werden. Er sah jetzt den König als Gottes Statthalter auf Erden, durch den die Bischöfe ihre Macht empfingen und durch den der Staat als Vormund der Kirche die Reform erzwingen konnte. Wyclif hielt sich nicht mit den Mißständen auf, sondern griff die ganze Theorie an, er schlug die Beseitigung des gesamten geistlichen Überbaus – Papsttum, Hierarchie, Orden – vor. Jetzt, nachdem er die göttliche Autorität der Kirche geleugnet hatte, wandte er sich auch gegen den Kern ihrer Lehre – die Kraft der Sakramente, besonders des Abendmahls.

Seine ketzerische Lehre erreichte ihren Höhepunkt in der Übertragung der erlösenden Kraft von der Kirche auf das Individuum: »Denn jeder Mensch, der verdammt sein soll, soll durch seine eigene Schuld verdammt sein, und jeder Mensch, der gerettet sein soll, soll durch sein eigenes Verdienst gerettet sein.« Unerkannt zu jener Zeit, war dies der Beginn der modernen Welt.

Als er die Enteignung der Kirche gepredigt hatte, war Wyclif von mächtigen Freunden gedeckt worden, aber als er die Hierarchie selbst und das Priestertum angriff, zogen sich seine Beschützer, die den Vorwurf der Ketzerei fürchteten, zurück. 1381 erklärte ein Konzil von zwölf Doktoren der Universität Oxford acht seiner Thesen für unorthodox und vierzehn für ketzerisch und verbot ihm Vorlesungen und Predigten. Obwohl Wyclif selbst damit zum Schweigen verurteilt war, verbreitete sich sein Denken mit dem Erscheinen der Bibel auf englisch. Die gesamte Heilige Schrift wurde von Wyclif und seinen Jüngern aus dem Lateinischen übersetzt – es war der große und gefährliche Versuch, den Menschen einen direkten Weg zu Gott zu öffnen, ohne den Umweg über den Priester. In der bevorstehenden Zeit der grimmigen Reaktion auf den Bauernaufstand, als die Lollharden, zu denen Wyclifs Jünger zählten, verfolgt wurden und der bloße Besitz einer Bibel in englischer Sprache einen Mann der Ketzerei überführen konnte, war die Herstellung und vielfältige Abschrift des Bibelmanuskripts eine riskante und mutige Arbeit. Nach den 175 Exemplaren, die überlebt haben, und der Zahl jener, die während der Verfolgungen vernichtet worden sein müssen, und jener, die im Laufe der Jahrhunderte verschollen sind, zu urteilen, müssen damals viele hundert Abschriften mühselig und heimlich von Hand hergestellt worden sein. Wyclif starb 1384, und als die Verfolgung schärfer wurde, verwandelte sich die Protestbewegung in eine unterschwellige Haltung. Als Jan Hus 1415 vom Konstanzer Konzil verurteilt und auf dem Scheiterhaufen verbrannt wurde, ließ man auch Wyclifs Gebeine ausgraben und verbrennen. Die Kirche besaß, wenn auch geschwächt durch das Schisma, immer noch die Macht. Der Verfall alter und berühmter Gebäude geht langsam und kaum sichtbar vor sich, die Fassade hält am längsten.

In einem Europa, das zwischen den zwei Päpsten zerrissen war, und angesichts einer Kirche, die durch den Kampf zweier Rivalen um weltliche Unterstützung politisiert war, wurde es mit jedem Jahr schwerer, das Schisma zu heilen. Alle nachdenklichen Menschen erkannten, wie sehr dieser Zustand die Gesellschaft belastete, und suchten nach Möglichkeiten einer Vereinigung, aber in dem Schisma hielten wie im Krieg alte Feindschaften den Bruch offen. Ein ökumenisches Konzil, das von der Universität Paris und vielen Persönlichkeiten vorgeschlagen wurde, war der offensichtliche Weg zu einer Lösung. Da es aber ihre höchste Autorität einschränkte, weigerten sich beide Päpste unerbittlich, sich einem Konzil zu unterwerfen. Der Bruch sollte vierzig Jahre andauern. Nach einem populären Ausspruch aus den letzten Jahren des Jahrhunderts hatte seit dem Beginn des Schismas niemand mehr Eingang in das Paradies gefunden.

Kapitel 17
Coucys Aufstieg

Nun »ganz französisch«, wurde Coucy zum rechten Arm des Königs in den letzten Jahren seiner Herrschaft. Obwohl er erst 41 Jahre war, hatte Karl V. das Gefühl, nicht mehr viel Zeit zu haben. Im Februar 1378 starb seine Königin, Jeanne de Bourbon, nach der Geburt einer Tochter, Catherine, am Kindbettfieber. Der König »trauerte lange und wunderbar« über den Tod seiner Frau »und ebenso viele andere gute Leute, denn die Königin und er liebten einander so getreulich, wie es verheiratete Menschen nur können«. Einen Monat später kam die Nachricht vom Tode Papst Gregors XI., mit dem Karl eng verbunden gewesen war, dem folgte im November der Tod seines Onkels, des Kaisers, und kurz danach das Ende seines alten Alliierten König Heinrich von Kastilien. Angesichts all dieser Verluste muß Karl den nahenden Schatten seines eigenen Todes gespürt haben, und dieses Gefühl begründete die Dringlichkeit, mit der er alles tat, um sein Königreich unversehrt und in Frieden hinterlassen zu können.

Um das zu erreichen, mußte er drei Quellen der Gefahr für sein Land verstopfen, die ständigen Verrätereien und Umtriebe Karls von Navarra, die Allianz des Herzogs der Bretagne mit England und den Krieg mit England selbst. Coucys strategischer Besitz, seine militärischen und diplomatischen Talente und die offensichtliche Zuverlässigkeit, die Gregor XI. so bemerkenswert gefunden hatte, machten Coucy zur wichtigsten Stütze des Königs in diesen Unternehmungen. Seine erste Aufgabe war es, einen Feldzug zu führen, der Karl von Navarra ein für allemal aus der Normandie verjagen sollte.

Als er erfuhr, daß Karl von Navarra ein weiteres Mal heimlich mit den Engländern verhandelt hatte, um ihnen die Normandie wieder zu öffnen, schwor Karl V., seinen treulosen Vasallen aus jeder Stadt und jeder Burg, die jener dort hielt, hinauszutreiben. Ihm bot sich eine legale Möglichkeit in Gestalt von Navarras beiden Söhnen, in deren Namen die navarresischen Lehen in der Normandie übernommen werden konnten. Da ihre Mutter, die Schwester des Königs, tot war, konnte Karl V. die Vormundschaft beanspruchen, denn sie hielten sich am Hof von Frankreich auf. Warum ihr Vater dies hatte geschehen lassen, ist unklar, es sei denn, es hätte ihm als eine schwer durchschaubare Tarnung für seine Unterhandlungen mit England gedient.

Karl V. hatte keine Schwierigkeiten, sich Beweise für Karl von Navarras Verrat zu verschaffen. Dessen Kämmerer, Jacques de Rue, kam in Paris an, um Briefe für die Söhne zu überbringen. Unter Befragung durch Beamte des Königs – ohne Folter, wie der König in der offiziellen Chronik betonen ließ – gab de Rue sofort zu, daß Karl von Navarra plante, den König kurz nach Ostern durch einen Bäcker der königlichen Bäckerei vergiften zu lassen. Unter der Herrschaft eines minderjährigen Thronfolgers wollte er dann die Unordnung in Frankreich nutzen und französische Festungen entlang der Seine überfallen, während die Engländer in der Normandie landeten.

Niemand fand Anlaß, an dieser Geschichte zu zweifeln, denn Karl von Navarras Sündenregister war lang. Weitere Bestätigungen seiner »Verbrechen und Verrätereien« gegen den König von Frankreich ergaben sich, als der Kode seiner geheimen Korrespondenz einem zweiten festgenommenen Berater, Pierre du Tertre, abgenommen wurde. Die gesammelte Evidenz und unterzeichnete Geständnisse der beiden Räte wurden im Laufe der Gerichtsverhandlung der Öffentlichkeit zugänglich gemacht. Beide wurden zum Tode verurteilt und hingerichtet. Ihre kopflosen Körper wurden an den Galgen gehängt und ihre abgetrennten Gliedmaßen an die vier wichtigsten Tore von Paris. Das offizielle Urteil erlaubte es den normannischen Untertanen Karls von Navarra, ihre Gefolgstreue auf seinen Sohn zu übertragen.

Der normannische Feldzug war bereits im Gange. Auf die ersten Nachrichten von Navarras Verrat hin hatte der König eine Armee bei Rouen gesammelt und »hastig nach dem Sire de Coucy und dem Sire de Rivière gesandt«, denen er unter dem nominellen Oberkommando des Herzogs von Burgund den Befehl übergab. In tiefer Furcht vor einer englischen Landung instruierte er sie, so schnell wie möglich Navarras Städte und Burgen – vor allem in der Nähe der Küste – zu besetzen, entweder mit Gewalt oder durch Verhandlung. Bureau de la Rivière, der Kämmerer des Königs, mit dem Coucy in diesem Feldzug und auch späterhin eng verbunden bleiben sollte, war ursprünglich ein Bürgerlicher, ein höflicher und eleganter Hofbeamter, hochgeschätzt von Karl V., der ihm den Vorsitz in dem Regentschaftsrat übertragen hatte, der die Regierung übernehmen sollte, wenn er starb, solange der Dauphin noch minderjährig war.

Die Kombination von Coucy und Rivière spiegelte die Verbindung von militärischer und politischer Strategie wider, die angewandt werden sollte. Die Belagerung befestigter Städte war langwierig und forderte große Opfer. Eine schnelle Eroberung eines Landstriches hing an der Aushandlung von Kapitulationen, aber die konnten meist nur nach einem eindrucksvollen Aufmarsch und anfänglichen Kämpfen erreicht werden. Karl von Navarras zwei Söhne wurden mitgeführt, »um dem ganzen Land zu zeigen, daß der Krieg für sie und ihr Erbe geführt wurde«.

Bayeux, »eine schöne und starke Stadt« an der Cotentinhalbinsel, wo eine Landung der Engländer möglich gewesen wäre (zehn Meilen entfernt von einem späteren Landeplatz, der Omaha Beach genannt werden sollte), war das erste größere Ziel. Coucy und Rivière führten ihre Armee unter die Mauern der Stadt und zeigten den Bürgern den jungen Erben von Navarra als ihren rechtmäßigen Herrn; sie warnten sie »in eindrucksvoller Sprache«, daß, wenn die Stadt im Sturm genommen werden müßte, »sie alle abgeschlachtet und die Stadt von neuen Einwohnern besiedelt werden würde«. Vor allem beeinflußt durch die Anwesenheit der beiden Söhne Karls von Navarra, deren Rechte unbestreitbar waren, baten sich die Stadtleute einen dreitägigen Waffenstillstand aus, um die Bedingungen der Übergabe auszuhandeln, was immer ein kompliziertes Geschäft war, in dessen Verlauf handgeschriebene Dokumente mit Unterschriften und Siegeln ausgetauscht wurden. Als dies vollendet war, ritten Coucy und Rivière in die Stadt ein und ergriffen von ihr im Namen des Königs Besitz. Nachdem sie die Vertreter der Bürgerschaft durch neuernannte Repräsentanten ersetzt hatten, hinterließen sie eine Garnison, die Rebellionen verhindern sollte, und marschierten weiter. Eine ganze Folge von Städten und Burgen, von »Waffen und Worten« bombardiert, wurde ohne großen Zeitverlust besetzt, wenn auch nicht ohne Kämpfe und Belagerungen mit Opfern auf beiden Seiten. In ihrer Eile gestanden Coucy und Rivière den Verteidigern grundsätzlich großzügige Bedingungen zu und erlaubten entschlossenen Parteigängern Karls von Navarra sogar den Abzug, wenn sie das wollten. In wirkungsvoller Zusammenarbeit mit Rivière zeigte sich Coucy als ein Mann, der die kühle politische Fähigkeit des Königs mit kriegerischer Tatkraft verband.

Karl von Navarra selbst, der sich im Süden des Angriffs durch den König von Kastilien erwehren mußte, war nicht zur Stelle, und widrige Winde erlaubten nur kleinen Abteilungen seiner englischen Verbündeten die Landung. Einer Gruppe gelang es, Cherbourg zu besetzen, aber sie wurde dort durch eine französische Belagerung eingeschlossen. Überall sonst standen die navarresischen Hauptleute vor einer schweren Entscheidung, denn wenn sie sich zum Widerstand entschlossen, konnten sie kaum auf Hilfe hoffen, wenn sie aber kapitulierten, war die Normandie für den König von Navarra verloren. Evreux, das Herz seiner normannischen Besitzungen, besaß die stärkste Garnison und eine loyale Einwohnerschaft und zwang Coucy und Rivière zum härtesten Kampf dieses Feldzugs. »Jeden Tag griffen sie aufs neue an« und legten einen so dichten Belagerungsring um die Stadt, daß sie schließlich zur Kapitulation gezwungen war. Der Fall von Evreux begeisterte den König, der nach Rouen kam, um die Sieger zu begrüßen, »die so gut und schnell gehandelt hatten«. Lediglich Cherbourg, das von der See her versorgt werden konnte, hielt langen Belagerungen, die zu verschiedenen Zeiten von Du Guesclin und Coucy befehligt wurden, stand und blieb in englischer Hand.

Mit dieser Ausnahme hatte Karl von Navarra bis zum Ende des Jahres 1378 all seine Städte und Ländereien in der Normandie verloren. Mauern und Befestigungsanlagen wurden geschleift, auf daß seine Festungen nie wieder von

Feinden Frankreichs gehalten werden könnten. Im Süden nahm ihm der Herzog von Anjou die Domäne Montpellier, seinen letzten Besitz in Frankreich. Nach dreißig Jahren zwanghafter Umtriebigkeit schließlich unschädlich gemacht, war Karl von Navarra nun verurteilt, ein letztes ärmliches und freundloses Jahrzehnt in seinem Bergkönigreich zu verleben, das so viel zu eng für seine Seele war – als hätte man Satan in einen Schafstall gesperrt.

Berühmte Ritter, die Coucys Begleiter in späteren Unternehmungen werden sollten, nahmen an verschiedenen Episoden des Feldzugs in der Normandie teil, unter ihnen der Bruder der verstorbenen Königin, der gutmütige Ludwig, Herzog von Bourbon; auch der energische neue Admiral Jean de Vienne und vor allem der einäugige Olivier de Clisson, der eine bretonische Kompanie nach Evreux führte, um Coucy zu verstärken. Entweder zu dieser Zeit oder später verbanden sich diese beiden ganz unterschiedlichen Persönlichkeiten in Waffenbrüderschaft, einer formvollen Verabredung, die gegenseitige Hilfe und die Teilung von Beute und Lösegeldern vorsah.

Clisson stammte aus einer unruhigen Familie, die an den ständigen Kämpfen in der Bretagne auf beiden Seiten teilnahm. Sein Vater, der des Einverständnisses mit Eduard III. überführt worden war, wurde von Philipp VI. geköpft, der ihn mitten aus einem Turnier heraus hatte verhaften, ins Gefängnis werfen und ohne Prozeß direkt zur Richtstätte führen lassen. Von der Gattin des Opfers erzählte man, sie sei mit dem abgeschlagenen Kopf ihres Mannes in die Bretagne gereist, um ihn ihrem siebenjährigen Sohn zu zeigen und ihm den Eid abzunehmen, seinen Vater unbarmherzig an Frankreich zu rächen. Dann entkamen die beiden in einem offenen Boot, vom Sturm verschlagen und hungernd, nach England, wo Eduard, der sich sehr bemühte, die Loyalität der Bretonen zu gewinnen, die Witwe und ihren Sohn mit Gunsterweisen und Ländereien überhäufte.

Olivier wurde am englischen Hof zusammen mit dem jungen Johann von Montfort, seinem Herzog, aufgezogen, dessen Eifersucht und Ablehnung er erwiderte. In Verfolgung seines Racheschwurs focht er mit unglaublicher Wildheit bei Reims, Auray, Cocherel und Najera in Spanien gegen die Franzosen. Er schwang seine zweihändige Streitaxt mit solcher Gewalt, daß man sagte, »niemand, der von ihm getroffen wurde, stand je wieder auf«, aber er konnte auch die Axt eines Feindes nicht abwehren, die ihm den Helm durchbrach und das Auge nahm. Im Laufe des Krieges in der Bretagne erzürnte Montfort Clisson dadurch, daß er John Chandos begünstigte, und als der Herzog Chandos zur Belohnung eine Stadt und Burg zusprach, sagte sich Clisson in fürchterlichem Zorn von Montfort los, eroberte und schleifte die Burg, die Chandos zugedacht war, und erbaute aus den Steinen eine neue für sich.

Karl V. hatte ihm die Ländereien zurückerstattet, die nach der Verurteilung seines Vaters beschlagnahmt worden waren, hatte ihn mit Geschenken umworben, ihm sogar Wildbret »als einem Freund« geschickt. Ob es nun diese durch materielle Zuwendungen gestützten Überredungskünste des französischen Königs waren oder, wie Olivier behauptete, die Arroganz der Engländer gegenüber den Franzosen, die er nicht mehr ertragen konnte – jedenfalls trat Olivier 1369 zu den Franzosen über und wandte nun seinen Grimm gegen die früheren Verbündeten. Der erreichte einen Höhepunkt, als er erfuhr, daß sein im Kampf verwundeter und von den Engländern gefangener Schildknappe von den Feinden erschlagen worden war, als sie entdeckten, daß er zu Clisson gehörte. Olivier schwor einen gewaltigen Eid, »bei der Muter Gottes dies ganze Jahr hindurch weder morgens noch abends einen Engländer zu schonen ...«. Am folgenden Tag griff er eine englische Festung, obwohl er keine Belagerungsmaschinen hatte, mit solcher Wildheit an und eroberte sie in einem solchen Massaker, daß nur fünfzehn Verteidiger überlebten. Die ließ er in einem Turm einschließen, befahl dann, sie einzeln herauszulassen, und schlug einem nach dem anderen, als sie aus der Tür traten, mit einem einzigen Schlag seiner großen Streitaxt den Kopf ab, so daß zur Rache seines Knappen schließlich fünfzehn Köpfe zu seinen Füßen rollten.

Der kühle Coucy und der wilde Bretone müssen ineinander Ergänzendes gefunden haben, denn diese beiden mächtigen Freiherren gingen nach Clissons Biographen »immer in vollkommener Harmonie« miteinander um. Zu dieser Zeit hatte Coucy gerade unter schockierenden Umständen seinen Kameraden der Schweizer Expedition, Owen von Wales, verloren. Während Coucy in der Normandie war, führte Owen die Belagerung von Mortagne, am Atlantik an der Girondemündung gelegen. An einem klaren und schönen Morgen stand Owen früh auf, setzte sich nur im Hemd auf einen Baumstumpf und blickte auf die Burg und die Landschaft hinaus, während er sich, wie es seine Gewohnheit war, von seinem walisischen Knappen die Haare kämmen ließ. Dieser Mann, James Lambe, war erst kürzlich als ein Landsmann in seine Dienste aufgenommen worden. Er hatte ihm Neuigkeiten aus der Heimat überbracht, auch die Nachricht, daß »das ganze Land von Wales ihn mit Freuden zum Herrn haben wollte«. James Lambe stand an diesem stillen Morgen, bevor noch irgend jemand sonst auf den Beinen war, hinter seinem Herrn, zog einen spanischen Dolch und stieß ihm den in den Rücken, »durchbohrte ihn, so daß er ganz tot niederfiel«.

Der Attentäter war sicherlich von den Engländern gedungen, möglicherweise um in Wales keine Unruhen aufkommen zu lassen oder auch aus Rache für den Tod des Hauptmanns de Buch im französischen Kerker, der von Owen gefangengenommen worden war. Wenn es so war, dann war dies ein überraschend ehrloser Schlag gegen einen unbewaffneten Mann, was auch der englische Hauptmann des belagerten Mortagne empfand, dem Lambe von seiner Tat berichtete. »Er schüttelte den Kopf und blickte ihn grausam an und sagte: ›Ah, du hast ihn gemordet ... Wenn auch diese Tat zu unserem

Nutzen ist ... werden wir daraus mehr Tadel als Lob gewinnen.‹ « Karl V. war voller Wut über das Attentat, wenn er auch die Beseitigung Owens, eines Freibeuters, der viele Frevel auf sich geladen hatte, nicht ohne Erleichterung zur Kenntnis nahm. Der Mord spiegelte eine neue Art von Feindseligkeit wider, die aus dem Krieg erwuchs. Gedungene Attentäter innerhalb der Bruderschaft der Ritter waren eine Neuerung des 14. Jahrhunderts.

Etwa nach der ersten Hälfte des Feldzuges in der Normandie war Coucy an die Grenze Frankreichs mit Flandern entsandt worden, wo neue Gefahren drohten, um dort die Verteidigung zu verstärken. Der Graf von Flandern, der in seiner Jugend – als er vor Isabella davonlief – Frankreich zugeneigt gewesen war, hatte sich aus ökonomischen Interessen längst wieder den Engländern genähert. Er erschien den Franzosen nun als eine direkte Bedrohung, weil er dem Herzog der Bretagne, der sich den Engländern angeschlossen hatte, Asyl gewährte. König Karl V. war nun entschlossen, das Problem der Bretagne ein für allemal zu lösen, indem er das Herzogtum Montfort aus Gründen der »Felonie«, des Bruchs der Lehnstreue, entzog. In dem Glauben, daß die Mehrheit des bretonischen Adels profranzösisch sei, plante er, das Herzogtum mit der Krone Frankreichs unter Montforts Rivalen Jeanne de Penthièvre zu vereinen. Aber statt das bretonische Hornissennest zu beruhigen, versetzte er es durch diesen Plan nur in Aufruhr.

Im Dezember 1378 wurde vor einem zeremoniellen Gerichtshof in Anwesenheit des Königs das Verfahren gegen Montfort eröffnet – *in absentia*, denn er ignorierte die Vorladung. Froissart erwähnt besonders Enguerrand VII. von Coucy als einen »Pair von Frankreich«, der einer der vier Barone unter den Richtern war. Der königliche Türsteher, nachdem er Montfort dreimal laut aufgerufen hatte – an der Tür zum Tagungsraum, im Hof und am Tor des Palastes –, meldete pflichtgetreu: »Er ist nicht hier.« Der Prokurator las die Anklageschrift, zitierte die Verrätereien des Herzogs, die Verbrechen, »Verletzungen und Ärgernisse« einschließlich des Mordes an einem Priester, der ihm gesandt worden war, um ihm die Vorladung zu übergeben. (Nach Art der Visconti hatte Montfort den Gesandten mit seiner Vorladung um den Hals im Fluß ertränken lassen.) Nach einer legalistischen Erörterung von enormer Länge über die Rechte des Herzogtums wurde Montforts Titel für nichtig erklärt, und der König rief die Vereinigung der Bretagne mit der Krone aus.

Karls Irrtum trat sofort in einem spontanen Aufstand zutage, mit dem das Herzogtum seinen grimmigen Unabhängigkeitssinn demonstrierte. Der alte endlose Streit war neu entfacht, und da Montfort mit dem Graf von Flandern in geheimem Einverständnis stand und dieser mit England, mußte Karl die Möglichkeit einer neuen Invasion von Norden her fürchten. In dieser Situation rückte Coucys Baronie, die das nördliche Einfallstor des Königreichs überwachte, in den Mittelpunkt seiner Überlegungen.

Um die Verehelichung Maries, der einzigen Erbin der Baronie, wurde zu dieser Zeit gerade verhandelt. Im Alter von dreizehn Jahren war sie eine von drei Kandidatinnen – neben Yolande de Bar, einer Nichte des Königs, und Catherine von Genf, einer Schwester des Papstes Klemens – für die Ehe mit dem kurze Zeit zuvor verwitweten Sohn des Königs von Aragon. Als Königssohn blieb man nicht lange Witwer. Bereits acht Tage nach dem Tod seiner Frau sandte der spanische Prinz die Beauftragten aus, um die Bedingungen bei allen drei Kandidatinnen zu erkunden. Als Yolande erwählt wurde, heiratete Marie wenig später Yolandes Bruder Henri de Bar, den ältesten Sohn des Herzogs von Bar und der Marie von Frankreich, der Schwester Karls V. Die Verbindung mit dem Erben eines großen Herzogtums an den Grenzen Lothringens entsprach den hohen Erwartungen und Ansprüchen der Coucys.

Entweder aus Stolz auf diese neue königliche Verbindung oder aus Genugtuung über seinen Erfolg in der Normandie gründete Coucy zu dieser Zeit einen eigenen Ritterorden, den er in der großen Manier derer von Coucy den »Orden der Krone« nannte. Deschamps, der den neuen Orden in einem Gedicht feierte, wies darauf hin, daß die Krone nicht nur Größe und Macht symbolisierte, sondern auch die Würde, Tugend und die edlen Umgangsformen, die einen König umgeben. Die Spitzen der Krone waren die »zwölf Blumen der Herrschaft«: Treue, Tugend, Mäßigung, Gottesfurcht, Umsicht, Wahrhaftigkeit, Ehre, Stärke, Barmherzigkeit, Gnade, Loyalität und Freigebigkeit, die »auf alle herabstrahlen«. Nach 1379 zeigen Coucys Siegel einen gemusterten Hintergrund aus kleinen Kronen und eine stehende Gestalt, die eine Krone – aus heute ungeklärten Gründen – verkehrt herum hält. Trotz seines exaltierten Namens war der Orden im Geist demokratisch: Damen waren zur Mitgliedschaft ebenso zugelassen wie Fräulein und Knappen.

1379 starb Isabella in England, und Coucy war nun frei, eine neue Ehe einzugehen. Weniger überstürzt als der Prinz von Aragon oder auch zu beschäftigt, blieb er indessen sieben Jahre ledig.

Der neue Herrscher brachte den Engländern nicht mehr Glück im Krieg. Die Seehoheit auf dem Kanal, die noch Eduard III. wie selbstverständlich gehalten hatte, war durch Karls V. beständige Allianz mit der Seemacht Kastilien und durch seine eigenen Anstrengungen, eine Flotte aufzubauen, verlorengegangen. Als eine Streitmacht, angeführt vom Herzog von Lancaster, es schließlich schaffte, in der Nähe von Saint Malo zu landen, widerstand diese Stadt der Belagerung erfolgreich und rieb die Truppen des Herzogs auf, so daß er gezwungen war, in einer dunklen Wolke des Scheiterns die Heimfahrt anzutreten. »Und im gemeinen Volk von England erhob sich ein Gemurmel gegen den Adel, daß alles, was er in diesem Jahr verrichtet habe, wenig fruchtvoll gewesen.« Der erfolglose Krieg zog mehr als nur Gemurmel nach sich. Während der Herzog von Lancaster in der Bretagne steckenblieb, wurden englische Kauffahrteischiffe ungehindert von französischen und schottischen Piraten belästigt oder aufgebracht. Als die Kaufleute sich beim König beschwerten, antworteten die Adligen und Prälaten des Thronrates, daß die Verteidigung Aufgabe von Lancaster und seiner Flotte sei.

Daraufhin sammelte ein reicher Stadtrat und späterer Bürgermeister von London, John Philpot, eine Privatflotte mit eintausend Matrosen und Soldaten und segelte gegen die Piraten. Tatsächlich gelang es ihm, eine Reihe von Piratenschiffen zu kapern und deren Besatzungen als Gefangene nach London zu führen. Dort wurde ihm eine triumphale Begrüßung zuteil, zugleich aber wurde er vor den Thronrat geladen, um sich dafür zu verantworten, daß er ohne die Erlaubnis des Königs gehandelt hatte. Seine wütende Antwort faßt die wachsende Erbitterung des dritten Standes über die wenig überzeugenden Leistungen des zweiten zusammen. Er habe sein Geld und das Leben seiner Männer eingesetzt, sagte Philpot, nicht um den Adel zu beschämen oder ritterlichen Ruhm für sich selbst zu suchen, sondern »aus Mitleid mit dem Elend des Volkes und des Landes, das vom Status eines edlen und über andere Nationen herrschenden Königreichs durch eure Gleichgültigkeit den Verwüstungen unter den Händen der übelsten Rasse ausgesetzt worden ist. Da ihr keine Hand zu seiner Verteidigung gerührt habt, habe ich mich selbst und mein Eigentum für die Sicherheit und Erlösung unseres Landes eingesetzt.« Auch wenn Philpot und seine Kaufmannskollegen wohl eher im Interesse der Sicherheit und Erlösung ihres Handels gekämpft hatten – ihre Beschwerde über die Verteidiger des Landes war deshalb nicht weniger gültig.

Da der Krieg beiden Seiten keine Erfolge brachte, wuchs die Friedensbereitschaft. Die Wiedereröffnung der Feindseligkeiten in der Bretagne wog für Frankreich den Sieg in der Normandie auf, und das Schisma hatte auch andernorts die Temperatur der Interessenkonflikte erhöht. Karl V., der sich seiner verfallenden Gesundheit bewußt war, wollte die Last der Streitigkeiten mit der Bretagne und mit England nicht an seinen Sohn weitergeben. Die Unterhandlungen nach König Eduards Tod waren ohne Ergebnis und offenbar in schlechter Stimmung zu Ende gegangen. Um gereizte und aufstachelnde Debatten zu verhindern, wurde dieses Mal vorgeschlagen, getrennt zu tagen: die Engländer in Calais und die Franzosen zwanzig Meilen entfernt in St. Omer, wobei der Erzbischof von Rouen als Vermittler zwischen den Parteien dienen sollte. Durch das Schisma zunächst aufgeschoben, wurde dieser Plan im September 1379 schließlich aufgenommen. Coucy, Rivière und Mercier sowie ein oder zwei andere waren die Bevollmächtigten der französischen Seite bei diesen Verhandlungen, und sie waren auch die Delegierten, die mit dem Graf von Flandern sprechen sollten, um ihn dazu zu bringen, eine Einigung mit dem Herzog der Bretagne zu vermitteln. Bevor sie aber irgend etwas in dieser Hinsicht erreichen konnten, wurde der Graf in eine örtliche Revolte hineingezogen, die sich gegen alle Unterdrückungsversuche durchsetzte und

Flandern schließlich in einen ruinösen Bürgerkrieg stürzte. Die Erhebung der Männer von Gent stand in keinem Zusammenhang mit dem Arbeiteraufstand von Florenz im Jahr davor. Obwohl beide Ereignisse unabhängig voneinander und spontan waren, initiierten die Unruhen in den beiden Textilstädten einen Wirbelwind von Klassenkämpfen in den nächsten fünf Jahren. Die Gründe waren die elende Lage der Arbeiterklasse und die Macht, die den Arbeitern durch den Bevölkerungsrückgang im Gefolge der Pest zugewachsen war. In Florenz, Flandern, in Languedoc, in Paris, England und wieder zurück nach Flandern und Nordfrankreich folgte eine Erhebung der anderen ohne sichtbaren Zusammenhang, außer in der letzten Phase. Einige waren städtisch, andere ländlich; einige entstanden aus Verzweiflung, andere aus einem Gefühl der Stärke; aber alle hatten denselben Anlaß: drückende Steuern.

In Gent, wo die Weber der stärkste Bevölkerungsteil waren, lud der Graf Unheil geradezu ein, als er der Stadt eine Steuer auferlegte, um ein Turnier zu finanzieren. Aufgestachelt durch den Aufschrei eines wütenden Händlers, daß Steuergelder nicht für »die Narreteien von Fürsten und den Unterhalt von Schauspielern und Clowns« verschwendet werden dürften, weigerte sich die Stadt zu zahlen. Der Graf suchte die Rivalität von Gent und Brügge auszunutzen und brachte Brügge auf seine Seite, indem er der Stadt versprach, einen Kanal, der sie mit dem Meer verbinden sollte, bauen zu lassen, zur Förderung ihres Handels und zum Schaden Gents. Als fünfhundert Arbeiter begannen, einen Kanal auszuheben, um die Leie umzuleiten, entsandte Gent seine Miliz, um das zu verhindern, und von da an erweiterte sich der Konflikt unaufhaltsam wie eine sich teilende Zelle. Über die Wirren in Flandern, die hier ihren Ausgang nahmen, schrieb Froissart: »Was sollen jene sagen, die dieses hören oder lesen, als daß es das Werk des Teufels war?«

Am entgegengesetzten Ende Frankreichs, in Languedoc, brach zur selben Zeit eine Revolte aus. Dort hatten Hungersnot, Unterdrückung, Krieg und Steuern unter der harten Herrschaft des Herzogs von Anjou ihre Spur hinterlassen. Ungeduldig, kühn und gewalttätig übte der Herzog praktisch souveräne Gewalt über ein Viertel des Königreiches aus. Er schluckte alle Einkünfte ohne Unterschied zu seiner persönlichen Verfügung, wandte wenig für die Verteidigung von Languedoc oder des Königreichs auf. Um für den Ausfall an Steuergeldern durch die Verminderung der Haushalte im Gefolge des Schwarzen Todes einen Ausgleich zu schaffen, hob er jedes Jahr die Steuern pro Haushalt an, aber das Volk empfing dafür keine Gegenleistungen. Räuberische Kompanien suchten immer noch die Täler heim und zwangen die Dörfer, für die Verschonung von Plünderung hohe Lösegelder zu zahlen. 1378 wurden Lebensmittelsteuern eingeführt, die am stärksten auf den Armen lasteten. Als Steuereintreiber mit der Praxis von Hausdurchsuchungen begannen, kam Schmach zum Elend hinzu.

»Wie können wir so leben?« riefen protestierende Gruppen, die sich vor dem Standbild der Heiligen Jungfrau sammelten, um ihre Hilfe zu erflehen. »Wie können wir uns und unsere Kinder ernähren, da wir schon jetzt die schweren Steuern, die die Reichen uns zu ihrem Genuß auferlegt haben, nicht bezahlen können?« Aufstände und Unruhen verbreiteten sich und mündeten im Juli 1379 in eine Revolte, als der Rat des Herzogtums eine neue Steuer von zwölf Franken pro Haushalt beschloß, ohne die Stände einzuberufen. Der Herzog selbst war zu der Zeit nicht im Lande, er führte Krieg in der Bretagne. Der Zorn seiner überlasteten Untertanen entlud sich mit außergewöhnlicher Gewalttätigkeit gegen alle herrschenden Kreise: königliche Beamte, Adlige, die bürgerliche Oberklasse in den Stadträten. »Bringt die Reichen um!« war der Kampfruf der Aufständischen, wie der Seigneur von Clermont später berichtete. »Seigneurs und andere gute Männer des Landes und der Städte«, sagte er, »waren in Todesfurcht« und in jener anderen Furcht, die noch jede Revolte erweckte, »daß, wenn diese schändliche Unverschämtheit des gemeinen Volkes nicht streng unterdrückt werde, Schlimmeres folgen müßte.«

In Le Puy, Nîmes, Clermont und anderen Städten formierte sich das Volk in bewaffneten Banden, plünderte die reichen Haushalte, erschlug die Beamten der Stadt und beging Greueltaten – darunter sogar, wie ein Bericht überliefert, Kannibalismus. »Sie schnitten mit ihren Messern Leiber auf und fraßen wie die Tiere das Fleisch getaufter Menschen.« Im Oktober erreichten die Unruhen in Montpellier einen Höhepunkt, als fünf Räte des Herzogs und achtzig Bürger der Stadt getötet wurden. Die Aufständischen sandten Botschaften ins Land, um eine allgemeine Revolte auszulösen, aber ohne die industrielle Basis und auch ohne die Traditionen Flanderns wurde die Bewegung zu einem bloßen Strohfeuer. Papst Klemens VII., der auf die Unterstützung des Herzogs angewiesen war, entsandte sofort den Kardinal Albano, der aus Languedoc stammte, um die Leute zu beruhigen und sie vor der fürchterlichen Bestrafung für Majestätsbeleidigung zu warnen. Bereits erschrocken über ihre eigenen Taten, ließen sich die Führer des Aufstands bewegen, sich der Gnade des Königs zu unterwerfen.

Was nun in Montpellier geschah, war ein bewußt inszeniertes Drama. Am Tag der Rückkehr des Herzogs von Anjou führte der Kardinal eine riesige Prozession aller Bürger über vierzehn durch die Stadt und aus dem Stadttor hinaus. Dort stellten sie sich zu beiden Seiten des Weges auf, sanken auf die Knie und riefen »Gnade«, als der Herzog und seine Soldaten an ihnen vorbeiritten. Die Schlüssel der Stadt und der Klöppel der großen Glocke wurden demutsvoll übergeben. Während der nächsten zwei Tage wurden auf Anjous Befehl alle Waffen abgeliefert und die Hauptgebäude der Stadt den Bewaffneten des Herzogs übergeben.

Dann verkündete er von einer Plattform aus, die auf dem Marktplatz im Zentrum errichtet worden war, das grausame Urteil: sechshundert Bürger zum Tode verurteilt – ein Drittel durch Hängen, ein Drittel durch Köpfen, ein

Drittel auf dem Scheiterhaufen, ihr Besitz beschlagnahmt und ihre Kinder zu lebenslangem Dienst verurteilt. Die Hälfte des Besitzes aller anderen Bürger sollte eingezogen werden, und eine Strafe von 6000 Franken zuzüglich der Ausgaben, die der Aufstand dem Herzog verursacht hatte, sollte über die Stadt verhängt werden. Die Mauern und Tore der Stadt sollten geschleift werden, die Universität alle Rechte, alles Eigentum und ihre Archive verlieren.

Ein großer Aufschrei begrüßte diesen Urteilsspruch, der Kardinal und die Prälaten plädierten »sehr liebevoll« für das Volk, Frauen und Kinder knieten und heulten. Am folgenden Tag wurde ein abgemilderter Urteilsspruch verkündet, der der Stadt fast alle Strafen erließ. Die ganze Aufführung hatte nur demonstrativen Charakter gehabt. Ein Brief Karls V. an den Kardinal, der bereits vor zwei Monaten geschrieben worden war, hatte die Absicht des Königs, gnädig zu sein, ausgedrückt, aber die Macht der Krone zu strafen mußte zumindest symbolisch gezeigt werden.

Die Ereignisse in Languedoc hatten nur ein weitreichendes Ergebnis: Dadurch, daß sie das Elend seiner Untertanen aufwiesen, hinterließen sie beim König ein schlechtes Gewissen, das im Mittelalter zumindest auf dem Totenbett meist Wirkung zeigte. Im Bewußtsein der Raffgier und der Tyrannei seines Bruders und des Hasses, den dieser auf die Krone lenkte, reduzierte Karl die Haushaltssteuer und berief den Herzog von Anjou als Gouverneur ab. Unglücklicherweise war sein Nachfolger – nach einem kurzen Zwischenspiel unter Du Guesclin – der Herzog von Berry, dessen Herrschaftszeit reiner, von keiner politischen Zielsetzung getrübter Habsucht sich als noch ruinöser erwies als die seines Bruders.

Im April 1379 machten sich Coucy und Rivière mit einigen neuen Gefährten erneut auf die Suche nach dem Frieden zwischen Frankreich und England. Die Verhandlungen fanden in Boulogne statt. Sie waren ermächtigt, neue Zugeständnisse in Territorial- und Souveränitätsfragen zu machen und wiederum eine Heirat anzubieten; diesmal ging es um Karls V. kleine Tochter Catherine, an deren Verbindung mit Richard II. gedacht war. Bei sechs langwierigen Friedensverhandlungen in den letzten sechs Jahren hatte sich der Friede allen Bemühungen entzogen. In der gleichen Zeit hatte der Krieg mit der Ausnahme des französischen Erfolgs in der Normandie keiner Seite einen Vorteil gebracht, sondern es lediglich durch die Verfestigung von Feindschaft, Mißtrauen und Haß schwerer gemacht, ihn zu beenden.

Die Engländer kamen mit ambivalenten Absichten zu den Friedensverhandlungen, teils um zu sehen, was die Diplomatie ihnen einbringen könnte, teils um Zeit zu gewinnen, während sie einen neuen Angriff vorbereiteten. Montforts Aufstand hatte ihnen neue Möglichkeiten eröffnet, wieder in Frankreich einzudringen und die Territorien zurückzugewinnen, die sie als die ihren betrachteten. Seit Karls Annullierung des Vertrags von Brétigny und den Niederlagen, die darauf folgten, haßten sie die Franzosen, da diese sie, wie sie es sahen, hinterhältig und vertragsbrüchig um ihren legitimen Besitz gebracht hatten. In der Verteidigung ihrer Landsleute mochten sie eher halbherzig sein, aber was Kriegszüge auf dem Kontinent betraf, wo Plünderungen und Beute winkten, gab es keinen Mangel an Kampfeswillen, nur Mangel an Geld. Da alle anderen Mittel erschöpft waren, trieb man das Geld für eine Expedition in die Bretagne über eine neue Kopfsteuer ein, die so angelegt war, daß sie auch die Geistlichkeit und die ärmere Bauernschaft erfaßte. Das Aufkommen wurde in dem üblichen großzügigen Umgang mit Zahlen zunächst auf 50000 Pfund geschätzt, tatsächlich brachte die neue Besteuerung nur 20000 Pfund ein, die ganz in eine Flotte unter dem Befehl von Sir John Arundel gesteckt wurden.

Der Aufbruch verzögerte sich durch ungünstige Winde bis in den Winter hinein, und da ein französischer Überfall drohte, verlegte Arundel einen Teil seiner Streitkräfte nach Southampton, um es gegen eine Landung des Feindes abzusichern. Seine Truppen führten sich dort aber in einer Weise auf, die sie von französischen Invasoren kaum noch unterscheidbar machte. Arundel ließ es nicht nur zu, daß seine Leute das Land ausplünderten, er erlaubte auch, daß seine Reiter und Bogenschützen sich in einem Konvent einquartierten, willkürlich Nonnen vergewaltigten und sie auf die Schiffe verschleppten, als die Flotte absegelte. Arundel war der Mann, der von den Städten der Südküste Geld auf die Hand verlangt hatte, wenn sie verteidigt werden wollten. Wenn man dem Chronisten Walsingham glauben kann, gebrauchte er das Geld für einen persönlichen Luxus, der ebenso übersteigert war wie seine Brutalität. Angeblich ging er mit einer Garderobe von 52 goldbestickten Anzügen und Pferden und Ausrüstung im Wert von 7000 Pfund an Bord.

Als er mit seinen Schiffen im Dezember absegelte, wurde sein Konvoi von schwerem Wetter überrascht. Im Chaos des Sturms befahl er, die entführten Frauen über Bord zu werfen, um die Schiffe zu entlasten, mißhandelte die Mannschaft und scheiterte, nachdem er den Lotsen niedergeschlagen hatte, gerechterweise an den Klippen vor Irlands Küste. Fünfundzwanzig Schiffe mit ihrer gesamten Ausrüstung gingen verloren, nur sieben Überlebende wurden gezählt. Arundels Leiche wurde von den Wogen drei Tage später an den Strand gespült. Auch der Rest der Flotte war von dem Sturm zurückgetrieben worden und hatte die Überfahrt nicht geschafft; das Steuergeld war damit verschwendet.

Schon im Jahre 1378 hatte sich das Unterhaus über den endlosen Aufwand für einen Krieg beschwert, in dem es kein nationales Interesse mehr erkennen konnte. Auch wenn der Krieg für viele Engländer neben den Adligen einen Lebensunterhalt bot, beteuerte das Unterhaus, daß er Angelegenheit des Königs sei. Vor allem wollte das Unterhaus die 46000 Pfund, die der König für die Befestigung von Calais, Cherbourg und Brest ausgegeben hatte und »für die das Unterhaus in keiner Weise aufkommen wollte«, nicht zurückerstatten. Die Regierung entgegnete, daß der Unterhalt dieser »Brückenköpfe« auf dem Kontinent eine Sicherheitsmaßnahme für das ganze Königreich sei, und »wenn dies verweigert würde, werden wir nie Ruhe und Frieden finden, denn dann würden sie den heißen Krieg bis an die Schwellen unserer Häuser tragen, was Gott verhüte«. Dieses Argument war kaum geeignet, die Städte an der Südküste zu überzeugen, die weiterhin unter dem heißen Krieg an ihrer Schwelle litten, da die französischen und kastilischen Überfälle sich fortsetzten. Im August 1380 zitterte sogar London, als eine tollkühne kastilische Flotille fünfzehn Meilen die Themse hinaufsegelte und Gravesend verwüstete und in Flammen zurückließ.

Der Thronrat behauptete, daß die Brückenköpfe in Frankreich dem König »ein Einfallstor gegen seine Feinde boten, um sie zu behelligen, wenn er soweit ist«. Das war eine entlarvende Feststellung der englischen Kriegspartei, die von dem jüngsten Onkel des Königs, dem Graf von Buckingham, angeführt wurde. Er war ein stolzer, grimmiger und intoleranter junger Mann von fünfundzwanzig Jahren, so etwas wie eine spätere Version des Bertrand de Born aus dem 12. Jahrhundert, der einst mit viel Gefühl seine Ritterfreunde ermahnt hatte: »Gebt niemals den Krieg auf!«

Im März 1380 erneuerten die Engländer ihre Beistandsversprechen an Montfort, den Herzog der Bretagne, aber die Ausführung wurde bis zum Ende der Friedensgespräche in Boulogne verschoben. Bei diesen Verhandlungen boten Coucy und seine Mitgesandten neue Abtretungen und Berichtigungen an, dazu die ganze Grafschaft Angoulême als Mitgift für Catherine, aber die Engländer blieben mißtrauisch. Sie glaubten, das französische Angebot sei eine List, um sie an wirksamer militärischer Hilfe für Montfort zu hindern. Aber grundsätzlich war der englische Widerwille, Frieden zu schließen, einfach Folge ihrer Kampfeslust, die nun durch die Wirkungen des Schismas noch verstärkt wurde.

Papst Urban VI., noch nicht im Stadium völligen Wahnsinns, übte jeden nur denkbaren Druck aus, um Richards II. Verbindung mit der französischen Prinzessin zu hintertreiben. Sein Ziel war die Verehelichung des englischen Königs mit Wenzels Schwester Anna von Böhmen, was England und das Kaiserreich in einer urbanistischen Achse zusammenschmieden würde. Solange es nur einen Papst gegeben hatte, war England antipapistisch gewesen, aber die Existenz zweier Päpste machte es notwendig, Partei zu ergreifen. Richards Berater sprachen sich gegen die französische Heirat aus, die Verhandlungen wurden abgebrochen, und der König heiratete zwei Jahre später Anna von Böhmen. Für Karl V. war es eine letzte große Ironie des Schicksals, daß das Schisma, für das er verantwortlich war, sein großes Ziel des Friedens vereitelte. »Die ganze Weisheit dieser Welt«, schrieb Langland in einem Epitaph, »kann nicht Frieden schaffen zwischen dem Papst und seinen Feinden.«

Und auch in der Bretagne fand Karl V. keine Lösung. Coucy und andere wurden in verschiedenen Missionen ausgesandt, offenbar auf der Suche nach einer Einigungsmöglichkeit, und die drei Stände baten in rührender Form um die Begnadigung ihres Herzogs, aber Karl mißtraute Montfort zu sehr, um ihn wieder einzusetzen. Montfort seinerseits war nicht bereit, mit dem Herrscher, der ihm sein Herzogtum abgenommen hatte, Frieden zu schließen. Für andere, insbesondere Du Guesclin, war die Situation ein Dreieck widerstreitender Loyalitäten. Nur zögernd bereit, seine bretonischen Landsleute zu bekämpfen, und Opfer einer Flüsterkampagne seiner Feinde am Königshof, verließ Du Guesclin die Bretagne, um einen Feldzug gegen die Kompanien in der Auvergne anzuführen. Dort erkrankte er bei der Belagerung einer Burg und starb im Juli 1380. Während er mit Ehren, »als wäre er eines Königs Sohn«, in St. Denis bestattet wurde, war eine neue Expeditionsarmee unter Buckingham bereits auf See. Der Feind stand vor der Tür, die Unruhen in der Bretagne und in Flandern hielten an – und Frankreich hatte seinen Constable verloren.

Bei den sofort einberufenen Ratsverhandlungen waren Coucy und Clisson die führenden Kandidaten für die Nachfolge. Aufgrund seines »großen Rufes«, den er sich in der Normandie erworben hatte, und der »großen Gunst« des Königs wurde Coucy das Amt angetragen, die höchste und lukrativste staatliche Stellung des Königreichs.

Als militärischer Oberbefehlshaber stand der Constable im Rang noch über den königlichen Prinzen; ein Angriff auf seine Person galt als *lèse-majesté*. Er war für die Gesamtheit der Streitkräfte verantwortlich und, wenn der König nicht selbst ins Feld zog, für den taktischen Einsatz. Da er Aushebung, Aufstellung, Versorgung und alle Vorbereitungen auf den Krieg kontrollierte, waren seine Möglichkeiten, sich zu bereichern, immens.

Aus Gründen, die rätselhaft geblieben sind, lehnte Coucy die Ernennung ab. Die Begründung, die er dem König gab, war, daß man einen Bretonen brauche, um die Bretagne zu halten, jemand, der den Bretonen wohlbekannt sei, weshalb Coucy dem König die Ernennung von Clisson anriet. Diese Entschuldigung klingt in sich wenig überzeugend. Sicherlich war die Bretagne ein zentrales Problem; nichtsdestoweniger war, wenn eine Einigung mit Montfort angestrebt wurde, Coucy der geeignetere Mann. Er war Montforts früherer Schwager, während Clisson und Montfort als Todfeinde galten. Coucy und Montfort waren beide mit Töchtern Eduards III. verheiratet gewesen, und obwohl beide Frauen gestorben waren, hatte die verwandtschaftliche Beziehung im Mittelalter große Bedeutung.

In Coucys Erklärung fehlt irgend etwas. Es ist unwahrscheinlich, daß er aus einem Gefühl mangelnder Befähigung wie Dantes Papst »die großartige Ablehnung« aussprach. Bescheidenheit war sicher keine Eigenheit der Coucys, und Enguerrand VII., nach seinen Siegeln und seinem Kronenorden zu urteilen, schätzte sich selbst sehr hoch ein. Ohne Zögern nahm er alle anderen Ernennungen an: das Kommando in Feldzügen und Kriegen auf ausländischem Boden, diplomatische und geheime Missionen, Gouverneursämter in der Heimat – schließlich auch die Ernennung, die ihn das Leben kosten sollte. Er war einer jener französischen Adligen, die das komplizierter werdende öffentliche Leben zwang, Staatsmänner zu sein und nicht einfach mehr Schwertträger zu Pferd. Coucys Rang, Fähigkeit und territoriale Bedeutung hätten ihn in jedem Fall für den militärischen Oberbefehl prädestiniert, aber andere Talente machten ihn der Krone unentbehrlich. Intelligenz, Takt, Rhetorik und eine bemerkenswerte Abgeklärtheit wurden allmählich nützlicher als die traditionelle, gedankenlose Angriffslust des Ritters in eiserner Hülle.

Warum dann lehnte er das Amt des Constable ab? Die Tatsache, daß auch der Marschall Sancerre, dem es als nächstem angeboten wurde, ablehnte, weist auf ein vielleicht beiden Männern gemeinsames Motiv, unter Umständen in Zusammenhang mit der erschütterten Gesundheit des Königs. Karl V. hatte zu diesem Zeitpunkt nur noch zwei Monate zu leben, und der Schatten des Todes mag bereits sichtbar auf ihm gelegen haben. Da der Dauphin noch minderjährig war und angesichts dreier raffgieriger, ehrgeiziger und untereinander verfeindeter Brüder des Königs, die miteinander um die Regentschaft konkurrierten, mag das Amt des Constable als politisch gefährlich erschienen sein. Coucy konnte mit seiner Übernahme mehr verlieren als gewinnen. Im Gegensatz zu Clisson, der den Posten übernehmen sollte, vermied er es, sich Feinde zu machen, überdies brauchte er mit seinem großen Besitz und seiner Abstammung kein Amt, um Macht und Stellung zu gewinnen.

Nach seiner Ablehnung ernannte der König ihn zum Generalhauptmann der Picardie und übergab ihm die Stadt, Burg und Herrschaft von Mortaigne an der nördlichen Grenze zwischen Tournai und Valenciennes, um sicherzugehen, daß dieser Vorposten in starken Händen war. Er wurde auch zum Mitglied des Regentschaftsrates für den Dauphin ernannt, um den sich Karl seit dem Tod der Königin wachsende Sorgen machte. Da die königlichen Herzöge Clisson ablehnten, blieb das Amt des Constable vorerst vakant.

An dem Tag, als Coucy sein Kommando in der Picardie antrat, am 19. Juli 1380, landete Buckingham in Calais und brach mit einer Streitmacht, die nach den Aufzeichnungen seines Zahlmeisters 5060 Mann umfaßte, zu einem Marsch der Plünderung und Verwüstung durch die Region auf, für die Coucy nun verantwortlich war. Buckinghams Feldzug sollte sich als eine Wiederholung von Lancasters Scheitern sieben Jahre zuvor erweisen – er marschierte ebenso wie sein Vorgänger sehenden Auges in Entbehrungen, Hunger und Hoffnungslosigkeit hinein. Das strategische Ziel war, Montfort in der Bretagne Entlastung zu bringen und die englischen Brückenköpfe dort wiederzugewinnen. Buckingham indessen schlug wie vorher Lancaster einen weiten Bogen nach Osten durch die Champagne und Burgund – auf der Suche nach Kampf und Beute. Da dieselbe Taktik dieselben Ergebnisse hervorbrachte wie zuvor, stellt sich die Frage: Warum diese wahnsinnige Hartnäckigkeit? Thomas von Buckingham selbst ist Teil der Antwort. Von Natur aus aggressiv und rücksichtslos und in seinem Verhalten »von staunenswerter Überheblichkeit« wie sein Bruder, der Schwarze Prinz, sah er mit Widerwillen, wie Lancaster die Macht im Königreich an sich riß, und fühlte sich als Erbe der Tapferkeit und des Ruhms seines Vaters und seines ältesten Bruders. Die englischen Ritter sahen sich selbst noch immer in der triumphalen Ära von Poitiers und Najera. »Die Engländer«, sagte Clisson, nachdem er sich von ihnen abgewandt hatte, »sind so stolz auf sich selbst und haben so viele gute Tage (des Krieges) hinter sich, daß sie glauben, sie könnten nicht verlieren.«

Mit einer Streitmacht, die zur Hälfte aus Reisigen und zur Hälfte aus Bogenschützen bestand, ritten die Engländer durch das Artois und die nördliche Picardie. Sie blieben, da sie mit einem französischen Angriff rechneten, dicht zusammen. »Sie sollen ihre Schlacht bekommen, bevor ihr Marsch zu Ende ist«, versicherte Coucy den Rittern, die ihm Nachrichten von den Bewegungen der Engländer überbrachten, obwohl er genau wußte, daß der König die Schlacht verboten hatte. Karl V. war von seiner Philosophie des Krieges nicht abzubringen. Da er selbst nichts weniger als ein Krieger war, stand persönlicher Stolz der Anwendung seiner Erfahrung nicht im Wege, und er zögerte auch nicht, den Stolz seiner Ritterschaft durch Erinnerungen an zurückliegende Niederlagen zu verletzen. Seine eigene Initiation in den Krieg an jenem schrecklichen Tag von Poitiers hatte ein Trauma hinterlassen. Wenn die Engländer in ihrer Überzeugung, »nicht verlieren zu können«, einer Mystik des Erfolges verfallen waren, so litt Karl V. unter den Auswirkungen einer dem entgegengesetzten Psychologie. Aus den großen Zusammenstößen im frühen Teil des Krieges hatte er die Lehre gezogen, daß die Streitkräfte im Angriff nicht zuverlässig zu lenken waren und daß der Krieg zu wichtig war, als daß man ihn den Zufälligkeiten der Schlacht überlassen konnte.

Von seinem Hauptquartier in Péronne an der Somme aus erließ Coucy einen allgemeinen Gestellungsaufruf an alle Ritter und Knappen des Artois und der Picardie. Die Dokumente zeigen, daß er von Ort zu Ort reiste, er inspizierte Truppen in Hesdin, Arras, Abbeville und Saint Quentin, teilte dort die Einheiten für die Verteidigung der Städte zu, »denn er war darauf bedacht, daß durch keine Nachlässigkeit von seiner Seite ein Verlust erlitten werden sollte«. Wie weit Coucy als ein Mann des Schwertes mit der Politik des Königs übereinstimmte, bleibt unerwähnt; er führte den Befehl aus, Buckingham zu folgen und jede Schlacht zu vermeiden, auch wenn der Feind eine Spur brennender Dörfer durch seine Domäne zog. Gewisse Aktionen aber weisen darauf hin, daß er die Ungeduld seiner Ritter teilte, die Qual der Zurückhaltung zu beenden.

Gruppen von französischen Rittern blieben der englischen Armee dicht auf den Fersen, um ihre Versorgung zu behindern, und die Nähe war eine ständige Versuchung, sich auf Kämpfe einzulassen. Obwohl ein Bericht die Franzosen als *immobilis quasi lapsis* (unbewegt wie Steine) schildert, waren Gefechte unvermeidlich, kleinere Zusammenstöße, bei denen sie aber im ganzen den Engländern unterlegen waren. In einem Fall, einem Gefecht zu Pferd und zu Fuß, das eine Stunde dauerte, nahmen die Engländer achtzehn Gefangene von einer französischen Gruppe von dreißig; in einem anderen Fall flohen die Franzosen, als sie sahen, daß der Feind stärker war. Eine andere Gruppe von dreißig Engländern, »die nach Gelegenheit für eine Waffentat suchten«, kehrte enttäuscht um, als ihnen eine Gruppe hoher französischer Herren entkam. »Gott«, riefen sie, »welche Vermögen wären unser gewesen, wenn wir sie gefangengenommen hätten, denn sie hätten uns 40 000 Franken gezahlt.«

Als das Land ausgeplündert war, verlangten die Engländer Lebensmittel von den Städten und drohten mit Belagerung, falls ihrer Forderung nicht entsprochen würde. Als Reims in der Sicherheit seiner Mauern ablehnte, rächten sie sich, indem sie sechzig Dörfer der Umgebung niederbrannten. Als die Engländer einige tausend Schafe entdeckten, die in Gräben außerhalb der Stadtmauern getrieben worden waren, schickten sie Männer aus, die sie unter der Deckung von Bogenschützen heraustrieben. Die schossen so genau, daß die Verteidiger von Reims nicht wagten, auch nur auf den Mauern zu erscheinen. Mit der erneuten Drohung der Engländer konfrontiert, die Felder mit reifem Korn zu verbrennen, lieferten die Bürger ihnen nun sechzehn Wagenladungen Brot und Wein.

Auf diese Weise rückte Buckingham bis nach Burgund vor, wo sich zweitausend französische Ritter und Knappen versammelt hatten, die bereit waren, ohne Rücksicht auf den Befehl des Königs den Kampf aufzunehmen. Die führenden Adligen des Königreiches – der Herzog von Bourbon, Coucy, der Herzog von Bar, der Graf von Eu, der Admiral Jean de Vienne – hatten sich unter dem Oberbefehl von Philipp dem Kühnen, dem Herzog von Burgund, zusammengefunden. Von Kopf bis Fuß gerüstet und mit der Streitaxt in der Hand inspizierte der Herzog in kriegerischer Entschlossenheit die Truppen. Nach wie vor hatte der König die offene Feldschlacht untersagt, es sei denn, die Franzosen befänden sich in eindeutiger Überzahl. Der Herzog wagte es nicht, dem Wunsch des Königs offen zu trotzen, aber alle Zurückhaltung war dahin, als in einem Handgemenge ein englischer Knappe getötet wurde. Auf eine Herausforderung zum Zweikampf hin ritt eine Gruppe von Rittern, unter ihnen Coucy, vor die Tore von Troyes und kämpfte mit einer gleich starken Gruppe von englischen Rittern. Der Ausgang blieb unentschieden, Buckingham marschierte weiter, die Franzosen folgten ihm. Sie baten den König eindringlich, den Feind nicht entkommen zu lassen, aber Karl antwortete lediglich: »Laßt sie in Ruhe; sie werden sich selbst zerstören.«

An der Loire hatten die Franzosen ein Heer versammelt, das den Engländern an Zahl überlegen war. Coucy und seine Begleiter waren entschlossen,

»ob der König wollte oder nicht«, die offene Schlacht zu suchen, bevor die Engländer die Sarthe überquerten und in die Bretagne einmarschieren konnten. Inzwischen hatte Karl, der verhandelte, während die Armeen marschierten, die Stadt Nantes überredet, die Engländer nicht einzulassen und ihre Loyalität zu Frankreich zu erklären, ohne Montfort zu fragen. In der ersten Septemberwoche überschritten die Engländer die Sarthe, und in derselben Woche trat Karls Krankheit in ihr letztes Stadium. Die Absonderungen von dem Abzeß an seinem rechten Arm hörten auf und kündigten, wie ihm prophezeit worden war, den Tod an. Die Ärzte und der Patient fügten sich diesem Zeichen. Auf einer Bahre in sein Lieblingsschloß von Beauté an der Marne geschafft, rief Karl seine Brüder und seinen Schwager herbei – mit der Ausnahme des Herzogs von Anjou, den er der königlichen Schatzkammer fernzuhalten hoffte – und bereitete die letzten Anstalten für den Übergang seiner Seele vor.

Philipp der Kühne eilte nach Paris, desgleichen Coucy in seiner Eigenschaft als Mitglied des Regentschaftsrates. Der Herzog von Anjou, der sich über die Ereignisse in Paris auf dem laufenden halten ließ, reiste ebenfalls schleunigst aus Languedoc an, ob erwünscht oder nicht.

Der König litt in seinen letzten Tagen körperliche Schmerzen, aber schwerer war seine geistige Qual. Zwei Dinge lasteten auf seinem Gewissen: sein Anteil am Schisma und die fragwürdige Legalität seiner Besteuerungsmaßnahmen. Er hatte die an sich zeitgebundenen Beiträge der Stände auf zehn Jahre kontinuierlicher Besteuerung ausgedehnt, und obwohl er die Einkünfte für die Verteidigung des Königreiches und »im allgemeinen Interesse« gebraucht hatte, waren doch auch die königlichen Truhen gefüllt worden, und er hatte mit den Steuergeldern des Volkes die Loyalität der Adligen erkauft. Wie sollte er sich vor Gott verantworten? Er hatte Frankreich aus »einem Haufen von Ruinen« erhoben; hatte die englischen Eroberungen – mit der Ausnahme von Calais – aus der Zeit seines Vaters und Großvaters zurückgewonnen; er hatte Karl von Navarra für immer aus der Normandie hinausgetrieben; und wenn sich der Friede seinem Zugriff entzogen hatte, so hatte er doch in seiner hartnäckigen Verfolgung der nationalen Ziele die Treue all jener gerechtfertigt, die sich für Frankreich entschieden hatten.

Aber hatte er die Wiederauferstehung Frankreichs mit dem Elend des Volkes erkauft? Der Aufstand in Languedoc war ein deutliches Signal, und Karl wußte durch die Berichte seiner Steuereintreiber vom Zorn der Bevölkerung auch in größerer Nähe. Die Unterdrückung des Volkes aber konnte über das Schicksal seiner Seele entscheiden, denn ungerechte Steuern konnten den göttlichen Zorn entzünden, und die Klagen der Gekränkten würden ihn bis vor den Stuhl des höchsten Richters verfolgen. Seinerzeit hatte der unbekannte Verfasser der Allegorie *Songe du Vergier* (Traum des Holzfällers) alle Fürsten als Tyrannen gebrandmarkt, die ihren Untertanen »unerträgliche Steuern« auferlegten, und Theologen ermahnten die Herrscher, alle erpreßten Abgaben an groß und klein zurückzugeben, wenn sie auf die Erlösung hoffen wollten. Diese Hoffnung bestimmte die letzte Handlung des Königs.

Noch wenige Stunden vor seinem Tod hielt er mit brechender Stimme eine Ansprache, voll angekleidet und auf einer Chaiselongue liegend, an eine Gruppe von verstörten Prälaten, Adelsherren und Räten, die die drei Stände repräsentierten. Er bestand in einer bekümmerten und immer wieder abschweifenden Verteidigungsrede darauf, daß er in der Frage des Schismas »wie in allen anderen immer den sichersten Pfad« gesucht habe und daß, »falls je Gerüchte sagen sollten, daß die Kardinäle vom Dämon inspiriert waren, ihr sicher sein möget, daß keine Rücksicht auf verwandtschaftliche Bindungen meine Entscheidung diktiert hat, sondern allein die Feststellungen besagter Kardinäle und der Rat der Prälaten, der Geistlichen und meiner Räte«. Schließlich erklärte der König, daß er einer Entscheidung eines allgemeinen Kirchenkonzils gehorchen würde und daß »Gott mir nichts vorwerfen könnte, wenn ich in meiner Unwissenheit gegen eine zukünftige Entscheidung der Kirche gehandelt hätte«. Es war die Erklärung eines sehr besorgten Mannes.

Am Tor des Todes fühlte sich der zitternde Reisende des Mittelalters häufig bemüßigt, das zu verwerfen, was er im Leben getan hatte. Auch der gewissenhafteste Herrscher der Zeit, Karl V., gab, was die Besteuerung betraf, in den letzten Stunden alles auf, was er jemals angestrebt hatte. Er verkündete die Klauseln eines Erlasses, der die Haushaltssteuer »erlassen und abschaffen« sollte, »da sie von nun an, wie es Unser Vergnügen, Wunsch und Befehl ist, nicht länger in Unserem Königreich geläufig sein soll und daß von nun an Unser besagtes Volk und Unsere Untertanen keine solche Steuer mehr zahlen, sondern frei und entlassen sein sollen«.

Es gab andere indirekte Steuern, aber auf der Haushaltssteuer als grundlegender Vermögensteuer ruhte das ganze finanzielle System. Zu bestimmen, daß sie »nicht länger geläufig sein« solle, hieß, das Volk zu betrügen und seine Nachfolger – vorausgesetzt, das Dekret wurde ausgeführt – aller Mittel zur Regierung zu berauben. Karls Erlaß war keine Verirrung. Auch andere Herrscher vor ihm hatten schon Steuern abgeschafft und zu Unrecht eingetriebene Abgaben zurückerstattet, und viele Adlige hatten auf dem Totenbett Schenkungen gemacht und Stiftungen gegründet, die ihre Familien, wären sie verwirklicht worden, in den Bankrott getrieben hätten. Karl hatte für seinen Sohn ein riesiges Vermögen zusammengetragen, aber im Jahre 1380 war die Theorie, daß ein König von seiner eigenen Domäne leben konnte, nur noch Fiktion. Das entscheidende Bedürfnis einer effektiven Regierung war, wie Karl nur zu genau wußte, eine solide finanzielle Grundlage. In der Kälte des Todes aber war das Bedürfnis seiner Seele stärker.

Der König empfing die Letzte Ölung, empfahl seinen zwölfjährigen Sohn seinen Brüdern und drang noch mit den letzten Atemzügen in sie, die Steuern aufzuheben: »Erlaßt sie, so schnell ihr könnt.« Bureau de la Rivière, der in Tränen am Bett kniete, umarmte den König; die schluchzende Menge verließ den Raum, damit der König seine letzten Minuten in Frieden verbringen konnte. Er starb am 16. September 1380, und sein letzter Erlaß wurde am nächsten Tag verkündet. Der Jubel des Volkes auf der einen und die widersprüchlichen Gefühle der Königsbrüder auf der anderen Seite deuteten die explosive Situation an, die nun geschaffen war.

In der Bretagne wurde Buckingham im selben Monat mit gemischten Gefühlen empfangen. Montfort, dessen ganzes Leben darin bestand, Feinde gegeneinander auszuspielen, zu streiten, zu kämpfen und mit allen Seiten Verträge abzuschließen, war ein gewohnheitsmäßiger Intrigant. Nach Karls Tod war er bereit, mit dem neuen König Frieden zu schließen, und eröffnete Verhandlungen mit den Franzosen, während er zur gleichen Zeit einen mit vielen Eiden bekräftigten Pakt mit Buckingham schloß, gemeinsam Nantes zu belagern. Letztlich bewog das Zögern der bretonischen Adligen, einen Angriff auf ihre Landsleute zu unterstützen, ihren Herrn, sich für Frankreich zu entscheiden. Coucy, der sich sehr für eine Versöhnung mit den Bretonen eingesetzt hatte, war einer der Unterhändler, der den Vertrag vom Januar 1381 mit Montfort schloß. Buckingham war von seinem Verbündeten nicht informiert worden und fand nun Burgen und Städte verschlossen. Den ganzen Winter hindurch zog seine hinfällige Armee von einem Ort zum anderen, häufig hungernd und ohne Schutz vor der Kälte. Außer einigen wenigen Plündereien und Lösegeldern hatten Buckingham und seine Kampfgenossen kein militärisches Ziel erreicht – »zu ihrem großen Ungenügen und zum Ungenügen der ganzen englischen Nation«.

Auf den Thronen beider Königshäuser saßen nun Kinderkönige, und beide Völker hatten unter der Regentschaft ehrgeiziger und einander befehdender Onkel zu leiden, die, da sie keine Krone trugen, die Macht ohne das Verantwortungsgefühl gekrönter Häupter ausübten. Der Kriegslärm schwand, die inneren Spannungen aber erreichten den Siedepunkt.

Kapitel 18
Die Würmer der Erde gegen die Löwen

»Soll er zum Teufel gehen! Er hat lange genug gelebt«, rief ein Arbeiter aus, als er vom Tod des Königs hörte. »Für uns wäre es besser gewesen, wenn er vor zehn Jahren gestorben wäre.« Innerhalb weniger Monate nach dem Tod des Königs erlebte Frankreich die Explosion des Arbeiteraufstands, der schon Florenz und Flandern heimgesucht hatte. Neben den drückenden Steuern waren ein wachsender Haß der Armen auf die Reichen und die Forderung nach mehr Rechten für die Arbeiterklasse die Impulse der Erhebung. Die Konzentration des Reichtums hatte sich im 14. Jahrhundert beschleunigt und den relativen Anteil der Armen an der Bevölkerung emporschnellen lassen, während die Katastrophen des Jahrhunderts diese Armen zugleich am härtesten trafen. Die Armen waren regierbar geblieben, solange durch Mildtätigkeit und öffentliche Maßnahmen ihr Existenzminimum garantiert war, aber die Lage wandelte sich, als die Bevölkerung der Städte durch die von Krieg und Pest Entwurzelten steil anstieg.

Während die Meister immer reicher wurden, sanken die Arbeiter auf den Stand von Tagelöhnern mit wenig Aussicht auf ein Fortkommen. Die Mitgliedschaft in den Gilden und Zünften war den wandernden Gesellen verschlossen und unter komplizierten Bedingungen nur für Söhne und Verwandte der Meisterklasse reserviert. Obligatorische religiöse Feiertage, zwischen 120 und 150 im Jahr, drückten auf die Löhne. Obwohl ihnen der Streik verboten war und sie sich in einigen Städten nicht einmal versammeln durften, bauten die Arbeiter Vereinigungen auf, um höhere Löhne zu erzwingen. Diese Vereinigungen zogen Beiträge ein, verwalteten ihre Gelder und hielten Verbindungen sogar ins Ausland aufrecht, durch die den Mitgliedern Arbeit und Wohnung vermittelt wurden, die aber zugleich zweifellos der Verbreitung der politischen Agitation dienten.

Das Bewußtsein, eine Klasse – das »Volk« – zu sein, wuchs. Christus wurde häufig als ein Mann des Volkes dargestellt, und Fresken zeigten ihn umgeben von den Werkzeugen des Handwerkers oder des Bauern, dem Hammer, dem Messer, dem Pflug und der Axt. In Florenz nannten sich die Arbeiter *il popolo di Dio* (das Volk Gottes). »Viva il popolo« war der Schlachtruf des Aufstands der Ciompi im Jahre 1378. Als größtes industrielles Zentrum seiner Zeit war Florenz der logische Ausgangsort der Arbeiterunruhen. Die Ciompi waren die niedrigste Schicht der Arbeiter, und der Aufstand wurde nach ihnen benannt, aber Handwerker aller Art, die nicht in den städtischen Zünften organisiert waren, schlossen sich ihnen an. Sie arbeiteten zu festen Löhnen, die oft unter dem Existenzminimum lagen, sechzehn bis achtzehn Stunden am Tag, und ihr Entgelt konnte ihnen vorenthalten werden, wenn sie zu aufwendig arbeiteten oder Schaden verursachten. Die enge Verbindung der Kirche mit den Reichen geht schon aus einem einzigen Hirtenbrief des Bischofs von Florenz hervor, in dem er erklärte, daß Weber exkommuniziert werden konnten, wenn sie Wolle verschwendeten. Arbeitern konnte die Prügelstrafe auferlegt, sie konnten eingekerkert oder von der Liste der Anzustellenden gestrichen werden, ihnen konnte die Hand abgeschlagen werden, wenn sie Widerstand gegen die Arbeitgeber leisteten. Agitatoren, die für das Recht der Arbeiter, sich zu organisieren, auftraten, drohte der Galgen. 1345 waren zehn Weber aufgrund dieser Anklage hingerichtet worden. Der Aufstand von 1378 stürzte die ganze Stadt in ein Chaos der Gewalttätigkeit. Die Arbeiter stürmten die Treppen des Signoriapalastes hinauf, um ihre Forderungen zu präsentieren. Sie wollten freien Zugang zu den Zünften, das Recht, eigene Gewerkschaften zu gründen, eine Reform der Bußzahlungen und Strafen und – vor allem – das Recht, »an der Regierung der Stadt teilzuhaben«. Zu einer Zeit, die keine Gewehre und kein Tränengas kannte, lösten aufrührerische Massen Schrecken aus. Obwohl das Rathaus mit Verteidigungswaffen wohlausgestattet war, kapitulierten die »erschrockenen Männer« der Signoria. Die Arbeiter riefen eine neue Regierung aus, die aus Repräsentanten der Arbeiterschaft in den Zünften gebildet war. Sie hielt sich einundvierzig Tage und brach dann unter dem Druck innerer Auseinandersetzungen und dem Gegenangriff der Magnaten zusammen. Die Reformen, die durch den Aufstand gewonnen worden waren, wurden Stück um Stück demontiert, und die großen Zünfte gewannen bis 1382 die Kontrolle über die Stadt, wenn auch nicht ihre Selbstsicherheit zurück. Die Furcht vor neuen gewalttätigen Ausbrüchen in der Arbeiterschaft trug viel zu dem nun einsetzenden Verfall der republikanischen Regierung bei und beschleunigte den Aufstieg der Medici zur beherrschenden Familie.

Die Weber von Gent zeigten mehr Beharrungsvermögen. In Ypern und Brügge war der Aufstand durch den Grafen von Flandern in Feuer und Blut erstickt worden. Aber die Genter hielten trotz Belagerungen, Waffenstillstand und Verrat die Stellung, obwohl sie durch die Blockade aller Handelswege dem Hungertod nahe waren. Gents Kampf war eigentlich kein Klassenkampf, obwohl er als solcher nachträglich angesehen wurde. Er war eher ein hartnäckiger Verteidigungskampf einer autonomen Stadt gegen den Feudalherrn mit Elementen eines Fraktionskampfes von sozialen und religiösen Parteiungen. Er war ein ganzer Komplex von Rivalitäten zwischen Städten, Handwerkszünften und verschiedenen Schichten innerhalb eines Handwerks. Die Weber unterdrückten die Walker der Unterklasse mit der gleichen Entschlossenheit, die sie gegen den Grafen von Flandern wandten.

In Frankreich weckte des Königs Totenbettversprechen, die Steuern abzuschaffen, eine fieberhafte Erwartung. Als die Engländer unter Buckingham scheinbar unbehindert das Land verwüsteten, hatte der Zorn über die Steuern, die im Namen der Landesverteidigung eingezogen wurden, seinen Höhepunkt erreicht. Das Volk hatte das Geld, so schien es, für nichts geopfert. Tatsächlich aber widerstanden Burgen und Städte durch die Mittel, die Karl V. für ihre Befestigungen aufgewendet hatte, dem Feind sehr viel besser als in den elenden Jahren nach Poitiers. Dies allerdings verminderte nicht die Belastung der ärmeren Schichten und auch nicht den Widerwillen der unabhängigen Städte, die für etwas zahlen mußten, was sie als Aufgabe des Königs ansahen. Dieses Gefühl, mit dem König nichts zu tun zu haben, war so stark, daß Laon es ablehnte, Coucy, dem Generalhauptmann der Picardie, die Tore zu öffnen oder ihm die Abteilung von dreißig Bogenschützen zu stellen, die er gefordert hatte. Die Städte der Picardie verweigerten sich allen weiteren Zahlungen. In Saint Quentin und Compiègne gab es Unruhen, die Stadtbevölkerung verbrannte Steuerämter, griff Steuereintreiber tätlich an und jagte sie aus der Stadt.

Die Regierung in Paris war indessen halb gelähmt durch einen unübersichtlichen Machtkampf in der Umgebung des Throns. Als ältestem Onkel kam offiziell dem Herzog von Anjou der Titel des Regenten zu, und er brauchte ihn, um soviel Geld als möglich aus der Schatzkammer des Königs an sich zu bringen. Karl V. war sich der räuberischen Instinkte seiner Brüder wohlbewußt gewesen und hatte verfügt, daß die Regentschaft enden sollte, sobald sein Sohn das Alter von vierzehn Jahren erreichte, aber er war zwei Jahre zu früh gestorben. Er hatte seinen Bruder, den Herzog von Burgund, und den Bruder seiner Frau, den Herzog von Bourbon, zu den Vormündern seines Sohnes ernannt. Unter dem Herzog von Anjou als Regenten sollten sie mit Hilfe eines Rates der zwölf regieren. Bourbon, der keine Ambitionen hatte und sich aus den Intrigen am Königshof heraushielt, wurde der »Gute Herzog« genannt in feiner Unterscheidung von den väterlichen Onkeln des Königssohnes, aber er hatte weit weniger Einfluß als sie, da er nicht königlichen Geblüts war.

Die auseinandergehenden Interessen der Onkel – Burgund in Flandern, Anjou in Italien, Berry an seiner Sammelleidenschaft – verhinderten jedes gemeinsame Interesse am Zusammenhalt des Königreiches. Ihr einziges gemeinsames Ziel war es, die Minister des toten Königs aus ihren Machtstellungen zu drängen.

Clisson wurde zum Constable ernannt, und man bereitete eilig die Krönung des Dauphins vor, um die Autorität der Regierung zu stärken. Eine häßliche Szene befleckte diese heilige Zeremonie der Monarchie am 4. November. An der Bankettafel gerieten der Herzog von Anjou und sein Bruder, der Herzog von Burgund, die einander haßten, in ein Handgemenge um den Ehrenplatz zur Rechten des neuen Königs. In dem Tumult der Parteigänger der beiden und unter den Klagen der Prälaten wurde hastig ein Rat zusammengerufen, der zugunsten des Herzogs von Burgund als höchstem Fürsten von Frankreich entschied, woraufhin sich der Herzog von Anjou nichtsdestoweniger auf den Ehrenplatz setzte, nur um von Philipp dem Kühnen, dem Herzog von Burgund, wieder beiseite gestoßen zu werden. Mit dieser kläglichen Darbietung begann die Herrschaft des neuen Königs.

Der zwölfjährige Karl VI. war ein gutaussehender, wohlgestalteter Junge, groß und blond wie sein Großvater, aber er hatte ein ausdrucksloses Gesicht, das seine Seelenlosigkeit spiegelte. »Glänzende und polierte Waffen erfreuten ihn mehr denn alle Edelsteine dieser Welt«, und er verehrte die Rituale des Rittertums. Schon bei der Krönung wurden sie zur Schau gestellt, als Coucy, Clisson und Admiral de Vienne, alle drei prächtig gekleidet, zu Pferd den König bedienten. Um dem Einzug des Königs in Paris höchste Wirkung zu verleihen, den größtmöglichen *éclat* zu verursachen, wurden neue »Wunder« konstruiert, künstliche Brunnen, aus denen Milch, Wein und klares Wasser flossen. Drei Tage lang wurden glänzende Festlichkeiten auf den mit Wandteppichen geschmückten Plätzen der Stadt abgehalten. Dies allein aber konnte das Volk nicht beruhigen. Für den 14. November waren die Generalstände einberufen worden, um einen Ersatz für die von Karl V. aufgehobene Haushaltssteuer zu schaffen, eine Aussicht, die die Angst vor neuen Auflagen erhöhte. Aufgeregte Gruppen von Handwerkern diskutierten über die Lage, geheime Treffen bei Nacht wurden abgehalten, große Versammlungen rügten unverhüllt die Regierung, das Volk war »erzürnt und von der glühenden Sehnsucht bewegt, endlich das Joch der drückenden Steuerzahlungen abzuwerfen«.

Als der Kanzler Miles de Dormans, Bischof von Beauvais, die Stände davon in Kenntnis setzte, daß der König die finanzielle Unterstützung des Volkes erwarte, kam es zu dem voraussehbaren Ausbruch. Eine große Gruppe von Gemeinen drang in die Versammlung der Kaufleute ein, die zwar auch gegen die »Unterstützung« waren, sich aber nicht entschließen konnten, offen Widerstand zu leisten. »Wisset, Bürger, wie ihr verachtet werdet!« schrie ein Flickschuster in leidenschaftlicher Rhetorik auf. Die ganze Erbitterung der Kleinen gegen die Großen lag in seiner Tirade auf die »endlose Gier der Seigneurs«, die »dir alles nehmen würden, wenn sie könnten, selbst deinen Anteil am Tageslicht«. »Sie wollen nicht, daß wir atmen oder sprechen oder ein menschliches Gesicht haben, sie wollen uns nicht in der Öffentlichkeit begegnen . . . Diese Männer, denen wir erzwungenen Dienst leisten und die von unserer Substanz leben, haben keinen anderen Gedanken, als sich mit glitzernden Juwelen und mit Gold zu schmücken, sich wunderschöne Paläste zu bauen und neue Steuern zu erfinden, um die Stadt niederzudrücken.« Er verhöhnte die Feigheit der Kaufleute und erinnerte an die standhaften Bürger von Gent, die in eben diesem Moment ihrem Grafen in Waffen gegenüberstanden, weil sie sich seine Steuern nicht länger gefallen lassen wollten.

Wenn die Redegewandtheit des Flickschusters zum Teil das Werk des Mönchs von St. Denis ist, der die Rede niederschrieb, so zeigt auch das die Sympathie vieler geistlicher Chronisten mit dem Los des Volkes. In seiner berühmten Prophezeiung hatte der Bruder Jean de Roquetaillade den Tag kommen sehen, an dem »die Würmer der Erde aufs grausamste die Löwen, Leoparden und Wölfe vertilgen ... und die kleinen gewöhnlichen Menschen alle Tyrannen und Verräter vernichten werden«.

Für den Flickschuster und seine dreihundert Genossen war dieser Tag da. Mit gezogenen Messern zwangen sie den Vorsteher der Kaufleute, ihre Forderung auf Abschaffung aller Steuern dem Herzog von Anjou und dem Kanzler zu überbringen. Vor dem Marmortisch im Palasthof bat der Vorsteher um die Aufhebung der »unerträglichen Last«. Mit »schrecklichem Geschrei« bekräftigte die Menge seine Worte, Schwüre wurden laut, daß sie lieber tausend Tode stürben, als weiter »solche Ehrlosigkeit und Schande« zu erleiden. Diese unerwarteten Formulierungen tauchen in den Protesten häufiger auf, so als wollten die Bürger und Bauern ihrer Argumentation die Würde der ritterlichen Ehrbegriffe geben. Die Armen hatten nicht weniger als die Großen das Bedürfnis, sich in ihrem Handeln als edel zu empfinden.

Der Herzog von Anjou versprach in glatten und beschwichtigenden Worten des Mitleids mit den Armen, dem König am nächsten Tag die Aufhebung der Steuern vorzuschlagen. Dem Chronisten von St. Denis zufolge hörten die Männer des Volkes in der Nacht den gefährlichen Ratgebern zu, die zu Ungehorsam gegen den Adel und die Kirche aufriefen. Sie glaubten, so der Chronist, »daß die Regierung besser von ihnen selbst geleitet werden sollte als von ihren natürlichen Herren«. Ob dieses revolutionäre Empfinden nun tatsächlich in den Köpfen der Menschen herumspukte oder ob es nur der Furcht des Chronisten entsprang – auf jeden Fall lag der Aufstand in der Luft.

Als die erschrockene Regierung die Aufhebung der Steuern am nächsten Tag bekräftigte, war dies eine Erleichterung, die zu schnell kam. In einer wilden Aufwallung des Triumphes und aufgestauter Aggression warf sich das Volk auf die Juden, den Teil der Gesellschaft, an dem es seine Wut ungestraft auslassen konnte. Während einige aus der Menge sich daranmachten, die Steuerregister zu verbrennen, tobte der Hauptteil mit Schreien von *»Noël! Noël!«* (die sich auf den Geburtstag Christi bezogen) durch das jüdische Viertel. Sie brachen die Haustüren auf, plünderten und warfen alle Juden, die sie ergreifen konnten, in den Fluß. Jüdische Kinder wurden mit Gewalt getauft. Den meisten Juden gelang es, in das Châtelet zu entfliehen, aber zehn Leichen, darunter die eines Rabbis, wurden nach dem Aufruhr gefunden. Das Pogrom sprang auf andere Städte wie Chartres und Senlis über. Als Symptom einer verstörten Gesellschaft setzten sich die Verfolgungen sporadisch das nächste Jahrzehnt hindurch fort, bis die Krone sich 1394 gezwungen sah, wieder einmal ein Dekret zur Vertreibung der Juden zu erlassen.

Im Augenblick aber erzwang der Geldmangel der Krone Maßnahmen zum Schutz der Juden. Hugues Aubriot, der Vorsteher von Paris, wurde beauftragt, die Juden unter königlichen Schutz zu stellen. Aubriot, ein streitbarer Mann, sandte Herolde aus, die die Rückgabe aller gestohlenen Güter befahlen. »Nur sehr wenige gehorchten dem Erlaß.«

Durch ein Edikt vom 16. Novemder hob die Regierung wie versprochen offiziell »von nun an und für immer alle Steuern, Zehnten und *gabelles* auf, durch die Unsere Untertanen so verletzt und bedrückt waren; Wir verzichten auf alle Subventionen und Hilfen, die für die besagten Kriege seit Unserem Vorgänger, König Philipp, bis heute erhoben worden sind«. Dieser Akt fiskalischen Selbstmords spiegelte eher momentane Panik als ernsthafte Absicht wider. Mit Ausnahme Karls V. herrschten fast alle Souveräne des 14. Jahrhunderts impulsiv und ohne Überlegung.

Ebenso wie die finanzielle Struktur wurde bald auch die Regierung, die Karl V. hinterlassen hatte, beseitigt. Die Onkel des Königs ließen Bureau de la Rivière, den Karl V. geliebt hatte und der zu seinen Füßen begraben werden sollte, durch einen Mittelsmann des Verrats bezichtigen. Er wurde nur deshalb gerettet, weil Clisson in Anwesenheit des gesamten Hofes den Fehdehandschuh zu Boden warf und niemand es wagte, die schreckliche Herausforderung anzunehmen. Dennoch verließ Rivière kurz darauf sein Amt, da er weitere Angriffe fürchtete, auch d'Orgement und Mercier wurden schließlich verdrängt, und ein weiterer der früheren Räte Karls V., Jean de La Grange, der Kardinal von Amiens, fand einen guten Grund, seinen Abschied zu nehmen.

Die Feinde des Kardinals hatten dem jungen König schon vor Jahren eingeflüstert, daß La Grange einen Hausdämonen bei sich beherberge. Einmal hatte sich der Dauphin, als er zehn Jahre alt war, zum beträchtlichen Ärger des Kirchenfürsten bekreuzigt, als der Kardinal auf ihn zukam, und ausgerufen: »Flieht den Teufel! Werft den Teufel hinaus!« Als La Grange hörte, daß der junge König nach seiner Krönung gesagt hatte: »Nun ist die Zeit gekommen, uns an diesem Priester zu rächen«, brachte er sein Vermögen in Sicherheit und floh nach Avignon, um nie mehr zurückzukehren.

Coucy diente in der Zeit dieser beunruhigenden Ereignisse im Thronrat und genoß ein gutes Verhältnis zu allen drei Herzögen, von denen jeder sich seine Unterstützung zu sichern suchte. Eine der ersten Maßnahmen des Herzogs von Anjou als Regent war es gewesen, Coucy im lebenslangen Besitz von Mortaigne an der Kanalküste zu bestätigen, das ihm noch Karl V. vor seinem Tode vermacht hatte. Neben seinen ausgedehnten Territorien besaß Coucy ohne Zweifel persönliche Anziehungskraft und die Fähigkeit, sich keine Feinde zu machen. In dem großen Lotteriespiel um Einfluß am Hofe gelang es ihm immer, mit denen zusammenzuarbeiten, die gerade an der Macht waren. Vielleicht kam ihm hierbei die politische Finesse zustatten, die er durch die schwierigen Umstände seiner englischen Heirat gewonnen hatte. Nachdem es ihm gelungen war, den Friedensvertrag mit dem Herzog der Bretagne im Januar 1381 abzuschließen, wurde er ein weiteres Mal als Botschafter zu den Engländern nach Montreuil gesandt, um Streitigkeiten um die Bedingungen des Waffenstillstands auszuräumen. Später im Jahr bezahlte er, wie einige Dokumente nachweisen, Spione für Berichte über Calais, Guînes und andere englische Festungen. Er hatte den Auftrag, die Grenze zu verteidigen, aber im Mai rief ihn der Herzog von Anjou nach Paris zurück, um seinen Rat in bezug auf Anjous Pläne in Italien einzuholen.

Immer noch auf der Jagd nach einem Königsthron, brauchte der Herzog von Anjou dringend Geld. Da er wußte, daß Karl V. in Melun einen Schatz für seinen Sohn hinterlassen hatte, versuchte er, ihn unter seine Kontrolle zu bringen, indem er den Verwalter des Vermögens hinzurichten drohte. Der Mönch von St. Denis ist sich indessen dieser Geschichte nicht sicher, denn »man weiß nie die Wahrheit über diese Dinge, die sich im Schatten abspielen«. Was immer der Herzog von Anjou von dem Schatz an sich bringen konnte, es war nicht genug. Er versuchte weiterhin, den Provinzen Geld abzupressen, stieß aber im allgemeinen auf mürrischen Widerstand.

Während die Unruhe in Frankreich schwelte, brach in England im Juni 1381 die Revolte aus – nicht in den Städten, sondern auf dem Lande. In einem Reich, das vorwiegend agrarisch war, stellten die Bauern die Arbeiterklasse dar. Die dritte Kopfsteuer in vier Jahren war das auslösende Moment. Von einem unterwürfigen Parlament im November 1380 sanktioniert, um die Ambitionen des Herzogs von Lancaster in Spanien zu finanzieren, brachte die Steuer nur zwei Drittel der erwarteten Summe ein, nicht zuletzt deshalb, weil die Einzieher leicht zu bestechen waren, eine Familie zu übersehen oder ihre Register zu fälschen. Ein zweiter Versuch, den Rest einzutreiben, wurde notwendig, was Unruhen geradezu herausforderte. Wenn die Lords und Prälaten und die königlichen Onkel in Richards II. Regierung ein Ohr für die ständigen Klagen über lokale Erhebungen gehabt hätten, wären sie wohl behutsamer vorgegangen. So aber zogen sie die fürchterlichste Herausforderung des Jahrhunderts auf sich.

Ende Mai verweigerten Dörfer in Essex an der Ostküste die Steuerzahlung; der Widerstand breitete sich schnell aus und führte zuerst in Kent, der benachbarten Grafschaft südlich der Themse, zu Gewalttätigkeiten. Bauern verbanden sich mit Veteranen der französischen Kriege, bewaffneten sich mit rostigen Schwertern, Sensen, Äxten und alten Langbogen. Sie erstürmten eine Burg, in der ein entlaufener Bauer gefangengehalten wurde. Der Haufe wählte einen gewissen Wat Tyler, einen zungenfertigen Demagogen und Kriegsveteranen, zu seinem Anführer und besetzte Canterbury. Der Bürgermeister wurde gezwungen, »König Richard und dem Unterhaus« die Treue zu schwören, und der Ideologe der Bewegung, John Ball, wurde aus dem Gefängnis des Erzbischofs befreit. Er war ein wandernder Priester, Gelehrter und Fanatiker, der seit zwanzig Jahren durch das Land gezogen und oft von den Behörden eingekerkert worden war, weil er gegen Kirche und Staat gepredigt und eine radikale Lehre der Gleichheit verbreitet hatte.

Obwohl die Kopfsteuer der zündende Funke gewesen war, führte die tiefe allgemeine Unzufriedenheit mit der leibeigenschaftsähnlichen Lage der Bauern und dem Mangel an zivilen und politischen Rechten zu dem Aufstand. Die Bauern durften vor Gericht nicht gegen ihren Grundherrn auftreten, sie hatten keine Vertreter im Parlament, sie waren zu einer Knechtschaft gezwungen, die sie nur durch Gewalt brechen konnten. Das war das eigentliche Ziel der Erhebung und des Marsches auf die Hauptstadt, der von Canterbury ausging.

Als die Bauern von Kent auf London zuströmten – sie schafften die siebzig Meilen in zwei Tagen –, marschierten die Rebellen aus Essex nach Süden, um sich mit ihnen zu vereinigen. Abteien und Klöster, die auf dem Wege lagen, wurden zum besonderen Ziel ihrer Feindseligkeit, denn sie waren die hartnäckigsten Verfechter der Knechtschaft. In den Städten versorgten die Handwerker und kleinen Händler, die das Ressentiment der Kleinen gegen die Großen teilten, die Bauern mit Lebensmitteln und Waffen. Als die Nachricht der Erhebung andere Grafschaften erreichte, griffen Aufstände und Unruhen um sich.

»Die verrückte Menge« öffnete auf ihrem Marsch von Kent und Essex nach London die Gefängnisse, plünderte die Herrenhäuser und verbrannte die Steuerregister. Einige besonders verhaßte Grundherren und Beamte wurden erschlagen und ihre Köpfe auf Stangen mitgeführt.

Die Sprecher der Bauern schworen, »alle Juristen und Diener des Königs, die sie finden konnten«, umzubringen. Außer dem König, von dem sie annahmen, er stünde auf ihrer Seite, war das gesamte Beamtentum der Krone ihr Feind – Sheriffs, Förster, Steuereinnehmer, Richter, Äbte, Lords, Bischöfe und Herzöge –, allen voran aber die Männer des Gesetzes, denn das Gesetz war das Gefängnis des Bauern. Nicht zufällig war der Oberste Richter von England, Sir John Cavendish, eines ihrer ersten Opfer. Jedes Haus eines Anwalts oder Richters auf ihrer Marschroute wurde zerstört.

Wenn die Jacquerie dreiundzwanzig Jahre früher ein Ausbruch ohne Programm gewesen war, so entstand der Bauernaufstand in England aus einer sich entwickelnden Idee der Freiheit. Nur theoretisch von der Leibeigenschaft befreit, wollten die Bauern die Abschaffung der alten Bindungen, sie erstrebten das Recht, ihre Dienstleistungen in bezahlte Arbeit umwandeln zu können, und sie kämpften für die Befreiung von den Einschränkungen des Arbeiterstatuts, die darauf zielten, die Freizügigkeit der Bauern zu unterdrükken. Sie hatten die Lehren der Lollhardenpriester und die egalitären Theorien John Balls im Ohr. »Es kann nicht gutgehen in England«, lehrte er, »bis alles in gemeinsamen Besitz überführt ist; bis es keine Herren und Diener mehr gibt, bis die Herren nicht mehr Macht haben als wir auch ... Denn stammen wir nicht alle von denselben Eltern ab, Adam und Eva?«

Wyclifs Geist, der die umfassendste Autorität seiner Zeit herausgefordert hatte, ging um. Die entscheidende Entwicklung der letzten dreißig Jahre im Gefolge von Pest, Krieg, Unterdrückung und Unfähigkeit war das weitverbreitete Gefühl, daß das System so nicht mehr hinzunehmen war, daß der Regierung und den Gouverneuren nicht zu trauen war, daß man die Autoritäten herausfordern konnte – daß Veränderung tatsächlich möglich war. Moralische Autorität kann nie stärker sein als die Anerkennung, die ihr entgegengebracht wird. Wenn die Beamten bestechlich waren – was selbst den Armen nicht entgehen konnte –, wenn die Kriegerklasse ein Fluch und die Kirche tyrannisch war, mußte die Reformbewegung an Kraft gewinnen.

Sie wurde durch die Predigten puristischer Priester gegen die Reichen und Mächtigen bestärkt. Wenn die Schwachen wirklich die Kinder Gottes waren, warum sollten sie bis zum Jüngsten Tag auf ihre Rechte warten? Wenn alle Menschen von Adam und Eva abstammten, warum sollten einige von ihnen in vererbter Knechtschaft leben? Wenn alle vom Tod gleichgemacht wurden, wie die Kirche ständig betonte, war es dann nicht möglich, daß die Ungleichheit auf Erden gar nicht Gottes Wille war?

Auf seinem Höhepunkt kam der Bauernaufstand einer Überwältigung der Regierung sehr nahe. In London waren gegen die sich nähernden Horden keine Maßnahmen ergriffen worden, teilweise aus Verachtung für all die Wills und Cobbs und Jacks, diese ungewaschenen Landstreicher, teilweise, weil die Führung versagte, und wohl auch, weil keine Reserven heranzuschaffen waren. Der Herzog von Lancaster stand an der schottischen Grenze, Buckingham war in Wales, und die einzigen schlagkräftigen Truppen waren bereits in Plymouth, um sich unter dem Befehl des dritten Bruders, Edmund von Cambridge, nach Spanien einzuschiffen. Außer den fünfhundert oder sechshundert Soldaten im Gefolge des Königs besaß die Stadt keine Polizei oder Miliz; Londons Bürger waren unzuverlässig, denn viele von ihnen sympathisierten mit den Rebellen.

Zwanzigtausend Bauern lagerten vor den Mauern und verlangten Verhandlungen mit dem König. Während sie ihm Sicherheit und freies Geleit anboten, forderten sie die Köpfe des Erzbischofs Sudbury und des Kanzlers und Schatzministers Sir Robert Hailes, den sie für die Kopfsteuer verantwortlich machten. Dazu verlangten sie die Auslieferung des »Erzverräters« Johann von Gaunt, jenes Symbols von Mißwirtschaft und militärischer Erfolglosigkeit. John Ball rief sie in einer grimmigen Tirade auf, das Joch, das sie so lange getragen, abzuwerfen, alle großen Herren, Richter und Anwälte auszurotten und für alle Menschen gleiche Freiheit, gleichen Rang und gleiche Macht zu gewinnen. In einer aufgeregten Ratsversammlung fand die Regierung keinen anderen Ausweg, als zu verhandeln. Richard II., ein Junge von vierzehn Jahren, ritt mit seinen Rittern vor die Stadt, um die Forderungen der Rebellen anzuhören: Abschaffung der Kopfsteuer und aller Knechtschaft, freier Zutritt zu den Wäldern, Abschaffung der Jagdgesetze, eine Pacht von vier Pence pro Morgen Land – all dies bekräftigt durch eine Charta mit dem Siegel des Königs. Alles, was die Aufständischen forderten, wurde ihnen in der Hoffnung zugestanden, daß sie sich auflösen und nach Hause zurückkehren würden.

Inzwischen hatten Parteigänger der Bauern die Stadttore einer von Wat Tyler angeführten Gruppe geöffnet. Sie besetzte den Tower von London und erschlug den Erzbischof Sudbury und Sir Robert Hailes. Um Gaunt betrogen, warfen sie sich auf seinen Savoypalast und rissen ihn in einer Orgie des Zerschlagens und Brennens auseinander. Auf Wat Tylers Befehl sollte er nicht ausgeraubt, sondern zerstört werden. Pulverfässer, die in den Kellern gefunden worden waren, wurden in die Flammen geworfen, Wandteppiche in Fetzen gerissen, Juwelen mit Äxten zerstampft. Ähnlich erging es dem *Temple*, dem Zentrum des Gesetzes mit all seinen Registraturen und Dokumenten. Wahlloses Morden folgte; Lombarden und Flamen wurden niedergemacht, einfach, weil sie Fremde waren; Großkaufleute, Beamte und sogenannte »Verräter« (wie etwa der reiche Kaufmann Richard Lyons, der vom Guten Parlament angeklagt, aber von Lancaster zurückgerufen worden war) wurden aufgespürt und erschlagen.

In der Hektik dieser Ereignisse war nur Richard II. selbst sicher, der sich wie in einem magischen Kreis der Verehrung für den König bewegte. Auf einem großen Streitroß sitzend, empfing er die Bauern, ein liebenswerter Junge, ganz in Purpur gewandet, in das die königlichen Leoparden eingestickt waren, eine Krone auf dem Haupt und ein goldenes Zepter in der Hand. Er gewann an Selbstsicherheit, als er seinen Einfluß auf die Menge erprobt hatte, und freundlich lächelnd gewährte er die Freibriefe, die ihm abverlangt wurden, ließ sie auf der Stelle von dreißig Schreibern ausstellen und übergeben. Aufgrund seines Verhaltens verließen viele Gruppen von Bauern die Stadt – sie glaubten, der König sei ihr Beschützer.

Währenddessen versuchte in London der englische Master of War, der Oberbefehlshaber Sir Robert Knollys, so schnell wie möglich eine bewaffnete Truppe aufzustellen. Wat Tyler, von Blutvergießen und Eroberung entflammt, trieb seine Gefolgsleute an, unter der herrschenden Schicht in London ein Massaker anzurichten und selbst die Macht in London zu übernehmen. Die Freibriefe des Königs konnten ihn nicht beschwichtigen, er war zu mißtrauisch, und er wußte, daß er keine Chance hatte, in eine Generalamnestie eingeschlossen zu werden. Ihm blieb nur ein Weg: vorwärts zur Übernahme der ganzen Macht. Nach Walsingham prahlte er, daß »in vier Tagen alle Gesetze Englands aus seinem Mund kommen würden«.

Er kehrte in das Lager in Smithfield zurück, um sich noch einmal mit dem König zu treffen. Dem legte er ein neues Bündel von Forderungen vor, die so extrem waren, daß sie die Ablehnung geradezu provozierten und ihm den Vorwand liefern konnten, den König selbst zu ergreifen: Alle Ungleichheiten in Rang und Status sollten beseitigt werden, alle Menschen unter dem König gleich sein, die Kirche enteignet und ihr Besitz unter die Gemeinen verteilt werden; England sollte fortan nur einen Bischof haben und die gesamte Hierarchie beseitigt werden. Der König versprach, alles zu tun, was sich mit der »königlichen Würde der Krone vertrug«. Berichte über die darauf folgenden Momente sind so durch die Leidenschaften jener Zeit verfärbt, daß die Szene für immer im dunkeln bleiben wird. Anscheinend provozierte Tyler einen Streit mit einem Knappen im Gefolge des Königs, zog den Dolch und wurde selbst blitzschnell von dem kurzen Schwert des Bürgermeisters von London, William Walworth, niedergemacht.

Es war eine Szene wilder Verwirrung und Hektik. Die Bauern griffen zu ihren Bogen, einige Pfeile flogen. Mit außerordentlicher Kaltblütigkeit befahl Richard seinem Gefolge zurückzubleiben und ritt alleine vorwärts. »Sirs, was wollt ihr?« rief er die Bauern an. »Ich bin euer Führer. Ich bin euer König. Beruhigt euch.« Während er mit ihnen sprach, ritt Knollys' Truppe heran und umzingelte mit gezogenen Waffen und geschlossenen Visieren das Lager. Verstört und führungslos, ließen sich die Bauern einschüchtern; der Anblick von Wat Tylers Kopf auf einer langen Lanze führte zu ihrem vollständigen Zusammenbruch, ähnlich dem der Jacques nach dem Tod von Guillaume Cale.

Sie legten ihre Waffen nieder und zogen mit der Zusicherung einer Amnestie nach Hause. Ihre Führer, darunter John Ball, wurden gehängt und die Erhebung in anderen Teilen Englands unterdrückt – in großer Brutalität, wenn auch nicht mit jenen wilden Massakern, die in Frankreich die Jacquerie getroffen hatten. Auch die englische Revolte war sehr schnell, innerhalb eines Monats, vorüber, besiegt mehr durch Betrug als durch Kampf. Die Amnestie, die der König verkündet hatte, wurde annulliert und die Freibriefe vom Parlament für nichtig erklärt, da sie unter Zwang erlassen worden seien. Einer Bauernabordnung aus Essex, die nach London gekommen war, um den König an sein Versprechen zu erinnern, die faktische Leibeigenschaft der unfreien Bauern zu beenden, antwortete Richard II.: »Leibeigene seid ihr, und Leibeigene sollt ihr bleiben.«

Die Vorstellungen der Autokraten hinken oft hinter ihrer Zeit her. Die ökonomische Entwicklung trieb die Leibeigenschaft schon seit langem ihrem Ende entgegen, und die Umwandlung in das Zinsbauerntum setzte sich fort, allen Unterdrückungsmaßnahmen zum Trotz, bis der unfreie Bauer praktisch verschwand. Ob der Bauernaufstand diesen Prozeß beschleunigte oder verlangsamte, bleibt dunkel, aber das direkte Ergebnis ermutigte die herrschende Klasse noch in ihrer gleichmütigen Selbstzufriedenheit, allen voran den König. Vielleicht durch seinen Erfolg geblendet, entwickelte Richard alle Instinkte eines absolutistischen Herrschers – mit einer Ausnahme: der Härte gegen seine Opponenten, und diesem Mangel sollte er später zum Opfer fallen. Das Militär sah keine Notwendigkeit für Verbesserungen; die Kirche versteifte sich gegen jede Reform. Von den Gleichheitsforderungen der Lollhardenpriester alarmiert, wandte sich die privilegierte Klasse gegen sie. In Gowers »Verderbtheiten des Zeitalters« griff der Dichter sie als Agitatoren einer Trennung von Kirche und Staat an, die von Satan in die Welt gesandt seien. Die Lollharden gingen in den Untergrund, und die protestantische Trennung von Rom war um lange Zeit aufgeschoben.

In diesen »Tagen des Zorns und der Qual, Tagen des Unheils und des Elends« erschien vielen der Aufstand der arbeitenden Menschen lediglich als eine Drangsal mehr unter vielen, eine Heimsuchung, die wie der Schwarze Tod den Zorn Gottes anzeigte. Selbst die französischen Überfälle an der englischen Küste konnten, wie der Mönch Walsingham vorschlug, als Zeichen Gottes gedeutet werden, der »die Menschen durch solche Schrecken zur Reue aufrief«. So gesehen vermittelten die Revolten keine politische Botschaft. »Der Mensch kann nie ändern«, notierte ein Tagebuchschreiber in Florenz zu dieser Zeit, »was Gott als Strafe für unsere Sünden verfügt.«

Welche Wirkung der Bauernaufstand in England auf die revolutionäre Stimmung auf dem Kontinent hatte, ist unsicher. Wie auch immer, der Krieg und sein begleitender Dämon, die Steuerlast, waren auch allein genug, die Unzufriedenheit zu nähren. Dennoch: Der Krieg muß auch eine andere Seite gehabt haben, die Arbeit gab und Geld unter die Leute brachte – unter Waffenschmiede, Kutscher, Getreidehändler, Bäcker, Pferdezüchter und hundert andere Berufe neben den Bogenschützen, Fußsoldaten und Dienstleistenden in der Armee. Die Zeitgenossen schweigen über das Thema des Krieges als ökonomische Antriebskraft, aber sie schreiben viel über die ungerechten Lasten, die der Arme zu tragen hatte. »Es sollte ein festes Prinzip sein«, schrieb Villani, »daß der Krieg nicht aus den Börsen der Armen bezahlt wird, sondern vielmehr von denen, die die Macht besitzen.«

Dies war kein Prinzip, das der Herzog von Anjou anzuerkennen bereit war, dessen rücksichtslose Jagd auf Geld eine neue Welle von Aufständen in Frankreich auslöste, die im Februar 1382 begannen. Sein Ziel, auf erblichem Weg die Krone von Neapel zu gewinnen, war gerade dadurch gefährdet, daß ein Rivale die Königin Johanna abgesetzt hatte. Gegen den Rat von Coucy, den er wiederum aus der Picardie herbeigerufen hatte, um seine Meinung zu hören, war Anjou versessen darauf, eine Armee nach Italien zu führen. Bei einem Zusammentreffen mit dem Vorsteher der Kaufleute und den wichtigsten Bürgern im Januar 1382 war es ihm irgendwie gelungen, ihnen neue Steuern auf Wein, Salz und andere Waren abzuringen. Aus Furcht vor der Reaktion des Volkes wurde die Besteuerung im geheimen erlassen und auch der oberste Einnehmer, ein Posten, um den sich viele bewarben, hinter verschlossenen Türen ausgewählt. Nicht weniger furchtsam, blieb auch der königliche Hof in Vincennes vor den Mauern der Stadt. Als die Händler und Reisenden die Nachricht von der neuen Steuer verbreiteten, wurde sie von einem einzigen Aufschrei wütenden Protests begrüßt, und spontane Erhebungen wüteten in Laon, Amiens, Reims, Orléans und Rouen in der sogenannten »Harelle«.

Als die Provinz mühsam wieder befriedet schien, erhob sich Paris. Bis dahin hatte es noch niemand gewagt, die neue Steuer in der Öffentlichkeit zu verkünden. Schließlich ritt ein Herold, dem man eine Sonderbelohnung in Aussicht gestellt hatte, auf den Marktplatz und setzte zunächst, um die Aufmerksamkeit des Volkes zu gewinnen, eine Belohnung auf die Wiederbeschaffung einer Goldrüstung aus, die aus dem Palast gestohlen worden war. Dann schrie er die Nachricht von der neuen Steuererhebung hinaus, gab seinem Pferd die Sporen und preschte davon. Als die Neuigkeit sich in den Straßen verbreitete, sammelten sich die Menschen in wütenden Gruppen, schworen »schreckliche Eide«, niemals zu zahlen, und planten den Widerstand. Unter den festgenommenen Agitatoren fanden sich Träger, Kerzenmacher, Kesselflicker, Kuchenbäcker und Scherenschleifer – die kleinen Händler, Handwerker und Dienstleistenden von Paris. Am nächsten Morgen, dem 1. März, verlangte ein Steuereinnehmer Zahlung von einer Marktfrau, die Wasserkresse verkaufte. Die Marktleute von Les Halles stürzten sich auf ihn und erschlugen ihn.

Augenblicklich war Paris in Aufruhr. Männer liefen durch die *quartiers* und riefen ihre Nachbarn auf, sich »für die Freiheit des Landes« zu bewaffnen. »Wenn ihr nicht mit uns zu den Waffen greift«, schrie einer, »erschlagen wir euch in euren eigenen Häusern!« Dann drang die Menge »in einem schrecklichen Tumult« in das Hôtel de Ville am Place de Grève ein, wo sie die dreitausend langstieligen Hämmer, die normalerweise von der Polizei benutzt wurden, an sich nahmen und verteilten. Mit einem zylindrischen Kopf aus Blei versehen und mit beiden Händen zu führen, waren diese Waffen ursprünglich von Hugues Aubriot für den Kampf gegen die Engländer hergestellt worden. Sie gaben nun den Aufständischen den Namen: die Maillotins.

So bewaffnet verbreiteten sie besonderen Schrecken. Während sie mit einem wüsten Beutezug durch das ganze rechte Seineufer beschäftigt waren, luden die Adligen, Prälaten und Beamten in aller Eile ihre wertvollsten Güter auf Pferdewagen und flohen nach Vincennes. Zu spät schlossen die Maillotins die Tore, legten Ketten über die Straßen und stellten Wachen auf, um den Exodus der Reichen zu verhindern. Sie machten vorrangig Jagd auf alle, die irgendwie mit Steuern zu tun hatten, drangen sogar in Kirchen ein, um Notare, Juristen und Steuereinnehmer aus dem Asyl wegzuschleppen, einen rissen sie vom Altar von St. Jacques, wo er sich in seinem Schrecken an eine Statue der Heiligen Jungfrau geklammert hatte, und schnitten ihm die Kehle durch.

Überall wurden Dokumente verbrannt, und das jüdische Viertel war wie immer ein bevorzugtes Opfer von Plünderungen. »Konvertier oder wir töten dich!« befahlen sie einer jüdischen Frau. »Sie sagte, sie wolle lieber sterben«, berichtete ein Augenzeuge, »also erschlugen sie sie und raubten sie aus.« Die Juden suchten wieder Schutz im Châtelet, aber dieses Mal wurden sie von der Wache zurückgewiesen, die die Vergeltung der Maillotins fürchtete. Von den rund dreißig Personen, die am ersten Tag der Unruhen umgebracht wurden, war die Hälfte Juden.

Die bürgerliche Oberschicht verfolgte zwei Ziele: Sie wollte die Aufständischen unter Kontrolle halten und zugleich den Aufstand nutzen, um der Krone Konzessionen abzuringen. Sie mobilisierte hastig eine Miliz, um sowohl den Rebellen als auch einer bewaffneten Intervention des Königs Widerstand zu leisten. Abteilungen wurden an den wichtigen Kreuzungen stationiert und Kundschafter auf die Kirchtürme gesetzt, um Truppenbewegungen frühzeitig melden zu können. »Sie waren bald so stark«, schrieb Buonaccorso Pitti, ein florentinischer Bankier in Paris, »daß die Maillotins ihnen gehorchten.« Auf die Weise waren die Bürger in der Lage, die bewaffneten Rebellen für ihren eigenen Kampf gegen die Krone einzusetzen.

Die schnelle zeitliche Aufeinanderfolge der Unruhen in der Provinz und Paris vertiefte noch den historisch wahrscheinlich unbegründeten Verdacht der Herrschenden, daß die Aufstände durch eine weitverbreitete Konspiration gesteuert wurden. Der Hof entschied, zu verhandeln. Enguerrand de Coucy, bekannt für sein Geschick und seine Überredungsgabe, wurde mit dem Herzog von Burgund und dem Kanzler zur Porte St. Antoine entsandt, um die Forderungen der Aufständischen anzuhören. Jean de Marès trat als Vermittler auf. Die Pariser bestanden auf einer Aufhebung aller Steuern, die seit der Krönung erlassen worden waren, sowie einer Amnestie für alle Beteiligten und der Entlassung von vier Bürgern, die aufgrund ihres Protestes gegen die Steuer des Herzogs von Anjou verhaftet worden waren. Die königlichen Unterhändler gestanden als Geste des guten Willens die Freilassung der vier Bürger sofort zu – mit widersprüchlichem Ergebnis. Ohne das Weitere abzuwarten, stürmte der Mob das Châtelet und die anderen Gefängnisse, öffnete alle Kerker und Zellen und brachte Gefangene ans Tageslicht, die so abgemagert oder gebrochen waren, daß sie in das Krankenhaus Hôtel Dieu getragen werden mußten. Alle Akten über Gerichtsverfahren und Urteile gingen auf großen Freudenfeuern in Flammen auf.

Die Bürger hatten es eilig, zu einer Lösung zu kommen, denn sie fürchteten, daß »die heiße Unbesonnenheit der untersten Leute zur Zerstörung der Männer von Substanz werden könnte«. Bereit, jedes Mittel einzusetzen, um in Paris die Ordnung wiederherzustellen, stimmte die Krone allen Forderungen zu, außer der Amnestie für jene, die in das Châtelet eingedrungen waren. Aber die Absicht hinter dieser Nachgiebigkeit war nicht weniger betrügerisch als das

Auftreten Richards II. gegenüber den englischen Bauern. Als sie die königlichen Briefe zur Bestätigung der Übereinkommen erhielten, bemerkten die bürgerlichen Führer sofort, daß die Ausdrucksweise, mit der die Amnestie gewährt wurde, doppeldeutig war. Überdies war das Dokument nicht aus Seide und mit grünem Wachs versiegelt, sondern aus Pergament und mit rotem Wachs, was geringeren Rang und Widerrufbarkeit andeutete.

Trotz des Zorns des Volkes über diese Manöver wurde der Hof nun härter. Berichte aus anderen Städten hatten ergeben, daß es keine Absprachen gab, sondern daß die Aufstände unabhängig voneinander ausgebrochen waren. Starke Truppenkontingente sammelten sich in Vincennes, und in Paris stieg die Angst vor Bestrafung. Es gelang dem Hof, die Führer der Stadt so weit einzuschüchtern, daß sie vierzig »Rädelsführer« des Aufstands auslieferten, von denen zur Empörung des Volkes vierzehn öffentlich hingerichtet wurden. Andere wurden der Chronik des Mönchs von St. Denis zufolge auf königlichen Befehl insgeheim im Fluß ertränkt. Mit wachsendem Selbstbewußtsein schickten die Herzöge den König nach Rouen, um dort Strafgericht zu halten. In flagranter Verletzung der versprochenen Anmestie wurden zwölf der Führer des Aufstands in Rouen hingerichtet, die Sturmglocke abgenommen, die Ketten, mit denen die Straßen gesperrt werden konnten, beseitigt, Geldbußen auferlegt und die Stadtrechte von Rouen widerrufen. Die Verwaltung der Stadt übernahm ein königlicher Vogt. Durch dieses Exempel eingeschüchtert, sprachen sich die Stände der Normandie für eine Verkaufs-, Einkommens- und Salzsteuer aus. Im Zuge der Unterdrückung der Aufstände fand die Krone zugleich Gelegenheit, ihre Schatzkammer zu füllen und, was bedeutender war, Stadtrechte für nichtig zu erklären und so die königliche Macht auszudehnen.

Der Zorn von Paris allerdings war noch lange nicht unterdrückt, und gefährliche Ereignisse in Gent gaben der Furcht vor einem allgemeinen Aufstand neue Nahrung. Der Kampfruf der Solidarität »*Vive Gant, Vive Paris no' mere!*« erscholl in allen Städten von der flämischen Grenze bis an die Loire.

In Gent waren die »Weißen Kapuzen« aus den Tagen des Jakob van Artevelde wieder aufgetaucht. Eine Volksmiliz wurde zusammengestellt, und ihr Führer war Arteveldes Sohn Philipp, ein kleiner, scharfäugiger Mann von aggressiver Energie und »einschmeichelnder Eloquenz«, der vor allem aufgrund der Aura, die seinen Namen umgab, gewählt worden war. Es gelang Philipp, die chronisch zerstrittenen Stände der belagerten Stadt erstmals gegen den Grafen von Flandern zusammenzuschließen. Aber auch der flämische Adel und die städtischen Magnaten stellten sich nun angesichts dieser wahrhaft revolutionären Bedrohung geschlossen hinter den Grafen.

Vom Hunger zermürbt, stimmte Gent im April 1382 Verhandlungen zu. Der Graf, der sich nun seiner Sache sicher wähnte, forderte, daß alle Genter zwischen fünfzehn und sechzig barhäuptig und im Hemd mit einem Strick um den Hals den halben Weg nach Brügge wandern sollten, wo er bestimmen wollte, wie viele der Einwohner begnadigt und wie viele hingerichtet werden sollten. Als ihnen diese Bedingungen mitgeteilt wurden, standen die Genter bei ihrer Versammlung auf dem Marktplatz vor der Entscheidung zwischen drei Möglichkeiten – sich zu unterwerfen, zu verhungern oder anzugreifen. Man wählte die dritte: Eine Armee von fünftausend der besten Krieger von Gent bahnte sich ihren Weg nach Brügge, dem Hauptquartier der gräflichen Partei. Das Ergebnis war einer der aufsehenerregendsten Überraschungssiege des Jahrhunderts.

Die Miliz von Brügge, nicht weniger siegesgewiß als der Graf selbst, trank und feierte die Nacht hindurch und stolperte am nächsten Morgen, dem 5. Mai, brüllend und singend vor die Tore der Stadt. Vergeblich versuchten der Graf und seine Ritter, sie zurückzuhalten und ein geordnetes Vorrücken durchzusetzen. Eine Salve von Stein- und Eisenkanonenkugeln, gefolgt von einem Angriff der Genter, mähte sie nieder. Die panische Flucht schwemmte die flämischen Ritter mit davon. Louis de Male, der Graf, stürzte vom Pferd und entging bei seinen Versuchen, seine Truppen in der Nacht bei Laternenlicht zu sammeln, nur dadurch der Gefangennahme, daß er die Kleidung mit seinem Diener tauschte. Er entkam zu Fuß und verbarg sich in der Hütte einer armen Frau. »Kennst du mich?« fragte er sie. »O ja, Monseigneur, ich habe oft an Eurer Tür gebettelt.« Von einem seiner Ritter aufgefunden, mußte er mit einem ungesattelten Bauernpferd vorliebnehmen und ritt so nach Lille, eine weit weniger glückliche Reise als jene vor langer Zeit, als er so entschlossen vor der Heirat mit Isabella davongaloppiert war.

Gent bekam nun Nachschub und Unterstützung von anderen Städten unter dem Schlachtruf »*Tout un!* (Alle eins!)«. Nachdem er Brügge besetzt und fünfhundert seiner vornehmsten Bürger als Geiseln genommen hatte, erklärte sich Philipp van Artevelde selbst zum Regenten von Flandern. Alle Städte unterwarfen sich seiner Herrschaft, »und er ernannte dort neue Bürgermeister, Stadträte und erließ neue Gesetze«. Er übernahm alle Attribute der Adelsherrschaft: Trompeten kündigten sein Kommen an, ein Banner, das drei Silberhüte zeigte, wurde vor ihm hergetragen, und Spielleute sangen an seiner Tür. Er kleidete sich in Purpur und speiste vom Silber des Grafen, das ihm als Beute zugefallen war.

Wiederum wie in den Zeiten seines Vaters stießen die Interessen Frankreichs und Englands in Flandern zusammen. Louis de Male appellierte an die Franzosen, insbesondere an seinen Erben und Schwiegersohn, den Herzog von Burgund, ihm zur Hilfe zu kommen. Artevelde bot den Engländern ein Bündnis an. Das englische Unterhaus war im Interesse des Wollhandels dafür, auch weil die Flamen wie sie selbst im Schisma auf der Seite Urbans standen. Papst Urban selbst erklärte jede Expedition zugunsten der flämischen

Städte zu einem Kreuzzug, was hieß, daß klerikales Einkommen für die Kosten in Anspruch genommen werden konnte. Trotz dieser Vorteile zögerte der englische Adel, sich mit Rebellen zu verbinden, und während er noch schwankte, ging die Gelegenheit vorüber.

Im April war der Herzog von Anjou nach Italien aufgebrochen, nachdem es ihm auf ungeklärte Weise gelungen war, genug Geld zusammenzutragen, um neuntausend Mann auszuheben und sie auszurüsten. Seine Zelte und seine persönliche Ausstattung war »die luxuriöseste, die ein Herr jemals sein eigen nannte«. Die Krone hatte weniger Glück mit einer neuerlichen Forderung auf Geld von Paris. Der König hielt sich zu dieser Zeit in Meaux an der Marne auf. Wiederum wurde Coucy als Unterhändler entsandt, um mit den Parisern zu sprechen, denn »er konnte besser mit ihnen umgehen als jeder andere«.

Von niemandem begleitet als den Mitgliedern seines Haushaltes, betrat Coucy die feindliche Stadt, wo er anscheinend gut angesehen war und freundlich aufgenommen wurde. Er ging zunächst in seine eigene Residenz, das kürzlich angekaufte *Hôtel Cloître St. Jean* in der Nachbarschaft der Place de Grève. Dort rief er die bürgerlichen Führer zusammen und tadelte sie »vorsichtig und mit Weisheit« um die Bösartigkeit, mit der sie Beamte des Königs getötet und seine Gefängnisse aufgebrochen hätten. Dafür könnte der König sie teuer bezahlen lassen, wenn er wollte, aber er hatte nicht den Wunsch, dies zu tun, da er Paris als die Stätte seiner Geburt liebte und er die Hauptstadt seines Reiches »und seine ihm wohlgesonnenen Einwohner nicht zerstören wollte«. Coucy sagte, er sei gekommen, dem Streit zwischen den Bürgern und ihrem Herrscher ein Ende zu machen, und versprach, in den König und die Herzöge zu dringen, »die Bürger großmütig für ihre bösen Taten zu begnadigen«.

Diese antworteten, daß sie nicht den Wunsch hätten, gegen den König Krieg zu führen, daß aber die Steuern aufgehoben werden müßten, zumindest was Paris betraf. Wenn sie von Steuern freiblieben, würden sie dem König »in jeder Weise« zur Seite stehen. Coucy griff das sofort auf und fragte: »In welcher Weise?« Sie sagten, sie würden in die Hand eines ausgewählten Empfängers jede Woche eine bestimmte Summe zum Unterhalt von Soldaten zahlen. Als Coucy fragte, wieviel sie zahlen würden, erwiderten sie: »Die Summe, auf die wir uns einigen können.«

Coucy gelang es ohne Schwierigkeiten, sie durch »schöne Reden« auf ein anfängliches Angebot von 12 000 Franken festzulegen, das als Gegenleistung für eine Amnestie aufgefaßt wurde. Dies wurde vom König akzeptiert, aber die Bedingungen, unter denen er nach Paris zurückkommen wollte, bezeugten die Nervosität des Hofes: Das Volk von Paris sollte die Waffen niederlegen, die Sperrketten der Straßen sollten nachts nicht geschlossen werden, solange der König in der Stadt war, und sechs oder sieben vornehme Bürger sollten als Geiseln nach Meaux geschickt werden. Als die Bedingungen der Bürgerversammlung von Paris vorgelegt wurden, wiesen die Maillotins sie zornig zurück und forderten mit Flüchen und Drohungen die Kaufleute auf, sich ihnen anzuschließen. Mit großem Widerwillen brachten sechs Bürger die Ablehnung nach Meaux – sie ständen, sagten sie dem Hofe, unter dem Druck der großen Wut des Volkes.

Jetzt entschied sich die Regierung, Gewalt zu gebrauchen. Reiterabteilungen wurden entsandt, die stromaufwärts gelegenen Brücken zu besetzen, um die Lebensmittellieferungen an die Stadt zu unterbinden, andere Truppen wurden auf die *faubourgs*, die Dörfer vor der Stadt, losgelassen und richteten solche Verwüstungen an »wie ein Feind in Feindesland«. In Vorbereitung des Angriffs auf die Stadt selbst sammelten die Adligen bereits Wagen, »um Beutegut wegschaffen zu können, falls sich diese Gelegenheit ergeben sollte«. Die Pariser brachten die Straßenketten an, verteilten Waffen und stellten Wachen auf die Mauern.

Gemäßigte Kräfte auf beiden Seiten – bei Hofe geführt von Coucy und in der Stadt von Jean de Marès – arbeiteten immer noch auf eine Einigung hin. Ihre kombinierte Redegewandtheit und ihr Einfluß gewannen schließlich das Einverständnis des Volkes zu einer Steuer von 80 000 Franken, die von bürgerlichen Delegierten selbst eingezogen und direkt an die Truppen – ohne Intervention der königlichen Onkel oder Schatzmeister – gezahlt werden sollten. Im Gegengeschäft wurde Paris eine Generalamnestie zugesprochen, der Bevölkerung vom König schriftlich garantiert, daß die Hilfszahlung nicht als Präzedenzfall für weitere Steuern angesehen werden würde und daß er selbst den Parisern nichts nachtrug. Wenn es noch so etwas wie Vertrauen zur Monarchie und zu einer königlichen Amnestie gab, dann deshalb, weil die Salbung des Königs ein sakramentaler Akt war und auch, weil es im Volk das verzweifelte Bedürfnis gab, im König – im Gegensatz zum Adel – den Beschützer des Volkes zu sehen.

In diesem Augenblick verbreitete sich die Nachricht von Gents alarmierendem Sieg über den Grafen von Flandern, erschreckte die besitzende Klasse und gab dem Hof einen Grund mehr, sich schleunigst mit den Parisern zu einigen. Da der Herzog von Anjou nach Italien marschiert war und der Herzog von Berry als Gouverneur in Languedoc weilte, kontrollierte nun der Herzog von Burgund die Regierung, und seine beherrschende Absicht war es, französische Truppen nach Flandern zu entsenden, um seinen Erbanspruch auf den gräflichen Thron dort zu sichern. Der Frieden mit Paris wurde in aller Eile geschlossen.

In all den Aufständen sah die besitzende Klasse die wachsende Drohung allgemeiner Subversion. Man berichtete, daß die Aufständischen von Béziers in Languedoc geplant hätten, alle Bürger, die mehr als 100 Pfund ihr eigen nannten, zu ermorden, daß vierzig von ihnen gar vorgehabt hätten, die eigenen

Frauen umzubringen, um die schönsten und reichsten Witwen ihrer Opfer heiraten zu können. Die englischen Bauern erschienen einem Chronisten »wie tolle Hunde ... wie Bacchanten, die durchs Land tanzten«. Die Ciompi waren »Lümmel, Bösewichter, Diebe ... nutzlose Männer niedrigster Gesinnung ... dreckig und schäbig«, und die Maillotins sah man als ihre Brüder an. Den Webern von Gent sagte man nach, daß sie die Absicht hätten, alle guten Menschen bis hinunter zum Alter von sechs Jahren auszurotten.

Die Quelle aller umstürzlerischen Machenschaften, das Zentrum der Gefahr, war für die Zeitgenossen Gent.

Die Franzosen wußten, wieviel von ihrer Offensive in Flandern abhing, und sie bereiteten sich gewissenhaft vor. Die Rebellion der unteren Klassen gegen die oberen, die Gefahr einer englischen Allianz mit Artevelde, die Verbindung der Flamen mit der urbanistischen Seite des Schismas – all dies überlagerte den Kampf zwischen Gent und dem Grafen von Flandern. Coucy war unter den ersten, die der Armee zugeordnet wurden, und er schloß sich der Streitmacht mit drei Bannerrittern, zehn Rittern, siebenunddreißig Knappen und zehn Bogenschützen an. Sein Vetter Bastard de Coucy, der Sohn seines Onkels Aubert, war sein Stellvertreter, obwohl er nur als Knappe in den Listen auftaucht. Es dauerte – auch aufgrund der widerwilligen, mürrischen Stimmung im Lande – sechs Monate, bis eine gutausgerüstete und ausreichende Streitmacht aufgestellt war, und es wurde November, bevor sie abmarschieren konnte. Viele waren dagegen, den Feldzug am Rande des Winters zu beginnen, aber der Zwang, den Engländern zuvorkommen zu müssen, trieb das Unternehmen durch Tage des Regens und eisiger Kälte voran.

Die Armee, deren Stärke in wilden Abweichungen mit Zahlen bis zu fünfzigtausend angegeben wurde, zählte wahrscheinlich ungefähr zwölftausend Mann – groß genug, um Fußsoldaten damit zu beschäftigen, durch das Niederreißen von Hecken und Hindernissen den Marschweg zu erweitern. Der König, jetzt vierzehn Jahre alt, ritt mit der Armee. Begleitet wurde er von seinen Onkeln aus Burgund, Bourbon und Berry und den vornehmsten Herren Frankreichs: Clisson, Sancerre, Coucy, Admiral de Vienne, den Grafen de la Marche, d'Eu, Blois, Harcourt und vielen anderen bedeutenden Seigneurs und Knappen. Die scharlachrote Oriflamme, die nur bei großen Unternehmungen gegen die Ungläubigen getragen wurde, flatterte zum erstenmal seit Poitiers über dem Heer, um den Charakter des heiligen Krieges zu betonen – was etwas dadurch beeinträchtigt wurde, daß sowohl der Feind als auch des Königs Verbündeter, der Graf von Flandern, Anhänger Urbans waren. Der Graf war in jedem Fall bei den Franzosen wegen seiner früheren Absprachen mit den Engländern nicht sehr populär und wurde den ganzen Feldzug hindurch sehr kalt behandelt.

Der Zug der Armee war ein Marsch durch feindlich gesonnenes Land, und dies schon in Frankreich. Die Städte sympathisierten mit Gent und verweigerten oder beschränkten die Lebensmittellieferungen ebenso wie finanzielle Hilfszahlungen. Der Herzog von Burgund, manchmal sogar der König, wurden öffentlich beschimpft. In Paris schworen die Maillotins bei ihren Hämmern, den Steuereinnehmern gemeinschaftlich Widerstand zu leisten. Sie begannen, bei Nacht Helme und Waffen zu schmieden, und planten, den Louvre und die großen *hôtels* von Paris zu besetzen, damit sie nicht als strategische Positionen gegen sie benutzt werden konnten. Sie wurden indessen durch den Rat des Nicolas de Flament, eines Tuchhändlers, zurückgehalten, der sich dafür aussprach, zunächst abzuwarten, ob die Männer von Gent sich gegen die französische Armee durchsetzen konnten. Dann wäre der rechte Augenblick gekommen. Zur selben Zeit erhoben sich die Gemeinen in Orléans, Blois, Châlons, Reims und Rouen in so wilder Form, daß ein Chronist schrieb, »der Teufel« sei »in ihre Köpfe gedrungen, daß sie alle Edelmänner erschlagen wollten«.

Als die königliche Armee die Leie an der flämischen Grenze erreichte, fand sie die Brücke zerstört vor. Alle Boote waren fortgeführt worden. Die Flußufer waren moorig und aufgeweicht; neunhundert Flamen warteten auf der anderen Seite unter dem Kommando von Arteveldes Leutnant, Peter van den Bossche, mit der blanken Streitaxt in der Hand. Coucy hatte geraten, weiter östlich bei Tournai überzusetzen, um aus Hainault Nachschub beziehen zu können, aber Clisson hatte auf der direkteren Route bestanden und bereute nun bitter, nicht auf Coucy gehört zu haben.

Während Fourageure ausgesandt wurden, um Holzstämme und Zaunlatten zur Reparatur der Brücke herbeizuschaffen, fand eine Gruppe von Rittern drei gesunkene Boote. Sie hievten sie herauf und verbanden sie an einer Stelle, die von den Flamen nicht einzusehen war, durch lange Taue mit beiden Flußufern. Auf diese Art ließ sich eine abenteuerlustige Gruppe von Rittern und Knappen übersetzen, während die Hauptstreitmacht die Flamen durch Armbrustfeuer und »Bombards«, kleine, tragbare Kanonen ablenkte. In ständiger Furcht, entdeckt zu werden, aber darauf erpicht, »sich den Ruf entschlossener und tapferer Ritter zu erwerben«, setzten die Abenteurer, geführt von Marschall Sancerre, ihre Überfahrten fort, bis vierhundert Mann das andere Ufer erreicht hatten. Keinem Diener oder Fußsoldaten war es erlaubt, an der Expedition teilzunehmen.

Entschlossen, sofort zum Angriff überzugehen, schnallten sie ihre Rüstung an, erhoben ihre Banner und marschierten in Schlachtposition aufs freie Feld hinaus – zum Entsetzen des Constable am anderen Ufer, dessen »Blut aus Angst um sie zu erzittern begann«. »Ah, bei St. Ives, beim heiligen Georg, bei der Jungfrau, was sehe ich dort drüben? Ha, Rohan! Ha, Beaumanoir! Ha, Rochefort, Malestroit, Lavalle«, rief Clisson aus, während er jedes Banner beim Namen nannte. »Was sehe ich? Ich sehe die Blüte unserer Armee an

Zahl unterlegen! Wäre ich doch lieber gestorben, als dies sehen zu müssen. ... Wozu bin ich Constable von Frankreich, wenn ihr euch, ohne meinen Rat einzuholen, in dieses Abenteuer stürzt? Wenn ihr unterliegt, wird man mir die Schuld daran geben, und es wird heißen, ich hätte euch dort hinübergeschickt.« Er ordnete an, daß ab sofort alle, die dies wünschten, sich den Männern auf der anderen Seite anschließen dürften, und trieb in großer Hektik die Arbeiten zur Wiederherstellung der Brücke voran. Da die Dämmerung hereinbrach, erlaubte der flämische Kommandeur seinen Leuten nicht, anzugreifen, und die Franzosen ließen aus demselben Grund halten. Ungeschützt gegen den kalten Wind, die Füße im Morast, standen sie da, und der Regen lief von ihren Helmen herab. Die ganze Nacht blieben sie in ihren Rüstungen, die Angst vor einem Angriff hielt sie und ihren Kampfgeist wach.

Beim ersten Tageslicht rückten beide Seiten vor. Die Franzosen ließen auch manchen Kampfruf von Rittern ertönen, die nicht in ihren Reihen waren, um eine größere Zahl vorzutäuschen. Wiederum litt Clisson ungehemmt alle Qualen der Angst, beklagte lautstark, daß er nicht seine ganze Armee hinüberbringen konnte. Auf der anderen Seite prallten die beiden Streitkräfte zusammen. In dem Gefecht entschied die größere Reichweite der langen, mit Bordeauxstahl gehärteten französischen Lanzen das Gefecht gegen die kürzeren flämischen Waffen. Peter van den Bossche wurde niedergeschlagen, am Kopf und an der Schulter verwundet, konnte aber in Sicherheit geschafft werden. Während die Flamen verzweifelt kämpften und die Glocken der Dorfkirche läuteten, um Verstärkung herbeizurufen, vollendeten die Franzosen die Reparatur der Brücke, und Clissons Streitmacht donnerte hinüber, warf die Verteidiger zurück und eroberte Comines am anderen Ufer. Die Flamen wurden durch die Straßen gejagt und erschlagen. Kurze Zeit später schon schwärmten die Plünderer aus und fanden reichlich Beute in einem Land, das sich ganz auf den Schutz der Leie verlassen hatte. Die Flamen hatten weder ihren Besitz noch ihr Vieh in den Schutz der befestigten Städte gebracht.

Als der König in Comines einritt, setzten die wohlhabenden Bürger von Ypern und den benachbarten Städten die Gouverneure Arteveldes ab und schickten Delegierte mit Kapitulationsschreiben zu den Franzosen. Auf den Knien boten zwölf reiche Bürger von Ypern Karl VI. die Stadt als dauernden Besitz an, wenn er sie friedlich besetzen ließ. Karl akzeptierte gnädig für einen Preis von 40 000 Franken, der ihm auf der Stelle versprochen wurde. Malin, Cassel und Dünkirchen sowie neun andere Städte folgten dem Beispiel mit der Zahlung von 60 000 Franken. Obwohl die Bedingungen der Kapitulation diese Städte eigentlich von Plünderungen freihalten sollten, waren die Bretonen nicht zurückzuhalten. Da sie sich nicht mit Pelzen, Stoffen und Gefäßen belasten wollten, verkauften sie ihre Beute billig an das Volk von Lille und Tournai, »begierig nur auf Gold und Silber«. Das Geschäft folgte dem Krieg auf den Fersen wie eine Hyäne.

Fünfzig Meilen weiter nördlich, in Gent, rief Philipp van Artevelde aus der Umgebung der Stadt jeden Mann zu den Waffen, der irgend kampffähig erschien. Er versprach dem Volk von Gent, den französischen König zu besiegen und die Unabhängigkeit Flanderns zu erkämpfen. Seine Gesandten hatten seit Monaten England gedrängt, in den Krieg einzutreten, aber obwohl ein Bote mit einem Vertragsangebot zurückgekehrt war, folgten ihm keine Schiffe, die Soldaten trugen. Dennoch, Artevelde hatte einen Verbündeten: Der Winter kam. Wenn er sich in Gent verschanzt hätte und in der Defensive geblieben wäre, hätte er es dem Winter und dem Mangel an Lebensmitteln überlassen können, die Eindringlinge zu besiegen. Aber ein drohender Aufstand der Partei des Grafen, der Brügge den Franzosen in die Hände gespielt hätte, zwang Artevelde zum Handeln, obwohl er immer noch die vornehmsten Bürger von Brügge als Geiseln hielt. Vielleicht war es auch Überheblichkeit und nicht Furcht, was ihn antrieb; vielleicht hatte er sich einfach verrechnet.

Er stellte eine schlagkräftige Truppe von »vierzigtausend« bis »fünfzigtausend« Flamen (in Wirklichkeit wohl unter zwanzigtausend) auf, die mit Keulen und langen Stangen mit einer Eisenspitze und Messern bewaffnet waren. Sie trugen eiserne Kappen auf den Köpfen und wurden angeführt von der neuntausend Mann starken Genter Abteilung, auf die sich Artevelde in erster Linie stützte. Unter den Bannern der Städte marschierten sie nach Süden, um den Feind zu stellen. Kundschafter meldeten den Franzosen die heranziehende Streitmacht. Clisson ließ seine Armee zwischen einem Hügel und der Stadt Roosebeke Stellung beziehen, wenige Meilen von Passchendaele entfernt, wo einige Jahrhunderte später – 1916 – ein weiteres Blutvergießen stattfinden sollte. Die Franzosen zwangen Louis de Male, den Grafen von Flandern, seine Truppe aus dem Gefecht herauszuhalten, da er ein Urbanist war und sie nicht neben einem Ketzer und Schismatiker kämpfen wollten. In Kälte und Regen erwartete die Armee des Königs ungeduldig die Schlacht, »denn es verursachte ihnen großes Unbehagen, bei solchem Wetter draußen zu sein«.

Beim letzten Kriegsrat am Vorabend des Gefechts war es zu einer außerordentlichen Entscheidung gekommen: Clisson sollte sein Amt für einen Tag abgeben, um in der Nähe des Königs bleiben zu können, und sollte durch Coucy als Constable ersetzt werden. Sehr aufgeregt und mit dem Argument, die Truppe würde ihn für einen Feigling halten, versuchte Clisson, den König umzustimmen. Der verwirrte Junge stimmte schließlich nach langem Schweigen zu, »denn Ihr seid in dieser Sache weitsichtiger als ich oder die, die es zuerst vorschlugen«.

Die Chroniken schweigen darüber, was diesem Vorschlag zugrunde gelegen haben mag; der einzige Hinweis ist Clissons Anfall von Angst an der Leie. Für einen Mann, der, ohne mit der Wimper zu zucken, fünfzehn Köpfe abgeschlagen hatte, war dies ein ungewöhnliches Anzeichen von Nervosität, und das mag seine ebenso nervösen Kampfgenossen bewogen haben, mitten im

Strom die Pferde zu wechseln und ihrem Wunsch nach einem neuen Constable Ausdruck zu geben. Sieg oder Niederlage im Kampf mit anderen Rittern konnte nichts Grundlegendes ändern, aber dieser Feldzug war etwas anderes, hier sahen die Adligen ihren Stand selbst herausgefordert. Diese Auffassung spiegelt auch Froissart in den vielen Variationen seiner Feststellung wider, daß, wenn der französische König und das »edle Rittertum« in Flandern unterlagen, alle Adligen in Frankreich »tot und verloren« wären und daß »die Gemeinen in verschiedenen Ländern aufstehen würden, um den ganzen Adel zu vernichten«.

Nun, am Vorabend der Schlacht, neigte Artevelde zur Defensive und riet dazu, in günstiger Stellung auf den Feind zu warten. Er hatte ein vorteilhaftes Gelände ausgesucht und stand mit seinen Truppen auf einem Hügel. Die Franzosen in ihrer Ungeduld und Kampflust würden, glaubte er, auch getrieben durch das schlechte Wetter, den Angriff wagen oder sogar umkehren. Aber er wurde von Männern überstimmt, die noch voller Stolz über den Sieg im Kampf mit dem Grafen von Flandern waren und das Gefecht herbeisehnten. Artevelde unterwarf sich ihrer Entscheidung und befahl der Armee, keine Gefangenen zu machen außer dem König, »denn er ist nur ein Kind, das so handelt, wie man es ihm befohlen hat. Wir werden ihn nach Gent bringen und ihn die flämische Sprache lehren.« Was die Taktik anging, so befahl er seinen Soldaten, immer in kompakten Gruppen zusammenzubleiben, »so daß ihr nicht auseinanderzureißen seid«. Sie sollten zunächst den Feind durch schweres Feuer der Armbrüste und Bombarden erschüttern und dann untergehakt und Schulter an Schulter die französischen Linien durch das Gewicht und den Schwung ihrer Reihen eindrücken. In der spannungsgeladenen Nacht vor der Schlacht berichteten flämische Wachen von Rufen und Waffenlärm aus dem französischen Lager, als bereitete der Feind einen Nachtangriff vor. Andere meinten, »die Teufel der Hölle liefen und tanzten auf dem Feld umher, auf dem der Kampf stattfinden sollte, von dem sie so große Beute erwarteten«.

Am Morgen des 29. November 1382 rückten die zwei feindlichen Hälften der Gesellschaft des Mittelalters durch einen Nebel, »der so dick war fast wie die Nacht«, gegeneinander vor. Die Franzosen hielten ihre Pferde hinter den Linien und gingen zu Fuß vor, gegen alle Gewohnheit schweigend, ohne Schlachtrufe, alle Augen auf die dunkle Masse vor ihnen gerichtet. Die Flamen, die mit aufgerichteten Lanzen und Stöcken den Hügel herabkamen, erschienen wie ein wandernder Wald. Sie eröffneten das Gefecht mit einem massiven Feuer ihrer Armbrüste und Bombarden und griffen dann mit gesenkten Stangen und Stöcken und mit der Kraft »wütender Keiler« an. Der französische Schlachtplan sah vor, daß das Bataillon des Königs unter dem Befehl des Constable das Zentrum halten sollte, während zwei stärkere Flügel – von denen einer vom Herzog von Bourbon und von Coucy befehligt wurde –

den Feind von beiden Seiten einschließen sollten. Unter der Wucht der flämischen Attacke aber wich das französische Zentrum zurück, und in dem Tumult wurde das Bourbon-Coucy-Bataillon blockiert.

»Seht, guter Vetter«, rief Bourbon (wie sein zeitgenössischer Biograph berichtet), »wir können nicht vorrücken, um den Feind anzugreifen, es sei denn durch die Reihen unseres Constable hindurch.« »Monseigneur, Ihr sagt die Wahrheit«, antwortete Coucy, dem hier zugeschrieben wird, auf der Stelle einen neuen Schlachtplan entworfen zu haben. »Und es scheint mir, daß wir als ein Flügel des Bataillons des Königs den Hügel nehmen und, wenn es Gott gefällt, einen wackeren Kampf liefern sollten.«

»Lieber Vetter, das ist guter Rat«, stimmte Bourbon zu, und so marschierten sie den Hügel hinauf – die Militärgeschichte des 14. Jahrhunderts beschreibt es so einfach – und packten den Feind mit fürchterlichen Schlägen von Axt und Schwert im Rücken. »Und wer den Sire de Coucy durch das Schlachtgewühl brechen und auf die Flamen einschlagen sah, hauend und tötend, der wird sich ewiglich an einen tapferen Ritter erinnern.« In der Entlastungspause, die dieser Angriff brachte, erholte sich das Bataillon des Constable und kehrte zusammen mit dem anderen Flügel ins Gefecht zurück. Schwere Streitäxte und -kolben durchschlugen die flämischen Helme mit einem Lärm »wie alle Schmieden von Paris und Brüssel zusammen«. Von den Franzosen auf immer engerem Raum zusammengedrängt, standen die Flamen bald so aneinandergepreßt, daß die inneren Reihen weder die Arme noch die Waffen heben konnten; selbst das Atmen wurde schwierig – sie konnten weder schlagen noch schreien.

Französische Lanzen stachen und Äxte hackten in die kompakte Masse von Körpern hinein, von denen viele weder Helm noch Panzer trugen, und die Toten stapelten sich. Die Fußsoldaten der Franzosen drangen zwischen den Rittern vor und machten den gefallenen Feinden »mit ebensowenig Gnade, als wären sie Hunde«, ein Ende. Unter dem Angriff des Bourbon-Coucy-Flügels wandte sich die flämische Nachhut zur Flucht. Philipp van Artefelde, der in den ersten Reihen kämpfte, versuchte vergeblich, sie wieder zu sammeln, aber aus seiner Position heraus konnte er nicht wirkungsvoll das Kommando führen. Ihm fehlte das Selbstbewußtsein des Schwarzen Prinzen, der in Poitiers von einem Hügel aus das Geschehen kontrolliert hatte. Von der Masse seiner Soldaten zurückgetragen, wurde er niedergetrampelt und starb unter den Füßen seiner eigenen Leute ebenso wie sein Bannerträger, eine Frau, die »die große Margot« genannt wurde.

Bourbon und Coucy bestiegen ihre Pferde und führten ihr Bataillon in der Verfolgung der Fliehenden an. In einem grimmigen Gefecht vertrieben sie dreitausend Flamen aus dem Wald, in dem die sich zu einer letzten Verteidigungsanstrengung gesammelt hatten. Das Debakel war vollständig. Während ihr Bataillon die Verfolgung bis nach Courtrai fortführte, ritten Coucy und

Bourbon nach Roosebeke zurück, wo der König »sie voller Freude begrüßte und Gott um den Sieg pries, den Er ihm durch ihre Anstrengungen gegeben hatte«. Die Schlacht hatte nicht mehr als zwei Stunden gedauert. Viele Leichen der Flamen trugen keine Wunden, die Männer waren von ihren Kameraden erdrückt worden, aber so viele Tausende waren durch französische Waffen gefallen, daß »der Boden von Blut überschwemmt war«. Die Zahl der toten »Irrgläubigen« wurde phantastisch übertrieben, aber alle waren sich einig, daß nur wenige der flämischen Armee überlebt hatten. Die Leichen wurden »den Hunden und Krähen« überlassen, so daß noch Tage später der Gestank auf dem Schlachtfeld unerträglich war.

Während ihm in seinem roten Zelt die Rüstung abgenommen wurde, erklärte der König, daß er Artevelde tot oder lebendig zu sehen wünsche. Gegen eine Belohnung von 100 Franken brachte eine Suchgruppe seine Leiche vor die Sieger, die sie eine Weile stumm anstarrten. Der König gab ihr einen leichten Fußtritt, und dann wurde sie »an einen Baum gehängt«. Arteveldes Bild wurde später in einen Teppich eingewoben, der, vom Herzog von Burgund in Auftrag gegeben, die Schlacht abbildete. Er liebte es, über das Bild eines Gemeinen hinwegzugehen, der versucht hatte, die von Gott gegebene Ordnung umzustürzen.

Courtrai wurde gnadenlos geplündert – als Rache für die Niederlage in der Sporenschlacht achtzig Jahre zuvor. Die Bürger flohen umsonst in die Keller und Kirchen, um den Soldaten zu entkommen; sie wurden auf die Straße geschleppt und getötet. Louis de Male bat auf den Knien um Gnade für die Stadt, aber er wurde nicht beachtet. Jedes einzelne Haus wurde durchstöbert und selbst die Adligen der Stadt und ihre Kinder fortgeführt, um Lösegeld zu erpressen. Der Herzog von Burgund ließ mit dem Kennerblick eines Valois die Kathedralenuhr abmontieren, die schönste in ganz Flandern, und sie mit einem Ochsenkarren nach Dijon transportieren (wo sie sich noch heute befindet). Als der König abzog, wurde Courtrai auf seinen Befehl in Brand gesteckt, »damit niemand je vergißt, daß der französische König hier war«. Clisson, der seine normale Grimmigkeit wiedergefunden hatte, war angeblich an dieser Entscheidung nicht unbeteiligt.

Der totale Sieg hatte einen größeren Schönheitsfehler. Gent, das eigentliche Ziel des Feldzugs, wurde nie eingenommen. Auf die ersten Nachrichten von der Niederlage ihrer Armee war die Bevölkerung schockiert und verzweifelt. Wenn die Franzosen zu dieser Zeit vor den Toren erschienen wären, »hätte man sie ohne Widerstand eingelassen«. Aber die mittelalterliche Kriegführung hatte die Tendenz, politische Ziele zu vernachlässigen. Der Kälte und des Regens müde, beschäftigt mit Beute und Rache in den Tagen nach Roosebeke und zuversichtlich, daß Gent in jedem Falle kapitulieren würde, versäumten es die Franzosen, sofort nach Norden zu ziehen.

Peter van den Bossche gelang es trotz seiner Wunden, sich nach Gent durchzuschlagen, und er gab der Stadt neuen Mut. Er sagte den Bürgern, daß die Franzosen im Winter nicht kommen würden, und daß Gent im Frühjahr mit neuen Männern »mehr verrichten könne als je zuvor«, auch ohne die Hilfe der Engländer. Diese hatten, sobald sie von der Niederlage der Flamen hörten, die Verhandlungen abgebrochen – »nicht sehr bekümmert« über diesen Ausgang. Bei einem Sieg der Flamen, fürchteten sie, hätte »der große Stolz der Gemeinen« einen neuen Aufstand in ihrem Land ermutigt.

Als die Franzosen wenig später in Verhandlungen mit Gent eintraten, wiesen die Bürger es »so hart und stolz« zurück, sich dem Grafen von Flandern zu unterwerfen, als hätten sie den Sieg errungen. Sie waren nur bereit, die Stadt der direkten Souveränität des französischen Königs zu unterstellen. Der Graf und, was wichtiger war, der Herzog von Burgund, der Thronerbe, lehnten ab. Nun – Ende Dezember – war es zu spät, die Belagerung zu wagen. Somit begnügten sich die Franzosen damit, in Flandern mit der Ausnahme von Gent die alte Ordnung wiederhergestellt zu haben – auch wenn es ihnen nicht gelungen war, die Flamen zu Papst Klemens zu bekehren –, und zogen nach Hause. Sie hatten in Paris einiges zu regeln.

In der ersten Januarwoche des Jahres 1383 lagerte die königliche Armee vor Paris. Sendboten traten vor den Bürgervorsteher und die Magistraten und forderten die Unterwerfung der Stadt. Die Krone war offenbar bereit, die Armee, die durch den Sieg von Roosebeke noch gestärkt war, gegen Paris einzusetzen, wenn ihre Autorität herausgefordert wurde. Bretonische und normannische Kompanien wurden im Halbkreis bis dicht an die Stadt herangelegt. Daraufhin marschierte eine gewaltige Streitmacht von Parisern in einer verzweifelten Machtdemonstration, die lange vorbereitet war, mit Armbrüsten, Schilden und Hämmern vor die Tore und trat vor Montmartre in Schlachtaufstellung an. In aller Vorsicht entsandte die Krone zunächst eine Delegation, die den Constable und Coucy einschloß und Stärke und Absicht der Pariser auskundschaften sollte. Auf ihre Fragen antworteten die Gemeinen, daß sie wünschten, dem König ihre Stärke zu zeigen, die er, da er jung sei, nie gesehen habe. Man befahl ihnen streng, zurückzukehren und die Waffen niederzulegen, wenn sie den König in ihren Mauern zu sehen wünschten. Die Bürger, deren Demonstration nur eine Verhüllung ihrer seit dem Ausgang von Roosebeke gewachsenen Mutlosigkeit war, gehorchten widerstandslos. Trotzdem wurde der königlichen Armee befohlen, in kriegerischer Aufmachung – das heißt in voller Rüstung – in die Stadt einzureiten.

Coucy und der Marschall Sancerre wurden vorausgeschickt, um die Stadt zu öffnen. Sie ließen die Tore aus den Angeln heben und die Straßenketten abnehmen. Die Torflügel wurden auf die Straße geworfen, damit der König über sie hinwegreiten konnte – »den Stolz der Stadt niederzutreten«, wie der Mönch von St. Denis traurig erklärte. Bestürzung und Zorn erhob sich unter den Bürgern, die Wachen aufstellten und sagten: »Noch ist nicht Friede. Der König hat das Land von Flandern geplündert und zerstört, und er wird dasselbe in Paris tun.« Um die Unruhe im Keim zu ersticken, riefen Herolde auf den Straßen aus, daß den Parisern kein Schaden zugefügt werden würde. Als der König in die Stadt einritt, gingen ihm der Vorsteher der Kaufleute, die Magistrate und fünfhundert vornehme Bürger als Repräsentanten der ganzen Bürgerschaft entgegen und baten in der rituellen Form um Gnade. Sie knieten nieder, und der König und seine Ritter, unter ihnen Coucy, flankiert von Reitern mit erhobenen Lanzen, ritten an ihnen vorüber durch die flügellosen Tore in die Stadt. Soldaten wurden sofort an allen Brücken und Plätzen aufgestellt, um Ansammlungen zu verhindern. Häuser, in denen Soldaten einquartiert waren, mußten die Türen ständig offenhalten. Jeder Bürger, der im Besitz einer Waffe war, wurde aufgerufen, sie in einem Sack zum Louvre zu bringen.

Eine Verhaftungswelle begann, die besonders auf die Würdenträger der Bürgerschaft zielte, in denen der König seine eigentlichen Widersacher sah. Jean de Marès und Nicolas de Flament waren unter den dreihundert reichen Bürgern, die festgenommen wurden. Zwei reiche Kaufleute, ein Tuchmacher und ein Goldschmied, wurden auf der Stelle hingerichtet, dreizehn weitere Bürger im Laufe der Woche. Nicolas de Flament, der 1358 verschont worden war, ging nun zum Schafott. Alle Bürger, die während des Aufstands in der Stadtmiliz gedient hatten, wurden einzeln vor den Rat gerufen und zu schweren Bußgeldern verurteilt. Unbehindert in ihrer Rachsucht erlegte die Regierung des Königs der Stadt immer mehr Strafgelder, Gefängnisstrafen und Hinrichtungen auf. »Sie schlugen drei und vier Köpfe auf einmal ab«, berichtete der Ménagier de Paris, im ganzen wohl etwa hundert, wobei die Hinrichtungen in anderen Städten nicht mitgezählt sind.

Das Siegel auf der Unterwerfung der Stadt war die Wiedereinführung der Verkaufssteuer sowie der Salz- und Weinsteuer – dieselben Steuern, die die Revolte der Maillotins hervorgerufen und die die Pariser das ganze vorhergehende Jahr hindurch verweigert hatten. Eine Woche später wurde vor einer Vollversammlung der herrschenden Klasse von Paris ein Erlaß des Königs verlesen, in dem er die Privilegien und Stadtrechte von Paris aufhob. Die stolzen Rechte der Selbstverwaltung und der verbürgten Freiheiten, in schweren Kämpfen im Hochmittelalter errungen, wurden ausgehöhlt und von einer Zentralregierung aufgesogen. Die Ämter des Vorstehers der Kaufleute und die der Magistraten wurden in Paris abgeschafft, ihre Befugnisse übernahm die Krone. Die größten Zünfte verloren ihre Selbständigkeit und wurden wie in Rouen von nun an Aufsehern des Vorstehers von Paris unterstellt. Die Polizeitruppe, die vormals dem Befehl des Vorstehers der Kaufleute gehorcht hatte, wurde aufgelöst, die Verteidigung von Paris lag nun in den Händen der Krone. Versammlungen der *confréries* (Bruderschaften), potentielle Keimstätten von Unruhen, und alle Volksversammlungen außer dem Kirchenbesuch wurden untersagt. Teilnehmer an unerlaubten Versammlungen waren als »rebellierende, ungehorsame Bürger« zu behandeln und von der Todesstrafe und der Beschlagnahmung des Besitzes bedroht.

Dann folgte der Prozeß gegen Jean de Marès. Er hatte im Unterschied zu anderen Notabeln der Bürgerschaft Paris nicht verlassen, wie der Mönch von St. Denis noch einmal ausdrücklich bemerkte, sondern hatte mehr als ein Jahr lang den Zorn des Volkes zurückgehalten und beschwichtigt und hatte sich bemüht, zwischen dem Hof und der Stadt zu vermitteln. Aber gerade deshalb verfolgten ihn die Herzöge mit ihrem Haß. Eine ganze Reihe von Denunzianten erschien vor dem Gericht und stützte die Anklage, daß er die Rebellen getrieben habe, zu den Waffen zu greifen. Er wurde überführt, zum Tode verurteilt und mit zwölf anderen auf dem Schandkarren zum Hinrichtungsplatz auf Les Halles gefahren. Noch vom Karren aus rief er dem Volk zu: »Wo sind sie, die mich verurteilen? Laßt sie vortreten und meine Verurteilung rechtfertigen, wenn sie es können.« Das Volk von Paris trauerte um ihn, aber niemand wagte es, für ihn zu sprechen. Der Henker riet ihm, den König um Vergebung zu bitten, damit er für seine Verbrechen begnadigt würde, aber Marès antwortete, daß er nichts getan habe, wofür er um Gnade zu bitten hätte. »Nur Gott allein werde ich um Gnade bitten und ihn demütig anflehen, mir meine Sünden zu vergeben.« Nachdem er den Zuschauern, die alle in Tränen dastanden, Lebewohl gesagt hatte, wandte er sich um und ging in den Tod.

Noch immer nicht zufrieden, rief die Krone eine Mammutversammlung auf dem Hof des Marmortisches für den 1. März, dem Jahrestag der Maillotinerhebung, zusammen. Eine Person aus jedem Haus von Paris war verpflichtet zu erscheinen – ohne Kopfbedeckung. Karl VI. saß, eingerahmt von seinen Onkeln und Ratsherren, auf einer Plattform, während der Kanzler Pierre d'Orgement im Namen des Königs eine schroffe Anklageschrift aller Verbrechen verlas, die das Volk von Paris seit dem Tod Karls V. begangen hatte. Nachdem er die Hinrichtungen erwähnt hatte, rief er mit fürchterlicher Stimme: »Es ist noch nicht beendet!« Das Volk wußte, was von ihm erwartet wurde. Angstschreie gellten durch den Hof. Mit unordentlicher Kleidung und wirren Haaren streckten die Frauen von verhafteten Männern die Arme dem König entgegen, flehten ihn mit Tränen in den Augen um Gnade an. Die stolzen Onkel und der jüngere Bruder des Königs, Ludwig, knieten nieder und baten den König um zivilrechtliche statt strafrechtlicher Bestrafung der Bürger – Zivilrecht bedeutete Geldstrafen. Orgement verkündete dann, daß der König seiner Güte gehorchend und aus Liebe zu seinen Verwandten einer Generalamnestie zustimme, die aber sofort aufgehoben werden würde, wenn die Pariser in ihre alten Sünden zurückfielen. Die Verurteilten sollten aus den Gefängnissen entlassen werden, die Todesstrafe, nicht aber die Geldbußen seien ihnen erlassen. Einige reiche Männer wurden mit so schweren Bußen belegt, daß diese sie alles, was sie besaßen, kostete.

Ähnliche Strafmaßnahmen trafen Amiens, dessen uraltes Stadtrecht aufgehoben wurde, Laon, Beauvais, Orléans und andere Städte. Die enormen Summen, die durch Bußgelder zusammenkamen, betrugen 400 000 Franken aus Paris und vergleichbare Ziffern aus den Provinzen. Vieles davon wanderte in die Taschen der Onkel; auch der Constable und andere königliche Beamte, die ein Jahr lang keine Entlohnung erhalten hatten, mußten abgefunden werden, und schließlich wurde den Adligen, darunter auch Coucy, die Kosten des Flandernfeldzuges erstattet. Coucy empfing 13 200 Franken und das Versprechen, zu einem Drittel an den militärischen Hilfszahlungen beteiligt zu werden, die aus seinen Ländereien an die Krone flossen. Damit sollte er die Kosten decken, die ihm durch die Befestigung seiner Burgen und Städte entstanden waren.

Seltsamerweise war Coucy trotz der Rolle, die er bei der Abnahme der Torflügel gespielt hatte, in Paris nach wie vor wohlangesehen. Im Volk verbreitete sich ein Gerücht, daß »der Sire de Coucy nicht davor zurückgeschreckt sei, den König zu ermahnen und ihm zu sagen, daß er nicht sein eigenes Land zerstören möge, da er sonst selbst mit dem Spaten arbeiten müsse«. Die Prophezeiung, die den König bei der Arbeit eines Bauern vorstellte, wurde populär und sollte ein langes, merkwürdiges Leben haben.

Die Autorität der Löwen war voll wiederhergestellt. Paris bekam erst dreißig Jahre später wieder einen Vorsteher der Kaufleute; Rouen gewann die Freiheiten, die es vor der Harelle besessen hatte, niemals zurück. Die Aufständischen hatten nur dort zeitweise die Macht ergreifen können, wo es keine stehenden Streitkräfte des Staates gab. Außer in Gent konnten sie sich nirgends halten, weil sie selbst keine klare Konzeption ihrer geschichtlichen Rolle hatten und weil sie in sich selbst zerstritten waren. Die Armen waren die eigentlich explosive Kraft, aber sie wurden zum Instrument der Kaufleute, deren Interessen nicht die ihren waren. Die Bemühungen der Städte um Unabhängigkeit scheiterten, weil sie miteinander rivalisierten. Gent kämpfte noch zwei Jahre weiter, bis seine Privilegien nach dem Tod des Louis de Male durch den Herzog von Burgund wiederhergestellt wurden, der sein Erbe konsolidieren wollte. Die Entwicklung, die mit Etienne Marcels Revolte in Paris begonnen hatte, setzte sich fort: Im gleichen Ausmaß, wie die Städte verloren, gewann die Monarchie, während die Krone zugleich durch finanzielle Unterstützung den Adel zunehmend an sich band.

Nach dem Sturm erschien die untere Klasse als gefährlicher, verdächtiger. Sie wurde nun als ein dynamischer statt passiver Teil der Gesellschaft angesehen, von manchen mit Furcht, von anderen mit Sympathie. »Deshalb müssen die Unschuldigen Hungers sterben, mit denen diese großen Wölfe täglich ihren Rachen füllen«, schrieb Deschamps. »Dieses Getreide, dieses Korn, was ist es anderes als das Blut und die Knochen der armen Leute, die das Land gepflügt haben? Weshalb ihre Seelen zu Gott um Rache schreien. Wehe den Herren, den Räten und allen, die uns so lenken, und wehe allen, die zu ihrer Partei gehören, denn niemand denkt an anderes, als sich die Taschen zu füllen.«

Die Welle der Aufstände war vorübergegangen und hatte wenig Veränderungen in der Lage der arbeitenden Klasse hinterlassen. Auf der Waage der Geschichte wiegt Beharrung schwerer als Veränderung. Vierhundert Jahre sollten vergehen, bis die Nachkommen der Maillotins die Bastille erstürmten.

Kapitel 19
Der Zauber Italiens

Ein Brückenkopf in Italien – das war für die Franzosen ein ähnliches Zauberwort wie ein Brückenkopf in Frankreich für die Engländer. Seit der Zeit, als der Herzog von Anjou die Alpen nach Süden überquerte, 1382, zog sein Anspruch auf den Königsthron von Neapel Frankreich südwärts und schuf eine Bereitschaft zur Intervention in Italien, die fast zur Gewohnheit werden und fünfhundert Jahre lang die französische Politik beeinflussen sollte. Das Grundmuster dieser Expeditionen legte der Herzog von Anjou gleich zu Beginn, als sein Feldzug nach kurzer Zeit zu scheitern drohte und er wiederholt um Verstärkung unter dem Sire de Coucy nach Paris sandte.

Angeviner hatten das Königreich von Neapel und Sizilien beherrscht, seit Karl I. von Anjou, der jüngere Bruder Ludwigs des Heiligen, König von Frankreich, durch den Einfluß des Papstes 1266 auf den Thron gesetzt worden war. Sizilien ging am Ende dieses Jahrhunderts an Aragon, aber die angevinische Dynastie hielt den festländischen Teil des Reiches, der die ganze untere Hälfte Italiens südlich von Rom umfaßte, das größte Staatsgebiet der Halbinsel. Der Name Sizilien wurde nur noch formell im Titel geführt. Das Reich blühte kulturell und wirtschaftlich unter der zivilisierten Herrschaft König Roberts auf, des »neuen Salomo«, dessen literarisches Urteil selbst Petrarca suchte. Boccaccio folgte Petrarca nach Neapel, weil er das Leben in dem »glücklichen, friedvollen, großzügigen und prächtigen Neapel mit seinem einzigartigen Monarchen« dem Aufenthalt in dem »von unzähligen Sorgen zerfressenen« Florenz, seinem Heimatstaat, vorzog. Robert baute seinen Palast Castel Nuovo an der unvergleichlichen Bucht von Neapel, wohin die Schiffe von Genua, Spanien und der Provence kamen, um Handel zu treiben. Edelmänner und Kaufleute errichteten ihre Palazzi in der Nachbarschaft und holten die Künstler der Toskana nach Neapel, um ihre Säle mit Skulpturen und Fresken zu schmücken. Unter gerechten Gesetzen und mit einer festen Währung, sicheren Straßen, Gasthäusern für reisende Händler, Festen, Turnieren und Musikveranstaltungen verwandelte sich das Land unter Roberts Herrschaft, die 1343 zu Ende ging, in »so etwas wie ein Paradies«. Die Bürger konnten unbewaffnet durch Kalabrien und Apulien reisen, »sie brauchten nur einen Knüppel, um sich der Hunde zu erwehren«.

Der Gifthauch des 14. Jahrhunderts berührte das Land nach dem Tod des guten Königs. Roberts Talente fanden sich in sehr viel geringerem Maße in seiner Enkelin und Nachfolgerin Johanna, deren vier unglückliche Eheschließungen das Reich in ein Chaos stürzten, das im Kirchenschisma gipfelte. Der Konflikt der Päpste verwandelte Neapel in ein Schlachtfeld. Als Johanna sich für Klemens VII. entschied und auf seinen Rat den Herzog von Anjou zu ihrem Nachfolger ernannte, erklärte der wütige Urban sie als Ketzerin für abgesetzt und krönte einen anderen Angeviner, Karl, den Herzog von Durazzo, als rechtmäßigen König von Neapel. Von einem obskuren albanischen Fürstentum auf den Thron eines großen mittelalterlichen Königtums erhoben, regierte er als Karl III.

Karl von Durazzo war ein kleiner blonder Mann, dem man nachsagte, er ähnelte in seinem Mut, seiner Freundlichkeit und seiner Liebe zur Wissenschaft dem toten König Robert. Aber seine Gutmütigkeit hinderte ihn nicht daran, Johanna mit äußerstem Grimm zu bekämpfen. Innerhalb von zwei Monaten besiegte er ihre Streitkräfte, etablierte sich im Castel Nuovo und warf die Königin ins Gefängnis, um sie zu zwingen, ihn als Thronerben anzuerkennen und somit seine Eroberung endgültig zu legitimieren. Immer ist es das erste Ziel eines Staatsstreichs, sich in das Kleid der Legitimität zu hüllen. Als Johanna sich weigerte, ihn anzuerkennen, und der Herzog von Anjou in Italien einmarschierte, um ihr zu Hilfe zu kommen, zögerte Karl keinen Augenblick. Er ließ die Königin im Kerker erdrosseln und stellte ihre Leiche sechs Tage lang in der Kathedrale zur Schau, damit keine Zweifel an ihrem Tod blieben.

Der Herzog von Anjou zog über Avignon nach Italien und wurde dort von Papst Klemens VII. als König von Neapel und Sizilien sowie der Provence gekrönt. Zugleich exkommunizierte Klemens den Rivalen Karl von Durazzo. Der Herzog von Anjou trieb rücksichtslos Hilfsgelder in der Provence ein, bekam zusätzliche Unterstützung von Klemens und verband sich für seine Italienexpedition mit jenem energischen Edelmann Amadeus, dem Grünen Grafen von Savoyen, der eintausendeinhundert Lanzen bereitstellte, was den Herzog von Anjou 20 000 Dukaten im Monat kostete.

Mit einer Armee von fünfzehntausend Mann, mit dreihundert Maultieren und einem gewaltigen Troß zog Anjou über die Alpen in die Lombardei. Die Ausrüstung des Grünen Grafen schloß ein großes grünes Pavillonzelt ein, grüne Sättel, grüne Schuhe, Kittel und Mäntel für sein ganzes Gefolge. Als vor dem Aufbruch einige seiner Freiherren aus verschiedenen Gründen Protest gegen das Unternehmen äußerten, brachte er sie mit den hellsichtigen Worten zum Schweigen: »Ich werde erfüllen, was ich versprochen habe, und wenn es mich das Leben kostet.« Viele große Ritter schlossen sich ihm an »aus Liebe zu der Tapferkeit und Großzügigkeit, die sie an ihm bewunderten«.

In Mailand machte der Herzog von Anjou ein ähnliches Heiratsgeschäft mit den Visconti wie sein Vater. Sein siebenjähriger Sohn Louis wurde mit Bernabós Tochter Lucia verlobt, und die Hilfsgelder der Visconti füllten Anjous Kriegskasse auf. Bernabó zahlte für die Aussicht, daß seine Tochter einmal Königin von Neapel würde, 50 000 Florins – eine Summe, die etwa mit dem jährlichen Einkommen von hundert bürgerlichen Familien vergleichbar ist –, hinzu kam eine zusätzliche Zahlung von Gian Galeazzo. Der Herzog von Anjou nutzte jede Gelegenheit, sich auf dem Weg zu seinem Königreich angemessen auszustatten.

Mit buntgefederten Helmen und verschwenderischer Pracht, beladen mit Ehrengaben und Geschenken, brachen er, Amadeus und ihre Ritter in Mailand auf, gefolgt von einer solchen Anzahl von Männern und Wagen, daß man von »einer Armee wie der von Xerxes« sprach. Sie zogen zunächst nach Osten, um die schwierige Route die adriatische Küste hinunter zu nehmen, da Florenz, das sich sowohl gegen Anjou als auch gegen Durazzo ausgesprochen hatte, sechstausend Mann aufgeboten hatte, um ihnen den Weg durch die Toskana zu verlegen. Nach dem Mönch von St. Denis – der wie jener andere Mönch Walsingham viel gegen marodierende Herzöge hatte – schmeichelten sich Anjou und seine Ritter, daß durch sie die Lilien von Frankreich ihr »süßes Parfüm des Ruhms« weit verbreiten würden. Während des Rittes feierten sie ihr Unternehmen in Liedern und Versen und »fabelhaften Epen« von der Tapferkeit der Franzosen.

Obwohl der Herzog von Anjou erklärt hatte, er wolle »mit der Macht des Rittertums das Schicksal der Kirche bessern«, hütete er sich, diese Macht gegen Urban VI. zu gebrauchen. Er verließ die Küste bei Ancona und überquerte die Apenninen im September, zog aber an der Straße nach Rom vorüber, obwohl ein kühner Zugriff ihm die Stadt zu jener Zeit wahrscheinlich in die Hand gegeben hätte. Spione hatten ihm die Nachricht überbracht, daß Hawkwoods Weiße Kompanie, die zu Urbans Verteidigung gedungen worden war, von Florenz zu dessen eigener Sicherheit zurückgehalten wurde. Statt dessen schlug Anjou gegen den Rat von Amadeus den Weg nach Neapel ein, und als die Armee durch die Schluchten und über die Felsspalten »zwischen Gipfeln, die den Himmel berührten«, hindurchzogen, holte die Katastrophe sie ein. Gebirgsbriganten, die mit Neapel in Verbindung standen, griffen den Troß an und überwältigten die Nachhut, die die Geschenke und die Kriegskasse sicherte, so daß Anjou, als er in Caserta ankam – nur noch einen Tagesmarsch von Neapel entfernt –, sehr viel ärmer als am Beginn des Feldzugs war. Das Gelände zu erkunden, durch das man zog, war kein Teil mittelalterlicher Kriegstaktik, weil es kein Teil der Turniere war. Der Kampf war alles.

Inzwischen war es November geworden. Als er neapolitanisches Gebiet erreicht hatte, war Anjou eine Woche lang in Aquila stehengeblieben, um an den Willkommensfeiern, die Parteigänger seiner Sache ausrichteten, teilzunehmen. Die Verzögerung erlaubte es Hawkwood, den Florenz nun freigegeben hatte, dem Gegner zu Hilfe zu eilen. Nun hatte es Anjou plötzlich eilig und sandte die traditionelle Herausforderung an Durazzo, in der er jenen aufforderte, Zeit und Ort einer Entscheidungsschlacht zu benennen. Karl III. aber dachte nicht daran, sich festlegen zu lassen. Im Schutz seiner Festung setzte er darauf, Anjou durch die lange Dauer des Feldzuges zu zermürben, ihn seine Reserven erschöpfen zu lassen und ihn dann zu stellen, wenn er leicht zu schlagen war. Zum Schein gab er vor, auf Anjous Herausforderung mit Freuden einzugehen, und hielt ihn in Bewegung, zwang ihn in Märsche auf eine Schlacht zu, die sich bei seiner Annäherung jeweils in Luft auflöste.

Um Weihnachten herum war Anjou in so tiefer Sorge, daß er sein Testament aufsetzen ließ, und Amadeus, der alle Hoffnung auf einen Sieg aufgegeben hatte, schlug Friedensverhandlungen vor. Als Gegenleistung dafür, daß der Herzog von Anjou seinem Anspruch auf Neapel entsagte, sollte Karl III. seinen Anspruch auf die Provence aufgeben und Anjou freies Geleit zur Küste gewähren, damit er nach Frankreich zurückkehren konnte. Karl III. lehnte ab. Ein Entscheidungskampf zwischen zehn Rittern jeder Seite wurde verabredet, fand aber wie immer, wenn es um Großes ging, nicht statt.

Im Februar 1383 verbreitete sich eine Epidemie in der Armee Anjous in den Bergen über Neapel. Die Soldaten starben in großer Zahl, unter den Opfern war auch Amadeus von Savoyen, der Grüne Graf. Er war 49 Jahre alt geworden. Am 1. März, ein trostloses Jahr entfernt von Savoyen, kam seine glänzende grüne Karriere an ihr Ende. Anjou weinte Tränen der Hilflosigkeit an seinem Totenbett.

Frustriert und hungrig zogen sich die angevinischen Truppen in den Absatz Italiens zurück. Alles, was von Anjous königlichem Schatz noch übrig war, wurde genutzt, um Lebensmittel zu kaufen. Sogar seine Krone, die er für die Krönung in Neapel mitgebracht hatte, mußte versetzt werden. Statt der delikaten Wildbraten und Pasteten, an die er gewöhnt war, aß er nun Kanincheneintopf und Gerstenbrot. Im Laufe der Monate verhungerten die Maultiere, und die Kriegsrosse »statt mit den Hufen zu scharren und stolz zu wiehern, schlichen mit gesenkten Köpfen wie gemeine Tiere dahin«.

Seit er Paris verlassen hatte, hatte Anjou den königlichen Rat mit Briefen und Botschaften unablässig ermahnt, sein Versprechen zu erfüllen und einen zweiten Feldzug gegen Neapel unter dem Kommando von Coucy zu unternehmen. Noch während er in Avignon war, hatte er seinen Vertrauten in Paris, Pierre Gérard, angetrieben, alles zu tun, um Coucy für diese Sache zu gewinnen. Zwar sollte Coucy kein Geld zugestanden werden, bis er sich schriftlich verpflichtete, sich Anjou anzuschließen, aber Gérard war instruiert, »diesen Seigneur immer so entgegenkommend wie nur möglich zu behandeln«. Papst Klemens VII. unterstützte Anjous Wunsch, aber trotz allem blieb Anjou im Jahr von Roosebeke der Ungewißheit überlassen. Erst nach der Unterwerfung der Bürger von Paris, als die Schatzkammern durch die Bußgelder aufgefüllt waren, war die Krone bereit, ihr Versprechen einzulösen. Zu dieser Zeit war Amadeus schon tot, und die »Armee des Xerxes« kauerte jämmerlich in Bari.

Coucy war bereit, wartete sogar mit Ungeduld auf die Gelegenheit, Anjou zu Hilfe zu kommen. Er hielt immer Verbindung mit dem Kanzler des Herzogs, Bischof Jean le Fèvre, und fragte wiederholt nach, ob Le Fèvre eine positive Antwort vom König hätte. Schließlich bewilligte der Rat Anjou 190 000 Franken, von denen 80 000 Franken Hilfsgelder waren, die in seinen Ländereien selbst zu erheben waren. Gerade in diesem Augenblick unternahm England in einem letzten Anfall von Kampfeslust eine weitere Invasion. Alle Energien Frankreichs wurden sofort an diese Herausforderung gewandt, kein Soldat mehr durfte auf Befehl des Herzogs von Burgund das Königreich verlassen. Coucys Expeditionspläne waren gescheitert. Eine Armee wurde aufgestellt, aber nicht für Italien, sondern wieder einmal für Flandern, wo die Engländer Dünkirchen besetzt hatten.

Angeführt von Henry Despenser, dem Bischof von Norwich, war der englische Einfall ein Ergebnis von Papst Urbans Bemühungen um einen »Kreuzzug« gegen das schismatische Frankreich. Der Feldzug begann mit einem Skandal und endete in einem Fiasko. Der moralische Schaden, den sich das Papsttum durch die Methoden, mit denen der »Kreuzzug« finanziert wurde, zuzog, überwog alles, was es hätte gewinnen können, selbst wenn das Unternehmen ein Erfolg geworden wäre. Priester und Mönche wurden vom Papst mit »wundervollen Ablässen« ausgestattet und hatten die Befugnis, Absolution zu verkaufen oder, was schlimmer war, zu verweigern, »wenn die Menschen nicht entsprechend ihrem Stand und Besitz gaben«. Selbst die Sakramente wurden zeitweise Gemeindemitgliedern vorenthalten, die ein Opfer für den Kreuzzug verweigerten. Gold, Silber, Juwelen und Geld gingen in die Kollekten, besonders, Knighton zufolge, »von Damen und anderen Frauen . . . Auf die Weise wurde der heimliche Schatz des Reiches, der sich in den Händen der Frauen befand, hervorgezogen.« Der Protest gegen die Kirche gewann neues Leben und inspirierte eines von Wyclifs letzten Traktaten: »Gegen klerikale Kriege.« Lollhardenprediger brandmarkten »diese weltlichen Prälaten . . . diese Hauptleute und Herrichter von Schlachten des Satans, die das gute Leben und die Barmherzigkeit verbannen«. Da die Ablässe ihrer Meinung nach unwirksam waren, sagten sie, »keine Zunge könne sagen, wie viele Seelen durch die Handlungen dieser verfluchten Hauptleute und Antichristen in die Hölle gingen«.

Norwich war nicht nur ein kriegerischer, sondern ein tatsächlich kriegslüsterner Prälat. Obwohl er ein Bischof war, beschrieb ihn Walsingham als »jung, ungezügelt und unverschämt . . . begabt weder mit Wissen noch Takt, erfahren weder in Freundschaft noch Treue«. Bis er genügend Geldmittel und eine Streitmacht von etwa fünftausend Mann gesammelt hatte, waren seine vermeintlichen Bundesgenossen, die Bürger von Gent, bereits unterworfen. Es gelang ihm indessen, sofort nach seiner Landung in Calais Gravelines, Dünkirchen und Bourbourg an der flämischen Küste zu erobern. Nachdem er ohne Erfolg Ypern belagert hatte, wandte er sich der Picardie zu, die von Coucy als Generalhauptmann verteidigt wurde. Norwich zog sich aber kampflos zurück, als seine halbe Streitmacht unter Führung des Veteranen Sir Hugh Calveley sich weigerte, ihm weiter zu folgen. Als er hörte, daß eine weit überlegene französische Streitmacht im Anmarsch war, verschanzte Norwich sich in Bourbourg, während Calveley nach Calais zurückmarschierte. »Meiner Treu«, sagte dieser alte Hauptmann angeekelt, »wir haben einen schändlichen Feldzug geführt; niemals hat ein erbärmlicherer oder schandbarerer von England seinen Ausgang genommen.« Das war die Folge davon, sagte er, daß man »diesem Bischof von Norwich« geglaubt hatte, »der fliegen wollte, bevor er Flügel hatte«.

Eine große französische Armee richtete sich im August vor Bourbourg auf eine lange Belagerung ein, vertrieb sich die Zeit mit Festlichkeiten und Besuchen ausländischer Ritter, mit Zweikämpfen und Turnieren, die »den Ruhm des alten Rittertums« beleben sollten. In diesen Aktivitäten machte Coucy einen glänzenden Eindruck. Auf einem schönen Pferd und gefolgt von Knappen, die seine Wappen trugen, »ritt er von einer Seite zur anderen in der elegantesten Form und zum Entzücken aller, die ihn sahen; und alle priesen und ehrten ihn um seine Haltung und hervorragende Erscheinung«. Vier Monate vergingen in vergnügter Form und in einer ganz anderen Atmosphäre als jener in der Zeit des Kampfes gegen die Gemeinen von Gent im Jahr zuvor. Die Franzosen zeigten keinen großen Eifer, Bourbourg ernsthaft anzugreifen, und die ganze Affäre nahm durch die erfindungsreiche Vermittlung Montforts, des Herzogs der Bretagne, ein friedliches Ende. Norwich wurde freigekauft und kehrte mit einem Defizit und unter Schanden nach England zurück. Der Ruhm der englischen Waffen, schon vorher verblichen, sank weiter, und das Scheitern des Feldzugs gab den Moralisten neuen Anlaß, mit der Ungerechtigkeit und Überheblichkeit der Männer des Schwertes ins Gericht zu gehen. »Gottes Hand ist gegen sie«, sagte Thomas Brinton, der Bischof von Rochester, »weil ihre Hand gegen Gott ist.«

Die Beteiligten konnten es nicht wissen, aber die Norwich-Invasion war die letzte des Jahrhunderts, wenn auch nicht des Krieges. Der Kampf lief aus, ohne daß er eine Einigung zwischen England und Frankreich nähergebracht hätte. Verhandlungen begannen wie gewöhnlich nach der Belagerung von Bourbourg, aber man konnte sich auf nichts Grundlegenderes einigen als einen neunmonatigen Waffenstillstand, der im Januar 1384 unterzeichnet wurde. Coucy war dieses Mal nicht unter den Gesandten, die den Frieden aushandeln sollten, weil er einen Privatkrieg für seinen zukünftigen Verwandten, den Herzog von Bar, ausfocht. Dessen Sohn war ausersehen, Coucys Tochter zu heiraten. Der Herzog zahlte im sehr pünktlich 2 000 Franken, um Coucys Ausgaben zu decken. Maries Heirat mit Henri von Bar wurde kurz danach im November gefeiert.

Während dieser ganzen Zeit flehten die Herzogin von Anjou und der Kanzler ihres Gatten den königlichen Rat an, endlich die versprochene Hilfe zu leisten. Anjous Situation hatte sich noch weiter verschlechtert, weil ihn einer seiner eigenen Ritter der 80 000 bis 100 000 Franken beraubt hatte, die seine Frau für ihn gesammelt hatte (oder, nach einer anderen Version, die er von den Visconti geliehen hatte). Der Räuber, der zehn Jahre später ein weiteres Verbrechen mit geschichtlichen Folgen begehen sollte, war Pierre de Craon, ein Ritter adliger Abkunft, der weite Ländereien besaß und den Herzog nach Italien begleitet hatte. Von Anjou entsandt, das Geld zu holen, kehrte Craon über Venedig zurück, wo er das meiste davon in Ausschweifungen, extravaganten Festen und Glücksspielen durchbrachte, wahrscheinlich aus dem Bedürfnis heraus, sich in einem Stil darzustellen, der dem Herrscher, den er repräsentierte, angemessen war. Er behielt, was übrigblieb, und schloß sich dem Herzog nicht wieder an.

Solche beiläufige Unterschlagung erscheint fast unglaublich, es sei denn, jemand, der an einem Fehlschlag des Herzogs von Anjou interessiert und zugleich mächtig genug war, Craon gegen Verfolgung zu schützen, hätte ihn angestiftet. Diese Person könnte nur der Herzog von Burgund gewesen sein, aber anzunehmen, daß er so weit gehen würde, seinen Bruder zu ruinieren, scheint weit hergeholt. Immerhin: als Craon nach Frankreich zurückkehrte, entging er durch den Schutz des Herzogs von Burgund, mit dessen Frau er verwandt war, jeder Bestrafung.

In den Augen des Königs und seines Rats erlaubte es die Ehre Frankreichs nicht, Anjou in seinem Scheitern sich selbst zu überlassen noch Papst Urban VI. eine so große Befriedigung zu gönnen. Im Frühjahr 1384, nachdem die Waffenruhe mit England abgeschlossen war und nachdem der Herzog von Burgund nach dem Tod seines Schwiegervaters von Flandern Besitz ergriffen hatte, brach Coucy schließlich zu seiner Rettungsexpedition auf. Es war schon sehr spät, Anjou noch zu retten, aber Coucy war kein Hauptmann, der zu fliegen versuchte, bevor er Flügel hatte. Im Duell der Waffen und Geister, auf das er sich im Herzen von Italien einließ, erwies er sich als geschickt, verantwortungsbewußt und mit jener magischen Fähigkeit begabt, noch aus einer ihn umgebenden Katastrophe unbesiegbar hervorzugehen.

Bevor er im Mai aufbrach, stiftete er wie vor dem Schweizer Feldzug eine Messe täglich für sich und seine Nachfolger, dieses Mal in der Abtei von St. Médard in der Nähe von Soissons. Um die Kosten der Expedition zu decken, trug die Krone 78 000 Franken bei, wovon 8 000 vom Papst Klemens VII. zurückgezahlt werden sollten. Weitere 4 000 Franken bekam Coucy als Entschädigung dafür, daß man ihm die versprochenen Hilfszahlungen im vorhergehenden Jahr versagt hatte. Er sammelte eine Armee, die geschätzt eintausendfünfhundert Lanzen besaß, was mit Fußsoldaten und Bogenschützen etwa neuntausend Mann ausmachte. Miles de Dorman, der frühere Kanzler, der schon das Jahr zuvor ungeduldig auf den Aufbruch gewartet hatte, schloß sich ihm mit zweihundert Lanzen an. Der Hauptteil der Truppe bestand anscheinend aus Söldnern, zum Teil in Avignon rekrutiert, wohin Coucy zuerst reiste, um sich mit Papst Klemens abzustimmen.

Im Juli überquerte er die Alpen über den Mont-Cenis-Paß. Er trug die Vollmacht, die Heirat zwischen dem Sohn Anjous und der Tochter Bernabós in einer Ferntrauung zu vollziehen. Bernabó lud ihn ein, mit zweihundert aus seinem Gefolge nach Mailand zu kommen, eine Zahl, die Coucy aus Stolz oder Vorsicht auf sechshundert erweiterte. »Mit großer Freude« von Bernabó vor den Toren willkommen geheißen, ritten sie zusammen in die Stadt ein, »aber so groß war die Zahl der Männer, daß sie die Brücke zerbrachen«. Dies scheint Coucys einziger *Fauxpas* gewesen zu sein und war den opulenten Feiern und der täglichen Parade der Geschenke offensichtlich nicht abträglich. Der Besuch dauerte zwei Wochen.

Zwei Wochen waren nicht zu lang, einen Kurs durch das Labyrinth der italienischen Rivalitäten zu entwerfen. Die Beziehungen von Venedig, Genua, Mailand, Piemont, Florenz und den gesammelten Despoten und Gemeinden von Norditalien waren ständig im Fluß. Sobald eine Macht sich einer anderen gegen eine dritte anschloß, um sich einen schnell vergänglichen Vorteil zu verschaffen, wechselten alle anderen wie in einem *Trecento*-Volkstanz die Partner. Venedig hatte eine Fehde mit Genua, Mailand spielte die beiden gegeneinander aus und befehdete Florenz und verschiedene Fürstentümer von Piedmont, Florenz lag in einer Fehde mit seinen Nachbarn Siena, Pisa und Lucca und begründete verschiedene Ligen gegen Mailand; die Politik des Papstes Urban VI. hielt alle in ständiger Bewegung.

Die erste Fallgrube, die Coucy zu umgehen hatte, war die Eifersucht zwischen Bernabó und seinem melancholischen Neffen Gian Galeazzo, der seit dem Tod seines Vaters 1378 in Pavia herrschte. Raffiniert, verschwiegen und trügerisch-sanft kultivierte Gian Galeazzo den Ruf, schüchtern und zugleich so willensstark und ungezügelt wie Bernabó zu sein. Später, als er berühmter war, sagte Francesco Carrara von Padua über ihn: »Ich kenne Gian Galeazzo. Weder Ehre noch Mitleid noch Treueschwüre haben ihn jemals zu einer selbstlosen Tat getrieben. Wenn er je das Gute sucht, dann, weil sein Interesse es fordert, denn er ist ganz ohne Moral. Güte wie Haß oder Zorn ist für ihn eine Frage der Berechnung.« Da er ein Gegner Galeazzos war, ist Carraras Meinung natürlich parteiisch, aber deshalb nicht notwendigerweise ungültig; der Charakter, den er Gian Galeazzo zuschreibt, nimmt Machiavellis Fürsten um mehr als ein Jahrhundert vorweg.

Gian Galeazzo war verärgert und besorgt über Bernabós Eindringen in seine – älteren – Beziehungen zur königlichen Familie Frankreichs. »Bernabó schließt neue Bündnisse mit Frankreich«, warnte Gian Galeazzos Mutter. »Wenn er mit dem König verwandt ist, wird er dir deine Herrschaft entreißen.« Mit nur noch einem ihm verbliebenen Kind konnte Gian Galeazzo dem Onkel mit seinem wohlgefüllten Stall in Bündnissen keine Konkurrenz machen. Aber wenn er ihm auch keine Konkurrenz machen konnte, er konnte ihn beseitigen, eine kalte Alternative, die von diesem Augenblick an – wie später deutlich wurde – in seinem Hirn Gestalt annahm.

Inzwischen zahlte er still seinen Anteil an den Subsidien für den Herzog von Anjou und bereitete den Empfang von Coucy in Pavia vor. Zehn Jahre waren seit ihrem Zusammentreffen in Montichiari vergangen, jenem Gefecht, das Gian Galeazzos Abneigung gegen Schlachten so bestärkt hatte, daß er seither nie wieder ins Feld gezogen war. Aber Coucy kam nicht nach Pavia, um die Bekanntschaft aufzufrischen, wahrscheinlich weil Bernabó nicht wünschte, daß sein Neffe den französischen Gesandten traf.

Coucys Ankunft in Norditalien löste große Aufregung aus. Siena schickte ihm heimlich Botschafter nach Mailand, um um Unterstützung gegen Florenz zu verhandeln. Florenz sandte Unterhändler, um Coucy mit höflichen Worten und Freundschaftsbeteuerungen von der Toskana fernzuhalten. Die florentinische Diplomatie wurde von dem langjährigen Kanzler der Stadt, Colucci Salutati, bestimmt, einem kultivierten Gelehrten, der seine internationale Korrespondenz in einem eleganten Latein führte, das seiner Republik viel Ehre machte. Die Kontinuität seines Amtes, das dem eines Stadtverwalters gleichwertig war, verlieh ihm großen Einfluß, und die Tatsache, daß seine Ernennung über einen Zeitraum von dreißig Jahren regelmäßig bestätigt wurde – dies bei der Turbulenz der politischen Auseinandersetzungen in Florenz –, verweist auf einen Mann von bemerkenswerter politischer Befähigung, um nicht zu sagen bemerkenswertem Gleichmut. Sein Herz gehörte der Literatur und dem neuen Humanismus, aber in Ausübung seiner Geschäfte war er effizient, fleißig, gelehrt und freundlich, sein Stil und seine Integrität wurden gerühmt. Gian Galeazzos Aussage zufolge hatte ein Staatspapier von Salutati in der politischen Waagschale das Gewicht von tausend Reitern. Dies war Coucys Gegenspieler.

Coucy beantwortete die Grüße der Florentiner mit unübertrefflicher Höflichkeit. »Wir begegneten uns«, sagt der Bericht, den wahrscheinlich Salutati verfaßte, »mit freudigen Umarmungen und Grüßen, und er sprach uns beruhigend und friedfertig an. Er nannte uns nicht Brüder und Freunde, sondern gar Väter und Lehrer . . . Nicht nur versprach er, sich jeder Feindseligkeit gegen uns zu enthalten, er verpflichtete sich sogar, uns mit seiner Armee in unseren Staatsgeschäften zu unterstützen.« Ohne Zweifel hatte Coucy die italienischen Umgangsformen schnell gelernt. Er versicherte den Florentinern, daß ihre Furcht unbegründet sei, und versprach, sich auf seinem Marsch durch ihr Staatsgebiet an eine streng begrenzte Route zu halten. Sie akzeptierten seine Versicherungen, vielleicht weniger, weil sie ihm trauten, als aus dem einfachen Grunde, daß sie, da Hawkwood in Neapel war, gar nicht in der Lage waren, ihm den Weg zu verlegen. Neutral, aber mißtrauisch stellten sie immerhin eine Kompanie von viertausend Bauern und Gemeinen auf, um Coucys Marschroute zu überwachen.

Coucy brach im August auf, überquerte die Apenninen und marschierte vom Westen her in das Land der »toskanischen Wunder« ein. Zypressen ragten in den blauen Himmel, Weinstöcke und silberne Olivenbäume bedeckten die sanften Hänge. Zwischen Anhöhen, auf denen Burgen oder Dörfer lagen, bummelten langsame weiße Ochsen durch eine Landschaft, die seit zweitausend Jahren von Hand kultiviert war. Die französische Armee drang in diesen Frieden gewalttätig ein auf einem Marsch, der keineswegs friedlich war, wie Coucy versprochen hatte. Zu ihrem *stupor et dolor* (Schock und Schmerz), wie die Florentiner sich später bitter beim König von Frankreich beklagten, mußten sie feststellen, daß »er im Herzen nicht so empfand, wie er nach außen vorgegeben hatte«. Teils um die Florentiner einzuschüchtern und sie nachdrücklich daran zu erinnern, neutral zu bleiben, teils um seine Söldner zu bezahlen und zu versorgen, erzwang Coucy Tributzahlungen von Städten, plünderte Dörfer und eroberte sogar Burgen. Florenz sandte ihm immer neue Botschafter, die »Frieden, Frieden« riefen und ihm reiche Geschenke und die Versicherung andauernder Neutralität anboten, wenn er das florentinische Land verschonte. Coucy antwortete weiterhin umgänglich und beschwichtigend, aber die einmal entfesselte Gewalt wurde zu Raub und Plünderung und ließ sich nur schwer wieder zügeln.

»Sie stahlen nicht nur Gänse und Hühner, raubten nicht nur die Taubenschläge aus und schleppten die Schafe, Böcke und das Vieh davon«, lautete eine florentinische Klageschrift, »sie erstürmten unsere waffenlosen Mauern und unverteidigten Häuser, als lägen sie im Krieg mit uns. Sie nahmen Leute gefangen und folterten sie und erzwangen Lösegelder. Sie töteten Frauen und Männer aufs grausamste und steckten ihre leeren Häuser in Brand.«

Während Coucy vorrückte, erfuhren die Florentiner mit Entsetzen, daß er mit den verbannten Herren von Arezzo, einer alten und wichtigen Stadt in den Bergen, in Verbindung stand. Die Florentiner hatten seit langem geplant, Arezzo zu annektieren, und standen nun kurz vor der Erfüllung ihrer Wünsche. Im Kampf der Guelfen und Ghibellinen war die herrschende Familie von Arezzo, die Tarlati, 1380 entmachtet worden, und die Sieger, die zu schwach waren, um die Stadt alleine zu kontrollieren, hatten Karl von Durazzo zu Hilfe gerufen. Er oder seine Abgesandten behandelten Arezzo indessen wie eine eroberte Stadt, unterwarfen sie der üblichen Plünderung und zwangen den Einwohnern Hilfszahlungen auf, worauf diese sich Florenz zuwandten. Nach komplizierten Verhandlungen standen die Florentiner dicht vor einem Vertragsabschluß mit Durazzo, der vorsah, daß er ihnen die Stadt praktisch verkaufte, als Coucy auf der Bildfläche erschien und all ihre Hoffnungen zu zerstören drohte. Sie hörten, daß die Tarlati, die Herren von Pietramala, Coucy angeboten hatten, ihm bei der Eroberung der Stadt zu helfen, und daß er mit ihnen einen Vertrag dieses Inhalts geschlossen hatte. Coucys Ziel war es, eine Basis für die angevinische Sache zu gewinnen und eine Position, aus der er Florenz zwingen konnte, ihm Nachschub zu liefern. Auch wenn er dadurch Hawkwoods Kompanie von Neapel weg auf sich zog, wären die Kräfte, die gegen den Herzog von Anjou standen, dadurch geschwächt worden.

Zwischen Coucy und Florenz begann nun ein Duell. Je näher er seinem Ziel kam, desto strenger wurden Coucys Forderungen und desto seltener seine Versicherungen. Als die Florentiner sich erneut über Plünderungen seiner Soldaten beschwerten, antwortete er, daß die Bevölkerung Widerstand geleistet habe, und forderte mit kühler Arroganz eine Tributzahlung von 25 000 Florins von Florenz und 20 000 Florins von Siena. Die Signoria trat in großer Sorge zusammen; einige rieten zu zahlen, andere waren dagegen, einige für eine symbolische Zahlung, um die Fassade der Freundschaft zu erhalten und Coucys Reiter von kriegerischen Handlungen abzuhalten. Während Botschafter zu Unterhandlungen mit Coucy aufbrachen, ermahnte Florenz Jacopo Carraciolo, den Gouverneur von Arezzo, der jetzt in ihrem Sold stand, die Mauern zu verstärken, sich darauf vorzubereiten, florentinische Entsatztruppen zu verpflegen, wenn sie erscheinen sollten, und den Angriff Coucys am 18. September zu erwarten. Mit großzügigen Beiträgen des Großbürgertums begann Florenz, eine Streitmacht aufzustellen. Eine Woche lang wartete Coucy ab, wie sich Florenz und Siena zu seinen Forderungen stellen würden, und marschierte nicht weiter. Siena zahlte ihm 7 000 Florins; Florenz, ohne allerdings eine Ablehnung deutlich auszusprechen, zahlte nichts. Dann nahm Coucy, als sei er befriedigt, seinen Marsch wieder auf, aber er rückte nun nach Süden auf Cortona zu, marschierte nicht nach Arezzo. Dieser Umweg erwies sich als eine Finte, um Carraciolos Wachsamkeit zu vermindern. In der Nacht auf den 29. September kehrte Coucy wieder um und erschien in den Morgenstunden vor Arezzo, wo er seine Armee in zwei Gruppen aufteilte. Der einen befahl er, mit viel Geschrei und Lärm anzugreifen, während er die andere, stärkere Gruppe mit seinen besten Rittern insgeheim um die Stadt herumführte zum San-Clemente-Tor auf der anderen Seite. Dort brachen sie die Torflügel ein und strömten mit dem Schlachtruf: »Lang lebe König Ludwig und der Sire de Coucy! Tod den Guelfen und dem Herzog von Durazzo!«, in die Stadt. Als Carraciolos Männer herbeieilten, um sie aufzuhalten, füllten der Lärm der Schlacht und die Kampfrufe die Gassen, Kämpfe tobten in der ganzen Stadt und um das alte römische Amphitheater herum, bis die Verteidiger der überlegenen Zahl der Angreifer weichen mußten und sich in die Zitadelle zurückzogen. Die Herren von Pietramala gewannen ihre Heimatstadt im Triumph zurück, und während Arezzo aufs neue in Verwüstung und Plünderung versank, nahm Coucy die Stadt im Namen König Ludwigs von Neapel, Sizilien und Jerusalem in Besitz.

An diesem triumphalen Tag lag der Tod Ludwigs von Anjou bereits neun Tage zurück. Anderthalb Jahre lang war er im Absatz von Italien vor sich hingerostet, ein König ohne Königreich, während seine Armee verkam und versickerte. Die seiner Ritter, die es sich leisten konnten, reisten mit dem Schiff nach Hause. Da er Bari und andere Küstenstädte an der Adria kontrollierte, konnte er von See her versorgt werden und mag nicht ganz so notleidend gewesen sein, wie es die geistlichen Chronisten darstellten, die es liebten, die Geschichte vom Sturz der Eitelkeit auszuschmücken. Aber er war, da er keine Geldmittel mehr hatte, praktisch immobilisiert. Seine verarmten Ritter saßen auf Eseln oder marschierten zu Fuß, um endlich »den Tag der Schlacht« zu erleben, konnten aber wenig mehr als gelegentliche kleinere Gefechte finden. Im September 1384 zog Anjou sich eine schwere Erkältung zu, als er sich bei der Verfolgung von Plünderern aus seiner eigenen Armee überanstrengte. Er bekam Fieber und erkannte schnell, daß der Tod vor der Tür stand. Also setzte er wie sein Bruder Karl V. an seinem letzten Tag sein Testament auf. Die Sterbenden in jenen Tagen schienen immer zu wissen, wann ihnen die Stunde schlug, zweifellos weil sie von den Heilmitteln der Zeit wenig erwarteten und das Eintreten bestimmter Symptome als tödlich ansahen. Schwerer zu erklären ist, wieso sie an ihrem letzten Tag so oft in der Lage waren, ihren Letzten Willen zu diktieren. Möglicherweise, weil das Sterben ein so streng organisiertes Ritual war, bei dem viele Diener und Helfer assistierten.

Mit unverminderter Eroberungslust rief der Herzog von Anjou Papst Klemens VII. in seinem Letzten Willen auf, zu garantieren, daß Anjous Sohn Ludwig II. Thronfolger des Königreichs Neapel würde, und an König Karl VI. appellierte er, »das Schwert seiner unvergleichlichen Macht« zu erheben, um Königin Johanna zu rächen. Er ernannte Coucy zu seinem Vizekönig und befahl ihm, den Feldzug fortzusetzen; Coucy, so besagte eine Klausel des Testaments, sollte nicht abgesetzt werden können außer durch die Entscheidung der Herzogin von Anjou, die vom König, Burgund und Berry zu bestätigen war. Ludwig von Anjou starb am 20. September in einem Zimmer des Schlosses von Bari, das auf das Meer hinausblickte. Während sein Leichnam in einem Bleisarg nach Frankreich verschifft wurde und seine Armee auseinanderfiel, ließ Karl von Durazzo eine Messe für seinen toten Rivalen lesen und befahl seinem Hofe, Trauer zu tragen.

Von Anjous Tod wußte noch niemand am Arno, als ein schockiertes Florenz die Nachricht von Coucys Eroberung der Stadt Arezzo empfing. Die Balia oder der Rat der Zehn, der für Krisenzeiten ernannt worden war, trat eilig zusammen. Briefe und Botschafter wurden nach Genua, Bologna, Padua, Perugia, Verona, Neapel und sogar Mailand entsandt. Alle wurden dringlich aufgerufen, sich mit Florenz in einer Liga gegen den Invasoren zu verbinden, dessen Armee, wie Florenz behauptete, eine Gefahr für ganz Italien war. Hawkwoods Kompanie wurde aus Neapel herbeigerufen und Papst Urban VI. aufgefordert, einen besonderen Zehnten für den Feldzug, mit dem die »Schismatiker« aus Italien vertrieben werden sollten, zu erheben, um den Triumph des Gegenpapstes zu vereiteln. Mitten in die Aufregung platzte die Nachricht, daß der französische Prätendent auf den Thron von Neapel gestorben sei. Florenz jubelte und verdoppelte seine Anstrengungen, Coucy in Arezzo einzuschließen.

Blind gegen den Sturm, der sich um ihn herum erhob, und ohne Nachricht vom Tod Anjous machte Coucy sich das Vergnügen, die Signoria von seiner Eroberung Arezzos wissen zu lassen, wobei er nicht zweifelte, wie er mit kalter Glätte schrieb, daß ein für die Parteigänger König Ludwigs so glückliches Ereignis auch sie entzücken würde. Mit noch größerem Vergnügen antwortete die Signoria dem »berühmten Herrn und lieben Freund«, informierte ihn mit »betroffenem Kummer«, daß Anjou gestorben sei und verschiedene seiner Begleiter auf dem Weg nach Hause schon in Venedig gesehen worden seien. Coucy glaubte den Florentinern natürlich nicht, sah in dem Brief nur den Versuch, ihn zu entmutigen.

Um die Einwohner von Arezzo zu beeindrucken, hielt er in glänzendem Stil hof und versuchte, durch Gastfreiheit und Großzügigkeit Anhänger der angevinischen Sache zu gewinnen. Aber während er noch die Zitadelle belagerte, wurde ihm innerhalb kurzer Zeit klar, daß er selbst bereits eingekreist, wenn auch noch nicht wirklich belagert war, und zwar durch eine florentinische Streitmacht im Norden und seinen früheren Waffengefährten Sir John Hawkwood im Süden. An diesem Wendepunkt seines Unternehmens wurden ihm Beweise überbracht, daß Anjou tatsächlich gestorben war, und damit hatte sein ganzer Feldzug das Ziel verloren.

Coucy sah sich plötzlich isoliert mitten in Italien ohne Hoffnung auf Entsatz in einem sinnlos gewordenen Unternehmen. Sein Problem war einzig und allein noch, wie er sich aus der Umklammerung befreien sollte. Die angevinische Sache weiterzuverfechten und Arezzo zu halten, nur um Ludwig von Anjous letzten Willen zu erfüllen, wäre korrekt, aber selbstmörderisch gewesen. Botschaften von den verbliebenen Gefolgsleuten von Anjou hatten ihn erreicht, in denen er aufgefordert wurde, als Gouverneur das Königreich Neapel zu besetzen, aber Coucy war nicht jener ritterliche Typ des heroischen Narren, der gedankenlos in eine Katastrophe marschierte oder diese mit hirnloser Tapferkeit akzeptierte, wenn sie kam. Er beabsichtigte, seine Herrschaft über Arezzo zu gebrauchen, um sich ohne Prestigeverlust der angevinischen Sache zu entziehen – und nebenbei die Kosten des Feldzugs wieder hereinzubringen.

Siena, das es abgelehnt hatte, der florentinischen Liga beizutreten, wurde zu seinem Hebel. Er machte Siena das Angebot, Arezzo für 20 000 Florin zu kaufen, wohl wissend, daß die Rivalität zwischen den beiden Städten Florenz veranlassen würde, einen besseren Preis nebst freiem Geleit durch die Toskana zu bieten. Florenz war es nicht gelungen, andere Städte auf die Unterstützung einer Liga zu verpflichten, da jene fürchteten, Florenz werde die Liga nur zum Zwecke der eigenen Expansion nutzen. Bernabó hatte im Interesse seiner französischen Verbindungen dazu geraten, Arezzo durch Geld statt durch Gewaltanwendung zurückzugewinnen. Er warnte Florenz, daß der König von Frankreich und seine Onkel harte Maßnahmen gegen florentinische Bankiers und Kaufleute ergreifen könnten, wenn Coucy angegriffen würde.

Florenz selbst wußte durchaus, daß ein stilles Geschäft häufig profitabler war als ein ruhmvoller Feldzug. Durch Coucy bestand plötzlich wieder die Aussicht, Arezzo für Florenz zu gewinnen. Carraciolo, dem Gouverneur der Stadt, der nach wie vor mit seinen Leuten die Zitadelle hielt, wurde nahegelegt, zu kapitulieren. Als Belohnung war Florenz bereit, den rückständigen Sold seiner Truppe zu bezahlen. Angesichts der Hoffnung auf eine Bezahlung, die sie schon abgeschrieben hatten, ließen Carraciolos Männer ihren Führer wissen, daß sie bereit waren, den sinnlosen Widerstand aufzugeben. Dementsprechend erklärte er sich bereit, unter der Bedingung zu kapitulieren, daß Florenz ihn für den Schaden, den er durch die Verteidigung der Stadt erlitten hatte, entschädigte. »Ohne Geld kein Kampf« war die geläufige Verhaltensregel im Zeitalter des Rittertums.

Da Florenz sich entgegen seiner Verpflichtung zur Neutralität auf einen Waffengang mit Coucy vorbereitet hatte, war die Stadt über mögliche Vergeltungsmaßnahmen durch Frankreich besorgt. Um dergleichen zu verhindern, schickte die Signoria ein umfangreiches Kompendium von Coucys Missetaten an Karl VI.: die Plündereien und Gewalttaten, die Tributforderungen, die Verbindung mit Rebellen (den Tarlati) auf florentinischem Boden. In kummervollen Worten sprach der Text davon, wie Coucy, nachdem er friedvolle Absichten vorgegeben habe, wie ein Feind über das Land hergefallen sei, wie »wir, obgleich nicht an betrügerische Worte gewöhnt, seine Pläne durchschauten« und traurig waren, daß »ein solch edler und hochsinniger Mann, besonders da er von gallischem Blut ist, dessen wahre und natürliche Tugend die Großmut sein sollte, es sich erlauben konnte, Lügen zu erfinden und Fallen zu stellen«; wie in dem Glauben, daß er bei seinem Verhalten nicht wirklich den König von Frankreich repräsentieren konnte, »wir eine Armee aufstellten, um Gewalt mit Gewalt zu beantworten«; wie schließlich »wir dies mit Kummer und Bitterkeit niederlegen, damit Ihr wissen möget, daß unser Handeln gerechtfertigt ist«.

Dies gesagt und dokumentiert, kam die Republik zu einem freundschaftlichen Arrangement mit Coucy. In zwei geschickt aufgesetzten separaten Verträgen vom 5. November wurden die Bedingungen festgelegt. Im ersten Vertrag trat Coucy in dem Wunsch, die Zuneigung, Treue und den Respekt, den die Republik von Florenz seit je dem königlichen Haus Frankreichs erwiesen habe, anzuerkennen und zu belohnen, Arezzo mitsamt seinen Mauern, Festungen, Häusern, Ausrüstungen, Einwohnern, Rechten und Privilegien für immer an Florenz ab. In dem Vertrag fand sich keine Erwähnung einer finanziellen Regelung, damit er als ein reiner Akt der Wahrnehmung angevinischer Interessen von Coucys Seite angesehen werden konnte. Er machte es zur Bedingung der Abtretung, daß die Tarlati in den Genuß ihres Eigentums zurückversetzt würden, daß Florenz im Kampf um Neapel neutral bliebe, daß französischen Botschaftern und Gesandten nach Neapel freies Geleit durch die Toskana zugestanden würde und daß er und seine Männer dies selbe Recht bei ihrer Rückkehr nach Frankreich in Anspruch nehmen könnten.

Die Summe, auf die man sich im zweiten Vertrag einigte, war das Doppelte dessen, was Coucy von Siena verlangt hatte. Angesichts der großen Kosten, die die Einnahme von Arezzo dem Sire de Coucy verursacht hatte, und angesichts der Tatsache, daß er durch florentinisches Staatsgebiet gezogen war, »ohne Schaden anzurichten« (Florenz war in diesen Dingen flexibel), und beabsichtigte, in gleicher Weise zurückzukehren, erklärte sich die Republik bereit, ihm 40 000 Florins zu zahlen, von denen drei Viertel ihm sofort noch vor der Übergabe der Stadt zu überbringen waren und die restlichen 10 000 entweder in Bologna, Pisa oder Florenz, ganz wie er wünschte, auf jeden Fall innerhalb von zwei Wochen nach seinem Aufbruch von Arezzo. In großzügiger Verfügung über das Eigentum der Bürger von Arezzo erlaubte Florenz den Franzosen mitzunehmen, was immer sie zu tragen vermochten.

Die Einigung war ein Meisterstück der Kunst, den Schein zu wahren und doch das Ziel zu erreichen. Die Verlierer waren Karl von Durazzo, der geschaffene Tatsachen akzeptieren mußte, die Tarlati, die alle ihre Hoffnungen, die Macht in Arezzo zurückzugewinnen, enttäuscht sahen, und das Volk von Arezzo, das niemand für seine Leiden entschädigte. Aus Rache brachten die Tarlati am Tag des Aufbruchs eine Gruppe von Franzosen um und lockten andere »durch Einladungen zum Essen in ihr Haus, um sie hinterher zu ermorden«. Coucy forderte eine Strafaktion durch Florenz, als Beweis, daß solche Feindseligkeiten »Euch ernsthaft bekümmern und unsere Freundschaft auf festem Boden steht«. Florenz äußerte sein tiefstes Bedauern und lieferte anstelle einer Strafexpedition eine künstlerisch abgefaßte Tirade gegen die »abscheulichen« Herren von Pietramala. Ihr Familienname Tarlati, wurde darin ausgeführt, leitete sich aus dem Wort her, das »verrottetes, von Insekten angenagtes Holz« bedeutete, während der Name Pietramala, hergeleitet von *pietra* (Stein), ihnen gleichfalls angemessen sei, »denn sie sind hart und unbeugsam in ihren Verbrechen«. Mit diesen farbigen wenig hilfreichen Bemerkungen ging das Duell zwischen Coucy und Florenz zu Ende.

Die eingegangenen Verpflichtungen wurden eingehalten. Florenz zahlte am 15. und 17. November 30 000 Florins, Carraciolo ergab sich am 18., Coucy verließ Arezzo am 20. Um einer feindlich gesinnten Bevölkerung auszuweichen, wählte er für den Rückmarsch eine andere Route, überquerte die Berge und zog am östlichen Fuß des Apennins nach Bologna, wo er Weihnachten die letzte Rate seiner Auszahlung in Empfang nehmen konnte. Er betrat Avignon im Januar 1385, was eine kühne Überquerung der Alpen mitten im Winter den unter den Umständen bemerkenswerten Erfolgen seiner Expedition hinzufügte.

Coucys für diese Zeit ungewöhnliche Gabe war es, einen Blick für die Realitäten zu besitzen, was sich an dem Kontrast zwischen seiner Expedition und der des Herzogs von Anjou erwies. Der Kampf um die Krone von Neapel war – wie hart er auch von Kritikern im nachhinein beurteilt wurde – nicht von vornherein zum Scheitern verurteilt. Anjou hatte eine ebenso große Chance und sicherlich die bessere Legitimation als sein Rivale, Karl von Durazzo. Was ihm zum Verhängnis wurde, waren ein zu später Aufbruch, schlechte Kriegführung und die Verschwendung von Zeit und Reserven durch die zeremonielle Darstellung der Königswürde, noch bevor er den Thron gewonnen hatte. Hätte er einen entschlossenen und spartanischen Feldzug geführt, in dem alle Energien und Ressourcen auf das eine Ziel gerichtet gewesen wären, hätte das Ergebnis sehr wohl anders aussehen können. Aber dieses »hätte« fordert eine moderne Einstellung in einer mittelalterlichen Welt.

Der soziale Schaden lag weniger in dem Fehlschlag als in den Kosten des Unternehmens. Die Mittel, die der Krieg verschlang, waren das Gift des 14. Jahrhunderts. Die Summen, die die Krone beitrug, und die, die Anjou selbst heranschaffte, die Gelder, die Pierre de Craon stahl, gar nicht gerechnet, wurden dem Volk von Frankreich abgepreßt – und dies für ein Anliegen, das ihm in keiner Weise jemals nützlich sein konnte. Als er von Anjous Tod hörte, brach ein Schneider von Orléans mit Namen Guillaume le Jupponnier, »überwältigt vom Wein«, in eine Tirade aus, aus der die selten aufgezeichnete Stimme seiner Klasse spricht: »Wozu ist er dorthin gezogen, dieser Herzog von Anjou, dort hinunter, wo er hinging? Er hat geplündert und geraubt und Geld nach Italien geschleppt, um ein anderes Land zu erobern. Er ist tot und verdammt, und der König Ludwig der Heilige auch, wie alle anderen. Dreck, Dreck von einem König und einem König! Wir haben keinen König außer Gott. Glaubt ihr, sie wären in Ehrlichkeit an das gekommen, was sie haben? Sie besteuern mich und besteuern mich noch mal, und es tut ihnen weh, daß sie nicht alles haben können, was wir besitzen. Warum sollten sie mir nehmen, was ich mit meiner Nadel verdiene? Mir wäre lieber, der König und alle Könige krepierten, als daß mein Sohn sich am kleinen Finger verletzte«.

Der Bericht von der Rede des Schneiders stellt fest, daß seine Worte ausdrückten, »was andere nicht zu sagen wagten«. Nach seiner Festnahme und Einkerkerung wurde er vom Gouverneur von Orléans begnadigt.

Die Witwe des Herzogs von Anjou, die geborene Marie de Bretagne, eine Tochter des asketischen, aber rücksichtslosen Karl von Blois, kämpfte für ihren Sohn Ludwig II. mit der gleichen energischen Hartnäckigkeit, mit der ihre Eltern um das Herzogtum der Bretagne gekämpft hatten – und mit demselben geringen Erfolg. In seiner lebenslangen Auseinandersetzung mit Karl von Durazzo und dessen Sohn war Ludwig II. nicht erfolgreicher als sein Vater. Während Neapel an das Haus Aragon ging und dann an die spanischen Bourbonen, bestanden die Angeviner zwei Jahrhunderte lang mit dem ganzen unverdrossenen Starrsinn einer königlichen Familie, der die rechtmäßige Krone versagt wurde, auf ihrem Anspruch.

Das andere französische Ziel in Italien – die gewaltsame Durchsetzung Klemens' VII. als alleinigem Papst – wurde, obwohl schon Anjou in dieser Hinsicht nichts unternommen hatte, nicht aufgegeben. Im Gegenteil, es wurde mit wachsender Besessenheit verfochten. Inzwischen überschattete zunehmend der Irrsinn den Papst Urban, der mit Karl von Durazzo zerfiel und aus Neapel vertrieben wurde. Mit einer Söldnerarmee zog er in endlosen Fehden durch Italien, belagert und belagernd, gefangen und gerettet, Bannflüche und Exkommunikationen hervorsprudelnd, in seinem Gefolge noch immer die sechs gefangenen Kardinäle, die er der Verschwörung gegen ihn bezichtigte. Als das Pferd eines dieser Kardinäle lahmte, ließ Urban den unglücklichen Kirchenfürsten hinrichten und seinen Leichnam unbegraben an den Rand der Straße werfen. Kurz danach ließ er vier der fünf Verbleibenden umbringen. Er war keine Zierde der römischen Kirche.

Pierre de Craon kehrte nach dem Tode des Herzogs von Anjou nach Frankreich zurück. Während viele seiner ehemaligen Kampfgenossen, die Reste von Anjous Armee, ihren Weg aus Italien zu Fuß hinausbettelten, erschien er bei Hofe mit prächtigem Gefolge, was große Empörung hervorrief. »Ha, falscher Verräter«, rief der Herzog von Berry aus, als er ihn den Ratssaal betreten sah, »verrucht und untreu, du verdienst den Tod! Du bist es, der den Tod meines Bruders verursacht hat. Ergreift ihn, und möge die Gerechtigkeit ihren Lauf nehmen!« Niemand wagte es, den Befehl auszuführen, da man die Verbindungen Craons zum Herzog von Burgund fürchtete. Craon zierte weiterhin den Hof Karls VI. und entging lange Zeit einem Prozeß, den die Herzogin von Anjou und ihr Sohn gegen ihn anstrengten, obwohl er schließlich verurteilt wurde, 100 000 Franken zurückzuzahlen.

Ironischerweise zog sich Coucy durch einen Sturz vom Pferd in Avignon eine ernsthafte Verletzung am Bein zu, nachdem er in Italien ungeschoren davongekommen war. Möglicherweise ein komplizierter Bruch, war die Verletzung schwer genug, ihn beinahe vier Monate lang bettlägerig zu machen. Als Anjous Vizekönig übernahm er die Verantwortung für die zerlumpten und abgerissenen Veteranen, die von Bari zurückkehrten, verteilte Geld und vermittelte in Streitfragen. Als die Witwe Anjous kam, um den Anspruch ihres Sohnes auf die Provence zu unterstreichen, besuchte er sie verschiedene Male (wahrscheinlich auf einer Bahre), beriet sie in der Craon-Affäre und »tröstete sie, so gut er konnte«. Während dieser Besuche mag es durchaus zu einem Gespräch zwischen ihm und dem Verfasser eines der großen Kommentare zu dieser Zeit gekommen sein.

Honoré Bonet, benediktinischer Prior von Salon in der Provence, gehörte in irgendeiner Funktion dem Haushalt der Anjous an und lebte von 1382 bis 1386 in Avignon. Er schrieb Berichte über die Art von Dramen, in denen Coucy ein Darsteller war. *Der Baum der Schlachten* war eine Untersuchung der Gesetze und Sitten des Krieges und auch, unvermeidlicherweise, seiner moralischen und gesellschaftlichen Folgen. Seine Absicht in diesem Buch war es, sagte Bonet, eine Erklärung für »die großen Umwälzungen und sehr grimmigen Missetaten« seiner Zeit zu finden. Seine Schlußfolgerung war unverblümt. In der Frageform ausgedrückt – »Ob diese Welt ihrer Natur nach konfliktlos und friedlich sein kann?« –, wurde das Problem ebenso klar beantwortet: »Nein, sie kann es auf keinen Fall sein.«

»Ich beschreibe einen Baum der Trauer am Anfang meines Buches«, schrieb er, an dem drei Dinge zu sehen waren: »Unruhen wie nie zuvor« aufgrund des Schismas, der »große Zwiespalt« zwischen christlichen Fürsten und Königen und der »große Kummer und Haß« unter den Gemeinen. Bonet untersuchte viele praktische und moralische Fragen – zum Beispiel, ob ein Mann, wenn er gefangengenommen wird, obwohl ihm freies Geleit zugesichert wurde, seinen Bürgen zwingen kann, ihn freizukaufen; ob ein Mann den Tod der Flucht vorziehen sollte; welches die Rechte eines Ritters auf Sold waren einschließlich der Entschädigung, wenn er krank wurde; welches die Regeln der Verteilung von Beute waren. Durch alle Diskussionen zieht sich sein leitender Gedanke, daß der Krieg jenen nicht schaden sollte, die nicht an ihm teilnahmen, während doch jedes Beispiel aus seiner Zeit bewies, daß der Krieg gerade das tat. Er ist »im Herzen getroffen, das Elend sehen und hören zu müssen, in dem die armen Arbeiter leben ... durch die, unter Gott, der Papst und all die Könige und Herren der Welt ihr Essen und Trinken und ihre Kleidung haben«. In Beantwortung der Frage, ob es erlaubt sei, »die Kaufleute, Bauern und Schafhirten« des Feindes gefangenzunehmen, sagt er nein: »Alle Arbeiter und Pflüger mit ihren Ochsen, wenn sie sich ihrer Arbeit widmen«, sowie jedes Maultier, jeder Esel und jedes Pferd vor dem Pflug sollten »aufgrund der Arbeit, die sie tun«, immun sein. Die Begründung war umfassend: Die Sicherheit des arbeitenden Menschen und seiner Tiere kommt allen zugute, denn er arbeitet für alle.

Bonet spiegelt die wachsende allgemeine Verdrossenheit über die »großen Schäden und den Streit«, den die täglichen Verstöße gegen dieses Prinzip verursachten, wider. Mönche wie er und Dichter wie Deschamps beklagten offen die Kriegführung, nicht weil sie notwendigerweise empfindsamer als andere Menschen waren, sondern weil sie sich ausdrücken konnten und es gewohnt waren, ihre Gedanken zu Papier zu bringen. Ohne jede Illusion über das Rittertum schrieb Bonet, daß manche Ritter aus dem Durst nach Ruhm, andere aus Furcht, andere aus »der Gier, Reichtümer zu gewinnen, und keinem anderen Grund« kühne Taten verrichteten. Als *Der Baum der Schlachten*, Karl VI. gewidmet, 1387 erschien, brauchte Bonet für seine Wahrheiten nicht zu leiden. Im Gegenteil, er wurde an den Hof geladen, und die Krone wies ihm Pension und Stellung zu. Wie das anderer Propheten war es auch sein Schicksal, geehrt – und ignoriert zu werden.

Kapitel 20
Eine zweite normannische Eroberung

Noch während sich Coucy in Avignon aufhielt, nahm der königliche Hof seine diplomatischen Talente erneut in Anspruch und betraute ihn mit der delikaten Aufgabe, Papst Klemens die geplante eheliche Verbindung des Königs von Frankreich mit einem Haus auf der anderen Seite des Schismas nahezubringen. Die ausersehene Braut war Elisabeth von Bayern – oder Isabeau, wie sie in Frankreich genannt wurde – aus dem Geschlecht der Wittelsbacher und eine Enkelin von Bernabó Visconti. Bayern war wie alle deutschen Staaten zur bitteren Enttäuschung Karls V. Urban treu geblieben. Eine deutsche Heirat war indessen wichtig, um ein Gegengewicht zu England zu schaffen, insbesondere da Richard II. Verhandlungen um eine Verehelichung mit Anna von Böhmen aufgenommen hatte, der Tochter des toten Kaisers.

Bayern war der mächtigste und blühendste der deutschen Staaten und die Wittelsbacher die reichste der drei Familien – die anderen waren die Habsburger und die Luxemburger –, die zu verschiedenen Zeiten auf dem Kaiserthron saßen. Ein Bündnis mit den Wittelsbachern war so wünschenswert, daß Bernabó Visconti nicht weniger als vier seiner Kinder mit Nachkommen des bayrischen Hauses verheiratete. Taddea, die zweite in dieser Reihe, der eine Mitgift von 100 000 Golddukaten zugestanden wurde, heiratete Herzog Stephan III. von Bayern, der, obwohl er die Herrschaft mit seinen beiden Brüdern teilte, alle Eigenschaften des Autokraten bis zum Exzeß besaß. Rücksichtslos, verschwenderisch, großspurig, amourös und immer unruhig, wenn nicht gerade ein Turnier oder ein Krieg stattfand, paßte er gut zu einer Tochter aus dem Hause Visconti, und als sie nach zwölfjähriger Ehe starb, trat ihre Schwester Maddalena wiederum mit einer Mitgift von 100 000 Dukaten an ihre Stelle. Isabeau, die aus der ersten Ehe Stephans hervorging, war 1385 eine hübsche, rundliche fünfzehnjährige deutsche Maid, der eine wilde und unheimliche Laufbahn bestimmt war.

Ihre Verheiratung mit Karl VI. wurde zum erstenmal ins Gespräch gebracht, als ihr Onkel, der Herzog Friedrich, nach Bourbourg kam, um an den Vergnügungen der französischen Ritterschaft anläßlich der Belagerung dieser Stadt teilzunehmen. Er hörte, eine Vorbedingung der Verlobung mit dem König von Frankreich sei, daß sich die zukünftige Braut einer Untersuchung durch Hofdamen zu unterziehen habe, wobei an der nackten Bewerberin festgestellt werden sollte, ob sie die zur Geburt von Kindern geeigneten Formen besaß. Als Friedrich diese Information seinem leicht erregbaren Bruder überbrachte, lehnte der empört ab. Was, wenn sie zurückgeschickt werden sollte? Herzog Stephan wischte die Heiratspläne auf der Stelle vom Tisch, aber sein Onkel, Albert von Bayern, verfolgte die Verbindung mit großer Diskretion weiter. Er verständigte sich auf der berühmten Doppelhochzeit seines Sohnes und seiner Tochter mit deren doppeltem Schwiegervater, dem Herzog von Burgund. Stephans Zustimmung wurde durch ein Arrangement gewonnen, in dem Isabeau unter dem Vorwand einer Wallfahrt nach Frankreich reisen sollte, aber er warnte seinen Bruder Friedrich, der sie begleitete, daß er, brächte er sie zurück, »keinen bittereren Feind haben« werde als ihn, Stephan.

Gerüchte der geplanten Heirat lösten in Mailand den sensationellsten Coup der Zeit aus – die Entmachtung und Verbannung Bernabós durch seinen scheinbar so stillen und zurückgezogenen Neffen Gian Galeazzo. Schon seit einiger Zeit hatte Bernabós Heiratsdiplomatie Gian Galeazzos Souveränität untergraben, denn es war Bernabós Eigenart, als Aussteuer Visconti-Ländereien oder deren Einkünfte wegzugeben, Ländereien, auf die Gian Galeazzo gleichen Anspruch hatte wie Bernabó, der ihn nicht einmal konsultierte. Die Aussicht, daß eine Enkelin Bernabós den Thron von Frankreich besteigen würde, dazu die Ansprüche von Bernabós Tochter Lucia auf den Thron von Neapel bedrohten Gian Galeazzos französischen Rückhalt. Lucia kam ins Spiel, als die Herzogin von Anjou, die nicht aufhörte, ihre französischen Verwandten zu einem erneuten Versuch, Neapel zu gewinnen, zu ermahnen, vom Hof eine vorläufige Zustimmung »zugunsten« des Unternehmens bekam und daraufhin Lucia aufforderte, eine Ferntrauung mit ihrem Sohn zu vollziehen. Diese Umstände trieben Gian Galeazzo zur Tat.

Im Mai 1385 sandte er seinem Onkel Bernabó einen Brief, in dem er eine Wallfahrt zur Madonna del Monte in der Nähe des Lago Maggiore ankündigte und ein Treffen mit ihm außerhalb von Mailand anregte. Sein Vorschlag schien nur natürlich, denn Gian Galeazzo war, obwohl er als »raffiniert und weise in den Dingen dieser Welt« galt, sehr fromm, trug immer einen Rosenkranz und wurde ständig von Mönchen begleitet. Eine Wallfahrt war für ihn nichts Ungewöhnliches. Er stützte sich auch auf Astrologen, um für seine Entscheidungen den günstigen Moment zu wählen, und weigerte sich einmal, ein diplomatisches Problem zu diskutieren, weil der Zeitpunkt wenig verheißungsvoll schien und er, wie er einem Briefpartner schrieb, »die Astrologie in allen meinen Staatsgeschäften beobachte«. Diese Neigung und seine scheinbare Furcht vor seinem Onkel veranlaßten Bernabó, ihn zu unterschätzen und zu verachten. Als ein Höfling, der Gian Galeazzo nicht traute, vor einer möglichen Verschwörung warnte, spottete Bernabó: »Du hast wenig Verstand. Ich sage dir, ich kenne meinen Neffen«. 76 Jahre alt, nach einem Lebensalter erfolgreicher Tyrannei, war er überheblich und unvorsichtig geworden. Eben darauf beruhte Gian Galeazzos Plan.

Ohne großen bewaffneten Schutz, begleitet nur von zweien seiner Söhne, ritt Bernabó zu dem Treffen vor den Toren. Gian Galeazzo traf mit einer umfangreichen Leibwache ein, stieg vom Pferd, umarmte seinen Onkel und gab, während er Bernabó fest umklammert hielt, ein deutsches Kommando, woraufhin einer seiner Generäle, der *condottiere* Jacopo del Verme, Bernabós Schwertgürtel durchschnitt, ausrief: »Ihr seid gefangen«, und ihm das Zepter abnahm. Sofort darauf galoppierten Truppen Gian Galeazzos durch Mailand und besetzten alle strategischen Punkte. Aufgrund seiner vernünftigen Herrschaft in Pavia war die Bevölkerung nicht abgeneigt, ihn als Befreier willkommen zu heißen, und grüßte ihn mit dem Ruf *»Viva il Conte*!«, dem sich als erster Gedanke nach der Beseitigung des Tyrannen sofort anschloß: »Herunter mit den Steuern!« Um den Übergang zu schmieren, erlaubte Gian Galeazzo dem Mob, Bernabós Palast zu plündern und die Steuerregister zu verbrennen. Eine seiner ersten Maßnahmen war die Reduzierung der Steuern, was ihm leichtfiel, da er Bernabós Goldschatz an sich gebracht hatte. Legitimation oder zumindest deren Anschein wurde durch eine Versammlung des Großen Rats nachgeliefert, die ihm auch formell die Herrschaft übertrug und eine juristische Aufzeichnung der Verbrechen Bernabós an alle Staaten und Herrscher sandte.

Der mailändische Staat wurde nun von einem Alleinherrscher kontrolliert, dessen Bedeutung im Laufe der Zeit weiter anwachsen sollte. Bernabós Söhne wurden neutralisiert, der eine durch lebenslange Gefängnishaft, der andere durch seine eigene Unfähigkeit und der dritte und jüngste durch eine großzügige Pension auf Lebenszeit. Die Städte der Lombardei unterwarfen sich ohne nennenswerte Unruhe, und der Tyrann selbst wurde in der Festung von Trezzo eingesperrt, wo er im Dezember desselben Jahres starb, wahrscheinlich auf Befehl seines Neffen vergiftet. Bernabó wurde in allen Ehren in Mailand bestattet – wenn auch ohne sein Zepter –, und seine Reiterstatue, die er noch selbst entworfen hatte, wurde entsprechend seinen Plänen aufgestellt.

Der Sturz dieses modernen Tarquinius erstaunte die Welt, ein Echo findet sich in den *Canterbury Tales*, wo in der »Erzählung des Mönchs« gesagt wird, wie »Euer Brudersohn . . . Euch in seinem Kerker sterben ließ«. Nicht die geringste Folge dieser Ereignisse war es, daß sich in dem oberflächlichen, aber unversöhnlichen Gemüt Isabeaus von Bayern eine unerbittliche Rachsucht gegen Gian Galeazzo festsetzte, der den Großvater abgesetzt, wenn nicht sogar ermordet hatte, dem sie zweifellos nie begegnet war. Da der Usurpator zu einer der großen Gestalten Europas aufsteigen sollte und sie Königin von Frankreich wurde, waren die Folgen schwerwiegend und weitreichend.

Im Alter von siebzehn Jahren war Karl VI. ein lebhafter, unausgeglichener Jüngling, der in den Turnieren zu Ehren der Burgunder Doppelhochzeit neunmal in die Schranken ritt. Seine Kriegslust war durch seine Onkel ermutigt worden, die sich davon Nutzen versprachen. In körperlicher Hinsicht »schien die Natur ihn verschwenderisch ausgestattet zu haben«. Überdurchschnittlich groß, von kräftiger Statur, die blonden Haare lang bis auf die Schultern, war er offen, energisch, höflich, übertrieben großzügig und freigebig, aber ohne Stetigkeit und Ernst. Während einer Jagd wurde angeblich ein Hirsch erlegt, der ein goldenes Halsband mit der Inschrift – »in alten Lettern« – *Caesar hoc mihi donavit* trug. Als dem damals Dreizehnjährigen gesagt wurde, daß der Hirsch seit den Tagen Julius Cäsars oder »irgendeines anderen Kaisers« im Wald gewesen sein mußte, war der jugendliche König so begeistert, daß er befahl, in alles königliche Geschirr und andere Ausrüstungsstükke einen Hirsch mit einem Halsband in Form einer Krone eingravieren zu lassen. In amouröser Hinsicht war er nicht weniger leicht entflammbar – der Mönch von St. Denis spricht von ihm als einem Opfer »fleischlicher Gelüste« – und ebenso schnell wieder ernüchtert. Labilität lag dicht unter der äußeren Erscheinung von robuster Gesundheit. Seine Mutter, die Königin Johanna, war 1373 einer Phase des Irrsinns verfallen; Karl war ein Produkt generationenlanger Inzucht, alle seine Schwestern waren im Mädchenalter gestorben.

Der Charme Isabeaus und die Freuden der Ehe wurden von seinen verschiedenen Tanten und Onkeln bei der glänzenden Doppelhochzeit der Burgunder in Cambrai im April 1385 gebührend hervorgehoben. Als ein Fürst von großen Prätentionen hatte Philipp von Burgund sein möglichstes getan, um die Feier über alle zu erheben, die je zuvor begangen worden waren. Er lieh sich die Kronjuwelen von Karl VI. aus, schaffte Gobelins und Turnierpferde aus Paris heran, bestellte besondere Uniformen in rotem und grünem Samt – den teuersten Farben – für seine Diener, ließ alle Damen mit goldgewirkten Gewändern ausstatten und lieferte 1 000 Turnierlanzen für die beteiligten Ritter. Päpstlicher Dispens – die Brautpaare waren jeweils eng verwandt – war gleich in doppelter Ausführung nötig, einer von jedem Papst, denn die Eheschließungen überspannten das Schisma. Geschenke wurden die ganzen Feierlichkeiten hindurch fünf Tage lang verteilt, und ihr Wert betrug das Doppelte des Aufwands für die Gewänder. Die Kosten insgesamt beliefen sich auf 112 000 Pfund, was einem Viertel der Einkünfte des flämisch-burgundischen Staates in dieser Zeit tiefen gesellschaftlichen Haders und Mangels gleichkam.

Isabeau kam im Juli in Frankreich an, nachdem sie vier Wochen lang am Hofe ihrer Wittelsbacher Verwandten in Hainault geschult worden war. Französische Kleidung, Etikette und der französische Flirt waren Unterrichtsthemen. Sie traf ihren Bräutigam Karl in Amiens, wohin der französische Hof wegen des neuen flämischen Kriegs gezogen war. Der König kam in fieberhafter Aufregung am 13. Juli an, demselben Tag, an dem Coucy von Avignon her eintraf, »in großer Eile mit Nachrichten vom Papst« – worum es sich handelte, ist nicht überliefert. Schlaflos und erregt fragte Karl immer wieder: »Wann werde ich sie sehen?« und verliebte sich, als es endlich soweit war, auf der Stelle in das deutsche Mädchen. Als er gefragt wurde, ob sie Königin von Frankreich werden sollte, antwortete er mit Nachdruck: »Bei Gott, ja!«

Isabeau verstand nichts, da ihre Lehrer sie offensichtlich mit der französischen Sprache nicht behelligt hatten. Sie konnte nur einige wenige Worte in dickem deutschem Akzent sprechen. Ihr Auftreten aber war bezaubernd, und Karls Ungeduld nahm solche Formen an, daß die Heirat hastig auf den 17. Juli vorgezogen wurde, was viele Scherze über das temperamentvolle junge Paar auslöste. »Und wenn sie jene Nacht zusammen in großem Entzücken verbrachten«, schloß Froissart, »kann man das wohl glauben.« Wohl keine andere so ungeduldig geschlossene Ehe sollte jemals in einem traurigeren Ende versinken, in Wahnsinn, Ausschweifung und Haß.

Nach Venus: Mars. Noch bevor die Waffenruhe mit England im Oktober auslaufen sollte, schickten die Schotten Gesandte, um die Franzosen aufzufordern, ihnen Truppen zu senden und »mit ihnen zusammen ein so großes Loch in England zu machen, daß es sich nie wieder erholen würde«. Der Stolz der Franzosen ging bereitwillig auf diese Möglichkeit ein, endlich einmal die Initiative gegen England zu ergreifen. Den Engländern sollte bewiesen werden, daß sie nicht immer nur als die Aggressoren auftreten konnten, sondern daß »sie sich daran gewöhnen mußten, angegriffen zu werden« – auf eigenem Boden, wie Coucy schon Karl V. geraten hatte. Philipp der Kühne, der die Regierung in Frankreich mit fester Hand kontrollierte, beauftragte Admiral de Vienne, »einen Ritter von erprobter Tapferkeit und einer Leidenschaft für den Ruhm«, eine Expeditionsstreitmacht nach Schottland zu bringen und dort die Voraussetzungen für die Entsendung eines größeren Aufgebots zu schaffen. Dies sollte von Clisson, Sancerre und Coucy angeführt werden. Dann wollten sie mit den Schotten »kühn über die Grenze eindringen«.

Mit achtzig Rittern und einer Truppe von im ganzen eintausendfünfhundert Mann, die sechs Monate im voraus bezahlt waren, schiffte Vienne sich im Frühsommer 1385 ein. Er führte ein »freies Geschenk« von 50 000 Goldfranken für den König von Schottland mit sowie fünfzig Rüstungen mit Lanzen und Schilden für seine Edlen. Die schottischen Gesandten hatten die Franzosen gebeten, Ausrüstung für tausend Schotten mitzubringen, was den Franzosen eine Warnung hätte sein können. Die schottischen Zustände waren für Vienne eine unangenehme Überraschung. Die Burgen waren kahl und finster, primitiv ausgestattet, boten wenig Komfort in einem elenden Klima. Schlimmer noch waren die feuchten Steinhütten der Klanhäuptlinge, die weder Fenster noch Schornsteine besaßen und vom Rauch der Torffeuer erfüllt waren. Ihre Bewohner waren in langjährige Vendetten verstrickt, in deren Verlauf Vieh gestohlen, Frauen geraubt, betrogen und gemordet wurde. Sie hatten kein Eisen für die Hufe ihrer Pferde noch Leder für Sättel und Zaumzeug, da dieses vorher aus Flandern eingeführt worden war.

An »teppichgeschmückte Hallen, gute Burgen und weiche Betten gewöhnt«, fragten sich die Franzosen: »Warum sind wir hierhergekommen? Wir haben bis jetzt nicht gewußt, was Armut ist.« Ihre Gastgeber waren auch nicht begeistert von ihnen. Sie schätzten die an Luxus gewöhnten Franzosen nicht und hießen sie kalt willkommen. Statt mit fliegenden Bannern in die Schlacht zu ziehen, zogen sie ihre Truppen zurück, als sie erfuhren, daß eine große englische Armee im Anmarsch war.

Durch einen neuen Aufstand in Flandern abgelenkt, kam die französische Verstärkung nicht. Während er zur Muße gezwungen war, verwandelte sich Viennes frustrierte Kriegslust in Liebe; er ließ sich auf eine sündige Leidenschaft mit einer Kusine des schottischen Königs ein, was seine Gastgeber so erzürnte, »daß der Admiral in Todesgefahr geriet«. Ob dieser Streit wirklich von Viennes Liebesaffäre herrührte oder sich nicht vielmehr um die Weigerung der Schotten drehte, den Aufenthalt der Franzosen zu bezahlen – auf jeden Fall nahm der Admiral die Kosten auf sich, heuerte eilig eine Anzahl von Schiffen an und verschwand.

Inzwischen hatten Truppen aus Gent, die von Arteveldes Nachfolger Francis Ackerman angeführt wurden, Damme besetzt, den Hafen von Brügge an der Mündung der Schelde, von wo aus die französische Armee eigentlich nach Schottland auslaufen sollte. Der Angriff war von den Engländern angeregt worden, die voller Schrecken von Gerüchten über eine französische Invasion gehört hatten. Eine französische Armee, an deren Spitze der König direkt aus dem Hochzeitsbett geeilt war, marschierte nach Norden, um Damme zu belagern, und eroberte es auch, nachdem die Soldaten sehr unter der Hitze, den englischen Bogenschützen und dem Ausbruch einer Epidemie zu leiden gehabt hatten.

Die Strafe war erbarmungslos, vor allem durch die Burgunder, die bis an die Tore von Gent das Land verwüsteten, brannten und mordeten. Viele Gefangene, die zunächst Lösegeld einbringen sollten, wurden zur Abschreckung erschlagen. Einer von ihnen warnte noch auf dem Schafott seine Henker, daß »der König von Frankreich auch Männer mit furchtlosem Herzen töten kann, aber selbst wenn er alle Flamen ausrottete, würden sich noch ihre trockenen Gebeine erheben, um ihn zu bekämpfen«. Allmählich wurde dem Herzog von Burgund auch deutlich, daß es nicht in seinem Interesse sein konnte, den Haß seiner Untertanen auf sich zu ziehen. Ein Friedensvertrag ohne weitere Strafen und Bußen wurde im Dezember in Tournai unterzeichnet, und der Herzog bemühte sich nun, die Wirtschaft Flanderns wieder auf die Beine zu bringen. Aber der Schaden, den Jahrzehnte des Kampfes hinterlassen hatten, war nicht leicht zu beseitigen; das große Zeitalter der flämischen Wohlhabenheit war vorüber.

Vielleicht inspiriert von all den Hochzeiten, an denen er zu dieser Zeit teilnahm, entschloß sich Coucy, ein Mädchen zu heiraten, das dreißig Jahre jünger war als er. Die Hochzeit fand im Februar 1386 statt, die Braut war Isabelle, Tochter des Herzogs von Lothringen, »eine sehr schöne Demoiselle aus der großen und edlen Dynastie derer von Blois«. Sie war sogar als Braut des Königs im Gespräch gewesen, als sich Stephan von Bayern so widerspenstig gezeigt hatte, und von ihr hieß es, sie sei »im Alter des Königs oder ihm sehr nahe«, was auf eine Sechzehn- bis Achtzehnjährige schließen läßt. Karl VI. hatte der Partie schon »fast zugestimmt«, als die bayrische Verbindung neu belebt wurde.

Von der zweiten Isabelle de Coucy ist wenig bekannt, außer daß Coucy nach der Hochzeit seine Burg völlig renovieren ließ, was möglicherweise (aber nicht unbedingt) darauf hindeutet, daß er es tat, um seine junge, schöne Frau zu erfreuen.

Im Anschluß an die Hochzeit wurde ein neuer Nordwestflügel, der ebenso überdimensional angelegt war wie der Hauptturm, erbaut. Hinzu kamen viele häusliche Verbesserungen. Der neue Flügel besaß eine Bankettballe, die etwa 15 mal 70 Meter maß und Salle des Preux oder der Saal der Neun Großen genannt wurde nach den geschichtlichen Helden, die das Mittelalter am meisten bewunderte. Darunter waren drei Helden der Antike – Hektor von Troja, Alexander der Große und Julius Cäsar; drei biblische Juden – Josua, König David und Judas Makkabäus; drei Christen – König Artus, Karl der Große und der Kreuzfahrer Gottfried von Bouillon. Ein sich anschließender Saal war den weiblichen Größen gewidmet, Hippolyte, Semiramis, Penthesilea und anderen mythischen Königinnen. Jeder Saal hatte einen gewaltigen Kamin an der Stirnseite, eine hohe Bogendecke und weitgeschwungene Bogenfenster, die breite Streifen Sonnenlichts einfallen ließen, ganz anders als die schmalen Schlitze in den älteren Mauern. Eine erhöhte Tribüne, von der aus bedeutende Herren und Damen getrennt von der Menge die Tänze und Unterhaltungen ansehen konnten, war in den Salle des Preux hineingebaut. Hinter ihr stand die Reihe der neun Großen im Halbrelief, »von Hand so fein geschlagen«, schrieb ein Bewunderer, »daß, wenn ich es nicht mit eigenen Augen gesehen hätte, ich nie glauben würde, daß Blätter und Früchte und Trauben und andere delikate Dinge so vollkommen aus hartem Stein geformt werden könnten«.

Unter anderen Neuerungen befand sich auch ein Kamin im Boudoir der Dame, das nun im Winkel zwischen dem neuen und dem alten Flügel lag; ein überdachter Tennisplatz mit einer geschnitzten Holzdecke; ein neuer Stall im unteren Hof; ein Wassertank zwei mal drei Meter groß und fünf Meter tief, der die Küchen durch vier große Leitungen mit Wasser versorgte. Neue hölzerne Decken wurden im Hauptturm eingezogen, die Dächer in der ganzen Burg neu gedeckt, die Siele und Gossen gesäubert und die Fenster im oberen Zimmer, »die der Affe der Dame de Coucy beschädigt hatte«, repariert.

Handwerker aller Art wurden angestellt – ein Kutschenmacher, um die Kutsche, mit der die neue Dame de Coucy aus Lothringen gekommen war, zu verkleinern, denn sie war zu breit für die Tore; Kunsttischler und Holzschnitzer, um die Decke der Adlerkammer, die kleine Kapelle und das Ankleidezimmer des Sire de Coucy auszukleiden und um Ausziehvorrichtungen für den großen Bankettisch herzustellen; Schmiede, um alte Schlüssel und Schlösser, Riegel und Türangeln zu erneuern, besonders um ein neues Schloß an den Schmuckkasten in der kleinen Kapelle des Seigneurs anzubringen; Klempner, um die Küchensiele und Abflußrohre zu löten; Maler und Schneider aus Paris, um die Wände zu schmücken und die »rot-weißen Hauben der Coucy-Livreen neu zu füttern«.

Ein großer Teil des nicht verpachteten Landes, das spricht aus den Wirtschaftsbüchern, die noch vorhanden sind, bestand aus Weinbergen, die beträchtlichen Aufwand für das Pflanzen, Kultivieren und die Ernte erforderten, aber dem Seigneur auch einen beträchtlichen Profit einbrachten. Andere Kosten waren die Löhne der Vögte und Steuereinnehmer, die Beiträge zum Unterhalt der Kaplane der beiden Kapellen, Ausgaben für das Räuchern von Fischen, das Auffüllen des Viehbestandes, das Schlagen von Feuerholz, das Mähen und Heumachen auf den Feldern, den Einkauf von Kleidung und Ausrüstung für den Seigneur und sein Gefolge. Coucy unternahm seine Reisen nach Soissons und an andere Orte gemeinhin in Begleitung von etwa achtzig Rittern, Knappen und berittenen Dienern sowie einem Astronomen, Maître Guillaume de Verdun, der »bestimmte Notwendigkeiten für ihn« versah.

Die zweite Heirat war nicht viel fruchtbarer als die erste, was etwas über Coucys eheliche Beziehungen oder vielleicht auch nur seine häufigen Abwesenheiten aussagen mag. Kein Sohn zur Fortsetzung der Dynastie wurde ihm geboren und nur eine Tochter. Sie wurde nach ihrer Mutter Isabelle genannt und heiratete schließlich den zweiten Sohn des Herzogs von Burgund. An einem nicht genau bekannten Tag wurde ihm aber der ersehnte Sohn doch noch geboren – unehelich. Er hieß Perceval und wurde Bastard von Coucy genannt; es ist überliefert, daß er 1419 heiratete, was darauf hinweist, daß er aus einer späten Liaison seines Vaters hervorging. Von seiner Mutter ist nichts bekannt. Sie mag eine Rivalin von Coucys Frau gewesen sein oder eine Nebenfrau während seines späteren Dienstes als Generalleutnant von Aquitanien. Offenbar war sie Coucy nicht unwichtig, oder er war stolz auf den Sohn oder beides, denn er erkannte die Vaterschaft an und überließ Perceval die Herrschaft in Aubermont, ein Lehen der Grundherrschaft von La Fère. Der Bastard durfte sich danach Sieur de Coucy und Seigneur d'Aubermont nennen.

Im Jahr der vielen Heiraten, 1385/86, war Coucy auch Gast der Hochzeit seines Habsburger Verwandten und früheren Feindes Herzog Albrecht III. in Dijon. Albrecht heiratete eine Tochter Philipps des Kühnen. Dies war auch das

Jahr des historischen Sieges von Sempach, wo die Spieße tragenden Schweizer die Habsburger schlugen, und es ist möglich, daß Coucys Anwesenheit in Dijon auf ein Hilfeersuchen der Habsburger an ihn zurückging. Auf jeden Fall war sein Streit mit der Familie seiner Mutter anscheinend beigelegt. »Wie immer, vertrugen sie sich schließlich wieder«, schrieb der Entdecker des Dokuments, das Coucys Anwesenheit in Dijon belegt.

Das schottische Fiasko konnte die französischen Angriffspläne nicht entmutigen. Im Gegenteil, nun faßte man eine große Invasion Englands ins Auge, ein wirkliches Eindringen, vielleicht eine zweite normannische Eroberung. Es gab im Adel eine weitverbreitete Überzeugung, daß einzig ein militärischer Sieg der Franzosen den Krieg beenden und die Vorherrschaft des französischen Papstes durchsetzen konnte. Außerdem war bekannt, daß in England große Uneinigkeit herrschte, daß der Adel nicht mehr zum König stand, sondern tief unzufrieden war. Anfänglich war der Herzog von Burgund der entschiedenste Befürworter des Invasionsplanes, aber als die Entscheidung im April 1386 getroffen wurde, stimmte der königliche Rat geschlossen für das Unternehmen. Viele der Räte waren noch dieselben Männer wie unter Karl V., aber sein alles kontrollierender Sinn für die Kunst des Möglichen war verloren. Aus dem »Trümmerhaufen« von Poitiers und der Zeit danach hatte Karl V. gelernt, seinen Ehrgeiz den Möglichkeiten anzupassen; die Herrschaft seines Sohnes aber wußte nichts von solcher Disziplin. Eine *folie de grandeur* oder auch jene »Träume der Allmacht«, die die Megalomanie definieren, ergriffen die Franzosen, während ein wirres Jahrhundert seinem Ende zustrebte.

»Ihr seid der größte lebende König mit der größten Zahl von Untertanen«, sagte der Herzog von Burgund seinem Neffen, »und ich habe oft bei mir gedacht, warum fahren wir nicht nach England hinüber und zerdrücken den großen Stolz dieser Engländer . . . und machen dieses große Unternehmen zu einer ewigen Ruhmestat?« Als der Herzog von Lancaster kurz nach Ostern England mit einer großen Armee in zweihundert Schiffen verließ, um den Thron von Kastilien zu erobern, war die Gelegenheit für die Franzosen gekommen. Informationen zwischen den beiden Ländern wurden vor allem durch französische und englische Fischer vermittelt, die die Feindschaft ihrer Nationen ignorierten, sich auf See gegenseitig halfen und Fänge austauschten. Auf die Weise riß die Kommunikation über den Ärmelkanal hinweg nie ab.

Die französische Invasionsflotte sollte die größte, »seit Gott die Welt schuf«, werden. Die Armee, die Clisson und Coucy eigentlich nach Schottland hatten führen sollen, war der Kern der Invasionsstreitmacht, die durch weitere Aushebungen erheblich verstärkt wurde. Chronisten schreiben von vierzigtausend Rittern und Knappen, fünfzigtausend Pferden und sechzigtausend Fußsoldaten, Zahlen, die eher auf Wirkung denn Genauigkeit zielen. Die Vorbereitungen für den schottischen Feldzug waren bereits fortgeschritten, als die flämische Unterbrechung kam, und sie wurden nun in einem kolossalen Ausbruch von Aktivität fortgesetzt. Geld war wie immer das vordringliche Problem. Eine Verkaufssteuer von 5 Prozent sowie eine Getränkesteuer von 25 Prozent waren bereits für das schottische Unternehmen im ganzen Königreich erhoben worden, was der Krone 202 000 Pfund eintrug. Diese Steuern wurden nun erneuert, ein Vorgang, der sich wiederholen sollte, denn die Steuern brachten nie genug.

Schiffe wurden aus allen Teilen Europas angeheuert oder gekauft, während die französischen Werften Tag und Nacht arbeiteten. Die sechshundert Schiffe, die schon im Jahr zuvor gesammelt worden waren, wurden verdoppelt, und der Anblick der Flotte in der Mündung der Schelde war »der größte seiner Art, der je gesehen wurde«. Buonaccorso Pitti, der allgegenwärtige Florentiner, sah eintausendzweihundert Schiffe, von denen sechshundert Kampfschiffe waren, auf die eine »Burg« für Bogenschützen gesetzt worden war. Die französischen Adligen, die damit rechneten, sich an den Engländern durch Beute und Lösegelder schadlos zu halten, sparten nicht am Aufwand für ihre Schiffe, die vergoldete Büge und silberne Masten hatten, die Segel waren zum Teil aus Bahnen von Goldstoff und Seide gefertigt. Der Admiral de Vienne beauftragte einen flämischen Künstler, Pierre de Lis, sein Flaggschiff ganz rot anzumalen und es mit seinem Wappen zu verzieren. Das schwarze Schiff Philipps von Burgund war mit den Wappen all seiner Besitzungen bemalt und führte seidene Wimpel, die seinen kühnen Wahlspruch trugen *»Il me tarde«*, was heißen sollte: »Ich warte nicht«, ein Motto, das sich auf dem Hauptsegel wiederholte. Coucys Schiff, »eines der luxuriösesten der Flotte ... sehr groß und reichverziert«, traf ein unglückliches Schicksal noch auf der Seine, wo es von einem tollkühnen portugiesischen Admiral, einem Verbündeten des Herzogs von Lancaster, bei einem Überfall gekapert wurde.

Auch Coucy war nicht gefeit gegen die Hybris der Stunde. Eines seiner Siegel – auf einer Empfangsbestätigung vom Oktober 1386 für Zahlungen, die mit der Invasionsflotte in Verbindung standen – zeigt sein Wappen kombiniert mit dem königlichen Leoparden von England. Offensichtlich glaubte er sich berechtigt, irgendeinen Anspruch auf das königliche Wappentier erheben zu können, vielleicht auch, weil seine Tochter Philippa eine Kusine des Königs von England war. Coucys persönliches Kontingent in der Invasionsarmee zählte fünf Ritter, vierundsechzig Knappen und dreißig Bogenschützen.

Die weiten Buchten und Mündungsbecken der Schelde boten einen riesigen, gutgeschützten Sammelplatz für die Armada. Nachschub und Verbindung waren zu Land und zur See sowie über Kanäle bis nach Brügge möglich. Tag um Tag trafen die Versorgungsfahrzeuge wie in einer Parade ein und brachten Verpflegung und Ausrüstung – zweitausend Fässer für Zwieback, Holz zum Bau von Karren, tragbare Handmühlen, um Weizen zu mahlen, Kanonenkugeln aus Eisen und Stein von Reims, Taue, Kerzen, Laternen, Matratzen und Strohsäcke, Urinier- und Rasierbecken, Wäschetröge, Laufplanken zum Verladen der Pferde, Schaufeln, Pickäxte und Hämmer. Schreiber gaben einen endlosen Strom von Bestellungen heraus, Bevollmächtigte schafften aus der Normandie und der Picardie, aus Holland und Seeland und sogar aus Deutschland und Spanien Nahrungsmittel herbei – Weizen, um zweitausend Tonnen Zwieback herzustellen, Pökelfleisch und Schinken, Räucherhering, geräucherter Lachs und Aal, Stockfisch, getrocknete Erbsen und Bohnen, Zwiebeln, Salz, 1000 Fässer (bzw. vier Millionen Liter) französischen Weins und 857 Fässer Wein aus Griechenland, Portugal, der Levante und Rumänien.

Der Herzog von Burgund bestellte 101 Rinder, 447 Schafe, 224 Schinken, 500 fette Hühner, Kapaune und Gänse, Behälter mit Ingwer, Pfeffer, Safran, Zimt und Gewürznelken, 900 Pfund Mandeln, 200 Pfund Zucker, 400 Pfund Reis, 300 Pfund Gerste, 94 Faß Olivenöl, 400 Käse aus Brie und 144 aus Chauny.

Schwerter, Lanzen, Hellebarden, Rüstungen, Helme »mit Visieren nach der neuen Mode« Schilde, Banner, Standarten, 200 000 Pfeile, 1 000 Pfund Kanonenpulver, 138 Steinkugeln, 500 Rammbüge für die Schiffe, Katapulte und Flammenwerfer wurden gesammelt. Waffenschmiede hämmerten und polierten, Sticker arbeiteten an den Bannern und Fahnen, Bäcker buken den Schiffszwieback. Die Waren wurden bei Lieferung gezählt, verpackt, gestapelt und in die Laderäume gehievt. Die Reede füllte sich mit Frachtschiffen, Leichtern, Barken, Galeeren und Galeonen.

Von allen Vorbereitungen aber war die überwältigendste die transportable hölzerne Stadt, die die Invasoren schützen und beherbergen sollte, sobald sie gelandet waren. Ein gewaltiges Lager, das ein Haus für jeweils einen Hauptmann und seine Kompanie versah, war dies praktisch ein künstliches Calais, das über den Ärmelkanal geschleppt werden sollte. Seine Dimensionen waren bezeichnend für den Allmachtstraum der Franzosen. Das Lager sollte einen Umfang von neun Meilen haben und eine Fläche von tausend Morgen. Es sollte von einem hölzernen Schutzzaun von sieben Meter Höhe mit Türmen im Abstand von zwanzig Metern umgeben sein. Häuser, Baracken und Ställe sollten entlang einem vorher ausgelegten Straßenplan gebaut werden, Märkte, in denen die Kompanien sich versorgen sollten, waren geplant. Wilhelm der Eroberer hatte ein zerlegbares hölzernes Fort bei seiner Landung dreihundert Jahre früher benutzt, und ähnliche Anlagen waren seitdem bei Expeditionen häufig mitgeführt worden, aber nichts derart Kühnes und Großes war jemals vorher ersonnen und unternommen worden. Vorgefertigt von fünftausend Schreinern in der Normandie, die von einer ganzen Mannschaft von Architekten angeleitet wurden, sollte das Lager in numerierten Teilen verpackt und verschifft werden, so daß der Zusammenbau im Brückenkopf an der englischen Küste angeblich in unglaublichen drei Stunden zu bewältigen war. Zu Kriegszwecken stand dem 14. Jahrhundert – wie dem 20. – eine Technologie zu Gebote, die der geistigen und moralischen Reife der Menschen, die sie nutzten, weit überlegen war.

Der Hafen an der Schelde war von Adligen, Amtsträgern, Handwerkern und Dienern aller Grade, die alle beherbergt und bezahlt sein wollten, überfüllt. Die glänzende Erscheinung des Grafen von Savoyen fehlte, aber sein Sohn Amadeus VII., genannt der Rote Graf, tat sein Bestes, ihn zu ersetzen, und wies in großer Gastlichkeit niemanden, ob gering oder groß, von seiner Tafel. Auch der Dichter Eustache Deschamps fand sich ein, um das Ereignis in zuversichtlichen Versen zu feiern:

Euer wird das Land von England sein;
Wo einst der Normanne siegte,
Werden tapfere Herzen wieder streiten.

Alle großen Herren Frankreichs waren zugegen außer dem Herzog von Berry, dessen verspätete Ankunft Unwillen erregte.

Mit Ungeduld erwartete man den Tag der Einschiffung. Die Adligen wohnten in Brügge, »um es angenehmer zu haben«, und ritten alle paar Tage nach Sluis hinüber, wo der König Quartier genommen hatte, um zu erfahren, ob der Tag des Aufbruchs schon festgelegt war. Die Antwort lautete immer »morgen« oder »nächste Woche« oder »wenn der Nebel sich lichtet« oder »wenn der Herzog von Berry kommt«. Die große, eng zusammengedrängte Masse von Menschen wurde unruhig und disziplinlos. Viele, darunter auch die ärmeren Ritter und Knappen, konnten nicht bezahlt werden, die Lebenshaltungskosten stiegen, da die ansässige Bevölkerung immer höhere Preise verlangte. Ritter beschwerten sich darüber, daß vier Franken kaum noch kaufen konnten, was man vorher für einen haben konnte. Die Flamen waren mürrisch und streitsüchtig, »denn das gemeine Volk trug wegen der Schlacht von Roosebeke einen Groll in seinem Herzen«. Sie sagten untereinander: »Warum zum Teufel fährt der König nicht hinüber nach England? Sind wir noch nicht arm genug?«, auch wenn sie zugaben, daß »die Franzosen uns nicht ärmer machen«.

Alle Entschuldigungen für eine Verschiebung des Aufbruchs waren nun auf eine reduziert – das Warten auf den Herzog von Berry. Sein Nichterscheinen war ein Anzeichen, daß die Entscheidung für die Invasion doch nicht ganz einmütig war, daß Zweifel und unterschiedliche Interessen hinter den Kulissen am Werk waren, daß eine Friedenspartei unter der Führung von Berry einer Kriegspartei gegenüberstand.

Der Herzog von Berry war von seiner Besitzgier und seinem Interesse an der Kunst zu sehr in Anspruch genommen, um sich für einen Krieg begeistern zu können. Er lebte für den Besitz, nicht für den Ruhm. Er besaß zwei Residenzen in Paris, das Hôtel de Nesle und ein anderes in der Nähe des Temple, und er baute oder kaufte im ganzen siebzehn Burgen und feste Schlösser in seinen Herzogtümern Berry und Auvergne. Sie alle füllte er mit Uhren, Münzen, Mosaiken, Intarsien, Büchern, Musikinstrumenten, Wandteppichen, Statuen, Gemälden, deren Rahmen mit Edelsteinen besetzt waren, Goldgefäßen, juwelenbesetzten Kreuzen, Reliquien und Kuriositäten. Er besaß einen der Zähne Karls des Großen, einen Fetzen von Elias' Mantel, Jesu Trinkgefäß beim Abendmahl, Tropfen von der Milch der Heiligen Jungfrau, genug von ihren Haaren und Zähnen, um noch welche zu verschenken, Erde von mehreren biblischen Schauplätzen, die Zähne eines Wals, die Stachel eines Stachelschweins, den Backenzahn eines Riesen und ausreichend goldverzierte Gewänder, um das ganze Kanonikat dreier Kathedralen einzukleiden, was er einmal tat. Agenten hielten ihn ständig über erwerbbare Kuriositäten auf dem laufenden, und als einer von ihnen ihm die Nachricht zukommen ließ, daß die »Knochen eines Riesen« in Lyon ausgegraben worden seien, beauftragte er ihn auf der Stelle mit dem Kauf. Er hielt sich Schwäne und Bären, die seine Wappentiere waren, eine Menagerie mit Affen und Dromedaren, und in seinen Gärten wuchsen seltene Obstbäume.

Wie die meisten reichen Herren seiner Zeit besaß er eine gute Bibliothek von Klassikern und zeitgenössischen Werken; er vergab Aufträge für Übersetzungen aus dem Lateinischen, kaufte Romane von den Buchhändlern in Paris und ließ seine Bücher kostbar binden, einige in roten Samt mit goldenen Schließen. Er beauftragte berühmte Illustratoren mit mindestens zwanzig Stundenbüchern, darunter zwei einmalige Meisterwerke, die *Grandes Heures* und die *Très Riches Heures*. Es war ihm ein großes Vergnügen, seine Lieblingsszenen aus der Literatur illustriert zu sehen, und er liebte Porträts, auch solche von ihm selbst. Er ist auf ihnen gewöhnlich in reines Himmelblau gekleidet, eine Farbe, die so teuer war, daß zwei Töpfe davon in der Inventurliste von Berrys »Schätzen« auftauchten.

Berry führte die Pedalorgel in seinen Kirchen ein und kaufte einem Kornettisten in seinen Diensten eine neue Jacke, damit dieser Karl V. ein Solo vorspielen konnte. Er ließ Gold und Perlen mahlen, um den Brei als Abführmittel einzunehmen, und in Mußestunden, vor allem, wenn er zur Ader gelassen wurde, um den Nachwirkungen seiner Völlerei abzuhelfen, würfelte er. In einem Spiel mit einem Ritter setzte er seinen Gebetskranz aus Perlen gegen vierzig Franken. Von seinen Schwänen, Bären und Wandteppichen begleitet, zog er unablässig von einem Schloß zum anderen, führte halbvollendete Kunstwerke mit sich, um sie andernorts von anderen Künstlern vervollständigen zu lassen, nahm an Prozessionen und Wallfahrten teil, besuchte Klöster, inspizierte im Herbst die Weinernte und schickte seiner Herzogin einmal im Juni junge Erbsen, Kirschen und achtundsiebzig reife Birnen ins Haus. Er sammelte Hunde, war immer auf der Suche nach neuen, egal wie viele er schon besaß, und als er von einer seltenen Doggenart in Schottland hörte, ließ er sich von Richard II. einen Freibrief geben, damit vier Kuriere durch England nach Schottland reiten und auf dem Rückweg ein Paar der Tiere mitbringen konnten.

Die Mittel, mit denen er seine Gelüste befriedigte, waren dem Volk der Auvergne abgepreßt – und dem Volk von Languedoc, als er dort Gouverneur war – mit den härtesten Steuern, die Frankreich in seiner Zeit kannte. Seine Besteuerung säte den Haß und das Elend, das im Aufstand von Montpellier in Gewalt umschlug – und auch zu seiner Abberufung führte. Die Bestrafung der Tuchin-Revolte, als er an der Stelle seines Bruders Anjou wieder Gouverneur war, erwies sich als seine lukrativste Gelegenheit. Statt Todesurteile über die Führer zu verhängen, verkaufte er Begnadigungen und erlegte den Gemeinden die enorme Geldbuße von 800 000 Goldfranken auf, viermal soviel, wie das ganze Languedoc für das Lösegeld des englischen Königs Johannes II. hatte zusammenbringen können. Sie sollte durch eine Steuer in der unerhörten Höhe von 24 Franken pro Haushalt aufgebracht werden. Unverändert und ungeläutert sollte Berry noch dreißig weitere Jahre damit verbringen, ungeheure Summen zu sammeln und auszugeben, bis er seine Länder ruiniert hatte und bankrott im Alter von 76 Jahren starb.

Zu der Zeit, als er an der Schelde so dringend erwartet wurde, war er 46, eitel, vergnügungssüchtig, eigensinnig, mittelmäßig in Intellekt und Esprit, vor der Vulgarität bewahrt nur durch seine Liebe zur Schönheit und seine Förderung der Kunst. Vielleicht war diese lebenslange Leidenschaft für alles Schöne eine Reaktion auf seine eigenen häßlich-groben Züge, die er in perverser Weise noch betonen ließ: das stumpfnasige Gesicht erscheint auf Siegeln, Kameen, Gobelins, Altarflügeln, Glasfenstern und Stundenbüchern. Nach einem populären Reim wünschte der Herzog, sich »nur mit Stupsnasen an seinem Hof« zu umgeben.

Berry erschien an der Schelde erst am 14. Oktober. Inzwischen waren die Tage kürzer und kälter geworden, die Wasser des Kanals rauher. Mitte September hatte die transportable Stadt eine Katastrophe getroffen. Auf zweiundsiebzig Schiffe verladen, war sie auf dem Weg von Rouen an die Schelde, als der Konvoi von einem englischen Geschwader aus Calais aufgebracht und drei der französischen Schiffe – eines mit dem Meister an Bord, der die Bauarbeiten geleitet hatte – gekapert wurden. Zu groß, um nach Calais eingeschleppt zu werden, brachten die Engländer zwei der Schiffe nach London, wo zum Jubel und zum Erstaunen der Bevölkerung die Sektoren der hölzernen Stadt, die sie getragen hatten, ausgestellt wurden. Für die Franzosen war dieser Verlust ein schlechtes Omen.

Der Mönch von St. Denis, dem es niemals an Vorzeichen mangelte, berichtete überdies von Wolken von Krähen, die glühende Kohlen im Schnabel trugen und sie auf strohgedeckte Hütten fallen ließen, sowie von einem der verheerenden Unwetter, die regelmäßig in den dunklen Momenten seiner Chronik auftreten und das in diesem Fall die größten Bäume entwurzelte und eine Kirche durch Blitzschlag zerstörte. Am Tag, nachdem der Herzog von Berry schließlich eintraf, rührten die Elemente, »als wären sie erzürnt über die Verzögerung«, das Meer auf und türmten Wellen »wie Berge«, die Schiffe zerschlugen. Dem folgten solche Regenfälle, daß es schien, als wollte Gott den Menschen eine neue Sintflut schicken. Viele Lebensmittelvorräte, die noch nicht verladen waren, verdarben.

Drei Wochen der Unentschlossenheit vergingen tatenlos. Im November legten die Kapitäne von einhundertfünfzig der Invasionsschiffe eine Liste von Gründen vor, warum die Einschiffung nun unmöglich geworden sei: »Wahrhaftig, die See ist verflucht: item, die Nächte sind zu lang; item, zu dunkel (und so weiter in einer langen Reihe von ›items‹), zu kalt, zu regnerisch, zu *fresques*. Item, wir brauchen einen Vollmond; item, wir brauchen Wind. Item, die Küsten von England sind gefährlich, die Häfen sind gefährlich; wir haben zu viele alte Schiffe, zu viele kleine Schiffe, wir fürchten, daß die kleinen Schiffe von den großen vollgeschlagen und versenkt werden . . .« Die uneingeschränkte Negativität dieser Liste deutet darauf hin, daß sie eine Entscheidung rechtfertigen sollte, die schon gefallen war.

Das ganze immense Unternehmen mit all seinen Investitionen in Schiffen, Waffen, Männern, Geld und Vorräten wurde abgesagt, zumindest für den Winter. Die große Armee lief auseinander, verderbliche Vorräte wurden den Flamen weit unter den Gestehungskosten verkauft, der Rest der transportablen Stadt wurde vom König dem Herzog von Burgund übergeben, der ihn zu Bauzwecken in seiner Domäne benutzte. Auf der anderen Seite des Kanals feierten die Engländer.

Daß Berry »nicht den Wunsch hatte, nach England zu gehen«, und daß ihm auch nicht daran gelegen war, daß die Expedition überhaupt stattfand, wurde schon damals erkannt. Das Bedürfnis nach einem Verhandlungsfrieden wuchs auf beiden Seiten, wenn auch in jedem der beiden Länder nur in Opposition zu einer Kriegspartei. Besonders der Stand der Kaufleute wünschte, den »zwecklosen Krieg« zu beenden, und viele, die sahen, daß er zu nichts führte, sprachen für den Frieden als einen Schritt zur Überwindung des Schismas und zur Vereinigung der beiden großen christlichen Könige gegen die Türken. Ob Berry nun in diesen Begriffen dachte oder nicht, er war sicherlich besorgt darüber, wieviel Geld der Krieg verschlang, und er stand in Verbindung mit dem Herzog von Lancaster, der selbst den Frieden zwischen England und Frankreich wünschte, um freie Hand für die Eroberung des Throns von Kastilien zu haben. Unter dem Vorwand von Friedensverhandlungen hatten sich Berry und Lancaster früher in diesem Jahr getroffen, und beide schienen mit dem Ergebnis zufrieden zu sein, denn ein Jahr später verhandelte Berry, inzwischen verwitwet, um die Hand von Lancasters Tochter, woraus indessen nichts wurde.

Philipp der Kühne hätte auch ohne ihn den Ärmelkanal überqueren können – auch auf die Gefahr hin, das Königreich unter der Kontrolle seines Bruders zu lassen –, wenn seine Entschlossenheit dem kühnen Motto entsprochen hätte, das an den Masten seiner Schiffe wehte. Aber er fürchtete eine Erhebung in Flandern, wenn er das Land verließ. Die Banner, die verkündeten: »Ich warte nicht«, wurden eingeholt, und er wartete doch. Zur selben Zeit entwickelte auch der königliche Rat wachsende Zweifel an den militärischen Chancen des Unternehmens. Lange vor den Omen der brandstiftenden Krähen und der baumentwurzelnden Unwetter erwähnte ein Bericht aus Avignon »die große Debatte darüber, ob der König die Invasion unternehmen wird oder nicht«.

Der wirklich entscheidende Faktor war wahrscheinlich die Unentschlossenheit angesichts der Wasser des Kanals. Der Ärmelkanal war auch bei bestem Wetter ein unzuverlässiges, tückisches Gewässer und am schwierigsten gegen »den schrecklichen Westwind« der späteren Jahreszeit. Und alles überschattete das Fehlen eines sicheren Brückenkopfes am anderen Ufer. Angesichts dieses Risikos sind potentielle Invasoren, nachdem sie ebenso grandiose Vorbereitungen wie die von 1386 ins Werk gesetzt hatten, zurückgeschreckt – Napoleon ist ein Beispiel, Hitler ein zweites. Den ganzen Krieg hindurch besaßen die Engländer verbündete Brückenköpfe in Flandern, in der Normandie oder der Bretagne. Sie hatten überdies ihre Häfen Calais und Bordeaux. Ohne diesen Vorteil hatten die Franzosen nie mehr als Strafexpeditionen ohne den Versuch, Land zu erobern und zu halten, unternommen. In beiden Richtungen ist zwischen 1066 und 1944 niemals eine erfolgreiche Invasion gegen eine feindliche Küste durchgeführt worden.

Wenn Furcht ein Grund war, so wurde er nicht anerkannt. Die Invasion galt als verschoben, im nächsten Jahr sollte sie mit geringerem Aufwand unter dem Kommando des Constable und Coucys unternommen werden. Karl VI. stattete Coucy-le-Château im März 1387 einen förmlichen Besuch ab, teils um Zukunftspläne zu besprechen, wie ein überliefertes Dokument belegt, das sich auf die »Armee« bezieht, die der Sire de Coucy übernehmen wird, um »nach England zu gehen«. Zweifellos galt der Besuch aber auch dem Interesse der Krone an Coucys Ländereien. Dieses Mal feierte kein Hofpoet die Angelegenheit, aber ein geringfügiges Verbrechen, das im Laufe des Besuchs begangen wurde, rief eines der königlichen Begnadigungsschreiben hervor, die wie Fenster einen Ausblick auf das Leben der Armen geben.

Ein gewisser Baudet Lefèvre, »ein armer Mann mit vielen Kindern«, stahl aus dem Schloß zwei zinnene große Teller, die während der Mahlzeiten des Königs in Gebrauch waren, versteckte sie unter seinem Kittel und ging in ein Gasthaus in der Stadt, wo er von einem Sergeanten »Unseres lieben und geliebten Vetters, des Sire de Coucy«, gesehen wurde, der ihn fragte: »Was tust du hier?« Darauf antwortete Baudet: »Ich wärme mich auf.« Noch während sie sprachen, erblickte der Sergeant die großen Teller und nahm ihn fest. Er wurde in das Gefängnis der Burg geworfen, wo man an ihm auch noch einen versilberten Teller mit dem königlichen Zeichen fand. »Im Kerker wäre er wahrscheinlich gestorben, wenn er nicht demütig um Unsere Begnadigung und Vergebung gebeten hätte, und da besagter Baudet immer ein Mann von gutem Lebenslauf und ehrlicher Sprache gewesen ist und ohne andere Missetaten, gestehen Wir ihm gerne Gnade und Vergebung zu« und sprechen den Bittsteller nun und für alle Zukunft durch »Unsere besondere Gnade und königliche Autorität« von allen Verstößen, Bußen, allen zivilen und strafrechtlichen Strafen, die er auf sich gezogen hat, frei und setzen ihn und seine gute Frau in den Besitz ihrer Habe zurück und lassen dies alle Beamten des Gerichts in dieser Region und ihre Stellvertreter und Nachfolger nun und in der Zukunft wissen.

Daß all dies im Namen des Königs für den Diebstahl von drei Tellern – und das Wort *Diebstahl* fällt noch nicht einmal in dem Dokument – erforderlich war, deutet über die bloße Weitschweifigkeit hinaus auf die Sorgfalt, mit der der König als Beschützer der Armen dargestellt wurde.

Im Mai, zwei Monate nach dem Besuch des Königs, wohnte Coucy einem Treffen des königlichen Rates mit Admiral de Vienne, Guy de la Tremoille, der Burgund repräsentierte, Jean le Mercier, dem Minister des Königs, und anderen bei, um eine erneute Invasion Englands zu beraten. Dem Mönch von St. Denis zufolge hatte der »schändliche« Rückzug des Königs und seiner Adligen von der Schelde einen schmerzlichen Eindruck auf alle Franzosen gemacht, so daß es als notwendig empfunden wurde, diese Schlappe durch einen mächtigen Schlag gegen England wettzumachen und »dort all die Exzesse eines Feindes gegen einen Feind zu begehen«. Offensichtlich war der Plan der Eroberung auf eine Strafexpedition wie in früheren Jahren reduziert worden.

Die Expedition sollte aus zwei Teilstreitkräften bestehen: Die eine, befehligt vom Constable, sollte von der Bretagne aus segeln, die andere, geführt vom Admiral, Coucy und Graf Waleran de St. Pol, von Harfleur in der Normandie aus. Das Ziel war Dover. Sie planten, sechstausend Reiter, zweitausend Armbrustschützen und sechstausend »andere Kriegsmänner,« ausreichend Vorräte für drei Monate einschließlich Heu und Eicheln für die Pferde und Rüstungen in gutem Zustand hinüberzuschaffen. Die Absichten der Beteiligten waren sicherlich ernst gemeint, denn im Juni wurde ein Schiff des Sire de Coucy bei Soissons auf der Aisne mit Lebensmitteln, Rüstungen, Kochgeschirr, Leinen, Waffen und Zelten beladen, die nach Rouen verschifft werden sollten. Coucy, Vienne und die anderen befanden sich zu dieser Zeit in

Harfleur. Küstenüberfälle von Calais aus, die der feurige Sir Harry Percy, »Hotspur« (»Heißsporn«) genannt, anführte, konnten die Vorbereitungen nicht stören, da Percy nach Norden angriff, in die falsche Richtung. Der Tag der Abfahrt war festgesetzt, alle Vorräte verladen, jeder Soldat hatte seinen Sold für fünfzehn Tage im voraus bekommen, und »das Unternehmen war schon so weit fortgeschritten, daß man glaubte, es könne nicht mehr abgebrochen werden«.

In ihren Bemühungen, den Feldzug aufzuhalten oder zu stören, fanden die Engländer diesmal ein williges Instrument in dem chronischen Verschwörer und Intriganten Johann von Montfort, dem Herzog der Bretagne. Um festzustellen, wo Montfort in seinem ständigen Bemühen, die Engländer und Franzosen gegeneinander auszuspielen und so ein Gleichgewicht der Mächte zu erhalten, jeweils stand, hätte es der Fähigkeiten eines Hellsehers bedurft. Als sich in beiden Ländern überdies Parteien mit unterschiedlichen politischen Vorstellungen entwickelten, wurden seine Probleme noch komplizierter und seine Abkommen und Geschäfte noch undurchschaubarer. Es ist kein Wunder, daß er angeblich zu Tränenausbrüchen neigte.

Eine Konstante in seiner Gefühlswelt war der Haß auf seinen bretonischen Landsmann und Untertan Olivier de Clisson, den Constable von Frankreich. Die tiefe Abneigung – die gegenseitig war – hatte allerdings Montfort nicht davon abhalten können, im Jahre 1381 mit Clisson einen Vertrag zu schließen, der vorsah, daß »Wir [Montfort] angesichts der vollkommenen Liebe und Zuneigung, die Wir für Unseren sehr geliebten Vetter und Vasallen, Messire Olivier, Seigneur de Clisson, Constable von Frankreich, empfinden . . . versprechen, besagtem Seigneur ein guter, wahrer und wohltätiger Herr zu sein . . . und seine Ehre und seinen Stand zu beschützen«. Clisson versprach seinerseits, ein treuer Vasall zu sein. Montforts Liebe und Zuneigung verwandelte sich in kochenden Haß, als Clisson seine Tochter mit Jean de Penthièvre verheiratete, dem Sohn von Montforts toten Rivalen Karl von Blois und Erben des Herzogtums, da Montfort zu der Zeit keine Söhne hatte.

Mit verschiedenen Druckmitteln und Angeboten drängte England Montfort, etwas zu unternehmen, um die französische Invasion zu verhindern. Zu gleicher Zeit war er mit dem Herzog von Burgund und dem von Berry verbunden. Als Vetter der Herzogin von Burgund war er in jener intensiven Parteilichkeit mit ihrem Gatten verbündet, die sich im Mittelalter automatisch aus der Verwandtschaft durch Eheschließung ergab. Im Mai 1387 hatte er mit dem Herzog von Berry ein Privatabkommen geschlossen. Ein gemeinsames Interesse mit beiden Brüdern war die Feindschaft gegen den Constable.

Wie Coucy vorausgesehen hatte, züchtete das Amt des Constable Feinde geradezu heran. Jeder Inhaber des Amtes wurde zu einer Gestalt, die die Macht der beiden Herzöge von Burgund und Berry bedrohen konnte, und Clissons Persönlichkeit lud zu Widerstand ein, zumal er ein sehr reicher Mann war. Das Amt des Constable trug ihm 24000 Franken im Jahr ein, er kaufte Lehen, baute sich einen Palast in Paris und verlieh Geld an jedermann: den König, die Herzogin von Anjou, Berry, Bureau de la Rivière und 7500 Florins 1384 an Papst Klemens. Wenn seine Gläubiger die Rückzahlungsfrist überschritten, was sie gewöhnlich taten, konnte er es sich leisten, den Kredit zu verlängern und dafür einen Profit durch größere Sicherheiten und Zinsen einzustreichen.

Im Juni 1387 wurde der einäugige Krieger von Montfort in einem Coup ergriffen, der nicht weniger sensationell war als Gian Galeazzos Angriff auf Bernabó, dessen Perfektion er allerdings nicht erreichte. Montfort rief eine Parlamentsversammlung in Vannes zusammen, an der alle bretonischen Adligen teilzunehmen hatten. Während der Verhandlungen behandelte er Clisson mit äußerster Liebenswürdigkeit, lud ihn hinterher zum Essen ein und bat ihn, mit seinem Gefolge eine neue Burg Montforts in Hermine in der Nähe von Vannes zu besuchen. Leutselig führte Montfort seine Gäste durch das Gebäude einschließlich des Kellers, um den Wein zu probieren. Als sie den Hauptturm erreichten, sagte er: »Messire Olivier, ich kenne keinen Mann auf dieser Seite des Meeres, der über Befestigungsanlagen mehr weiß als Ihr; weshalb ich Euch bitte, steigt die Treppen hinauf und sagt mir Eure Meinung zur Konstruktion des Turmes, und wenn etwas fehlerhaft ist, werde ich es nach Eurem Rat verbessern lassen.«

»Gern, Monseigneur«, antwortete Clisson, »folge ich Euch.«

»Nein, Herr, geht nur allein«, sagte der Herzog und gab vor, während der Inspektion des Turmes durch Clisson mit dem Sire de Laval, Clissons Schwager, sprechen zu wollen. Obwohl Clisson wenig Veranlassung hatte, seinem Gastgeber zu trauen, verließ er sich auf seine Sicherheit als Gast. Er stieg die Treppen hinauf und wurde, als er das Geschoß im ersten Stock betrat, von einer dort wartenden Gruppe von Soldaten ergriffen und mit drei schweren Ketten gefesselt, während andere in der ganzen Burg Türen und Tore mit großem Lärm zuwarfen.

Als er das hörte, »erbebte Laval« und starrte den Herzog an, der »grün wie ein Blatt wurde«. »Um Gottes willen, Monseigneur«, rief Laval, »was tut Ihr? Verletzt nicht meinen Schwager, den Constable!«

»Besteigt Euer Pferd und geht fort von hier«, antwortete ihm Montfort. »Ich weiß, was ich tun muß.« Laval weigerte sich, ohne den Constable zu reiten. In diesem Augenblick eilte ein anderer aus Clissons Gefolge, Jean de Beaumanoir, erschreckt herbei. Montfort, der auch ihn haßte, zog seinen Dolch und stürzte sich wie besessen auf ihn: »Beaumanoir, wollt Ihr sein wie Euer Herr?« Und Beaumanoir sagte, daß ihm das eine Ehre wäre. »Wollt Ihr wirklich, wollt Ihr wirklich sein wie Euer Herr?« schrie der Herzog in seiner Raserei, und als Beaumanoir noch einmal ja sagte, hielt er den Dolch dicht an das Auge des Mannes: »Nun, dann werde ich Euch das Auge ausstechen.«

Mit zitternder Hand hielt er den Dolch, aber er vermochte nicht zuzustoßen. »Geht, geht!« schrie er heiser. »Ihr sollt es weder besser noch schlechter haben als er«, und er befahl seinen Männern, Beaumanoir ebenfalls in Ketten zu legen und ins Gefängnis zu werfen.

Die ganze Nacht hindurch wich Laval dem Herzog nicht von der Seite und verhinderte durch seine Bitten und Überredungskünste, daß dieser Clissons Ermordung befahl. Dreimal gab Montfort den Befehl, ihm den Kopf abzuschlagen oder ihn in einen Sack einzunähen, um ihn zu ertränken, und zweimal hatten die Wachen bereits Clissons Ketten aufgeschlossen, um den Befehl auszuführen. Jedesmal gelang es Laval, auf den Knien den gequälten Herzog zu überreden, indem er ihn daran erinnerte, daß er und Clisson als Kinder zusammen aufgewachsen waren und daß Clisson bei Auray für die Sache des Herzogs gekämpft hatte. Er sagte ihm, daß, wenn er ihn nun töten ließ, nachdem er ihn an seine Tafel und in seine Burg geladen hatte, »kein Fürst entehrter wäre als Ihr . . . gehaßt und verurteilt von aller Welt«. Wenn er aber statt dessen Clisson gestattete, sich auszulösen, könnte er große Summen Geldes gewinnen sowie Städte und Burgen. Laval bot sich selbst als Bürgen dafür an.

Auf diesen Vorschlag ging Montfort schließlich ein. Er wollte allerdings keine Verpflichtung und keinen Bürgen, sondern 100 000 Franken auf die Hand sowie die Übergabe zweier Städte und dreier Burgen an seine Leute, darunter Josselin, Clissons Heimat. Erst dann war er bereit, den Constable freizugeben. Clisson hatte keine Wahl, er unterschrieb die Bedingungen und blieb im Kerker, während Beaumanoir entsandt wurde, das Geld heranzuschaffen. »Und wenn ich davon berichtete, daß solche Dinge geschahen, und doch nicht alles offenlegen würde«, schrieb Froissart, »dann wäre es zwar eine Chronik, aber nicht Geschichte.«

Als sich die alarmierende Nachricht vom Verschwinden des Constable verbreitete, nahm man allgemein an, daß er umgebracht worden sei, und schloß daraus sofort, daß nun auch die Reise gegen England »verloren und zerbrochen« sei. In Harfleur dachten Coucy, Vienne und St. Pol keinen Augenblick daran, ohne Clisson aufzubrechen, auch dann nicht, als sich herumsprach, daß er lebte. Die schreckliche Tat Montforts war in aller Mund, und die Beleidigung des Königs, die in der Ergreifung seines Constable lag, hatte Vorrang vor dem Angriff auf England. Die Expedition mit all ihren Schiffen, Vorräten und Soldaten wurde wie zuvor einfach aufgegeben, und dies so leichthin, daß sich die Frage erhebt, ob die Unterbrechung den Führern nicht auch gelegen kam. Wenn Montforts Tat darauf gerichtet gewesen war, die Invasion zum Scheitern zu bringen, so war sie ein voller Erfolg, aber nicht für Montfort, dem der steinerne Wille des Gian Galeazzo fehlte.

Wie das Schisma der Kirche, wie das Brigantentum der Ritter, wie die Weltlichkeit der Geistlichen war Montforts Handeln tief destruktiv, weil es grundlegende Glaubenssätze einfach beseite schob. Es löste große Betroffenheit aus. Ritter und Knappen sagten einander in ihren Diskussionen über den Fall: »Demnach könnte kein Mann einem Fürsten trauen, da der Herzog diese Edelleute betrogen hat.« Was würde der König sagen? Sicherlich hatte es nie zuvor in der Bretagne oder sonstwo einen so schändlichen Fall gegeben. Wenn ein armer Ritter so etwas getan hätte, er wäre für immer entehrt. »Wem sollte ein Mann denn trauen, wenn nicht seinem Herrn? Und dieser Herr sollte ihn versorgen und ihm gerecht werden.«

Sofort nach seiner Freilassung galoppierte Clisson, begleitet nur von zwei Pagen, in einer solchen Wut direkt nach Paris, um Genugtuung zu verlangen, daß er angeblich 150 Meilen am Tag zurücklegte und die Hauptstadt in achtundvierzig Stunden erreichte. Der König, der sich in seiner Ehre getroffen fühlte, war sofort bereit, Maßnahmen gegen Montfort zu ergreifen, aber seine Onkel, die noch für ihn regierten, waren deutlich weniger entschlossen, etwas zu unternehmen. Sie schienen Clissons Verlusten gegenüber gleichgültig, sagten ihm, es sei unklug gewesen, Montforts Einladung anzunehmen, besonders praktisch am Vorabend der Einschiffung der Armee nach England, und dämpften den Eifer, mit dem andere Kreise bei Hofe kriegerische Aktionen gegen Montfort forderten. Die Streitfrage riß einen tiefen Graben zwischen zwei Fraktionen in der Regierung – den Onkeln auf der einen Seite und dem Constable, unterstützt von Coucy, Vienne, Rivière, Mercier und dem jüngeren Bruder des Königs, Ludwig, auf der anderen. Coucy bestand darauf, daß der König seine Zuständigkeit anerkennen müsse und Montfort zwingen solle, Clisson zu entschädigen. Die Onkel, die ohnehin auf den Einfluß Clissons auf den König eifersüchtig waren und ihn um seine engen Beziehungen zu Coucy und Rivière beneideten, wandten sich gegen jede Aktion, die Clissons Geltung erhöhen könnte. Mitten in diesen Kampf platzte eine andere Krise.

Ein frecher junger Angeber, der Herzog von Geldern, ließ durch einen Herold Karl VI. eine erstaunliche und unverschämte Herausforderung übermitteln, in der er sich zum Verbündeten Richards II. von England erklärte und damit zum Feind, der bereit war, »Euch, der Ihr Euch König von Frankreich nennt«, zu trotzen. Sein Brief war adressiert einfach an Karl von Valois. Diese überhebliche, prahlerische Geste eines kleinen deutschen Fürsten, des Herrschers eines schmalen Landstrichs zwischen der Maas und dem Rhein, nahm der Hof wie vom Donner gerührt entgegen. Sie hatte aber natürlich einen Hintergrund: Der Herzog von Geldern hatte sich gegen einen guten Preis zum Vasallen des Königs von England erklärt, und seine Herausforderung des französischen Königs war zweifellos ein von den Engländern inspirierter Nadelstich.

Karl VI. war begeistert von den ritterlichen Möglichkeiten, die in dieser Herausforderung lagen. Er überschüttete den Herold mit Geschenken und freute sich darauf, den Ruhm seines Namens in einem persönlichen Krieg zu vergrößern und »neue und weitentfernte Länder« zu sehen. Angesichts zweier Herausforderungen, aus der Bretagne im Westen und Geldern im Osten, debattierte der Rat lange darüber, was zu tun war. Einige der Räte meinten, Gelderns Geste sollte als reine *»fanfaronade«* betrachtet und ignoriert werden, aber wiederum bestand Coucy darauf, daß nicht nur die Würde der Krone, sondern auch die des Adels herausgefordert sei. Er trat im Rat mit Nachdruck dafür ein, daß fremde Länder die Adligen Frankreichs verachten würden, wenn der König solche Beleidigungen einfach überginge. Vielleicht meinte er auch, daß Frankreich etwas unternehmen müßte, nachdem der Angriff auf England zweimal abgeblasen worden war. Die Tatsache, daß er den Fall offensichtlich persönlich nahm, beeindruckte seine Zuhörer, und sie stimmten überein, daß er »die Deutschen besser verstand als irgend jemand sonst, da er gegen die Herzöge von Österreich gekämpft hatte«.

Dieses Mal fand Coucy im Herzog von Burgund einen Verbündeten, da dieser sich nachdrücklich für einen Feldzug gegen Geldern aussprach. Zwischen Flandern und Geldern lag das Herzogtum Brabant, in dessen Politik sich Philipp in expansionistischer Absicht tief eingemischt hatte. Er ermutigte die Kriegsbegeisterung des Königs, um Frankreich auf den Feldzug gegen Geldern festzulegen, aber der Rat bestand darauf, zunächst reinen Tisch mit der Bretagne zu machen, da sonst die Gefahr bestand, daß Montfort, sobald der König und seine Adligen gegen Geldern zogen, den Engländern die Bretagne öffnete.

Rivière und der Admiral de Vienne, die zu Unterhandlungen mit Montfort ausgesandt wurden, stießen auf dessen mürrische Weigerung, nachzugeben. Der Herzog sagte lediglich, daß er nur bereue, dem Constable das Leben geschenkt zu haben. Auch wollte er sich für den Bruch des Gastrechts nicht entschuldigen, »denn ein Mann sollte seinen Feind ergreifen, wo immer er kann«. Einige Monate der Auseinandersetzung zwischen den Parteiungen am Hofe folgten, Coucy übte weiterhin Druck auf den königlichen Rat aus, etwas zu unternehmen. Die Streitfrage hing weiter in der Luft, als das Jahr zu Ende ging, das zumindest einen Unruhestifter für immer mit sich nahm: die alte Giftschlange Karl von Navarra.

Nach einem letzten Giftmordanschlag – dieses Mal gegen die Herzöge von Burgund und Berry – starb Karl von Navarra unter entsetzlichen Umständen. Krank und vor der Zeit gealtert – er war 56 –, wurde er auf Anraten der Ärzte nachts in Tücher gewickelt, die mit Weinbrand getränkt waren, um ihn zu wärmen und zum Schwitzen bringen. Um sie an ihrem Platz zu halten, wurden die Wickel jeden Abend zusammengenäht und fingen eines Nachts Feuer, als sich ein Diener mit einer Kerze über seinen Herrn beugte, um einen Faden durchzuschneiden. Unter den Schmerzensschreien des Königs gingen die alkoholgetränkten Tücher an seinem Körper sofort in Flammen auf; er lebte danach noch zwei Wochen in großer Qual, bevor er hinschied.

Im neuen Jahr beschloß der Rat in einem neuen Versuch, Montfort zur Vernunft zu bringen, Coucy, der ein früherer Schwager Montforts war, in die Bretagne zu entsenden. Niemand, glaubte man, wurde vom Herzog mehr geachtet, und niemand hatte »mehr Gewicht« als Coucy; Rivière und Vienne sollten ihn begleiten, sie bildeten eine Gesandtschaft von »drei sehr klugen Herren«. Als Montfort hörte, daß sie kamen, verstand er, da Coucy dabei war, wie hoch der Hof die Affäre bewertete. Er grüßte ihn sehr zuvorkommend, bot ihm an, mit ihm zur Jagd zu gehen, und begleitete ihn in seine Räume, »wobei sie über viele müßige Dinge sprachen und scherzten, wie es Herren tun, die sich lange nicht gesehen haben«. Als die Streitfrage zur Sprache kam, konnten selbst Coucys berühmte Überredungskunst und seine »feinen, sanften Worte« den Herzog zunächst nicht rühren. Er stand am Fenster und blickte lange schweigend hinaus, wandte sich dann um und sagte: »Wie soll irgendeine Liebe bestehen, wenn es nichts als Haß gibt?« Worauf er wiederholte, daß er nur bereute, Clisson am Leben gelassen zu haben.

Coucy brauchte zwei Besuche und seine ganze Kraft der vernünftigen und redegewandten Argumentation sowie taktvolle Andeutungen über die Schwäche von Montforts Position – tatsächlich hatte er wenig Unterstützung in der Bevölkerung der Bretagne –, um seine Ziele zu erreichen. Zunächst überredete er Montfort, Clissons Burgen aufzugeben, dann kehrte er noch einmal zurück, um ihn von der Notwendigkeit zu überzeugen, das Geld an Clisson zurückzuzahlen, und schließlich schaffte er auch das Schwierigste: den Herzog nach Paris zu bringen, wo er sich dem Urteil des Königs stellen sollte. In seinem verzweifelten Bestreben, Clisson aus dem Weg zu gehen, brachte Montfort tausend Entschuldigungen vor, aber unter dem zusätzlichen Druck des Herzogs von Burgund, der es nun eilig hatte, eine Einigung zu erzielen, mußte er schließlich nachgeben. Um seine Furcht vor einem Attentat zu beschwichtigen, überredete ihn Coucy, bis nach Blois zu reisen, wo ihn die Onkel des Königs treffen würden. Mit freiem Geleit vom König, dem Montfort durch eine Eskorte von 1200 Mann Nachdruck verlieh, wagte sich Montfort mit einer Flottille von sechs Schiffen die Loire hinauf und traf schließlich im Juni 1388 an den Toren des Louvre ein. Die Rückgabe von Clissons Eigentum und eine formelle Begnadigung durch den König wurden durch die herkömmliche Versöhnungsformel besiegelt, in der der Herzog und der Constable schworen, ein »guter und treuer« Herrscher beziehungsweise Vasall zu sein, worauf sie unter finsteren Blicken aufeinander aus demselben Pokal auf »Liebe und Frieden« tranken.

Vom König empfing Coucy als Zeichen des Dankes eine französische Bibel und von der Geschichte – durch Froissart – einen bedeutenden Tribut. »Und ich kannte vier Herren, die die unterhaltendsten von allen waren: dies waren der Herzog von Brabant, der Graf von Foix, der Graf von Savoyen und besonders der Sire de Coucy; denn er war der höflichste und redegewandteste Herr in der ganzen Christenheit ... der gewandteste in allen Gebräuchen. Das war der Ruf, den er unter allen Damen und Herren in Frankreich, England, Deutschland und der Lombardei und überall, wo er bekannt war, genoß, denn er war in seiner Zeit viel gereist und hatte viel von der Welt gesehen, und auch war er von Natur geneigt, höflich zu sein.«

Mit diesen Talenten hatte Coucy den aufsässigsten Vasallen seit Karl von Navarra unter Kontrolle gebracht.

Kapitel 21
Das Ideal zerbricht

Die französischen Invasionsversuche waren genauso gescheitert, wie Buckingham und Norwich auf englischer Seite Niederlagen erlitten hatten. All das zeigte, wie hohl die Prätentionen der Ritterschaft geworden waren. Aber damit nicht genug. Im Jahre 1385 erlitten habsburgische Ritter bei Sempach eine so verheerende Niederlage durch ein Schweizer Bürgerheer, daß die Schande von Roosebeke vergolten war.

Die Österreicher hatten mit einer Neuauflage des französischen Massakers an den unritterlichen »Irrgläubigen« gerechnet, waren abgesessen, um wie die Franzosen in Flandern zu Fuß zu kämpfen. Die Schweizer Kräfte waren aber sehr beweglich und flexibel und das genaue Gegenteil der kompakten Phalanx, die den Untergang der Flamen bewirkt hatte. Als sich die Niederlage der Habsburger abzuzeichnen begann, flohen ihre berittenen Reserveeinheiten, ohne in das Kampfgeschehen eingegriffen zu haben, ganz so, wie das Bataillon von Orléans bei Poitiers geflohen war. Von den neunhundert Mitgliedern der habsburgischen Vorhut blieben siebenhundert tot auf dem Schlachtfeld zurück, unter ihnen Herzog Leopold.

Was den Rittern des 14. Jahrhunderts fehlte, war der Sinn für Neuerungen. Sie hielten an den überlieferten Traditionen fest und machten sich wenig Gedanken über eine neue Taktik. Wenn jeder Adlige allein durch seine gesellschaftliche Stellung ein Krieger war, wurden dadurch kriegerische Fähigkeiten nicht erhöht, sondern vermindert.

Das Rittertum war sich seines Niedergangs in keiner Weise bewußt, und wenn doch, so hielt es nur um so mehr an den äußerlichen Formen und glänzenden Zeremonien fest, wie um zu beweisen, daß das alte Ideal nichts von seiner Gültigkeit eingebüßt hatte. Außenstehende Beobachter waren aber in dem Maße kritischer geworden, wie das Ideal unglaubwürdiger wurde. Fünfzig Jahre waren nun seit dem Ausbruch des Krieges mit England vergangen, und fünfzig Jahre eines zerstörerischen Krieges konnten nicht ohne Prestigeverlust für eine Ritterschaft bleiben, der es weder gelang zu siegen noch Frieden zu schließen, und die statt dessen das Elend des Volkes nur vermehrte.

Deschamps machte sich offen über das schottische Abenteuer in einer langen Ballade mit dem Refrain lustig: »Jetzt seid Ihr nicht auf der Grand Pont in Paris.«

Ihr seid herausgeputzt wie junge Hähne,

Wenn Ihr in Frankreich seid, brüstet
Ihr Euch mit Euren Heldentaten,
Ihr zieht hinaus, um zurückzuholen, was Ihr verlort:
Was ist es? Der Ruhm, der Euer Land
So lange geziert hat.
Wenn Ihr ihn in der Schlacht erkämpfen wollt,
Dann nehmt Euch ein Herz und keine neuen Kleider . . .
Jetzt seid Ihr nicht auf der Grand Pont in Paris.

In seinem *Songe du Vieil Pélérin* von 1388 hielt Mézières mit seiner Verachtung so wenig hinter dem Berg, wie Honoré Bonet seine Vorwürfe zurückgehalten hatte. Weil die Ritter durch »Gottes Gunst bei Roosebeke« einen Sieg gegen einen Haufen von Färbern und Webern gewonnen haben, sind sie nun eitel und fühlen sich selbst als würdige Nachfolger ihrer Ahnherren König Artus, Karl der Große und Gottfried von Bouillon. Von allen Regeln des Krieges, die die Assyrer, Juden, Römer, Griechen und alle Christen geschrieben haben, hält die französische Ritterschaft nicht ein Zehntel ein, und doch glaubt sie, daß es in der ganzen Welt keine Ritterschaft gebe, die es ihr an Tapferkeit gleichtun könne.

Die modische Kleidung der Adligen, ihre Vorliebe für Luxus, ihre privaten Schlafzimmer, wo sie sich bis mittags einschlossen, ihre weichen Betten, parfümierten Bäder und ihre Sucht nach Bequemlichkeit während der Feldzüge galten als Beweis, daß die Ritterschaft verweichlicht war. Johann Gerson, Kanzler der Universität, bemerkte einige Jahre später sarkastisch, die alten Römer »seien nicht mit drei oder vier Packpferden und Wagen mit Kleidern, Juwelen, Teppichen, Schuhen, Hosen und Zelten ins Feld gezogen. Sie führten keine Eisen- oder Bronzeöfen mit, um kleine Kuchen zu backen.«

Aber mehr noch als die weichen Betten und die Stutzerhaftigkeit verbreitete der moralische Verfall des Ritterstandes Unruhe. An die Stelle von Troubadouren, die den vorbildlichen Ritter und die vollkommene Liebe in schwärmerischen Heldengedichten besungen hatten, traten nun Moralisten, die den Verfall der ritterlichen Moral in Satiren, Allegorien und didaktischen Abhandlungen beklagten. Sie zeigten, daß der Ritter vom Schutzherrn der Gerechtigkeit zu ihrem Verräter und Verächter verkommen war. *Chansons de geste* (Heldengedichte) wurden in der zweiten Hälfte des Jahrhunderts auch gar nicht mehr komponiert, obwohl dieser Umstand nicht ohne weiteres mit den verblassenden Idealen erklärt werden kann, sondern – angesichts des gleichzeitigen Verschwindens der anzüglichen *Fabliaux* – auf ein rätselhaftes Austrocknen des literarischen Geistes zurückgeführt werden muß. Die Laster, Torheiten und seltsamen Wirren der Zeit verlangten eben nach der moralisierenden Form, und dennoch ist es ironischerweise gerade die Preisung des Rittertums durch Froissart, die überlebt hat.

Der Feldzug gegen Geldern von September bis Oktober 1388 wurde zu einem Fiasko, vor allem deshalb, weil niemand in der Armee ein vitales Interesse am Ausgang hatte. Der Aufwand, mit dem diese Expedition betrieben wurde, entsprach weder ihrem unbedeutenden Anlaß noch ihrem möglichen Gewinn. Wegen seiner verwandtschaftlichen Beziehungen in Bar und in Lothringen – beide Länder lagen auf dem Weg – und wegen seiner genauen Kenntnis des Gebiets war Coucy damit beauftragt worden, die Adligen dieser Gegend zusammenzuziehen und den Feldzug zu planen. Der direkte Weg hätte durch Brabant geführt, aber die Städte und der Adel des Herzogtums hatten gedroht, keine französische Armee passieren zu lassen, da das mehr Unheil für das Gebiet bedeute, als »ein Feind im Land« anrichten könne.

Notgedrungen wurde die Entscheidung getroffen, durch den dunklen, unwegsamen Wald der Ardennen zu marschieren, den, wie Froissart in verängstigter Übertreibung vermerkte, »noch nie zuvor ein Reisender durchquert hatte«. Dieses Vorhaben machte es notwendig, Kundschafter auszusenden, um die Route festzulegen. Ihnen folgte dann eine Vorhut von zweitausendfünfhundert Mann, die einen Weg freizuhauen hatte. Das aber war eine technische Aufgabe, die kaum weniger schwierig als die Konstruktion der transportablen Stadt war. Die Kosten wurden durch die Verdreifachung der Steuern für Salz und Handel aufgebracht; dabei war es schwierig, diesen Feldzug als Beitrag zur Verteidigung des Königreiches auszugeben. Wahrscheinlich wurde Coucy aus diesem Grund aufgefordert, den Feldzug in seinem eigenen Namen zu organisieren, so als ob er erneut zu einer Unternehmung gegen die Habsburger rüstete. Der Name des Königs sollte aus dem Spiel bleiben.

Unter der Führung von Coucy brach eine Vorhut von tausend Lanzen auf; ihnen folgte der König mit dem Hauptheer und »zwölftausend« Gepäckwagen, die Packtiere nicht gezählt. Unterwegs wurde Coucy mit einer Mission nach Avignon betraut, die wahrscheinlich den Plan betraf, für Papst Klemens Rom zu erobern, eine Idee, von der die Franzosen immer noch besessen waren. »Zur Freude der gesamten Armee« kehrte Coucy innerhalb eines Monats zurück. Da die Strecke jeweils 500 Meilen betrug, war das ein energisches Reisetempo.

In Geldern wurde wenig und ruhmlos gekämpft. Die militärische Auseinandersetzung versickerte schnell in Verhandlungen. Durch schwere Sommerregen waren die Zelte naß geworden, und Vorräte verrotteten in der Feuchtigkeit; Lebensmittel wurden trotz des reichen Landes langsam knapp. Durch eine ausgehandelte Entschuldigung des Herzogs von Geldern wurde bald ein ehrenhafter Abzug möglich, der aber von weiteren schweren Regenfällen überschattet wurde. Die Straßen waren schlammig, die Pferde stolperten über glitschige Baumstümpfe und Felsen, Männer ertranken, während sie bei Hochwasser die Furten der Flüsse durchwateten, und die Beutewagen wurden ebenfalls ein Opfer der Fluten. Ritter, Knappen und hohe Herren kehrten ohne Ruhm und Gewinn nach Hause zurück, viele von ihnen waren krank oder erschöpft und klagten den Herzog von Burgund an, dessen Ambitionen in Brabant sie ganz zu Recht für das Fiasko verantwortlich machten. Coucy scheint sich keine Vorwürfe eingehandelt zu haben, wie er auch während des Aufstands in Paris ohne Tadel geblieben war. Anders die Herzöge. Seit Beginn ihrer Regentschaft hatten sie das Reich in eine Serie von ruinösen Fehlschlägen verstrickt. Nach Geldern hatten sie jeglichen Kredit verspielt.

Wie als Antwort darauf entließ Karl VI. im Alter von zwanzig Jahren seine Onkel aus der Regentschaft und beanspruchte sofort nach seiner Rückkehr aus Geldern im Jahre 1388 die uneingeschränkte Souveränität. Bei einer Sitzung des Thronrates stellte der Kardinal von Laon, der ranghöchste Prälat, diesen Antrag. Ein paar Tage später erkrankte er und starb, »erlöst von der Wut und dem Haß der Onkel«, die ihn, wie man weithin annahm, vergiftet haben sollen. Später prahlte Clisson gegenüber einem englischen Gesandten, daß er es gewesen sei, der Karl VI. »zum König und Herrn seines Reiches gemacht habe und die Regierung aus den Händen der Onkel in die seinen gelegt habe«. Aber unabhängig von Clissons persönlicher Feindschaft waren Coucy und andere Mitglieder des königlichen Rates bestrebt, die Bürde des schlechten Rufs der Herzöge sich und der Krone abzunehmen. Die Person aber, die dieser Schritt am meisten betraf, war des Königs jüngerer, gewitzterer und dynamischerer Bruder, vorläufig auch der Thronfolger, Ludwig, Herzog der Touraine, der später als Herzog von Orléans bekannt werden sollte.

Von 1389 an ersetzte Ludwig von Orléans den Herzog von Burgund im königlichen Rat. In der zweiten Hälfte seines kurzen, aber ereignisreichen Lebens sollte er von nun an in enger Verbindung mit Coucy eine entscheidende Rolle in der französischen Staatspolitik spielen. Er war ein stattlicher, vergnügungssüchtiger Mann, ein »ergebener Diener der Venus«, der nur allzu gern die Gesellschaft von »Tänzern, Schmeichlern und Menschen von losem Lebenswandel« suchte. Aber er war auch sehr religiös und zog sich von Zeit zu Zeit zwei oder drei Tage lang in das Zölestinerkloster (am heutigen Quai des Célestins) zurück, dessen Pariser Haus sein Vater 1363 gegründet hatte. Die Zölestiner waren ein Orden von Bußpredigern, die auch Philipp de Mézières bevorzugte. Er war der Erzieher des Prinzen gewesen und hatte ihn auf diesen Orden aufmerksam gemacht, der sich eine besonders strenge Enthaltsamkeit auferlegt hatte. Ludwig war von Mézières stark beeinflußt, den er zu seinem Bevollmächtigten ernannte. Er hatte offensichtlich mehr als sein Bruder von diesem Manne gelernt, denn er war der einzige der königlichen Familie, von dem man sagen konnte, daß er das Latein der Diplomaten verstand. Unter den Verhältnissen seines Standes war er damit ein Gelehrter, andererseits aber auch ein begeisterter Spieler, der Schach und Tennis genauso liebte wie Kartenspiel und das Würfeln. Er spielte mit Dienern und Freunden, und man sagt ihm nach, daß er in Tennisspielen mit befreundeten Adligen Summen bis zu 2000 Goldfranken verlor.

Ludwig war ebenso habgierig und machtgierig wie seine Onkel, die er entmachtet hatte, um seinem eigenen Ehrgeiz den Weg zu ebnen. Die Fehde, die er damit auslöste, sollte erst neunzehn Jahre später enden, als er von seinem Vetter Johann, dem Sohn und Nachfolger des Herzogs von Burgund, ermordet wurde, und riß Frankreich und Burgund auseinander, so daß die Engländer dort neuen Einfluß gewannen. Ludwig gehörte zur letzten Generation des Jahrhunderts, und trotz aller Vergnügungssucht sah er seine Welt in dunklen Farben. Ein zeitgenössischer Vers beschreibt ihn als

Kummervoll, sogar traurig, aber schön;
er schien zu melancholisch für einen,
dessen Herz so hart wie Stahl war.

Obwohl Coucy sicher mit der Ablösung der Herzöge zu tun hatte, bewirtete er schon kurze Zeit später Philipp den Kühnen und seinen Sohn, den Grafen von Nevers. Die Aufzeichnungen des Herzogs beweisen, daß er und sein Sohn am 8. Dezember »auf Kosten des Monseigneur de Coucy« in seinem Schloß speisten und schliefen. Außerdem schenkte der Herzog der Dame des Hauses offensichtlich einen Diamantring und ihrer kleinen Tochter eine Saphirbrosche. Es lohnte sich immer, den Herrn von Coucy zu umwerben.

Der neue königliche Rat machte bald darauf einen ernsthaften Versuch, das Verwaltungssystem von Karl V. wiedereinzuführen. Die Marmosetten – Rivière, Mercier und andere – erlangten ihre Macht zurück, die Bürokratie wurde von den Statthaltern der Herzöge gesäubert, und fünf Reformbeauftragte wurden ernannt, um die schlimmsten Mißstände ausfindig zu machen, bestechliche Beamte zu entfernen und sie durch »gute Männer« zu ersetzen. Als erster Schritt zur Versöhnung mit den Bürgern von Paris wurden das Amt des Vorstehers von Paris und einige andere Stadtrechte wieder eingeführt. Es wurden Maßnahmen eingeleitet oder zumindest geplant, die darauf zielten, die Kanalisation zu verbessern. Außerdem wurden die Bettler strenger kontrolliert, die allabendlich ihre Krücken, Augenklappen, schauerlichen Krankheiten und Stümpfe an einem Ort ablegten, der wegen der wundervollen Verwandlungen, die dort vonstatten gingen, Cour des Miracles (Hof der Wunder) genannt wurde.

Das grundlegende Problem der Staatsfinanzierung wurde in einer Reihe von Verordnungen angegangen, die fiskalische und juristische Reformen zum Gegenstand hatten. Der Versuch, die Steuerfreiheit der Universität aufzuheben, wurde von Rivière und Mercier ohne gutes Ergebnis unternommen, denn dieser Schritt trug ihnen zusätzlich zum Haß der Herzöge auch noch die Feindschaft der mächtigen Universität ein.

In England stand zur gleichen Zeit der König in einem tödlichen Drama gegen seine Onkel und andere Gegner. Die Hauptgestalt auf dieser Bühne war Robert de Vere, der Ehemann Philippa de Coucys, neunter Graf von Oxford und des Königs engster Berater und Freund. In seiner Jugend war er durch seine Hochzeit mit Philippa an den Hof gekommen und hatte entscheidenden Einfluß auf Richard gewonnen, der fünf Jahre jünger als er und vaterlos war. Oxford »machte mit dem König, was er wollte«, und »wenn er gesagt hätte, daß schwarz weiß sei, hätte Richard ihm nicht widersprochen . . . Alles wurde von ihm gemacht, und nichts geschah ohne ihn.«

Mit seinen einundzwanzig Jahren war der König schmal, blondhaarig und blaß; er sprach »abrupt und stotternd« und hatte eine Haut, die leicht errötete. Er kleidete sich mit schreiender Eleganz, verabscheute den Krieg und war arrogant, ungeduldig und übellaunig im Umgang mit seinen Dienern. Sein Plantagenetstolz, verbunden mit dem Einfluß Oxfords, ergab einen unsteten, eigenwilligen Herrscher, der erpresserische Steuern erhob, um seine Sucht nach Luxus bezahlen zu können. Vor seinem Sturz, der die Linie der Plantagenets beenden sollte, erfand er das Taschentuch, das in den Haushaltsbüchern als »kleine Stofftücher« beschrieben wird, »die der Herr König in der Hand tragen konnte, um die Nase zu schneuzen und zu säubern«.

Herrschaft durch Günstlinge neigt zur willkürlichen Ausübung der Macht, was aber ohnehin in Richards Charakter lag. Er hatte Oxford zu einem Ritter des Hosenbandordens gemacht und ihn mit einundzwanzig Jahren zum Mitglied des Geheimen Kronrates erhoben; er hatte ihn mit Schenkungen – Ländereien, Burgen, Patronaten und anderen Einkommensquellen, darunter eine Vogtei aus dem Besitz der Familie der Herzogin von Buckingham – nur so überschüttet. Das war nicht klug von ihm, aber wenn Alleinherrscher immer vernünftig gehandelt hätten, wäre die Geschichte nicht so reich an moralischen Lehrstücken. Der rücksichtslose Buckingham brauchte keinen besonderen Grund, um den jungen König zu hassen, denn er verachtete ihn bereits, weil er zögerte, den Krieg fortzusetzen. Die Feinde Oxfords sammelten sich um Buckingham, der nun Herzog von Gloucester war, und machten ihn zum Mittelpunkt einer Oppositionspartei, die die Macht des königlichen Günstlings zügeln wollte.

Die Auseinandersetzung erreichte ihren Höhepunkt, als der König – anläßlich eines Aufstandes in Irland – Oxford den neugeschaffenen Titel eines Marquis von Dublin gab und ihn anschließend zum Herzog von Irland ernennen wollte, was ihn über alle Grafen gestellt hätte. Er wurde mit königlichen Vollmachten ausgestattet, den Aufstand niederzuschlagen; aber anstatt nach Irland zu gehen, was dem Adel wenigstens die Befriedigung verschafft hätte, ihn von der Bildfläche verschwinden zu sehen, verliebte er sich in eine böhmische Hofdame der Königin. Seine Leidenschaft war so groß, daß er fest entschlossen war, sich von Philippa scheiden zu lassen und die böhmische Dame zu heiraten. Dadurch zog er sich den Zorn von Philippas königlichen Onkeln Lancaster, Gloucester und York zu. Trotz der Beleidigung, die dies seiner Familie zufügte, war Richard zu sehr von Oxford eingenommen, als daß er sich ihm hätte entziehen können. So »stimmte er unpassender- und sündhafterweise zu« und half sogar noch bei der Verstoßung einer eigenen Kusine. Oxford richtete einen Antrag auf Scheidung an Papst Urban, den er mit »falschem Zeugnis« begründete, Richard fügte dem seine Bitte um gefällige Berücksichtigung zu, und der Papst spürte keine Gewissensbisse, als er dem Anliegen entsprach, da Philippas Familie, die Coucys, klementinisch war.

Froissart schrieb später, daß die Art und Weise, wie Oxford seine Ehefrau behandelt habe, »der Hauptgrund dafür sei, daß er seine Ehre verloren« habe. Sogar die Mutter Oxfords stimmte der allgemeinen Verurteilung zu, indem sie Philippa zu sich in ihr Haus nahm. Sicherlich war es aber weniger moralische Empörung als Philippas königliches Geblüt und Oxfords allgemeine Unbeliebtheit, was die Mißbilligung auslöste. Obwohl die Ehe als Sakrament galt, waren Scheidungen nicht selten und, wenn man die richtigen Beziehungen spielen ließ, sogar leicht möglich. In Langmans *Piers Plowman* wird von allen Rechtsanwälten behauptet, »daß sie für Geld Ehen schließen und scheiden«, und Prediger beschwerten sich immer wieder, daß Männer ihre Frauen loswerden könnten, wenn sie dem Richter nur einen Pelzmantel verschafften. In der Theorie gab es die Ehescheidung nicht, aber die mittelalterlichen Gerichtsakten sind voll von Scheidungsprozessen. Ungeachtet der Theorie war Scheidung ein Teil des mittelalterlichen Lebens, ein beständiges Element der Disharmonie zwischen mittelalterlicher Theorie und Praxis.

Im November 1387 wurde eine offizielle Beschwerde gegen Oxford und vier Ratsmitglieder der Partei des Königs von einer Gruppe von Lords eingebracht, die kraft dieses Aktes als die *Lords Appellant* bekannt wurden. Als sie einen Regierungsausschuß unter Gloucester ernannten und ihn mit Vollmachten als Regent ausstatteten, versammelten Richard und Oxford eine Armee, um die königliche Souveränität mit Waffengewalt zu behaupten. In der sogenannten Schlacht auf der Radcot-Brücke kam es dann zur Konfrontation. Als Oxford sich überlegenen Truppen gegenübersah, floh er, sprang, nachdem er Teile seiner Rüstung abgelegt hatte, mit dem Pferd in den Fluß und galoppierte auf der anderen Seite in die Dämmerung davon. Er nahm ein Schiff nach Flandern, wo er vorsichtigerweise bei lombardischen Bankiers in Brügge große Geldsummen deponiert hatte.

Einen Monat später, im Februar 1388, erhoben die Lords in einer Sitzung, die als das Gnadenlose Parlament bekannt wurde, gegen Oxford und den Kanzler, Michael de la Pole, Graf von Suffolk, der auch geflohen war, die Anklage des Verrats. Den Angeklagten wurde vorgeworfen, gegen den König konspiriert und geplant zu haben, seine Ratgeber auszuschalten, den Herzog von Gloucester zu ermorden, die Krone dadurch auszuplündern, daß sie in ihre eigenen Taschen und in die ihrer Verwandtschaft wirtschafteten, das Parlament zu übergehen und Calais dem französischen König als Gegenleistung für Hilfe gegen ihre inländischen Feinde anzubieten. Das Parlament verurteilte Oxford und Suffolk daraufhin zum Tod durch Erhängen. Dies geschah in Abwesenheit der Angeklagten; drei andere, die nicht entkommen waren, der Oberste Richter, der Bürgermeister von London und Richards früherer Erzieher, Sir Simon Burley, wurden hingerichtet. Richard blieb allein zurück, erniedrigt und des Freundes beraubt, den er lebend nie wieder sehen sollte. Aber einen König zu demütigen und ihn auf dem Thron zu belassen, hat seine Gefahren. Richard sollte seine Rache haben.

Gegen Coucys heftigen Widerstand wurde Oxford noch im selben Jahr nach Frankreich eingeladen, weil man glaubte, daß es nützlich sei, von ihm über den neuesten Stand der Auseinandersetzungen am englischen Königshof informiert zu werden. Außerdem ist nicht auszuschließen, daß Oxford vielleicht wirklich die Übergabe von Calais angeboten hatte. So mußte sich Coucy der Einladung beugen, obwohl er Oxford »von ganzem Herzen haßte«. Oxford kam, wurde empfangen und gut behandelt, bis sich Coucy mit Hilfe von Clisson, Rivière und Mercier beim König durchgesetzt hatte und der Entehrer seiner Tochter aus Frankreich vertrieben wurde. In Brabant fand sich dann schließlich ein Wohnsitz für Oxford, wo er 1392 dreißigjährig bei einer Wildschweinjagd ums Leben kam. König Richard II. ließ den Leichnam nach England überführen, und während einer prunkvollen, einsamen Trauerfeier steckte er einen Ring an den toten Finger des großen Unruhestifters, während er das einbalsamierte Antlitz lange und traurig ansah. In der Zwischenzeit war die Scheidung annulliert worden, und Philippa blieb die rechtmäßige Gräfin von Oxford.

In dieser Zeit gewährte Karl VI. Coucy eine Schenkung, die die Narben, die Pest und Krieg in den letzten zwanzig Jahren hinterlassen hatten, deutlich macht. Im November 1388 wurde er zum Grand Bouteilleur (Haushofmeister) von Frankreich ernannt, was dem Amt des obersten Seneschalls oder Kämmerers der Krone entsprach. Gleichzeitig wurde ihm das Recht verliehen, jährlich zwei dreitägige Märkte abzuhalten, auf denen alle Handelswaren steuerfrei verkauft werden durften. Die Urkunde besagt, daß die Stadt von Coucy dreimal »von unheilvollen Feuern getroffen wurde, die sich in der gesamten Stadt aufgrund des Mangels an Arbeitern verbreiteten, denn während des großen Sterbens waren viele umgekommen. Außerdem sind die Einwohner und die Gemeinde der erwähnten Stadt, Burg und Ländereien von Coucy durch die vorangegangenen Kriege so verarmt und an Menschen, Häusern, Pacht, Einkünften und allen anderen Gütern so vermindert, daß zu befürchten ist, daß die besagte Stadt verlassen und unbewohnbar wird und damit die Weingärten, Felder und Äcker verwildern.«

Die Absicht dieses Gnadenerweises liegt klar auf der Hand. Er war das Ergebnis der Inspektion der Baronie durch den König im Jahr zuvor und sollte im Interesse des Königs genauso wie Coucys selbst dazu beitragen, einer so entscheidenden Domäne wieder zur Gesundheit zu verhelfen. In der Urkunde wurde die Baronie als »Grenze und Schlüssel« des Königreichs bezeichnet, deren Grenzen bis Flandern und zum Kaiserreich reichten. Die Burg wurde als »eine der schönsten und wichtigsten des Reiches« bezeichnet. Durch den »Verfall und die Entvölkerung der besagten Stadt ... können große Gefahren, Schäden und nicht wiedergutzumachende Widrigkeiten entstehen«. Daß der Erlaß unmittelbar der Übertragung der Macht auf die Gruppe, die von den vier Marmosetten, Clisson und Coucy dominiert wurde, folgte, war sicherlich kein Zufall.

Von dieser Zeit an amtierte Coucy als erster Laienpräsident der Schatzkammer, eines Amtes, das mit dem des Kämmerers verbunden war, der ursprünglich die königlichen Einkünfte und Kassenbücher verwaltete. Es sieht nicht so aus, als ob Coucy dafür eine besondere Entschädigung erhalten hätte, er bezog weiterhin seine jährliche Pension von der Krone. Sein Besitz, der durch verschiedene Neuerwerbungen wesentlich vergrößert worden war und nun einhundertfünfzig Städte und Dörfer umfaßte, war offensichtlich groß genug, um von den Schwierigkeiten, die kleinere Landbesitzer trafen, verschont zu bleiben.

Die Picardie, das Heimatland der Coucys, das so oft im Pfad der Invasion lag, ist »geschlagen und gestraft«, schrieb Mézières, der selbst ein Picarde war, und »heute blüht sie nicht länger«. Die letzten Bauern waren aus verelendeten Regionen geflohen, so daß nach einer Klage aus dem Jahre 1388 »gegenwärtig keine Arbeiter mehr aufzufinden sind, die arbeiten oder das Land bestellen«. Überall in Frankreich hatte ein Jahrhundert des Unheils Spuren hinterlassen – Bevölkerungsrückgang, Niedergang des Handels, verlassene Dörfer und ausgeraubte Abteien, Grund genug für ein Klima tiefer Niedergeschlagenheit. Einige Gemeinden der Normandie waren auf zwei oder drei Familien zusammengeschrumpft. In der Diözese von Bayeux lagen einige Städte seit 1370 ebenso verlassen da wie einige Gemeinden der Bretagne. Der Handel der Gemeinde Châlons an der Marne war von dreißigtausend Stoffballen auf jährlich achthundert zurückgegangen. In der Gegend von Paris waren nach einer Verlautbarung von 1388 »viele wichtige alte Straßen, Brücken, Wege und Pfade« dem Verfall überlassen worden – überflutet, von Hecken, Dornen und Gebüsch überwuchert. Viele waren unpassierbar geworden. Und ähnliche Beispiele ließen sich aus dem Süden anführen.

Das Schisma hatte große physische und geistige Zerstörungen nach sich gezogen. Eine Benediktinerabtei, die bereits zweimal von umherstreifenden Kompanien niedergebrannt worden war, war nun zusätzlich von den Einkünften ihrer Besitzungen in Flandern abgeschnitten und bezahlte in verschiedenen Verfahren so viel Geld für die Prozeßkosten, daß sich Papst Klemens gezwungen sah, die Abgaben von 200 auf 40 Pfund für einen Zeitraum von fünfundzwanzig Jahren zu senken. Andere Abteien, die von der Pest entvölkert oder von den Kompanien heimgesucht worden waren, gerieten in völlige Unordnung und wurden manchmal sogar verlassen und verfielen, das Land versteppte. Sinkende Einkünfte und steigende Kosten ließen viele Landbesitzer verarmen, wodurch sie sich gezwungen sahen, höhere Pachtzinsen zu erheben und neue Steuern zu erfinden, die sie nun ihrerseits ihren Pächtern auferlegten. Der daraus erwachsenden allgemeinen Landflucht versuchte der Adel dadurch zuvorzukommen, daß er Waren beschlagnahmte und schwere Strafen einführte, was den Haß der Bauern noch erhöhte.

Nach fünfzig Jahren war der Krieg abgeklungen und zurückgetreten, und kaum einer konnte sich an seine Ursachen erinnern. Obwohl der Herzog von Gloucester und die »Keiler« von England so kriegerisch wie je waren, konnten sie die Kosten für eine neue Expedition nicht aufbringen. In Frankreich hatten die im Sande verlaufenen Invasionsversuche die Gemüter abgekühlt. Die Opposition gegen den Krieg nahm zu, wenn auch Mézières die alten Feindseligkeiten nun gegen die Ungläubigen richten wollte. »Die gesamte Christenheit ist durch eure Gier nach ein bißchen Land fünfzig Jahre lang in Aufruhr versetzt worden. Recht und Unrecht dieser Sache liegen schon lange im Dunkel, und alle Christen müssen für so viel vergossenes Christenblut verantwortlich gemacht werden.« Alle Christen in einem Kreuzzug zu vereinigen war für einen Mann wie Mézières nicht Krieg, sondern der Gebrauch des Schwerts zur höheren Ehre Gottes.

Nach sechsmonatigen Verhandlungen kam im Juni 1389 ein dreijähriger Waffenstillstand, aber immer noch kein endgültiger Friedensvertrag zustande. Komplizierte Vereinbarungen wurden für den Fall ausgehandelt, daß bei der Übergabe einzelner Gebiete oder Hoheitsrechte Streitigkeiten entstünden. Nun war Coucy in der Lage, einen Botschafter zu Philippa nach England zu entsenden, »aus seinem großen Wunsch heraus, Sicheres über ihr Wohlergehen zu erfahren«. Coucy wurde zum Generalleutnant von Aquitanien ernannt, um die Einhaltung der Waffenstillstandsvereinbarung im Süden zu überwachen und das Land von der Dordogne bis an die See einschließlich der Auvergne und des Limousin zu sichern und zu verteidigen.

Die Friedensbotschaft wurde von den einfachen Menschen – in mindestens einem Fall – mit sehr gemischten Gefühlen und einem kuriosen Wiederaufleben der seltsamen Prophezeiung aufgenommen, die Coucy zugeschrieben wurde und den König und seinen Spaten betraf. Die Bürger von Bois-Gribaut im Limousin diskutierten die Nachricht über den Waffenstillstandsvertrag, die sie von einem Bürger ihres Dorfes bei seiner Rückkehr aus Paris erhalten hatten. Einige waren unbeeindruckt und glaubten sogar, daß sie bald wieder gegen England rüsten müßten. Ein einfältiger Schafhirt namens Marcial le Vérit, von dem man sagte, daß er lange in tiefem Elend in englischen Kerkern geschmachtet habe, äußerte eine subversivere Meinung, für die er dann verhaftet wurde: »Glaubt nicht daran! Ihr werdet niemals Frieden haben. Ich für mein Teil glaube jedenfalls nicht daran. Der König selbst hat Flandern und Paris zerstört und geplündert, und darum hat ihm der Sire de Coucy einen Spaten gebracht und gesagt, daß er ihn benutzen müsse, wenn er sein Land völlig ruiniert hat.« Die Redensart hatte offensichtlich weiten Anklang gefunden.

Coucy erschien auch noch als eine Symbolfigur ganz anderer Art. Thomas Mowbray, Graf von Nottingham und späterer Herzog von Norfolk, einer der *Lords Appellant*, den Richard II. umwarb und zum Graf-Marschall auf Lebenszeit ernannt hatte, ließ Coucy eine Herausforderung zum Zweikampf überbringen, noch bevor der Waffenstillstandsvertrag unterschrieben wurde. Für den dreiundzwanzigjährigen Nottingham war Coucy der Inbegriff eines Ritters, und es bedeutete, Tapferkeit zu beweisen und Ruhm zu erlangen, dem Sire de Coucy im Kampf zu begegnen. Als Frömmigkeit und Tugend, die ursprünglichen Grundlagen der ritterlichen Haltung, nur noch durch ihre Abwesenheit auffielen, war der alles verhüllende Mantel von Ehre und Tapferkeit um so gefragter.

Als »ein Mann von erwiesener Ehre, Tapferkeit, Ritterlichkeit und großem Ruhm« wurde Coucy von Nottingham herausgefordert, Tag und Ort zu benennen, an dem er zu einem Zweikampf von drei Lanzengängen, drei Schwertgängen, drei Dolchgängen und drei Axtschlägen antreten wolle. Er sollte ein mit seinem Siegel versehenes »gutes und treues freies Geleit« seines Königs übersenden, und wenn Calais als Austragungsort gewählt würde, wollte Nottingham einen Geleitbrief seines Königs bereitstellen. Er schlug vor, daß das Turnier »vor so vielen Zuschauern ausgetragen werden sollte, wie Ihr und ich mit freiem Geleit und Unterkunft versorgen können«. Es ist nichts überliefert, was auf eine Antwort oder gar die Durchführung eines solchen Turnieres schließen läßt. Coucy war entweder uninteressiert oder nicht gewillt, ein solches Turnier durchzuführen, solange der Waffenstillstandsvertrag noch in der Schwebe war.

Um den Ruhm des Zweikampfes gebracht, nahm Nottingham die berühmte Herausforderung von St. Ingelbert auf, die der schneidige Boucicaut und zwei Freunde ausgesprochen hatten, als sie sich durch englische Prahlereien nach dem Waffenstillstandsvertrag gereizt fühlten. Sie boten sich an, gegen jedermann in jeder Art während eines Turniers von dreißig Tagen in die Schranken zu treten. Die Vorsicht sprach dagegen, Feindseligkeiten so kurz nach dem Waffenstillstand aus einer Laune der »jungen, wilden Ritter« heraus wieder zu eröffnen, und Freunde warnten die drei davor, daß das Unternehmen ihre Kräfte übersteige. Aber Boucicaut war nicht der Mann, auf so vorsichtige Stimmen zu hören. Im Alter von sechzehn Jahren hatte er seine erste Schlacht bei Roosebeke bestanden, wo ein riesiger Flame sich über seine Jugend und seine kleine Gestalt lustig machte und ihm riet, in die Arme seiner Mutter zurückzukehren. Boucicaut hatte seinen Dolch gezogen und ihn dem Mann mit den Worten in die Seite gerammt: »Spielen die Kinder in deinem

Land solche Spiele?« Er und seine Freunde behaupteten sich mit großem Mut in den Schranken des Turniers von St. Ingelbert, und er wurde später Marschall von Frankreich und nahm an Coucys letztem Abenteuer teil.

Nottinghams Kampfsucht sollte ein dunkleres Ende finden. Als Herzog von Norfolk stieß er zehn Jahre später in dem historischen Duell mit Bolingbroke zusammen, das den Sturz Richards II. auslösen sollte. Zusammen mit seinem Kontrahenten wurde er verbannt und starb ein Jahr später im Exil.

Ständig umherreisend, besuchend, forschend, fragend, kam Froissart in dem Monat nach Paris, der England und Frankreich den Waffenstillstand brachte. Er wollte den »*gentil* Sire de Coucy . . . einen meiner Herrn und Wohltäter« besuchen. In den zwanzig Jahren seit dem Tode seiner ersten Schutzherrin, Königin Philippa von England, war er zum Teil von Kaiser Wenzel unterstützt worden und hatte sich bei Guy de Châtillon, Graf von Blois, als Schreiber verdungen, ohne aber eine andere Aufgabe zu haben, als seine Chronik zu vervollständigen. Als Guy von Blois dann verarmte, hatte Coucy Froissart für eine Domherrenpfründe in Lille vorgeschlagen, die ihm aber bis dahin noch nicht zugestanden worden war. In der Zwischenzeit

Stopfte der gute Seigneur de Couci
meine Faust mit
manchem roten Florin.

Wenn auch zu erwarten ist, daß der Empfänger der Patronage als Gegenleistung mit Komplimenten nicht kleinlich ist, so scheinen Froissarts Lobreden über das übliche Maß hinauszugehen. »*Gentil*« war normalerweise ein Wort, das auf jeden wichtigen und angesehenen Adligen angewandt wurde, es bedeutete nicht mehr, als daß jemand von adliger Geburt war. Coucy wird aber zusätzlich »feinsinnig«, »bedächtig« und »*imaginatif*« oder »*fort-imaginatif*« genannt, was intelligent, nachdenklich oder weitsichtig bedeutet. Aber auch das alles umfassende »*sage*« oder »*très sage*« gehörte zu den Attributen, die ihm beigelegt wurden. Es konnte weise, vernünftig, wachsam, verständig, zurückhaltend, einsichtig, beherrscht, nüchtern, gelassen, umgänglich, standfest, tugendhaft oder auch all dies zusammen heißen. Coucy wird außerdem als »*cointe*« beschrieben, was auf Eleganz in Kleidung und Benehmen, auf Höflichkeit, Anmut und Tapferkeit verweist. Mit einem Wort, ihm wurden alle Attribute des Rittertums zugeschrieben.

In Buch eins von Froissarts *Chroniken,* das 1370 erschien, wurde sofort deutlich, daß es sich um eine Verherrlichung des Rittertums handelte. Das älteste noch vorhandene Exemplar dieses Buches, das sich heute in der Königlichen Bibliothek Belgiens befindet, trägt das Wappen Coucys. Damals war die Vervielfältigung von handschriftlichen Manuskripten nicht mehr nur die Domäne von einsamen Mönchen in ihrer Zelle. Der Berufsstand des Schreibers hatte sich entwickelt und seine eigenen Gilden gebildet. Die Schreiber wurden von der Universität von Paris geprüft, sicherlich, um für ordentliche Texte zu sorgen, aber sie waren der große Kummer der lebenden Autoren, die sich mehr als einmal beschwerten, daß die Schreiber langsam und ungenau arbeiteten. Die »Ärgernisse und Entmutigungen«, die den Autoren durch die Schreiber zugefügt wurden, beklagte sich Petrarca, seien unbeschreiblich. Die »Ignoranz, Faulheit und Überheblichkeit dieser Kerle« war so groß, daß ein Autor nie wußte, welche Wandlungen sein Werk durchgemacht hatte, wenn er es aus den Händen der Schreiber zurückerhielt.

Im 14. Jahrhundert hatten der Aufstieg des Bürgertums und die erweiterte Papierproduktion ein Leserpublikum hervorgebracht, das über den Adel hinausging, der Literatur aus den Vorlesungen und Vorträgen in den Sälen seiner Burgen kannte. Das Handelsbürgertum, mit Lesen und Schreiben aus beruflichen Gründen bestens vertraut, widmete sich nun auch der privaten Lektüre aller Art: Gedichte, Romane, historische Erzählungen und Reiseberichte, Allegorien, religiöse Werke und Zoten. Der Besitz von Büchern war das Kennzeichen des gebildeten Menschen geworden. Da Handelsmagnaten und Neureiche die Manieren, Ideale und die Kleidung des Adels imitierten, kamen Chroniken des Rittertums groß in Mode.

Welche Bücher Coucy außer den Chroniken von Froissart besessen hat, ist unbekannt, wenn man von denen absieht, die in den königlichen Archiven als Geschenke an ihn vermerkt sind. Neben der französischen Bibel, die alles von dem Buch Genesis bis zu den Psalmen umfaßte und die er vom König als Belohnung für die Einigung mit Montfort erhalten hatte, wurden ihm 1390 die Romanze von *König Pippin und seiner Frau Bertha Großfuß* und die in Verse gesetzten *Gestes de Charlemagne*, die »schön in drei Spalten die Seite in einem dicken Band niedergeschrieben« waren, geschenkt. Das Buch gehörte der Königin, »und der König nahm den Band von ihr und gab ihn Monsieur de Coucy«.

Im Jahre 1389 stiegen die staatlichen Ausgaben in einem Maß, das den Extravaganzen der königlichen Onkel gleichkam, auch wenn sie weniger militärischen als zivilen Zwecken dienten. Der Höhepunkt war der feierliche Einzug Isabeaus von Bayern in Paris anläßlich ihrer Krönung zur Königin, ein Ereignis von spektakulärem Glanz und unvergleichlicher »Wunder« zur Volksbelustigung.

Einiges an Aufsehen wurde der neuen Königin von Valentina Visconti gestohlen, der neuen Frau Ludwigs von Orléans, die gerade noch rechtzeitig zu den Feierlichkeiten in Paris eintraf. Seit ihrer Ferntrauung im Jahre 1387 hatte ihr Vater Gian Galeazzo die Zeit genutzt, um ihre beispiellose Mitgift von einer halben Million Goldfranken – dazu die Überschreibung von Asti und anderen Besitzungen in Piemont – zusammenzutragen. Valentina war sein einziges, ihm verbliebenes Kind, an dem er so hing, daß er Pavia verließ, um nicht bei ihrer Abreise anwesend zu sein, »denn er konnte sich nicht von ihr verabschieden, ohne in Tränen auszubrechen«. Als Tochter seiner toten Frau Isabelle von Frankreich – und daher Kusine Ludwigs von Orléans – war sie in einem Haushalt aufgewachsen, den ihr Vater »zur Heimat berühmter Gelehrter und Künstler gemacht hatte, die er sehr verehrte«. Sie sprach fließend Lateinisch, Französisch und Deutsch und brachte ihre eigenen Bücher und ihre Harfe mit nach Frankreich. Dreizehnhundert Ritter begleiteten sie über die Alpen, und ihre Aussteuer mag daran bemessen werden, daß sie ein mit zweitausendfünfhundert Perlen und Juwelen besetztes Kleid trug. Ihre Räume in Ludwigs Haus waren mit Aragonleder ausgelegt und mit zinnoberrotem Samt ausgeschlagen, der mit Rosen und Armbrüsten verziert war. Die Haushaltsbücher verzeichnen seidene Überdecken, die 400 Francs das Stück kosteten, als Neujahrsgeschenk. Aber all der Luxus konnte den Schatten der Melancholie von der jungen Ehe nicht fernhalten.

Am großen Tag des Einzugs von Königin Isabeau nahm die Prozession ihren Weg über die Rue St. Denis, die Hauptstraße, die zum Châtelet und zur Grand Pont über die Seine führte. Es war ein Tag der Damen, die Herzoginnen des Königreiches und alle hohen Damen nahmen in kostbar geschmückten Sänften an dem Zug teil und wurden ausnahmslos von hohen Adligen eskortiert. Coucy ritt neben seiner Tochter Marie und ihrer Schwiegermutter, der Herzogin von Bar, während seine Frau sich in einer anderen Sänfte befand. Die Kleider und Schmuckstücke der Damen waren Meisterwerke des Schneider- und Goldschmiedehandwerks, denn der König wollte jede vorherige Zeremonie an Pracht übertroffen wissen. Er hatte in den Archiven von St. Denis nach Details historischer Krönungszeremonien anderer Königinnen forschen lassen. Der Herzog von Burgund, immer aufs herrlichste gekleidet, brauchte solche Hilfe nicht. Er trug ein samtenes Wams, das mit vierzig Schwänen und vierzig Schafen bestickt war, und jedes Tier trug ein Halsband mit einer echten Perle.

Unter der Führung des Vorstehers standen zwölfhundert Bürger in roten Gewändern auf der einen und in grünen Gewändern auf der anderen Straßenseite Spalier. Es hatte sich eine solche Zuschauermenge versammelt, daß es schien, »als wäre die ganze Welt gekommen«. Die Häuser der Rue St. Denis waren allesamt mit Teppichen und Seidenstoffen geschmückt, und die Straße war so großzügig mit feinen Tüchern ausgeschlagen, »als ob sie nichts kosteten«.

Der Weg führte die Prozession durch die Porte St. Denis, wo sie unter einem herrlichen Stoffhimmel hindurchzog, der über dem Tor aufgespannt und mit Sternen verziert worden war. Unter dem Himmel standen als Engel gekleidete Kinder, die süße Lieder sangen. Die nächste Station war ein Brunnen, aus dem Rot- und Weißwein flossen, der von lieblich singenden Jungfrauen in goldenen Gefäßen ausgeschenkt wurde. Es folgte eine Theaterdarbietung auf einer Bühne, die inmitten des Platzes vor der Kirche von Ste. Trinité errichtet worden war. Auf dem Programm stand *Pas Saladin*, ein Drama über den Dritten Kreuzzug. Danach zog die Prozession weiter, vorbei an einem anderen sternbedeckten künstlichen Firmament, das »Gottvater in all seiner himmlischen Majestät« zeigte. Dann kam das »Tor zum Paradies«, von dem zwei Engel herabstiegen, die eine goldene Krone in den Händen trugen und unter harmonischen Gesängen auf den Kopf der Königin setzten. Orgelspiel ertönte aus einer mit Vorhängen abgeteilten Nische von St. Jacques.

Es war so viel Bewundernswertes zu bestaunen, daß es Abend wurde, bevor sich die Prozession über die Brücke bewegte, die den Weg zu Notre-Dame und damit zum Höhepunkt des Festes freigab. Auf einem Seil, das zwischen dem Turm von Notre-Dame und dem höchsten Haus auf der Pont St. Michel die Stadt überspannte, balancierte ein Akrobat, der in jeder Hand eine brennende Kerze hielt.

»Singend ging er auf seinem Seil über der Straße entlang, und wer ihn sah, fragte sich, wie das wohl möglich sei«. Mit seinen brennenden Kerzen in den Händen war er in ganz Paris und auch noch zwei Meilen vor der Stadt zu sehen. Die nächtliche Rückkehr der Prozession von der Kathedrale wurde von fünfhundert Fackeln erhellt.

Die Krönungsfeierlichkeiten waren mit Goldstoffen, Hermelin, Samt, Seide, Juwelen und prachtvollem Glanz so überhäuft gewesen, daß alle Teilnehmer tief beeindruckt sein mußten. Ein Festessen war in derselben Halle aufgetragen worden, in der Karl V. den Kaiser bewirtet hatte. Auch jenes vormals so erfolgreiche Schauspiel, das den Fall einer Burg, dieses Mal Troja, inszenierte, kam wieder zur Aufführung (was bedeutete, daß man dieselben Einrichtungen wieder benutzen konnte). An einem erhöhten Tisch saßen neben dem König und der Königin nur noch Prälaten und acht Damen, unter ihnen Madame de Coucy und die Herzogin von Bar. In der Halle herrschte eine solche Hitze, daß die Königin, die im siebten Monat schwanger war, als sie an diesen fünftägigen Feierlichkeiten teilnahm, in Ohnmacht zu fallen drohte. Madame de Coucy wurde in der Tat bewußtlos, und ein Tisch mit Damen wurde durch den Ansturm der Volksmenge überrannt. Fenster wurden aufgebrochen, um frische Luft hereinzulassen, aber die Königin und viele Damen zogen sich in ihre Gemächer zurück.

Auch die Turnierspiele litten unter der heißen Witterung. Die Hufe der Pferde wirbelten so viel Staub auf, daß die Ritter sich beschwerten, aber trotzdem machte der Sire de Coucy wie gewöhnlich »einen brillanten Eindruck«. Der König befahl, den Staub mit zweihundert Fässern Wasser zu binden, »aber am nächsten Tag gab es wieder genug Staub und zuviel«.

Vierzig führende Persönlichkeiten des Pariser Bürgertums beschenkten den König und die Königin mit Juwelen und goldenen Gefäßen in der Hoffnung, damit einen Steuererlaß zu bewirken. Von zwei Männern, die als alte Weise gekleidet waren, wurden die Geschenke der Bürger auf einer Bahre getragen, die mit feinem Tuch überdeckt war, so daß man das Funkeln des Goldes und der Edelsteine sehen konnte. Diese phantasievolle Präsentation beeindruckte den König aber anscheinend weit weniger, als sie es verdient hatte, denn schon zwei Monate später, als sich der König auf einer Reise in den Süden befand, um seine neue Souveränität dem Volk nahezubringen, wurden in Paris die Steuern erhöht, um die Kosten für die Krönungsfeierlichkeiten und auch die neue Reise zu decken, die wiederum so aufwendig war, daß sie nicht zu Steuererleichterungen – wie geplant –, sondern zu Steuererhöhungen führte. In einer Währungsmanipulation, die bei der Kostendeckung helfen sollte, wurden die kleinen Silbermünzen, das Kleingeld der Pariser, aus dem Verkehr gezogen. Das bedeutete, daß die Armen zwei Wochen lang keine Lebensmittel mehr in den Markthallen kaufen konnten. Aber wer kann schon sagen, ob der Hunger und Zorn von zwei Wochen oder der wunderbare Anblick eines über der Stadt schwebenden Akrobaten und die weinspendenden Brunnen schwerer in die Waagschale fielen?

Kapitel 22
Die Belagerung der Berberei

Im Jahre 1390 wurde Coucy fünfzig Jahre alt. Neben dem Bruder des Königs und dessen Onkel mütterlicherseits war er nun der führende Adlige am Königshof, und die Krone stützte sich sowohl in militärischen als auch in politischen Fragen auf ihn. Er bekleidete die Ämter des Generalleutnants der Auvergne und Aquitaniens, und er war Mitglied des königlichen Rats, und die Abenteuer seines fünfzigsten Lebensjahres sollten ihn weit über diese Aufgaben hinaustragen.

Als Karl VI. im September 1389 mit seinem Bruder Ludwig und seinem Onkel Bourbon aufbrach, um mit dem Papst in Avignon zusammenzutreffen und sich in Languedoc zu zeigen, kommandierte Coucy die Leibgarde des Königs. Der Zweck der Reise war es erstens, mit Papst Klemens VII. über Mittel und Wege zu beraten, ihm die alleinige Kontrolle über das Papsttum zu erkämpfen, und zweitens, den Ruf des Königtums in Languedoc wiederherzustellen, das sich unter der drückenden Herrschaft des Herzogs von Berry der Krone entfremdet hatte. Abgesandte des Südens hatten dem König auf Knien und unter Tränen über die »zerstörerische Tyrannei« und die »unerträgliche Ausbeutung« durch die Beamten Berrys berichtet. Wenn der König nichts unternehme, so hatten sie gesagt, würden den vierzigtausend Menschen, die schon nach Aragon geflohen waren, viele weitere folgen.

Da der Waffenstillstand mit England nun in Kraft war, hatten Rivière und Mercier dem König geraten, diese Reise zu unternehmen, damit er sich selbst ein Bild davon machte, wie seine Untertanen lebten und regiert wurden, und damit er sich um der Geldquellen willen, »die er sehr nötig brauchte«, bei ihnen beliebt mache. Mit seinen zweiundzwanzig Jahren, einem Alter, in dem sein Vater schon ein erfahrener Herrscher gewesen war, war Karl VI. immer noch ein oberflächlicher Jüngling, der in einem Sturzbach der Freigebigkeit auch das verschenkte, was er noch gar nicht besaß. Versuche der Schatzbeamten, die Flut der Geschenke einzudämmen, blieben erfolglos. Bemerkungen neben den Namen der Empfänger wie »Er hat schon zuviel erhalten« oder »Er sollte etwas zurückzahlen« waren vergebliche Mühe.

Die Herzöge Berry und Burgund waren tief getroffen, als sie vom König informiert wurden, daß sie ihn nicht auf seiner Reise zu begleiten, sondern auf ihren eigenen Gütern zu bleiben hätten. Sie wußten, daß dieser Befehl auf den Ratschlag Rivières und Merciers zurückging und daß der König die Reise unternahm, um »Untersuchung zu halten« über die, die Languedoc regierten. So beratschlagten sie und entschieden, »daß sie diesen Affront einfach übergehen müßten« und daß die Zeit kommen sollte, »wenn die, die den Rat gegeben, das bereuen sollten«. So lange sie beide verbündet waren, sagten sie sich, könne »niemand etwas gegen sie unternehmen, denn wir sind die größten Persönlichkeiten in Frankreich«. »Dieses«, schrieb Froissart in kaltblütiger Rekonstruktion, »war die Sprache jener zwei Herzöge«.

Von Lyon aus setzte der König die Reise mit seiner Gesellschaft zu Schiff auf der Rhone fort. Das war angenehmer als die beschwerliche Art des Reisens auf dem Pferderücken. Während einer solchen Reise benötigte die königliche Reisegesellschaft mehrere Boote einschließlich eines besonders großen, das zwei überdachte Feuerstellen für den König beherbergte, verschiedener Versorgungsschiffe und einer schwimmenden Schatzkammer mit Edelmetallen und Juwelen, die man nötigenfalls während der Reise gegen Bargeld verpfänden konnte. Karl hat anscheinend häufig anlegen lassen, um sich in verschiedenen Städten dem Volk zu zeigen, denn die Reise dauerte ganze neun Tage. Die damaligen Begrüßungszeremonien scheinen sich dabei nicht wesentlich von den heutigen unterschieden zu haben. Bis zu tausend Kinder standen in den königlichen Farben gekleidet auf hölzernen Plattformen und winkten mit kleinen Fahnen »und riefen laute Ehrenbezeigungen, als der König vorbeikam«.

Am 30. Oktober ritt Karl, in Purpur und Hermelin gekleidet, in den päpstlichen Palast von Avignon ein, wo ihn Papst Klemens VII. und sechsundzwanzig Kardinäle begrüßten und ihm mit ganzem Gefolge ein großes Festessen ausrichtete. Der König beschenkte den Papst mit einem Chorrock aus blauem Samt, der mit Perlen in der Form von Engeln, Lilien und Sternen besetzt war. Ob er nun einen leeren Geldbeutel hatte oder nicht, »er wollte, daß man sogar in fernen Ländern von der Pracht sprach, die er um sich herum verbreitete«.

Da das Papsttum Klemens' neben der französischen Unterstützung keinen anderen Rückhalt besaß, wäre es in Rauch aufgegangen, wenn die Franzosen nur gewollt hätten, und das Schisma wäre beendet gewesen. Aber sie wollten alles andere als das. Ist es unter Einzelpersonen schon ungewöhnlich, wenn jemand Irrtümer oder Niederlagen zugibt, so ist es unter Staaten unbekannt. Staaten fungieren in den Bahnen, die für diejenigen, die an den Hebeln der Macht sitzen, die Bahnen der Macht oder des persönlichen Ehrgeizes sind – und Macht und Ehrgeiz tragen Scheuklappen. Zu keiner Zeit wäre es möglich gewesen, Klemens durch Macht oder Waffengewalt in Italien an die Macht zu bringen. Breite Unterstützung als rechtmäßiger Papst genossen Urban VI. – verrückt oder nicht – und sein Nachfolger. Die Franzosen verschlossen sich aber den Tatsachen und der Unverhältnismäßigkeit zwischen Kosten und Nutzen ihrer Politik. Sie verfolgten ihr Ziel mit einer blinden Beharrlichkeit, die an Leichtfertigkeit grenzte.

In den Beratungen mit Klemens schlugen Karl VI. und seine Berater vor, den Weg nach Rom dadurch zu öffnen, daß man Ludwig von Orléans durch die Wiederbelebung jenes wolkigen Königreiches Adria im Norden und Ludwig II. von Anjou in dem ebenfalls unerreichten Königreich von Neapel und Sizilien im Süden an die Macht brächte. Zu diesem Zweck war Ludwig II. von seiner unermüdlichen Mutter nach Avignon begleitet worden, wo er feierlich zum König von Neapel und Sizilien (einschließlich Jerusalems) gekrönt wurde. Wiederum wurde Coucy auserwählt, Eleganz und Glanz der Zeremonie dadurch zu unterstreichen, daß er den jugendlichen König zu Pferd bediente.

Diese Feiern waren kaum abgeschlossen, als die Nachricht eintraf, daß Papst Urban der Schreckliche seit drei Wochen tot war und der Heilige Stuhl in aller Hast durch eine heimliche Wahl mit dem neapolitanischen Kardinal Pietro Tomacelli als Bonifatius IX. neu besetzt worden war. Weder Rom noch Avignon waren bereit, ihre Ansprüche zugunsten einer Verhandlungslösung zurückzustellen. Da die Chance, die durch Urbans Tod bestanden hatte, nun wieder vertan war, waren sich Klemens und die Franzosen darin einig, jetzt die Absetzung von Papst Bonifatius zu betreiben. Karl VI. versprach nach seiner Rückkehr, »nichts anderes mehr zu beachten, bis er der Kirche ihre Einheit zurückgegeben habe«.

Auf seiner Reise durch das Languedoc zog Karl VI. mit seinem Gefolge feierlich durch die Städte von Nîmes, Montpellier, Narbonne und Toulouse. Delegationen aller Verbände und Schichten hießen ihn in festlicher Kleidung willkommen, »daß es wunderbar anzusehen war«. Tische wurden auf den Straßen aufgestellt, so daß die Menschen essen und trinken konnten. Die königliche Speisekammer wurde von den Untertanen gefüllt: In einer Stadt beschenkte ihn die Bevölkerung mit einer kleinen Schafherde und zwölf fetten Ochsen. Einige Reitpferde kamen hinzu, die mit silbernen Glöckchen geschmückt waren. Inzwischen inspizierten seine Minister aber die wirtschaftliche Lage des Landes, verordneten Reformen und hoben die härtesten Steuern auf.

In Toulouse trafen Gesandte aus Genua den König, um Pläne für »ein großartiges und edles Unternehmen« gegen das Berberkönigreich von Tunis zu unterbreiten. Sie wollten, daß französische Ritter einen Feldzug zur Unterdrückung der Piraten von der Berberküste anführten, die mit dem geheimen Einverständnis ihres Sultans den genuesischen Handel störten, Sizilien und andere italienische Inseln überfallen und geplündert hatten und gefangene Christen auf ihren Sklavenmärkten verkauften. Da die Franzosen seit dem Waffenstillstandsvertrag mit England sorgenfrei seien, sagten die Genueser, würden sich die französischen Ritter, »die tatenlos herumsaßen, freuen, mit ihnen in den Krieg zu ziehen«. Ziel des Feldzugs sollte Mahdia sein, der wichtigste Stützpunkt der Piraten und der beste Hafen an der tunesischen Küste.

1. Die Belagerung von Mahdia. Aus Froissarts *Chroniken*, ca. 1460.

2. Ludwig von Orléans.
Porträt, ca. 1420.

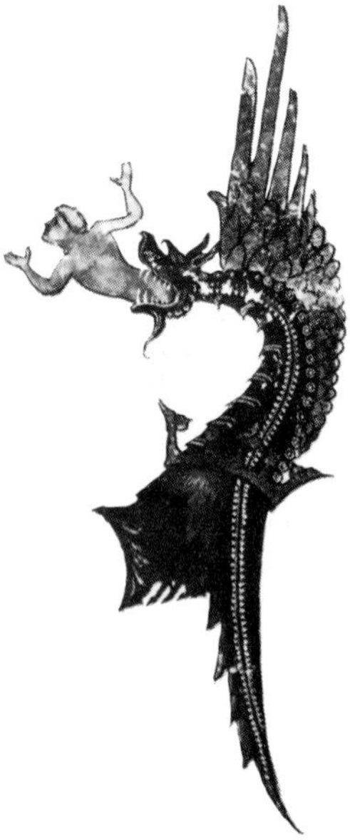

3. Das Wappenbild der
Visconti: eine
Giftschlange, die
einen Mann
verschlingt.

4. Gian Galeazzo Visconti.
Federzeichnung
von Antonio Pisanello
(1397-1455).

5. Froissart übergibt seine *Chroniken* Karl VI. Aus Froissarts *Chroniken*, ca. 1450.

6. Gerson in der Predigt in der Kirche St. Bernard in Paris. Aus *Sermons sur la Passion*, illustriert von Baudoin de Lannoy, ca. 1480.

7./8. Bureau de la Rivière (links) und Kardinal Jean de La Grange.
Beide Standbilder in der Kathedrale von Amiens.

9. Grabbildnis des Guillaume de Harsigny in Laon.

10. DANSE MACABRE

Fresko in der Abtei von Chaise-Dieu in Riom, 15. Jahrhundert.

Tod mit Papst, Kaiser, Kardinal, König, Patriarch, Ritter, Bischof, Seigneur.

Tod mit Priester, Dichter, Äbtissin, Kaufmann, Edeldame, Sergeant, Laienbruder.

Tod mit Jüngling, Doktor der Sorbonne, Troubadour, Benediktiner, Leibeigener, Franziskaner, Kind, Mutter.

11. Klage der Jungfrau mit dem heiligen Johannes. Aus dem *Rohan Stundenbuch*, ca. 1420.

12. Massaker an den Gefangenen vor Nikopol. Aus Froissarts *Chroniken*, ca. 1460.

13. Posthumes Porträt von Coucy. In Auftrag gegeben zweihundert Jahre nach seinem Tod von dem Zölestinerkloster in Villeneuve-les-Soissons.

14. Die Ruinen des *donjon* von Coucy nach der Sprengung durch die Deutschen 1917.

15. Luftaufnahme von Coucy-le-Château heute.

Wenn dieser starke Stützpunkt aber erst in christlichen Händen sei, erklärten die Botschafter König Karl VI., wäre die Macht der Berberkönige gebrochen, und sie könnten entweder bekehrt oder vernichtet werden. Genua erklärte sich bereit, die nötigen Flottenverbände bereitzustellen sowie Verpflegung, Bogenschützen und Fußsoldaten, wenn Frankreich seinen Schwertarm – nur Ritter und Knappen, keine Diener – unter der Führung eines Fürsten aus der königlichen Familie entsenden würde.

Da es gegen Ungläubige ging, wurde der Vorschlag in die Aura des Kreuzzugs gekleidet und mit allen Mitteln der Schmeichelei vorgetragen. Aufgrund seiner historischen Großtaten gegen die Ungläubigen sei der Name Frankreichs bis nach Indien gefürchtet, sagten die Botschafter, und das allein genügte, um Türken und Sarazenen (ein Begriff, der für alle Moslems verwandt wurde) zum Stehen zu bringen. Die Botschafter warnten, daß die Ungläubigen schon Afrika und Asien beherrschten und jetzt nach Europa vorgedrungen seien, daß sie Konstantinopel bedrohten, Ungarn beunruhigten und Granada schon besetzt hielten. Mit der Unterstützung Genuas könnte aber schon ein kurzer französischer Feldzug lang anhaltenden Ruhm bringen. »Eine hervorragende Sache für Eure Herrschaft«, sagten sie Karl, »denn Ihr seid der größte christliche König und berühmt dazu.«

Der Plan stammte von jenem »sehr klugen Mann« Antonio Adorno, dem Dogen von Genua, dessen Tyrannei zur Bildung einer Oppositionspartei in der Stadt geführt hatte. Er hoffte, dieser Bedrohung die Spitze zu nehmen, indem er den Handel der Stadtrepublik förderte und sich zugleich Rückhalt bei einem mächtigen Verbündeten verschaffte. Während die französischen Ritter den Vorschlag begeistert aufnahmen, waren die Minister vorsichtig. Ohne einen ordentlichen Friedensvertrag mit England zögerten sie, militärische Kräfte außer Landes gehen zu lassen; und die Frage des Kommandos mußte Eifersüchteleien heraufbeschwören.

Auf weitere Konsultationen vertröstet, mußten die genuesischen Gesandten ohne feste Zusage wieder nach Hause zurückkehren.

Während des Aufenthaltes in Toulouse nahm Coucy an einer Jagd der königlichen Gesellschaft teil. Dieses Ereignis hätte fast zu dem ersehnten Porträt geführt, das sein Gesicht der Geschichte erhalten hätte. Bei Einbruch der Nacht verirrten sich die Jäger im Wald. Sie ritten tiefer und tiefer in das dunkle Dickicht und konnten keinen Ausweg finden, bis der König schwor, der Kapelle von Notre-Dame de Bonne Espérance im Kloster von Carmes in Toulouse den Gegenwert für sein Pferd zu schenken, wenn sie dieser Gefahr entkämen. Wie als Antwort darauf brach Licht durch das Dunkel, und ein Weg kam in Sicht. Am nächsten Tag erfüllte der König pflichtgemäß seinen Schwur, an den später ein Fresko erinnerte, das die einzige bekannte zeitgenössische Darstellung von Enguerrand VII. de Coucy enthält: unglücklicherweise ohne Gesicht. In den Kopien, die die Zerstörung des Klosters von 1808 überlebten, ist Coucy unter den Adligen im Gefolge des Königs zu erkennen, jeder ist durch sein Wappen gekennzeichnet: Ludwig von Orléans, der Herzog von Bourbon, Heinrich von Navarra, Olivier de Clisson, Philippe d'Eu, Henri de Bar und zuletzt Coucy als einziger mit abgewandtem Gesicht, als wollte er der Nachwelt bewußt spotten.

Mit dem König und Gefolge kehrte Coucy über Dijon nach Paris zurück. In Dijon erwartete der Herzog von Burgund die Reisegesellschaft, immer noch bemüht, »den Affront zu übergehen« – auch dies in großartiger Manier. Über die zu diesem Zweck arrangierten Festlichkeiten, Gesellschaften, Festmahle, Turniere und Geschenke ist ein großes Buch geschrieben worden, aber diese Extravaganzen inmitten der wachsenden Schwierigkeiten des 14. Jahrhunderts wiederholen sich so regelmäßig, daß das Erstaunen darüber nachläßt.

Anläßlich der Feierlichkeiten war ein Zelt in Auftrag gegeben worden, für das 30100 Ellen Stoff benötigt wurden, denn es war keine genügend große Halle vorhanden, die alle Gäste hätte aufnehmen können. Nachdem dieses Zelt im Hof des Palastes seinen Zweck erfüllt hatte, war es dann sparsamerweise in Stücke geschnitten und in großen Mengen verkauft worden. Die Menge Tuch, die für blaue Satingehänge in den herzoglichen Räumen, für dreihundert Gewänder aus Seide und Damast für die Damen des Gefolges und für die vielfarbigen Samt- und Satinwämser der Ritter verbraucht wurde, muß Flandern ausgeräumt haben. Wie viele Näherinnen müssen beschäftigt gewesen sein, um die Vorhänge mit dem *»Il me tarde«* des Herzogs und den Initialien seiner Frau herzustellen? Wie viele Arbeiter müssen Beschäftigung gefunden haben, indem sie Wände niederrissen, Bäume fällten, den Boden ebneten und überdachte Tribünen für die Turniere bauten? Hatte der Gastgeber alleine dreißig Streitrosse für das Ereignis bereitstellen lassen, so muß insgesamt eine ganze Armee von Stallknechten die Tiere versorgt haben. Jongleure, Schauspieler, Akrobaten und Dompteure bevölkerten die Stadt, um das Volk zu unterhalten, während der Adel dem Turnier zusah.

Obwohl Coucy bereits fünfzig Jahre alt war, wurde er als ein – oder vielleicht *der* Preisträger des Turniers vorgestellt. Als Preis erhielt er von der Herzogin eine Perlen- und Saphirspange. Beim Austausch der Abschiedsgeschenke (der Preis jedes einzelnen wurde sorgfältig festgehalten) übertraf der Herzog noch den König, indem er ihm ein wertvolleres Geschenk machte, als er der Herzogin gegeben hatte. Die Festlichkeiten wurden mit Singen und Tanzen der Damen und Mädchen zur »Ehre des Königs, des Herzogs von Touraine (Orléans), des Herzogs von Bourbon und des Sire de Coucy« beendet.

Als Karl VI. dann endlich nach Paris heimgekehrt war, wurde das Versprechen, an nichts anderes mehr als an die Wiedervereinigung der Kirche zu denken, zugunsten des verlockenden genuesischen Vorhabens beiseite geschoben. Die Unternehmung gegen das Berberkönigreich war ein vielversprechendes Abenteuer, das zudem nicht großer politischer Umsicht bedurfte, wie es bei der päpstlichen Angelegenheit der Fall gewesen wäre. Ein Kreuzzug brachte immer, auch wenn er wenig mit der Sache des Kreuzes zu tun hatte, einen nicht zu unterschätzenden Prestigezuwachs für seine Teilnehmer, von dem »privilegium crucis« gar nicht zu reden, das sowohl einen Schuldennachlaß als auch ein gewisses Maß von Straffreiheit garantierte. Während die »Flamme der Tapferkeit in allen Herzen entbrannte«, wurden bestimmte Vorsichtsmaßregeln getroffen: Der Rat beschränkte die Zahl der Ritter, die das Land verlassen durften, auf eintausendfünfhundert, und niemand durfte ohne die ausdrückliche Erlaubnis des Königs gehen. Alle Teilnehmer mußten sich selbst auf eigene Kosten ausrüsten und durften außerhalb ihres eigenen Besitzes keine Gefolgsleute rekrutieren.

Ludwig von Orléans, der seinen Onkel Burgund aus seiner führenden Stellung im Königreich zu verdrängen trachtete, überschüttete einflußreiche Adlige mit Geschenken in der Hoffnung, das Kommando zu erhalten, das er sehr begehrte. Aber der Einfluß seines Onkels war groß genug, um es nicht dazu kommen zu lassen. Als Begründung wurden Ludwigs Jugend und Unerfahrenheit genannt, was die Rivalität noch verschärfte. Der Herzog von Burgund selbst hatte zu viele Interessen im Inland, als daß er bereit gewesen wäre, das Land zu verlassen; Berry war in Ungnade gefallen und ohnedies kein Krieger. So wurde der Herzog von Bourbon auserwählt, der in den Fußstapfen Ludwigs des Heiligen, der an der Küste von Tunis gefallen war, Ruhm suchen wollte. Coucy wurde zu seinem Stellvertreter ernannt.

Im Stile eines großen Fürsten stiftete Coucy vor seinem Aufbruch eine Kirche und ein Kloster. Da das geistige Leben als dem weltlichen überlegen betrachtet wurde, war die Gründung eines Klosters eine Möglichkeit, am Verdienst der Kirche teilzuhaben. Und wie der Herzog von Burgund anläßlich der Gründung eines Kartäuserklosters 1385 in Champmol gesagt hatte: »Für die Erlösung der Seele sorgt nichts so sicher wie die Gebete frommer Mönche.«

Coucy wählte für seine Stiftung den Zölestinerorden, der paradoxerweise wegen seiner strengen Enthaltsamkeit bei dem so überaus weltlichen Adel sehr beliebt war. Aber war die Wahl wirklich paradox, oder deutete sie auf ein schlechtes Gewissen und ein Reuebedürfnis angesichts einer Lebensform hin, die sich so weit von den Prinzipien, zu denen es sich bekannte, entfernt hatte? Die Dualität eines Lebens unter dem christlichen Glauben zeigte sich in der Person des Herzogs von Orléans, den es von Lustbarkeit, Reichtum und politischem Intrigenspiel immer wieder zu den steinigen Nachtwachen in das Zölestinerkloster zog. Die Genügsamkeit der Mönche zu teilen hieß, die eigene Selbstverachtung zu vergessen.

Welchen Trost der christliche Glaube auch immer spenden mochte, er wurde aufgewogen durch die Angst, die er hervorrief. In dieser Angst hatte Chaucer gegen Ende seines Lebens sich gezwungen fühlt, mit der Schlußstrophe des *Parson's Tale* sein Lebenswerk zu »widerrufen«: die *Canterbury Tales, Troilus and Criseyde, The Book of the Duchess* und alle Gedichte, die nicht fromm waren. Er bat Christus, ihm diese »weltlichen Eitelkeiten« zu vergeben, »so daß ich am Tage des Jüngsten Gerichts einer von denen sein werde, die errettet werden«. Dem Christentum mußte eine tragische Macht innewohnen, wenn es einen Mann dazu bringen konnte, seine eigenen Schöpfungen zurückzunehmen.

Der Gründer des Orden der Zölestiner im 13. Jahrhundert hatte schon zu Jugendzeiten in einer Höhle das Leben eines Einsiedlers geführt, um sich Gott ganz zu ergeben. Er hatte versucht, seine Fastenübungen so weit zu treiben, wie es sein Körper eben noch zuließ. Sechzehn Stunden hatte er täglich betend verbracht, er trug nur ein dünnes Hemd und lebte während seiner sechs alljährlichen »Fastenzeiten« von jeweils vierzig Tagen nur von Wasser und Kohlblättern. Er zog Schüler an und wurde berühmt, ließ sich zum Papst Zölestin V. wählen, trat dann aber in bitterer Reue und einem für das Papsttum einzigartigen Schritt von seinem hohen Amt zurück und widmete sich erneut der Selbstkasteiung und der Suche nach Gott. Der nach ihm benannte Orden wuchs beständig in der Gunst der Könige und Päpste, er war vom Zehnten befreit und hatte das Recht, ernstlich reumütigen Personen, die an kirchlichen Feiertagen in den Konvent kamen, Ablaß zu gewähren.

Es gibt keine Hinweise darauf, daß Coucy die Zölestiner regelmäßig besuchte, und noch weniger dafür, daß er ein von seinem Gewissen geplagter Mann war. Wahrscheinlich spiegelt seine Wahl weniger ein angstvolles Gewissen als vielmehr die Ansicht wider, daß das Asketentum der Zölestiner dem Stifter noch am ehesten die ewige Seligkeit sichern konnte.

Die Schenkungsurkunde ist mit dem 26. April 1390 datiert und beginnt mit der charakteristischen Selbstsicherheit der Coucys: »Da die Pilgerfahrt und die irdischen und weltlichen Güter dieses vergänglichen Lebens denen anbefohlen sein sollten, die am besten in der Lage sind, sie zu betreuen und sie zu verwalten für Gott, der uns diese Dinge geliehen hat«, und um ewiger Gebete für sich selbst, für seine jetzige Frau, für seine Ahnen und Nachfolger, für alle Ritter und Damen des Ordens der Krone willen stiftet und gründet der Sire de Coucy dieses Kloster für zwölf Mönche des Zölestinerordens auf seinem Grund und Boden in Villeneuve am Ufer der Aisne nahe Soissons.

Coucy übertrug dem Kloster ein Jahreseinkommen von 400 Pfund, das durch eine Vielzahl gesetzlicher Sicherungsklauseln garantiert war. Für den Fall, daß das Einkommen zu irgendeiner Zeit unter der festgesetzten Höhe von 400 Pfund bleiben sollte, bestimmte er genau die Quellen, aus denen die fehlenden Beträge kommen sollten, so daß die Mönche »die besagten Einkünfte friedlich und ohne Zwang zur Verpfändung an uns oder unsere Nachkommen« erhalten können. In allen späteren Streitfragen sollen die Mönche

»unseren Rat, unseren Beistand und unsere Hilfe und die unserer Justizbeamten, Ratgeber und Diener haben, als ob der Streit unser eigener wäre«. Wie man sieht, hatten entweder die Mönche einen guten Rechtsbeistand, der sie in dieser Sache beriet, oder Coucy selbst unternahm all diese Versuche, künftige Schwierigkeiten im vorhinein auszuschließen.

Diese Klostergründung blieb auch in den folgenden Jahren ein wichtiges Unternehmen für ihn. Als die Gebäude nach einem gewissen Zeitraum noch nicht fertiggestellt waren, fügte er dem Jahreseinkommen 200 weitere Pfund hinzu, damit die Bauarbeiten beendet werden konnten. Später übertrug er an die Zölestiner noch einen schönen, großen Wohnsitz in Soissons, der der »Bruderschaft« der Bogenschützen gehörte, so daß die Mönche eine schützende Bleibe in Kriegszeiten hatten und so das klösterliche Leben fortsetzen konnten, das nach einer weiteren Schenkung zu urteilen, immer komfortabler geriet. Als Coucy erfuhr, daß die Mönche nicht genug Wein hatten – ihre Vorgänger waren noch ganz ohne ausgekommen –, bot er ihnen eine Gelegenheit, einen für den Jahresbedarf ausreichenden Weinberg zu kaufen. Da er es aber versäumte, die Urkunde darüber vor seinem Tode zu unterzeichnen, wurde der Weinberg zu einem der Streitpunkte in einem Prozeß zwischen dem Kloster und seinen Erben.

Die Edelsten des Königreiches versammelten sich zur Kreuzfahrt gegen die Berberei. Sie wurden unterstützt durch Ritter aus Hainault und Flandern und sogar durch eine englische Gruppe unter der Führung von John Beaufort, dem Bastard-Sohn des Herzogs von Lancaster; er war Earl von Somerset und der Ahnherr der Tudorlinie. Der Constable Clisson blieb zurück, um den Schutz des Landes zu gewährleisten und um seinem Rivalen, dem Herzog von Burgund, nicht freie Hand zu lassen. Ansonsten umfaßte die Gruppe neben Coucy und Bourbon alle großen Namen: Admiral de Vienne; Graf d'Eu, der seine Bekanntheit dem Ansehen seiner Familie schuldete; Jean d'Harcourt VII.; Philippe de Bar, Bruder von Coucys Schwiegersohn; Geoffrey Boucicaut, Bruder des berühmten Jean; Yvain, ein Bastardsohn des Grafen von Foix, und außerdem einen bemerkenswerten Gasconen, der Soudic de la Trau genannt wurde, »einer der tapfersten Ritter der Welt«.

Der König finanzierte den Herzog von Bourbon bis zu einer Summe von 12000 Franken und verteilte 20000 weitere unter die anderen Herren. Bourbon lieh sich zusätzlich 20000 Franken vom Herzog von Orléans, dem er als Sicherheit die Einkünfte aus seinen Besitzungen bot. Coucy hatte gerade 6000 Franken für seine Ausgaben in Avignon und im Languedoc erhalten, lieh sich weitere 10000 ebenfalls beim Herzog von Orléans und war »besser als alle« – außer Bourbon – »versorgt«. Er und der Graf d'Eu brachten zusammen ein Gefolge von zweihundert Rittern mit.

Die französische Gruppe traf in Marseille ihre genuesischen Transportschiffe. Von da aus segelten sie erst einmal nach Genua, um Proviant zu fassen. Bogenschützen, Fußsoldaten und fremde Ritter stießen hinzu. Man konnte inzwischen an die eintausendvierhundert bis eintausendfünfhundert Ritter und Knappen zählen, und die gesamte Streitmacht umfaßte etwa fünftausend Krieger. Nicht gezählt waren dabei etwa tausend Seeleute, um die vierzig Galeeren und die zwanzig Frachtschiffe zu bemannen. Bourbon, Coucy, Graf d'Eu und der tapfere Soudic gingen bei dieser Gelegenheit an Land, um von dem Dogen von Genua empfangen zu werden, der sie mit Gewürzen, Sirup, Damaszener Pflaumen und »anderen Essenzen gegen Übelkeit« beschenkte. Aber das konnte die knappen Vorräte nicht ausgleichen. Bourbon mußte zusätzlich zweihundert Fässer Wein, zweihundert Speckseiten und zweitausend Hühner für die Kranken und Verwundeten besorgen lassen. Aus Platzmangel mußten viele Pferde zurückgelassen werden, die, damit ihr Unterhalt nicht bezahlt werden mußte, für weniger als den halben Preis verkauft wurden. Im letzten Moment gab es dann noch eine große Verlegenheit, als die Geistlichkeit die Flotte segnen sollte, denn Genua und Frankreich erkannten unterschiedliche Päpste an. Aber für den guten Zweck des Krieges war selbst das Schisma zu überbrücken. Zwei Priester spendeten schließlich den Segen, jeder für seinen Papst.

Nachdem diese Schwierigkeiten überwunden waren, bereitete sich die beeindruckende Armada am 1. Juli 1390 auf das Auslaufen vor. Es war ein großes Spektakel, das noch lange Zeit später ein Lieblingssujet der Illustratoren war. Man braucht den Lobredner wohl kaum zu benennen, der da sagte: »Es ist ein wundervoller Anblick, diese Flotte mit ihren wehenden Fahnen der verschiedenen Herren in der Sonne schimmern zu sehen und zu hören, wie die Musiker in ihre Fanfaren und Trompeten stoßen und der Klang der Stimmen über die See getragen wird und im Echo verhallt.«

Fast sofort darauf begegnete der Flotte ein Mißgeschick, als ein wütender Sturm die Schiffe zerstreute und eine Verzögerung von neun Tagen verursachte, bis sich alle am Treffpunkt Malta sammelten. In der letzten Juniwoche segelte die Flotte nach Mahdia, das an der geschwungenen Küste Nordafrikas einhundert Meilen südöstlich von Tunis lag. Die gutbefestigte Stadt lag in der Mitte und am höchsten Punkt einer eine Meile langen, schmalen Halbinsel; der Hafen war durch eine Kette verriegelt und konnte von Türmen aus mit Steinschleudern verteidigt werden.

Die Eroberer beschlossen, einen Landungstrupp unter Coucy abzusetzen, der den Feind ablenken sollte, während die Hauptmacht erst am nächsten Tag landen würde. Mit dem jungen, leicht erregbaren Grafen d'Eu an seiner Seite ruderte Coucy mit sechs- bis achthundert Reisigen und einer Anzahl genuesischer Bogenschützen in Landungsbooten an die Küste. Als die Ruderer die Boote über die ruhige See trieben, waren die Wasser selbst – in einem frühen Fall literarischer Vermenschlichung der Natur – »entzückt, diese Christen an die Ufer der Ungläubigen zu tragen«. Die Landungsboote trugen gewöhnlich bis zu zwanzig Pferde, deren Reiter noch auf See aufsaßen und mit geschlossenem Helm und eingelegter Lanze dann durch eine breite Tür im Heck den Feind angriffen. Wenn sie zurückgeschlagen wurden, ritten sie auf das Boot zurück, das dann wieder auf die See hinausgerudert wurde.

Coucy ritt als erster an Land und formierte seinen Trupp sogleich in gefechtsmäßiger Aufstellung, um einem Angriff begegnen zu können. Nichts regte sich. Der Berbersultan Abu al Abbas hatte sich entschlossen, die Landung zuzulassen, ohne einen Kampf zu riskieren, da er die Bewaffnung seiner Truppen gegenüber der der Christen für unterlegen hielt. Auch danach plante er, eine Entscheidungsschlacht zu vermeiden und die Invasoren der Augustsonne und dem vergeblichen Ansturm gegen die Steinmauern zu überlasssen, während er sie gleichzeitig durch ständige Überfälle in Atem halten wollte, bis Erschöpfung, Hitze, mangelnde Versorgung und die Nachschubschwierigkeiten sie zum Rückzug zwingen würden. Es war dieselbe Strategie, die Karl V. gegen die Engländer entworfen hatte und die seitdem vielen Verteidigern erfolgreich gedient hatte.

Überzeugt von ihrem Sieg über die verachteten Ungläubigen, schlugen die Kreuzfahrer ihre bunten Zelte vor der Stadt auf, der Pavillon Bourbons unter dem Lilienbanner im Zentrum, die genuesischen Armbrustschützen auf den Flügeln. Sie konnten Mahdia zu Wasser und zu Lande an der Taille der Halbinsel blockieren, aber die Stadt hatte einige Vorräte eingelagert und wurde durch unterirdische Kanäle mit Trinkwasser versorgt. Sie beherbergte in ihren Mauern, die wie ein Dreieck geformt waren, eine große Bevölkerung und eine sechstausend Mann starke Garnison, die angeblich in unterirdischen Quartieren untergebracht war. Da dem Sultan bewußt war, daß der Fall von Mahdia den Christen den Weg zur Eroberung ganz Tunesiens öffnen würde, hatte er die Befestigungen der Stadt an allen Punkten verstärken lassen und die benachbarten Könige aufgerufen, eine Feldarmee im Hinterland aufzustellen.

Drei Tage lang unterbrach nichts die Belagerungsvorbereitungen der Invasoren, dann aber, am dritten Abend, brachen die Berber mit gellenden Schreien aus einem der Tore der Festung hervor. Dank eines Warnsystems von Wachen rund um das Lager herum konnten sie zurückgeworfen werden, dreihundert Berber blieben auf dem Schlachtfeld zurück. Danach fiel die Stadt wieder in ihren schweigenden Widerstand zurück, während die Belagerer einen gut einen Meter hohen Palisadenzaun errichteten, um die feindlichen Reiter von einem erneuten Eindringen abzuhalten. Aus gekreuzten Rudern und Lanzen wurde den Bogenschützen eine notdürftige Deckung zurechtgezimmert, und alle vierzig Meter wurde ein Wachtposten aufgestellt.

Aus der Ferne kündigte der Klang von Trommeln und Trompeten die heranrückende sarazenische Entsatzarmee an, angeblich vierzigtausend Mann stark. Sie lagerte hinter der Stadt, ließ sich nicht auf einen geschlossenen Angriff ein, hielt aber einen ständigen Druck durch eine Serie von empfindlichen Überfällen auf schnellen Pferden aufrecht, die die Christen immer dann überraschten, wenn die Sonne am höchsten stand, und zwang sie in ihren schweren Rüstungen zum Kampf. Die Europäer »verbrannten fast« in ihrem Stahl, während die Berber nur leichte Brustharnische aus gestepptem Stoff oder Leder trugen. Wenn sie verfolgt wurden, zerstreuten sie sich rasch, aber nur um sich erneut zu formieren und den Gegner zu verfolgen, der, zudem durch die Rüstung behindert, viele Verluste erlitt. Über die nächsten sechs bis sieben Wochen setzten sich die Überfälle fast täglich und manchmal auch bei Nacht fort.

Genuesische Schiffe versorgten das christliche Lager unterdessen von See her mit Proviant aus Sizilien und Kalabrien, aber sie kamen nicht regelmäßig, zwischen den Lieferungen gab es Zeiten der Entbehrung. Der schwere Wein der Genueser sorgte zusätzlich für Lethargie. Hitze, Durst, Verwundungen und Fieber, Erkrankungen durch schlechtes Wasser, dieselben Übel – außer der Pest –, die dem Kreuzzug Ludwigs des Heiligen so zu schaffen gemacht hatten, nagten an den Belagerungstruppen. Schwärme von Insekten schlugen ebenso wie die Unbezwingbarkeit der Stadt aufs Gemüt. Die Franzosen rationierten die Lebensmittel und versuchten, einander Mut zuzusprechen. »Besonders der Sire de Coucy«, so berichtet der getreue Froissart, »kümmerte sich um das Wohlergehen der ärmeren Ritter und Knappen, während der Herzog von Bourbon gleichgültig war und mit gekreuzten Beinen vor seinem Zelt saß und von jedem verlangte, daß er sich durch eine dritte Person in aller Form anmelden ließ, wobei es ihm egal war, daß dies die geringeren Ritter in Verlegenheit brachte. Der Sire de Coucy dagegen war ganz ungezwungen. Er war freundlich zu jedermann und höflicher als der Herzog von Bourbon, der sich niemals in der umgänglichen Weise mit fremden Rittern und Knappen unterhielt, wie es der Sire de Coucy tat.«

Da die Invasoren keine Sturmböcke mitgebracht hatten, um die Stadtmauern einzustoßen, begannen sie, einen gewaltigen Belagerungsturm auf Rädern zu bauen. Er war drei Stockwerke hoch, überragte auch die höchsten Mauern Mahdias und trug eine große Plattform, die durch eine Brüstung geschützt war. Mittlerweile litt auch die Stadt unter Versorgungsschwierigkeiten, und so entsandte sie Unterhändler zu Waffenstillstandsverhandlungen. Die Gesandten wurden zu dem Herzog von Bourbon und Coucy geführt, die aufmerksam deren von einem Genueser übersetzte Vorschläge anhörten. Die Gesandten fragten, warum die englischen und französischen Ritter gekommen seien, um ein Land mit Krieg zu überziehen, das ihnen nichts zuleide getan habe. Sie wiesen darauf hin, daß sie nur die Genuesen belästig hätten, »was aber zwischen Nachbarn nur natürlich wäre, denn es sei Sitte, sich wechselseitig alles zu nehmen, was man kriegen könne«.

Die Antwort erforderte große Umsicht, da die Franzosen auf eine klare Begründung für einen gerechten Krieg Wert legten. Nach einer kurzen Beratung von Bourbon, Coucy und zwölf der führenden Adligen antwortete man, offenbar in der Annahme, daß Ungläubige auch ungebildet seien, daß man gekommen sei, um Krieg gegen die Sarazenen zu führen, weil sie Ungläubige waren »ohne eigene Religion« und schon deshalb Feinde, und daß man Vergeltung an ihnen üben wollte, weil ihre Vorfahren »Gottes Sohn namens Jesus Christus gekreuzigt und zu Tode gebracht hatten«.

»Über diese Antwort lachten die Sarazenen nur, und sie sagten, daß es die Juden gewesen seien, die Christus gekreuzigt hätten, aber nicht sie.« Damit wurden die Gespräche offenbar abgebrochen.

Im Anschluß daran entspann sich ein Gespräch zwischen einem Berber und einem Christen über das Verdienst ihrer jeweiligen Religion. Der Berber – wahrscheinlich in der Hoffnung, auf diese Weise christliche Gefangene in die Hand zu bekommen – schlug vor, den Streitfall durch einen Kampf von zehn Ausgewählten jeder Seite zu entscheiden. Sofort begeistert, entschlossen sich zehn Kreuzritter, unter ihnen Guy und Guillaume de Tremouille, Geoffrey Boucicaut und zwei englische Ritter, die Herausforderung anzunehmen, während das ganze Lager aufgeregt dem Ereignis entgegenfieberte. Nur Coucy mißbilligte das Treffen.

»Hütet eure Zungen, die ihr niemals die Folgen bedenkt«, sagte er, »ich sehe keinen Vorteil in diesem Kampf.« Angenommen, die Sarazenen schickten keine Ritter, sondern nur Diener oder Soldaten, welche Ehre oder welcher Vorteil sollte darin liegen, sie zu besiegen? Angenommen, die Herausforderung wäre nur eine Finte, mit der die Feinde christliche Ritter gefangennehmen wollten, von denen sie bisher nicht einen hatten? Ein solcher Kampf konnte niemals Mahdia bezwingen, egal wie er ausginge. Außerdem sollte ein solcher Waffengang, besonders mit einem unbekannten Gegner, niemals ohne gründliches Nachdenken und ohne Erlaubnis des Ältestenrates oder ohne genaue Kenntnis des Gegners, seines Namens, Vornamens, Ranges und seiner Waffen angenommen werden. Coucy tadelte die kampfbereiten Ritter wegen ihrer Disziplinlosigkeit und mangelnden Unterordnung unter das Oberkommando, das in einer Armee die entscheidende Stimme haben sollte. Aber mit dieser Vorstellung war er seinen Landleuten weit voraus.

Obwohl viele seinem Rat folgen wollten, unterstützten andere den Grafen d'Eu und Philippe de Bar, die darauf bestanden, daß man nun, da die Herausforderung angenommen sei, nicht zurückkönne und der Kampf stattfinden müsse. Unter der Führung von Geoffrey Boucicaut, der in »übermäßigem Stolz« angeboten hatte, mit zwanzig gegen vierzig zu fechten, ritten die Kämpfer in ihren Rüstungen zur festgesetzten Zeit zum verabredeten Platz. Eine Gruppe ihrer Kameraden begleitete sie und zog immer mehr mit, bis praktisch alle kampftüchtigen Männer das Lager verlassen hatten, das nur noch von Coucy und den Verwundeten bewacht wurde. Als sie diese große Anzahl von

Bewaffneten sahen, zogen es die Vertreter der Berber vor, gar nicht erst zu erscheinen, und blieben im nahe gelegenen Lager.

Zweifellos auf Coucys Ratschlag hin versuchte der Herzog von Bourbon, den nun drohenden Zusammenstoß zwischen den beiden Armeen zu verhindern. Er eilte auf seinem Maultier herbei, fand sich aber von mehreren tausend gereizten Kriegern umgeben, die nicht zu beruhigen waren. Da er befürchtete, daß man ihm nicht gehorchen würde, wenn er den Rückzug befahl, entschloß er sich, der Situation freien Lauf zu lassen. Die christliche Armee griff spontan das feindliche Lager an, und eine wilde Schlacht begann. Zwar gelang es, der sarazenischen Armee schwere Verluste zuzufügen, aber die Christen konnten den an Zahl weit überlegenen Feind nicht entscheidend schlagen und erlitten, halb erstickend in ihren Rüstungen, schwere Verluste. Sie waren in Schweiß gebadet, schnappten mit offenen Mündern nach Luft, von Durst gequält. Die Verwundeten taten in den Armen ihrer Kameraden den letzten Atemzug, die Erschöpften blieben bewegungslos am Boden liegen. Bei Einbruch der Dämmerung empfahlen dann auch die Ratgeber des Grafen d'Eu den Rückzug, da sie wußten, daß »niemand außer dem Sire de Coucy mit ein paar Mann und vielen Kranken« im Lager war, und sollten die Sarazenen es angreifen, »wären sie alle verloren«, und das Lager würde überrannt werden.

Die Verlustzahlen gehen weit auseinander. Bourbons Biographen zufolge fanden zwei Ritter und vier Knappen den Tod; Froissart spricht von nicht weniger als sechzig Toten, von denen er viele bei Namen nennt. Aber wie viele es auch waren, sie ließen ihr Leben in einer sinnlosen Schlacht.

Die Enttäuschung verstärkte das Elend einer Belagerung, die nun schon zwei Monate andauerte und keinen Erfolg gebracht hatte. Stimmen erhoben sich, die forderten, die Belagerung aufzuheben, da man mit kleinen Scharmützeln niemals die Stadt einnehmen würde. Für jeden erschlagenen Feind konnten zehn an seine Stelle treten, da sich die Sarazenen im eigenen Land befanden. Der Winter mit seinen langen kalten Nächten stand vor der Tür, und man hörte auch Gerüchte, daß die Genueser, »die rohe Gesellen und Verräter sind«, nachts in ihren Schiffen davonsegeln könnten. Und wirklich, wegen der langen Unterbrechung ihrer Handelsgeschäfte waren die Genueser in der Tat unruhig geworden. Sie sagten, sie hätten erwartet, daß die Franzosen die Stadt innerhalb von zwei Wochen einnehmen würden, aber wie die Dinge lägen, könnte man mit der Eroberung ja nicht mehr rechnen, noch weniger mit der ganz Tunesiens in diesem oder dem nächsten Jahr. Unter diesen Zweifeln und Befürchtungen wurde ein Kriegsrat zusammengerufen, der eine letzte große Anstrengung, Mahdia einzunehmen, beschloß.

Der Tag wurde zu einem Blutbad. Die sarazenische Armee unter der Leitung der beiden Söhne des Sultans griff in die Kämpfe ein, und die Verteidiger von Mahdia, die »in dem Glauben an eine glorreiche Belohnung in der anderen Welt« kämpften, überschütteten die Angreifer mit einem Hagel von Pfeilen, Steinen und siedenden Öltöpfen, wobei der große Belagerungsturm der Kreuzritter zerstört wurde. Die Angreifer kletterten auf Leitern bis an die Mauerkrone empor, nur um zurückgeworfen zu werden. Trotz der entschlossenen Angriffe, von denen einer fast ein Stadttor bezwungen hätte, widerstand Mahdia dem Sturm. Die Feldarmee der Sarazenen wurde zwar zurückgeschlagen, aber die feste Stadt erwies sich wie so oft zuvor in Frankreich als uneinnehmbar.

Danach waren beide Seiten bereit, die Feindseligkeiten zu beenden. Die belagerten Berber, die schwer unter der Blockade litten, sahen keinen Sinn darin, den Krieg auf eigenem Boden länger fortzuführen. Mit ihren leichteren Waffen konnten sie auf einen entscheidenden Sieg im Feld nicht hoffen. Die genuesischen Urheber der Unternehmung waren mehr als bereit, dem Rückzug zuzustimmen. Während die Bedingungen noch ausgehandelt wurden, brachen die Ritter ihr Lager ab. Die Banner wurden eingeholt, die Zelte zusammengerollt; der Rückzug in die Schiffe war neun Wochen nach der Landung vollendet. »Da Ihr der erste wart, der an Land ging, guter Vetter«, sagte Bourbon zu Coucy, »möchte ich der letzte sein, der an Bord geht« – ein weit weniger gefährliches Unterfangen.

Der Vertrag, den die Genueser mit den Berbern schlossen, enthielt Bedingungen, die es den Franzosen erlaubten, den Abschluß des Kreuzzugs als ehrenhaft zu erklären. Ja, beim letzten Kriegsrat überzeugten sie sich sogar, ihre Sache gut gemacht zu haben. Eine Belagerung zwei Monate lang gegen drei Sarazenenkönige und eine starke Stadt durchgehalten zu haben, sei so ehrenwert, sagte Soudic de la Trau, »wie in drei Schlachten zu bestehen«. Andere Sprecher nahmen dieses Urteil freudig auf, und alle, einschließlich Coucy, stimmten den ausgehandelten Bedingungen zu.

Eine weitere Unternehmung, die vierte seit dem schottischen Fiasko, war ergebnislos abgebrochen worden. Es lag nicht an fehlendem Willen oder Mut oder Kampfkraft, sondern an der unüberlegten Übernahme einer militärisch nicht lösbaren Aufgabe. Die Stärke von Mauern gegen Männer, die Probleme der Belagerung für die Belagerer, die Risiken des Nachschubs von See her waren den Rittern so vertraut wie das Innere ihrer Helme. Sie hätten über Nordafrika viel aus den Berichten über die beiden Kreuzzüge Ludwigs des Heiligen lernen können, gleichgültig, wieviel Zeit inzwischen vergangen war; einhundertzwanzig Jahre waren angesichts des geringen geschichtlichen Wandels wie gestern. Immerhin hatte die militärische Leichtfertigkeit auch einige Entschuldigungen. In einer Zeit eingeschränkter Kommunikationsmöglichkeiten gab es praktisch keine einem Feldzug vorausgehende Aufklärung oder Erkundung. Es ist möglich, daß den Franzosen nicht klar war, wie gut befestigt die Stadt Mahdia war. Das Unwissen über den Feind war eine Eigenheit jener Zeit; die Verachtung dieses Feindes eine Eigenheit ihrer Mentalität.

Froissart behauptet, daß einige Ritter später zu ihm sagten: »Wenn der Sire de Coucy das Kommando gehabt hätte, wäre alles anders gekommen.« Das ist unwahrscheinlich. Obwohl das Fehlen einer klaren Kommandostruktur sicher eine Rolle spielte, war das entscheidende Moment für das Scheitern der Belagerung das Fehlen eines wirklich vitalen Interesses. Wenn das gegeben war, wenn es um ein zentrales, ernstes Ziel ging – wie um die Wiederherstellung Frankreichs unter Karl V. –, wurde auch eine Strategie durchgesetzt, die dem Ziel angemessen war, wurden Leichtsinn und Unbedachtsamkeit unterdrückt. Die tunesische Kreuzfahrt dagegen war für die Franzosen nur ein ritterliches Abenteuer unter einem religiösen Vorwand. Was die Ritter dazu brachte, in diesen Krieg zu ziehen, war ihre Lust an ruhmvollen Taten, nicht der Zwang, durch den Gebrauch der Waffen ein politisches Ziel zu erreichen. Die Kriegshandlung faszinierte sie, nicht das Ziel – und deshalb wurde das vorgegebene Ziel so selten erreicht.

In Frankreich, wo über das Schicksal der Expedition nichts bekannt war, wurden Prozessionen und Gebete um die Gnade Gottes für die Kreuzfahrer abgehalten, die in Seinem Namen in den Kampf gezogen waren. Karl VI. besuchte im September Coucy-le-Château, vielleicht, um dic junge Dame de Coucy in ihrer Angst zu trösten oder um noch einmal einen Besitz zu inspizieren, den die Krone begehrte und der bald herrenlos sein würde. Der Jubel war groß, als die Nachricht von der Rückkehr der Kreuzfahrer nach Genua Mitte Oktober eintraf. Dort starben noch viele der Kranken und Verwundeten, während andere sich langsam von den Entbehrungen erholten. Bourbon und Coucy mußten die Alpen im Winter überqueren und erreichten Paris erst sechs Wochen später. Nach und nach folgten ihnen ihre Kampfgenossen. Dieser zeitliche Abstand und die Entfernung verschleierten die Wahrheit. Trotz einer Rückkehr ohne Beute, Lösegeld oder Gefangene wurden die Kreuzritter als Sieger begrüßt (wie übrigens auch ihre Gegner an den moslemischen Höfen). Soviel Frankreich wußte, konnte der Feldzug als ein Triumph über die Ungläubigen angesehen werden. Es gab keine Kriegskorrespondenten in Tunesien und keine Zeitungen in Frankreich, in denen ihre Berichte hätten erscheinen können. Verluste an Toten und Vermißten von 274 Rittern und Knappen – etwas weniger als zwanzig Prozent – hinterließen keinen negativen Eindruck; sie waren das Übliche. Im Endergebnis trug das Unternehmen Frankreich Bewunderung ein, nicht zuletzt in Genua, denn das Bündnis der Stadt mit den Franzosen wirkte abschreckend auf die Berber und führte für den Augenblick zu größerer Zurückhaltung ihrer Piraten.

Neugierig, alles zu erfahren, was geschehen war, fragte König Karl VI. Bourbon, Coucy und die anderen aus. Nicht im geringsten entmutigt durch ihre Berichte, erklärte er, daß er, sobald mit England ein endgültiger Frieden abgeschlossen werden könnte, selbst gern mit der königlichen Armee in jene Gegenden ziehen würde, »um den christlichen Glauben zu erheben und die Ungläubigen zunichte zu machen«. Unter den Teilnehmern selbst verblaßten die Erinnerungen an Schmerz und Vergeblichkeit, und als ein paar Jahre später für eine neue Kreuzfahrt gegen die Türken gepredigt wurde, war ihre Haltung ihrem Feind gegenüber unverändert und ihre Begeisterung unvermindert.

Kapitel 23
In einem dunklen Wald

Unbeeindruckt von den zweifelhaften Ergebnissen des Zuges in die Berberei, stürzten sich der König und sein Rat ohne Zögern in ein noch größeres Unternehmen: die Beendigung des Schismas durch die Gewalt der Waffen. Der Plan eines Marsches auf Rom und der Absetzung des Papstes Bonifatius IX. zugunsten des Papstes Klemens VII. wurde der *Voie de Fait* oder Weg der Tat, der Gewalt genannt – im Gegensatz zum Weg der Abtretung, des freiwilligen Verzichts beider Päpste, für den die Universität von Paris eintrat. Durch Italien zu marschieren und Rom zu erobern war kein geringeres Unternehmen als die Invasion Englands – die sich noch vor kurzem als die französischen Kräfte übersteigend erwiesen hatte –, aber die Politiker in Paris ließen sich davon nicht abschrecken. Der königliche Rat faßte diesen Beschluß Ende November innerhalb weniger Tage nach der Rückkehr Coucys und Bourbons aus Tunesien.

Der Plan wurde dem König als ein Vorspiel zum Kreuzzug unterbreitet. Er konnte nicht guten Gewissens, sagten ihm seine Berater, das Kreuz nehmen, solange die Kirche nicht vereinigt sei. »Wir können uns für Euch nichts Großartigeres und Vernünftigeres vorstellen, als mit der Macht der Reisigen nach Rom zu ziehen und diesen Gegenpapst Bonifatius zu vernichten . . . Nichts Besseres könntet Ihr unternehmen. Wir dürfen hoffen, daß dieser Gegenpapst und seine Kardinäle sich, wenn sie hören, daß Ihr kommt, Eurer Gnade ausliefern werden.« Nach Vollendung dieser ruhmreichen Tat wäre dann die Zeit gekommen, das strahlende Ziel Jerusalem ins Auge zu fassen.

Wann konnte er aufbrechen? fragte der König, sofort Feuer und Flamme. Er war unter dem kriegerischen Einfluß Mézières' aufgewachsen, der den Hof mit seiner Propaganda für den Kreuzzug als Bestimmung Frankreichs erfüllt hatte. Die Räte des Königs sagten, daß die Vorbereitungen sofort beginnen könnten, und die Planungen wurden auf der Stelle in Gang gebracht. Das ganze königliche Haus sollte teilnehmen; selbst der Herzog der Bretagne, Montfort, wurde eingeladen, weil »sie es nicht für umsichtig hielten, ihn zurückzulassen«. Er sagte unfreundlich voraus, daß das Unternehmen »in Worten enden« würde.

Eine gewaltige Streitmacht von zwölftausend Lanzen sollte, beschloß man, aufgestellt werden, der Aufbruch wurde auf den März 1391, in vier Monaten also, festgelegt. Die Armee sollte sich in Lyon sammeln. Der König und sein

Bruder sollten viertausend Lanzen anführen; Burgund, Berry und der Constable je zweitausend; Bourbon und Coucy jeder tausend; alle sollten drei Monate Sold im voraus erhalten. An die Steuern, die notwendig waren, um eine solche Armee aufzustellen, scheint kaum ein Gedanke verschwendet worden zu sein; die Finanzierung des Unternehmens war genauso unrealistisch wie der Weg der Tat selbst. Als der königliche Rat zusammentrat, um die Steuern zu autorisieren, ließ ein Omen in der Form eines schrecklichen Gewitters die Ratsherren zögern. War es ein Zeichen Gottes gegen die neuen Bürden, die einem überlasteten Volk auferlegt werden sollten?

Die Stimme der Universität sprach deutlicher gegen den Weg der Tat als Blitz und Donner. In einer erstaunlichen zwölfstündigen Predigt vor dem König und dem Hof sprach am 6. Januar 1391 Johann Gerson, ein junger, aber schon berühmter Geistlicher, gegen das Unternehmen. Siebenundzwanzig Jahre alt und noch zwei Jahre vom Doktorgrad der Theologie entfernt, war Gerson ein Schützling des Kanzlers Pierre d'Ailly, dessen Nachfolge er bald antreten sollte. Als der Kampf um das Schisma an Intensität zunahm, sollte er der bedeutendste Fürsprecher der Suprematie des Kirchenkonzils über den Papst werden und der größte französische Theologe seiner Zeit.

Gerson war ein Mann, der sich jeder Einordnung oder verallgemeinernden Typisierung entzieht. Von seiner religiösen Auffassung her ein Mystiker, war er in der politischen Praxis ein Rationalist. Er schätzte den goldenen Mittelweg und mißtraute den frommen Exzessen anderer Mystiker und Visionäre. Als Kirchenmann war er sowohl konformistisch wie nonkonformistisch. Human in seinen Ideen, wandte er sich in der großen Debatte über den Rosenroman schroff gegen die frühen französischen Humanisten. Trotz seiner Abneigung gegen Visionäre, besonders weibliche, sollte er im letzten Jahr seines Lebens zu einem von nur zwei Theologen zählen, die an die Authentizität der Stimmen der Jeanne d'Arc glaubten – nicht deshalb, weil er das war, was man modern ausgedrückt einen Liberalen nennen würde, sondern weil er die Intensität ihres Glaubens verstand. Er war ein Kompendium und zugleich ein Spiegel der Ideen und geistigen Einflüsse seines Zeitalters.

In früheren Zeiten wäre er wohl ein Mönch geworden, aber in den letzten hundert Jahren hatte die Universität in zunehmenden Maße das Werk der Übermittlung des Wissens von den Klöstern übernommen. Mit vierzehn Jahren trat Gerson in die Universität ein, und er fand Theologie und Philosophie wie versteinert in den trockenen Syllogismen der Scholastiker vor. Im großen Zeitalter Thomas von Aquins hatte es die Scholastik unternommen, alle Fragen des Glaubens in Vernunft und Logik zu beantworten, aber die Vernunft hatte sich als unzureichend erwiesen, Gott und das Universum zu erklären, so daß die große gedankliche Anstrengung erloschen war und nur die harte Schale des logischen Arguments hinterlassen hatte – vorgetragen, wie Petrarca angewidert vermerkte, von »grauhaarigen Kindern«. Er riet jedem zu fliehen, wenn sie begannen, »Syllogismen zu spucken«. Gerson wie andere seiner mühseligen Zeit sehnte sich nach etwas Bedeutungsvollerem und fand es im mystischen Glauben und der unmittelbaren Gemeinschaft mit Gott.

Er glaubte, daß sich die Gesellschaft nur durch die Rückkehr zu einer tiefen Gläubigkeit erneuern könne, in der »eitle Neugier« keinen Platz hätte. Das Wissen um Gott, schrieb er, »ist eher durch das Gefühl der Reue als durch geistige Forschung zu gewinnen«. Im gleichen Sinne sah er das Übernatürliche als existent an, bekräftigte den Glauben an Dämonen und tadelte jene, die darüber spotteten, um ihren Mangel an Gläubigkeit und die »Krankheit der Vernunft«. Aber auch Gerson konnte die Vernunft aus seinem Denken nicht ganz heraushalten. Er verachtete die Magie und den Aberglauben der Astrologen und empfahl eine gründliche Untersuchung von Visionen, bevor man ihnen Glauben schenkte.

Er war gegen die Bibel in der Landessprache, aber als Dichter, Lehrer und Redner schrieb er viele seiner Predigten und Abhandlungen auf französisch, um seine Lehre auch einfacheren Geistern und jungen Menschen verständlich zu machen. Mittelalterliche Erzieher verbrachten allgemein viel Zeit damit, Predigten für Kinder zu entwerfen. Besonders Gerson zeigte sich sehr um ihre Entwicklung besorgt, er sah sie, was für seine Zeit ungewöhnlich war, als Kinder und nicht als kleine Erwachsene. In einem Ratgeber für Kirchenschulen schrieb er, daß es notwendig sei, eine Lampe in den Schlafsälen brennen zu lassen, um den jüngsten Kindern ein Symbol des Glaubens vor Augen zu halten, aber auch, um ihnen den Weg zu erleuchten, wenn »die natürliche Notwendigkeit« sie zwänge, während der Nacht aufzustehen. Die Reformation der Kirche, warnte er, müßte mit der rechten Belehrung der Kinder beginnen und die Reform der Universitäten mit der Reform der Grundschulen.

Er riet den Beichtvätern, in den Kindern ein Gefühl der Schuld in bezug auf ihre sexuellen Gewohnheiten zu erwecken, damit ihnen die Notwendigkeit der Buße deutlich werde. Selbstbefriedigung, selbst ohne Ejakulation, war eine Sünde, »die dem Kind die Jungfräulichkeit raubt, mehr noch, als wäre es im gleichen Alter mit einer Frau gegangen«. Das Fehlen des Schuldgefühls in Kindern in bezug auf die Onanie war nicht zu akzeptieren. Sie dürfen keine groben Gespräche hören und sie dürfen einander nicht küssen oder streicheln, noch mit Angehörigen des andern Geschlechts in einem Bett liegen, auch nicht mit Erwachsenen des gleichen Geschlechts. Gerson hatte sechs Schwestern, die sich alle entschlossen, in heiliger Jungfräulichkeit unverheiratet zu bleiben. Seine starke Persönlichkeit ist offensichtlich unter einem mächtigen Familieneinfluß geformt worden.

Sex spielte eine wichtige Rolle in Gersons wütender Ablehnung von Jean de Meungs Rosenroman. De Meungs Preislied auf die fleischliche Liebe, seine Satire auf die Keuschheit, seine Inthronisierung der Vernunft, sein freidenkerischer Skeptizismus, sein antiklerikales Vorurteil – all das war Gerson tief zuwider. Als Christine de Pisan ihren Angriff auf Jean de Meung 1399 in einem *Brief an den Gott der Liebe* niederschrieb, unterstützte Gerson sie in einer Predigt mit der ganzen Leidenschaft eines Bücherverbrenners. Er brandmarkte den Rosenroman als gefährlich und unmoralisch: Er setzte die Frauen herab und machte das Laster attraktiv. Wenn er das einzige Exemplar auf der Welt hätte, sagte er, und es 100 Pfund wert wäre, er würde nicht zögern, es in die Flammen zu werfen. »Ins Feuer, gute Leute, ins Feuer!«

Bewunderer de Meungs sprangen ihm in offenen Briefen an Christine und Gerson bei. Die Verteidiger, Jean de Montreuil, Gontier und Pierre Col, waren Geistliche und Gelehrte im Dienst der Krone. Gemeinsam mit gleichgesinnten Akademikern zählten sie zu jenen, die eine andere Antwort auf die staubigen Probleme der Scholastik gesucht hatten als Gerson. Mit ihrem Glauben an die menschliche Vernunft und ihrer Anerkennung der natürlichen Triebe kamen sie einer weltlichen Daseinssicht sehr nahe und waren in diesem Sinne Humanisten, auch wenn sie sich nicht mit der Erforschung der Klassik – wie die humanistische Bewegung in Florenz – beschäftigten. In de Meung bewunderten sie die Freiheit des Gedankens und die kühnen Angriffe auf die festgeschriebenen Formeln der Zeit. Unter bestimmten gelehrten und aufgeklärten Menschen, unterstrich Jean de Montreuil, war die Bewunderung für den Rosenroman so groß, daß sie lieber ihr Hemd weggegeben hätten als dieses Buch. »Je tiefer ich in die ernsten Geheimnisse und die geheimnisvolle Ernsthaftigkeit dieses tiefen und berühmten Werkes eindringe, desto mehr wundere ich mich über Eure Mißbilligung.«

Das war zwar inbrünstig ausgedrückt, zugleich aber auch sehr vage. Pierre Col war mutiger, er verteidigte offen die Sinnlichkeit, die Gerson so anstößig fand. Er bestand darauf, daß das Hohe Lied Salomos die Liebe zu einer Tochter des Pharao, nicht zur Kirche, verherrliche; daß die weibliche Vulva, deren Symbol die Rose war, nach dem Lukasevangelium als heilig galt; und daß Gerson selbst sich eines Tages verlieben würde – was auch anderen Theologen schon geschehen sei.

Die Debatte weitete sich aus. Christine antwortete mit *Le Dit de la Rose,* Gerson mit einem gelehrten Essay, *Tractatus Contra Romantium de Rosa,* in dem allegorische Gestalten ihre Klagen gegen Jean de Meung einem »heiligen Gerichtshof der Christenheit« vortragen, der ihn daraufhin angemessen verurteilt. Obwohl Gerson im Streit das letzte Wort hatte, konnte er die Anziehungskraft des Buches nicht brechen. Es wurde bis ins 16. Jahrhundert hinein viel gelesen und überlebte sogar einen frommen Versuch, seine Symbole und Bilder zu »moralisieren« – die Rose wurde in eine Allegorie Jesu verwandelt.

Während Gerson im Rahmen der etablierten Kirche blieb, zog die Suche nach dem Glauben andere Bewegungen weg von der institutionellen Religion. Viele Menschen suchten in Laiengemeinden einen Ersatz für Rituale, die in ihren

Augen leblos und korrupt geworden waren. Der Glaube wurde um so notwendiger, als die Gesellschaft sich in einem dunklen Wald von Schrecken und Wirren verirrt zu haben schien.

Die zerstörerische Wirkung des Schismas hatte sich vertieft. Beide Päpste suchten einander in der Extravaganz ihrer Prachtentfaltung zu übertreffen, und sie brauchten mehr und mehr finanzielle Mittel, um diesen auf Prestige zielenden Aufwand aufrechterhalten zu können. Papst Bonifatius IX. beteiligte sich an Wuchergeschäften und verkaufte Benefizien der Kirche in skandalöser Offenheit an den Höchstbietenden. Reiche Fürsten oder Edelleute konnten bis zu zehn oder zwölf Benefizien auf einmal erwerben. Klemens VII. erpreßte »freiwillige« Kredite und Hilfszahlungen und erhöhte die kirchlichen Steuern, bis selbst seine Bischöfe sich 1392 zu zahlen weigerten und ihren Protest an die Türen des päpstlichen Palastes in Avignon nagelten. Abhängig von Frankreich, überschrieb Klemens einen Anteil der Zehnten an die französische Krone und ergriff in den vielen Disputen, die daraus erwuchsen, Partei für die Krone gegen die Geistlichkeit. Keine Maßnahme konnte seine Gier je befriedigen; er mußte Geld von Wucherern leihen und die heiligen Schätze verpfänden. Als er starb, so sagte man, war selbst die päpstliche Tiara gepfändet.

Im Kaiserreich zeigte das Schisma deshalb weniger Wirkung, weil die Verhältnisse bereits so chaotisch waren, daß eine Verschlechterung kaum denkbar war. Kaiser Karl IV. hatte vorsichtshalber noch vor seinem Tod seinen ältesten Sohn Wenzel als König von Böhmen krönen und vor der Zeit zum Kaiser erklären lassen, aber Eintracht und Einheit waren durch diese Titel nicht zu erzwingen. Das war kaum überraschend, da Kaiser Karl die Herrschaft über die kaiserlichen Territorien unter Wenzels beiden Brüdern, einen Onkel und einen Vetter aufgeteilt hatte. Deren Interessen standen häufig gegeneinander, die rivalisierenden Häuser von Wittelsbach und Habsburg waren einander feindlich gesinnt, die mehr als zwanzig Fürstentümer aufsässig, die Städte schlossen sich in dem Kampf um ihre Privilegien zu Ligen gegen den Adel zusammen. Unter diesen anarchischen Zuständen war es unmöglich, ausreichend Steuern einzuziehen, um eine wirkungsvolle Zentralgewalt zu finanzieren, und die Autorität des Kaisers war zu oberflächlich, um die Einzelinteressen zu kontrollieren.

Wenzel IV. war achtzehn, als er 1378 kurz nach dem denkwürdigen Besuch in Paris den Thron bestieg. Obwohl er von seinem Vater in die Regierungsgeschäfte eingeführt worden war und eine gute Erziehung genossen hatte – er sprach Lateinisch, Französisch, Deutsch und Tschechisch –, besaß er nicht die Persönlichkeit, sich unter solchen Umständen durchzusetzen. Trotz seiner anfänglichen Versuche, ein Gleichgewicht der Kräfte im Reich herzustellen, schufen die unablässigen Fehden zwischen Gruppen und Klassen, zwischen Städten und Fürsten, Kleinadel und Hochadel, Deutschen und Tschechen,

Ligen und Bünden eine Atmosphäre der Zwietracht, die jeder Oberherrschaft trotzte – und den Herrscher schließlich vernichtete.

Eine tragische, zerbrochene Gestalt, tritt uns Wenzel aus den Chroniken als eine Art Kaliban – halb Clown, halb Bösewicht – entgegen, wie zusammengesetzt aus den Halbwahrheiten und Legenden, die die Animositäten seiner vielen Feinde widerspiegelten. Da seine Herrschaft die Hussitische Revolte gegen die Kirche und zugleich die Erhebung des tschechischen Nationalismus gegen die Deutschen auslöste, hatte er posthum sowohl unter den geistlichen als auch den deutschen Chronisten sehr zu leiden. Gegen den unfairen Triumph des geschriebenen Wortes über die Realität gibt es kein Mittel. Aber wenn sie auch übertrieben waren, die Geschichten über Wenzel sind einander zu ähnlich, um nicht einen wahren Kern zu enthalten.

Von seinen Parteigängern immer als gutaussehend und umgänglich beschrieben, erscheint er in den Chroniken meist als ein »wilder Eber«, der in schlechter Gesellschaft wilde nächtliche Gelage feierte, in Bürgerhäuser einbrach, um die Frauen zu vergewaltigen, der seine eigene Frau in einem Bordell leben und einen Koch verbrennen ließ, weil der ihm eine angebrannte Mahlzeit serviert hatte. Nach diesen Schilderungen war er von einem Kesselflicker gezeugt worden, war von Geburt an häßlich und verkrüppelt (seine Mutter starb im Kindbett), beschmutzte das Weihwasser bei seiner Taufe und befleckte den Altar bei seiner Krönung, weil er außerordentlich schwitzte – alles Omina, allerdings wahrscheinlich *ex post facto,* einer unheiligen Herrschaft. Glücklich war er nur auf der Jagd, er verbrachte Monate in den Wäldern und in Jagdhäusern und vernachlässigte die Regierungsarbeit. Die Gesellschaft von Jagdgenossen und Reitknechten, die er zum Ärger der Barone adelte, war ihm am liebsten. Seine frühen vergeblichen Anstrengungen, Recht und Ordnung aufrechtzuerhalten, frustrierten ihn, er machte sich durch die Bevorzugung der einen oder anderen Fraktion nur Feinde, seine Irrtümer bestärkten ihn in seinem Gefühl der Unzulänglichkeit, und so wurde er zunehmend unfähig, eine Politik über längere Zeiträume durchzuhalten. Er fand Zuflucht vor dem eigenen Minderwertigkeitsgefühl nur in der Jagd und im Alkohol.

Auch in Deutschland, wo es durchaus üblich war, daß man sich – egal, welchen gesellschaftlichen Rang man bekleidete – unter den Tisch trank, verdiente sich Wenzel bald den Ruf eines Alkoholikers. Er wurde zunehmend übellauniger und reizbarer und als Herrscher auch fauler, er hielt sich nur noch in Prag auf und vernachlässigte das Kaiserreich, litt unter Tobsuchtsanfällen, in denen er häufig »die Herrschaft über seinen Verstand verlor«. Einer seiner Hunde hatte – wie in Nachahmung seines Herren – angeblich seine Frau, Johanna von Bayern, angefallen und getötet – nach anderen Berichten allerdings starb sie an der Pest und hinterließ einen Gatten, der zu bekümmert – vielleicht auch zu betrunken – war, um an der Bestattung teilzunehmen. Offenbar nicht so abstoßend, wie er später hingestellt wurde, heiratete er eine zweite bayrische Prinzessin, der der Ruf großer Schönheit vorausging und die ihm angeblich sehr zugeneigt war. Die Kirche war dies weniger, denn er stellte Priester mitsamt ihren Konkubinen an den Pranger. Unter seiner Herrschaft fand das berüchtigte Pogrom von 1389 statt, als ein Priester, der eine Prozession durch das jüdische Viertel von Prag führte, von einem jüdischen Kind mit Steinen beworfen wurde, woraufhin die Einwohner der Stadt im Zorn dreitausend Menschen der jüdischen Gemeinde niedermetzelten. Als die Überlebenden Gerechtigkeit beim König suchten, erklärte Wenzel, daß die Juden ihre Bestrafung verdient hätten, und belegte die Überlebenden, nicht die Täter, mit Bußgeldern.

Die Schwierigkeiten des Königs verstärkten sich im Laufe der 1390er Jahre. Er war die meiste Zeit über betrunken, aber nicht so gleichgültig, daß er nicht in der Lage gewesen wäre, seine böhmischen Besitzungen auf Kosten des Adels zu vergrößern. Auf diese Weise schaffte er es, sie lange genug in Opposition zu ihm zu vereinigen, daß sie ihn schließlich als Kaiser absetzen konnten (1400). Er blieb aber König von Böhmen.

Wenzels Schwierigkeiten waren nicht allein persönlicher oder charakterlicher Art. Sie waren typisch für das Jahrhundert. Auch er hatte sich im dunklen Wald seiner Zeit verirrt. Wie Johann II. von Frankreich wurde er in eine Regierungsaufgabe hineingeboren, der er in einer Zeit allgemeiner Verwirrung nicht gewachsen war. Wie die weltliche Regierung versagte auch die Kirche vor ihren Aufgaben und gab damit der stärksten Reformbewegung in Europa den Impuls. Die Hussitenerhebung, die ihre Lehre von Wyclif und ihren Namen von Jan Hus hatte, der 1415 als Ketzer verbrannt werden sollte, ebnete den Weg zur Reformation, die einhundert Jahre später begann. Sie machte auch Wenzel ein Ende, denn sie bereitete ihm solchen Ärger, daß er 1419 an einem Schlaganfall verstarb.

Welch eine fieberhaft erregte Atmosphäre in Frankreich herrschte, zeigte sich 1389, als Dominikanermönche anläßlich eines leidenschaftlichen Streites über die unbefleckte Empfängnis der Jungfrau Maria angeklagt wurden, die Flüsse – wenn auch nicht die Brunnen wie die Juden während der Pest – vergiftet zu haben. Während die fromme Verehrung der Jungfrau noch immer solche Ausbrüche herbeiführen konnte, waren Unglaube und Ehrfurchtslosigkeit am Ende des Jahrhunderts weit verbreitet, zumindest wenn man den Priestern glauben will, deren Klagen in dieser Hinsicht beredt waren. Die Laienschaft zu schelten war Teil der Berufsausübung des Geistlichen, aber in dieser Zeit ging die Lautstärke weit über das Übliche hinaus. Viele Leute »glauben an nichts Höheres als das Dach ihres Hauses«, jammerte der zukünftige Heilige Bernhard von Siena. Ein anderer Mönch, Walsingham, berichtete, daß gewisse Freiherren in England nicht glaubten, »daß es einen Gott gibt, und sie leugnen das Altarssakrament und die Wiederauferstehung nach dem Tode und betrachten das Ende eines Menschen nicht anders als den

Tod eines Lasttieres«. Gegenbeweise eines versagenden Glaubens aber sind die Testamente und Stiftungen, die Kapellen, Klöstern, Einsiedlern und Pilgern galten. Wenige, die sich während ihres Lebens zum Unglauben bekannt hatten, gingen ein Risiko ein, wenn sie das Ende kommen fühlten.

Die zu häufig ausgesprochene Exkommunikation aufgrund der Mißachtung des Abendmahls und der Fastentage war ein Maßstab des Niedergangs religiösen Interesses. Die Kirchen waren leer und die Messen schwach besucht, schrieb Nicolas de Clamanges in seiner großen Abhandlung *De Ruina et Reparatione Ecclesiae* (Über den Ruin und die Reform der Kirche). Die Jungen gingen ihm zufolge kaum noch in die Kirche außer an Festtagen und auch dann nur, um die angemalten Gesichter, dekolletierten Kleider und aufsehenerregenden Frisuren der Damen zu sehen, »gewaltige Türme mit Hörnern und behangen von Perlen«.

Unehrerbietigkeit war in vielen Fällen ein Nebenprodukt einer Religion, die so sehr zu einem Teil des Lebens geworden war, daß sie mit übermäßiger Vertrautheit behandelt wurde, aber der Chor des Tadels am Ende des Jahrhunderts deutet auf den wachsenden Abscheu der Frommen gegen soviel Ehrfurchtslosigkeit. »Die Menschen schlafen in ihrer Gleichgültigkeit, und sie schließen die Augen vor dem Skandal«, trauerte der Mönch von St. Denis. »Es war Zeitverschwendung, über Wege zur Reform der Kirche zu sprechen.«

Gleichgültigkeit ist indessen, genau wie ein Vakuum in der Natur, kein natürlicher Zustand des menschlichen Lebens. Eine neue pietistische Bewegung entwickelte sich in den kleinen Handelsstädten Nordhollands zwischen trostlosem Marschland und den Mooren in der Nähe der Rheinmündung – so als konnte nur ein entlegener Winkel des zerrissenen Europas neuer Frömmigkeit einen Platz bieten. Da die Mitglieder der neuen Bewegung in Kommunen lebten, wurden sie von ihren Nachbarn die Brüder des gemeinsamen Lebens genannt, obwohl sie sich selber einfach als »die Frommen« bezeichneten. Ihr Ziel war es, die direkte Einheit mit Gott zu finden und durch Predigten und gute Werke eine fromme Laiengesellschaft zu schaffen. Sie waren keine Extremisten wie die früheren Brüder des freien Geistes, sondern einfach, wie sie sagten, »religiöse Menschen, die versuchten, in der Welt zu leben« – womit sie die laizistische Welt meinten im Gegensatz zur klösterlichen.

Auch wenn die Bewegung klein und begrenzt blieb – aus ihr sollte bald das meistgelesene Werk des Katholizismus nach der Bibel hervorgehen: *Von der Nachfolge Christi* von Thomas a Kempis. Im Jahre 1380 wurde er in Kempen am Niederrhein als Sohn eines Bauern geboren. Seine offenbar gebildete Mutter unterhielt eine Schule für die jüngeren Kinder der Stadt. Mit zwölf Jahren trat Thomas von Kempen – oder a Kempis, wie er später genannt werden sollte – in eine Schule des gemeinsamen Lebens in Deventer ein, lebte und studierte mit ihren Schülern und schloß sich dann einem mit den Brüdern verbundenen Augustiner-Mönchskloster an, in dem er den Rest seiner 91 Jahre lebte. Er liebte Bücher und die Beschaulichkeit und schrieb ein langes rhapsodisches Werk über das Thema, daß diese Welt nur Blendwerk und das Königreich Gottes im Inneren des Menschen sei; daß das innere geistige Leben eine Vorbereitung auf das ewige Leben sei. Was er immer und immer wieder sagte, war, daß ein Leben der Sinne wertlos sei, die Reichtümer, Genüsse und die Macht dieser Welt – die Dinge, die die meisten Menschen ersehnen und nur selten gewinnen – ihnen nichts nützen, sondern nur ein Hindernis auf dem Weg zum ewigen Leben seien; daß der Pfad zur Erlösung in der Lossagung von irdischen Bedürfnissen und in dem beständigen Kampf gegen die Sünde liege. Der Mensch ist, sagt a Kempis, »mit der Neigung zum Bösen« geboren, die er besiegen muß, um gerettet zu werden; das Gute liegt im Handeln, nicht im Wissen – »ich möchte den Zwang zum Handeln lieber empfinden, als ihn definieren zu können«; nur die im Geiste Demütigen leben in Frieden – »es ist viel sicherer, in Unterordnung als in der Autorität zu leben«; etwas zu erstreben heißt, »unverzüglich beunruhigt« zu sein; der Mensch ist nur ein Pilger in seinem Leben, die Welt ist das Exil, die Heimat ist bei Gott.

Nichts davon war neu oder bemerkenswert. *Von der Nachfolge Christi* war, was der Titel ausdrückte: eine Nachahmung der Botschaft Christi, ein Trost für die Niedrigen, die Mehrheit der Menschheit, eine neue Versicherung, daß ihre Belohnung im Jenseits ihnen gewiß sei. Lange Zeit, nachdem Thomas' Buch erschienen war, wußte man so wenig über seinen Autor, daß viele annahmen, daß Johann Gerson der Bacon hinter diesem unbekannten nördlichen Shakespeare sei.

Im Jahre 1391 erregte Gersons Einrede gegen den Weg der Tat große Aufmerksamkeit am französischen Hofe. Da ihm bewußt gewesen sein muß, daß seine Vorgänger nach ähnlichen Versuchen im Gefängnis gelandet waren, nahm er in der energischen Verfolgung seiner Ziele ein großes Risiko auf sich, aber als Burgunder hatte er den Herzog als Schirmherrn hinter sich, was seine lange Predigt von der Morgenstunde bis zum Abendgebet vielleicht überhaupt erst möglich machte. Er empfahl der Krone dringend, dem *Voie de Fait* mit seinem »zweifelhaften Kampf und Blutvergießen« abzuschwören, riet statt dessen, sich lieber auf vermehrte Gebete und Bußprozessionen zu verlegen. In einem vorsichtigen Tadel beklagte er, daß die Universität mit ihrem Vorschlag eines Kirchenkonzils zum Schweigen verurteilt worden war, »denn ich habe keinen Zweifel, daß, wenn Ihr besser gewußt hättet, was Eure demütige und fromme Tochter, die Universität von Paris, zu diesem Thema zu sagen wünschte, Ihr dem bereitwillig zugehört hättet und daraus großer Nutzen gekommen wäre«.

Kühn deutete er an, daß das Wohlergehen des Papsttums dem Wohlergehen der christlichen Gemeinde unterzuordnen sei und daß es »untragbar«

wäre, wenn der Heilige Stuhl, der zum Wohl der Kirche begründet worden sei, das Werkzeug ihres Ruins würde. Er erinnerte an Ludwig den Heiligen, Karl den Großen, Roland und Oliver und die Makkabäer, um Karl VI. zu bewegen, die Schande des Schismas zu beseitigen, eine Aufgabe, die Gerson ohne zu zögern als wichtiger denn die Kreuzfahrt gegen den Islam erklärte. »Was kann größer sein als die Einheit der Christenheit? Wer könnte dies besser leisten als der Christlichste König?«

Auch materialistischere Einwände als der Gersons blockierten den Weg der Tat vorläufig. Frankreich konnte nicht ohne ein Bündnis oder zumindest ohne die wohlwollende Neutralität von Florenz und Mailand einen Feldzug in Italien führen, eine Aussicht, die deutlich durch die Tatsache eingeschränkt war, daß die beiden Stadtstaaten miteinander im Krieg lagen. Beide hatten ihre Fürsprecher in Frankreich. Mailand wurde von Valentina Visconti vertreten, der Frau Ludwigs von Orléans. Ludwig träumte davon, sich das versprochene Königreich Adria anzueignen, das ihm als Belohnung für die französische Unterstützung aus dem Besitz der päpstlichen Staaten zusammengestellt werden sollte. Dieser Traum hing direkt vom Wohlwollen und damit dem Reichtum Mailands und der Unterstützung von Ludwigs Schwiegervater ab. Aber Gian Galeazzos Interessen waren zweischneidig. Er war für ein Königreich Adria in befreundeten – das hieß französischen – Händen, während er aber zugleich einer Machtentwicklung Frankreichs in Italien mißtrauisch gegenüberstand. Er wollte Frankreichs Hilfe gegen Florenz, aber er wollte sich nicht offen für Klemens VII. erklären und sich auch nicht auf den Weg der Tat festlegen. Während er zwischen diesen Untiefen hindurchsteuerte, mußte er die florentinische Liga gegen Mailand vereiteln und den Staatsstreichsplänen von Bernabós verschiedenen Söhnen und Verwandten zuvorkommen.

In Neapel verbreitete sich das Gerücht, daß der König von Frankreich und der Gegenpapst Klemens mit einer großen Armee nach Rom ziehen wollten, um die Kirche wieder zu vereinigen. Klemens selbst war sich des Unternehmens schon so sicher, daß er transportable Altäre, Reitsättel, Packsättel, Dekken und die Ausrüstung für den großen Umzug in Auftrag gab. Alarmiert bat Papst Bonifatius IX. die Engländer, die Franzosen abzulenken. Dies wurde nicht durch die Drohung eines neuen Feldzugs, sondern durch ein Friedensangebot erreicht. Englische Gesandte kamen im Februar 1391 nach Frankreich, um Gespräche für eine endgültige Friedensregelung anzubieten. Coucy und Rivière wurden beauftragt, mit den Engländern zu verhandeln, sie zu bewirten und »ihnen Gesellschaft zu leisten«. Um die Ernsthaftigkeit ihrer Mission zu unterstreichen, sagten die Gesandten, daß Lancaster und der kriegerische Gloucester, die Onkel König Richards II., die Engländer bei den Verhandlungen vertreten würden. Frankreich konnte die historische Gelegenheit nicht auslassen, auch wenn dies bedeutete, daß der italienische Feldzug verschoben werden mußte – was natürlich die Absicht der Engländer gewesen war. Die Verhandlungen wurden für Ende Juni geplant und der Marsch nach Rom fürs erste ausgesetzt.

Als der Juni kam, ließen sich die Engländer, deren ursprüngliches Ziel bereits erreicht war, auf keine Friedensregelung mehr ein. Auf ihre Bitte wurden die Verhandlungen um weitere neun Monate verschoben. Die Ratgeber der englischen Krone waren in Wahrheit tief zerstritten. König Richard und seine zwei älteren Onkel, Lancaster und York, waren für den Frieden, während der unnachgiebige Thomas von Gloucester uneingeschränkt dagegen war. Seit sein Vater in Frankreich ohne Haß gekämpft hatte, war das Empfinden einer über die Nationengrenzen hinausgehenden ritterlichen Gemeinschaft verschwunden. Gloucester, der jüngste Sohn, war der festen Überzeugung, daß die Franzosen perfide und hinterlistig seien, daß sie die Engländer durch undurchschaubare juristische Spitzfindigkeiten und zweideutige Sprachregelungen um die im Vertrag von Brétigny festgeschriebenen Gewinne betrogen hätten. Er weigerte sich, Frieden zu schließen, bis sie »alle solchen Städte, Ortschaften, Ländereien und Lehen« zurückgaben, die sie zu Unrecht genommen hätten, ganz zu schweigen von den 1 400 000 Franken, die sie noch immer für König Johanns Lösegeld schuldig waren.

Der wirkliche Grund für Gloucesters Haltung lag tiefer. Im wesentlichen waren er und die Freiherren seiner Partei gegen den Frieden, weil sie das Gefühl hatten, daß ihr Beruf der Krieg sei. Hinter ihnen standen die ärmeren Ritter, Knappen und Bogenschützen von England, die, ohne lange über Recht und Unrecht nachzudenken, »dem Krieg zuneigten, weil er sie ernährt hatte«.

Jetzt aber eröffnete Englands alter Verbündeter, der Herzog der Bretagne, aufs neue seinen Streit mit Frankreich. Er legte die Loyalität eines Vasallen ganz ab, wurde in der Betonung seiner Eigenständigkeit immer streitbarer, prägte Münzen mit seinem Abbild und maßte sich alle Rechte eines autonomen Herrschers an. Die Franzosen waren darauf bedacht, ihn noch vor Beginn der Verhandlungen mit England unter Kontrolle zu bringen, da ihnen klar war, daß ansonsten die ungedeckte Flanke in der Bretagne ein schwerer Nachteil war. Coucy, einer der wenigen, mit denen der reizbare Herzog noch zu sprechen bereit war, arrangierte ein Treffen zwischen ihm und dem König und seinem Rat in Tours. Montfort kam mit einem Gefolge von eintausendfünfhundert Rittern in einem Konvoi von fünf mit Kanonen bestückten Schiffen die Loire herauf. Drei Monate lang, vom Oktober bis in den Dezember 1391, schleppten sich die Verhandlungen hin. Aalglatt und unversöhnlich weigerte sich Montfort, auf die französischen Bedingungen einzugehen. Als letztes Mittel bot der König an, seine Tochter Jeanne, kaum ein Jahr alt, mit Montforts Sohn zu verloben, um die Bretagne an die Krone zu binden. Eine ähnliche Lösung war nicht viel früher in den Auseinandersetzungen mit Karl von Navarra fehlgeschlagen. Montfort war einverstanden, schied aber ohne Höflichkeit und zog, »all seinen Haß bewahrend«, nach Hause.

In Tours wurde Coucy in eine Affäre verwickelt, die für ihn in bitterer, wenn auch posthumer Ironie enden sollte. Es verstarb zu der Zeit der einzige Sohn und Erbe des Grafen Guy de Blois und hinterließ einen gewaltigen Besitz ohne dynastischen Erben. Die unbezähmbare Besitzgier Ludwigs von Orléans richtete sich sofort auf diese Ländereien, die zwischen seinen Domänen Touraine und Orléans lagen. Er und der König und Coucy ritten von Tours herüber, um den trauernden und auch bankrotten Vater zu besuchen. Graf Guy war jener Mitgefangene in England gewesen, der seinen Besitz von Soissons, um sich freizukaufen, über König Eduard auf Coucy übertragen hatte. Eine wilde Verschwendungssucht hatte seitdem seinen großen Reichtum erschöpft; zu viel Essen und Trinken hatten ihn und seine Frau »übermäßig fett gemacht«, so daß der Graf sein Pferd nicht mehr besteigen konnte und in einer Sänfte zur Jagd getragen werden mußte. Er litt unter Anfällen von Jähzorn und hatte einmal – was in dieser Zeit keine Seltenheit war – einen Ritter mit seinem Dolch erstochen. Nun war er alt, krank und kinderlos, umgeben von Schwärmen von Erbaspiranten.

Coucy hatte großen Einfluß auf Guy, hielt außerdem noch ein Pfandrecht auf Besitz des Grafen, das sich auf Geld bezog, das der ihm noch von der Transaktion von Soissons her schuldete. Als *»un grand traitteur«* (ein hervorragender Unterhändler) wurde er von beiden Seiten ausgewählt, den Besitz des Grafen zu bewerten und den Verkauf an Ludwig von Orléans zu arrangieren. Die Veräußerung dynastischen Besitzes gegen Bargeld galt als nicht ehrenwert. Wenn Coucy zögerte, sich an einem solchen Handel zu beteiligen – und nichts weist darauf hin, daß er zögerte –, so wurde er von Ludwig für seine Dienste großzügig, fast zu großzügig, belohnt. Als es Coucy gelang, Blois' Forderung für seine Territorien in Hainault von 200 000 Franken um 50 000 Franken zu reduzieren, zahlte ihm Ludwig die Differenz aus. Zugleich erließ Ludwig Coucy die 10 000 Florin, die er ihm für den tunesischen Feldzug geliehen hatte, »in Anerkennung der vielen und großen Dienste, die uns unser besagter Vetter erwiesen hat«. Für den ganzen Besitz der Blois' zahlte Ludwig 400 000 Franken aus der Mitgift seiner Frau und wurde so ein Landbesitzer, der sich mit seinen Onkeln auf eine Stufe stellen konnte.

Froissart, der vor den Tagen der leeren Geldbörse in den Diensten des Guy de Blois gestanden hatte, urteilt hart und ziemlich überraschend, daß »der Sire de Coucy in dieser Sache sehr zu tadeln war«. Vielleicht meinte er, daß Coucy nicht aus einem Handel hätte Geld ziehen dürfen, den Froissart als schändlich ansah. Die Verherrlicher einer Kaste halten die hohen Ideale oft strenger in Ehren als deren Mitglieder selbst. In historischer Ironie sollte Coucys eigener Besitz nach seinem Tod dem des Grafen von Blois in die Hände Ludwigs von Orléans folgen.

Selten wenn jemals zu Hause, nahm Coucy seine Pflichten als Generalleutnant in der Auvergne und in Aquitanien wieder auf und kam im März 1392 erneut nach Norden, um den König zu den großen Unterhandlungen in Amiens zu begleiten. Da König Karl VI. kurz zuvor ein Sohn geboren worden war – Isabeaus fünftes Kind, wobei die beiden ältesten schon wieder gestorben waren –, schien ein günstiger Stern über den Verhandlungen zu stehen. Paris feierte die Geburt des Dauphins mit großer Begeisterung, die Glocken läuteten und Freudenfeuer loderten auf den öffentlichen Plätzen. Menschen füllten die Kirchen, um Gott für den Dauphin zu danken, und tanzten und sangen danach in den Straßen, wo Tische mit Wein und Speisen von adligen Damen und reichen Bürgern aufgebaut worden waren. Der Gegenstand ihres Jubels sollte im Alter von neun Jahren sterben wie auch vier weitere Söhne des Königs, bis schließlich einer der schwächlichen Nachkommen überlebte, um jener energielose Dauphin zu werden, der dann als Karl VII. von Johanna von Orléans gekrönt wurde.

Außerordentliche Maßnahmen wurden ergriffen, um sicherzustellen, daß es zu keinem Streit zwischen dem französischen und englischen Gefolge kommen konnte, der die Verhandlungen hätte stören können. Der Rat befahl allen französischen Untertanen unter Androhung der Todesstrafe, sich jeder beleidigenden oder provozierenden Bemerkung, jeder Herausforderung zum oder auch nur Rede über den Kampf zu enthalten.

Diese Vorsichtsmaßnahmen verweisen allerdings weniger auf die Sehnsucht der Franzosen nach Frieden als nach einer Einigung, die es ihnen erlaubte, sich auf den Weg der Tat und dann die Kreuzfahrt zu begeben. Auf der englischen Seite zeigten die Herzöge von Lancaster und York die gleiche Neigung, aber die Abwesenheit Gloucesters lag wie ein dunkler Schatten über den Gesprächen. Im Wissen um Coucys Einfluß hatten die englischen Herzöge dessen Tochter Philippa mitgebracht, zweifellos in der Hoffnung, auf diese Weise sein Wohlwollen zu gewinnen. Philippa hatte sich glühend gewünscht, den Vater wiederzusehen, den sie ja kaum kannte, und Coucy freute sich sehr über das Treffen. Seine Tochter »reiste in guter Ausstattung, aber wie eine Witwe, die in ihrer Ehe wenig Vergnügen genossen hatte«.

In Anwesenheit des auf einem Thron sitzenden französischen Königs wurden die Verhandlungen zu Ostern mit großen Zeremonien eröffnet. Lancaster kniete dreimal auf seinem Weg vor den Thron nieder, um seine Huldigung rituell zu bezeugen, und wurde vom König mit freundlichen Worten willkommen geheißen und von Burgund und Berry mit Friedensküssen begrüßt. Der Glanz des Herzogs von Burgund war noch wunderbarer denn je. Er war in schwarzen Samt gekleidet, in den auf dem linken Ärmel ein Zweig mit zweiundzwanzig Rosen, die aus Saphiren und Rubinen zusammengesetzt waren, eingestickt war. An einem anderen Tag trug er eine scharlachrote Samtrobe, die auf jeder Seite von einem eingestickten Bären verziert war, dessen Kragen, Schnauze und Leine von Juwelen glitzerten. Die großen französischen Herren, darunter auch Coucy, gaben jeder ein Bankett für die Engländer, auf denen ritterliche Höflichkeiten ausgetauscht und alte Bekanntschaften erneuert wurden.

Aber alle Maßnahmen, freie Mahlzeiten und luxuriöse Ausstattung reichten nicht aus, den Frieden zu erreichen. Die Verhandlungen währten zwei Wochen, aber beide Seiten wußten bald, daß sie sinnlos waren. Die englische Forderung auf die ausstehenden fast anderthalb Millionen Franken für König Johanns Lösegeld wurde von den Franzosen mit einer Schadenersatzforderung von drei Millionen für die Kriegsschäden auf französischem Boden beantwortet. Sie gingen so weit, die Forderung auf Übergabe von Calais dahin zu reduzieren, daß nur die Befestigungsanlagen der Stadt geschleift werden sollten, um sie unbrauchbar zu machen. Aber die Engländer lehnten ab, denn sie sagten sich, daß sie, solange sie Calais hielten, »den Schlüssel Frankreichs am Gürtel trugen«. Die Souveränität Aquitaniens war so umstritten wie je. Sogar als die Franzosen anboten, den Rückstand von Johanns Lösegeld zu zahlen und den friedlichen Besitz, wenn auch nicht die Souveränität über Aquitanien im Austausch gegen das Schleifen von Calais zu garantieren, zögerten die Engländer. Sie waren sich nicht sicher, daß sie den Frieden wirklich wollten. Als Karl VI. für die Kreuzfahrt sprach, sagten sie wie so oft zuvor, daß sie nicht die Vollmacht hätten, feste Bedingungen abzuschließen, sondern zunächst ihrem König berichten müßten. Wieder war eine der zahllosen Friedensverhandlungen im Sande verlaufen. Wieder wurde der Waffenstillstand um ein weiteres Jahr verlängert. Wie schwer war es, einen Krieg zu beenden!

Ob aus Enttäuschung oder anderen Gründen – König Karl wurde mitten in der Verhandlungsrunde krank, hatte hohes Fieber und Deliriumsanfälle. Er wurde von Amiens in die ruhigere Umgebung des bischöflichen Palastes in Beauvais gebracht, wo er sorgsam umhegt war und sich bald erholte. Im Juni nahm er die Jagd und andere Vergnügungen wieder auf. Kein böses Vorzeichen wurde in dieser seltsamen plötzlichen Erkrankung gesehen, obwohl das nahegelegen hätte.

Kapitel 24
Danse Macabre

Niemals hat die Geschichte grausamer die Verletzlichkeit einer Nation durch die Gestalt an ihrer Spitze aufgezeigt als in der Heimsuchung Frankreichs, die 1392 begann.

Die Umstände, die die Krise auslösten, entsprangen einem Machtkampf, in dessen Mittelpunkt Clisson stand, der Constable. Als die Hauptstütze der Minister der Krone war er das Ziel der politischen Feindseligkeiten der Onkel wie auch Gegenstand des unsterblichen Hasses des Herzogs der Bretagne. Denn solange er den beherrschenden militärischen Posten hielt, der ihm Zugang zu immensen finanziellen Begünstigungen gewährte, und die Partnerschaft mit den Marmosetten und dem Bruder des Königs aufrechterhielt, war den Onkeln der Weg zur Macht verlegt. Montfort fürchtete Clisson als Rivalen in den bretonischen Machtkämpfen und haßte ihn um so erbitterter, als er es versäumt hatte, ihn umzubringen, als sich die Gelegenheit bot. In ihrem Wunsch, Clisson zu vernichten, trafen sich die Interessen von Montfort und den Onkeln des Königs, und sie hielten insgeheim Kontakt miteinander.

Als Verbindungsmann zwischen ihnen diente ein Protegé Burgunds, der sowohl mit der Herzogin von Burgund als auch dem Herzog der Bretagne verwandt war, eben jener zwielichtige Pierre de Craon, der die Gelder für den Neapelfeldzug des Herzogs von Anjou unterschlagen hatte. Seither hatte er einen gerichtlichen Befehl, der Witwe Anjous das Geld zu ersetzen, einfach mißachtet, hatte einen Ritter von Laon ermordet, aber auch hierfür durch seine Beziehungen eine Begnadigung erreicht. Diese Missetaten hatten nicht verhindert, daß er sich der Gunst eines Kreises von Vergnügungssüchtigen am königlichen Hof erfreute. Offenbar besaß er den Charme des Bösen. Er verärgerte indessen Ludwig von Orléans dadurch, daß er dessen Frau – anscheinend aus einem unwiderstehlichen Drang, Unfrieden zu stiften – von einer außerehelichen Affäre Ludwigs berichtete. Ludwig, der Craon offensichtlich vertraute, hatte ihn sogar zu einem Besuch bei der schönen, aber zu tugendhaften Dame mitgenommen, die selbst einem Angebot von 1000 Goldkronen für ihre Gunst widerstanden hatte. Als Ludwig Craons Verrat entdeckte, wandte er sich in seinem Zorn mit der Geschichte an den König, der den Unruhestifter auch prompt verbannte. Craon seinerseits behauptete nun, er sei verbannt worden, weil er versucht habe, Ludwig davon abzubringen, okkulte Künste zu betreiben und mit Zauberern zu verkehren.

Voller Ressentiments suchte er beim Herzog der Bretagne Zuflucht, der sein Vetter war. In Craon fand Montfort das Instrument für einen neuen Versuch, Clisson zu Fall zu bringen. Da der Constable mit einer Nichte der Herzogin von Anjou verheiratet war, teilte er automatisch die Erbfeindschaft dieser Familie gegen Craon. Deshalb hatte Craon ohnehin den Verdacht – und der Herzog hatte keine Mühe, ihn davon zu überzeugen –, daß die Hand Clissons seine Verbannung bewirkt habe – was sogar wahr gewesen sein mag. Clisson hat angeblich das geheime Einverständnis zwischen Craon und den Herzögen aufgedeckt. Wie auch immer, Craon »atmete nur noch für die Rache«.

In der Nacht des 13. Juni 1392 wartete Craon, heimlich nach Paris zurückgekehrt, an einer Kreuzung auf Clisson, der hier auf der Rückkehr zu seinem *hôtel* vorübergehen mußte, um ihn zu überfallen. Er führte eine Gruppe von vierzig Männern in voller Rüstung mit sich, genug, um jedem Gegner, der nicht kriegsmäßig ausgerüstet war, überlegen zu sein. Wenn ein Mann wirklich den Tod eines anderen Adligen wünschte, war der Kodex der Ritterlichkeit überraschend kraftlos. Statt seinen Gegner zum offenen Zweikampf zu fordern, zog Craon es vor, im Dunkeln zuzuschlagen. Nach dem Register seiner Taten zu urteilen, war er ein Mann ohne Moral, aber nicht nur er allein. Montfort hatte ebenso wie er Ehre, Treue und jedes andere Prinzip der Ritterlichkeit verletzt, als er Clisson gefangengenommen hatte. Clisson selbst war auch kein Roland. In der Lebenszeit dieser Männer, unter den zerstörerischen Nachwirkungen von Pest, Brigantentum und Schisma, zerbröckelten die alten Verhaltensmuster.

Von acht Dienern begleitet, die Fackeln trugen, aber nicht für den Kampf gerüstet waren, kehrte Clisson zu Pferd von einem Fest beim König in St. Pol zurück. Er besprach mit seinem Knappen ein Essen, das er am folgenden Tag für Coucy, Orléans und Vienne geben wollte, als plötzlich der Schein der Fackeln auf eine dunkle Masse von Berittenen fiel und sich schwach auf Brustpanzern und Helmen spiegelte. Die Männer Craons griffen mit dem Ruf *»A mort! A mort!«* an und löschten Clissons Fackeln, aber sie wußten offenbar nicht, wem der Anschlag galt. Sie waren entsetzt, als sie ihren Anführer in seiner Aufregung rufen hörten: »Clisson, Ihr müßt sterben!«, während er sie mit gezogenem Schwert vorantrieb.

Clisson rief seinem unbekannten Angreifer zu: »Wer seid Ihr?« »Ich bin Pierre de Craon, Euer Feind!« antwortete der in aller Offenheit, denn er war sich seiner Sache sicher und erwartete als Folge des Anschlags einen Sturz der Regierung. Seine Männer, von der Erkenntnis überrascht, daß sie dabei waren, den Constable von Frankreich zu ermorden, zögerten, »denn Verrat ist niemals kühn«. Nur mit einem Dolch bewaffnet, verteidigte sich Clisson verzweifelt, bis er, von vielen Hieben getroffen, vom Pferd stürzte. Er fiel auf die Schwelle einer Bäckerei, und die Wucht des Sturzes brach die Tür auf, gerade in dem Moment, als der Bäcker, der den Lärm gehört hatte, erschien. Der

Mann zog ihn ins Haus. In dem Glauben, Clisson getötet zu haben, hastete Craon mit seiner Truppe davon. Die Überlebenden von Clissons Gefolge fanden ihn in dem Bäckerladen, in Blut gebadet und scheinbar leblos. Als der König, geweckt und über das schreckliche Ereignis informiert, die Bäckerei erreichte, hatte Clisson das Bewußtsein wiedererlangt.

»Wie geht es Euch, Constable?« fragte Karl, erschüttert von dem Anblick.

»Schwächlich, Sire.«

»Wer hat Euch dies getan?« Als Clisson den Attentäter nannte, schwor Karl, daß »keine Tat je so gesühnt sein soll wie diese noch so schwer bestraft«. Er ließ die Ärzte kommen, die, nachdem sie den abgehärteten Körper des Constable untersucht hatten, die Gesundung des Mannes, der hundert Kämpfe überlebt hatte, versprachen. Zu seiner Residenz getragen, wurde Clisson durch einen Besuch Coucys »sehr aufgemuntert«, der als sein Waffenbruder als erster nach dem König informiert worden war.

Der Befehl, Craon zu ergreifen, blieb ohne Folgen, da die Tore von Paris, immer noch ohne Flügel seit dem Aufstand, nicht geschlossen werden konnten. Als er hörte, daß Clisson unglaublicherweise lebte, entkam Craon aus der Stadt, galoppierte bis nach Chartres und ritt von dort aus weiter in die Bretagne. »Es ist teuflisch«, sagte er Montfort in seiner Erklärung des Scheiterns. »Ich glaube, alle Teufel der Hölle, zu denen Clisson selbst zählt, bewachten ihn und wanden ihn mir aus den Händen, denn er empfing mehr als sechzig Hiebe von Schwertern und Messern, und ich glaubte wahrhaftig, er sei tot.«

König Karl, der sich selbst in der Person des obersten Verteidigers des Staates getroffen sah, verfolgte den Attentäter mit unersättlicher Wut. Zwei von Craons Knappen und ein Page wurden sofort nach ihrer Ergreifung enthauptet ebenso wie der Verwalter seiner Residenz, weil er die Rückkehr Craons in die Hauptstadt nicht gemeldet hatte. Einem Domherrn, der Craon in Chartres beherbergt hatte, wurde das Benefiz entzogen, und er wurde zu andauernder Enthaltsamkeit bei Brot und Wasser im Gefängnis verurteilt. Craons Besitzungen und Einkünfte wurden zugunsten des königlichen Schatzes enteignet und beschlagnahmt; seine Residenzen und Burgen sollten geschleift werden. Die Aufregung des Königs ging, wie es bei königlichem Zorn der Fall zu sein pflegt, auf seine Bevollmächtigten über. Admiral de Vienne, der die Aufgabe hatte, ein Register der Besitzungen Craons aufzustellen, warf Berichten zufolge Craons Frau und Tochter nur in den Kleidern, die sie trugen, ohne Besitz oder Geld auf die Straße – nachdem er überdies, nach einem anderen Bericht, die Tochter vergewaltigt hatte – und eignete sich die Wertsachen und schönen Möbel der Residenz gleich selbst an. Vielleicht meinte er, daß Craons Verrat solche Unanständigkeit rechtfertigte, aber sein Verhalten wurde von seinen Adelsgenossen weithin verurteilt. Seltsame Exzesse entsprangen dem Mordversuch an dem Constable, als ob Craons Tat die Ansteckungskraft des Bösen freigesetzt hätte.

Die Ereignisse entwickelten sich vom Mord zum Krieg, als der Herzog der Bretagne, dem befohlen wurde, den Schuldigen auszuliefern, jedes Wissen um ihn bestritt und es ablehnte, sich überhaupt um die Angelegenheit zu kümmern. Angesichts solchen Trotzes rief der König zum Krieg. Kaum gesundet von der Krankheit in Amiens, erschien Karl oft geistesabwesend und sprach unzusammenhängend. Seine Ärzte rieten von dem Feldzug ab, aber von seinem Bruder ermutigt, bestand Karl darauf. Die Herzöge von Burgund und Berry, die sich auf den Herzog der Bretagne als ihrem Verbündeten in der politischen Auseinandersetzung stützten, setzten ihre ganze Kraft darein, den Kriegszug zu verhindern. Die Herzogin von Burgund fügte dem Konflikt die Hitzigkeit einer Familienfehde hinzu, da sie Montforts Nichte und daher auf seiner Seite war. Sie haßte Clisson mit giftiger Intensität. Der Einfluß Burgunds stand mit Sicherheit hinter der Asylgewährung für Craon. Von dem Herzog von Berry wurde sogar behauptet, er habe von dem Anschlag auf Clisson vorher gewußt.

Als es sich herumsprach, daß Clissons Letzter Wille, den er nach dem Mordversuch diktiert hatte, über ein Vermögen von 1 700 000 Franken verfügte, Land nicht eingerechnet, war die eifersüchtige Wut der Onkel, die sich in Fragen des Besitzes nicht gerne ausstechen ließen, grenzenlos. Ein solches Vermögen – es war größer als das des Königs, ließen sie verlauten – konnte aus keiner ehrlichen Quelle kommen. Die Öffentlichkeit war durchaus geneigt, das zu glauben, denn Rivière und Mercier hatten ebenfalls im Dienst der Regierung Vermögen angehäuft und wurden allgemein als arrogant und bestechlich betrachtet. All diese Fehden und Gehässigkeiten schwelten im Rücken eines labilen Königs, der nach Krieg schrie.

Der königliche Rat stimmte dem Feldzug zu; die Onkel, die mit der Entscheidung nichts zu tun hatten, sich dem König aber anschließen mußten, hatten einen Grund mehr, die Minister zu hassen. »Sie träumten von nichts anderem, als diese zu vernichten.« Der König verließ Paris in der Begleitung von Bourbon und Coucy am 1. Juli und zog langsam in vielen Etappen nach Westen, während immer mehr Ritter und Knappen herbeiströmten und sich dem Heer anschlossen. Karls geschwächte Gesundheit erforderte lange Marschpausen, und weitere Verzögerungen ergaben sich durch das Warten auf die Onkel. Immer noch in der Hoffnung, den Krieg zu vereiteln, zauderten und trödelten sie, was Karl in ein Fieber der Ungeduld warf. Er nahm sich kaum die Zeit, etwas zu essen oder zu trinken, war jeden Tag im königlichen Rat, kam immer wieder auf die Beleidigung zurück, die man ihm durch seinen Constable zugefügt hatte, reagierte gereizt auf jeden Widerspruch und weigerte sich konsequent, einen Aufschub der Bestrafung des Herzogs der Bretagne zu akzeptieren. Die Uneinigkeit, die die Herzöge von Burgund und Berry mit sich brachten, wurde in die Armee hineingetragen. Die Ritter stritten sich über Recht und Unrecht des Unternehmens. Als Antwort auf eine zweite Aufforderung, Craon auszuliefern, leugnete Montfort noch einmal, irgend etwas von ihm zu wissen. Karl VI., obwohl von seinen Ärzten als »fiebernd und nicht in der Lage zu reiten« erklärt, wollte nicht länger warten.

In der Hitze des August begann der Zug in Le Mans an den Grenzen der Bretagne. Auf einer sandigen Straße ritt der König in einer schwarzen Samtjacke und einem Hut aus rotem Samt, der mit Perlen verziert war, von den anderen ein wenig abgesetzt, um dem Staub zu entgehen. Zwei Pagen ritten hinter ihm, einer trug seinen Helm, der andere seine Lanze. Voran ritten die zwei Onkel in einer Gruppe und Ludwig von Orléans und Coucy in einer anderen. Als der Zug durch den Wald von Le Mans marschierte, trat plötzlich ein rauh aussehender barfüßiger Mann in einem zerlumpten Gewand hinter einem Baum hervor, ergriff die Zügel des Königs und rief mit Untergangsstimme: »Reitet nicht weiter, edler König! Kehrt um! Ihr seid verraten!« Karl schreckte entsetzt zurück. Die Wache schlug die Hand des Mannes vom Zügel, aber da er nur ein armer Verrückter zu sein schien, nahm sie ihn nicht fest, auch nicht, als er dem Zug noch eine halbe Stunde lang folgte und dem König Verrat in die Ohren schrie.

Als sie aus dem Wald in offenes Gelände hinausritten, war es Mittag. Roß und Reiter litten unter den Strahlen der Sonne. Einer der Pagen nickte im Sattel ein und ließ die Lanze des Königs fallen, die mit lautem metallischem Klang gegen den Helm in den Händen seines Kameraden schlug. Der König erzitterte, dann zog er plötzlich das Schwert, spornte sein Pferd und griff mit den Worten: »Vorwärts gegen die Verräter! Sie wollen mich dem Feind ausliefern!«, die in seiner Umgebung reitenden Männer an. Vorpreschend und immer wieder wendend schlug er auf jeden in Reichweite los.

»Mein Gott«, rief der Herzog von Burgund, »der König weiß nicht, was er tut! Halte ihn jemand zurück!« Niemand wagte, das zu versuchen. Die Schläge abwehrend, aber ohne zurückzuschlagen bewegten sie sich entsetzt im Kreis um ihn herum, während Karl wild gegen den einen oder anderen vorpreschte, bis er erschöpft war, keuchte und schwitzte. Dann umklammerte ihn sein Kammerherr, Guillaume de Martel, den er sehr liebte, von hinten, während andere ihm das Schwert entwanden, ihn vom Pferd hoben und sanft auf den Boden legten. Er lag bewegungslos und stumm da, starrte mit offenen Augen, ohne aber jemanden wahrzunehmen. Ein oder mehrere Ritter (die Anzahl ist in verschiedenen Chroniken abweichend), die er in seinem Anfall getötet hatte, lagen in der Nähe im Staub.

Kühn wie immer ergriff Philipp von Burgund das Kommando. »Wir müssen nach Mans zurückkehren«, entschied er. »Dies beendet den Marsch gegen die Bretagne.« In einem Ochsenkarren, der gerade vorüberkam, wurde der König von Frankreich zurückgeschafft, während die bestürzte Armee, deren Führer zum Teil schon voller Zorn an die Zukunft dachten, ihm folgte. Karl lag vier Tage im Koma, nur sein Herzschlag zeigte an, daß er noch lebte, und man glaubte, er läge auf seinem Sterbebett. Seine Ärzte konnten dem Hof nur wenig Hoffnung machen, und andere Doktoren, die herbeigerufen worden waren – Burgunds, Orléans', Bourbons –, waren sich nach der Untersuchung einig, daß ihre Wissenschaft hier machtlos war.

Als die schreckliche Nachricht vom Wahnsinn des Königs sich verbreitete, waren Gerüchte von Gift und Hexerei in aller Mund, und die Aufregung im Volk war so groß, daß das Krankenzimmer für die Öffentlichkeit zugänglich gemacht werden mußte. Die vielen Tränen und der laute Jammer eines königlichen Abschieds erfüllten den Raum, und »alle guten Franzosen weinten wie um ihren einzigen Sohn, denn die Gesundheit Frankreichs hing an der des Königs«. Schluchzende Geistliche beteten für ihn, Bischöfe führten barfüßige Prozessionen, auf denen lebensgroße Wachsabbilder des Königs mitgeführt wurden, in die Kirchen, die Menschen häuften ihre Bittopfer vor Reliquien auf, die Heilung versprachen, und warfen sich vor Christus und den Heiligen auf den Boden, um Heilung zu erflehen.

Wenige glaubten, daß die Heimsuchung natürliche Ursachen hatte. Einige sahen sie als Ausdruck des Zornes Gottes an, weil der König es versäumt hatte, mit der Waffe das Schisma zu beenden; andere als eine Warnung Gottes vor eben einem solchen Unternehmen; wieder andere als Strafe für die harten Steuern. Die meisten glaubten, daß die Ursache Hexerei war, dies um so mehr, als eine große Dürre in diesem Sommer die Teiche und Flüsse ausgetrocknet hatte, so daß das Vieh verdurstete, die Binnenschiffahrt zum Erliegen kam und die Handelskaufleute die schlimmsten Verluste in zwanzig Jahren erlitten hatten.

In einer morbiden Zeit war der Verdacht einer Verschwörung gegen den König sofort Gesprächsthema. Das Geflüster konzentrierte sich auf die Herzöge. Warum hatte man das »Phantom des Waldes« nicht festgenommen und befragt? War er von den Onkeln oder vom Herzog der Bretagne dort hingestellt worden, um den König zu bewegen, umzukehren? Hatte der wütende Ärger des Königs über die Verzögerungen durch die Herzöge die Umnachtung ausgelöst? Um die Verdächtigungen in der Öffentlichkeit zu beschwichtigen, ließ der Herzog von Burgund eine formale Untersuchung abhalten, in der die Ärzte Karls frühere Krankheiten bezeugten.

Auch Coucy hatte seinen persönlichen Arzt herbeigerufen, den ehrwürdigsten und gelehrtesten in Frankreich. Dies war Guillaume de Harsigny, in Laon geboren und nun 92 Jahre alt – so alt wie das Jahrhundert. Nachdem er den Doktorgrad der Universität von Paris erworben hatte, war er viel gereist, um seine Kenntnisse zu erweitern, hatte unter arabischen Lehrern in Kairo und italienischen in Salerno studiert und war schließlich mit Ruhm bedeckt in seine Heimat, die Picardie, zurückgekehrt. Nichts an menschlicher Krankheit war ihm unbekannt. Unter seiner Obhut – wenn vielleicht auch eher aus natürlichen Gründen – ging das Fieber des Königs zurück, und Zeitspannen der

Klarheit traten ein, in denen der arme junge Mann, noch nicht fünfundzwanzig, mit Schrecken erkannte, was ihm geschehen war. Innerhalb eines Monats hatte sich Karl physisch gut genug erholt, um von Harsigny in die Burg von Creil, hoch über dem Fluß Oise, verlegt zu werden, wo es angeblich »die beste Luft in der Gegend von Paris« gab. Der Hof floß über vor Freude und vor Lob für das Geschick von Coucys Arzt.

Die ersten vier Tage, als man noch erwartete, daß Karl sterben würde, gaben den Onkeln die Gelegenheit, gegen die Marmosetten vorzugehen. »Die Stunde ist gekommen«, sagte der Herzog von Berry, »ihnen in gleicher Münze heimzuzahlen.« Noch am Tag des Anfalls des Königs riet jemand, der einen scharfen Blick für die Bewegung des Schicksalsrades hatte, den Marmosetten zur Flucht. Am nächsten Tag, noch in Le Mans, entließen Berry und Burgund, die als die ältesten Verwandten des Königs die Autorität beanspruchten, obwohl in Wirklichkeit Ludwig der Krone näher war, den gesamten königlichen Rat, lösten die Armee auf und ergriffen die Zügel der Regierung. Nach ihrer Rückkehr in die Hauptstadt riefen sie einen neuen, ihnen hörigen Rat zusammen, der denn auch die Regentschaft Philipp dem Kühnen zusprach – mit der Begründung, Ludwig von Orléans sei zu jung – und die Marmosetten absetzte. Rivière und Mercier, die gezögert hatten, die Macht rechtzeitig aus der Hand zu geben, wurden festgenommen und ins Gefängnis geworfen, ihre Ländereien, Häuser und Vermögen beschlagnahmt. Ein umsichtigerer Kollege, Jean de Montagu, der angeblich ein natürlicher Sohn Karls V. war, hatte mit seinem Vermögen, sobald er von dem Anfall des Königs hörte, in Avignon Zuflucht gesucht.

Die Schnelligkeit und Widerstandslosigkeit, mit der der Umsturz ablief, ist fast unglaublich. Nur die Umnachtung des Königs und die Verwundung Clissons machten ihn möglich. Ohne königliche Autorität hatten Mercier und Rivière keinen unabhängigen Status; kein Regent war für den sechs Monate alten Dauphin ernannt worden; Ludwig von Orléans fehlte die Selbstsicherheit und Entschlossenheit zu handeln, obwohl er hätte die Kontrolle übernehmen können, wenn Coucy, Bourbon und der Rest des Rates bereitgewesen wären, sich eindeutig gegen die Herzöge zu stellen. Offensichtlich waren sie es nicht. Sie konnten sich der militärischen Unterstützung des Adels nicht sicher sein, da dieser alles andere als geschlossen war. In der Unsicherheit über den Zustand des Königs wußte niemand, an wen die Macht schließlich gehen würde. Vor allem war der Constable *hors de combat,* außer Gefecht.

Mit sicherem Instinkt scheint Coucy sich schnell entschlossen zu haben, denn am 25. August nahm er eine Mission an, zusammen mit dem Kammerherrn des Herzogs von Burgund, Guy de Tremoille, in die Bretagne zu reisen, um Montfort mitzuteilen, daß der Krieg gegen ihn abgesagt sei. In dem Schicksal von Mercier und Rivière spielte Coucy eine dunklere Rolle. Obwohl er in vielen Missionen gemeinsam mit Rivière gedient hatte, war Coucy

Mitglied einer Truppe, die ausgesandt wurde, seinen früheren Partner von über fünfzehn Jahren in einer Burg zu ergreifen, in die der sich geflüchtet hatte, um der Festnahme zu entgehen. Angeblich öffnete Rivière selbst seinen Häschern die Tore. Seine Witwe behauptete zehn Jahre später, als ihr Gatte und Coucy bereits tot waren, daß Coucy Truhen voller Silber und Gold und Wandteppiche aus der Burg geraubt habe. Zu Lebzeiten beider Männer wurde eine solche Anklage nie laut.

Coucy profitierte aber in aller Offenheit im Fall von Mercier. Um ihn an sich zu binden, überließen die Herzöge Coucy Merciers wichtigste Burg Nouvion-le-Comte in der Diözese von Laon einschließlich aller Pachten und Einkünfte. Die Übertragung des Besitzes eines Adligen, der enteignet worden war, auf einen anderen, den der Herrscher sich verpflichten wollte, zählte zur Routine der Politik in jener Zeit. Ob Coucy nun Skrupel hatte, dies zu akzeptieren, oder nicht – es abzulehnen hätte ihn als offenen Gegner der Herzöge ausgewiesen.

Im Gefängnis erwarteten Rivière und Mercier täglich den Beginn der Folterung – das normale Schicksal jener, die die Macht verloren hatten. Rivière blieb stoisch, aber Mercier soll so viele Tränen vergossen haben, daß er fast das Augenlicht verlor. Jeden Tag kamen Leute zum Place de Grève, um die Fahrt der Gefangenen zum Schafott mitzuerleben. »Umsichtig, kühl und vorsichtig« vermied aber der Herzog von Burgund die äußerste Bestrafung. Er zog es vor, sich alle Möglichkeiten offenzuhalten, solange es noch die Möglichkeit gab, daß der König die Souveränität zurückgewinnen könnte. Karl VI., der sich zusehends erholte, übte Druck aus, um seine früheren Berater aus dem Gefängnis zu befreien, und die öffentliche Meinung schwenkte aus Liebe zum und Mitleid mit dem König zugunsten der Gefangenen um. Jetzt erinnerte man sich, daß Rivière »immer sanft, höflich, leutselig und geduldig mit den Armen« umgegangen war. Nach achtzehn Monaten im Gefängnis wurden beide schließlich freigelassen und vom Hofe verbannt. Ihr Besitz aber wurde ihnen zurückerstattet, vielleicht auch Coucys Truhen.

Die Amtsenthebung Clissons sollte zum Triumph des Herzogs von Burgund werden. Um die Lage zu klären, ging Clisson zu ihm und fragte als Constable nach Maßnahmen, die er für die Regierung des Königreiches ergreifen sollte. Philipp sah ihn böse an. »Clisson, Clisson«, sagte er zwischen den Zähnen, »Ihr braucht Euch nicht damit zu beschäftigen; das Königreich wird ohne Eure Dienste regiert werden.« Dann, unfähig, den wahren Grund seines Zorns zu verbergen, fragte er, »wie zum Teufel« Clisson ein solches Vermögen habe anhäufen können, mehr als seines und das des Herzogs von Berry zusammengenommen. »Geht mir aus den Augen«, brach es aus Philipp heraus, »denn wäre es nicht gegen meine Ehre, ich würde Euch das andere Auge ausstechen.« Clisson ritt sehr nachdenklich nach Hause. In derselben Nacht verließ er im Schutze der Dunkelheit sein *hôtel* mit zwei Dienern durch die Hintertür und ritt zu seiner Burg Montlhéry südlich von Paris, wo er sich verteidigen konnte.

Voller Zorn über Clissons Flucht wählte der Herzog von Burgund wiederum Coucy aus, um ihn gegen seinen eigenen Waffenbruder zu senden. Zusammen mit Guy de Tremoille sollte er das Kommando über eine Truppe von dreihundert Lanzen übernehmen, die viele frühere Kampfgenossen des Constable einschloß und auf fünf verschiedenen Straßen gegen Clissons Burg vorrücken sollte. Dies scheint keiner der klugen Züge des Herzogs von Burgund gewesen zu sein, denn natürlich wurde Clisson von seinen Freunden in der Truppe gewarnt und entkam zu seiner Festung Josselin in der Bretagne. Hier, auf eigenem Grund und Boden, war ihm schwer beizukommen. Aber seine Flucht ermöglichte es Burgund, ihn als Sündenbock hinzustellen. Er wurde in Abwesenheit von einem Gericht verurteilt, als »falscher und böser Verräter« überführt und als Constable abgesetzt. Das Bußgeld wurde auf 100 000 Franken festgesetzt. Ludwig von Orléans weigerte sich, das Gerichtsverfahren zu bestätigen, aber im Verlaufe des ganzen Umsturzes wagte er es nie, seinen Onkeln offen den Kampf anzusagen.

Wiederum wurde Coucy das Schwert des Constable angeboten. Der Herzog von Burgund war deutlich bemüht, ihn ganz in sein Lager zu ziehen. Wenn der Posten ihm schon in den letzten Tagen Karls V. wenig verlockend erschienen war, so reizte er ihn nur noch weniger, auch wollte er nicht vom Sturz seines Freundes profitieren. Er »lehnte mit Festigkeit ab«, das Amt zu übernehmen, »auch wenn es bedeutete, daß er gezwungen sein sollte, Frankreich zu verlassen«. Das angedeutete Risiko trat nicht ein. Da Coucy nicht zu überreden war, gaben die Onkel die Position dem jungen Grafen d'Eu, angeblich, damit er reich genug werden konnte, um Berrys Tochter zu heiraten.

Unter der Pflege von Coucys Arzt schien der König gegen Ende September auch psychisch völlig wiederhergestellt zu sein. Von Coucy begleitet, unternahm er eine Dankespilgerfahrt zur Notre-Dame de Liesse, einer kleinen Kirche in der Nähe von Laon, die an das Wunder der drei Kreuzfahrer der Picardie erinnerte, die, während sie bei den Sarazenen in der Gefangenschaft lagen, die Tochter des Sultans bekehrt und ihr eine kleine Statue der Heiligen Jungfrau übergeben hatten, worauf sie auf der Stelle durch die Luft in ihr Heimatland zurückgetragen worden waren. König Karl kehrte über Coucy-le-Château zurück, wo er in der Gesellschaft des Herzogs von Burgund am 4. Oktober an einem Festessen teilnahm, um dann, immer noch in Begleitung Coucys, auf der Rückkehr nach Paris in St. Denis zu beten. Auch unter dem neuen Regime blieb Coucy ein führendes Mitglied des Rates, was ihn nicht hinderte, zugleich seine Pflichten als Generalleutnant der Auvergne wahrzunehmen.

Zum Kummer des Hofes bestand der weise, uralte Harsigny entgegen allen Bitten und Angeboten darauf, in die Stille seines Hauses in Laon zurückzukehren. 2 000 Goldkronen wurden ihm überreicht, außerdem wurde er mit dem Privileg belohnt, jederzeit vier Pferde der königlichen Stallungen frei benutzen zu können, wann immer er den Hof zu besuchen wünschte. Er wünschte es nicht. Einige Monate später starb er, sein Grabmal trug ein Abbild von historischer Bedeutung.

Harsignys Grabmal wurde das erste Zeugnis jenes Todeskults, der ein Vermächtnis des 14. Jahrhunderts war. Sein Marmorbild zeigt ihn nicht auf dem Höhepunkt seines Lebens im Alter von dreiunddreißig Jahren, wie es in der Hoffnung auf die Auferstehung üblich war, da die Erwählten im selben Alter wie Jesus Christus wiedererstehen sollten. Vielmehr ist seine Figur nach seinen eigenen Anweisungen das sichtbare Ebenbild der Leiche im Sarg. Der ruhende Körper ist nackt und zeigt die extreme Magerkeit hohen Alters im Augenblick des Todes, welke Haut spannt sich über die Knochen, die Hände sind über den Genitalien gekreuzt, es gibt kein Tuch, keine Hülle von irgendeiner Art – ein reines Bekenntnis der Nichtigkeit irdischen Lebens.

Bevor er seinen königlichen Patienten verließ, empfahl Harsigny, Karl nicht wieder mit der Verantwortung für den Staat zu belasten. »Ich gebe ihn euch in guter Gesundheit zurück«, hatte er gesagt, »aber hütet euch, ihn zu reizen oder zu bekümmern. Sein Geist ist noch nicht wieder stark; allmählich erst wird er sich erholen. Belastet ihn mit Arbeit, so wenig ihr könnt; Vergnügungen und Selbstvergessenheit sind besser für ihn als irgend etwas sonst.« Dieser Rat kam den Herzögen in hohem Maße gelegen. Nur formal als Souverän kehrte Karl nach Paris zurück, um sich mit den Damen in den Gärten von St. Pol zu unterhalten und die Amüsements und Festlichkeiten zu genießen, die jeden Abend von seiner Frau und seinem Bruder für ihn veranstaltet wurden. Als Kur des Wahnsinns ließ man der Leichtlebigkeit freien Lauf, und die Onkel griffen nicht ein, »denn solange die Königin und der Duc d'Orléans tanzten, waren sie nicht gefährlich und noch nicht einmal lästig«.

Die Geschäfte der Hoflieferanten und Geldverleiher blühten, Mysterienspiele und Zaubereivorführungen füllten jede Stunde, die Mode, besonders der Frisuren, erreichte ungeahnte Extreme. Junge Männer drehten sich Lokken und frisierten den Bart in zwei Spitzen, während die kunstvollen, geflochtenen Haarmuscheln, die die Damen über den Ohren trugen, so phantastisch und so groß wurden, daß sie den Kopf wenden mußten, wenn sie durch die Tür traten. Königin Isabeau und ihre Schwägerin Valentina wetteiferten miteinander in Üppigkeit und neuen modischen Einfällen; die Kleider waren mit Juwelen, Rüschen und phantastischen Emblemen überladen. In den Tavernen murmelten die Leute über die Extravaganz und Freizügigkeit des Hofes. Sie liebten den gekrönten Jüngling, der wegen seiner Freundlichkeit, Großzügigkeit und Umgänglichkeit mit allen Schichten *Charles le Bien-aimé* (der Wohlgeliebte) genannt wurde, aber sie beklagten den Einfluß der »Ausländer« aus Bayern und Italien und gaben den Onkeln die Schuld an den Ausschweifungen, die dem König von Frankreich schlecht anstanden.

Von ihrem Vater bereits in früher Jugend an die Spitze des Hofes gestellt, hatten Karl und Ludwig nichts von seiner Achtung für die Würde der Krone geerbt; sie besaßen weder Pflichtbewußtsein noch ein Gefühl für Schicklichkeit und Anstand. Jeder ernsthaften Verantwortung beraubt, entschädigten sie sich durch Spiele, und die Spiele der Erwachsenen bedürfen ständig neuer Exzesse, um unterhaltend zu bleiben.

An jenem Abend, als diese Spiele ihren schrecklichen Gipfelpunkt erreichten, war Coucy nicht anwesend. Er hielt sich in Savoyen auf, wo er seine Verhandlungstalente nutzte, um eine große Familienfehde, die das Herrscherhaus auseinandergerissen und alle adligen Familien in ihren Strudel gezogen hatte, zu beenden. Die Auseinandersetzungen drohten, ein Klima der Feindseligkeit zu schaffen, deren Folgen den Durchmarsch auf dem Zug nach Rom hätten blockieren können. Der Streitpunkt, der zwei herzögliche Familien, Mitgiftrechte und natürlich Besitzansprüche berührte, leitete sich aus der Tatsache her, daß der Rote Graf Amadeus VII., der vor kurzem im Alter von einunddreißig Jahren gestorben war, die Vormundschaft für seinen Sohn seiner Mutter überschrieben hatte, einer Schwester des Herzogs von Bourbon, und nicht seiner Frau, einer Tochter des Herzogs von Berry. Drei Monate dauerte es, bis Coucy und Guy de Tremoille einen Vertrag ausgehandelt hatten, der den aufgeblasenen Streit in Savoyen beendete und die rivalisierenden Gräfinnen »in ein friedliches Einvernehmen mit ihren Untertanen« zurückversetzte.

Am 28. Januar 1393, vier Tage nachdem Coucy Paris verlassen hatte, gab die Königin eine Maskerade zur Feier der Hochzeit einer von ihr favorisierten Hofdame, die, bereits zweimal verwitwet, nun zum drittenmal heiratete. Die Wiederverheiratung einer Frau war nach gewissen Traditionen immer Anlaß zu Gespött und wurde oft mit großem Poltern, viel Freizügigkeit, mit Verkleidungen, in wildem Durcheinander und bei lauter disharmonischer Musik gefeiert. Obwohl dies ein Brauch war, der »aller Anständigkeit widersprach«, wie der strenge Mönch von St. Denis schreibt, ließ sich König Karl von seinen leichtlebigen Freunden überreden, an einer solchen Scharade teilzunehmen.

Sechs junge Männer, darunter der König und Yvain, ein Bastardsohn des Grafen von Foix, verkleideten sich als »wilde Waldbewohner« in Kostümen aus Leinen, die ihnen auf den Leib genäht und in harzigem Wachs oder Pech getränkt wurden, um ein Fell von Hanf zu halten, »so daß sie haarig und zottig von Kopf bis Fuß erschienen«. Gesichtsmasken machten sie unkenntlich. Da sie sich des Risikos im Umgang mit offenem Feuer bewußt waren, verboten sie allen, den Saal während des Tanzes mit einer Fackel zu betreten. Unzweifelhaft war ein Element russischen Rouletts im Spiel, die Herausforderung des Todes, die immer wieder der Nervenkitzel einer hochgeborenen und dekadenten Jugend gewesen ist. Gewisse Verhaltensweisen variieren kaum – auch im Laufe von Jahrhunderten. Ebenso unzweifelhaft steckte ein Element der Grausamkeit darin, als einen der Darsteller einen Mann zu wählen, den nur eine dünne Linie vom Wahnsinn trennte. Der Urheber diese Affäre, »der grausamste und schamloseste aller Männer«, war ein gewisser Huguet de Guisay, der in königlichen Kreisen wegen seiner ausgefallenen Ideen beliebt war. Er war ein Mann, der »ein böses Leben« führte, der »Jugendliche verdarb und sie zu Ausschweifungen verführte« und alle Gemeinen und Armen haßte und verachtete. Er nannte sie Hunde, und es machte ihm Vergnügen, sie mit dem Schwert oder dem Stock zum Bellen zu zwingen. Wenn ein Diener ihm mißfiel, pflegte er ihm zu befehlen, sich auf den Bauch zu legen, stand dann auf seinem Rücken und stieß ihm die Sporen in die Seite und rief: »Belle, Hund!«, wenn der Diener vor Schmerz aufschrie.

In ihrem Tanz der Wilden sprangen die Maskierten vor der festlichen Gesellschaft herum, imitierten das Geheul von Wölfen und machten obszöne Gesten, während die Gäste ihre Identität zu erraten suchten. Karl neckte die fünfzehnjährige Herzogin von Berry, als Ludwig von Orléans und Philipp von Bar, die von einer anderen Vergnügung kamen, den Saal trotz des Verbots mit Fackeln betraten. Ob nun um zu sehen, wer die Tänzer waren, oder in bewußtem Spiel mit dem Feuer – die Berichte über die Episode gehen auseinander – hielt Ludwig seine Fackel über die tanzenden Gestalten. Ein Funke fiel, eine Flamme züngelte am Bein empor, zuerst fing ein Tänzer Feuer, dann waren es zwei. Die Königin, die allein wußte, daß Karl in der Gruppe war, schrie gellend auf und fiel in Ohnmacht. Die Herzogin von Berry, die den König erkannt hatte, warf ihren Rock über ihn, um ihn vor den Funken zu schützen, und rettete ihn auf diese Weise. Der Raum war erfüllt vom Schluchzen und den Entsetzensschreien der Gäste und den Schmerzensschreien der brennenden Männer. Gäste, die versuchten, die Flammen zu ersticken und den Opfern die brennenden Kostüme von den Leibern zu reißen, erlitten schwere Verbrennungen. Neben dem König entging nur der Sire de Nantouillet, der sich in einen großen mit Wasser gefüllten Weinkühler warf, dem Tod. Der Graf von Joigny verbrannte auf der Stelle, Yvain de Foix und Aimery Poitiers starben nach zwei Tagen quälender Leiden. Huguet de Guisay lebte noch drei Tage in Agonie und verfluchte und beleidigte seine Mittänzer, die toten und die überlebenden, bis zu seiner letzten Stunde. Als sein Sarg durch die Straßen getragen wurde, grüßten ihn die Leute mit dem Ruf: »Belle, Hund!«

Die grausige Affäre so bald nach dem Wahnsinn des Königs war wie ein Ausrufezeichen hinter der bösen Folge von Ereignissen, die das Jahrhundert gequält hatten. Karls Entrinnen um Haaresbreite verursachte in Paris »große Erregung«, und die Bürger waren voller Zorn über die Leichtfertigkeit, mit der man so beiläufig das Leben und die Ehre des Königs in Gefahr gebracht hatte. Wäre er gestorben, sagte man, so hätte das Volk die Onkel und den ganzen Hof niedergemacht; »nicht einer von ihnen wäre dem Tod entkommen und auch kein Ritter in Paris«. Von solch gefährlicher Stimmung unter den Bürgern alarmiert – das Echo der Maillotin-Erhebung vor gerade zehn Jahren war deutlich –, brachten die Onkel den König dazu, in einer feierlichen Prozession zur Notre-Dame zu reiten, um die Menschen zu beschwichtigen. Hinter Karl gingen sein Bruder und die Onkel barfuß als Büßer. Als der unfreiwillige Urheber der Affäre hatte besonders Ludwig unter weitverbreiteten Vorwürfen wegen seiner Leichtlebigkeit zu leiden. Als Zeichen seiner Bußfertigkeit ließ er für die Zölestiner eine Kapelle erbauen und stattete sie mit wunderbaren Glasfenstern, einem reichgeschmückten Altar und einer Stiftung für ständige Gebete aus. Er zahlte dafür mit Einkünften, die ihm der König aus Craons beschlagnahmtem Besitz überschrieben hatte, so daß es fraglich war, wessen Seele durch die Gebete Vergebung erlangte.

Die tödliche Maskerade wurde nach einiger Zeit *Bal des Ardents* – der Tanz der Brennenden – genannt, aber sie hätte ebenso den Namen *Danse Macabre* tragen können, der zu dieser Zeit durch einen neuen Typus von Prozessionsspiel eingeführt wurde. Der Name Macabre, dessen Herkunft und Bedeutung ungeklärt ist, erschien in schriftlicher Form zuerst in einem Gedicht von 1376. Es war von Jean le Fèvre, dem Kanzler des Herzogs von Anjou, geschrieben und enthielt die Zeile: *»Je fis de Macabré le danse«* (Ich tanze den Danse Macabre). Es mag von dem älteren *Danse Machabreus*, was »von den Makkabäern« bedeutet, hergeleitet sein oder von einem ähnlich klingenden hebräischen Wort für Totengräber (die Totengräber im mittelalterlichen Frankreich waren Juden). Der Tanz entwickelte sich wahrscheinlich unter dem Einfluß der Pest als eine Straßenaufführung, die Predigten über die Gleichheit aller vor dem Tode, dem großen Gleichmacher, illustrierten. In Wandgemälden in der Kirche der Unschuldigen in Paris, die den Tanz darstellen, besteht die Prozession aus fünfzehn Gestalten – es sind Geistliche und Laien, angefangen beim Papst und Kaiser bis hinunter zu Mönch, Bauer und Kind.

»Tritt heran, sieh dich selbst in uns«, sagen sie in den begleitenden Versen, »tot, nackt, verfault und stinkend. So wirst du sein . . . wenn du lebst, ohne an dieses zu denken, riskierst du die Verdammung . . . Macht, Ehre, Reichtum sind nichtig; in der Stunde des Todes zählen nur die guten Werke . . . Jedermann sollte zumindest einmal am Tag an sein schreckliches Ende denken«, um sich daran zu erinnern, gute Taten zu verrichten und zur Messe zu gehen, wenn er erlöst werden und »den entsetzlichen unendlichen Qualen der Hölle, die unaussprechlich sind«, entgehen will.

Jede Gestalt hat ihren Spruch: der Constable weiß, daß der Tod auch die Tapfersten niederwirft, sogar Karl den Großen; der Ritter, einst von den Damen geliebt, weiß, daß er nie mehr mit ihnen tanzen wird; der runde Abt, daß »die Fettesten zuerst verrotten«; der Astrologe, daß sein Wissen ihn nicht retten kann; der Bauer, der sein Leben in Schweiß und Arbeit verbracht und den Tod oft herbeigewünscht hat, würde nun, da seine Stunde gekommen ist, viel lieber im Weinberg arbeiten, »sogar in Regen und Wind«. Dieselbe Botschaft wird immer wieder verkündet, daß dies hier du und du und du bist. Die Knochengestalt, die die Prozession anführt, ist nicht der Tod, sondern der Tote. »Du selbst bist es«, sagt die Inschrift unter einem Wandgemälde des Tanzes in La Chaise-Dieu in der Auvergne.

Der Todeskult sollte seinen Höhepunkt im 15. Jahrhundert erreichen, aber seine Quelle war das 14. In einer Zeit, in der man dem Tod an jeder Straßenekke begegnen konnte, hätte er – so könnte man annehmen – banal werden können; statt dessen übte er eine gespenstische Faszination aus. Die Darstellungen betonten die Verwesung, Würmer und greuliche körperliche Details. War früher die spirituelle Reise der Seele die beherrschende Idee der Todesthematik gewesen, so erschien nun der verfaulende Körper bedeutungsvoller. Die Grabbildnisse früherer Zeiten waren heiter, die Hände im Gebet gefaltet, die Augen geöffnet – in ruhiger Erwartung des ewigen Lebens. Nun ließen sich große Kirchenfürsten häufig nach dem Vorbild Harsignys als Kadaver in realistischem Detail darstellen. Um dies leisten zu können, wurden Totenmasken und Wachsabdrücke von Körperteilen angefertigt, was in einem Nebeneffekt die Kunst der Porträtskulptur förderte. Individuelle Züge erschienen verstärkt in den Bildnissen. Die Botschaft, die diese Darstellungen vermittelten, war jene des Danse Macabre. Über dem dürren unverhüllten Leichnam des Kardinals Jean de La Grange, der 1402 in Avignon sterben sollte, fragte eine Inschrift den Betrachter: »Nun, Elender, welchen Grund gibt es für den Stolz?«

Der Kult der Trauer machte in den kommenden Jahrzehnten den Friedhof der Unschuldigen in Paris, auf dessen Mauern der Danse Macabre gemalt war, zum begehrtesten Bestattungsort und zugleich zu einem populären Treffpunkt in Paris. Reiche Bürger und Adlige – unter ihnen Boucicaut und der Herzog von Berry – ließen Beinhäuser, die später einmal ihre Überreste aufnehmen sollten, in die achtundvierzig Bögen des Kreuzganges hineinbauen. Da zwanzig Gemeinden das Recht hatten, ihre Toten dort zu begraben, mußten die früher bestatteten Leichen fortlaufend ausgegraben und ihre Grabsteine verkauft werden, um Platz für neue zu schaffen. Die Schädel und Knochen, die unter den Bögen des Kreuzgangs aufgestapelt lagen, zogen die Neugierigen an – sie waren der trübselige Beweis der letztlichen Gleichheit. Läden aller Art fanden ihren Platz im oder am Kreuzgang; Prostituierte suchten ihre Kunden dort, Alchimisten fanden einen Marktplatz, Liebhaber ein beliebtes Rendezvous, Hunde liefen ein und aus. Die Pariser kamen, um die Beinhäuser anzusehen, Bestattungen und Exhumierungen zu beobachten, die Wandgemälde zu bewundern und ihre Inschriften zu lesen. Sie hörten stundenlange Predigten an und erzitterten, als »der Tote« mit Hörnerklang von der Rue St. Denis hereinkam, hinter ihm die Prozession der schrecklichen Tänzer.

Die Kunst wandte sich der Trauer zu. Die Dornenkrone, vorher kaum dargestellt, wurde zu einem realistischen Marterinstrument, das die Gemälde der zweiten Jahrhunderthälfte mit Blut übergoß. Der Jungfrau wurden sieben Klagen zugeschrieben, von der Flucht nach Ägypten zur Pietà – der im Tod erschlaffe Körper des Sohnes ausgestreckt auf ihren Knien. Claus Sluter, der Bildhauer des Herzogs von Burgund, formte 1390 die erste in Frankreich bekannte Pietà für den Konvent von Champmol in Dijon. Zur gleichen Zeit erscheinen mitten in dieser Düsterkeit die spielerischen, lächelnden Gesichter der sogenannten »Schönen Madonnen« mit ihren sanft fallenden Gewändern und glücklichen Säuglingen. Die weltliche Malerei dieser Zeit ist exquisit und lebensfroh; der Tod stört niemals diese lyrischen Picknickszenen am Fuße verzauberter Türme.

In den Jahren 1388 bis 1390 kehrte der Schwarze Tod zum vierten Male wieder. Frühere Neuausbrüche der Seuche hatten vor allem die Kinder getroffen, die noch nicht immun waren, aber jetzt fiel auch eine neue Erwachsenengeneration der schnellen Ansteckung zum Opfer. Bis zu dieser Zeit war die Bevölkerung Europas bereits auf 40 bis 50 Prozent dessen gefallen, was sie zu Beginn des Jahrhunderts gewesen war; sie sollte bis zur Mitte des 15. Jahrhunderts noch weiter zurückgehen. Die Menschen jener Zeit erwähnen diese alarmierende Verkleinerung ihrer Welt nur selten, obwohl sie ihnen sicherlich in der Form verminderten Handels, verringerter Ackerbaufläche, verlassener Abteien und Kirchen, im Krieg zerstörter, aber noch nach sechzig Jahren nicht wiederhergestellter Stadtviertel vor Augen stand.

Andererseits ist es möglich, daß die Menschen aufgrund geringerer Bevölkerungsdichte besser lebten und mehr Geld hatten. Widersprüchliche Überlieferungen gibt es in Hülle und Fülle. Hinweise auf wachsende Handelstätigkeit stehen neben Beweisen für fast zum Erliegen gekommene Geschäfte. Ein italienischer Handelskaufmann, der 1410 starb, hinterließ mehr als 100 000 Dokumente einer Korrespondenz mit Handelspartnern in Italien, Frankreich, Spanien, England und Tunesien. Die Kaufmannsklasse hatte mehr Geld zu Gebote als vorher, und ihre Ausgabenfreudigkeit ermutigte die Künste , bewirkte technische und häusliche Fortschritte. Das 14. Jahrhundert war nicht unfruchtbar. Die Gobelinmanufakturen von Arras, Brüssel und die des berühmten Nicolas Bataille aus Paris fertigten Wunder an, die den Buntglasfenstern den Primat in den dekorativen Künsten raubten. Seekarten wurden genauer, die Seeungeheuer verschwanden aus den unteren Ecken zugunsten von korrekten Küstenlinien und Navigationshilfen. Die bürgerliche Wohlhabenheit schuf ein neues Publikum für Schriftsteller und Poeten und förderte die Literatur durch den Kauf von Büchern. Mehrere tausend Schreiber waren ständig damit beschäftigt, für die fünfundzwanzig Buchverkäufer und *stationarii* von Paris Abschriften herzustellen. Die Überladenheit der Architektur mit ihrer verschwenderischen Anzahl von spitz zulaufenden Fialen, von Nischen mit Baldachinen und wunderbar feingearbeiteten Strebepfeilern drückte nicht nur technischen Überschwang, sondern ein Leugnen der Neigung, ja einen Trotz gegen die Gravitation aus. Wie ist der Dom von Mailand, dieser phantastische Berg von Filigranstein, der im letzten Viertel des Jahrhunderts begonnen wurde, mit dem Pessimismus der Zeit in Einklang zu bringen?

Psychologische Wirkungen sind klarer als physische. Niemals ist mehr über die *miseria* menschlichen Lebens geschrieben worden, und das Gefühl des Bevölkerungsrückganges, wenn auch nicht explizit erwähnt, trug zum Pessimismus über das Schicksal des Menschen bei. »Was hiernach noch kommen soll, weiß Gott«, schrieb John Gower 1393 in England. Weder die Dichter noch die Geschäftsleute zeigten angesichts der Unsicherheiten der Epoche viel Vertrauen in die Zukunft. Die Briefe des Francesco Datini, eines Kaufmanns aus Prato, sind voller Hinweise auf die Furcht vor Krieg, Pest, Hungersnot und Aufstand, gezeichnet von einem völligen Mißtrauen gegen die Regierung und die Ehrlichkeit seiner Standesgenossen. »Die Erde und die See sind voller Räuber«, schrieb er einem seiner Briefpartner, »und der große Teil der Menschheit sinnt Böses«.

Gerson glaubte, daß er in einer Zeit der Senilität lebte, für ihn war die Gesellschaft wie ein im Fieberwahn taumelnder alter Mann, der unter Illusionen und Trugbildern litt. Wie viele andere meinte auch er, die Zeit für die Ankunft des Antichrist sei gekommen und das Ende der Welt stünde bevor – auf daß eine bessere folgen könnte. In der Volksmeinung wurde die Vorstellung der Apokalypse mit dem Kommen eines großen Kaisers verbunden – einem zweiten Karl dem Großen, einem dritten Friedrich, einem kaiserlichen Messias –, der zusammen mit einem engelhaften Papst die Kirche reformieren, die Gesellschaft erneuern und die Christenheit retten würde. In zunehmendem Maße betonten Kirchenmänner und Moralisten die Eitelkeit weltlicher Dinge – ohne allerdings die Gier und den Stolz auf Besitz sichtbar herabzusetzen.

Eine pessimistische Sicht des Menschenschicksals zu entfalten war geradezu die Pflicht der Geistlichkeit, da nur so die Notwendigkeit der Erlösung zu beweisen war. Dies war nichts Neues im 14. Jahrhundert. Wenn der Kardinal d'Ailly dachte, die Zeit des Antichrist sei gekommen, so hatte Thomas von Aquin schon hundert Jahre zuvor damit gerechnet. Wenn die Korruption der Kirche die Frommen entsetzte, so war das im Jahre 1040 nicht anders gewesen, als ein Mönch von Cluny schrieb: »Denn wann immer der Glaube unter den Priestern verloren ist ... was sollen wir denken, als daß die ganze menschliche Rasse von der Wurzel bis zum höchsten Zweig willens wieder in den Abgrund vorzeitlichen Chaos' zurückfällt?« Wenn in einer Zeit des Verfalls Mézières' Lieblingswort lautete: »Die Dinge dieser vergänglichen Welt verändern sich immer zum Schlechten«, so übertraf er damit kaum Roger Bacon, der 1271, am Gipfelpunkt einer dynamischen Periode, behauptete: »Mehr Sünde herrscht in diesen Tagen denn in irgendeinem Zeitalter der Vergangenheit ... die Gerechtigkeit geht unter, aller Friede ist zerbrochen.«

Die Empfindung selbst war nicht neu, aber im 14. Jahrhundert war sie verbreiteter, und sie wurde in einem deutlich verächtlicheren Ton der Menschheit gegenüber vorgetragen. »Die Vergangenheit besaß Tugend und Rechtschaffenheit, aber heute herrscht nur das Laster«, klagt Deschamps. Wie sollte man Freibriefen oder dem freien Geleit noch trauen, fragte Christine de Pisan in einer Diskussion des Verfalls aller ritterlichen Sitten, »da doch dieser Tage so wenig Wahrheit und Treue in der Welt zu finden ist?« An anderer Stelle schreibt sie: »Alle guten Sitten versagen, und die Tugenden sind billig geworden. Die Gelehrsamkeit, die einst herrschte, bedeutet nun nichts mehr.« Ihre Klage war gerechtfertigt, denn selbst die Universität war dahin gekommen, Grade der Theologie an Kandidaten zu verkaufen, die nicht willens waren, das lange und schwierige Studium auf sich zu nehmen, oder die Angst hatten, im Examen durchzufallen. Lizenzen, die den Verkauf oder die Vergabe des Grades erlaubten, wurden an andere Universitäten vergeben, selbst an Städte, die gar keine Universität hatten, was das sarkastische Sprichwort inspirierte: »Warum nicht einen Grad der Universität Schweinestall?« Es war Mode, die Dekadenz des Zeitalters zu geißeln, aber diese Dekadenz wurde als real empfunden, und das Gefühl des moralischen Abstiegs gegenüber besseren Tagen war hartnäckig. Die Dichter schrieben für eben die Kreise, die sie tadelten – und sie müssen ein gewisses Echo gefunden haben. Deschamps, der unablässig schimpfte, wurde zum Kanzler Ludwigs von Orléans ernannt.

Alle Schichten der Gesellschaft bekamen ihren Anteil des Unwillens. Tief erschüttert vom Bauernaufstand schrieb Gower eine Jeremiade über die Verderbtheit der Epoche. Das Werk – *Vox Clamantis* – entfaltet »eine vielfache Pestilenz des Lasters« unter den Armen ebenso wie den Reichen. Ein unbekannter Autor einer anderen Klageschrift, *Laster der verschiedenen Stände der Gesellschaft*, befand, daß alle gleich schuldig seien: Die Kirche ist versunken in Schisma und Simonie, die Geistlichkeit und die Mönche leben in Dunkelheit, die Könige, Edlen und Ritter ergeben sich dem Luxus und dem Raub, die Kaufleute dem Zinswucher und dem Betrug, das Gesetz ist die Kreatur der Bestechung, die gemeinen Menschen stecken tief in Unwissenheit und werden von Räubern und Mördern bedrängt.

Die Menschheit war an einem der großen Tiefpunkte der Geschichte angelangt. Um die Jahrhundertmitte hatte der Schwarze Tod die Frage heraufbeschworen, ob Gott dem Menschen feindlich sei, und die Ereignisse seit jener Zeit hatten wenig Beruhigendes gebracht. Den Zeitgenossen spiegelte die *miseria* die Sündigkeit der Epoche wider, und Sünde in der Form von Gier und Unmenschlichkeit war tatsächlich das beherrschende gesellschaftliche Element. Auf der niedergehenden Kurve des Mittelalters hatte der Mensch den Glauben an seine Fähigkeit, eine gute Gesellschaft zu erbauen, verloren.

Die Sehnsucht nach Frieden und nach einer Beendigung des Schismas war weit verbreitet. Ein Notar von Cahors sagte zu dieser Zeit, daß er seine Diözese in den sechsunddreißig Jahren seines Lebens niemals im Zustand des Friedens erlebt habe. Nachdenkliche Beobachter, die sich der verheerenden gesellschaftlichen Nachwirkungen des Kriegszustandes bewußt waren, nannten den Frieden die einzige Hoffnung auf Reform, auf die Wiedervereinigung der Kirche und auf erfolgreichen Widerstand gegen die Türken, die die Donau erreicht hatten. In seinem *Traum des alten Pilgers* von 1389, mit dem er Karl VI. und Richard II. zum Friedensschluß überreden wollte, entwirft Mézières das pathetische und dramatische Bild einer alten Frau in zerlumpten Kleidern mit wirrem grauem Haar, die an einem Stock geht und ein kleines, von Ratten zernagtes Buch trägt. Sie hieß ursprünglich Frömmigkeit, wird aber nun Verzweiflung genannt, da alle Menschen ihres Königreiches nun Sklaven Mohammeds sind; der christliche Handel ist gefährdet, die östlichen Festen der Christenheit bedroht von den Feinden des Glaubens.

»*Veniat Pax!*« Dieser Aufschrei Gersons in seiner berühmten Predigt war lange vorher schon in den Köpfen der Menschen. Nur wenige erkannten noch, wofür dieser Krieg geführt wurde. Gower in England hielt ihn nicht mehr für einen gerechten Krieg, sondern nur noch für eine Auseinandersetzung, die von »gierigen Lords« um des Gewinns willen aufrechterhalten wurde. Laßt uns ihm ein Ende machen, rief er, »damit die Welt Friede finde«. Die französischen Bauern diskutierten über den Krieg, wenn man Deschamps' Reporterfähigkeiten trauen will, während sie ernteten. »Er hat lange genug gedauert«, sagt ein gewisser Robin, »ich kenne niemanden, der ihn nicht fürchtet. Sicherlich ist das Ganze nicht eine Schalotte wert.«

»Nichtsdestoweniger«, antwortet Henri, der Bucklige, in trauriger Weisheit, »wird jeder wieder den Schild aufnehmen müssen, denn keinen Frieden wird es geben, bis wir Calais zurückgewinnen.« Das war in der Tat der kritische Punkt. So begierig sie selbst waren, den Kriegszustand zu beenden – die Herrscher Frankreichs waren nicht bereit, einen endgültigen Frieden zu schließen, der das Einfallstor von Calais in englischen Händen ließ.

Für den Herzog von Burgund war Frieden eine Notwendigkeit, denn nur so konnte er den Handel zwischen Flandern und England wiederherstellen. Nur mit seinem Einverständnis konnte es geschehen, daß bei Hofe ein heiliger Mann, genannt Robert der Einsiedler, auftrat und verkündete, eine Stimme hätte aus einem schrecklichen Sturm auf See zu ihm gesprochen und ihm gesagt, er werde die Gefahr überstehen, auf daß er, an Land zurückgekehrt, zum König gehe und ihm rate, Frieden mit England zu schließen, denn alle, die dagegen seien, würden teuer dafür zu bezahlen haben.

Der wichtigste Fürsprecher des Friedens war der König von England. So autokratisch wie sein Vater, aber alles andere als ein Soldat – wollte Richard II. den Krieg beenden, um die Macht der Barone zugunsten einer absoluten

Monarchie einzuschränken. Sein Wunsch fiel mit den Interessen des Herzogs von Lancaster zusammen, der, da er seine Töchter als Königinnen von Kastilien und Portugal auf ausländische Throne gebracht hatte, den Frieden brauchte, um ihre Interessen wahren zu können. »Soll doch mein Bruder Gloucester gegen den Sultan Bajasid Krieg führen, der die Christenheit an den Grenzen Ungarns bedroht«, sagte er; das war die richtige Aufgabe für jene, die sich nach Kampf sehnten.

Aufgrund der vereinten Anstrengungen von Lancaster und Burgund wurden die Verhandlungen im Mai 1393 in Leulinghen, einem vom Krieg verwüsteten Dorf am Ufer der Somme in der Nähe von Abbeville, wieder aufgenommen. Da es zu wenig Unterkünfte gab, wohnten die Delegierten – die Herzöge von Burgund und Berry für Frankreich, Lancaster, Gloucester und der Erzbischof von York für England – mit ihrem Gefolge in Zelten.

König Karl VI. war auch anwesend, wenn er auch nicht in die Gespräche aktiv eingriff. Er wohnte in einer nahe gelegenen Benediktinerabtei mit einem schönen Garten am Ufer des Flusses. Im Geiste schon auf einer Kreuzfahrt, war der französische König ebenso wie der englische grundsätzlich bereit, einen Kampf zu beenden, der schon vor ihrer Geburt begonnen worden war. Die Verhandlungsparteien trafen sich in einer reetgedeckten Kapelle. An den Wänden hingen Gobelins, auf denen Schlachten des Altertums dargestellt waren. Als Lancaster bemerkte, daß die Delegierten nicht auf Kriegsszenen blicken sollten, wenn sie über den Frieden verhandelten, wurden die Wandteppiche schleunigst entfernt und durch andere mit Szenen der letzten Tage Christi ersetzt. Als die ältesten Onkel saßen Berry und Lancaster erhöht, neben ihnen Burgund und Gloucester, ihnen schloß sich die Wände entlang die Reihe von Grafen, Prälaten, Rittern, gelehrten Juristen und Schreibern an.

Das Schisma wurde zu einem Thema der Verhandlungen, als Papst Klemens den adligen spanischen Kardinal Pedro de Luna, ausgestattet mit reichlich Gold und prächtigen Geschenken, nach Leulinghen entsandte, um den Engländern die Legitimität des avignonesischen Papsttums nahezubringen. Zornig hielt Lancaster ihm entgegen: »Ihr seid es, die Kardinäle von Avignon, die das Schisma geboren haben, ihr seid es, die es aufrechterhalten, und ihr seid es, die es jeden Tag vertiefen. Wehe euch!« Burgund hielt sich aus dem Streit heraus. Er bot an, das Schisma zu übergehen, um die Unterhandlungen in Richtung auf einen Vertrag voranzubringen, und es der Universität zu überlassen, den Weg für die Wiedervereinigung der Kirche zu bereiten.

Als die Sprache auf die französische Forderung kam, die Mauern von Calais zu schleifen, und auf die englische, die Bedingungen des Vertrags von Brétigny zu erfüllen, waren sich beide Seiten so fern wie je. Calais war »die letzte Stadt, die wir jemals aufgeben würden«, sagten die Engländer, während die Franzosen darauf bestanden, daß Territorien, die es entschlossen abgelehnt hatten, eine Allianz mit England einzugehen, nicht mit Gewalt dazu gezwungen werden könnten. Angesichts dieser Sackgasse ließen beide Parteien in aller Stille ihre Hauptforderungen fallen und versuchten zunächst, die kleineren Streitfälle einen nach dem anderen zu klären.

Mürrisch und mißtrauisch wies Gloucester jeden Vorschlag zurück. Er beklagte sich darüber, daß die Franzosen eine doppeldeutige Sprache führten, die von »subtilen, verhüllten Worten von doppelter Bedeutung« erfüllt sei, die sie verdrehten und deuteten, um sich Vorteile zu verschaffen – Worte, die die Engländer nicht gebrauchten, »denn ihre Sprache und ihre Absichten sind klar«. Das Stereotyp des verschlagenen Franzosen und des plumpen Engländers war bereits in Kraft. Auf Gloucesters Betreiben forderten die Engländer, daß alle Vorschläge in schriftlicher Form vorgelegt werden sollten, damit sie den Wortlaut auf Doppeldeutigkeit und Unklarheit hin untersuchen konnten. Dann wollten sie ihre Schreiber zu den Franzosen schicken, um zu erkunden, wie die Franzosen das Geschriebene verstünden, und danach sollte der Text entweder verbessert oder umgeschrieben werden, ein Verfahren, das die Verhandlungen enorm verzögern mußte.

Hier lag ein wirklicher Grund für die Schwierigkeiten der Friedensfindung. Obwohl die englischen Lords Französisch sprachen, war es für sie eine erlernte, nicht die Muttersprache, und sie fühlten sich in ihrem Gebrauch nicht wirklich sicher. Ein so bedeutender Adliger wie der erste Herzog von Lancaster, der das *Livre des sainctes médicines* schrieb, sagte über sein Werk: »Wenn das Französisch nicht gut ist, bitte ich das zu entschuldigen, denn ich bin Engländer und nicht sehr erfahren im Französischen.« Gloucester benutzte das Sprachproblem, um eine Einigung zu verzögern, aber das Mißtrauen gegen die Franzosen war eine Tatsache. Seit den Manipulationen Karls V. in der Auslegung der Bestimmungen des Vertrags von Brétigny hatten sich die Engländer immer wieder im letzten Augenblick aus Furcht, betrogen zu werden, dem Friedensschluß entzogen.

Um Gloucester durch seine von Gott gegebene Mission und seine Redegewandtheit zu beeinflussen, wurde Robert der Einsiedler vom Herzog von Burgund herbeigerufen. In leidenschaftlichen Worten bat der heilige Mann den Herzog: »Um der Liebe zu Gott willen, stellt Euch nicht länger gegen den Frieden.« Während der Krieg zwischen Franzosen und Engländern die Christenheit zerriß, rückten Bajasid und die Türken vor. Die Pflicht der Christen sei es, flehte er, sich gegen den Ungläubigen zu vereinen.

»Ha, Robert«, antwortete Gloucester, »ich wünsche nicht, den Frieden zu verhindern, aber ihr Franzosen braucht so viele gefärbte Worte, die unser Verständnis überschreiten, daß ihr aus ihnen immer, wie ihr wollt, Krieg oder Frieden herauslesen könnt . . . immer verhüllt ihr alles, bis ihr euer Ziel erreicht habt.« Nichtsdestoweniger mußte Gloucesters Starrsinn sich den Wünschen des königlichen Neffen beugen, den er verachtete. Ohne eine Einigung, was Calais betraf, war ein langfristiger Frieden immer noch nicht greifbar, aber es gab einige Fortschritte, die den Abschluß eines Waffenstillstandes auf vier Jahre erlaubten. Im Laufe dieser Zeit sollten einige umstrittene Territorien der einen oder anderen Seite zugeschlagen werden, um so den Weg für eine endgültige Einigung zu bereiten.

Im Juni, während die letzten Bedingungen ausgehandelt wurden, ergriff der Wahnsinn den König aufs neue. Der ersten Attacke war die Ungeduld in Amiens vorausgegangen, die zweite fiel mit den Friedensverhandlungen zusammen. Vielleicht waren die langen Verzögerungen der Gespräche ein auslösender Faktor. Dieser Anfall war schwerer als der erste, und die Umnachtung hielt acht Monate an. Den Rest seines Lebens, das erst 1422 endete, war Karl immer wieder zwischenzeitlich irrsinnig, die Rückfälle gerade häufig genug, um jede stabile Regierung unmöglich zu machen und den Machtkampf um einen halbleeren Thron zu verschärfen. In diesen dreißig Jahren nach dem ersten Anfall des Königs sollte der bösartige Konkurrenzkampf zwischen den Fraktionen von Orléans und Burgund und deren Nachfolgern die Engländer nach Frankreich zurückbringen und das Land auf jenen zerschlagenen und hilflosen Zustand zurückwerfen, in dem es sich nach der Schlacht von Poitiers befunden hatte.

In dem Anfall von 1393 war das Gemüt des Königs »von so schweren Schatten verdunkelt«, daß er nicht mehr wußte, wer er war. Er wußte nicht, daß er König war, verheiratet war und Kinder hatte, er wußte nicht, wie er hieß. Er entwickelte zwei unüberwindliche Aversionen: gegen die Lilien und seinen Namen oder seine Initialen in dem königlichen Wappen, das er in wilder Wut zu zerstören trachtete, wann immer er es sah, und gegen seine Frau, vor der er voller Schrecken floh. Wenn sie sich ihm näherte, schrie er auf: »Wer ist diese Frau, deren Anblick mich martert? Stellt fest, was sie will, und befreit mich von ihren Forderungen, wenn ihr es könnt, damit sie mich nicht mehr verfolgt.« Wenn er das Wappen von Bayern sah, machte er grobe Gebärden und tanzte davor herum. Er erkannte seine Kinder nicht, wohl aber seinen Bruder, seine Onkel, Räte und Diener und erinnerte sich an Namen längst Verstorbener. Nur die vernachlässigte Frau seines Bruders, die traurige Valentina, nach der er unablässig fragte und die er seine »liebe Schwester« nannte, konnte ihn beruhigen. Diese Vorliebe führte zu Gerüchten, die von burgundischer Seite am Leben gehalten wurden, daß Valentina ihn behext und vergiftet habe. Da man in Frankreich von den Verbrechen der Familie Valentinas, den Visconti, wußte, gewannen die Gerüchte einiges an Glaubwürdigkeit. Man flüsterte, sie suchte einen höheren Rang, und ihr berüchtigter Vater habe ihr befohlen, sich zur Königin von Frankreich zu machen.

Der Wahnsinn in all seinen Formen war dem Mittelalter vertraut. Wilhelm von Hainault-Bayern, ein Neffe der Königin Philippa von England, »groß, jung, stark, dunkel und lebhaft«, war ein rasender Irrer gewesen, der dreißig Jahre lang in einer Burg eingeschlossen gehalten wurde, meistens mit gebundenen Händen und Füßen. Menschen, die unter geringfügigeren geistigen Störungen litten, wurden meist nicht eingeschlossen, sondern bewegten sich frei unter ihren Nachbarn, wie auch die Verkrüppelten, die Spastiker, die Skrofulösen und andere Außenseiter. Der Wahnsinn wurde im allgemeinen als heilbar angesehen und als natürliches Phänomen gewertet, das durch geistige oder emotionale Überbelastung ausgelöst wurde. Ruhe und Schlaf wurden verschrieben ebenso wie Aderlaß, Bäder, Salben, mineralische Heilsäfte – und Glück. Ebenso häufig führte man den Wahnsinn auf die Strafe Gottes oder auf Teufelswerk zurück, das durch Exorzismus bekämpft wurde oder dadurch, daß dem Opfer ein Kreuz in das Haupthaar rasiert wurde. Auch band man die Leidenden an den Lettner, damit ihr Zustand durch die Teilnahme an der Messe verbessert würde.

Die Besessenheit, mit der man Karls Krankheit auf Zauberei zurückführen wollte, spiegelt einen steigenden Glauben an das Okkulte und Dämonische wider. Zeiten der Angst nähren den Glauben an das Wirken böser Mächte, die man sich im 14. Jahrhundert als Menschen vorstellte, die Zugang zur Hilfe des Teufels hatten –, daher das sich nun erhebende Gespenst der Hexe. Im Laufe des letzten Jahrzehnts des 14. Jahrhunderts war die Hexerei von der Inquisition offiziell gleichrangig neben die Ketzerei gestellt worden. Die Kirche war in der Defensive, durch das Schisma auseinandergerissen, von aggressiven abweichenden Bewegungen in der Lehre und in ihrer Autorität herausgefordert, von Forderungen nach Reformen bedrängt. Wie der kleine Mann fühlte auch sie sich von bösartigen Mächten umzingelt, deren Agenten Zauberer und Hexen waren. Bezeichnenderweise trat zu dieser Zeit, im Jahre 1398, ein feierliches Konklave der Theologen der Universität von Paris zusammen, das verkündete, die Schwarze Magie vergifte die Gesellschaft mit neuer Kraft.

Auch der arme verrückte König selbst war ein Opfer dieses Glaubens. »Im Namen Jesu Christi«, rief er aus und weinte in seiner Qual, »wenn einer von euch ein Komplize dieses Bösen, unter dem ich leide, ist, so bitte ich ihn, mich nicht länger zu foltern, sondern mich sterben zu lassen.« Nach diesem Ausbruch des Jammers gab die Regierung in der Hoffnung, den Zorn des Himmels beschwichtigen zu können, einen Erlaß heraus, in dem Gotteslästerern schwere Strafen angedroht wurden sowie zum Tode Verurteilten gestattet wurde, noch einmal zu beichten. Überdies wurde die Porte de l'Enfer (Tor der Hölle) in Porte Saint Michel umbenannt.

In späteren Jahren kamen und gingen die Anfälle des Königs in unberechenbarer Folge. In einem Jahr, 1399, erlitt er sechs Attacken, jede schwerer als die vorhergehende, bis er in einer Ecke kauerte und glaubte, er sei aus Glas, oder durch die Korridore schlich und heulte wie ein Wolf. In den Intervallen geistiger Klarheit wollte Karl VI. die Ausübung des Königtums wieder übernehmen, auch wenn er sich im wesentlichen auf zeremonielle Anlässe beschränken mußte. In solchen Zeiten soll er auch die ehelichen Beziehungen zu Isabeau wiederaufgenommen haben, die zwischen 1395 und 1401 vier weitere Kinder gebar – was allerdings Karls Vaterschaft nicht beweist.

Leichtlebig und sinnlich, immer noch eine Fremde mit starkem deutschem Akzent, von der irren Aversion ihres Gatten gegen sie gedemütigt, überließ Isabeau Karl seinen Bediensteten und einem Mädchen, das sie selbst bestellt hatte, ihren Platz einzunehmen, die Tochter eines Pferdehändlers mit Namen Odette de Champdivers, die ihr ähnelte und in der Öffentlichkeit »die kleine Königin« genannt wurde. Die Königin selbst stürzte sich in hektische Vergnügungen und Ehebrüche, verbunden mit politischen Intrigen und einer leidenschaftlichen Jagd auf Geld. Da sie sich in Frankreich unsicher fühlte, konzentrierte sie sich darauf, ein persönliches Vermögen anzuhäufen und die Bereicherung und politischen Interessen ihrer bayrischen Familie zu fördern. Sie entwand Karl – ob in hellen Momenten oder nicht – Überschreibungen von Land, Einkünften, Residenzen und separaten Haushaltsgeldern auf ihren oder die Namen ihrer Kinder. Sie eignete sich Truhen voll von Schätzen und Juwelen an und speicherte sie in einer Reihe von Kellergewölben. Ihre Rolle am Hofe wurde immer extravaganter und hektischer, die Ausschnitte der Kleider immer großzügiger, die Amouren immer skandalöser, die Feste wilder. Die Königin gründete einen Gerichtshof der Liebe, an dem beide Geschlechter die Rolle von Advokaten spielen konnten und wo sie, einem spöttischen Zeitgenossen zufolge, »in diesem lächerlichen Tribunal die albernsten Fragen« verhandelten.

In den politischen Kämpfen ging Isabeau mit der Macht. Als Ludwig von Orléans zum Regenten ernannt wurde, schloß sie sich ihm gegen den Herzog von Burgund an und galt in aller Augen als seine Geliebte. Als er vom Sohn und Nachfolger Burgunds, Johann dem Furchtlosen, ermordet wurde, wechselte sie die Seiten und ging ins Lager und in das Bett von Ludwigs Mörder über. In dem Vakuum, das ein lebender, aber hilfloser König schuf, taumelte Frankreich dahin, und die Königin, die zur Bewältigung ihrer Rolle völlig unfähig war, wurde zum Werkzeug rücksichtsloser Kräfte – Burgunds und Englands –, die das Vakuum anzog. Hart bedrängt in Paris, geographisch und politisch vom Dauphin getrennt, unfähig, Unterstützung zu finden, ließ sie sich schließlich auf jenen schändlichen Vertrag ein, der den König von England zum Thronerben Frankreichs ernannte und ihren eigenen Sohn ausschaltete. Fett und verworfen überlebte sie schließlich ihren Gatten um fünfzehn Jahre und fand sehr viel später einen gar zu phantasievollen Biographen in dem Marquis de Sade.

Als der Chefminister des französischen Königs Heinrich IV., der Herzog de Sully, zweihundert Jahre später auf die Herrschaftszeit Karls VI. zurückblickte, charakterisierte er sie als »geschwängert von unheimlichen Geschehnissen . . . das Grab guter Gesetze und guter Moral in Frankreich«.

Kapitel 25
Verpaßte Gelegenheit

Während die Friedensverhandlungen in Leulinghen im Mai und Juni 1393 noch liefen, führte Coucy Gespräche mit Papst Klemens VII. in Avignon, wohin er gegangen war, nachdem er die Fehde in Savoyen beigelegt hatte. Seine Mission war der Beginn einer großen Unternehmung im Laufe der nächsten zwei Jahre, die darauf zielte, Klemens in Rom und die Franzosen in den päpstlichen Staaten zu etablieren. Beide Ziele hingen von der Bereitschaft Gian Galeazzo Viscontis ab, an dem Unternehmen mitzuarbeiten. Gian Galeazzos Interesse lag nicht so sehr in dem Kampf um den Heiligen Stuhl als in der Erweiterung der Macht Mailands. Obwohl er persönlich ein sehr gläubiger Mensch war, scheint er in der Frage der Päpste ziemlich gleichgültig gewesen zu sein. Sein Ziel war es, die Macht von Florenz und Bologna dadurch zu brechen, daß er Frankreich in Allianz mit Mailand nach Italien zog.

Introvertiert, intelligent, reich und melancholisch, war Gian Galeazzo der Meister der Realpolitik in Italien. Seine Macht hatte bereits den ganzen Norden erfaßt, er hatte Verona, Padua, Mantua und Ferrara annektiert und streckte seine Fühler nach der Toskana und den päpstlichen Staaten aus. Er mag letztlich auf ein Königreich Lombardei gezielt haben, vielleicht sogar auf ein vereinigtes Italien, oder aber er spielte mit der Macht um der Macht willen. In der Politik des Schismas steuerte er einen windungsreichen Kurs zwischen der Loyalität seiner mailändischen Untertanen zu dem römischen Papst und seiner Partnerschaft mit Frankreich, das an Klemens gebunden war. Wie er letztlich vorhatte, diese Klippen zu umschiffen, war nicht klar. Er war es indessen gewesen, der die Idee, Frankreich solle ein Königreich Adria in Italien begründen und seinen Schwiegersohn Ludwig von Orléans auf den Thron setzen, wiederbelebte. Dieser Plan – der nun Gegenstand von Coucys Mission war – war mit Energie und Raffinesse von Viscontis siebzigjährigem Botschafter in Paris, Niccolo Spinelli, einem der fähigsten Diplomaten der Zeit, betrieben worden. Die päpstlichen Staaten, argumentierte Spinelli, hätten dem Heiligen Stuhl nichts als Haß eingetragen. In den tausend Jahren, seit sie dem Papsttum übergeben worden waren, seien ihretwegen die gewalttätigsten Kriege geführt worden, und dennoch »besitzen die Priester sie nicht in Frieden und werden sie niemals besitzen können«. Es wäre viel besser, wenn sie der weltlichen Herrschaft ganz entsagten, »da sie nur eine Bürde nicht nur für sie selbst, sondern auch für alle Christen, besonders die Italiener, sind«.

Die Franzosen brauchten nicht lange überredet zu werden, diese Bürde aufzunehmen, aber sie wollten, daß Ludwig die Königswürde offiziell als Lehen des Papstes verliehen werden sollte, bevor sie sie auch real eroberten. Der Papst aber wollte die päpstlichen Staaten zuerst einmal in die Hand bekommen, bevor er sie wieder weggab. Coucy als der große Überreder und der Franzose, der sich im Labyrinth italienischer Politik am besten auskannte, erhielt die Aufgabe, Klemens zu überzeugen, daß er sich bereits vor der Expedition festlegen müsse. Coucy wurde auf seiner Mission begleitet von dem Bischof von Noyon, einem Mitglied des königlichen Rats, der für sein oratorisches Talent bekannt war, und vom Sekretär des Königs, der die Ergebnisse der Unterredung festhalten sollte. In »gewandter Rede« legten Coucy und der Bischof dem Papst dar, daß, abgesehen von einem Wunder, nur die Intervention Frankreichs das Schisma beenden konnte; allein konnte Klemens nichts tun. Durch die Belehnung Ludwigs mit dem Königreich Adria würde der Papst ein festes jährliches Einkommen durch das Patrimonium gewinnen, das niemals mehr seit dem Auszug des Papsttums nach Avignon unter päpstlicher Kontrolle gewesen sei. Der König von Frankreich, sagten die Gesandten, empfehle seinen Bruder als die Person, die am besten geeignet sei, die Eroberung zu unternehmen, da »er jung ist und hart arbeiten kann« und die Hilfe des Herrn von Mailand haben würde.

Klemens sperrte sich mit der Begründung, er wolle nicht als der »Liquidator des päpstlichen Erbes« in die Geschichte eingehen. Das hatte ihn zehn Jahre zuvor wenig gestört, als er die Lehnsbulle dem Herzog von Anjou übergeben hatte, aber er war sich jetzt der französischen Fähigkeiten nicht mehr so sicher. Drei französische Kardinäle zog er zu Rate, darunter Jean de La Grange, den Kardinal von Amiens, jenen Mann, der einst Karl VI. so erschreckt hatte, weil der junge König ihn des Umgangs mit einem Dämonen verdächtigt hatte. Er verlangte einige klare Antworten: Wieviel Geld, wieviel Mann würde Frankreich für den Feldzug aufbieten, und wie lange würden sie in Italien bleiben? Er wollte, daß die Franzosen sich auf zweitausend Reisige festlegten, angeführt von namhaften Hauptleuten und Adligen, unterhalten durch jährliche Zahlungen von 600 000 Franken, dies drei Jahre lang. Die in Verlegenheit geratenen Gesandten konnten darauf wenig vorbringen; ihre Instruktionen von nicht weniger als siebzehn »items« hatten nichts über militärische Details enthalten. Der Kardinal La Grange schlug verbindlich vor, daß der Herzog von Orléans doch seinen Feldzug beginnen möge und jeweils mit dem belehnt würde, was er auf seinem Vormarsch erobere. Obwohl sie sechs Wochen in Avignon blieben, konnten Coucy und der Bischof nicht mehr als Klemens' Versprechen erreichen, seine eigenen Gesandten zu weiteren Unterredungen nach Paris zu entsenden.

In Frankreich schwächten das Fehlschlagen der Friedensverhandlungen und der neue Anfall des Königs – der den Machtkampf zwischen Burgund

und Orléans intensivierte – die Entschlossenheit für den Weg der Tat. Die Franzosen waren nicht bereit, in Italien einzumarschieren, solange sie sich nicht mit England einig waren. Überdies warnten die Engländer, als sie von den französischen Plänen hörten, daß sie den Waffenstillstand brechen würden, wenn Frankreich gegen den römischen Papst die Waffen erhöbe. Voller Mißtrauen gegen Gloucesters Kriegspartei sandte die französische Regierung Herolde durch das Land, um die Verstärkung der Befestigungsanlagen und die Wiederherstellung der Stadtmauern zu befehlen. In einem neuen Anlauf, Bogenschützen auszubilden, wurde eine Verordnung erlassen, die Spiele verbot. Tennis, das die Gemeinen in Nachahmung des Adels übernommen hatten, und *soules*, eine volkstümliche Form von Hockey, bei dem es selten ohne Knochenbrüche abging, sowie Würfel- und Kartenspiele wurden in der Hoffnung untersagt, dadurch die Ausübung von Bogen- und Armbrustschießen zu ermutigen. Dies war das gleiche, was Karl V. schon 1368 versucht hatte, und es zeigt, daß die Herrscher des Landes sich des Versagens der französischen Bogenschützen im Krieg klar bewußt waren.

Aber die Befähigung der Bogenschützen war nicht der kritische Punkt, vielmehr ließ die französische Schlachttaktik ihnen keinen Raum. Kampfverbände von Rittern und Bogenschützen gab es nicht; Armbrustkompanien wurden angeworben, aber kaum genutzt. Der Grund war eindeutig eine Mischung aus der Verachtung für die Gemeinen und der Furcht um die Vorrangstellung der Ritterschaft in der Schlacht. Zusätzlich trug die Angst vor Aufständen 1393 dazu bei, daß dem Erlaß nur ein kurzes Leben beschieden war. Nach einiger Zeit war die Ausübung des Bogen- und Armbrustschießens so populär geworden, daß der Adel eine Aufhebung des Spieleverbots forderte, da er fürchtete, daß das gemeine Volk eine zu wirkungsvolle Waffe gegen den Adelsstand gewinnen würde. So waren die Adligen in jener ironischen Konstellation gefangen, in der ein Eigeninteresse ein anderes ausschließt.

Die Pläne um den *Voie de Fait* schlugen Wellen. Die Florentiner entsandten eine imponierende Mission von sechzehn Unterhändlern nach Paris, um einer französischen Allianz mit Gian Galeazzo entgegenzuwirken. Sie fanden einen Verbündeten in dem Herzog von Burgund, der, schon um seine flämischen Untertanen nicht zu beunruhigen, nie ein großer Parteigänger Klemens' gewesen und sicherlich nicht bereit war, ihm zu Rom zu verhelfen, wenn das hieß, Ludwig von Orléans zum König von Adria sowie zum Regenten zu machen. Burgund seinerseits fand eine Verbündete – obwohl er sie verachtete – in Königin Isabeau, die auch mit dem Teufel zu Abend gegessen hätte, wenn es darum ging, Gian Galeazzo zu schaden.

In der Öffentlichkeit war der stärkste Einfluß gegen den Weg der Tat die Universität, das Bollwerk des intellektuellen, klerikalen Establishments. Die Klerikalen der Universität hatten sich mit dem Babylon von Avignon nie anfreunden können. Die Folgen des Exils, die Simonie und Korruption, der wachsende Materialismus, der Prestigeverlust, der Protest der Gemeinden und das Entstehen neuer abweichender Bewegungen unter den Lollharden und Mystikern, das Erwachen des Nationalismus, der durch die französischen Versuche, das Papsttum zu dominieren, dort und in den rivalisierenden Staaten verschärft wurde, hatten die Kirche viel von ihrem Ansehen gekostet. Historisch betrachtet wurden der Zusammenbruch der alten Einheit des Glaubens und das Anwachsen des Nationalismus durch das Schisma zwar gefördert, aber nicht begründet. Auf dem Strom der Geschichte lag die Universalität schon zurück und das Zerbrechen der Einheit voraus, aber die Menschen sehen nur, was unmittelbar vor ihnen liegt, und was sie am Ende des 14. Jahrhunderts sahen, war das Unheil, das das Schisma für die Gesellschaft bedeutete, und die verzweifelte Notwendigkeit, die Kirche wiederzuvereinigen.

Die theologische Fakultät trat nun offen für den Weg der Abtretung ein in klarer Auflehnung gegen den Erlaß, der die Diskussion des Themas verbot. Gerson lieferte in der mündlichen Verteidigung seiner theologischen Dissertation von 1392 über »Geistliche Rechtsprechung« die doktrinäre Grundlage für die Abdankung beider Päpste. »Wenn es für das Allgemeinwohl nicht nützlich ist, eine Autorität zu erhalten, sollte sie aufgegeben werden«, argumentierte er und behauptete kühn, daß es eine Todsünde sei, in einem solchen Fall an der Autorität festzuhalten. Weiterhin mache sich jeder, der nicht aktiv an der Beendigung des Schismas mitwirkte, schuldig an seiner Verlängerung. Dies war eine deutliche Spitze gegen jene Geistlichen, die durchaus willens waren, mit zwei Päpsten zu leben, da dies die Zahl der Benefizien erhöhte. Gersons öffentliches Auftreten in Paris war ein Zeichen des wachsenden Drucks, weiter betont durch die Anwesenheit von Kanzler d'Ailly. Und es deutet auf die Protektion durch den Herzog von Burgund hin, ohne die Gerson es kaum wagen konnte, so offen zu sprechen.

Auf der anderen Seite kam in die Pläne für einen Feldzug nach Italien plötzlich neues Leben, als Ludwig von Orléans ein unerwartetes Angebot gemacht wurde. Man bat ihn, die Herrschaft über Genua anzunehmen, wo innere Fehden jenes unheilvolle Maß erreicht hatten, das den Hilferuf an einen Fremden notwendig macht. Ob dies ein von Gian Galeazzo inspiriertes Komplott war, der Genua als Hafen für Mailand gewinnen wollte, ist unbekannt, aber er war deutlich dafür, wohl weil er glaubte, daß Genua ihm unter der Herrschaft seines Schwiegersohnes zur Verfügung stehen würde. Für Ludwig von Orléans war das Angebot ein außerordentlicher Glücksfall, ein Brückenkopf an der Sonne, viel leichter erreichbar als Anjous Anspruch auf Neapel, und ein großer Schritt auf dem Weg zum Königreich Adria.

Seine erste Maßnahme war es, Coucy in Begleitung seines persönlichen Repräsentanten Jean de Trie, des Bischofs von Noyon und wie zuvor des Königs Sekretär wieder nach Avignon zu schicken. Sie sollten noch einmal auf der Belehnung mit Adria vor dessen Eroberung bestehen. Der Marsch auf Rom sollte um drei bis vier Jahre verschoben werden. Dieser Aufschub diente dazu, Ludwig die Zeit zu geben, Genua unter Kontrolle zu bringen. Wiederum bestanden die Kardinäle auf harten Bedingungen – Geld, Truppen, unterschriebene Verpflichtungen von König Karl und seinem Bruder sowie andere Forderungen, die so überdimensional waren, daß sie den Weg der Tat praktisch unmöglich machten. Es mag sein, daß Klemens nun endlich erkannt hatte, daß dieser Weg nie begehbar gewesen war. Nach vielen Verzögerungen und Entschuldigungen, die Coucy und seine Begleiter drei Monate in Avignon hielten, gelang es ihnen, das Belehnungsdokument zu bekommen, aber es sollte als Bulle erst bestätigt werden, wenn der König von Frankreich und sein Bruder den Bedingungen zugestimmt hatten. Die Gesandten verließen Avignon am 3. September 1394. Zwei Wochen später erwies sich ihr ganzes Bemühen als vergeblich, denn Klemens VII. war tot.

Das Schisma, das Klemens auf den Heiligen Stuhl gebracht hatte, brachte ihn indirekt – mit dem Beistand der Universität von Paris – auch um. Seit Januar – König Karl VI. war zu dieser Zeit im Vollbesitz seiner Sinne – suchte die Universität mit zunehmender Dringlichkeit um eine Audienz nach, um ihre Ansichten darlegen zu können. Bisher hatte der Herzog von Berry, Klemens' engster Parteigänger, eine solche Anhörung verhindert, indem er auf die Bitten der Universität mit wilden Vorwürfen und der Drohung reagierte, »die Verfechter dieser Angelegenheit zu Tode zu bringen und in den Fluß zu werfen«. Diese energische Parteilichkeit wurde von Klemens durch »reiche Geschenke« bestärkt, der den Kardinal de Luna nach Paris entsandt hatte, um jene finanziellen Überredungskünste ins Werk zu setzen, die Berry am besten verstand. Irgendwann aber muß der Herzog von Burgund seinen Bruder von den Vorteilen einer gegenteiligen Haltung überzeugt haben, denn Berry antwortete den Petenten der Universität in einer überraschenden Kehrtwendung plötzlich: »Wenn Ihr ein Mittel findet, das Schisma zu beenden, das dem Rat annehmbar ist, so werden wir es in der nämlichen Stunde übernehmen.«

Der Gedanke eines Konzils, der die ersten Jahrzehnte des nächsten Jahrhunderts beherrschen sollte, war schon jetzt mächtig. Beide Päpste schraken natürlich davor zurück, denn ein Konzil mußte ihnen ein Stück Autorität nehmen. Die Theorie konziliarer Suprematie sagte aus, daß die höchste Autorität in der Kirche im Allgemeinen Konzil lag, von dem der Papst seine Macht ableitete. »Einige verstockte Menschen«, zürnte Klemens' Rivale, Bonifatius IX., »die der Kraft des fleischlichen Arms gegen den Herrn vertrauen, rufen nach einem Konzil. O verdammte und verdammenswerte Unfrömmigkeit!«

Nichtsdestoweniger diskutierten Theologen beider Seiten zunehmend die Möglichkeit eines Konzils, besonders da die Hoffnung auf einen gemeinsamen Rücktritt beider Päpste schnell welkte. Wer sollte ein solches Konzil einberufen? Wie stand es um seine Legitimität, wenn es von einem weltlichen

Herrscher zusammengerufen wurde? Hatte es Gewalt über die Person des Papstes? Wenn von einem der beiden Obersten Hirten einberufen, würde der andere die Entscheidungen akzeptieren? Wie würde es jemals möglich sein, beide Päpste und beide Hierarchien zum gemeinsamen Handeln zu bewegen? Am 30. Juni 1394 hörte der königliche Hof von Frankreich eine gründliche und energische Darlegung des verbotenen Themas.

Arrangiert von Philipp von Burgund, um den Vorstellungen der Universität Gehör zu verschaffen, lief die Audienz in großer Feierlichkeit ab. Der König saß auf dem Thron, neben ihm die königlichen Herzöge, die Kirchenfürsten, Adligen und Minister. Die Argumentation zugunsten der Abdankung wurde in Form eines dreiundzwanzigseitigen Briefes an den König vom Rektor der Universität, Nicolas de Clamanges, einem Freund von Gerson und d'Ailly, verlesen. Einer der Humanisten der Universität, galt er als der beste lateinische Stilist in Frankreich und als Redner, dem in seiner »ciceronischen Eloquenz« niemand gleichkam.

Die Polemik der Kleriker im Mittelalter war alles andere als kühl. In einer Tirade von Schimpfwörtern und Beleidigungen gegen beide Päpste setzte Clamanges mit Leidenschaft eine Hyperbel auf die andere, beschrieb den jammervollen Zustand der Kirche und die dringliche, unmittelbare Notwendigkeit der Kur. Wer immer von den beiden Päpsten auch die Abdankung oder das Konzil ablehnte, verkündete er, sollte als »ein verhärteter Schismatiker und damit Ketzer« behandelt werden, als ein Raubtier, nicht Hirte seiner Herde, ein »fressender Wolf«, nicht ein Beschützer, und er sollte aus dem Schoß des Christentums vertrieben werden. Wenn die Päpste in ihrem Übermut das angebotene Heilmittel noch länger verschmähten, würden sie »es zu spät bereuen, Reformen vernachlässigt zu haben . . . der Schaden wird unheilbar sein . . . Die Welt, so lang schon unglücklich, ist nun in einer gefährlichen Talfahrt zum Bösen«.

»Glaubt ihr denn«, rief er in dem ewigen Ton des Protestes, »daß die Menschen eure schlechte Regierung immerdar ertragen werden? Wer, glaubt ihr, kann unter so vielen anderen Mißbräuchen eure käuflichen Ernennungen, eure vielfachen Verkäufe von Benefizien, eure Erhöhung von Männern ohne Ehrlichkeit oder Tugend in die höchsten Stellungen noch hinnehmen?« Jeden Tag werden Prälaten ernannt, die »die Heiligkeit und Ehrlichkeit nicht kennen«. Unter der Anleitung der Päpste »ist die Priesterschaft ein Elend geworden, gezwungen, ihre Berufung durch den Verkauf von Reliquien und Kreuzen und Gefäßen und durch die Versteigerung der mystischen Riten des Sakraments zu entweihen«. Einige Kirchen halten gar keine Gottesdienste mehr ab. Wenn die Väter der frühen Kirche auf die Erde zurückkehrten, »würden sie keine Spur ihrer Frömmigkeit mehr finden, keinen Rest ihrer Gläubigkeit, keinen Schatten der Kirche, wie sie sie kannten«.

Er sprach davon, daß die Kirche zur Zielscheibe des Spottes unter den Heiden geworden war, die hoffen, daß »unsere Kirche sich, zerrissen, wie sie ist, eigenhändig zerstören wird«. Er wies auf den Anstieg des Ketzertums hin, dessen Gift »wie Fäule jeden Tag fortschreitet«. Er prophezeite, daß noch Schlimmeres zu erwarten sei, da die inneren Streitigkeiten im katholischen Glauben die Abweichungen und die Respektlosigkeit förderten. Er sprach alle Argumente gegen ein Konzil an und widerlegte dann jedes einzelne. Mit Zitaten aus dem Alten Testament, aus den Psalmen, den Propheten und dem Buch Hiob belegte er die Autorität des Konzils. »Hat es jemals, wird es jemals«, donnerte er, »eine dringendere Notwendigkeit für ein Konzil geben als in diesem Augenblick, da die ganze Kirche in ihrer Disziplin, ihrer Moral, ihren Gesetzen, ihren Institutionen, ihren Traditionen und ältesten Gebräuchen, den geistlichen wie den weltlichen, darniederliegt, als in diesem Augenblick, da sie von dem schrecklichen und unwiederherstellbaren Ruin bedroht ist?«

Sich an den König wendend, zögerte er nicht, auf Karls persönliche Tragödie anzuspielen, indem er sagte, daß wenn Gott die Gebete zur Heilung des Königs erhört habe, dann deshalb, damit dieser das Volk und die Heilige Kirche dazu bringen möge, »dieses grauenvolle Schisma« und das Elend in seinem Gefolge auszulöschen. Im Namen der Universität ermahnte er Karl, auf der Stelle die Arbeit der Heilung aufzunehmen, wenn er nicht seinen Titel als Christlichster König verlieren wolle.

Da er Lateinisch, die Sprache der Rhetorik, nicht beherrschte, hörte Karl höflich zu, ohne ein Wort zu verstehen. Danach wurde eine Übersetzung für den königlichen Rat, dessen Laienmitglieder offenbar auch kein Latein sprachen, in Auftrag gegeben. Clamanges' leidenschaftlicher Aufruf wurde ignoriert. Regierungen stellen sich nicht gerne irgendwelchen Radikalkuren; es ist leichter, sich auf den herkömmlichen Bahnen der Politik zu bewegen, und die Politik, auf die sich der Hof zur Zeit konzentrierte, war der Versuch, Ludwig von Orléans in Italien zu etablieren. Der Universität wurde vom König – oder in seinem Namen – befohlen, sich weiterer Agitation zu enthalten. Ihre Antwort war, die Kurse in allen Fakultäten einzustellen, was einem Streik des Lehrpersonals gleichkam, eine Methode, die schon 1392 einmal als Protest gegen eine Steuererhebung erfolgreich angewandt worden war, allerdings auf Kosten der Abreise vieler ausländischer Studenten.

Auch ließ die Universität Clamanges' Brief in Europa zirkulieren, nicht zuletzt in Avignon, wo er dem Papst bei einer Kardinalsversammlung übergeben wurde. Nachdem er einige Zeilen gelesen hatte, erstarrten Klemens' Augen im Zorn, und er rief aus: »Dieser Brief verleumdet den Heiligen Stuhl! Er ist böse, er ist giftig!« Er nannte den Brief üble Nachrede, »die es nicht verdient, öffentlich oder privat gelesen zu werden«, und verließ den Saal in großer Wut, ohne mit jemandem zu sprechen. Die Kardinäle ließen den Brief in ganzer Länge vorlesen, berieten und beschlossen dann, daß jede Verzögerung in der

Tat gefährlich wäre und daß der Papst die Vorschläge der Universität akzeptieren müsse. Als sie von Klemens später zusammengerufen wurden, rieten sie ihm, der Universität zu folgen, wenn er den Nutzen der Kirche in seinem Herzen trage. Seine Empörung über diese »verräterische Feigheit« war so groß, daß er innerhalb von drei Tagen, am 16. September, an einem Herzanfall oder, wie es seine Zeitgenossen ausdrückten, an »tiefem Kummer« starb. So endete Robert von Genf, der später einmal als der Gegenpapst in den Chroniken der Kirche geführt werden sollte. Die Nachricht von seinem Tode erreichte Paris sechs Tage später, am 22. September. Dies endlich war der Augenblick, die Kirche wiederzuvereinigen – schmerzlos, ohne Gewalt und ohne das Konzil –, wenn es gelang, die Wahl eines Nachfolgers für Klemens VII. zu verhindern. »Niemals wird eine solche Gelegenheit wiederkehren«, schrieb die Universität von Paris an die Kardinäle; »es ist, als stünde der Heilige Geist an der Tür und klopfe an.« Der königliche Rat schickte auf der Stelle eine Depesche an die Kardinäle in Avignon und ermahnte sie im Namen des Königs und »im Interesse der ganzen Christenheit«, ihr Konklave zu verschieben, bis sie einen »besonderen und feierlichen« Brief des Königs von Frankreich empfingen, der folgen sollte.

Angeführt von Marschall Boucicaut, galoppierten die königlichen Boten nach Avignon, sie legten die vierhundert Meilen in der Rekordzeit von vier Tagen zurück. Als sie ankamen, war das Konklave bereits einberufen. Die Kardinäle wollten die Einheit der Kirche – aber nicht auf ihre Kosten. Sie waren von dem diplomatischen spanischen Kardinal de Luna überzeugt worden, daß ihre Stellung und Bedeutung direkt von ihrem Recht auf Wahl des Papstes abhing und daß sie sich dieses Recht nicht nehmen lassen dürften. Sie ahnten, was der Brief des Königs enthielt, und sie beschlossen, ihn nicht zu öffnen, bis die Wahl vollzogen war. Um sich aber gegen den Vorwurf zu schützen, das Schisma verewigt zu haben, einigten sie sich, einen Eid zu unterschreiben, der demjenigen unter ihnen, der gewählt würde, auferlegte zurückzutreten, wann immer eine Mehrheit der Kardinäle ihn dazu aufrief. Der Eid schrieb bindend vor, fleißig für die Einheit der Kirche zu arbeiten und »ohne Fälschung, Betrug oder jede Manipulation« alle möglichen Wege in dieser Richtung zu untersuchen, »sogar bis zum Punkt des Rücktritts vom Papsttum, wenn es notwendig ist«. Achtzehn der einundzwanzig Kardinäle unterschrieben, unter ihnen der eifrigste Fürsprecher der Einheit, Kardinal Pedro de Luna von Aragon.

Als im Konklave ein Kardinal für die Wahl vorgeschlagen wurde, rief der angeblich in gequälter Ehrlichkeit aus: »Ich bin schwach, und vielleicht würde ich nicht zurücktreten. Setzt mich dieser Versuchung nicht aus!«

»Ich dagegen«, sagte Kardinal de Luna, »würde ebenso umstandslos zurücktreten, wie ich meinen Hut abnehme.« Alle Augen richteten sich auf ihn. Er war in den Sechzigern, Kardinal seit jener stürmischen Wahl in Rom, die das Schisma nach sich gezogen hatte. Ein gelehrter und gewandter Mann adliger Herkunft, einfach und enthaltsam in seinem Privatleben, ein geschickter und bedenkenloser Diplomat, war de Luna ein kompromißloser Gegner der Konzilsidee, wenn auch ein feuriger Fürsprecher der kirchlichen Einheit. Er wurde am 28. September zum Nachfolger Klemens VII. gewählt und nahm den Namen Benedikt XIII. an.

Die zweite französische Botschaftergruppe hörte die Nachricht von der Wahl auf dem Weg nach Avignon. Sobald sie angekommen waren, versicherte ihnen der neue Papst, daß er die Absicht habe, alles für eine Beendigung des Schismas zu tun, und wiederholte seine Entschlossenheit, wenn nötig, so einfach zurückzutreten, als nähme er den Hut ab, den er zur Illustration lüftete. Seine Versicherungen in Antwort auf den König wurden allerdings immer nebulöser. Er habe die Wahl nur angenommen, um »das verfluchte Schisma« zu beenden, und würde seine Tage lieber in der »Wüste oder im Kloster« verbringen, als es zu verlängern; wenn der König ihm feste Vorschläge zusandte, würde er sie ohne Zögern akzeptieren und »ohne Einschränkung ausführen«; er sei »entschlossen, geneigt und willens«, auf die Einheit hinzuarbeiten, und würde jeden Rat des Königs und seiner Onkel annehmen, »auf daß sie eher als jeder andere Fürst den ewigen Ruhm auf sich ziehen mögen, der die Belohnung eines solch verdienstvollen Unternehmens sein wird«.

De Luna mag es ernst gemeint haben, aber sobald er fest auf dem Heiligen Stuhl saß, wandelte sich seine Bereitschaft zurückzutreten schnell in jenes Gefühl des eigenen Rechts, das das hohe Amt züchtet. Das Schisma war wie der Krieg eine Falle, der zu entkommen nicht leicht war.

Während dieser ganzen Zeit war Coucy in Norditalien gewesen, um für Ludwig von Orléans einen finanziellen, politischen und militärischen Feldzug zu führen, der auf die Herrschaft von Genua zielte. Das Angebot war die Folge der chronischen Anarchie in dieser Stadt: die Grimaldi, Doria, Spinola und andere Adelsfamilien, die von den Bürgern wegen ihrer andauernden Familienfehden aus der Stadt geworfen und verbannt worden waren, suchten einen Herrscher, der ihre Rückkehr und die Beendigung der bürgerlichen Regierung garantierte. Die Macht ging in rascher Folge zwischen verschiedenen bürgerlichen Gruppen hin und her, jede stellte einen Dogen, der bald darauf von der opponierenden Gruppe gestürzt und verbannt wurde. Nicht weniger als fünf Dogen hielten das Amt allein im Jahre 1393, bis 1394 Adorno in die Regierung zurückkehrte, jener Doge, der die tunesische Kreuzfahrt inspirierte. Die Dogen, Parteien und die verbannten Adligen suchten Rückendeckung entweder bei Mailand oder Florenz, deren Machtkampf Norditalien beherrschte.

Als Leutnant und Generalsachwalter des Herzogs von Orléans »in der transalpinen Region« schlug Coucy sein Hauptquartier in Asti auf, das Ludwig als Teil von Valentinas Mitgift gehörte. Unter seinem Kommando standen etwa vierhundert Lanzen und zweihundertdreißig Bogenschützen, alles ausgesuchte Soldaten. Hinzu kam eine etwa gleich starke Truppe von gasconischen und italienischen Söldnern. Aber ohne weit überlegene militärische Kräfte konnte er nicht hoffen, die genuesischen Territorien durch militärische Eroberung allein zu unterwerfen, solange die lokalen Machthaber entschlossen waren, sie zu verteidigen. Wie viele Jahre zuvor in der Normandie war es seine Strategie, Burgen und Städte durch Verhandlungen unter militärischem Druck an sich zu bringen und nur anzugreifen, wenn es unvermeidlich war.

Die genuesischen Adligen, die das ursprüngliche Angebot gemacht hatten, boten ihm ihre Burgen an, aber »umsichtig und klug«, wie er war, und erfahren im Umgang mit Lombarden und Genuesern, traute Coucy ihren Versprechungen nicht und hütete sich, sich in ihre Macht zu begeben. Er weigerte sich sogar, Konferenzen in ihren Burgen abzuhalten, zog es vor, mit ihnen auf freiem Feld zu unterhandeln. Die Zusammenarbeit mit den Genuesern in Tunesien muß einen sehr schlechten Eindruck bei ihm hinterlassen haben.

Von Gian Galeazzo angeleitet, der Zusammentreffen arrangierte und Geld und Soldaten lieh, bahnte sich Coucy einen Weg durch das italienische Labyrinth, rekrutierte und zahlte Söldnerkompanien, handelte die Bedingungen für die Übergabe von Burgen und Territorien aus, konferierte mit Pisa und Lucca, um sich ihre Neutralität zu sichern, sandte Botschafter aus, um in anderen Teilen Italiens Anhänger eines zukünftigen Königreiches Adria zu sammeln. Was er an Papierkrieg zu bewältigen hatte, war umfangreich, und da die Dokumente in einem Archiv überlebten, gewähren sie Einblick in einen politisch-militärischen Feldzug des 14. Jahrhunderts. Das Anheuern von Truppen ging Stück für Stück vor sich: Guedon de Foissac kommt mit zwei Rittern, neunzehn Knappen und zehn Bogenschützen, Aimé de Miribel mit sechsundzwanzig Reisigen, Hennequin Wautre mit sechzehn Bogenschützen. Sechs italienische Kompanien sind zwischen zehn und dreihundertfünfzig »cavaliers« stark. Bonnerel de Grimaut (wahrscheinlich Grimaldi) empfängt 100 Goldflorins dafür, daß er »Mittel und Wege aufzeigt«, Savona unter Kontrolle zu bringen. Jerome de Balart, ein Doktor der Jurisprudenz, und Luquin Mourre, Landedelmann, bekommen je 100 Goldflorins für Ratgeberdienste in derselben Sache.

Das Territorium von Savona, das sich gegen den Dogen erhoben hatte, ist der Schlüssel des ganzen Feldzuges und erfordert umsichtige, kluge Verhandlungen. Als gasconische Söldner eine von Savonas Vasallenstädten mit »Feuer und Blut« überziehen wollen, weil Einwohner drei ihrer Pferde getötet haben, müssen sie in aller Eile mit Geld beschwichtigt werden, 96 Écus, nicht zuviel für die Vermeidung von Feindseligkeiten, die die Kosten der Eroberung in die Höhe getrieben hätten. Der Weg nach Savona wird durch Vereinbarungen mit den Grundherren der umliegenden Gebiete erkauft. Schließlich gelingt es, Savona mit seinen Städten und Burgen durch »Geheimverträge« und die Zahlung von 6990 Goldflorins an die französische Sache zu binden. Jede Burg, deren Herr sich der französischen Allianz anschließt, ist verpflichtet, Orléans' Flagge zu hissen, und jeder Burgherr wird durch monatliche Zahlungen in vereinbarter Höhe entschädigt, bis »der Herzog von Orléans zum Herrn von Genua ernannt ist«. Vierzig Angehörige der Familie Spinola bekommen zusammen 1400 Florins im Monat dafür, daß sie Coucys Truppen in ihren Städten und Festungen Quartier bieten. Die Aufzeichnungen für jede einzelne Transaktion in der präzisen, architektonischen Handschrift der Zeit unterstreichen, daß eines der vorrangigen Interessen auch der Ritterschaft in ihrer Blüte das Geld war.

Nachdem Coucy im November die Vollmacht dazu vom König von Frankreich und dem Herzog von Orléans bekommen hatte, schloß er einen Vertrag mit Savona, der eine solch komplexe Menge von Rechten, Garantien und Verpflichtungen umschloß, daß er mit dem Vertrag von Brétigny zu vergleichen war. Dann ging er nach Pavia, um mit Gian Galeazzo über dessen genauen Anteil an dem gegenwärtigen Unternehmen und am zukünftigen Weg der Tat zu verhandeln.

Einundzwanzig Jahre waren vergangen, seit sich Coucy und Gian Galeazzo auf feindlichen Seiten in der Schlacht von Montichiari gegenübergestanden hatten. Sprachen sie über die alten Zeiten und erinnerten sie einander daran, wie knapp sie damals mit dem Leben davongekommen waren? Oder waren ihre Beziehungen rein formeller Natur? Unterhielten sie sich über ihre jeweiligen Klostergründungen, Coucys Zölestinerkloster in Soissons, Gian Galeazzos Kartäuserkloster in Pavia, und sprach der italienische Fürst davon, daß er eines zu bauen beabsichtigte, »das in der Welt nicht seinesgleichen hatte«? Er starb, bevor er diese Ankündigung mit der Vollendung der berühmten Certosa di Pavia erfüllen konnte.

Ohne Zweifel wird Coucy die ersten Umrisse des Doms von Mailand gesehen haben, dessen Grundstein sein Gastgeber in frommer Dankbarkeit 1386 für den erfolgreichen Coup gegen Bernabó hatte legen lassen. Gian Galeazzo hatte eine monatliche Zahlung von 500 Florins bewilligt, aber im wesentlichen war das Gebäude getragen von der Opferfreudigkeit des Mailänder Volkes. Spenden und Zuschüsse kamen von allen Schichten der Stadtbevölkerung. Die Zunft der Waffenschmiede erschien vollständig, um Trümmer und Erde mit Körben fortzuschaffen, die Tuchmacher folgten ihrem Beispiel, und das Kollegium der Notare, die Regierungsbeamten, die Adligen und andere luden sich immer wieder freiwillige Arbeitsleistungen auf. Die Viertel der Stadt wetteiferten miteinander um die höchsten Beiträge. Als die Porta Orientale einen Esel stiftete, der 50 Pfund wert war, gab die Porta Vercellina ein Kalb, das 150 Pfund einbrachte. In dem Register der Stiftungen erscheint die ganze Gesellschaft: aufeinanderfolgende Eintragungen nennen 3 Lire, 5 Soldi von »Raffalda, Prostituierte«, und 160 Lire vom Sekretär der Valentina dei Visconti, Duchesa de Orléans.

Coucy schloß mit dem Herrn von Mailand zwei Verträge, einer sah eine gemeinsame Truppe vor, um Genua zu erobern, der andere betraf den Weg der Tat. Im zweiten Vertrag verpflichtete sich Gian Galeazzo, eine bestimmte Anzahl von Lanzen zu stellen, wenn der König von Frankreich selbst nach Italien kam, um das Heer anzuführen, und eine geringere Anzahl, wenn der Führer Orléans oder – was kaum wahrscheinlich war – der Herzog von Burgund war.

Während Coucy den Feldzug gegen Genua vorantrieb, wurde hinter seinem Rücken ein anderer Handel geschlossen. Eine Koalition von Florenz mit dem Herzog von Burgund und Königin Isabeau brachte den Dogen Adorno dazu, die Herrschaft Genuas direkt König Karl VI. anzubieten, was alle Pläne Orléans' und Gian Galeazzos vereitelte. Am Rande eines neuen Anfalls war Karl leicht zu manipulieren. In dem »kummervollen März« des Jahres 1395 wurde Coucy informiert, daß der König dem Herzog von Orléans dessen Anspruch auf Genua für 300 000 Franken abgekauft hatte und daß er nun für die Interessen eines neuen Herrn zu handeln habe. Auf Anweisung der Krone schloß er nun einen Waffenstillstand mit dem Dogen Adorno, der diesen prompt brach, indem er Savona belagerte. Im Laufe der Verteidigung wurde Coucy »am Bein verwundet« und verbrachte vier Tage auf dem Krankenlager; es mag eine neue Verwundung gewesen sein, war möglicherweise aber auch die Nachwirkung einer alten Verletzung von vor zehn Jahren. In dieser Zeit ist Coucy immer nur in kurzen Augenblicken der Geschichte zu sehen wie Flecken blauen Himmels zwischen ziehenden Wolken.

Im August wurde die Belagerung von Savona aufgehoben, die Herrschaft des Königs von Frankreich über Genua bestätigt und Coucys Feldzug beendet. Am 13. Oktober sah man ihn mit einem Gefolge von einhundertzwanzig Reitern, als er Asti verließ, und am Abend desselben Tages erreichte er Turin auf seinem Weg zu einer weiteren Überquerung der Alpen. Bei seiner Ankunft in Frankreich hieß ihn Ludwig von Orléans mit einem Geschenk – oder der Bezahlung – von 10 000 Franken willkommen, »um ihm über alles, das er in Italien gelitten, hinwegzuhelfen«. Tatsächlich war es Coucy gelungen, für die französische Krone, wenn auch nicht für den Herzog von Orléans, den lang ersehnten Stützpunkt in Italien zu gewinnen. Die französische Herrschaft über Genua wurde im folgenden Jahre formal etabliert. Durch einen Volksaufstand 1409 abgeworfen, blieb sie als ein Anspruch bestehen, den Karls und Ludwigs Nachkommen, Karl VIII., Ludwig XII. und Franz I., noch bis ins 16. Jahrhundert hinein aufrechterhalten sollten.

Während Coucy noch mit seinem Zug gegen Genua beschäftigt war, verbündeten sich der Hof von Frankreich und die Universität von Paris in dem Versuch, Benedikt XIII. abzusetzen. Obwohl sie ihn gut kannten, waren die Franzosen durch die Wahl eines Spaniers vor den Kopf gestoßen, der, obwohl von adliger Geburt, nicht mit den Valois, Bourbonen oder den Grafen von Savoyen verwandt war wie noch Klemens VII. Ein Ende des Schismas wurde immer dringlicher, da die Sturmglocken der Kreuzfahrt lauter wurden. Ungarische Gesandte waren auf dem Weg nach Frankreich; die Patriarchen von Jerusalem und Alexandria waren mit ihren Leidensgeschichten schon da.

Ebenso wie der bescheidene Erzbischof von Bari als Urban VI. über Nacht zu einem Grobian wurde, verwandelte sich der kluge und diplomatische Pedro de Luna in den rechthaberischen und unbeugsamen Benedikt XIII. Eine herzerweichende Bittschrift der Universität, seine Absicht, abzudanken, »nicht einen Tag, eine Stunde, einen Augenblick aufzuschieben«, ließ ihn völlig ungerührt, obwohl die Rhetorik, wiederum aus der Feder Clamanges, auch ein Gewissen aus Granit erweicht hätte. Wenn er abträte, schrieb die Universität, würde er »ewige Ehre, unvergänglichen Ruhm, einen Chor universellen Lobes und unsterblichen Glanz« gewinnen. Wenn er die Abdankung aber um einen Tag verschiebe, würde ein zweiter folgen und dann ein dritter. Sein Geist würde geschwächt, Schmeichler und Karrieristen würden mit süßen Worten und Geschenken kommen; unter der Maske der Freundschaft »werden sie Euren Geist mit der Furcht vor bösen Folgen vergiften und Euren Eifer für dieses edle und schwierige Unternehmen abkühlen«. Die Süße der Ehre und der Macht wird ihn ergreifen. »Wenn Ihr heute bereit seid, warum wollt Ihr bis morgen warten? Wenn Ihr heute nicht bereit seid, werdet Ihr es morgen noch weniger sein.« Der Friede und die Gesundheit der Kirche sind in seinen Händen. Sollte sein Rivale sich weigern, abzudanken, wenn Benedikt es tut, wird er sich selbst als »verstocktester Schismatiker« entlarven und allen Katholiken die Notwendigkeit, ihn zu verbannen, bewiesen haben.

Einseitige Abdankung aber leuchtete Benedikt nicht ein, denn er war keineswegs überzeugt, daß der moralische Effekt einer solchen Handlung seinen Rivalen ebenfalls zum Verzicht bewegen würde. Als der Kanzler d'Ailly und sein feurig-beredsamer Kollege Gilles Deschamps als Botschafter des Königs nach Avignon kamen, um Druck auf Benedikt auszuüben, stellten sie bald fest, daß des früheren Pedro de Lunas leichtes Versprechen, den Hut zu lüften, einer spanischen Sturheit gewichen war, die »in jenem Land der guten Maultiere« gewachsen war.

Der Druck aus Paris nahm zu. Im Februar 1395 trat im Namen des Königs eine Konferenz von einhundertneun Prälaten zusammen, um über den Weg zur Beendigung des Schismas zu sprechen. Nach zweiwöchigen Beratungen, an denen Erzbischöfe, Bischöfe, Äbte und Doktoren der Theologie teilnahmen, stimmte sie mit siebenundachtzig zu zweiundzwanzig für den Weg der Abtretung und für einen Verzicht auf den Weg der Tat. Dieses Ergebnis spiegelte nicht allein die Überzeugung der Teilnehmer wider, sondern auch den Aufstieg des Herzogs von Burgund. Prälaten und Theologen, die in ihrem Unterhalt von dem einen oder anderen der königlichen Herzöge abhingen, beobachteten genau die politische Entwicklung. Dementsprechend wandelte sich ihre Haltung je nachdem, ob Burgund oder Orléans mehr Macht hatte – gewöhnlich Burgund, wenn der König wahnsinnig, und Orléans, wenn er bei Verstand war –, was eine konsequente Politik verhinderte.

Die Mehrheit der Konferenz wandte sich jetzt gegen den *Voie de Fait.* Er wurde als »zu gefährlich« erklärt, da er den König von Frankreich mit all jenen in Kriege verwickeln könnte, die dem »Eindringling« in Rom gehorchten. Selbst wenn Bonifatius IX. zu besiegen wäre, sagten die Prälaten, würden die Nationen von England, Italien, Deutschland und Ungarn Benedikt XIII. nicht anerkennen, und »das Schisma wäre noch stärker als jetzt«. Die einzige Hoffnung lag darin, daß Benedikt dem König von Frankreich seine Abdankung in die Hände legte, der dann seine Mitherrscher anderer Observanz aufrufen konnte, auch Bonifatius' Abdankung zu erzwingen. Trotz der offensichtlichen Fehlschlüsse in diesem Vorgehen wollte die Krone deutlich eine Entscheidung für die Abdankung. Ohne einen französischen Papst hatte der Weg der Tat allen Reiz verloren.

Das Königreich Adria und die Eroberung der päpstlichen Staaten verschwanden mit dem *Voie de Fait* und zugleich auch jede Aussicht Benedikts, seinen Rivalen mit der Macht der französischen Waffen zu vertreiben. Um ihn von dieser Tatsache zu überzeugen, entsandte die Krone die eindrucksvollste Gesandtschaft, die je in Avignon aufgetreten war. Ihr gehörten alle drei königlichen Herzöge an – Burgund, Berry und Orléans –, unterstützt von zehn Delegierten der Universität von Paris. Die Botschaft war ein bewußter Versuch, der Kirche den königlichen Willen aufzuzwingen, wenn auch versüßt durch großzügige Geschenke burgundischen Weins und flämischer Wandteppiche. Sie traf auf einen Opponenten, der sich in der Kunst des Ausweichens von niemandem übertreffen ließ.

In einer Serie von Audienzen wurde der Streitfall in geschliffener Rede diskutiert. Jede Audienz begann mit der üblichen »blumenreichen Rhetorik« und vielen kanonischen und historischen Zitaten beider Seiten. Als früherer Professor in Montpellier war Benedikt nicht der Mann, der sich von Pariser Akademikern beeindrucken ließ. Während er immer wieder seine Bereitschaft, bis zum Tode für die Einheit zu arbeiten, beteuerte, weigerte er sich, die Abdankung ohne bilaterale Garantie auf sich zu nehmen. Da in diesem Punkt die ins Auge stechende Schwäche der französischen Argumentation lag, mag er vermutet haben, daß die Franzosen ihn vor allem deshalb absetzen wollten, um einen neuen französischen Papst an seine Stelle setzen zu können – womit er nicht unrecht gehabt haben mag. Er wand sich und wich aus, während seine Jäger nachsetzten. Als sie forderten, den Text des Eides zu sehen, der von den Kardinälen im Konklave unterschrieben worden war, wies er dies zuerst zurück, bot dann an, ihnen das Wichtigste unter dem Siegel der Verschwiegenheit mitzuteilen, und schließlich unter weiterem Druck, den Text laut zu verlesen, ohne aber das Dokument auszuhändigen. Als auch das abgelehnt wurde, beanspruchte er schließlich mit der Begründung, daß Entschließungen des Konklaves nicht mitgeteilt werden dürften, das Recht auf Geheimhaltung.

Immer noch in der Defensive, schlägt Benedikt schließlich eine Konferenz beider Päpste und ihrer Kardinäle vor. Die Besucher sagen, daß dieses aufgrund des Starrsinns des römischen Eindringlings unmöglich und Benedikts Rücktritt das Gebot der Stunde sei. Er will den Vorschlag in schriftlicher Form. Gilles Deschamps sagt, das sei nicht notwendig, da er in einem Wort mit zwei Silben auszudrücken sei: »Rücktritt.« Der Papst bittet um Bedenkzeit. Während der Pause fordert der Herzog von Burgund die Kardinäle auf, ihm ihre Meinung zu sagen, »guten Gewissens als private Personen, nicht als Mitglieder des heiligen Kollegiums«. Sie sprechen sich mit neunzehn zu eins für die Abdankung aus, der einsame Opponent ist der Kardinal von Pamplona, ein weiterer Spanier. Als die Kardinäle ihre Meinung schriftlich niederlegen, verbietet Benedikt ihnen, das Dokument zu unterschreiben. Bei einer Audienz, von der die Delegierten der Universität ausgeschlossen sind, informiert er die Herzöge, daß er bereit sei, ihnen die Eroberung und den Besitz der päpstlichen Staaten zu überlassen, wenn sie ihn unterstützen. Auch gegen diesen Vorschlag bleiben sie taub.

Die Diskussionen dauern nun schon zwei Monate an, die Besucher kommen jeden Tag über den Fluß von Villeneuve herüber, wo sie untergebracht sind. Eines Morgens entdecken sie, daß jemand während der Nacht die berühmte Brücke in Brand gesetzt hat, indem er die Schiffe angesteckt hat, die an den Pfeilern festgemacht waren. In Furcht vor »Verrat« und Überfall greifen sie zu den Waffen, aber nach kurzer Besinnung verdächtigen sie den Papst. Wenn der Spanier sich auf der anderen Seite ins Fäustchen lacht, so nicht in der Öffentlichkeit. Er schwört, daß er mit dem Brand der Brücke nichts zu tun hat, schickt Handwerker, die die Brücke reparieren und einen provisorischen Bootsponton bauen sollen, kaum angemessen für die stolzen Herzöge und ihre Rosse. Die einzige Alternative aber ist die Überfahrt mit einem Boot, was langsam und angesichts der starken Strömung unsicher ist. Verärgert entscheiden sich die Besucher nach einer Beratung mit den Kardinälen, ein letztes Mal an den Papst zu appellieren. Benedikt XIII., immer noch seine Verpflichtung auf die Einheit der Kirche beteuernd, lehnt ab. Geschlagen ziehen die Franzosen nach drei Monaten ergebnisloser Bemühungen ab. Das Schisma bleibt ungelöst.

Ohne eine Versicherung, daß seine Abdankung tatsächlich das Schisma beenden würde, kann Benedikt nicht allein die Schuld aufgeladen werden. Erstaunlicherweise gewann er einen Verfechter seiner Sache in Nicolas de Clamanges, der in solcher Wut den Untergang prophezeit hatte, wenn die Päpste den Rücktritt auch nur einen Tag verschöben. In einem Schritt, der an der Universität einen Sturm auslöste, nahm er nun das Amt des Sekretärs bei Benedikt an und sollte später über ihn schreiben: »Obwohl schwer angeklagt, war er groß und liebenswert, und ich glaube, daß er ein heiliger Mann war, auch kenne ich niemanden, der preisenswerter gewesen wäre.« Handelte Nicolas aus Überzeugung, oder war er gekauft? Da seine Motive uns für immer verloren sind, wollen wir annehmen, daß sie ehrlich waren.

Benedikt XIII. widersetzte sich weiterhin jedem Druck. Noch beinahe dreißig Jahre lang sollte er sich trotz des Entzugs der französischen Unterstützung, der Belagerung von Avignon, der Desertion seiner Kardinäle, der Absetzung durch zwei Konzile und der Rivalität dreier anderer Päpste weigern abzutreten. In einer spanischen Festung starb er 1423 im Alter von 94 Jahren, ohne jemals seinen Anspruch aufgegeben zu haben.

Unerwartet schien der Krieg, wenn auch nicht das Schisma, endlich beendet werden zu können. Im März 1395 schlug Richard II. die Eheschließung zwischen ihm und Isabelle, der Tochter des Königs von Frankreich, vor. Er war neunundzwanzig Jahre alt, sie sechs. Als ein Weg zum Frieden, der alle ungelösten Streitfragen einfach umging, war dies eine kühne Anregung, auch wenn Frieden nicht ihr einziges Motiv war.

Richard II. konnte mit dem, was er »diesen unerträglichen Krieg« nannte, nichts anfangen. Er hatte kein Teil an dem Haß, den der lange Konflikt in den meisten Engländern gegen alles Französische geweckt hatte. Im Gegenteil, er bewunderte Frankreich und wünschte, seinen König zu treffen. Den Frieden suchte er vor allem deshalb, weil er sich gegen seine innenpolitischen Gegner durchsetzen wollte. Seit er von den *Lords Appellant* so rauh zur Ordnung gerufen worden war, hatte er sieben Jahre lang als konstitutioneller Herrscher regiert, aber seine autokratische Natur und die Erinnerung an jene Demütigung trieben ihn an, die absolute Monarchie zurückzugewinnen und seine Feinde zu unterwerfen. Die Würde der Krone, die einen Menschen verbessern, aber auch korrumpieren kann, scheint im 14. Jahrhundert im allgemeinen eine sehr einseitige Wirkung gehabt zu haben: Allein Karl V. gewann Weisheit aus der Verantwortung. Richard war launisch, zügellos, despotisch, emotional und aggressiv, wenn auch nicht kriegerisch. Als seine Frau, Anna von Böhmen, 1394 starb, überließ er sich seiner Trauer so leidenschaftlich, daß er das königliche Schloß von Sheen, in dem sie gestorben war, zu zerstören befahl. Als er sich während der Bestattung durch das Verhalten eines der *Lords Appellant*, den Sir Arundel, beleidigt glaubte, ergriff er einen Stock und schlug ihn nieder.

Anna war eine sanfte, gutmütige Frau in seinem Alter gewesen, die im Gegensatz zu ihrem unglücklichen Bruder Wenzel in den Chroniken ausnahmslos mit Worten des Lobes bedacht wird. Ihr Tod mag zugleich den Verlust des letzten zügelnden Einflusses auf den König bedeutet haben. Da Richard keinen direkten Erben hatte, war eine zweite Heirat ratsam, um die Linie fortzusetzen, aber die Wahl einer Sechsjährigen, mit der die Ehe ausdrücklich erst vollzogen werden sollte, wenn sie zwölf war, deutet an, daß der Gedanke an einen Sohn nicht Richards vorrangiges Interesse war. Er wollte die Versöhnung mit Frankreich, um den »Keilern« von England, der Kriegspartei, Einflußmöglichkeiten zu nehmen und um französische Unterstützung gegen sie zu gewinnen, wenn es nötig sein sollte. Seine Gesandten waren beauftragt, vom französischen König und seinen Onkeln sowie seinem Bruder die Versicherung zu bekommen, »Richard zu helfen und zu unterstützen, soweit ihre Macht reichte, auch gegen seine eigenen Untertanen«.

Das war kaum ein normales Verlangen eines Königs an einen anderen, besonders an einen, der noch so kürzlich der Feind gewesen war. Richard trennten nur noch zwei Jahre von seinem Griff nach der absoluten Monarchie, der Ermordung Gloucesters, der Hinrichtung Arundels, der Verbannung Norfolks und Heinrichs von Lancaster und der Serie von Provokationen, die ihn innerhalb zweier weiterer Jahre die Krone und schließlich das Leben kosten sollten. Moderne Historiker haben die These vertreten, daß er in diesen letzten Jahren unter einer Geisteskrankheit litt, aber das ist nichts weiter als eine moderne Sicht eines unter den Herrschern des 14. Jahrhunderts verbreiteten Makels: der Unfähigkeit, die eigenen Impulse zu kontrollieren.

Richard II. war König in einer Zeit wachsender Spannungen, die unterdrückt, aber nicht beseitigt waren, seit die Bauern sich erhoben hatten. Gesetzlose Banden von räuberischen Rittern und Bogenschützen verbreiteten immer noch Unsicherheit, harte Steuerlasten lagen auf dem Volk, das Lollhardentum erhob trotz allen Versuchen, es auszurotten, überall das Haupt. Da es ebensosehr eine gesellschaftliche wie eine religiöse Gefahr darstellte, brachte es Kirche und Staat gemeinsam gegen sich auf: Die Tage des Bündnisses von Wyclif mit Johann von Gaunt waren vorüber, auch wenn einige Lollharden noch immer hohe Ämter hielten. Während des Parlaments von 1394 bis 1395 trat die Bewegung plötzlich wieder mit einer zündenden öffentlichen Schrift von zwölf »Schlüssen und Wahrheiten zur Reformation der Heiligen Kirche in England« hervor. Eine in Englisch geschriebene Petition dieser zwölf Reformen wurde, unterstützt von verschiedenen Mitgliedern des Parlaments, unter ihnen der notorische Unruhestifter Sir Richard Stury, als Gesetzesvorlage dem Parlament unterbreitet. Gleichzeitig wurde sie im Blick der Öffentlichkeit an die Türen von St. Paul und der Westministerabtei genagelt. Die Zwölf Schlüsse waren ein Spiegel der spätmittelalterlichen Kirche, wie sie von den Unzufriedenen gesehen wurde; von jenen, die glauben wollten, sich aber von dem festgefahrenen Materialismus und dem Götzendienst der Kirche abgestoßen fühlten. Es waren dieselben Schlußfolgerungen, zu denen Wyclif früher schon gekommen war, und an der Spitze der Liste standen die beiden, die der Kirche und dem Priestertum am gefährlichsten werden konnten: die Enteignung und die Leugnung des »angeblichen Wunders« der Transsubstantiation. Weitere Riten, die abgelehnt wurden, waren der Zölibat, der zur Lasterhaftigkeit der Priester führte und bei Frauen, die »von Natur aus schwach und unvollkommen« waren, zu vielen schrecklichen Sünden; der Exorzismus, der nichts als der Nekromantie verwandte Gaukelei war; und Pilgerfahrten zu Bildnissen aus Holz oder Stein, die eine Form des Götzendienstes waren. Die zehnte Schlußfolgerung war neu – sie leugnete praktisch das Recht, einen Menschen zu töten. Sie behauptete, daß der Totschlag in der Schlacht oder die Hinrichtung aus irgendeinem weltlichen Grunde auch mit juristischer Dekkung eindeutig den Geboten des Neuen Testaments widersprach.

Die Bischöfe waren über diese Zwölf Schlüsse so alarmiert, daß sie Richard II. aus Irland, wo er sich aufhielt, um neue Unterdrückungsmaßnahmen einzuleiten, nach Hause riefen. Der König, außer sich vor Zorn über die Ketzerei, drohte Sir Richard Stury den »übelsten Tod, den es gibt«, an, wenn er den ihm aufgezwungenen Eid des Widerrufs brechen sollte. Die Zwölf Schlüsse aber konnte er nicht umbringen lassen. Das Lollhardentum hatte bereits in Königin Annas böhmischem Gefolge Eingang gefunden und ging dadurch eine Verbindung mit den Ideen des Jan Hus ein.

Richards Heiratsvorschlag, der den französischen Herzögen übermittelt wurde, bevor sie nach Avignon aufbrachen, wurde nicht mit einhelliger Freude begrüßt. Philippe de Mézières war im Interesse des Kreuzzugs begeistert dafür, ebenso wie der Herzog von Burgund, der den Handel mit England im Auge hatte. Aber die Feindseligkeit eines halben Jahrhunderts war nicht leicht auszuräumen. Berry und Orléans waren beide gegen das Projekt, und als der englische Vorschlag im französischen Rat diskutiert wurde, widersetzten sich verschiedene Räte mit der Begründung, daß eine Heirat ohne vorausgehenden Friedensschluß unnatürlich sei. Coucy, wäre er nicht in Italien gewesen, hätte sich dieser Meinung wahrscheinlich angeschlossen. Ein Ereignis am Rande belegt seine Einstellung. Froissart, der einen Besuch in England plante, bat ihn um Empfehlungsschreiben an König Richard und seine Onkel. Coucy lehnte ab, an den König zu schreiben, »da er Franzose sei«, gab Froissart aber einen Brief an seine Tochter Philippa mit auf den Weg. Wenn ein Brief an den König von England politisch ein Ding der Unmöglichkeit war, muß eine französische Heirat des Königs von England tatsächlich als radikale Idee erschienen sein.

Im Rat sprach sich der Kanzler Arnaud de Corbie für den englischen Vorschlag aus, da das Band der Ehe den englischen König gegen die Kriegspartei im eigenen Lande stärken würde. Das Interesse am Frieden überwog. Am 1. Juli geleiteten zweihundert französische Herren eine vom Earl Marshal Nottingham geführte Gesandtschaft aus England nach Paris und vor den königlichen Rat von Frankreich. Man einigte sich auf eine Mitgift für Isabelle, die 800 000 Franken, aber kein Land vorsah, und auf eine Waffenruhe von achtundzwanzig Jahren. Zum erstenmal war damit ein Waffenstillstand abgeschlossen, der lang genug war, um als ein echter Verzicht auf Kriegsabsichten ausgelegt werden zu können – zumindest auf seiten der Verhandelnden. Dies aber war die Schwierigkeit.

Wenn die Franzosen, auf deren Boden der Krieg ausgefochten worden war, auch genug davon hatten, so traf dies auf viele Engländer, für die der Herzog von Gloucester stand, nicht zu. Sie waren nach wie vor voller Groll, da sie sich um die Gewinne des Vertrags von Brétigny betrogen fühlten. Sie hungerten nach Genugtuung, und die Heirat verschob diese in ferne Zukunft. Unstete Ritter und freie Bauern ohne Land sahen noch immer im Krieg die einzige Möglichkeit, sich zu bereichern. Das gemeine Volk, das unter den lastenden Steuern und der Unterbrechung der Handelswege litt, mag den Frieden ersehnt haben, aber auch bei ihm war die französische Heirat nicht populär. Sie fürchteten, daß Richard II. den Franzosen zu viele Zugeständnisse machte; sie murrten wegen Calais, und Enttäuschung und Mißtrauen über die Wahl einer kindlichen Königin und die andauernde Unsicherheit über die Thronfolge begleiteten die Heiratspläne.

Angesichts Gloucesters Einfluß und seiner Popularität bei den Londonern wagte Richard es nicht, die Verbindung ohne dessen Zustimmung und der seiner Partei einzugehen. Mehr als ein Jahr verstrich in dem Bemühen, sie einzuholen. Die Franzosen schickten Robert den Einsiedler nach London, um den Wunsch des Himmels nach Frieden zu betonen und um den Engländern die Notwendigkeit einer Kreuzfahrt nahezubringen, denn der Einsiedler konnte aufgrund seiner Reisen in Syrien von der türkischen Bedrohung berichten. Aber ein Visionär, auch wenn er mit sieben Rossen und auf Kosten des französischen Königs anreiste, war kaum der Mann, der Gloucester beeindrucken konnte. Als der Einsiedler auf dem Höhepunkt seiner Rede die Engländer warnte, daß »mit Gewißheit jeder, der gegen den Frieden ist, dafür teuer bezahlen wird, ob tot oder lebendig«, entgegnete ihm Gloucester mit schneidender Schärfe: »Woher weißt du das?« Robert konnte sich nur auf die »göttliche Eingebung« berufen, was den Herzog nicht beeindruckte. Er blieb »hartherzig gegen den Frieden« und »verurteilte und verachtete die Franzosen sehr«.

Richard teilte dem Grafen Waleran de St. Pol, der den Einsiedler begleitet hatte, voller Sorge mit, daß Gloucester versuchte, die Engländer gegen den Frieden aufzubringen, vielleicht sogar »das Volk gegen mich aufzuhetzen, was eine große Gefahr ist«. St. Pol, der nüchterne Bruder des seliggesprochenen Pierre de Luxembourg, riet dem König, seinen Onkel mit schönen Worten und großen Geschenken zu gewinnen, bis die Ehe und der Frieden geschlossen seien. Danach könne er sich »auf anderen Rat« besinnen, denn dann würde er stark genug sein, »alle Rebellen zu unterdrücken, da der französische König Euch in der Not helfen wird; dessen mögt Ihr gewiß sein«. Geld war das Schmiermittel der Politik damals wie heute. Richard versprach Gloucester 100 000 Pfund und ein Earltum für seinen Sohn, das 2000 Pfund im Jahr einbrachte (ein Versprechen, das er nie erfüllte), und es gelang ihm durch verschiedene Argumente und Pressionen, dessen stillschweigendes, wenn auch mürrisches Einverständnis zu gewinnen.

Eine Fernheirat und die Ratifikation des Waffenstillstands wurden im März 1396 in Paris gefeiert; Nottingham vertrat den König von England und hatte nun auch Gelegenheit, den von ihm so verehrten Ritter zu treffen, den er einst zum Zweikampf herausgefordert hatte, denn Coucy war einer der Gastgeber der englischen Gesandtschaft während ihres dreiwöchigen Aufenthaltes in Paris. Nach der Bestätigung des Heiratsvertrages durch die Freiherren von England begab sich Richard selbst im August nach Calais, wo er in Konferenzen mit dem Herzog von Burgund alles tat, um sich als Freund Frankreichs zu zeigen.

Der Höhepunkt der Friedensbemühungen war das Treffen mit dem König von Frankreich, das mit aller angemessenen Pracht auf einem Feld voller farbenprächtiger Pavillons an der Grenze von Calais inszeniert wurde. Zwischen zwei Reihen von vierhundert französischen und vierhundert englischen Rittern »mit dem Schwert in der Hand« gingen die beiden Könige aufeinander zu, jeder von den Onkeln des anderen geleitet. Als sie sich trafen und einander umarmten, knieten die achthundert Ritter nieder, viele mit Tränen in den Augen. Treffen, Bankette und große Feiern folgten. Die siebenjährige Braut, in scharlachrotem, mit Smaragden besetztem Samt, wurde Richard II. im November in Calais vom Erzbischof von Canterbury angetraut. Coucy war nicht unter den Gästen und konnte so auch nicht seine Tochter Philippa wiedersehen, die zum englischen Gefolge zählte, denn er war bereits mit den wichtigsten Adligen und Rittern des Reiches zum letzten bedeutenden Kreuzzug des Mittelalters aufgebrochen.

Die Könige waren versöhnt, aber all die alten Streitfälle – umstrittene Grenzen und Territorien, Lehnspflichten und Reparationen, Aquitanien und Calais – blieben ungelöst, Gloucesters Groll unbeschwichtigt. Die Franzosen mußten feststellen, daß alle Ehren, Unterhaltungen und Geschenke, mit denen sie ihn überhäuften, um seine Feindseligkeit zu überwinden, nichts ausrichten konnten. Er nahm die Geschenke und blieb kalt, hart und unzugänglich. »Wir verschwenden viel Mühe an diesen Herzog von Gloucester«, sagte Burgund zu seinem Rat, »denn solange er lebt, wird es sicherlich keinen Frieden geben zwischen Frankreich und England. Er wird immer neue Erfindungen und Vorfälle aufbringen, um Haß und Fehde zwischen den Reichen zu wecken.« Aber Gloucester brauchte es nicht, die Feindseligkeiten am Leben zu halten. Er sollte noch innerhalb eines Jahres sterben. Burgund war durch seinen brudermörderischen Streit mit Orléans, der durch seinen Sohn fortgesetzt wurde, dafür ebenso verantwortlich wie Gloucesters Nachfolger. Und der endlose Krieg hatte zu tiefe Wunden geschlagen, als daß eine so schnelle Heilung zu erwarten gewesen wäre. In England waren nur Richard II. und Lancaster echte Fürsprecher einer frankreichfreundlichen Politik, und beide starben schon drei Jahre nach der französischen Heirat. Die Feindseligkeit gegen Frankreich war hartnäckig. Nicht ganz zwanzig Jahre nach der Versöhnung sollte Heinrich V. seinem Gefolge zurufen: »Einmal mehr in den Streit!«

Kapitel 26
Nikopol

Seit fünfzig Jahren schon hatten die Europäer mehr oder minder aufmerksam den fernen Lärm des türkischen Vormarsches im Osten gehört. Die osmanischen Türken waren die letzte und die dauerhafteste Welle kriegerischer Nomaden, die aus den asiatischen Steppen hervorbrachen, um Kleinasien zu überschwemmen wie einst die Goten und Hunnen das Römische Reich. Ursprünglich hatten sich die Osmanen an den Küsten des Schwarzen Meeres in Anatolien als Vasallen der Seldschuken und Wächter der seldschukischen Grenze niedergelassen. Als das Reich der Seldschuken unter den mongolischen Invasionen des Dschingis-Khan und seiner Nachfolger zerbrach, erklärten die disziplinierten, kampfgewohnten Völker des Grenzhäuptlings Osman (daher der Name Osmanen) 1300 ihre Unabhängigkeit und bauten auf den Ruinen ihrer Vorgänger ein neues Reich auf. Mit der ganzen brutalen Energie eines aufsteigenden Volkes eroberten sie innerhalb von fünfundzwanzig Jahren die wichtigsten Städte Anatoliens und die Küsten der schmalen blauen Wasserader, die Asien von Europa trennt.

Auf der anderen Seite der Ader lag Konstantinopel, die Hauptstadt dessen, was vom Byzantinischen Reich geblieben war. Dieses östliche Überbleibsel des Römischen Reiches zerbröckelte nun – achthundert Jahre, nachdem Rom früheren Barbaren zum Opfer gefallen war. Auf Europa beschränkt, war es ein geschrumpfter Rest alter Größe, hatte seine kommerzielle und maritime Vormacht an Genua und Venedig verloren, und sein Staatsgebäude wankte unter denselben Stößen, denen auch der europäische Westen ausgesetzt war: die feudalen Dienstverhältnisse nur mangelhaft ersetzt durch eine Geldwirtschaft, der Schwarze Tod, ökonomische Zusammenbrüche, religiöse Abweichungen, Arbeiteraufstände und einander bekämpfende Völkergruppen. Serben und Bulgaren, die ihre eigenen Reiche entwickelt hatten, setzten Byzanz vom Westen her zu, und eine ganze Reihe kleinerer Mächte störte seine Handelsflotte in der Ägäis. Seine Provinzen waren desorganisiert, seine Streitmacht bestand fast ganz aus Söldnern, sein Herrscherhaus war von wilden Fehden zerrissen. Diese Machtkämpfe um den Thron öffneten den osmanischen Türken den Weg nach Europa.

Die Fehden hatten ihren Ursprung in den Ansprüchen des Johannes Kantakuzenos, der als oberster Minister den Titel »Großer Haushofmeister« trug und als Regent für Johannes V. Palaiologos diente, den Thronerben im Kindesalter. 1341 erklärte Kantakuzenos sich als Johannes VI. zum Mitkaiser – in Wirklichkeit zum rivalisierenden Kaiser. In dem daraufhin ausbrechenden Bürgerkrieg bediente er sich kampftüchtiger, disziplinierter osmanischer Truppen. Als der Sultan Orchan auf Kantakuzenos' Einladung 1345 mit seinen Streitkräften den Hellespont überquerte, war dies, wie Gibbon schrieb, »der letzte und tödliche Schlag« in dem langen Niedergang des alten Römischen Reiches.

Murad I., der Nachfolger Orchans, eroberte 1353 Gallipoli, den Schlüssel zum Hellespont, und gewann damit einen Stützpunkt auf der europäischen Seite. Genau einhundert Jahre später sollten die Türken auch Konstantinopel einnehmen, aber Kantakuzenos war wie auch andere große Rollenträger der Geschichte blind gegen die Folgen seiner Handlungen. Um die Zusammenarbeit mit seinen neuen Verbündeten zu festigen, verheiratete er seine Tochter in einer moslemischen Zeremonie mit Orchan, überbrückte somit ohne Skrupel – und ohne daß er seinen Glauben davon berühren ließ – den Abgrund zwischen Christenheit und Heidentum. Einige Jahre später, als er zur Abdankung gezwungen wurde, verwandelte sich der einstige Kaiser in einen Mönch und zog sich in klösterliche Stille zurück, um eine Geschichte der Zeit zu schreiben, an deren Verwirrung er so großen Anteil hatte.

Die chronische Zwietracht in Konstantinopel gab den Türken das Mittel an die Hand, ihren Brückenkopf in Gallipoli zu erweitern. Nach Kantakuzenos' Abdankung kehrte sein ehemaliges Mündel, Johannes Palaiologos, auf den Thron zurück (was die verwirrende Thronfolge von Johannes V. auf Johannes VI. erklärt). Er stürzte sich prompt in eine tödliche Familienfehde, in deren Verlauf über die nächsten fünfunddreißig Jahre Söhne und Enkel, Onkel und Neffen einander absetzten, einkerkerten, folterten und ersetzten – alle immer in den verschiedensten Kombinationen mit Murad I.

Während sie den Palaiologen in ihrer gegenseitigen Vernichtung behilflich waren, expandierten die Türken wie eine Hand, die sich vom Gelenk Gallipoli her öffnete, in die byzantinischen und bulgarischen Territorien hinein. 1365 verlegte Murad I. seine Hauptstadt nach Adrianopel (Edirne), 120 Meilen im Inneren Europas. 1371 schlug er eine Liga aus Serben und Bulgaren an der Maritza in Bulgarien. Johannes V. hielt von da an sein Reich wie die bulgarischen Bojaren als Vasall des Sultans. 1389 versuchte eine neue Liga von Serben, Rumänen und deren nördlichen Nachbarn, den Moldauern, die Türken aufzuhalten, wurde aber von Murad I. in der Entscheidungsschlacht auf dem Amselfeld, dem Grab der serbischen Unabhängigkeit, vernichtend geschlagen. Der serbische Zar und die Elite seines Adels fielen, und sein Sohn war gezwungen, als Vasall des Sultans zu herrschen. Murad I. wurde nach der Schlacht von einem sterbenden Serben getötet, der sich ihm unter dem Vorwand, ihm ein Geheimnis mitteilen zu wollen, genähert hatte und ihm das Messer in den Bauch stieß, als sich Murad über ihn beugte. Der Sultan hinterließ aber seinem Nachfolger Bajasid die stärkste Machtposition in dieser Region. In den fünfunddreißig Jahren, die seit ihrem Überschreiten des Bosporus vergangen waren, hatten die Türken den ganzen östlichen Balkan bis zur Donau überrannt und standen nun an den Grenzen Ungarns. Die Entzweiung ihrer Gegner hatte den Vormarsch der Türken entscheidend begünstigt. Ein Erbe bitteren Mißtrauens hatte Konstantinopel dem Westen entfremdet, seit die westlichen Kreuzfahrer in das östliche Reich eingedrungen waren. Das alte christliche Schisma zwischen der römisch-katholischen und der griechisch-orthodoxen Kirche, das seinen Ursprung in geringfügigen rituellen Unterschieden hatte – je unwichtiger sie waren, desto tiefer der Groll –, machte aus den Balkanvölkern Gegner des Westens. Bulgarien, die Walachei (der zeitgenössische Name für Rumänien) und der größere Teil Serbiens bekannten sich zur griechischen Kirche im Gegensatz zu Ungarn, das der lateinischen Kirche angehörte und wegen seiner Versuche, den Nachbarn seine Religion und politische Vorherrschaft aufzuzwingen, gefürchtet war. Mircea, der *Woiwode* oder Herrscher der Walachei, kämpfte auf dem Amselfeld gegen die Türken, war aber aufgrund alter Auseinandersetzungen nicht geneigt, sich mit den Ungarn gegen den gemeinsamen Feind zu verbinden. Dasselbe traf auf die Serben zu, die ohnedies kaum noch in der Lage waren, sich einer Liga anzuschließen, nachdem sie einmal den Sultan als Lehnsherren anerkannt hatten. Es war Murads Politik gewesen, die Herrscher des Balkans zu neutralisieren, indem er sie auf ihren Thronen ließ, sie aber zur Treue gegenüber dem Türkischen Reich verpflichtete.

Bajasid hatte nichts von der Energie seiner Vorfahren verloren. Noch auf dem Amselfeld zum Sultan gewählt, begann er seine Herrschaft mit der Erdrosselung seines Bruders, eine übliche türkische Vorsichtsmaßnahme, und versuchte dann, den byzantinischen Thron zu erschüttern, indem er Johannes VII. half, seinen Großvater zu stürzen. Als Johannes seinerseits von seinem Onkel, Manuel II., vom Thron gestoßen wurde, belagerte oder blockierte Bajasid Konstantinopel sieben Jahre lang, während er gleichzeitig in Bulgarien vorrückte.

1393, nachdem sie Tirnowo, die Hauptstadt des ostbulgarischen Königreiches, besetzt hatten, eroberten Bajasids Truppen Nikopol, die stärkste bulgarische Festung an der Donau. Sie lag oberhalb der Stadt Nikopol direkt am Ufer des Flusses und beherrschte eine Furt der Donau, die auf der anderen Seite durch eine Festung der Walachen geschützt war. Zwei Nebenflüsse flossen am Fuß der Burg in die Donau, die so sowohl den Verkehr ins Innere des Landes als auch die Donau hinunter kontrollierte. An diesem strategischen Ort sollte es zum Zusammenstoß zwischen Europa und den Osmanen kommen.

Nach dem Fall von Nikopol wurden die Hilferufe des Königs von Ungarn, Sigismund, an den Westen lauter. Sein Land war nun der letzte organisierte

Staat, der in Osteuropa den Türken widerstand. Wenn Ungarn auch die »Königin der umliegenden Länder« genannt wurde, war seine Widerstandskraft durch unaufhörliche Auseinandersetzungen mit Polen und Litauen im Norden stark eingeschränkt. Sigismund, der später Kaiser werden sollte, war zu dieser Zeit erst 28 Jahre alt und den Schwierigkeiten seiner Lage kaum gewachsen.

Wenn auch dem türkischen Vorrücken gegenüber nicht gleichgültig, hatte der Westen, der nur wenig Interesse an Konstantinopel empfand, der Gefahr nur geringe Aufmerksamkeit geschenkt, bis sie Ungarn erreichte. Die einzige bedeutende Persönlichkeit im Westen, die ständig versuchte, eine militärische Reaktion zu erzielen, die der Größe der Herausforderung entsprach, war Philippe de Mézières. Für ihn war der Kreuzzug ein moralischer Imperativ, der Stein der Weisen, der alle Übel der Gesellschaft kurieren konnte. Mézières' beständige Propaganda hatte zweifellos Einfluß auf Karl VI. und andere in seiner Umgebung. Im Laufe der 1390er Jahre klangen die Berichte aus dem Osten immer alarmierender. Als die Friedensverhandlungen von 1393 wiederum keinen Vertrag mit England zustande brachten, drang Karl nichtsdestoweniger in Lancaster, doch eine gemeinsame Expedition gegen die Türken in Betracht zu ziehen, »um den Glauben zu verteidigen und Ungarn und dem Kaiser von Konstantinopel zu Hilfe zu kommen«. Aber solange es keinen langfristigen Frieden mit England gab, konnte Frankreich nichts tun, und erst als der Herzog von Burgund sich für das Unternehmen interessierte, geschah etwas.

Der Herzog von Burgund war immer noch die entscheidende Kraft in Frankreich. Schon bevor ihm die Macht durch den Wahnsinn des Königs zufiel, hatte er nach Möglichkeiten zu einer Kreuzfahrt gesucht – die vor allem die Krieger Frankreichs beschäftigen sollte –, wobei er zwischen Preußen und Ungarn schwankte. Das größte Problem war wie immer das Geld. 1394 forderte Burgund eine Hilfszahlung von 200 000 Pfund von Flandern, obwohl das Land durch den Bürgerkrieg verarmt war. Es gelang den Flamen, die Summe auf 130 000 Pfund herunterzuhandeln, immer noch genug, um die ersten Vorbereitungen einzuleiten, die allerdings mehr prächtiger Ausstattung als der Bewaffnung dienten. Im Januar 1395 ließ der Herzog von Burgund König Sigismund wissen, daß ein offizielles Hilfeersuchen an Frankreich günstig aufgenommen werden würde.

Vier eindrucksvolle ungarische Ritter und ein Bischof kamen daraufhin im August nach Paris. Sie berichteten der Krone, daß Sultan Bajasid eine Armee von vierzigtausend Mann aufgestellt habe, um Ungarn das gleiche Schicksal zu bereiten wie Bulgarien. Mit der englischen Heirat im Rücken antwortete König Karl VI., daß es ihm als »wichtigstem König der Christenheit« eine Pflicht sei, zu verhindern, daß die Christen in Osteuropa vom Sultan niedergetreten würden. Die Begeisterung war allgemein. Als Coucy zwei Monate nach dem Besuch der Ungarn aus Italien heimkehrte, fand er den Hof in großer Aufregung über die Kreuzfahrt und verlor selbst keine Zeit, das Kreuz zu nehmen. Burgund, Orléans und Lancaster dagegen hatten sich alle von dem Unternehmen zurückgezogen, entweder weil sie an den Verhandlungen zwischen ihren Ländern teilnehmen mußten oder weil sie es vorzogen, in der Nähe des Throns zu bleiben. Aber der älteste Sohn des Herzogs von Burgund, Jean de Nevers, erst vierundzwanzig und noch nicht zum Ritter geschlagen, wollte mitziehen, und sein Vater schlug vor, ihm nominell das Kommando zu übertragen. Um seinem Sohn einen verantwortungsvollen Führer an die Seite zu stellen, wandte er sich an Coucy, der als der erfahrenste Krieger Frankreichs galt.

Der Herzog und die Herzogin von Burgund baten ihn zu sich und sagten: »Herr, wir wissen wohl, daß Ihr vor allen anderen Rittern Frankreichs der erfahrenste und in allen Dingen bewandertste seid, weshalb wir Euch von Herzen bitten, unseren Sohn auf dieser Reise zu begleiten und sein Hauptberater zu sein.«

»Monseigneur und Ihr, Madame«, antwortete Coucy, »ich will gehen, zuerst um den Glauben Jesu Christi zu verteidigen; zweitens, weil Ihr mir die Ehre erweist, mir Euren Sohn Monseigneur Jean anzuvertrauen. Ich werde mich dieser Aufgabe nach besten Kräften entledigen.« Aber, fügte er hinzu, er würde es vorziehen, dieser Aufgabe enthoben zu sein und sie dem Grafen von Eu und dem Grafen Jacques de la Marche zu überlassen, die beide mit Nevers blutsverwandt waren.

»Sire de Coucy«, antwortete der Herzog, »Ihr habt weit mehr als diese beiden gesehen und wißt besser eine Armee in fremdem Land zu befehlen als entweder Euer Vetter d'Eu oder de la Marche, deshalb wollen wir Euch beauftragen und bitten Euch, diesen Willen zu vollziehen.« Coucy verbeugte sich und sagte: »Euer Bitten ist mein Befehl«, und erklärte sich bereit, die Aufgabe anzunehmen, wenn er die Hilfe von Guy und Guillaume de Tremoille sowie des Admirals de Vienne bekäme. In böser Vorahnung hatte er wenig Vertrauen zu den jüngeren Männern.

Da das Problem des Kommandos sich in dem Unternehmen als entscheidend erweisen sollte, ist der Versuch des Herzogs von Burgund, einen »Hauptberater« zu ernennen, bedeutend, ob nun Froissarts Wiedergabe des Gesprächs authentisch ist oder nicht. Geschichtsschreibung in direkter Rede war eine Freiheit, die sich die mittelalterlichen Chronisten zubilligten. Die Unterhaltung ist angezweifelt worden, da Coucys Name nicht als »Hauptberater« in den Listen Nevers' auftaucht – er erscheint überhaupt nicht. Dies mag eine Auseinandersetzung zwischen Nevers und seinem Vater andeuten; vor allem aber verweist es – was wichtiger ist – auf das Fehlen eines *Konzeptes* von der Notwendigkeit einheitlicher Führung.

Da sie durch den Frieden mit England beschäftigungslos geworden waren, eilten die Ritter freudig unter das Kreuz. Die Vorbereitungen waren beherrscht von einem Wettstreit in der Prachtentfaltung. Coucys Ausgaben wurden teilweise durch Ludwig von Orléans gedeckt, der ihm die restlichen 6000 Pfund für den Genuafeldzug auszahlte. Er stattete auch siebzehn Ritter seines Haushalts aus, die unter Coucys Banner reiten sollten.

Unter den ausländischen Verbündeten ragten die Ritter von Rhodos hervor, die nach dem Niedergang von Konstantinopel und Zypern die dominierende christliche Macht in der Levante waren; die Venezianer stellten eine Flotte; deutsche Fürsten aus dem Rheinland, aus Bayern und Sachsen, die von den Ungarn im Reich angeworben waren, stießen unterwegs zu der französischen Streitmacht von etwa zweitausend Rittern und Knappen sowie sechstausend Bogenschützen und Fußsoldaten. Abenteurer aus Navarra und Spanien, aus Böhmen und Polen stießen einzeln zur Truppe. Auffallend ist das völlige Fehlen von Engländern in den Listen. Es ist möglich, daß die Fehde zwischen König Richard II. und Gloucester sich so ausgeweitet hatte, daß jeder der beiden seine Parteigänger im Lande hielt, aber es kann auch sein, daß die Engländer nach dem langen Krieg an der Idee, unter französischem Kommando zu dienen, keinen Gefallen fanden.

Der Aufbruch von Dijon am 30. April 1396 war ein großes Spektakel, das seine Wirkung auf die Gemüter der Beobachter nicht verfehlte. Die Kreuzfahrer nahmen die Route über Straßburg durch Bayern an die obere Donau und nutzten von dort den Wasserweg nach Buda (Budapest), wo der ungarische König sie erwartete. Die vereinigten Armeen sollten von dort aus gegen die Türken marschieren. Die Ziele waren vage, aber alles andere als bescheiden. Nachdem sie die Türken vom Balkan vertrieben hätten, wollten die Kreuzritter Konstantinopel entsetzen, den Hellespont überqueren, durch die Türkei und Syrien marschieren, um Palästina und das Heilige Grab zu befreien. So großartig wie die Pläne zur Invasion Englands und zum Marsch auf Rom, war dieses Programm ganz unberührt von den Frustrationen der Vergangenheit. Auch die Belagerung von Mahdia, an der viele der Kreuzfahrer teilgenommen hatten, änderte offensichtlich nichts an der Verachtung für die Ungläubigen. Die Ritterschaft glaubte noch immer, daß kein Feind ihr widerstehen könnte.

Coucy reiste nicht mit der Armee, da er noch eine Mission bei dem Herrn von Mailand zu erfüllen hatte. Zornerfüllt darüber, daß Genua nun seinem Einfluß entzogen war, arbeitete Gian Galeazzo daran, die Übertragung der Souveränität über die Stadt auf den französischen König doch noch zu verhindern. Coucy wurde entsandt, um ihn zu warnen, daß seine Einmischung als ein feindseliger Akt betrachtet werden würde. Mehr als Genua steckte hinter Gian Galeazzos Erbitterung. Seine geliebte Tochter Valentina, Frau des Herzogs von Orléans, war das Opfer einer Verleumdungskampagne am Hof von

Frankreich. Man warf ihr vor, sie habe den König behext oder vergiftet. Die bösen Gerüchte waren das Werk der Königin Isabeau, vielleicht aus Eifersucht, vielleicht auch, um ihre Affäre mit Orléans zu erleichtern. Ludwig von Orléans machte sich nicht die Mühe, seine Frau zu verteidigen, sondern ließ es zu, daß sie unter dem Vorwand ihrer persönlichen Sicherheit aus Paris entfernt wurde. Sie lebte von da an in ihrer Landresidenz in Asnière an der Seine, wo sie zwölf Jahre später starb.

Gian Galeazzo drohte, zur Verteidigung seiner Tochter Ritter zu entsenden, und einige Zeitgenossen glaubten, daß er noch weiteres unternahm, um sich zu rächen. Man sagte ihm nach, er habe Bajasid über die Feldzugspläne der Kreuzfahrer auf dem laufenden gehalten. Daran mag etwas gewesen sein. Ein Visconti schreckte vor keinem Mittel der Rache zurück, schon gar nicht der Mann, der seinen Onkel so kaltblütig in den Kerker und den Tod gesandt hatte.

Es ist nicht ausgeschlossen, daß Coucy seinem Gastgeber in Pavia unabsichtlich die Pläne für den Kreuzzug verriet. Gian Galeazzo war ein seltsamer, freudloser, undurchsichtiger Fürst, der seine väterlichen Gefühle für Valentina wahrscheinlich für sich behielt. Was Genua betrifft, war Coucy indessen erfolgreich. Die Souveränität wurde Karl VI. im November übertragen. In der Begleitung von Heinrich von Bar und Gefolge verließ Coucy Mailand im Mai und überquerte von Venedig aus die Adria. Er landete in Senj (Segna) und reiste von dort aus wahrscheinlich auf der direkten Route nach Buda, etwa dreihundert Meilen durch wildes, gefährliches Land.

Er kam in Buda vor Nevers an, der es anscheinend nicht eilig hatte. Unterbrochen durch immer neue festliche Empfänge bei den deutschen Fürsten und dann beim Herzog von Österreich, Leopold IV., kam der junge Feldherr mit seiner Armee erst irgendwann im Juli an. König Sigismund grüßte seine Verbündeten mit einer Freude, die nicht ganz frei von Besorgnis war. Er sah die Schwierigkeiten des kombinierten Marsches voraus, und er wußte, daß die Franzosen auch gutgemeinten Rat nicht gerne annahmen, überdies waren sie an Raub und Plünderung gewohnt – auch im befreundeten Land. Auseinandersetzungen zeichneten von Beginn an den Kriegsrat in Buda. Sigismund war dafür, die Offensive der Türken zu erwarten und sie erst zu stellen, wenn sie in Ungarn waren, wo er das Land kontrollierte. Er hatte im Jahr zuvor einen Feldzug in die Walachei unternommen, woraufhin ihm der Sultan durch Herolde den Krieg erklärt hatte. Der Türke hatte geprahlt, er werde noch vor dem Ende des Mai in Ungarn sein, Sigismund aus seinem Lande verjagen, nach Italien weitermarschieren, wo er seine Banner auf den Hügeln Roms aufrichten und seine Rosse Hafer aus dem Altar des heiligen Petrus fressen lassen wollte.

Nun war es Juli, und der »Große Türke« war nicht gekommen. Die Franzosen waren nicht geneigt zu warten, sie bestanden darauf, daß sie die Türken aus Europa hinausjagen würden, wo immer sie sie antrafen, und prahlten, »daß sie selbst den Himmel, sollte er einstürzen, auf den Spitzen ihrer Lanzen aufrecht halten würden«.

Als Sprecher der Verbündeten wies Coucy eine defensive Strategie zurück. »Auch wenn die Prahlereien des Sultans Lügen sein mögen«, sagte er, »sollte uns dies nicht hindern, Waffentaten zu verrichten und den Feind zu verfolgen, denn mit dieser Absicht sind wir gekommen.« Er wurde von allen Verbündeten unterstützt, aber seine Worte erregten die Eifersucht des Grafen von Eu, der meinte, als Constable den Vortritt vor Coucy beanspruchen zu müssen.

Sigismund war gezwungen, nachzugeben. Die vereinigten Armeen zogen am linken Ufer der Donau hinunter, ein Teil der ungarischen Armee schwenkte nach Norden aus, um die widerwilligen Streitkräfte der ungarischen Vasallen in der Walachei und in Transsilvanien mitzuziehen. Die Disziplinlosigkeit und die Ausschweifungen der Franzosen wuchsen den Berichterstattern zufolge an, je weiter der Marsch fortschritt. Ihre Frivolität und Arroganz stießen ihre Verbündeten ab, verursachten ständige innere Konflikte. Die Geistlichen der Armee mahnten vergeblich zu mehr Würde unter dem Kreuz. »Sie hätten ebensowohl«, schrieb der Mönch von St. Denis, »einem tauben Esel predigen können.«

Bei Orschowa, wo sich die Donau im sogenannten »Eisernen Tor« verengt, setzte die Expedition auf das rechte Donauufer über. Das Manöver dauerte eine Woche, woraus Schlüsse auf die Stärke der Armee zu ziehen sind. Weit entfernt von den »vierhunderttausend« der Chronisten schätzte ein Teilnehmer des Feldzugs, der junge Deutsche Hans Schiltberger, Diener – oder, wie er sich selbst bezeichnete, »Läufer« – eines bayrischen Adligen, die Kopfzahl der christlichen Truppen auf sechzehntausend. Nach dreißig Jahren in der Fremde kehrte Schiltberger schließlich in seine Heimat zurück und schrieb oder diktierte seine einfachen, ungeschmückten Erinnerungen aus dem Gedächtnis. Deutsche Historiker des 19. Jahrhunderts setzten die Zahl der Kreuzfahrer noch niedriger an, bei etwa siebentausendfünfhundert bis neuntausend, die zwischen zwölf- und zwanzigtausend Türken gegenüberstanden.

Widin, die westbulgarische Hauptstadt, die unter türkischer Hoheit stand, war die erste Eroberung der Kreuzfahrer. Der Fürst von Widin zeigte wenig Lust, gegen das überlegene Heer zu kämpfen, und kapitulierte, was die Ritter um den ersehnten Schlagabtausch brachte. Trotzdem wurden Nevers und dreihundert seiner Begleiter hier zu Rittern geschlagen. Das nächste Ziel, 75 Meilen weiter, war Rachowo (Orjechowo), eine starke Festung, die durch einen doppelten Mauerring geschützt war. Streitlustig eilten die Franzosen bei Nacht ihren Verbündeten voraus und kamen im Morgengrauen gerade in dem Augenblick vor Rachowo an, als die türkischen Verteidiger herauskamen, um die Brücke über den Festungsgraben zu zerstören. In einem wilden Handgemenge gelang es fünfhundert Reisigen unter Coucy, d'Eu, Boucicaut, de la

Marche und Philippe von Bar, die Brücke zu erobern, aber gegen starken Widerstand kamen sie nicht weiter voran, bis Sigismund mit Verstärkung eintraf. Am nächsten Morgen, noch bevor der Kampf wiederaufgenommen werden konnte, ergaben sich die bulgarischen Einwohner der Stadt Sigismund unter der Bedingung, daß ihr Besitz und ihr Leben geschont würden. Ohne Rücksicht auf dieses Abkommen richteten die Franzosen in der Stadt ein Massaker an und plünderten die Häuser. Die Ungarn betrachteten dies als Beleidigung ihres Königs; die Franzosen klagten, die Ungarn wollten sie um den Ruhm des Feldzugs betrügen; Sigismunds Vorahnungen bestätigten sich.

Die beiden Armeen hinterließen eine Garnison in Rachowo und marschierten dann getrennt auf Nikopol. Wo war Bajasid? Diese Frage ist endlos diskutiert worden. War er noch in Asien oder schon auf dem Marsch? Er sollte Nikopol mit einem starken Heer drei Wochen nach dem Fall von Rachowo erreichen, eine zu kurze Zeit – auch für einen Feldherrn, der für seine Eilmärsche berühmt war –, um eine Armee aufzustellen und sie über den Bosporus überzusetzen. Wahrscheinlich war Bajasid bei den Truppen, die Konstantinopel belagerten, als er von der Kreuzfahrt hörte – wenn er nicht bereits durch Gian Galeazzo informiert war –, die Belagerung abbrach und mit den Kräften, die ihm zu Gebote standen, nach Nikopol eilte.

Die Kreuzfahrer waren sich der strategischen Wichtigkeit von Nikopol bewußt, es war ihr logisches nächstes Ziel. Am 12. September sichteten sie die Burg hoch oben auf ihrem Kreidefelsen. Wie die Burg von Coucy war Nikopol von allen natürlichen Voraussetzungen her eine beherrschende, fast uneinnehmbare strategische Festung. Den Franzosen muß sofort klargeworden sein, daß sie hier einer ebenso mächtigen Anlage gegenüberstanden wie vor Mahdia, selbst wenn sie nicht wissen konnten, daß Nikopol mit Waffen und Gerät wohlausgestattet war und in Dogan Bei einen energischen türkischen Gouverneur hatte, der entschlossen war auszuharren, bis der Sultan ihm zu Hilfe kam.

Die Franzosen hatten keine Katapulte oder andere Belagerungswaffen mitgeführt, so wie sie auch keine in die Berberei mitgebracht hatten. Das Geld war in Seide und Samt und Goldstickereien gegangen, der Laderaum war ausgelastet mit Wein und Delikatessen für die Feste auf dem Marsch. Warum schwere Maschinen durch Europa schleppen, wenn es gegen einen so verächtlichen Feind ging? Etwas Grundsätzliches in der mittelalterlichen Kultur des Rittertums bestimmte diese fatalen Entscheidungen.

Der Mangel an Belagerungsmaschinen und die steile Anhöhe machten es praktisch unmöglich, Nikopol im Sturm zu nehmen; der einzige Weg war eine Blockade. Die Kreuzfahrer legten einen undurchlässigen Ring um die Festung, die venezianischen Schiffe blockierten den Fluß, und nun blieb nur noch das Warten darauf, daß Hunger und Durst die Verteidiger zur Aufgabe zwangen. Zwei Wochen vergingen bei Festen, Ausschweifungen und nachlassender Disziplin. Vorgeschobene Wachen wurden nicht aufgestellt, die von den Plünderungen abgestoßenen Bewohner des Landes brachten keine Informationen. Nur die Fourageure, die gezwungen waren, Lebensmittel von weither heranzuschaffen, brachten Gerüchte von einer heranrückenden türkischen Armee ins Lager.

Tatsächlich hatte der Sultan mit Kavallerie und Infanterie Adrianopel bereits hinter sich gelassen und rückte in Eilmärschen über den Schipka-Paß auf Tirnowo zu. Eine Erkundungspatrouille, die Sigismund ausgesandt hatte, brachte die Nachricht, daß der »Große Türke« wirklich kam. Unter den hartbedrängten Einwohnern von Nikopol erhob sich auf dieselbe Nachricht hin großer Jubel, Trompeten und Trommeln wurden laut. Boucicaut, bewundertes Vorbild der Ritterschaft seiner Zeit, tat dies als List ab und drohte allen, die das Gerücht vom Kommen der türkischen Armee ins Lager trügen, die Ohren abzuschneiden.

Coucy war nicht geneigt, im Lager abzuwarten, was da kommen sollte. Er hielt es für notwendig, sofort zu handeln: »Laßt uns herausfinden, welche Art Männer unsere Feinde sind«, sagte er. Immer ein praktisch denkender Krieger, war Coucy einer der wenigen, die sich überhaupt mit der Kampfart, der Ausrüstung und dem Marschweg des Feindes befaßten. Mit Renaud de Roye und Jean de Saimply, dem Kammerherrn Burgunds, und einer Kompanie von fünfhundert Lanzen ritt er nach Süden. Als er feststellte, daß eine große türkische Abteilung sich einem Paß näherte, befahl er zweihundert Reitern, den Feind anzugreifen und ihn dann zur Verfolgung zu reizen. Er selbst legte sich mit dem größeren Teil seiner Truppe in einen Hinterhalt, um den Feind von hinten fassen zu können. Dies war eine erprobte Taktik in dafür geeignetem Gelände, und hier wurde es zu einem vollkommenen Erfolg. Als die Türken vorbeigaloppierten, sprangen die Kreuzritter aus ihrem Versteck hervor und warfen sich mit dem Kampfruf »Unsere heilige Frau mit dem Sire de Coucy« auf sie, während die französische Vorhut von ihrer Flucht abließ und von vorn angriff. In ihrer Verwirrung konnten sich die Türken nicht formieren und erlitten schwere Verluste. Ohne Gnade erschlugen Coucys Truppen so viele sie konnten und kehrten dann, »glücklich, entkommen zu sein«, auf dem gleichen Weg ins Lager zurück.

Coucys Sieg riß das Lager aus seiner Lethargie, hatte aber auch unglückliche Nachwirkungen: Er verstärkte noch das französische Selbstvertrauen, und er intensivierte die Eifersucht des Constable, »denn er sah, daß der Sire de Coucy von der ganzen Kompanie sehr bewundert wurde und auch von den Ausländern«. Er trug Zwietracht in die Armee, indem er Coucy vorwarf, seine Truppen ohne Not Gefahr ausgesetzt und Nevers des Kommandos und des Ruhms beraubt zu haben.

Sigismund berief einen Kriegsrat ein. Er schlug vor, die walachischen Fußsoldaten zunächst gegen die Vorhut der Türken zu schicken, die jene immer die Schlacht beginnen ließen, um den Feind zu ermüden, bevor die türkische Kerntruppe ins Gefecht eingriff. Der Constable d'Eu wandte sich voller Zorn gegen diese Taktik. Die französischen Ritter seien noch nicht so weit, sagte er, einer elenden Bauernmiliz den Vortritt auf dem Schlachtfeld zu lassen. Sitte des Ritters sei es, zu führen und andere durch sein Beispiel zu ermutigen. »Uns in die Nachhut zu stellen heißt uns entehren und uns der Verachtung aller aussetzen.« Überdies beanspruchte er als Constable, an erster Stelle zu reiten; jeder, der vor ihm ins Gefecht ginge, beleidige ihn tödlich – das ging gegen Coucy. Boucicaut unterstützte d'Eu hitzig, und Nevers war leicht zu überzeugen, daß die türkischen Krummsäbel den französischen Lanzen und Schwertern nicht ebenbürtig seien. Sigismund verließ den Rat, um seinen eigenen Schlachtplan zu entwerfen.

Offenbar schon wenige Stunden später schickte er seinen französischen Verbündeten die Nachricht, daß Bajasid nur noch sechs Marschstunden vor Nikopol stehe. Die Kreuzritter, angeblich beim Abendessen und vom Wein angeheitert, erhoben sich in großer Unordnung, einige noch ungläubig, andere in Panik, um sich zu bewaffnen. Die ganze Kopflosigkeit des Feldzugs gipfelte nun in einer sinnlosen Greueltat. Angeblich weil keine Wachen für sie entbehrlich waren, wurden die von Rachowo mitgeführten Gefangenen ausnahmslos niedergemetzelt. Kein Chronist berichtet, wer den Befehl hierzu gab, aber der Mönch von St. Denis brandmarkte das Massaker als einen Akt der »Barbarei«.

Als der Tag anbrach und sich die Armeen unter flatternden Bannern aufstellten, versuchte König Sigismund noch im letzten Moment, seinen Schlachtplan durchzusetzen. Er warnte noch einmal vor einem überhasteten Angriff; die Kreuzfahrer könnten sicher sein, nicht eingeschlossen zu werden, wenn sie abwarteten. »Sires, tut, wie ich Euch rate, denn dies sind die Befehle des Königs von Ungarn und seines Rates.«

Nevers berief hastig seinen eigenen Rat ein, befragte Coucy und Vienne, die beide dafür waren, dem Wunsch des Königs von Ungarn zu folgen. »Er hat das Recht, uns zu sagen, was wir tun sollen«, mahnte Coucy. D'Eu unterbrach ihn: »Ja, ja, der König von Ungarn will Ruhm und Ehre der Schlacht für sich.« Dies sei Sigismunds Bestreben und nichts anderes. »Wir sind die Vorhut. Das hat er uns zugestanden, und nun will er es zurücknehmen. Wer will, mag ihm glauben. Ich tue es nicht.« Er ergriff sein Banner und schrie: »Vorwärts im Namen Gottes und des heiligen Georg, Ihr sollt mich heute als tapferen Ritter sehen!«

Coucy erklärte diese Rede des hirnlosen Constable – er war für dieses Amt nur die dritte Wahl gewesen – als »Anmaßung«. Er bat Vienne um seine Meinung, den ältesten Ritter der Armee. »Wenn Wahrheit und Vernunft nicht gehört werden«, sprach der Admiral, »dann muß die Anmaßung herrschen.« Wenn der Constable zu kämpfen wünsche, müsse die Armee ihm folgen, aber es wäre stärker, wenn sie zusammen mit den Ungarn und den anderen Verbündeten angriffe. D'Eu weigerte sich hartnäckig zu warten. Der Disput wurde hitziger, die jüngeren Heißsporne warfen den Älteren vor, sie zögerten nicht aus Vorsicht, sondern aus Furcht. Wenn Coucy und Vienne schließlich nachgaben, dann vor allem, weil die Vorsicht noch nie ein starkes Argument gegen den Mythos der Tapferkeit war.

D'Eu gab den Befehl zum Angriff, er selbst ritt an der Spitze der Vorhut. Nevers und Coucy befehligten die Hauptstreitmacht. Auf ihren Streitrossen und so glanzvoll gerüstet, »daß jeder Mann wie ein König erschien«, ritten sie zusammen mit ihren berittenen Bogenschützen gegen den Feind, der von den Hügeln vor ihnen herabstieg. Es war der 25. September. Die Ritter von Rhodos, die Deutschen und die anderen Verbündeten blieben beim König von Ungarn, der das Geschehen nicht länger kontrollierte.

Der Anprall des französischen Angriffs zerschlug ohne Mühe die wenig kriegstüchtigen Söldnerreihen der türkischen Vorhut. Im Rausch des Erfolgs warfen sich die Ritter ohne zu zögern auf die gutausgebildete türkische Infanterie. Sie wurden mit einem tödlichen Pfeilhagel und von Reihen angespitzter, in den Boden gerammter Pfähle empfangen, die auf die Pferdeleiber zielten. Wie die Franzosen diese durchbrachen, ist unklar. Es ist unmöglich, aus dem Gewirr verschiedenster Versionen einen klaren Schlachtablauf zu destillieren.

Offenbar wurden viele Pferde aufgespießt, viele Pfähle aber auch von französischen Hilfstruppen vorher beseitigt. Die Ritter kämpften mit Schwert und Schlachtaxt weiter, und anscheinend gelang es ihnen, durch ihren Kampfesmut und durch das Gewicht ihrer Pferde und Waffen die türkische Infanterie niederzumachen und in die Flucht zu schlagen. Coucy und Vienne riefen dringend zu einer Pause auf, um die Schlachtordnung wiederherzustellen und den Ungarn Zeit zu geben, nachzurücken, aber die jüngeren Männer, »kochend vor Kampfeseifer« und in dem Glauben, dem Sieg nahe zu sein, bestanden auf sofortiger Verfolgung. Sie kannten die Zahl der Feinde nicht und meinten, bereits Bajasids ganze Streitmacht bekämpft zu haben.

Die Berichte erzählen von einem wilden Ansturm den Hügel hinauf, von den türkischen *Sipahis*, die an den Flügeln den Hügel hinunterströmten, um die französischen Ritter einzuschließen, von den Ungarn und ihren Verbündeten, die auf der Ebene in chaotische Kämpfe verwickelt waren, von einer Stampede reiterloser Pferde, die offenbar vor den Pfählen von den Pagen nicht gehalten werden konnten. Angesichts dieser Stampede schlossen die Truppen aus der Walachei und Transsilvanien, daß die Schlacht verloren sei, und wandten sich zur Flucht. Sigismund und die Ritter von Rhodos und die Deutschen sammelten noch einmal alle Kräfte und warfen sich in einem »unbeschreiblichen Massaker« auf die Türken, als eine entscheidende Verstärkung von eintausendfünfhundert Serben auf türkischer Seite dem Feind die Oberhand gab. Als Vasall des Sultans hätte der serbische Despot Stephan Lazarewitsch auch neutral bleiben können wie die Bulgaren, auf deren Boden der Kampf ausgetragen wurde, aber er haßte die Ungarn noch mehr als die Türken. Seine Intervention war entscheidend. Sigismunds Truppen wurden überwältigt. Von ihrem Gefolge vom Schlachtfeld gezogen, entkamen der Großmeister der Ritter von Rhodos und der König auf ein Fischerboot an der Donau und wurden unter einem Hagel von Pfeilen ihrer Verfolger von einem Schiff der verbündeten Flotte aufgenommen.

Die französischen Ritter, von denen mehr als die Hälfte ihr Pferd verloren hatte, kämpften sich in ihrer schweren Rüstung bis auf den Hügel hinauf, wo sie den zerschlagenen Rest der türkischen Armee vermuteten. Statt dessen sahen sie sich einer frischen Heeresgruppe von *Sipahis* gegenüber, die der Sultan in Reserve gehalten hatte. »Der Löwe in ihnen verwandelte sich in einen angstvollen Hasen«, schreibt der Mönch von St. Denis unnachsichtig. Mit dem harten Lärm von Trompeten und Kesseltrommeln und dem Kriegsschrei »Allah ist groß!« griffen die Türken an. Die Franzosen erkannten, daß das Ende gekommen war. Einige flohen den Hügel hinunter; der Rest kämpfte mit dem Mut der Verzweiflung, »grimmiger als schäumende Keiler und rasende Wölfe«. D'Eus Schwertarm schnitt so tapfer, wie er geprahlt hatte, rechts und links alles nieder. Boucicaut kämpfte in dem Stolz des Kriegers und in der Scham seiner Irrtümer mit so grenzenloser Kühnheit, daß er einen Kreis des Todes schuf, wo immer er stand. Philippe von Bar und Odard de Chasseron fielen. Das Banner der Notre-Dame in der Hand des Admirals de Vienne wankte und fiel. Aus vielen Wunden blutend, erhob er es wieder und wurde, während er noch versuchte, andere, die zurückwichen, zu sammeln, erneut getroffen und erschlagen. Coucys überragende Gestalt sah man »unerschüttert von den schweren Lederkeulen der Sarazenen, die auf seinen Kopf fielen«, und von ihren Waffen, die auf seine Rüstung schlugen. »Denn er war groß und schwer und von großer Kraft und teilte solche Schläge aus, daß er alles in Stücke hieb.«

Die Türken umzingelten Nevers. Seine Leibwache warf sich vor ihnen nieder, um so wortlos um sein Leben zu bitten. Heiliger Krieg oder nicht – auch die Ungläubigen waren an reichen Lösegeldern interessiert und verschonten den Grafen. Nach seiner Kapitulation ergaben sich auch die übrigen Franzosen. Die Schlacht von Nikopol war verloren, das Fiasko vollständig. Die Türken machten Tausende von Gefangenen, die ganze Ausrüstung der Kreuzfahrer, die Vorräte, die Banner und die goldenen Tuche fielen den Siegern zu. »Seit der Schlacht von Roncesvalles, da alle zwölf größten Ritter von Frankreich erschlagen wurden, erlitt die Christenheit nicht solchen Verlust«.

Auch wenn Froissart es nicht wissen konnte, sein Epitaph auf diesen Kreuzzug war historisch gerechtfertigt. Der Kampfesmut der Franzosen war außerordentlich gewesen, und die Verluste, die sie dem Feind zufügten, zeigten deutlich, daß, wenn sie vereinigt mit ihren Verbündeten gekämpft hätten, das Ergebnis – die Geschichte Europas – ganz anders hätte aussehen können. So aber etablierte der Sieg von Nikopol die Türken fest in Europa, besiegelte den Fall von Konstantinopel und die Herrschaft über Bulgarien für die nächsten fünfhundert Jahre. »Wir haben die Schlacht durch den Stolz und die Eitelkeit dieser Franzosen verloren«, sagte Sigismund zum Großmeister der Ritter von Rhodos, »hätten sie meinen Rat angenommen, wir wären Manns genug gewesen, den Feind zu bekämpfen.«

Als Bajasid über das Schlachtfeld ritt und nach der Leiche des ungarischen Königs suchte, fand er die Viennes – das Banner immer noch fest in der toten Hand. Der Sultan war »zerrissen von Trauer« über den Anblick der türkischen Verluste, die die der Christen weit überstiegen. Er schwor, dies Blut nicht ungerächt zu lassen. Als er das Massaker an den Gefangenen von Rachowo entdeckte, verwandelte sich sein Zorn in Raserei. Er befahl, alle Gefangenen am nächsten Morgen vor ihn zu bringen. Jacques de Helly, ein Ritter, der unter Murad I. gedient hatte und von türkischen Kommandeuren erkannt wurde, mußte die führenden Adligen der Franzosen bezeichnen. So wurden Coucy, Bar, d'Eu, Guy de Tremoille, Jacques de la Marche, der Graf von Nevers und einige andere, die hohes Lösegeld versprachen, verschont.

Der Rest, eine Zahl von mehreren tausend, wurde nackt vor den Sultan gebracht, in Gruppen von drei und vier zusammengebunden, die Hände gefesselt und Stricke um den Hals. Bajasid sah sie kurz an und gab dann den Henkern den Befehl, ihre Arbeit zu verrichten. Sie enthaupteten die Gefangenen gruppenweise, schnitten ihnen in manchen Fällen die Kehle durch oder trennten Glieder ab, bis Leichen und Henker in gleicher Weise in Blut gebadet waren. Nevers, Coucy und die anderen waren gezwungen, neben dem Sultan zu stehen und zuzuschauen, wie die Köpfe ihrer Kameraden unter den Krummsäbeln fielen. Boucicaut, verwundet und nur halb bei Bewußtsein, erschien in der Reihe. Nevers fiel vor dem Sultan auf die Knie und deutete pantomimisch mit verschränkten Fingern an, daß er ihm wie ein Bruder sei, daß er das gleiche Lösegeld einbringen würde wie der Graf selbst. Boucicaut wurde verschont. Die Hinrichtungen dauerten vom Morgen bis in den späten Nachmittag, bis Bajasid, von dem Anblick erschüttert oder, wie einige berichten, von seinen Ministern überredet, das Gemetzel einstellen ließ. Schätzungen der Opfer schwanken zwischen dreihundert und dreitausend.

Viele mehr lagen auf dem Schlachtfeld, und auch nicht alle, die fliehen konnten, erreichten die Heimat. Einige entkamen den Türken, nur um in der Donau zu ertrinken, als überladene Boote sanken. König Sigismund segelte zum Schwarzen Meer und nach Konstantinopel und erreichte schließlich seine Heimat. Viele, die versuchten, auf dem Landweg zurückzuwandern, kamen um. Nur wenige schafften es, unter ihnen Graf Ruprecht von Bayern in der Kleidung eines Bettlers. Aber auch er starb wenige Jahre später an den Entbehrungen des Weges.

Luxus und mangelnde Moral, Stolz und Zwietracht, überlegene türkische Taktik, Ausbildung und Disziplin – all dies trug zu dem katastrophalen Ausgang bei. Vor allem aber scheiterten die Kreuzfahrer an ihrem ritterlichen Kredo individueller Tapferkeit – was die Frage nach sich zieht: Warum kämpfen die Menschen? Kriege werden entweder um der Verherrlichung der Kriegführenden willen oder um bestimmte Ziele an Macht, Territorium oder politischem Einfluß geführt. Der mittelalterliche Krieg war keineswegs immer ideeller Natur. Karl V. war der Ruhm des Krieges gleichgültig, wenn er nur die Engländer aus Frankreich vertreiben konnte. In den Feldzügen in der Normandie, von Arezzo und Genua setzte Coucy zuerst jedes andere Mittel ein – Geld, Diplomatie und politische Abkommen –, bevor er die Waffen sprechen ließ, um ein bestimmtes Ziel zu erreichen. Trotz seinem großen ritterlichen Ruhm gehörte er eher der Schule Karls V. an als der Boucicauts.

Innerhalb weniger Jahre nach dem Tod von Karl V. und Du Guesclin war ihr Pragmatismus verschwunden. Die ritterliche Idee behauptete sich aufs neue und bestimmte die Entscheidungen des Nikopolfeldzuges. Warum wurden aus den Erfahrungen von Mahdia nicht die Lehren gezogen? All die grandiosen Pläne der letzten Dekade – die Invasion Englands, die Eroberung Tunesiens, der Weg der Tat – waren entweder Luftschlösser oder Exempel des Scheiterns. Warum waren die französischen Kreuzritter weniger als fünfzig ruhmlose Jahre nach Crécy so arrogant und überheblich? Warum waren sie nicht fähig, ihre Gegner einzuschätzen, zu erkennen, daß diese nicht für die gleichen Werte und unter anderen Regeln kämpften? Die einzige Antwort ist, daß eine beherrschende Idee nur langsam ihre Kraft verliert und daß sich die Franzosen ungeachtet aller Tatsachen nach wie vor für unbesiegbar hielten.

Die Kreuzritter von 1396 brachen mit der strategischen Absicht auf, die Türken aus Europa zu vertreiben, aber in Wirklichkeit dachten sie an etwas anderes. Die jungen Männer aus Boucicauts Generation blickten zurück in die Vergangenheit und auf die seltsamen Lockungen von Ehre und Ruhm. Sie dachten nicht an Taktik und Erkundung, sie wollten nur in der Vorhut kämpfen – und deshalb rollten ihre Köpfe im blutgetränkten Sand zu Füßen des Sultans.

Kapitel 27
Kleide den Himmel in Dunkel

Die Soldaten tot, geflohen oder gefangen – die große christliche Armee existierte nicht mehr. Der Weg nach Ungarn war offen, aber die Türken hatten zu große Verluste erlitten, als daß sie die Invasion hätten wagen können. In diesem Sinne hatten die Kreuzritter nicht vergeblich gekämpft. Eine Gichtattakke, die Bajasid angeblich daran hinderte, weiterzumarschieren, animierte Gibbon zu der Aussage, daß »eine scharfe Verstimmung, die einen einzigen Nerv eines Mannes befällt, das Elend von Nationen abwenden oder aufheben kann«. In Wirklichkeit aber war nicht die Gicht, sondern die Grenze militärischer Macht der entscheidende Faktor. Der Sultan wandte sich nach Asien zurück, nachdem er Jacques de Helly zum König von Frankreich und Herzog von Burgund entsandt hatte, um die Nachricht von dem türkischen Sieg und die Lösegeldforderungen zu überbringen.

Die Leiden der Gefangenen auf dem 350-Meilen-Marsch nach Gallipoli waren groß. Nur in Hemden, meist ohne Schuhe, mit gebundenen Händen, geschlagen und gequält von ihren Bewachern, folgten sie den Siegern zu Fuß über Bergketten und hinunter in die Ebene. Für Adlige, die von Kindesbeinen an an den Pferderücken gewöhnt waren, stand die Ehrverletzung einer barfüßigen Wanderschaft den körperlichen Leiden kaum nach. In Adrianopel machte der Sultan zwei Wochen lang Station. Dann ging der Marsch über die große, leere, baumlose Ebene zum Hellespont. Die Sonne brannte, und wenn sie untergegangen war, wurde der Wind in den Oktobernächten schneidend kalt. In fremden Händen, ungeschützt und schlecht ernährt, niedergeschlagen und voller Furcht vor den Absichten des Sultans, befanden die Gefangenen sich in der wohl härtesten Lage ihres Lebens.

Coucy, der älteste der Gefangenen, niemals zuvor Unterlegener oder Gefangener – darin praktisch einmalig in seiner Zeit –, überlebte nur durch ein Wunder. Nur mit einer »kleinen Jacke« bekleidet, mit nackten Beinen und ohne Kopfbedeckung war er dicht vor dem Zusammenbruch vor Kälte und Erschöpfung. In seiner Not betete er zur Notre-Dame von Chartres. »Plötzlich erschien dort, wo vorher niemand auf der Straße, die sich weit ins flache Land streckte, gewesen war, ein Bulgare, der zu einer Völkerschaft gehörte, die uns nicht wohlgesinnt war.« Der geheimnisvolle Fremde trug ein Gewand, einen Hut und einen schweren Mantel, die er dem Sire de Coucy gab. Der legte sie an und war durch dieses Zeichen himmlischer Gunst so wiederhergestellt, daß er neue Kraft fand, den Marsch fortzusetzen. Aus Dankbarkeit sollte Coucy in seinem Letzten Willen der Kathedrale von Chartres 600 Goldflorins hinterlassen, die von Geoffrey Maupoivre, einem Arzt, der den Kreuzzug begleitete, gefangengenommen wurde und Zeuge des Wunders war, als Coucys Vollstrecker nach dessen Tod tatsächlich ausgezahlt wurden.

In Gallipoli wurden die Adligen unter den Gefangenen in den oberen Räumen eines Turmes gehalten, die dreihundert anderen – unter ihnen der junge Schiltberger – in den unteren. Als das Schiff König Sigismunds dicht unter der Küste durch den Hellespont fuhr, stellten die Türken, die es auf See nicht angreifen konnten, die Gefangenen am Ufer auf und forderten den König höhnisch auf, an Land zu kommen und seine Kameraden zu befreien. Sigismund hatte tatsächlich versucht, die Kreuzritter von Konstantinopel aus freizukaufen, aber seine Mittel waren erschöpft, und der Sultan wußte, daß in Frankreich mehr zu holen war.

Nach zwei Monaten in Gallipoli wurden die Gefangenen nach Bursa, der osmanischen Hauptstadt in Asien, gebracht. Vierzig Meilen im Landesinneren und von einem Halbmond von Bergen geschützt, machte Bursa jeder Hoffnung auf Befreiung ein Ende. Alles hing von den Lösegeldzahlungen ab.

Unglaubliche Gerüchte sickerten in der ersten Dezemberwoche nach Paris. Daß der Ungläubige die Elite Frankreichs und Burgunds geschlagen haben sollte, schien unvorstellbar; nichtsdestoweniger stieg die Angst. Der König, der Herzog von Burgund, Ludwig von Orléans und der Herzog von Bar schickten jeweils eigene Gesandtschaften nach Venedig und Ungarn. Am 16. Dezember brachten Handelsschiffe die Nachricht von der Katastrophe von Nikopol und von Sigismunds Entkommen, aber Paris war auch Weihnachten noch ohne Gewißheit.

Am ersten Weihnachtstag betrat Jacques de Helly »in Stiefeln und Sporen« den Palast von St. Pol, wo sich der Hof für den Festtag versammelt hatte, und bestätigte auf den Knien vor dem König die schreckliche Wahrheit der Niederlage. Er berichtete von dem Feldzug, der entscheidenden Schlacht, den »glorreichen Gefallenen« und von Bajasids entsetzlicher Rache. Der Hof hörte ihn in größter Bestürzung an. Der König und die Herzöge befragten Helly in allen Einzelheiten. Die Briefe, die er von Nevers und den anderen Seigneurs überbrachte, waren die ersten Nachrichten von denen, die überlebt hatten, und, wenn es keinen Brief gab, von denen, die gefallen waren. Weinende Angehörige drängten sich um ihn, um das Schicksal von Sohn, Gatte oder Freund zu erfahren. Helly versicherte seinen Zuhörern, daß der Sultan Lösegelder annehmen würde, denn er »liebte Gold und Reichtümer«. Wenn man Froissart glauben kann (was nicht immer ratsam ist), drückten die anwesenden Seigneurs schließlich die Meinung aus, daß sie sich »glücklich schätzten, in einer Welt zu leben, in der solche Schlachten geschlagen wurden«. Ob dies nun wirklich so gesagt wurde oder nicht – bezeichnend ist, daß Froissart es für die angemessene Reaktion auf die Nachricht von der Niederlage hielt.

Dem Mönch von St. Denis zufolge empfand der Adel »bittere Verzweiflung«, und »Kummer herrschte in allen Herzen«. Schwarze Kleidung tauchte überall auf, und Deschamps schrieb von »Trauerfeiern von Morgen bis Abend«. Am 9. Januar 1397 wurde ein feierlicher Gottesdienst für alle Gefallenen in der Hauptstadt und in den Provinzen abgehalten, »und es war erbarmungswürdig, das Schlagen der Totenglocken in allen Kirchen von Paris zu hören«. Kaum war die englische Heirat gefeiert worden und die Last des alten Krieges den Völkern von den Schultern genommen, als der Jubel wieder erstickte. Es war, als gönne Gott den Menschen keine Freude.

Die Damen von Frankreich trauerten tief um ihre Gatten und Liebhaber, »besonders«, sagt Froissart, immer bemüht, seinen Patron herauszustreichen, »die Dame de Coucy, die Tag und Nacht jämmerlich weinte und sich nicht trösten ließ«. Wahrscheinlich auf Anregung ihrer Brüder, des Herzogs von Lothringen und Ferrys de Lorraine, die gekommen waren, sie zu trösten und zu beraten, schrieb sie am 31. Dezember 1396 an den Dogen von Venedig mit der Bitte, ihr bei der Auslösung ihres Gatten behilflich zu sein. Zwei Boten – Robert d'Esne, ein Ritter aus Cambresis, und Jacques de Willay, *châtelain* von St. Gobain, ein Coucy-Besitz, wurden getrennt voneinander entsandt, um die Auslösung Coucys und Heinrichs von Bar zu arrangieren. Da die schnellste Nachrichtenverbindung nicht schneller war als ein reisender Mann, war es sicher, daß Monate vergehen würden, bis Neuigkeiten eintrafen.

Da Gian Galeazzos Einfluß am osmanischen Hof bekannt war, wurde die Versöhnung mit ihm plötzlich außerordentlich wichtig. Die Botschafter, die mit Geschenken zu Bajasid reisten, wurden angewiesen, die Route über Mailand zu nehmen und Gian Galeazzo, dessen erste Frau eine Prinzessin von Frankreich gewesen war, das verspätete Recht zu übertragen, die Lilien in sein Wappen aufzunehmen. Inzwischen hatten die ersten Gesandten Venedig erreicht, von wo aus sie versuchten, mit den Gefangenen Verbindung aufzunehmen. Venedig, dessen Interesse am Handel mit der Levante es zum Bindeglied Europas mit der moslemischen Welt machte – und nebenbei auch zu einem höchstens halbherzigen Teilnehmer an der Kreuzfahrt –, diente während der gesamten Lösegeldverhandlungen als Nachrichtenzentrum, Ausgangspunkt von Reisen in die Levante und auch als Kreditgeber.

In Burgund und Flandern schwärmten die Steuereintreiber des Herzogs von Burgund aus. Kaum erholt von der Finanzierung des Kreuzzuges, mußte das Volk nun helfen, die Überlebenden auszulösen. Die traditionellen Hilfszahlungen für das Lösegeld des Herrn wurden jeder Stadt und jeder Grafschaft abverlangt, dazu kam ein Beitrag von der Geistlichkeit. Der Schrei »Geld! Geld!«, schrieb Deschamps, hallte zeit seines Lebens über das Land. Immer wieder standen die Gemeinen dagegen auf, erschlugen in ihrer Verzweiflung die Steuereinnehmer, um dann entsetzt zusammenzubrechen, einmal mehr verfolgt von Adligen mit Schwertern und von Anwälten mit Dokumenten, die alle mit drohender Stimme riefen: *»Sà, de l'argent! Sà, de l'argent!«*

Coucy ging es in Bursa nicht gut. Einige Berichte sagen, er sei in tiefen Kummer verfallen, in eine Melancholie, die nichts erhellen konnte, er habe gewußt, er werde Frankreich nie wiedersehen, daß nach so vielen Abenteuern dies sein letztes gewesen sei. Seine Einschätzung war nur realistisch, aber wahrscheinlich eher begründet durch Krankheit und Verwundung als durch die »Trauer über den Sieg des Antichristen über die Christen«, was L'Alouete, der erste Geschichtsschreiber der Coucy-Dynastie, anführt. Mit sechsundfünfzig war Coucy noch nicht alt, auch wenn allgemein behauptet wird, daß die Menschen seiner Zeit früh alterten. Die Lebenserwartung im Mittelalter aber ist nur eine Statistik, die durch die hohe Kindersterblichkeit verzerrt wird; jene, die im Mittelalter die Fünfziger und Sechziger erreichten, galten keineswegs als alt und verehrungswürdig. Coucy hatte ein außerordentlich aktives Leben geführt, immer ruhelos, ohne Ruhepausen zwischen den Aufgaben, die er auf sich nahm. Er zeigte keine Alterserscheinungen oder Anzeichen der Schwäche, als er sich dem Kreuzzug anschloß. Er führte den brillanten Angriff auf die Türken am Tag vor der Schlacht – die einzige erfolgreiche Waffentat des ganzen Feldzugs. Dann kamen das Fiasko in einer Schlacht, die gegen seinen Rat überhastet eröffnet wurde, die Niederlage in einem Unternehmen, dessen Berater er an führender Stelle war, das grauenvolle Schauspiel der Abschlachtung seiner Kameraden und Untergebenen vor seinen Augen, die Schande und die Entbehrungen der Gefangenschaft, die Unsicherheit einer Auslösung und die Furcht vor einem Sieger, der an keine Regeln gebunden war. Als ein Mann, der sein Leben lang in einzigartiger Weise von Erfolg und Glück verwöhnt worden war, war Coucy psychisch auf solches Mißgeschick kaum vorbereitet. Vielleicht erblickte er auch in der Schlacht von Nikopol ein tiefes Versagen der Ritterschaft und sah in ihrem Ausgang eine persönliche Todesahnung bestätigt.

Am 16. Februar 1397 entwarf er in Vorbereitung auf den Tod in Bursa seinen Letzten Willen oder, genauer, einen langen Nachtrag zu seinem Testament. Zu dieser Zeit mag er bereits in provisorischer Freiheit bei dem reichen und adligen Francesco Gattilusio, dem genuesischen Herrn von Mytilene (Lesbos), in Bursa gewohnt haben – »einem Verwandten«, wie Froissart schrieb. Gattilusio war ein Mann von großem Einfluß am osmanischen Hofe und mag sehr wohl – auch ohne verwandtschaftliche Bindung – für einen großen, in Genua wohlbekannten französischen Baron gebürgt haben. Man kann also hoffen, daß Coucy seine letzten Tage nicht auf nacktem Stein verbrachte.

»Gesunden Geistes, aber körperlich schwach und in Anbetracht dessen, daß nichts sicherer als der Tod und nichts unsicherer als seine Stunde«, begann Coucy seinen Anhang in lateinischer Sprache, wahrscheinlich geschrieben von der Hand Geoffrey Maupoivres, der nicht nur Arzt, sondern auch Magister der Künste war. In der Sorgfalt und Genauigkeit der Bestimmungen spiegelt das Dokument wider, was ein mittelalterlicher Mann angesichts des Todes dachte.

»Zunächst und vor allem« weist er an, daß er in Frankreich nach den Bestimmungen seines früheren Testaments (das die Beerdigung seines Körpers in Nogent und seines Herzens in seiner Stiftung Ste. Trinité in Soissons vorsah) bestattet zu werden wünschte. Ganz am Ende des Nachtrags, als sei ihm plötzlich die Schwierigkeit bewußt geworden, seinen Körper einzubalsamieren und in die Heimat zu transportieren, beauftragt er seine Vollstrecker mit der Rückführung seiner Gebeine und seines Herzens. Zu einer Zeit, in der der offizielle Glaube auf der Wertlosigkeit des Körpers beharrte und die Unsterblichkeit der Seele betonte, ist die extreme Sorge um jedes Detail der körperlichen Überreste und ihrer Bestattungsform bemerkenswert.

Das Zweitwichtigste war ihm Ste. Trinité selbst, die größte Investition für seine Erlösung. Er stiftete für das Kloster »ein würdiges Silberkreuz von etwa 23 Pfund, ein silbernes Weihrauchfaß, zwei Meßkännchen für Wein und Wasser, einen silbernen Wasserkrug, in dem sich der Priester die Hände wäscht, einen schönen und würdigen Abendmahlskelch von angemessenem Gewicht für solch ein Kloster, vier Paare Kirchengerät für den Priester, den Diakon und den Subdiakon, von denen drei für den gewöhnlichen Gebrauch und das vierte für die Zeremonien an wichtigen Feiertagen vorgesehen ist«. Weiter hinterließ er im Interesse seiner Seele Stiftungen für nicht weniger als einundzwanzig Kirchen, darunter die Notre-Dame de Chartres, »die, wie wir gewißlich glauben, für uns ein sichtbares Wunder verrichtete«. 1000 Florins sollten unter die Armen von Paris verteilt werden, ebensoviel an die Armen in seinen Besitzungen, und 800 Florins gingen an das Hôtel Dieu in Paris.

Anders als viele andere Adlige in ihrer Todesstunde hatte Coucy offenbar nicht das Gefühl, daß er irgend jemandem Abbitte zu leisten hätte. Es waren nur einige Schulden abzugelten. Sein einziger verfügbarer Besitz – ein Gewand und ein Wandteppich – sollten verkauft werden, um seine Diener und einen gewissen Abraham zu bezahlen, »Apotheker und Händler von Bursa«, der ihm Medizin gebracht hatte. Schulden, die er auf der Reise gemacht hatte, sollten mit Hilfe seiner in Venedig deponierten Juwelen bezahlt werden. Geoffrey Maupoivre und Jacques d'Amance, Marschall von Lothringen (dem Herzogtum der Familie seiner Frau), werden zu den Vollstreckern ernannt, hinzu kommen der Graf von Eu, Boucicaut und Guy de Tremoille als Helfer und Berater. Diese drei unterschrieben auch zusammen mit Guillaume de Tremoille, Jacques de la Marche und sechs anderen Rittern das Dokument.

Zwei Tage später, am 18. Februar 1397, starb Enguerrand VII., Sire de Coucy und Graf von Soissons, in Bursa.

Ein ganzer Mann in einer zerrissenen Zeit, war er von der Brutalität, Korruption und rücksichtslosen Selbstsucht seiner Klasse am wenigsten belastet. Die Ritter seiner Zeit sind von Clissons Biographen sehr gut beschrieben worden als »abwechselnd kultiviert und barbarisch, großzügig und blutdürstig, schurkisch und ritterlich, übermenschlich in ihrem Kampfesmut und ihrer Liebe zum Ruhm, unmenschlich in ihrem Haß, ihren wilden Narrheiten, ihrer Hinterlist und wütenden Grausamkeit«. Coucy unterschied sich von den meisten in seiner offensichtlichen Immunität gegen jene wilden Narrheiten. Er hatte ein stabiles Selbstverständnis, nahm jede Verantwortung außer dem Amt des Constable auf sich, blieb abwägend in seinem Urteil, kühl und fähig in seinen Leistungen. Wenn er kein wirklicher Führer seines Landes wurde, so deshalb, weil die Führung des Adels von vornherein nur dem König zugestanden war, der noch bis in die Zeit Karls V. die Adligen persönlich in die Schlacht führte. Als Johann II. in englischer Gefangenschaft war, forderten die nordfranzösischen Adligen Karl von Navarra auf, sie gegen die Jacques zu führen, da er ein König war. Der Adel zeigte Einigkeit indessen nur, wenn er als Klasse bedroht war. Ansonsten waren die Interessen der Freiherren zu regional, die Gewohnheit der Unabhängigkeit zu stark, als daß ein Bedürfnis nach einheitlicher Führung aufkommen konnte.

Coucys englische Heirat gab ihm zwölf kritische Jahre lang eine Sonderrolle. Nachdem er sich ganz für Frankreich entschieden hatte, entwickelte er sich im Laufe des Feldzugs in der Normandie zu einer führenden Gestalt des französischen Adels und hätte Du Guesclin als Constable nachfolgen können, wenn er es gewollt hätte. Die Gelegenheit, zu einer Gestalt von nationaler Bedeutung zu werden, aber verstrich mit dem Tode Karls V., denn unter der selbstsüchtigen Herrschaft der Onkel ging jedes Gefühl nationaler Verantwortung allmählich verloren. Coucy erhob sich nicht über die Tendenzen seiner Zeit; er ging mit ihr, er diente ihr besser als die meisten, und er starb an ihren Werten. Sein Tod machte sie ärmer. »Dieser Enguerrand VII.«, schrieb der Biograph von Boucicaut, »war als der verdienstvollste Seigneur seiner Zeit angesehen.«

Coucys Tod wurde erst zwei Monate später in Paris bekannt. Robert d'Esne und nach ihm Jacques de Willay hörten davon in Venedig, als sie in den Orient reisten. Ludwig von Orléans wußte es noch am 31. März nicht, denn er entsandte in großer Fürsorglichkeit einen Schreiber mit Kleidung in die Türkei, nachdem er von den elenden Umständen, in denen die Gefangenen angeblich lebten, gehört hatte. Im April brachte Willay das einbalsamierte Herz und die Gebeine (oder den einbalsamierten Körper – welches von beiden, ist nicht gesichert) mit nach Frankreich zurück. Dann erst wurde die Dame de Coucy vom Tod ihres Gatten benachrichtigt. Nach dem Biographen von Boucicaut, der allerdings zu rhapsodischen Übertreibungen neigt, bejammerte sie ihren

Verlust so sehr, daß »es schien, ihr Herz und ihr Leben verließen sie; und niemals wieder wollte sie heiraten noch der Trauer jemals erlauben, ihr Herz zu verlassen«. Eine Bestattung von beeindruckender Grandeur wurde von den Bischöfen von Laon und Noyon zelebriert, der Körper (oder die anderen Überreste) in einem gewaltigen Grabmal in Nogent zur letzten Ruhe gebettet, das Herz in Ste. Trinité unter einer Plakette bewahrt, die ein eingraviertes Herz über dem Coucy-Wappen zeigt. Deschamps schrieb ein Klagelied wie für ein nationales Ereignis, in dem er »den Tod und das Ende Enguerrands, des von allen edlen Herzen betrauerten Barons«, besang.

Das Lösegeld für die übrigen Gefangenen wurde schließlich nach langen Verhandlungen mit dem Hof des Sultans auf 200 000 Dukaten festgesetzt. Alle Reserven des Kreditwesens wurden mobilisiert, um die ungeheure Summe aufzubringen. Inzwischen waren Boucicaut und Guy de Tremoille vorläufig freigelassen worden, um Geld in der Levante aufzutreiben. Sie reisten nach Rhodos, wo Tremoille, offenbar in geschwächter Gesundheit, krank wurde und starb. Die Ritter von Rhodos stellten 30 000 Dukaten für das Lösegeld bereit, der König von Zypern leistete einen Beirag von 15 000 Dukaten, verschiedene Handelsleute und wohlhabende Bürger des Archipels liehen weitere 30 000. Für mehr als die Hälfte der Gesamtsumme bürgte im Namen des Herzogs von Burgund Gattilusio, der Herr von Mytilene.

Gegen eine Anzahlung von 75 000 Dukaten wurden die Gefangenen am 24. Juni unter der Bedingung freigegeben, in Venedig zu bleiben, bis die ganze Summe gezahlt war. Noch ein weiterer Ritter unter ihnen erlebte diesen Tag nicht. In grausamer Gerechtigkeit starb der Graf von Eu neun Tage vor der Freilassung. Bajasids Abschiedsworte waren nicht höflich. Jean de Nevers sagte er, daß er es verschmähe, ihm den Eid abzunehmen, nie wieder gegen ihn die Waffe zu erheben. »Kommt mit welcher Macht Ihr könnt und laßt es an nichts fehlen, aber kommt. Ihr werdet mich immer bereit finden, Euch und Eurer Kompanie auf dem Schlachtfeld zu begegnen . . ., denn ich bin bereit, große Waffentaten zu vollbringen und mehr von der Christenheit zu erobern.« Dann ließ der Sultan die Kreuzritter am Schauspiel seiner Jagd mit siebentausend Falknern, sechstausend Jägern, Hunden in Seidendecken und Leoparden mit diamantbesetzten Halsbändern teilnehmen.

Gesundheitlich geschwächt und mittellos, hatten es die Ritter nicht eilig, nach Frankreich zurückzukehren. Sie reisten langsam mit langen Erholungspausen über Mytilene nach Venedig, wo ein erneuter Ausbruch der Pest einen weiteren unter ihnen das Leben kostete – Heinrich von Bar. Es war ein trauriger Tod so nahe der Heimat, und es machte Coucys Tochter und Erbin vaterlos und zur Witwe, was Folgen für die Domäne Coucys nach sich ziehen sollte.

Die Kreuzritter, von deren Führern nun nur Nevers, Boucicaut, Guillaume de Tremoille und Jacques de la Marche neben sieben oder acht anderen Herren geblieben waren, betraten Frankreich im Februar 1398. An den Toren von Dijon wurden sie von der Bürgerschaft mit Geschenken empfangen. Eingedenk seiner eigenen Gefangenschaft befreite Nevers »eigenhändig« alle Insassen des Stadtgefängnisses. In Paris übergab der König seinem Vetter ein Geschenk von 20 000 Pfund. Die Städte von Burgund und Flandern stritten sich um die Ehre, den Führer der Kreuzritter empfangen zu dürfen. Auf Befehl seines Vaters machte er einen Triumphzug durch die Lande und Städte der Leute, die seine Freiheit erkauft hatten.

Das krönende Fiasko der Ritterschaft verschwand hinter Feiern, Gesängen und Pomp. Nach Nikopol litt Frankreich unter langen schweren Jahren der Mißwirtschaft. Die herrschenden Werte der Ritterlichkeit veränderten sich noch immer nicht, aber das ihnen zugrunde liegende System verfiel. Froissart machte den gleichen Befund in England, wo ein Freund aus alten Zeiten ihn fragte: »Wo sind die großen Unternehmungen und tapferen Männer, die glorreichen Schlachten und Eroberungen? Wo sind die Ritter in England, die jetzt solche Taten verrichten könnten? ... Die Zeiten sind schlechter geworden ... Verrat und Haß werden jetzt genährt.«

Der türkische Sieg hatte keine unmittelbare Wirkung auf Europa, weil Bajasid sich dem Osten zuwenden mußte. Ein gefährlicher Feind war ihm in Asien erwachsen, Tamerlan, der an der Spitze einer neuen mongolisch-türkischen Horde Anatolien überrannte und eine Spur von verbrannten Städten und zu Pyramiden aufgeschichteten Schädeln hinter sich ließ. 1402 schlug er die türkische Armee unter Bajasid und nahm den Sultan gefangen. Hinter Gitterstäben auf einer Karre wurde er im mongolischen Troß mitgeschleppt, bis er an der Schande und den Entbehrungen starb – als hätte die Geschichte bewußt diese Symmetrie von Tun und Leiden eingerichtet.

In seiner eigenen Zerrissenheit gefangen, war Europa nicht in der Lage, die Gelegenheit zu nutzen und den Griff der Türken auf dem Balkan zu brechen. Außer einer tapferen, aber kleinen Expedition unter Boucicaut – der letzte Ausläufer der Kreuzzüge – konnte Konstantinopel keine Hilfe mehr aus dem Westen gewinnen. Sigismund war in Auseinandersetzungen mit den Deutschen und Böhmen verwickelt, Frankreich und England hatten beide mit inneren Schwierigkeiten zu kämpfen. Bajasids Sohn hielt Tamerlan stand, die mongolische Eruption beruhigte sich, Bajasids Enkel rückte wieder in Europa vor, und sein Urenkel Mehmed II. eroberte 1453 Konstantinopel.

In Coucy erhoben sich rivalisierende Ansprüche auf das Erbe der großen Baronie mit ihren Burgen, 150 Städten und Dörfern, ihren berühmten Wäldern, »ihren vielen guten Vasallen, ihrem großen Adel und ihren unschätzbaren Einkünften«. Marie von Bar, Coucys älteste Tochter, und die Dame de Coucy, seine Witwe, gerieten in eine feindselige Auseinandersetzung um den Besitz; Marie beanspruchte die ganze Domäne, die Dame de Coucy eine Hälfte.

Keine der beiden gab nach, sie lebten jede in einer Burg des Besitzes, umgeben von ihren Hauptleuten und Verwandten, und jede hatte einen Prozeß gegen die andere eingeleitet.

Inzwischen versuchte Königin Isabeau, immer noch vorrangig im Interesse ihrer elterlichen Familie agierend, eine Heirat ihres Vaters Stephan von Bayern mit der Dame de Coucy in die Wege zu leiten. Dies erweckte in Frankreich die Furcht, daß die strategische Domäne in ausländische Hände geriet. Um das zu verhindern, bedrängte Ludwig von Orléans (mit »Drohungen und Erpressungen« einer Quelle zufolge) Marie von Bar, ihm die Baronie zu verkaufen, wobei mit der Begründung, die Domäne sei unteilbar, die Ansprüche der Witwe ganz übergangen werden sollten. Ob sein Motiv vor allem das Interesse Frankreichs oder die eigene Bereicherung war, bleibt eine offene Frage. Wie auch immer, es gelang ihm, sich eine der größten Besitzungen Frankreichs zu eigen zu machen, was seine Position gegenüber seinem Onkel, dem Herzog von Burgund, stärkte. Der Kaufpreis betrug 400 000 Pfund, von denen Ludwig zunächst nur 60 000 anzahlte. Marie behielt das Recht auf Nutznießung der Domäne. Ludwig zwang sie wenig später auf nicht überliefertem Weg, ihm 200 000 Pfund des Kaufpreises zu erlassen, und auch die restlichen 140 000 Pfund der anderen Hälfte blieben ungezahlt. Marie leitete nicht weniger als elf Verfahren gegen Ludwig von Orléans ein, bis sie plötzlich nach einer Hochzeitsfeier verstarb, nicht ohne »Verdacht des Giftmords«. Ihr Sohn Robert von Bar führte die Prozesse fort, während er selbst der Angeklagte in Verfahren war, die die Dame de Coucy, die ebenfalls ihre Ansprüche aufrechterhielt, gegen ihn anstrengte. 1408, nach dem Tode Orléans, gab das Parlament den Ansprüchen der Dame de Coucy statt, aber die erloschen einige Jahre später wieder, als ihre Tochter Isabel, die den Bruder Jeans de Nevers geheiratet hatte, ohne Erben starb. Während dieser Auseinandersetzungen blieb Ludwigs Sohn, Karl von Orléans, im Besitz der Baronie, und als Karls Sohn als Ludwig XII. König von Frankreich wurde, ging Coucy an die Krone über, die die Baronie schon so lange begehrt hatte.

Das gequälte Jahrhundert schleppte sich in der ihm eigenen Weise seinem Ende zu. Im März 1398 trafen sich Kaiser Wenzel und der König von Frankreich in einer erneuten Anstrengung, das Schisma zu überwinden. Um Benedikt XIII. abzusetzen, hatte die Universität von Paris vorgeschlagen, daß Frankreich ihm seine Loyalität entziehe, aber vorher sollte ein letzter Versuch unternommen werden, beide Päpste zur Abdankung zu zwingen. Die Zustimmung des Kaiserreiches war notwendig, um Druck auf Bonifatius IX. auszuüben, und dies war der Sinn der Gespräche von Reims. Aber aufgrund der Schwäche der beiden Herrscher, der eine vom Alkohol, der andere vom Wahnsinn gezeichnet, entsprach das Resultat nicht den Erwartungen. Ein erneuter Anfall der Umnachtung überschattete Karl VI. bereits, als er in Reims ankam, und in den kurzen Intervallen, in denen er bei klarem Verstand war, war Wenzel betrunken. Der Kaiser eröffnete die Verhandlungen in stumpfer Teilnahmslosigkeit, die er durch ständiges Trinken aufrechterhielt, und stimmte vage allem zu, was vorgeschlagen wurde. Als die Vernunft Karl schließlich völlig verließ, ging die Versammlung auseinander.

Beiden Päpsten wurde Gewalt angedroht, und beide widerstanden. Frankreich entzog Benedikt die Loyalität und belagerte sogar den päpstlichen Palast in Avignon, aber keine dieser Maßnahmen erwies sich als wirksam, und die erste verursachte so viel Unannehmlichkeiten, daß sie zurückgezogen werden mußte. Richard II. von England, der immer noch die Freundschaft Frankreichs suchte, erklärte sich bereit, Bonifatius zur Abdankung aufzufordern, womit er aber nur einen Aufruhr der Engländer heraufbeschwor, die ohnedies unter der Mißwirtschaft des Königs litten. Die Bürger von London, Parteigänger Gloucesters, nannten ihn nur noch Richard von Bordeaux (wo er geboren war) und sagten über ihn: »Sein Herz ist so französisch, daß er es nicht verbergen kann, aber eines Tages wird er für alles zahlen müssen.«

Dann ereigneten sich in England jene »großen und schrecklichen« Dinge, die, wie Froissart schrieb, in der Geschichte seiner Zeit unerhört waren. Von einer Verschwörung gegen ihn überzeugt, ließ Richard II. Gloucester nach Calais verschleppen, wo er mit einem Tuch erdrosselt wurde, ließ Arundel hinrichten und Warwick und die Percys verbannen. Er brachte dadurch den Haß und die Furcht seiner Untertanen so gegen sich auf, daß sein Vetter Heinrich von Bolingbroke ihn 1399 absetzen konnte, ohne daß sich ein Schwert für den rechtmäßigen König erhob. Gezwungen, öffentlich auf die Krone zu verzichten, wurde Richard vom Tower in ein versteckter gelegenes Gefängnis verlegt, wo er an Vernachlässigung oder Schlimmerem starb.

Angesichts dieser Ereignisse verließ Froissart der Mut. Die Absetzung des Königs von England schockierte ihn tief, nicht aus Liebe zu Richard II., sondern weil dieser Akt die Ordnung untergrub, die seine Welt stützte. Die etwas mehr als sechzig Jahre seines – und Coucys – Lebens, die ihm wie ein Schauspiel von unendlicher Faszination erschienen waren, kamen in tiefen Schatten an ihr Ende. Er erblickte die Hohlheit seiner Ideale und konnte sein Werk nicht fortsetzen; seine Geschichtsschreibung bricht mit dem Jahrhundertende ab.

Wenn diese sechzig Jahre einigen wenigen an der Spitze der Gesellschaft voller Glanz und Abenteuer erschienen, so waren sie für die meisten eine Folge von unberechenbaren Gefahren: von den drei galoppierenden Übeln Plünderung, Pest und Steuern; von erbarmungslosen und tragischen Konflikten, bizarren Schicksalen, Hexerei, Betrug, Aufstand, Mord, Wahnsinn und dem Sturz von Fürsten; von zurückgehender Feldarbeit, von gerodetem Land, das wieder zur Wildnis wurde; und vom immer wiederkehrenden Schatten der Pestilenz, die ihre Botschaft von Sünde und Schuld und der Feindschaft Gottes unter die Menschen trug.

Und die Menschheit wurde durch die Botschaft nicht besser. Die Gewalttätigkeit warf alle Zügel ab. Es war eine Zeit der Verantwortungslosigkeit. Verhaltensregeln wurden kraftlos, Institutionen verfielen, die Ritterschaft schützte das Volk nicht; die Kirche, weltlich geworden, führte nicht mehr zu Gott; die Städte, einst Träger des Fortschritts, waren in gegenseitige Fehden verwikkelt und im Inneren in Klassenkämpfen zerrissen; die Bevölkerung, reduziert durch den Schwarzen Tod, erholte sich nicht. Der Krieg zwischen England und Frankreich und das Brigantentum, das er gebar, enthüllten die Hohlheit der militärischen Prätentionen des Rittertums und die Oberflächlichkeit seiner moralischen Ansprüche. Das Schisma erschütterte die Grundlagen der zentralen mittelalterlichen Institution und verbreitete ein tiefes und umfassendes Unbehagen. Die Menschen fühlten sich unkontrollierbaren Einflüssen unterworfen, wie Treibgut hin und her geworfen in einer Welt ohne Sinn und Richtung. Sie lebten in einer Epoche, die kämpfte und litt, ohne sichtbar voranzukommen. Sie sehnten sich nach Heilung, nach einer Erneuerung des Glaubens, nach einer Stabilität und Ordnung, die niemals kam.

Die Zeiten waren nicht statisch. Der Vertrauensschwund öffnete den Weg für die Veränderung, und das Elend, die *miseria,* gab diesem Impuls die Kraft. Die Unterdrückten hielten nicht länger aus, sondern rebellierten, wenn auch kaum gerüstet, eine neue Ordnung durchzusetzen. Dennoch: Veränderung fand, wie immer, statt. Wyclif und die protestantische Bewegung waren die natürliche Folge des Niedergangs der Kirche. Die Monarchie, die zentrale Regierung, der Nationalstaat gewannen an Kraft, sei es nun zum Guten oder zum Bösen. Die Schiffahrt, durch den Kompaß befreit, war den Entdeckungsreisen nahe, die die Grenzen Europas aufbrechen und die Neue Welt finden sollten. Die Literatur von Dante bis Chaucer drückte sich in den Nationalsprachen aus, bereit für den großen Sprung, den die Buchdruckerkunst bringen sollte. Johannes Gutenberg wurde in dem Jahr geboren, als Coucy starb. Aber noch wirkten die Mißstände und die Unordnung des 14. Jahrhunderts fort. Die Zeiten sollten im Laufe der nächsten fünfzig Jahre noch schlechter werden, bis sich zu einem unmerklichen Zeitpunkt durch irgendeinen geheimnisvollen Prozeß die Energien erneuerten, Ideen aus den alten Formen des Mittelalters in neue Bereiche ausbrachen und der Menschheit eine neue Richtung gaben.

Epilog

Innerhalb der nächsten fünfzig Jahre liefen die Entwicklungen, denen das 14. Jahrhundert den Impuls gegeben hatte, aus, einige von ihnen in übersteigerter Form wie menschliches Fehlverhalten in hohem Alter. Nach einer erneuten schweren Epidemie im letzten Jahr des alten Jahrhunderts verschwand der Schwarze Tod, aber der Krieg und das Brigantentum erneuerten sich, der Todeskult wurde extremer, der Kampf um ein Ende des Schismas und die Reform der Kirche verzweifelter. Die Bevölkerungsdichte erreichte den niedrigsten Stand. Die Gesellschaft war physisch und moralisch tief geschwächt. In Frankreich wurde Jean de Nevers, der seinem Vater als Herzog von Burgund 1404 auf den Thron folgte, zum Mörder und löste mit seiner Tat eine Kette von Übeln aus. 1407 heuerte er eine Bande von Schlägern an, um seinen Rivalen Ludwig von Orléans in den Straßen von Paris zu ermorden. Als Ludwig nach Einbruch der Dunkelheit in sein *hôtel* zurückkehrte, wurde er angegriffen, die gedungenen Mörder schlugen ihm die Hand, die die Zügel hielt, ab, zogen ihn von seinem Maultier und hackten ihn mit Schwertern, Äxten und schweren Holzprügeln zu Tode, während seine berittene Eskorte, die bei solchen Gelegenheiten nie besonders nützlich gewesen zu sein scheint, entfloh.

Durch seine herzogliche Macht vor Strafe geschützt, verteidigte Johann der Furchtlose, wie Nevers genannt wurde, seine Handlung in aller Öffentlichkeit als gerechtfertigten Tyrannenmord. Da Ludwig im Bewußtsein des Volkes mit der Verschwendung und der Leichtlebigkeit des Hofes eng verbunden war, konnte Johann von Burgund sich als Vertreter der Volksinteressen stilisieren, indem er die jüngste Steuererhebung der Regierung ablehnte. In dem Vakuum, das der irrsinnige König hinterließ, erfüllte der Herzog die Sehnsucht des Volkes nach einem königlichen Freund und Beschützer.

Tödlicher Haß und unstillbarer Hader zwischen den Häusern Burgund und Orléans zerfraßen Frankreich in den nächsten dreißig Jahren. Regionale und politische Gruppen sammelten sich um die Antagonisten, Brigantenkompanien, von beiden Seiten angeheuert, erschienen wieder und zogen ihre Spur von Plünderung und Mord durch das Land. Beide Seiten erhoben abwechselnd die »Oriflamme« gegeneinander, je nachdem, wer den König und die Hauptstadt kontrollierte. Die Verwaltung des Reichs fiel in Unordnung, Finanzen und das Gesetz wurden mißbraucht, Ämter verkauft und gekauft, das

Parlament verwandelte sich in einen Markt der Korruption. Das Reich, erklärte ein orléanistisches Manifest, sei versunken in Sünde und Verbrechen, und Gott werde überall gelästert, »sogar von Geistlichen und Kindern«. Die Mittelklasse erhob sich in dem gleichen Versuch, korrupte Beamte zu verbannen und eine gute Regierung einzuführen, an dem Etienne Marcel vor mehr als fünfzig Jahren gescheitert war – mit dem gleichen Mißerfolg. Die orléanistische Partei unterdrückte den Aufstand und ergriff die Gelegenheit, Johann von Burgund zum Rebellen zu erklären, worauf dieser sich nach dem alten Muster des Karl von Navarra mit den Engländern verbündete.

Heinrich IV. von England starb 1413, sein Sohn und Thronfolger war mit seinen fünfundzwanzig Jahren angetreten, mit der ganzen salbungsvollen Energie eines bekehrten Wüstlings seine Herrschaft zu einer Zeit strenger Tugend und heroischer Eroberung zu machen. Im Vertrauen auf die Anarchie in Frankreich und seine Absprachen mit dem Herzog von Burgund und in der Hoffnung, durch militärische Erfolge die Engländer hinter dem Hause Lancaster zu vereinigen, nahm Heinrich V. den alten Krieg wieder auf und erneuerte den fadenscheinigen Anspruch auf die französische Krone, der dadurch nicht gültiger geworden war, daß er über einen Usurpator auf ihn gekommen war. Unter dem Vorwand verschiedener französischer Perfidien landete er 1415 an Frankreichs Küste und verkündete, daß er »in sein eigenes Land, in seine eigenen Provinzen, in sein eigenes Königreich« gekommen sei. Nach der Belagerung und Eroberung von Harfleur in der Normandie marschierte er nach Calais, um von dort für den Winter nach Hause zurückzukehren. Etwa dreißig Meilen vor seinem Ziel, nicht weit vom Schlachtfeld von Crécy, stieß er bei Agincourt auf die französische Armee.

Die Schlacht von Agincourt hat Bücher, Studien und viele Aficionados inspiriert, aber sie war nicht entscheidend im Sinne von Crécy, das durch die Tatsache, daß es zur Eroberung von Calais führte, das halbernste Abenteuer Edwards III. in den Hundertjährigen Krieg verwandelte, oder im Sinne von Poitiers, das den Vertrauensschwund gegenüber dem Adligen als Ritter auslöste. Agincourt bestätigte lediglich diese beiden Folgen, insbesondere die zweite, denn nicht einmal Nikopol war eine so schmerzliche Demonstration der Tatsache, daß Kampfesmut in der Schlacht nicht gleichbedeutend mit militärischer Kompetenz ist. Die Schlacht wurde durch die Inkompetenz der französischen Ritterschaft verloren und gewonnen eher durch die Kriegstüchtigkeit der englischen Fußsoldaten als durch ihre Ritter.

Obwohl der Herzog von Burgund und seine Vasallen sich aus dem Kampf heraushielten, war die französische Armee den Invasoren drei- oder vierfach überlegen. Der Constable Charles d'Albret hatte in der alten Überheblichkeit ein Angebot von sechstausend Armbrustschützen der Miliz von Paris abgelehnt. Keine neue Taktik war eingeführt worden, und die einzige technologische Neuerung (außer der Kanone, die in der offenen Feldschlacht keine Rolle spielte) war ein dickerer Plattenpanzer. Er sollte besseren Schutz gegen Pfeilschüsse bieten, führte aber dazu, daß der Ritter schneller müde wurde, unbeweglicher und seinen Schwertarm nicht mehr ganz frei bewegen konnte. Der schreckliche Wurm in seinem Kokon war weniger schrecklich als vorher – und der Kokon selbst manchmal tödlich; Ritter starben manchmal in seinem Innern an Herzversagen. Pagen mußten ihre Herren mitunter im Feld stützen, denn wenn sie fielen, konnten sie sich nur schwer wieder erheben.

Die Armeen trafen auf engbegrenztem Raum zwischen zwei Wäldchen aufeinander. Die Nacht hindurch hatte es geregnet, und der Boden war aufgeweicht, so daß die in Eisen gekleideten Ritter leicht ausrutschen und fallen konnten. Die Franzosen hatten es unterlassen, ein Schlachtfeld zu wählen, auf dem sie ihre numerische Überlegenheit hätten ausspielen können. Sie waren in drei Reihen hintereinander aufgestellt mit wenig Bewegungsmöglichkeiten an den Flügeln und so gezwungen, einander in das sumpfige Tal hinunter zu folgen. Da sie keinen Oberbefehlshaber hatten, der wirklich Autorität besaß, stritten die Adligen miteinander um einen Platz in der ersten Reihe, bis diese so dicht besetzt war, daß sie einander behindern mußten. Bogenschützen und Armbrustschützen wurden hinter den Rittern aufgestellt, um nicht den Glanz des Zusammenstoßes zu verwässern, und waren so nutzlos.

Die Engländer hatten, wenn auch hungrig, müde und niedergeschlagen durch ihre Unterlegenheit, zwei Vorteile: einen König, der persönlich das Kommando innehatte, und ein Verhältnis Ritter zu Bogenschützen von etwa tausend zu sechstausend. Ihre Bogenschützen wurden in soliden Keilen zwischen den Reisigen und in großen Blöcken an den Flügeln aufgestellt. Ohne Rüstung waren sie sehr beweglich und trugen zusätzlich zum Bogen verschiedene andere Waffen am Gürtel: Äxte, Keulen, Hämmer und einige auch lange Schwerter.

Unter diesen Umständen war das Ergebnis einseitiger als das jeder anderen Schlacht seit Beginn des Krieges. In der Enge konnten die abgesessenen Ritter der französischen ersten Linie ihre gewaltigen Waffen kaum schwingen und fielen, durch den Schlamm gehindert, in hilflose Unordnung, die sich, als die zweite Linie vorrückte, in dem Gewirr von reiterlosen Pferden, in Panik und Flucht schnell in ein Chaos verwandelte. Die englischen Bogenschützen, die die Situation erkannten, warfen ihre Bogen nieder und stürzten sich mit ihren Äxten und anderen Waffen in eine Orgie des Tötens. Viele der Franzosen waren gar nicht mehr in der Lage, sich zu wehren, was die Verluste von mehreren tausend Mann erklärt, verglichen mit den fünfhundert Gefallenen auf englischer Seite.

Nach zweijähriger Pause kehrte Heinrich V. zurück, um systematisch Territorium zu erobern. Die verbesserte Technologie im Gebrauch der Artillerie hatte inzwischen die Städte ihre Immunität gekostet. Als die Ära des Schwertes endete, begann die der Feuerwaffe, ohne daß die Kriegslust des Menschen zwischen beiden innegehalten hätte. Heinrich eroberte die ganze Normandie, während die Franzosen in innere Fehden verwickelt waren. Zwei Dauphins starben hintereinander, was den unglücklichen vierzehnjährigen Charles zum Thronerben machte, den seine eigene Mutter für illegitim erklärte. Rouen fiel unter einer erbarmungslosen Belagerung der Engländer, und nun, da Paris bedroht war, versuchten die Franzosen, gegen den Feind die eigenen Reihen zu schließen.

1419 kam ein Treffen zwischen dem Dauphin und dem Herzog von Burgund auf der Brücke von Montereau, etwa 35 Meilen südöstlich von Paris, zustande. Die beiden Parteien näherten sich einander voller Mißtrauen. Harte Worte fielen, Hände zuckten an die Schwerter, und während sich der Dauphin zurückzog, fielen seine Gefolgsleute über den Herzog her, stießen ihm die Waffen in den Körper und »warfen ihn ganz tot nieder auf die Erde«. Ludwig von Orléans war gerächt, aber zu einem bitteren Preis.

Rache gelobend ging Philipp von Burgund, der neue Herzog, ein volles Bündnis mit Heinrich V. von England ein, erkannte selbst dessen abgetragenen Anspruch auf die Krone von Philipps eigenen Vorfahren an. Zusammen entwarfen sie den Vertrag von Troyes zwischen dem König von England und der immer noch lebenden Hülle des Königs von Frankreich. Nach seinen Bedingungen, 1420 unterschrieben, verstießen der unverständige König und seine bayrische Königin, die nie französisch empfunden hatte, den »sogenannten Dauphin« und akzeptierten Heinrich V. als Thronfolger Frankreichs und Gatten ihrer Tochter Catherine.

Frankreich war an seinem tiefsten Punk. Wenn bei Poitiers ein König gefangengenommen wurde, so wurde in Troyes das Königtum selbst aufgegeben. Das große Frankreich war zu einem englisch-burgundischen Kondominium herabgesunken. Der Fünfjahresfeldzug Heinrichs V. allein hatte dies nicht bewirkt: Es war die Folge von Kräften, die seit einhundert Jahren auseinanderstrebten, zusammen mit dem Aufstieg Burgunds als eigenständigem Staat und der langlebigen Umnachtung des Königs. Aber auf dieser Stufe in der Entwicklung des Nationalismus konnte eine Eroberung nicht mehr gelingen, so berechnend die Methoden Heinrichs V. auch waren. Es gab nun ein besetztes Frankreich und ein freies Frankreich südlich der Loire. Der elende Dauphin weigerte sich mit dem Mut, der ihm noch zu Gebote stand, den Vertrag anzuerkennen, und zog sich mit seinem Rat nach Bourges zurück, wo er den schwachen Herzschlag seines Anspruchs auf die Krone am Leben erhielt. Nach einem königlichen Einzug in Paris kehrte Heinrich V. nach England zurück. Er ließ den Herzog von Bedford, seinen Bruder, als Regenten in Frankreich zurück. Die Geschichte – oder welcher *deus ex machina* auch immer das Geschick der Menschen regiert –, erlaubt sich hin und wieder einen Sinn für Ironie. Wenig mehr als zwei Jahre später starben Karl VI. und Heinrich V. innerhalb eines Monats, der Schwiegersohn zuerst, so daß er niemals die französische Krone trug. Der Anspruch ging auf seinen neun Monate alten Sohn über und mit ihm, vererbt durch Catherine von Frankreich, der Fluch der Valois. Der Irrsinn sollte Heinrich VI. ereilen, als er erwachsen war; der Dauphin und spätere Karl VII. war illegitim und entging darum diesem Schicksal.

Wieder einmal hatte der Krieg das Land überzogen; in der Picardie, dem ewigen Pfad der Invasoren, lagen die Dörfer wieder in geschwärzten Ruinen, die Felder waren unbestellt, und unbenutzte Straßen wucherten zu. Bauern flohen das Land, um Zuflucht in den Städten zu finden, wo sie Sicherheit und ein besseres Leben zu finden hofften. Unter den dichtgedrängten Massen aber und den Unterernährten forderten die Epidemien einen größeren Zoll. Der zurückgehende Handel schuf Arbeitslosigkeit, die wiederum Feindseligkeit gegen die Neuankömmlinge weckte. Einige kehrten auf das Land zurück und versuchten, ihre Dörfer wiederaufzubauen und die versteppten Felder wieder zu kultivieren, einige lebten in den Wäldern von Fallenstellerei und dem Fischfang.

Jetzt, im 15. Jahrhundert, erreichte der Todeskult seine höchste Blüte. Die Künstler wandten sich der Verwesung mit grauenerregender Detailgenauigkeit zu: Würmer zuckten in jeder Leiche, aufgeblähte Kröten saßen auf toten Augäpfeln. Ein winkender, spottender, grinsender Tod führte den Danse Macabre über unzählige Wandfresken. Eine Literatur des Sterbens drückte sich in den populären Abhandlungen über die *Ars moriendi* aus, die Kunst des Sterbens, mit Szenen vom Sterbebett, Ärzte und Notare davor, der zusammengeduckten Familie, schwarzen Tüchern und Särgen, Totengräbern, deren Spaten die Knochen älterer Toter aufwarfen, schließlich mit dem nackten Leichnam in Erwartung des Richterspruchs Gottes, während Engel und bösartige schwarze Teufel um die Seele streiten.

Mit dem Todeskult verband sich die Erwartung des Endes der Welt. Der Pessimismus des 14. Jahrhunderts wuchs sich im 15. Jahrhundert zu dem Glauben aus, daß der Mensch schlechter würde, ein Hinweis auf das kommende Ende. Wie es in einer französischen Abhandlung beschrieben wurde, war ein Zeichen des Verfalls die Verhärtung der Barmherzigkeit in den Herzen der Menschen; die menschliche Seele alterte, und die Flamme der Liebe, die die Menschheit gewärmt hatte, war niedergebrannt und würde bald verlöschen. Seuchen, Gewalttätigkeit und Naturkatastrophen waren weitere Zeichen.

Seit die Engländer ihre Hauptstadt besetzt hielten, war der Mut der Franzosen auf einen Tiefpunkt gesunken. Es gab nicht wenige, die bereit waren, die Vereinigung beider Länder unter einer Krone als einzige Lösung des unaufhörlichen Krieges und des ökonomischen Ruins zu akzeptieren. Bei den meisten aber dominierte der Widerstandswille gegen die englischen Tyrannen und *Goddams*, wie sie genannt wurden, aber er war unkoordiniert und führungslos. Der Dauphin war schwach und ohne Initiative, ein Gefangener passiver oder skrupelloser Minister. Der Mut kam plötzlich und aus der unwahrscheinlichsten Ecke der Gesellschaft – von einer Frau aus der Klasse der Gemeinen.

Das Phänomen der Jeanne d'Arc – die Stimmen von Gott, die ihr sagten, sie müsse die Engländer vertreiben und den Dauphin zum König krönen lassen, die Kraft in ihr, die jene mitriß, die das Mädchen normalerweise verachtet hätten, die Entschlossenheit, die die Belagerung von Orléans aufbrach und den Dauphin nach Reims trug – entzieht sich jeder Kategorie. Vielleicht kann es nur als Antwort auf eine historische Notwendigkeit verstanden werden. Der Moment forderte sie, und sie erhob sich. Ihre Kraft zog sie aus der Tatsache, daß sich in ihr zum erstenmal in der Geschichte der alte Glaube und der neue Patriotismus verbanden. Gott sprach zu ihr mit den Stimmen der heiligen Katharina, des heiligen Michael und der heiligen Margarete, aber was Er ihr befahl, war weder Keuschheit noch Demut noch ein Leben im Geiste, sondern politisches Handeln, um ihr Land von den fremden Tyrannen zu befreien.

Der kometengleiche Höhenflug dauerte nur drei Jahre. Sie erschien 1428, brachte Dunois, einen Bastard Ludwigs von Orléans, und andere aus dem Kreis um den Dauphin dazu, in Orléans anzugreifen, befreite die Stadt 1429 und führte Karl auf der Welle dieses Sieges zu der heiligen Krönungszeremonie in Reims. Von den Burgundern im Mai 1430 bei Compiègne gefangengenommen, wurde sie den Engländern verkauft, als Ketzerin von der Kirche im Dienst der Engländer verurteilt und 1431 in Rouen auf dem Scheiterhaufen verbrannt. Ihre kirchliche Verurteilung war den Engländern sehr wichtig, denn sie beanspruchte, von Gott aufgerufen zu sein, und wenn ihr Anspruch nicht widerlegt wurde, hieß dies, daß Gott, der Schiedsrichter in den Affären der Menschen, sich gegen die Herrschaft der Engländer in Frankreich gestellt hatte. Vor ihrem Prozeß machten weder Karl VII., der ihr seine Krone schuldete, noch einer aus dem französischen Adel den Versuch, sie auszulösen oder zu retten, möglicherweise aus der Scham heraus, von einem Dorfmädchen zum Sieg geführt worden zu sein.

Jeanne d'Arcs Leben und Tod löste nicht sofort eine nationale Widerstandsbewegung aus; nichtsdestoweniger fochten die Engländer hiernach für eine verlorene Sache, ob sie es nun wußten oder nicht. Die Burgunder erkannten dies. Die Einsetzung Karls VII. als gesalbter König von Frankreich, mit einer zuversichtlichen Armee im Rücken, veränderte die Situation, dies um so mehr, als die Engländer durch steigende Reibereien zu Hause unter einem unmündigen König abgelenkt wurden. Der Herzog von Burgund ging allmählich zu Karl VII. über und besiegelte schließlich im Frieden von Arras das Bündnis mit ihm. Innerhalb eines Jahres gewannen die Franzosen die Kontrolle über Paris zurück. Der Krieg war damit nicht beendet, aber neue Hoffnung und Energie lagen in der Luft. Die Kämpfe wurden brutaler, da die Engländer mit jener Hartnäckigkeit, die Eroberer überkommt, wenn die Eroberten sich weigern, zu kapitulieren, einen Feldzug fortsetzten, der mit dem Abfall der Burgunder hoffnungslos geworden war.

Diese ganze Zeit hindurch galt die dominierende intellektuelle Anstrengung in Europa der Beendigung des päpstlichen Schismas und der Reform der Kirche. Beide Ziele hingen direkt von der Suprematie des Konzils über das Papsttum ab. Solange beide Päpste es ablehnten, abzudanken, war ein Konzil die einzige Alternative. Der Streit um Schisma und Reform rief die schärfsten philosophischen und religiösen Kontroversen hervor, die über eine Folge von Konzilen im Zeitraum von vierzig Jahren unablässig debattiert wurden. Einberufen nicht vom Zentrum der Kirche, sondern von ihren Randbereichen aus, den Universitäten, Herrschern und Staaten, traten die Konzile in Pisa, Konstanz und Basel zusammen.

1409 in Pisa wurde das Problem der Reform, redegewaltig von Gerson und d'Ailly vertreten, unterdrückt, da sich alle Energien auf die Absetzung der beiden Päpste in Rom und Avignon richteten. Man beschloß, einen Nachfolger für die beiden zu wählen, aber der Auserkorene starb kurz darauf und wurde von einem kriegerischen Italiener, Baldassare Cossa, mehr ein *condottiere* als ein Kardinal, ersetzt, der den Namen Johannes XXIII. annahm. Da seine zwei rivalisierenden Vorgänger sich ebenfalls noch an den Heiligen Stuhl klammerten, war das Schisma nun dreifach. Weil Frankreich in Schwierigkeiten war, ging die Initiative an Kaiser Sigismund über, der das denkwürdige Konzil von Konstanz (1414 bis 1418) einberief.

Historische Konsequenzen ergaben sich für die Kirche aus der Beschäftigung des Konstanzer Konzils mit einem dritten Problemkreis, der Unterdrükkung des Ketzertums, womit alle abweichenden Bewegungen gemeint waren, die sich aus der Malaise des vorhergehenden Jahrhunderts erhoben hatten. Die religiöse Vitalität war auf die Dissidenten, Mystiker und Reformer übergegangen und in negativer Form auf die Praktizierung von Hexerei und Zauberei. Bedroht, antwortete die Kirche mit feindseliger Verfolgung. Denunziationen, Prozesse und Verbrennungen mehrten sich, und in ihren Folterungen angeblicher Ketzer war die Inquisition so barbarisch und in ihrer Grausamkeit so erfinderisch wie nur irgendein ungläubiger Türke oder Chinese. Die Hexenjagd sollte in der zweiten Jahrhunderthälfte epidemische Ausmaße annehmen.

Konstanz beschäftigte sich mehr mit der grundlegenden Ketzerei des Jan Hus, ideologisch gesehen der Nachfolger von Wyclif. Vorgeladen, um seine Lehre zu erklären und verteidigen, wurde er verurteilt und 1415 auf dem Scheiterhaufen verbrannt. Er hätte sehr wohl beanspruchen können – wie später Bischof Latimer –, daß die Flammen, in denen er starb, eine Kerze entzündeten, die nicht wieder zu löschen war.

Dem Konzil gelang es ebenfalls nach einer Serie dramatischer Auseinandersetzungen mit Johannes XXIII., ihn aufgrund von Vorwürfen der Piraterie, des Mordes, der Vergewaltigung, der Sodomie und des Inzests abzusetzen und den Kardinal Colonna von Rom als Martin V. zu wählen. Da der ehemalige römische Papst zum Rücktritt veranlaßt worden und der immer noch unnachgiebige Benedikt XIII. in Avignon isoliert war, erklärte man das Schisma für beendet, obwohl es sich über dem Streitpunkt der Reform noch einmal kurz beleben sollte. Der bedeutendere Kampf um die Vorherrschaft zwischen Konzil und Papsttum ging weiter. Unter Martin V. gewann der Heilige Stuhl die päpstlichen Staaten und ihre Einkünfte zurück, und dieser materielle, wenn auch nicht spirituelle Gewinn ermöglichte es dem Papsttum unter Martins Nachfolger, Eugen IV., die konziliare Auseinandersetzung auf dem Konzil von Basel zu erneuern. Wie ein Ringkampf von Giganten dauerte dieses Konzil achtzehn Jahre.

Auseinandersetzungen um die Lehre wüteten, Gruppen sezessionierten, Rumpfkonzile traten zusammen, ein rivalisierender Papst – niemand Geringerer als der Graf von Savoyen – wurde als Felix V. gewählt. Reformen und Machtbeschneidungen des Papsttums wurden von einer Seite beschlossen und von der anderen verworfen, während Staaten und Herrscher sich erneut unter dem Diktat der Machtpolitik zerstritten. Schließlich erlitten die Reformer eine Niederlage, Felix V. dankte ab, und das Konzil von Basel löste sich 1449 auf. Das Papsttum, nun wieder fest in italienischen Händen, erkannte die konziliare Suprematie auf dem Papier an, gewann aber seinen Primat faktisch zurück. Sein Triumph aber, im Jubiläum von 1450 gefeiert, erwies sich als ein Phantom. Das Papsttum sollte nie wieder das werden, was es vor dem Schisma und den Konzilen gewesen war. Es hatte in der ersten dieser Krisen an Prestige verloren und in der zweiten seine Kontrolle über die nationalen Kirchen. Als Ausdruck ihrer »gallikanischen Freiheiten« beschloß eine französische Synode 1438 unabhängig Reformen und beschränkte die päpstliche Besteuerung der französischen Geistlichkeit. Die Bewegungen und Ideen, die der konziliare Kampf hervorgebracht hatte, liefen unausweichlich auf die protestantische Sezession zu.

Veränderung in einer anderen Sphäre signalisierten die Hussitenkriege, eine Bewegung, die ihren Schwung aus dem tschechischen Nationalismus und dem religiösen Eifer, den Tod Jan Hus' zu rächen, bezog. Ihre Mitglieder waren größtenteils Bürgerliche und Bauern, und in ihrem Kampf gegen die Kriegerklasse waren es die Bürgerlichen, nicht ihre Gegner, die eine neue militärische Taktik entwickelten. Sie ersannen das Kriegsmittel der »beweglichen Festung«, ein Viereck oder einen Kreis von Planwagen, die gegen den Angriff von Reiterei zusammengekettet waren. Abteilungen, die mit Spießen bewaffnet waren, schützten die Lücken zwischen den Wagen und stürmten – wenn der Erfolg in der Verteidigung den Angriff erlaubte – durch diese Lücken aus der Festung heraus gegen den Feind. 1420 schlugen sie eine Ritterstreitmacht, die Sigismund in einem »Kreuzzug« gegen sie führte, um die rechte Lehre wieder zu etablieren. Mit dem Sieg gewannen sie Selbstvertrauen und unternahmen Expeditionen nach Ungarn, Bayern und Preußen, sogar bis an die Küste der Ostsee. Sie feuerten Kanonen aus dem Inneren ihrer Wagenburg ab und waren die ersten, die Handfeuerwaffen zu bedeutender Wirkung in der Schlacht brachten. Nach zehn Jahren war jeder dritte in der Hussitenarmee mit einer solchen Waffe ausgerüstet.

Da auch sie unter menschlichen Schwächen litten, kam es unter ihnen zu dem ideologischen Konflikt zwischen Radikalen und Gemäßigten, der schließlich ihre Bewegung von innen heraus zerstörte. Auf dem Konzil zu Basel waren sie indessen noch stark genug, die Kirche zu zwingen, zum erstenmal einen Friedensvertrag mit Ketzern zu schließen. Wie die Schweizer – ebenfalls zum größten Teil eine Armee der nichtadligen Klasse – hatten sie es gelernt, wirkungsvoll zu kämpfen, weil sie weder auf den Ruhm versessen noch auf das Pferd angewiesen waren.

Im Laufe der 1420er und 1430er Jahre unternahm Heinrich der Seefahrer, Prinz von Portugal und Enkel des Johann von Gaunt, jährliche Reisen auf den Atlantik hinaus. Er entdeckte und besetzte die Azoren, Madeira und die Kanarischen Inseln, segelte die Westküste Afrikas bis zur Gold- und Elfenbeinküste hinunter und öffnete diese Länder dem portugiesischen Handel. Auch wenn Prinz Heinrichs ursprüngliches Motiv die Verbreitung und der Ruhm des Ordens Christi war, an dessen Spitze er stand, so waren sein Werk und seine Planung modern. Er stand auf jener Brücke zwischen dem Mittelalter und der Neuzeit, auf der sich auch die Humanisten und Wissenschaftler drängten.

Die Veränderung war ungleichmäßig und erratisch. Die Bevölkerungszahl Europas war gegen 1440 auf ihren Tiefpunkt gesunken und sollte noch dreißig Jahre lang nicht wieder ansteigen. Rouen, das vor dem Schwarzen Tod fünfzehntausend Einwohner hatte, zählte in der Mitte des 15. Jahrhunderts nur noch sechstausend. Die Domherren von Schleswig, die ihre Einkünfte von 1457 mit denen aus dem Jahre 1352 verglichen, stellten fest, daß Pacht und die Abgaben an Gerste, Roggen und Weizen nur noch ein Drittel des Vergleichsjahres ausmachten. An vielen Orten waren die Grundschulen aufgegeben worden und sollten erst in der Neuzeit wiederaufgebaut werden. 1439 berichtete der Bürger von Paris, der in jenen Jahren ein Tagebuch führte, daß Gras auf den Straßen der Hauptstadt wuchs und Wölfe die Menschen in den halbleeren Vororten anfielen. Im gleichen Jahr klagte der Erzbischof von Bordeaux, daß die Plage der *écorcheurs*, der Wegelagerer, die Studenten hindere, zu den Universitäten zu kommen, denn »viele sind auf dem Wege dorthin überfallen, ihrer Bücher und ihres Besitzes beraubt und manchmal, ach!, erschlagen worden«. Der Preis, den hundert Jahre Krieg an Hilfszahlungen und

Steuern und entwerteter Währung gefordert hatten, war unschätzbar. Aber die erzwungenen Sitzungen der Stände und Parlamente, die Finanzierung und Hilfe für den Krieg bewilligen mußten, mögen auch die Funktion repräsentativer Körperschaften gestärkt haben.

Nur wenige Menschen vermochten im ersten Jahrzehnt unter Karl VII. Zeichen des Fortschritts zu erkennen. Aufgrund der fortwährenden Kriege, schrieb Thomas Basin, ein normannischer Chronist, aufgrund der »Nachlässigkeit und Untätigkeit« der königlichen Beamten, der »Gier und Disziplinlosigkeit« der Reisigen und des Fehlens eines wirksamen militärischen Kommandos herrsche Verheerung von Rouen bis Paris, von der Loire bis an die Seine, auf den Ebenen von Brie und der Champagne und bis nach Laon, Amiens und Abbeville. »Und man fürchtete, daß die Narben dieser Verheerung lange sichtbar bleiben und andauern würden, wenn nicht die göttliche Vorsehung die Dinge dieser Welt besser behütete«. Langsam und gegen alle Erwartung machte die Verantwortung der Herrschaft einen König aus Karl VII., und sein wachsendes Geschick brachte bessere Männer in seine Dienste. Der große bürgerliche Finanzier Jacques Coeur stellte ihm Geld und Kredit zur Verfügung, und die von fähigen Kanonieren vervollkommnete Belagerungsartillerie brach mit einer dem 14. Jahrhundert noch unbekannten Effizienz die Macht der Engländer über Burgen und Städte. Eine Stadt nach der anderen öffnete den Truppen des Königs die Tore, dies um so bereitwilliger, als Karl VII. endlich die fundamentale Reform des Militärs durchsetzte, an der sein Großvater Karl V. gescheitert war. 1444/45 gelang es ihm, eine stehende Armee aufzustellen, in die er die gesetzlosen Kompanien einfügte – und auf die Weise diese größte Geißel seiner Zeit beseitigte. Unter dem neuen Gesetz entstanden zwanzig *compagnies d'ordonnance* von je hundert Lanzen mit zwei Bogenschützen, einem Knappen, einem Pagen und einem *valet de guerre* pro Lanzenträger, was eine Kompanie auf sechshundert Mann brachte. Offiziere waren die verläßlichsten Söldnerhauptleute, die ihre eigenen Leute in die Armee einbrachten. Die neuen Kompanien wurden von der Krone bezahlt und unterhalten und an strategischen Punkten des Reiches einquartiert, die restlichen *écorcheur*-Banden mit Gewalt aufgelöst. Unter den Zeichen der Veränderung war keines bedeutsamer als diese Neuerung einer stehenden Armee. Sie führte ein Ordnungsprinzip ein, wo alles Vorhergehende – Seuche, Krieg und Schisma – Element der Unordnung gewesen war.

Die Erholung Frankreichs wurde beschleunigt durch Englands schwindende Lust an der Eroberung. Heinrich VI., nun erwachsen, wünschte Frieden. Ein schwacher, unsicherer König, war er eine Schachfigur in den Kabalen unter den Baronen und Prälaten seines Reichs. Sein befähigter Onkel, der Herzog von Bedford, war tot, und nach ihm kam niemand von vergleichbarem Format, der in der Lage gewesen wäre, den Krieg fortzuführen oder zu beenden. Bis 1450 hatten die Franzosen die ganze Normandie zurückerobert; die

Städte kapitulierten, sobald der Artillerietroß erschien. Selbst das englische Aquitanien war auf wenig mehr als die Umgebung von Bordeaux zusammengeschrumpft.

1453 wurde bei Castillon, dem einzig verbliebenen englischen Stützpunkt außer Bordeaux, die letzte Schlacht geschlagen. Die traditionellen Rollen waren verkehrt: tollkühner Kampfesmut auf englischer und bürgerliche Kompetenz auf französischer Seite. Als Castillon sich den Franzosen ergab, brach Lord John Talbot, der Graf von Shrewsbury, von Bordeaux auf, um es zurückzuerobern. Basin zufolge neigte er von Natur aus eher »zu wilden Wagnissen als zum überlegten Angriff« und bestand gegen den Rat eines erfahrenen Leutnants auf einem Frontalangriff seiner berittenen Reisigen. Die Franzosen unter der Führung »eines gewissen Jean Bureau, Bürger von Paris, eines Mannes von kleinem Wuchs, aber von Entschlossenheit und Mut, der besonders erfahren und befähigt im Gebrauch der Artillerie« war, hatten ihr Lager mit einem Graben, einem Wall und mit »Kriegsmaschinen« befestigt – mit Kulverinen, Feldschlangen, Arbalesten und verschiedenen anderen Geschoßwerfern. Talbot und seine Ritter warfen sich auf diese Befestigungen und wurden von einem Hagel von Steinen, Blei und Geschossen jeder Art zurückgeworfen. Talbot starb, und seine Armee wurde vernichtend geschlagen. Bordeaux fiel wenig später. Nichts blieb England von seinem Kontinentalreich außer Calais und einem leeren Anspruch auf die französische Krone.

Der längste Krieg war vorüber, auch wenn sich vielleicht nur wenige dessen bewußt waren. Nach so vielen Waffenstillständen und Wiederausbrüchen – wer konnte schon wissen, daß das Ende gekommen war? Ohne Zeremonie oder Waffenruhe, Vertrag oder Einigung schwand das Abenteuer und die Agonie von fünf Generationen. Das Nationalbewußtsein war aus ihm hervorgegangen. Der Hundertjährige Krieg hatte zusammen mit den Krisen der Kirche die mittelalterliche Einheit zerbrochen. Die Bruderschaft des Rittertums war zerschlagen, ebenso wie der Internationalismus der Universitäten unter der Wirkung von Krieg und Schisma nicht überleben konnte. Zwischen Frankreich und England hinterließ der Krieg eine Erbschaft gegenseitiger Feindseligkeit, die andauern sollte, bis die Notwendigkeit eine Allianz am Vorabend des Jahres 1914 forderte.

Im Jahr von Castillon überwältigte der Irrsinn Heinrich VI. und löste die gleichen Machtkämpfe aus, die Frankreich so geschadet hatten. Beschäftigungslose Soldaten und Bogenschützen kehrten nach England zurück und verdingten sich den verschiedenen Parteiungen der Barone. Der Bürgerkrieg der Rosen trat nun an die Stelle des Krieges mit Frankreich. Im gleichen schicksalhaften Jahr 1453 fielen die mächtigen Befestigungen von Konstantinopel vor den Belagerungskanonen Mehmeds II. Die Türken hatten einen Artillerietroß von siebzig Kanonen vor die Stadt gebracht, darunter eine Riesenbombarde, die von sechzig Ochsen gezogen wurde und Kanonenkugeln von sechshundert Pfund Gewicht abschießen konnte. Der Fall von Byzanz lieferte das konventionelle Datum für das Ende des Mittelalters, aber ein zukunftsträchtigeres Ereignis fand zur gleichen Zeit statt.

Im Jahre 1447 druckte Gutenberg das erste Dokument in Mainz, dann 1453/54 die 42zeilige Bibel. »Die gotische Sonne«, hat Victor Hugo mit angemessenem Pathos gesagt, »ging hinter der gewaltigen Druckerpresse von Mainz unter«. Das neue Mittel der Verbreitung von Wissen und des Austausches von Ideen verbreitete sich mit unmittelalterlicher Geschwindigkeit. Druckerpressen tauchten in Rom, Mailand, Florenz und Neapel schon innerhalb des nächsten Jahrzehnts auf und in Paris, Lyon, Brügge und Valencia in den 1470er Jahren. Die ersten Musiknoten wurden 1473 gedruckt. William Caxton stellte seine Druckerpresse 1476 in Westminster auf und veröffentlichte jenes noch immer unübertroffene Werk englischer Prosa, Malorys *Morte d'Arthur*, im Jahre 1484.

Die Tudors saßen nun auf dem englischen Thron, und eine formelle Einigung zwischen England und Frankreich wurde schließlich im Vertrag von Etaples 1492 niedergelegt, ein Jahr, das aus anderen Gründen bedeutend ist. Die Energien Europas, die einst ihr Ventil in den Kreuzzügen gefunden hatten, richteten sich nun auf die Entdeckung und Besiedlung der Neuen Welt.

Die Linie der Coucys hing nach dem Tod Enguerrands VII. an dem einen Faden von Maries Sohn Robert von Bar. Philippa starb ohne Nachkommen. Isabel, die Tochter aus Coucys zweiter Ehe, starb 1411, sechs Monate vor oder nach dem Tod ihres einzigen Kindes, einer Tochter. Perceval, der Bastardsohn von Coucy, hinterließ seine *seigneurie* in seinem Testament dem Gatten von Robert von Bars Tochter, was darauf hinweist, daß der einzige Sohn Enguerrands VII. kinderlos starb. Dennoch sollte der eine Faden zu einem König führen. Robert von Bars Tochter heiratete Ludwig von Luxemburg, Constable von Frankreich, und gebar eine Tochter, die einen Bourbonen aus dem Zweig Ludwigs des Heiligen heiratete. Der Enkel dieser Ehe, Antoine de Bourbon, heiratete Jeanne d'Albret, die Königin von Navarra, und der Sohn ihrer Ehe errang mit seiner weißen Feder von Navarra und seinem berühmten Zugeständnis – »Paris ist eine Messe wert« – als Heinrich IV. den Thron von Frankreich. Mutig, geistesgegenwärtig, amourös und umgänglich war er der beliebteste aller französischen Könige und – vielleicht infolge der paar Gene, die ihm Enguerrand VII. vererbte – ein vernünftiger Mann.

Die große Baronie von Coucy blieb nach der Vereinigung mit der königlichen Domäne unter Ludwig XII., dem Sohn Karls von Orléans, Eigentum des Orléans-Zweiges des königlichen Hauses. Während der Unmündigkeit Ludwigs XIV. – dessen Bruder Philipp von Orléans den Titel Sire de Coucy trug – wurde die mächtige Burg zu einem Stützpunkt der Fronde, der Liga der Adligen, die gegen den Regenten Kardinal Mazarin opponierte. Um die Basis seiner Feinde zu zerstören, ließ Mazarin 1652 Teile der Burg in die Luft sprengen, aber seine Mittel reichten nicht aus, den titanischen *donjon,* den großen Turm, zum Einsturz zu bringen. Ein Erdbeben im Jahre 1692 zerstörte weitere Teile der Burg und hinterließ einen gezackten Riß von der Krone bis zum Fuß des *donjon,* aber er stand immer noch, Wächter über die verlassenen Hallen zu seinen Füßen. Einhundert Jahre später war der letzte Seigneur der Baronie der Herzog von Orléans, der Philippe Egalité genannt wurde, als Mitglied der Nationalversammlung für den Tod Ludwigs XVI. stimmte und selber ein Jahr später der Guillotine zum Opfer fiel. Sein Besitz einschließlich Coucy ging an den Staat.

Inzwischen war Enguerrands Zölestinerkloster in Villeneuve de Soissons von den Hugenotten verwüstet worden. Es wurde wiederhergestellt und in den Schlachten der Fronde erneut zerstört, schließlich als ein privates *château* verkauft, als der Zölestinerorden 1781 unterdrückt wurde. Während der Revolution ausgeplündert, ging das Gebäude durch verschiedene Hände, bis der Graf Olivier de la Rochefoucauld es 1861 kaufte. Coucys Griff nach der Selbstverewigung war nicht erfolgreicher als die meisten Versuche dieser Art.

Unter Napoleon III. empfahl die Kommission für die historischen Denkmäler die Restauration der Burg von Coucy, zumindest aber sofortige Ausbesserungsarbeiten, um den Verfall aufzuhalten. Die Wahl lag zwischen Coucy und Pierrefonds, einer späteren und luxuriöseren Burg, die Ludwig von Orléans im späten 14. Jahrhundert hatte erbauen lassen. Da die Restauration von Coucy dreimal soviel gekostet hätte und Pierrefonds, da es näher bei Paris lag, von der Kaiserin Eugénie vorgezogen wurde, fiel die Wahl auf Pierrefonds. Der Architekt Viollet-le-Duc, ein großer Restaurateur mittelalterlicher Bauten, war über diese Entscheidung nicht glücklich. »Neben diesem Giganten sind die größten bekannten Türme nur Spindeln«, schrieb er. Alles, was er tun konnte, war, dem Leib des Giganten zwei Eisengürtel umzulegen, das Dach und die Risse in den Mauern auszubessern und einen Wächter einzustellen, der den Diebstahl der heruntergefallenen Steine verhüten sollte.

Still, verlassen, von Eulen bewohnt, lag das große Wahrzeichen ehrfurchtgebietend da. Touristen kamen, um es anzusehen, Archäologen, um seinen Aufbau zu studieren, Künstler, um seine Grundrisse und Monumente zu zeichnen. In dem Dorf an seinem Fuße ging das Leben weiter, die Straße, die sich den Hügel hinabwand und durch das Tal nach Soissons führte, war immer noch vielbefahren. Der *donjon* widerstand der Zeit, den Unordnungen des Menschen und den Unordnungen der Natur, nicht aber denen des 20. Jahrhunderts.

Wieder einmal Opfer einer Invasion, war die Picardie 1917 schon drei Jahre von der deutschen Armee besetzt. Prinz Ruprecht von Bayern, Befehlshaber der Sechsten Armee, legte General Ludendorff, dem Chef des Generalstabes, dringend nahe, die Burg von Coucy als eine einzigartige architektonische

Kostbarkeit, die überdies keinen militärischen Wert habe, zu schonen. Keine Seite, führte er aus, habe versucht, sie für militärische Zwecke zu nutzen, und ihre Zerstörung »wäre nur ein sinnloser Schlag gegen unser eigenes Ansehen«. Ludendorff schätzte derlei kulturelle Appelle nicht. Da Coucy ihm nun unklugerweise zu Bewußtsein gebracht worden war, beschloß er, es zum Exempel überlegener Werte zu machen. Auf seinen Befehl wurde der Koloß, den Enguerrand III. in der Epoche der größten Baumeister seit Griechenland und Rom geschaffen hatte, mit 28 Tonnen Dynamit vollgestopft und gesprengt.

Die Außenwände, Grundmauern, Kellerräume und Tunnel, Teile der Innenwände und Torbögen erheben sich noch über weiten Flächen heruntergestürzten Steins. Über einem zerbrochenen Sturz kämpft ein ungepanzerter Ritter noch immer gegen einen Löwen. Siebenhundert Jahre lang hatte die Burg die Zyklen menschlicher Anstrengung und menschlichen Scheiterns, der Ordnung und Unordnung, der Größe und des Verfalls gesehen. Ihre Ruinen liegen auf dem Hügel in der Picardie, schweigende Beobachter – während sich das Rad der Geschichte dreht.

Anmerkungen

Hinweise sind für die meisten Zitate angegeben und für merkwürdige, umstrittene oder verhältnismäßig obskure Einzelheiten, deren Quelle ein forschender Leser vielleicht kennen möchte. Nicht belegt habe ich die besser bekannten Fakten, Ereignisse und allgemeinen Bedingungen, die in Standardgeschichtsbüchern zu finden sind. Bezüglich der Zitate aus den Chroniken und anderen zeitgenössischen Verfassern wie Ménagier, La Tour Landry, Chaucer, Langland et al. habe ich, wo es wichtig schien, Seitenbezüge angegeben. Sonst, wenn die Quelle im Text genannt ist und das Werk in der Bibliographie erscheint, habe ich es nicht für nötig gehalten, die Seite anzuführen. Dies gilt besonders für Froissart, sowohl um der Verringerung des Umfangs willen als auch, weil ich zu verschiedenen Zeiten verschiedene Ausgaben las oder zu Rate zog (Berners, Johnes, Kervyn-Lettenhove, Luce), was auf zu viele Varianten hinauslief.

ABKÜRZUNGEN

AN	Archives nationales
BN	Bibliothèque Nationale
CMH	*Cambridge Medieval History,* vol. VII
DBF	*Dictionnaire de Biographie Française,* 1933 – (im Entstehen; zur Zeit, als die Autorin es benutzte, hatte es den Buchstaben F erreicht)
DNB	*Dictionary of National Biography*
KL	Kervyn-Lettenhove-Ausgabe von Froissart
LUCE-F	Luce-Ausgabe von Froissart
OCFL	*Oxford Companion to French Literature*

VORWORT

Seite

9 *Thompson: Aftermath,* 565.
10 *Sismondi: Républiques,* chap. 38. Im Original »ne fut point heureuse pour l'humanité«.
10 *Eine »Zeit der Qual«:* Heers, 111.
10 *Perroy:* Hundred Years, X.
12 *Graf von Auxerre:* Delachenal, I, 207, n. 3.
13 *Isabeau von Bayern, hochgewachsen und blond:* Mazas, IV, 181.
13 *»Dunkelhaarig und lebhaft«: CMH,* 375.
13 *Ungarischer Autor:* Otto Zarek, A History of Hungary, übers., London 1939.

KAPITEL 1 – »ICH BIN DER SIRE DE COUCY«: DAS GESCHLECHT

19 *Burg von Coucy und Bergfried:* Viollet-le-Duc, *Dict.,* II, 440–41; III, 113–14; V, 34, 74–75, 79; Larousse, *Grand Dictionnaire universel,* V, 1869;
19 Dufour; Lefèvre-Pontalis.
19 *Vergleich mit den Pyramiden:* zit. Dufour, 21.
19 *»Coucy à la merveille!«: L'Art de vérifier. »Roi ne suis«:* Duchesne, 205.
20 *Burg in sieben Jahren vollendet:* Viollet-le-Duc, *Dict.,* V, 74.

21 *»Kaiser Neros würdig«:* Antoine d'Asti, Sekretär von Karl, Herzog von Orléans, Erbe der Coucy-Domäne. Beschreibung der Burg verfaßt 1410, zit. Dufour, 58.

22 *»Einer der Schlüssel zum Königreich«:* so beschrieben in einer Klage um strittiges Besitztum, erhoben 1407 vom Herzog von Orléans gegen Coucys Enkel, Robert von Bar, gegründet auf den Anspruch, daß die Baronie von ihrem Herrn als ein Ganzes gehalten werden muß, damit er vermag, »jenen besser standzuhalten, die gegen das besagte Königreich heranrücken«, zit. Jarry, *Orléans,* 240. (Das von Jarry angegebene Datum 1447 muß ein Druckfehler sein.)

23 *Geschichte der Dynastie:* Duchesne, 185–274; *L'Art de vérifier,* 219 ff.; Sars, passim; Duplessis.

23 *Enguerrand I. und Sybil:* Guibert of Nogent, 148–50.

23 *»Rasender Wolf«:* Suger in *Vie de Louis VI le Gros,* zit. Ross & McLaughlin, 267–73.

24 Ursprung des *Coucy-Wappens:* Ancien, gegründet auf Duchesne und L'Alouëte. Andere Versionen in *Rev. Nobiliare,* 1865, vol. III, zit. Lacaille *thèse*; ebenso *Histoire de la ville de Marle,* zit. Chaurand, 67–68. Siehe auch Dumas & Martinet, 17; Duckett, 19.

24 *Thomas von Marle:* Guibert von Nogent, 170, 184–85, 199, und dynastische Quellen.

25 Verkauf der Gemeinderechte: Sars, 170; Larousse, *Gr. Encyc.*

26 *Enguerrand III.:* Lelong, 281, 286–87.

26 *Ausbau der Burg von Coucy:* Viollet-le-Duc, *Dict.,* IV, 233–34.

27 *Kathedrale von Amiens, »Höher als alle Heiligen«:* J. Brandicourt & J. Desobry, *The Cathedral of Amiens,* undatierte Broschüre, von der Kathedrale herausgegeben.

28 *Johann, Herzog von Berry, und Kapellenfenster:* Dufour, 51.

28 *Prägten ihre eigenen Münzen:* Sars, 194.

28 *Coucy mußte 30 Ritter stellen:* Lot & Fawtier, 517.

28 *Enguerrand IV.:* über seinen Prozeß, zusätzlich zu dynastischen Quellen, siehe Margaret Wade Lafarge, *St. Louis,* Boston 1968, 175–76.

29 *Wert von zwanzig Sous:* Perroy, »Wage Labour«, 45, n. 1; Jusserand, 46–47, 51.

31 *»Keiner von uns hat einen Vater, der zu Hause starb«:* Girard de Roussilon, zit. Oakeshott, 53.

31 *Garin li Loherains:* zit. Gautier (Engl. Ausg.), 281.

31 *Bertrand de Born:* zit. Bloch, *Feudal,* 293.

32 *Dante schildert Bertrand in der Hölle: Inferno,* XXVIII.

32 *»Für einen Adligen nicht standesgemäß«:* Lewis, 175, 180.

33 *Söhne von adligen Vätern als Händler:* Cazelles, *Société politique,* 290.

33 *»Ritter« soll »keinen Grund finden«:* Bonet, 131.

33 *Ritter mit 32 Wappen:* es war Jacques de Lalaing; Cartellieri, 75.

33 *Giraldus Cambrensis:* zit. Shears in Prestage, 57.

34 *Unzivilisierte deutsche Adlige:* Bonet, 204.

34 *»Ritterlichster Aufenthaltsort der Welt«:* zit. Michelet, III, 255.

34 *Don Pero Niño:* zit. Díaz de Gómez (übers. Evans), 133.

34 *Französisch als zweite Muttersprache, Marco Polo, heiliger Franziskus, venezianischer Gelehrter:* Artz, 350; Cheyney, 248–49.

34 *Entwurf der London Bridge:* Jusserand, 23–24.

34 *Venedig importierte französische Puppen:* Bradley, 136.

34 *Kostbare Elfenbeinschnitzereien:* E. Mâle, *Art et artistes du moyen âge,* Paris 1927, 313–14.

35 *»Ihr Pariser Meister«:* zit. E. R. Chamberlin, *Life in Medieval France,* London 1967, 118.

35 *»Eines der beiden Lichter der Welt«:* zit. Coville, 394.

35 *Zeremonie der Fleischpasteten:* Dufour, 62–64; Lelong, 181.

KAPITEL 2 – ZUM UNGLÜCK GEBOREN: DAS JAHRHUNDERT

37 *Ostsee fror zu:* J. C. Russell, *Fontana,* 24.

37 *Wasserspiegel des Kaspischen Meers stieg an:* Carpentier, *»Autour de la peste noire«.*

37 *Leute, die ihre eigenen Kinder aßen:* Russell, op. cit.
40 *Bischof christliches Begräbnis verweigert: CMH,* 280.
40 *Bischof von Durham:* Coulton, *Panorama,* 128.
40 *Heinrich von Herford:* zit. Cohn, 133–34.
40 *Johannes XXII., Goldbrokat und Pelze:* Origo, 8.
41 *»Reich, unnahbar und raubgierig«:* zit. Hay, 277.
41 *Kardinal benötigte zehn Pferdeställe: CMH,* 282.
41 *Petrarca über »Babylon des Westens«:* Robinson, *Readings,* I, 502–3.
41 *Latrinen des Papstpalastes:* Gagnière.
41 *Botschafter von Aragon:* Origo, 7.
41 *Heilige Birgitta, »ein Feld des Stolzes«:* zit. Hay, 277.
42 *Beschwerde des Erzbischofs von Canterbury:* zit. Cutts, 242–43.
42 *Matteo Villani:* zit. Emerton, 178.
43 *»Sie benahmen sich nicht wie Mönche sich benehmen sollten«:* zit. Jusserand, 170.
43 *Heiliger Franziskus und Brevier:* ibd., 166.
43 *Mönchsorden verliehen Geld gegen Zinsen:* Coulton, *Panorama,* 269.
44 *»Senftöpfe«:* zit. Jusserand, 171–72.
44 *Ein Ei kochen:* Ménagier de Paris, 295.
44 *Fest der Narren:* Chambers, 294, 315, 325–27; Gayley, 49–50.
45 *»Der Dorn fiel heraus«:* Chron. C6, I, 317.
45 *Frau des Inzestes angeklagt:* Cohen, 327.
46 *Petrarca, »Eine schwere und entbehrungsreiche Reise«: Correspondence,* 398.
47 *»Kehr um, kehr um«:* zit. Herlihy, *Med. Culture,* 409.
47 *Confréries:* Mâle, 167 ff.; M. Mollat, *Vie,* 91–103.
48 *Jakob von Vitry:* zit. Davis, 271, und Evans, *Med. France,* 34.
50 *Templer angeklagt:* Jeffry Russell, 195–96, 198.
51 *»Er hätte auch gestanden«:* zit. *CMH,* 318/19.
52 *Molays Fluch:* Der Augenzeugenbericht von Gottfried von Paris ist angeführt in *Nouv. biog. générale,* ed. Hoefer, Paris 1861. Siehe auch Marcel Lobet, *Histoire des Templiers,* Liège 1944, 225; M. Reynouard, *Procès et condamnation des Templiers,* Paris 1805, 113.
53 *»Böse lahme Königin«:* Coville, 399.
53 *Philipp VI. und die seligmachende Anschauung: Lea,* III, 590, 593.
53 *Drohung, den päpstlichen Gesandten zu verbrennen:* berichtet von Giovanni Villani, zit. J. B. Christophe, *Histoire de la Papauté,* Paris 1853, II, 30.
54 *Philipp stiftet Heirat von Enguerrand VI.:* Duchesne, 262–63.
54 *Herzog Leopold und Tochter:* Jarrett, *Social,* 58.

KAPITEL 3 - JUGEND UND RITTERTUM

56 *Stricken auf vier Nadeln:* White, »Technology Assessment« mit Illus. *Ancren Riwle:* zit. McLaughlin, 153, n. 90.
57 *Kindersterblichkeit geschätzt:* McLaughlin, 111.
57 *Philipp von Navarra: »Des iiii tenz d'aage d'ome«* (Die vier Menschenalter) in Longlois, II, 210–11.
57 *Rat über Etikette:* Ménagier, 10, 14–17, 20, 24, 47, 204, 209, 215, 219; T. Wright, Manners, 275; Christine de Pisan, *Livre des trois vertus,* zit. Power, 318; Fra Benvenisco da Ripa, *Zinquanta cortesi da Tavola* (Fünfzig Gefälligkeiten an der Tafel), zit. Aries, 381.
58 Wenige Bücher über Kindererziehung: siehe Power, 420.
58 *Bartholomäus von England und Aldobrandino von Siena:* zit. McLaughlin, 115, 137, 144, n. 31.
59 *Etwa die Hälfte der Bevölkerung unter einundzwanzig:* J. C. Russell, *Fontana,* 31.
60 Boccaccio, *»Vögel, wilde Tiere«: Questioni d'Amore,* chap. 5, zit. *Putnam's Reader,* 188.

61 *Klage eines Chronisten über sehr kurze Hemdjacken:* Jean de Venette, zit. Luce, *Jacquerie,* 37.
61 *März, »In dem die Welt begann«:* Nun's Priest's Tale.
62 *Ein Wissenschaftler aus Oxford:* Thorndike, III, 143.
62 *Depressionen und Angst als Krankheiten erkannt:* ibd., 251.
62 *Trigonometrie:* Davis, 338.
63 *Windmühlen haben den Zehnten zu entrichten:* White, *Med. Tech.,* 89.
63 *Reisen – Entfernungen und Bedingungen:* Boyer; Jusserand, 123; Hay, 363; d'Haucourt, 17; Cipolla, 534; Boissonade, 287; T. Wright, *Manners.*
63 *Sir Hervé de Leon:* Coulton, *Panorama, 325.*
64 *Deschamps über deutsche Gasthäuser:* zit. Coopland in Anmerkungen zu Mézières, I, 36.
65 *Wußten, daß die Erde eine Kugel ist:* Bartholomäus von England, *Image du Monde,* und andere, in Langlois, *Connaissance.*
65 *Wie eine Fliege um einen Apfel: Image,* zit. ibd., 78.
65 *Entfernung der Erde von den Sternen:* ibd., 79.
65 *Universum in den Armen Gottes:* Mâle, 298.
65 *Mond, Sonnenfinsternis, Regen, Zeitabstand zwischen Donner und Blitz: Image du Monde,* 97–100.
65 *Ansichten über Indien, Persien:* ibd., 83–84.
65 *Garten Eden:* Howard Patch, *The Other World,* Harvard University Press, 1950.
66 *»Sie sind so, wie es Gott gefällt«:* ibd., 93.
66 *Buch des Sidra:* Langlois, *Connaissance,* 224 ff.
67 *Dantes Verse, gesungen von Schmieden und Eseltreibern, und öffentliche Vorträge über:* Cheyney, 260.
68 *Italienisches biographisches Lexikon:* Bandini von Arezzo, *Fons memorabilium universi,* zit. Thorndike, III, 562.
68 *Katharinas Gemahl:* Er heißt Conrad de Hardeck in *L'Art de vérifier,* 237, und Conrad de Magdebourg bei La Chesnaye-Desbois.
68 *Katharinas Sorgfalt bei der Erziehung ihres Sohnes:* BN, ms. fr. 18616.
72 *Kosten von Helm und Schlachtroß:* Contamine, 656.
72 *Heiliger Bernhard über Turniere:* Gautier, 272.
73 *Zähneputzen und Nägel sauberhalten:* Painter, 135.
73 *Châtelain de Coucy:* Delbouille, passim.
74 *»Melancholisch, amourös und barbarisch«:* Gaston Paris, zit. in Larousse, *Gr. Encyc.,* XIII, 34.
75 *Edward III. und Gräfin von Salisbury: Chron. Jean le Bel,* 30–34; *Chron. normande,* 54, 59–60; Luce-F, II, 346, und IV, XVIII–IX.
75 *Identität von Johann dem Schönen:* Snell, 339; Coville, 413.
76 *Ritter des Deutschen Ordens, Bauernjagden als sportliches Vergnügen:* Pirenne, *Europe,* II, 110.

KAPITEL 4 – KRIEG

77 *»Longbow«:* Stein, 66; Lot & Fawtier, 528.
77 *»Ribaud« (Kanone):* Oman, 211–17; *Chron. Jean de Venette,* 157, n. 45.
78 *»Oh, diese englischen Feiglinge!«:* Walsingham, zit. KL, III, Anmerk., 491.
78 *Die Fische tranken so viel französisches Blut: Melsa Chron.,* zit. Anmerkungen zu *Chron. Jean de Venette,* 154, n. 27.
80 *Edward III., »jungenhafter Charme« und »jugendliche Launenhaftigkeit«: CMH,* 438.
80 *Thomas von Aquin über »Gerechten Krieg«:* zit. Jarrett, *Social,* 193; Painter, 157.
80 *Recht auf Plünderung:* Keen, *Laws,* 65, 74–75, 140.
81 *Michelet über die Bretagne:* aus dem berühmten »Tableau de France« in der *Histoire,* II, 7–18.

81 *Karl von Blois – Charakter:* Huizinga, *Waning,* 178.
81 *Barfuß durch den Schnee:* ibd.
81 *Ließ Köpfe von dreißig Gefangenen schleudern:* Mackinnon, 219; siehe auch Roujoux, *Hist. des rois et des* ducs de Bretagne, 1839, III, 127; A. Clauziou, *Hist.* de Bretagne, 1941, 97–98.
83 *Königin Johanna über Flandern:* zit. Mollat & Wolff, 25.
83 *Matthäus von Westminster über Wolle:* zit. Thompson, 61.
84 *Artevelde schlägt gräfliche Truppen:* Pernoud, 214.
85 *Arteveldes Tod:* Froissart.
85 *»il piccolo Re d'Inghilterra«:* zit. Tourneur, 467.
86 *»double et louche«:* III, 250.
87 *Ratschlag der Lords und der Bürger 1344:* Barnes, 303.
87 *Schiffe für englisches Expeditionskorps:* Hewitt, *Organization,* 51, 76; Coopland, in Anmerkungen zu Mézières, I, 59.
88 *Militärische Verpflichtungen der Städte:* Contamine, 33, 176.
88 *Rouen, Narbonne, Nîmes:* Henneman, *Royal,* 116, 120, 122, 135, 147.
89 *Bezahlungssätze für Ritter:* Contamine, 622–23, 626.
89 *Montre:* ibd.
89 *Rüstung und Helm:* Oakeshott, 15, 43; Cutts, 344–45; Contamine, 656.
89 *»Schrecklicher Wurm«:* zit. Lefranc, 137, aus einem ungenannten zeitgenössischen Gedicht, nicht näher identifiziert.
90 *Keule, Lieblingswaffe von streitbaren Äbten und Bischöfen:* Davis, 196.
90 *Französische Ritterschaft verachtete Geschosse:* Evans, *Life,* 140.
90 *Der erste Bogenschütze »ein Feigling«:* zit. Davis, 190.
91 *Armbrust 1139 von der Kirche verboten:* Painter, 21.
91 *Crécy:* Die Schlacht wird in allen Chroniken beschrieben. Eine nützliche Zusammenfassung ist in Lot, 340–50.
92 *Englische Bogenschützen bewahrten Sehnen vor Nässe: Chron. Jean de Venette,* 43. Das Thema der nassen oder trockenen Bogensehnen und ob, wenn naß, sie schrumpfen oder sich spannen, ist eine eifrig diskutierte Frage unter den Lederkollern von Crécy gewesen und hat selbst zu einem physikalischen Experiment durch einen Geschichtsschreiber geführt, der Bogensehnen in Wasser einweichte, um die Antwort festzustellen.
94 *Isabelles Verlobung mit Ludwig von Male: Chron. Jean le Bel,* II, 135–39; *Chron. normande,* 84–86, 276, n. 7; LUCE-F, IV, nn. 1–2, 34–37; *Grandes Chrons.*, ed. Viard, IX, 292; *Chron. Jean de Venette,* 47–48, 184–85, n. 27; *Chron. de Jean de Noyal,* ed. Molinier, *Bull. SHF,* 1883, 253. Lied über Isabelle ist in Jean de Venette, 48. Zusammenfassung über die Quellen in Henry Lucas, *The Low Countries and the Hundred Years' War,* 1929, 559–65.
95 *Bürger von Calais mußten sogar Exkremente essen* (»Toutes ordures par droite famine«: zit. *CMH,* 349.
95 *Gesamtzahl der in den Feldzug Crécy–Calais verwickelten Männer:* Postan, *EHR.*

KAPITEL 5 – »DAS IST DAS ENDE DER WELT«: DER SCHWARZE TOD

Die hauptsächlichen für dieses Kapitel verwendeten Quellen waren Campbell, Carpentier, Crawfurd, Coulton, *Black Death,* Gasquet, Hecker, Ziegler, ebenso Barnes, Bowsky, Bridbury, Cazelles, *Peste,* Deaux, Meiss, *Painting . . . After the Black Death,* Nohl, Renouard, Saltmarsh, Seebohm, Thompson, Thrupp. Über die Juden: Abrahams, Salo Baron, Chazan und *Encyclopedia Judaica,* Jerusalem und New York 1970–71.
97 *»Der Tod« war ihm »ins Gesicht geschrieben«:* Simon de Covino, zit. Campbell, 80.
97 *Eine kranke Person könne »die ganze Welt infizieren«:* zit. Gasquet, 41.
97 *Walisisches Klagelied:* zit. Ziegler, 190.
99 *»Daß Hunde die Leichen hervorzogen«:* Agnolo di Tura, zit. Ziegler, 58.
99 *Wenn »kein Mann zugegen war, dann eben eine Frau«:* Bischof von Bath und Wells, zit. Ziegler, 125.

99 *»Und keine Totenglocke ertönte«:* Agnolo di Tura, zit. Schevill, Siena, 211. Die gleiche Beobachtung wurde von Gabriel de Muisis, Notar von Piacenza, gemacht, zit. Crawfurd, 113.
100 *Petrarcas Bruder:* Bishop, 273.
100 *Bruder John Clyn:* zit. Ziegler, 195.
101 *Empfinden abgestumpft; »und die Menschen in dieser Zeit«:* zit. Deaux, 143, nur »eine alte nördliche Chronik« zitierend.
101 *Agnolo di Tura, »Väter verließen ihre Kinder«:* zit. Ziegler, 58.
101 *»Ratsherren und Anwälte«:* zit. Deaux, 49.
101 *Englische Priester flohen »vor den ihnen Anvertrauten«:* Ziegler, 261.
101 *Eltern ließen ihre Kinder im Stich:* Hecker, 30.
101 *Guy de Chauliac, »kein Vater besuchte seinen Sohn«:* zit. Gasquet, 50–51.
102 *Picarden und Schotten machen sich über Sterblichkeit der Nachbarn lustig:* Gasquet, 53, und Ziegler, 198.
102 *Katharina de Coucy: L'Art de vérifier,* 237.
102 *Gerbereiarbeiter von Amiens:* Gasquet, 57.
102 *Seuche »durch ihre Fröhlichkeit fernhalten«: Grandes Chrons.,* VI, 486–87.
102 *John of Fordun:* zit. Ziegler, 199.
102 *Simon de Covino über die Armen:* Gasquet, 42.
103 *Simon de Covino über die Jugend:* Cazelles, *Peste.*
103 *Knighton über Schafe:* zit. Ziegler, 175.
103 *Wölfe in Österreich und Dalmatien:* ibd., 84, 111.
103 *Hunde und Katzen blieben nicht verschont:* Muisis, zit. Gasquet, 44, 61.
103 *Bayrischer Chronist aus Neuburg an der Donau:* zit. Ziegler, 84.
103 *Walsingham, »Die Welt nicht mehr so reich wie vorher«:* Denifle, 273.
104 *»O glückliche Spätgeborene«:* zit. Ziegler, 45.
104 *Giovanni Villani,* » . . . e dure questo«: zit. Snell, 334.
104 *Venezianische Ärzte:* Campbell, 98.
104 *Simon de Covino:* ibd., 31.
104 *Guy de Chauliac, »Ich lebte in ständiger Angst«:* zit. Thompson, *Ec. and Soc.,* 379.
105 *Thukydides:* zit. Crawfurd, 30–31.
105 *China Entstehungsgebiet der Pest:* Obwohl die Vorstellung über den chinesischen Ursprung noch immer wiederholt wird (z. B. von William H. McNeill, *Plagues and People,* New York 1976, 161–63), wird sie von L. Carrington Goodrich von der Association for Asian Studies, Columbia Univ., in Briefen an die Autorin vom 18. und 26. Oktober 1973 bestritten. Indem er zeitgenössische chinesische und andere Quellen zitiert, führt er auch Dr. George A. Perera vom College of Physicians and Surgeons an, eine Autorität über ansteckende Krankheiten, der »einig mit mir ist, daß die Zeiträume zwischen Epidemien in China (1334), Semirechyé (1338–39) und dem Mittelmeerbecken (1347–49) zu lang scheinen, um die erste für die letzte verantwortlich zu machen«.
105 *Gerüchte aus Asien:* Barnes, 432; Coulton, *Black Death,* 9–11.
106 *Pest durch die Luft verbreitet:* Campbell, 38.
106 *Bericht der Universität von Paris:* Hecker, 51–53; Campbell, 15.
107 *Villani, »Ausrottung der Menschengattung«:* zit. Meiss, *Painting . . . After the Black Death,* 66.
107 *Stadtrat von Rouen verbietet Spielen, Fluchen und Trinken:* Nohl, 74.
107 *In Messina das Dämonische in der Gestalt »von Hunden«:* Coulton, *Black Death,* 22–27.
108 *Pestjungfer:* Ziegler, 85.
108 *Kantakuzenos:* Barnes, 435.
109 *Klemens VI. und »sinnliche Laster«:* Gregorovius, VI, 334.
109 *Operative Geschicklichkeit der Ärzte:* Thorndike, III, 249–51.
109 *Grauer Star:* Gilles li Muisis, *Chron.* zit. in Intro. X.
109 *Hauttransplantationen:* M. Rowling, *Life in Medieval Times,* New York 1973, 192. Siehe auch Arturo Castiglione, *A History of Medicine,* New York 1946, 398–99.

110 *Legende des heiligen Rochus; »In dieser traurigen Zeit«:* zit. Mâle, 190.
110 *»Gott ist taub in dieser Zeit«:* Passus X, Zeile 79.
110 *»Unbarmherzigkeit Gottes«:* zit. Campbell, 132.
110 *Absicht der Juden, »die Christenheit zu töten«: Chron. Jean le Bel,* I, 225, und Gilles li Muisis, 222.
111 *Anklage der Brunnenvergiftung: Chron. Jean de Venette,* 50; S. W. Baron, XI, 160.
111 *Flüsse und Quellen:* aus *Jugement du Roi de Navarre,* 70.
114 *Judenabzeichen und spitzer Hut:* Abrahams, 287; Enlart, 435.
114 *William von Newburgh:* zit. Coulton, *Panorama,* 359.
114 *Judenprozesse in Savoyen:* Cox, 60–70; »Black Death« in *Encyc. Jud.*
115 *Klemens' VI. Bulle gegen Judenhysterie:* LUCE-F, IV, 101.
115 *Flagellanten:* Cohn, 125–37; *CMH,* chap. 10; Lea, II, 882; Hecker, 34–39; Schnyder, 279–89.
117 *Massensterben der Juden in Worms, Frankfurt, Köln, Mainz, Erfurt:* Cohn, 138–39; Heinrich Graetz, *History of the Jews,* Philadelphia 1894, IV, 109.
118 *Herzog Albert II. von Österreich:* S.W. Baron, XI, 163.
118 *Büßerzüge verschwanden »wie Nachtgespenster«:* zit. Cohn, 139.
118 *Juden kehren nach Erfurt zurück:* S.W. Baron, IX, 224.
119 *Produktionsumstellung von Würfelspielen auf Rosenkränze:* Gasquet, 60.
119 *Piers Plowman:* Passus IX, ed. Wells, 110.
119 *Villani, »bessere Menschen«:* zit. Coulton, *Black Death,* 66–68.
120 *Durch Schwarzen Tod verringerte Bevölkerung:* J. C. Russell, »Med. pop.«, Carpentier, *AESC;* Bowsky; Heers, 101–05; Hay, 76.
120 *Knappheit an Arbeitskräften:* Perroy in *EHR,* Seebohm, 269, 273; Helen Robbins, 473–76; Heers, 108–11.
121 *Jubiläumsjahr 1350:* Gregorovius, 323–25.
121 *»Ein Priester soll seine Untertanen glücklich machen«:* zit. G. Mollat, *Papes,* 86.
122 *Schatz des Verdienstes:* Jusserand, 170.
122 *Eine Million Besucher in Rom:* Meiss, 80.
122 *Erbschaften an die Kirche, St. Germain l'Auxerrois:* Ziegler, 78.
122 *Stadtrat von Siena unterbricht Zuwendungen an kirchliche Institutionen:* Bowsky, 26
122 *Florenz, Mißbrauch von Almosen:* Meiss, 78.
123 *Kardinallegat in Rom angegriffen:* Gregorovius, 325. *»Bene quidem«:* Coulton, *Black Death,* 59.
123 *Menschen »verderbter als zuvor«: Chron. Jean de Venette,* 51.
123 *Klemens VI., »was könnt ihr den Menschen predigen«:* ibd., 55–56.
123 *Lothar von Sachsen:* zit. Campbell, 144.
124 *Trainis Fresko, Campo Santo in Pisa:* Meiss, »Traini«; Supino, 73–80.

KAPITEL 6 – DIE SCHLACHT VON POITIERS

127 *Hinrichtung des Grafen von Eu:* Diese Affäre, die eine Menge Klatsch und Mutmaßung erzeugte, wird von allen Chronisten – Jean le Bel, *Chron. J. & C., 4 Valois,* Gilles li Muisis, *Normande,* Froissart mit ausgedehnten Anmerkungen in LUCE-F, IV, und KL Biog. Index, und Erörterung in Cazelles, *Société pol.,* 249–52 – ausführlich behandelt.
127 *»ung bien hastif homs«: Chron. 4 Valois,* 16–17.
127 *»Eine grausame Herrin«:* KL, IV, 202.
128 *Königliche Verordnung von 1351:* Lot; Tourneur, *Poitiers.*
128 *Historiker des Hosenbandordens:* Elias Ashmole, *The History of the Most Noble Order of the Garter,* London 1715.
128 *Orden vom Stern:* Michelet, III, 294–95; Coville, 92; Contamine, 186–87; Huizinga, *Men and Ideas,* 204; Anquetil, 402. Über die Schlacht von Mauron, in der die Mitglieder abgeschlachtet wurden, siehe *Chron. normande,* 106, und LUCE-F, IV, Anmerkungen.

130 *Schlacht der Dreißig:* KL, V, 514.
131 *Ermordung von Karl d'Espagne:* alle Chroniken, besonders *Chron. 4 Valois,* 25–28.
132 *Gefecht in Oxford:* Trevelyan, *English Social History,* London 1949, I, 49.
132 *Francesco Ordelaffi:* Emerton, 170.
133 *England, Leichenbeschauer:* Coulton, *Panorama,* 371.
133 *Dorfvergnügungen:* Origo, 42.
134 *Bürger von Mons, Vergnügen:* Huizinga, *Waning,* 22–23.
134 *Karl von Navarra, Briefe an Papst Innozenz VI. und Eduard III.:* Denifle, 99.
135 *Eduard III., »Beim Wort eines Königs«: »In verbo regiae veritatis dicimus et contestamur fedeliter coram Deo«,* zit. Denifle, 103–04, aus Text in Secousse und Rymer.
137 *Heinrich von Lancaster:* Fowler, *King's Lieutenant,* 106–10.
138 *Enguerrand im Picardiefeldzug: Chron.* 4 Valois, 41. Über diesen Feldzug siehe auch *Chron. Jean de Venette* und Denifle.
140 *Johann verhaftet Karl von Navarra und läßt normannische Adlige hinrichten:* Alle Chroniken und Zusammenfassung in Delachenal, I, 140–57.
142 *Schlacht von Poitiers:* Auf der englischen Seite sind die Hauptquellen *Anonimalle,* Chandos Herald, Godfrey le Baker und auf der französischen Seite *Grandes Chrons., Chron. 4 Valois, Chron. normande,* Froissart. Hewitts *Black Prince* ist der gründlichste neuere Bericht; Tourneur-Aumont widmet ihr ein ganzes Buch, erfüllt mit einer speziellen These; Delachenal, Denifle, Lot und MacKinnon geben volle Berichte.
142 *Talleyrand de Périgord:* Zacour, 8, 24.
149 *Sire de Ferté-Fresnel:* Delachenal, I, 397.
149 *Finanziell ruinierte Ritter:* über Dokumente, die diese Fälle illustrieren, siehe Moisant, 59–61; Delachenal, I, 248, n.
149 *»Klage über die Schlacht von Poitiers«:* Beaurepaire.

KAPITEL 7 – DAS ENTHAUPTETE FRANKREICH: DIE ERHEBUNG DES BÜRGERS UND DIE JACQUERIE

Über die physischen Ereignisse dieses Kapitels von der Versammlung der Stände bis zum Tod von Marcel ist die Hauptquelle Chron. J. & C., vol. I, mit zusätzlichem Material aus *Chron. 4 Valois, Chron. normande,* Jean de Venette, Jean le Bel und Froissart. Diese werden ergänzt durch die Anmerkungen ihrer jeweiligen Herausgeber und durch die modernen Berichte von Delachenal, vol. I, und Coville.

153 *Robert le Coqs Bibliothek:* Autrand, 1220.
153 *Bastarde des Dauphins Karl:* Chron. normande, 136; Delachenal, I, 110, n. 2.
153 *Klatsch über Karls Herkunft:* ibd., 68, 69, n. 2.
154 *Renart le Contrefait:* zit. Evans, *Life,* 42.
154 *Zustände von Paris:* Franklin, *Rues, Dict., Vie privée,* VII, 12–13; Batifol; Hillairet, Legrand; Coulton, Panorama, 308; Coville, 427–28.
156 *Englischer Besucher über Buchhändler in Paris:* zit. Evans, ibd., 131.
157 *»Große Verfügung«:* Coville, 119–21.
158 *»Kompanien« (Brigantentum):* Luce, *Jacquerie,* 9–28; Denifle, passim; Gray, *Scalacronica,* 130–31; Gregorovius, 317 ff.; Delachenal, II, 28.
158 *»Die Unheil über den Busen der Erde schreiben«:* Shakespeare, *Richard II,* Akt III, Sc. 2.
159 *Fra Monreale:* Gregorovius, 356–66; Hale, Highfield & Smalley, 102–03; Oman, 293.
160 *Società dell'Acquisito:* Lot, 397, n. I.
160 *Arnaut de Cervole vom Papst empfangen:* LUCE-F, V. 95; Gregorovius, 395.
160 *Eustache de Aubrecicourt:* LUCE-F, V, 160; Delachenal, II, 40–42.
161 *»Der tragische Bericht«:* M. L. Delisle, *Tragicum Argumentum.*
162 *Johanns Einzug als Gefangener in London:* John of Reading, 206, *Brute Chron.,* zit. Green, 197.

163 *Johanns Ausgaben als Gefangener:* Orléans, 29, 42–43; Delachenal, II, 78–79; Putnam, 312; Gazeau.
163 *Michelets Kommentar zu Johanns Ausgaben als Gefangener:* III, 360.
164 *Enguerrand begleitete Karl von Navarra beim Einzug in Paris: Chron. 4 Valois,* siehe auch Cazelles, »*Parti navarrais*«.
166 *Lebensbedingungen des Bauern:* H. See, 540–624; Bloch, *Rural,* 80–94; Perroy, »Wage Labour«; Mollat & Wolff, 19–20; Davis, 268–70; Fossier, 358–59; *Horizon,* 238; Helen Robbins; Turner, »Ec. Discontent«; Viollet-le-Duc, *Dict.,* VI, 292; Bell, *Old German Epics.*
167 *Kosten eines Pflugs:* Fossier an Autorin.
168 *»Baden in den unteren Klassen« war »selbstverständlich«:* Gasquet, 64.
168 *Bauernkost:* Luce, Guesclin, 57; Thrupp, 483; Contamine, 654; Horizon, 238.
168 *Merlin Merlot:* Joly, 452–53.
168 *Die Engel weigern sich, die Seele eines Bauern zu begleiten:* ibd., 458.
169 *Jacquerie:* Für den Ausbruch und die nachfolgenden Ereignisse ist die Hauptquelle Luce, *Jacquerie,* unschätzbar wegen ihrer Dokumentation königlicher Begnadigungen, ausgestellt nach dem Ereignis, das, indem es die Umstände in jedem Falle schildert, ein lebensgetreueres Bild vermittelt als die Chroniken. Zusätzlich, *Chron. Jean le Bel,* II, 256; KL, VI, 44–58; *Chron J. & C.,* I, 177–78; *Chron. normande,* 127–28; *Chron. 4 Valois; Chron. Jean de Venette.*
171 *Ereignisse in Meaux:* KL, VI, 477; *Chron. J. & C.,* 180–84.
173 *Adlige drängen Karl von Navarra zum Feldzug gegen die »Jacques«:* Luce, *Jacquerie,* 147.
174 *Coucys als Führer gegen die »Jacques«: Chron. 4 Valois,* 74. Gemäß den Bedingungen des nachfolgenden Vertrages von Calais im Jahre 1360 sollten die Personen, die Karl von Navarra »während der Unruhen« folgten, vom König von Frankreich Begnadigungen erhalten. Coucys Name erscheint weder in der Liste von 300 Personen, die die Anhänger Karls waren, noch in einer zweiten Liste von 300, die Begnadigungen von König Johann erhielten: Secousse, II, 177–81, 181–85.
174 *»Sie warfen sich auf kleine Marktflecken«: Chron. Jean de Venette.*
174 *»Zwanzigtausend« Jacques getötet:* Secousse, Mem. 239.
177 *Coucy »hütete seine Burg und sein Land«: Chron. Jean le Bel,* II, 277; KL, VI, 99.
177 *Coucy liebte »diesen Bischof nicht«: Chron. Jean le Bel,* II, 260; Denifle, 224.

KAPITEL 8 – GEISEL IN ENGLAND

178 *Coucy als Geisel genannt im Vertrag von London:* Delachenal, II, 408.
178 *»Sie erklärten, daß der Vertrag unerträglich sei«:* zit. ibd., 87.
179 *Eduards Expeditionsheer:* Knighton, zit. Locke, 53; Hewitt, *Edw.,* 31, 51, 88; Fowler, *Lanc.,* 198–200.
180 *Französisches Kommandounternehmen gegen Winchelsea:* Gray, *Scalacronica,* 152; Orléans, 50–51, Delachenal, II, 158.
180 *England in Panik:* aus dem Kalender von Close Rolls, zit. Hewitt, *Edw.,* 19.
181 *Schwarzer Montag; »übler, dunkler Tag«: Chron. of London,* zit. Thompson, 101; Knighton und *Eulogium,* zit. Delachenal, II, 191.
182 *Vertrag von Brétigny:* Der Text bedeckt 33 Seiten in *Chron. J. & C.,* I, 267–300. Siehe auch Duckett, 7–8.
182 *Erneuerung der Forderung auf vierzig prominente Geiseln: Chron. 4 Valois,* 122; *Chron. normande,* 155, n.
183 *Coucys Beitrag zum Lösegeld:* Lépinois, 165.
183 *Visconti-Hochzeit:* Chamberlin, 31–35; Cook, 49 ff.
183 *Villanizitat über Visconti-Hochzeit:* ibd., 49, n. 55.
183 *Philipp verdient sich seinen Beinamen »der Kühne«:* Froissart.
184 *Froissart segelt mit den Geiseln nach England:* Shears, 12–13.
184 *Chaucer unter den Geiseln und sein Lösegeld:* Coulton, Chaucer, 25–26.

184 *Coucy glänzte »mit seinen Liedern und Tänzen«:* KL, VI, 392.
185 *Posthumes Porträt von Coucy:* jetzt im Museum von Soissons.
185 *Herzog von Orléans, sechzehn Diener:* Coulton, Chaucer, 33.
185 *Froissart über deutsche Ritter:* LUCE-F, V, 289.
185 *König Eduard sprach wahrscheinlich nicht fließend englisch:* Coulton, Panorama, 237.
186 *Englische Klageschrift von 1340:* zit. Darmesteter, 13.
186 *John von Trevisa:* zit. Gasquet, 234; Campbell, 177.
186 *Kompanien »kriegerisch ausgerüstet«* und *Erlaß von 1362:* Hewitt, *Edw.*, 175.
186 Pest von 1361: *Chron. 4. Valois*, 130–31; John von Reading, 150, 364; *Polychronicon*, 411; Saltmarsh; Carpentier, *Ville;* G. Mollat, *Papes*, 106; Coville, 160–61.
187 *»Tribulation« von Jean de la Roquetaillade: Chron. Jean de Venette*, 61–62; Cohn, 105–06.
188 *Petrarcas Bericht über Frankreich:* Text aus seiner *Epistolae de Rebus Familiaribus* in Cook, 23–24.
188 *Petrarca im Auftrag von Galeazzo und Rede vor dem Hof:* Wilkins, 217–24.
189 *Persönliches Unglück des Dauphins und Navarras angeblicher Giftanschlag: Gr. Chrons.*, VI, 166, 222; Delachenal, II, 268–69.
189 *Flehen und Klagen der Bürger von la Rochelle und Cahors:* Froissart.
190 *Schlacht von Brignais:* Lot, 404–05; Cox, 164.
191 *Johanns Rückkehr in die Gefangenschaft:* KL, Ia, 119; Duckett, 9; Delachenal, II, 351.
192 *Ringois von Abbeville: Gr. Chrons.*, VI, 91; Delachenal, 178, n. 4.
192 *König Johanns Tod und Begräbnis: Chron. J. & C.*, I, 339–41; Michelet, III, 368.

KAPITEL 9 – ENGUERRAND UND ISABELLA

193 *Isabella:* Die Fakten von Isabellas Leben, Haushalt, Besitztümern und Finanzen sind in Green, 164–228, der sie mittels umfassender Originalforschungen in den Garderobeberichten, Close Rolls, Pipe Rolls und verschiedenen zeitgenössischen englischen Chroniken sammelte. Über Isabellas Charakter siehe Hardy, 168, 182.
194 *Bérard d'Albret:* KL, Biog. Index, XX, 20.
195 *»Verlobung nur aus Liebe«: Polychronicon*, 365.
196 *Johanna:* KL, II, 243.
196 *Damen in männlichen Kostümen bei Turnieren:* Knighton, zit. J. Cammidge, *The Black Prince*, 1943, 108.
196 *Zupfen der Augenbrauen:* La Tour Landry, 96.
196 *Rat der Duenna im Rosenroman:* Zeilen 13, 879–14, 444, übers. in Herlihy, *Med. Culture.*
197 *Agnes von Navarra und Machaut:* Machaut, XIV, XVII.
197 *Keuschheitsgürtel:* Dingwall, 4, 76, 160.
197 *Deschamps, »Suis-je belle?«:* zit. Cohen, *Vie*, 293–95.
199 *Jean de Condé:* Hellman & O'Gorman, 24–25.
199 *Fabliaux:* ibd., auch Brians *Bawdy Tales.*
199 *Vincent de Beauvais:* zit. Owst, 378.
201 *Petrarcas »Sieg« über sein Fleisch:* Correspondence, 62, 92, 403.
201 *»Wo auch immer sich ein schönes Gesicht zeigt«:* Master Ryion, ein Prediger des 14. Jahrhunderts, zit. Owst, 48.
201 *Fragen von Sex und Sünde:* Noonan, 249, 274, 279, 283, 293–94.
202 *Sodomie »eine Perversion der Natur« und »schlimmste der Sünden«:* Aquinas, *Summa Theologica*, zit. Noonan, 339–40.
202 *Thomas von Aquin über Rang der Frau: Summa Theologica*, zit. Jarrett, *Social*, 72, 74.
203 *Honoré Bonet, »der Mann ist viel edler als die Frau«:* 194.
203 *»Dunmow Flitch«:* Über Text des Eides, siehe *Reader's Encyclopedia*, ed. W. R. Benét, New York 1948.
204 *Nonnen »wie Hunde, die zu lange angekettet waren«:* zit. Jarrett, *Social*, 82.
204 *Frauensterblichkeit:* J. C. Russell, *Fontana*, 29.

204 *Christine de Pisan:* Coville, 410–11.
205 *Christine de Pisan, Gedicht über Witwenschaft:* ibd. (übers. BT).
205 *Christine de Pisan, andere Werke und Gedichte:* Huizinga, *Waning,* 111–12, 123, 286.
206 *Kontroverse über Rosenroman:* Kilgour, 136; Masson, 174.
206 *Christine de Pisan, Epos über Jeanne d'Arc:* Jarrett, *Social,* 86.
206 *Heirat von Enguerrand de Coucy und Isabella:* Dokumente in Rymer, 773, 778.
207 *Der Wagen einer Dame:* Avenel, 49–50; Jusserand, 48–49.
207 *Enguerrand zum Earl von Bedford erhoben:* Issue Rolls, 40, Edw. III., zit. Green, 206, auch Barnes, 667, 670.
208 *Coucy erwirbt Soissons:* KL, VII, 232–34.

KAPITEL 10 – DIE SÖHNE DES FREVELS

209 *Philipp von Burgund und Arnaut de Cervole:* Zurlauben, *Cervole,* 162.
210 *Innozenz VI., Hirtenbrief von 1360:* M. Mollat, *Vie,* 5, 30.
210 *Kompanien erzwangen Absolution:* Denifle, 185.
210 *Sir John Hawkwood:* Leader-Temple & Marcotti und Gaupp, passim.
211 *»Nichts war entsetzlicher«:* Q. Leader-Temple & Marcotti, 27.
211 *»Perfidi e sceIleratissimi«:* ibd., 14.
211 *»Verstümmelten und rösteten ihre Opfer nicht«:* zit. Stanley, 401.
211 *»Ein italisierter Engländer ist der inkarnierte Teufel«:* zit. Gaupp, 308.
211 *Cuvelier über Du Guesclin:* 1, 5. Nach Meinung von Edouard Perroy (*Hundred Years,* 148) genoß Du Guesclin »eine Popularität, die zu seinen Fähigkeiten und Taten in keinem Verhältnis stand ... (Er war) ein mittelmäßiger Führer, unfähig, eine Schlacht zu gewinnen oder bei einer Belagerung irgendwelchen Ausmaßes erfolgreich zu sein ... angeschwollen von Selbstbedeutung«. Siehe auch Michelet, IV, 4.
212 *Schlacht von Cocherel:* LUCE-F, VI, 131; Lot, 436.
212 *Heinrich II. von Trastamara ältester von zehn Bastarden des Vaters Peter der Grausame: Chron. Jean de Venette,* Anmerkungen, 304, n. 2
213 *»Die Tyrannei des Reims« ließ »ihm wenig Raum für Genauigkeit«:* Delachenal, III, 455.
213 *Du Guesclin, ein Kardinal u. a. bei Villeneuve:* Cuvelier, Verse 7530–7620, übers. in D. F. Jamison, *Life and Times of Bertrand Du Guesclin,* 1864, 260–65.
216 *Schwarzer Prinz »ermutigte sie unter der Hand«:* Froissart, Johnes ed., I, 383.
216 *»Wo sie so viel Schaden anrichteten«:* ibd.
216 *»Für ihn war ein Ritter keinen Knopf wert«:* Cuvelier, zit. Sedgwick, 195–97.

KAPITEL 11 – DAS VERGOLDETE LEICHENTUCH

217 *Coucys Freibrief von 1368:* Text in Melleville, 103–06.
218 *Schloß von Hesdin, mechanische Späße:* Vaughan, 205.
219 *Schwanenfest in der Picardie:* Le Grand d'Aussy, II, 23.
220 *Magische Kraft der heiligen Oblate:* Lea, I, 50.
220 *Kommunion und Beichte kaum mehr als einmal im Jahr:* M. Mollat, *Vie,* 72.
220 *»Wahrhaftig, ich wußte dies nicht«:* Jacques de Vitry, zit. Coulton, *Life,* I, 57.
220 *Praktizierende Christen in Nordfrankreich:* M. Mollat, *Vie,* 72–73.
220 *Karl V.:* Christine de Pisan, *Charles V.,* passim; Coville, 183–85.
221 *Taillevent:* Evans, *Flowering,* 172.
221 *47 juwelenbesetzte Goldkronen:* Vaughan.
221 *Krankheiten und geheimnisvoller Abszeß von Karl V.:* KL, IX, 280–82; Delachenal, I, 14; II, 306–11. Froissarts Darstellung ist, nach Delachenal, V, 389, ein »Gewebe von Fabeln«.
222 *Gefolge des Herzogs von Clarence:* Cook (eine detaillierte Studie über die gesamte Angelegenheit).

222 *Herzog von Clarence in Paris: Chron. J. & C.*, II, 41; Rymer, 845.
222 *Herzog von Clarence von Coucy begrüßt:* Green, 208.
222 *Amadeus' VI. Einkäufe in Paris:* Cordey, 184–85.
222 *Familie Visconti:* Chamberlin, 15–30, 67–70; auch Cook, 16, 18; Muir, 70.
223 *Galeazzos Burg in Pavia:* Corio, *Storia di Milano*, zit. Chamberlin, 119.
224 *»Die schönste Wohnstätte in Europa«:* J. A. Symonds, *Age of Despots*, zit. Cook, 43.
224 *Petrarca: Correspondence*, 323–25.
224 *Hochzeit des Lionel von England und der Violante Visconti:* Cook; Chamberlin, 42–43. Über Anwesenheit von Froissart und Chaucer siehe Jarrett, *Charles IV*, 5, und Coulton, *Chaucer*, 48, 50.
224 *Mailand:* Mesquita, 2–3; Chamberlin, 13–15; Molho, 30.
226 *König Eduard verspricht Calais:* Vaughan, 5.
226 *Coucy verkauft dem Herzog von Burgund ein Perlenkollier:* Luce, *Cent ans*, I, 96.
226 *Die Gewohnheiten Philipps von Burgund:* Luce, *Cent ans*, II, 206; Petit, *Itinéraires*, 490–91; Vaughan, 6, 197.
227 *Coucy machte den »größten Eindruck«:* LUCE-F, VII, 130.
228 *Petrarca an Boccaccio:* Correspondence, 213–14.

KAPITEL 12 – DOPPELALLIANZ

229 *Karl V. läßt sich von Rechtsgelehrten Gutachten anfertigen:* Chaplais, 55.
229 *»In ihrer Seele tiefbekümmert«:* Froissart.
229 *Bonet über Pflichten gegenüber zwei Lehnsherren:* 167–68.
229 *Coucys Habsburger Erbschaft:* Duplessis, 119–20; Zurlauben, *Enguerrand VII*, 170–73, hat die Zeugnisse gesammelt; ebenso Lacaille, *thèse*, 17–20.
230 *Abkommen mit Montbéliard* und *Manifest an die Städte Straßburg und Colmar:* KL, VIII, CXXX, n. 3; Bardy, 13–14.
230 *Dokument, datiert Prag 14. 1. 1370:* erwähnt von Galbraith in Anmerkungen zu *Anonimalle Chron.*, 117. Kopiert für die Autorin im Public Record Office (Memoranda Roll, 13 Richard II., Michaelmas Communia, Recorda, forth membrane after 19); das Dokument ist eine »Inspektion«, die 1390 von früheren Patenturkunden an Robersart angefertigt wurde und den vollen Text von Coucys Brief mit seinem Siegel »zu Prag in Böhmen am 14. Tag des Januar im Jahre 1369 (1370)« wiederholt.
231 *Fremde Condottieri in Italien:* John Bromyard, zit. Owst, 174; Origo, 153, 275–76.
232 *Bernabó gegen päpstliche Autorität:* Gregorovius, 408; Milman, VIII, 14–16.
232 *Öffentlichkeit sah in Wahl Urbans V. das Wirken Gottes:* Milman, VIII, 13.
233 *Urbans V. Umzug nach Rom:* ibd., 20; Jarrett, *Charles IV*, 156.
233 *Zustand Roms:* Pirenne, *Europe*, 23–24; Flick, 213.
234 *Enguerrand de Coucy mit Graf von Savoyen in Italien:* Cox, 264–68; Cognasso, 197; Gabotto, 201–02.
234 *Überquerung der Alpen:* Cox, *The Eagles of Savoy*, Princeton 1974, 339–43.
235 *Villani über Hawkwoods Weiße Kompanie:* Dies ist Filippo Villani, zit. Cook, 25.
236 *Anordnungen von Gian Galeazzos Eltern:* zit. Chamberlin, 58.
236 *Päpstliche Korrespondenz und Vertrag mit Coucy:* Lacaille, *An. Bull. SHF*, 187–206, gibt die vollen Texte aus den Archiven des Vatikans.
237 *Feldzug der päpstlichen Liga und Schlacht von Montichiari: Annales Mediolanensis* in Muratoris *RIS*, Kap. CXXXV-VI, 752–56 (für die Autorin übersetzt von Phyllis G. Gordan); Corio, *Historia di Milano*, zit. Mazas, 187–90; Servion, 198–205; Leader-Temple & Marcotti, 72–78; Lacaille, *thèse*, 26–31; Cox, 276–77; Chamberlin, 58–60; Cognasso, 288.
242 *Titel des Sire de Coucy »angesehen wie der des Königs«:* KL, Ib, 17, n. 5.
242 *Coucy zum Marschall von Frankreich ernannt:* LUCE-F, VIII, CXXXII.
242 *Coucys Neutralität galt als Vorbild der Ehrenhaftigkeit:* KL, VIII, 291–93.
242 *Chevalier de Chin:* ibd., 21–24.

243 *Schlacht von Heinrich II. von Taramastra gegen Peter den Grausamen:* LUCE-F, VII, XXXII, n. 1.
243 *Krankheit des Schwarzen Prinzen:* Daß es Wassersucht war, wird von Denifle angegeben, 497, und Lefranc, 108. Englische Biographen vermeiden es, diese unheroische Krankheit zu nennen.
246 *Seeschlacht vor La Rochelle:* Zusätzlich zu Froissart und *Chron. 4 Valois,* Ronçière, 15–16; Sherborne; Runyan.
247 *Hauptmann de Buch eingekerkert: Chron. J. & C.,* III, 62–78; Keen, *Laws,* 90; Delachenal, III, 186–87.
247 *Coucy legt Fürsprache für den Hauptmann de Buch ein:* KL, VIII, 401–02.
248 *Der lange Marsch des Herzogs von Lancaster:* Walsingham, zit. MacKinnon, 552; Lot, 367–68; Delachenal, III, 302.

KAPITEL 13 – COUCYS KRIEG

250 *Burgunds Entschädigung:* Delachenal, IV, 568.
250 *Vorschlag an Coucy, die Briganten aus Frankreich hinauszuführen:* KL, VIII, 369, 372.
250 *Bureau de la Rivière, Mercier:* Lefranc, 217–18; Coville, 220.
251 *Coucy lieh dem Herzog von Berry Geld:* Lehoux, I, 358, n. 3.
251 *Owen von Wales:* Chotzen.
251 *Kanonen bei Belagerung von St. Sauveur-le-Vicomte: Chron. 4 Valois,* 253; Delachenal, IV, 527–28.
251 *Eine elsässische Chronik:* Königshofen, 334–35.
252 *Coucys Messen in Nogent-sous-Coucy: BN, Fonds fr., nouv. acq.* no 3653, no. 293, und ein späteres »vidimus« von diesem Dokument, *nouv. acq. fr. 20510, pièce* 48.
252 *Coucys Briefe an den kaiserlichen Vogt im Elsaß und an die Städte Straßburg und Kolmar:* Bardy, 17; Zurlauben, *Enguerrand VII.,* 177.
252 *Verheerungen durch Briganten im Elsaß:* Bardy, 23–25.
254 *Invasion des Aargaues:* Quellen für die Schweizer Kampagne sind: Dierauer, 287–92; Dandliker, 547–52; Muller, 201–18 (für die Autorin übersetzt von Kathie Coblenz); ebenso Bardy, 17–29; Chotzen, 234–38; Laguille, 309–10; Zurlauben, 177–80. Chotzen enthält eine Liste der originalen Schweizer Chroniken.
253 *Morgarten und Laupen:* Oman, 235–46.
254 *Froissarts Version der Ereignisse:* KL, VIII, 376–78.
257 *Fraubrunnen, Balladen über die Schlacht:* R. Liliencron, ed., Die Historischen Volkslieder der Deutschen vom 13. bis 16. Jahrhundert, Leipzig 1865, I, 88–90; Chotzen, 238.
258 *Vertrag Coucys mit den Habsburgern:* Delachenal, IV, 583, n. 5; Zurlauben, *Enguerrand VII.,* 180 (der es übernimmt, die Irrtümer aller vorhergehenden Historiker zu beseitigen).
258 *Coucy von Karl V. beauftragt, gegen Kompanien vorzugehen:* Delachenal, IV, 584, n. 1; Lehoux, I, 380, n. 9.
259 *Eduards Zuwendungen an Isabella:* Green, 213–16.
259 *Alice Perrers: Chron. Angl.,* Thompson, XLVIII.
259 *»Lady of the Sun«:* zit. Green, 210, n. 2.
259 *Coucys Freunde drängen ihn, »französisch« zu werden,* und *seine Mission in England:* KL, VIII, 378–80.

KAPITEL 14 – ENGLAND IN AUFRUHR

Die wichtigste zeitgenössische Geschichtsquelle für englische Angelegenheiten in dieser Periode ist Thomas Walsinghams *Chronicon Angliae,* welche leider nicht in Englisch vorhanden ist (obwohl Thompsons Anmerkungen nützlich sind). Jene, die wie ich in Latein nicht geläufig sind, müssen sich auf Zitate und Auszüge in Englisch von anderen Historikern verlassen. Die etwas weniger lebendige *Anonimalle Chronicle* ist von V. H. Galbraith übersetzt worden. Sekundäre Quellen über den Zustand Englands, die für dieses Kapitel verwendet wurden, sind Jusserand, McKisack, Postan, Saltmarsh, Seebohm und Trevelyan. Obwohl das letzte, welches Trevelyans erstes Buch war, hinter moderner Gelehrsamkeit zurückbleiben mag, ist es in bezug auf allgemeines Interesse und einen umfassenden Überblick des sozialen Milieus weit voraus.

262 *Eduard »nicht mehr Verstand als ein achtjähriger Junge«: Chron. Angl.,* zit. Collis, 186, n. 2.

262 *»Daß sie den Richter in Angst versetzten«:* ein Statut aus 2 Rich. II., zit. Jusserand, 76.

263 *Grundherren und Kaufleute des Unterhauses beklagen sich über Diener und Arbeiter:* Jusserand, 147–48, aus Rymer, V, 668.

263 *Sechs Dörfer in Gloucestershire:* Beresford & Hurst, 8.

263 *Fünf Kirchen in Norfolk:* Saltmarsh, 24.

264 *Wyclif:* Poole; Trevelyan, passim; Cheyney, 211–24.

265 *Priester konnte Erlaubnis, sich eine Konkubine zu halten, kaufen:* MacKinnon, 563.

265 *Bekenner von Ehebruch:* Lea, I, 31.

265 *Abendmahl ohne Spende vorenthalten:* ibid., 28.

265 *Frivolität und Weltlichkeit von Priestern:* Coulton, *Life,* I, 96, 99–100.

265 *Weltliche Kleidung der Priester:* Jusserand, 55.

266 *Adelige als Lollharden:* Cheyney, 217.

266 *Schreckliche Ausgaben:* zit. McKisack, 386, n. 1.

266 *Parlament:* Zusätzlich zu Quellen am Kopf des Kapitels MacKinnon; Harold I. Nelson, »Thomas Walsingham and the Crisis of 1376« (unveröffentlichte Manuskripte); A. F. Pollard; Powell & Wallis; Stubbs' *Constitutional History.*

267 *Coucy als Graf von Bedford:* Eine Untersuchung der Close Rolls, Parl.-Rolls and Parl.-Erlässe, die für die Autorin im Public Record Office durchgeführt wurde, enthüllt keine Evidenz, daß Coucy zum Parlament von 1376 einberufen wurde oder ihm beiwohnte, obwohl er als Earl of Bedford zum Parlament von 43 Eduard III. (1370) einberufen *wurde* (*The Dignity of a Peer of the Realm; Reports from the Lords' Committees . . .,* London 1829, IV, 645).

269 *Isabella und Coucy besuchen den kranken Schwarzen Prinzen:* KL, VIII, 379.

269 *Sterbezimmer, Letzter Wille und Grabbild des Schwarzen Prinzen:* Chandos Herald, 170; *Chron. Angl.,* zit. Trevelyan, 27; Collins, 300–301; *DNB.*

271 *Coucy rät zur Invasion Englands:* Froissart, zit. Lépinois, 178.

271 *König Eduards Ärzte »verzweifelten«: Anonimalle,* 95.

271 *Coucys diplomatische Mission in Flandern:* Lacaille, *thèse,* 40.

271 *Marie de Coucy:* Lehoux, I, 392, 398, n. 7.

272 *Zahlungen an Coucy:* BN, *Pièces originales,* 875, dossier 19, 660 Coucy.

272 *Coucy in Verhandlungen mit den Engländern:* KL, VIII, 383–84; Barnes, 906–07.

272 *Chaucers Anwesenheit bei der englischen Delegation:* Braddy; Manley; ebenso F. N. Robinson, Einführung zu *Chaucer's Complete Works.*

272 *Gegenstand der Verhandlungen:* Delachenal, V, 4; Delisle, *Coll. BE,* No. 1425; Perroy, »Anglo-French«.

275 *Eduards Tod; Jubiläumsjahr seiner Herrschaft verstrich fast unbemerkt:* J. J. Jusserand, *Piers Plowman,* London 1894, 53.

275 *Isabellas Reisen:* KL, XXI, 41; Green, 215–17, aus Rymer, VII, 153.

275 *Songe du Vergier:* zit. Delachenal, IV, 601–02.

275 *Dialog, geschrieben von Pierre d'Ailly:* zit. Kirkland, 18.

276 *Coucys Verzichtserklärung an Richard II.:* Text in KL, XXI, 41–42, und in Rymer, VII, 172, aus Patent Roll, I Richard II.

277 *Treuhänderschaft für Isabella: DNB;* Green, 219, aus Rymer, IV, 60; Hardy, 309.

277 *Französische Überfälle an Englands Südküste und Wirkung auf England:* Searle & Burghart.

278 *Sir John Arundel und Johann von Gaunt: Chron. Angl.,* zit. ibid., 382, und in Delachenal, V, 30.

KAPITEL 15 – DER KAISER IN PARIS

279 *Kaiser Karl IV.:* Matteo Villani, zit. Cox, 189; Jarrett, *Charles IV.*, 219–24.
280 *Kaiser Karl IV., Willkommensdelegation in Cambrai* und *Bericht über seinen Besuch in Paris: Chron. J. & C.*, II, 200–276; Christine de Pisan, *Charles V.*, II, 90–132.
281 *Chronist des Kanzlers:* Pierre d'Orgement, der Kanzler, soll angeblich die *Chron. J. & C.* überwacht oder möglicherweise selbst geschrieben haben: Delachenal, I, XVIII.
282 *Gerichte des Staatsessens:* aus Menüs aufgeführt von dem Ménagier, 226–36.
282 *Bankett des Vidame de Chartres:* Le Grand d'Aussy, III, 343.
282 *Schauspiele, Dramen und Formen der Darstellung:* Mâle, 36–37; Artz, 356–60; Cohen, *Theatre*, 49, 93–94, 99, 162, 273; Gayley, 33–34, 75–80, 214, 263–64; Frank, 115–35; A. W. Pollard, XLI.
283 *Belagerung von Jerusalem dem Kaiser vorgespielt:* zusätzlich zu den primären Berichten Loomis.
285 *Johann Gerson über Zustimmung der Regierten:* Jean Gerson, zit. Lewis, 94.
286 *Dämonologie und schwarze Künste:* Lea, III, 464; J. B. Russell, 208–14; P. Hughes, passim.
287 *Nicolas Oresme:* Thorndike, III, 428–38, 466–68; zit. Coopland in Anmerkungen zu Mézières, I, 25.

KAPITEL 16 – DAS PÄPSTLICHE SCHISMA

Basierend auf den italienischen und französischen Chronisten, sind die zwei hauptsächlichen modernen Autoritäten für die Ereignisse in diesem Kapitel Valois, vol. I, und Ullman, ergänzt durch Creighton, Flick, McFarlane und natürlich Delachenal, besonders hinsichtlich der Rolle von Karl V. Andere Quellen als diese sind unten angeführt. Alle Zitate der heiligen Katharina von Siena sind aus Jorgensen, wenn nicht anders angegeben.
289 *Neffe des Abts von Montmayeur:* Sismondi, IV, 412.
289 *»Als stünden diese Zeiten«:* Neri di Donato, zit. Jorgensen, 171.
290 *Robert von Genf:* Valois, I, 109; widersprüchliche Versionen seiner Erscheinung stammen von Muratori und dem Chronisten Dietrich von Niem, zit. Ullman, 163.
290 *Schwerter der Bretonen vom Kardinalslegaten geweiht:* Mirot, *»Budes«*.
290 *Massaker von Cesena:* Leader-Temple & Marcotti, 119–22. *»Sangue et sangue!«:* Lot, 417; Sismondi, IV, 422.
291 *Eine von Bernabós Töchtern heiratet Hawkwood:* Leader-Temple & Marcotti, 126.
291 *Robert von Genf, »Mann des Blutes«* und *»Schlachter von Cesena«:* Delachenal, V, 143.
291 *»Die Menschen glauben nicht mehr an den Papst«:* zit. ibid., 121.
292 *Katharina von Siena in Avignon:* Delachenal, IV, 598.
292 *Katharina fordert Papst zur Rückkehr nach Rom auf:* aus der Cartier-Edition ihrer Briefe, zit. ibid., 596, nn. 3, 4, 5.
293 *Johannes Tauler:* Mâle, 89, 107.
293 *Heilige Birgitta:* ibid., 89–90.
294 *Katharinas Brief an Hawkwood:* zit. Leader-Temple & Marcotti, 82–83.
294 *Katharinas Sehnsucht nach kirchlicher Reform:* zit. Ullman, 60–61.
294 *Karl V., »Rom sei, wo immer der Papst sich gerade aufhielte«:* zit. Renouard, *Papacy*, 64.
294 *Gregors XI. Rückkehr nach Rom:* Froissart, Berners ed., II, 505; Jarrett, *Charles IV.*, 209–11.
294 *Gregors Vater:* Jorgensen, 237.
297 *Urban VI. als verrückt angesehen:* Ullman, 53; Creighton, 83; *Cath. Encyc.*
298 *Michelet, »keine Epoche ihrer Natur nach wahnsinniger«:* IV, 8.
298 *»O unselige Männer!«:* zit. Ullman, 67–68
300 *Wirkung des Schismas:* Chron. C6, I, 85–87; Michelet, IV, 8; Huizinga, *Waning*, 21.
301 *Bonet über Urban VI. und Schisma:* 92–93.

301 *Mönch von St. Denis; »Wie eine Hure«: Chron. C6,* I, 91.
302 *Herzog von Anjou, Klemens VII. und Königreich von Adria:* Valois, I, 145, 167–68; Durrieu, *»Adria«.*
302 *Universität von Paris widersetzt sich königlicher Entscheidung für Klemens VII. und Festnahme von Jean Rousse:* Chron. C6, I, 87.
303 *Wyclif über Rettung des Menschen:* zit. Trevelyan, 141.
304 *Seit Beginn des Schismas hatte niemand mehr Eingang ins Paradies gefunden:* zit. Huizinga, *Waning,* 29.

KAPITEL 17 – COUCYS AUFSTIEG

305 *König Karl V. »trauerte lange«:* Gr. Chrons., zit. Delachenal, V, 20.
305 *Karl von Navarras Verrat: Chron. J. & C.,* II, 286 ff., und Dokumente in Secousse; Coville, 246–47; Delachenal, V, 180–218.
306 *Normannischer Feldzug:* KL, IX, 56, 61–63, 77–78.
308 *Coucy und Clisson:* Lefranc, 189, 270.
308 *Waffenbrüderschaft von Coucy und Clisson:* siehe Keen, *Laws,* 138.
308 *Clissons Laufbahn:* Lefranc, 24–37, 58–68, 132–34.
309 *»Immer in vollkommener Harmonie«:* ibid., 270.
309 *Ermordung von Owen von Wales:* Froissart, Berners ed., III, 15.
310 *Politik bezüglich Bretagne* und *Verfahren gegen Montfort:* Moranvillé, *Mercier,* 76–81; Delachenal, V, 242–45.
310 *Coucy als ein »Edler von Frankreich«:* Froissart sagt speziell im Zusammenhang mit Coucys Feldzug in Italien 1372–74 *»et li uns des XII pers«:* KL, VII, 419. Über die zwölf französischen Pairs siehe Bloch, *Feudal,* 333–35; Lot & Fawtier, 297, n. 1.
311 *Heiratsverhandlungen für Marie de Coucy:* Lehoux, I, 439.
311 *Coucys Orden der Krone:* Deschamps, Queux ed., II, 35 (über die zwölf Sinnbilder der Krone), und IV, 115. Duplessis, 89; Zurlauben, *Enguerrand VII.,* 183.
311 *Deschamps:* Coville, 401, 407–09; Gaston Raynaud, 27; Einführung und Anmerkungen zur Queux-Ausgabe von Deschamps' Werken, vol. XI.
312 *John Philpot:* Chron. Angl. zit. Barnie, 108–09; McKisack, 403.
313 *Erhebung von Gent, Steuergelder nicht für »die Narreteien von Fürsten«:* zit. Hutton.
313 *Unterdrückung der Revolte im Languedoc* und *Bestrafung von Montpellier: Chron J. & C.,* II, 365–76; Delachenal, V, chap. 6.
314 *»Bringt die Reichen um!«:* zit. Mollat & Wolff, 182.
314 *»Sie schnitten Leiber auf«:* zit. Delachenal, V, 303, n. 3.
316 *Englische Kopfsteuer von 1379:* Trevelyan, 100–03.
316 *Falsche Schätzung der Steuer:* sie wurde abgeleitet von einer Schätzung der Anzahl der englischen Gemeinden mit 40 000–50 000 Einwohnern, während diese tatsächlich ungefähr 9000 zählten, siehe Coulton, *Five Centuries,* III, 449.
316 *Arundels Seefahrt:* Chron. Angl., zit. Collis, 225–27, und *DNB;* Froissart, Berners ed., III, 11; Roncière, 65–66.
316 *Arundels 52 goldbestickte Anzüge:* Baldwin, 74.
316 *Protest des Unterhauses gegen Kriegsaufwand und Antwort des Thronrates:* Jusserand, 124–25, aus Parl. Rolls, 2 Rich. II.
317 *»Die ganze Weisheit dieser Welt«:* B-Text, XIII, 173.
318 *Coucy Amt des Constable angeboten:* KL, IX, 237–38; Lefranc, 211–12.
318 *Umfang des Amtes des Constable:* Vuatrin, 89–90; Lefranc, 230–31.
319 *König ernennt Coucy zum Generalhauptmann der Picardie und übergibt ihm Mortaigne:* KL, IX, 243; Duchesne, 267; Duplessis, 91–92.
319 *Thomas von Buckinghams Feldzug:* KL, IX, 260–91; *Chron. C6,* I, 7.
320 *Clisson über die Engländer:* KL, VIII, 302.
320 *Dokumente über Coucys Bewegungen:* LUCE-F, XCIX, n. 8.

321 *Immobilis quasi lapis:* zit. Coville, 264.
322 *Sterbebett Karls V.* und *Das Problem der Steuern:* Coville in *CMH*, 265–66; Perroy, *Hundred Years*, 173–74; Delachenal, V, 408–10.
322 *Songe du Vergier:* zit. Mirot, Urbaines, 6, n. 1.
323 *Text des Erlasses des Königs:* ibid., 4.
323 *Präzedenzfälle von Steuern:* Brown, »Taxation and Morality«.
324 *»Zu ihrem großen Ungenügen«: Anonimalle*, zit. Collis, 230.

KAPITEL 18 – DIE WÜRMER DER ERDE GEGEN DIE LÖWEN

Die hauptsächlichen Quellen über die Bedingungen, Besteuerung und Gefühle der Arbeiterklasse, die für dieses Kapitel verwendet wurden, sind Mollat & Wolff, *Ongles Bleues;* Turner, »Economic Discontent«; Perroy, »Wage Labour«; Pirenne, *Europe*, 103–12; Boissonade, 303–07; Thompson, *Econ. and Soc. Hist.;* Carpentier, *Ville*, 220–21.
Über die Ciompi: Mollat & Wolff, 144–62; Turner; Schevill, *Florence*, 277–83; zeitgenössische Texte in Brucker, *Society*, 233–39.
Über die Erhebungen in Frankreich und damit verbundene Ereignisse sind die hauptsächlichen Primärquellen: *Chron. C6* von dem Mönch von St. Denis, vol. I (besonders für Paris), und *Chron. 4 Valois* (besonders für Rouen) plus Froissart in KL, IX. Die detailliertesten Sekundärstudien sind Mirots *Insurrections urbaines* und für Rouen Lecarpentiers *»Harelle«*.
Über den Bauernaufstand in England wurde so viel geschrieben, daß es kaum notwendig ist, Referenzen zu zitieren, ausgenommen zur Bequemlichkeit: McKisack, Trevelyan, Keens »Robin Hood« und eine gute Darstellung in Collis. Die hauptsächlichen Primärquellen sind *Anonimalle*, Malvernes Fortsetzung von *Polychronicon*, und Froissart.
Für Gent sollte Hutton den Quellen hinzugefügt werden, die oben zur Arbeiterklasse erwähnt sind, und Froissart.

325 *»Soll er zum Teufel gehen!«:* zit. LUCE-F, Notes, X, XLIII.
327 *Laon lehnt Coucys Forderungen ab:* Lacaille, *thèse*, 64–65.
329 *»Die Würmer der Erde«:* zit. Jacob, 192, und Origo, 66.
330 *Kardinal Jean de La Grange: Chron. 4 Valois*, 283; Jean Juvenal des Ursins, zit. Moranvillé, *Mercier*, 83–84 und Lefranc, 217.
331 *Coucy bezahlt Spione:* BN, Clairembault, vol. XXXV, No. 92.
335 *»Leibeigene seid ihr«:* zit. McKisack, 418.
336 *»Tage des Zorns und der Qual«:* Walsingham, zit. ibid. 414.
336 *Walsingham über französische Überfälle an der englischen Küste:* zit. Barnie, 103.
336 *Tagebuchschreiber in Florenz:* Paolo Sassetti, zit. Brucker, *Society*, 42.
336 *Villani, »Es sollte ein festes Prinzip sein«:* zit. Mollat & Wolff, 133–34.
338 *Buonaccorso Pitti:* zit. Mollat & Wolff, 172.
338 *Coucy verhandelt mit den Aufständischen von Paris:* KL, IX, 447; LUCE-F, X, XLV, n. 1; auch *Chron. de Berne*, abgedruckt in KL, Anmerkungen, X, 456–57; Mirot, *Insurrections*, 152–55.
341 *Coucys Hôtel Cloître St. Jean:* Roussel, 24 n. 1, und Hillairet, *Dict.*, Eintrag unter »St. Jean-en-Grève«.
342 *Pläne der Aufständischen von Béziers:* Mollat & Wolff.
343 *Coucys Gefolge im Heer für Flandern:* BN, Clairembault 35, pièce 2628, nos. 99 und 100.
343 *Flandernfeldzug* und *Schlacht von Roosebeke: Chron. Bourbon* (der Verfasser, Chateaumorand, war ein Teilnehmer) zusätzlich zu *Chron. C6*, I, *Chron 4 Valois*, und Froissart in KL, X; auch Lot, 451–52, und Hutton.
346 *Coucy als Constable für die Schlacht vorgeschlagen:* KL, X, 160–63.
347 *Coucy in der Schlacht von Roosebeke:* zusätzlich zu *Chron. Bourbon, Chron. de Berne* in KL, X, 477–79.
353 *»Der Sire de Coucy« sei »nicht davor zurückgeschreckt, den König zu ermahnen«:* KL, Anmerkungen, X, 501.

353 *Deschamps, »Deshalb müssen die Unschuldigen Hungers sterben«:* zit. Coulton, *Life,* I, 229

KAPITEL 19 – DER ZAUBER ITALIENS

Die hauptsächlichen zeitgenössischen Quellen für Anjous Feldzug nach Neapel sind *Chron. C6,* vol. I, und das Journal von Jean le Fèvre. Der vollständigste sekundäre Bericht befindet sich in Valois, vol. II. Zusätzliches Material aus Valeri, 230–31, und über Amadeus von Savoyen aus Cox, 330–57.
Coucys Feldzug in Italien ist vollständig dokumentiert in Durrieus *»Prise d'Arezzo«* (Bibliog. I, B), der die *Documenti degli Archivi Toscani . . . Comune di Firenze* 1866 veröffentlicht und andere italienische Quellen benützt. Lacailles *thèse* fügt Material über das Vorgehen der Florentiner Signoria hinzu, das der Chronik von Naddo da Montecatini in Delizie degli eruditi Toscani, vol. XVIII, Florenz 1784, entnommen ist. Die *Chron. de Berne,* abgedruckt in KL, XI, 442–43, und Jean le Fèvre sind weitere Quellen. Als Teil von Anjous gewagtem Unternehmen ist Coucys Feldzug auch in Valois, II, erfaßt.

355 *Boccaccio über Neapel und andere Zitate in diesem Kapitel:* Croce, 52.
358 *Bemühungen, um Coucy zu gewinnen:* Jean le Fèvre, 47–48; Valois, II, 443–45.
359 *Norwichkreuzzug: DNB.*
359 *Erpressung mit Ablässen:* Trevelyan, 268–69.
359 *Sakramente vorenthalten:* Barnie, 24.
360 *Calveley, »Meiner Treu«:* zit. Barnie, 27.
360 *Bourbourg, »Ruhm des alten Rittertums«:* Chron. C6, I, 281.
360 *Coucy machte glänzenden Eindruck:* KL, X, 254; auch Johnes ed. von 1805–06, VI, 313.
360 *Thomas Brunton, Bischof von Rochester:* zit. Barnie, 28.
360 *Coucys Privatkrieg für den Herzog von Bar:* Lacaille, *thèse,* 78.
361 *Coucy stiftet Messen in St. Médard:* BN, *Pièces originales* 875, dossier Coucy.
362 *Coucy besucht Bernabo Visconti:* Mesquita, 28.
362 *Gian Galeazzo, Carraras Meinung über ihn:* zit. Sismondi, V, 76.
363 *Warnung der Mutter Gian Galeazzos:* zit. Chamberlin, 74.
363 *Ein Staatspapier von Salutati:* zit. Schevill, *Florence,* 320.
363 *»Wir begegneten uns mit freudigen Umarmungen«:* Volle Texte der Florentiner Korrespondenz bezüglich Coucys Feldzug sind in Durrieu, *»Arezzo«,* abgedruckt. Der Bericht über das Treffen mit Coucy und die Beschwerde über seinen Marsch sind aus dem Brief der Signoria an den König von Frankreich vom 20. Oktober 1384, welcher auch vollständig (in Latein) in KL, XI, 442–49, wiedergegeben ist.
366 *Letzter Wille des Herzogs von Anjou:* Valois, II, 76–83.
366 *Durazzos Messe:* Chron. C6, 339, n. 3.
367 *Botschaften von Anjous Gefolgsleuten:* Jean le Fèvre, 79.
369 *Korrespondenz über die Herren von Pietramala:* Coucy an Florenz, 18. November 1384; Signoria an Coucy, 24. November 1384, in Durrieu, *»Arezzo«,* 189–90.
370 *Guillaume le Jupponnier:* Douet-d'Arcq, I, 59.
371 *»Ha, falscher Verräter«:* zit. Collas, 144–45.
371 *Coucy in Avignon:* KL, X, 323; Lehoux, II, 109, n. 1.
372 *Bonet:* 63, 68, 81, 117–19, 153, 160, 188.

KAPITEL 20 – EINE ZWEITE NORMANNISCHE EROBERUNG

Für Ereignisse und Zitate bezüglich der Invasion Englands können der Mönch von St. Denis (*Chron. C6,* I) und Froissart (KL, XII) als die Originalquellen im allgemeinen für selbstverständlich angesehen werden, ergänzt von Mirots *»Une tentative«,* Terrier de Lorays *Life of Vienne* und Roncières *History of the French Navy.*

374 *Isabeau von Bayern, Wittelsbacher und Viscontis, Stephan III. von Bayern, Heiratsverhandlungen:* Thibault, 12–42, zusätzlich zu den Chronisten.
375 *Gian Galeazzo entmachtet und verbannt Bernabó:* Sismondi, V, 50; Mesquita, 15–36; Chamberlin, 74–82; Cook, 19.
375 *Aktivitäten der Herzogin von Anjou:* Jean le Fèvre, 97; Lehoux, II, 125 ff.
376 *Karl VI.* und *Hirsch mit dem goldenen Halsband:* Chron. C6, I, 71.
377 *Doppelhochzeit der Burgunder:* zusätzlich zu den Chronisten, Vaughan, 88; *CMH*, 374.
377 *Coucy trifft »in großer Eile« ein:* Anselme, 542.
378 *Expeditionsstreitmacht nach Schottland:* Chron. C6, I, 351.
378 *De Vienne führte fünfzig Rüstungen mit: Book of Pluscarden,* zit. Locke, 84. Siehe auch P. Hume Brown, *History of Scotland,* Cambridge 1929, I, 191–92. Die Angabe in einigen früheren Geschichtsbüchern, daß Coucy ein Mitglied dieser Expedition war, gründete sich auf einen Lesefehler eines Hinweises in einem Manuskript von Froissart auf einen Seigneur de Courcy, korrigiert von Terrier de Loray, 204, n. 2. (Der verwirrende Sire de Courcy verursacht einen weiteren Irrtum im Hinblick auf Coucys zweite Gattin – siehe Anmerkungen zu Kap. 25, Seite 486.)
380 *Coucys zweite Heirat:* KL, X, 347; Duchesne, 267–68; Zurlauben, *Enguerrand VII.*, 182.
380 *Renovierung der Burg:* Broche 340 ff.; Dufour, 50–54; Evans, *Art*, 166.
381 *Perceval, genannt Bastard von Coucy:* AN, Demay, Coll. Clairembault, Nos. 2841–42; Duchesne, 273.
381 *Coucy Gast bei Habsburg-Burgund-Hochzeit:* Broche, 135.
Er ist der zitierte Archivar.
382 *Königlicher Rat stimmte geschlossen für das Unternehmen: Chron. C6,* I, 429–31.
382 *»Ihr seid der größte lebende König«: Chron. Bourbon,* zit. Mirot, 429, n. 3.
382 *Informationen durch Fischer vermittelt:* ibid., 441.
382 *Französische Invasionsflotte:* Zusätzlich zu den oben aufgeführten Quellen wird Material aus der *Chronique de Tournai* und anderen Primärquellen von Palmer, *England, France,* 77–79, zitiert.
383 *Philipp von Burgunds Wahlspruch:* Terrier de Loray, 214.
383 *Coucys Schiff:* Roncière, 89.
383 *Eines von Coucys Siegeln:* AN, Demay, Coll. Clairembault, I, 2838.
383 *Coucys Kontingent in der Invasionsarmee:* KL, XXI, 45.
384 *Wilhelm der Eroberer, zerlegbares hölzernes Fort:* Cutts, 391.
385 *Deschamps:* zit. Mirot, 455.
385 *Herzog von Berry:* Luce, *Cent ans,* I, 212–27; Wylie, II, 405–32; Dupont & Gnudi, 150–51.
387 *Hunde aus Schottland für den Herzog von Berry:* Jusserand, 125, aus Rymer für 3. April 1396.
387 *Herzog von Berry erlegte im Languedoc Geldbußen auf:* Boudet, 64–65.
387 *»Nur mit Stupsnasen«:* zit. Wylie, II, 399, n. 5.
388 *Liste der Flottenkapitäne von »Items«:* Text aus *Chron. de Tournai,* zit. Vaughan, 50.
388 *Der »zwecklose Krieg«:* Walsingham, zit. Barnie, 129.
389 *Karl VI. besucht Coucy-le-Château:* Broche, 341–43
389 *Baudet Lefèvre:* Text der Begnadigung, der die Umstände anführt, in Mangin (Bibliog. I, A), 42, n. 1.
390 *Coucys Schiff bei Soissons beladen:* Broche, 342.
391 *Montfort-Clisson-Affäre:* Froissart, Berners ed., IV, 440–59; Lefranc, 279, 304–24; Moranvillé, *Mercier,* 112–13.
394 *Coucy besteht auf Entschädigung für Clisson:* KL, XIII, 84.
394 *Geldern-Affäre: Chron. C6,* I, 523–25.
394 *Gelderns Brief an Karl VI.:* Text in Douet-d'Arcq, I, 78.

394 *Vasall des Königs von England für Geld:*, Perroy, *Hundred Years,* 191.
395 *Coucy argumentiert im Rat:* KL, XIII, 84.
395 *Tod Karls von Navarra:* Chron. C6, I, 473, und Froissart.
396 *Coucys Mission bei Montfort:* KL, XIII, 136, 337 ff.
396 *König schenkt Coucy eine französische Bibel:* Lacaille, *thèse,* 117, aus Delisle.
396 *Froissarts Tribut:* Berners ed., V, 163.

KAPITEL 21 – DAS IDEAL ZERBRICHT

Wie schon vorher kann von Ereignissen und angeführten Zitaten, die nicht anderweitig identifiziert sind, angenommen werden, daß sie aus *Chron. C6,* I, oder Froissart stammen.

398 *Deschamps, »Jetzt seid ihr nicht auf der Grand Pont«:* Queux ed., I, 156–57.
399 *Mézières zitiert:* Coopland ed., 524–25.
399 *Weiche Betten und parfümierte Bäder:* Prediger zit. in Owst, 412.
399 *Gerson:* zit. Kilgour, 184.
399 *Deschamps:* Raynaud in Deschamps, Queux ed., XI, 296. Eine ausgezeichnete Analyse über Deschamps Leben, Werk und Meinungen ist in diesem langen Essay von Queux' Herausgebernachfolger zu finden. Hier diskutierte Balladen sind in II, 214–26, 226–35. Siehe auch Kilgour, 64.
401 *Ludwig von Orléans: Chron. C6;* Jorga, 505; Collas, 143, 296.
402 *Zeitgenössischer Vers:* zit. Mary Duchaux (Darmesteter), *A Short History of France,* 1918, 86.
402 *Herzog von Burgund besucht Coucy:* Petit, *Itinéraires,* 203; Prost, 475.
402 *Richard II.* und *Robert de Vere: Vita R. Ricardi II.,* ed. Hearne, 1729, zit. Locke, 110.
403 *Taschentuch:* Hutchison, 239.
405 *Grand Bouteilleur* und *Recht auf zwei dreitägige Märkte:* Duplessis, Anmerkungen, 121; Duchesne, 268–69; Lacaille, *»Vente«,* 574–75; DBF, IX, 873. Text der Schenkung des Königs in Lépinois, 209–11.
406 *Klage von 1388:* zit. Denifle, 594.
406 *Spuren des Verfalls:* Denifle, 594; Jusserand, 43–44. Die Benediktinerabtei war St. Nicolas-aux-Bois, Diözese von Laon: Denifle, 706.
407 *Coucy sendet Botschafter zu Philippa:* Green, 227, aus Rymer.
407 *Coucy zum Generalleutnant von Aquitanien ernannt:* KL, XIV, 25,
407 *Marcial le Vérit:* aus Begnadigungstext in Douet-d'Arcq.
408 *Nottinghams Herausforderung an Coucy:* Text in KL, Anmerkungen, XIV, 398–99.
408 *Boucicaut:* KL, Anmerkungen, X, 481.
409 *Coucy schlug Froissart für Domherrenpfründe in Lille vor:* Shears, 55–56.
409 *Verse über Coucy als Patron:* KL, Ia, 345. Die Bedeutung von *rouge escaille* wurde in Rücksprache von den Professoren Howard Garey und Harry Miskimin aus Yale vorgeschlagen.
409 *Coucy besaß ältestes Froissart-Exemplar:* KL, Anmerkungen, Ib, 224. Dieses Exemplar ging von Coucys Urenkelin Johanna von Bar an die Königliche Bibliothek über, als Ludwig XI. die Bücher ihres Gatten, Ludwigs von Luxemburg, konfiszierte. Verzeichnet als Ms. II 88 in der Königlichen Bibliothek von Brüssel (und als Nr. *6941* in dem *Catalogue des Mss.* von Van den Gheyn), trägt das Exemplar das Coucy-Wappen auf fo. 16r.
410 *Petrarcas Klage über Schreiber: Correspondence,* 28.
410 *Coucy geschenkte Bücher:* Lacaille, *thèse,* 117, aus Delisle, *Cat. de la librairie du Louvre,* III, nos. 19, 1160.
410 *Valentina Visconti:* Chamberlin, 89–91, 109–12; Collas, 48.
411 *Haushaltsbücher des Ludwig von Orléans:* Lacroix, 74–75.
411 *Einzug von Königin Isabeau in Paris:* Sowohl Froissart als auch der Mönch von St. Denis waren Augenzeugen.
411 *Kleidung des Herzogs von Burgund:* Vaughan, 43.

KAPITEL 22 – DIE BELAGERUNG DER BERBEREI

414 *Schatzbeamte, »Er hat schon zuviel erhalten«: Chron. C6,* I, 609.
415 *Karl VI. in Avignon:* Froissart; *Chron. C6,* I; Valois, II, 152–54.
416 *Karls VI. Reise durch das Languedoc:* Chron. C6, I; *Chron. Bourbon;* Froissart; Coville, 304–05.
416 *Gesandter aus Genua: Chron. C6,* I, 653; Mirot, *»Politique,«* 10.
417 *Fresko im Kloster von Carmes:* Vaissète, IV, 396; Sabine Coron-Lesur, unveröffentlichte Dissertation über den *Couvent des Grands Carmes de Toulouse,* 140–43, beschafft durch die Freundlichkeit von Prof. Philippe Wolff aus Toulouse. Eine Kopie des Freskos, allgemein bekannt als »Der Schwur von Karl VI.«, existiert als Stich im Musée Paul Dupuy in Toulouse und ist reproduziert in Vaissète, IV, Tafel XX–C, in G. Lafaille, *Annales de la ville de Toulouse,* 1687, I, 143, und in einer Anzahl späterer Bände. Da eine Differenzierung der Gesichter fehlt, ist es von geringem Interesse.
418 *Der königliche Besuch in Dijon:* Petit, Entrée, passim; KL, Ia, 556.
419 *Coucys Stiftung eines Zölestinerklosters:* Roussel, 19–24.
419 *»Für die Erlösung der Seele«:* zit. Cartellieri, 29.
420 *Coucys Schenkungsurkunde vom 26. 4. 1390:* BN *Fonds Latins,* 5149, veröffentlicht in Roussel, 193–96, und (teilweise) in Duplessis, 158–59.
421 *Die Kreuzfahrt gegen die Berberei: Chron. Bourbon,* 218–57, ist die hauptsächliche Primärquelle; sie hat für diese Episode Vorrang vor Froissart (KL, XIV) und *Chron. C6,* I, 650–57. Sekundäre Berichte: Delaville le Roux, 166–200; Mirot, *»Politique«;* Atiya, *Crusade in Later Middle Ages.*
423 *Strategie von Abu al Abbas:* Ibn-Khaldoun, 118–19.
425 *Coucy mißbilligt Annahme der Herausforderung der Berber: Chron. Bourbon,* 233.
428 *Karl VI. besucht Coucy-le-Château:* Jarry, *»Voie de Fait«,* 224.

KAPITEL 23 – IN EINEM DUNKLEN WALD

430 *»Wir können uns für Euch nichts Großartigeres vorstellen«:* KL, XIV, 280–81. Über den *Voie de Fait* im allgemeinen Froissart und *Chron. C6,* I. Valois, II, und Mirot, *»Politique«,* sind moderne Darstellungen.
431 *Johann Gerson:* Morrall, passim.
431 *Gerson über Jeanne d'Arc: CMH,* 810.
431 *Petrarca über die Scholastiker: Correspondence,* 222–23.
432 *Gersons Ansichten:* Copleston, 278; Thorndike, IV, 108, 114, 128.
432 *Gerson: Ratgeber für Kirchenschulen:* Gabriel
432 *Gersons Rat zu sexuellen Gewohnheiten von Kindern:* Ariès, 106–07.
432 *Kontroverse über Rosenroman:* Bédier & Lazard, 98–99.
433 *Gerson, »Ins Feuer«:* KL, Ia, 221, n. 1.
433 *Jean de Montreuil und Pierre Col:* Huizinga, *Waning,* 113–15, 308–09.
434 *Bonifatius IX., Verkauf von Benefizien:* Creighton, 116–17.
434 *Klemens VII. verpfändet Tiara:* Coville, 314–15.
434 *Wenzel IV.:* Lindner, II, 170–77; Kamil Krofta, »Bohemia in the 14th Century«, Kap. 6 in *CMH;* Jules Zeller, *Les Empereurs du XIVe siècle,* Paris 1890, 450–52.
435 *Trunksucht in Deutschland:* Lindner, II, 174.
436 *Pogrom von Prag 1389:* Baron, IX, 160 ff., 202, 318.
436 *Bernhard von Siena:* zit. G. G. Coulton, *Inquisition and Liberty,* London 1938, 45.
436 *Walsingham über Unglauben gewisser Freiherren in England:* zit. Jusserand, 224.
437 *Clamanges über mangelnde Frömmigkeit:* zit. M. Mollat, *Vie,* 65.
437 *Brüder des gemeinsamen Lebens:* Hyma, passim; Southern, 331–52.
437 *Thomas a Kempis:* ibid.
438 *Von der Nachfolge Christi Gerson zugeschrieben:* Coville, 416–17.

438 *Gersons Predigt:* Valois, II, 395.
439 *Klemens bereitet Zug nach Rom vor:* Coville, 302.
440 *Thomas von Gloucester:* KL, XIV, 314–15, 384; XV, 165, 240.
441 *Guy de Blois:* KL, XIV, 370; Barante, II, 36–38.
441 *Coucys Rolle:* Jarry, *Orléans*, 85; Lacaille, *thèse*, 138; KL, XVI, 71.
442 *Außerordentliche Maßnahmen für Unterhandlungen Amiens:* KL, XIV.
442 *Coucy und Philippa:* ibid., 378.
442 *Kleidung des Herzogs von Burgund:* Barante, II, 39.

KAPITEL 24 – DANSE MACABRE

444 *Geheimkontakt der Onkel des Königs mit Montfort:* Sismondi, *Histoire des Français*, Paris 1828, II, 597.
444 *Craon ermordet einen Ritter von Laon:* KL, Anmerkungen, XV, 362.
445 *Die Affäre Craon-Clisson:* Chron. C6, II, 3 ff., und KL, XIV, 316–20, sind die grundlegenden Geschichtsquellen. Sie sind in einem lebendigen Bericht von Barante, II, 46–55, kombiniert. Moderne Berichte in Coville, 305; CMH, 372; Lefranc, 349–56. Admiral de Viennes Verhalten: Lefranc, 356. Über Craon siehe DBF und Biogr.-Index in KL.
447 *Feldzug gegen Montfort* und *Wahnsinn des Königs in Le Mans: Chron. C6*, II, 19–25, KL, XV, 40–49; Barante, II, 59–81; Moranvillé, 89, 124–26, 149.
449 *Guillaume de Harsigny:* Edouard Fleury, *Antiquités et monuments du département de l'Aisne*, Paris 1882, 242–43. Auch Mâle.
451 *Coucy bei Rivières Festnahme:* KL, XV, 63–64, und Anmerkungen, 365; Lefranc, 367.
451 *Coucy erhält Merciers Besitz:* KL, XV, 67; Moranvillé, 158, 161, 163.
451 *Herzog von Burgund und Clisson:* Lefranc, 365–67.
452 *Coucy lehnt Amt des Constable wiederum ab:* KL, XV, 97.
452 *Coucy begleitet König nach Notre-Dame de Liesse:* Lacaille, *thèse*, 142; *DBF*, IX, 873.
453 *Harsignys Grabfigur:* jetzt im Museum von Laon. Die Inschrift lautet *»Deo et Nature reddo simplicia. Acta compositi sint Deo Grata.«* Sprachliche Zweideutigkeiten in Betracht gezogen, könnte die Übersetzung lauten: »Ich gebe Gott und Natur meine (körperlichen) Elemente zurück. Mögen die Taten des ganzen (Mannes) Gott gefallen.«
453 *Damen mußten den Kopf wenden, wenn sie durch Türen traten:* beschrieben von Juvenal des Ursins, zit. Collas, 75.
454 *Coucy in Savoyen:* Duchesne, 269–70.
454 *Bräuche bei Wiederverheiratung einer Frau:* M. Mollat, *Vie*, 57.
455 *Tanz der Wilden: Chron. C6*, II, 65–71; KL, XV, 77, 85–87, 89–90, 92; Chron. Valois, 328; Barante, II, 95–99. Huguet de Guisays Charakter stammt aus *Chron. C6*.
456 *Ludwig läßt für Zölestiner eine Kapelle erbauen:* Chron. C6, II, 75; Jorga, 506.
456 *Danse Macabre:* Carco; Chaney, Huizinga, *Waning*, 139–41. Über den Ursprung des Ausdrucks zusätzlich zu den obigen, *OCFL*.
456 *Kirche der Unschuldigen, Wandgemälde:* Chaney, aus Versen und Holzschnitten in Guyot Marchants *Danse Macabre*, c. 1485.
457 *Grabbild des Kardinals de La Grange:* jetzt im Musée Calvet, Avignon, erläutert in Joseph Girard, *Avignon: ses monuments*, Marseille 1930. Eine gründliche, wenn auch prosaische Katalogisierung solcher Grabbilder mit Illustrationen erscheint in Kathleen Cohen, *Metamorphosis of a Death Symbol: The Transi Tomb in the Late Middle Ages and Renaissance*, Berkeley 1974.
457 *Friedhof der Unschuldigen in Paris:* Mâle, 360; Huizinga, *Waning*, 144; Carco, 29.
458 *Sieben Klagen der Jungfrau:* Mâle, 125.
458 *Schöne Madonnen:* Eine der charakteristischsten und bezauberndsten ist die Statue der Madonna mit dem Vogel in der Kirche von Notre-Dame du Mathuret in Riom in der Auvergne.
458 *Bevölkerung um 40 bis 50 Prozent gefallen:* Russell, »Effects of Pestilence«, 470; Carpentier, *AESC*, 1082–83.

459 *Pessimismus der Zeit:* Gower, aus *Confessio Amantis.*
459 *Datini:* zit. Origo, 116.
459 *Gerson:* zit. Thorndike, History, IV, 115.
459 *Ein Mönch von Cluny:* zit. Coulton, Life, I, 2.
459 *Mézières:* zit. Coopland, ed., I, 255.
459 *Roger Bacon:* zit. Coulton, *Life,* II, 57.
460 *Deschamps:* zit. KL, Ia. 440–41.
460 *Christine de Pisan:* zit. ibid.
460 *Christine de Pisan, Geleitbriefe:* aus ihrem *Book of Fayttes,* XIX.
460 *Universität verkauft Grade der Theologie:* Coville, 395.
460 *»Laster der verschiedenen Stände der Gesellschaft«:* zit. T. Wright, *Political Songs,* I, LXXXIV–VI.
461 *Ein Notar von Cahors:* Denifle, 827.
461 *Gower über Krieg:* zit. Barnie, 123, 131.
461 *»Keinen Frieden wird es geben bis wir Calais zurückgewinnen«:* zit. Locke, 95.
462 *Verhandlungen in Leulinghen:* Chron. C6, II, 77–83; Froissart (der anwesend war), Berners ed., VI, 110–21.
463 *Cloucester:* ibid.
464 *Karls VI. Wahnsinn:* Chron. C6, II, 87–91, 405, 455; Barante, II, 110–11, 223–24; Collas, 260; Thibault, 222–24.
464 *Wilhelm von Hennegau-Bayern:* Darmesteter, 38.
465 *Über Wahnsinn:* E. Wright, 356.
466 *Isabeaus Verhalten:* Collas, 297; Thibault, 265, 281, 290, 316.
466 *»In diesem lächerlichen Tribunal«:* Juvenal des Ursins, zit. Mazas, IV, 181. Gegründet 1400 mit der Absicht, die Frauen zu ehren und die Poesie zu kultivieren, schloß die *Cour Amoureuse* ein Mitglied ein, das 1405 der versuchten Notzucht überführt wurde, und ein weiteres, das eine *dame d'honneur* entführte (die er nach Verstoßung seiner Gattin später ehelichte). Neben anderen Mitgliedern aller Stände waren die lautstarken Verteidiger des Rosenromans Jean de Montreuil und Pierre und Contier Col. (A. Piaget, »Cour Amoureuse«, *Romania,* XX, 447.)
466 *Marquis de Sade:* siehe Bibliographie. Geschrieben 1813, war dies sein letztes Buch, nicht vor 1953 veröffentlicht. Sade behauptete, in Dijon die Abschrift des Prozesses von Lous de Bourdon, des Geliebten der Königin, der unter der Folter ihren Anteil an den Verbrechen der Regierung enthüllte, gefunden zu haben. Ungehindert durch das Verschwinden der Abschrift während der Zerstörung der Bibliothek durch die »Hunnen der Französischen Revolution«, war der Marquis vierzig Jahre, nachdem er es gelesen hatte, fähig, die Biographie zu schreiben und Isabeau die Verantwortung für jeden »Blutstropfen, der während dieser schrecklichen Regierung vergossen wurde«, zuzuschreiben. In seiner Version bot sie sich Craon feil, um den Anschlag auf Clisson zuwege zu bringen, gab Karl das Gift, das seinen Wahnsinn verursachte, sorgte für das Auftauchen des Verrückten im Wald von Mans, plante das Verhängnis des Tanzes der Wilden, agierte als Komplizin bei der Ermordung ihres ehemaligen Liebhabers Ludwig von Orléans, paarte sich in den Elendsvierteln mit Dieben und Mördern, vergiftete drei ihrer eigenen Kinder und lieferte Jeanne d'Arc der Inquisition aus. Sade war ein Einmotivhistoriker.
466 *Herzog de Sully:* zit. François Guizot, *Hist. of France,* übers., New York 1885, III, 9.

KAPITEL 25 – VERPASSTE GELEGENHEIT

Für die Bemühungen, das Schisma zu beenden, den Tod von Klemens, die Wahl von Benedikt und seine Weigerung, abzudanken, ist die hauptsächliche Primärquelle des Mönches von St. Denis (Chron. C6, II, 131–317), der sich offensichtlich mehr für den Kampf interessierte und ihm näher war als Froissart, (KL, XIV–XV). Beide werden ergänzt von Valois, II–III; Jarry, *»Voie de Fait«,* 523–41; Creighton. Wo nicht anders angegeben, sind die obigen die Quellen für die Ereignisse in diesem Kapitel, die sich auf das Schisma beziehen.

467 *Spinellis Argumente:* zit. Chamberlin, 153.
468 *Coucys Mission in Avignon:* KL, XIV, Anmerkungen, 422–26; Durrieu, »Adria«, 13–64; Jarry, *Orléans*, 117; Mirot, *»Politique«*, 527; Lehoux, II, 296.
469 *Adel fürchtete Bogen- und Armbrustschießen des gemeinen Volks: Chron. C6*, II, 131. Auch Jean Juvenal des Ursins, zit. Fowler, *Plantagenet and Valois*, 177.
470 *Gersons mündliche Verteidigung:* Morrall, 34–36.
470 *Coucy wieder in Avignon:* gleiche Quellen wie oben. KL, ibid.; Durrieu, 72–75; Jarry, *Orléans*, 121; Jarry, *»Voie de Fait«*, 517; Mirot, *»Politique«*, 530–31.
472 *Nicolas de Clamanges:* Ornato, 16; *DBF* und Michaud, *Biographie universelle*, Text seiner Ansprache in *Chron. C6*, II, 135 ff.
473 *Übersetzung für den königlichen Rat:* Jarry, *»Voie de Fait«*, 523.
474 *»Als stünde der Heilige Geist«:* zit. Creighton, 129.
474 *Vierhundert Meilen in vier Tagen:* Hay, 363.
475 *Coucys Feldzug um Herrschaft von Genua:* Die hauptsächlichen Quellen sind Jarrys *Orléans*, 134–56, und Delisles Zusammenfassungen von den Dokumenten in der Coll. Bastard d'Estang in der BN, *Fonds fr., nouv. acq.* 3638–9 und 3653–4–5. Diese enthalten etwa drei Dutzend Dokumente, die Transaktionen von Coucy behandeln. Zahlungen von der Krone an ihn sind in BN, *Pièces originales*, 875, Dossier Coucy. Lacaille, *thèse*, 156–94, fügt Bezüge aus italienischen Quellen hinzu. Froissart ist die Quelle für Coucys Abhalten von Konferenzen mit den Genuesern im Freien (KL, XV, 221–22). Moderne Autoritäten: Jarry, *»Voie de Fait«*, 532–37; Mesquita, 157–58; Mirot, *»Politique«*, 533–35.
477 *Coucy in Pavia:* BN, Coll. Bastard d'Estang, 231, 234.
477 *Bau des Doms von Mailand:* Chamberlin, 122–26, 173–75.
478 *Coucy »am Bein verwundet«:* Jarry, *Orléans*, 161.
482 *Nicolas de Clamanges wird Sekretär bei Benedikt XIII.:* Valois, III, 270, n. 4; Creighton, 433–34. Weiter über diese Episode: Ornato, 27, 33–41.
482 *Benedikt XIII. starb im Alter von 94 Jahren: CMH*, 301.
483 *»Richard zu helfen und zu unterstützen«:* zit. McKisack, 476, aus Rymer, VII, 811.
483 *»Lollharden, zwölf Beschlüsse und Wahrheiten«:* Gairdner, I, 43–44.
484 *König drohte Sir Richard Stury den »übelsten Tod« an:* Hutchison, 155.
484 *Coucy lehnte ab, »da er Franzose sei«:* Froissart, Berners ed., VI, 130.
485 *Gloucester, Robert der Einsiedler, Waleran de St. Pol:* ibid., VI, 161–68, 211–12.
486 *Heirat von Isabella und Richard II:* Froissart, Berners ed., 224–29. Froissarts Angabe, daß die einzige französische Dame, die Isabella nach England begleitete, die Dame de Courcy war (KL, XV, 306), wurde in Lord Berners Übersetzung (VI, 229) zu Coucy und erklärt Mrs. Greens Irrtum (228), diese Dame, die später die Nachricht von Richards Absetzung zurückbringen sollte, als Coucys zweite Gattin zu identifizieren.

KAPITEL 26 – NIKOPOL

Abgesehen von Schiltbergers spärlichem, dreißig Jahre nach dem Ereignis abgefaßten Bericht, sind die hauptsächlichen westlichen Quellen für den Kreuzzug nach Nikopol das *Livre des faits du bon messire Jean le Maingre, dit Bouciquaut* (Godefroy ed., S. 78–104), geschrieben etwa um den Zeitpunkt des Todes der Titelfigur im Jahre 1421 (von einem anonymen Geistlichen gemäß *OCFL*, obwohl Kervyn Lettenhove – XX, 372 – glaubte, daß der Autor Christine de Pisan war); der Mönch von St. Denis (*Chron. C6*, II, 485–519) und Froissart, KL, XV, 218–328, passim. Diese sind die Grundlagen für die geistreichen Berichte von Abbé Vertot im 18. und Barante im frühen 19. Jahrhundert. KLs Anmerkungen fügen Material aus Dom Planchers *Histoire Générale de Bourgogne*, Dijon 1739–81, hinzu. Die gründlichste moderne Darstellung und ein klassisches Werk ist Delaville le Roux, *La France en Orient*, Buch III, Kapitel 1–5, dessen Reichtum von Anmerkungen eine Menge von Informationen ergänzt. Wo nicht anders angegeben, sind die Ereignisse in diesem Kapitel aus den obigen Quellen entnommen.

Atiyas *Nicopolis*, gewöhnlich (von englischsprachigen Historikern) als das Standardwerk zitiert, greift vermutlich auf eine eindrucksvolle Bibliographie von türkischen Quellen zurück, aber wenig Evidenz hiervon erscheint im Text. Mit geringfügigen Ausnahmen, nicht alle von ihnen richtig, ist dieses Buch nicht viel mehr als eine Bearbeitung von Delaville. Rosetti liefert eine nützliche Übersicht aus allen Quellen der den Kreuzzug betreffenden geschätzten Beteiligtenzahlen. Savage unterstreicht die Wichtigkeit von Coucys Offensive. Tipton steuert eine originelle und wertvolle Untersuchung der vermeintlichen englischen Rolle bei.

490 *Eine Furt der Donau bei Nikopol:* Kousev, 70. Dies scheint nicht übereinzustimmen mit Berichten von Schlachtflüchtigen, die beim Versuch, hinüberzuschwimmen, ertranken.

491 *Mézières:* Kilgour, 148–62.

492 *Jean de Nevers:* Michelet, IV, 45; Calmette, 57–58.

493 *Vorbereitungen zum Kreuzzug:* David, 37, aus Plancher, *Bourgogne*, III, 149.

493 *Völliges Fehlen von Engländern in den Listen:* Das Beweismaterial, welches sie widerlegt, ist von Tipton wirkungsvoll präsentiert worden und führt zu seiner Schlußfolgerung: »Überhaupt kein Engländer kann positiv unter dem Kreuzfahrerheer identifiziert werden.« 533.

493 *Valentina Opfer einer Verleumdungskampagne:* Chroniken, und Mesquita, 203; Chamberlin, 176.

494 *Gian Galeazzo hielt vermutlich Bajasid auf dem laufenden:* KL, XV, 253, 262, 329, 338.

495 *Schätzung der Zahlen der christlichen Truppen:* Lot, 456; Rosetti, 633–35.

497 *Coucys Attacke:* Wavrin, 149; KL, XV, 314; Savage, 437–40.

500 *Coucy sah man »unerschüttert«: Livre des faits*, Godefroy ed., 97.

501 *Sigismund, »wir haben die Schlacht verloren«:* Schiltberger, ed. Anmerkungen, 109.

501 *Bajasid schwört Rache:* Schiltberger, 4.

KAPITEL 27 – KLEIDE DEN HIMMEL IN DUNKEL

Livre des faits . . . de Boucicaut (Godefroy ed., 104–14), Froissart und *Chron.*, C 6, II, bleiben weiterhin die hauptsächlichen Primärquellen. Es kann angenommen werden, daß diese und Delaville le Roux, Kap. 6–9, die Quellen für nicht anderweitig zitiertes Material sind.

503 *Leiden der Gefangenen:* aus dem Bericht von Geoffrey Maupoivre in Delaville, *»Le Legs d'Enguerrand VII.«* (Bibliog. I, B).

503 *Coucy überlebte nur durch ein Wunder:* ibid.

504 *Sie schätzten sich »glücklich, in einer Welt zu leben«:* KL, XV, 334.

505 *Deschamps über Trauerfeiern:* Queux ed., VIII, 85–86.

505 *Die Dame de Coucy schreibt an Dogen von Venedig:* XV, 426.

505 *Boten:* Mangin, 45–46, 52–54; BN, *Fonds fr., nouv. acq.* 3638–9, nos. 268–9, 308, 456.

505 *Geschenke für Bajasid:* Barante, II, 201; Jarry, Orléans, 185–86.

505 *Deschamps, »Geld!«:* zit. Gustave Masson, *Story of Medieval France*, 1888.

506 *L'Alouëte:* 182.

506 *Coucys Letzter Wille:* veröffentlicht in *Testaments enregistrés au parlement de Paris sous le règne de Charles VI.*, ed. A. Tuetey, in *Documents inédits, Mélanges historiques, nouv. série*, Paris, Imp. nat., 1858, III, 39–44.

507 *Coucys Tod:* Die Annahme einiger Historiker, daß er allein starb, da der Sultan weitergezogen war, die Gefangenen mit sich nahm und Coucy zurückließ, weil er zu krank war, um zu reisen, kann nicht mit den acht Unterschriften unter seinem Letzten Willen in Einklang gebracht werden. Der Sultan und die französischen Gefangenen reisten tatsächlich nach Mikalidsch weiter, zwei Tagereisen von Bursa, wo Burgunds Gesandter Guillaume de l'Aigle sie traf, angeblich im Januar. Entweder ist dieses Datum ein Irrtum, oder die Gefangenen müssen nach Bursa zurückgekehrt sein – vielleicht wegen Coucys nahe bevorstehendem Tod – rechtzeitig, um den Letzten Willen zu unterschreiben.

508 *»Kultiviert und barbarisch«:* Lefranc, Intro., X.

508 *»Verdienstvollster Seigneur seiner Zeit«: Livre des faits,* Godefroy, 2. Ausg., Den Haag 1711, 81.
508 *Rückkehr von Coucys sterblichen Resten:* Duplessis, 103.
508 *Die Dame de Coucy benachrichigt:* Godefroy, 1620, 106.
509 *Bestattung Coucys:* KL, XV, 357, 437; XVI, 31.
509 *Grabmal:* zerstört (vermutlich) bei der Zerstörung von Nogent-sous-Coucy; die Plakette von Ste. Trinité befindet sich jetzt im Museum von Soisson.
509 *Deschamps Klagelied:* Queux ed., Ballade 1366.
509 *Lösegeld und Rückkehr der Gefangenen:* Zusätzlich zu den Quellen am Kopf des Kapitels Vaughan, 71–77.
510 *Bajasid auf einer Karre hinter Gitterstäben:* Über diese berühmt-strittige Frage zitiert Gibbon (VI, 370–84) französische, italienische, türkische und griechische Quellen, um die Behauptung persischer Historiker zu widerlegen, daß die Geschichte eine Fabel sei, die »vulgäre Leichtgläubigkeit« widerspiegele. Gibbons Herausgeber (Milman, Guizot, Wenck und Smith) akzeptieren die Erklärung von Hammers, daß der sogenannte Eisenkäfig eine falsche Übersetzung des türkischen Wortes *hafe* war, das eine bedeckte Sänfte bedeutet, in diesem Falle bedeckt mit einem aus Eisen hergestellten Gitter. Siehe auch F. Schevill, *History of the Balkan Peninsula,* New York 1922, 190.
510 *Erbstreitigkeiten:* zit. Lacaille, *»Vente«,* 594.
511 *Heirat der Dame de Coucy mit Stephan von Bayern geplant:* Entstanden in *Chron. C6,* II, 765, wurde die irrtümliche Darstellung, daß die Ehe geschlossen wurde, von Duchesne und Duplessis und anderen in diesem Sinne wiederholt, bis sie durch Thibault 355, korrigiert wurde.
511 *Ludwig von Orléans erwirbt den Besitz Coucys:* Lacaille *»Vente«,* 574–87; Jarry, *Orléans,* 239–42, 311.

EPILOG

515 *Orléanistisches Manifest, versunken in Sünde und Verbrechen:* zit. Enid McLeod, *Charles d'Orléans,* New York 1970, 63.
515 *Schlacht von Agincourt:* Wylie, II, 108–230. Ein Augenzeugenbericht der Schlacht aus der *Chronicle* von Jehan de Wavrin ist in Allmand, 107–11, zitiert.
515 *Dicker Plattenpanzer und Herzversagen:* Oman, 377.
518 *Verwüstungen in der Picardie:* Lestocquoy, 47–48.
518 *Verhärtung der Barmherzigkeit:* Mâle, 440.
521 *»Bewegliche Festung der Hussitenkriege«:* Oman.
522 *Bevölkerung Europas, Rouen:* Cheyney, 166.
522 *Domherren von Schleswig:* Heers, 106.
523 *Thomas Basin: Histoire de Charles VII.,* ed. Charles Samaran, Paris 1933, I, 87, zit. Fowler, *Plantagenet and Valois,* 150–51.
524 *Schlacht bei Castillon:* ibid., zit. Allmand, 11–13.
524 *Artillerietroß der Türken:* Oman, 357–58.
525 *Victor Hugo:* zit. Mâle, 295.
525 *Linie der Coucys:* La Chesnaye-Desbois; Anselme, V, 243, VII, 566; *L'Art de vérifier,* 243; Melleville, 20.
525 *Perceval starb kinderlos:* Duplessis, 107.
525 *Schicksal der Burg von Coucy und des Zölestinerklosters in Villeneuve:* Duchesne, 672; *L'Art de vérifier,* 219; Dufour, 21, n. 1; Viollet-le-Duc, *Coucy,* 30–31; Roussel, 42.
526 *Ruprecht von Bayern:* Seine Intervention wurde Friedrich P. Reck-Malleczewen, *Diary of a Man in Despair,* übers., New York, 1970, 196, von ihm erzählt.
527 *Ludendorffs 28 Tonnen Dynamit: Histoire de Coucy,* pamphlet of Ass'n ... Coucy-le-Château, von R. Leray, J. Vian und H. Crepin.

Bibliographie

ABKÜRZUNGEN

AESC	*Annales: Economies, Sociétés, Civilisations*
BEC	Bibliothèque de l'École de Chartes
BN	Bibliothèque Nationale
Ec HR	*Economic History Review*
EHR	*English Historical Review*
REH	*Revue des études historiques*
RH	*Revue historique*
RQH	*Revue des questions historiques*
SHF	Société de l'histoire de France
TRHS	Transactions of the Royal Historical Society

I. SPEZIFISCHES MATERIAL ZU COUCY

A. MANUSKRIPTE

Archives du département de l'Aisne

H 325, folio 239: *Cartulaire-chronique de l'Abbaye de Nogent-sous-Coucy.* (Moderne Ausgabe in Bib. de la ville de Noyon, Coll. Paigne-Delacourt, ms. 21.)

H 721: *Fondation du couvent des Célestins à Villeneuve-les-Soissons.*

Bibliothèque Nationale, Paris

Fonds français, nouv. acq., Coll. Bastard d'Estang, 3653-4-5, 3638-9.

Coll. Clairembault, vol. 35, nos. 74–114,; vol. 39, no. 81, dossier Coucy.

Pièces originales, 875, dossier Coucy, nos 1–37.

Mss. Coll. Picardie, vol. x, fo. 207 ff.

Ms. fr. 18616, folios 94–141. *Mémoires pour faire servir' à l'histoire des seigneurs de Coucy.* (Kein Originalwerk, dies ist eine aus L'Alouëte, Duchesne und anderen Quellen entnommene Materialzusammenstellung.)

Ms. Latin 5149, *Historia monasterii SS Trinitatis Caelestinorum.*

Ecole de chartes

Lacaille, Henri, *Enguerrand VII., Sire de Coucy.* (Unveröffentlichte Doktordissertation von 1890. Die Liste der *pièces justificatives* des Autors – seine Quellen – fehlt leider im Manuskript.) Zitiert in Anmerkungen als Lacaille, *thèse.*

SIEGEL
Archives nationales – Bureaux des sceaux
Coll. Clairembault, nos. 2838, 2841–2, 8644–6.
Coll. de la Flandre, no. 308.
Bibliothèque Nationale – Cabinet des Médailles
Coll. Bastard d'Estang, nos. 28–28 bis.

B. VERÖFFENTLICHTE WERKE
* weist auf eine primäre Quelle für das Leben von Enguerrand VII. hin
** weist auf Veröffentlichung primärer Dokumente hin

* *L'Alouëte, François de, Traité des nobles avec une histoire généalogique de la très-illustre et très ancienne maison de Couci et de ses alliances,* Paris 1577.

Ancien, Bernard, »Les Couleurs d'Enguerrand VII., Sire de Coucy et Comte de Soissons.« Mémoire de la fédération des sociétés d'histoire et d'archéologie de l'Aisne, vol. IX, 1963.

L'Art de vérifier les dates des faits historiques, par un Religieux de la Congrégation de St.-Maur, vol. XII, Paris 1818.

** *Bardy, Henri, Enguerrand de Coucy et les Grands Bretons.* Paris 1860.

Belloy, M. de, Mémoires historiques: I, Sur la maison de Coucy encore existante. Paris 1770.

Bouet, M. G., »Excursions à Noyon, à Laon et à Soissons.« Bull. monumental sur les monuments historiques de la France, 4. Serie, vol. IV.

** *Broche, Lucien, »Notes sur d'anciens comptes de la châtellenie de Coucy.« Bull. de la Société académique de Laon, vol.* XXXII, 1905–09.

Chaurand, Jacques, Thomas de Marle, Sire de Coucy. Vervins 1963.

** *Delaville le Roux, J., »Le Legs d'Enguerrand VII., Sire de Coucy, à la Cathédrale de Chartres.« Mémoires de la Société archéologique d'Eure-et-Loire,* vol. IX, 1889.

* *Duchesne, André, Histoire généalogique des maisons de Guînes, d'Ardres, de Gand et de Coucy.* Paris 1631.

Dufour, Etienne, Coucy-le-Château et ses environs. Soissons 1910.

Duplessis, Dom Michel Toussaints Chrétien, Histoire de la ville et des seigneurs de Coucy. Paris 1728.

** *Durrieu, Paul, »La Prise d'Arezzo par Enguerrand VII., Sire de Coucy, en 1384.«* BEC, vol. XLI, 1880.

Duval, M. R., »Histoire de l'Abbaye bénédictine de St. Nicolas-aux-bois au diocèse de Laon.« Mémoires de la Soc. Acad. de St. Quentin, 4. Serie, vol. XII, 1893–96.

** *Lacaille, Henri, »Enguerrand de Coucy au service de Grégoire XI., 1372–74.« Annuaire Bulletin de la SHF,* vol. XXXII, 1895. (Eine Sammlung aus den Vatikanischen Archiven der Briefe Gregors XI. in bezug auf Coucys Kommando im Krieg der Päpstlichen Liga, 1372–74.)

**–, *»La Vente de la baronnie de Coucy,«* BEC, vol. LV, 1894.

Larousse, Grand Dictionnaire universel, 1869, Artikel »Coucy-le-Château.«

Lefèvre-Pontalis, Eugène, Le Château de Coucy. Paris 1909.

Lelong, Dom Nicolas, Histoire ecclésiastique et civile du diocèse de Laon. Châlons 1783.

Lepinois, E. de, Histoire de la ville et des sires de Coucy, Paris 1859.

** *Mangin, »Enguerrand VII., Sire de Coucy: Pièces inédites concernant son départ pour la Hongrie et sa mort.« Bulletin de la Soc. Acad. de Laon, vol.* XXIV, 1882.

Mazas, Alexandre, vie des grands capitaines français du moyen âge, vol. III, 3. Ausg. Paris 1845. (Lebendig und interessant, aber unverläßlich und in einigen Fällen imaginär.)

Melleville, Maximilien, Histoire de la ville et des sires de Coucy-le-Château. Laon 1848.

Moreau, Jules, Notices sur les sires de Coucy. Chauny 1871.

** *Roussel, l'Abbé R., Histoire de l'abbaye des Célestins de Villeneuve-les-Soissons.* Soissons 1904.

Sars, Comte Maxime de, La Laonnais féodale, vol. IV, Paris 1931.

Savage, Henry L., »Enguerrand de Coucy VII. and the Campaign of Nicopolis.« Speculum, Oktober 1939.
Viollet-le-Duc, E., Description du château de Coucy. Paris 1880. (Größtenteils wiederholt aus seinem *Dictionnaire.*)
Zurlauben, Baron von Thurn und, »Abrégé de la vie d'Enguerrand VII. du nom, Sire de Couci.« Histoire de l'Académie royale des inscriptions et belles lettres, vol. XXV. Paris 1759.

II. ALLGEMEINES

A. PRIMÄRLITERATUR

Allemand, C. T., ed., *Society at War: The Experience of England and France during the Hundred Years War.* Edinburgh 1973. (Auszüge aus zeitgenössischen Texten.)
Anonimalle Chronicle (St. Mary's York). Ed. V. H. Galbraith. Manchester 1927.
Barnie, John, War in Medieval English Society. Cornell University Press, 1974. (Auszüge aus zeitgenössischen Texten.)
Beaurepaire, Ch. de, »Complainte sur la Bataille de Poitiers.« BEC, vol. XII, 1851.
Bell Clair Hayden, ed., *Peasant Life in Old German Epics.* Columbia University Press, 1968. (Enthält zwei erzählende Gedichte des 13. Jahrhunderts, *»Meier Helmbrecht«* und *»Der Arme Heinrich«,* die, obgleich nicht strikt anwendbar auf das Frankreich des 14. Jahrhunderts, aufschlußreich für das mittelalterliche Bauernleben sind.)
Berry, Duc de, The Très Riches Heures of Jean, Duke of Berry. Eds. Jean Longman u. Raymond Cazelles, mit Einführung von Millard Meiss. New York 1969.
Boccaccio, Giovanni, The Decameron. Übers. Frances Winwar. New York 1930.
Bonet, Honoré, The Tree of Battles. Übers. u. ed. G. W. Coopland. Harvard University Press, 1949.
Boucicaut. Siehe Godefroy und *Livre des faits.*
Brians, Paul, ed., *Bawdy Tales from the Courts of Medieval France.* New York 1972.
Brucker, Gene, ed., *The Society of Renaissance Florence.* New York 1971. (Auszüge aus zeitgenössischen Dokumenten.)
–, Two Memoirs of Renaissance Florence, New York 1967. (Enthält Auszüge aus dem Tagebuch von Buonaccorso Pitti.)
Chandos Herald, Life of the Black Prince. Übers. M. K. Pope u. E. C. Lodge. Oxford 1910.
Chaplais, Pierre, »Some Documents Regarding the Fulfillment and Interpretation of the Treaty of Brétigny, 1361–69.« *Camden Miscellany,* vol. XIX (Camden Third Series, vol. LXXX). London 1952.
Chaucer, Geoffrey, The Canterbury Tales. Ed. Walter Skeat. New York 1929.
Christine de Pisan, The book of Fayttes of Armes and of Chyvalrye. Übers. William Caxton, Ed. A. T. P. Byles. Oxford University Press, 1932.
–, *Le Livre des Fais et Bonnes Meurs du Sage Roy Charles V.* Ed. S. Solente. 2 vols. Paris 1936–40.
Chronicle of Jean de Venette. Übers. Jean Birdsall. Ed. Richard A. Newhall. Columbia University Press, 1953.
Chronicon Angliae. Siehe Walsingham.
Chronique de Jean de Bel. Eds. Jules Viard u. Eugene Deprez. 2 vols. SHF, Paris 1904–05.
Chronique des quatre premiers Valois, 1327–1393. Ed. Siméon Luce. SHF, Paris 1862. (Zitiert als *Chron. 4 Valois.*)
Chronique des règnes de Jean II. et de Charles V. Ed. R. Delachenal. 4 vols. SHF, Paris 1910–20. (Zitiert als *Chron. J. & C.*)
Chronique du Bon Duc Loys de Bourbon. Ed. A. M. Chazaud. Paris 1876. (Zitiert in Anmerkungen als *Chron. Bourbon.*)
Chronique du Religieux de Saint-Denys: La Règne de Charles VI., de 1380 à 1422. Übers. u. ed. M. L. Beelaguet. 6 vols. Paris 1839. (Zitiert als *Chron. C6.*)

Chronique normande du XIVe siècle. Eds. A. u. E. Molinier. Paris 1882.
Chronographia Regum Francorum (ehemals *Chronique de Berne* bezeichnet). Ed. H. Moranvillé. 3 vols. SHF, Paris 1891–97.
Cuvelier, J., Chronique de Bertrand du Guesclin. Ed. E. Charrière. 2 vols. Paris 1839.
Delisle, Léopold, Les Collections de Bastard d'Estang à la Bibliothèque nationale. Nogent-le-Rotrin 1886. (Zusammenfassungen der Inhalte zeitgenössischer Dokumente. Sehr wertvoll.)
Delisle, M. L., ed., *»Un Pamphlet politique au XIVe Siècle«* (das *Tragicum Argumentum*). *Bull. historique et philologique,* 1886. Paris 1887.
Demay, Germain, Inventaire des sceaux de la collection Clairembault, vol. II. Paris 1886.
–, *Inventaire des sceaux de la Flandre,* vol. I. Paris 1883.
Deschamps, Eustache, Œuvres complètes. Eds. Marquis de Queux de Saint-Hilaire und G. Raynaud. 11 vols. Paris 1878–1901.
Díaz de Gómez, Gutierre, El Victorial: The Unconquered Knight, A Chronicle of the Deeds of Don Pero Niño, Count of Buelna. Übers. u. ed. Joan Evans. London 1928.
Douet-d'Arcq, Louis, ed., *Choix de Pièces inédites relatives au règne de Charles VI.* 2 vols. Paris 1863.
Duckett, Sir George Floyd, ed., *Original Documents Relating to Hostages for John, King of France, and the Treaty of Brétigny in 1360.* London 1890.
Egbert, Virginia Wylie, ed., *On the Bridges of Medieval Paris; A Record of Early Fourteenth Century Life.* Princeton 1974. (Ausgezeichnete Reproduktion von Illustrationen mit Kommentar; ein schönes Werk des Büchermachens.)
Froissart, Jean, Chronicles of England, France and Spain. Übers. Thomas Johnes, 2. Ausg. in 2 vols. London 1806. (Am geeignetsten für den gewöhnlichen Leser. Modernisierte Sprache und einige Kürzungen.)
–, *The Chronicle of Froissart.* Übers. Lord Berners, 1523–25. Ed. W. P. Ker. 6 vols. London 1902. (Text der Originalübersetzung mit einer nützlichen Einführung des Herausgebers, aber keinen Anmerkungen.)
–, *Chroniques.* Ed. Siméon Luce et al. 14 vols. Paris 1869–1966. (Die Anmerkungen sind, für sich genommen, ein gelehrtes Werk, aber die Ausgabe ist schwer zu benützen wegen verwirrender Organisation und Paginierung. Zitiert als Luce-F.)
–, *Œuvres.* Ed. Baron Kervyn de Lettenhove. 25 vols. Brüssel 1870–75. (Die brauchbarste Ausgabe für Index, Biographien und Redaktionsmaterial. Zitiert als KL.)
–, *»Le Trettie du Joli Buisson de Jonece.« Collection des chroniques nationales françaises,* vol. X. Ed. J. A. Buchon, Paris 1829.
Germain, A., Projet de descente en Angleterre . . . pour la délivrance du Roi Jean: Extrait de documents originaux inédits. Montpellier 1858.
Gilles li Muisis (Abbé de St. Martin de Tournai), Chronique et annales. Ed. H. Lemaitre. SHF. Paris 1906.
Godefroy, Theodore, ed., *Histoire de Maréchal de Boucicaut.* Paris 1620. (Dies war die erste Veröffentlichung des *Livre des faits . . . de Boucicaut,* gemäß dem Manuskript in der BN, von der nur ein Exemplar existiert.)
Godfrey le Baker, Chronicon. Ed. Edwin M. Thompson (mit übersetzten Teilen). Oxford 1889.
Grandes Chroniques de France, vol. IX (bis 1350). Ed. Jules Viard. Paris 1937.
–, vol. VI (bis 1380). Ed. Paulin Paris. Paris 1838.
Gray, Sir Thomas, Scalacronica. Übers. Sir Herbert Maxwell. Glasgow 1905–07.
Guibert, Abbot of Nogent, Memoirs. Übers. John L. Benton. New York 1970.
Hellman, Robert, u. *Richard O'Gorman, Ed., Fabliaux: Ribald Tales from the Old French.* New York 1965.
Herlihy, David, ed., *Medieval Culture and Society.* New York 1968. (Anthologie zeitgenössischer Texte.)
Jean le Fèvre, Evêque de Chartres, Journal de Jean le Fèvre, vol. I. Ed. H. Moranvillé. Paris 1887.
Jean Juvenal des Ursins, Archevêque de Reims, Histoire de Charles VI, Ed. Th. Godefroy. Paris

1614. Ebenso in *Nouvelle Collection des mémoires relatifs à l'histoire de France,* vol. II. Eds. J. F. Michaud u. J. J. F. Poujoulat. Paris 1881.

John of Reading, Chronica. Ed. James Tait. Manchester 1914.

Königshofen, Jacob von, Elsassiche und Strassburgische chronicke (c. 1400). Ed. J. Schilter. Straßburg 1698.

Langland, William, The Vision of Piers Plowman. Ed. Henry W. Wells. New York 1935.

Langlois, Charles Victor, La Connaissance de la nature et du monde au moyen âge d'après quelques écrits français à l'usage des laics. Paris 1911. (Enthält *Image du monde, Roman de Sidrach,* und andere Enzyklopädisten. Dies ist vol. III von dem, was später als *La Vie en France au moyen âge,* 4 vols., Paris 1924–28, publiziert wurde. Als Sammlung mittelalterlicher Schriften über viele Sujets ist dieses Werk unentbehrlich für eine Kenntnis des mittelalterlichen Geistes.)

La Tour Landry, Geoffrey, The Book of the Knight of La Tour Landry. Übers. G. S. Taylor. London 1930.

Livre des faits du Maréchal de Boucicaut, in *Nouvelle Collection des mémoires relatifs à l'histoire de France,* vol. II. Eds. J. F. Michaud u. J. J. F. Poujoulat. Paris 1881. (Siehe auch Godefroy.)

Machaut, Guillaume de, Les Œuvres. Ed. Prosper Tarbé. Reims 1849.

Ménagier de Paris, le, The Goodman of Paris. Ed. u. übers. Eileen Power. London 1928.

Mézières, Philippe de, Le Songe du Vieil Pèlerin. Ed. mit Synopsis u. Kommentar v. G. W. Coopland. 2 vols. Cambridge University Press, 1969.

Muratori, L. A., ed., *Rerum Italicarum Scriptores.* Mailand 1723–51.

Nohl, Johannes, The Black Death: A Chronicle of the Plague Compiled from Contemporary Sources. Übers. C. H. Clarke. London 1971.

Orléans, H. D., ed., Notes et documents relatifs à Jean, Roi de France et à sa captivité en Angleterre, vol. II. London 1855–56.

Owst, Gerald R., ed., *Literature and Pulpit in Medieval England.* Cambridge University Press, 1933. (Texte von Predigten.)

Petrarch . . . A Selection from His Correspondence. Eds. James Harvey Robinson u. H. W. Rolfe. New York 1898.

Polychronicon Ranulphi Higden. Ed. Joseph R. Lumby. Vol. VIII. London 1882.

Prost, B., ed., *Inventaires mobiliers et extraits des comptes des ducs de Bourgogne,* vol. II. Paris 1908–13.

Putnam's Dark and Middle Ages Reader. Ed. Harry E. Wedeck. New York 1965.

Robinson, James Harvey, ed., *Readings in European History,* vol. I. Boston 1904.

The Rohan Master, eds. Millard Meiss u. Marcel Thomas, New York 1973.

Ross, J. B., u. *M. M. McLaughlin,* eds., *The Portable Medieval Reader.* New York 1973.

Rymer, Thomas, Foedera Litterae et Acta Publica, vol. III, Teil II, 1367–77. London 1830.

Schilling, Diebold, Berner Chronik. Eds. H. Blesch u. P. Hilber. Vol. I. Bern 1943. (Schließt Chronik von Konrad Justinger ein.)

Schiltberger, Johann, The Bondage and Travels of Johann Schiltberger. Übers. J. Burden Telfer. Anmerkungen von P. Bruun, Hakluyt Society, 1879.

Secousse, D., ed., *Mémoires pour servir à l'histoire de Charles II., roi de Navarre et comte d'Evreux.* 2 vols. Paris 1755–58.

Servion, Jehan, Gestez et Croniques de la Mayson de Savoye. Ed. F. E. Bollati. 2 vols. Turin 1879.

Songe du Vergier, in Pierre Dupuy, ed., *Traitez des droits et libertez de l'église gallicane,* vol. II. Paris 1731.

Villani, Giovanni, Chronicle of Florence. Übers. Rose Selfe. London 1906.

Walsingham, Thomas, Chronicon Angliae, 1328–1388. Ed. Sir Edward Maunde Thompson. London 1874.

Ward, Charles Frederick, ed., *The Epistles on the Romance of the Rose and Other Documents in the Debate.* Chicago 1911.

The Visconti Hours, eds. Millard Meiss u. Edith Kirsch. New York 1972.

Wavrin, Jehan de, Anchiennes Chronicques d'Engleterre. Ed. Dupont. Vol. II. Paris 1859.
Wright, Thomas, ed., *Political Songs and Poems Relating to English History* (1327–1483). 2 vols. London 1859.
–, *A Volume of Vocabularies.* London 1857.

B. SEKUNDÄRLITERATUR

* zeigt ein Werk von besonderem Wert oder einmaliges Material an

Abrahams, Israel, Jewish Life in the Middle Ages. Philadelphia 1958.
Anquetil, Louis Pierre, Histoire de France, vol. II. 3. Ausg. Paris 1829.
**Anselme, Père, Histoire généalogique et chronologique de la maison royale,* vol. VIII. Paris 1733. (Enthält den größten Teil des höheren Adels einschließlich der Coucys.)
Ariès, Philippe, Centuries of Childhood. Übers. New York 1962.
Armitage-Smith, Sydney, John of Gaunt. London 1904.
Artz, Frederick B., The Mind of the Middle Ages, A. D. 200–1500. New York 1953.
Atiya, Aziz Suryal, The Crusade in the Later Middle Ages. London 1938.
–, *The Crusade of Nicopolis.* London 1934.
Autrand, Françoise, »Culture et mentalité: les librairies des gens du parlement au temps de Charles VI.« AESC, September–Oktober 1973.
Baldwin, Frances E., Sumptuary Legislation and Personal Regulation in England. Johns Hopkins University Press, 1926.
Bapst, Germain, »Les Spectacles et les réjouissances des fêtes publiques au moyen âge.« Revue Bleue, vol. XLVIII, 1891.
Barante, Guillaume-Prosper, Baron de, Histoire des ducs de Bourgogne, 1364–1477. Vol. II. Paris 1839.
Barnes, Joshua, The History of Edward III. Cambridge 1688.
Baron, Hans, »Franciscan Poverty and Civic Wealth as Factors in the Rise of Humanistic Thought.« *Speculum,* Januar 1938.
Baron, Salo W., A Social and Religious History of the Jews, vols. IX–XI. Columbia University Press, 1965–67.
Batifol, Louis, »Le Châtelet de Paris vers 1400«. BEC, 1896.
Baudrillart, H., Histoire du luxe. Paris 1881.
Bean, J. M. W., »Plague, Population and Economic Decline in the Later Middle Ages.« *EcHR,* April 1963.
Bédier, Joseph, u. *Paul Lazard, Histoire de la littérature française,* vol. I. Paris 1923.
Beresford, Maurice, u. *John B. Hurst, Deserted Medieval Villages.* London 1971.
Bishop, Morris, Petrarch and His World. Indiana University Press 1963.
Bloch, Marc, French Rural History. Übers. *(Les Caractères originaux de l'histoire rurale française.)* Berkeley 1973.
–, *Feudal Society.* Übers. *(La société féodale.).* University of Chicago Press, 1971.
–, *Seigneurie française et manoir anglais.* Paris 1960.
Bloomfield, Morton W., Piers Plowman as a Fourteenth Century Apocalypse. Rutgers University Press, 1961.
Boissonade, P., Life and Works in Medieval Europe. Übers. Eileen Power. New York 1927.
Bonnard, Camille, Costumes historiques des XIIe, XIIIe, XIVe et XVe siècles. Paris 1861.
Boudet, Marcellin, La Jacquerie des Tuchins, 1363–1384. Paris 1895.
Boutruche, Robert, La crise d'une société. Paris 1947.
Bowsky, William, »The Impact of the Black Death upon Sienese Government and Society.« *Speculum,* Januar 1964.
Boyer, Marjorie, »A Day's Journey in Medieval France.« *Speculum,* Oktober 1951.
Braddy, Haldeen, »Froissart's Account of Chaucer's Embassy in 1377.« *Review of English Studies,* Januar 1938.
–, »The Historical Background of the *Parlement of Foules.« Review of English Studies,* April 1935.

Bradley, Carolyn G., Western World Costume. New York 1954.
Bridbury, A. R., »The Black Death.« *EcHR,* November 1973.
Brown, Elizabeth A. R., »Taxation and Morality in the 13th and 14th Centuries.« *French Historical Studies,* April 1973.
Calmette, Joseph, Chute et relèvement de la France sous Charles VI. et Charles VII. Paris 1945.
The Cambridge Medieval History, vol. VII. Cambridge University Press, 1968.
Campbell, Anna M., The Black Death and Men of Learning. Columbia University Press, 1931.
Carco, Francis, La Danse des morts comme l'a décrite François Villon. Genf 1944.
Carpentier, Elisabeth, »Autour de la peste noire: famines et épidémies dans l'histoire du XIVe siècle.« AESC, November–Dezember 1962.
–, Une Ville devant la peste: *Orvieto et la peste noire de 1348.* Paris 1972.
Cartellieri, Otto, The Court of Burgundy. New York 1929.
Cazelles, Raymond, »Etienne Marcel au sein de la haute bourgeoisie d'affaires.« Journal des Savants, Januar–März 1965.
–, *»Les Mouvements révolutionnaires du milieu du XIVe siècle* et le cycle de l'action publique.« *RH,* Oktober–Dezember 1962.
–, *»Le Parti navarrais jusqu'à la mort d'Etienne Marcel.« Bull. philologique et historique,* vol. II. 1960.
–, *»La Peste de 1348–49 en Langue d'oïl; épidémie prolitarienne et enfantine.« Bull. philologique et historique,* 1962, pp. 293–305.
–, *La Société politique et la crise de la royauté sous Philippe de Valois.* Paris 1958.
Chamberlin, E. R., The Count of Virtue: Giangaleazzo Visconti, Duke of Milan. New York 1965.
Chambers, E. K., The Medieval Stage. London 1903.
Chaney, Edward F., La Danse macabre. Manchester University Press, 1945.
Chazan, Robert, Medieval Jewry in Northern France. Johns Hopkins University Press, 1973.
Cheyney, Edward P., The Dawn of a New Era, 1250–1453. New York 1962. (Eine nützliche allgemeine Geschichte mit ausgezeichneten Bibliographien.)
* *Chotzen, Th. M.,* »Yvain de Galles in Alsace-Lorraine and in Switzerland.« *Bull. of the Board of Celtic Studies,* 1928.
Chubb, Thomas Caldecott, The Life of Giovanni Boccaccio. New York 1930.
Cipolla, Carlo M., Money, Prices and Civilization in the Mediterranean World. Princeton University Press, 1956.
Circourt, Albert de, »Le Duc Louis d'Orléans: ses entreprises en Italie.« vols. XLV und XLVI. *RQH,* 1889.
Cognasso, Francesco, Il Conte Verde. Turin 1930.
Cohen, Gustave, Histoire de la mise en scène dans le théâtre religieux français du moyen âge. Paris 1951.
–, *La Vie littéraire en France au moyen âge.* Paris 1949.
* *Cohn, Norman, The Pursuit of the Millennium.* New Jersey 1957. Wiederauflage Oxford University Press, 1970.
Collas, Emile, Valentine de Milan. Paris 1911.
Collins, Arthur, Life of Edward Prince of Wales, Commonly Called the Black Prince. London 1740.
Collis, Maurice, The Hurling Time. London 1958. (Ein erstklassiges Buch über englische Angelegenheiten für die Zeit von 1337 bis 1381.)
Connolly, James L., Jean Gerson, Reformer and Mystic. Louvain 1894.
Contamine, Philippe, Guerre, état et société à la fin du moyen âge. Paris 1972.
Cook, Albert S., »The Last Months of Chaucer's Earliest Patron« (Lionel, Duke of Clarence). *Übers. der Connecticut Academy of Arts and Sciences,* vol. XXI, Dezember 1916.
Copleston, F. C., A History of Medieval Philosophy. London 1972.
Cordey, Jean, Les Comtes de Savoie et le roi de France pendant la guerre de cent ans. Paris 1911.

Couderc, Camille, Album de portraits d'après les collections du Département des Manuscrits. Paris 1910.
Coulton, G. G., The Black Death. London 1929.
–, *Chaucer and His England*. New York 1908.
–, *The Chronicler of European Chivalry*. London 1930.
–, *Five Centuries of Religion*. Cambridge University Press, 1936.
*–, *Life in the Middle Ages*. Wiederauflage (4 vols. in 2). Cambridge University Press, 1967.
*–, *Medieval Panorama*. Cambridge University Press, 1938. Neudruck New York 1955.
**Coville, A., Les Premiers Valois et la guerre de cent ans (1328–1422)* (vol. IV von Lavisse, *Histoire de France*). Paris 1902.
**Cox, Eugene L., The Green Count of Savoy*. Princeton University Press, 1967.
Crawfurd, Raymond, Plague and Pestilence in Literature and Art. Oxford 1914.
Creighton, Mandell, Bishop of London, A History of the Papacy, vol. I. Boston 1882.
Croce, Benedetto, History of the Kingdom of Naples. Übers. University of Chicago Press, 1970.
Cuttino, G. P., »Historical Revision: The Causes of the Hundred Years War.« *Speculum*, Juli 1956.
Cutts, Rev. Edward L., Scenes and Characters of the Middle Ages. London 1930.
Dandliker, Karl, Geschichte der Schweiz, vol. I. Zürich 1900.
Darmesteter, Mary (Duchaux), Froissart. Übers. E. F. Poynter. New York 1895.
D'Avenel, Vicomte Georges, L'Evolution des moyens de transport. Paris 1919.
**David, Henri, Philippe le Hardi, Duc de Bourgogne et corégent de France de 1392 à 1404: le train somptuaire d'un grand Valois*. Dijon 1947.
Davis, William Stearns, Life on a Medieval Barony. New York 1923.
Deaux, George, The Black Death, 1347. London 1969.
**Delachenal, Roland, Histoire de Charles V*. 5 vols. Paris 1909–31. (Als eine Informationssammlung und Bezugsführer zu den Quellen ist dies das einzige wichtigste Werk.)
**Delaville le Roux, J., La France en Orient au XIV. siècle: expéditions du Maréchal Boucicaut*, vol. I. Paris 1886.
Delbouille, Maurice, Le Roman du castelain de Couci et de la dame de Fayel. Paris 1936.
Delisle, Leopold, Recherches sur la librairie de Charles V. Paris 1907. (Teil II enthält Inventare der Bibliotheken von Karl VI. und dem Herzog von Berry.)
Denifle, Henri, La Désolation des églises, monstères et hopitaux en France pendant la guerre de cent ans, vol. I. Paris 1899. (Eine detaillierte und dokumentierte Geschichte des Krieges in Frankreich bis zum Tod von Karl. V., ist dieses Buch viel mehr, als sein Titel andeutet.)
Dierauer, Johannes, Geschichte der Schweizerischen Eidgenossenschaft, vol. I. Gotha 1887.
Dingwall, John Eric, The Girdle of Chastity. London 1931. (Über den Keuschheitsgürtel.)
Duby, Georges, Rural Economy and Country Life in the Medieval West. Übers. N. p., 1968.
Dumas, Georges, u. *Suzanne Martinet, L'Histoire de l'Aisne vue à travers les archives*. Laon 1971.
Dupont, Jacques, u. *Cesare Gnudi, Gothic Painting*. Genf 1954.
Durrieu, Paul, »Manuscripts de luxe exécutés pour des princes et grands seigneurs français.« Le Manuscrit, vol. II, 1894.
*–, *»Le Royaume d'Adria.« RQH*, vol. XXVIII, 1880.
Emerton, Ephraim, Humanism and Tyranny: Studies in the Italian Trecento. Harvard University Press, 1925.
Enlart, Camille, Manuel d'archéologie française; vol. III, *Le Costume*. Paris 1916.
Evans, Joan, Art in Medieval France. Oxford University Press, 1948.
–, *Life in Medieval France*. London 1969.
Evans, Joan et al., eds., *The Flowering of the Middle Ages*. London 1966.
Fawtier, R., »La Crise d'une société devant la guerre de cent ans.« RH, Januar 1950.
–, *Ste. Catherine de Sienne*. Paris 1922.
Flick, Alexander C., The Decline of the Medieval Church. vol. I. New York 1930.
Focillon, Henri, The Art of the West in the Middle Ages. vol. II. New York 1969.

Fossier, Robert, La Terre et les hommes en Picardie jusqu'à la fin du XIIIe siècle. 2 vols. Paris 1968.
Fowler, Kenneth, The Age of Plantagenet and Valois. New York 1967.
–, *The King's Lieutenant: Henry of Grosmont, First Duke of Lancaster, 1310–61*. London 1969.
–, ed., *The Hundred Years War*. London 1971.
Frank, Grace, The Medieval French Drama. Oxford 1954.
Franklin, Alfred, Dictionnaire historique des arts, métiers et professions. Paris 1905.
–, *Les Rues et les cris de Paris au XIIIe siècle*. Paris 1874.
–, *La Vie privée d'autrefois*, vol. I, L'Annonce et la réclame; vol. VII, Le Hygiène. Paris 1890.
»Froissart and His Patrons.« *Times Literary Supplement*, 11. Dezember 1937.
Funk, Arthur L., »Robert le Coq and Etienne Marcel.« *Speculum*, Oktober 1944.
Gabotto, Ferdinando, L'Eta del Conte Verde in Piemonte, 1350–83; vol. XXXIII, *Miscellanea di Storia Italiana*. N.p., 1895.
Gabriel, Astrik L., »The College System in the 14th Century Universities,« in Utley, q.v.
Gagniere, Sylvain, The Palace of the Popes at Avignon. Übers. Caisse nationale des monuments historiques, 1965.
Gairdner, James, Lollardy and the Reformation in England, vol. I. London 1908.
Gasquet, Francis Aidan, Abbot, The Black Death of 1348 and 1349. 2. Ausg. London 1908.
Gaupp, Fritz, »The Condottiere John Hawkwood.« *History*, März 1939.
Gautier, Leon, La Chevalerie. Paris 1890. (Neue Ausgabe mit Index.)
Gayley, Charles M., Plays of Our Forefathers. New York 1907.
Gazeau, M. A., Les Bouffons. Paris 1882. (Über Narren.)
Girvan, Ritchie, »The Medieval Poet and His Public.« *English Studies Today*, 1952.
**Green, Mary Anne Everett (Mrs. J. R.), Lives of the Princesses of England*, vol. III. London 1851. (Gegründet auf umfassende und wissenschaftliche Forschung in den Garderobe- und Haushaltsrollen und anderen Dokumenten, ist dies wesentlich für Isabella de Coucy.)
Gregorovius, Ferdinand, History of the City of Rome in the Middle Ages, vol. VI, Übers. A. Hamilton. London 1906.
Grosjean, Georges, Le Sentiment national dans la guerre de cent ans. Paris 1927.
Hale, John, Roger Highfield, u. *Beryl Smalley, Europe in the Late Middle Ages*. London 1965.
Hammer, J. von, übers., *Histoire de l'empire ottoman*, vol. I. Paris 1836.
Hardy, B. C., Philippa of Hainault and Her Times. London 1910.
D'Haucourt, Geneviève, La Vie au moyen âge. Paris 1968.
Hay, Denys, Europe in the 14th and 15th Centuries. London 1966. (Eine nützliche allgemeine Geschichte.)
Hayward, Fernand, Histoire de la maison de Savoie, 1000–1554. Paris 1941.
Hearnshaw, F. J. C., »Chivalry and Its Place in History,« in (Prestage) q.v.
Hecker, J. F. C., The Epidemics of the Middle Ages. Übers. London 1844.
Heers, Jacques, L'Occident aux XIVe et XVe siècles. Paris 1970.
Henneman, John B., »Militarism, Politics and Finance in Late Medieval France.« Unveröffentlicht. 1976.
–, *Royal Taxation in Fourteenth Century France*. Princeton University Press, 1971.
–, »Soldiers, Society and State Finance in France, 1350–1450.« Unveröffentlicht. 1974.
Herlihy, David, Medieval and Renaissance Pistoia. Yale University Press, 1967.
–, »Population, Plague and Social Change« in Molho, q.v.
Hewitt, H. J., The Black Prince's Expedition of 1355–1357. Manchester University Press, 1958.
*–, *The Organization of War Under Edward III., 1338–62*. Manchester University Press, 1966.
Hillairet, Jacques, Connaissance du vieux Paris. 3 vols. Paris 1951–54.
–, *Dictionnaire historique des rues de Paris*, 2. Ausg. in 2 vols. Paris 1964.
Hilton, R. H., »Peasant Movements in England Before 1381.« *EHR*, 2. Reihe, vol. II, no. 2, 1949.
Honoré-Duvergé, Suzanne, »Participation navarraise à la bataille de Cocherel.« Les Cahiers Vernonnais, no. 4, 1964.

–, *»L'Origine du surnom de Charles le mauvais,«* in *Mélanges à Louis Halphen*. Paris 1951.
The Horizon Book of the Middle Ages, Morris Bishop et al. London 1968.
Hughes, Dorothy W., Illustrations of Chaucer's England. London 1919.
Hughes, Pennethorne, Witchcraft, London 1952.
Huizinga, Johan, »The Political and Military Significance of Chivalric Ideas in the Late Middle Ages,« in seinem *Men and Ideas*. Übers. New York 1959.
*–, *The Waning of the Middle Ages*. London 1968. (Zuerst veröffentlicht 1924.)
Hutchison, Harold F., The Hollow Crown. London 1961. (Richard II.)
Hutton, James, James and Philip van Artevelde. London 1882.
Hyma, Albert, The Brethren of the Common Life. Michigan 1930.
Ibn-Khaldoun, Histoire des Berbères, vol. III. Übers. Paris 1934.
Jackson, W. T. H., The Literature of the Middle Ages. Columbia University Press, 1962.
Jacob, E. F., Essays in Later Medieval History. Manchester University Press, 1968.
James, M. R., »Twelve Medieval Ghost Stories.« *EHR*, Juli 1922.
Jarrett, Bede, The Emperor Charles IV. New York 1935.
–, *Social Theories of the Middle Ages, 1200–1500*. London 1926.
**Jarry, Eugène, »Le Retour de la croisade de Barbarie (1390).«* *BEC*, vol. LIV, 1893.
–, *La Vie politique de Louis de France, Duc d'Orléans, 1372–1407*. Paris 1889.
*–, *»La ›Voie de Fait‹ et l'Alliance Franco-Milanese, 1386–95.«* *BEC*, vol. LIII, 1892.
Joly, M. A., »De la Condition des Vilains au Moyen Age d'après les fabliaux.« Mémoires de l'Académie nationale des sciences, arts et belles-lettres de Caen, 1882.
Jones, Michael, Ducal Brittany, 1364–99. Oxford University Press, 1970.
Jorga, Nicolas, Philippe de Mézières, 1327–1405, et la croisade au XIVe siècle. Paris 1896.
Jorgensen, Johannes, Saint Catherine of Siena. London 1938.
Jusserand, J. J., English Wayfaring Life in the Middle Ages. London 1950. (Enthält weit mehr Information, als der Titel anzeigt.)
Keen, Maurice, »Brotherhood in Arms.« *History*, Februar 1962.
–, *A History of Medieval Europe*. New York 1967.
–, *The Laws of War in the Late Middle Ages*. London 1965.
–, »Robin Hood, a Peasant Hero.« *History Today*, Oktober 1958.
Kilgour, Raymond L., The Decline of Chivalry as Shown in the French Literature of the Late Middle Ages. Harvard University Press, 1937.
Kirkland, Dorothy, »The Growth of National Sentiment in France before the Fifteenth Century.« *History*, Juni 1938.
Klemm, Friedrich, A History of Western Technology. New York 1959.
Kousev, A., »Contribution à l'histoire des forteresses médiévales sur le bas Danube.« Bull. du Musée national à Varna, vols. III und IV (XVIII–XIX), 1967–68.
Krollman, Christian, The Teutonic Order in Prussia. Übers. Preußenverlag 1938.
La Chesnaye-Desbois et Badier, François A. A. de, Dictionnaire de la noblesse, vol. IV. Paris 1865.
Lacroix, Paul, France in the Middle Ages: Customs, Classes, and Conditions. Übers. New York 1963.
Lagarde, Georges de, La Naissance de l'esprit laïque au déclin du moyen âge. 6 vols. Paris 1934–42.
Laguille, Louis, Histoire de la province d'Alsace. Straßburg 1927.
Lea, Henry Charles, A History of the Inquisition of the Middle Ages. Rev. ed. in 3 vols. London u. New York 1906.
**Leader-Temple, John,* u. *Giuseppe Marcotti, Sir John Hawkwood: The Story of a Condottiere*. London 1889.
Lecarpentier, Georges, »La Harelle, révolte rouennaise de 1382.« Moyen Age, 2. Reihe, vol. VII, 1903.
Lefebvre des Noettes, Richard, L'Attelage: le cheval de selle à travers les âges. 2 vols. Paris 1931.
Leff, Gordon, »Heresy and the Decline of the Medieval Church.« *Past and Present*, November 1961.

–, »In Search of the Millennium.« *Past and Present,* April 1958.
***Lefranc, Abel, Olivier de Clisson, connétable de France.* Paris 1898. (Ausgezeichnete Biographie.)
Legrand, H., Paris en 1380: plans de restitution. Paris 1868. (In gleicher Reihe wie Le Roux de Lincy, q.v.)
Le Grand d'Aussy, Pierre J. B., Histoire de la vie privée des français. 3 vols. Paris 1815.
Lehoux, Françoise, Jean de France, Duc de Berri. 4 vols. Paris 1966.
Lerner, Robert E., The Age of Adversity. Cornell University Press, 1968.
Le Roux de Lincy, M., u. *L. M. Tisserand, Paris et ses historiens au XIVe et XVe siècles* (in Reihe *Histoire générale de Paris,* ed. Baron Haussmann). Paris 1867.
Lestocquoy, Jean, Histoire de la Picardie. Paris 1970.
***Lewis, P. S., Later Medieval France.* London 1968.
Leyerle, John, ed., »Marriage in the Middle Ages.« Symposium, *Viator,* vol. IV, 1973.
Lindner, Theodor, Geschichte des deutschen Reiches unter König Wenzel. 2 vols. Braunschweig 1875.
Locke, A. Audrey, War and Misrule, 1307–99. London 1920.
Loomis, Laura Hibbard, »Secular Dramatics in the Royal Palace, Paris, 1378, 1379.« *Speculum,* April 1958.
Lot, Ferdinand, L'Art militaire et les armées au moyen âge, vol. I. Paris 1946.
Lot, Ferdinand, u. *Robert Fawtier, Histoires des institutions françaises au moyen âge,* vol. II, Paris 1958.
Luce, Simeon, La France pendant la guerre de cent ans. 2 vols. Paris 1890–93.
–, *Histoire de Bertraud du Guesclin et son époque.* Paris 1876.
*–, *Histoire de la jacquerie.* Paris 1895.
MacFarlane, Leslie, »An English Account of the Election of Urban VI., 1378.« *Bull. of the Institute of Historical Research,* Mai 1953.
MacKinnon, James, The History of Edward the Third. London 1900. Neudruck London 1974.
***Mâle, Emile, L'Art religieux de la fin du moyen âge en France.* 2. Ausg. Paris 1922.
Manley, John M., »Three Recent Chaucer Studies« and correspondence. *Rev. of English Studies,* Juli 1934 u. April 1935.
Masson, A. L., Jean Gerson. Lyon 1894.
McFarlane, K. B., »England and the Hundred Years War: War, the Economy and Social Change.« *Past and Present,* Juli 1962.
McKisack, May, The Fourteenth Century. Oxford 1959.
***McLaughlin, Mary Martin,* »Survivors and Surrogates: Parents and Children from the Ninth to the Thirteenth Centuries.« In *The History of Childhood.* Ed. Lloyd de Mause. New York 1975. (Eine originelle und informative Studie voll von Zeugnis, die nicht die Verallgemeinerungen des Editors aufrechterhält.)
Meiss, Millard, French Painting in the Time of the Duke of Berry: Patronage of the Dukes. 2 vols. London 1967. *The Limbourgs.* 2 vols. New York 1974.
–, *Painting in Florence and Siena After the Black Death.* Princeton 1951.
–, »The Problem of Francesco Traini,« *Art Bulletin,* vol. XV, 1933.
Mesquita, D. M. Bueno de, Giangaleazzo Visconti, Duke of Milan. Cambridge University Press, 1941.
Michelet, Jules, Histoire de France. Rev. Ed. in 6 vols. Paris 1861. (Zuerst veröffentlicht 1833–46.)
Milman, Henry Hart, History of Latin Christianity. London 1867.
***Mirot, Leon, Les Insurrections urbaines au début de règne de Charles VI., 1380–83: leurs causes, leurs conséquences.* Paris 1905. (Unerläßlich.)
–, *»La Politique française en Italie sous le règne de Charles VI. (1380–1422).« REH,* Oktober–Dezember 1933.
–, *»Sylvestre Budes et les Bretons en Italie.« BEC,* vol. LVII, 1897.
–, *Une Grande Famille parlementaire aux XIVe et XVe siècles: les d'Orgemonts.* Paris 1913.

*–, *»Une Tentative d'invasion au Angleterre pendant la guerre de cent ans (1385–86).« REH,* Juli–September und Oktober–Dezember 1915.
Miskimin, Harry A., Money, Prices, and Foreign Exchange in 14th Century France. Yale University Press, 1963.
Moisant, J., Le Prince noire en Aquitaine. Paris 1894.
Molho, Anthony, ed., *Social and Economic Foundations of the Italian Renaissance.* New York 1969.
Mollat, Guillaume, Les Papes d'Avignon, 1305–78. 9. Ausg., Paris 1950.
Mollat, Michel, Genèse médiévale de la France moderne. Paris 1970. (Mit vielen ungewöhnlichen und gutgewählten Illustrationen.)
–, *La Vie et la pratique religieuse aux XIVe et XVe siècles . . . en France.* Paris 1963.
**Mollat, Michel,* u. *Philippe Wolff, Ongles bleues, Jacques et Ciompi.* Paris 1970.
Moranvillé, Henri, Etude sur la vie de Jean le Mercier. Paris 1888.
–, ed., *Le Songe véritable: pamphlet politique d'un parisien du XVe siècle.* Paris 1891. (Für biographische Anmerkungen über Persönlichkeiten der Regierung von Karl. VI.)
Morrall, John B., Gerson and the Great Schism. Manchester University Press, 1960.
Muir, Dorothy, A History of Milan under the Visconti. London 1924. (Verworren und unverläßlich, aber lesenswert.)
Muller, Johann von, Der Geschichten Schweizerischen Eidgenossenschaft. Leipzig 1825.
Muntz, E., »L'Argent et le luxe à la cour pontificale d'Avignon.« RQH, 1899.
Muzzy, David S., The Spiritual Franciscans. New York 1907.
Noonan, John T., Contraception: A History of Its Treatment by Catholic Theologians and Canonists. Harvard University Press, 1965. (Erstreckt sich über ein größeres Gebiet von Sexualtheorien als Empfängnisverhütung allein.)
Oakeshott, R. Ewart, A Knight and His Horse. London 1962.
Oman, Sir Charles, A History of the Art of War in the Middle Ages, vol. II. 2. Ausg. London 1924.
**Origo, Iris, The Merchant of Prato, 1335–1410.* New York 1957. (Kein besseres Buch existiert für das Verständnis einer realen Person aus Coucys Periode.)
Ornato, Ezio, Jean Muret et ses amis, Nicolas de Clamanges et Jean de Montreuil. Genf und Paris 1969.
Painter, Sidney, French Chivalry. Johns Hopkins University Press, 1940.
Palmer, J. J. N., »The Anglo-French Peace Negotiations, 1390–96.« *TRHS,* vol. XVI, 1966.
–, *England, France and Christendom, 1377–99.* London 1972.
Pannier, Leopold, »Le Livre des cent ballades et la résponse du Bâtard de Coucy.« Romania, vol. I, 1872.
Pernoud, Regina, Histoire de la bourgeoisie en France. Paris 1960.
Perroy, Edouard, »The Anglo-French Negotiations at Bruges, 1374–77.« *Camden Miscellany,* vol. XIX (Camden Dritte Reihe, vol. LXXX). London 1952.
–, *»Economie contractié dans les crises du XIVe siècle.« AESC,* April–Juni 1949.
–, *The Hundred Years War.* Übers. New York 1965.
*–, »Social Mobility Among the French Noblesse.« *Past and Present,* April 1962.
–, »Wage Labour in France in the Later Middle Ages,« *EHR,* Dezember 1955.
**Petit, Ernest, Entrée du roi Charles Six à Dijon, 1390.* Dijon 1885.
–, *Itinéraires de Philippe le Hardi et de Jean Sans Peur.* Paris 1888.
Pirenne, Henri, Histoire de Belgique, vol. II. Brüssel 1922.
–, *A History of Europe,* vol. II. New York 1958.
Pollard, A. F., The Evolution of Parliament. London 1926.
Pollard, Alfred W., English Miracle Plays, Moralities and Interludes. Oxford 1927.
Poole, R., Wycliffe and the Movements for Reform in the Fourteenth Century. London 1911.
Postan, M. M., »The Costs of the Hundred Years' War.« *Past and Present,* April 1964.
–, »Some Social Consequences of the Hundred Years' War.« *EHR,* vol. XII, 1942.
Powell, J. Enoch, u. *Keith Wallis, The House of Lords in the Middle Ages.* London 1968.

Power, Eileen, »The Position of Women.« In *The Legacy of the Middle Ages.* Eds. G. G. Crump u. E. F. Jacob. Oxford 1926.
Prestage, Edgar, ed., *Chivalry: A Series to Illustrate Its Historical Significance and Civilizing Influence.* New York 1928.
Putnam, George Haven, Books and Their Makers During the Middle Ages, vol. I. New York 1896.
Raynaud, Gaston, Les Cent Ballades: poème du XIVe siècle. Paris 1905.
Renouard, Yves, The Avignon Papacy. Übers. London 1970.
–, *»La Peste noire de 1348–50.« Rev. de Paris,* März 1950.
Robbins, Helen, »A Comparison of the Effects of the Black Death on the Economic Organization of France and England.« *Jour. of Political Economy,* August 1928.
Robbins, Russell Hope, Encyclopaedia of Witchcraft and Demonology. New York 1959.
Rogozinski, Jan, »Urban Violence in the Three Worlds of the Middle Ages: The French Perspective.« Unveröffentlicht. Dezember 1972.
Roncière, Charles de la, Histoire de la marine française, vol. II. Paris 1899.
Rosenthal, Joel T., The Purchase of Paradise: Gift-giving and the Aristocracy, 1307–1485. Toronto 1972.
Rosetti, R., »Notes on the Battle of Nicopolis.« *Slavonic Review,* vol. XV, 1936–37.
Runyan, Timothy J., »Ships and Mariners in Later Medieval England.« Unveröffentlicht. 1976.
Russell, Jeffry B., Witchcraft in the Middle Ages. Ithaka 1972.
Russell, Josiah Cox, British Medieval Population. Albuquerque 1948.
–, »Effects of Pestilence and Plague, 1315–85.« *Comparative Studies in Society and History,* Juli 1966.
–, »Medieval Population.« *Social Forces,* Mai 1937.
–, »Populations in Europe, 500–1500.« In *Fontana Economic History of Europe.* London 1969.
Sabine, Ernest L., »City Cleaning in Medieval London.« *Speculum,* Januar 1937.
Sade, Marquis de, Histoire secrète d'Isabelle de Bavière, reine de France. Ed. Gilbert Lely. Paris 1953.
Saltmarsh, John, »Plague and Economic Decline in England in the Later Middle Ages.« *Cambridge Historical Jour.,* vol. VII, no. 1, 1941.
Sapori, Armando, The Italian Merchant in the Middle Ages. Übers. New York 1970.
Schevill, Ferdinand, History of Florence. New York 1961.
–, *Siena: The Story of a Medieval Commune.* New York 1909.
Schnyder, Pierre, »Le Flagellantisme à travers les siècles.« Archives de Psychologie, Januar 1932.
Searle, Eleanor, u. *Robert Burghart,* »The Defense of England and the Peasants' Revolt.« *Viator,* vol. III, 1972.
Sedgwick, Henry Dwight, Edward the Black Prince. Indianapolis 1932.
See, Henri, Les Classes rurales et le régime domaniel en France au moyen âge. Paris 1901.
Seebohm, F., »The Black Death and Its Place in English History.« *Fortnightly Rev.,* vol. II, 1865.
Shears, F. S., Froissart. London 1930.
Sherborne, James, »The Battle of La Rochelle.« *Bull. of the Institute of Historical Research,* University of London, Mai 1969.
–, »Indentured Retinues and English Expeditions to France.« *EHR,* Oktober 1964.
Sismondi, J. C. L. S., Histoire des républiques italiennes du moyen âge, vols. IV und V. Paris 1840.
Snell, Frederick, The Fourteenth Century. Edinburgh 1899.
Southern, Richard W., Western Society and the Church in the Middle Ages. London 1970.
Stanley, Arthur, »Sir John Hawkwood.« *Blackwood's,* März 1929.
Stein, Henri, Archers d'autrefois: archers d'aujourd'hui. Paris 1925.
Strayer, Joseph R., »France: The Holy Land, the Chosen People, and the Most Christian King«. In *Action and Conviction in Early Modern Europe.* Eds. T. K. Rabb u. J. E. Siegel. Princeton University Press, 1969.
–, *On the Medieval Origins of the Modern State.* Princeton University Press, 1970.

Supino, I. B., Il Camposanto di Pisa. Florenz 1893.
Terrier de Loray, Henri, Marquis de, Jean de Vienne, admiral de France. Paris 1877.
Thibault, Marcel, Isabeau de Bavière: la jeunesse, 1370–1405. Paris 1903.
Thompson, James Westfall, »The Aftermath of the Black Death and the Aftermath of the Great War.« *American Jour. of Sociology,* März 1920.
–, *Economic and Social History of Europe in the Later Middle Ages.* New York 1931.
* *Thorndike, Lynn, A History of Magic and Experimental Sciences,* vols. III und IV. Columbia University Press, 1934.
Thrupp, Sylvia, »Plague Effects in Medieval Europe,« *Comparative Studies in Society and History,* Juli 1966.
Tipton, Charles L. »The English at Nicopolis.« *Speculum,* Oktober 1962.
Tourneur-Aumont, J. M., La Bataille de Poitiers et la construction de la France. Paris 1940.
–, *»Originalité militaire de Du Guesclin.« Moyen Age,* März 1938.
Trease, Geoffrey, The Condottiere. New York 1971.
Trevelyan, George, England in the Age of Wyclif. London 1899.
Turner, Ralph E., »Economic Discontent in Medieval Western Europe.« *Jour. of Economic History,* Supplement VIII, 1948.
Ullman, Walter, The Origins of the Great Schism. London 1948.
Utley, Francis L., ed., *The Forward Movement of the 14th Century.* Ohio University Press, 1961.
Vaissete, Jean Joseph, u. *Claude de Vic, Histoire générale de Languedoc,* vol. IV. Paris 1730–45.
Valeri, Nino, L'Italia nell'Età dei Principati (vol. V von *Storia d'Italia*). Verona 1949.
* *Valois, Noël, La France et le grand schisms d'occident.* 4 vols. Paris 1896–1902.
Vaughan, Richard, Philip the Bold. London 1962.
Vernot D'Aubeuff, Abbé Aubert de, Histoire des Chevaliers Hospitaliers de St. Jean de Jérusalem, vol. II. Amsterdam 1781.
Viollet-le-Duc, E., Dictionnaire raisonné de l'architecture de France du XIe au XVIe siècle. 10 vols. Paris 1861–75.
–, *Military Architecture of the Middle Ages.* Übers. Oxford 1860.
Vuatrin, Gabriel, Etude historique sur le connétable. Paris 1905.
White, Lynn, »Medieval Astrologers and Late Medieval Technology.« *Viator,* vol. VI, 1975.
–, *Medieval Technology and Social Change.* Oxford 1962.
–, »Technology Assessment from the Stance of a Medieval Historian.« *American Historical Rev.,* Februar 1974.
–, Technology and Invention in the Middle Ages.« *Speculum,* vol. XV, 1940.
Wilkins, Ernest Hatch, Petrarch's Eight Years in Milan. Cambridge 1958.
Workman, Herbert, John Wyclif: A Study of the Medieval Church. Oxford 1926.
Wright, Edith, »Medieval Attitudes Toward Mental Illness.« *Bull. of the History of Medicine,* vol. VII, No. 3, März 1939.
Wright, Thomas, A History of Domestic Manners and Sentiment in England. London 1862.
Wulf, Maurice de, Philosophy and Civilization in the Middle Ages. Princeton 1922.
Wylie, James Hamilton, The Reign of Henry the Fifth. 3 vols. Cambridge 1919.
Zacour, Norman P., »Talleyrand: The Cardinal of Périgord 1301–1364.« Übers. von *Am. Philosophical Soc.* Neue Reihe, vol. 50, Teil 7. Philadelphia 1960.
* *Ziegler, Philip, The Black Death.* New York 1969. (Die beste moderne Studie.)
Zurlauben, Baron von Thurn und, »Histoire d'Arnaut de Cervole, dit l'Archiprêtre.« Histoire de l'Académie royale des inscriptions et belles-lettres, vol. XXV. Paris 1759.

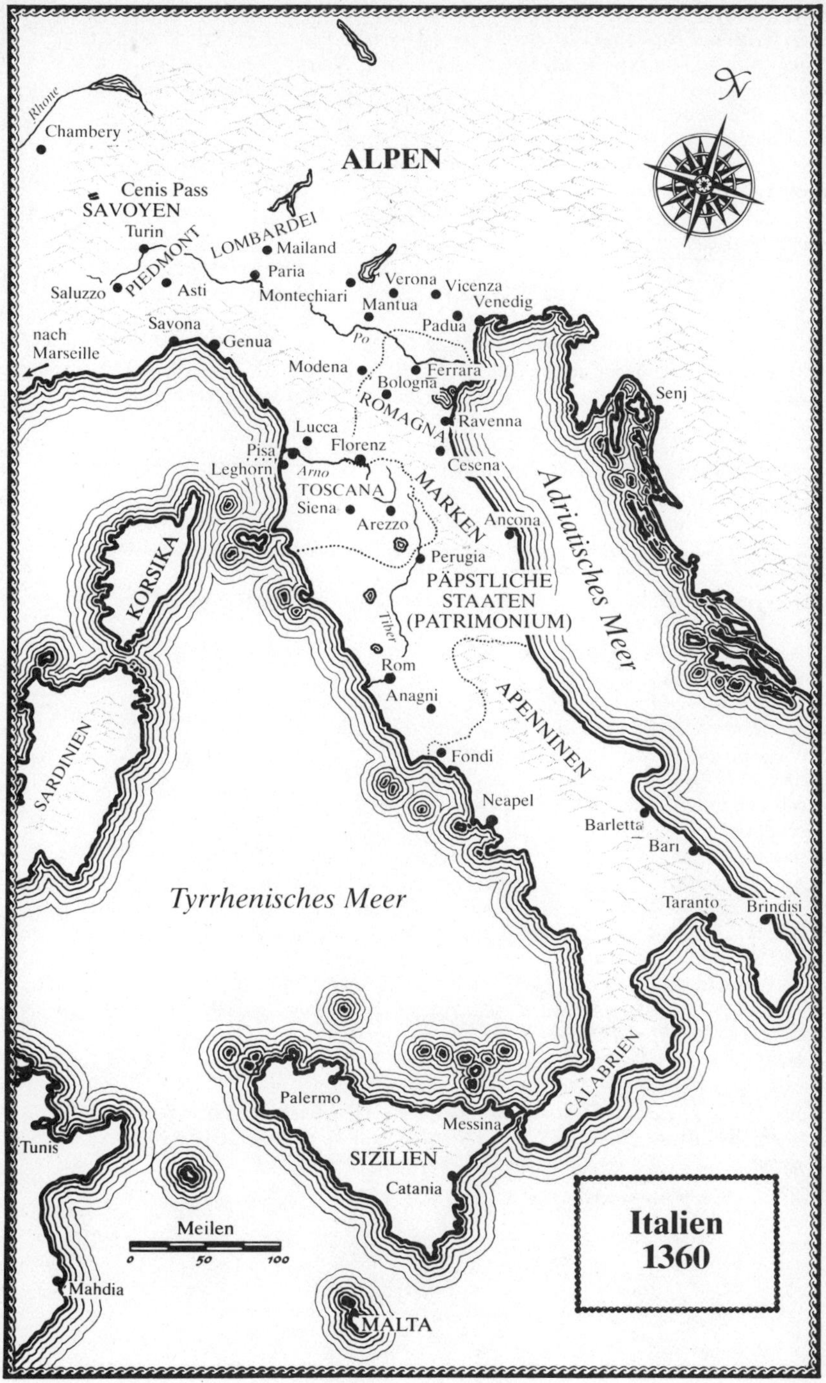
Rhone
Chambery
ALPEN
Cenis Pass
SAVOYEN
Turin
LOMBARDEI
PIEDMONT
Mailand
Paria
Saluzzo
Asti
Montechiari
Verona
Vicenza
Mantua
Venedig
Padua
Savona
Genua
nach Marseille
Po
Modena
Ferrara
Bologna
ROMAGNA
Senj
Ravenna
Lucca
Pisa
Florenz
Leghorn
Arno
Cesena
TOSCANA
MARKEN
Siena
Arezzo
Ancona
Adriatisches Meer
KORSIKA
Perugia
PÄPSTLICHE STAATEN (PATRIMONIUM)
Tiber
Rom
Anagni
APENNINEN
SARDINIEN
Fondi
Neapel
Barletta
Bari
Tyrrhenisches Meer
Taranto
Brindisi
CALABRIEN
Palermo
Messina
Tunis
SIZILIEN
Catania
Meilen
0
50
100
Mahdia
MALTA
Italien 1360

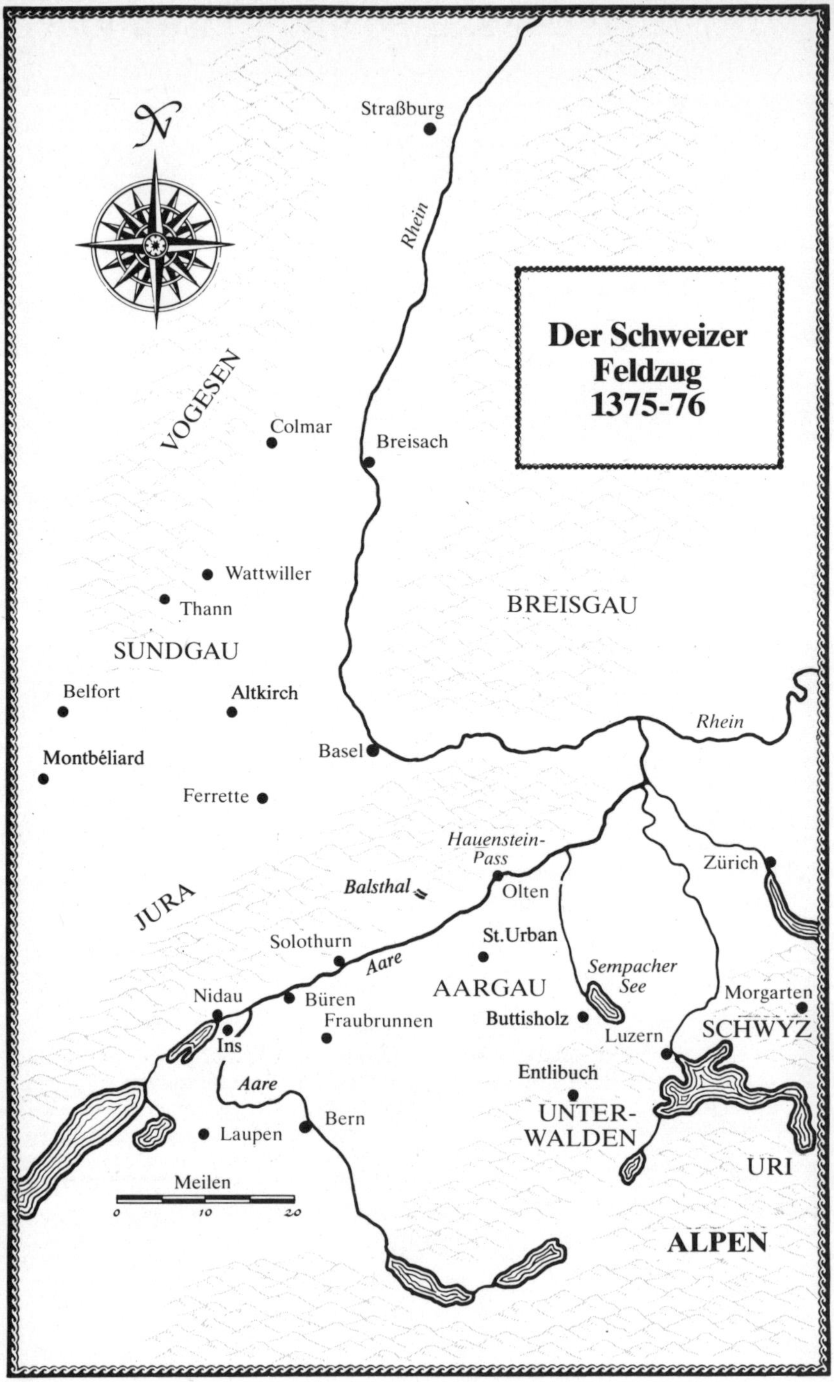
Der Schweizer
Feldzug
1375-76
Straßburg
Rhein
VOGESEN
Colmar
Breisach
Wattwiller
Thann
BREISGAU
SUNDGAU
Belfort
Altkirch
Montbéliard
Basel
Rhein
Ferrette
Hauenstein-
Pass
Zürich
Balsthal
Olten
JURA
St.Urban
Sempacher
See
Solothurn
Aare
AARGAU
Morgarten
Nidau
Büren
Buttisholz
Fraubrunnen
SCHWYZ
Ins
Luzern
Entlibuch
Aare
UNTER-
WALDEN
Bern
Laupen
URI
Meilen
0
10
20
ALPEN

Verzeichnis der Karten und Illustrationen

Register

ESSEX
London
Themse
ENGLAND
KENT
Brügge
FLANDERN
Gent
SUSSEX
Southampton
Portsmouth
Lewes
Calais
Boulogne
Plymouth
Yarmouth
Weymouth
Isle of Wight
HAINAULT
ARTOIS
Schelde
Ärmel-Kanal
PICARDIE
Somme
Oise
Amiens
Laon
Harfleur
Cherbourg
Rouen
Coucy
Bayeux
Caen
NORMANDIE
Paris
Seine
BRIE
Brest
Chartres
Melun
Brétigny
Montereau
Troyes
BRETAGNE
Rennes
Sens
Le Mans
Orléans
Auray
Vannes
ANJOU
Blois
Angers
Tours
BERRY
Nantes
Loire
Bourges
FRANKREICH
Poitiers
BOURBON
La Rochelle
Biscaya
Clermont
Limoges
AUVERGNE
Castillon
Bordeaux
AQUITANIEN (GUYENNE)
Dordogne
Lot
Englische Besitzungen
Cohors
Garonne
Tarn
GASCOGNE
LANGUEDOC
Montpellier
Beziers
Carcassonne
FOIX
Narbonne
Perpignan
Meilen
0 50 100
PYRENÄEN
nach Barcelona